KB041642

제 15 판

형사소송법

이재상

조균석

이창온

刑事訴訟法

박영사

제15판 머리말

제14판을 간행한 지 1년 6개월이 지나서 그간의 법률 개정과 판례변화를 소개할 필요가 생겼다. 제15판은 제14판 이후에 개정된 법률들을 모두 반영하고 2023년 6월까지의 주요 대법원 판례와 헌법재판소 결정을 소개하는 데 주안점을 두었다. 내용을 특히 바꾸거나 보완한 부분은 다음과 같다.

첫째, 작년 상반기에 이루어진 소위 '수사와 기소' 분리 입법의 내용을 반영하였다. 개정 형사소송법은 검사가 송치요구 등에 따라 사법경찰관으로부터 송치받은 사건 등에 관하여 동일성을 해치지 아니하는 범위 내에서만 수사할 수 있도록 하였고, 사법경찰관으로부터 수사결과 불송치결정을 받고 이의신청을 할 수 있는 주체에서 고발인을 제외하였다. 동시에 개정된 검찰청법은 검사의 수사개시 범위를 부패범죄, 경제범죄 등으로 변경하여 더욱 축소하고자 하였다. 반면, 대통령령인 검사의 수사개시 범죄 범위에 관한 규정의 내용은 대거 삭제되거나 그 내용이 변경되었다.

둘째, 제14판에서 처음으로 전자정보의 압수·수색 부분을 별도 항목으로 나누어 서술한 이후에도 전자정보 압수·수색에 관한 대법원 판례가 계속해서 쏟아져 나오고 있다. 형사소송법 제106조 제3항의 정보저장매체 압수물 조항이 개정되지 않은 상태에서 대법원은 이 분야에 관하여 사실상의 입법 기능을 수행하고 있는 것처럼 보인다. 특히, 실질적 피압수자 법리, 제3자 보관 전자정보와 원격지 전자정보의 압수·수색에 관하여 판례가 새롭고 중요한 법리들을 형성해나가고 있어 관련 부분을 종전보다 상세하게 서술하였다.

셋째, 수사단계 조서의 증거법상 지위와 기능을 축소하려는 판례의 흐름이 지속되고 있다. 피고인이 내용 부인하는 검사 작성 피의자신문조서의 증거능력에 관한 판례가 등장하기 시작하였고, 형사소송법 제314조가 존속하고 있는 상황에서 그 적용범위를 축소하려는 판례 경향도 지속되고 있다.

시대의 상황과 요구가 변화하는 것에 발맞추어 법률 개정과 판례변화가 이루어지는 것은 긍정적인 일이다. 그러나 제14판 머리말에서도 언급한 것처럼 형사소송법의 체계적 정합성을 갖추지 않은 채 산발적으로 국지적인 변화들이 이루어지는 것이 바람직한지 의문이 든다. 장기적인 비전과 체계하에서 법률 개정이 일관성 있게 이루어지고 있는가? 정작 진정으로 입법이 필요한 부분에 관하여는 충분한 성찰과 토론을 거친 입법 노력 없이 대법원의 판례 형성에만 기대고 있는 것은 아닌가?

끝으로 이번에도 제15판으로 이재상 교수님의 학맥을 이어갈 수 있게 해주신 박영사 안종만 회장님, 이 책의 제작을 책임져주신 조성호 이사님, 편집과 교정을 위해 애써주신 편집부 장유나 차장님에게 이 자리를 빌려서 깊이 감사드리고자 한다.

2023년 8월

조 균 석
이 창 온

제13판 머리말

2020년은 우리 형사사법의 근간을 송두리째 바꾸는 획기적인 입법이 이루어진 한 해였다. 형사소송법과 검찰청법의 개정으로 근대 사법제도가 도입된 때부터는 물론, 형사소송법 제정 이래 66년 동안 유지되어 온 검사와 사법경찰관의 지휘관계를 협력관계로 바꾸었고, 고위공직자범죄수사처의 설치와 운영에 관한 법률의 제정으로 고위공직자범죄수사처를 신설하여 고위공직자의 직무 관련 범죄에 대하여 우선적 수사권을 부여하였다. 이러한 급격한 변화가 검찰개혁이라는 명분에 파묻혀 과연 우리 형사사법체계나 실정에 맞는 것인지에 대한 폭넓고도 심도 있는 논의도 없이 이루어진 아쉬움이 크지만, 일단 시행된 만큼 큰 혼란 없이 정착되기를 바랄 따름이다.

이러한 변화에 따라 본서의 체계나 내용에도 새로운 변화가 필요하게 되었지만, 우선 제13판에서는 변화된 내용을 빠짐없이 소개하는 데 주안점을 두었고, 실질적인 변화는 다음 판으로 미루기로 하였다. 물론 제13판에서도 제12판 이후에 개정된 다른 법률들을 모두 반영하고, 2021년 2월까지의 주요 대법원 판례와 헌법재판소 결정을 최대한 소개하였다.

그러나 무엇보다 특기할 것은, 제13판부터 새로운 공저자를 맞이하게 된 것이다. 20년간 검사로 재직하면서 미국 명문 로스쿨에 유학하여 미국 변호사자격을 취득하였을 뿐 아니라 로스쿨 검찰실무 교수, 법무연수원 로스쿨 출신 신임검사 교수, 주제네바 대한민국대표부 법무협력관(참사관) 등 다채로운 경력을 쌓은 뒤 2020년부터 이화여자대학교 법학전문대학원 교수로 부임한 이창온 교수가 앞으로 본서를 함께 이어가기로 하였다.

법조인 출신으로 독일에서 수학하신 지송 이재상 교수님의 학맥을 이어받아, 같은 법조인 출신으로 일본에 유학한 조균석 교수와 미국에 유학한 이창온 교수가 새롭게 보완하고 수정하여, 더욱 충실하고 새로운 형사소송법의 기본 교과서가 되도록 최선을 다할 것임을 다짐한다.

　　끝으로 「형사소송법」 제13판을 계속 출간하게 해 주신 박영사 안종만 회장님에게 감사드리고, 이 책의 제작을 책임져 준 조성호 이사님, 편집과 교정을 위하여 애써 준 편집부 이승현 과장님에게도 감사의 마음을 기록하고자 한다.

2021년 2월

조 균 석

제10판 머리말

이 책은 지송 이재상 교수의 형사소송법 제10판이다. 이재상 교수께서는 2013년 초 형법총론 제 7 판, 형법각론 제 9 판, 형사소송법 제 9 판을 위한 개정 작업을 마무리하여 출간하시고 같은 해 2학기 개강을 준비하시던 중 타계하셨다. 이 교수님의 별세로 한국 형사법학계는 말할 수 없는 큰 손실을 입었다.

이재상 교수께서는 형사법학에 대한 남다른 애정과 긍지를 가지고 열의와 노력을 다하여 공들여 다듬으셨던 이 교과서를 이화여자대학교 법학전문대학원의 형사법 교수진이 계속 이어나가 줄 것을 부탁하셨다. 이에 이화의 형사법 교수진은 이 교수님의 뜻에 따라 형법은 장영민·강동범 교수가, 형사소송법은 조균석 교수가 그 책임을 맡도록 하였다.

집필자들은 향후 교과서의 개정에 관하여 다음의 두 원칙을 세웠다: 첫째, 원저자인 이재상 교수의 견해를 원칙적으로 유지한다. 둘째, 새로운 입법 및 판례와 학설은 적시에 반영하여 시의에 맞는 교과서로서의 역할을 다하도록 한다. 집필자의 견해가 이 교수님의 견해와 차이가 있고 그 언급이 불가피한 때에는 각주를 이용하여 피력하는 것으로 하였다. 이것이 이재상 교수께서 이룩하신 형사법학의 제 성취를 보전하는 길이라고 판단하였다. 그리하여 이 책은 이재상 교수님의 정신이 깃든 교과서로서 학생들에게 형사소송법 공부의 길잡이가 되고, 실무가들에게 소중한 참고자료가 되며, 나아가 형사소송법학의 발전에 기여하는 책으로 의미를 갖게 될 것이다.

「형사소송법」 제10판의 특색은 다음과 같은 몇 가지 점으로 요약할 수 있다.

첫째, 이 책에서는 원저자의 견해를 그대로 유지하고, 공동저자의 견해는 별도로 피력하지는 않았다.

둘째, 2014. 12. 30. 공포하여 공포일로부터 시행된 형사소송법 개정법률뿐 아니라 제 9 판 이래 개정된 법원조직법 등 주요 개정법률을 모두 반영하였다.

셋째, 제 9 판에서 소개하지 못한 대법원판례들을 추가로 수록하였다. 판례의 중요성이 점점 커지고 있는 현실을 감안하여, 이 책에서는 2015년 1월까지의 주요 대법원판례를 모두 소개하였다.

넷째, 그동안 국내에서 새로 출간된 교과서나 기존 교과서의 신판이 출간된 경우에 새로 출간된 교과서의 내용을 「주」에서 보충하거나 수정해서 정리하였다. 김재환 변호사의 「형사소송법」, 노명선 교수와 이완규 검사의 「형사소송법」(제3판), 신동운 교수의 「신형사소송법」(제 5 판), 임동규 판사의 「형사소송법」(제10판) 등이 그 대표적인 예이다.

이재상 교수님의 「형사소송법」은 1987년 처음 출간된 뒤 사반세기가 넘게 많은 학생과 실무가들로부터 큰 사랑을 받아 형사소송법의 기본 교과서로서 독보적인 위치를 지켜왔다. 이러한 명성에 누가 되지 않도록 앞으로도 이 책의 내용을 수정하고 보완해서, 더욱 충실하고 새로운 책이 될 수 있도록 최선을 다할 것이다.

끝으로 「형사소송법」 제10판의 출간에 도움을 준 분들에게 고마운 마음을 기록하고자 한다. 2013년도 시행 제55회 사법시험에서 이화여자대학교 법학과 재학 중에 수석으로 합격하고 2015. 3. 사법연수원 입소 예정인 신지원 연수생은 법조문의 대조, 인용문헌의 확인 작업을 도와주었다. 평소 인간의 존엄과 가치를 중시하고 직업윤리에 투철하며 사랑과 봉사의 정신으로 가득 찬 여성 법조인의 양성을 위하여 노력하신 이재상 교수님의 뜻을 기려 훌륭한 법조인으로 발전하기를 기원하는 바이다. 그리고 「형사소송법」 제10판을 이어나갈 수 있게 해 주신 박영사 안종만 회장님께 감사를 드린다. 이 책의 편집과 교정을 위하여 애써 주신 편집부 나경선 차장님과 제작을 책임져 준 조성호 이사님에게도 고마움의 정을 기록하는 바이다.

2015년 2월

조 균 석

머 리 말

2007. 4. 30. 국회본회의를 통과한 형사소송법 개정법률이 2007. 6. 1. 공포되어 2008. 1. 1.부터 시행되게 되었다. 사법제도개혁추진위원회의 의결사항을 토대로 국회에 정부안으로 제안된 형사소송법 개정법률안을 토대로 일부 내용을 삭제하거나 수정한 법제사법위원회의 대안이 국회를 통과한 것이다. 그럼에도 불구하고 개정 형사소송법도 총 121개의 조문에 이르는 사실상 전면 개정에 버금가는 방대한 분량의 법률을 개정한 것이고, 그 내용 또한 형사사법구조의 근간을 획기적으로 변경하는 것이었다. 뿐만 아니라 국민의 형사재판 참여에 관한 법률이 공포·시행됨에 따라 형사재판에 있어서 배심원제도도 우리나라에 실시되기에 이르렀다. 아직 개정된 법률이 시행되기까지는 4개월 남짓 남아 있다. 그러나 새 학기가 시작되고 처음으로 형사소송법을 공부하는 법과대학 학생들에게 아직 개정법이 시행되지 않는다는 이유로 4개월 후면 변경되는 종래의 교과서를 그대로 보라고 할 수는 없었다. 또 2008년 초에 신법에 따라 사법시험을 봐야 하는 법학도들에게도 형사소송법 책을 만들어 주어야 한다는 생각으로 급기야 개정 형사소송법의 교과서인 「신형사소송법」을 만들기로 하였다. 아직 현행 형사소송법이 적용되고 있는 점을 고려하여 책명을 「신형사소송법」으로 정하였고, 개정법이 시행될 때까지는 신구조문의 대비표를 부록으로 추가하기로 하였다.

신형사소송법도 기존의 교과서인 형사소송법 제 6 판(보정판)을 기초로 한다. 다만 개정의 폭이 방대하기 때문에 개정법에 따라 많은 부분을 다시 쓰지 않을 수 없었다. 배심원제도는 물론, 변호인의 피의자신문참여권과 기록열람·등사권, 피의자와 피고인에 대한 진술거부권, 피의자신문, 구속사유와 구속기간 및 구속전 피의자심문제도, 보석과 체포·구속적부심사, 긴급체포 시의 압수·수색·검증과 재정신청제도, 공판준비절차와 피고인신문제도 및 증거법분야, 특히 전문법칙의 예외에 관한 규정들은 신형사소송법에서 현행법과 그 내용이 크게 달라진 대표적인 분야라고 할 수 있다. 그동안 저자는 법무부 형사법개정특별심의회 위원장으로서 전문가인 위원들과 함께 수년간 정부안인 형사소송법 개정법률안을 깊이 검토한 바 있다. 따라서 이 책에서는 현행 형사소송법에서의 논의가 어떻게 신형사소송법에 반영되었고, 또 신형사소송법의 규정에 입법론상 어떤 문제가 있는가에 대하여도 가능한 범위에서 간단히 언급하기로 하였다. 형사소송법이 전면 개정된 지 몇 달 되지 않는 짧은 기간에 신형사소송법 교과서를 급히 만드는 데는 두려움이 없지 않다. 다만 부족한 점이나 보충할 점은 앞으로의 연구와 개정을 통하여 보완해 나가기로 약속하는 수밖에 없음을 이해해 주시기 바란다.

이제 저자를 도와 이 책의 출간을 가능하게 해 준 여러 분들에게 고마움의 마음을 기록하고자 한다. 먼저 이 책의 교정은 이화여자대학교 대학원에서 형법학을 연구하고 있는 이희경, 이강민, 윤지영 법학석사들이 맡아 주었다. 이희경, 이강민 법학석사는 박사과정을 수료하였고, 윤지영 법학석사는 현재 박사과정에 재학 중이다. 학교에서 연구조교와 연구원을 겸하면서 박사학위논문을 준비중인 바쁜 시간을 나누어 형법학에 이어 이 책의 교정까지 보지 않을 수 없었다. 교정본의 정리는 처음으로 아들 승호가 저자를 도와 주었다. 승호는 고려대학교 법과대학을 졸업하고 대학원에서 형사법을 연구하고 있다. 이들 모두 건강하게 뜻한 바를 이루어 나가기 기원하는 바이다. 끝으로 신형사소송법의 출간을 결심해 준 박영사 안종만 회장님께 감사드린다. 아울러 극히 짧은 기간 안에 이 책의 편집과 교정을 책임져 준 박영사 편집부 노현 부장과 제작을 담당한 기획부 조성호 차장에게도 고마움의 글을 적고자 한다. 참으로 많은 수고를 아끼지 않은 분들임을 기억할 것이다.

2007년 8월 15일

이 재 상

머 리 말(舊著)

　　형사소송법은 형사사법의 정의를 실현함에 있어서 가장 중요한 의미를 가지는 법률이다. 형사소송법에 의하여 비로소 형법의 적정한 적용이 가능하게 되며, 헌법의 기본적 가치체계가 형사사법에 구현될 수 있게 된다. 형사절차는 그 사회의 문명적 기준을 측정할 수 있게 하는 척도라고 할 수 있다. 문명사회의 이념을 달성하기 위하여는 정의로운 형사절차의 운용과 형사소송법학의 발전이 무엇보다도 필요하다고 생각된다. 저자가 형사소송법학을 다른 어느 법률보다 중시해야 할 법학분야라고 확신하고 있는 이유도 여기에 있다. 본서는 저자가 검사 또는 변호사로서 형사절차에 관여하였던 경험을 기초로 대학에서 형사소송법학을 강의하는 동안 연구한 이론을 정리·체계화한 교과서이다.

　　저자가 본서를 통하여 주장하거나 전개한 이론을 이해하기 쉽게 하기 위하여 먼저 본서를 집필함에 있어서 저자가 기도하려고 하였던 기본방향을 밝힐 필요가 있다고 생각된다. 그것은 본서의 특징을 요약하는 것이라고도 할 수 있다.

　　첫째, 본서에서 저자는 형사소송법의 이론을 형사절차의 진행순서에 따라 체계화하고자 하였다. 대부분의 교과서가 형사소송법학을 총론과 각론으로 나누어 총론에서 일반이론을 설명한 후에 각론에서는 그 절차를 소개하는 방법을 택하고 있음에 반하여, 본서는 총론과 각론을 구별하지 않고 절차의 진행순서를 중심으로 관계되는 이론을 그 분야에서 설명하는 방법을 취하였다. 형사절차가 어떻게 진행되고, 문제되는 이론이 어디에 필요한 것인가를 명백히 하기 위한 것이다. 따라서 저자는 본서를 5 편으로 나누어 제 1 편에서 형사소송법의 의의, 소송의 이념과 구조 및 소송절차의 기본이론 등 기초이론을 다룬 후에, 제 2 편에서 형사절차를 형성하는 요소가 되는 소송의 주체와 소송행위를 분석하고, 제 3 편에서 공판절차의 전절차에 해당하는 수사와 공소를, 제 4 편에서 공판을 검토한 후에 제 5 편에서는 상소 이후의 절차를 설명하였다. 총론이론으로 다루어지고 있는 강제처분은 제 3 편에서, 증거와 재판은 제 4 편에서 다루었다.

　　둘째, 저자는 본서에서 형사소송법의 기술적 성격에 치중하는 태도를 지양하고 형사절차와 제도의 이념과 본질을 밝힘으로써 형사소송법의 해석은 물론 그 운영과 입법론을 위한 길을 제시하기 위하여 노력하였다. 형사소송법은 헌법의 가치체계를 실현하는 것을 이념으로 삼지만, 동시에 형사소송법 독자의 이론을 확립해야 한다는 것이 저자가 가지고 있는 소송법이론의 기본태도이다. 이러한 전제에서 소송주체의 기능, 수사와 강제처분 및 증거법이론을 전개함으로써 검사와 변호인의 존재근거를 명백히 하고, 문명적 형사절차의 기준을 확보하고자 하였다. 이를 위하여 저자는 형사소송법학에 있어서도 비교법적 연구가 필요하다고 생각하였다. 그러나 비교법적 연구가 특정한 나라의 이론을 무조건 수용하는 것을 의미할 수는 없다. 따라서 저자는 본서에서 미국과 독일 또는 일본의 제도와 이론을 서로 비교·분석하고, 우리에게 적합한 이론이 무엇인가를 찾으려고 노력하였다.

　　셋째, 본서에서 저자가 취하는 결론 가운데는 소수설 또는 저자만의 이론도 없지 않다. 수사구조론을 부정하고, 공소사실의 동일성에 관하여 기본적 사실동일설을 지지하고, 일사부재리의 효력을 이중위험금지의 원칙으로 파악하면서도 기판력의 내용임을 인정하고, 항소심의 구조를 원칙적 속심으로 파악하는 것 등이 여기에 해당한다. 그러나 저자는 본서에서 저자만의 견해를 소개해서는 안 된다고 생각하였다. 따라서 저자는 본서에서 국내학자들의 견해를 빠짐없이 소개하여 어느 학자가 어떤 견해를 취하고 있는가를 밝혀 본서에 의하여 학설의 현황을 정확하게 파악할 수 있게 함으로써, 어떤 입장이 타당한가에 대하여 독자들의 판단에 도움이 될 수 있도록 하였다. 본서에서는 또한 관계되는 대법원의 판례와 예규를 빠짐없이 소개하려고 노력하였다. 우리의 판례를 떠난 형사소송법학이란 있을 수 없을 뿐 아니라, 실무가들이 본서를 이용하는 경우에는 판례의 경향을 알 수 있게 해야 하기 때문이다. 판례는 대법원의 판례를 중심으로 하고, 필요한 경우에는 미국·독일 및 일본의 판례도 들지 않을 수 없었다. 다만 일본의 판례를 인용하는 경우에는 그 연도를 서기로 고쳐서 표시하였다.

　　저자의 뜻한 바가 본서에서 어느 정도 실현되었으며, 본서가 우리 형사소송법학에 어떤 기여를 할 것인가에 대하여는 저자로서는 두려움이 앞설 따름이다. 부족한 점은 앞으로의 연구를 통하여 보완할 것을 약속드리며, 제현의 비판과 지도를 기대하는 바이다.

　　여기서 본서를 간행함에 있어서 저자를 도와 준 여러분에게 고마움의 뜻을
기록하고자 한다. 먼저 본서의 출간에 관심을 가지고 저자에게 많은 충고와 조언
을 하여 준 저자와 법과대학 및 사법대학원의 동기동창인 사법연수원 교수 권광
중 부장판사님에게 깊이 감사드린다. 바쁜 가운데도 본서의 원고를 끝까지 읽고
법관의 입장에서 여러 가지 의견을 제시하여 줌으로써 저자에게 더할 수 없는 큰
도움이 되었다. 권 교수의 깊은 우정에 글로써는 표현할 수 없는 고마움을 새겨
두기로 한다. 또한 본서의 교정을 맡아 내용과 표현을 정리하여 준 이승섭 군에
게도 감사한다. 이승섭 군은 서울대 법대를 졸업하고 행정고시와 사법시험에 합
격하여 현재 실무수습중인 사법연수원 17기생이다. 연수원에서의 바쁜 시간에도
불구하고 본서의 교정을 맡아준 데 대하여 다시 한번 고마움의 뜻을 표한다. 경
희대학교 대학원 박사과정에서 형법을 연구하고 있는 정현미 법학석사와 석사과
정의 김혁호 군, 이화여자대학교 대학원의 류숙영 양은 저자의 옆에서 처음부터
끝까지 본서의 교정과 색인작성을 위하여 헌신적으로 저자를 도와 주었다. 이들
의 도움이 없이 본서의 출간은 어려웠다고 할 수 있다.

　　끝으로 형법총론과 각론[I]에 이어 계속하여 본서를 출간하여 주신 박영사
의 안종만 사장님과 이명재 상무님에게 감사드리며, 편집을 위하여 누구보다 많
이 수고하여 주신 편집부의 송일근 선생에게 감사의 마음을 기록하고자 한다.

1987. 4. 20

이 재 상

차 례

제 1 편 서 론

제 1 장 형사소송법

제 2 장 형사절차의 이념과 구조

제 1 절 형사절차의 지도이념 §4

제 2 절 형사절차의 구조 §5

제 2 편　수　　　사

제 1 장　수　　　사

제 4 절 피의자   §9

제 5 절 수사의 조건   §10

제 6 절 수사의 개시   §11

제 7 절 임의수사 §12

제 2 장 강제수사

제 1 절 체포와 구속 §13

제 3 편 공소의 제기와 심판의 대상

제 1 장 공소의 제기
제 1 절 공소와 공소권이론   §18

제 4 편　소송주체와 소송행위

제 1 장　형사소송의 기본구조

제 1 절　형사소송구조의 이론과 역사　　　　　　§25

제 2 절 소송행위의 의의와 종류   §31

제 3 절 소송행위의 일반적 요소   §32

제 4 절 소송행위의 가치판단   §33

제 5 절 소송조건 §34

제 5 편 공   판

제 1 장 공판절차

제 1 절 공판절차의 기본원칙 §35

제 2 절 공판준비절차 §36

제 2 장 증 거

제 7 절 탄핵증거   §49

제 4 절 소송비용　　　　　　　　　　　　　§55

제 6 편　상소 · 비상구제절차 · 특별절차

제 1 장　상　　소

제 1 절　상소 통칙　　　　　　　　　　　§56

제 2 절 항 　 소 　　　　　§57

제 3 절 상 고 §58

제 4 절 항 고 §59

제 2 장　비상구제절차

제 1 절　재　심　　　　§60

제 2 절　비상상고　　　　§61

제 3 장 재판의 집행과 형사보상

제 1 절 재판의 집행 §62

제 2 절 형사보상 §63

제 4 장　특별절차

제 1 절　약식절차　　　　　§64

제 2 절　즉결심판절차　　　　　§65

제 3 절 배상명령절차   §66

주요 참고문헌

[국내문헌]

강구진	형사소송법원론(1982)	(강구진)
권오병	형사소송법(1967)	(권오병)
김기두	형사소송법(전정신판)(1987)	(김기두)
김재환	형사소송법(2013)	(김재환)
노명선/이완규	형사소송법(제 5 판)(2017)	(노명선/이완규)
박찬걸	형사소송법(2020)	(박찬걸)
배종대/홍영기	형사소송법(제 3 판)(2022)	(배종대/홍영기)
백형구	형사소송법(신체계)(1998)	(백형구)
백형구	형사소송법강의(제 8 정판)(2001)	(백형구 강의)
서일교	형사소송법(제 8 개정판)(1979)	(서일교)
손동권/신이철	형사소송법(2013)	(손동권/신이철)
송광섭	형사소송법(개정 2 판)(2019)	(송광섭)
신동운	신형사소송법(제 5 판)(2014)	(신동운)
신양균/조기영	형사소송법(제 2 판)(2022)	(신양균/조기영)
신현주	형사소송법(신정 2 판)(2002)	(신현주)
이영란	한국형사소송법(2007)	(이영란)
이은모/김정환	형사소송법(제 8 판)(2021)	(이은모/김정환)
이주원	형사소송법(제 5 판)(2022)	(이주원)
이창현	형사소송법(제 8 판)(2022)	(이창현)
임동규	형사소송법(제14판)(2019)	(임동규)
정승환	형사소송법(2018)	(정승환)
정영석/이형국	형사소송법(1994)	(정영석/이형국)
정웅석/최창호/김한균	신형사소송법(제 2 판)(2023)	(정웅석/최창호/김한균)
차용석/최용성	형사소송법(제 4 판)(2013)	(차용석/최용성)
법무부	개정 형사소송법(2007)	

법원행정처　　　　새로운 형사소송의 이해(2007)
법원행정처　　　　형사소송법 개정법률 해석(2007)
사법연수원　　　　법원실무제요 형사 [1] · [2] · [3](2022)

[일본문헌]

池田修/前田雅英　　刑事訴訟法講議(第 6 版)(2018)　　　　(池田/前田)

[독일문헌]

Beulke *Strafprozeßrecht*, 6. Aufl., 2002　　　　　　　　(Beulke)
Gössel *Strafverfahrensrecht*, 1977　　　　　　　　　　(Gössel)
Meyer–Goßner *Strafprozeßordnung*, 48. Aufl., 2005　　　(Meyer–Goßner)
Kindhäuser *Strafprozessrecht*, 2006　　　　　　　　　(Kindhäuser)
Peters *Strafprozeß*, 4. Aufl., 1985　　　　　　　　　　(Peters)
Pfeiffer *Strafprozeßordnung*(Karlsruher Kommentar), 4. Aufl., 1999　　(KK)
Pfeiffer *StPO*, 3. Aufl. 2001　　　　　　　　　　　　(Pfeiffer)
Peter Rieß Löwe–Rosenberg *Die Strafprozeßordnung und das*
　Gerichtsverfassungsgesetz, 24. Aufl., 1988　　　　　　(LR)
Roxin *Strafverfahrensrecht*, 25. Aufl., 1998　　　　　　(Roxin)
Rudolphi/Frisch/Rogall/Schlüchter/Wolter *Systematischer Komentar*
　zur StPO, 1994　　(SK)
Schäfer *Strafprozeßrecht*(Eine Einführung), 1976　　　　(Schäfer)
Schroeder *Strafprozeßrecht*, 1993　　　　　　　　　　(Schroeder)
Tiedemann *Einführung in das Strafprozeßrecht*, 1983　　　(Tiedemann)
Zipf *Strafprozeßrecht*, 2. Aufl., 1977　　　　　　　　(Zipf)

[미국문헌]

Rolando V. del Carmen *Criminal Procedure*, 7th Edition 2007　　(Carmen)
LaFave-Israel-King *Criminal Procedure*, 4th Edition 2004　　(LaFave–Israel–King)
Saltzburg-Capra *American Criminal Procedure*, 7th Edition 2004　(Saltzburg–Capra)
Saltzburg *American Criminal Procedure*, 2nd Edition 1984　　　(Saltzburg)

Kadish–Schulhofer–Paulsen *Criminal Law and its Processes*, 4th Edition

(Kadish–Schulhofer–Paulsen)

Cleary *McCormick on Evidence*, 5th Edition, 1999 (McCormick)

Lempert–Saltzburg *A modern Approach to Evidence*, 2nd Edition, 1984

(Lempert–Saltzburg)

Rothstein *Evidence*, 2nd Ed., 1983 (Rothstein)

Stuart S. Nagel *The Rights of the Accused*, 1972 (Nagel)

제 **1** 편

서 론

제1장 형사소송법

제1절 형사소송법의 의의와 성격 §1

I. 형사소송법의 의의

1. 형사소송법의 개념

형사소송법이란 형사절차를 규정하는 국가적 법률체계, 즉 형법을 적용·실 1
현하기 위한 절차를 규정하는 법률체계를 의미한다.

형법은 범죄와 그 범죄에 대한 법률효과인 형벌과 보안처분을 규정하는 법
규범의 총체라고 할 수 있다. 형법에 규정된 범죄를 범한 때에는 국가형벌권이
발생하게 된다. 그러나 형법이 구체적 사건에 적용되고 실현되기 위하여는 형법
을 적용·실현하기 위한 법적 절차, 즉 범죄를 수사하여 형벌을 과하고 선고된
형벌을 집행하기 위한 절차가 필요하다. 이러한 절차를 형사절차라고 하며, 형사
절차를 규정하는 법률체계가 바로 형사소송법이다. 형법이 형벌권의 발생요건을
규정하는 법률이라 한다면, 형사소송법은 형벌권을 실현하기 위한 법률이라 할
수 있다.

형사소송법은 형법과 긴밀한 관련이 있다. 형법이 범죄인의 개선을 위하여 2
형벌의 개별화를 이념으로 하고 있는 경우에도 형사소송법에 범죄인의 인격에 대
한 조사절차가 마련되어 있지 않으면 형법의 이념은 실현될 수 없다. 즉 형법의
이념은 형사절차가 허용하는 범위에서 의미를 가지며, 반대로 정당한 형법이 없
는 때에는 적정한 형사절차도 불가능하다. 형법이 규정한 형벌권을 실현하는 절
차에 불법과 부정의(不正義)가 개입되는 때에는 형사사법의 정의는 실현될 수 없
다. 형법이 형사사법에 의한 정의를 실현하기 위한 법률이라고 한다면, 형사소송
법은 형사사법에 있어서의 정의를 실현하기 위한 법률이다. 형사사법의 정의는
형사사법에 의한 정의뿐만 아니라 형사사법에 있어서의 정의가 이루어질 때 비로

소 달성될 수 있는 이념이다.

3   형사소송법이라고 할 때 소송이란 엄격한 의미에서는 공소제기 이후의 공판절차를
    의미한다. 따라서 공판절차 이외에 수사와 형의 집행절차를 포함하는 개념으로는 형
    사절차라는 용어를 사용하는 것이 적절하다.[1] 독일의 Strafverfahrensrecht나 영미의
    criminal procedure law는 모두 형사절차법을 의미하는 용어이다. 그럼에도 불구하
    고 수사와 형의 집행절차를 포함하는 개념으로 형사소송법이라는 용어를 사용하는
    것은 형사절차가 소송의 형태에 의하여 진행된다는 것을 명백히 한 특수한 의미를
    가진 것으로 이해할 수 있다.

2. 형사절차법정주의

4   형사소송법에 의하여 국가형벌권을 실현함에 있어서는 필연적으로 개인의
    기본적 인권을 침해하지 않을 수 없다. 형법의 적용이라는 공익과 개인의 자유라
    는 이익이 가장 예리하게 충돌하고 있는 법률체계가 형사소송법이라 할 수 있다.
    형사소송법은 이러한 충돌하는 이익을 적절히 조정하지 않으면 안 된다. 여기서
    형벌권을 실현하는 절차에서 개인의 자유침해를 억제하기 위하여는 형사절차를
    법률에 의하여 규정할 것이 요구된다. 이를 형사절차법정주의라고 한다.

5   헌법 제12조 1항은 「누구든지 법률에 의하지 아니하고는 체포·구속·압
    수·수색 또는 심문을 받지 아니하며, 법률과 적법한 절차에 의하지 아니하고는
    처벌·보안처분 또는 강제노역을 받지 아니한다」고 규정하고 있다. 이는 법률 없
    으면 범죄 없고 형벌 없다는 의미에서의 죄형법정주의를 규정한 것으로 이해되고
    있다. 그러나 헌법 제12조 1항은 단순히 형법의 최고이념인 죄형법정주의만을 규
    정하고 있는 것이 아니라 동시에 형사소송법의 기본원칙인 형사절차법정주의를
    선언한 것이라고 해석하지 않을 수 없다.[2]

6   이런 의미에서 형사소송법은 헌법의 기본원칙을 형사절차에서 실현하는 법
    률이다. 형사소송법을 응용된 헌법(angewandte Verfassungsrecht)이라고 하는 이유
    도 여기에 있다.[3] 따라서 형사소송법이 규정하는 형사절차의 내용은 물론 형사
    소송법의 해석도 헌법이 이념으로 삼고 있는 실질적 법치국가원리와 일치하지 않

---

1 강구진 4면.
2 백형구 강의, 10면; 신동운 4면.
3 Baumann, "Strafprozeβrecht," Abweichendes Verhalten Ⅲ, S. 56; Zipf S. 16.

으면 안 된다. 즉 형사절차법정주의는 단순히 형사절차를 법률에 의하여 규정할 것을 의미하는 데 그치는 것이 아니라 법률에 규정된 형사절차가 공정한 재판의 이념에 일치하는 적정한 절차일 것을 요구한다. 형사절차에서 적정절차(due process)의 이념이 강조되는 이유는 바로 여기에 있다.

Ⅱ. 형사소송법의 성격

형사소송법은 형법을 실현하는 절차를 규정하는 절차법이다. 따라서 형사소송법이 공법 특히 사법법(司法法)에 속하는 형사법이라는 점에서는 형법과 그 성격을 같이한다. 다만 형법이 실체법임에 반하여, 형사소송법은 절차법이라는 점에 차이가 있다.   7

사법법인 형사소송법의 기본성격은 법적 안정성의 유지에 있다. 그러나 형사소송법의 사법법적 성격이 형법에서와 같이 엄격히 유지되는 것은 아니다. 형사소송은 동적·발전적 성격을 가지고 있으므로 절차의 발전단계에 따라 그 성격을 달리하지 않을 수 없기 때문이다. 물론 형사절차의 핵심인 공판절차에서는 사법법의 이념인 법적 안정성이 강력히 요구된다. 그러나 수사절차와 형의 집행절차에서는 합목적성이 강조되지 않을 수 없고, 형사절차도 사법행정을 떠나서 생각할 수 없다는 점에서 사법법인 형사소송법은 행정법과 밀접한 관련을 갖게 된다.   8

형사소송법은 형법과 함께 형사법에 속한다. 민사법이 개인과 개인, 부분과 부분 사이에 평균적 정의의 실현을 목적으로 함에 대하여, 형사법은 국가와 개인, 전체와 부분 사이의 배분적 정의를 실현함을 목적으로 한다. 여기서 형사법에는 정치적 색채가 강하게 나타나게 된다. 형사법에서도 가장 정치에 민감한 법률이 형사소송법이다. 형사소송법에는 그 시대의 정치상황이 그대로 반영되고 정치적 변혁이 있는 곳에는 언제나 형사소송법의 개정이 뒤따른다. 이러한 의미에서 형사소송법의 역사가 바로 정치사라고도 할 수 있다.   9

형사법 가운데 형법이 실체법임에 대하여, 형사소송법은 절차법이다. 실체법이 정적 법률관계에 관한 법률이라면 절차법은 동적·발전적 법률관계에 관한 법률이다. 형법에는 윤리적 색채가 강한 반면에, 형사소송법에는 기술적 성격이 뚜   10

렷이 나타난다. 그러나 형사소송법이 기술적 성격만을 가진 법률은 아니다. 기술적 성격의 규정이 통일된 가치체계에 의하여 결합되어 형법과 함께 형사사법의 정의를 실현하는 데 기여하는 법률이 형사소송법이다. 이러한 의미에서 형법과 형사소송법과의 관계는 형사사법의 정의를 향해 달리는 「수레의 두 바퀴」에 비유할 수 있을 것이다.[1]

§2　　　　　제 2 절　형사소송법의 법원과 적용범위

Ⅰ. 형사소송법의 법원

1　　　형사절차법정주의로 인하여 형사소송법의 법원(法源)은 법령에 제한된다. 형사절차를 규정하기 위하여 제정된 법률이 바로 형사소송법($^{1954.\ 9.\ 23.\ 제정,}_{법률\ 제341호.}$)이다. 이 법률이 형사소송법의 가장 중요한 법원이 됨은 말할 필요도 없다. 그러나 형사소송법 이외에 형사절차에 관한 많은 규정이 헌법에 포함되어 있을 뿐만 아니라 소송절차 등에 대한 대법원규칙도 제정되어 있다.

1. 헌　　법

2　　　헌법에 포함된 형사절차에 관한 규정은 형사절차를 지배하는 최고법으로서 형사소송법의 법원이 된다. 헌법은 형사피고인과 피의자의 기본적 인권을 보장하기 위하여 형사절차에 관한 상세한 규정을 두어 형사소송의 헌법화를 이룩하고 있다.

　　　형사소송법의 법원이 되는 헌법규정으로는 형사절차법정주의 내지 적정절차의 원칙($^{제12조}_{1항}$), 고문금지와 불이익진술거부권($^{제12조}_{2항}$), 영장주의($^{제12조\ 3항,}_{제16조}$), 변호인의 조력을 받을 권리($^{제12조}_{4항}$), 체포·구속적부심사청구권($^{제12조}_{6항}$), 자백배제법칙과 자백의 보강법칙($^{제12조}_{7항}$), 일사부재리의 원칙($^{제13조}_{1항}$), 신속한 공개재판을 받을 권리($^{제27조}_{3항}$), 피고인의 무죄추정($^{제27조}_{4항}$), 형사보상청구권($^{제28}_{조}$) 등을 들 수 있다. 법원의 조직과 권한($^{제101조\ 내지}_{제108조}$), 재판공개의 원칙($^{제109}_{조}$), 군사법원($^{제110}_{조}$)에 관한 헌법규정도 형사소송법의 법원이 된다.

---

1 「칼자루와 칼날」(강구진 4면), 「망원경의 두 개의 렌즈」(김기두 21면)로 비유되기도 한다.

2. 형사소송법

형사소송법은 형식적 의미의 형사소송법과 실질적 의미의 형사소송법으로   3
나눌 수 있다.

(1) 형식적 의미의 형사소송법

「형사소송법」이라는 명칭을 가진 법전을 말한다. 형사소송법은 형사절차에
관한 가장 중요하고 기본적인 규정을 수록한 법률이므로 형사소송법의 가장 중요
한 법원이 되지 않을 수 없다.

(2) 실질적 의미의 형사소송법

그 실질적 내용이 형사절차를 규정한 법률을 말한다. 실질적 의미의 형사소
송법에는 다음과 같은 법률이 포함된다.

1) 조직에 관한 법률   법원조직법·검찰청법·변호사법·각급 법원의 설치
와 관할구역에 관한 법률·경찰관 직무집행법·사법경찰관리의 직무를 수행할
자와 그 직무범위에 관한 법률 등이 여기에 속한다.

2) 특별절차에 관한 법률   국민의 형사재판 참여에 관한 법률·소년법·즉
결심판에 관한 절차법·군사법원법·조세범 처벌절차법 등이 그것이다.

3) 소송비용에 관한 법률   형사소송비용 등에 관한 법률이 있다.

4) 기   타   형사보상 및 명예회복에 관한 법률·형의 집행 및 수용자의
처우에 관한 법률·사면법·소송촉진 등에 관한 특례법·국가보안법·관세법 등
도 실질적 의미의 형사소송법에 해당한다.

3. 대법원규칙

대법원은 법률에 저촉되지 아니하는 범위 안에서 소송에 관한 절차, 법원의   4
내부규율과 사무처리에 관한 규칙을 제정할 수 있다(헌법제108조). 이에 의하여 제정된
대법원규칙도 형사소송법의 법원이 된다.

형사절차법정주의와 대법원규칙과의 관계가 문제된다. 그러나 형사절차는
법률에 의하여 규정될 것을 요하므로 형사절차의 기본적 구조나 피고인을 비롯한
소송관계자의 이해에 관한 사항은 법률에 의하여 규정될 것을 요하고, 소송절차
에 관한 순수한 기술적 사항에 관하여만 규칙에서 규정할 수 있다고 해야 한다.
이 경우에도 규칙의 내용은 법률에 저촉되지 않을 것을 요한다.

형사소송에 관한 법원으로서 가장 중요한 대법원규칙은 형사소송규칙($^{1982.}_{12.\ 31.}$ 제정. 규칙 제828호)이다. 이 이외에 국민의 형사재판 참여에 관한 규칙, 법정 좌석에 관한 규칙, 법정 방청 및 촬영 등에 관한 규칙, 법정 등의 질서유지를 위한 재판에 관한 규칙, 소송촉진 등에 관한 특례규칙, 소년심판규칙, 형사소송비용 등에 관한 규칙 등이 있다.

4. 대통령령과 부령

수사절차나 집행절차에 관한 집무상의 준칙을 규정한 대통령령으로는 검사와 사법경찰관의 상호협력과 일반적 수사준칙에 관한 규정($^{2020.\ 10.\ 7.\ 제정.}_{대통령령\ 제31089호}$)이 있다. 그리고 법무부령으로는 검찰사건사무규칙[1]·검찰압수물사무규칙·자유형등에 관한 검찰집행사무규칙·재산형 등에 관한 검찰 집행사무규칙·검찰보존사무규칙·검찰보고사무규칙이 있고, 행정안전부령으로는 경찰수사규칙이 있다.

Ⅱ. 형사소송법의 적용범위

형사소송법의 적용범위에는 다음과 같은 한계가 있다.

1. 장소적 적용범위

5   형사소송법은 대한민국의 법원에서 심판되는 사건에 대하여만 적용된다. 대한민국 영역 외일지라도 영사재판권이 미치는 지역에서는 형사소송법이 적용된다. 피고인 또는 피의자의 국적은 묻지 않는다. 대한민국 영역 내라 할지라도 국제법상의 치외법역에서는 형사소송법이 적용되지 않는다.

2. 인적 적용범위

6   형사소송법은 대한민국 영역 내에 있는 모든 사람에게 효력이 미친다. 즉 우리나라에 재판권이 있는 사람이라면 피고인·피의자의 국적·주거·범죄지와 관계없이 형사소송법이 적용된다.

---

1 헌법재판소는 검찰사건사무규칙의 법규적 효력을 부인하고 있다(헌재결 1991. 7. 8, 91 헌마 42). 이하, '검사규'라 한다.

다만, 이 원칙에 대하여는 다음과 같은 예외가 인정된다.

(1) 국내법상의 관계

대통령은 내란 또는 외환의 죄를 범한 경우를 제외하고는 재직 중 형사상의   7
소추를 받지 아니한다(헌법 제84조). 제한되는 것은 소추이므로 증거 확보가 필요한 때에
는 규정의 취지상 체포·구속을 제외하고 수사는 할 수 있다. 국회의원은 국회에
서 직무상 행한 발언과 표결에 관하여 국회 외에서 책임을 지지 아니하며(헌법 제45조),
현행범인 경우를 제외하고 회기중 국회의 동의 없이 체포 또는 구금되지 아니한
다(헌법 제44조 1항).

> 따라서 국회의원의 면책특권에 해당하는 사항에 대하여 공소가 제기된 때에는 공소
> 제기의 절차가 법률의 규정에 위반하여 무효인 때에 해당하므로 공소기각의 판결을
> 선고하여야 한다(제327조 1호).[1]

(2) 국제법상의 관계

외국의 원수, 그 가족 및 대한민국 국민이 아닌 수행자, 신임받은 외국의 사   8
절과 그 직원·가족 및 승인받고 대한민국 영역 내에 주둔하는 외국의 군인에 대
하여도 형사소송법은 적용되지 않는다.

3. 시간적 적용범위

형사소송법도 시행 시부터 폐지 시까지 효력을 가진다. 다만, 법률의 변경이   9
있는 경우에 어떤 법을 적용해야 할 것인가가 문제된다. 소급효금지의 원칙은 형
사소송법에는 적용되지 않는다. 따라서 신법을 적용할 것인가 또는 구법을 적용
할 것인가는 결국 입법정책의 문제라고 하지 않을 수 없다.

형사소송법을 개정할 때 부칙에 일반적으로 신법 시행 당시 수사 중이거나
법원에 계속 중인 사건에도 적용한다는 경과조치를 두지만, 신법 시행 전에 종전
의 규정에 따라 행한 행위의 효력에는 영향을 미치지 아니한다는 경과조치를 두
기도 하는데(예: 2011. 7. 18. 일부 개정법률 부칙 제4조), 이는 일종의 혼합주의를 채택한 것으로 볼 수 있다.

---

1 대법원 1992. 9. 22, 91 도 3317; 대법원 2011. 5. 13, 2009 도 14442.

§3   **제 3 절   형사소송법의 역사**

1   형사소송법은 그 시대의 문화와 사회질서의 단면이라고 할 수 있다. 즉 그
시대의 정치적·사회적 요청은 물론 문화수준과 법의식, 가치관과 세계관은 모두
형사절차에 영향을 미친다. 이러한 의미에서 형사절차의 개혁은 그 시대의 정치
적 상황과 직결되어 있다고 할 수 있다. 따라서 형사소송법의 근본정신을 파악하
기 위하여는 형사소송법의 역사를 살펴볼 필요가 있다.

        우리 형사소송법의 역사는 조선시대까지의 형사절차와 구미법(歐美法) 계수
시기로 나눌 수 있다. 그러나 구미법을 계수한 형사소송법과 조선시대까지의 형
사절차 사이에는 역사적인 연관성이 인정되지 않는다. 여기서 형사소송법의 역사
를 살펴봄에 있어서도 먼저 구미 형사절차의 역사를 검토하여 형사소송법의 변천
을 이룬 이념적 배경을 파악하지 않을 수 없다.

Ⅰ. 구미 형사소송법의 역사

2   구미의 형사소송법은 대륙의 형사소송법과 영미의 형사소송법으로 대별된
다. 대륙의 형사소송법이 직권주의를 특색으로 하고 있음에 반하여, 영미 형사소
송법의 특색은 당사자주의와 배심제도에 있다. 다만, 18세기 이후 대륙의 형사소
송에도 영미의 형사소송법이 영향을 미치게 되어 현재 양자는 일정한 범위에서는
서로 조화되는 경향이 있다.

1. 대륙법계의 형사절차

3   근세 이전의 대륙의 형사절차는 로마의 형사절차와 게르만의 형사절차로 나
눌 수 있다. 근세 이후의 대륙의 형사절차는 근세초기의 형사절차와 프랑스혁명
이후의 형사절차 및 1808년의 개혁된 형사소송법 이후의 절차로 대별하여 살펴볼
필요가 있다. 여기서는 근세 이후의 형사절차에 중점을 두고 검토하기로 한다.

        로마에서는 공화정시대에 들어와 기원전 6세기경부터 민회(民會)를 재판기관으로 하
여 관리에 의한 유죄판결에 대하여 민회에의 불복이 인정되었으며, 공화정 말기에는
배심법원에 의한 공중소추(公衆訴追)가 인정되고 있었다. 그러나 제정기에 이르러

민회에 의한 재판은 자취를 감추게 되고, 2세기 이후 형사재판권은 황제의 전권이 되었다. 절차는 직권에 의하여 개시되는 절차와 소추에 의하여 개시되는 절차가 병행되었으나, 직권에 의한 절차에서는 고문이 사용되어 중세 이후의 규문주의 형사절차에 영향을 미치게 되었다. 한편 로마의 공화정 말기까지 유목시대를 벗어나지 못하고 있던 게르만에서는 소박한 의미의 민중재판이 행하여지고 있었고, 절차에 있어서도 공개주의·구두주의·변론주의가 채택되어 있었다. 그러나 5세기 말에 이르러 프랑크왕국의 건설과 함께 민중재판에 국가권력이 침투하기 시작하였다. 왕권의 강화와 함께 국왕법원이 설치되었고, 관권에 의한 소추가 행하여짐에 따라 게르만의 형사절차도 직권주의적 색채를 띠게 되었으며, 8세기에 이르러 프랑크의 규문절차가 확립되었던 것이다.

(1) 근세초기의 규문절차의 확립

근세초기 유럽을 지배하던 정치이념은 국가절대주의였다. 국가절대주의가   4
형사재판에 반영된 것이 규문절차의 확립이라 할 수 있다. 규문주의 형사절차의 모범이 된 것은 이탈리아의 볼로냐 대학을 중심으로 한 주석학파 및 후기주석학파에 의하여 구성된 로마 카논법이다. 카논법도 초기에는 사인소추주의에 의한 탄핵주의를 취하였으나, 교회전성시대에 이르러 교황의 절대적 권력은 형사재판에 대한 직권주의와 규문주의를 요구하지 않을 수 없었다. 규문절차의 확립에 있어서 로마제정기의 직권주의절차와 프랑크의 규문절차가 영향을 미쳤다고도 볼 수 있다. 이 규문절차는 범죄의 존부를 확정하는 일반규문과 범인을 확정하는 특별규문으로 나누어지며, 후자에는 고문도 허용되었다. 절차는 비공개의 서면주의에 의하여 행하여지고, 무죄판결에는 일사부재리의 효력이 인정되지 않았다.

로마 카논법은 이탈리아에 유학한 법학자와 법학문헌에 의하여 독일에 계수   5
되어 1507년의 밤벨겐시스 형사법전(Constitutio Criminalis Bambergensis)에 의하여 성문화되었고, 칼 5세에 의하여 정비되어 규문절차의 금자탑으로 평가받고 있는 1532년의 카로리나 형사법전(Constitutio Criminalis Carolina)이 제정되기에 이른다. 카로리나 형사법전은 직권에 의한 절차개시를 원칙으로 하고 피고인을 심리의 객체로만 취급하였다. 절차는 비공개의 서면주의에 의하며, 증거법에는 증거법정주의를 채택하여 유죄판결을 하기 위해서는 자백 또는 2인 이상의 증인의 증언을 필요로 하였다. 그러나 실제로는 자백이 증거의 왕으로 취급되어 자백을 얻기 위한 고문이 성행하여 이른바 마녀재판의 비극이 탄생되었다.

독일뿐만 아니라 프랑스에서도 1539년 카로리나 형사법전과 함께 규문절차의 쌍벽이라고 할 수 있는 프랑소와 1세의 조례가 제정되었고, 1670년 루이 14세에 의하여 만들어진 형사소송법도 규문주의의 색채를 지닌 법전이었다. 이리하여 규문주의 형사절차는 근세초기 전 유럽대륙을 지배하면서 그 시대의 정치이념을 실현하는 데 공헌하였다고 할 수 있다.

(2) 프랑스혁명과 형사절차의 개혁

6   국가절대주의적 전제군주정치와 일체가 되어 전 유럽을 지배하고 있던 규문절차는 18세기에 자유민권사상이 대두하여 전제군주정체가 붕괴됨에 따라 맹렬한 비판의 대상이 되지 않을 수 없었다. 프랑스의 볼테르와 몽테스키외, 이탈리아의 베까리아에 의하여 대표되는 계몽사상가들은 규문주의 형사절차에 맹렬한 포격을 가하였다. 그들은 「대륙의 형사절차는 인민을 죽이기 위하여 있는 것이고, 영국의 형사제도는 인민을 살리기 위한 것이다」라고 하며 영국의 형사절차를 도입할 것을 강력히 주장하였다. 프랑스혁명으로 절대군주제와 봉건적 신분제로 상징되던 구체제(ancien régime)가 붕괴되면서 국가절대주의의 시녀역할을 해왔던 규문절차도 근본적인 변혁이 이루어지지 않을 수 없었다. 물론 당시 형사절차 개혁의 모범이 된 것은 영국의 형사절차였다. 따라서 혁명 후 프랑스에 적용되었던 1791년의 법률에는 영국의 형사절차가 그대로 도입되었다. 즉 피해자소추 이외에 공중소추가 인정되었고, 공개주의와 구두주의가 채택되었을 뿐만 아니라 기소배심과 심리배심제도가 도입되었다. 다만, 증거법에서는 합리주의의 영향으로 자유심증주의를 채용하였다.

(3) 치죄법에 의한 형사절차

7   혁명에 뒤따르는 정치적 동요로 인하여 나폴레옹이 등장하게 되자 혁명의 유산도 완화되지 않을 수 없었다. 1808년 나폴레옹법전의 하나로 등장한 것이 바로 치죄법(治罪法, Code d'instruction criminelle)이다. 치죄법에서는 국가소추주의에 의한 탄핵주의·공개주의·구두주의·자유심증주의를 채택하고 있었고 배심제도도 채용되어 있었다. 이러한 의미에서 치죄법도 영국의 형사절차의 영향을 받았다고 할 수 있다. 그러나 예심제도를 부활시켰을 뿐만 아니라, 전통적인 권력행사기관으로서의 법원의 성격을 유지하고 검사에게 법원을 감독하는 기능을 인정하고 있다는 점에서 직권주의적 색채를 띤 형사소송법이라고 할 수 있다. 이 치

죄법은 그 내용의 참신성으로 인하여 개혁된 형사소송법이라고 불리우고 있다.

치죄법은 민주적 형사소송법으로 인정되어 유럽의 형사소송에 중대한 영향   8
을 미치게 되었다. 독일에서는 치죄법의 영향으로 1848년의 프랑크푸르트 국민회
의를 통하여 재판절차에 관한 공개주의와 구두주의·소추주의 및 중요사건과 정
치사건에 대한 배심제도를 채택할 것이 선언되었고, 1877년 독일 형사소송법이
제정(1879년 시행)되기에 이르렀다.

> 독일 형사소송법의 탄핵주의도 기본적으로는 영국의 형사절차로부터 영향을 받은 것
> 이었다. 그러나 독일 형사소송법은 제 2 차 세계대전 이후에도 수차에 걸친 개정을
> 통하여 피고인 또는 피의자의 지위를 강화하고 증거조사에 있어서 상호신문제도를
> 채택하였을 뿐만 아니라($\frac{\text{제239}}{\text{조}}$), 금지된 신문방법에 관한 규정($\frac{\text{제136}}{\text{조의 a}}$)에 의하여 영미
> 의 형사절차에 더욱 접근해 가고 있다.

2. 영미의 형사절차

(1) 영국의 형사절차

영국 형사절차의 특색은 당사자주의와 배심제도에 있다. 11세기 중엽 노르   9
만 정복 이전의 영국의 형사재판은 신판(神判)에 의한 재판이었다. 그러나 노르만
의 정복에 의하여 프랑크의 규문절차가 도입되어 프랑크시대의 주민이 선서 후
범인을 지명하던 제도가 형사재판에서 기소배심으로 이용되기에 이르렀다. 이것
이 바로 대배심제도(grand jury)이다. 그 후 기소자와 심판자가 동일인인 모순을
제거하기 위하여 심리배심(petty jury)이 등장하였다. 물론 영국에서도 17세기의
스튜어트 왕조 시 왕권신수설을 배경으로 성청법원(star chamber)에 의한 가혹한
재판이 행해지기도 하였으나, common law의 우위와 법의 지배를 주장하는 강력
한 반대에 직면하여 성청법원은 1641년에 폐지되었다. 이후 1688년의 명예혁명
에 의하여 당사자주의의 소송절차가 확립되었으며, 17세기 말에는 자기부죄거부
의 특권과 반대신문권의 보장을 중요한 근거로 하는 전문법칙이 확립되었다. 이
리하여 영국에서는 「한 사람의 죄 없는 사람을 벌하는 것보다는 열 사람의 죄 있
는 사람을 방면하는 것을 택한다」라는 블랙스톤의 격언처럼 피고인의 인권보호
에 중점을 둔 민주주의적 형사절차가 확립되었으며, 영국의 형사절차는 현재까지
현대 민주주의 국가의 형사절차에 중대한 영향을 미치고 있다.

(2) 미국의 형사절차

10   미국의 형사절차는 영국의 형사제도를 계수한 것이므로 영국의 그것과 큰 차이가 없다. 다만, 배심제도를 채택하고 있음에도 불구하고 대륙의 검사제도를 도입하여 특수한 범죄와 주의 형사절차에서는 검사에 의한 국가소추주의를 채택하고 있는 점에 특색이 있다.

Ⅱ. 우리 형사소송법의 역사

1. 조선시대 이전까지의 형사절차

11   우리나라의 고대 형사절차는 부여족의 영고(迎鼓), 고구려족의 제가평의(諸加評議)와 같이 소박한 민중재판의 형태를 취한 단계를 지나, 삼국시대 이래 국가기관에 의한 재판으로 발전하여 중앙에 재판기관을 설치하여 재판을 담당하게 하였으나, 지방에서는 지방행정관이 재판을 겸임하고 있었다. 이 시대 형사재판의 특징으로는 국왕의 전단에 의한 규문주의의 범위를 벗어나지 못하였고, 중국의 영향을 깊이 받은 것을 들 수 있다.

고려시대에는 당률, 조선시대에는 대명률(大明律)이 적용되었으나, 우리의 사회 실정에 맞지 않아 특히 조선시대에는 경국지전 · 경제육전 · 경국대전 · 육전회통과 같은 보충법률이 제정되어 사용되었다. 재판기관으로도 중앙에 형조와 의금부가 있었지만 지방의 재판은 지방행정관이 담당하고 있었다. 소송절차에서도 심리기간의 제한($^{決獄}_{日限}$) · 미결구류($^{囚}_{禁}$)의 제한 · 고문($^{拷}_{訊}$)의 제한 · 사죄($^{死}_{罪}$)에 대한 삼복($^{三覆}_{의\ 制}$) · 친족의 증언의 금지($^{證}_{質}$) · 죄인의 진술은 구두로 할 것을 요함($^{供}_{招}$) · 상소제도($^{訴}_{寃}$) 등의 근대적 색채를 가진 제도가 있었다. 그러나 사법권은 권문세도에 의하여 남용되어 형정이 극히 문란하였고, 왕권본위의 규문절차를 벗어나지 못하였다. 1895년 재판소구성법을 제정하여 법원을 구성하고 사법제도를 개혁하고자 하였으나, 1910년의 한일합병에 의하여 구미법의 계수기를 맞이하게 되었다.

2. 구미법의 계수

12   한일합병 후 1912년의 조선형사령에 의하여 일본 형사소송법이 의용되기 시작하였다. 당시 우리나라에 적용되던 일본 형사소송법은 독일 형사소송법의 영향

을 받은 것이었으므로 이 때부터 우리나라에는 대륙의 형사소송법이 계수되었다 고 할 수 있다. 그러나 형사소송법의 운용에 있어서는 식민지에 대한 관헌의 지 배의식과 법률의 권위주의적 해석으로 인하여 직권주의적 색채가 강하게 나타나 지 않을 수 없었다. 특히 일제말기의 군국주의하에서는 치안유지법과 전시형사특 별법의 적용에 의하여 더욱 억압적인 형사절차가 진행되었다.

　　1945년의 해방 이후 처음에는 1948년 군정법령 제176호 「형사소송법의 개 정」에 의하여 영미의 당사자주의적 소송구조를 도입하였으나, 1954. 2. 형사소송 법이 제정되어 같은 해 9. 23. 법률 제341호로 공포된 것이 바로 현행 형사소송 법이다. 제정 형사소송법은 영미 특히 미국의 형사절차의 영향 아래 인권보장을 중심으로 하는 당사자주의적 소송구조를 도입하여 형사사법의 민주화를 달성하 려고 하였다. 그러나 대륙법계의 직권주의를 완전히 배제한 것이 아니라 오히려 이를 기반으로 하면서 절충적인 소송구조를 취한 점에 특색이 있다. 　　13

3. 형사소송법의 개정

　　1954. 9. 23. 공포·시행된 형사소송법은 39차에 걸쳐 개정되어 현재에 이르 고 있다. 형사소송법의 개정역사를 편의상 1995년까지의 개정, 1995년부터 2007 년 5월까지의 개정, 2007년 6월 1일부터 2019년까지의 개정 및 2020년 이후의 개정으로 나누어 검토하기로 한다.

(1) 1995년까지의 형사소송법 개정

　　1995년까지 형사소송법은 8차에 걸쳐 개정되었다. 이 기간 동안의 형사소송 법의 개정은 정치적 격동기를 거치면서 그 시대의 정치적 변혁을 반영한 것이라 고 볼 수 있다. 　　14

　　1961. 9. 1.의 제 1 차 개정($_{제705호}^{법률}$)과 1963. 12. 13.의 제 2 차 개정($_{제1500호}^{법률}$)은 영미의 당사자주의 요소를 강화하고 인권보장을 철저히 하기 위한 개정이었다. 그러나 1973. 1. 25.의 비상국무회의에서 의결된 제 3 차 개정($_{제2450호}^{법률}$)은 유신 이 후 제 4 공화국의 정치적 상황을 반영한 것으로 이에 의하여 인권보장의 취지는 후퇴하였다. 제 3 차 개정의 특색은 ① 군법회의이송규정의 신설, ② 보석·구속 취소·구속집행정지에 대한 검사의 즉시항고 신설, ③ 구속적부심사의 폐지, ④ 긴급구속의 요건 완화, ⑤ 검사의 증인신문청구 신설, ⑥ 감정유치의 보완, ⑦ 재

정신청의 제한, ⑧ 간이공판절차의 신설 등에 있었다. 1973. 12. 20.의 제4차 개정(법률 제2653호)에 의하여 필요적 보석의 예외사유와 긴급구속의 범위가 제3차 개정 이전으로 환원되었다. 또한 1980. 12. 18.의 제5차 개정(법률 제3282호)에 의하여 검사의 영장요구는 청구라는 용어로 바뀌고, 구속적부심사가 제한적으로 부활되었으며, 피고인의 무죄추정이 명문화되었다. 1988. 2. 25. 시행된 제6차 형사소송법 개정법률(법률 제3955호)의 특색은 1987. 10. 29. 공포된 헌법개정에 따라 ① 구속적부심사청구에 대한 제한규정을 삭제하고, ② 형사피해자의 진술권을 보장하였으며, ③ 체포·구속된 자가 고지받을 사항과 그 가족 등이 통지받을 사항에 체포 또는 구속의 이유를 추가하고, ④ 변호인 선임의뢰권을 현행범체포의 경우에도 인정한 점에 있었다.

(2) 1995년 이후 2007년 5월까지의 형사소송법 개정

15   1995년 이후 2007년 5월까지 형사소송법은 11회에 걸쳐 개정되었다. 이 시대의 형사소송법의 개정은 기본권보장의 강화요청에 실질적으로 부응하여 적정절차의 원칙과 형사피고인과 피의자의 인권을 보장하면서도 형벌권의 적정한 실현을 도모하기 위한 노력이 표현된 것이었다. 그 중심이 되는 것이 1995년의 제8차 개정이다.

16   제8차 형사소송법 개정법률은 1995. 12. 29.에 공포되어 1997. 1. 1.부터 시행되었다. 이 형사소송법 개정은 인신구속제도를 개선하고 형사절차의 신속한 진행과 형벌권행사의 적절한 실현을 도모하는 것을 목표로 하였다. 따라서 개정법률은 첫째, 인신구속제도를 체포와 구속으로 이원화하였다. 즉 구속제도를 개선하기 위하여 ① 체포영장제도를 도입하고, ② 긴급구속을 긴급체포로 바꾸고, ③ 구속전피의자심문제도를 신설하였다. 둘째, 인권의 실질적 보장을 위하여 ① 보증금납입조건부 피의자석방제도를 신설하고, ② 검사의 구속장소 감찰을 강화하였을 뿐만 아니라, ③ 피고인에게 증거서류 등에 대한 열람·등사권을 인정하고 구속 시 범죄사실의 요지도 통지하게 하여 방어권을 강화하였고, 셋째, 형벌권의 적절한 실현을 도모하기 위하여 ① 국외도피사범의 공소시효를 정지시키고, ② 외국거주로 인하여 진술할 수 없는 경우를 전문증거의 증거능력을 인정하기 위한 예외사유로 추가하고, ③ 피해자와 증인에 대한 보호규정을 신설했을 뿐만 아니라, 넷째, ① 대표변호사제도를 도입하고, ② 합의부 관할사건에 대하여도 간이공판절차를 확대하고, ③ 구속피고인이 출정을 거부하거나 약식명령에 대하여 정식

재판을 청구한 피고인이 공판기일에 2회 불출석한 경우에 궐석재판제도를 도입하고, ④ 소송지연 목적의 기피신청을 기피신청의 기각사유에 추가하고, ⑤ 보석허가결정에 대한 검사의 즉시항고와 무죄가 선고되어도 10년 이상의 구형 시에 구속영장의 효력을 유지하도록 한 규정을 삭제하였다. 다만 이러한 개정에도 불구하고 긴급체포와 현행범인의 체포의 경우에 영장 없는 체포를 인정하고, 구속피의자심문제도를 도입하면서 이를 임의적인 것으로 한 점에 제 8 차 개정법률의 특색이 있었다고 할 수 있다. 그러나 임의적인 구속전피의자심문제도는 1997. 12. 13. 제 9 차 형사소송법 개정법률($\substack{법률\\제5435호}$)에 의하여 신청에 의한 심문제도로 개정되었다.

⑶ 2007년 6월 1일 이후의 형사소송법 개정

17제17차 형사소송법 개정법률이 2007. 6. 1. 공포되어 2008. 1. 1.부터 시행되었다. 사법제도개혁추진위원회의 의결사항을 토대로 국회에 정부안으로 제안된 형사소송법 개정법률은 총 196개의 조문에 이르는 사실상 전면 개정에 버금가는 방대한 분량을 담고 있었고, 그 내용 또한 형사사법구조의 근간을 획기적으로 변경하는 내용이었다.

제17차 개정법률은 첫째, 피의자의 방어권을 보장하기 위하여 ① 변호인의 피의자신문참여권을 인정하고($\substack{제243조\\의2}$), ② 수사기관의 피의자신문에 앞서 고지하여야 할 진술거부권의 내용을 구체화하고($\substack{제244조\\의3}$), ③ 수사과정을 기록하게 하여 절차의 적법성을 보장하고자 하였고($\substack{제244조\\의4}$), 둘째, 인신구속제도를 개선하기 위하여 ① 구속사유를 심사할 때 범죄의 중대성과 재범의 위험성 등을 고려하도록 하고 ($\substack{제70조\\2항}$), ② 구인 후 유치제도를 신설하고($\substack{제71조\\의2}$), ③ 긴급체포 후 피의자를 석방한 경우에는 석방사유 등을 법원에 통지하도록 하고($\substack{제200조의\\4 제4항}$), ④ 보석조건을 다양화하여 서약서 제출·출석보증서 제출·피해금액 공탁 또는 담보제공에 의한 보석을 도입하고($\substack{제98\\조}$), ⑤ 구속전피의자심문을 필요적 심문으로 변경하고($\substack{제201조\\의2}$), ⑥ 체포·구속적부심사의 대상을 모든 유형의 체포·구속된 자로 확대하고($\substack{제214조\\의2}$), ⑦ 긴급체포 시의 압수·수색·검증의 요건으로 긴급성을 요구하면서 영장 없이 압수·수색·검증할 수 있는 시한을 24시간으로 축소하고, 계속 압수할 필요가 있는 경우에는 사후 압수·수색영장을 받도록 하였다($\substack{제217\\조}$). 셋째, 재정신청제도의 개선을 위하여 ① 재정신청의 대상범죄를 모든 범죄로 확대하면서 신청인을 고소인으로 제한하고($^{제260조}_{1항}$), ② 재정신청을 위하여 원칙적으로 검찰항고를 거치게 하고($^{동조}_{제2항}$), ③ 재정법원의 공소제기명령이 있는 때에는 검사가 공소를 제기하게 하였고($^{제262조}_{6항}$), 넷째, 공판중심주의적 법정심리절차를 확립하기 위하여 ① 공판준비절차와 증거개시제도를 도입하고($^{제266조의 3 내지}_{제266조의 16}$), ② 집중심리 및 즉일선고의 원칙과 구두변론주의를 천명하고($^{제267조의 2, 제318}_{조의 4, 제275조의 3}$), ③ 공판정의 좌석과 피고인신문의 순서를 변경하였으며($^{제275조 3항, 제}_{296조의 2 제 1 항}$), ④ 불출석 증인에 대한 제재를 강화하였다($^{제151}_{조}$). 다섯째, 증거법체계를 정비하여 ① 위법수집증거배제법칙을 명문화하고($^{제308조}_{의 2}$), ② 검사 작성의 피의자신문조서의 성립의 진정을 피고인의 진술 이외에 영상녹화물 기타 객관적 방법으로도 증명할 수 있도록 하고($^{제312조}_{2항}$), ③ 참고인 진술조서의 증거능력도 조서의 진정성립이 원진술자의 진술 또는 영상녹화물 기타 객관적 방법으로 증명되고, 피고인의 반대신문 기회가 보장되며 특신상태가 증명된 경우에 인정하며($^{제312조}_{4항}$), ④ 조사자 증언제도를 도입하고($^{제316조}_{1항}$), ⑤ 피의자와 참고인 진술의 영상녹화제도를 도입하고($^{제244조의 2,}_{제221조 1항}$) 피고인 또는 피고인 아닌 자의 기억을 환기시킬 필요가 있다고 인정되는 때에는 영상녹화물을 증거로 사용할 수 있게 하였다($^{제318조의}_{2 제 2 항}$).

18   제17차 개정법률과 함께 국민의 형사재판 참여에 관한 법률($^{2007. 6. 1. 제정,}_{법률 제8495호.}$)이 공포·시행됨에 따라 형사재판에 있어서 배심원제도가 도입된 것도 중요한 변혁의 하나라고 할 수 있다.

        2011. 7. 18. 개정된 제20차 형사소송법 개정법률이 2012. 1. 1.부터 시행되었다. 개정법률의 중요내용은 ① 압수·수색의 요건에 피고사건과의 관련성을 추가하여 그 요건을 강화하고($^{제106조 1항, 제}_{107조, 제109조}$), ② 정보저장매체 등에 대한 압수의 범위와 방법을 명시하고 정보주체에 해당사실을 알리도록 하며, 영장에는 작성기간을 명시하도록 하여 전기통신관련 압수·수색제도를 보완하고($^{제106조 3항·4항,}_{제114조 1항,}$), ③ 사법경찰관의 수사개시권과 사법경찰관에 대한 검사의 수사지휘권을 명시하여 수사의 주체인 검사와 사법경찰관의 관계를 조정하고($^{제196}_{조}$), ④ 수사기관의 수사과정에서의 목록작성의무를 규정하고($^{제198조}_{3항}$), ⑤ 재정신청의 대상을 형법 제126조의 죄에 대한 고발사건까지 확대한($^{제260조}_{1항}$) 점에 있다.

        제27차 개정법률은 2015. 7. 31. 공포·시행되었다. 개정법률의 내용은 ① 보조인이 될 수 있는 자에 피고인 또는 피의자와 신뢰관계 있는 자를 추가하고($^{제29조}_{2항}$), ② 헌법재판소의 위헌결정($\binom{\text{헌재결 2012. 6. 27.}}{\text{2011 헌가 36}}$)의 취지에 따라 법원의 구속집행정지 결정에 대한 검사의 즉시항고권을 삭제하고($\binom{\text{제101조}}{\text{3항 삭제}}$), ③ 사람을 살해한 범죄(종범은 제외한다)로 사형에 해당하는 범죄에 대하여 공소시효를 폐지하고($\binom{\text{제253조}}{\text{의 2}}$), ④ 형집행정지 및 그 연장에 관한 사항을 심의하기 위하여 각 지방검찰청에 형집행정지 심의위원회를 두도록 하고($\binom{\text{제471조}}{\text{의 2}}$), ⑤ 헌법재판소의 헌법불합치결정($\binom{\text{헌재결 2008. 12. 19.}}{\text{2008 헌가 13 등}}$)의 취지에 따라 판결 선고 후 판결 확정 전 미결구금일수($\binom{\text{판결선고 당일의 구금}}{\text{일수를 포함한다}}$) 전부를 본형에 산입하는 것($\binom{\text{제482조}}{\text{1항}}$)이다. 제28차 개정법률은 2016. 1. 6. 공포·시행되었다. 개정법률의 주요 내용은 ① 헌법재판소의 위헌결정($\binom{\text{헌재결 2011. 11. 24.}}{\text{2008 헌마 578}}$)의 취지에 따라 재정신청 기각결정에 대한 즉시항고를 허용하고($\binom{\text{제262조}}{\text{4항 전단}}$), ② 재정신청이 있으면 재정결정이 확정될 때까지 공소시효의 진행이 정지되도록 하고($\binom{\text{제262조의}}{\text{4 제1항}}$), ③ 벌금 등의 분할납부, 납부연기 및 납부대행기관을 통한 납부 등 납부방법에 필요한 사항은 법무부령으로 정하도록 하였다($\binom{\text{제477조}}{\text{6항}}$). 제30차 개정법률은 2016. 5. 29. 공포·시행되었다. 주요 내용은 ① 소송계속 중에 있는 사건의 관계 서류의 열람·복사에 대해서도 피해자·증인 등 사건관계인의 개인정보 공개를 제한할 수 있는 근거를 마련하고($\binom{\text{제35조 1항·}}{\text{3항·4항}}$), ② 진술서 및 그에 준하는 디지털증거의 진정성립은 '과학적 분석결과에 기초한 디지털포렌식 자료, 감정 등 객관적 방법'으로도 인정할 수 있도록 하되, 피고인 아닌 자가 작성한 경우 반대신문권이 보장됨을 명확히 하고($\binom{\text{제313조 1항 본문, 2항·}}{\text{3항, 제314조 본문}}$), ③ 피고인 등 재심을 청구한 사람이 원하지 않는 경우에는 재심무죄판결을 공시하지 않을 수 있도록 하였다($\binom{\text{제440}}{\text{조}}$). 제32차 개정법률($\binom{\text{2017. 12. 19.}}{\text{공포·시행}}$)은 약식명령에 대한 정식재판청구의 남용을 막기 위하여 정식재판청구사건에서의 불이익변경금지의 원칙을 폐지하는 대신 형종상향금지의 원칙을 채택하였다($\binom{\text{제457}}{\text{조의 2}}$).

(4) 2020년 이후의 개정

2020. 2. 4. 개정된 제34차 개정법률($\binom{\text{2021. 1. 1. 시행, 제312조}}{\text{1항은 2022. 1. 1. 시행}}$)은 검경 수사권 조정 및 검찰개혁의 일환으로 이루어졌다. 개정법률은 첫째, 수사지휘권 폐지와 관련하여, 검사와 사법경찰관은 수사, 공소제기 및 공소유지에 관하여 서로 협력하도록 하고($\binom{\text{제195조}}{\text{1항 신설}}$), 경무관, 총경, 경정, 경감, 경위가 하는 모든 수사에 관하여 검사의 지휘를 받도록 하는 규정 등을 삭제하여 경무관, 총경 등은 범죄의 혐의가 있다고 사료하는 때에 범인, 범인사실과 증거를 수사하도록 하였다($\binom{\text{제196}}{\text{조}}$). 둘째, 검사의 수사감독권과 관련하여, ① 검사는 사법경찰관리의 수사과정에서 법령위반, 인권침해 또는 현저한 수사권 남용이 의심되는 사실의 신고가 있거나 그러한 사실을 인식하게 된 경우에는 사법경찰관에게 사건기록 등본의 송부를 요구할 수

있고, 송부를 받은 검사는 필요한 경우 사법경찰관에게 시정조치를 요구할 수 있으며, 검사는 시정조치 요구가 정당한 이유 없이 이행되지 않은 경우에 사법경찰관에게 사건을 송치할 것을 요구할 수 있도록 하였고($^{제197조의}_{3\ 신설}$), ② 검사는 송치사건의 공소제기 여부 결정 또는 공소의 유지에 관하여 필요한 경우 등에 해당하면 사법경찰관에게 보완수사를 요구할 수 있고, 사법경찰관은 정당한 이유가 없는 한 지체 없이 이를 이행하도록 하였다($^{제197조의}_{2\ 신설}$). 셋째, 사법경찰관의 수사종결권과 관련하여, ① 사법경찰관은 범죄를 수사한 때에는 범죄의 혐의가 인정되면 검사에게 사건을 송치하도록 하되, 그 밖의 경우에는 그 이유를 명시한 서면과 함께 관계 서류와 증거물을 검사에게 송부하도록 하였고($^{제245조의}_{5\ 신설}$), ② 검사는 사법경찰관이 사건을 송치하지 아니한 것이 위법 또는 부당한 때에는 그 이유를 문서로 명시하여 사법경찰관에게 재수사를 요청할 수 있도록 하고, 사법경찰관은 요청이 있으면 사건을 재수사하도록 하였으며($^{제245조의}_{8\ 신설}$), ③ 사법경찰관은 사건을 검사에게 송치하지 아니한 경우에는 서면으로 고소인·고발인·피해자 또는 그 법정대리인에게 사건을 검사에게 송치하지 아니하는 취지와 그 이유를 통지하도록 하였고($^{제245조의}_{6\ 신설}$), ④ 사법경찰관으로부터 사건을 검사에게 송치하지 아니하는 취지와 그 이유를 통지받은 사람은 해당 사법경찰관의 소속 관서의 장에게 이의를 신청할 수 있고, 사법경찰관은 이의신청이 있는 때에는 지체 없이 검사에게 사건을 송치하도록 하였다($^{제245조의}_{7\ 신설}$). 넷째, 검사와 사법경찰관의 수사경합과 관련하여, 검사는 사법경찰관과 동일한 범죄사실을 수사하게 된 때에는 사법경찰관에게 사건을 송치할 것을 요구할 수 있고, 요구를 받은 사법경찰관은 지체 없이 검사에게 사건을 송치하도록 하되, 검사가 영장을 청구하기 전에 동일한 범죄사실에 관하여 사법경찰관이 영장을 신청한 경우에는 해당 영장에 기재된 범죄사실을 계속 수사할 수 있도록 하였다($^{제197조의}_{4\ 신설}$). 다섯째, 검사의 영장청구권 행사의 남용을 방지하기 위하여, 검사가 사법경찰관이 신청한 영장을 정당한 이유 없이 판사에게 청구하지 아니한 경우 사법경찰관은 관할 고등검찰청에 영장 청구 여부에 대한 심의를 신청할 수 있고, 이를 심의하기 위하여 각 고등검찰청에 외부 위원으로 구성된 영장심의위원회를 설치하도록 하였다($^{제221조의}_{5\ 신설}$). 여섯째, 특별사법경찰관은 모든 수사에 관하여 검사의 지휘를 받도록 하고($^{제245조의}_{10\ 신설}$), 일곱째, 검사 작성 피의자신문조서의 증거능력과 관련하여, ① 검사가 작성한 피의자신문조서의 실질적 진정성립을 피고인이 부인하는 때에는 영상녹화물 기타 객관적 방법에 의하여 증명할 수 있도록 한 부분을 삭제하였고(제312조 2항 삭제), ② 검사가 작성한 피의자신문조서는 공판준비 또는 공판기일에 그 피의자였던 피고인 또는 변호인이 그 내용을 인정할 때에 한하여 증거로 할 수 있도록 하였다(제312조 1항)(2022. 1. 1. 시행). 이러한 개정과 함께, 2020. 1. 14. 제정되어 2020. 7. 15. 시행된 고위공직자범죄수사처 설치와 운영에 관한 법률(법률 제16863호)은 고위공직자범죄수사처를 설치하고 고위공직자범죄 등에 관하여 수사 및 일부 범죄의 공소제기를 담당시켰고, 2020. 2. 4. 개정되어 2021. 1. 1. 시행된 검찰청법 개정법률(제16908호)은 검사의 수사개시 범위를 엄격하게 제한하였다. 이러한 일련의 조치는 검찰의 권한을 견제하고 약화시키기 위한 검찰개혁의 일환으로 이루어졌다.

　　제35차 개정법률은 2020. 12. 8. 개정되었는데, 개정 내용은 ① 법조일원화에 따라 법무법인·기업 소속 변호사가 법관으로 임용된 경우 일정한 사건에 관하여 퇴직한 날로부터 2년이 경과하지 아니한 때를 제척사유에 포함시키고(제17조 8호·9호 신설)(2021. 6. 9. 시행), ② 조문을 알기 쉬운 법률 문장으로 바꾸는 것(2021. 12. 9. 시행)이다. 제36차 개정법률은 2021. 8. 17. 개정되었는데, 개정 내용은 ① 피고인에 대한 구속 전 심문절차의 영상재판 요건에 "피고인이 출석하기 어려운 특별한 사정이 있고 상당하다고 인정하는 때"를 추가하고(제72조의2 제2항 신설), ② 증인신문의 영상재판 요건의 법문을 수정하였으며(제165조의2 제2항 신설), ③ 공판준비기일의 영상재판에 관해 증인신문 영상재판 규정을 준용하지 않고 해당 조항에서 필요한 내용을 직접 규정하는(제266조의17 신설) 것이다(2021. 11. 18. 시행). 제37차 개정법률은 2021. 12. 21. 개정되었는데, 개정 내용은 검사가 작성한 피의자신문조서의 증거능력에 관한 개정규정은 시행(2022. 1. 1) 후 공소제기된 사건부터 적용하고, 시행 전에 공소제기된 사건에 관하여는 종전의 규정에 따른다(부칙 제1조의2)는 것이다(2022. 1. 1. 시행). 제38차 개정법률은 2022. 2. 3. 개정되었는데, 피고인의 방어권을 실질적으로 보장하기 위하여 구속영장 집행 시에는 피고인에게(제85조 1항·3항)(피의자 준용 제209조), 압수·수색영장 집행 시에는 압수·수색을 받는 피고인에게(제118조)(피의자 준용 제219조) 종래의 영장 제시 외에 그 사본을 교부하도록 추가하였다. 제39차 개정법률은 2022. 5. 9. 개정되었는데(2022. 9. 10. 시행), 검사는 송치요구 등에 따라 사법경찰관으로부터 송치받은 사건 등에 관하여는 동일성을 해치지 아니하는 범위 내에서만 수사할 수 있도록 하고(제196조 2항 신설), 수사기관이 수사 중인 사건의 범죄 혐의를 밝히기 위한 목적으로 합리적인 근거 없이 별개의 사건을 부당하게 수사하는 것을 금지하며, 다른 사건의 수사를 통해 확보된 증거 또는 자료를 내세워 관련 없는 사건에 대한 자백이나 진술을 강요할 수 없도록 하였으며(제198조 4항 신설), 사법경찰관으로부터 수사결과 불송치결정을 받고 이의신청을 할 수 있는 주체에서 고발인을 제외하였다(제245조의7 제1항). 같은 날 개정된 검찰청법 개정법률(제18861호)

$\left(\begin{smallmatrix}2022.\ 9.\\10.\ 시행\end{smallmatrix}\right)$은 검사의 수사개시 범위에서 공직자범죄, 선거범죄, 방위사업범죄, 대형참사 등을 삭제하고, 부패범죄, 경제범죄 등으로 변경하였고, 경찰공무원(다른 법률에 따라 사법경찰관리의 직무를 행하는 자 포함) 및 고위공직자범죄수사처 소속 공무원(파견공무원 포함)이 범한 범죄는 수사를 개시할 수 있음을 명시하였으며$\left(\begin{smallmatrix}제 4 조 1항 1호.\\가목 · 나목\end{smallmatrix}\right)$, 검사는 자신이 수사개시한 범죄에 대하여는 공소를 제기할 수 없도록 하는$\left(\begin{smallmatrix}제 4 조\\2항 신설\end{smallmatrix}\right)$ 한편, 검찰총장은 부패범죄 및 경제범죄에 대한 수사를 개시할 수 있는 부의 직제 및 해당 부에 근무하고 있는 소속 검사 등의 현황을 분기별로 국회에 보고하도록 하였다$\left(\begin{smallmatrix}제24조\\4항 신설\end{smallmatrix}\right)$. 이러한 형사소송법과 검찰청법의 개정 취지는 검사의 수사범위를 더욱 엄격하게 제한하고자 한 것이다.

제2장 형사절차의 이념과 구조

제1절 형사절차의 지도이념 §4

Ⅰ. 형사절차의 목적과 이념

1. 형사절차의 목적

형사소송법에 의하여 형법은 비로소 구체적 사건에 적용될 수 있다. 형법의 [1] 적정한 적용을 위하여는 사건의 진상을 파악하여 범죄에 대한 혐의의 진부를 명백히 하고 죄 있는 자와 죄 없는 자를 구별하여 죄 있는 자를 처벌하고 죄 없는 자를 벌하지 않음으로써 판결의 실질적 정당성을 확보하여야 한다. 이러한 의미에서 형사절차의 최고이념은 실체진실의 발견에 있다고 할 수 있다. 그러나 실체진실의 발견만을 형사절차의 유일한 목적으로 이해할 때에는 ① 오판이 있는 때에는 실체진실이 발견될 때까지 상소나 재심에 의하여 잘못이 시정되어야 하므로 판결의 기판력도 인정해서는 안 될 뿐만 아니라, ② 실체진실을 발견하기 위하여 수사기관은 피의자의 인권을 침해하는 가혹한 수단을 사용하게 되고, 법관도 범죄의 혐의를 밝히는 데 주력하여 피고인은 단순한 심리의 객체로 전락할 위험에 빠지게 된다. 여기서 실체진실의 발견은 어떤 희생을 치르더라도 달성해야 할 형사절차의 유일한 목적이 될 수는 없으며, 실체진실의 발견도 적정절차(due process of law)에서 신속하게 이루어져야 한다는 제한을 받지 않을 수 없게 된다. 이러한 의미에서 형사절차의 목적은 적정절차에 의한 신속한 실체진실의 발견이라고 할 것이다.[1]

---

1 대법원 2008. 2. 29, 2007 도 10414; 대법원 2011. 12. 22, 2011 도 12041.

2. 이념의 상호관계

2   형사절차의 이념 내지 그 목적원리인 실체진실주의, 적정절차와 신속한 재판의 원칙은 규범의 충돌을 일으킬 수 있는 긴장관계에 있는 이념이다. 형사절차의 최고의 이념은 실체진실의 발견에 있다. 물론 적정절차의 원칙도 진실을 발견하기 위한 절차상의 보장이며, 신속한 재판 또한 실체진실을 발견하기 위하여도 요청된다는 의미에서는 적정절차와 신속한 재판의 이념은 실체진실주의와 일치한다고 할 수 있다. 그러나 적정절차와 신속한 재판의 이념은 근본적으로 피고인의 기본권을 보장하고 방어권을 보호하는 것을 이념으로 하는 원리라는 점에서 그것은 실체진실주의와 대립되지 않을 수 없다. 즉 실체진실주의를 추구하면 적정절차와 신속한 재판의 이념은 후퇴하게 되고, 반대로 적정절차와 신속한 재판을 강조하면 실체진실의 발견이 제한되지 않을 수 없다. 이러한 형사절차의 모순된 목적원리를 어떻게 조화할 것인가는 형사소송법의 기본원리를 결정하는 데 중요한 의미를 가지게 된다.

3   형사절차의 목적은 실체진실의 발견에 있고, 적정절차와 신속한 재판은 이 목적을 달성하기 위한 수단으로 이해하는 견해[1]도 있다. 이에 의하면 적정절차와 신속한 재판의 원칙은 실체진실을 발견하기 위한 수단에 관한 원리가 되어 실체진실주의는 적정절차와 신속한 재판에 의하여만 실현되고 제한되는 결과가 된다. 그러나 적정절차와 신속한 재판의 원칙은 형사절차에 있어서 인간의 존엄과 가치를 존중하고 기본적 인권을 보장하여 법치주의를 실현할 수 있게 하는 기본이념이다. 이러한 의미에서 그것은 단순히 실체진실을 발견하기 위한 수단에 그치는 것이 아니라 실체진실주의와 함께 형사절차의 목적원리로 기능한다고 파악해야 한다.[2] 적정절차와 신속한 재판의 원칙이 형사절차의 목적원리가 된다고 할지라도 이념의 상호관계는 실체진실주의가 적정절차와 신속한 재판의 원칙에 의하여 제한되어야 한다는 점에서는 결론을 같이한다.[3] 형사사법의 정의는 형사사법에 있어서의 정의에 의하여만 실현될 수 있기 때문이다.

---

1 Gössel S. 164; Peters S. 83; Tiedemann S. 131; Schmidhäuser, "Zur Frage nach dem Ziel des Strafprozeßes," Eb. Schmidt-FS S. 523.
2 김기두 24면; 백형구 강의, 33면, 36면; 서일교 22면.
3 강구진 30면; 서일교 23면; 차용석/최용성 29면.

Ⅱ. 실체진실주의

1. 실체진실주의의 의의

(1) 실체진실주의의 개념

　실체진실주의(Prinzip der materiellen Wahrheit, the truthfinding function of the   4
process)란 소송의 실체에 관하여 객관적 진실을 발견하여 사안의 진상을 명백히
하자는 주의를 말한다. 즉 법원이 당사자의 사실상의 주장, 사실의 인부 또는 제
출한 증거에 구속되지 않고 사안의 진상을 규명하여 객관적 진실을 발견하려는
소송법상의 원리가 바로 실체진실주의이다. 형사절차는 피고인과 피해자 사이의
법적 분쟁을 해결하기 위한 개인적 관계가 아니라 국가형벌권의 범위와 한계를
확정하여 형벌권을 실현하는 절차이므로 법원이 사안의 진상을 정확히 파악하는
것이 전제가 되어야 한다. 이러한 의미에서 실체진실의 발견은 정당한 판결의 전
제가 되며 정의의 요청이라고 할 수 있고,[1] 따라서 실체진실의 발견은 형사절차
의 최고의 목표이며, 가장 중요한 지도이념이 되지 않을 수 없다.

(2) 실체진실주의와 당사자주의의 관계

　실체진실주의는 법원이 당사자의 주장이나 입증에 관계없이 직권으로 사실   5
심리와 증거조사를 하는 직권주의를 전제로 하므로 실체진실주의가 바로 직권주
의를 의미한다고도 할 수 있다.[2] 그러나 우리 형사소송법은 영미의 당사자주의
소송구조를 대폭 도입하여 당사자주의의 색채를 강하게 띠고 있다. 여기서 직권
주의를 전제로 하는 실체진실주의가 당사자주의와 조화될 수 있는가가 문제된다.
통설은 당사자주의도 실체진실주의에 모순되는 것이 아니라 실체진실주의에 보
다 적합한 구조라고 이해하고 있다.[3] 즉 이해관계 있는 당사자의 공격과 방어에
의하여 보다 많은 증거가 법원에 제출될 수 있고 법관은 제 3 자의 지위에서 공평
한 판결을 선고할 수 있게 되므로 실체진실의 발견을 위하여도 당사자주의가 보
다 효과적인 구조이고, 이러한 의미에서 당사자투쟁주의는 변증법적 진실의 발견
을 위하여 중요한 역할을 한다는 것이다. 그러나 영미의 당사자주의는 원래 실체

---

[1] Kindhäuser 1/12; Krey S. 16.

[2] Kindhäuser 4/22; Meyer-Goßner Einl. Rn. 10; Peters S. 101; Pfeiffer Einl. Rn. 6; Roxin S. 95; Zipf S. 87.

[3] 백형구 강의, 32면; 신동운 12면; 신현주 27면; 차용석/최용성 40면.

진실의 발견보다는 피고인에게 검사와 동일한 지위를 부여하여 개인의 존엄과 이에 근거한 권리를 보장하기 위한 제도라는 점에 참된 가치가 있고, 당사자 사이의 타협에 의하여 실체진실의 발견을 무의미하게 할 위험을 내포하고 있다.[1] 뿐만 아니라 당사자주의가 실체진실주의와 조화되기 위하여는 피고인과 검사 사이의 무기평등의 원칙을 전제로 한다. 그러나 피고인은 법률지식이나 사회적 · 심리적으로 검사와 같은 지위에서 방어할 능력을 가질 수 없다. 즉 순수한 당사자주의는 실체진실주의에 공헌할 수 있는 현실적 여건이 결여되어 있으므로 실체진실주의와 일치할 수 없으며, 당사자주의와 직권주의의 결합이 불가피한 이유도 여기에 있다.

2. 실체진실주의의 내용

(1) 적극적 실체진실주의와 소극적 실체진실주의

6   통설은 실체진실주의를 적극적인 면과 소극적인 면으로 나누어 적극적 실체진실주의와 소극적 실체진실주의를 구별하고 있다.[2] 적극적 실체진실주의란 범죄사실을 명백히 하여 죄 있는 자를 빠짐없이 벌하도록 하는 것이며, 열 사람의 범인이 있으면 열 사람 모두 유죄로 하지 않으면 안 된다는 점을 강조한다. 이에 대하여 소극적 실체진실주의는 죄 없는 자를 유죄로 하여서는 안 된다는 원리로서, 「열 사람의 범인을 놓치는 한이 있더라도 한 사람의 죄 없는 사람을 벌하여서는 안 된다」(Better ten guilty escape than one innocent suffers) 또는 「의심스러운 때는 피고인의 이익으로」(in dubio pro reo)라는 무죄추정의 원리를 강조한다. 대륙의 직권주의적 형사소송구조에서는 전자에 중점이 있었으나 영미의 당사자주의적 형사소송구조에서는 후자에 중점이 있고, 당사자주의가 강화된 형사소송법의 해석에 있어서도 소극적 실체진실주의가 강조되어야 한다는 것이다. 영미의 당사자주의 형사절차에서는 죄 없는 자를 유죄로 오판하는 것을 최소화하는 데 중점이 있는 것은 명백하다.[3] 그러나 죄 없는 자를 유죄로 하는 것은 형사소송에서 배제해야 할 가장 중대한 해악이며, 죄 없는 자를 벌하는 일이 없도록 하여야 형사절차의 이념이 달성될 수 있다는 것은 영미에서 뿐만 아니라 대륙의 형사

---

1 LaFave-Israel-King, *Criminal Procedure*, p. 28.
2 백형구 강의, 35면; 신동운 9면; 차용석/최용성 28면.
3 LaFave-Israel-King p. 30.

절차에서도 자명한 원리이다.[1] 또 소극적 실체진실주의라고 하여 오로지 피고인의 무죄를 증명하기 위하여 재판이 진행되어야 하는 것도 아니다.[2] 따라서 죄 없는 자를 유죄로 하는 일이 없도록 해야 한다는 것이 당연히 강조되어야 한다고 하여도 이는 실체진실주의의 내용에 지나지 아니하며, 적극적 실체진실주의와 소극적 실체진실주의를 구별하는 것은 역사적 의미를 가지는 데 그친다고 해야 한다.

(2) 실체진실주의의 제도적 구현

실체진실주의는 형사절차의 최고의 지도이념이며, 형사절차의 모든 단계, 즉 공판절차뿐만 아니라 수사절차에도 적용되는 이념이다. 형사소송법이 검사와 피고인에게 당사자의 지위를 인정하면서도 검사에게 객관의무를 부여하고 변호인에게 진실의무를 인정하고 있는 것은 바로 실체진실주의 때문이라고 할 수 있다. 실체진실주의를 공판절차에서 구현하기 위한 제도는 다음과 같다.

1) 직권에 의한 증거조사 법원은 증인과 피고인을 신문할 수 있고($\substack{\text{제161}\\\text{조의 2,}}$ $\substack{\text{제296}\\\text{조의 2}}$), 직권에 의하여 증거조사를 할 수 있다($\substack{\text{제295}\\\text{조}}$). 증인신문과 피고인신문에 상호신문제도를 채택하고 증거조사도 당사자의 신청에 의함을 원칙으로 하면서도 직권에 의한 증거조사를 인정한 것은 형사소송의 스포츠화를 방지하고 실체진실 발견의 이념을 구현한 것이라 할 수 있다. 직권에 의한 증거조사가 법원의 권한에 그치는 것이 아니라 법원의 의무라고 해석하는 이유도 여기에 있다.

2) 증거법칙 실체진실의 발견은 합리적 사실인정에 의하여 이루어진다. 형사소송법은 증거법의 기본원칙으로 증거재판주의($\substack{\text{제307}\\\text{조}}$)와 자유심증주의($\substack{\text{제308}\\\text{조}}$)를 규정하고 있다. 합리적 사실인정을 통하여 실체진실주의를 실현하기 위한 원칙이다. 사실을 인정하는 과정에 적용되는 증거법칙도 실체진실주의와 깊은 관계를 가진다. 위법수집증거($\substack{\text{제308조}\\\text{의 2}}$)·임의성 없는 자백($\substack{\text{제309}\\\text{조}}$)이나 전문증거의 증거능력($\substack{\text{제310조}\\\text{의 2}}$)을 배제하는 것은 물론 자백의 보강법칙($\substack{\text{제310}\\\text{조}}$)도 실체진실주의의 정신이 표현된 법칙이다.

3) 상소와 재심제도 실체진실주의는 오판의 방지뿐만 아니라 오판의 시정도 내용으로 한다. 따라서 미확정의 재판에 대하여 상급법원에 오판의 시정을 구하기 위한 상소제도와 유죄의 확정판결에 대한 재심제도는 모두 실체진실주의를

7

8

9

10

---

1 Pfeiffer KK Einl. Rn. 1; Tiedemann S. 135; Schmidhäuser, *a.a.O.* S. 522; Stock, "Das Ziel des Strafverfahrens," Mezger-FS S. 453.

2 Meyer-Goßner Einl. Rn. 8.

실현하는 제도이다.

3. 실체진실주의의 한계

11   실체진실주의는 형사소송법의 최고이념이지만 형사절차의 유일한 목적이 될 수는 없다. 실체진실주의가 형사절차의 목적원리인 적정절차와 신속한 재판의 원칙에 의하여 제약받지 않을 수 없다는 것은 앞에서 본 바와 같다. 적정절차가 실체진실주의에 대한 법치국가적 원리에 의한 제약이라 한다면, 신속한 재판의 원칙은 그 시간적 제약을 의미한다고 할 수 있다. 이념의 충돌에 의한 실체진실주의의 한계 이외에도 실체진실주의는 다음과 같은 제약을 받지 않을 수 없다.

(1) 사실상의 제약

12   실체진실주의라 하여 절대적이고 객관적인 진실을 발견하는 것은 사람의 힘으로는 지극히 어려운 일이다. 법관도 사람인 이상 인간의 능력과 한계를 넘을 수는 없기 때문이다. 여기서 실체진실의 발견도 법관의 주관적 확신에 의존하지 않을 수 없고, 사실의 인정에 있어서는 합리적 의심 없는(beyond reasonable doubt) 또는 고도의 개연성(hohe Wahrscheinlichkeit)으로 충분하다고 하지 않을 수 없는 사실상의 제약을 받게 된다.

(2) 초소송법적 이익에 의한 제약

13   실체진실주의는 소송법적 이익에 우월하는 초소송법적 이익에 의하여 제한을 받는 경우가 있다. 예컨대 군사상·공무상 또는 업무상 비밀에 속하는 장소 또는 물건에 대한 압수·수색이 제한되고($\substack{제110조\ 내지\\제112조}$), 공무상 또는 업무상 비밀에 속하는 사항과 근친자의 형사책임에 불이익한 사항에 대하여 증언을 거부할 수 있도록 규정하고 있는 것($\substack{제147조\ 내지\\제149조}$)은 실체적 진실발견이라는 소송법적 이익보다 국가적·사회적·개인적 이익의 우위를 인정한 것이다.

Ⅲ. 적정절차의 원리

1. 적정절차원리의 의의

14   형사소송법은 국가의 정치상황과 그 기본질서가 그대로 반영되는 법률이다. 형사소송법을 헌법의 지진계(Seismograph der Staatsverfassung)라고 하는 이유도 여

기에 있다.[1] 따라서 형사소송법은 헌법의 기본원칙 특히 법치국가원리와 일치해야 한다. 적정절차란 헌법정신을 구현한 공정한 법정절차에 의하여 형벌권이 실현되어야 한다는 원칙을 말한다.

> 적정절차는 영국의 마그나 카르타(Magna Charta)에서 유래하여 버지니아주 헌법을 통하여 미국 수정 헌법 제5조에 「누구든지 법의 적정절차에 의하지 않고는 생명·자유·재산을 침해받지 않는다」고 규정된 것이며, 독일에서도 법치국가원리의 당연한 내용으로 인정되고 있다.

헌법 제12조 1항이 「누구든지 법률에 의하지 않고는 체포·구속·압수·수　　15
색 또는 심문을 받지 아니하며, 법률과 적법한 절차에 의하지 아니하고는 처벌·보안처분 또는 강제노역을 받지 아니한다」고 규정하고 있는 것은 적정절차의 원칙을 규정하고 있는 일반조항이라고 할 수 있다. 헌법은 이 이외에도 영장주의($^{제12조}_{3항}$), 체포·구속적부심사제도($^{동조}_{제6항}$), 무죄추정권($^{제27조}_{4항}$), 묵비권($^{제12조}_{2항}$), 변호인의 도움을 받을 권리($^{동조}_{제4항}$), 신속한 공개재판을 받을 권리($^{제27조}_{3항}$) 및 형사보상청구권($^{제28}_{조}$) 등 형사피고인과 피의자의 기본권을 규정하여 형사소송의 헌법화(constitutionalization of criminal procedure)를 확립하고 있으며, 이러한 헌법적 원리는 형사소송의 가장 중요한 지주가 된다.[2]

형사피고인(피의자)의 기본적 인권을 포함한 헌법의 기본권존중주의의 근본　　16
규범은 인간의 존엄과 가치이므로, 헌법적 형사절차의 기본이념 내지 법치국가적 형사절차의 최고원리는 인간의 존엄과 가치를 인정하고 기본적 인권을 보장하는 데 있다고 해야 한다.[3] 그것은 ① 민주사회에 있어서 모든 사람은 인간으로서의 존엄을 가지므로 형사피고인(피의자)의 존엄도 인정되어야 하고, ② 범죄진압의 수단은 사회의 가장 기본적인 정치이념을 반영하는 것이므로 형사절차에서 이를 인정하지 않으면 정치의 다른 규제에도 영향을 미치게 되며, ③ 형사절차에서 국민의 신뢰와 법의 존중은 인간의 존엄을 인정하는 것을 전제로 하므로 형사사법에 있어서 수단의 남용은 국가의 안전 자체를 위태롭게 하는 것이기 때문이다.[4] 이러한 의미에서 인간의 존엄과 가치를 인정하고 형사피고인(피의자)의 기본적 인

1　Pfeiffer KK Einl. Rn. 23; Roxin S. 9; Zipf S. 16.

2　LaFave-Israel-King p. 44.

3　Gössel S. 165; Pfeiffer KK Einl. Rn. 28; Tiedemann S. 134.

4　LaFave-Israel-King p. 33.

권을 보장하는 절차에서 국가형벌권을 실현해야 한다는 적정절차의 이념은 형사
절차의 지도이념이 되지 않을 수 없다. 인간의 존엄과 가치를 인정하고 적정절차
를 최고의 이념으로 삼는 형사절차는 인간을 단순한 소송의 객체로 취급하는 것
을 금지하며, 따라서 피고인은 소송의 주체로서 독립된 권리를 가지고 방어권을
행사할 수 있게 된다.[1]

2. 적정절차원리의 내용

적정절차원리의 내용으로는 공정한 재판의 원칙, 비례성의 원칙, 피고인보호
의 원칙 외에 형사소송법에 명문화된 후 그 중요성이 날로 커지고 있는 위법수집
증거배제법칙을 들 수 있다.

(1) 공정한 재판의 원칙

17   공정한 재판의 원칙이란 독립된 법관에 의하여 인간의 존엄과 기본적 인권
을 존중하며 정의와 공평을 이념으로 하는 재판이 행하여져야 한다는 것을 말한
다. 적정절차의 원칙은 적정한 절차가 마련될 뿐만 아니라 절차가 공정하게 운용
될 것도 요구한다. 따라서 공정한 재판의 원칙은 재판의 신뢰를 얻기 위한 본질
적 요소로서 법치주의에 내재하는 원칙[2]이라고 할 수 있다.

공정한 재판의 원칙은 공평한 법원의 구성과 피고인의 방어권보장 및 무기
평등의 원칙을 내용으로 한다.

18   1) 공평한 법원의 구성   공정한 재판은 공평한 법원의 구성을 전제로 한
다. 공평한 법원은 독립성이 보장되는 법관에 의하여 구성될 것을 요구한다. 그러
나 법관에 의하여 구성된 법원이라 할지라도 편파적인 재판을 할 위험이 있는 법
관에 의한 재판은 공평한 법원이라 할 수 없다. 제척·기피·회피제도$\left(\substack{\text{제17조 내지} \\ \text{제24조}}\right)$
가 바로 공평한 법원을 구성하기 위한 제도이다.

19   2) 피고인의 방어권보장   공정한 재판의 원칙은 방어권의 보장에 의하여 실
현될 수 있다.[3] 제 1 회 공판기일의 유예기간$\left(\substack{\text{제269} \\ \text{조}}\right)$, 피고인의 공판정출석권$\left(\substack{\text{제276} \\ \text{조}}\right)$,

---

1 Meyer-Goßner Einl. Rn. 24; Roxin S. 10; Schäfer S. 95; Rüping, "Der Schutz der Menschen-
   rechte im Strafverfahren," ZStW 91, 351.
   이러한 의미에서 피고인의 소송주체로서의 지위는 당사자주의의 결론이 아니라 적정절차
   내지 법치국가원리의 결론이라 할 수 있다

2 Beulke 2/28; Pfeiffer Einl. Rn. 21, KK Einl. Rn. 28; Roxin S. 76; Schäfer LR Einl. 6, Rn. 18;
   Tiedemann S. 139.

3 Schroeder S. 30.

피고인의 진술권($\frac{\text{제}286}{\text{조}}$)과 진술거부권($\frac{\text{제}283\text{조}}{\text{의}\,2}$), 증거신청권($\frac{\text{제}294}{\text{조}}$)과 증거보전청구권($\frac{\text{제}184}{\text{조}}$) 등은 이러한 의미에서 공정한 재판을 위한 원칙이라고 할 수 있다.

　　3) **무기평등의 원칙**　　　　검사와 피고인 사이의 무기평등의 원칙도 공정한 재판　　20
의 원칙에서 파생한 원칙이다.[1] 그러나 검사와 피고인 사이의 실질적인 무기평
등은 피고인이 검사와 같이 수사의 주체가 될 때에만 달성될 수 있다. 그러나 피
고인은 검사와 같은 정도의 권한을 가질 수는 없다. 형사소송법은 피고인에게 변
호인의 조력을 받을 권리를 인정하고 피고인이 스스로 변호인을 선임할 수 없을
때에는 국선변호인을 선임하여 줄 뿐만 아니라, 검사에게도 객관의무를 부여하여
무기평등의 원칙을 실현하려고 하고 있다.

　　(2) **비례성의 원칙**

　　비례성의 원칙이란 국가형벌권의 실현을 위한 수단으로서의 강제처분은 구　　21
체적 사건의 개별적·사실적 상황을 고려하여 소송의 목적을 달성하는 데 적합하
고, 다른 수단에 의하여는 그 목적을 달성할 수 없을 뿐 아니라 이와 결합된 침
해가 사건의 의미와 범죄혐의의 정도에 비추어 상당해야 한다는 것, 즉 목적과 수
단, 목표와 방법, 침해와 공익 사이에 비례가 유지되어야 한다는 원칙을 말한
다. 그것은 법치국가원리와 기본권의 본질에서 유래하여 전체 형사절차를 지배하
는 헌법상의 원칙이다. 과잉금지의 원칙이라고도 한다. 비례성의 원칙은 체포·
구속·압수·수색 등의 강제처분이 법적으로 허용되는 경우에도 그 명령과 집행
또는 계속을 한계짓는 기능을 한다.[2]

　　(3) **피고인보호의 원칙**

　　헌법의 민주적 기본질서는 자유민주적 기본질서와 사회민주적 기본질서의　　22
총합개념이므로 자유주의의 요소와 함께 사회적 법치주의 내지 복지주의가 결합
되어 있다. 헌법의 사회적 법치주의가 형사소송에 구현된 것이 바로 법원의 보호
의무의 원칙이다. 이 원칙으로 인하여 법원은 피고인에게 정당한 방어의 가능성
을 고지하고 일정한 소송행위의 법적 결과를 설명하고 권리의 행사를 가르쳐 주
어야 한다. 피고인에 대한 진술거부권의 고지($\frac{\text{제}283\text{조의}}{2\;\text{제}\,2\,\text{항}}$), 퇴정한 피고인에 대한 증

1　Pfeiffer KK Einl. Rn. 29; Roxin S. 77; Rüping ZStW 91, 359; Volger, "Straf– und strafver–
　fahrensrechtliche Fragen in der Spruchpraxis der Europäischen Kommission," ZStW 89, 778.

2　Meyer–Goßner Einl. Rn. 21; Pfeiffer Einl. Rn. 23, KK Einl. Rn. 31; Schäfer LR Einl. Rn. 11;
　Rüping ZStW 91, 378.

인·감정인 또는 공동피고인의 진술요지의 고지($^{제297조}_{2항}$), 증거조사결과에 대한 의견과 증거조사신청에 대한 고지($^{제293}_{조}$), 상소에 대한 고지($^{제324}_{조}$) 및 피고인을 구금할 때에 범죄사실의 요지와 변호인을 선임할 수 있음을 고지할 것을 요구하고 있는 것($^{제72}_{조}$)이 피고인에 대한 보호의무에 해당한다. 보호의무의 위반에 의하여 피고인의 방어권이 침해된 때에는 상고이유가 된다($^{제383조}_{1호}$).

(4) 위법수집증거배제법칙

23   적정절차원리를 구현하려면 국가기관이 공정성을 유지하고 적정절차를 위배하지 않도록 보장하는 법적 장치가 필요하다. 국가기관이 위법행위를 하지 못하도록 하는 가장 효과적인 방법 중 하나는 위법행위를 통하여 얻은 결과물을 사용하지 못하도록 함으로써 국가기관으로 하여금 위법행위의 동기를 원천적으로 제거하는 것이다. 따라서 국가기관이 적정절차를 위배하여 수집한 증거는 적정절차의 보장을 위하여 그 증거능력이 부정되어야 한다. 이러한 원리를 위법수집증거배제법칙이라고 한다. 형사소송법은 「적법한 절차에 따르지 아니하고 수집한 증거는 증거로 할 수 없다」($^{제308조}_{의2}$)고 규정하여, 위법수집증거배제법칙을 명문으로 규정하고 있다.

Ⅳ. 신속한 재판의 원칙

1. 신속한 재판의 의의

(1) 신속한 재판의 원칙

24   신속한 재판은 원래 적정절차 특히 피고인보호의 원칙의 내용으로 이해되던 것이었으나 점차 독립성이 인정되어 형사소송의 일반적 지도이념이 되었다고 할 수 있다.[1] 베이컨이 「사법은 신선할수록 향기가 높다」라고 한 것이나, 「재판의 지연은 재판의 거부와 같다」(Justice delayed, justice denied)라는 법언은 바로 재판의 신속이 형사소송의 목적임을 표현한 것이라 할 수 있다. 헌법 제27조 3항은 신속한 재판을 받을 권리를 형사피고인의 기본적 인권으로 보장하고 있다.

---

1 Meyer–Goßner Einl. Rn. 160; Zipf S. 88.

신속한 재판을 받을 권리는 영국의 법 전통에 뿌리를 두고 1215년 마그나 카르타에서 처음으로 선언된 것이었다. 미국 수정 헌법 제6조는 「모든 형사사건에서 피고인은 신속한 재판을 받을 권리를 가진다」고 규정하고 있으며, Klopfer사건[1] 이후에 법원이 이 권리는 연방법원뿐만 아니라 주법원에도 적용되는 기본적 권리임을 확인하여 현재 모든 주의 헌법이 명문으로 규정하고 있다.[2]

(2) 신속한 재판의 필요성

신속한 재판은 주로 피고인의 이익을 보호하기 위하여 인정된 원칙이지만 동시에 실체진실의 발견, 소송경제, 재판에 대한 국민의 신뢰와 형벌목적의 달성과 같은 공공의 이익에도 그 근거를 두고 있다.[3] 25

1) **피고인의 이익보호** 신속한 재판의 이념은 피고인의 기본권보호에 중점 26
이 있다. 미국 연방법원은 Smith사건[4]에서 신속한 재판에 대한 헌법상의 권리는 형사사법의 세 가지 기본적 요구를 충족하기 위한 것이라고 판시하였다. 즉 그것은 피고인에 대한 재판 전의 부당한 장기구금을 방지하고, 재판에 대한 불안과 재판이 진행되는 동안의 일반의 비난을 최소화할 뿐만 아니라, 동시에 재판이 진행되는 동안 피고인의 방어능력이 침해될 가능성을 없애기 위한 것이라고 한다. 소송의 지연으로 인하여 증인이 사망하거나 행방불명이 된 때에는 피고인에 대한 현실적 피해가 명백하다고 할 것이므로 이를 방지하기 위하여도 신속한 재판이 필요하다는 것이다.[5]

2) **공익의 보호** 신속한 재판은 소송이 지연되면 증거가 멸실 또는 왜곡되 27
는 경우가 허다하여 실체진실의 발견이 저해된다는 의미에서 실체진실의 발견을 위하여도 필요하다. 소송의 지연은 또한 형벌의 일반예방적 효과는 물론 피고인의 사회복귀에도 유해한 결과를 초래하여 형벌의 목적을 달성하는 데 지장을 가져오고, 형사절차에 소요되는 비용과 노력을 더하게 할 뿐이다. 특히 장기간의 구속은 막대한 비용을 필요로 한다.[6] 이러한 의미에서 신속한 재판의 원칙에는 사회적 이익이 포함되어 있으며, 그것은 피고인뿐만 아니라 국가를 위하여도 필

---

1 Klopfer v. North Carolina, 386 U.S. 213(1967).
2 LaFave-Israel-King p. 859; Saltzburg-Capra, *American Criminal Procedure*, p. 1094.
3 헌재결 1995. 11. 30, 92 헌마 44.
4 Smith v. Hooey, 393 U.S. 374(1969).
5 LaFave-Israel-King p. 859; Saltzburg-Capra p. 1095.
6 Barker v. Wingo, 407 U.S. 514(1972).

요한 형사소송의 기본적 요구라 할 수 있다. 즉 검사는 형벌권의 조기실현이라는 의미에서, 법원은 소송의 부담경감이라는 관점에서 신속한 재판을 필요로 하게 된다.

28　　신속한 재판의 법리가 피고인의 기본권으로 요구된 것임에 반하여, 국가의 입장에서 요구되는 소송의 신속성을 소송촉진이라고 한다. 그러나 신속한 재판이 피고인의 이익뿐만 아니라 국가의 이익을 위하여도 필요한 것이라는 점에서 보면, 재판의 신속과 소송의 촉진은 이율배반적인 것이 아니므로 소송의 촉진 또한 부정할 수 없다. 다만, 신속한 재판의 법리는 헌법이 보장하고 있는 피고인의 기본권이라는 관점에서 파악되어야 하므로 소송의 촉진도 피고인의 기본권의 보장과 조화되어야 한다. 따라서 소송의 촉진이라 할지라도 피고인의 기본권을 무시하고 재판의 적정과 공정을 해하는 졸속재판은 신속한 재판의 이념에 반하여 허용되어서는 안 된다.

2. 재판의 신속을 위한 제도

29　　신속한 재판의 원칙은 공판절차뿐만 아니라 모든 형사절차에서 적용되는 원칙이다. 따라서 신속한 재판을 위하여는 수사와 공소제기에 대한 신속한 결정과 공판절차의 신속한 진행이 필요하다. 소송촉진 등에 관한 특례법에는 소송촉진을 위한 여러 규정이 있지만 형사소송법에도 신속한 재판의 이념이 구현된 여러 규정을 찾아볼 수 있다.

(1) 수사와 공소제기의 신속을 위한 제도

30　　1) 검사와 사법경찰관의 협력　　형사소송법이 검사와 사법경찰관의 수사, 공소제기 및 공소유지에 관한 협력의무를 규정한 것은($제195조\atop1항$) 신속한 수사를 위한 제도이다.[1]

31　　2) 수사기관의 구속기간 제한　　수사를 신속히 종결하여 공소를 제기하는 것은 신속한 수사를 위하여 당연히 요구된다. 입법례에 따라서는 공소제기의 기간을 제한하는 곳도 있으나,[2] 우리 형사소송법에는 제한규정은 없다. 다만, 검사와 사법경찰관의 구속기간을 제한하는 규정($제202조,\atop제203조$)은 적어도 구속사건에 대하여는 간접적으로 수사를 신속하게 하는 의미를 가진다.

---

[1] 이창현 26면.
[2] 예컨대 캘리포니아주에서는 예비신문 후 15일 이내에 공소장을 제출하도록 하고 있고, 1974년의 미국 연방소송촉진법(Federal Speedy Trial Act)은 체포되거나 소환된 날로부터 30일 이내에 공소장을 제출하도록 하고 있다(LaFave-Israel-King p. 868; Saltzburg-Capra p. 1115).

3) 기소편의주의   신속한 재판의 법리가 반드시 신속한 공소제기를 요구하   32
는 것은 아니다. 피의자를 수사종결단계의 불기소처분에 의하여 신속히 형사절차
에서 해방시키는 것이 신속한 재판의 이념과 일치하기 때문이다.[1] 이러한 의미
에서 검사가 형법 제51조의 사항을 참작하여 공소를 제기하지 아니할 수 있고
($^{제247}_{조}$), 제 1 심 판결선고 전까지 공소를 취소할 수 있도록 한($^{제255}_{조}$) 기소편의주의
와 기소변경주의도 신속한 재판의 이념을 실현하는 것이라 할 수 있다.

4) 공소시효   일정한 기간 동안 공소를 제기하지 않으면 공소권을 행사할   33
수 없게 하는 공소시효제도($^{제249}_{조}$)도 신속한 재판의 이념에서 유래한 것이다.[2]
공소제기된 사건에 대하여 25년 동안 판결의 확정이 없으면 공소시효가 완성된
것으로 보는 규정($^{동조}_{제2항}$)은 영구미제사건을 형식재판으로 종결하기 위한 것으로
피고인을 위하여 신속한 재판을 보장하기 위한 규정은 아니나,[3] 조기 재판종결
에 간접적으로 기여한다는 의미에서는 신속한 재판의 이념과 일치된다.

(2) 공판절차의 신속한 진행을 위한 제도

1) 공판준비절차   공소장부본의 송달($^{제266}_{조}$), 공판기일의 지정과 변경($^{제267조,}_{제270조}$),   34
공판기일 전의 증거조사와 증거제출($^{제273조,}_{제274조}$) 등의 공판준비절차는 공판기일에서의
심리의 원활과 신속을 위한 제도이므로 이에 의하여 공판기일에서의 신속한 재판
이 이루어질 수 있게 된다. 제 1 회 공판기일 전에 쟁점과 증거를 정리하기 위하
여 신설된 공판준비절차($^{제266조의}_{5\ 내지\ 14}$) 및 기일간 공판준비절차($^{제266조}_{의\ 15}$)도 재판의 신속하
고 충실한 진행을 위해 도입된 제도이다.

2) 심판범위의 한정   법원의 심판범위를 공소장에 기재된 공소사실에 제한   35
하는 것은 피고인의 방어준비에 주된 목적이 있으나 동시에 공판심리의 신속을
위하여도 기여한다.

3) 궐석재판제도   형사소송법은 구속된 피고인이 정당한 이유 없이 출석을   36
거부하고 교도관리에 의한 인치가 불가능하거나 현저히 곤란하다고 인정되는 때
에는 피고인의 출석 없이 공판절차를 진행할 수 있고($^{제277조}_{의2}$), 약식명령에 대하여
정식재판을 청구한 피고인이 공판기일에 2회 불출석한 경우에도 궐석재판을 할
수 있게 하고 있다($^{제458조}_{2항}$). 이는 형사절차의 신속한 진행을 가능하게 하기 위한

---

1 Schmidhäuser, *a.a.O.* S. 513.
2 이은모/김정환 23면; 이창현 26면; 임동규 12면.
3 강구진 265면; 서일교 295면.

규정이다.

37　　　4) **집중심리주의**　　　　신속한 재판의 원칙은 공판절차에서 집중심리주의를 요구한다. 집중심리주의 또는 계속심리주의는 심리에 2일 이상을 요하는 사건은 연일 계속하여 심리해야 한다는 원칙을 말한다. 형사소송법은 「① 공판기일의 심리는 집중되어야 한다. ② 심리에 2일 이상이 필요한 경우에는 부득이한 사정이 없는 한 매일 계속 개정하여야 한다. ③ 재판장은 부득이한 사정으로 매일 계속 개정하지 못하는 경우에도 특별한 사정이 없는 한 전회의 공판기일부터 14일 이내로 다음 공판기일을 지정하여야 한다」라고 규정하여 집중심리주의를 선언하고 있다($\frac{제267조}{의2}$). 특정강력범죄의 처벌에 관한 특례법도 「① 법원은 특정강력범죄사건의 심리를 하는 데에 2일 이상이 걸리는 경우에는 가능하면 매일 계속 개정하여 집중심리를 하여야 한다. ② 재판장은 특별한 사정이 없으면 직전 공판기일부터 7일 이내에 다음 공판기일을 지정하여야 한다」고 규정하고 있다($\frac{동법}{제10조}$).

38　　　5) **재판장의 소송지휘권**　　　　재판장의 소송지휘권($\frac{제279}{조}$)은 소송진행의 원활과 신속을 위하여 인정된 것이다. 즉 재판장의 공판기일의 지정($\frac{제267}{조}$)과 변경($\frac{제270}{조}$), 증거신청에 대한 결정($\frac{제295}{조}$), 불필요한 변론의 제한($\frac{제299}{조}$), 변론의 분리와 병합($\frac{제300}{조}$) 등에 대한 소송지휘권의 적절한 행사에 의하여 비로소 신속한 재판의 이념이 실현될 수 있다. 이러한 의미에서 적정한 기일지정과 쟁점을 중심으로 하는 적절한 소송지휘권의 행사는 신속한 재판을 실현하는 최선의 방책이 된다고 하겠다.

39　　　6) **구속기간 · 판결선고기간의 제한**　　　　형사소송법은 심급에 따라 구속기간을 제한하고 있다($\frac{제92}{조}$). 구속기간의 제한은 구속사건에 관하여는 신속한 재판을 위하여 기여하게 된다.[1] 소송촉진 등에 관한 특례법은 판결선고기간을 제한하고 있다. 즉 판결의 선고는 제 1 심에서는 공소가 제기된 날로부터 6개월 이내에, 항소심 및 상고심에서는 기록을 송부받은 날부터 4개월 이내에 하여야 하며($\frac{동법}{제21조}$), 약식명령은 그 청구가 있는 날로부터 14일 이내에 하여야 한다($\frac{동법}{제22조}$). 형사소송법은 「판결의 선고는 변론을 종결한 기일에 하여야 한다. 다만, 특별한 사정이 있는 때에는 따로 선고기일을 지정할 수 있고, 그 선고기일은 변론종결 후 14일 이내로 지정되어야 한다」고 규정하고 있다($\frac{제318조}{의4}$). 또 특정강력범죄의 처벌에 관

---

[1] 구속기간 내에 재판을 하면 되는 것이고 구속만기 25일을 앞두고 제 1 회 공판이 있었다 하여 헌법에 정한 신속한 재판을 받을 권리를 침해하였다 할 수 없다(대법원 1990. 6. 12, 90도 672).

한 특례법은 특정강력범죄사건에 대한 판결의 선고는 특별한 사정이 있는 경우에
도 변론종결일로부터 14일을 초과하지 못한다고 규정하고 있다($\frac{동법}{제13조}$).

　　그러나 사건의 성질과 심리의 난이를 고려하지 않고 판결선고기간을 결정한
다는 것은 졸속재판을 초래할 위험이 있으므로 입법론상 타당하다고 할 수 없으
며, 위 기간도 훈시기간에 지나지 않는다고 하겠다.

　　입법례에 따라서는 공소제기 후 일정한 기간 안에 공판의 개시를 요구하는 곳도 있
　　다. 예컨대 미국의 뉴욕주에서는 특별한 이유가 없으면 차기개정기 내에, 캘리포니
　　아주에서는 중죄의 경우는 60일, 경죄의 경우는 30일 이내에 제 1 회 공판기일을 열
　　지 않으면 안 되고, 연방소송촉진법은 공소제기 후 70일 이내에 공판이 개시되어야
　　한다고 규정하고 있다.[1] 형사소송법에는 이런 제한이 없으므로 제 1 회 공판기일의
　　지정은 법원의 재량에 속한다.

　　형사소송법이 대표변호인제도를 도입하여 수인의 변호인이 선임된 경우에 3　　**40**
인 이내의 대표변호인을 지정하여 서류송달 및 통지의 대상을 대표변호인에게 제
한하고($\frac{제32조}{의2}$), 소송지연의 목적임이 명백한 법관기피신청을 기각사유에 추가함으
로써 기피신청의 남용을 방지하고자 한 것($\frac{제20조}{1항}$)도 형사절차의 신속한 진행을 위
한 제도이다.

(3) 상소심재판의 신속을 위한 제도

　　1) 상소기간 등의 제한　　　　형사소송법이 상소기간($\frac{제358조,}{제374조}$), 상소기록의 송부기　　**41**
간($\frac{제361조,}{제377조}$), 상소이유서 또는 답변서제출기간($\frac{제361조의 3,}{제379조}$) 등 상소에 관하여 기간을
제한하고 있는 것도 신속한 재판을 위한 제도이다.

　　2) 상소심의 구조　　　　형사소송법이 상소심의 구조에 관하여 상고심은 순수한　　**42**
사후심으로 하고, 항소심에 관하여는 속심적 성격을 유지하면서도 항소이유와 항
소심의 심판범위를 제한하는 등 사후심의 성격을 띤 규정을 두고 있는 것은 상소
남용의 폐해를 억제하고 소송경제를 도모하는 것으로 신속한 재판에 기여한다고
할 수 있다.

(4) 재판의 신속을 위한 특수한 공판절차

　　형사소송법은 특수한 공판절차에 의하여 신속한 재판의 이념을 실현하기 위　　**43**
하여 간이공판절차와 약식절차를 마련하고 있다. 이는 공판절차를 측면에서 수정

1　LaFave-Israel-King p. 868; Saltzburg-Capra p. 1115.

하여 신속한 재판을 실현하는 제도이다. 간이공판절차에서는 증거조사방법의 간
이화와 증거동의의 의제에 의하여 신속한 재판이 실현되며 형사소송법은 합의부
관할사건도 간이공판절차에 의하여 심판할 수 있게 하였다(제286조의2). 약식절차도 정
식의 공판절차에 의하지 않고 서면심리에 의하여 재판이 신속히 이루어진다. 약
식절차에 있어서 정식재판청구기간을 제한하고(제453조) 제 1 심 판결선고 전까지는
이를 취하할 수 있도록 한 것도(제454조) 신속한 재판을 실현하기 위한 것이다.

3. 신속한 재판의 침해와 그 구제

(1) 재판지연의 판단기준

44		어느 정도의 심리의 지연을 신속한 재판의 원칙에 위반하였다고 할 것이냐
에 대하여 명백한 기준이 없다는 점에서 신속한 재판을 받을 권리는 다른 절차적
권리에 비하여 애매한 개념이다. 결국 심리에 필요한 적절한 기간은 심리의 방법
과 사건의 성질, 이 원칙의 의의와 목적을 고려하여 구체적으로 판단할 수밖에
없다.[1]

> 미국 연방대법원도 재판지연의 판단기준으로 제반 사정을 비교·교량하는 총합판단
> (balancing test)을 채택하고 있다. 특히 Barker사건에서는 여기서 고려해야 할 사정
> 으로 지연의 기간, 지연의 이유, 피고인의 권리주장의 유무, 피고인이 입은 불이익을
> 들고 있다.[2]

구체적인 판단자료는 다음과 같다.

45		1) 지연의 기간	신속한 재판에 위반하였다고 하기 위하여는 상당한 장기
간의 심리중단이 있어야 한다. 기준이 되는 기간은 수사개시 시부터 판결확정 시
까지의 기간이다. 그러나 신속한 재판이란 상대적 개념에 불과하여 지연기간도
획일적으로 확정할 수는 없으므로 수사기관이나 법원이 의무를 다하였을 때의 적
합한 기간을 초과하였을 때,[3] 즉 구체적인 상황에 비추어 비합리적인 장기간인
때[4]에 신속한 재판의 원칙에 반한다고 하지 않을 수 없다.

---

1 Meyer–Goßner MRK § 6, Rn. 6; Volger ZStW 89, 779.

2 Barker v. Wingo, 407 U.S. 514(1972).

3 Peters S. 210.

4 LaFave–Israel–King p. 863.

2) **지연의 이유**　　재판지연의 이유가 피고인의 적극적인 심리지연에 있거나 46
피고인 측의 사정에 기인한 때에는 재판지연을 이유로 피고인을 구제할 필요가
없다. 그러나 그것이 검사나 법원의 태만에 의하거나 과중한 부담으로 인한 때에
는 재판의 지연이 된다. 이에 반하여 예컨대 증인의 소재가 불명하게 된 경우와
같은 확실한 이유가 있는 때에는 적절한 범위의 지연은 정당화된다.[1]

3) **피고인의 요구**　　종래 미국에서는 피고인의 적법한 요구가 없으면 신속한 47
재판을 받을 권리를 포기한 것으로 보아야 한다는 요구법리(demand doctrine)가
지배하고 있었다.[2] 그러나 Barker사건에서 피고인의 요구는 절대적인 요소가 아
니라 고려해야 할 하나의 사정에 지나지 않게 되었다. 피고인에게 신속한 재판을
보장하는 것은 법원과 검사의 의무이므로 피고인의 요구가 없다는 이유로 헌법상
의 신속한 재판을 받을 권리의 보장을 부정할 수는 없다.

4) **피고인의 불이익**　　재판의 지연으로 피고인에게 현실적인 불이익이 있을 48
때에는 신속한 재판의 원칙에 반하였다고 해야 한다. 그러나 신속한 재판을 받을
권리는 기소 전의 장기구금과 피고인의 불안 및 방어권의 침해가능성을 제한하는
데 의의가 있으므로 피고인에게 현실적인 불이익이 있어야 재판의 지연이 된다는
것은 타당하다고 할 수 없다. 신속한 재판이 피고인의 이익을 위한 것인 이상 심
리의 지연은 당연히 피고인의 불이익이 되기 때문이다.

요컨대 재판의 지연인가를 판단함에 있어서는 피고인의 요구나 현실적인 불
이익만을 문제삼을 것이 아니라 지연의 기간과 그 이유를 종합하여 판단해야 한다.

(2) **재판지연의 구제책**

1) **비교법적 고찰**　　신속한 재판의 원칙을 위반한 경우에 피고인을 어떻게 49
구제할 것인가에 대하여 비교법상으로 볼 때 그 태도가 반드시 일치하는 것은 아
니다.

미국의 판례는 피고인의 신속한 재판을 받을 권리를 침해할 때에는 공소를
기각해야 한다는 태도를 취하고 있다. 즉 Strunk사건에서 미국 연방법원은 신속
한 재판을 보장하기 위하여는 공소기각이 유일한 수단이 되어야 한다(dismissal
must remain the only possible remedy)고 판시하였다.[3] 연방형사소송규칙도 재판

---

1 LaFave–Israel–King p. 865.
2 Dickey v. Florida, 398 U.S. 30(1970).
3 United States v. Strunk, 467 F. 2d 969(1972).

지연의 경우에 공소를 기각할 것을 규정하고 있다.[1] 한편 일본의 판례는 종래 재판의 신속성을 위배하였다는 것은 상고이유가 될 수 없다는 태도를 취하였으나,[2] 1972년의 소위 다카다(高田)사건에서 면소판결을 선고해야 한다고 판시하였다.[3] 이에 반하여 독일 BGH의 판례는 적절한 기간을 넘는 재판의 지연은 소송조건이 될 수 없으므로 형식재판에 의하여 소송을 종결할 수는 없고 양형에 있어서 고려할 수 있을 뿐이라고 판시하고 있으며,[4] 이러한 태도는 통설에 의하여 지지받고 있다.[5]

50   **2) 소송지연의 효과**   형사소송법은 신속한 재판에 위반한 경우의 구제책에 관하여 아무런 규정도 두고 있지 않다. 따라서 이를 소송조건으로 이해하는 것은 소송조건이 불명확하고 애매한 개념에 의하여 좌우되는 결과를 초래한다. 뿐만 아니라 형사소송법은 공소시효에 관하여 공소제기된 범죄가 판결의 확정 없이 25년을 경과한 때에는 공소시효가 완성된 것으로 보는 규정을 두고 있는 점에 미루어 볼 때, 이 정도에 이르지 않은 재판의 지연이 있다고 하여 형식재판으로 소송을 종결시킬 수는 없다고 할 것이므로[6] 이를 양형에서 고려하는 것이 타당하다고 생각된다.

§5   **제 2 절   형사절차의 구조**

1   형사절차는 크게 공소제기 이전의 수사절차와 공소제기 이후의 공판절차로 나누어진다. 두 절차 간의 관계가 어떻게 설정되는지 여부가 형사절차 전체의 성격과 구조에 매우 큰 영향을 미친다. 그러한 관계를 설정함에 있어 영미법계 형사절차와 대륙법계 형사절차는 역사적으로 그 접근방식이 서로 달랐다. 그로 말미암아 현재까지도 양 법계는 수사절차, 공판절차, 증거법 전반에 걸쳐 서로 다

---

1 연방형사소송규칙 제48조는 「대배심에의 공소장의 제출 또는 약식공소장의 제출이 부당하게 지연되거나 피고인을 공판정의 심리에 회부하는 것이 부당하게 지연된 때에는 공소를 기각할 수 있다」고 규정하고 있다.

2 日最判 1948. 12. 22[刑集 2-14, 1853].

3 日最判 1972. 12. 20[刑集 26-10, 631].

4 BGHSt. 24, 239; BGHSt. 27, 274.

5 Meyer-Goßner Rn. 9; Peters S. 210; Pfeiffer KK Einl. Rn. 12; Schäfer S. 200; Zipf S. 89.

6 김재환 23면; 백형구 39면; 임동규 13면.

른 특색을 보이고 있다.[1]

I. 영미법계 형사절차의 구조적 특색

영미법계 형사절차에서는 역사적으로 법관은 공판절차에서 당사자 사이의 변론·입증 활동을 주재할 뿐 스스로 직권적 조사활동을 할 수 없고, 시민으로 구성된 배심과 대배심이 범죄사실의 확인·소추·유죄 여부를 결정하는 당사자 주의 형사절차가 발전하여 왔다. 당사자주의 형사절차에서는 국가와 피고인이 대등한 당사자로서 법정 공방을 펼치는 공판절차에서뿐만 아니라, 수사절차에서도 일방 당사자에 불과한 국가가 상대방인 피의자를 상대로 객관적·중립적인 입장에서 수사하여 혐의 유무를 밝혀준다는 것은 그 이념상 인정되지 않는다. 검사는 국가를 대리하는 형사변호사로서 일방 당사자인 국가에 유리한 증거를 수집하여 법정에 제출하고 변론하는 역할을 담당할 뿐이다. 그 논리적인 귀결로서 공판절차 이전에 이루어지는 수사와 소추절차는 사법관 내지 준사법관이 실체진실 발견을 위하여 주재하는 사법 내지 준사법적 영역으로 관념되지 않고, 국가이익과 행정 목적을 고려하는 행정 영역에 속하는 것으로 보게 된다. 따라서 수사는 행정권에 속하는 법집행관인 경찰이 독자적으로 수행하며, 대륙법계에서 같이 수사판사나 검사의 지휘·감독을 받지 않는다. 피의자신문은 형사절차법상 공식적으로 규제되지 않으며, 이를 위한 수사기관의 소환 및 불응 시 체포(구인)절차도 존재하지 않는다. 여기서의 체포절차는 범죄 혐의가 있는 피의자를 법원에 인치하여 곧이어 형사소추절차를 개시하기 위한 의미를 지닐 뿐이다. 경찰이 신문 중 획득한 피의자의 자백은 증거법상 사인 앞에서의 자백과 차별된 취급을 받지 않는다. 압수·수색은 시민의 프라이버시권 보호를 위하여 행정부로부터 독립된 사법관으로 하여금 영장심사를 통하여 통제하도록 하는데, 미국 연방헌법상 영장주의는 수사는 물론 다른 행정절차에서도 구분 없이 일반적으로 적용된다. 마찬가지로 행정권의 일부에 속하는 검찰의 소추 여부 결정은 넓은 행정재량이 인정되고, 검찰의 불기소 결정은 삼권분립의 원칙에 따라 사법부의 심사대상이 되지도 않는다.

한편 (준)사법적 국가기구의 공식적인 수사절차가 존재하지 않으므로 공판절

---

1 아래 내용은 일반적이고 전형적인 특색에 관한 것이며, 구체적인 형태는 나라마다 다르다.

차와 유사하게 수사절차를 기록하고 증거화한 조서 작성절차나 그에 관한 규제가 존재하지 않는다. 따라서 조서의 증거 사용이 전문법칙의 예외에 해당되는지 여부가 별도로 문제되지도 않는다. 이러한 형사절차에서는 국가에게 실체진실 발견을 위한 적극적 의무가 부과되지 않으므로 피고인의 유죄 인정과 유죄 협상(플리바게닝)에 의한 유죄 및 양형 협상이 폭넓게 허용되고, 경찰의 수사종결이나 검사의 불기소 결정은 사법적 통제를 받지 않는다. 이러한 체제에서는 실체진실 발견보다 공정성과 적정절차의 이념이 더 중요한 것으로 평가된다. 또한 일방 당사자에 불과한 국가는 반대 당사자인 피의자에 대한 후견적 지위와 보호의무를 부담하지 아니하므로, 피의자에게 실질적으로 대등한 방어권을 보장해주기 위해서는 변호인 조력권과 국선변호인 제도의 구축이 매우 중요하게 된다.

Ⅱ. 대륙법계 형사절차의 구조적 특색

4   직권주의로 관념되는 대륙법계 형사절차에서는 역사적으로 공판절차를 주재하는 법관과 수사절차를 주재하는 수사판사나 검사가 각각 사법관 내지 준사법관으로서 실체진실을 발견하여야 할 책무를 분담하여 왔다. 법관은 공판절차에서 직권조사 의무와 권한을 가지고 실체진실을 발견하여야 하고, 수사판사나 검사는 수사절차에서 피의자를 상대로 객관적·중립적 입장에서 수사하여 혐의 유무를 밝혀 주어야 한다. 이들이 행정부로부터 독립하여 객관적·중립적으로 실체진실 발견의 임무를 수행할 수 있도록 법관뿐만 아니라 수사판사나 검사에게도 법관에 준하는 정도의 사법관 내지 준사법관으로서의 신분보장과 독립성을 부여한다. 그 논리적인 귀결로서 공판절차 이전에 이루어지는 수사와 소추절차도 국가의 정책목적을 주로 고려하는 행정 영역이라기보다는 실체진실 발견 이념이 지배하는 사법 영역에 속하는 것으로 보게 된다. 따라서 직권주의 형사절차에서 수사는 사법관 내지 준사법관인 수사판사나 검사가 주재하며, 행정경찰과 구분된 사법경찰이 수사판사나 검사의 지휘·감독을 받아 이를 수행하게 된다. 피의자신문은 공식적인 수사절차로서 소추 여부를 결정하기 전에 이루어져야 하고, 수사기관은 그 과정에서 피의자에게 유리한 변명을 청취할 의무가 있다. 수사기관은 피의자신문을 위하여 피의자를 소환할 수 있으며, 피의자가 이에 응하지 않을 경우 수사판사나

검사에게 피의자를 강제구인할 권한이 인정된다. 수사기관은 소추 여부를 결정하기 전에 객관적·중립적으로 증거를 수집하고 참고인을 조사하여 조서를 작성하고 기록하여야 하며, 그 수사기록은 공소제기와 함께 법원에 전부 제출되어야 한다.[1] 법관에게 부여된 직권조사의무 및 실체진실 발견의무 이외에 전문법칙과 같은 증거법상 제한이 원칙적으로 존재하지 않는다. 체포, 구속, 압수·수색, 감청 등 강제처분은 모두 소추 여부 결정을 위한 수사상 증거수집 방법으로 인정되며, 원칙적으로 사법관이나 준사법관인 법관, 수사판사, 검사의 명령에 의해서 가능하다. 이들은 모두 스스로가 실체진실 발견의 임무를 부담하고 있으므로 중립적인 법관의 영장주의라는 일원적인 통제절차에 의하기보다는 각 수사방법이 수반하는 침해 정도의 중대성에 따라 중립성과 독립성이 가장 강하게 보장된 법관만이 명령할 수 있는 경우, 수사판사가 명령할 수 있는 경우, 사법관 중 가장 중립성과 독립성이 약한 검사가 명령할 수 있는 경우 등으로 구분되고, 긴급한 경우에는 사법경찰관의 권한으로 가능하게 하는 경우도 일반적으로 존재한다. 이러한 체제에서 수사판사나 검사는 행정관이 아니라 사법관 내지 준사법관으로서 어떤 결정을 함에 있어 그 재량의 폭이 행정관에 비하여 좁다. 이러한 형사절차에서는 국가에게 실체진실 발견을 위한 적극적 의무가 부과되므로 피고인의 유죄 인정과 플리바게닝에 의한 유죄 및 양형 협상이 원칙적으로 인정되지 않으며, 경찰의 수사종결이나 검사의 불기소 결정은 사법적 통제를 받아야 하는 것이 일반적이다. 이러한 체제하에서는 적정절차의 이념보다 실체진실 발견의 이념이 더 중요한 것으로 평가된다. 또한 수사절차에서 어느 한 기관이 수사대상에 대하여 권력을 남용하지 못하도록 권한의 분산 및 상호 견제 구조를 구축하고, 강제처분 절차에 있어서 피의자를 보호할 수 있는 엄격한 절차적 규제와 피의자의 유리한 진술 청문권을 보장하는 것이 매우 중요하게 된다.

　　이러한 직권주의 형사절차에는 중범죄 수사 및 강제처분은 검사의 청구에 의하여 수사판사(예심판사)만이 행할 수 있도록 하고 경죄나 현행범 수사의 경우에만 사법경찰관이 검사의 지휘를 받아 수행할 수 있도록 한 유형(프랑스나 스페인 등), 수사판사 제도를 폐지하고 공소제기 이전의 수사절차는 검사가 주재하도록 하되 수사상 강제처분은 그 중대성에 따라서 수사절차에서도 오직 법관만이

5

---

[1] Mirjan R. Damaska, The Faces of Justice and State Authority, Yale University Press 1986, pp. 18 – 23.

명령할 수 있도록 한 유형(독일), 수사판사 제도를 폐지하고 수사판사의 권한을 검사에게 부여하여 검사가 수사절차의 주재자로서 이를 행사할 수 있도록 한 유형(스위스 등) 등이 있다.

Ⅲ. 우리 형사절차의 구조적 특색

6   우리 형사소송법은 일제 강점기에 독일 형사소송법의 영향을 받은 일본 형사소송법을 계수한 것을 기본으로 하였다. 1945년 해방 이후 미군정의 영향을 받아 영미의 당사자주의적 요소를 도입한 이래 형사소송법 제정 시부터 공판절차에서는 당사자주의적 요소가 강하게 반영된 소송구조를 취하였으나, 수사절차에서는 여전히 검사를 수사의 주재자로 하는 전형적인 대륙법계 모델을 따랐으며, 이러한 기본형태는 현행법에 이르기까지 크게 변하지 않았다. 현행 형사소송법은 수사절차와 공판절차를 모두 함께 규율하면서 총칙에서 법원의 강제처분을 먼저 규정하고, 제 2 편 제 1 심의 표제 아래 제 1 장 수사를 규정하면서 수사기관의 강제수사에 관하여 법원의 강제처분을 준용하는 방식을 취하고 있다. 공판절차에서는 피고인신문, 수사절차에서는 피의자신문 제도를 각각 두고 있으며, 피의자신문을 위한 수사기관의 소환 및 이에 불응하는 피의자에 대한 체포제도를 두었다. 또한 수사절차에서 수사기관은 수사과정을 기록하고 그 조서를 작성하도록 하고 있으며, 일정한 요건을 충족하면 그 조서의 증거사용을 허용한다. 고소 · 고발사건에 관한 검사의 수사종결 결정은 재정신청을 통하여 원칙적으로 사법심사의 대상이 된다. 이러한 점들은 대륙법계 형사절차 중 독일 형사소송법의 유형을 따른 것이다. 다만 강제수사에 관하여 미국식 영장주의를 따라 모든 수사기관의 강제처분은 법관의 영장에 의하도록 하고 있으며, 전문법칙의 예외 요건을 통해 조서의 증거사용을 엄격하게 규제하고 있는 점에서는 독일 형사소송법과 상당한 차이가 있다.

7   제정 형사소송법 이래 현행법에 이르기까지 직권주의적 형사절차의 구조적 특색은 지속적으로 약화되어 왔다. 직권주의적 형사절차에서는 수사절차의 주재자인 검사가 개별적 사건을 수사하면서 행정 목적에 좌우되지 않고 사건의 실체진실을 발견할 수 있도록 검사에게 사법관에 준하는 객관성과 중립성을 보장하는

것이 가장 중요하다. 또한 이러한 절차가 적정하게 운영되기 위해서는 수사기관
이 권력을 남용하지 못하도록 권한의 분산 및 상호 견제 구조를 구축하고, 강제
처분절차에 있어서 피의자를 보호할 수 있는 엄격한 절차적 규제와 피의자의 청
문권이 확고하게 보장되어야 한다. 그럼에도 불구하고 역사적으로 수사기구의 조
직과 실제 운영을 살펴보면, 검사의 객관성과 중립성이 충분히 보장되고 수사에
대한 절차적 규제와 피의자의 청문권 보장이 충분히 이루어졌다고 평가하기는 어
렵다. 그 귀결로 검사가 작성한 조서의 증거능력이 지속적으로 약화되었고, 2020.
2. 4. 형사소송법 개정으로 마침내 수사절차 주재자로서의 검사의 지위가 대폭적
으로 약화되었다. 앞으로도 미국식 영장주의는 그 범위를 확장하여 강제수사에
대하여 더욱 엄격하게 적용될 것으로 전망된다.

　　우리 형사소송법은 직권주의적 형사절차와 당사자주의적 형사절차의 절충으 **8**
로 탄생하였으며, 역사적으로 양 요소의 충돌과 조화 속에 발전하여 왔다. 이를
잘 운용하고 발전시킨다면 실체진실 발견 이념을 위주로 하는 직권주의 형사절차
와 적정절차 이념을 위주로 하는 당사자주의 형사절차의 장점을 모두 취한 선진
적인 형사절차가 될 수도 있을 것이다. 그러나 그와 반대로 절차 내에서 화합되
지 않는 양 요소의 충돌과 부조화로 인하여 법문과 실무가 괴리되고 과부하가 생
겨나 지속가능하기 어려운 불안정한 형사절차가 형성될 수도 있으므로 깊은 성찰
과 주의가 필요하다.

제 1 장 수   사

제 1 절 수사와 수사기관의 의의　　　　　　　　§6

Ⅰ. 수사의 의의

　　수사란 범죄의 혐의 유무를 명백히 하여 공소의 제기와 유지 여부를 결정하 1
기 위하여 범인을 발견·확보하고 증거를 수집·보전하는 수사기관의 활동을 말
한다. 이러한 활동을 법적으로 규제하는 절차를 수사라고 하기도 한다.

　　형사절차는 수사에 의하여 개시된다. 따라서 수사는 형사절차의 제 1 단계라 2
고 할 수 있다. 그러나 수사의 개념에 대하여는 아직도 견해가 일치하지 않는다.
종래의 통설은 수사를 공소를 제기·유지하기 위한 준비로서 범죄사실을 조사하
고 범인과 증거를 발견·수집하는 수사기관의 활동이라고 정의하고 있었다.[1] 그
러나 수사를 공소를 제기·유지하기 위한 준비행위로 파악할 때에는 불기소결정
에 의하여 수사가 종결되는 경우를 수사라고 할 수 없는 불합리한 결과가 된다.
여기서 수사를 수사기관이 범죄의 혐의가 있다고 사료하는 경우에 범죄의 혐의
유무를 밝혀 공소제기 여부를 결정하기 위하여 또는 공소유지를 위한 준비로서
범인을 발견·확보하고 증거를 수집·보전하는 수사기관의 활동이라고 정의하는
견해[2]도 있다. 이에 의하면 공소제기 전의 수사는 범죄의 혐의 유무를 밝혀 공
소제기 여부를 결정함을 목적으로 함에 대하여, 공소제기 후의 수사는 공소유지
를 목적으로 하는 것이 된다. 공소제기 전의 수사가 공소제기 여부를 결정함을
목적으로 하는 수사기관의 활동이라고 하는 것은 타당하다. 그러나 공소제기에
관하여 기소법정주의를 채택하면서 공소취소를 인정하지 않는 독일 형사소송법
($\frac{제156}{조}$)과는 달리, 기소편의주의와 기소변경주의를 취하고 있는 형사소송법에서는
공소를 제기한 후에 진범인이 나타나서 공소취소 여부를 결정하기 위하여 행하는

1　김기두 193면; 서일교 225면; 차용석/최용성 153-154면.
2　백형구 71면, 강의 329면.

수사기관의 활동도 수사의 개념에 포함시켜야 한다. 따라서 수사란 「범죄혐의의 유무를 명백히 하여 공소를 제기 · 유지할 것인가의 여부를 결정하기 위하여 범인을 발견 · 확보하고 증거를 수집 · 보전하는 수사기관의 활동」[1] 또는 간단히 「범죄의 유무와 범인의 체포 및 증거의 수집을 위한 수사기관의 활동」[2]을 말한다고 정의하는 것이 타당하다고 하겠다.

3   수사는 주로 공소제기 전에 하는 것이나 반드시 공소제기 전에 제한되는 것은 아니다. 공소제기 후에도 공소의 유지를 위하거나 공소유지 여부를 결정하기 위한 수사는 허용된다.

Ⅱ. 수사기관의 의의

4   수사는 수사기관의 활동을 말한다. 수사기관은 수사 등 직무를 수행할 때에 헌법과 법률에 따라 국민의 인권을 존중하고 공정하게 하여야 하며, 실체적 진실을 발견하기 위하여 노력하여야 할 법규상 또는 조리상의 의무가 있고, 특히 피의자가 소년 등 사회적 약자인 경우에는 수사과정에서 방어권 행사에 불이익이 발생하지 않도록 더욱 세심하게 배려할 직무상 의무가 있다.[3] 여기서 수사기관이란 법률상 수사의 권한이 인정되어 있는 국가기관을 의미한다. 수사기관에는 검사와 사법경찰관리 및 고위공직자범죄수사처검사(이하, 수사처 검사라 한다)가 있다.

§7   # 제 2 절 검   사

Ⅰ. 검사의 의의와 가치

1. 검사의 의의

1   검사는 검찰권을 행사하는 국가기관을 말한다. 검사는 범죄수사로부터 재판

---

1 대법원 1999. 12. 7, 98 도 3329. 김재환 31면; 송광섭 187면; 임동규 123면.
2 신동운 35면; 신현주 196면; 정영석/이형국 139면.
3 대법원 2020. 4. 29, 2015 다 224797.

의 집행에 이르기까지 형사절차의 모든 단계에 관여하여 형사사법의 정의를 실현하는 데 기여하는 능동적이고 적극적인 국가기관이라 할 수 있다. 즉 검사는 수사절차에서는 수사권의 주체로서 일정한 범위의 범죄를 직접 수사하고, 사법경찰관리의 수사를 감독하거나 검찰청 직원으로서 사법경찰관리의 직무를 행하는 자(이하, '검찰청 직원'과 '사법경찰관리'라 한다)와 특별사법경찰관리의 수사를 지휘·감독하며, 수사의 결과 공소제기 여부를 결정하고, 공판절차에서는 피고인에 대립되는 당사자로서 법원에 대하여 법령의 정당한 적용을 청구하며, 재판이 확정된 때에는 형의 집행을 지휘·감독하는 광범위한 권한을 가진 국가기관이다.

고위공직자범죄수사처의 설치와 운영에 관한 법률에 따라 설치된 고위공직자범죄수사처에 소속된 수사처검사는 동법에 정해진 일정한 범죄에 대하여 수사권과 기소권이 인정되지만, 검사와는 그 직무와 권한에서 차이가 있다.

2. 검사제도의 연혁과 가치

검사제도는 대륙의 국가소추주의의 역사적 산물이라고 할 수 있다. 검사는 역사적으로 14세기 프랑스의 왕의 대관(procureur du roi)에서 유래하는 제도이다.   2

그러나 이 때의 왕의 대관은 왕권의 확장에 따라 국고의 수입원인 벌금과 몰수를 확보하기 위하여 소송에 참여한 왕실의 관리에 지나지 않았다. 이 제도는 프랑스혁명 이후에 영국의 기소배심제도의 도입에 의하여 폐지되었다가, 1808년의 치죄법에 의하여 공화국의 대관(procureur de la République)으로 부활되어 형사절차에서 소추관으로 등장하게 되었다. 이 제도가 독일과 일본을 거쳐 우리나라에 도입된 것이 바로 검사이며,[1] 이러한 의미에서 검사는 역사적으로는 프랑스의 치죄법에 뿌리를 두

---

1 영미의 검찰제도는 대륙의 그것과 큰 차이가 있다.
   ① 영국에서는 철저한 당사자주의의 결과로 사인소추주의(private prosecution)를 원칙으로 하면서 실제상으로는 경찰소추주의(police prosecution)를 가미하여 각급 경찰서별로 공소변호사(prosecuting solicitor)를 임용하여 공소제기와 유지에 관하여 경찰에 자문을 제공하도록 하였다. 그러나 1985년의 범죄소추법(Prosecution of Offences Act)에 의하여 영국에도 검사제도가 도입되어, 검찰총장에 의하여 임명된 검사(crown prosecutors)가 공소유지를 담당하게 되었다.
   ② 미국에서도 영국의 형사절차를 계수하였으나 일찍이 프랑스의 검찰제도를 도입하여 임명에 의한 연방검사와 선거에 의한 지방검사를 두고 있다. 그러나 미국에서는 소추기관으로서 검사 이외에 대배심(기소배심)을 두고 있으므로 연방법원의 관할사건에 대하여는 중요사건의 기소는 연방대배심(Federal Grand Jury)이 담당하고 검사는 경미사건의 기소와 기소된 사건의 공소유지를 담당하고 있으며, 주의 관할에 속하는 사건은 주법이 정하는 바에 따라 대배심에 의한 기소(indictment) 또는 검사에 의한 기소(information)에 의하도록 하고 있다.

고, 사상적으로는 계몽주의의 영향을 받은 제도라 할 수 있다.[1]

3   대륙의 형사소송이 검사제도를 만들어 국가소추주의를 채택하게 된 것은 다음과 같은 세 가지 점에서 그 이유를 찾아볼 수 있다.[2] ① 검사는 원래 소추권과 심판권을 법관에게 집중시키고 있던 규문절차를 폐지하기 위한 결정적인 수단으로 등장한 제도이다. 즉 검사라는 국가기관을 만들어 수사와 공소제기의 권한을 검사에게 맡김으로써 법원이 공정한 심판자로서 재판을 할 수 있도록 한 데에 검사제도의 가장 중요한 존재이유가 있다. ② 검사는 법령의 정당한 적용을 청구하고 그것이 실현되는 것을 감시함으로써 수사단계에서 피의자에게 이익되는 사실도 조사·수집하고 피의자의 소송법적 권리를 보호하기 위하여 만들어진 제도이다. 이러한 의미에서 검사의 주된 임무는 형사절차의 첫 단계부터 법률이 적용되도록 하는 법률의 감시자로서 보호기능을 다하는 데 있다고 할 수 있다. ③ 검사의 또 하나의 존재가치는 검사가 경찰에 대한 법치국가적 통제로 기능하는 데 있다. 즉 검사는 법치국가의 보호자 내지 국민의 자유를 보호하기 위한 지주로서 경찰활동에 대한 적법한 형식을 보장하기 위한 것이다. 이러한 의미에서 검사는 국가권력을 행사하기 위한 수단이 아니라 국가권력으로부터 국민의 자유를 보장하기 위한 제도로 등장한 것이며, 따라서 정의에 대한 국가의 의지를 상징하는 법치국가원리의 대변인(Vertreter des rechtsstaatlichen Prinzips),[3] 또는 현대 법치국가원리의 기초(Fundamente des rechtsstaatlichen Prinzips)[4]로 기능하는 것이 바로 검사이다.

우리나라 검찰은 과도한 직접수사 관행과 정치적 편향성에 대하여 비판을 받아왔는데, 대부분의 수사를 담당하고 있는 사법경찰의 자율성과 책임을 강화하고 검사에게 집중된 권한을 분산시킨다는 차원에서, 2020. 2. 검찰청법 및 형사소송법 개정을 통하여 검사의 직접 수사개시 권한을 제한하고, 일반사법경찰관리(검찰청 직원 사법경찰관리는 제외)에 대한 사전적 수사지휘권을 원칙적으로 폐지하며, 사법경찰관의 1차적 수사종결권을 인정하는 등 검사의 수사에 관한 지위를 현저히 약화시켰다. 그러나 여전히 보완수사

---

1 Peters S. 161; Zipf S. 42.

2 Gössel S. 39; Zipf S. 43; Döhring, "Die deutsche Staatsanwaltschaft in ihrer geschichtlichen Entwicklung," DRiZ 58, 282; Roxin, "Rechtsstellung und Zukunftaufgaben der Staatsanwaltschaft," DRiZ 69, 385; Wagner, "Die Ermittlung der Staatsanwaltschaft," DRiZ 72, 166.

3 Eb. Schmidt, "Die Rechtsstellung der Staatsanwälte," DRiZ 57, 278.

4 Wagner DRiZ 72, 166.

요구권, 재수사요청권 등 검사의 사법경찰관리에 대한 감독권한, 법령위반·인권침해·현저한 수사권남용 시 시정조치·사건송치요구권과 수사경합 시의 사건송치요구권을 인정하고, 고소인·피해자 등의 이의신청이 있는 경우에는 검사에 대한 송치의무를 인정하고 있는 점에서, 경찰에 대한 법치국가적 통제라는 검사제도의 본래 기능이 근본적으로 변화된 것은 아니다.

II. 검사와 검찰청

1. 검사의 성격

(1) 준사법기관

검사가 행사하는 검찰권은 행정권에 속한다. 따라서 검사는 법무부에 소속된 행정기관으로서 국가의 행정목적을 위하여 활동하지 않을 수 없다. 그러나 범죄수사와 공소제기·유지 및 재판의 집행을 내용으로 하는 검찰권은 그 내용에 있어서 사법권과 밀접한 관계를 맺고 있는 점에 비추어 볼 때 검찰권의 행사는 형사사법의 운용에 중대한 영향을 미치게 된다. 검사가 행하는 검찰권이 사법권과 밀접한 관계에 있기 때문에 검찰권에 대한 영향은 직접 사법권에 미치게 되며,[1] 사법권 독립의 정신은 검사에 대하여도 요구되지 않을 수 없다.[2] 이러한 의미에서 검사는 행정기관이면서도 동시에 사법기관인 이중성격을 가진 기관이며,[3] 엄격히 볼 때에는 사법기관은 아니지만 오로지 진실과 정의에 따라야 할 의무를 가지고 있는 준사법기관(Justizbehörde) 내지 법조기관(Organ der Rechtspflege)이라고 해야 한다.[4] 이와 같이 사법기관은 아니면서도 사법권과 밀접한 관련을 가지고 법원과 함께 형사사법에 공동으로 기여해야 하는 검사의 특수한 성격 때문에 검사에게는 법관과 같은 자격을 요구하고 그 신분을 보장하면서, 검사를 단독제의 관청으로 구성하고 있는 것이다.

4

1　Wagner, "Der objektive Staatsanwalt – Idee und Wirklichkeit," JZ 74, 217.

2　검사를 사법기관으로 해석하는 견해도 있다(김일수, 수사체계와 검찰문화의 새지평, 세창출판사, 2010, 277면). 그러나 검사의 불기소처분에는 법원의 판결과 같은 기판력이 인정되지 않고, 상급자의 지휘·감독을 받아야 하는 검사에게 법관과 같은 독립성이 보장될 수는 없다는 점에서 검사를 법률상의 쟁송을 심판하는 기관이라는 의미에서의 사법기관이라고 할 수 없음은 명백하다.

3　Peters S. 161.

4　Gössel S. 40; Meyer-Goßner GVG Vor § 141, Rn. 7; Roxin S. 52; Zipf S. 45; Eb. Schmidt, "Zur Rechtsstellung und Funktion der Staatsanwaltschaft als Justizbehörde," MDR 64, 632.

(2) 단독제의 관청

5   검사는 검찰사무를 처리하는 단독제의 관청이다. 검찰사무란 검사의 직무로 정해져 있는 사무(검찰청법 제4조)를 말한다. 이러한 검찰사무는 모든 검사가 단독으로 처리하는 것이며, 검사가 검찰총장이나 검사장의 보조기관으로서 처리하는 것은 아니다. 따라서 검찰청에 2인 이상의 검사가 있는 때에도 검사 각자가 독자적인 권한을 가지고 검찰청을 구성하는 데 지나지 않는다. 이러한 의미에서 검찰권의 행사에는 항상 1인제가 채택되어 있고 합의제는 존재하지 않는다고 할 수 있다.

(3) 검사의 자격과 신분보장

6   1) 검사의 자격   검사는 사법시험에 합격하여 사법연수원 과정을 마친 사람, 변호사 자격이 있는 사람 중에서 임용한다(동법 제29조). 검찰총장은 15년 이상, 고등검찰청 검사장 · 대검찰청 차장검사 · 대검찰청 검사 · 지방검찰청 검사장 및 고등검찰청 차장검사 · 고등검찰청 부장검사 · 차장검사를 둔 지청의 지청장 및 대통령령으로 정하는 지방검찰청의 차장검사는 10년 이상, 나머지 지방검찰청 및 지청의 차장검사 · 부장검사와 지청장은 7년 이상 소정의 직위에 재직하였던 사람 중에서 임용하도록 하고 있는 것도(동법 제27조, 제28조, 제30조) 법관의 경우와 유사하다. 검사의 임명 및 보직은 법무부장관의 제청으로 대통령이 행한다. 이 경우 법무부장관은 검찰총장의 의견을 들어 검사의 보직을 제청한다(동법 제34조 1항). 검찰총장은 법무부장관의 제청으로 국회의 인사청문을 거쳐 대통령이 임명하는데(동조 제2항), 법무부장관은 제청시에 검찰총장후보추천위원회의 추천 내용을 존중한다(동법 제34조의2 제7항).

검찰청법에 임명자격 등이 규정되어 있는 검사 외에 특정사건에 대한 수사와 공소의 제기 · 유지를 담당하는 특별검사가 있다. 특별검사는 1999. 9. 30. 제정된 「한국조폐공사노동조합파업유도및전검찰총장부인에대한옷로비의혹사건진상규명을위한특별검사의임명등에관한법률」에 의하여 처음 임명된 뒤 10건의 특별법 제정을 통하여 2012년까지 11차례 임명되었는데, 2014. 3. 8. 특별검사의 임명 등에 관한 법률(이하, '특검법'이라 한다)이 제정됨으로써 상설특별검사제도가 도입되었다. 특별검사는 국회가 정치적 중립성과 공정성 등을 이유로 특별검사의 수사가 필요하다고 본의회에서 의결한 사건과 법무부장관이 이해충돌이나 공정성 등을 이유로 특별검사의 수사가 필요하다고 판단한 사건을 대상으로 하는데(동법 제2조 1항), 특별검사의 수사가 결정되면 대통령은 특별검사후보추천위원회(동법 제4조)가 15년 이상 법원조직법 제42조 1항 1호의 직에 있던 변호사 중에서 추천 의뢰한 2명의 후보자 중 1명을 특별검사로 임명한다

(동법
제3조). 상설특별검사제도가 도입되었음에도 불구하고 세 차례 특별법[1]이 제정되었다.

2) **검사의 신분보장**　　사법권의 독립을 보장하기 위하여는 검찰권의 적정한　7
행사가 전제가 되므로 검사가 정치적 압력을 받지 않고 검찰권을 공정하게 행사하도록 하기 위하여 검사에 대하여도 법관과 같은 신분보장을 인정하고 있다. 즉 검사는 탄핵 또는 금고 이상의 형을 받거나 징계처분 또는 적격심사에 의하지 아니하면 파면·퇴직·정직 또는 감봉 등의 처분을 받지 아니한다(동법
제37조). 다만 법관의 신분이 헌법에 의하여 보장되고 있음에 반하여, 검사의 신분보장은 검찰청법에 규정되어 있음에 차이가 있을 뿐이다.

검사는 종신직이 아니라 정년에 달하면 퇴직한다. 검찰총장의 정년은 65세이고, 그 밖의 검사의 정년은 63세이다(동법
제41조). 다만 검찰총장을 제외한 검사에 대하여는 임명된 해부터 7년이 되는 해마다 적격심사를 하여 정상적인 직무수행이 어렵다고 인정되는 경우(동법
제39조)나 검사가 중대한 심신장애로 직무를 수행할 수 없을 때에는 (동법 제39
조의 2), 대통령은 법무부장관의 제청에 의하여 그 검사에 대하여 퇴직을 명할 수 있다. 검찰총장에 대하여는 임기가 보장되어 있다. 즉 검찰총장의 임기는 2년으로 하며, 중임할 수 없다(동법 제
12조 3항).

2. 검 찰 청

(1) 검찰청의 의의와 종류

검찰청은 검사의 사무를 총괄하는 기관이다(동법
제2조 1항). 단독제의 관청인 검사　8
의 검찰사무를 총괄할 뿐이며, 그 자체로는 아무런 권한도 가지지 않는 관서에 불과하다. 검찰청에는 대검찰청·고등검찰청 및 지방검찰청이 있고, 각 대법원·고등법원·지방법원 및 가정법원에 대응하여 설치한다(동법
제3조 1항). 다만, 지방법원 지원 설치지역에는 이에 대응하는 지방검찰청지청을 둘 수 있다(동조
제2항).

(2) 검찰청의 조직

1) **대검찰청**　　대검찰청에는 검찰총장·차장검사 및 대검찰청 검사를 둔다.　9
검찰총장은 대검찰청의 사무를 맡아 처리하고 국내 검찰사무를 총괄하며, 소관

1　2016. 11. 22. 국정농단 의혹 사건 관련 특별검사, 2018. 5. 29. 드루킹의 인터넷상 불법댓글 조작 사건 관련 특별검사, 2022. 4. 26. 공군 여중사 사망 사건 관련 특별검사. 한편, 2021. 4. 23. 특검법에 의하여 세월호참사 진상규명을 위한 특별검사가 임명된 바 있다.

검찰청의 공무원을 지휘·감독한다($\frac{\text{동법}}{\text{제12조}}$). 대검찰청에는 부와 사무국을 두며($\frac{\text{동법}}{\text{제16조}}$), 검찰총장을 보좌하고 검찰사무에 관한 기획·조사·연구에 종사하기 위하여 검찰연구관을 둔다($\frac{\text{동법}}{\text{제15조}}$).

대검찰청의 부장과 검찰연구관은 검사로, 사무국장은 고위공무원단에 속하는 일반직공무원으로, 과장은 검찰부이사관·정보통신부이사관·검찰수사서기관·정보통신서기관 또는 공업서기관으로 보한다. 다만, 부의 과장은 검사로 보할 수 있다($\frac{\text{동조 제 2 항,}}{\text{제16조 2항}}$).

10　　　**2) 고등검찰청**　　　고등검찰청에는 검사장·차장검사·부장검사·검사 및 사무국을 둔다. 검사장은 그 검찰청의 사무를 맡아 처리하고 소속 공무원을 지휘·감독한다($\frac{\text{동법}}{\text{제17조}}$). 차장검사는 소속 검사장을 보좌하며, 소속 검사장이 부득이한 사유로 직무를 수행할 수 없을 때에는 그 직무를 대리한다($\frac{\text{동법}}{\text{제18조}}$). 고등검찰청에는 사무를 분장하기 위하여 부를 둘 수 있고, 부에는 부장검사를 둔다($\frac{\text{동법 제}}{\text{18조의 2}}$). 사무국장은 고위공무원단에 속하는 일반직공무원으로 보한다($\frac{\text{동법 제}}{\text{20조 3항}}$).

11　　　**3) 지방검찰청**　　　지방검찰청에는 검사장·차장검사·부장검사 및 검사를 두며, 지방검찰청 검사장은 그 검찰청의 사무를 맡아 처리하고 소속 공무원을 지휘·감독한다($\frac{\text{동법}}{\text{제21조}}$). 지방검찰청 차장검사는 소속 지방검찰청 검사장 또는 지청장을 보좌하며, 소속 지방검찰청 검사장 또는 지청장이 부득이한 사유로 직무를 수행할 수 없을 때에는 그 직무를 대리한다($\frac{\text{동법}}{\text{제23조}}$). 부장검사는 상사의 명을 받아 그 부의 사무를 처리한다($\frac{\text{동법}}{\text{제24조}}$). 지방검찰청의 사무국장은 고위공무원단에 속하는 일반직공무원·검찰부이사관 또는 검찰수사서기관으로 보한다($\frac{\text{동법 제}}{\text{26조 4항}}$).

12　　　**4) 지방검찰청지청**　　　지방검찰청지청에는 지청장을 두며, 지청장은 지방검찰청 검사장의 명을 받아 소관 사무를 처리하고 소속 공무원을 지휘·감독한다($\frac{\text{동법}}{\text{제22조}}$).

다만, 대통령령이 정하는 지방검찰청지청에는 지청 차장검사를 둔다($\frac{\text{동법 제}}{\text{23조 1항}}$). 지방검찰청지청에는 사무과를 두고, 대통령령이 정하는 지청에는 사무국을 둔다($\frac{\text{동법 제26조}}{\text{1항·2항}}$).

Ⅲ. 검사의 조직과 구조

1. 검사조직의 특수성

13　　　검사는 법무부에 소속된 행정기관이다. 그러나 형사사법에 중대한 영향을

미치는 검찰권의 행사가 행정권에 의하여 좌우된다면 형사사법의 공정을 기하기 어렵다. 여기서 검사는 행정기관에 속하면서도 준사법기관으로서 독립성이 보장될 것이 요청된다. 뿐만 아니라 검사는 단독제의 관청이므로 각자가 자기 책임 아래 검찰권을 행사한다. 특히 기소독점주의와 기소편의주의를 채택하고 있는 형사소송법에서 검사는 강력한 권한을 가지지 않을 수 없다. 그러나 검사의 독립성을 보장하는 것이 검사의 독선 내지 검사 파쇼를 초래하여서는 안 된다. 이처럼 검사는 행정과 사법의 중간에 위치하여 행정기관으로서의 성질을 가지면서도 독립성이 요청되고, 독립성이 보장되면서도 자의(恣意)와 독선이 허용되어서는 안 된다는 서로 모순되는 요청을 충족하지 않으면 안 된다. 이를 검사의 조직면에서 조화하기 위한 법적 장치가 바로 검사동일체의 원칙과 검사에 대한 법무부장관의 지휘·감독권이다.

2. 검사동일체의 원칙

(1) 의   의

모든 검사는 검찰총장을 정점으로 하는 피라미드형의 계층적 조직체를 형성하고 일체불가분의 유기적 통일체로서 활동한다. 이를 검사동일체의 원칙이라 한다. 검사동일체 원칙에 의하여 단독제의 관청인 검사는 분리된 관청이 아니라 전체의 하나로서 검찰권을 행사할 수 있게 된다.

검사동일체의 원칙은 범죄수사와 공소의 제기·유지 및 재판의 집행을 내용으로 하는 검찰권의 행사가 전국적으로 균형을 이루게 하여 검찰권행사의 공정을 기하려는 데 주된 이유가 있다. 이 이외에도 검찰사무의 내용인 범죄수사는 전국적으로 통일된 수사망이 없으면 효과를 거둘 수 없다는 고려도 이 원칙의 배경이 되어 있다.[1]

> 검찰청법 제7조는 2003. 12. 30. 개정을 통하여 검사동일체의 원칙이라는 표제를 삭제하고 검사는 검찰사무에 관하여 소속 상급자의 지휘·감독을 받아야 한다고 규정하여 검찰사무에 대한 지휘·감독관계를 규정하고 있다. 그러나 검사동일체의 원칙의 내용인 직무승계와 이전의 권한은 개정법에서도 유지되고 있고(동법 제7조의 2), 검사의 지휘·감독관계는 상명하복관계를 전제로 하는 것이고 종래의 검사의 상명하복관계도 순수한 의미의 그것이 아니었던 이상 검사동일체의 원칙은 여전히 유지되고 있다

14

---

[1] 백형구 강의, 117면; 신동운 62면; 차용석/최용성 85면.

고 해야 한다.

(2) 내   용

15   1) 검사의 지휘 · 감독관계   검사는 검찰사무에 관하여 소속 상급자의 지
휘 · 감독에 따른다($_{제7조 1항}^{동법}$). 검사도 행청관청이므로 상사의 명령에 복종하여야
하는 것은 당연하다. 검사의 지휘 · 감독관계는 이러한 상명하복관계를 전제로 한
다. 물론 검사의 지휘 · 감독관계는 검찰사무에 대해서뿐만 아니라 검찰행정사무
에도 적용되어야 한다.

그러나 검사의 지휘 · 감독관계는 순수한 의미에서의 상명하복관계와는 구별
되어야 한다. 검사는 1인제의 관청으로 각자가 자기 책임 아래 검찰사무를 처리
해야 하며, 법조기관 내지 준사법기관으로서의 검사는 진실과 정의에 구속되어야
하고, 검사의 진실과 정의에 대한 의무가 지휘 · 감독관계에 의하여 깨뜨려진다면
준사법기관으로서의 검사가 가지는 인적 · 물적 독립성은 그 의미를 잃어버리게
되기 때문이다.[1] 따라서 검사의 지휘 · 감독관계는 검사가 적법한 검찰사무의 처
리를 위한 상사의 지휘 · 감독을 받아야 한다는 것을 뜻하는 데 지나지 않는다.[2]
진실과 정의에 따라야 하는 것은 검사의 기본적 의무이므로 검사는 검찰사무를
처리함에 있어서 자신의 법적 확신이나 양심에 반하는 상사의 지시를 따라서는
안 된다.[3] 다만, 기소 · 불기소의 결정에 대하여 기소편의주의를 채택하고 있는
형사소송법에서 검사의 지휘 · 감독관계에 의한 상사의 명령은 실질적으로 중요
한 의미를 가지게 된다. 그러나 이 경우에도 검사는 의심스러운 경우에는 상사의
명령에 따라야 하지만 확신이 있는 때에는 자신의 신념에 따라야 한다는 원칙이
적용되어야 한다.[4] 여기서 검찰청법은 검사는 구체적 사건과 관련된 상급자의
지휘 · 감독의 적법성 또는 정당성에 대하여 이견이 있을 때에는 이의를 제기할
수 있다고 규정하여, 상급자의 지휘 · 감독에 대한 검사의 이의제기권을 명문화하
고 있다($_{제2항}^{동조}$).

---

1 Eb. Schmidt MDR 64, 632; Roxin DRiZ 69, 388; Wagner JZ 74, 216.

2 Kindhäuser 5/15; Meyer-Goßner GVG § 146, Rn. 6; Peters S. 165; Schoreit KK GVG § 146,
   Rn. 10; Zipf S. 45.

3 Gössel S. 41; Roxin S. 53; Eb. Schmidt MDR 64, 716.

4 Roxin S. 53; Dünnebier, "Die Grenzen der Dienstaufsicht gegenüber der Staatsanwaltschaft,"
   JZ 58, 421.

2) 직무승계와 이전의 권한 검찰총장과 각급 검찰청의 검사장 또는 지청장 16
은 소속 검사의 직무를 자신이 처리하거나(동법 제7조의2), 다른 검사로 하여금 처리
하게 할 수 있고 그 권한에 속하는 직무의 일부를 소속 검사로 하여금 처리하게
할 수 있다(동조 제2항). 전자를 직무승계의 권한, 후자를 직무이전의 권한이라고
한다. 직무승계와 이전의 권한도 상명하복관계를 바탕으로 한 권한이며, 순수한
의미에서의 상명하복관계가 아닌 검사의 지휘·감독관계는 상사의 직무승계와
직무이전권에 의하여 비로소 그 의미를 가질 수 있게 된다. 다만, 한편으로는 이
에 의하여 검사의 독립성이 제한적 의미를 갖게 된다는 것을 부정할 수 없다.

직무승계와 이전의 권한은 검찰총장·검사장 및 지청장만이 가지며,[1] 검사
가 아닌 법무부장관은 이러한 권한을 가질 수 없다.

3) 직무대리권 각급 검찰청의 차장검사는 소속장이 부득이한 사유로 직무 17
를 수행할 수 없을 때에는 특별한 수권 없이 그 직무를 대리하는 권한을 가진다
(동법 제18조 2항, 제23조 2항). 직무대리가 허용되는 범위는 검찰사무뿐만 아니라 검찰행정사무에
도 미친다. 이를 차장검사의 직무대리권이라고 한다.

이 이외에도 검찰총장은 필요하다고 인정하면 검찰수사서기관·검찰사무관·수사사
무관 또는 마약수사사무관으로 하여금 지방검찰청 또는 지청 검사의 직무를 대리하
게 할 수 있다(동법 제32조 2항). 다만, 검사의 직무를 대리하는 사람은 합의부의 심판사건은
처리하지 못한다(동조 제2항).

(3) 효 과

1) 검사교체의 효과 범죄수사나 공판관여 등 일체의 검찰사무의 취급 도중 18
에 검사가 전보·퇴관 등의 사유로 교체되어도 소송법상 효과에는 영향을 미치지
아니하며, 같은 검사가 행한 것과 동일한 효과가 인정된다. 따라서 검사가 교체
되었다고 하여 수사절차나 공판절차를 갱신할 필요는 없다.

2) 검사에 대한 제척·기피 검사에게 제척·기피를 인정할 것인가에 관하 19
여는 견해가 대립되고 있다. **소극설**은 검사동일체의 원칙에 의하여 특정한 검사
를 직무집행에서 배제하는 것은 아무런 의미가 없다는 이유로 검사에 대하여는

---

1 검사 직무의 이전에 관한 위 검찰청의 장의 구체적·개별적인 위임이 있거나 이에 관한 구체
적이고 명확한 위임규정이 있는 때에는 검찰청의 장이 아닌 상급자도 이전의 권한이 있다(대
법원 2017. 10. 31, 2014 두 45734).

제척·기피제도가 인정되지 않는다고 해석하고 있다.[1] 통설과 판례[2]의 입장이다. 이에 대하여 **적극설**은 검찰사무의 공정과 이에 대한 이해관계인의 신뢰를 보호하여 공익의 대표자인 검사가 국가형벌권을 적정하게 실현하도록 하기 위하여 검사에 대하여도 제척·기피제도를 인정해야 한다고 해석한다.[3] 검사의 성격과 공정한 재판의 이념에 비추어 검사에 대하여도 제척·기피제도의 정신을 부정해야 할 이유는 없다.[4] 그러나 검사에게 당사자의 지위를 인정하고 있는 형사소송법의 해석상 제척·기피제도를 인정할 수 없다는 것은 당연하다.

3. 법무부장관의 지휘·감독권

20   검사에 대한 상명하복관계는 내적 지휘·감독권과 외적 지휘·감독권으로 나눌 수 있다. 내적 지휘·감독권이 소속 상급자의 지휘·감독권인 데 반하여, 법무부장관의 검사에 대한 지휘·감독권은 외적 지휘·감독권이라고 할 수 있다.[5] 법무부장관은 검사가 아니기 때문이다.

검사는 법무부에 소속된 공무원이므로 법무부장관이 검사에 대하여 지휘·감독권을 가진다는 것은 당연하다. 그러나 검사가 검찰사무에 관하여 법무부장관의 지휘·감독에 따르게 될 때에는 검사는 「행정권의 벌린 팔」로서 정치적 합목적성의 대리인(Vertreter politischer Zwecksetzung)으로 기능하게 된다.[6] 따라서 검사의 상명하복관계에 의하여 정치권력의 영향을 받는 것을 방지하기 위하여는 법무부장관에 대한 검사의 독립성을 보장하지 않으면 안 된다.

21   검찰청법은 「법무부장관은 검찰사무의 최고감독자로서 일반적으로 검사를 지휘·감독한다. 구체적 사건에 대하여는 검찰총장만을 지휘·감독한다」고 규정하여($\frac{\text{동법}}{\text{제 8 조}}$), 구체적 사건의 처리가 정치적 영향에 의하여 좌우되는 것을 막고 있다. 이는 검찰총장을 완충대로 하여 행정부의 부당한 간섭을 방지하는 데 그 취지가 있다. 이로 인하여 검사의 독립성은 오로지 검찰총장의 인격과 소신에 의하

---

1 김재환 49면; 배종대/홍영기 § 9/4; 신현주 106면; 이영란 102면; 이은모/김정환 68면; 이주원 27면; 이창현 88면; 임동규 54면.
2 대법원 2013. 9. 12, 2011 도 12918(압수·수색영장 집행과정에 폭행 등의 피해자인 검사가 관여).
3 백형구 130면; 신동운 65면; 신양균/조기영 424면; 정승환 § 6/28; 정웅석/최창호/김한균 87면.
4 Peters S. 162; Roxin S. 54; Rudolphi SK Vor § 22, Rn. 21; Schroeder S. 90.
5 Gössel S. 40; Meyer–Goßner GVG § 146, Rn. 1; Schoreit KK GVG § 146, Rn. 2.
6 Schoreit KK GVG § 146, Rn. 2; Roxin DRiZ 69, 387; Wagner JZ 74, 217.

여 좌우되는 결과가 된다. 이런 점에서 구체적 사건에 관한 검찰총장의 지휘 자
체를 배제하는 법무부장관의 지휘는 허용되지 않는다.[1]

입법론으로는 법무부장관에게 검사에 대한 일반적인 지휘·감독권만을 주고 구체적
사건에 대하여는 지시할 수 없도록 하는 것이 타당하다고 생각된다.[2]

Ⅳ. 검사의 소송법상 지위

1. 비교법적 고찰

검사는 수사·공소·공판 및 재판의 집행으로 이루어지는 모든 단계의 형사 　22
절차에 관여하여 형사절차에서 가장 전면적·능동적으로 활동하는 국가기관이다.
즉 검사는 다른 법령에 따라 그 권한에 속하는 사항 이외에 공익의 대표자로서,
① 범죄수사·공소제기[3] 및 그 유지에 필요한 사항, ② 범죄수사에 관한 특별사
법경찰관리의 지휘·감독,[4] ③ 법원에 대한 법령의 정당한 적용 청구, ④ 재판집
행 지휘·감독, ⑤ 국가를 당사자 또는 참가인으로 하는 소송과 행정소송 수행
또는 그 수행에 관한 지휘·감독에 관한 직무와 권한을 가진다(검찰청법 제4조 1항).[5] 검사
는 그 직무를 수행할 때 국민 전체에 대한 봉사자로서 헌법과 법률에 따라 국민
의 인권을 보호하고 적법절차를 준수하며, 정치적 중립을 지켜야 하고 주어진 권
한을 남용하여서는 아니 된다(동조 제2항).

검사의 소송법상의 지위도 국가에 따라 차이가 있다. 프랑스와 독일을 비롯한 대륙 　23
법계 국가에 있어서 검사는 소추권뿐만 아니라 수사권과 재판의 집행권도 가지고 있
으나, 영미법계 국가인 미국의 검사는 대배심에 의한 제한을 받는 범위에서 소추권

---

1 그럼에도 불구하고 2020. 10. 19. 법무부장관과 검찰총장의 갈등 과정에서 지휘 자체를 배제
　하는 법무부장관의 지휘권이 발동되고, 위 지휘권은 '형성권'에 해당된다며 검찰총장이 이를
　수용한 바람직하지 못한 선례가 있었다.

2 Eb. Schmidt MDR 64, 715.

3 헌법재판소는 수사 및 소추는 '대통령을 수반으로 하는 행정부'에 부여된 '헌법상 권한'으로
　서, 행정부 중 어느 '특정 국가기관'에 전속적으로 부여된 것은 아니며, 검사·수사처검사·경
　찰·해양경찰·군검사·군사경찰·특별검사와 같은 '대통령을 수반으로 하는 행정부' 내의 국
　가기관들 사이에 수사권 및 소추권을 구체적으로 조정·배분하고 있다고 한다(헌재결 2023.
　3. 23, 2022 헌라 4).

4 범죄수사에 관한 검찰청 직원 사법경찰관리의 지휘·감독도 그 직무에 포함된다(제245조의 9,
　검찰청법 제46조 2항, 제47조 1·2항, 제49조 2항).

5 우리 검사제도에 관하여는 이재상, "Der Staatsanwalt in Korea," DRiZ 77, 50 참조.

을 행사하거나 대배심의 보조기관으로서의 기능을 가지며 소추 및 공소유지를 주된 임무로 하고 재판의 집행권도 인정되지 않는다. 수사의 주체도 원칙적으로 경찰이며, 검사는 특정분야의 수사를 행하거나 실무상 경찰과의 긴밀한 관계에 의하여 수사를 지휘하고 있을 뿐이다. 이에 반하여 일본에서는 검사에게 소추권과 재판의 집행권을 인정하고 있지만, 수사에 있어서는 사법경찰관이 제 1 차적 수사의 주체이고 검사는 제 2 차적·보충적인 수사의 주체에 지나지 않는다. 종래 우리나라의 검사는 프랑스와 독일의 검사와 유사한 지위를 가지고 있었다. 그러나 2020. 2. 4. 형사소송법 개정을 통하여 우리나라에 근대 사법제도가 도입된 때부터는 물론, 형사소송법 제정 이래 66년 동안 유지되어온 검사와 사법경찰관리의 지휘관계를 협력관계로 바꾸고, 고위공직자범죄수사처를 신설하여 고위공직자의 특정범죄에 대한 우선적 수사권을 부여함에 따라, 일본의 검사 지위와 보다 유사해진 측면이 있기는 하지만, 세계 어느 입법례에서도 찾아볼 수 없는 독특한 지위를 가지고 있다고 할 것이다.

2. 수사권에 관한 지위

(1) 수사의 주체

24   검사는 수사권, 검찰청 직원 사법경찰관리 및 특별사법경찰관리에 대한 수사지휘권, 수사종결권을 가지고 범죄를 수사하고, 사법경찰관리[1]에 대한 수사감독권을 가진 수사의 주체이다.

1) 수 사 권

25   (가) 형사소송법상 검사의 수사권   검사는 범죄의 혐의가 있다고 사료하는 때에는 범인·범죄사실과 증거를 수사한다($\frac{제195}{조}$). 따라서 검사는 피의자신문($\frac{제200}{조}$)·참고인조사($\frac{제221}{조}$) 등의 임의수사는 물론 체포($\frac{제200조}{의2}$)와 구속($\frac{제201}{조}$), 압수·수색·검증($\frac{제215조\ 내지}{제221조}$) 등의 강제수사를 할 수 있고, 특히 영장청구권($\frac{헌법\ 제12조\ 3항,\ 제16조,}{형소법\ 제200조의2,\ 제201조,}$ $\frac{제215}{조}$)[2]·증인신문청구권($\frac{제221조}{의2}$)은 검사에게만 인정되고 있다. 검사는 수사에 필요

---

1 이하, 본절에서 '사법경찰관리'라 함은 '경찰청 직원 사법경찰관리'를 말한다.

2 헌법재판소는 검사의 영장청구권은 영장신청의 신속성·효율성 증진의 측면이 아니라, 법률전문가이자 인권옹호기관인 검사로 하여금 제3자의 입장에서 수사기관의 강제수사 남용 가능성을 통제하도록 하는 취지에서 헌법에 도입된 것이므로, 헌법상 검사의 영장신청권 조항에서 '헌법상 검사의 수사권'까지 논리필연적으로 도출된다고 보기 어렵다고 한다(헌재결 2023. 3. 23, 2022 헌라 4). 이러한 다수의견과는 달리, 검사의 영장신청에 관하여 규정한 헌법 제12조 3항 및 제16조는 공익의 대표자이자 인권옹호기관의 지위에 있고 법률전문가의 자격을 갖춘 '헌법상 검사'에게 '헌법상 수사권'을 부여한 조항이라고 하는 재판관 4명의 반대의견이 있다.

할 때에는 관할구역이 아닌 곳에서 직무를 수행할 수 있다(검찰청법 제5조 단서).

　(나) **검찰청법상 검사의 수사개시 권한**　　　개정 검찰청법은 검사가 수사를 개시할 　26 수 있는 범죄(이하, 수사개시 범죄라고 한다.)를 ① 부패범죄, 경제범죄 등 대통령으로 정하는 중요 범죄,[1] ② 경찰공무원(다른 법률에 따라 사법경찰관리의 직무를 행하는 자를 포함한다) 및 고위공직자범죄수서처 소속 공무원(「고위공직자범죄수사처 설치 및 운영에 관한 법률」에 따른 파견 공무원을 포함한다)이 범한 범죄, ③ 위 ①, ②의 범죄 및 사법경찰관이 송치한 범죄와 관련하여 인지한 각 해당 범죄와 직접 관련성이 있는 범죄로 국한하고 있으며(검찰청법 제4조 1항 1호 단서, 검사의 수사개시 범죄 범위에 관한 규정[2] 제2조),[3] 검사는 자신이 수사개시한 범죄에 대하여는 공소를 제기할 수 없다(검찰청법 제4조 2항). 그리고 검찰총장은 수사를 개시할 수 있는 부의 직제 및 해당 부에 근무하고 있는 소속 검사 등의 현황을 분기별로 국회에 보고하여야 한다(제24조 4항).

　이로써 검사의 수사권을 인정한 형사소송법의 규정에도 불구하고, 검사의 수사권은 검찰청법상 수사개시가 인정되는 중요 범죄 등 예외적인 경우를 제외하고는, 사법경찰관리가 수사하여 송치한 사건에 대한 기소 여부 결정 등을 위한 제 2차적인 성격을 띠게 되었다. 검사는 송치요구 등에 따라 사법경찰관으로부터 송치받은 사건 등에 관하여는 동일성을 해치지 아니하는 범위 내에서만 수사할 수 있으며(제196조 2항), 수사기관이 수사 중인 사건의 범죄 혐의를 밝히기 위한 목적으로 합리적인 근거 없이 별개의 사건을 부당하게 수사하지 못한다(제198조 4항). 검사는 사법경찰관으로부터 송치받은 사건에 대해 보완수사가 필요한 경우에도, 직접 보

1　2022. 5. 9. 개정된 검찰청법(제18861호)(2022. 9. 10. 시행)은 공직자범죄, 선거범죄, 방위사업범죄, 대형참사 등을 삭제하고, 부패범죄, 경제범죄 등으로 변경하였다.
2　대통령령 제31090호, 2020. 10. 7. 제정(시행 2021. 1. 1). 이하, '수사개시규정'이라고 한다.
3　수사개시규정 제2조는 중요범죄를 다음과 같이 정의한다.
　　1. 부패범죄: 다음 각 목의 어느 하나에 해당하는 범죄로서 별표 1에 규정된 죄
　　　가. 사무의 공정을 해치는 불법 또는 부당한 방법으로 자기 또는 제3자의 이익이나 손해를 도모하는 범죄
　　　나. 직무와 관련하여 그 지위 또는 권한을 남용하는 범죄
　　　다. 범죄의 은폐나 그 수익의 은닉에 관련된 범죄
　　2. 경제범죄: 생산·분배·소비·고용·금융·부동산·유통·수출입 등 경제의 각 분야에서 경제질서를 해치는 불법 또는 부당한 방법으로 자기 또는 제3자의 경제적 이익이나 손해를 도모하는 범죄로서 별표 2에 규정된 죄
　　3. 다음 각 목의 어느 하나에 해당하는 죄
　　　가. 무고·도주·범인은닉·증거인멸·위증·허위감정통역·보복범죄 및 배심원의 직무에 관한 죄 등 국가의 사법질서를 저해하는 범죄로서 별표 3에 규정된 죄
　　　나. 개별 법률에서 국가기관으로 하여금 검사에게 고발하도록 하거나 수사를 의뢰하도록 규정된 범죄

완수사를 하는 것이 특별히 필요하다고 인정되는 경우가 아니면 사법경찰관에게 보완수사를 요구하는 것이 원칙이다(검사와 사법경찰관의 상호협력과 일반¹ 제59조 1항).²

　검사는 수사개시 범죄에 해당되지 않는 범죄에 대하여 고소·고발·진정 등이 접수된 때에는 이를 경찰 등 검찰청 외의 수사기관에 이송해야 한다(수사준칙규정 제18조 1항 1호). 검사가 수사개시 범죄에 대한 수사 중 그 혐의사실이 이에 해당되지 않는다고 판단되는 때에도 마찬가지다(동조 제1항 2호 본문). 다만, 구속영장이나 사람의 신체, 주거, 관리하는 건조물, 자동차, 선박, 항공기 또는 점유하는 방실에 대하여 압수, 수색, 또는 검증영장이 발부된 경우는, 사법경찰관에게 이송하여 다시 수사하게 하는 것은 비효율적이므로 검사가 이송하지 않고 계속 수사할 수 있도록 하였다(동호 단서).

27　　(다) 수사경합 시의 검사의 사건송치요구권　　　검사는 수사개시 범죄에 대하여 사법경찰관과 동일한 범죄사실을 수사하게 된 때에는 사법경찰관에게 그 내용과 이유를 구체적으로 적은 서면으로 사건을 송치할 것을 요구할 수 있다(제197조의4 제1항, 수사준칙규정 제49조 1항). 검사의 요구를 받은 사법경찰관은 지체 없이 그 송치 요구일로부터 7일 이내에 검사에게 사건을 송치하여야 한다(제197조의4 제2항 본문, 수사준칙규정 제49조 2항). 다만, 검사가 영장을 청구하기 전에 동일한 범죄사실에 관하여 사법경찰관이 영장을 신청한 경우에는 해당 영장에 기재된 범죄사실을 계속 수사할 수 있다(제197조의4 제2항 단서). 검사와 사법경찰관의 수사가 경합하는 경우에는 중복수사로 인한 비효율성을 방지하고 이중수사로 인한 사건관계인의 권익침해를 방지하기 위해서 검사에게 우선적 수사권을 인정하되, 사법경찰관이 영장을 신청할 정도로 수사가 진행된 경우에는 검사에게 송치하지 않고 사법경찰관이 그대로 수사할 수 있도록 한 것이다.³ 검사와 사법경찰관은 수사의 경합과 관련하여 동일한 범죄사실 여부나 영장(통신비밀보호법에 따른 통신제한조치허가서, 통신사실확인자료 제공요청 허가서를 포함) 청구, 신청의 선후 여부를 판단하기 위하여 필요한 경우

1　이하, '수사준칙규정'이라고 한다.

2　검사가 송치사건에 대한 수사 또는 공소유지 과정에서 진범을 확인하게 된 경우, 보완수사를 요구하기보다는 직접 수사하는 것이 수사의 효율성과 객관성을 담보하는 데 도움이 된다는 측면에서, 진범의 범죄를 '사법경찰관이 송치한 범죄'로 간주하여 검사가 직접 수사개시할 수 있도록 근거 규정을 마련할 필요가 있다.

3　그러나 통신사실확인자료나 계좌추적용 압수·수색영장의 경우에는 내사단계에서도 가능하고 (수사준칙규정 제16조), 그 단계에서 충분한 소환조사나 증거수집도 이뤄지지 않는 것이 일반적이다. 따라서 수사의 초기 단계에 검사와 사법경찰관이 동일한 수사를 하고 있다는 사실을 서로 인식할 수 있는 제도적 장치가 없는 상태에서, 위와 같은 경우까지 사법경찰관의 계속 수사를 인정하는 것은 입법 목적에도 부합하지 않으며, 일정한 유형의 사건에 대해서는 과도하게 조기 단계에 사법경찰관으로 하여금 선제적으로 강제성을 띤 수사에 착수하도록 유도할 수 있으므로 입법론상 문제가 있다.

에는 사건기록의 상호 열람을 요청할 수 있다(수사준칙규정 제48조 1항). 사법경찰관의 수사가 이러한 예외에 해당하여 사법경찰관이 해당 사건을 계속 수사할 수 있게 된 경우, 검사는 그와 동일한 범죄사실에 대해 특별한 사정이 없는 한, 사건 이송 등 중복수사를 피하기 위하여 노력해야 한다(수사준칙 규정 제50조). 검사는 이러한 경우에 수사하던 사건을 사법경찰관에게 이송할 수 있다(수사준칙규정 제18조 2항 1호).

2) **수사지휘권과 수사감독권** 형사소송법은 원칙적으로 사법경찰관리에 대 28
한 검사의 수사지휘권을 폐지하고, 검사와 사법경찰관은 수사, 공소제기 및 공소유지에 관하여 서로 협력하여야 한다고 규정하고 있다(제195조 1항). 다만, 특별사법경찰관리의 수사에 대해서는 종전과 같이 검사의 수사지휘권이 인정된다(제245조의10). 또한, 검찰수사서기관·수사사무관·마약수사사무관 등 검찰청 직원은 제245조의 9 제 2 항, 제 3 항에 따른 사법경찰관리로서 검사의 지휘를 받아 범죄수사를 하므로 (검찰청법 제46조, 제47조) 검사의 수사지휘권이 인정된다.

한편, 경찰에 대한 법치국가적 통제라는 측면에서 사법경찰관리의 수사에 관하여는 검사에게 영장청구권과 긴급체포 사후승인권, 사건송치 전의 사전적인 수사감독권 및 사건송치 후의 사후적 수사감독권이 인정된다(상세 설명은 제 2 편 3절 I. 3. 검사와 사법경찰관리의 관계 부분 참조).

3) **수사종결권** 수사의 주된 목적은 공소제기의 여부를 결정하는 데 있다. 29
따라서 사법경찰관이 사건을 송치한 경우에는 검사가 관계 서류 및 증거물을 검토하고 필요한 경우에는 보완수사요구를 하거나 직접 보완수사를 거쳐 공소제기결정 또는 불기소결정을 함으로써 수사가 종결된다(제246조, 제247조, 제258조). 이러한 검사의 수사종결권은 그 결정 과정에서 사법경찰관의 수사결과를 재검토하고 검증하는 기능도 수행하므로 검사의 경찰에 대한 수사감독권의 의미도 가진다. 그러나 앞서 살펴본 바와 같이 사법경찰관은 범죄의 혐의가 있다고 인정되는 경우가 아닌 때에는 사건을 송치하지 않으며, 이에 대해서 검사는 90일 이내에 송부된 관계 서류와 증거물만을 검토하여 위법 또는 부당한 경우 사법경찰관에게 재수사요청을 할 수 있을 뿐이므로, 이로써 사법경찰관에게도 1차적인 수사종결권이 부여되게 되었다. 다만 앞서 살펴본 것처럼 예외적인 경우에 검사는 사건송치요구를 할 수 있고, 고소인·피해자 또는 그 법정대리인(피해자가 사망한 경우에는 그 배우자·직계친족·형제자매를 포함한다)은 사법경찰관이 사건을 송치하지 아니한 경우 사법경찰관의 소속 관서의 장에게 이의를 신청할 수 있는데, 이때 사법경찰관은 지체 없이 검사에게 사건을 송치하고 관계

서류와 증거물을 송부하여야 하므로($^{제245조의 7}_{제 1 항·제 2 항}$), 이러한 범위 내에서 사법경찰관의 1차적 수사종결권은 제한된다고 볼 수 있다.

30   4) 전문수사자문위원의 지정   검사는 공소제기 여부와 관련된 사실관계를 분명하게 하기 위하여 필요한 경우에는 직권이나 피의자 또는 변호인의 신청에 의하여 전문수사자문위원을 지정하여 수사절차에 참여하게 하고 자문을 들을 수 있다($^{제245조의}_{2 \, 제 1 항}$). 전문수사자문위원을 수사절차에 참여시키는 경우 검사는 각 사건마다 1인 이상의 전문수사자문위원을 지정하며($^{제245조의}_{3 \, 제 1 항}$), 피의자 또는 변호인은 검사의 전문수사자문위원 지정에 대하여 관할 고등검찰청 검사장에게 이의를 제기할 수 있다($^{동조}_{제 3 항}$). 전문수사자문위원은 검사에게 전문적인 지식에 의한 설명 또는 의견을 기재한 서면을 제출하거나 전문적인 지식에 의하여 설명이나 의견을 진술할 수 있고($^{제245조의}_{2 \, 제 2 항}$), 검사는 전문수사자문위원이 제출한 서면이나 전문심리위원의 설명 또는 의견의 진술에 관하여 피의자 또는 변호인에게 구술 또는 서면에 의한 의견진술의 기회를 주어야 한다($^{동조}_{제 3 항}$).

3. 공소권의 주체

검사는 공소를 제기·수행하는 공소권의 주체이다.

(1) 공소제기의 담당자

31   공소는 검사가 제기한다($^{제246}_{조}$). 즉 공소제기의 권한은 검사가 담당하므로 사인소추는 인정되지 않는다. 이를 기소독점주의라고 한다. 형사소송법은 기소독점주의를 채택하고 있을 뿐만 아니라, 공소제기에 관하여 검사의 재량을 인정하는 기소편의주의($^{제247}_{조}$)와 검사가 제 1 심판결의 선고 전까지 공소를 취소할 수 있는 기소변경주의($^{제255}_{조}$)를 채택하여 수사처의 공소제기대상 범죄와 즉결심판의 경우를 제외하고는 공소제기의 권한을 검사에게 독점시키고 있다.

(2) 공소수행의 담당자

32   검사는 공판절차에서 공익의 대표자로서 공소사실을 입증하고 공소를 유지하는 공소수행의 담당자가 된다. 공소수행의 담당자인 검사는 피고인과 대립하는 당사자의 지위에 선다. 피고인과 대립되는 당사자인 검사는 피고인과의 공격·방어를 통하여 형사소송을 형성하여 가며, 논고에 의하여 법령의 정당한 적용을 청구한다. 그러나 당사자주의는 당사자대등주의를 전제로 하고, 당사자대등주의는

당사자 사이의 실질적인 무기평등을 요구한다. 검사가 피고인과 대등한 당사자가 될 수는 없다. 여기서 독일에서는 검사에게 피고인과 대립된 당사자로서의 지위를 인정하는 것은 검사제도의 본질에 반한다는 이유로 검사의 당사자지위를 부정하는 데 견해가 일치하고 있다.[1] 형사소송법의 해석에 있어서도 ① 당사자의 개념은 형사절차의 본질에 친숙하지 못하고, ② 공익의 대표자인 검사를 당사자라고 지칭하는 것은 적절하지 못하며, ③ 검사를 당사자로 보게 되면 공판절차의 검찰사법화가 우려된다는 이유로 검사를 당사자로 이해하는 것은 타당하지 못하다고 주장하는 견해[2]도 있다. 그러나 당사자주의를 강화한 형사소송법의 해석에 있어서 검사가 공판절차에서 당사자의 지위를 가진다는 것을 부정할 수는 없다.[3] 다만, 검사의 당사자의 지위가 검사의 공익적 지위 내지 객관의무와 어떻게 조화될 수 있느냐가 문제될 뿐이다.

(3) 검사의 객관의무와의 관계

　　검사는 피고인에 대립되는 당사자이면서도 단순한 당사자가 아니라 공익의 　33
대표자로서 피고인의 정당한 이익을 옹호해야 할 의무가 있다. 공익의 대표자인 검사가 진실을 탐지하고 법을 발견·적용해야 하는 것은 당연하기 때문이다. 따라서 검사는 피고인의 적이 아니라 피고인에게 이익되는 사실도 조사·제출하고, 피고인의 이익을 위하여 상소와 비상상고를 해야 할 객관적 관청이라고 할 수 있다. 이를 검사의 객관의무라고 하며, 이러한 의미에서 검사는 지구에서 가장 객관적인 관청(die objektivste Behörde der Welt)이라고도 한다.[4] 원래 검사의 객관의무는 독일 형사소송법학에서 검사의 당사자지위를 부정하는 근거로 사용되었던 개념이다.[5] 그러나 검사에게 당사자지위를 인정하고 있는 형사소송법의 해석에 있어서도 검사가 피고인의 정당한 이익을 옹호해야 할 공익적 지위 또는 객관의무를 인정해야 한다는 점에 견해가 일치하고 있다.[6] 법치국가원리의 실현을 위하여는 검사가 객관성을 유지하지 않으면 안 된다는 점을 고려할 때 검사의 객관

1　Gössel S. 39; Meyer-Goßner GVG Vor § 141, Rn. 8; Roxin S. 52; Eb. Schmidt DRiZ 57, 279; Thiemann, "Zur Parteistellung und Weisungsgebundenheit des Staatsanwalts," DRiZ 50, 255.
2　신동운 794면.
3　김재환 44면; 백형구 605면, 강의 114면; 이영란 114면; 이은모/김정환 74면; 임동규 56면.
4　Döhring DRiZ 58, 286; Wagner JZ 74, 212.
5　Gössel S. 39; Meyer-Goßner GVG Vor § 141, Rn. 7; Roxin S. 52; Dünnebier JZ 58, 418.
6　김재환 46면; 백형구 605면, 강의 114면; 이영란 109면; 정영석/이형국 67면; 차용석/최용성 90면.

의무를 인정하는 것은 당연하며, 검사의 객관의무는 검사의 당사자지위와 모순되는 것이 아니라 실질적으로 당사자주의를 실현하기 위한 것이라고 할 수 있다. 헌법재판소[1]와 대법원[2]도 검사의 객관의무를 인정하고 있다.

> 검사의 객관의무는 공판절차에서만 인정되는 것이 아니다. 형사소송에서의 검사의 고소권자지정권($\frac{제228}{조}$)은 물론, 민법상의 성년·한정·특정후견의 개시·종료심판의 청구($\frac{민법 제9조 내지}{제14조의 2}$), 부재자의 재산관리 및 실종선고의 청구권($\frac{동법 제22조 1항·}{제27조 1항·}$) 등도 모두 검사의 공익적 지위에서 유래하는 것이다.

4. 재판의 집행기관

34   재판의 집행은 검사가 지휘한다($\frac{제460}{조}$). 다만, 예외적으로 재판장·수명법관·수탁판사가 재판의 집행을 지휘할 수 있는 경우도 있다($\frac{제81조,}{제115조}$). 재판의 집행에 관하여는 법원이 집행지휘를 하는 법원주의와 검사가 하는 검사주의가 있다. 영미에서는 법원주의를 채택하고 있음에 반하여, 우리 형사소송법은 형집행의 신속성과 기동성을 보장하기 위하여 검사주의를 취하고 있다. 검사는 사형 또는 자유형의 집행을 위하여 형집행장을 발부하여 구인하도록 하고 있으며($\frac{제473}{조}$), 검사가 발부한 형집행장은 구속영장과 같은 효력이 있다.

검사는 원칙적으로 소속검찰청의 관할구역 내에서 그 직무를 행한다. 다만, 수사상 필요할 때에는 관할구역 외에서 직무를 행할 수 있다($\frac{검찰청법}{제5조}$). 각 검찰청 및 지청의 관할구역은 그 검찰청에 대응한 법원과 지원의 관할구역에 의한다($\frac{동법}{제3조 4항}$). 다만, 관할은 소송조건이므로 사건이 소속검찰청에 대응한 법원의 관할에 속하지 않을 때에는 검사는 사건을 서류·증거물과 함께 관할법원에 대응한 검찰청의 검사에게 송치하여야 한다($\frac{제256}{조}$).

---

1 헌재결 2002. 12. 18, 2002 헌마 527; 헌재결 2007. 3. 29, 2006 헌바 69; 헌재결 2012. 7. 26, 2010 헌마 642.

2 대법원 2010. 10. 28, 2008 도 11999; 대법원 2022. 9. 16, 2021 다 295168; 대법원 2022. 9. 16, 2022 다 236781.

제 3 절 그 밖의 수사기관   §8

I. 사법경찰관리

1. 사법경찰관리의 종류

(1) 일반사법경찰관리와 특별사법경찰관리

사법경찰관리에는 일반사법경찰관리와 특별사법경찰관리가 있다.   1

1) 일반사법경찰관리   일반사법경찰관리에는 직무 권한에 따라 수사권자인 사법경찰관과 수사보조자인 사법경찰리가 있고, 소속기관에 따라 경찰청 직원 사법경찰관리와 검찰청 직원 사법경찰관리가 있다.

즉, 경무관, 총경, 경정, 경감, 경위는 사법경찰관으로서 범죄의 혐의가 있다고 사료하는 때에는 범인, 범죄사실과 증거를 수사한다($\substack{제197조 \\ 1항}$). 경사, 경장, 순경은 사법경찰리로서 수사의 보조를 하여야 한다($\substack{동조 \\ 제2항}$). 사법경찰리는 사법경찰관의 지휘를 받아 수사를 보조하는 기관에 불과하다.

국가경찰과 자치경찰의 조직 및 운영에 관한 법률($\substack{전부개정 2020. 12. 22. 법률 \\ 제17689호, 2021. 1. 1. 시행}$)은 경찰청 내에 경찰의 수사를 담당하는 국가수사본부를 두고, 국가수사본부장으로 하여금 형사소송법에 따른 경찰의 수사에 관하여 각 시·도경찰청장과 경찰서장 및 수사부서 소속 공무원을 지휘·감독하도록 하였다($\substack{제16조 \\ 2항}$). 국가수사본부장의 임기는 2년으로 하고, 중임할 수 없으며($\substack{동조 \\ 제3항}$), 임기가 끝나면 당연 퇴직한다($\substack{동조 \\ 제4항}$). 경찰청장은 개별 사건의 수사에 대하여 구체적으로 지휘·감독할 수 없고, 국민의 생명·신체·재산 또는 공공의 안전 등에 중대한 위험을 초래하는 긴급하고 중요한 사건의 수사에 있어서 경찰의 자원을 대규모로 동원하는 등 통합적으로 현장 대응할 필요가 있다고 판단할 만한 상당한 이유가 있는 때에만 국가수사본부장을 통하여 개별 사건의 수사에 대하여 구체적으로 지휘·감독할 수 있도록 하여($\substack{제14조 \\ 6항}$), 경찰 수사의 독립성을 도모하였다. 한편 ① 학교폭력 등 소년범죄, ② 가정폭력, 아동학대 범죄, ③ 교통사고 및 교통 관련 범죄, ④ 형법 제245조에 따른 공연음란죄 및 성폭력범죄의 처벌 등에 관한 특례법 제12조에 따른 성적 목적을 위한 다중이용장소 침입행위에 관한 범죄, ⑤ 경범죄 및 기초질서 관련 범죄, 가출인 및 실종아동등의 보호 및 지원에 관한 법률 제2조 2호에 따른 실종아동 등 관련 수색 및 범죄는 자치경찰의 수사사무($\substack{제4조 \\ 1항 라목}$)로 정하여, 각 시·도경찰청장은 수사를 함에 있어 각 자치단체에 소속된 시·도자치경찰위원회의 지휘·감독을 받도록 함으로써($^{제28조}_{3항}$) 자치경찰제를 부분적으로 도입하였다. 이에 따라 2021. 7. 1. 전국 17개 시·도자치경찰위원회가 출범하였다.

검찰수사서기관, 수사사무관 및 마약수사사무관은 제245조의 9 제 2 항에 따른 사법경찰관으로서 검사의 지휘를 받아 범죄수사를 하며($^{검찰청법}_{제46조\ 2항}$), 검찰주사, 마약수사주사, 검찰주사보 및 마약수사주사보 중에서 검찰총장 또는 각급 검찰청 검사장의 지명을 받은 사람도 소속 검찰청 또는 지청에서 접수한 사건에 관하여 사법경찰관으로서 검사의 지휘를 받아 수사하여야 한다($^{제245조의 9\ 제2 항,}_{검찰청법 제47조\ 제1항\ 1호}$). 검찰서기, 마약수사서기, 검찰서기보 및 마약수사서기보는 사법경찰리로서 검사 또는 사법경찰관의 직무를 행하는 검찰청 직원의 수사를 보조하여야 한다($^{제245조의}_{9\ 제3항,}$ $^{검찰청법 제}_{47조\ 1항\ 1호}$). 검찰청 직원 사법경찰관리는 제197조의 2부터 제197조의 4까지, 제221조의 5, 제245조의 5부터 제245조의 8까지의 규정을 적용하지 아니한다($^{제245조의}_{9\ 제4항}$).

2) **특별사법경찰관리**　　　특수분야의 수사를 담당하는 사법경찰관리를 특별사법경찰관리라고 한다. 삼림·해사·전매·세무·군수사기관·그 밖에 특별한 사항에 관하여 사법경찰관리의 직무를 행할 특별사법경찰관리와 그 직무의 범위는 법률($^{사법경찰관리의 직무를 수행할}_{자와 그 직무범위에 관한 법률}$)로 정한다($^{제245조의}_{10\ 제1항}$). 특별사법경찰관리는 일반적으로 지방검찰청검사장이 지명하지만, 일정한 직책에 있는 사람이 특별사법경찰관리가 되는 경우($^{교정시설이나 출입국시설}_{의 직원, 근로감독관 등}$)도 있고, 소속기관의 장이 지명하는 경우($^{국가정보원의}_{직원}$)도 있다. 특별사법경찰관리는 그 권한의 범위가 사항적·지역적으로 제한되어 있는 점에 특색이 있으며, 사법경찰관리로서의 권한과 지위에 있어서는 일반사법경찰관리와 같다. 그리고 2020. 2. 4. 개정 형사소송법에 의해서도 특별사법경찰관리에 대한 검사의 수사지휘권은 그대로 유지되어 있고($^{제245조의 10}_{제2 항·제4 항}$), 1차적인 수사종결권도 인정되지 않는다($^{동조}_{제5 항}$).

2. 사법경찰관리의 수사와 관할구역

2　　　사법경찰관리는 소속 관서의 관할구역 내에서 직무를 수행한다. 사법경찰관리가 관할구역 외에서 수사하거나 관할구역 외의 사법경찰관리의 촉탁을 받아 수사할 때에는 관할지방검찰청 검사장 또는 지청장에게 보고하여야 한다. 다만, 제200조의 3, 제212조, 제214조, 제216조와 제217조의 규정에 의한 수사를 하는 경우에 긴급을 요할 때에는 사후에 보고할 수 있다($^{제210}_{조}$).

3. 검사와 사법경찰관리의 관계

(1) 수사지휘권 및 수사감독권

2020. 2. 4. 개정 형사소송법은 경찰청 직원인 사법경찰관리에 대한 검사의 3
수사지휘권을 폐지하여 검사와 사법경찰관은 수사, 공소제기 및 공소유지에 관하여 서로 협력하여야 한다고 규정하고, 일정한 경우에 한하여 수사감독권한을 규정하고 있다. 반면에, 특별사법경찰관리와 검찰청 직원인 사법경찰관리에 대해서는 검사의 수사지휘권이 그대로 유지되고 있다. 특별사법경찰관리의 수사 및 그에 관한 검사의 수사지휘권에 관하여는 법무부령인 특별사법경찰관리에 대한 검사의 수사지휘 및 특별사법경찰관리의 수사준칙에 관한 규칙[1]에 상세한 내용이 규정되어 있다.

1) **지휘 · 감독관계에서 협력관계로의 전환**　　종래 형사소송법상 검사는 수사 4
의 주재자로서 파악되었으며, 사법경찰관리는 검사의 지휘가 있는 때에는 이에 따르도록 하였다($^{구법 제}_{196조 1항}$). 그러나 2020년 개정 형사소송법은 검사와 사법경찰관은 수사, 공소제기 및 공소유지에 관하여 서로 협력하여야 한다고 규정하면서($^{제195조}_{1항}$), 검사의 수사지휘권을 폐지하고, 사법경찰관의 수사에 대한 시정조치 또는 보완요구 등 예외적인 감독권한만을 부여함으로써, 검사와 사법경찰관리의 관계에 대하여 상당히 큰 입법적 변화가 이루어졌다. 뿐만 아니라 검찰청법의 개정에 의하여 검사의 수사개시권한이 엄격하게 제한되었고, 대부분의 범죄에 대한 1차적인 수사는 사법경찰관에 의해서만 이루어지게 되었으므로, 사법경찰관의 수사상 권한이 대폭 강화되었다.

검사와 사법경찰관은 수사와 공소제기 및 유지를 위해 필요한 경우 수사 · 기소 · 재판 관련 자료를 서로 요청할 수 있고($^{수사준칙규정}_{제6조 2항}$), 검사와 사법경찰관의 협의는 신속하게 이루어져야 하며, 수사 또는 절차가 지연되어서는 안 된다($^{동조}_{제3항}$).

검사와 사법경찰관은 공소시효가 임박하거나 내란 · 외환, 선거, 테러범죄, 대형참사, SOFA사건, 연쇄살인 등 다수 피해자를 양산하거나 국가적 · 사회적 피해가 큰 중요한 사건의 경우에는 송치 전에 수사할 사항, 증거수집의 대상, 법령의 적용 등에 관하여 상호 의견을 제시 · 교환할 것을 요청할 수 있다($^{수사준칙}_{규정 제7조}$). 검사와 사법경찰관은 수사와 사건의 송치, 송부 등에 관하여 이견 조정이나 협력 등이 필요한 경우 상

---

1 법무부령 제995호, 2021. 1. 1. 제정(일부개정 2021. 2. 3).

호 협의할 수 있다. 다만 ① 위 중요사건에 관하여 상호 의견을 제시·교환하는 것이나 그 내용, ② 제197조의 2의 보완수사요구에 따른 정당한 이유의 유무, ③ 제197조의 3의 시정조치요구 등에 따른 정당한 이유의 유무, ④ 제197조의 4 제 2 항 단서에 따라 수사경합 시 사법경찰관이 계속 수사할 수 있는지 여부나 계속 수사 시 그 주체나 사건의 이송 여부, ⑤ 제222조에 따라 변사자 검시를 하는 경우에 수사의 착수 여부나 수사할 사항, ⑥ 제245조의 8 제 2 항에 따른 재수사의 결과에 대해 각 이견이 있는 경우 및 ⑦ 제316조 1항에 따라 사법경찰관이 조사자로서 공판준비 또는 공판기일에서 진술하게 된 경우에는, 상대방이 협의를 요청하면 그 요청에 응하여야 한다($\binom{수사준칙규정}{제 8 조 1항}$). 위 ①, ②, ④, ⑥의 경우에 해당 검사와 사법경찰관의 협의로 필요한 조치를 하지 못하는 경우에는 해당 검사가 소속된 검찰청의 장과 해당 사법경찰관이 소속된 관서의 장의 협의에 따른다($\binom{동조}{제 2 항}$). 이러한 협의를 위하여 대검찰청, 경찰청 및 해양경찰청 간에 수사기관협의회를 둔다($\binom{수사준칙규정}{제 9 조 1항}$).

2020. 2. 4. 개정 형사소송법은 검사의 직접 수사개시 범위를 축소하고 사법경찰관의 수사권한을 강화하면서, 강화된 사법경찰관의 수사권에 대한 검사의 수사감독권한을 제도적으로 보장하기 위해서 종래 검찰청법에 규정되어 있던 검사장의 사법경찰관리 교체임용요구권과 수사중지명령권($\binom{검찰청법}{제54조}$) 외에, 사법경찰관이 정당한 이유 없이 검사의 보완수사요구나 시정조치요구 등에 따르지 아니하는 때에는 검찰총장 또는 각급 검찰청 검사장은 권한 있는 사람에게 해당 사법경찰관의 직무배제 또는 징계를 요구할 수 있도록 하였다($\binom{제197조의 3 제 7 항,}{제197조의 2 제 3 항}$).

그러나 정당한 이유에 관한 판단기준이 규정되어 있지 않고, 검사와 사법경찰관 사이에 정당한 이유에 관하여 견해가 서로 다른 때에 이를 조정·해결할 수 있는 제도가 마련되어 있지 않으며, 징계요구에 따른 징계절차도 경찰공무원 징계령에 따른 경찰 내부의 절차에 따르게 되어 있을 뿐 아니라, 재수사요청에 대하여는 앞서 살펴본 것처럼 그 실효성을 보장할 수 있는 제도적 장치가 매우 부족한 점에 비추어, 검사의 수사감독권한의 실효성을 담보하기에는 미흡한 것으로 판단된다.

5   **2) 종래 경찰수사권독립론**   종래 검사가 수사의 주재자로 되어 있었음에도 불구하고 실제 수사의 대부분은 경찰에 의하여 행하여졌다. 신속한 수사기술의 필요로 인하여 경찰의 수사범위는 더욱 확대되어 왔다. 수사를 위하여는 전국적으로 조직화된 수사망이 필수적인 전제가 됨에도 불구하고 검사에게는 범죄수사를 위한 조직이나 충분한 장비가 갖추어져 있지 않다. 조직면에서 검사와 경찰

사이의 결합관계도 존재하지 않는다.[1] 이러한 의미에서 독일에서는 검사를 「팔 없는 머리」(ein Kopf ohne Hände)라고 부르기도 한다.[2] 여기서 수사활동의 실효 성을 담보하기 위하여는 경찰 수사의 자유와 재량이 확보되어야 한다는 소위 경 찰수사권독립론 또는 수사권조정론이 주장되고 있었다.

⑺ **견해의 대립**　　　　경찰의 독립된 수사권을 인정할 것인가에 관하여는 종래 　6 긍정설과 부정설 및 시기상조설이 대립되고 있었다.

A. **긍 정 설**　　　　긍정설은 범죄수사가 복잡·곤란한 사무임에 비추어 소수에 불과한 검 사에게 수사지휘권을 인정하는 것은 검사에게 과중한 책임이라 할 것이므로 범죄수 사는 사법경찰관에게 일임하고 공소제기만을 검사의 직무로 하는 것이 이상적이 며,[3] 수사의 신속성·기동성·탄력성을 기하여 수사의 능률을 높이고 수사권을 기 관 사이에 분립시키는 것이 권력억제를 기한다는 점에서 경찰의 수사권독립이 바람 직한 방향이라고 해석하였다.[4]

B. **시기상조설**　　　　시기상조설은 경찰수사의 현실을 직시할 때 인권옹호의 관점에서 경 찰수사권의 독립은 시기상조이고 경찰의 지방분권화, 즉결심판청구권의 폐지와 함께 논의되어야 한다고 보고 있었다.[5]

C. **부 정 설**　　　　경찰수사권독립론을 부정하는 견해이다. 검사는 원래 수사에 있어서 인권침해의 위험을 제거하고 수사에 대한 법적 근거를 제공하기 위하여 탄생된 제도 이므로 검사의 수사지휘권의 부정은 검사제도 자체를 무의미하게 한다는 점을 근거 로 하였다.

⑻ **수사권독립론의 검토**　　　　2020년 개정 형사소송법은 긍정설의 입장에서 경 　7 찰수사권독립론을 입법화한 것으로 볼 수 있다. 그러나 입법화에도 불구하고 경 찰수사권독립은 보다 신중하게 접근할 필요가 있다. 그것은 ① 경찰수사는 범죄 에 대한 투쟁 특히 범죄예방에 중점이 있음에 반하여 검사의 수사지휘권은 범죄 수사 자체뿐만 아니라 피의자의 이익과 수사의 법적 한계를 보장하는 기능을 가 지고 있다. 이러한 의미에서 검사의 수사지휘권은 수사에 있어서의 인권보장과 적정절차를 실현하기 위한 법치국가원리의 불가결한 요소가 된다고 할 수 있

1　Rüping ZStW 95, 897.
2　Kern-Roxin 13. Aufl., S. 47; Roxin DRiZ 69, 388.
3　김기두 56면.
4　차용석/최용성 162면.
5　백형구 강의, 368면; 신동운 86면.

고,[1] ② 법관과 같은 자격을 가지고 신분이 보장된 검사의 수사지휘권을 인정함에 의하여 수사의 공정성이 담보될 수 있고, 수사의 쟁점을 정리함에 의하여 신속한 수사가 가능하게 되고,[2] ③ 정보, 범죄예방 및 진압 등 경찰이 가진 다른 침익적 행정기능들을 그대로 유지한 상태에서 경찰에 독립적인 수사권을 부여할 경우 경찰 권한의 비대화에 따른 남용 및 인권침해의 위험성이 커질 수 있기 때문이다.

다시 말하면, 준사법기관인 검사의 수사지휘 및 수사종결권의 행사를 통해서 침익적 행정을 담당하는 순수 행정기관인 경찰의 수사에 대해 준사법적 통제를 받게 함으로써 형사사건에 대한 행정기관의 재량권 행사나 수사권 남용을 억제하고, 형법상 책임주의와 적법절차원리가 실현되도록 하는 것이 헌법상 법치국가의 원리에 부합한다는 것이다. 그런데 2020년 개정 형사소송법이 준사법적 성격이 결여된 사법경찰관에게 제 1 차적 수사권과 수사종결권을 부여한 것은 행정기관에게 혐의 유무에 대한 사실인정 및 법리 적용에 대한 사실상의 판단재량을 허용하는 것을 의미한다. 사법경찰관에게 이러한 권한을 부여하고, 검사의 수사지휘를 배제하면서 검사에게 실효성이 부족한 예외적 감독권한만을 인정하는 방향으로 개정한 것이 법치국가적 원리에 부합하는지는 의문이다.

다만, 검사의 수사지휘권을 인정하는 것은 검사가 수사에 있어서 인권을 보장하기 위한 기관이라는 점에 그 근거가 있다. 따라서 수사의 주재자로서의 검사의 지위는 검사의 투철한 인권의식을 전제로 할 때에만 타당하다고 해야 한다. 검사의 구속장소 감찰제도($_{조의2}^{제198}$)는 이러한 의미에서 중요한 뜻을 가지는 제도이다. 경찰의 수사권 독립론이 입법화에 이르게 된 것은 종래 검사가 준사법기관으로서 수사상 인권의 보장과 경찰수사에 대한 준사법적 통제라는 본래의 제도적 기능보다는 경찰과 유사한 행정기관으로서 직접 수사기능에 치중하였고, 그로 말미암아 수사권의 과잉 행사, 검찰의 권한 집중 등의 폐단과 정치적 중립성에 대한 불신을 초래하였기 때문이 아닌지 성찰해볼 필요가 있다. 그러나 이러한 문제점은 검사의 준사법적 지위와 기능을 회복하기 위한 제도적 개혁으로 성취하는 것이 바람직하다고 할 것이다.

1　Peters S. 162; Schoreit KK GVG § 152, Rn. 6; Eb. Schmidt DRiZ 57, 277; Rüping ZStW 95, 895, 915

2　Heimeshoff, "Die Stellung von Staatsanwaltschaft und Polizei bei der Verbrechensbekämpfung," DRiZ 72, 165.

⑵ 검사의 영장청구권과 긴급체포에 관한 사후승인권에 의한 수사감독권

헌법 제12조 3항 본문은 체포·구속·압수 또는 수색을 할 때에는 적법한   8
절차에 따라 검사의 신청에 의하여 법관이 발부한 영장을 제시하여야 한다고 규
정하고, 헌법 제16조 단서는 주거에 대한 압수나 수색을 할 때에는 검사의 신청
에 의하여 법관이 발부한 영장을 제시하여야 한다고 규정하여, 국민의 기본권과
적법절차의 보장을 위하여 영장청구는 검사만이 할 수 있도록 규정하고 있다. 이
에 따라 형사소송법 제201조 및 제215조는 영장은 검사가 관할 지방법원판사에
게 청구할 수 있도록 하되, 사법경찰관은 검사에게 신청하여 검사의 청구로 관할
지방법원판사의 구속영장을 받도록 하고 있다.

검사는 사법경찰관이 신청한 영장의 청구 여부 결정에 관하여 필요한 경우
사건송치 전이라도 사법경찰관에게 보완수사를 요구할 수 있으며($^{제197조의 2}_{제 1 항 2호}$), 사법
경찰관은 검사의 요구가 있는 때에는 정당한 이유가 없는 한 지체 없이 이를 이
행하고, 그 결과를 검사에게 통보하여야 한다($^{동조}_{제 2 항}$).

사법경찰관이 피의자를 긴급체포한 경우에는 즉시 검사의 승인을 얻어야 하
며($^{제200조의}_{3 제 2 항}$), 사법경찰관이 긴급체포한 피의자에 대하여 구속영장을 신청하지 아
니하고 석방한 경우에는 즉시 검사에게 보고하여야 한다($^{제200조의}_{4 제 6 항}$).

검사의 영장청구권 및 그 청구 여부 결정을 위한 보완수사요구 권한, 그리고
검사의 긴급체포 사후승인권 및 사법경찰관의 긴급체포 피의자의 석방보고의무
등은 사법경찰관의 강제수사에 대하여는 검사에 의한 준사법적 통제가 그대로 유
지되고 있음을 의미한다. 다만, 수사준칙규정 제36조 1항은 사법경찰관이 제200
조의 2 제 5 항 또는 제200조의 4 제 2 항에 따라 구속영장을 신청하지 않고 체포
또는 긴급체포한 피의자를 석방하려는 때에는 피의자 석방서를 작성하도록 규정
함으로써, 사법경찰관이 체포영장에 의하여 체포된 피의자나 긴급체포된 피의자
를 검사의 지휘 없이 석방할 수 있다는 점을 명문화하였다. 다만 전자의 경우는
지체 없이 검사에게 석방사실을 통보하여야 하고($^{수사준칙규정}_{제36조 2항 1호}$), 후자의 경우는 즉
시 검사에게 석방사실을 보고하여야 한다($^{동항}_{제 2 호}$).

한편 검사가 사법경찰관이 신청한 영장을 정당한 이유 없이 판사에게 청구
하지 아니한 경우 사법경찰관은 그 검사 소속의 지방검찰청 소재지를 관할하는
고등검찰청에 영장 청구 여부에 대한 심의를 신청할 수 있으며($^{제221조의}_{5 제 1 항}$), 이와 관
련된 사항을 심의하기 위하여 각 고등검찰청에 영장심의위원회를 두도록 하였다

($\substack{동조\\제2항}$). 심의위원회는 위원장 1명을 포함한 10명 이내의 외부 위원으로 구성하고, 위원은 각 고등검찰청 검사장이 위촉하며($\substack{동조\\제3항}$), 사법경찰관은 심의위원회에 출석하여 의견을 개진할 수 있다($\substack{동조\\제4항}$). 이는 검사가 영장청구권을 부당하게 남용하는 것을 견제하기 위하여 새롭게 도입된 제도이다.

(3) 사건수사감독권

9　　1) 법령위반, 인권침해, 현저한 수사권 남용 시의 사건송치 전 시정조치요구권·사건송치요구권 및 징계요구권　　검사는 사법경찰관리의 수사과정에서 법령위반, 인권침해 또는 현저한 수사권 남용이 의심되는 사실의 신고가 있거나 그러한 사실을 인식하게 된 경우에는 사법경찰관에게 그 내용과 이유를 구체적으로 적은 서면으로 사건기록 등본의 송부를 요구할 수 있으며($\substack{제197조의3 제1항, 수\\사준칙규정 제45조 1항}$), 검사의 송부요구를 받은 사법경찰관은 지체 없이 7일 이내에 검사에게 사건기록 등본을 송부하여야 한다($\substack{제197조의3 제2항, 수\\사준칙규정 제45조 2항}$).

이와 같이 사건기록 등본의 송부를 받은 검사는 필요하다고 인정되는 경우에는 그 송부받은 날로부터 30일($\substack{사안의 경중 등을 고려하여 10일\\의 범위안에서 한 차례 연장 가능}$) 이내에 그 내용과 이유를 구체적으로 적은 서면으로 사법경찰관에게 시정조치를 요구할 수 있고($\substack{제197조의\\3 제3항,\\수사준칙규정\\제45조 3항}$), 사법경찰관은 검사의 시정조치 요구가 있는 때에는 정당한 이유가 없으면 지체 없이 이를 이행하고, 그 결과를 검사에게 서면에 구체적으로 적어서 통보하여야 한다($\substack{제197조의3 제4항,\\수사준칙규정 제45조 4항}$).

한편 사법경찰관의 통보를 받은 검사는 그 시정조치 요구가 정당한 이유 없이 이행되지 않았다고 인정되는 경우에는 사법경찰관에게 그 내용과 이유를 구체적으로 적은 서면으로 사건을 송치할 것을 요구할 수 있으며($\substack{제197조의3 제5항,\\수사준칙규정 제45조 5항}$), 검사의 송치 요구를 받은 사법경찰관은 그 요구를 받은 날로부터 7일 이내에 관계서류와 증거물과 함께 사건을 검사에게 송치하여야 한다($\substack{제197조의3 제6항,\\수사준칙규정 제45조 6항}$). 공소시효 만료일 임박 등 특별한 사유가 있을 때에는 검사는 서면에 그 사유를 명시하고 별도의 송치기간을 정하여 사법경찰관에게 통지할 수 있으며, 이때 사법경찰관은 정당한 사유가 있는 경우를 제외하고는 그 통지받은 기한까지 사건을 검사에게 송치하여야 한다($\substack{수사준칙규정\\제45조 7항}$).

검찰총장 또는 각급 검찰청 검사장은 사법경찰관리의 수사과정에서 법령위반, 인권침해 또는 현저한 수사권 남용이 있었던 때에는 서면에 그 사유를 구체적으로 적고 이를 증명할 수 있는 관계자료를 첨부하여 해당 사법경찰관리가 소

속된 경찰관서의 장에게 해당 사법경찰관리의 징계를 요구할 수 있고, 그 징계
절차는 「공무원 징계령」 또는 「경찰공무원 징계령」에 따른다($^{제197조의3\ 제7항,}_{수사준칙규정\ 제46조\ 1항}$).
해당 경찰관서의 장은 그 징계요구에 대한 처리결과와 그 이유를 징계를 요구한
검찰총장 또는 각급 검찰청 검사장에게 통보해야 한다($^{동조}_{제2항}$). 사법경찰관리의 수사
상 행위가 직무유기죄, 직권남용, 뇌물범죄, 허위공문서작성죄 등 범죄에 이르는 경
우에는, 징계요구와는 별개로 검사의 직접 수사개시 대상이 된다($^{검찰청법\ 제4조}_{1항\ 1호\ 단서\ 나목}$).

　　한편 사법경찰관은 피의자를 신문하기 전에 수사과정에서 법령위반, 인권침
해 또는 현저한 수사권 남용이 있는 경우, 검사에게 구제를 신청할 수 있음을 피
의자에게 알려주어야 한다($^{제197조의}_{3\ 제8항}$). 이때 사법경찰관은 피의자로부터 고지 확인
서를 받아 사건기록에 편철하여야 하며, 피의자가 고지 확인서에 기명날인 또는
서명하는 것을 거부하는 경우에는, 사법경찰관이 고지 확인서 끝부분에 그 사유
를 적고 기명날인 또는 서명해야 한다($^{수사준칙}_{규정\ 제47조}$).

　　2) 영장의 청구 여부 결정에 관한 보완수사요구권 및 직무배제·징계요구권　　　검　　**10**
사는 사법경찰관이 신청한 영장($^{통신비밀보호법에\ 따른\ 통신제한조치허가서,}_{통신사실\ 확인자료\ 제공\ 요청\ 허가서를\ 포함}$)의 청구 여부 결
정에 관하여 필요한 경우에는 사건송치 전이라도 사법경찰관에게 보완수사를 요
구할 수 있다($^{제197조의2\ 제1항\ 2호,}_{수사준칙규정\ 제59조\ 3항}$). 이때 보완수사요구의 범위는 범인에 관한 사항,
증거 또는 범죄사실 소명에 관한 사항, 소송조건 또는 처벌조건에 관한 사항, 해
당 영장을 필요로 하는 사유에 관한 사항, 죄명 및 범죄사실의 구성에 관한 사항,
형사소송법 제11조($^{다만,\ 제11조\ 1호의\ 1인이\ 범한\ 수죄에\ 해당하는\ 경우}_{에는\ 수사기록에\ 명백히\ 현출되어\ 있는\ 사건에\ 한함}$)와 관련된 사항 및 그 밖
에 사법경찰관이 신청한 영장의 청구 여부 결정에 관하여 필요한 사항을 포함한
다($^{수사준칙규정\ 제59조}_{3항\ 1호\ 내지\ 7호}$). 사법경찰관은 검사의 요구가 있는 때에는 정당한 이유가 없
는 한 지체 없이 이를 이행하고, 그 결과를 검사에게 통보하여야 한다($^{제197조의}_{2\ 제2항}$).
검찰총장 또는 각급 검찰청 검사장은 사법경찰관이 정당한 이유 없이 검사의 요
구에 따르지 아니하는 때에는 서면에 그 사유를 구체적으로 적고 이를 증명할 수
있는 관계자료를 첨부하여 해당 사법경찰관이 소속된 경찰관서의 장에게 해당 사
법경찰관의 직무배제 또는 징계를 요구할 수 있고, 그 징계 절차는 「공무원 징계
령」 또는 「경찰공무원 징계령」에 따른다($^{동조\ 제3항,\ 수사}_{준칙규정\ 제61조\ 1항}$). 직무배제 요구를 통보
받은 경찰관서장은 정당한 이유가 있는 경우를 제외하고는 그 요구를 받은 날부
터 20일 이내에 해당 사법경찰관을 직무에서 배제하여야 하며($^{수사준칙규정}_{제61조\ 2항}$), 그
요구에 대한 처리 결과와 이유를 직무배제 또는 징계를 요구한 검찰총장 또는 각

급 검찰청 검사장에게 통보해야 한다($\genfrac{}{}{0pt}{}{동조}{제3항}$).

11   3) 송치사건에 대한 사건송치 후 보완수사요구권 및 직무배제·징계요구권   검사는 사법경찰관이 송치한 사건의 공소제기 여부 결정 또는 공소의 유지에 관하여 필요한 경우 그 이유와 내용 등을 구체적으로 적은 서면으로 사법경찰관에게 보완수사를 요구할 수 있다($\genfrac{}{}{0pt}{}{제197조의 2 제 1 항 1호,}{수사준칙규정 제60조 1항}$). 검사는 송치받은 사건에 관하여 직접 보완수사를 하는 것이 특별히 필요하다고 인정되는 경우가 아니면 사법경찰관에게 보완수사를 요구하는 것이 원칙이며($\genfrac{}{}{0pt}{}{수사준칙규정}{제59조 1항}$),[1] 이와 같이 보완수사요구를 하는 경우에 검사의 결정주문은 '보완수사요구' 결정이 된다($\genfrac{}{}{0pt}{}{수사준칙규정}{제52조 5호}$). 검사가 보완수사를 요구할 때에는 그 이유와 내용 등을 구체적으로 적은 서면과 관계 서류 및 증거물을 사법경찰관에게 함께 송부해야 한다. 다만, 보완수사 대상의 성질, 사안의 긴급성 등을 고려하여 관계 서류와 증거물을 송부할 필요가 없거나 송부하는 것이 적절하지 않다고 판단하는 경우에는 해당 관계 서류와 증거물을 송부하지 않을 수 있다($\genfrac{}{}{0pt}{}{수사준칙규정}{제60조 1항}$). 전자를 보완수사요구(결정)라고 하고, 후자를 보완수사요구(추완)라고 한다($\genfrac{}{}{0pt}{}{검사규 제}{29조 1항}$). 이때 보완수사요구의 범위는 송치사건 및 관련사건($\genfrac{}{}{0pt}{}{형사소송법 제11조에 따른 관련사건 및 제208조에 따라 간주되는 동일한 범죄사실에 관한 사건을 말}{하며, 다만 제11조 1호의 1인이 범한 수죄의 경우에는 수사기록에 명백히 현출되어 있는 사건에 한함}$)에 대해 범인에 관한 사항, 증거 또는 범죄사실 소명에 관한 사항, 소송조건 또는 처벌조건에 관한 사항, 양형 자료에 관한 사항, 죄명 및 범죄사실의 구성에 관한 사항, 그 밖에 송치받은 사건의 공소제기 여부를 결정하는데 필요하거나 공소유지와 관련해 필요한 사항을 포함한다($\genfrac{}{}{0pt}{}{수사준칙규정 제59조}{2항 1호 내지 6호}$). 사법경찰관은 검사의 요구가 있는 때에는 정당한 이유가 없는 한 지체 없이 이를 이행하고, 그 결과를 검사에게 서면으로 통보하여야 하며($\genfrac{}{}{0pt}{}{제197조의}{2 제 2 항}$), 이때 송부받은 관계 서류와 증거물을 반환하여야 하나, 관계 서류와 증거물을 반환할 필요가 없는 경우에는 보완수사의 이행결과만을 검사에게 통보할 수 있다($\genfrac{}{}{0pt}{}{수사준칙규정}{제60조 3항}$). 사법경찰관이 정당한 이유 없이 검사의 요구에 따르지 아니하는 때에는 검찰총장 또는 각급 검찰청 검사장은 권한 있는 사람에게 해당 사법경찰관의 직무배제 또는 징계를 요구할 수 있다($\genfrac{}{}{0pt}{}{제197조의}{2 제 3 항}$). 직무배제 요구방법과 절차, 처리결과의 통보방식은 영장의 청구 여부 결정에 관한 사건송치 전 보완수사요구의 경우와 동일하다.

---

1 법무부는 2023. 8. 1. 수사준칙규정의 '보완수사 경찰 전담 원칙'을 폐지하여 검·경이 보완수사를 분담하도록 하고, 거사의 보완수사요구·재수사요청에 대한 경찰의 수사기한(3개월) 및 검사의 보완수사요구 시한(1개월)을 설정하는 등 수사준칙규정을 개정하는 입법예고를 한 바 있다.

4) **불송치사건에 대한 검사의 재수사요청권**   사법경찰관은 범죄를 수사하여   12
범죄의 혐의가 있다고 인정되는 경우에는 지체 없이 검사에게 사건을 송치하고
관계 서류와 증거물을 검사에게 송부하여야 하나(제245조의5 제1호), 그 밖의 경우에는 사
건을 송치하지 않고 그 이유를 명시한 불송치결정서와 함께 압수물 총목록, 기록
목록 등 관계 서류와 증거물을 지체 없이 검사에게 송부하여야 하고, 이 경우 검
사는 사법경찰관으로부터 관계 서류 등을 송부받은 날부터 90일 이내에 이를 검
토한 후 사법경찰관에게 반환하여야 한다(동조 제2호, 수사준칙규정 제62조 1항). 이는 전건송치주의를
취하던 종래 형사소송법의 입장을 크게 전환하여 사법경찰관이 혐의를 인정하는
경우에만 사건을 송치하도록 한 것이며, 사법경찰관이 혐의가 없다고 판단하는
사건에 관하여는 사법경찰관에게 1차적인 수사종결권을 부여한 것으로 해석될
수 있다. 그러나 수사 단계에서 혐의가 인정되지 않는 경우에는 법관에 준하는
준사법관의 지위를 갖는 검사로 하여금 그 혐의 유무를 판단하도록 하는 것이 법
치국가의 요청에 부합한다. 따라서 법률적인 문제에 관한 종국판단의 권한을 행
정기관인 사법경찰관에게 부여하는 것은 법치국가원리에 부합하지 않으며, 입법
론상 문제가 있다. 다만 1차적인 수사종결권을 사법경찰관에게 부여하면서도 검
사에게 기록을 송부하도록 하여 검사로 하여금 수사결과를 검토하고 사법경찰관
의 수사결과가 위법 또는 부당한 경우에는 재수사요청을 할 수 있도록 함으로써,
제한된 범위 내에서 사법경찰관의 수사종결권을 통제하고 있다.

검사는 사건을 검토하여 사건을 송치하지 아니한 것이 위법 또는 부당하다
고 인정되는 때는, 관계 서류 등을 송부받은 날로부터 90일 이내에 재수사를 요
청할 수 있다(제245조의8 제1항, 수사준칙규정 제63조 1항 본문). 불송치 결정에 영향을 줄 수 있는 명백히 새로
운 증거 또는 사실이 발견된 경우나, 증거 등의 허위, 위조 또는 변조를 인정할
만한 상당한 정황이 있는 경우에는 90일이 지난 후에도 재수사를 요청할 수 있다
(수사준칙규정 제63조 1항 단서). 이때 검사는 그 내용과 이유를 구체적으로 적은 서면으로 사법경
찰관에게 재수사를 요청하여야 하며, 이 경우 송부받은 관계 서류와 증거물을 사
법경찰관에게 반환하여야 한다(동조 제2항). 검사가 재수사요청을 한 때에는 그 사실을
고소인에게 통지해야 한다(동조 제3항).

사법경찰관은 검사의 재수사요청이 있는 때에는 사건을 재수사하여야 한다
(제245조의8 제2항). 사법경찰관이 재수사요청에 따른 재수사를 진행한 후 범죄의 혐의가
있다고 인정되는 경우에는 검사에게 사건을 송치하고 관계 서류와 증거물을 송부

하여야 한다($\frac{수사준칙규정}{제64조 1항 1호}$). 그러나 재수사 후에도 여전히 기존의 불송치 결정을 유지하는 경우에는 재수사 결과서에 그 내용과 이유를 구체적으로 적어 검사에게 통보하면 된다($\frac{동항}{제2호}$).

검사는 사법경찰관이 재수사 결과를 통보한 사건에 대해서는 다시 재수사를 요청하거나 송치 요구를 할 수 없다($\frac{수사준칙규정}{제64조 2항 본문}$). 따라서 사법경찰관이 검사의 재수사요청에도 불구하고 여전히 사건을 송치하지 않는 경우에는, 검사의 직접 수사개시의 범위가 확장되는 예외적인 경우($\frac{수사준칙}{규정 제3조}$)를 제외하고는 검사가 이를 직접 수사하여 기소할 수 없다. 다만 사법경찰관의 재수사결과가 ① 관련법리에 위반되거나, ② 송부받은 관계 서류 및 증거물과 재수사결과만으로도 공소제기를 할 수 있을 정도로 명백히 채증법칙에 위반되거나, ③ 공소시효 또는 형사소추의 요건을 판단하는 데 오류가 있어 사건을 송치하지 않은 위법 또는 부당이 시정되지 않은 경우에는 재수사 결과를 통보받은 날부터 30일 이내에 형사소송법 제197조의3($\frac{시정조치}{요구}$)에 따라 예외적으로 사건송치를 요구할 수 있으므로($\frac{수사준칙규정}{제64조 2항 단서}$), 이러한 경우에는 검사가 사건을 송치받아 수사 및 기소가 가능하게 된다.[1]

앞서 살펴본 시정조치요구나 보완수사요구와는 달리 사법경찰관리가 정당한 이유 없이 검사의 재수사요청에 따르지 않은 경우에는 직무배제 또는 징계요구권도 존재하지 않는다.

13   5) 수사중지사건에 대한 시정조치요구권 · 사건송치요구권 · 징계요구권   사법경찰관은 수사중지 결정($\frac{수사준칙규정}{제51조 1항 4호}$)을 한 경우 7일 이내에 사건기록을 검사에게 송부해야 하고, 이 경우 검사는 사건기록을 송부받은 날부터 30일 이내에 반환해야 하며, 그 기간 내에 제197조의3에 따라 시정조치요구를 할 수 있다($\frac{수사준칙규정}{제51조 4항}$). 그리고 사법경찰관으로부터 수사중지 결정의 통지를 받은 사람은 해당 수사중지 결정이 법령위반, 인권침해 또는 현저한 수사권 남용이라고 의심되는 경우 검사

---

1 기존의 대법원판례를 변경할 필요가 있는 경우, 사실관계가 모호하여 관련법리의 포섭이 불분명한 경우, 사법경찰관의 수사결과만으로는 증거관계가 불명확하여 보완수사 없이는 검사가 혐의의 유무를 판단하기 어려운 경우에도 수사준칙규정의 문언해석상 사법경찰관이 검사의 사건송치 요구에 응하지 않을 수 있다고 해석될 여지가 있다. 그러나 이러한 경우 검사가 직접 수사할 수 있는 예외적인 수사개시 가능범죄에 해당하지 않는다면, 검사가 이를 직접 수사, 기소하여 시정할 수도 없다. 따라서 이와 같은 경우에는 명백히 사법부 또는 검사의 법적인 판단이 요구되는 사안임에도 불구하고 행정기관인 사법경찰관의 판단에 따라 그대로 종결할 수 있도록 하는 것은 법치국가의 요청에 반하고, 사법경찰관의 수사에 대한 사법적 내지 준사법적 통제가 결여되게 되어 경찰의 권한남용의 위험성도 생기므로, 타당하다고 보기 어렵다.

에게 형사소송법 제197조의 3 제 1 항에 따른 신고를 할 수 있다(수사준칙규정 제54조 3항). 이에 따라 신고를 받은 검사는 수사중지 결정에 법령위반 등이 있는 경우에는 제197 조의 3에 따른 시정조치요구 등을 할 수 있다.

6) 법령위반, 인권침해, 현저한 수사권 남용 시의 사건송치 후 및 불송치사건에 대   14
한 시정조치요구권 여부   검사의 재수사요청은 관계 서류 등을 송부받은 후 원칙적으로 90일 이내에 하도록 한 것과 달리, 법령위반, 인권침해 또는 현저한 수사권 남용(이하, '법령위반 등'이라 한다)을 이유로 검사가 사법경찰관리에게 제197조의 3에 따른 시정조치요구 등을 하는 경우에는 형사소송법이나 수사준칙규정에 별다른 기한 의 제한이 없다. 다만 형사소송법은 법령위반 등이 의심되는 사실의 신고가 있거 나 그러한 사실을 인식하게 된 경우에, 검사는 먼저 사법경찰관에게 사건기록 등 본의 송부를 요구하고, 그 기록을 검토하여 시정조치요구를 하며, 정당한 이유 없이 시정조치가 이행되지 않을 때 최종적으로 사건송치요구를 하도록 하고 있으 므로, 그 반대해석상 사법경찰관이 사건을 송치한 때에는 법령위반 등의 사유가 있더라도 더 이상 검사가 시정조치요구를 할 수 없다는 해석도 가능하다. 그러나 제193조의 3 제 1 항은 '수사과정'이라고 규정하고 있고, 사법경찰관이 수사과정에 서 법령위반 등의 행위를 한 경우에는 비록 사건송치가 되었다고 하더라도 사법 경찰관이 이를 시정하는 조치를 해야만 비로소 사건관계인의 피해가 회복될 수 있는 경우도 있으므로, 이러한 경우에는 사건이 송치된 이후라도 필요한 시정조치 요구를 할 수 있다고 보아야 할 것이다. 이때에는 검사가 이미 사건기록을 보관하 고 있으므로 수사준칙규정 제45조 3항을 유추적용하여 법령위반 등의 사유에 대한 신고가 있거나 그 사유가 있음을 인식한 날로부터 30일(사안의 경중 등을 고려 한 차례 하여 10일의 범위에서 연장 가능) 이내에 그 내용과 이유를 구체적으로 적은 서면으로 사법경찰관에게 시정조치를 요구할 수 있다고 보아야 할 것이다.

한편 사건을 송치하지 아니한 경우에 불송치 자체가 위법 또는 부당하면 검 사는 재수사요청을 할 수 있지만(제245 조의8), 이와는 별도로 그 수사과정에서 법령위 반 등의 행위를 한 경우에는 제197조의 3에 따른 시정조치요구를 할 수 있다고 해석된다. 사법경찰관이 검사의 재수사요청에 제대로 응하지 아니하여 사건 자체 에 대한 수사가 그대로 종결되는 경우에는 사법경찰관의 수사에 대한 사법적 내 지 준사법적 통제가 미흡하게 되므로, 수사과정에서 법령위반 등이 있었던 경우 에는 위 시정조치요구가 중요한 통제장치가 될 수 있기 때문이다.

(4) 그 밖의 수사감독권

15   검사의 수사종결권은 경찰에 대한 수사감독의 의미를 가진다.[1] 또한 종래 형사소송법에 규정되어 있던 사법경찰관리의 관할구역 외에서 수사 시 보고의무($\substack{제210\\조}$)와 검사의 체포·구속장소감찰권($\substack{제198\\조의2}$)은 그대로 유지되고 있는데, 이 또한 검사의 수사감독권의 일종으로 볼 수 있다. 지방검찰청 검사장 또는 지청장은 불법체포·구속의 유무를 조사하기 위하여 검사로 하여금 매월 1회 이상 관할수사관서의 피의자의 체포·구속장소를 감찰하게 하여야 한다. 감찰하는 검사는 체포 또는 구속된 자를 심문하고 관련서류를 조사하여야 하며, 적법한 절차에 의하지 아니하고 체포 또는 구속된 것이라고 의심할 만한 상당한 이유가 있는 경우에는 즉시 체포 또는 구속된 자를 석방하거나 사건을 검찰에 송치할 것을 명하여야 한다($\substack{제198조의2\\제1항·제2항}$).

(5) 수사감독권의 보장

16   검사의 사법경찰관에 대한 감독권한을 제도적으로 보장하기 위해서 검찰청법은 검사장의 사법경찰관리 교체임용요구권과 수사중지명령권을 규정하고 있다. 즉 서장이 아닌 경정 이하의 사법경찰관리가 직무집행과 관련하여 부당한 행위를 하는 경우 지방검찰청 검사장은 해당 사건의 수사중지를 명하고 임용권자에게 그 사법경찰관리의 교체임용을 요구할 수 있으며, 이러한 요구를 받은 임용권자는 정당한 사유가 없으면 교체임용을 하여야 한다($\substack{검찰청법\\제54조}$). 2020년 개정 형사소송법은 이에 추가하여 사법경찰관이 정당한 이유 없이 검사의 보완요구나 시정조치요구 등에 따르지 아니하는 때에는 검찰총장 또는 각급 검찰청 검사장은 권한 있는 사람에게 해당 사법경찰관의 직무배제 또는 징계를 요구할 수 있도록 하였다($\substack{제197조의3 제7항\\제197조의2 제3항}$). 다만, 검사의 재수사요청에 대하여는 이러한 직무배제나 징계요구권이 인정되지 않는다.

Ⅱ. 고위공직자범죄수사처

1. 고위공직자범죄수사처 설치의 의의

17   고위공직자범죄수사처의 설립과 운영에 관한 법률($\substack{이하, 공수처\\법이라 한다}$)이 2020. 1. 14.

---

1 제 2 편 1 장 2 절 Ⅳ. 2. (1) 3) 검사의 수사종결권 부분 참조.

제정되어 2020. 7. 15. 시행되었으며, 2020. 12. 15. 개정($\frac{법률 제}{17645호}$)되었다. 입법취지는 고위공직자 등의 범죄를 독립된 위치에서 수사할 수 있는 고위공직자범죄수사처($\frac{이하, 수사}{처라 한다}$)를 설치·운영함으로써, 고위공직자 등의 범죄를 척결하여 국가 투명성과 공직사회에 대한 신뢰를 높이고자 함에 있다.

수사처는 수사권의 주체인 동시에 공수처법 제 3 조 1항 2호에서 규정한 일정한 사건에 관하여는 공소권까지도 행사할 수 있는데, 그 직무행사의 정치적 독립성을 보장하기 위하여 행정부, 입법부나 사법부에 소속되지 않는 독립기구로 설치되어 있다. 이처럼 수사권과 기소권을 행사하는 강력한 기구를 헌법상 삼권에 해당하지 않으면서 견제받지 않는 독립기구로 설치한 점에 대해서는 위헌 여부의 논란이 있었으나, 헌법재판소는 2021. 1. 28. 합헌결정을 하였다.[1]

> 헌법재판소는 ① 수사처가 행정각부에 소속된 것은 아니지만 대통령을 수반으로 하는 행정부에 소속된 것으로 보면서, 이는 수사처의 정치적 중립성과 독립성을 위한 것으로서 입법, 사법, 행정부가 다양한 방식으로 수사처에 대한 통제와 견제가 가능하므로 권력분립원리에 반하지 않고, ② 높은 수준의 청렴성을 요하는 전·현직 고위공직자와 그 가족의 특성을 감안할 때 고위공직자범죄를 수사처의 수사 내지 기소대상으로 한 것은 합리적인 이유가 있고, ③ 부실·축소·표적수사, 기소의 위험성에 대한 객관적·실질적 근거가 없으므로 평등권을 침해하지 않으며, ④ 헌법에 규정된 영장신청권자로서의 검사는 검찰청법상의 검사만을 의미하지 않고 수사처검사도 공익의 대표자, 인권옹호기관 및 법률전문가로서 자격을 갖추고 있으므로 영장주의도 침해하지 않는다는 등의 이유로 공수처법에 대하여 합헌결정을 하였다.

2. 수사처의 직무권한

(1) 수사대상 범죄

수사처는 고위공직자[2]로 재직 중에 고위공직자 본인과 그 가족[3]이 범한 고　　18

1　헌재결 2021. 1. 28, 2020 헌마 264, 681(병합). 재판관 3인의 위헌 취지 반대의견, 재판관 1인의 각하 취지 반대의견이 있다.

2　가. 대통령, 나. 국회의장 및 국회의원, 다. 대법원장 및 대법관, 라. 헌법재판소장 및 헌법재판관, 마. 국무총리와 국무총리비서실 소속의 정무직공무원, 바. 중앙선거관리위원회의 정무직공무원, 사.「공공감사에 관한 법률」제 2 조 제 2 호에 따른 중앙행정기관의 정무직공무원, 아. 대통령비서실·국가안보실·대통령경호처·국가정보원 소속의 3급 이상 공무원, 자. 국회사무처·국회도서관·국회예산정책처·국회입법조사처의 정무직공무원, 차. 대법원장비서실·사법정책연구원·법원공무원교육원·헌법재판소사무처의 정무직공무원, 카. 검찰총장, 타. 특별시장·광역시장·특별자치시장·도지사·특별자치도지사 및 교육감, 파. 판사 및 검사, 하. 경무관 이

위공직자범죄[1]$\left(\substack{\text{동법 제}\\\text{2조 3호}}\right)$와 관련범죄[2]$\left(\substack{\text{동조}\\\text{제4호}}\right)$에 관한 수사를 수행한다$\left(\substack{\text{동법 제}\\\text{3조 1항}}\right)$.

수사처의 직무대상이 되기 위해서는 우선 공수처법 제 2 조 1호에 규정된 고위공직자 및 그 가족에 해당하여야 하며, 다음으로 고위공직자범죄와 관련범죄$\left(\substack{\text{이하, '고위공직자}\\\text{범죄등'이라 한다}}\right)\left(\substack{\text{동법 제}\\\text{2조 5호}}\right)$에 해당하여야 한다. 관련범죄에 해당하는 경우에는 고위공직자 및 그 가족이 아닌 사람도 수사처의 직무대상이 될 수 있다. 반면에 고위공직자가 범한 범죄라 하더라도 고위공직자범죄등이 아닌 경우에는 수사처의 직무대상이 아니며, 이와 직접 관련성이 있는 범죄로서 수사처가 수사 과정에서 인지한 경우에만 예외적으로 수사처의 직무대상이 될 수 있다$\left(\substack{\text{동법 제2조}\\\text{4호 라목}}\right)$.

(2) 공소제기대상 범죄

수사처는 대법원장 및 대법관, 검찰총장, 판사 및 검사, 경무관 이상 경찰공무원이 재직 중에 본인 또는 본인의 가족이 범한 고위공직자범죄등에 대해서는 공소제기와 그 유지 직무까지 수행한다$\left(\substack{\text{동법 제3조}\\\text{1항 2호}}\right)$. 고위공직자범죄 중에서 특별히 수사 및 재판기관의 고위공직자에 대해서는 그 고위공직자가 당해 기관 내·외부에 미치는 영향력을 감안하여 공정한 수사와 처벌이 이루어질 수 있도록 예외적으로 공소권까지 행사하도록 한 것이다.

상 경찰공무원, 거. 장성급 장교, 너. 금융감독원 원장·부원장·감사, 더. 감사원·국세청·공정거래위원회·금융위원회 소속의 3급 이상 공무원을 말하며, 그 직에서 퇴직한 사람과 현역을 면한 장성급 장교도 포함된다(공수처법 제 2 조 1호).

3 배우자, 직계존비속을 말하며, 대통령의 경우에는 배우자와 4촌 이내의 친족을 포함한다(공수처법 제2조 2호).

1 가. 「형법」제122조부터 제133조까지의 죄(다른 법률에 따라 가중처벌되는 경우를 포함한다), 나. 직무와 관련되는 「형법」제141조, 제225조, 제227조, 제227조의 2, 제229조(제225조, 제227조 및 제227조의 2의 행사죄에 한정한다), 제355조부터 제357조까지 및 제359조의 죄(다른 법률에 따라 가중처벌되는 경우를 포함한다), 다. 「특정범죄 가중처벌 등에 관한 법률」제 3 조의 죄, 라. 「변호사법」제111조의 죄, 마. 「정치자금법」제45조의 죄, 바. 「국가정보원법」제18조, 제19조의 죄, 사. 「국회에서의 증언·감정 등에 관한 법률」제14조 1항의 죄, 아. 가목부터 마목까지의 죄에 해당하는 범죄행위로 인한 「범죄수익은닉의 규제 및 처벌 등에 관한 법률」제 2 조 제 4 호의 범죄수익등과 관련된 같은 법 제 3 조 및 제 4 조의 죄를 말한다. 다만, 가족의 경우에는 고위공직자의 직무와 관련하여 범한 죄에 한정한다(공수처법 제 2 조 3호).

2 가. 고위공직자와 「형법」제30조부터 제32조까지의 관계(공범관계)에 있는 자가 범한 고위공직자범죄, 나. 고위공직자를 상대로 한 자의 「형법」제133조, 제357조 제 2 항의 죄, 다. 고위공직자범죄와 관련된 「형법」제151조 제 1 항, 제152조, 제154조부터 제156조까지의 죄 및 「국회에서의 증언·감정 등에 관한 법률」제14조 제 1 항의 죄, 라. 고위공직자범죄 수사 과정에서 인지한 그 고위공직자범죄와 직접 관련성이 있는 죄로서 해당 고위공직자가 범한 죄를 말한다(공수처법 제 2 조 4호).

3. 수사처의 구성

(1) 수사처의 구성원

수사처는 처장, 차장, 수사처검사($^{처장, 차장}_{포함}$) 25명 이내($^{동법 제}_{8조 2항}$), 수사처수사관   19
40명 이내($^{동법 제}_{10조 2항}$)와 그 밖의 직원 20명 이내($^{동법 제}_{11조 2항}$)로 구성된다.

(2) 수사처장, 차장 및 수사처검사의 자격, 임기와 임명절차

수사처장은   고위공직자범죄수사처장후보추천위원회[1]가   2명[2]을   추천하고,
대통령이 그중 1명을 지명한 후 인사청문회를 거쳐 임명한다($^{동법 제}_{5조 1항}$). 수사처장의
임기는 3년이고 중임할 수 없으며 정년은 65세이다($^{동법 제}_{5조 3항}$). 수사처 차장은 처장
의 제청[3]으로 대통령이 임명한다($^{동법 제}_{7조 1항}$). 차장의 임기는 3년으로 하고 중임할 수
없으며, 정년은 63세이다($^{동법 제}_{7조 3항}$). 수사처검사는 인사위원회의 추천[4]을 거쳐 대통
령이 임명한다. 이 경우 검사의 직에 있었던 사람은 수사처검사 정원의 2분의 1
을 넘을 수 없다($^{동법 제}_{8조 1항}$). 수사처검사의 임기는 3년으로 하고, 3회에 한정하여 연
임할 수 있으며, 정년은 63세이다($^{동법 제}_{8조 3항}$).

---

1 고위공직자범죄수사처장후보추천위원회는 국회에 두며, 위원장 1명을 포함하여 7명의 위원으
   로 구성되고, 국회의장은 1. 법무부장관, 2. 법원행정처장, 3. 대한변호사협회장, 4. 대통령이
   소속되거나 소속되었던 정당의 교섭단체가 추천한 2명, 5. 제4호의 교섭단체 외의 교섭단체
   가 추천한 2명을 위원으로 임명하거나 위촉한다(공수처법 제6조 4항). 국회의장은 여야 정
   당교섭단체에 10일 이내의 기한을 정하여 위원의 추천을 서면으로 요청할 수 있고, 각 교섭
   단체는 요청받은 기한 내에 위원을 추천하여야 한다(동조 제5항). 제5항에도 불구하고 요
   청받은 기한 내에 위원을 추천하지 아니한 교섭단체가 있는 경우, 국회의장은 해당 교섭단체
   의 추천에 갈음하여 사단법인 한국법학교수회 회장과 사단법인 법학전문대학원협의회 이사장
   을 위원으로 위촉한다(동조 제6항). 제정법은 당해 추천위원회의 의결정족수를 6/7로 규정
   하여 여야 정당교섭단체 간에 합의가 이루어지지 않을 때에는 사실상 추천이 불가능한 구조
   로 되어 있었으나, 개정법은 의결정족수를 2/3로 낮춤으로써(동조 제7항) 국회 내 소수 정
   당교섭단체의 반대에도 불구하고 수사처장을 추천할 수 있도록 하였다. 수사처의 정치적 중
   립성을 보장할 수 있는 장치로서 수사처장 임명 시 여야 간 합의가 필요하도록 하였던 것인
   데, 개정법이 그 의결정족수를 낮춤으로써 본래의 입법취지가 퇴색되었다고 할 것이다.
2 1. 판사, 검사 또는 변호사, 2. 변호사 자격이 있는 사람으로서 국가기관, 지방자치단체, 「공
   공기관의 운영에 관한 법률」 제4조에 따른 공공기관 또는 그 밖의 법인에서 법률에 관한
   사무에 종사한 사람, 3. 변호사 자격이 있는 사람으로서 대학의 법률학 조교수 이상의 직에
   재직하였던 사람으로서 각 호의 직에 15년 이상 있던 사람 중에서 추천하여야 한다(공수처
   법 제5조 1항).
3 1. 판사, 검사 또는 변호사, 2. 변호사 자격이 있는 사람으로서 국가기관, 지방자치단체, 「공
   공기관의 운영에 관한 법률」 제4조에 따른 공공기관 또는 그 밖의 법인에서 법률에 관한
   사무에 종사한 사람, 3. 변호사 자격이 있는 사람으로서 대학의 법률학 조교수 이상의 직에
   재직하였던 사람으로서 각 호의 직에 10년 이상 재직하였던 사람 중에서 제청하여야 한다
   (공수처법 제7조 3항).
4 7년 이상 변호사의 자격이 있는 사람 중에서 추천하여야 한다(공수처법 제8조 1항).

4. 수사처의 조직과 구조

(1) 조직상 독립과 정치적 중립성 보장

20   수사처는 행정권에 속하는 수사권과 공소권을 행사하면서도 대통령이나 법무부장관의 지휘·감독을 받지 않는다. 수사처는 그 권한에 속하는 직무를 독립하여 수행하며($\substack{\text{동법 제}\\ \text{3조 2항}}$), 대통령, 대통령비서실의 공무원은 수사처의 사무에 관하여 업무보고나 자료제출 요구, 지시, 의견제시, 협의, 그 밖에 직무수행에 관여하는 일체의 행위를 하여서는 안 된다($\substack{\text{동조}\\ \text{제3항}}$).

(2) 수사처장의 지휘·감독권 및 직무위임·이전·승계권

수사처장은 수사처의 사무를 통할하며 그 소속직원을 지휘·감독한다($\substack{\text{동법 제}\\ \text{17조 1항}}$). 처장은 수사처검사로 하여금 그 권한에 속하는 직무의 일부를 처리하게 할 수 있고($\substack{\text{동법 제}\\ \text{19조 1항}}$), 처장은 수사처검사의 직무를 자신이 처리하거나 다른 수사처검사로 하여금 처리하게 할 수 있다($\substack{\text{동조}\\ \text{제2항}}$). 이에 대하여 수사처검사는 구체적 사건과 관련된 수사처장의 지휘·감독의 적법성 또는 정당성에 대하여 이견이 있을 때에는 이의를 제기할 수 있다($\substack{\text{동법 제}\\ \text{20조 3항}}$). 이러한 규정들은 검찰청법상 검사동일체 원칙에 따른 검찰총장과 검사의 관계와 관련된 규정과 그 내용이 흡사하다.

5. 검찰청 등 다른 수사기관과의 관계

(1) 사건이첩요청권과 다른 수사기관의 범죄사실인지 통보의무

21   수사처의 수사 및 공소제기 대상이 되는 고위공직자범죄등 사건에 대하여 검찰청법상 검사의 수사권과 공소권이 배제되지는 않으므로[1] 수사처와 검찰청 등 다른 수사기관 사이에 관할의 경합이 생길 수 있다. 이러한 경우에 대비하여 공수처법은 수사처장의 사건이첩요청권과 다른 수사기관의 범죄사실인지 통보의무를 규정한다. 수사처와 중복되는 다른 수사기관의 범죄수사에 대하여, 처장이 수사의 진행 정도 및 공정성 논란 등에 비추어 수사처에서 수사하는 것이 적절하다고 판단하여 이첩을 요청하는 경우 해당 수사기관은 이에 응하여야 한다($\substack{\text{동법 제}\\ \text{24조 1항}}$).

---

1 수사처장·차장·수사처검사가 범한 검사의 수사개시범죄에 대해서는 검사가 수사를 개시할 수 있다. 수사처장은 수사처검사의 범죄 혐의를 발견한 경우에는 관련 자료와 함께 이를 대검찰청에 통보하여야 한다(공수처법 제25조 1항). 반면, 수사처 외의 다른 수사기관이 검사의 고위공직자범죄 혐의를 발견한 경우 그 수사기관의 장은 사건을 수사처에 이첩하여야 한다(동조 2항).

또한, 다른 수사기관이 범죄 수사 과정에서 고위공직자범죄등을 인지한 경우 그 사실을 즉시 수사처에 통보하여야 한다($\frac{동조}{제2항}$). 반면에 수사처장은 피의자, 피해자, 사건의 내용과 규모 등에 비추어 다른 수사기관이 고위공직자범죄등을 수사하는 것이 적절하다고 판단될 때에는 해당 수사기관에 사건을 이첩할 수도 있다($\frac{동조}{제3항}$).

(2) 수사사건 검찰 송부의무

수사처검사는 수사처에 공소권이 부여된 사건을 제외한 고위공직자범죄등 사건의 수사를 한 때에는, 관계 서류와 증거물을 지체 없이 서울중앙지방검찰청 소속 검사에게 송부하여야 한다($\frac{동법 제}{26조 1항}$). 또한 수사처장은 수사처에 공소권이 부여된 고위공직자범죄에 대하여 불기소 결정을 하는 때에는, 해당 범죄의 수사과정에서 알게 된 관련범죄 사건을 대검찰청에 이첩하여야 한다($\frac{동법}{제27조}$). 수사처검사로부터 관계 서류와 증거물을 송부받아 사건을 처리하는 검사는 처장에게 해당 사건의 공소제기 여부를 신속하게 통보하여야 한다($\frac{동법 제}{26조 2항}$).

6. 수사처검사의 소송법상 지위

(1) 일부 사건에 관한 공소권 및 불기소결정권

공소제기대상 범죄 사건에 관하여는 수사처에게 공소권뿐만 아니라 불기소 결정 권한이 인정된다($\frac{동법}{제27조}$). 그러나 그 외의 사건에 관하여는 검찰 송부의무가 있고 불복절차인 재정신청에 관한 규정이 없으므로 기소·불기소결정 권한이 인정되지 않는다($\frac{동법 제}{26조 1항}$).

22

(2) 임의수사권한과 영장청구권

검찰청법과 형사소송법의 준용에 의하여,[1] 수사처검사는 형사소송법상 검사에게 인정되는 임의수사 권한을 행사할 수 있다. 그런데 공수처법은 수사처검사의 영장청구권 등 강제수사 권한에 관하여는 구체적인 규정을 두고 있지 않다. 이에 대하여, ① 수사처검사는 일부 범죄를 제외하고는 수사권만 가지고 있어 근

---

1 수사처검사는 직무를 수행함에 있어서 검찰청법 제4조에 따른 검사의 직무 및 「군사법원법」 제37조에 따른 군검사의 직무를 수행할 수 있다(공수처법 제8조 4항). 공수처법 제47조는 그 밖에 수사처검사 및 수사처수사관의 직무와 권한 등에 관하여는 동법의 규정에 반하지 아니하는 한 검찰청법과 형사소송법을 준용한다고 규정하면서도, 검사의 직무 중 사법경찰관리 지휘·감독, 재판 집행 지휘·감독, 국가소송과 행정소송 수행 또는 그 수행에 관한 지휘·감독 업무는 배제하고 있다.

본적으로 특별검사가 아닌 특별사법경찰관에 불과하고, 경찰에 대한 법치국가적 통제기능이나 재판의 집행권한이 없으므로 영장청구권이 인정되지 않는다는 견해(부정설)도 있으나, ② 헌법재판소는 헌법에 규정된 영장신청권자로서의 검사는 검찰청법상의 검사만을 의미하지 않고 수사처검사도 공익의 대표자, 인권옹호기관 및 법률전문가로서 자격을 갖추고 있으므로 영장청구권이 인정된다(긍정설)[1] 고 한다. 그러나 ③ 수사처에 공소권과 수사종결권이 인정되는 사건에 관하여는 수사처검사는 형사소송법 및 검찰청법상 검사와 유사한 권한과 기능을 행사하므로 수사처검사에게 영장청구권을 인정할 수 있으나, 수사권만 인정되는 사건에 관하여는 수사처검사는 사법경찰관과 유사한 권한과 기능을 행사하므로 영장청구권을 인정하기는 어렵다고 할 것이다(제한적 긍정설).[2] 특히 수사권만 인정되는 사건에 대하여 구속영장청구권을 인정할 경우, 수사처의 구속기간이 경찰 구속기간 10일이 아니라 20일이 되어 검사 구속기간까지 포함하여 최대 40일까지 구속될 여지도 있어 심각한 인권 침해를 일으킬 수 있다.

(3) 수사처검사의 불기소처분에 대한 재정신청

고소 · 고발인은 수사처검사로부터 공소를 제기하지 아니한다는 통지를 받은 때에는 서울고등법원에 그 당부에 관한 재정을 신청할 수 있다(동법 제29조). 이때 재정신청 대상 사건은 공소제기대상 사건에 대한 불기소결정 사건을 의미한다.

§9

제 4 절 피의자

Ⅰ. 피의자의 의의와 수사구조

1. 피의자의 의의

1   피의자는 수사기관에 의하여 범죄 혐의가 있다고 사료되어(제196조) 수사가 개시된 경우, 그 수사대상이 된 사람을 말한다. 수사가 종료되고 범죄 혐의가 인정되어 피의자에 대하여 공소가 제기되면 그때부터는 피고인이 된다. 피고인에게는

---

1 헌재결 2021. 1. 28, 2020 헌마 264, 681(병합).

2 구속영장뿐 아니라 다른 영장도 마찬가지라고 할 것이지만, 실무상 압수 · 수색영장을 청구하여 법원이 발부한 사례(서울시 교육감 사건으로 나중에 사건을 검찰에 송부)가 있다.

'소송의 주체' 부분(제4편)에서 후술하는 바와 같이 당사자의 지위가 인정되고 검사와 대등한 위치에서 방어권을 행사할 수 있으나, 아직 수사단계에 있는 피의자는 수사의 대상으로서 검사 등 수사기관과 대등한 위치에 있다고는 볼 수 없고, 피의자신문을 위한 출석요구를 받고 체포, 구속, 압수, 수색 등 각종 수사상 강제처분의 대상이 된다. 그러나 피의자의 인권을 보호하기 위하여 수사단계에서도 피의자의 방어권을 보장하고 있으므로 피의자를 단순히 수사의 객체로만 볼 수는 없다. 수사단계에서 피의자의 지위와 수사기관과의 관계를 어떻게 바라보느냐는 수사의 구조에도 중요한 영향을 미친다.

2. 피의자의 지위와 수사의 구조

(1) 수사구조론의 의의

수사는 고유한 의미에서의 소송이 아니라 소송에 대한 준비절차에 지나지 않는다. 수사에 있어서는 수사기관의 탄력적이고 합목적적인 활동이 요구되는 것임을 부정할 수 없다. 그러나 피의자의 인권보호 측면에서 피의자를 순수한 수사의 객체로만 파악할 수는 없다. 수사구조론이란 수사과정을 전체로서의 형사절차에 어떻게 위치시키고 수사절차에서 등장하는 활동주체의 관계를 어떻게 정립시킬 것인가를 규명하기 위한 이론이다. 2

(2) 탄핵적 수사관과 소송적 수사관

1) 규문적 수사관과 탄핵적 수사관   수사구조론은 일본의 형사소송법학에서 소송구조를 설명하기 위한 용어인 규문주의와 탄핵주의를 수사구조론에 도입하여 규문적 수사관과 탄핵적 수사관을 대립시키고, 탄핵적 수사관을 주장한 데에서 유래한다. 3

탄핵적 수사관을 처음으로 주장한 일본의 히라노(平野) 교수에 의하면 수사관에는 규문적 수사관과 탄핵적 수사관이 대립될 수 있고, 전자에 의하면 수사절차는 수사기관이 피의자를 조사하는 절차과정이기 때문에 수사기관의 고유한 권능으로서 강제처분의 권한이 인정됨에 반하여, 후자에 의하면 수사는 수사기관이 단독으로 행사하는 공판의 준비단계에 불과하므로 피의자도 독립하여 준비활동을 할 수 있고 강제처분은 장래의 재판을 위하여 법원이 행하는 것이 된다고 하면서 수사절차를 해석함에 있어서는 탄핵적 수사관에 입각할 것을 요한다고 하였다.[1] 즉 규문적 수사관에 의하면 강제처분에 대한 영장은 허가장의 성질을 가지고 피의자신문을 목적으로 하는 강제가 허용됨에 반하여, 탄핵적 수사관에 의하면 영장은 명령장의 성질을 가지고 피의자신문을 위한 구인이 허용될 수 없다는 것이다. 초기의 탄핵적 수사관이 주로 영장과 피의자신문의 법적 성질을 해명하기 위하여 주장된 것임에 반하여, 수사의 내용적 · 실질적 구조를 설명하기 위한 이론으로서 수사관을 예비재판적 규문방식과 공판중심적 탄핵방식으로 구별하고 전자의 특징이 예비재판주의 · 권력집중주의 · 직권주의에 있음에 대하여, 후자의 특징은 공판중심주의 · 권력분산주의 · 당사자주의에 있다고 지적한 것이 다미야 (田宮) 교수의 탄핵적 수사관이다.[1] 우리나라에서 탄핵적 수사관을 주장하는 견해[2]도 같은 태도라고 볼 수 있다.

탄핵적 수사관의 논거는 ① due process는 실체진실주의보다 중요한 이념이고, ② 공판에 있어서 당사자주의가 타당하다면 수사에서도 탄핵방식이 타당하다고 해야 하며, ③ 공판중심주의를 실현하기 위하여는 수사도 기본적으로 탄핵적 구조를 취하지 않을 수 없다는 점에 있다.[3] 그러나 탄핵적 수사관은 ① 수사절차는 원칙적으로 규문방식이라고 해석하지 않을 수 없고, ② 수사는 공판절차가 아니므로 공판에 있어서 당사자주의가 타당하다고 하여 수사에서도 당사자주의가 타당하다고 할 수 없고, ③ 사건을 빨리 공판으로 진입시키는 것은 피고인에게 현저한 사회적 · 법률적 불이익을 초래한다는 것을 무시한 이론이라는 비판을 면할 수 없다.[4]

4   2) 소송적 수사관   수사를 기소 · 불기소를 결정하는 독자적 목적을 가진, 공판과는 별개의 절차로 파악하여 수사절차의 독자성과 중요성을 강조하는 견해이다. 이에 의하면 수사는 혐의의 유무와 정상을 밝혀 제 1 차적으로 선별기능을 하는 절차이며, 따라서 수사는 판단자인 검사를 정점으로 하여 사법경찰관과 피의자($^{변호}_{인}$)를 대립당사자로 하는 소송적 구조일 것을 요하며 피의자는 수사의 객체가 아니라 수사의 주체가 되어야 한다고 한다.[5]

그러나 소송적 수사관도 ① 피의자를 수사의 주체라고 볼 수는 없고, ② 검

---

1 平野龍一, 刑事訴訟法, 有斐閣, 1958, 83頁.
1 田宮裕, 刑事訴訟法(新版), 有斐閣, 1996, 46頁.
2 차용석/최용성 157면; 이은모/김정환 167면. 신동운 158면은 임의수사의 경우에는 규문적 수사관, 강제수사의 경우에는 탄핵적 수사관이 타당하다고 해석한다.
3 이은모/김정환 166면.
4 강구진 148면.
5 강구진 149면.

사가 직접 수사를 하는 경우에는 삼면관계가 성립할 수 없으며, ③ 수사기관인 검사에 대하여 판단자의 지위를 인정할 수 없다는 비판을 면할 수 없다.[1]

(3) 수사의 구조와 피의자의 지위

수사절차에 있어서 피의자의 인권을 보호하기 위하여 수사의 due process가 유지되지 않으면 안 된다는 점에는 이론이 있을 수 없다. 그러나 이를 설명하기 위하여 소송구조에 관한 이론인 탄핵적 수사관을 도입하거나, 수사를 소송구조로 파악하는 것은 수사의 본질을 오해한 것이라는 비난을 면하기 어렵다. 수사절차는 공판의 전절차이지 공판절차는 아니다. 따라서 공판절차를 중심으로 하는 탄핵주의나 소송구조가 수사절차에 적용될 수는 없다. 탄핵적 수사관이나 소송적 수사관이 일본에서도 아직까지 확립되지 못하고 있는 이유가 여기에 있다.

형사소송법은 수사절차에서의 피의자의 인권을 보호하기 위하여 영장주의와 강제수사법정주의를 채택하고 있고, 피의자에 대하여 진술거부권·변호인선임권·증거보전청구권·체포·구속적부심사청구권·접견교통권을 보장하고 있다. 그러나 피의자에게 보장된 이러한 권리는 수사절차가 탄핵적 구조 또는 소송구조이기 때문에 인정된 것은 아니다. 수사절차도 형사절차의 하나에 지나지 않으므로 형사소송의 이념이 적용되지 않을 수 없다. 형사소송의 이념은 헌법상의 기본권, 즉 인간의 존엄과 자유로운 인격의 발전을 보장하는 헌법질서를 떠나서 생각할 수는 없다.[2] 적정절차가 수사에 요구되는 이유도 바로 여기에 있다. 따라서 수사절차에서 피의자의 방어를 위한 권리를 보장하고 있는 이유는 헌법적 형사소송에 근거하는 것이지 수사구조의 특수성에 기인하는 것이라고 보기는 어렵다.

3. 피의자의 방어권

헌법과 형사소송법은 피의자의 인권을 보호하기 위하여 수사절차에서 피의자에게 각종 방어권을 부여하고 있다. 헌법상 신체의 자유($\frac{제12}{조}$)가 보장되므로, 피의자는 헌법의 의하여 고문을 받지 아니할 권리, 진술거부권, 변호인의 조력을 받을 권리, 체포, 구속사유 및 변호인선임권을 고지받을 권리, 체포, 구속적부심사청구권($\frac{제12조\ 2항,}{4항,\ 5항,\ 6항}$), 신속하고 공정한 재판을 받을 권리, 무죄추정의 권리($\frac{제27조}{3항,\ 4항}$)를 가진다. 이에 따라 형사소송법은 피의자에게 체포, 구속사유 및 변호인선임권

1　백형구 강의, 347면; 신동운 167면; 차용석/최용성 156면.

2　Müller-Dietz, "Die Stellung des Beschuldigten im Strafprozeß," ZStW 81, 1206-1207.

을 고지받을 권리($^{제200조의 5, 201조의 2,}_{209조, 2013조의 2}$), 체포, 구속적부심사청구권($^{제314조}_{의 2}$), 체포, 구속 취소청구권($^{제200조의 6,}_{93조, 209조}$), 수사기관의 구금에 대한 준항고권($^{제417}_{조}$) 등을 부여하고 있다. 또한 피의자에게 헌법상 주거의 자유 및 사생활의 자유($^{제16조,}_{17조}$)가 보장되므로, 피의자는 형사소송법에 의하여 수사상 압수, 수색, 검증에 참여할 권리($^{제219조, 121}_{조, 145조}$), 수사기관의 압수나 압수물환부와 관련된 처분에 대한 준항고권($^{제417}_{조}$) 등을 가진다. 그 밖에도 형사소송법상 피의자의 방어권 보장을 위하여 피의자신문조서 열람, 증감, 변경청구권($^{제244조}_{2항}$), 유리한 증거에 관한 증거보전청구권($^{제184}_{조}$) 등이 인정된다. 이 중에서 피의자에게 가장 중요한 권리는 무죄추정권, 진술거부권, 변호인의 조력을 받을 권리라고 할 수 있다. 이 세 가지 권리는 피고인에게도 인정되는 권리이다. 변호인의 조력을 받을 권리에 대해서는 수사(피의자신문참여권, 접견교통권) 및 소송주체 부분에서 살펴보기로 하고 여기에서는 무죄추정의 원칙과 진술거부권에 대하여 서술한다.

Ⅱ. 무죄추정의 원칙

1. 무죄추정의 의의

7   무죄의 추정(presumption of innocence, Unschuldvermutung) 또는 무죄추정의 원칙이란 형사절차에서 피의자 또는 피고인은 유죄판결이 확정될 때까지는 무죄로 추정된다는 원칙을 말한다. 이 원칙은 무고한 사람을 처벌해서는 안 된다는 인권보장사상에서 유래하여 시민적 자유를 수호하려는 근대법의 특징을 표명한 것이며, 이에 의하여 피의자 또는 피고인($^{이하, 피의자}_{등이라고 한다}$)은 형사절차의 주체로서 절차상의 여러 가지 권한을 가지게 된다. 무죄추정의 법리가 피의자 등의 소송법상의 지위를 파악하는 데 중요한 의미를 가지게 되는 이유도 여기에 있다. 피의자 등에 대한 무죄의 추정은 1789년의 프랑스혁명에 뒤따른 인간과 시민의 권리선언 제 9 조가 「누구든지 범죄인으로 선고되기까지는 무죄로 추정된다」는 규정을 둔 데서 유래한다. 그 이전의 규문절차에서는 피의자 등에 대한 유죄의 입증이 불분명한 경우에도 혐의형(Verdachtsstrafe)에 의한 처벌을 인정했던 것이다. 헌법 제27조 4항은 「형사피고인은 유죄의 판결이 확정될 때까지는 무죄로 추정된다」고 규정하여 무죄추정의 원칙을 기본권으로 보장하였고, 이에 따라 형사소송법

제275조의 2도 「피고인은 유죄의 판결이 확정될 때까지는 무죄로 추정된다」는 규정을 두어 무죄추정의 원칙을 선언하고 있다.

2. 무죄추정의 원칙의 내용

피의자 등에 대한 무죄의 추정은 단순한 이념적 선언규정이 아니라 형사절차 내에서의 실천원리로 구현되고 있는 법적 규범이다. 따라서 이 원칙은 수사절차에서 공판절차에 이르기까지 형사절차의 전과정을 지배하는 지도원리가 되고 있다.

(1) 인신구속의 제한

1) 불구속수사 · 재판의 원칙   무죄의 추정은 인신구속에 대한 제한원리가   8
된다. 즉 피의자에 대한 수사와 피고인에 대한 재판이 원칙적으로 불구속으로 행하여져야 한다는 것은 무죄추정의 원칙의 당연한 내용이 된다. 무죄의 추정을 받은 피의자 등에 대하여 유죄판결이 확정되기 전에 자유형과 같은 효과를 가지는 강제처분을 과하는 것은 허용된다고 보기 어렵기 때문이다. 따라서 구속은 구속 이외의 다른 방법에 의하여는 범죄에 대한 효과적인 투쟁이 불가능하여 형사소송의 목적을 달성할 수 없다고 인정되는 경우에 최후의 수단으로 사용될 때에만 정당성을 가지게 된다.

2) 불필요한 고통의 금지   무죄추정의 원칙은 구속된 피의자 등에 대하여 구속 이외의 불필요한 고통을 과하지 않을 것을 요구한다. 구속된 피의자 등의 접견교통권을 보장하는 것도 무죄추정의 원칙이 구현된 것이라고 할 수 있다.

(2) 의심스러운 때에는 피고인의 이익으로

무죄추정의 원칙은 증명의 단계에서 「의심스러운 때에는 피고인의 이익으   9
로」(in dubio pro reo)의 원칙으로 작용한다.

1) 확신의 요구   무죄추정의 원칙에 의하여 피고인에게 유죄판결을 하기 위하여 법관은 합리적 의심 없는 증명(proof beyond a reasonable doubt) 또는 확신(Überzeugung)을 가져야 하며, 증거평가의 결과 법관이 유죄의 확신을 가질 수 없는 때에는 「피고인의 이익으로」 판단해야 한다.[1] 형사소송법 제307조 2항은 「범

---

1 무죄추정의 원칙은 헌법상의 원칙이고, 그 추정의 번복은 직접증거가 존재할 경우에 버금가는 정도가 되어야 한다(대법원 2017. 5. 30, 2017 도 1549; 대법원 2022. 6. 16, 2022 도 2236; 대법원 2023. 1. 12, 2022 도 14645).

죄사실의 인정은 합리적 의심이 없는 정도의 증명에 이르러야 한다」고 규정하고 있다. 이러한 의미에서 in dubio pro reo의 원칙은 증거평가를 지배하는 법치국가적 기본원칙이라고 할 수 있다.[1] 그러나 이 원칙은 증거법칙이 아니라 실체형법에 속하는 법원칙 내지 판단법칙이라고 해야 한다.[2] 이는 법관이 증거를 어떻게 평가해야 하는가에 관한 원칙이 아니라 증거평가를 마친 후에 확신을 얻지 못하고 피고인에게 불이익한 판단을 하는 것을 금지하는 것이기 때문이다.

10　　　2) 거증책임의 기준　　　in dubio pro reo의 원칙은 입증단계에서 거증책임을 정하는 기준이 된다. in dubio pro reo의 원칙에 의하여 범죄의 성립과 형벌권의 발생에 영향을 미치는 모든 사실에 대한 거증책임은 검사가 부담하지 않을 수 없다. 따라서 형의 가중사유의 존재뿐만 아니라 형의 감면사유의 부존재에 대하여도 검사가 거증책임을 지게 된다.

(3) 불이익처우의 금지

11　　　1) 예단배제의 원칙　　　무죄추정의 원칙으로 인하여 국가기관은 피의자 등을 예단하거나 불이익한 처우를 해서는 안 된다. 즉 예단배제의 원칙은 무죄의 추정에서 유래하며, 공소장일본주의($규칙 제 \atop 118조 2항$)는 예단금지의 원칙을 실현하고 있다고 할 수 있다.

　　　2) 피의자 등의 진술거부권　　　피의자 등의 진술거부권도 무죄추정의 원칙을 기초로 한다고 해야 한다. 그것은 피의자 등에 대한 진술강요를 금지하는 의미를 가지고 있기 때문이다.

　　　3) 부당한 대우의 금지　　　피의자 등에 대하여 고문을 가하고 모욕적인 신문을 하는 것도 무죄추정의 원칙에 반한다고 해야 한다. 따라서 피의자 등의 진술이 고문 · 폭행 또는 협박 등에 의하여 이루어져 임의성이 없는 것으로 인정될 때에는 유죄의 증거로 할 수 없고($제309조, \atop 제317조$), 형사소송규칙 제140조의 2가 「피고인을 신문함에 있어서 그 진술을 강요하거나 답변을 유도하거나 그 밖에 위압적 · 모욕적 신문을 하여서는 아니된다」고 규정하고 있는 것도 무죄추정의 원칙에 근거한 것이다.

1　Roxin S. 106.

2　Gollwitzer LR § 261, Rn. 104; Hürxthal KK § 261, Rn. 56; Meyer-Goßner § 261, Rn. 26; Pfeiffer § 261, Rn. 16.

3. 무죄추정의 원칙의 적용범위

(1) 피고인과 피의자

헌법과 형사소송법은 피고인에 대하여만 무죄의 추정을 규정하고 있다. 그 12
러나 피고인뿐만 아니라 피의자에 대하여도 무죄의 추정을 인정해야 한다는 점에
는 견해가 일치하고 있다.[1] 피고인에게 무죄를 추정하는 이상 피고인보다 전 단
계에 있는 피의자에게도 무죄를 추정해야 한다는 것은 당연하기 때문이다.

(2) 유죄판결의 확정

피고인이 유죄판결확정 시까지 무죄의 추정을 받는다는 점에는 의문이 없
다. 따라서 제 1 심 또는 제 2 심 판결에서 유죄판결이 선고되었다 하더라도 유죄
판결이 확정되지 않은 때에는 무죄의 추정을 받게 된다. 여기서 유죄판결이란 형
선고의 판결뿐만 아니라 형면제의 판결과 선고유예의 판결을 포함한다. 그러므로
면소 · 공소기각 또는 관할위반의 판결이 확정된 때에는 무죄의 추정이 유지된다.

(3) 재심청구사건

재심청구가 있는 때에도 무죄가 추정될 수 있다고 해석하는 견해도 있다.[2]
그러나 유죄판결이 확정된 경우가 명백한 이상 재심청구가 있다고 피고인에게 무
죄가 추정될 수는 없다고 해야 한다.[3] 형사소송법이 재심이유로 「무죄 등을 인
정할 명백한 증거가 새로 발견된 때」를 요구하는 것($\binom{\text{제}420\text{조}}{5\text{호}}$)과 일치할 수 없기 때
문이다. 다만, 재심개시결정($\binom{\text{제}435\text{조}}{1\text{항}}$)이 나면 다시 심급에 따라 재판이 진행되므로
($\binom{\text{제}438\text{조}}{1\text{항}}$) 무죄추정의 원칙이 적용된다고 하겠다.[4]

Ⅲ. 피의자의 진술거부권

1. 서 론

(1) 진술거부권의 의의

진술거부권이란 피고인 또는 피의자(이하, 피의자 등이라고 한다)가 공판절차 13

---

1 백형구 52면; 신동운 812면; 이은모/김정환 91면; 차용석/최용성 190면.
2 신동운 819면; 정승환 § 4/30.
3 백형구 강의, 20면; 이영란 165면; 이은모/김정환 92면.
4 이은모/김정환 92면; 이창현 111면.

또는 수사절차에서 법원 또는 수사기관의 신문에 대하여 진술을 거부할 수 있는 권리를 말한다. 영미의 자기부죄거부의 특권에서 유래하는 권리이다.[1]

> 자기부죄거부의 특권(privilege against selfincrimination)은 17세기 말 영국의 사법절차에 기원을 두고, 미국 수정 헌법 제5조가 「누구든지 형사사건에 있어서 자기의 증인이 되는 것을 강요받지 아니한다」(No person shall be compelled in any criminal case to be a witness against himself)고 규정한 데서 유래하는 것이다. 그러나 자기부죄거부의 특권에는 피의자 등의 진술거부권 이외에 증인의 증언거부권이 포함되어 있다. 피의자 등이 가지는 이러한 권리를 진술거부권 또는 묵비권(right to silence)이라고 한다.

14 진술거부권은 형사책임과 관련하여 비인간적인 자백의 강요와 고문을 근절하고 인간의 존엄성과 가치를 보장하려는 데에 그 취지가 있으며,[2] 나아가 당사자주의의 전제인 무기평등의 원칙을 실질적으로 실현하기 위하여 인정된 것이다. 피고인에게 진실을 진술할 의무가 있다고 할 때에는 검사에게 공격의 무기를 제공하게 되어 무기평등의 원칙은 실현될 수 없기 때문이다. 피의자도 당사자는 아니지만 장차 당사자가 될 소송의 주체라는 점에서 피의자에 대하여도 진술거부권을 인정하고 있다. 이러한 의미에서 진술거부권은 강제된 자백에 대한 문명적 보장책이며, 당사자가 제공해야 할 진실을 제한하는 실정법적 규준이 된다고 할 수 있다.[3] 헌법은 제12조 2항에서 「모든 국민은 고문을 받지 아니하며, 형사상 자기에게 불리한 진술을 강요당하지 아니한다」라고 규정하여 진술거부권을 국민의 기본적 인권으로 보장하고 있다. 그러나 진술거부권이 보장되는 절차에서 진술거부권을 고지받을 권리는 헌법 제12조 2항에 의하여 바로 도출된다고는 할 수 없고, 이를 인정하기 위해서는 입법적 뒷받침이 필요하다.[4] 형사소송법은 피고인의 진술거부권($\frac{제283}{조의 2}$)과 피의자의 진술거부권($\frac{제244}{조의 3}$)을 규정하고 있다.

> 형사소송법 제244조의 3은 피의자에 대하여 진술거부권의 고지의무만을 규정하고 있으나, 진술거부권의 고지는 진술거부권을 전제로 하는 것이므로 피의자에 대하여도 이를 인정하고 있다고 하지 않을 수 없다.

---

1 대법원 2004. 4. 30, 2012 도 725.
2 대법원 2014. 1. 16, 2013 도 5441.
3 LaFave–Israel–King, Criminal Procedure, p. 1136.
4 대법원 2014. 1. 26, 2013 도 5441.

(2) 진술거부권과 자백의 임의성

진술거부권과 자백배제법칙의 관계($\frac{제309}{조}$)에 관하여는 견해가 대립되고 있다.   15
진술거부권과 자백의 임의성법칙(Voluntariness Test)은 엄격히 구별해야 하는 별개
의 법칙이라는 견해[1]도 있다. 이는 ① 진술거부권이 17세기에 확립되었음에 반
하여, 자백의 임의성법칙은 18세기에 보통법(common law)에 의하여 확립된 것으
로 역사적 연혁을 달리하고, ② 진술거부권은 진술의 내용을 문제삼지 않는 증거
법칙임에 대하여, 자백의 임의성법칙은 허위배제를 존재이유로 하는 진실발견을
위한 증거법칙이므로 원리를 달리하고, ③ 진술거부권이 진술의무를 과하여 진술
을 강요하는 것을 금하는 것임에 대하여, 자백의 임의성법칙은 폭행·협박·기망
등의 사실상의 불법행위에 의한 자백강요를 금하는 것이므로 실제적 효과가 다르
며, ④ 진술거부권은 공판정에 출석한 피고인을 대상으로 하는 것이나, 자백의
임의성법칙은 여기에 제한되지 않는다는 점을 이유로 한다.

진술거부권과 자백의 임의성법칙이 역사적 연혁을 달리하는 것은 부정할 수   16
없다.[2] 그러나 1960년대 이후 미국에서의 자백배제법칙의 전개는 임의성 없는
자백을 배척하는 근거가 허위배제에 있는 것이 아니라 적정절차를 위반하였다는
점에 있고, 따라서 임의성 없는 자백은 자백획득과정이 적정절차에 위반하였다는
이유로 배척되는 것으로 파악하게 되었다.[3] 특히 1964년의 Escobedo사건에서
변호인의 도움을 받을 권리를 침해하여 얻은 자백의 증거능력을 부정하고,[4]
1966년 Miranda사건이 수사기관에서 진술거부권을 고지하지 않고 획득한 자백을
배척함에 따라,[5] 수사에는 자백배제법칙·공판에는 진술거부권이라는 도식관계
는 근거를 잃게 되었고 진술거부권이 금하는 강요의 의미도 사실상의 강요를 포
함하는 것으로 변화하지 않을 수 없게 되었다.[6] 자백배제법칙의 증거금지화, 허
위배제설로부터 위법배제설로의 발전에 의하여 양자는 공통의 원리에 의하여 일
체화되고 있다고 하겠다.[7]

---

1   백형구 강의, 42면; 신동운 1014면.
2   LaFave-Israel-King pp. 315, 1136; McCormick pp. 177, 216.
3   LaFave-Israel-King p. 316; McCormick p. 219.
4   Escobedo v. Illinois, 378 U.S. 478(1964).
5   Miranda v. Arizona, 384 U.S. 436(1966).
6   강구진 234면.
7   이영란 167면; 임동규 404면; 차용석/최용성 97면.

2. 진술거부권의 내용

(1) 진술거부권의 주체

17 헌법 제12조 2항은 모든 국민에게 진술거부권을 보장하고 있으므로 진술거부권의 주체에는 제한이 없다. 피고인뿐만 아니라 피의자[1]도 진술거부권을 가진다. 의사무능력자인 피고인 또는 피의자의 대리인($\frac{제26}{조}$)도 진술거부권의 주체가 된다. 피고인인 법인의 대표자도 그의 진술이 피고인인 법인에 대한 증거가 된다는 점에서 진술거부권을 가진다고 해야 한다. 진술거부권은 외국인에게도 적용된다.

(2) 진술거부권의 범위

18 1) 진술강요의 금지   진술거부권은 형벌이나 그 밖의 제재에 의한 진술강요를 금지하는 것을 본질적 내용으로 한다. 따라서 피의자 등은 수사기관은 물론 법원에 대하여도 진술할 의무가 없다. 즉 피고인은 진술하지 아니하거나 개개의 질문에 대하여 진술을 거부할 수 있고($\frac{제283}{조의2}$), 피의자도 또한 같다($\frac{제244}{조의3}$).

강요당하지 않는 것은 진술에 한한다. 진술은 생각이나 지식, 경험사실을 정신작용의 일환인 언어를 통하여 표출하는 것을 의미한다.[2] 따라서 지문과 족형의 채취, 신체의 측정, 사진촬영이나 신체검사는 물론 도로교통법에 의한 음주측정[3]에 대하여는 진술거부권이 미치지 않는다. 그러나 진술인 이상 구두의 진술에 한하지 아니하고, 이에 갈음하는 서면에 대하여도 진술거부권이 적용된다. 따라서 피의자는 수사기관의 진술서 제출요구를 거부할 수 있다.

19 문제는 거짓말탐지기(polygraph)에 의한 검사와 마취분석(痲醉分析)이 진술거부권의 침해가 될 수 있는가에 있다. 거짓말탐지기에 의한 검사에 대하여는 신체의 생리적 변화를 검증하는 것이지 진술증거는 아니므로 진술거부권이 적용되지 않는다는 견해[4]도 있으나, 생리적 변화가 독립하여 증거로 되는 것이 아니고 질문과의 대응관계에서 비로소 의미를 가지는 것이므로 진술거부권의 범위에 속한다고 해석함이 타당하다.[5] 마취분석은 직접 진술을 얻어 내는 것이므로 진술거부권을 침해하는 것이라는 점에 대하여 이론이 없다.[6]

---

1 대법원 2011. 11. 10, 2011 도 8125; 대법원 2014. 4. 30, 2012 도 725.
2 헌재결 1997. 3. 27, 96 헌가 11.
3 헌재결 1997. 3. 27, 96 헌가 11.
4 서일교 252면.
5 차용석/최용성 99면.
6 이은모/김정환 93면; 차용석/최용성 1000면.

2) **진술의 범위** 헌법은 형사상 자기에게 불리한 진술의 강요를 금지하고 20
있다. 여기서 불리한 진술이란 형사책임에 관한 것이며 민사책임은 포함되지 않
지만, 형사책임에 관한 한 범죄사실 또는 간접사실뿐만 아니라 범죄사실 발견의
단서가 되는 사실도 포함한다고 해석된다. 그러나 형사소송법 제283조의 2는 피
고인은 진술하지 아니하거나 개개의 질문에 대하여 진술을 거부할 수 있다고 규
정하고 있을 뿐이며 진술의 내용을 불이익한 진술에 제한하지 않고 있다. 피의자
에 대한 제244조의 3의 규정도 같다. 따라서 형사소송법에 의하여 피의자 등에게
인정되는 진술거부권의 진술의 내용은 이익·불이익을 불문한다.[1] 이러한 의미
에서 형사소송법은 헌법상의 진술거부권의 범위를 확장하고 있다고 할 수 있다.
증인의 증언거부권이 자기에게 불이익한 증언에 제한되어 있는 것과 구별된다.
증인과는 달리 피고인에게는 당사자로서의 지위가 인정되는 데 따른 차이이다.

3) **인정신문과 진술거부권** 진술거부권이 인정되는 진술의 범위에 관하여 21
특히 문제되는 것이 인정신문에 대하여 진술을 거부할 수 있는가에 있다. 이에
관하여는 ① 성명·주민등록번호·직업·주거·등록기준지 등에 대한 인정신문
은 피고인이나 피의자에게 불이익한 진술이 아니므로 인정신문에는 진술거부권
이 적용되지 않는다는 **소극설**[2]과, ② 진술거부권의 범위에는 제한이 없으므로 인
정신문에 대하여도 진술을 거부할 수 있다는 **적극설**[3] 및 ③ 성명이나 직업 등의
진술에 의하여 범인임이 확인되거나 증거수집의 계기를 만들어주는 경우에는 진
술거부권이 인정된다는 절충설[4]이 대립되고 있다. 일본의 판례는 소극설의 입장
에서 성명을 묵비한 변호인선임계의 효력을 부정한 바 있다.[5] 생각건대 ① 피의
자 등이 거부할 수 있는 진술은 이익·불이익을 불문하고, ② 진술이 불이익한가
를 판단할 객관적 기준이 없으며 이를 피의자 등의 주관에 의하여 판단할 때에는
절충설은 사실상 적극설과 같은 결과를 초래하며, ③ 인정신문을 위한 진술의 강
요를 허용하는 것은 진술거부권을 인정한 취지에 반할 뿐만 아니라, ④ 2007년
개정 형사소송법이 인정신문에 앞서 피고인에게 진술거부권을 고지하게 규정한

---

1 백형구 강의, 44면; 신동운 1016면; 신현주 130면; 이은모/김정환 94면.
2 서일교 254면.
3 김재환 485면; 백형구 621면, 강의 44면; 신양균/조기영 565면; 신현주 131면; 이은모/김정환
  95면; 임동규 406면.
4 김기두 60면.
5 日最判 1957. 2. 20[刑集 11-2, 802].

점($\substack{제283조\\의2}$)에서 볼 때 인정신문에 대하여도 진술거부권을 인정하는 적극설이 타당하다고 하겠다. 형사소송규칙도 인정신문을 하기 전에 진술거부권을 알려 주도록 규정하고 있다($\substack{규칙 제\\127조}$).

(3) 진술거부권과 진술거부권의 고지

22   진술거부권을 알지 못하면 진술거부권의 행사를 실질적으로 담보할 수 없게 된다. 이러한 의미에서 진술거부권의 고지는 진술거부권의 전제가 된다고 할 것이다. 그러나 진술거부권이 보장되는 절차에서 진술거부권을 고지받을 권리가 헌법 제12조 제 2 항에 의하여 바로 도출되는 것은 아니고, 이를 인정하기 위해서는 입법적 뒷받침이 필요하다.[1] 형사소송법은 피의자에 대하여는 물론 피고인에 대하여도 진술거부권을 고지할 것을 명문으로 규정하고 있다($\substack{제244조의 3,\\제283조의 2}$).

23   1) 고지의 시기와 방법   진술거부권의 고지는 피의자 등에게 진술거부권이 있음을 이해할 수 있도록 명시적으로 할 것을 요한다. 고지의 내용은 피고인과 피의자의 경우에 차이가 있다. 피고인에 대하여는 재판장이 진술하지 아니하거나 개개의 질문에 대하여 진술을 거부할 수 있다고 고지하면 충분한 데 반하여 ($\substack{제283조의\\2 제 2 항}$), 피의자에 대하여는 검사 또는 사법경찰관이 피의자를 신문하기 전에 ① 일체의 진술을 하지 아니하거나 개개의 질문에 대하여 진술을 하지 아니할 수 있다는 것 이외에, ② 진술을 하지 아니하더라도 불이익을 받지 아니한다는 것, ③ 진술을 거부할 권리를 포기하고 행한 진술은 법정에서 유죄의 증거로 사용될 수 있다는 것, ④ 신문을 받을 때에는 변호인을 참여하게 하는 등 변호인의 조력을 받을 수 있다는 것을 알려주어야 한다($\substack{제244조의\\3 제 1 항}$). 피고인에 대하여도 통상 인정신문 이전에 1회 고지하면 충분하다.

24   2) 불고지의 효과   진술거부권을 고지하지 아니한 경우에 진술거부권에 대한 침해가 된다는 점에는 이론이 없다. 진술거부권의 고지는 피고인을 심리적 압박감에서 해방되게 하여 진술의 자유 내지 임의성을 확보한다는 의미를 가지게 된다. 여기서 진술거부권의 불고지와 진술의 임의성의 관계가 문제된다. 이에 관하여 진술거부권을 고지하지 않은 때에는 자백의 임의성이 인정되는 경우에도 위법수집증거의 배제법칙에 의하여 자백의 증거능력을 부정해야 한다는 견해[2]와 진술거부권을 고지하지 않고 얻은 자백은 그 임의성에 의심 있는 경우에 해당하

---

1 대법원 2014. 1. 16, 2013 도 5441.

2 백형구 강의, 45면.

여 증거능력을 부정해야 한다는 견해[1]가 대립되고 있다. 판례는 위법하게 수집
된 증거라는 이유로 증거능력을 부정하고 있다.[2] 생각건대 진술거부권의 고지라
는 형식적 기준에 의하여 진술의 임의성이 영향을 받는다고 할 수는 없다. 그러
나 진술거부권을 고지하지 않은 때에는 진술의 자유를 보장하기 위한 전제가 충
족되지 않았고, 자백배제법칙의 이론적 근거가 위법배제에 있다고 해석한다면 진
술거부권의 고지를 요구하는 규정에 위반한 때에는 자백배제법칙에 따라 증거능
력을 부정해야 한다고 해석하는 것이 타당하다고 생각한다.

⑷ **진술거부권의 포기**

진술거부권의 포기를 인정할 것인가에 대하여도 견해가 일치하지 않는다.　　25
피의자 등이 진술거부권을 포기하고 피고사건 또는 피의사건에 관하여 진술을 할
수 있음은 당연하다는 견해[3]도 있다. 피의자 등이 진술거부권을 행사하지 않고
진술할 수 있음은 물론 당연하다. 그러나 이를 진술거부권의 포기라고 할 수는
없다. 일단 진술을 시작한 경우에도 피의자 등은 각개의 신문에 대하여 언제나
진술을 거부할 수 있기 때문이다. 이러한 의미에서 형사소송법상으로는 진술거부
권의 포기가 인정되지 않는다고 하겠다.[4]

진술거부권의 포기와 관련하여 문제되는 것은 다음의 두 가지 점이다.

1) **피고인의 증인적격**　　　　피고인이 진술거부권을 포기하고 자기의 피고사건에　　26
관하여 증인으로 증언할 수 있는가이다. 이를 인정할 때에는 증언의무로 인하여
진술거부권의 포기를 인정하는 것이 된다. 영미에서는 피고인의 증인적격을 인정
하고 있으나, 우리 형사소송법에서는 피고인은 소송에서 제 3 자가 아니고 이를
인정할 때에는 피고인의 진술거부권이 무의미하게 된다는 점에서 피고인의 증인
적격을 부정하지 않을 수 없다.[5]

2) **법률상의 기록ㆍ보고의무**　　　　행정상의 단속목적을 위하여 각종 행정법규가　　27
일정한 기장ㆍ보고ㆍ신고ㆍ등록의무를 규정하고 있는 것이 진술거부권을 침해하
는 것이 아닌가가 문제된다.

1　이은모/김정환 96 – 97면; 차용석/최용성 104면.
2　대법원 1992. 6. 23, 92 도 682; 대법원 2009. 8. 20, 2008 도 8213; 대법원 2011. 11. 10,
　　2010 도 8294.
3　백형구 624면, 강의 47면; 차용석/최용성 107면.
4　김재환 488면; 신동운 1012면; 이은모/김정환 97면; 임동규 407면.
5　김재환 488면; 백형구 강의, 48면; 이은모/김정환 97면; 임동규 407면.

미국에서는 그 의무가 법률에 규정된 때에는 업무에 종사한다는 사실에 의하여 진술
거부권을 포기하였고 형사소추의 위험이 없다는 이유로 진술거부권의 침해가 될 수
없다는 이른바 「장부·기록의무의 이론」이 인정되고 있다.

생각건대 행정상의 단속목적을 달성하기 위하여 필요한 경우에 적법행위의
신고를 요구하는 것은 진술거부권과 관계없다고 할 수 있다. 그러나 도로교통법
제54조 2항이 운전자에게 교통사고의 신고의무를 규정하여 벌칙으로 강제하고
있는 것은 진술거부권에 대한 침해가 된다.[1]

3. 진술거부권의 효과

(1) 증거능력의 배제

28   진술거부권에 의하여 진술을 강요할 수 없으므로 진술거부권을 행사하였다
는 이유로 형벌이나 그 밖의 제재를 과할 수 없다는 것은 당연하다. 진술거부권
을 침해하여 강요에 의하여 받은 자백은 임의성이 없으므로 증거능력이 부정된다.

수사기관이 피의자를 신문하면서 진술거부권을 고지하지 않은 경우는 물론 공판절차에
서 재판장이 진술거부권을 고지하지 않은 때에는 자백의 증거능력을 부정해야 한다.[2]

자백 이외의 증거를 획득한 경우에도 위법하게 수집된 증거로서 증거능력이
배제된다고 할 것이다.

(2) 불이익추정의 금지

29   진술거부권의 행사를 피고인에게 불이익한 간접증거로 하거나 또는 이를 근
거로 유죄의 추정을 하는 것은 허용되지 않는다. 진술거부권의 보장을 무의미하
게 할 우려가 있기 때문이다. 이러한 의미에서 진술거부권의 행사는 자유심증주
의에 대한 예외가 된다고 할 수 있다. 진술거부권을 행사하였다는 이유로 피의자

---

1 헌재결 1990. 8. 27, 89 헌가 118은 「교통사고를 일으킨 운전자에게 신고의무를 부담시키고
   있는 도로교통법 제50조 제 2 항, 제111조 제 3 호는 피해자의 구호 및 교통질서의 회복을 위
   한 조치가 필요한 범위 내에서 교통사고의 객관적 내용만을 신고한 것이고, 형사책임과 관련
   되는 사항에는 적용되지 아니하는 것으로 해석하는 한 헌법에 위반되지 아니한다」고 결정하
   였다.
      그러나 동조가 형사책임과 관련되는 사항에는 신고의무를 과하지 않았다고 해석할 수는 없
   으므로 진술거부권에 대한 침해가 된다고 해석해야 한다.
2 신동운 1020면.

등을 구속할 수 없다는 견해[1]도 있다. 그러나 진술거부의 사실을 근거로 구속 또는 보석의 사유인 증거인멸의 염려가 있는가를 판단하는 것은 진술거부권의 효과와는 별개의 문제라고 생각된다.[2]

진술거부권의 행사를 양형에서 고려할 수 있는가에 대하여 **소극설**은 피고인의 진술의 자유를 보장하기 위하여 이를 양형에서 고려하는 것은 허용되지 않는다고 해석한다.[3] 그러나 범인의 개전이나 회오는 양형에서 고려해야 할 사정이며 자백에 의하여 개전의 정을 표시한 사람과 진술거부권을 행사한 사람을 같이 처벌하는 것은 합리적이라고 할 수 없으므로 양형에의 고려는 허용된다는 **적극설**[4]이 타당하다고 생각된다. 판례는 진술거부권의 행사를 인격적 비난요소로 보아 가중적 양형의 조건으로 삼는 것은 허용되지 아니하나, 그러한 태도가 방어권 행사의 범위를 넘어 객관적이고 명백한 증거가 있음에도 진실의 발견을 적극적으로 숨기거나 법원을 오도하려는 시도에 기인한 경우에는 가중적 양형의 조건으로 참작할 수 있다고 한다(**절충설**).[5]

제 5 절   수사의 조건   § 10

I. 수사의 필요성과 수사비례의 원칙

수사는 인권과 밀접한 관계를 가지고 있는 절차이다. 수사기관의 무제한한 재량에 의하여 수사를 개시하는 것을 허용하는 것은 인권침해에 대한 방치를 의미한다고 하지 않을 수 없다. 여기에 수사를 위한 조건을 제시해야 할 필요가 있다. 수사의 조건으로는 수사의 필요성과 수사의 상당성이 문제된다.   1

1. 수사의 필요성

수사는 수사의 목적을 달성하기 위하여 필요한 때에만 할 수 있다. 이러한

---

1 신동운 1022면; 신현주 124면; 이은모/김정환 98면.
2 김재환 490면; 임동규 407면.
3 손동권/신이철 85면; 이은모/김정환 99면; 차용석/최용성 105면.
4 김재환 489면; 백형구 623면, 강의 47면; 임동규 407면.
5 대법원 2001. 3. 9, 2001 도 192.

의미에서 수사의 필요성은 임의수사와 강제수사에 필요한 수사의 조건이 되지 않을 수 없다.

(1) 범죄의 혐의와 수사

2   수사는 수사기관의 주관적 혐의에 의하여 개시된다. 따라서 혐의가 없음이 명백한 사건에 대한 수사는 허용되지 않는다. 여기의 범죄혐의는 수사기관의 주관적 혐의를 의미하며 객관적 혐의일 것을 요하는 것은 아니다. 그러나 수사기관의 주관적 혐의만으로 수사를 인정하는 것은 역시 자의에 의한 수사를 허용하는 결과가 된다. 따라서 수사기관의 주관적 혐의는 구체적 사실에 근거를 둔 혐의일 것을 요한다고 해석해야 한다.[1]

(2) 소송조건과 수사

3   수사는 공소제기의 가능성이 있음을 요건으로 한다. 따라서 공소제기의 가능성이 없는 사건에 대하여는 수사가 허용되지 않는다고 해야 한다. 여기서 소송조건이 수사의 조건이 될 수 있는가가 문제된다. 소송조건은 공소제기의 조건이며 실체심판의 조건이지 수사의 조건은 아니기 때문이다. 그러나 수사는 공소제기의 전절차이며 소송조건의 결여로 인하여 공소제기의 가능성이 없는 때에는 수사도 허용될 수 없다고 하지 않을 수 없다. 즉 소송조건이 구비될 가능성이 없는 경우의 수사는 허용되지 않는다.

4   소송조건과 수사와의 관계에 관하여 특히 문제되는 것이 **친고죄의 고소와 수사와의 관계**이다. 고소는 수사의 단서에 불과하다. 그러나 친고죄에서 고소는 소송조건이므로 고소가 없으면 공소를 제기할 수 없다. 친고죄에서 고소가 없는 경우에 수사를 개시할 수 있느냐에 대하여는 견해가 대립되고 있다.

5   **1) 전면허용설**   친고죄의 고소가 없는 경우에도 수사가 허용된다는 견해이다. 일본의 판례[2]와 독일의 통설[3]이 취하고 있는 태도이다. 검사는 범죄의 혐의가 있다고 사료하는 때에는 수사를 하여야 하고($\frac{제195}{조}$), 수사에 관하여는 그 목적을 달성하기 위하여 필요한 조사를 할 수 있고 법률의 규정에 따라 강제수사도 할 수 있으며($\frac{제199}{조}$), 친고죄의 고소는 소송조건이고 범죄의 성립과는 관계없으므

---

1 Meyer–Goßner § 152, Rn. 4; Pfeiffer § 152, Rn. 1a; Roxin S. 309.

2 日最決 1960. 12. 23[刑集 14–14, 2213].

3 Meyer–Goßner § 127, Rn. 21; Müller KK § 158, Rn. 33; Peters S. 195; Roxin S. 80; Zipf S. 118.

로 당연히 수사가 허용되어야 한다는 것을 이유로 들고 있다.

2) **전면부정설**   친고죄에서 고소가 없으면 강제수사는 물론 임의수사도   6
할 수 없다는 견해이다. 일본에서 일부 학자에 의하여 주장되었으나, 우리나라에
서 이 견해를 따르는 학자는 없다. 친고죄에 관하여 고소가 없으면 공소를 제기할
수 없으므로 그 준비를 위한 수사도 허용될 수 없다는 것이다.

3) **제한적 허용설**   고소가 없는 경우에도 수사는 허용되지만 고소의 가능성   7
이 없는 때에는 수사가 허용되지 않거나 제한되어야 한다는 견해이다. 우리나라
의 다수설이며, 판례가 취하고 있는 태도이다.[1] 다만 고소의 가능성이 있을 때의
수사에 관하여는 임의수사는 물론 강제수사도 허용된다는 견해[2]와, 임의수사는
인정되지만 강제수사는 폭력범죄의 경우에 한하여 고소가능성이 있을 경우 허용
된다는 견해[3]가 대립되고 있다. 판례는 강제수사도 허용된다는 입장이다.[4]

4) **비   판**   친고죄에 관하여 고소가 없는 때에도 증거나 범인을 확보하기   8
위하여 수사를 개시할 필요가 있음을 부정할 수는 없다. 이러한 의미에서 전면부
정설은 타당하다고 할 수 없다. 한편, 전면허용설도 친고죄로 한 입법취지를 고
려하지 않고 공소제기의 가능성이 없는 수사까지 허용하는 점에서 옳다고 할 수
없다. 따라서 친고죄에 관하여 고소가 없어도 고소의 가능성이 있을 때에는 임의
수사는 물론 강제수사도 허용되지만, 고소의 가능성이 없는 때에는 임의수사와
강제수사가 모두 허용되지 않는다고 하는 제한적 허용설이 타당하다고 하겠다.
따라서 친고죄에 있어서 검사 작성의 피의자신문조서나 진술조서는 고소나 고발
이 있기 전에 작성되었다는 이유만으로 증거능력이 부정되지 아니한다. 고소의
가능성이 없는 때로는 고소기간이 경과한 경우와 고소권자가 고소를 하지 않겠다
는 뜻을 명백히 한 경우를 들 수 있다. 다만, 고소권자가 고소의 의사를 명백히

---

1 대법원 1995. 2. 24, 94 도 252, 「친고죄나 세무공무원 등의 고발이 있어야 논할 수 있는 죄
  에 있어서 고소 또는 고발은 이른바 소추조건에 불과하고 당해 범죄의 성립요건이나 수사의
  조건은 아니므로, 위와 같은 범죄에 관하여 고소나 고발이 있기 전에 수사를 하였다 하더라
  도 그 수사가 장차 고소나 고발이 있을 가능성이 없는 상태하에서 행해졌다는 등의 특단의
  사정이 없는 한, 고소나 고발이 있기 전에 수사를 하였다는 이유만으로 그 수사가 위법하다
  고 볼 수는 없다.」
   동지: 대법원 2011. 3. 10, 2008 도 7724.
2 김재환 61면; 백형구 강의, 361면; 신동운 172면; 신현주 198면; 이은모/김정환 176면; 임동규
  130면.
3 정승환 § 9/7.
4 대법원 1995. 3. 10, 94 도 3373(구속).

하지 않은 때에는 피해자의 명예보호를 위하여 친고죄로 한 범죄에 있어서는 강제수사를 신중히 할 필요가 있다.

2. 수사의 상당성

9   수사의 상당성은 수사의 신의칙과 수사비례의 원칙을 내용으로 한다. 수사의 신의칙은 수사는 신의에 따라 성실히 하여야 한다는 원칙이다. 수사의 신의칙과 관련해서는 함정수사가 허용되는지가 특히 문제된다. 수사비례의 원칙이란 수사처분은 그 목적을 달성하기 위한 최소한도에 그쳐야 한다는 원칙을 말한다. 수사비례의 원칙은 특히 강제수사를 하기 위한 요건으로서의 의미를 가지게 된다.

Ⅱ. 함정수사

1. 함정수사의 의의와 법적 성격

10   함정수사는 수사기관 또는 그 의뢰를 받은 수사협력자가 그 의도나 신분을 감추고 상대방으로 하여금 범죄를 실행하도록 하고, 그 실행을 기다려 상대방을 검거하는 수사방법을 말한다. 이러한 함정수사는 마약류범죄(약물범죄)나 조직범죄의 수사에 폭넓게 사용되고 있는 수사기법이다. 특히 마약류범죄는 피해자가 없고 범행이 조직적이고 은밀하게 행하여지기 때문에 통상의 수사방법으로는 범인을 검거하는 데 어려움이 있고 범죄가 상습적으로 행해진다는 점에서 함정수사가 효과적인 수사방법이 되고 있다. 그러나 이 경우에 범죄를 수사하고 진압하는 국가기관이 함정을 이용하여 국민에게 범죄를 범하게 하고 함정에 걸린 국민을 국가가 처벌하는 것이 수사의 신의칙이라는 관점에서 과연 정당한가라는 의문이 제기된다.

현행법상 함정수사를 허용하는 규정은 없다. 따라서 함정수사가 강제수사라고 한다면 강제수사법정주의에 의하여 함정수사는 위법하다고 해야 한다. 그러나 함정수사에 의하여 개인의 인격적 자율권 내지 인격의 자유로운 발전의 권리가 침해된다고 할지라도 권리의 개념 자체가 유동적이라 하는 점을 고려하면 모든 함정수사를 강제수사라고 보아 강제수사법정주의를 근거로 함정수사를 위법하다고 볼 것은 아니다. 따라서 함정수사는 임의수사이지만 인격적 권리를 침해하거나 위험하게 할 때에는 임의수사의 한계를 벗어나기 때문에 위법하다고 해석하는 것이 타당하다고 생각한다.

2. 함정수사와 허용범위

함정수사의 문제는 미국법에서의 함정수사의 항변(entrapment defence)에서 유래한다. 즉 1932년 Sorrels사건의 판결에서 연방최고법원은 금주감시원이 여행자를 가장하여 전쟁 중 같은 사단에 소속했다는 체험을 이야기하면서 술을 팔라고 하여 피고인이 이에 응하여 술을 매각한 사안에서 함정수사의 항변을 인정한 바 있다.[1] 여기서 함정수사의 항변이란 수사관의 기망이나 설득이 없었다면 범죄를 범하지 않았을 것이라고 인정되는 사람을 범죄에 관여하게 하기 위하여 수사관이 적극적인 작용을 하거나 계획을 세웠다는 항변을 말하였다. Sorrels사건에 이어 1958년의 Sherman사건에서도 같은 병원에서 마약중독 치료를 받은 정보원의 집요한 요구에 의하여 마약을 매각한 피고인에게 함정수사의 항변을 인정하여,[2] 연방대법원의 소위 Sherman-Sorrels법칙이 형성되었다. 이에 의하면 함정수사의 항변은 ① 수사관 또는 정보원에 의하여 범죄가 유도되었는가, ② 피고인에게 범죄에 대한 경향이 있는가에 따라서 결정되며, 범죄의 경향은 기회가 제공되면 범죄를 범할 준비 내지 의사가 있는가를 의미하는 것이었다. 피유발자의 주관 내지 내심을 기준으로 한다는 점에서 이를 **주관설**이라고 한다. 이리하여 미국에서는 범의를 가지고 있는 사람이 함정에 의하여 범죄를 행할 기회를 가진 데 불과한 때에는 형사책임을 면할 수 없지만 범의를 유발한 때에는 형사책임으로부터 해방된다는 이론이 판례상 확립되었다. 우리나라의 통설은 미국 연방대법원의 이론에 따라 함정수사를 기회제공형의 함정수사와 범의유발형의 함정수사로 나누어, 전자는 적법함에 반하여 후자를 위법하다고 보고 있다.[3] 이에 반하여 주관설에 의하면 국가가 동일한 정도의 사술을 사용한 경우에 피유발자의 주관에 따라 위법의 유무를 구별해야 할 합리적 근거가 없다는 이유에서 미국에서는 수사관이 사용한 유혹의 방법 자체를 문제삼아 범죄에 관여할 의사가 없는 사람을 범죄에 관여케 할 위험을 발생케 할 정도의 설득 내지 유혹의 방법을 사용한 경우에는

11

---

1 Sorrels v. U.S. 287 U.S. 453.

2 Sherman v. U.S. 356 U.S. 369.

3 백형구 77면; 차용석/최용성 165면.

위법하다는 **객관설**도 주장되고 있다.[1] 모델형법전(Model Penal Code)이 취하고 있는 입장이다.

생각건대 함정수사의 적법성의 한계는 함정수사가 첫째 범죄를 방지해야 할 국가기관이 범죄를 범하도록 유도하였고, 둘째 국가가 사술을 사용함으로써 수사의 신의칙에 반하였다는 점에서 찾아야 한다. 그런데 전자의 측면에서 보면 범의유발형의 함정수사는 위법함에 반하여 기회제공형의 함정수사는 국가가 범죄를 유발한 경우에 해당하지 않는다고 할 수 있다. 수사의 신의칙이라는 측면도 범죄의 태양, 함정수사의 필요성, 법익의 성질, 남용의 위험성 등을 종합하여 판단해야 한다. 이처럼 주관과 객관을 종합하여 함정수사의 한계를 판단해야 한다는 의미에서 **종합설**[2]이라 한다. 다만 ① 마약류범죄나 뇌물범죄 및 조직범죄의 수사에 있어서는 기회제공형의 함정수사를 행하는 것이 허용되지만, ② 재산범죄나 폭력범죄의 경우에는 특별한 수사방법이 필요한 것이 아니므로 함정수사는 원칙적으로 허용되지 않는다고 해석하는 것이 타당하다고 생각된다. 대법원은 함정수사란 본래 범의를 가지지 아니한 자에 대하여 수사기관이 사술이나 계략 등을 써서 범의를 유발케 하여 범죄인을 검거하는 수사방법을 말하는 것이므로, 범의를 가진 사람에 대하여 범행의 기회를 주거나 범행을 용이하게 한 것에 불과한 경우에는 함정수사라고 말할 수 없다고 판시하여 기본적으로 함정수사를 범의유발형에 한정하고 있다.[3] 그러나 기회제공형 수사방법에 대하여 경우에 따라 허용될 수 있음은 별론으로 하고[4]라든지, 위법한 함정수사라고 단정할 수 없다[5]라고 판시하여, 기회제공형도 경우에 따라서는 위법할 수 있다는 가능성을 열어두고 있다. 구체적인 사건에서 위법한 함정수사에 해당하는지 여부는, 해당 범죄의 종류와 성질, 유인자의 지위와 역할, 유인의 경위와 방법, 유인에 따른 피유인자의 반응, 피유인자의 처벌전력 및 유인행위 자체의 위법성 등을 종합하여 판단해야 한다고 판시하고 있다.[6] **종합설**의 입장과 일치한다. 다만, 판례는 함정수사가 허용

---

1 LaFave-Israel-King p. 302.
2 김재환 68면; 신동운 177면; 신현주 230면; 이영란 228면.
3 대법원 1983. 4. 12, 82 도 2433; 대법원 1992. 10. 27, 92 도 1377.
4 대법원 2008. 10. 23, 2008 도 7362.
5 대법원 2007. 5. 31, 2007 도 1903.
6 대법원 2007. 7. 12, 2006 도 2339; 대법원 2007. 11. 29, 2007 도 7680; 대법원 2008. 3. 13, 2007 도 10804; 대법원 2008. 7. 24, 2008 도 2794; 대법원 2013. 3. 28, 2013 도 1473.

되는 범죄를 제한하고 있지는 않다.

　　대법원은 ① 경찰관이 노래방의 도우미 알선영업 단속실적을 올리기 위하여 제보나 첩보가 없는데도 손님을 가장하고 들어가 도우미를 불러낸 경우($\binom{대법원\ 2008.\ 10.\ 23,}{2008\ 도\ 7362}$), ② 검찰직원 등의 작업에 의하여 중국에서 필로폰을 수입한 경우($\binom{대법원\ 2005.\ 10.\ 28,}{2005\ 도\ 1247}$), ③ 경찰관이 게임장에 대한 잠입수사 과정에서 사행행위를 조장하는 행위를 적발한 다음 적극적으로 게임 결과물 환전(게임산업법위반)을 요구한 경우($\binom{대법원\ 2021.\ 7.\ 29,}{2017\ 도\ 16810}$)는 함정수사에 해당한다고 판시하였다. 그러나 ⓐ 이미 범행을 저지른 범인을 검거하기 위하여 정보원을 이용하여 범인을 검거장소로 유인한 경우($\binom{대법원\ 2007.\ 7.\ 26,}{2007\ 도\ 4532}$), ⓑ 범죄사실을 인지하고도 바로 체포하지 않고 추가범행을 지켜보고 있다가 범죄사실이 많이 늘어난 뒤에야 체포한 경우($\binom{대법원\ 2007.\ 6.\ 29,}{2007\ 도\ 3164}$), ⓒ 유인자가 수사기관과 직접적인 관련을 맺지 않은 상태에서 피유인자를 상대로 단순히 수차례 반복적으로 범행을 교사한 경우($\binom{대법원\ 2008.\ 3.\ 13,}{2007\ 도\ 10804}$), ⓓ 유인자가 사적인 동기에 기하여 수사기관과 직접적인 관련 없이 독자적으로 피고인을 유인한 경우($\binom{대법원\ 2013.\ 3.\ 28,}{2013\ 도\ 1473}$)는 함정수사에 해당하지 않는다고 판시하였다.

3. 위법한 함정수사의 효과

　　함정수사가 위법하다고 평가받는 경우에 함정에 걸린 사람을 처벌할 수 있   12
는가에 관하여는 불가벌설과 가벌설이 대립되고 있다.

　　불가벌설은 국가가 일방으로는 사람을 유혹에 빠뜨려 범죄를 실행하도록 하여 범인을 만들면서 한편으로는 그를 처벌하는 것은 비난을 면치 못한다는 이유로 피교사자의 처벌을 부정해야 한다고 한다. 불가벌설은 다시 피교사자를 어떤 방법으로 구제할 것인가에 관하여 무죄설과 공소기각설 및 면소설로 나누어진다. ① **무죄설**은 피교사자에게 무죄판결을 선고해야 한다고 한다.[1] 범죄행위가 함정의 부당한 권유에 의한 경우에는 책임이 조각되거나 또는 고의가 없고, 범인에 대한 사회적 반감이 적고 오히려 동정할 수 있는 경우이므로 가벌적 위법성이 결여되었다는 것을 이유로 한다. 그러나 무죄설에 대하여는 (i) 함정에 의하여 범의가 유발된 경우에도 고의가 없다고 할 수 없고 현재의 책임이론에 의하는 한 수사기관의 함정에 빠졌다는 것만으로는 책임이 조각된다고 할 수 없으며, (ii) 교사자가 수사기관인가 또는 사인인가에 따라 범죄의 성부를 달리 해석해야 할 이

---

[1]　손동권/신이철 168면; 신동운 178면; 이창현 234면.

유가 없다는 비판이 제기된다. ② 함정수사는 실체법상의 문제가 아니라 그러한 수사방법이 소송법상 허용되는가라는 문제이므로 소송법이론으로 해결해야 한다는 견해로 공소기각설과 면소설이 있다. **공소기각설**은 함정수사에 의한 공소는 적정절차에 위배되는 수사에 의한 공소이므로 공소제기의 절차가 법률의 규정에 위배하여 무효인 때에 해당하여 공소기각의 판결을 선고해야 한다고 한다. 우리나라의 다수설의 입장이며,[1] 판례가 취하고 있는 태도이기도 하다.[2] 그러나 이 견해도 (i) 수사절차에 위법이 있다고 하여 그것이 반드시 공소제기의 효력을 잃게 하는 것은 아니며, (ii) 함정수사의 실체적 측면을 충분히 고려하지 못했다는 비판을 받고 있다. 한편, **면소설**은 함정수사의 위법을 공소권의 존재 내지 추행 자체에 관한 문제로 파악하여 위법한 함정수사가 행하여진 경우 국가는 처벌적격을 잃기 때문에 실체적 소송조건을 결하여 면소판결을 선고해야 한다고 해석한다.

13   이에 반하여 **가벌설**은 함정에 걸렸다는 것만으로 위법성이나 책임이 조각되지 않고 범의를 유발당한 사람이 자유로운 의사로 범죄를 실행한 이상 실체법상 이를 처벌할 수 있다고 한다.[3] 즉 위법한 함정수사가 행하여졌다고 할지라도 피유혹자의 죄책이나 소송절차에 아무런 영향을 미치지 못한다는 것이다.

> 일본의 최고재판소는 「타인의 유혹에 의하여 범의가 발생하였거나 또는 그것이 강화된 사람이 범죄를 실행한 경우에 그 타인인 유혹자가 사인이 아니라 수사기관이라는 것만으로 그 범죄실행자의 범죄구성요건해당성, 책임성 또는 위법성을 조각하거나 또는 공소제기의 절차규정에 위반하거나 또는 공소권을 소멸시킨다고 할 수 없다」고 판시하여 가벌설의 입장을 취하였다.[4] 독일의 연방법원도 함정수사는 본질적 형벌감경사유 내지 양형사유에 불과하다고 하였다.[5] 국가의 법익보호의무가 수사기관의 함정에 의하여 없어진다고 할 수 없고, 불명확한 소송조건을 인정할 수 없다는 것을 이유로 한다.

생각건대 가벌설에 의하는 경우에는 함정수사가 수사의 신의칙에 반한다는

---

1 노명선/이완규 159면; 백형구 강의, 365면; 신양균/조기영 50면; 이은모/김정환 181면; 임동규 133면; 정승환 § 10/16..

2 대법원 2005. 10. 28, 2005 도 1247; 대법원 2007. 5. 31, 2007 도 1903; 대법원 2008. 10. 23, 2008 도 7362; 대법원 2021. 7. 29, 2017 도 16810.

3 이영란 229면.

4 日最決 1953. 3. 5[刑集 7-3, 482].

5 BGHSt. 32, 345.

점을 무시했다고 할 수 있으나, 신의칙에 반하는 수사의 소송법적 고려는 증거배제와의 관계에서 고려하면 충분하고, 함정수사에 의하여 범죄를 실행했다는 사실만으로 범죄의 성립을 조각한다고 할 수 없고 함정수사를 소송조건에 해당한다고 할 수 없는 이상 가벌설이 타당하다고 하겠다.

4. 함정수사에 의하여 수집한 증거의 증거능력

범의를 유발한 함정수사에 의하여 수집한 증거는 당연히 증거능력이 부정된다.[1] 영장주의에 위반하는 경우뿐만 아니라 적정절차를 위반하는 때에도 헌법정신에 반하여 수집한 증거로서 증거수집절차에 중대한 위법이 있는 경우라고 해석하지 않을 수 없고, 범의를 야기하는 함정수사는 적정절차에 대한 본질적인 위반이 있는 경우에 해당하기 때문이다.   14

제 6 절 수사의 개시   § 11

Ⅰ. 수사의 단서

검사는 범죄의 혐의가 있다고 사료하는 때에는 범인, 범죄사실과 증거를 수사한다($\frac{제196}{조}$), 경무관, 총경, 경정, 경감, 경위는 사법경찰관으로서 범죄의 혐의가 있다고 사료하는 때에는 범인, 범죄사실과 증거를 수사한다($\frac{제197조}{1항}$). 이와 같이 수사는 수사기관의 주관적 혐의에 의하여 개시된다. 수사개시의 원인을 수사의 단서라고 한다.   1

수사의 단서에는 수사기관 자신의 체험에 의한 경우와 타인의 체험의 청취에 의한 경우가 있다. 현행범인의 체포·변사자의 검시·불심검문·다른 사건 수사 중의 범죄발견·기사·풍설·세평이 전자에 속하며, 후자에는 고소·고발·자수·진정·범죄신고 등이 포함된다. 고소·고발·자수가 있는 때에는 즉시 수사가 개시되고 피고소인 등은 피의자의 지위를 가지게 된다. 그러나 그 이외의 수사의 단서가 있다고 하여 바로 수사가 개시되는 것은 아니다. 진정이 있는 경우   2

---

[1] 백형구 87면, 강의 365면; 손동권/신이철 168면; 신동운 178면; 이영란 230면; 임동규 134면.

에도 같다. 이 경우에는 내사단계를 거쳐 수사기관의 인지에 의하여 비로소 피의자가 된다. 범죄인지란 수사기관이 고소·고발·자수 이외의 수사단서가 있는 경우에 범죄의 혐의가 있다고 판단하여 수사를 개시하는 것을 말한다. 입건이라고도 한다.

3　　수사기관이 현행범인을 체포하거나 다른 사건의 수사 중에 범죄를 발견한 경우는 물론 기사·풍설·세평에 의하여 범죄의 혐의가 있다고 인정한 때에 수사가 개시된다는 점에는 의문이 없다. 진정 또는 범죄신고가 있는 경우에도 같다.

　　검사 또는 사법경찰관이 ① 피혐의자의 수사기관 출석조사, ② 피의자신문조서 작성, ③ 긴급체포, ④ 체포·구속영장의 청구 또는 신청, ⑤ 사람의 신체, 주거, 관리하는 건조물, 자동차, 선박, 항공기 또는 점유하는 방실에 대한 압수·수색 또는 검증영장(부검을 위한 검증영장을 제외한다)의 청구 또는 신청하는 행위에 착수한 때에는 수사를 개시한 것으로 본다. 이 경우 검사 또는 사법경찰관은 해당 사건을 즉시 입건해야 한다(수사준칙규정 제16조 1항).

　　수사기관이 입건, 즉 범죄인지 절차를 거친 때에 특별한 사정이 없는 한 범죄인지가 된 것으로 볼 것이나, 범죄의 인지는 실질적인 개념이므로 검사가 그와 같은 절차를 거치기 전에 범죄의 혐의가 있다고 보아 수사를 개시하는 행위를 한 때에는 범죄를 인지한 것으로 보아야 하고, 그 뒤 범죄인지서를 작성하여 사건수리 절차를 밟은 때에 비로소 범죄를 인지하였다고 볼 것은 아니다. 한편 이러한 인지절차를 밟기 전에 수사를 하였다고 하더라도, 그 수사가 장차 인지의 가능성이 전혀 없는 상태하에서 행해졌다는 등의 특별한 사정이 없는 한, 인지절차가 이루어지기 전에 수사를 하였다는 이유만으로 그 수사가 위법하다고 볼 수는 없고, 따라서 그 수사과정에서 작성된 피의자신문조서나 진술조서 등의 증거능력도 이를 부인할 수 없다.[1] 그러나 수사기관이 범죄의 혐의가 있다고 보아 수사를 개시하는 행위를 한 것으로 볼 수 있는 경우에는, 조사 당시 피의자의 지위에 있었다고 인정되는 사람에 대하여 진술조서 형식을 취하여 진술을 기재하였다고 하더라도 이를 피의자신문조서와 달리 볼 수 없으며, 이때 사실상의 피의자에게 진술거부권이 있음을 고지하지 않았다면 그 진술조서는 위법하게 수집된 증거로서 증거능력이 없게 된다.[2]

1　대법원 2001. 10. 26, 2000 도 2968; 대법원 2010. 6. 24, 2008 도 12127.
2　대법원 2011. 11. 10, 2010 도 8294; 대법원 2011. 11. 10, 2011 도 8125.

검사 또는 사법경찰관은 입건 전에 범죄를 의심할 만한 정황이 있어 수사 개시 여부를 결정하기 위한 사실관계의 확인 등 필요한 조사를 한 결과 입건하지 않는 결정을 한 때에는 피해자에 대한 보복범죄나 2차 피해가 우려되는 경우 등을 제외하고는 피혐의자 및 사건관계인에게 통지해야 한다(동조 제4항).

자수는 범인이 스스로 수사기관에 대하여 자기의 범죄사실을 신고하여 그 수사와 소추를 구하는 의사표시를 말한다. 자수는 형법상 형의 감면사유지만(형법 제52조 1항), 소송법상으로는 수사단서로서의 의미를 가진다.

자수는 성질상 대리인에 의하여 할 수 없다. 그러나 범인이 부상이나 질병으로 인하여 타인에게 부탁하여 신고하는 것은 자수에 해당한다. 자수의 방식과 절차에 관하여는 고소와 고발에 관한 규정이 준용된다(제240조).

여기서는 변사자의 검시와 불심검문 및 고소와 고발을 중심으로 살펴보기로 한다.

II. 변사자의 검시

변사자의 검시란 사람의 사망이 범죄로 인한 것인가를 판단하기 위하여 수사기관이 변사자의 상황을 조사하는 것을 말한다. 변사자 또는 변사의 의심 있는 사체가 있는 때에는 그 소재지를 관할하는 지방검찰청 검사가 검시하여야 한다. 사법경찰관은 변사자 또는 변사한 것으로 의심되는 사체가 있으면 변사사건 발생 사실을 검사에게 통보해야 한다(수사준칙규정 제17조 1항). 검사는 사법경찰관에게 검시를 명할 수 있고(제222조 1항, 3항), 검사와 사법경찰관은 검시를 한 사건에 대해 사건 종결 전에 수사할 사항 등에 관하여 상호 의견을 제시·교환해야 한다(수사준칙규정 제17조 4항). 변사자는 자연사 또는 통상의 병사가 아닌 사체를 말하며 범죄와는 관계없다고 해석하는 견해[1]도 있다. 그러나 검시의 성질에 비추어 볼 때 이는 범죄에 기인한 사망이라는 의심이 있는 사체를 의미한다고 해야 한다.[2] 변사의 의심이 있는 사체는 자연사 또는 통상의 병사가 아니라는 의심이 있지만 범죄에 의한 것인지 여부를 알 수 없는 사체를 말한다. 따라서 익사 또는 천재지변에 의하여 사망한 것이 명

4

---

1 김재환 73면; 신동운 189면; 신양균/조기영 52면; 임동규 156면.
2 백형구 91면; 신현주 203면; 이영란 246면; 이은모/김정환 201면; 차용석/최용성 168면.

백한 사체는 검시의 대상이 될 수 없다. 범죄로 인하여 사망한 것이 명백한 사체는 바로 수사를 개시하므로 이론적으로는 검시의 대상은 되지 않는다고 할 것이지만,[1] 실무상은 변사자 또는 변사의 의심 있는 사체와 마찬가지로 검시를 하고 있다.

5   검시의 결과 범죄의 혐의가 인정될 때에는 수사가 개시된다. 따라서 변사자의 검시는 수사가 아니라 수사 전의 처분, 즉 수사의 단서에 지나지 않는다. 이러한 의미에서 검시는 범죄의 혐의가 인정되어 수사가 개시된 경우에 하는 수사상의 처분인 검증과 구별된다.

6   검시는 수사의 단서에 불과하므로 법관의 영장을 요하지 않는다. 검시에 의하여 범죄의 혐의를 인정하고 긴급을 요할 때에는 영장 없이 검증할 수 있다(제222조 2항). 검시를 위하여 타인의 주거에 들어가야 하는 경우에 영장을 요하는지가 문제된다. 이 경우에도 검시의 필요성과 긴급성에 비추어 영장을 요하지 않는다는 견해[2]도 있다. 그러나 강제처분에 대한 영장주의의 취지에 비추어 동의가 없는 때에는 영장이 필요하다고 해석하여야 한다.[3] 사체를 부검할 때에도 압수·수색·검증영장이 필요하다.

Ⅲ. 불심검문

1. 불심검문의 의의

7   불심검문 또는 직무질문이란 경찰관이 행동이 수상한 사람을 발견한 때에 이를 정지시켜 질문하는 것을 말한다.[4] 경찰관은 ① 수상한 행동이나 그 밖의 주위 사정을 합리적으로 판단하여 볼 때 어떠한 죄를 범하였거나 범하려 하고 있다고 의심할 만한 상당한 이유가 있는 사람, 또는 ② 이미 행하여진 범죄나 행하여지려고 하는 범죄행위에 관한 사실을 안다고 인정되는 사람을 정지시켜 질문할

---

1 판례는 변사체검시방해죄(형법 제163조)에서의 변사자라 함은 부자연한 사망으로서 그 사인이 분명하지 않은 자를 의미하고 그 사인이 명백한 경우는 변사자라 할 수 없으므로(대법원 1970. 2. 24, 69 도 2272), 범죄로 인하여 사망한 것이 명백한 자의 사체는 변사체검시방해죄의 객체가 될 수 없다(대법원 2003. 6. 27, 2003 도 1331)고 한다.

2 김기두 198면; 백형구 91면.

3 손동권/신이철 171면; 이은모/김정환 202면.

4 경찰관 직무집행법은 불심검문이라는 용어를 쓰고 있다. 그러나 검문은 신체의 구속, 의사에 반한 연행과 답변의 강요를 포함하는 인상을 줄 우려가 있다. 입법론으로는 직무질문이라고 하는 것이 타당하다고 하겠다.

수 있다(경찰관 직무집행법 제3조 1항).

불심검문은 범죄가 발각되지 않은 경우에 범죄수사의 단서가 될 뿐 아니라,   8
특정범죄에 대한 범인이 발각되지 않은 때에는 범인발견의 계기가 된다는 점에서
수사와 밀접한 관계를 가진다. 그러나 이는 어디까지나 행정경찰작용 특히 보안
경찰의 분야에 속하는 것으로 범죄수사와는 엄격히 구별하지 않으면 안 된다. 이
러한 의미에서 불심검문은 이에 의하여 범죄의 혐의가 있게 되면 수사가 개시되
는 수사의 단서가 된다고 할 수 있다.[1] 다만, 수사와 불심검문이 구별된다고 하
여 피의자에 대한 불심검문이 금지되는 것은 아니다. 피의자에 대하여도 불심검
문의 요건이 구비되는 경우가 있을 수 있기 때문이다.

이 경우에 수사와 불심검문은 대상인 범죄가 특정되었는가에 따라 구별된다고 하는
견해[2]도 있다. 그러나 피의자신문이 증거자료의 수집을 목적으로 하는 것임에 반하
여 불심검문은 범죄예방을 위한 경찰행정활동이라는 점에서 양자는 그 목적을 달리
한다고 해야 한다. 따라서 피의자에 대한 불심검문도 경찰관 직무집행법의 요건을
구비할 것을 필요로 하며, 다만 피의자에 대하여는 형사소송법 제244조의 3을 준용
하여 묵비권을 고지할 것을 요한다고 해석해야 할 것이다.

2. 불심검문의 대상

불심검문의 대상은 ① 수상한 행동이나 그 밖의 주위 사정을 합리적으로 판   9
단하여 볼 때 어떠한 죄를 범하였거나 범하려 하고 있다고 의심할 만한 상당한
이유가 있는 사람, 또는 ② 이미 행하여진 범죄나 행하여지려고 하는 범죄행위에
관한 사실을 안다고 인정되는 사람이다. 어떠한 죄를 범하려 하고 있다고 의심할
만한 상당한 이유란 준현행범인(제211조 2항) 또는 긴급체포(제200조 의3)에 이르지 않는 경우
이거나, 범죄가 특정되지 않은 경우를 말한다. 행동이 수상한지의 판단은 합리적
일 것을 요한다. 다만 그 판단에 있어서는 형식적으로 이상한 행동이 있었는가
뿐만 아니라, 경찰관이 가지고 있는 정보·지식 및 관찰의 결과도 고려해야 한다.

---

1 백형구 89면; 손동권/신이철 172면; 신현주 204면; 이은모/김정환 204면; 차용석/최용성 169면.
2 강구진 174면.
    경찰관 직무집행법의 불심검문 중 경찰관이 이미 범죄가 행하여졌음을 인정한 후에 행하는
    불심검문은 수사작용의 하나이고, 그 이외의 경우가 일반보안경찰작용이라고 해석하는 견해
    (신동운 182면)도 같은 태도라고 할 수 있다.

3. 불심검문의 방법

10   불심검문은 정지와 질문 및 질문을 위한 동행요구를 그 내용으로 한다. 정지
에 관하여는 자동차검문, 질문에 있어서는 소지품검사가 허용되는가라는 특수한
문제가 제기된다.

(1) 정지와 질문

11   1) **질문의 방법**   불심검문의 핵심은 질문에 있다. 정지와 동행요구는 질문
을 위한 수단에 불과하다. 질문은 검문대상자에게 행선지나 용건 또는 성명·주
소·연령 등을 묻고, 필요한 때에는 소지품의 내용을 질문하여 수상한 점을 밝히
는 방법에 의한다. 질문은 어디까지나 임의수단이다. 따라서 질문에 대하여 상대
방은 답변을 강요당하지 아니한다($\frac{경직법}{제3조 7항}$). 즉 질문의 강제는 어떤 경우에도 허
용될 수 없다. 질문을 하는 동안 수갑을 채우는 것과 같이 질문에 대한 답변을
사실상 강요하는 결과가 되는 행위도 금지된다. 다만, 상대방이 답변을 거부하고
그 곳을 떠나려고 하는 경우에 강제에 해당하지 않는 정도로 설득하여 생각을 바
꾸도록 하는 것은 허용된다고 해야 한다.

12   2) **정지와 그 한계**   불심검문은 검문대상자를 정지시켜 질문하는 것이다.
정지는 질문을 위한 수단이므로 강제수단에 의하여 정지시키는 것은 허용되지 않
는다. 따라서 상대방이 정지하여 질문에 응하는 경우에는 문제가 없다. 그러나
정지요구에 응하지 않고 지나가거나 질문 도중에 떠나는 경우에 실력행사를 인정
할 수 있는가가 문제된다. 다수설은 사태의 긴급성, 혐의의 정도, 질문의 필요성
과 수단의 상당성을 고려하여 강제에 이르지 않는 정도의 유형력의 행사는 허용
된다고 해석하고 있다.[1] 즉 정지를 위하여 길을 막거나 추적하거나 몸에 손을
대는 정도는 허용된다는 것이다. 대법원도 범행의 경중, 범행과의 관련성, 상황의
긴박성, 혐의의 정도, 질문의 필요성 등에 비추어 목적 달성에 필요한 최소한의
범위 내에서 사회통념상 용인될 수 있는 상당한 방법으로 대상자를 정지시킬 수
있다고 판시하고 있다.[2] 그러나 강제와 실력행사를 구별하는 것은 사실상 불가
능하다. 따라서 정지에 있어서도 원칙적으로 실력행사는 허용되지 않고, 다만 ①
살인·강도 등의 중범죄에 한하여, ② 긴급체포도 가능하지만 신중을 기하기 위

---

1 김재환 105면; 손동권/신이철 174면; 신동운 185면; 임동규 160면; 차용석/최용성 169면.
2 대법원 2012. 9. 13, 2010 도 6203; 대법원 2014. 2. 27, 2011 도 13999.

한 경우에만 예외를 인정하는 것이 타당하다고 해야 한다.

정지에 필요한 시간도 구속이라고 볼 수 있는 정도에 달해서는 안 된다. 다만, 허용되는 시간은 구체적인 사정에 따라 결정하지 않을 수 없다.[1]

> 판례는 ① 검문에 불응하고 자전거를 타고 그냥 가는 피고인을 따라가 앞을 막아 일단 정지시킨 뒤 피고인의 오른편 인도에 올라서서 가지 못하게 경찰봉으로 계속 앞을 가로막고 검문에 응할 것을 요구하는 행위(대법원 2012. 9. 13, 2010 도 6203), ② 술값 문제로 시비를 벌인 피의자에게 질문을 하자 불응하고 막무가내로 밖으로 나가려 하므로 앞을 막아서는 행위(대법원 2014. 12. 11, 2014 도 7976), ③ 검문에 불응하고 달아나는 자동차에 대한 추적행위(대법원 2000. 11. 10, 2000 다 26807, 26814), ④ 검문에 불응하고 도망가는 피고인을 추적한 끝에 정지시키기 위하여 옷자락을 붙잡는 행위(울산지방법원 2019. 6. 13, 2018 노 1309)는 적법하다고 판시하였다.

(2) 동행의 요구

경찰관은 질문을 위하여 불심검문 대상자에게 부근의 경찰서·지구대·파출소 또는 출장소(지방해양경찰 관서를 포함)로 동행할 것을 요구할 수 있다. 동행의 요구는 그 장   13
소에서 질문하는 것이 그 사람에게 불리하거나 교통의 방해가 된다고 인정되는 때에 한하여 할 수 있으며, 동행을 요구받은 사람은 이를 거절할 수 있다(경직법 제 2 항). 질문을 하거나 동행을 요구할 경우 경찰관은 자신의 신분을 표시하는 증표를 제시하면서[2] 소속과 성명을 밝히고 그 목적과 이유를 설명하여야 하며, 동행장소를 밝혀야 한다(동조 제 4 항). 가족 또는 친지에게 동행한 경찰관의 신분·동행장소, 동행목적과 이유를 고지하거나 본인으로 하여금 즉시 연락할 수 있는 기회를 부여하여야 하며, 변호인의 조력을 받을 권리가 있음을 고지하여야 한다(동조 제 5 항). 이 경우에 6시간을 초과하여 동행한 사람을 경찰관서에 머무르게 할 수는 없고(동조 제 6 항), 질문을 받거나 동행을 요구받은 사람은 형사소송에 관한 법률에 의하지 않고는 신체를 구속당하지 아니하며 그 의사에 반하여 답변을 강요당하지 아니한다(동조 제 7 항).

---

1 LaFave–Israel–King p. 215.
2 불심검문 당시의 현장상황과 검문 경찰관의 복장 등의 사정을 종합적으로 고려하여, 검문자가 경찰관이고 검문 이유가 범죄행위에 관한 것임을 검문대상자가 충분히 알고 있었다고 보이는 경우에는 신분증을 제시하지 않더라도 위법하다고 할 수 없다(대법원 2014. 12. 11, 2014 도 7976).

4. 소지품검사

(1) 소지품검사의 의의

14   소지품검사란 불심검문에 수반하여 흉기나 그 밖의 물건의 소지 여부를 밝히기 위하여 검문대상자의 의복 또는 휴대품을 조사하는 것을 말한다. 소지품검사는 불심검문에 수반하여 ① 소지품을 외부에서 관찰하고, ② 소지품의 내용을 질문하고, ③ 의복 또는 휴대품을 외부에서 가볍게 손으로 만지면서 질문하고, ④ 소지품의 내용개시를 요구하고, ⑤ 개시된 소지품을 검사하는 단계적 행위를 총칭한다고 볼 수도 있다. 그러나 ①과 ②는 질문 또는 질문의 단서에 불과하다고 할 것이므로 소지품검사는 ③ 내지 ⑤의 경우를 의미한다고 보는 것이 타당하다고 생각되며, 허용 여부가 문제되는 것도 이 경우에 제한된다. 소지품검사도 경찰관의 불심검문에 수반하는 부수적 처분으로서 범죄수사와 구별되는 수사의 단서라고 할 수 있다.

(2) 소지품검사의 법적 근거

15   경찰관 직무집행법은 불심검문에 관하여 질문 시의 흉기소지의 조사에 대하여만 규정하고 있다($\frac{제3조}{3항}$). 따라서 흉기소지조사를 제외한 소지품검사는 불심검문의 범위를 벗어나는 것으로서 법적 근거가 없기 때문에 허용되지 않는다고 주장하는 견해[1]도 있다. 그러나 소지품검사도 불심검문의 안전을 확보하거나 질문의 실효성을 유지하기 위한 불심검문에 수반된 행위이므로 경찰관 직무집행법 제3조에 의하여 근거를 가질 수 있으며, 또한 그 범위 안에서 허용될 수 있다고 해석하지 않을 수 없다.[2] 소지품검사의 불심검문에 대한 부수성은 질문과 관련된 동작을 의미한다고 할 수 있다. 다만, 범죄수사를 위한 소지품검사는 경찰관 직무집행법의 범위를 벗어난다고 해야 한다.

(3) 소지품검사의 한계

소지인의 승낙에 의한 소지품검사는 임의처분으로서 허용된다고 할 수 있다. 검사의 한계와 관련하여 다음과 같은 문제를 검토할 필요가 있다.

16   1) Stop and Frisk   의복 또는 휴대품의 외부를 손으로 만져서 확인하는 것

---

1 김재환 106면; 신동운 187면; 신양균/조기영 80면; 이은모/김정환 209면; 이주원 112면; 이창현 272면.

2 노명선/이완규 146면; 백형구 90면; 손동권/신이철 178면; 이영란 254면; 임동규 162면; 차용석/최용성 171면.

은 불심검문에 수반하는 행위로서 허용된다고 해야 한다. 이를 stop and frisk라고 한다. 여기서 stop이란 정지에 상당하는 개념이며, frisk는 외표검사라는 의미의 수색 이전의 소지품검사를 말한다고 할 수 있다.

> stop and frisk는 미국에서 Terry사건[1]에 의하여 확립된 원칙이다.[2] Sibron사건에서는 주머니에 손을 넣어 마약을 찾아낸 경우에 frisk의 범위를 벗어나므로 허용되지 않는다고 하였다.[3]

2) 소지품의 개시요구와 내용조사   소지품의 내용을 꺼내 보여줄(개시)할 것   17
을 요구하는 것은 강요적인 언동에 의하지 않는 한 허용된다고 해야 한다. 다만, 상대방이 이에 응하지 않는 경우에 실력행사가 허용되는가에 대하여는 흉기조사와 그 이외의 소지품조사를 구별하여 검토할 필요가 있다.

 (가) 흉기조사   흉기·폭탄 등을 소지하고 있다고 의심되는 때에는 경찰관 또는 제 3 자의 생명·신체에 대한 위험을 고려하여 폭력을 사용하지 않는 범위에서 소지품의 내용을 조사하는 것도 허용된다고 해야 한다.[4] 다만, 이 경우에도 흉기를 휴대하였다고 인정할 수 있는 고도의 개연성 내지 특수한 혐의(particular suspect)가 필요하다.[5]

 (나) 일반소지품의 조사   흉기 이외의 소지품조사에 있어서는 실력을 행사하여 소지품의 내용을 조사하는 것은 허용되지 않는다.[6] 다만, 예외로 불심검문과 같은 이론에 의하여 중범죄에 한하여 긴급체포의 요건이 충족되는 경우에는 적법하다고 할 경우도 있을 수 있다.

 일본의 판례가 강도의 혐의가 인정되는 사람의 가방 내부를 검사한 경우를 적법하다

---

1 Terry v. Ohio, 392 U.S. 1(1968), 경찰관이 강도의 의심 있는 3인을 검문하면서 의복의 외부를 가볍게 만진 결과 권총을 발견하고 경찰서에 연행하여 무기휴대죄로 기소한 사건이다. 연방대법원은 「수정 헌법 제 4 조에 의한 합리적인 수색이므로 압수된 무기를 증거로 할 수 있다」고 판시하였다.

2 Stop and Frisk에 대하여는 LaFave–Israel–King p. 212ff.

3 Sibron v. N.Y., 392 U.S. 40(1968), 마약상습자와 식당에서 대화하고 있는 Sibron을 경찰관이 길에 불러내어 주머니에 손을 넣고 조사하여 헤로인을 발견한 사건에 관하여, 연방대법원은 「주머니에 손을 넣어서 수색하는 것은 상당한 방법이 아니므로 수정 헌법 제 4 조에 반한다」고 판시하였다.

4 김재환 106면; 백형구 90면; 손동권/신이철 179면; 이은모/김정환 208면; 임동규 162면.

5 LaFave–Israel–King p. 224.

6 이영란 255면; 차용석/최용성 171면.

고 한 것[1]은 이러한 의미에서 이해할 수 있다.

5. 자동차검문

(1) 자동차검문의 의의

18   자동차검문이란 범죄의 예방과 검거를 목적으로 통행 중인 자동차를 정지케 하여 운전자 또는 동승자에게 질문하는 것을 말한다. 자동차검문에는 교통검문·경계검문 및 긴급수배검문이 있다. 교통검문이란 도로교통법위반의 단속을 위한 검문을 말하며, 경계검문은 불특정한 일반범죄의 예방과 검거를 목적으로 하는 검문이며, 긴급수배검문은 특정범죄가 발생한 때에 범인의 검거와 수사정보의 수집을 목적으로 행하는 검문을 말한다.

(2) 자동차검문의 법적 근거

19   교통검문의 법적 근거는 도로교통법 제47조의 일시정지권에 있다. 그러나 모든 차량의 검문을 내용으로 하는 경계검문과 긴급수배검문에 대한 직접적인 근거규정은 없다. 그러나 자동차문명의 발달과 자동차를 이용한 범죄의 증가라는 현실에 비추어 자동차검문을 모두 위법하다고 단정하는 것은 타당하다고 할 수 없다. 따라서 경계검문은 경찰관 직무집행법 제3조 1항에 근거를 가지며, 긴급수배검문은 동법과 형사소송법 제199조의 임의수사에 관한 규정에 근거를 가진다고 해석하는 것이 타당하다.[2] 이러한 의미에서 경계검문도 수사의 단서가 된다고 할 수 있다.

(3) 자동차검문의 한계

20   자동차검문은 불심검문 또는 임의수사라는 근거로 정당성을 인정하지 않을 수 없는 이상, 이를 위하여는 다음과 같은 요건이 필요하다고 해야 한다. 즉 ① 임의의 수단에 의할 것을 요하고, ② 자동차를 이용하는 중대범죄에 제한되어야 하며, ③ 범죄의 예방과 검거를 위하여 필요하고 적절한 경우에 한하고, ④ 자동차 이용자에 대한 자유의 제한은 필요한 최소한도에 그치지 않으면 안 된다. 결국 자동차검문의 요건과 한계는 입법에 의하여 해결할 것이 요청된다.[3]

---

1 日最判 1978. 6. 20[刑集 32-4, 670]. 이에 반하여 日最判 1978. 9. 7[刑集 32-6, 1672]은 각성제의 소지혐의가 있는 사람의 주머니에 손을 넣어 소지품을 꺼낸 경우는 위법하다고 판시하였다.

2 김재환 107면; 이영란 256면; 임동규 163면.

3 정승환 § 9/64; 차용석/최용성 172면.

Ⅳ. 고   소

1. 고소의 의의

고소란 범죄의 피해자 또는 그와 일정한 관계가 있는 고소권자가 수사기관 21
에 대하여 범죄사실을 신고하여 범인의 처벌을 구하는 의사표시를 말한다.

1) 수사기관에 대한 신고　　　고소는 수사기관에 대한 범죄사실의 신고이다. 따라서 수사기관이 아닌 법원에 대하여 진정서를 제출하거나 피고인의 처벌을 바란다고 증언하는 것은 고소라고 할 수 없다.[1]

2) 범죄사실의 신고　　　고소는 범죄사실을 신고하는 것이다. 따라서 고소의 대상인 범죄사실은 특정되지 않으면 안 된다. 다만 특정의 정도는 고소인의 의사가 구체적으로 어떤 범죄사실을 지정하여 범인의 처벌을 구하고 있는가를 확정할 수 있는 정도면 충분하고, 고소인이 범행의 일시·장소·방법이나 죄명까지 상세히 지적할 것을 요하지 않는다.[2] 따라서 범인의 성명이 불명거나 오기가 있거나, 범행의 일시·장소·방법 등이 명확하지 않거나 틀리는 곳이 있어도 고소의 효력에는 영향이 없다.[3] 범죄사실에 대한 신고가 있으면 되고, 범인이 누구인가를 적시할 필요는 없다. 다만, 상대적 친고죄에서는 신분관계 있는 범인의 지정을 요한다.

3) 범인의 처벌을 구하는 의사표시　　　고소는 범인의 처벌을 구하는 의사표시이다. 따라서 피해사실을 신고함에 그치고 범인의 처벌을 구하지 않는 경우(도난신고, 피해전말서의 제출)는 고소가 아니다.[4] 고소는 의사표시이므로 법률행위적 소송행위로서의 성질을 가진다. 그러므로 고소에는 소송행위능력, 즉 고소능력이 있어야 한다. 고소능력이란 고소의 의미를 이해할 수 있는 사실상의 의사능력을 의미하며,[5] 민법상의 행위능력과는 구별된다.

1　대법원 1984. 6. 26, 84 도 709.
2　대법원 1985. 7. 23, 85 도 1213.
3　대법원 1984. 10. 23, 84 도 1704.
4　대법원 2008. 11. 27, 2007 도 4977.
5　대법원 2011. 6. 24, 2011 도 4451, 2011 전도 76.

2. 고소의 절차

(1) 고소권자

22   고소는 고소권자에 의하여 행하여져야 한다. 따라서 고소권 없는 자가 한 고소는 고소로서의 효력이 없다. 형사소송법이 규정하고 있는 고소권자는 다음과 같다.

23   1) 피 해 자   범죄로 인한 피해자는 고소할 수 있다($\frac{제223}{조}$). 피해자란 범죄로 인하여 침해된 법익의 귀속주체를 말한다. 자연인에 한하지 않고 법인은 물론 법인격 없는 사단·재단도 포함한다. 보호법익의 주체뿐만 아니라 행위의 객체가 된 자도 피해자가 될 수 있다. 즉 실체법상 보호법익의 주체는 아니지만 범죄로 인하여 법률상 불이익을 받게 되는 자도 포함되고, 피해를 입은 범죄는 개인적 법익에 대한 죄임을 요하지 않고 국가적·사회적 법익에 대한 죄라도 무방하다.[1] 다만, 여기의 피해자는 범죄로 인한 직접적 피해자에 제한되며 간접적으로 피해를 입은 자는 포함되지 않는다.

고소권은 일신전속적인 성질의 권리이므로[2] 상속·양도의 대상이 될 수 없다. 다만, 특허권·저작권과 같이 범죄로 인한 침해가 계속되는 경우에는 그 권리의 이전에 따라 이전 전에 이루어진 침해에 대한 고소권도 이전된다고 해야 한다.[3]

24   2) 피해자의 법정대리인   피해자의 법정대리인은 독립하여 고소할 수 있다 ($\frac{제225조}{1항}$). 여기서 법정대리인이란 친권자·후견인 등과 같이 제한능력자의 행위를 일반적으로 대리할 수 있는 사람을 말한다. 피해자의 생모는 포함되지만,[4] 재산관리인[5]·파산관재인 또는 법인의 대표자는 포함되지 않는다.[6] 법정대리인의 지위는 고소 시에 있어야 한다. 따라서 고소할 때에 법정대리인의 지위에 있었으면 범죄 시에는 그 지위에 있지 않았거나, 고소 후에 그 지위를 상실하였어도 고

---

1 헌재결 1992. 2. 25, 90 헌마 91(위증죄).

2 대법원 2022. 5. 26, 2021 도 2488.

3 대법원 1995. 9. 26, 94 도 2196(상표권을 이전등록받은 승계인은 피해자의 지위를 승계한다고 한 사례).

4 대법원 1987. 9. 22, 87 도 1707.

5 판례는 법원이 선임한 부재자 재산관리인이 그 관리대상인 부재자의 재산에 대한 범죄행위에 관하여 법원으로부터 고소권행사에 관한 허가를 얻은 경우는 법정대리인으로서 적법한 고소권자에 해당한다고 한다(대법원 2022. 5. 26, 2021 도 2488).

6 신동운 195면; 정승환 § 8/15. 정영석/이형국 154면은 법인의 대표자도 법정대리인에 포함시키고 있다.

소의 효력에는 영향이 없다.

독립하여 고소할 수 있다는 뜻에 대하여는 견해가 대립되고 있다. 고유권설은 이를 제한능력자보호의 취지를 철저히 하기 위하여 특히 법정대리인에게 인정한 고유권이라고 해석한다.[1] 대법원도 같은 취지로 판시하고 있다.[2] 그러나 피해자의 고소권은 원래 일신전속적인 것이고, 친고죄에 있어서 법률관계의 불안정을 피하기 위하여는 피해자의 고소권이 소멸하면 법정대리인의 고소권도 소멸된다고 해석하는 것이 타당하다는 점에 비추어 이를 독립대리권이라고 해석하는 독립대리권설[3]이 타당하다고 생각된다. 따라서 본인은 법정대리인이 한 고소를 취소할 수 있다.

3) **피해자의 배우자 · 친족**   피해자의 법정대리인이 피의자이거나 법정대리   25
인의 친족이 피의자인 때에는 피해자의 친족은 독립하여 고소할 수 있다($\frac{제226}{조}$).
피해자의 할머니[4]나 모친[5]이 피해자의 법정대리인을 고소한 경우가 여기에 해당한다.

피해자가 사망한 때에는 그 배우자 · 직계친족 또는 형제자매는 고소할 수 있다. 단, 피해자의 명시한 의사에 반하지 못한다($\frac{제225조}{2항}$). 이러한 신분관계는 피해자가 사망한 때에 존재하면 된다. 이때의 고소권은 피해자가 사망하였다는 점에 비추어 고유권이라고 해야 한다.[6] 사자의 명예를 훼손한 죄에 대하여는 그 친족 또는 자손이 고소할 수 있다($\frac{제227}{조}$).

4) **지정고소권자**   친고죄에 대하여 고소할 자가 없는 경우에 이해관계인의   26
신청이 있으면 검사는 10일 이내에 고소할 수 있는 자를 지정해야 한다($\frac{제228}{조}$). 고소할 자가 없게 된 사유는 묻지 않는다. 법률상의 사유이든 사실상의 사유이든 불문한다. 다만, 고소권자가 고소권을 상실하거나 고소하지 아니할 의사를 명시하고 사망한 경우는 제외한다. 이해관계인이란 법률상 또는 사실상 이해관계를

---

1 김재환 78면; 신동운 196면; 이영란 234면; 임동규 139면; 차용석/최용성 174면.
2 대법원 1984. 9. 11, 84 도 1579, 「법정대리인의 고소권은 무능력자의 보호를 위하여 법정대리인에게 주어진 고유권이어서 피해자의 고소권 소멸 여부에 관계없이 고소할 수 있는 것이며, 그 고소기간은 법정대리인 자신이 범인을 알게 된 날로부터 진행한다.」
  동지: 대법원 1987. 6. 9, 87 도 857; 대법원 1999. 12. 24, 99 도 3784
3 백형구 93면; 신현주 212면.
4 대법원 1986. 11. 11, 86 도 1982.
5 대법원 2010. 4. 29, 2009 도 11446.
6 이주원 95면; 임동규 141면.

가진 자를 말한다. 단순한 감정상의 관계로는 부족하다.

(2) **고소의 방법**

27 **1) 고소의 방식** 고소는 서면 또는 구술로 검사 또는 사법경찰관에게 하여야 한다.[1] 검사 또는 사법경찰관이 구술에 의한 고소를 받은 때에는 조서를 작성하여야 한다($\frac{\text{제237}}{\text{조}}$). 따라서 경찰청 홈페이지에 신고민원을 접수한 것은 적법한 고소라고 할 수 없다.[2] 고소조서는 반드시 독립된 조서일 필요가 없다.[3] 따라서 수사기관이 고소권자를 참고인으로 신문한 경우에 그 진술에서 범인의 처벌을 요구하는 의사표시를 하고 그 의사표시가 조서에 기재되었을 때에는 고소의 요건은 구비되었다고 하겠다.[4] 수사기관이 피해자에 대하여 고소의 의사 유무를 묻고 피해자가 고소의 의사표시를 한 때에도 고소는 적법하다.[5] 전보 또는 전화에 의한 고소는 조서를 작성하지 않는 한 유효하다고 할 수 없다. 사법경찰관이 고소를 받은 때에는 신속히 조사하여 관계서류와 증거물을 검사에게 송부하여야 한다($\frac{\text{제238}}{\text{조}}$).

28 고소에 조건을 붙일 수 있느냐에 대하여도 견해가 대립되고 있다. 고소는 그 성질상 단순해야 하기 때문에 조건부 고소는 허용되지 않는다고 해석하거나[6] 조건을 제외하더라도 고소의 의사가 인정되는 경우 이외에는 무효로 보아야 한다는 견해[7]도 있으나, 소송의 진행에 지장을 주지 않는 범위에서 그 효력을 부정할 이유는 없다고 생각된다.[8]

29 **2) 고소의 대리** 고소는 대리인으로 하여금 하게 할 수 있다($\frac{\text{제236}}{\text{조}}$). 고소대리의 성질에 관하여도 견해가 일치하지 않는다. 고소의 대리는 고소절차를 용이하게 하기 위한 것이며 고소의 여부에 대한 결정권까지 위임한 것은 아니므로 이른바 표시대리에 한한다는 견해,[9] 친고죄의 고소에서는 갈등당사자가 아닌 대리

---

1 부적법한 고소에 대해서는 수리를 거부하거나(헌재결 1999. 11. 25, 99 헌마 216), 각하할 수 있다(검사규 제115조 3항 5호).
2 대법원 2012. 2. 23, 2010 도 9524.
3 대법원 1985. 3. 12, 85 도 190.
4 대법원 1966. 1. 31, 65 도 1089; 대법원 2009. 7. 9, 2009 도 3860.
5 대법원 1956. 1. 31, 4288 형상 370.
6 신동운 204면; 신양균/조기영 60면; 이은모/김정환 189면; 정영석/이형국 155면.
7 김재환 82면; 백형구 95면.
8 신현주 213면; 임동규 142면.
9 김재환 82면; 신동운 202면; 신양균/조기영 59면; 이영란 238면; 이주원 96면; 이창현 247면;

인이 자율적인 갈등해소 여부를 결정하는 것은 부당하므로 표시대리에 한하지만 비친고죄의 고소는 수사단서에 불과하므로 의사대리도 인정된다는 견해[1]도 있다. 의사대리가 합리적인 경우도 있고 형사소송법이 명문으로 고소의 대리를 허용하고 있는 취지를 명백히 하고 있음에 비추어 의사대리를 제외해야 할 이유는 없다.[2]

(3) 고소의 기간

친고죄에 대하여는 범인을 알게 된 날로부터 6월을 경과하면 고소하지 못한 다($\frac{제230조}{1항}$). 친고죄의 고소는 소송조건이므로 공소제기의 여부를 오랫동안 사인의 의사에 맡겨 불확정한 상태에 두는 것을 막기 위한 것이다. 따라서 친고죄 아닌 범죄에 대하여는 고소기간의 제한이 없다.   30

고소기간의 시기는 범인을 알게 된 날이다. 범인이란 정범뿐만 아니라 교사범과 종범을 포함한다. 범인을 알게 된다 함은 통상인의 입장에서 보아 고소권자가 고소를 할 수 있을 정도로 범죄사실과 범인을 아는 것을 의미하고, 범죄사실을 안다는 것은 범죄의 피해가 있었다는 사실관계에 관하여 확정적인 인식이 있음을 말한다.[3] 범인을 안다는 것은 적어도 범인이 누구인가를 특정할 수 있을 정도로 아는 것을 말하며, 반드시 범인의 주소·성명까지 알 필요는 없다. 수인의 공범이 있는 경우에는 공범 중 1인을 알면 충분하다. 다만, 상대적 친고죄에서는 신분관계 있는 범인을 알았어야 한다. 범인을 알게 된 날로부터 고소기간이 진행되지만 아직 범죄가 종료되지 아니한 때에는 고소기간이 진행되지 않는다.

친고죄의 고소기간의 시기(始期)에는 제한이 있다. 고소할 수 없는 불가항력의 사유가 있을 때에는 고소기간은 그 사유가 없어진 날로부터 기산한다. 따라서 고소능력이 없다가 후에 비로소 그 능력이 생긴 경우의 고소기간은 그 능력이 생긴 때부터 기산된다.[4] 해고될 것이 두려워 고소를 하지 않는 것만으로는 고소를 할 수 없는 불가항력의 사유에 해당하지 않는다.[5] 고소할 수 있는 자가 수인인   31

임동규 142면; 차용석/최용성 177면.

1 정승환 § 8/26; 정웅석/최창호/김한균 139면.

2 강구진 162면; 신현주 68면.

3 대법원 2001. 10. 9, 2010 도 3106; 대법원 2010. 7. 15, 2010 도 4680; 대법원 2018. 7. 11, 2018 도 1818.

4 대법원 1995. 5. 9, 95 도 696; 대법원 1987. 9. 22, 87 도 1707.

5 대법원 1985. 9. 10, 85 도 1273.

경우에는 1인의 기간의 해태는 타인의 고소에 영향이 없다($\frac{제231}{조}$). 여기서 고소할 수 있는 자가 수인인 경우라 함은 고유의 고소권자(피해자)가 수인인 경우를 말하고, 고소권의 대리행사자가 수인인 경우를 말하는 것은 아니다.

(4) 고소의 제한

32　　자기 또는 배우자의 직계존속은 고소하지 못한다($\frac{제224}{조}$). 이는 전통적인 가정의 질서를 보호하기 위하여 마련된 규정으로 비속을 차별 취급하여 평등권을 침해하는 것은 아니다.[1] 다만, 성폭력범죄($\frac{성폭력범죄의\ 처벌\ 등}{에\ 관한\ 특례법\ 제18조}$), 가정폭력범죄($\frac{가정폭력범죄의}{처벌\ 등에\ 관한}$$\frac{특례법}{제6조\ 2항}$), 아동학대범죄($\frac{아동학대범죄의\ 처벌\ 등에}{관한\ 특례법\ 제10조\ 2항}$)에 대하여는 자기 또는 배우자의 직계존속도 고소할 수 있다.

3. 고소불가분의 원칙

(1) 고소불가분의 원칙의 의의

33　　고소의 효력이 불가분이라는 원칙을 고소불가분의 원칙이라고 한다. 친고죄에 있어서 고소의 효력이 미치는 범위에 관한 원칙이다. 즉 한 개의 범죄의 일부분에 대한 고소 또는 그 취소는 그 전부에 대하여 효력이 발생하며, 수인의 공범 중 1인 또는 수인에 대한 고소 또는 그 취소는 다른 공범자에게도 효력이 있다. 전자를 고소의 객관적 불가분의 원칙, 후자를 주관적 불가분의 원칙이라고 한다. 형사소송법은 후자에 대하여만 규정하고 있으나, 객관적 불가분의 원칙도 이론상 당연한 것이라고 인정되고 있다.

34　　고소불가분의 원칙은 친고죄의 고소에 대하여만 적용되는 원칙이다. 고소권자가 비친고죄로 고소하였더라도 검사가 사건을 친고죄로 구성하여 공소를 제기하였다면 고소불가분의 원칙이 적용된다.[2]

　　친고죄 이외의 고소에 대하여도 불기소처분통지($\frac{제258}{조}$)·재정신청($\frac{제260}{조}$) 등 일정한 법적 효력이 부여되며 이 경우에도 고소의 효력의 범위가 문제되므로 고소불가분의 원칙을 친고죄에 제한하는 것은 의문이라는 견해[3]도 있다. 그러나 비친고죄에서는 고소가 수사의 단서에 불과함에 반하여, 친고죄의 고소는 소송조건이므로 공소제기가 고소에 의하여 좌우된다. 따라서 친고죄에서 일단 고소가 있는 때에 고소권자가 지

1　헌재결 2011. 2. 24, 2008 헌바 56.

2　대법원 2015. 11. 17, 2013 도 7987.

3　신현주 216면.

정한 범죄사실의 일부분에 처벌을 제한하여 국가의 형사사법작용을 무의미하게 하거
나 고소권자가 지정한 범인만을 처벌하는 불공평한 결과를 초래하는 것은 인정할 수
없다는 의미에서 이 원칙은 친고죄에 대하여만 적용된다고 해석해야 한다.

(2) 객관적 불가분의 원칙

1) 의   의   한 개의 범죄사실의 일부분에 대한 고소 또는 그 취소는 그   35
범죄사실 전부에 대하여 효력이 발생한다는 원칙을 말한다.[1] 고소에 있어서 범
죄사실의 신고가 반드시 정확할 수는 없고, 처벌의 범위까지 고소권자의 의사에
좌우되어서는 안 된다는 것을 이유로 한다.

2) 적용범위

⑷ 단순일죄   단순일죄에 대하여는 이 원칙이 예외 없이 적용된다.   36

⑷ 과형상의 일죄   과형상의 일죄에 관하여는 다음의 경우로 나누어 검토할   37
수 있다. ① 과형상의 일죄의 각 부분이 모두 친고죄이고, 피해자가 같을 때에는
객관적 불가분의 원칙이 적용된다. ② 일죄의 각 부분이 모두 친고죄라 하더라도
피해자가 다를 때에는 이 원칙이 적용되지 않으므로 1인의 피해자가 한 고소의
효력은 다른 피해자에 대한 범죄사실에는 미치지 않는다. 예컨대 하나의 문서로
甲・乙・丙을 모욕한 경우에 甲의 고소는 乙・丙에 대한 모욕에 효력을 미치지
않는다. 이는 친고죄의 본질상 당연하다. ③ 일죄의 일부분만이 친고죄인 때에는
비친고죄에 대한 고소의 효력은 친고죄에 대하여 미치지 않는다. 친고죄에 대하
여는 고소가 없기 때문이다.

⑷ 수   죄   객관적 불가분의 원칙은 한 개의 범죄사실을 전제로 한 원칙   38
이므로 수죄, 즉 경합범에 대하여는 적용되지 않는다.

(3) 주관적 불가분의 원칙

1) 의   의   친고죄의 공범 중 1인 또는 수인에 대한 고소와 그 취소[2]는   39
다른 공범자에 대하여도 효력이 있다($\frac{제233}{조}$). 이를 고소의 주관적 불가분의 원칙이
라 한다. 여기의 공범에는 형법총칙상의 공범뿐만 아니라 필요적 공범도 포함된
다.[3] 고소의 주관적 불가분의 원칙을 인정하는 이유는 고소가 원래 특정한 범인

---

1 객관적 불가분의 원칙은 조세범 처벌법의 즉시고발에 대하여도 적용되고(대법원 2014. 10.
   15, 2013 도 5650), 즉시고발의 효력은 고발장에 기재된 범죄사실과 동일성이 인정되는 사실
   모두에 미친다(대법원 2022. 6. 30, 2018 도 10973).

2 대법원 1976. 4. 27, 76 도 578.

3 대법원 1985. 11. 12, 85 도 1940.

에 대한 것이 아니라 범죄사실에 대한 것이고, 고소인의 자의에 의하여 불공평한
결과가 발생하는 것을 방지하고자 하는 데 있다.

2) 적용범위

40   (가) **절대적 친고죄**   절대적 친고죄에 있어서는 언제나 이 원칙이 적용된다.
따라서 공범 중 1인에 대한 고소의 효력은 전원에 대하여 미친다.

        (나) **상대적 친고죄**   친족상도례의 경우와 같이 범인과 피해자 사이에 일정한
신분관계가 있는 경우에만 친고죄로 되는 상대적 친고죄에서는 비신분자에 대한
고소의 효력은 신분관계 있는 공범에게는 미치지 아니하며, 신분관계에 있는 사
람에 대한 피해자의 고소취소는 비신분자에게 효력이 없다.[1] 이를 고소의 주관
적 불가분의 원칙에 대한 예외로 보는 견해[2]도 있으나, 비신분자에 대한 고소는
친고죄의 고소가 아니므로 처음부터 고소불가분의 원칙과는 관계가 없다고 해야
한다.[3] 다만, 친족 2인 이상이 공범인 경우에는 1인의 친족에 대한 고소는 다른
친족에게도 효력을 미친다고 할 것이다.

41   주관적 고소불가분의 원칙은 고소에만 적용되고, 조세범 처벌법(대법원 1962. 1. 11,/4293 형상 883)이나
관세법상의 즉시고발의 경우(대법원 1971. 11. 23,/71 도 1106)는 물론, 독점규제 및 공정거래에 관한
법률의 공정거래위원회의 고발(대법원 2010. 9. 30,/2008 도 4762)에 대하여는 적용되지 않는다. 반의사
불벌죄에서도 공범자 사이에 불가분의 원칙이 적용되는지에 대하여 긍정하는 견해
도[4] 있으나, 반의사불벌죄에 관하여 고소불가분의 원칙을 준용하는 규정이 없는 점
에 비추어 적용되지 않는다고 할 것이다(대법원 1994. 4. 26,/93 도 1689[5]).[6]

---

1 대법원 1964. 12. 15, 64 도 481.

2 정영석/이형국 158면.

3 김재환 88면; 백형구 96면; 신동운 207면; 신현주 218면; 임동규 145면.

4 신동운 204면.

5 대법원 1994. 4. 26, 93 도 1689, 「형사소송법이 고소와 고소취소에 관한 규정을 하면서 제
   232조 제 1 항·제 2 항에서 고소취소의 시한과 재고소의 금지를 규정하고 제 3 항에서는 반의
   사불벌죄에 제 1 항·제 2 항의 규정을 준용하는 규정을 두면서도, 제233조에서 고소와 고소취
   소의 불가분에 관한 규정을 함에 있어서는 반의사불벌죄에 이를 준용하는 규정을 두지 아니
   한 것은 처벌을 희망하지 아니하는 의사표시나 처벌을 희망하는 의사표시의 철회에 관하여
   친고죄와는 달리 공범자간에 불가분의 원칙을 적용하지 아니함에 있다고 볼 것이지 입법의
   불비로 볼 것은 아니다.」

6 다만 판례는 수표부도(부정수표 단속법 제2조 2항), 과실 부정수표발행·작성(동조 제 3 항)의
   죄를 반의사불벌죄로 해석하면서도(동조 제 4 항), 부정수표가 공범에 의하여 회수된 경우에
   그 소추조건으로서의 효력은 회수 당시 소지인의 의사와 관계없이 다른 공범자에게도 당연히
   미치는 것으로 보아야 한다고 판시하여(대법원 2005. 10. 7, 2005 도 4435; 대법원 1995. 5.
   14, 99 도 900) 불가분의 원칙을 적용하고 있다.

3) **공범자에 대한 제 1 심 판결선고 후의 고소취소**   고소 후에 공범자 1인에   42
대하여 제 1 심 판결이 선고되어 고소를 취소할 수 없게 되었을 때에 다른 1심 판
결선고 전의 공범에 대한 고소취소가 가능한가가 문제된다. 친고죄에 있어서 피
해자의 의사를 존중하여 이를 취소할 수 있다고 인정하고 다만 제 1 심 판결의 선
고를 받은 공범에게는 취소의 효력이 미치지 않는다고 해석해야 한다는 견해[1]도
있으나, 이는 고소의 주관적 불가분의 원칙에 반하고 고소권자의 선택에 의하여
불공평한 결과를 초래하는 것이므로, 고소를 취소할 수 없고 고소의 취소가 있어
도 효력이 없다고 해석하는 통설[2]과 판례[3]의 태도가 타당하다고 생각된다.

4. 고소의 취소와 포기

(1) 고소의 취소

1) **고소취소의 시기**   고소는 제 1 심 판결선고 전까지 취소할 수 있다   43
($\binom{제232조}{1항}$). 범인과 피해자 사이의 화해가능성을 고려하여 고소의 취소를 인정하면서
도 국가사법권의 발동이 고소인의 자의에 의하여 좌우되는 것을 막기 위하여 이
를 제 1 심 판결선고 전까지로 제한한 것이다. 여기의 고소는 물론 친고죄의 고소
를 말한다. 친고죄의 고소는 제 1 심 판결선고 전까지 취소할 수 있으므로 제 1 심
판결선고 후에 고소가 취소된 때에는 고소취소는 효력이 없고,[4] 항소심에서 공
소장변경에 의하여 또는 법원 직권으로 비친고죄를 친고죄로 인정하는 경우에도
마찬가지로 효력이 없다.[5] 그러나 환송 후의 제 1 심 판결선고 전의 고소취소는
효력이 있다.[6]

     피해자의 명시한 의사에 반하여 공소를 제기할 수 없는 사건에서 처벌을 원
하는 의사표시를 철회한 경우에도 고소의 취소에 관한 규정이 준용된다($\binom{제232조}{3항}$).
따라서 제 1 심 판결선고 후[7]는 물론, 재심을 청구하는 대신 항소권회복청구를

---

1 김기두 202면.
2 김재환 94면; 백형구 97면; 신동운 211면; 신양균/조기영 67면; 신현주 219면; 이영란 244면;
    임동규 150면.
3 대법원 1975. 6. 10, 75 도 204; 대법원 1985. 11. 12, 85 도 1940.
4 대법원 1967. 2. 28, 67 도 41; 대법원 1985. 2. 8, 84 도 2682.
5 대법원 1999. 4. 15(전원합의체판결), 96 도 1922; 대법원 2007. 3. 15, 2007 도 210.
6 대법원 2011. 8. 25, 2009 도 9112.
7 대법원 1979. 2. 27, 79 도 30; 대법원 1983. 2. 8, 82 도 2860; 대법원 2000. 9. 29, 2000 도
    2953.

하여 재판을 받게 된 항소심에서 한 처벌희망 의사표시의 철회는[1] 효력이 없다. 항소심에서 반의사불벌죄로 공소장이 변경된 경우도 같다.[2]

44　　　2) 고소취소의 방법　　　고소를 취소할 수 있는 자는 고유의 고소권자이거나 고소의 대리행사권자이거나 불문한다. 다만 고유의 고소권자는 대리행사권자가 제기한 고소를 취소할 수 있지만,[3] 고소권자 본인이 한 고소를 대리행사권자가 취소할 수는 없다. 따라서 피해자가 한 고소를 피해자가 사망한 후에 그 아버지가 고소를 취소하여도 적법한 고소취소라고 할 수 없다.[4] 한편, 성폭력범죄 피해자의 변호사는 피해자를 대리하여 피고인에 대한 처벌희망 의사표시를 철회하거나 처벌을 희망하지 않는 의사표시를 할 수 있다(성폭력범죄의 처벌 등에 관한 특례법 제27조 5항 참조).[5]

45　　　고소취소의 방법은 고소의 그것과 같다(제239조). 다만, 공소제기 후의 고소취소는 수소법원에 대하여 할 수 있다.[6] 고소의 취소는 서면 또는 구술로 할 수 있으며, 검사의 진술조서 작성 시에 고소취소의 진술이 있었다면 그 고소는 적법하게 취소되었다고 할 수 있다.[7] 고소의 취소를 서면으로 할 수 있다고 하여 고소인과 피고소인 사이에 합의서가 작성된 것만으로는 고소취소라고 할 수 없다.[8] 합의서는 수사기관이나 법원에 대한 고소취소의 의사표시라고 할 수 없기 때문이다. 한편, 처벌을 희망하는 의사표시의 철회를 하였다고 인정하기 위해서는 피해자의 진실한 의사가 명백하고 믿을 수 있는 방법으로 표현되어야 한다.[9]

> 합의서와 함께 관대한 처분을 바란다는 취지의 탄원서가 법원에 제출된 때에는 고소의 취소가 있는 것으로 보아야 하나(대법원 1981. 11. 10, 81 도 1171), 구술에 의하여 고소를 취소하는 경우에도 법대로 처벌하되 관대하게 처리하여 달라는 취지의 진술은 고소의 취소라고 보기 어렵다(대법원 1981. 1. 31, 80 도 2210).

---

1 대법원 2016. 11. 25, 2016 도 9470. 재심의 제 1 심 판결 선고전까지는 철회할 수 있다.
2 대법원 1988. 3. 8, 85 도 2518.
3 반의사불벌죄에서도 의사능력이 있는 피해 청소년은 법정대리인의 동의 여부에 불문하고 처벌불원 의사표시 또는 처벌희망 의사표시의 철회를 할 수 있다[대법원 2009. 11. 19(전원합의체판결), 2009 도 6058; 대법원 2010. 5. 27, 2010 도 2680].
4 대법원 1969. 4. 29, 69 도 376.
5 대법원 2019. 12. 13, 2019 도 10678.
6 대법원 2012. 2. 23, 2011 도 17264.
7 대법원 1983. 7. 26, 83 도 1431.
8 대법원 1980. 10. 27, 80 도 1448; 대법원 1983. 9. 27, 83 도 516.
9 대법원 2001. 6. 15, 2001 도 1809; 대법원 2021. 10. 28, 2021 도 10010(처벌불원의사표시도 마찬가지임).

고소의 취소에 대하여도 대리가 허용된다($^{제236}_{조}$).   46

  3) **고소취소의 효과**   고소를 취소한 자는 다시 고소할 수 없다($^{제232조}_{2항}$). 반의   47
사불벌죄에서 처벌희망의사를 철회한 경우에도 마찬가지이다($^{제232조}_{3항}$). 일단 고소
를 취소하면 수사·재판 중을 불문하고 이를 철회하는 의사표시를 하더라도 그
효력이 없다.[1] 친고죄에서 고소를 취소한 때에는 불기소처분 또는 공소기각의
판결을 하여야 한다. 그리고 고소를 취소한 자가 다시 고소한 때에는 각하처분을
하여야 한다($^{검사규 제115조}_{3항 5호}$).

  고소의 취소에 대하여도 고소불가분의 원칙이 적용된다. 따라서 공범자의 1
인 또는 수인에 대한 고소의 취소는 다른 공범자에 대하여도 효력이 있고(주관적
불가분의 원칙), 한 개의 범죄사실의 일부에 대한 고소의 취소는 그 전부에 대하여
효력을 미친다(객관적 불가분의 원칙).

  (2) **고소의 포기**

  고소 또는 고소권의 포기란 친고죄의 고소기간 내에 장차 고소권을 행사하   48
지 아니한다는 의사표시를 하는 것을 말한다. 고소권의 포기를 인정할 때에는 고
소권자는 고소권을 상실하게 된다.

  고소권을 포기할 수 있느냐에 대하여도 견해가 대립되고 있다. **적극설**은 고
소권의 포기를 유효하다고 한다.[2] 이는 ① 고소권의 포기를 인정해도 피해가 없
고, ② 고소의 취소를 인정하는 이상 고소권의 포기도 인정해야 하고, ③ 고소권
의 포기를 인정할 때에는 친고죄의 수사를 신속히 종결할 수 있다는 점을 논거로
들고 있다. **절충설**은 고소권의 포기를 인정하지만 고소권의 포기는 고소의 취소
와 같은 방식으로 해야 한다고 한다. 우리나라[3]와 독일[4]의 다수설이라고 할 수
있다. 이에 반하여 **소극설**은 ① 고소권은 공법상의 권리이므로 사적 처분을 허용
할 수 없고, ② 고소의 취소에 관하여는 명문의 규정을 두면서도 고소권의 포기
에 관하여는 규정이 없고, ③ 고소권의 포기를 인정하면 고소권을 소멸시키기 위
한 폐단이 생길 수 있다는 이유로 고소권의 포기를 인정할 수 없다고 한다.[5] 생

---

1 대법원 1983. 7. 26, 83 도 1431; 대법원 2009. 9. 24, 2009 도 6779.
2 정영석/이형국 160면.
3 백형구 100면; 손동권/신이철 198면; 신양균/조기영 69면; 신현주 220면; 이은모/김정환 198면;
   임동규 152면; 차용석/최용성 184면.
4 Meyer-Goßner § 158, Rn. 18; Müller KK § 158, Rn. 55; Pfeiffer § 158, Rn. 8.
5 김재환 97면; 신동운 215면; 이창현 260면.

각건대 고소기간 내에 고소권을 포기하는 것과 고소의 취소는 구별해야 하므로 소극설이 타당하다. 대법원도 소극설을 취하고 있다.[1]

V. 고　발

49　　고발이란 고소권자와 범인 이외의 사람이 수사기관에 대하여 범죄사실을 신고하여 그 소추를 구하는 의사표시를 말한다.[2] 따라서 단순한 피해신고는 고발이라고 할 수 없다. 고발은 일반적으로 수사의 단서에 불과하나 특정한 범죄에 대하여는 소송조건이 될 수도 있다. 관세법($\frac{제312}{조}$), 조세범 처벌법($\frac{제21}{조}$), 독점규제 및 공정거래에 관한 법률($\frac{제71}{조}$), 국회에서의 증언·감정 등에 관한 법률($\frac{제15조~1}{항~본문}$)[3] 에서의 고발이 여기에 해당한다(전속고발).

50　　누구든지 범죄가 있다고 사료하는 때에는 고발할 수 있다. 공무원은 그 직무를 행함에 있어 죄가 있다고 사료하는 때에는 고발하여야 한다($\frac{제234}{조}$). 직무를 행함에 있어서란 범죄의 발견이 직무내용에 포함되는 경우를 말하고 직무집행과 관계없이 우연히 범죄를 발견한 경우는 여기에 해당하지 않는다.

　　자기 또는 배우자의 직계존속은 고발하지 못한다($\frac{제235}{조}$). 고발과 그 취소의 절차와 방식은 고소의 경우와 같다($\frac{제237조,~제238}{조,~제239조}$). 다만 대리인에 의한 고발이 인정되지 않고, 고발기간에는 제한이 없으며, 고발을 취소한 후에도 다시 고발할 수 있다는 점에서 고소와 구별된다.

§12   제 7 절   임의수사

I. 임의수사와 강제수사

1. 임의수사와 강제수사의 의의

1　　수사의 방법에는 임의수사와 강제수사가 있다. 임의수사란 임의적인 조사에

---

1 대법원 1967. 5. 23, 67 도 471; 대법원 2008. 11. 27, 2007 도 4977.
2 대법원 2022. 6. 30, 2018 도 10973.
3 동법 제14조 1항의 위증 등의 죄에 한한다[대법원 2018. 5. 17(전원합의체판결), 2017 도 14749].

의한 수사, 즉 강제력을 행사하지 않고 상대방의 동의나 승낙을 받아서 행하는
수사를 말함에 대하여, 강제처분에 의한 수사를 강제수사라고 한다.

　　그러나 강제처분의 의의에 관하여 반드시 견해가 일치하는 것은 아니다. **형**   2
식설은 강제처분이 직접 · 간접으로 물리적 강제력을 행사하는 경우뿐만 아니라
상대방에게 의무를 부담하게 하는 경우를 포함한다고 해석한다. 종래 다수설의
태도이다.[1] 이에 의하면 강제처분에는 구속, 압수 · 수색 · 검증 이외에 증인신문
청구 · 증거보전 및 공무소에의 조회 등이 포함된다.[2] 그러나 과학기술의 발달에
의하여 새로운 수사방법이 등장함에 따라 수사로 인한 권리침해의 위험성은 현저
히 증가하고 있다. 전기통신의 감청이나 사진촬영에 의한 privacy의 침해가 바로
그 예라고 할 수 있다. 형식설은 이러한 수사방법을 임의수사에 포함시켜야 하는
난점이 있다.[3] **적법절차기준설**은 강제수사와 임의수사의 한계를 적법절차의 요청
과 관련하여 구해야 한다는 전제에서, 수사기관의 처분이 법공동체가 공유하고
있는 최저한도의 기본적 인권을 침해할 우려가 있는 것인 때에는 강제처분이라고
해야 한다고 한다.[4] 기본권 침해를 수반하는 수사를 강제수사라고 해석하는 이
론(기본권기준설)도[5] 같은 입장이라고 할 수 있다. 그러나 적법절차는 강제수사에
만 요구되는 것이 아니므로 적법절차의 요청을 기준으로 양자를 구별하는 것은
강제수사와 임의수사의 구별을 불명확하게 할 뿐이다. 기본권기준설에 대하여도
수사활동은 모두 어느 정도는 기본권 침해를 예상하고 있다는 비판이 가능하다.
따라서 강제처분이란 상대방의 의사에 반하여 실질적으로 그의 법익을 중대하게
침해하는 처분을 말하며, 이러한 의미의 강제처분에 의한 수사가 강제수사임에
반하여 상대방의 중대한 법익침해를 수반하지 않는 수사를 임의수사라고 해석하
는 **실질설**이 타당하다고 생각한다.[6]

　　일본 최고재판소는 「강제수단이란 유형력의 행사를 수반하는 수단을 의미하는 것이   3
아니라, 개인의 의사를 제압하고, 신체 · 주거 · 재산 등에 제약을 가하여 강제적인 수

1　강구진 180면; 김기두 204면; 차용석/최용성 190면.
2　다만, 공무소에의 조회는 보고의무의 이행을 강제할 수 없다는 의미에서 임의수사이다.
3　서일교 253면.
4　송광섭 236면; 신동운 224면; 신현주 227면.
5　정승환 § 10/7.
6　김재환 112면; 노명선/이완규 152면; 손동권/신이철 208면; 이영란 262면; 이창현 279면; 임동규
　　166면.

사목적을 실현하는 행위 등 특별한 근거규정이 없으면 허용하는 것이 상당하지 않은 수단을 의미한다」고 판시하고 있다.[1]

2. 임의수사의 원칙과 강제수사의 규제

(1) 임의수사의 원칙

4   수사에 관하여는 그 목적을 달성하기 위하여 필요한 조사를 할 수 있다. 다만, 강제처분은 법률에 특별한 규정이 없으면 하지 못한다(제199조). 이와 같이 수사는 원칙적으로 임의수사에 의하고 강제수사는 법률에 규정된 경우에 한하여 허용된다는 원칙을 임의수사의 원칙이라 한다. 수사는 수사의 필요성과 인권보장이라는 이념이 충돌하는 절차이므로 수사는 필요하고 상당한 것이 되어야 한다는 비례성의 원칙이 수사법에 실현된 것이라고 할 수 있다. 우리나라가 가입, 비준한 「시민적 및 정치적 권리에 관한 국제규약」(International Covenant on Civil and Political Rights. 이하, 자유권규약이라 한다). 제 9 조 3항은 「재판에 회부되는 사람을 억류하는 것이 일반적인 원칙이 되어서는 아니 되며, 석방은 재판 기타 사법적 절차의 모든 단계에서 출두 및 필요한 경우 판결의 집행을 위하여 출두할 것이라는 보증을 조건으로 이루어질 수 있다」고 규정한다.[2] 따라서 임의수사의 원칙은 ① 수사는 임의처분에 의하여야 한다는 수사방법의 일반원리, ② 임의수사도 필요한 한도에서 허용되어야 한다는 수사비례의 원칙, ③ 강제처분은 법률에 규정이 있는 경우에 예외적으로 허용된다는 강제처분법정주의 또는 강제수사법정주의를 그 내용으로 한다고 해석하여야 한다.

5   수사는 임의수사인 경우에도 그 성질상 인권을 침해할 위험성을 배제할 수 없다. 여기서 형사소송법은 검사·사법경찰관리 기타 직무상 수사에 관계있는 자는 피의자 또는 다른 사람의 인권을 존중하고 수사과정에서 취득한 비밀을 엄수하며 수사에 방해되는 일이 없도록 하여야 한다는 준수사항을 규정함과 동시에 (제198조 2항), 검사의 체포·구속장소 감찰제도를 마련하여 검사는 피구속자가 적법한 절차에 의하지 아니하고 체포 또는 구속된 것이라고 의심할 만한 상당한 이유가 있는 경우에는 즉시 체포 또는 구속된 자를 석방하거나 사건을 검찰에 송치할 것

---

1 日最判 1976. 3. 16[刑集 30-2, 187].

2 대법원은 자유권규약은 국내법과 동등한 효력을 가지고 있으므로 재판규범으로 적용될 수 있다고 한다(대법원 1993. 12. 24, 93 도 1711; 대법원 2004. 7. 15, 2004 도 2965; 대법원 2007. 12. 27, 2007 도 7941; 대법원 2008. 11. 13, 2006 도 755).

을 명하도록 하고 있다($^{제198조}_{의2}$). 여기서 직무상 수사에 관계있는 자란 법관·검찰수사서기관·검찰사무관·수사사무관·검찰주사·검찰주사보·변호인·감정인·통역인 등을 말한다.

> 형법은 이러한 준수사항을 실천적으로 보장하기 위하여 수사공무원의 불법체포·감금, 폭행·가혹행위, 피의사실공표행위를 처벌하고 있다($^{형법 제124조}_{내지 제126조}$).

(2) 강제수사의 규제

강제처분 내지 강제수사는 형사사법에 있어서 불가결한 제도이지만 이로 인하여 개인의 기본권을 침해하는 필요악이다. 여기에 강제처분을 제한하기 위한 법적 규제가 필요하게 된다.   6

1) **강제처분법정주의**   강제처분은 법률에 특별한 규정이 없으면 하지 못한다($^{제199조}_{1항 단서}$). 헌법 제12조 1항은 「모든 국민은 신체의 자유를 가진다. 누구든지 법률에 의하지 아니하고는 체포·구속·압수·수색 또는 심문을 받지 아니하며, 법률과 적법한 절차에 의하지 아니하고는 처벌·보안처분 또는 강제노역을 받지 아니한다」고 규정하며, 자유권규약 제 9 조 1항도 「모든 사람은 신체의 자유와 안전에 대한 권리를 가진다. 누구든지 자의적으로 체포되거나 또는 구금되지 아니한다. 어느 누구도 법률로 정한 이유 및 절차에 따르지 아니하고는 그 자유를 박탈당하지 아니한다」고 규정하고 있다. 이를 강제처분법정주의 또는 강제수사법정주의라고 한다. 인권침해의 위험을 방지하기 위하여 강제수사의 허용조건을 법률에 규정함으로써 강제처분을 제한하는 일반적 형식에 의한 억제를 의미한다. 이 주의는 임의수사의 원칙과 표리관계에 있는 원칙이다. 즉 수사는 원칙적으로 임의수사에 의하고, 강제수사의 방법을 취하는 경우에는 그 종류와 내용이 법률에 규정되어 있을 것을 요구하는 것이 바로 강제처분법정주의이다. 강제처분의 적법성의 한계를 법률에 명백히 규정하여 법관에 의한 구체적 판단을 가능하게 한다는 점에서 영장주의의 전제가 되는 원칙이라고 할 수 있다.   7

강제처분법정주의에 의하여 강제처분의 종류와 요건 및 절차는 법률에 규정되어 있을 것을 요구하며, 강제처분은 법률이 규정하고 있는 유형의 강제처분에 한하여 법률이 정한 요건을 충족하는 경우에 법이 정한 절차에 따라 행할 수 있다는 결론이 된다. 그러나 이 원칙은 강제처분에 대한 형식적 법정의 요구에 그치는 것이 아니라 적정절차의 요구를 강제수사절차에 실현하는 것이라 할 수 있다.   8

다만, 강제처분법정주의는 과학기술의 발달에 의하여 형사소송법이 예상하지 아니한 새로운 강제처분이 출현함에 따라 탄력적인 해석을 필요로 한다.

9			2) 영장주의		영장주의란 형사절차상의 강제처분을 하기 위해서는 법원 또는 법관이 발부한 적법한 영장에 의하여야 한다는 원칙을 말한다.[1] 헌법 제12조 3항은 「체포·구속·압수 또는 수색을 할 때에는 적법한 절차에 따라 검사의 신청에 의하여 법관이 발부한 영장을 제시하여야 한다. 다만, 현행범인인 경우와 장기 3년 이상의 형에 해당하는 죄를 범하고 도피 또는 증거인멸의 염려가 있을 때에는 사후에 영장을 청구할 수 있다」고 규정하고, 헌법 제16조는 「모든 국민은 주거의 자유를 침해받지 아니한다. 주거에 대한 압수나 수색을 할 때에는 검사의 신청에 의하여 법관이 발부한 영장을 제시하여야 한다」고 규정하여 강제수사에 관한 영장주의를 천명하고 있다. 이는 법관의 공정한 판단에 의하여 수사기관에 의한 사전 혐의 없는 탐색적 수사와 강제처분권한의 남용을 억제하고 시민의 자유와 재산의 보장을 실현하기 위한 원칙이다. 법관의 판단에 의한 강제처분의 제한이라는 점에서 강제처분에 대한 사법적 통제라고 할 수 있으며, 구체적 사건에 대하여 강제처분의 적부를 심사한다는 의미에서는 구체적 판단에 의한 강제처분의 억제형식이라고 할 수 있다. 영장주의는 영장을 법원 또는 법관이 발부할 것을 요한다. 따라서 수사기관은 법관이 발부한 영장에 의하여만 강제처분을 할 수 있다. 영장주의는 또한 강제처분을 할 당시에 영장이 발부되어 있을 것을 요한다는 의미이며, 여기의 영장은 사전영장을 말한다. 따라서 강제처분을 한 후에 사후영장을 발부받는 경우도 영장주의의 예외가 된다. 영장주의는 법관이 발부한 영장의 내용이 특정될 것을 요구한다. 즉 일반영장의 발부는 금지된다. 따라서 구속영장에는 범죄사실과 피의자는 물론 인치·구금할 장소가 특정되어야 하며 $\binom{\text{제75조,}}{\text{제209조}}$, 압수·수색영장에는 압수·수색의 대상이 특정되어야 한다$\binom{\text{제114조,}}{\text{제219조}}$. 이는 수사기관이 먼저 탐색적으로 강제처분을 실시한 후에 사후에 그 근거를 정당화하는 것을 불가능하도록 하기 위한 것이다. 다만, 통신비밀보호법은 전기통신의 감청에 관하여는 일정기간에 걸친 포괄적인 통신제한조치를 허용하고 있다.

---

1 판례는 영장주의와 강제처분법정주의는 수사기관의 증거수집뿐만 아니라 강제처분을 통하여 획득한 증거의 사용까지 아우르는 형사절차의 기본원칙이라고 하면서, 「수사기관은 영장 발부의 사유로 된 범죄 혐의사실과 관계가 없는 증거를 압수할 수 없고, 별도의 영장을 발부받지 아니하고서는 압수물 또는 압수한 정보를 그 압수의 근거가 된 압수·수색영장 혐의사실과 관계가 없는 범죄의 유죄 증거로 사용할 수 없다」고 한다(대법원 2023. 6. 1, 2018 도 18866).

　　형사소송법은 피고인과 피의자의 구속에 관하여는 영장의 발부를 요건으로　　10
하고 있다(제73조,제201조). 즉 피고인과 피의자의 구속에 관하여는 영장주의의 예외를 인
정하지 아니한다. 피의자의 체포도 체포영장에 의하는 것이 원칙이다(제200조의2). 그
러나 현행범인의 체포(제212조)와 긴급체포(제200조의3)의 경우에는 체포영장을 요하지 않
고 사후에 구속영장을 발부받으면 된다. 대물적 강제처분에 대하여는 영장주의의
예외가 널리 인정된다. 즉 공판정에서의 압수·수색에는 영장을 요하지 않고, 임
의제출물의 압수의 경우에도 같다(제108조). 그러나 공판정 외에서 법원이 압수·수
색을 함에는 영장을 발부하여야 하며(제113조), 수사기관의 압수·수색·검증에는 법
관이 발부한 영장이 있어야 한다(제215조). 다만, 압수·수색의 긴급성에 대처하기 위
하여 영장을 받을 수 없는 예외적 사정이 있는 때에만 영장에 의하지 않는 압
수·수색·검증을 허용하고 있다. 구속·체포 목적의 피의자수색, 구속·체포현
장에서의 압수·수색·검증, 피고인 구속현장에서의 압수·수색·검증, 범죄장소
에서의 압수·수색·검증(제216조), 긴급체포 시의 압수·수색·검증(제217조1항)의 경우가
여기에 해당한다. 헌법재판소는 통신비밀보호법상 수사기관의 통신사실확인자료
제공요청에 대한 법원의 허가도 헌법상 영장주의가 적용된 것이라고 보고 있다.[1]

　　3) 비례성의 원칙　　　　형사절차에 의한 개인의 기본권의 침해는 사건의 의미와　　11
기대되는 형벌에 비추어 상당성이 유지될 때에만 허용된다는 것을 비례성의 원칙
(Grundsatz der Verhältnismäßigkeit)[2]이라고 한다. 비례성의 원칙은 강제처분의 실
행과 기간 및 방법을 제한하는 이념이 된다.[3] 그것은 구속에 대하여 뿐만 아니
라, 대물적 강제처분에 대하여도 당연히 적용되는 원칙이다.[4] 이에 의하여 구속
은 기대되는 형벌의 범위를 넘을 수 없고, 강제처분은 임의수사에 의하여는 형사
소송의 목적을 달성할 수 없는 경우에 최후의 수단으로만 인정되어야 한다는 제
한을 받게 된다. 이러한 의미에서 비례성의 원칙도 인권보장을 위하여 강제처분
을 규제하는 중요한 역할을 담당한다고 할 수 있다. 형사소송법이 「강제처분은
필요한 최소한도의 범위 안에서만 하여야 한다」고 규정하고 있는 것도(제199조1항 단서) 이

1　헌재결 2018. 6. 28, 2012 헌마 191, 2012 헌마 538.

2　비례성의 원칙은 일반적으로 ① 수단이 목적을 달성하는 데 도움이 되어야 하고(적합성), ②
　수단이 목적을 달성하기 위하여 필요·최소한도의 것이어야 하고(필요성), ③ 수단에 의한 침
　해가 목적인 이익과 균형을 잃지 않아야 한다(협의의 비례성)는 것을 의미한다.

3　Schäfer S. 97; Baumann, a.a.O. S. 535; Rüping, "Der Schutz der Menschenrechte im Strafver-
　fahren," ZStW 91, 358.

4　Laufhütte KK Vor § 94, Rn. 5; Meyer-Goßner Vor § 94, Rn. 1; Roxin S. 298.

비례성의 원칙을 선언한 것이다.

3. 임의수사의 적법성의 한계

(1) 임의수사의 한계

12 임의수사는 강제수사와는 달리 비유형적이고 다양한 방법으로 행하여지는 것이므로 세부사항에 이르기까지 법적 규제를 가하는 것은 불가능하다. 따라서 임의수사는 법적 규제로부터 자유로운 영역으로 남아 있지 않을 수 없다. 형사소송법도 임의수사에 대하여 「수사에 관하여는 그 목적을 달성하기 위하여 필요한 조사를 할 수 있다」고 규정하고 있을 뿐이다($^{제199조}_{1항}$). 그러나 임의수사의 원칙이라고 하여 임의수사자유의 원칙을 의미하는 것은 아니고, 적정절차의 원리 등 수사방법으로서의 내재적 제한을 받는다.

13 1) 수사의 필요성과 상당성 임의수사에서도 수사의 필요성과 상당성이 인정되어야 한다. 수사의 필요성은 수사의 조건이므로 범죄의 혐의가 없음이 명백하거나 소송조건이 구비될 수 없는 때에는 임의수사도 허용되지 않는다. 수사의 필요성이 인정되는 때에도 수사가 필요한 한도를 넘어서는 안 된다. 이러한 의미에서 비례성의 원칙은 모든 소송절차를 지배하는 원칙으로서 임의수사에 대하여도 적용된다고 할 수 있다.[1]

14 2) 자유의사에 의한 승낙 임의수사는 그 성질상 상대방 몰래 하여야 하는 경우를 제외하고는 상대방의 승낙을 받아서 행할 것을 요한다. 승낙은 자유로운 의사를 전제로 한다. 그러나 자유로운 의사를 전제로 하는 승낙을 수사에 도입함에 있어서는 언제나 남용의 위험이 수반된다. 수사기관과 직면한 사인에 대하여 참된 의미의 자유로운 의사가 보장되기는 어렵기 때문이다. 여기서 강제수사에 대한 엄격한 법적 규제를 회피하거나 수사기관이 탈법적으로 이용하기 위하여 상대방의 승낙을 매개체로 사용하는 것은 결코 허용되어서는 안 된다.

(2) 임의수사의 적법성

임의수사로서의 적법성을 인정할 수 있는가가 문제되는 수사방법으로는 다음과 같은 경우가 있다.

---

1 Pfeiffer KK Einl. Rn. 30; Schäfer S. 97.

1) 임의동행

(가) 임의동행의 의의와 성질   임의동행이란 수사기관이 피의자의 동의를 얻어   15
피의자를 수사기관까지 동행하는 것을 말한다. 임의동행에는 형사소송법 제199조
1항에 의한 임의수사로서의 임의동행과 경찰관 직무집행법 제3조에 의한 직무질
문을 위한 임의동행의 두 가지가 있다. 형사소송법에 의한 임의동행은 피의자신
문을 위한 보조수단으로서 임의수사로서의 성질을 가진다. 이를 수사수단으로서
의 임의동행이라고 한다.[1] 이에 반하여 경찰관 직무집행법에 의한 임의동행은
범죄예방과 진압을 위한 행정경찰처분이다. 그러나 임의동행으로 인하여 구속으
로 진전되거나 수사가 계속된 경우의 임의동행의 성질에 관하여는 견해가 대립되
고 있다. 불심검문에 의한 임의동행은 수사의 단서에 불과하고, 이에 의하여 범
죄의 혐의가 밝혀질 때에 비로소 수사가 개시된다는 견해[2]도 있다. 그러나 ①
불심검문과 수사를 구별하는 기준이 명백하지 않으며, ② 형사소송법의 강제수사
를 경찰관 직무집행법의 처분을 통하여 도피하는 것을 방지하기 위하여는 행정목
적에서 사법목적으로 이행된 때에는 이를 하나로 관찰하여 형사소송법의 제한규
정에 따르게 하는 것이 타당하다. 따라서 경찰관의 불심검문을 이용하여 피의자
를 체포한 때에는 동행 시부터 강제처분이 있고, 체포에 이르지 않은 때에도 이
를 형사소송법상의 임의동행과 같이 취급하는 것이 옳다고 생각된다.[3]

(나) 임의동행의 적법성   임의동행은 강제수사의 일종으로서 법적 근거가 없는   16
한 허용되지 않는다고 해석하는 견해[4]도 있다. 그러나 임의동행은 피의자의 승
낙을 전제로 한 임의수사이며,[5] 형사소송법은 피의자에 대한 출석요구방법을 제
한하지 않고 있으므로 사회통념상 신체의 속박이나 심리적 압박에 의한 자유의
구속이 있었다고 할 수 없는 객관적 상황이 있는 때에는 허용된다고 해야 한다.
그러나 임의동행이라고 할지라도 그 과정에서 강제력이나 심리적 압박이 개입되

---

1 필로폰 투약 혐의가 있는 사람에 대한 임의동행은 임의수사의 성질을 가지므로 6시간을 초
   과하여 경찰관서에 머무르게 할 수 있다(대법원 2020. 5. 14, 2020 도 398).
2 차용석/최용성 207면.
3 미국에서는 stop and frisk를 형사소송의 일부로 다루고 있으며(LaFave–Israel–King p. 212ff.),
   독일에서도 경찰법에 근거하고 있는 검색(Razzia)은 위험예방과 함께 수사로서의 성질을 가
   지며, 이 경우 피의자의 동행은 긴급체포에 의하여야 한다고 한다(Meyer–Goßner § 163, Rn. 35;
   Müller KK § 163, Rn. 23; Peters S. 450).
4 신동운 235면.
5 김재환 113면; 백형구 강의, 402면; 신현주 237면; 이은모/김정환 217면; 이주원 120면; 이창현
   281면; 임동규 167면; 차용석/최용성 204면.

어 강제연행이 된 때에는 임의동행의 한계를 벗어나게 된다. 임의동행과 강제연
행의 구별은 ① 동행의 시간과 장소, ② 동행의 방법, ③ 동행 후의 신문방법, ④
체포 또는 구속영장의 유무, ⑤ 식사·휴식·용변의 감시, ⑥ 퇴거희망이나 동행
거부의 유무를 종합하여 판단하지 않을 수 없다. 따라서 수사관이 동행에 앞서
피의자에게 동행을 거부할 수 있음을 알려 주었거나 동행한 피의자가 언제든지
자유로이 동행과정에서 이탈 또는 동행장소로부터 퇴거할 수 있었음이 인정되
는[1] 등 오로지 피의자의 자발적인 의사에 의하여 수사관서 등에의 동행이 이루
어졌음이 객관적인 사정에 의하여 명백하게 입증된 경우에 한하여, 그 적법성이
인정된다고 해야 한다.[2] 임의동행에 있어서 임의성의 요건은 엄격히 해석하여야
하므로 임의동행을 위한 실력행사는 허용될 수 없음은 당연하다.

> 대법원은 임의동행의 임의성 판단기준에 따라 ① 임의동행을 요구하며 순찰차에 태
> 운 다음 오른쪽 손목을 잡고 뒤로 꺾어올리는 등의 방법으로 제압한 경우(대법원 1999.
> 12. 28, 98 도 138), ② 동행을 거부할 수 있음을 고지하지 아니한 경우(대법원 2006. 7. 6,
> 2005 도 6810), ③ 동행을
> 거부할 수도 있으나 거부하더라도 강제연행할 수 있다고 말하고 동행과정에서 화장
> 실로 따라가 감시한 경우(대법원 2011. 6. 30, 2009 도 6717), ④ 동행을 명백히 거부함에도 강제로 연행
> 한 경우(대법원 1995. 5. 26, 94 도 37226; 대법원 2013. 3. 14, 2012 도 13611), ⑤ 임의동행을 요구하다가 거절당하자 무리하게
> 잡아끌거나(대법원 1972. 10. 31, 72 도 2005; 대법원 2015. 12. 24, 2013 도 8481), 양팔을 잡아끌고 밀다가 길에 주저앉힌 경우
> (대법원 1992. 5. 26, 91 다 38334), ⑥ 임의동행된 후 조사받기를 거부하고 파출소에서 나가려는 것을
> 제지한 경우(대법원 1997. 8. 22, 97 도 1240)는 불법이라고 판시하였다.[3] 그러나 ⓐ 음주측정을 위하여
> 동행을 거부할 수 있음을 고지하고 동행을 요구하자 고개를 끄덕이며 동의하는 의사
> 표시를 하고, 동행 당시 경찰관에게 욕을 하거나 특별한 저항을 하지 않고 순순히
> 응하였으며, 비록 술에 취하였으나 동행 요구에 따를 것인지 여부에 관한 판단을 할

---

1 검사 또는 사법경찰관은 임의동행을 요구하는 경우 상대방에게 동행을 거부할 수 있다는 것
　과 동행하는 경우에도 언제든지 자유롭게 동행 과정에서 이탈하거나 동행 장소에서 퇴거할
　수 있다는 것을 알려야 한다(수사준칙규정 제20조).

2 대법원 2006. 7. 6, 2005 도 6810; 대법원 2011. 6. 30, 2009 도 6717; 대법원 2012. 9. 13,
　2012 도 8890; 대법원 2020. 5. 14, 2020 도 398.
　　판례는 「형사소송법 제200조 제 1 항에 의하여 검사 또는 사법경찰관이 피의자에 대하여
　임의적 출석을 요구할 수는 있겠으나, 그 경우에도 수사관이 단순히 출석을 요구함에 그치지
　않고 일정 장소로의 동행을 요구하여 실행한다면 위에서 본 법리가 적용되어야 할 것이고,
　한편 행정경찰 목적의 경찰활동으로 행하여지는 경찰관 직무집행법 제3조 제 2 항 소정의 질
　문을 위한 동행요구도 형사소송법의 규율을 받는 수사로 이어지는 경우에는 역시 위에서 본
　법리가 적용되어야 할 것이다」고 한다(위 2005 도 6810 판결).

3 음주측정을 위한 임의동행 자체는 거부하였더라도, 경찰관이 음주측정에 관한 직무를 계속하
　기 위하여 도주하는 피고인을 추격하여 제지한 것은 적법한 직무집행에 해당한다(대법원 2020.
　8. 20, 2020 도 7193).

정도의 의사능력이 있었던 경우($\substack{대법원\ 2012.\ 9.\ 13, \\ 2012\ 도\ 8890}$), ⓑ 동행을 요구받고 자발적인 의사로 경찰차에 탑승하였고 경찰서로 이동 중 하차를 요구하였으나 그 직후 수사 과정에 관한 설명을 듣고 빨리 가자고 요구한 경우($\substack{대법원\ 2016.\ 9.\ 28, \\ 2015\ 도\ 2798}$), ⓒ 임의동행 후 음주측정을 거부하며 경찰서 밖으로 나가려는 운전자를 경찰이 제지한 경우($\substack{대법원\ 2017.\ 9. \\ 6,\ 2016\ 도\ 10544}$)에는 동행의 자발성을 인정할 수 있다고 판시하였다.

(다) **강제연행과 구속**   임의동행의 형식을 취한 경우에도 강제의 실질을 갖춘   **17** 때에는 임의수사로서 적법화될 수 없는 강제수사, 즉 체포 또는 구속에 해당한다. 임의동행의 형식으로 피의자를 동행한 경우에 이미 체포영장이 발부되어 있는 때에는 물론, 긴급체포의 사유가 있는 때에는 임의동행 후 수사로 이행된 때에 체포되었다고 해석해야 한다. 이 경우에 적법하게 체포 또는 구속되었다고 하기 위하여는 체포 당시에 피의자에 대하여 범죄사실의 요지, 체포 또는 구속의 이유와 변호인을 선임할 수 있음을 말하고 변명할 기회를 주는 등 적법한 절차가 준수되어야 하는 것은 물론이다.[1] 체포 또는 구속영장이 발부되지 않고 긴급체포사유가 없음에도 불구하고 수사기관이 강제력을 행사하거나 심리적 압박을 가하는등 직권을 남용하여 연행한 때에는 형법상의 불법체포죄($\substack{제124조 \\ 1항}$)가 성립한다.

2) **승낙유치**   피의자의 승낙을 받아 유치시키는 승낙유치가 임의수사의 방   **18** 법으로 허용될 수 있는가가 문제된다. 본인의 사전동의를 받은 경우에도 그것이 법률에 규정된 강제처분과 같은 효과를 가지는 경우에는 구속과 다를 바 없다. 실질적인 구속을 본인의 동의를 이유로 허용하는 것은 영장주의를 유린하는 결과를 가져온다. 따라서 승낙유치는 허용되지 않는다. 종래 경찰서에 설치되어 있던 보호실에의 유치와 관련하여 판례는 체포 또는 구속영장을 발부받음이 없이 피의자를 보호실에 유치하는 것은 영장주의에 위배하는 위법한 구금이라고 판시한 바 있다.[2] 이러한 대법원 판례의 취지를 반영하여 경찰에서는 보호실을 폐지하고 2000년부터 주취자안정실만을 운영하다가 이마저도 2012년에 모두 폐지하였다.

3) **승낙수색과 승낙검증**   승낙수색·승낙검증이 임의수사로 허용되느냐에   **19** 대하여, 이 경우의 승낙은 완전한 의미의 법익포기의 승낙이 아니므로 허용되지 않는다는 견해[3]와 승낙의 임의성이 인정되는 경우에는 임의수사로서 허용된다는

---

1 대법원 1994. 3. 11, 93 도 958; 대법원 1994. 10. 25, 94 도 2283; 대법원 1995. 5. 9, 94 도 3016.
2 대법원 1971. 3. 9, 70 도 2406; 대법원 1985. 7. 29. 결정, 85 모 16; 대법원 1994. 3. 11, 93 도 958.
3 김기두 208면.

견해[1]가 대립되고 있다. 판례는 허용된다는 입장이다.[2] 생각건대 승낙할 권한이 있는 사람이 임의적 · 자발적으로 승낙한 경우에는 이론상 이를 부정해야 할 이유는 없다. 같은 이유로 승낙에 의한 신체검사도 신체를 침해하지 않는 범위에서는 허용된다고 해야 한다. 임의로 제출한 물건의 압수에 영장을 요하지 않는 것으로 규정한 형사소송법의 취지와 일치한다고 보아야 하기 때문이다.

20   **4) 거짓말탐지기에 의한 검사**   거짓말탐지기(polygraph)에 의한 검사(심리생리검사)란 피의자 등의 피검자에 대하여 피의사실과 관계있는 질문을 하여 회답 시의 피검자의 호흡 · 혈압 · 맥박 · 피부전기반사에 나타난 생리적 변화를 polygraph의 검사지에 기록하고 이를 관찰 · 분석하여 답변의 진위 또는 피의사실에 대한 인식의 유무를 판단하는 것을 말한다. 거짓말탐지기에 의한 검사는 신문 시의 인간의 심리를 기계에 의한 검사의 대상으로 삼는다는 점에 문제가 있다. 독일의 통설은 거짓말탐지기에 의하여 답변에 대한 인격적 지배를 박탈하는 것은 헌법이 보장하는 인격권을 침해하는 것이므로 피검자의 동의 여부를 불문하고 허용되지 않는다고 해석하고 있다.[3] 그러나 피검자의 동의에 의한 검사는 임의수사로서 허용된다고 해야 한다.[4] 따라서 피검자의 동의가 없는 경우에는 polygraph에 의한 검사가 허용되지 않는다. 대법원도 거짓말탐지기에 의한 검사는 검사를 받는 사람이 동의한 때에만 증거로 할 수 있다고 판시하고 있다.[5]

이 경우에도 검사결과를 증거로 하기 위하여는 거짓말을 하면 반드시 일정한 심리상태의 변동이 일어나고, 그것은 반드시 일정한 생리적 반응을 일으키며, 그 생리적 반응에 의하여 거짓말이라는 것이 명확히 판정될 수 있는 인적 · 물적 장치가 구비되었다는 전제조건이 구비되어야 한다.[6]

21   **5) 마취분석**   마취분석(Narkoanalyse)이란 약품의 작용에 의하여 진실을 진술하게 하는 것을 말한다. 마취분석은 통일체로서의 인간의 정신을 해체시키고

---

1 김재환 117면; 백형구 109면, 강의 403면; 신동운 240면; 임동규 169면.
2 대법원 1976. 11. 9, 76 도 2703.
3 Boujong KK § 136 a, Rn. 34; Meyer-Goßner § 136 a, Rn. 24; Peters S. 331; Pfeiffer § 136 a, Rn. 11. 신동운 1348면; 신양균/조기영 93면; 이영란 120면도 같은 태도를 취하고 있다.
4 김재환 117면; 백형구 강의, 403면; 손동권/신이철 215면; 임동규 169면; 차용석/최용성 264면.
5 대법원 1984. 2. 14, 83 도 3146.
6 거짓말탐지기 검사결과의 증거능력에 관하여는 *infra* 47 128-132 참조.

인격의 분열을 초래하는 것이므로 허용되지 않는 수사방법이라고 해야 한다.[1] 피의자의 동의가 있었는가의 여부는 문제되지 않는다.

4. 임의수사와 강제수사의 한계

　　과학기술의 발달은 수사에 있어서도 새로운 수사기술을 등장하게 하였다. 여기서 이러한 수사방법이 임의수사인가 또는 강제수사인가가 문제되지 않을 수 없다. 임의수사와 강제수사의 한계의 문제로 다루어지던 것이 바로 사진촬영과 위치추적 시스템(Global Positioning System)을 이용한 수사(GPS 수사)이다.　　22

(1) 사진촬영

　　수사방법으로서의 사진촬영이 허용되는가의 문제는 사진촬영이 임의수사인가 또는 강제수사인가에 따라 결론을 달리하게 된다. 이를 강제수사라고 하는 경우에는 사진촬영을 허용하는 규정이 없는 이상 강제수사법정주의와 영장주의에 의하여 영장 없는 사진촬영은 허용되지 않음에 반하여, 임의수사라고 하는 경우에는 법적 규제로부터 자유로운 영역에 속하게 되기 때문이다. 사진촬영의 법적 성질에 관하여는 임의수사설과 강제수사설이 대립되고 있다.　　23

　　임의수사설은 강제처분은 직접적인 물리력을 행사하거나 상대방에게 의무를 과하는 수사방법을 의미한다는 전제에서 사진촬영에 의하여 피촬영자에게는 이러한 구속을 과할 수 없기 때문에 임의수사에 속한다고 한다. 다만, 임의수사설도 사진촬영이 실질적으로 상대방의 의사에 반하여 그를 수사의 객체로 삼는 것이라는 점에 비추어 강제수사에 준하는 성격을 가지므로 ① 현행범 또는 준현행범적 상황이 존재할 것, ② 사진촬영이 피사체의 형사책임을 명백히 하기 위하여 필요할 것, ③ 사진촬영에 의하지 않으면 안 될 증거보전의 긴급성이 인정될 것이라는 엄격한 요건이 갖추어질 때에만 허용된다고 한다. 일본의 최고재판소가 취하고 있는 입장이다.[2] 이에 반하여 **강제수사설**은 초상권이 인정되는 이상 그의 의사에 반하거나 또는 승낙을 받지 않고 사진촬영하는 것은 법이 예정한 강제처분은 아니라고 할지라도 형사소송법 제199조의 강제처분에 해당한다고 해석한다. 사진촬영을 강제처분으로 이해할 때에는 그 성질상 검증에 해당하므로 영장주의가 적용되는 것은 물론이다. 우리나라의 통설의 태도이기도 하다.[3] 다만, 강제수

1　백형구 강의, 403면; 신동운 243면; 이은모/김정환 220면; 차용석/최용성 264면.
2　日最判 1969. 12. 24[刑集 23-12, 1625].
3　백형구 강의, 401면; 손동권/신이철 225면; 이영란 265면; 차용석/최용성 263면.

사설도 사진촬영이 종래의 전통적·고전적 강제처분에 포함되지 않는 새로운 강제처분이라는 점에 비추어 엄격한 요건하에서 영장 없는 사진촬영을 허용하고 있다. 대법원은 사진촬영의 법적 성질에 대한 언급 없이 사진촬영의 허용요건으로서 ① 현재 범행이 행하여지고 있거나 행하여진 직후이고, ② 증거보전의 필요성 내지 긴급성이 있으며, ③ 촬영방법이 상당할 것을 요구하고 있다.[1]

감청과 사진촬영 등 프라이버시의 영역에 속하는 새로운 과학적 수사방법이 등장함에 따라 강제처분의 개념은 물리적 강제력 또는 법적 의무를 과하는 처분이라는 기준으로부터 중요한 권리·이익의 침해를 초래하는 경우도 강제처분이라고 해석하는 입장(권리침해설)으로 변화되고 있고, 은밀한 방법으로 일순간에 상대방의 권리를 침해하고 중대한 결과를 초래하는 수사방법이 임의수사라는 이유로 허용되어서는 안 된다는 점에 비추어 사진촬영은 강제수사라고 해석하는 것이 타당하다고 생각된다. 다만 사진촬영의 성질을 강제수사라고 보는 경우에도 일정한 조건이 충족되는 때에는 영장 없는 촬영이 허용된다고 해석하고 있으며, 그 조건이 임의수사설에서 요구하는 조건과 특별한 차이가 없으므로 학설의 대립은 특별한 의미가 없다. 무인장비에 의하여 영장 없이 제한속도 위반차량의 차량번호 등을 촬영하는 것도 임의수사로서 허용된다고 해야 한다.[2]

---

1 대법원 2023. 4. 27, 2018 도 8161(경찰관들이 나이트클럽에 손님으로 가장하고 출입하여 나이트클럽 무대 위의 음란 공연을 촬영한 것은 적법하다고 한 사례), 「수사기관이 범죄를 수사하면서 현재 범행이 행하여지고 있거나 행하여진 직후이고, 증거보전의 필요성 및 긴급성이 있으며, 일반적으로 허용되는 상당한 방법으로 촬영한 경우라면 위 촬영이 영장 없이 이루어졌다 하여 이를 위법하다고 할 수 없다. 다만 촬영으로 인하여 초상권, 사생활의 비밀과 자유, 주거의 자유 등이 침해될 수 있으므로 수사기관이 일반적으로 허용되는 상당한 방법으로 촬영하였는지 여부는 수사기관이 촬영장소에 통상적인 방법으로 출입하였는지 또 촬영장소와 대상이 사생활의 비밀과 자유 등에 대한 보호가 합리적으로 기대되는 영역에 속하는지 등을 종합적으로 고려하여 신중하게 판단하여야 한다.」
   동지: 대법원 1999. 9. 30, 99 도 2317(피고인들에 대한 국가보안법위반 혐의가 상당히 포착된 상태에서 그 회합의 증거를 보전하기 위하여 A의 주거지 외부에서 담장 밖 및 2층 계단을 통하여 A의 집에 출입하는 피고인들의 모습을 비디오촬영한 것은 적법하다고 한 사례. 다만, 이 사례에서 상당성과 긴급성의 요건을 충족하였다고 본 것은 의문임); 대법원 2013. 7. 26, 2013 도 2511(외국에서 북한공작원과 회합하는 모습을 공개된 장소에서 동영상촬영한 것은 적법하다고 한 사례); 대법원 2023. 7. 13, 2019 도 7891(경찰관들이 불특정, 다수가 출입할 수 있는 일반음식점에 통상적인 방법으로 출입하여 위법행위인 손님들이 춤추는 모습을 촬영한 것은 적법하다고 한 사례); 대법원 2023. 7. 13, 2021 도 10763(특별사법경찰관이 행정조사가 아니라 범죄수사에 필요한 증거 수집을 위하여 식품위생법상의 증표 등을 제시하지 않은 채 일반음식점에 손님으로 가장하고 출입하여 위법행위인 손님들이 춤추는 모습을 촬영한 것은 적법하다고 한 사례).
2 대법원 1999. 12. 7, 98 도 3329.

(2) GPS 수사

　　GPS 수사는 GPS 발신기를 이용하여 위치정보를 추적하여 대상자를 감시하   24
는 방식의 수사기법으로 감시형 수사[1]의 하나로 활용된다. 위치정보는 개인정보
에 준하여 보호할 필요가 있기 때문에 그 보호와 이용에 관하여 위치정보의 보호
및 이용 등에 관한 법률이 제정되어 있다. 실시간 위치추적은 휴대폰을 통해서도
할 수 있으나, 이는 기지국을 기반으로 한 위치추적이기 때문에 정확한 위치 파
악에는 어려움이 있어, GPS 발신기를 부착하는 방식이 활용된다.

　　이러한 방식의 위치추적은 도로 등 공공장소에서의 이동 시에는 사생활의
침해가 크게 문제되지 않지만, 특정한 주택 등 사생활보호의 기대가 높은 장소에
들어간 경우에는 그 침해가능성이 크다. GPS 수사의 법적 성격에 대해서는 ①
GPS를 보조수단으로 사용하는 미행이 적법한 한도에서 허용되는 임의수사에 해
당한다는 견해와 ② 내재적·필연적으로 프라이버시의 침해를 수반하므로 강제
수사라는 견해가 대립된다. 휴대폰 실시간 위치추적에 법원의 허가가 필요한 것
과 마찬가지로 영장이 필요한 강제수사라고 할 것이다. 미국 판례는 공도를 주행
하는 코카인 판매 등 혐의가 있는 피의자의 자동차 차체 아랫부분에 GPS 장치를
부착하고 28일 동안 영장 없이 그 주행로를 감시한 사안에서, GPS 장치의 부착
및 자동차의 주행로 감시를 위한 사용은 연방 수정 헌법 제4조가 금지하는 불합
리한 수색에 해당하여 위헌이라고 판시하였다.[2] 일본 판례도 GPS 수사는 강제
수사에 해당되어 영장 없이는 할 수 없다고 판시하였다.[3]

1　감시형 수사는 물리적인 법익침해(trepass)를 수반하지 않고 사람의 동정을 실시간으로 감시
　하거나 사후에 추적하는(재구성하는) 수사방법을 말한다.

2　United States v. Jones, 565 U.S. (2012).

3　日最判 2017. 3. 15[判時 1627·1], 「GPS 수사는 대상물(이 사건에서는 차량)과 그 사용자의
　소재를 검색한다는 점에서 검증으로는 포섭할 수 없는 성질을 가지며, 가사 검증영장과 압수·
　수색영장을 함께 청구한다고 해도 대상을 피의사실과 관련하는 범위로 한정하기 어려울 뿐
　아니라 사전 영장제시도 곤란하고 이를 대신할 공정한 담보수단이 확보되어 있지 않기 때문
　에 발부하는 영장에 다양한 조건을 붙여야 하는데, 이러한 강제처분을 인정하는 것은 강제처
　분에 관한 형사소송법 제197조 제1항 단서의 취지에 맞지 아니하므로 GPS 수사가 앞으로
　도 널리 사용될 수 있는 유력한 수사수법이라고 한다면, 그 특질에 착안하여 헌법, 형사소송
　법의 여러 원칙에 적합한 입법적 조치를 강구하는 것이 바람직하다.」

Ⅱ. 임의수사의 방법

형사소송법이 규정하고 있는 임의수사의 방법으로는 피의자신문과 피의자 이외의 사람의 조사 및 사실조회가 있다.

1. 피의자신문

(1) 피의자신문의 의의

25　　　검사 또는 사법경찰관은 수사에 필요한 때에는 피의자의 출석을 요구하여 진술을 들을 수 있다($\frac{제200}{조}$). 이와 같이 피의자신문이란 수사기관, 즉 검사 또는 사법경찰관이 피의자를 신문하여 피의자로부터 진술을 듣는 것을 말한다. 피의자 신문은 수사기관이 범죄의 혐의를 받고 있는 피의자의 진술을 통하여 직접 증거를 수집하는 절차일 뿐만 아니라, 피의자가 자기에게 유리한 사실을 주장할 수 있는 기회를 제공하는 의미도 가지고 있다.

피의자신문의 법적 성질은 피의자의 임의의 진술을 듣는 임의수사에 불과하다.[1] 진술거부권이 보장되어 있는 피의자에 대하여($\frac{헌법 제}{12조 2항}$) 진술을 강제할 수는 없기 때문이다. 그러나 피의자신문에 의하여 피의자의 임의의 자백을 얻어낼 수 있으므로 수사기관은 이를 자백 획득의 기회로 남용할 위험이 있다. 여기에 피의자신문에 대한 법적 규제를 필요로 하는 이유가 있다.

(2) 피의자신문의 방법

26　　　1) 출석요구　　　수사기관이 피의자를 신문하기 위하여는 피의자의 출석을 요구하여야 한다($\frac{제200}{조}$). 피의자에게 출석요구를 할 때에는 출석요구를 하기 전에 우편·전자우편·전화를 통한 진술 등 출석을 대체할 수 있는 방법의 선택 가능성을 고려하여야 한다. 또한 출석요구의 방법, 출석의 일시·장소 등을 정할 때에는 피의자의 명예 또는 사생활의 비밀이 침해되지 않도록 주의해야 하며, 출석요구를 할 때에는 피의자의 생업에 지장을 주지 않도록 충분한 시간적 여유를 두도록 하고, 피의자가 출석 일시의 연기를 요청하는 경우 특별한 사정이 없으면 출석 일시를 조정해야 한다($\frac{수사준칙규정}{제19조 1항}$). 피의자에게 출석요구를 하려는 경우 피의자와 조사의 일시·장소에 관하여 협의해야 하고, 변호인이 있는 경우에는 변호인

1　대법원 2013. 7. 1. 결정, 2013 모 160.

과도 협의해야 한다($\frac{동조}{제2항}$). 피의자에게 출석요구를 하려는 경우 피의사실의 요지 등 출석요구의 취지를 구체적으로 적은 출석요구서를 발송해야 한다. 다만, 신속한 출석요구가 필요한 경우 등 부득이한 사정이 있는 경우에는 전화, 문자메시지, 그 밖의 상당한 방법으로 출석요구를 할 수 있다($\frac{동조}{제3항}$). 피의자가 치료 등 수사관서에 출석하여 조사를 받는 것이 현저히 곤란한 사정이 있는 경우에는 수사관서 외의 장소에서 조사할 수 있다($\frac{동조}{제5항}$). 이러한 출석요구에 관한 규정들은 피의자 외의 사람에 대한 출석요구의 경우에도 적용된다($\frac{동조}{제6항}$).

　　피의자에게는 출석요구에 응할 의무가 없다. 따라서 피의자는 출석을 거부할 수 있고, 출석한 때에도 언제나 퇴거할 수 있다. 다만, 적법하게 구금된 피의자가 출석요구에 불응하는 때는 구속영장의 효력에 의하여 조사실로 구인할 수 있다.[1] 구금된 피의자를 신문할 경우, 해당 피의자가 '도주·자살·자해 또는 다른 사람에 대한 위해의 우려가 크거나($\frac{형의 집행 및 수형자의 처우}{에 관한 법률 제97조 1항 2호}$), 위력으로 교도관의 정당한 직무집행을 방해하는 때($\frac{동조}{제3호}$)'가 아니면, 검사 등 신문자는 교도관에게 보호장비의 해제를 요청할 의무가 있고, 교도관은 이에 응하여야 한다.[2]

　　2) 진술거부권의 고지　　　검사 또는 사법경찰관은 피의자를 신문하기 전에 피의자에게 진술거부권과 변호인의 피의자신문참여권을 고지하여야 한다. 즉 검사 또는 사법경찰관은 피의자에게 ① 일체의 진술을 하지 아니하거나 개개의 질문에 대하여 진술을 하지 아니할 수 있다는 것, ② 진술을 하지 아니하더라도 불이익을 받지 아니한다는 것, ③ 진술을 거부할 권리를 포기하고 행한 진술은 법정에서 유죄의 증거로 사용할 수 있다는 것, ④ 신문을 받을 때에는 변호인을 참여하게 하는 등 변호인의 조력을 받을 수 있다는 것을 알려 주어야 한다($\frac{제244조의}{3 \ 제1항}$). 동일한 수사기관의 일련의 수사과정에서는 신문이 상당한 기간 동안 중단되었다가 다시 개시되거나 조사자가 경질된 때가 아니면 신문 시마다 이를 고지할 필요는 없지만, 실무상 조서를 작성할 때는 그때마다 진술거부권을 고지하고 있다. 진술거부권의 고지 대상인 피의자의 지위는 수사기관이 조사대상자에 대한 범죄혐의를 인정하여 수사를 개시하는 행위를 한 때에 인정된다.[3] 적법하게 발부된 구속영장에 의하여 구금되었으나 출석을 거부하는 피의자를 수사기관 조사실로 구인

27

1　대법원 2013. 7. 1. 결정, 2013 모 160.

2　대법원 2020. 3. 17. 결정, 2015 모 2357.

3　대법원 2011. 11. 10, 2011 도 8125; 대법원 2014. 4. 30, 2012 도 725; 대법원 2015. 10. 29, 2014 도 5939.

하여 신문하는 경우에도, 신문 전에 진술거부권을 고지하여야 한다.[1] 피의자를
조사하는 이상 진술조서·진술서·자술서의 형식으로 조서를 작성하거나 기소
후 공범관계 등을 조사하는 경우에도 진술거부권을 고지하여야 한다.[2]

　　피의자가 거부할 수 있는 진술의 내용에는 제한이 없다. 피의자에게는 진술
거부권이 있으므로 출석한 피의자가 신문에 응하여 진술하는가는 피의자의 임의
이다. 진술거부권을 고지하지 않고 신문한 진술을 기재한 피의자신문조서는 증거
능력이 없다.[3] 진술거부권과 변호인의 조력을 받을 권리를 행사할 것인지의 여
부에 대한 피의자의 답변은 반드시 조서에 기재해야 한다. 즉 검사 또는 사법경
찰관은 진술거부권을 고지한 때에는 피의자가 진술을 거부할 권리와 변호인의 조
력을 받을 권리를 행사할 것인지의 여부를 질문하고, 이에 대한 피의자의 답변을
기재하여야 한다. 이 경우 피의자의 답변은 피의자로 하여금 자필로 기재하게 하
거나 검사 또는 사법경찰관이 피의자의 답변을 기재한 부분에 기명날인 또는 서
명하게 하여야 한다($\frac{동조}{제2항}$).

28　　　3) 신문사항　　　검사 또는 사법경찰관이 피의자를 신문함에는 먼저 그 성
명·연령·등록기준지·주거와 직업을 물어 피의자임에 틀림없음을 확인하여야
한다($\frac{제241}{조}$). 이를 인정신문이라고 한다. 피의자는 인정신문에 대하여도 진술을 거
부할 수 있다. 피의자에게 신문할 사항은 범죄사실과 정상에 관하여 필요한 사항
이며, 피의자에 대하여도 이익되는 사실을 진술할 기회를 주어야 한다($\frac{제242}{조}$). 검
사 또는 사법경찰관이 사실을 발견함에 필요할 때에는 피의자와 다른 피의자 또
는 피의자 아닌 자와 대질하게 할 수 있다($\frac{제245}{조}$).

29　　　4) 피의자신문과 참여자　　　검사 또는 사법경찰관은 피의자 또는 변호인의 신
청이 있는 때에는 정당한 사유가 없는 한 변호인을 피의자신문에 참여하게 하여야
한다($\frac{제243조의}{2 제1항}$). 또 검사 또는 사법경찰관은 피의자를 신문하는 경우에 ① 피의자
가 신체적 또는 정신적 장애로 사물을 변별하거나 의사를 결정·전달할 능력이
미약하거나, ② 피의자의 연령·성별·국적 등의 사정을 고려하여 그 심리적 안정
의 도모와 원활한 의사소통을 위하여 필요한 경우에는 직권 또는 피의자·법정대

---

1 대법원 2013. 7. 1. 결정, 2013 모 160.

2 대법원 2004. 9. 3, 2004 도 3588; 대법원 2009. 8. 20, 2008 도 8223; 대법원 2010. 5. 27,
   2010 도 1755.

3 대법원 1992. 6. 23, 92 도 682.

리인의 신청에 따라 피의자와 신뢰관계에 있는 자[1]를 동석하게 할 수 있다($^{제244조}_{의5}$). 장애인, 아동·노인·여성·외국인 등 사회적 약자들이 심리적 위축 등으로 방어권을 충분히 행사하지 못하는 것을 고려한 규정이다.

　　검사가 피의자를 신문함에는 검찰청수사관 또는 서기관이나 서기를 참여하게 하여야 하고, 사법경찰관이 피의자를 신문함에는 사법경찰관리를 참여하게 하여야 한다($^{제243}_{조}$). 이는 조서기재의 정확성과 신문절차의 적법성을 보장하기 위한 것이다. 또한 검사는 공소제기 여부와 관련된 사실관계를 분명하게 하기 위하여 필요한 경우에는 직권이나 피의자 또는 변호인의 신청에 의하여 전문수사자문위원을 지정하여 수사절차에 참여하게 하고 자문을 들을 수 있다($^{제245조의}_{2 \, 제1항}$).

　　5) 조서의 작성　　　　　피의자의 진술은 조서에 기재하여야 한다($^{제244조}_{제1항}$). 진술의　30 조서화과정에서는 조서의 객관성을 유지하여야 한다.[2] 조서는 피의자에게 열람하게 하거나 읽어 들려주어야 하며, 진술한 대로 기재되지 아니하였거나 사실과 다른 부분의 유무를 물어 피의자가 증감 또는 변경의 청구 등 이의를 제기하거나 의견을 진술한 때에는 이를 조서에 추가로 기재하여야 한다. 이 경우 피의자가 이의를 제기하였던 부분은 읽을 수 있도록 남겨두어야 한다($^{제244조}_{1항·2항}$). 조서의 신뢰성을 높이기 위하여 어떤 부분에 이의가 있었는지 알 수 있게 남겨두고 조서의 정정과정을 드러나게 한 것이다. 피의자가 조서에 대하여 이의나 의견이 없음을 진술한 때에는 피의자로 하여금 그 취지를 자필로 기재하게 하고 그 조서에 간인한 후 기명날인 또는 서명하게 한다($^{동조}_{제3항}$). 피의자신문조서에 기재된 진술은 일정한 조건 아래에서 증거능력이 인정된다($^{제312}_{조}$). 검사 또는 사법경찰관은 조사과정에서 피의자, 사건관계인 또는 그 변호인이 사실관계 등의 확인을 위해 자료를 제출하는 경우 그 자료를 수사기록에 편철하고, 조사를 종결하기 전에 피의자, 사건관계인 또는 그 변호인에게 자료 또는 의견을 제출할 의사가 있는지를 확인하여 자료 또는 의견을 제출받은 경우에는 해당 자료 및 의견을 수사기록에 편철하여야 한다($^{수사준칙규정}_{제25조}$).

　　(3) 피의자신문의 법적 규제

　　형사소송법은 피의자신문에 있어서 자백을 얻기 위한 고문 또는 그 밖의 강　31

1　여기에는 피의자의 직계친족, 형제자매, 배우자, 가족, 동거인, 보호·교육시설의 보호·교육 담당자 등 피의자의 심리적 안정과 원활한 의사소통에 도움을 줄 수 있는 사람 등이 포함된다(수사준칙규정 제24조 1항).

2　대법원 2020. 4. 29, 2015 다 224797.

제를 제거하기 위하여 신문 이전에 진술거부권을 고지하도록 하고 있을 뿐만 아니라 피의자신문에는 변호인을 참여하게 하고($\substack{제243조의\\의2}$), 고문 · 폭행 · 협박 그 밖의 임의성에 의심 있는 자백의 증거능력을 부정하여($\substack{제309\\조}$) 피의자신문에 대한 사전적 · 사후적 규제를 하고 있다. 나아가 수사과정을 투명하게 하여 절차의 적법성과 진술의 임의성을 보장하기 위하여 수사과정의 기록제도를 도입하여 신문과정에서의 피의자의 행적을 자세히 기록하도록 하고 있다. 즉 검사 또는 사법경찰관은 피의자가 조사장소에 도착한 시각, 조사를 시작하고 마친 시각, 그 밖에 조사과정의 진행경과를 확인하기 위하여 필요한 사항을 피의자신문조서에 기록하거나 별도의 서면에 기록한 후 수사기록에 편철하여야 한다($\substack{제244조의4 제1항,\\수사준칙규정 제26조}$). 피의자가 이에 대하여 이의를 제기하거나 이의나 이견이 없음을 진술한 때의 조치는 피의자신문조서의 작성의 경우와 같다($\substack{제244조의\\4 제2항}$). 조사과정의 기록은 피의자신문조서의 작성절차의 적법성과 진술의 임의성을 판단하는 중요한 자료로서의 의미를 가진다고 할 수 있다. 피의자신문은 조사, 신문, 면담 등 그 명칭을 불문하고 일부 예외[1]를 제외하고는 원칙적으로 오후 9시부터 오전 6시까지 사이에는 심야조사를 해서는 안 되고($\substack{이미 작성한 조서의\\열람 절차는 가능}$)($\substack{수사준칙규정\\제21조 1항}$), 조서를 열람하거나 예외적으로 심야조사가 허용되는 경우를 제외하고는 총조사시간은 12시간을 초과하지 않도록 하여야 한다($\substack{수사준칙규정\\제22조 1항}$).

(4) 피의자진술의 영상녹화

32   형사소송법은 피의자진술의 영상녹화제도를 인정하고 있다. 즉 피의자의 진술을 영상녹화할 수 있다($\substack{제244조의\\2 제1항}$).[2] 검사 또는 사법경찰관이 피의자의 진술을 녹화한 영상녹화물은 피의자의 진술내용을 사실대로 녹화하여 재생시킬 수 있는 과

---

1 ① 피의자를 체포한 후 48시간 이내에 구속영장의 청구 또는 신청 여부를 판단하기 위해 불가피한 경우, ② 공소시효가 임박한 경우, ③ 피의자나 사건관계인이 출국, 입원, 원거리 거주, 직업상 사유 등 재출석이 곤란한 구체적인 사유를 들어 심야조사를 요청한 경우(변호인이 심야조사에 동의하지 않는다는 의사를 명시한 경우는 제외한다)로서 해당 요청에 상당한 이유가 있다고 인정되는 경우, ④ 그 밖에 사건의 성질 등을 고려할 때 심야조사가 불가피하다고 판단되는 경우 등 법무부장관, 경찰청장 또는 해양경찰청장이 정하는 경우로서 검사 또는 사법경찰관의 소속 기관의 장이 지정하는 인권보호 책임자의 허가 등을 받은 경우.

2 예컨대, 검사가 직접 수사를 개시한 사건(고소 · 고발 · 관련인지 포함)의 피의자, 성폭력 및 아동학대 사건의 피해자, 진술보호가 필요한 조직범죄 사건의 참고인(다만, 피해자의 신원보호를 위해 가명조사 하는 경우는 제외) 등을 조사(피의자는 출석조사)하는 경우 등에는 필요적으로 영상녹화를 실시하여야 한다[영상녹화 업무처리지침(대검예규 제1325호, 2023. 2. 3) 제4조 2항]. 다만 대상자가 영상녹화조사를 거부하거나 영상녹화를 이유로 진술을 거부하는 경우 등에는, 영상녹화를 실시하지 아니할 수 있다(동조 제3항).

학적 증거방법이다. 그러나 영상녹화물도 녹화와 편집과정에서 조작의 위험이 있을 뿐만 아니라, 이에 대하여 절대적 증거능력을 인정할 때에는 수사과정에서 작성된 영상녹화물의 상영에 의하여 법관의 심증이 좌우되는 결과를 초래한다. 따라서 형사소송법은 피의자진술의 영상녹화의 절차를 법정하고, 진술자의 기억이 불명확한 경우에 기억환기용으로 사용할 수 있게 하고 있다(제318조의2 제2항).

　　피의자의 진술을 영상녹화할 때에는 피의자에게 미리 영상녹화사실을 알려주어야 하며, 조사의 개시부터 종료까지의 전과정 및 객관적 정황을 영상녹화하여야 한다(제244조의2 제1항 2문). 피의자에게 미리 영상녹화한다는 사실을 알려주면 충분하고 피의자 또는 변호인의 동의를 받을 필요는 없다. 피의자 또는 변호인의 동의를 요한다고 할 때에는 영상녹화제도 자체가 어렵게 된다는 점을 고려한 결과이다. 영상녹화에 있어서는 조사의 개시부터 종료까지의 전과정 및 객관적 정황을 영상녹화하여야 한다. 조사의 개시부터 종료까지의 전과정이란 조사가 개시된 시점부터 조사가 종료되어 피의자가 조서에 기명날인 또는 서명을 마치는 시점까지의 전과정을 의미한다(규칙 제134조의2 제3항). 따라서 조사의 일부분만을 선별하여 영상녹화하는 것은 허용되지 않는다. 그러나 조사는 개별조사를 의미하므로 여러 차례의 조사가 이루어진 경우에 최초의 조사부터 모든 조사과정을 영상녹화해야 하는 것은 아니다.[1] 영상녹화가 완료된 때에는 피의자 또는 변호인 앞에서 지체 없이 그 원본을 봉인하고 피의자로 하여금 기명날인 또는 서명하게 하여야 한다(제244조의2 제2항). 다만, 디지털 파일 생성 방식으로 영상녹화가 이루어진 경우에는 디지털 파일형태가 아니라 생성된 영상녹화물이 최초로 저장된 매체를 원본이라고 보아야 하므로 이를 봉인하면 된다고 해야 한다.[2] 이 경우 피의자 또는 변호인의 요구가 있는 때에는 영상녹화물을 재생하여 시청하게 하여야 한다. 피의자 또는 변호인이 그 내용에 대하여 이의를 진술하는 때에는 그 취지를 기재한 서면을 첨부해야 한다(동조 제3항). 영상녹화는 사안의 중대성, 죄질 등을 고려하여 볼 때 진술번복 가능성이 있거나 조서의 진정 성립, 진술의 임의성, 특신 상태 등을 다툴 것으로 예상되면 조서 작성과 병행하여 실시하고, 다른 증거에 의하여 공소사실 입증이 가능한 경우 또는 불기소 사건의 경우에는 조서 작성 없이[3] 피의자(참고인 포함)의 조사과정을

33

1　법무부, 개정 형사소송법, 124면.

2　대법원 2022. 7. 14, 2020 도 13957.

3　이때에도 '수사과정 확인서'는 작성하여 기록에 편철하여야 한다(영상녹화 업무처리지침 제10조

영상녹화할 수 있다(영상녹화 업무처
리지침 제 3 조).

(5) 변호인의 피의자신문참여권

34　　　1) 의의　　　변호인은 공판정에 출석하여 증인과 피고인을 신문하고 증거조사
에 참여할 권리를 가진다. 이에 의하여 변호인은 소송의 적법성과 피고인의 권리
를 보호하는 통제기능을 수행할 수 있게 된다. 그런데 변호인의 도움을 받을 권
리는 피고인뿐만 아니라 피의자에게도 보장되지 않으면 안 되며, 수사기관에서의
피의자신문은 공판정에서의 신문에 못지 않게 형사재판에 중대한 영향을 미치게
된다. 수사기관인 검사 또는 사법경찰관의 피의자신문 시에 변호인의 도움을 받
지 못한다면 변호인의 도움이 없는 것과 같다고 할 수 있다.[1] 변호인의 피의자
신문참여권이란 검사 또는 사법경찰관의 피의자신문에 변호인이 참여할 수 있는
권리를 말한다. 2007. 6. 1. 개정 형사소송법은 수사기관의 피의자신문과정에서
변호인의 도움을 받을 권리를 실질적으로 보장하기 위하여 변호인의 피의자신문
참여권을 명문으로 규정하였다(제243조
의2).[2] 헌법재판소는 피의자신문참여권은 단지
법률상의 권리가 아니라 피의자의 기본권인 변호인의 조력을 구할 권리를 실현하
는 수단이 되므로 헌법상의 기본권이라고 판시하고 있다.[3]

35　　　　비교법적으로 볼 때 미국에서는 수정 헌법 제 6 조의 변호인의 도움을 받을 권리는
수사기관의 피의자신문에도 적용되며, 특히 1966년의 Miranda판결을 통하여 수사기
관이 체포 또는 구금된 피의자를 신문할 때에 변호인과 상담하는 것은 구금된 피의
자의 자기부죄거부의 특권을 보호하기 위한 불가결한 권리임이 인정되어 피의자가
변호인의 참여를 요구할 때에는 경찰은 피의자신문을 중지하도록 하고 있고,[4] 연방
대법원은 경찰관이 피의자가 변호인과 접견하기 전에 신문하여 자백을 받은 경우에
자백의 증거능력을 부정하고 있다.[5] 독일에서는 검사의 피의자신문에는 변호인의
참여권이 인정되지만 경찰에 의한 피의자신문에는 이를 인정하지 않고 있다.[6] 이에
반하여 일본 형사소송법은 변호인의 피의자신문참여권을 인정하지 않고 있다.

2항).

1　Gössel ZStW 94, 35; Welp ZStW 90, 811.

2　개정 전에도 대법원은 구속피의자와 변호인과의 접견교통권을 근거로 변호인참여권을 인정하
　였고(대법원 2003. 11. 11. 결정, 2003 모 402), 헌법재판소도 변호인의 조력을 받을 권리를
　근거로 불구속피의자에 대한 변호인의 참여권을 인정하였다(헌재결 2004. 9. 23, 2000 헌마 138).

3　헌재결 2017. 11. 30, 2016 헌마 503.

4　LaFave-Israel-King p. 569; Rolando V. del Carmen p. 462.

5　Edwards v. Arizona, 451 U.S. 477, 1981; Michigan v. Jackson, 475 U.S. 625, 1986.

6　Beulke Rn. 156; Meyer-Goßner § 163, Rn. 16; Pfeiffer § 163, Rn. 9; Roxin S. 144.

2) 내용   검사 또는 사법경찰관은 피의자 또는 그 변호인·법정대리인·배
우자·직계친족·형제자매의 신청에 따라 변호인을 피의자와 접견하게 하거나
정당한 사유가 없는 한 피의자에 대한 신문에 참여하게 하여야 한다($^{동조}_{제1항}$).

(가) 신청권자   변호인의 피의자신문참여 신청권자는 피의자와 변호인이다.   36
피의자에는 구속된 피의자뿐만 아니라 불구속 상태에 있는 피의자를 포함한다.
피의자뿐만 아니라 법정대리인·배우자·직계친족·형제자매도 피의자신문참여
를 신청할 수 있다. 변호인에는 사선변호인과 국선변호인을 불문한다. 변호사 아
닌 특별변호인도 포함된다.

(나) 참여범위   검사 또는 사법경찰관은 원칙적으로 변호인을 피의자신문에   37
참여하게 하여야 한다. 참여하게 한다는 것은 참여를 허용한다는 의미이므로 수
사기관이 국선변호인을 선정해 주어야 하는 것은 아니다. 참여의 기회를 주면 충
분하고, 참여를 신청한 변호인이 신문장소에 출석하지 아니하거나 출석을 거부할
때에는 변호인의 참여 없이도 신문할 수 있다.[1] 다만, 피의자가 변호인의 참여가
없다는 이유로 진술을 거부하는 때에는 수사기관이 피의자를 신문할 수 없게 됨
은 당연하다. 신문에 참여하고자 하는 변호인이 2인 이상인 때에는 피의자가 신
문에 참여할 변호인 1인을 지정한다. 지정이 없는 경우에는 검사 또는 사법경찰
관이 지정할 수 있다($^{동조}_{제2항}$).

피의자의 옆자리 등 실질적인 조력을 할 수 있는 위치에 앉아 법적인 조   38
언·상담 및 이를 위한 메모를 할 수 있고($^{수사준칙규정}_{제13조 1항}$), 신문 후 의견을 진술할 수
있으며, 신문 중이라도 부당한 신문방법에 대하여여는 이의를 제기할 수 있고,
검사 또는 사법경찰관의 승인을 얻어 의견을 진술할 수 있다($^{제243조의}_{2 \ 제3항}$). 따라서 수
사기관의 부적법하거나 부당한 신문에 대하여 참여한 변호인은 신문의 중단을 요
구할 수 있다. 또 피의자의 요청으로 변호인과 상의하여 피의자가 신문에 답하게
하는 것도 허용된다.

3) 제한   형사소송법은 검사 또는 사법경찰관은 정당한 사유가 있는 때에는   39
변호인참여권을 제한할 수 있다고 규정하고 있다($^{동조}_{제1항}$). 변호인참여권을 제한할
수 있는 '정당한 사유'란 변호인이 피의자신문을 방해하거나 수사기밀을 누설할
염려가 있음이 객관적으로 명백한 경우 등을 말한다.[2] 증거인멸의 위험이 있는

---

1 법무부, 개정 형사소송법, 117면.
2 대법원 2008. 9. 12. 결정, 2008 모 793; 대법원 2020. 3. 17. 결정, 2015 모 2357.

경우도 여기에 해당된다. 신문에 참여한 변호인이 신문을 부당하게 제지 또는 중
단시키거나 피의자의 특정한 답변을 유도하거나 진술을 번복하게 하는 행위 또는
신문내용을 촬영·녹음하는 행위,[1] 고성·폭언 등 그 방식이 부적절하거나 합리
적 근거 없이 반복적으로 이의제기를 하는 행위[2]가 수사방해에 해당한다고 할
수 있다. 그러나 수사기관이 피의자신문을 하면서 변호인에 대하여 피의자로부터
떨어진 곳으로 옮겨 앉으라고 지시를 한 다음 이러한 지시에 따르지 않았음을 이
유로 변호인의 피의자신문참여권을 제한하는 행위,[3] 변호인에 대한 피의자 후방
착석 요구행위,[4] 단지 변호인이 피의자신문 중에 부당한 신문방법에 대한 이의
제기를 하였다는 이유만으로 변호인을 조사실에서 퇴거시키는 행위[5]는 참여권의
침해행위에 해당한다. 참여한 변호인이 피의자에게 진술거부권을 행사하도록 하
는 것은 참여권을 제한할 정당한 사유에 해당하지 않는다.[6] 진술거부권은 헌법
에 의하여 보장된 피의자의 권리이기 때문이다. 수사기밀을 누설할 우려가 있는
경우뿐만 아니라 죄증의 인멸·은닉·조작 또는 조작된 증거를 사용할 염려가 있
는 경우도 증거인멸의 위험 때문에 변호인의 참여권을 제한할 수 있는 경우라고
할 수 있다.

40　　　　**4) 참여의 절차와 불복**　　　피의자 등이 변호인의 피의자신문참여를 신청한 경
우에 변호인의 신문참여를 가능하게 하기 위하여 수사기관은 사전에 신문기일과
장소를 변호인에게 통지해야 한다. 신문에 참여한 변호인의 의견이 기재된 피의
자신문조서는 변호인에게 열람하게 한 후 변호인으로 하여금 그 조서에 기명날인
또는 서명하게 하여야 한다(동조 제4항). 또 검사 또는 사법경찰관은 변호인의 신문참
여 및 그 제한에 관한 사항을 피의자신문조서에 기재하여야 한다(동조 제5항). 수사기
관의 자의적인 참여제한을 방지하기 위한 규정이다.

41　　　　검사 또는 사법경찰관이 변호인의 참여를 제한하거나 퇴거시킨 경우 그 처
분에 대하여는 준항고할 수 있다(제417 조). 또 변호인의 피의자신문참여권을 침해하

1　법무부, 개정 형사소송법, 117면.
2　대법원 2020. 3. 17. 결정, 2015 모 2357.
3　대법원 2008. 9. 12. 결정, 2008 모 793.
4　헌재결 2017. 11. 30, 2016 헌마 503.
5　대법원 2020. 3. 17. 결정, 2015 모 2357.
6　대법원 2014. 10. 27, 2014 다 44574(국가정보원 수사관들이 진술거부권 행사 권유가 수사방
　해에 해당한다며 변호인을 강제로 끌어낸 행위에 대하여 200만 원의 국가배상책임을 인정한
　사례).

여 변호인이 참여하지 않은 상태에서 작성한 피의자신문조서는 위법한 절차에서 획득한 증거이므로 증거능력이 부정된다.[1]

2. 피의자 이외의 자의 조사

(1) 참고인조사

검사 또는 사법경찰관은 수사에 필요한 때에는 피의자 아닌 자의 출석을 요 42 구하여 진술을 들을 수 있다($제221조$). 피의자 아닌 제 3 자를 참고인이라 한다. 참고 인은 제 3 자라는 점에서 넓은 의미에서는 증인이라고도 할 수 있다. 그러나 증인 이 법원 또는 법관에 대하여 실험한 사실을 진술하는 제 3 자를 의미함에 대하여, 참고인은 수사기관에 대하여 진술하는 사람이라는 점에서 증인과 구별된다. 참고 인은 증인과는 달리 강제로 소환당하거나 신문당하지 아니한다.

참고인에 대한 출석요구와 진술조서의 작성방법[2]은 피의자신문의 경우와 43 같다. 다만, 참고인에 대하여는 진술거부권을 고지할 필요가 없다. 그러나 참고 인이 진술을 하는가의 여부는 참고인의 임의에 속한다. 참고인은 수사에 대한 협 조자에 불과하므로 참고인에 대한 출석과 진술을 강요할 수는 없기 때문이다. 다 만, 참고인이 출석 또는 진술을 거부하는 경우에 검사는 제 1 회 공판기일 전에 한하여 증인신문을 청구할 수 있다($제221조의 2$). 참고인의 동의를 받아 참고인의 진술 을 영상녹화할 수 있으며($제221조 1항 2문$), 참고인을 조사하는 경우에도 수사과정을 기록해 야 하는 것은 피의자신문의 경우와 같다($제244조의4 제3항$). 다만, 참고인 진술의 영상녹화 에서는 참고인의 동의를 요건으로 하고, 검사 및 사법경찰관작성의 참고인 진술 조서의 진정성립을 인정하는 방법으로 인정되는($제312조 4항$) 점에서 피의자 진술의 영 상녹화의 경우와 구별된다. 참고인의 진술을 기재한 진술조서는 일정한 조건 아 래에서 증거능력이 인정된다($제312조; 제314조$).

(2) 감정 · 통역 · 번역의 위촉

검사 또는 사법경찰관은 수사에 필요한 때에는 감정 · 통역 또는 번역을 위 44

---

1 대법원 2013. 3. 28, 2010 도 3359.
2 특정범죄(특정범죄신고자 등 보호법 제2조 1호)에 관한 신고 · 진정 · 고소 · 고발 등 수사 단서 의 제공, 진술 또는 증언이나 그 밖의 자료제출행위 및 범인검거를 위한 제보 또는 검거활동 (범죄신고 등)과 관련하여 조서나 그 밖의 서류(조서 등)를 작성할 때 범죄신고 등을 한 자 (범죄신고자 등)나 그 친족 등이 보복을 당할 우려가 있는 경우에는 그 취지를 조서 등에 기 재하고 인적사항을 기재하지 아니할 수 있다(동법 제7조 1항).

촉할 수 있다($\text{제221조}\atop\text{2항}$). 위촉을 받은 사람이 수락하는가의 여부는 자유이다. 또 출석을 거부하거나 출석 후 퇴거하는 것은 위촉받은 자의 자유이다. 이를 강제하는 방법은 없다. 감정인 · 통역인 · 번역인은 비대체적인 것이 아니므로 다른 사람에게 위촉할 수 있기 때문이다.

감정서의 기재내용을 명백히 하기 위하여 감정인을 참고인으로 조사할 수 있다. 감정을 위촉하는 경우에 유치처분이 필요하다고 인정할 때에는 검사는 판사에게 감정유치를 청구할 수 있고($\text{제221조}\atop\text{의 3}$), 감정의 위촉을 받은 자는 판사의 허가를 얻어 감정에 필요한 처분을 할 수 있다($\text{제221조}\atop\text{의 4}$). 위촉을 받은 자가 작성한 감정서도 일정한 조건 아래에서 증거능력이 인정된다($\text{제313조}\atop\text{2항}$).

통역의 경우에는 통역인진술조서를 작성하는 이외에 피의자신문조서 또는 참고인진술조서에 통역인이 진술자와 공동으로 서명할 것을 요한다.

3. 사실조회

45   수사에 관하여는 공무소 기타 공사단체에 조회하여 필요한 사항의 보고를 요구할 수 있다($\text{제199조}\atop\text{2항}$). 공무소 등에의 조회라고도 한다. 조회할 수 있는 사항에는 제한이 없다. 전과조회 · 신원 또는 신분조회 등이 여기에 해당한다. 조회를 받은 상대방에게는 보고의 의무가 있다.[1] 상대방에게 의무를 지운다는 의미에서 이를 강제처분이라고 설명하는 견해[2]도 있다. 그러나 의무의 이행을 강제할 방법이 없을 뿐 아니라 영장에 의할 것을 요하는 것도 아니므로 임의수사라고 하지 않을 수 없다.[3]

---

1 대법원은 구 개인정보 보호법 제18조 2항 2호에서 정한 '다른 법률에 특별한 규정이 있는 경우'란 그 문언 그대로 개별 법률에서 개인정보의 제공이 허용됨을 구체적으로 명시한 경우로 한정하여 해석하여야 하므로, 형사소송법 제199조 2항의 사실조회와 같이 수사기관이 공무소 기타 공사단체에 조회하여 필요한 사항의 보고를 요구할 수 있는 포괄적인 규정은 이에 해당하지 않는다고 하면서, 피고인들이 입당원서를 작성자의 동의 없이 임의로 수사기관에 제출한 행위는 개인정보 보호법 제59조 2호가 금지한 행위로서, 구 개인정보 보호법 제18조 2항 2호 또는 7호가 적용될 수 없고, 위법수집증거에 해당함에도 예외적으로 증거능력을 인정하여야 할 경우에 해당하지도 아니하므로 위 입당원서 및 이와 관련된 증거의 증거능력은 인정되지 않는다고 판시하였다(대법원 2022. 10. 27, 2022 도 9510).

2 차용석/최용성 208면.

3 김재환 131면; 배종대/홍영기 § 20/16; 백형구 109면; 이영란 273면; 이은모/김정환 237면; 임동규 181면.

4. 그 밖의 임의수사

(1) 범인식별

목격자가 용의자들을 보고 자신이 목격한 범인을 식별하는 이른바 범인식별   46
은 임의수사로서 인정된다.[1] 범인식별방법에는 인상착의가 비슷한 여러 사람을
동시에 목격자와 대면시키는 라인업(line-up),[2] 용의자 한 사람을 단독으로 목격
자와 대질시키는 쇼우업(show-up),[3] 가두식별, 유사인물 사진·동영상제시[4] 등
이 있다. 이러한 범인식별에서는 목격자 진술의 신빙성이 주로 문제된다. 판례는
범인식별의 경우 목격자의 진술의 신빙성을 높게 평가할 수 있게 하려면, 범인의
인상착의 등에 관한 목격자의 진술 내지 묘사를 사전에 상세히 기록화한 다음,
용의자를 포함하여 그와 인상착의가 비슷한 여러 사람을 동시에 목격자와 대면시
켜 범인을 지목하도록 하여야 하고, 용의자와 목격자 및 비교대상자들이 상호 사
전에 접촉하지 못하도록 하여야 하며, 사후에 증거가치를 평가할 수 있도록 대질
과정과 결과를 문자와 사진 등으로 서면화하는 등의 조치를 취하여야 한다고 판
시하고 있다.[5] 일대일 대면이나 가두식별, 사진·동영상제시인 경우에도, 용의자
가 종전에 피해자와 안면이 있는 사람이라든가 피해자의 진술 외에도 그 용의자
를 범인으로 의심할 만한 다른 정황이 존재한다든가,[6] 범죄 발생 직후 목격자의
기억이 생생하게 살아있는 상황에서 현장이나 그 부근에서 범인식별 절차를 실시
하는[7] 등의 부가적인 사정이 없는 한 기본적으로 위 원칙에 따라야 한다고 판시
하고 있다.[8]

(2) 통제배달

수사기관이 적발한 마약류 등 금제품을 충분한 감시 아래 배송함으로써 거래   47

---

1 이주원 130면.
2 대법원 2006. 9. 28, 2006 도 4587.
3 대법원 2005. 6. 24, 2005 도 734.
4 대법원 2005. 5. 27, 2004 도 7363.
5 대법원 2009. 6. 11, 2008 도 12111(일대일 대면이 허용되는 사례); 대법원 2020. 5. 28, 2020 도
   3258(피고인이 나오는 동영상만을 보고 피고인을 지목한 사례).
6 대법원 2015. 8. 27, 2015 도 5381.
7 대법원 2009. 6. 11, 2008 도 12111(피해자가 경찰관과 함께 범행 현장에서 범인을 추적하다
   골목길에서 범인을 놓친 직후 골목길에 면한 집을 탐문하여 용의자를 확정한 경우, 그 현장
   에서 용의자와 피해자의 일대일 대면이 허용된다고 한 사례).
8 대법원 2006. 9. 28, 2006 도 4587; 대법원 2008. 1. 17, 2007 도 5201.

자를 밝혀 검거하는 수사기법을 통제배달(controlled delivery)이라고 하는데(마약류 불법 거래방지에 관한 특례법 제 3 조·제 4 조),[1] 임의수사로 인정된다. 다만, 그 조치의 일환으로 세관공무원의 협조를 받아 통관절차를 거치지 않고 수출입물품을 가져와 개봉하여 검사하고 그 내용물의 점유를 취득하는 행위는 압수·수색에 해당하므로 영장이 필요하다.[2] 그러나 우편물 통관검사절차에서 이루어지는 우편물의 개봉, 시료채취, 성분분석 등의 검사와 같이 행정조사의 성격을 가지는 것은 압수·수색이라고 할 수 없다.[3]

(3) 위장수사

48   위장수사 또는 잠입수사(undercover operation)는 수사과정에서 정보나 증거를 수집하기 위하여 자신의 신분을 위장하거나 가공신분을 만들어 수사대상인 개인의 주변이나 단체의 조직원으로 몰래 들어가 수사하는 수법을 말한다. 이는 대상자의 의사에 반하여 권리이익을 제약하는 등 특별한 사정이 없는 한 임의수사로서 가능하다고 할 것이다. 아동·청소년의 성보호에 관한 법률(이하, 청소년성보호법이라 한다)은 아동·청소년대상 디지털 성범죄의 수사 특례로서 ① 신분비공개수사와 ② 신분위장수사를 인정하고 있는데, ②의 신분위장수사는 법원의 허가를 받도록 규정하고 있다.

          신분비공개수사는 사법경찰관리가 디지털 성범죄[청소년성보호법 제11조(아동·청소년 성착취물의 제작·배포 등), 제15조의 2 (아동·청소년에 대한 성착취 목적 대화 등)의 죄 및 아동·청소년에 대한 성폭력범죄의 처벌 등에 관한 특례법 제 14조(카메라 등을 이용한 촬영) 2항(촬영물·복제물 등의 반포 등), 3항(영리 목적의 정보통신망 이용 반포 등)의 죄]에 대하여 신분을 비공개하고 범죄현장(정보통신망 포함) 또는 범인으로 추정되는 자들에게 접근하여 범죄행위의 증거 및 자료 등을 수집하는 것을 말한다(청소년성보호법 제25조의 2 제 1 항). 사법경찰관리가 신분비공개수사를 진행하고자 할 때에는 사전에 상급 경찰관서 수사부서의 장의 승인을 받아야 하고, 그 수사기간은 3개월을 초과할 수 없다(동법 제25조의 3 제 1 항).

          신분위장수사는 사법경찰관리가 디지털 성범죄 수사를 위하여 신분을 위장하기 위한 문서, 도화 및 전자기록 등의 작성, 변경 또는 행사하거나, 위장 신분을 사용한 계약·거래를 하거나, 아동·청소년성착취물 또는 위 카메라 등 이용

---

1 통제배달에는 물품을 원상태로 그대로 두는 통상적인(live) 통제배달과 무해한 물품으로 바꿔치기하는 클린(clean) 통제배달(예컨대 대법원 2017. 7. 18, 2014 도 8719 사례에서는 검찰수사관이 세관공무원으로부터 필로폰이 든 특송화물을 임의로 제출받는 형식으로 영장 없이 압수한 다음 대체 화물로 통제배달)이 있다.

2 대법원 2017. 7. 18, 2014 도 8719.

3 대법원 2013. 9. 26, 2013 도 7718.

촬영물 또는 복제물(복제물의 복 제물을 포함)의 소지, 판매 또는 광고를 하는 것을 말한다(동조 제2항). 신분위장수사는 디지털 성범죄를 계획 또는 실행하고 있거나 실행하였다고 의심할 만한 충분한 이유가 있고, 다른 방법으로는 그 범죄의 실행을 저지하거나 범인의 체포 또는 증거의 수집이 어려운 경우에 한정하여 수사 목적을 달성하기 위하여 부득이한 때에 할 수 있다(동조 제2항). 사법경찰관리는 신분위장수사를 하려는 경우에는 검사에게 신분위장수사에 대한 허가를 신청하고, 검사는 법원에 그 허가를 청구하며(동법 제25조 의3 제3항), 법원은 신청이 이유 있다고 인정하는 경우에는 신분위장수사를 허가하고, 이를 증명하는 서류(허가서)를 신청인에게 발부한다(동조 제5항). 신분위장수사의 기간은 3개월을 초과할 수 없으며, 그 수사기간 중 수사의 목적이 달성되었을 경우에는 즉시 종료하여야 하나(동조 제7항), 법원의 허가를 받아 3개월의 범위에서 그 기간을 연장할 수 있고, 총 기간은 1년을 초과할 수 없다(동조 제8항). 그리고 사법경찰관리는 긴급을 요하는 때에는 법원의 허가 없이 신분위장수사를 할 수 있는데(긴급 신분 위장수사)(동법 제25조 의4 제1항), 신분위장수사 개시 후 지체 없이 검사에게 허가를 신청하여야 하고, 사법경찰관리는 48시간 이내에 법원의 허가를 받지 못한 때에는 즉시 신분위장수사를 중지하여야 한다(동조 제2항). 신분비공개수사 또는 신분위장수사로 수집한 증거 및 자료 등은 그 사용이 제한되는데, 형사절차와 관련해서는 그 목적이 된 디지털 성범죄나 이와 관련되는 범죄를 수사·소추하거나 그 범죄를 예방하기 위하여 사용하는 경우 외에는 사용할 수 없다(동법 제25조 의5 제1호).

신분비공개수사 또는 신분위장수사에 대해서는 형사·징계·손해배상 책임이 면제된다. 즉 사법경찰관리가 신분비공개수사 또는 신분위장수사 중 부득이한 사유로 위법행위를 한 경우 그 행위에 고의나 중대한 과실이 없는 경우에는 벌하지 아니하고(동법 제25조 의8 제1항), 그 위법행위가 징계 사유에 해당하더라도 그 행위에 고의나 중대한 과실이 없는 경우에는 징계 요구 또는 문책 요구 등 책임을 묻지 아니하며(동조 제2항), 신분비공개수사 또는 신분위장수사 행위로 타인에게 손해가 발생한 경우라도 사법경찰관리는 그 행위에 고의나 중대한 과실이 없는 경우에는 그 손해에 대한 책임을 지지 아니한다(동조 제3항).

제 2 장 강제수사

형벌법규의 완전한 실현과 함께 형사소추기관의 침해로부터 개인의 자유를 보호하는 것은 전체 형사소송을 지배하는 이념이다. 형사소송법의 모든 규정은 이러한 충돌하는 이익을 조화하는 것을 목적으로 한다. 즉 형사소송법의 과제는 단순히 실체형법을 실현하는 데 그치는 것이 아니라 형벌권을 적정절차에서 실현함에 있다. 이러한 의미에서 형사소송법과 헌법은 형사소추의 권리와 의무를 근거지움과 동시에, 그 한계를 확정하는 기능을 가진다고 할 수 있다. 형사소송에 있어서 개인의 자유와 권리를 침해할 가능성이 가장 큰 분야가 바로 강제처분이다.

강제처분이란 소송의 진행과 형벌의 집행을 확보하기 위하여 강제력을 사용하는 것을 말한다. 수사기관의 강제처분을 강제수사라고 한다. 따라서 강제처분은 필연적으로 헌법에 의하여 보장되고 있는 기본적 인권을 침해하지 않을 수 없다. 즉 체포와 구속은 개인의 자유를 제한하며, 신체에 대한 검증과 감정은 신체의 완전성을 침해하고, 압수는 재산권을, 수색은 주거권을 침해하지 않을 수 없다. 특히 과학기술의 발달에 따라 새로운 유형으로 등장한 과학수사는 개인의 privacy를 침해하고 인간의 존엄과 가치를 부정할 위험을 가지고 있다. 그러나 강제처분은 자유의 제한을 목적으로 하는 것이 아니라 형벌권을 실현하기 위하여 불가피한 범위에서 자유를 제한할 수 있음에 불과하다. 따라서 강제처분에 의한 개인의 자유의 제한은 기본권을 보장하고 있는 헌법규범의 정신에 비추어 엄격히 제한하지 않으면 안 된다. 형사소송법의 역사를 강제처분의 자기제한의 역사라고 하는 것도 이러한 의미에서 이해할 수 있다.

강제처분은 강제력이 행사되는 객체에 따라 대인적 강제처분과 대물적 강제처분으로 나눌 수 있다. 체포와 구속은 전자에 속하고, 압수·수색·검증은 후자에 해당한다. 영장과의 관계에서 강제처분은 사전에 발부된 법관의 영장에 의한 통상의 강제처분과 사후의 영장발부를 전제로 하는 긴급강제처분으로 분류되기도 한다. 또 강제처분은 그 주체에 따라 법원의 강제처분과 수사기관의 강제처분 및 수사기관의 청구에 의하여 판사가 하는 강제처분으로 나눌 수 있다. 형사소송법은 법원의 강제처분을 원칙으로 규정하고$\binom{\text{제68조 내지}}{\text{제145조}}$ 강제수사에 관하여는 수사상의 체포와 구속$\binom{\text{제200조의 2 내지}}{\text{제214조의 3}}$ 및 압수·수색·검증$\binom{\text{제215조 내지}}{\text{제218조의 2}}$에 관한 규정을 두면서 법원의 강제처분에 관한 규정을 준용하고 있다$\left(\substack{\text{제200조의 6,} \\ \text{제209조, 제219조}}\right)$.[1]

제 1 절　체포와 구속 　　§13

Ⅰ. 형사소송법상의 대인적 강제처분

　　형사소송법의 대인적 강제처분은 체포와 구속으로 이원화되어 있다. 구속은　　1
피고인에 대한 구속과 피의자에 대한 구속으로 나누어진다. 전자는 수소법원이
공소제기된 피고인을 구속하거나 구인하는 것이며, 후자는 수사기관이 피의자를
구금하는 것을 말한다. 구속에는 구금과 구인이 포함된다. 구금(拘禁)이란 피고인
또는 피의자를 교도소 또는 구치소에 감금하는 강제처분이다. 이에 반하여 구인
(拘引)은 피고인 또는 피의자를 법원 기타 일정한 장소에 인치하는 강제처분이다.
구인한 피고인 또는 피의자를 법원에 인치한 경우에 구금할 필요가 없다고 인정
한 때에는 그 인치한 때로부터 24시간 이내에 석방해야 한다$\left(\substack{\text{제71조,}\\\text{제209조}}\right)$. 피의자에 대한
구속은 법관인 지방법원 판사가 사전에 발부한 구속영장에 의하여야 한다$\left(\substack{\text{제201}\\\text{조}}\right)$.
피고인에 대하여는 구속만 인정됨에 반하여 피의자에게는 구속 이외에 체포제도
가 있다. 구속이 피고인 또는 피의자를 비교적 장기간에 걸쳐 구금하는 제도임에
반하여, 체포는 수사 초기에 단기간에 걸친 피의자의 간편한 신병확보를 가능하
게 하기 위한 제도이다. 따라서 체포의 요건은 구속의 경우에 비하여 완화되지
않을 수 없다. 체포에는 체포영장에 의한 체포, 즉 통상체포와 긴급체포 및 현행
범인의 체포가 있다. 체포에 관하여 형사소송법은 체포영장에 의한 체포를 원칙
으로 함으로써 영장주의를 일관하고 있다$\left(\substack{\text{제200조}\\\text{의 2}}\right)$. 그러나 긴급체포와 현행범인의
체포에 있어서는 영장 없는 체포를 허용하고 있다. 즉 긴급체포나 현행범인의 체
포에 의하여 체포한 피의자를 구속하고자 할 때에는 구속영장을 청구하면 되고
사후에 체포영장을 받아야 하는 것은 아니다.

　　형사소송법상 체포제도가 도입되었다고 하여 피의자의 구속이 반드시 체포　　2

---

1 이는 직권주의 형사소송구조를 가진 대륙법계 국가의 형사소송법의 전형적인 특징에 해당하
　는데, 영미식 영장주의를 채택하고 당사자주의적 특징이 강화된 현행 형사소송법과는 조화되
　기 어려운 방식이다. 입법론상 재고를 요한다.

를 전제로 하는 것은 아니다. 즉 피의자의 구속은 반드시 체포를 거칠 것을 요하지 아니하고 사전절차 없이 바로 피의자를 구속하는 것도 가능하다(체포·구속 병렬주의). 형사소송법은 체포절차를 거치지 않고 바로 피의자를 구속하는 경우에 구속피의자의 심문을 위하여 구인을 위한 구속영장을 발부하게 하고 있다(제201조의2 제 2 항). 이러한 의미에서 형사소송법의 체포제도는 일본 형사소송법이 체포전치주의에 의하여 체포된 피의자만을 구류할 수 있게 한 것이나, 미국과 같이 체포된 피의자를 석방하지 않을 때에는 구속이 계속되게 하여 체포에 의하여 구속을 개시하게 하는 것과 구별된다.

Ⅱ. 피의자의 체포

1. 체포의 의의

3   체포란 죄를 범하였다고 의심할 만한 상당한 이유가 있는 피의자를 단시간 동안 수사관서 등 일정한 장소에 인치하는 제도이다. 수사 초기에 피의자의 신병을 확보하기 위한 구속의 전단계 처분으로서 체포기간이 단기이고 요건이 완화되어 있는 점에서 구속과 구별된다.

> 체포제도는 1995. 12. 29. 형사소송법 개정에 의하여 형사소송법에 도입되었다. 체포제도를 도입한 것은 ① 구속전피의자심문제도의 도입에 따라 수사 초기에 피의자를 쉽게 인치할 수 있는 제도가 필요하였으며, 동시에 이를 통하여 임의동행이나 보호실유치 같은 탈법적인 관행을 근절할 필요가 있었고, ② 체포와 구속의 각 단계에서 신체구속의 이유를 다시 심사하여 불필요한 구속을 억제하고 구속기간을 단축하는 것이 피의자의 인권보장에 적합하다는 점에 있었다.

형사소송법은 체포제도를 도입하여 체포의 이유를 구속사유보다 완화함으로써 피의자에 대한 간편한 인치를 가능하게 하면서, 체포한 피의자를 구속하고자 할 때에는 체포한 때로부터 48시간 이내에 제201조의 규정에 의하여 구속영장을 청구하게 하고(제200조의2 제 5 항) 체포·긴급체포 또는 구인된 경우에 체포 또는 구인기간을 구속기간에 산입케 함으로써(제203조의2) 구속영장 발부 시기와 상관없이 구속기간의 상한을 넘어설 수 없게 하였다.

4   형사소송법은 피의자의 체포에 관하여 체포영장에 의한 체포, 즉 통상체포를

원칙으로 한다. 즉 체포를 함에는 지방법원판사가 발부한 체포영장이 있어야 한다($^{제200조의}_{의 2}$). 체포에 관하여도 영장주의를 일관함으로써 영장주의에 의하여 강제처분을 제한하려는 헌법정신을 실현하려고 한 것이라 할 수 있다. 그러나 형사소송법은 영장 없는 체포로서 긴급체포와 현행범인의 체포도 인정하고 있다.

2. 체포영장에 의한 체포

(1) 체포의 요건

체포영장을 발부하기 위하여는 「피의자가 죄를 범하였다고 의심할 만한 상 　5
당한 이유가 있고, 정당한 이유 없이 수사기관의 출석요구에 응하지 아니하거나 응하지 아니할 우려가 있어야 한다」($^{제200조의}_{2 \ 제 1 항}$). 따라서 체포의 요건으로는 범죄혐의의 상당성과 체포사유로서 출석요구의 불응 또는 불응의 우려가 필요하다.

1) 범죄혐의의 상당성　　체포영장을 발부하기 위하여는 피의자가 죄를 범하 　6
였다고 의심할 만한 상당한 이유가 있어야 한다($^{동조}_{제 1 항}$). 여기의 범죄혐의가 수사기관의 주관적 혐의로는 부족하고 객관적 혐의가 있어야 한다는 점에는 의문이 없다. 체포영장을 발부하기 위한 범죄혐의의 정도에 관하여 형사소송법은 구속영장을 발부하는 경우($^{제201조}_{1 항}$)와 같이 죄를 범하였다고 의심할 만한 상당한 이유가 있음을 요구하고 있다. 이러한 법규정에도 불구하고 체포영장에서의 범죄혐의 정도는 구속에 비하여 낮다는 견해[1]도 있으나, 여기의 범죄의 혐의도 무죄의 추정을 깨뜨릴 수 있을 정도의 유죄판결에 대한 고도의 개연성 내지 충분한 범죄혐의가 있어야 한다고 해야 한다.[2]

2) 체포사유　　피의자를 체포하기 위하여는 피의자가 정당한 이유 없이 수사 　7
기관의 출석요구에 응하지 아니하거나 응하지 아니할 우려가 있어야 한다($^{동조}_{제 1 항}$). 수사기관의 출석요구에 응하지 아니한 경우뿐만 아니라 장래에 응하지 아니할 우려가 있으면 충분하다. 피의자신문은 임의수사이고 체포가 반드시 피의자신문만을 위한 제도가 아닌 이상 피의자가 출석요구에 응하지 아니하거나 응하지 아니할 우려가 있다는 것을 체포사유로 하는 것이 타당한가에 관하여는 의문이 없지 않다. 그럼에도 불구하고 형사소송법이 피의자에게 죄를 범하였다고 인정할 만한 상당한 이유가 있는 것 이외에 체포사유로 출석요구의 불응과 그 우려를 들고 있

---

1 노명선/이완규 182면; 이주원 134면; 이창현 307면; 정승환 § 13/5.
2 신동운 305면; 이영란 277면; 이은모/김정환 239면.

는 것은 체포를 가능한 한 제한하려는 취지라고 할 수 있다. 출석요구에 불응하거나 그러한 우려가 있으면 충분하고, 구속사유인 도망이나 증거인멸의 우려가 있어야 하는 것은 아니다. 다만, 다액 50만 원 이하의 벌금, 구류 또는 과료에 해당하는 사건에 관하여는 피의자가 일정한 주거가 없는 경우 또는 정당한 이유 없이 출석요구에 응하지 아니한 경우에 한하여 체포할 수 있다(제1항 단서). 체포사유의 판단에 있어서도 수사비례의 원칙이 적용됨을 명백히 한 규정이라고 할 수 있다.

8　　　**3) 체포의 필요성**　　　피의자의 체포도 피의자의 신병을 확보함으로써 형사절차에서의 피의자의 출석을 확보하고 증거인멸을 방지하기 위한 것이라고 볼 수 있다. 그러나 이러한 의미의 체포의 필요성은 통상체포의 요건이 되지 않는다. 이러한 점에서 체포의 필요성을 요건으로 하는 현행범인체포나 긴급체포와는 차이가 있다. 다만, 명백히 체포의 필요성이 인정되지 아니하는 경우에는 체포하여서는 안 된다(동조 제2항). 명백히 체포의 필요성이 인정되지 아니하는 경우란 피의자의 연령과 경력, 가족관계나 교우관계, 범죄의 경중 및 태양 기타 제반 사정에 비추어 피의자가 도망할 염려나 증거를 인멸할 염려가 없는 경우를 말한다(규칙 제96조 의2 참조).[1] 이와 같이 체포의 필요성은 체포의 적극적 요건이 아니라 그 부존재가 명백한 경우에 한하여 체포를 하지 않게 하는 소극적 요건에 불과하다. 따라서 체포의 필요성이 의심스러운 경우에는 체포할 수 있다고 해야 한다.

　　(2) 체포의 절차

　　체포영장에 의한 체포는 검사의 청구에 의하여 관할 지방법원판사가 발부한 체포영장에 의한다(제200조의2 제1항).

9　　　**1) 체포영장의 청구**　　　체포영장의 청구권은 검사에게 있다. 즉 피의자가 죄를 범하였다고 의심할 만한 상당한 이유가 있고 체포사유가 인정될 때에는 검사는 관할 지방법원판사에게 청구하여 체포영장을 발부받아 피의자를 체포할 수 있다. 체포영장의 청구권자를 검사로 한 것도 체포를 제한하기 위한 것이며, 헌법 제12조 3항의 규정에 비추어 당연하다고 할 수 있다. 검사가 체포영장을 청구함에 있어서 동일한 범죄사실에 관하여 그 피의자에 대하여 전에 체포영장을 청구하였거나 발부받은 사실이 있는 때에는 다시 체포영장을 청구하는 취지 및 이유를 기재하여야 한다(제200조의2 제4항).

　　사법경찰관은 검사에게 신청하여 검사의 청구로 체포영장을 발부받아야 한

1　차용석/최용성 215면은 이는 실질적으로 도주나 증거인멸의 우려로 보아야 한다고 주장한다.

다($^{제200조의}_{2 제 1 항}$). 만일 검사가 정당한 이유 없이 판사에게 청구하지 아니한 경우, 사법경찰관은 그 검사 소속의 지방검찰청 소재지를 관할하는 고등검찰청에 영장 청구 여부에 대한 심의를 신청할 수 있다($^{제221조의}_{5 제 1 항}$). 위 심의를 위하여 각 고등검찰청에 영장심의위원회[1]를 두는데($^{동조}_{제 2 항}$), 심의위원회는 위원장 1명을 포함한 10명 이내의 외부 위원으로 구성하고, 위원은 각 고등검찰청 검사장이 위촉한다($^{동조}_{제 3 항}$). 사법경찰관은 심의위원회에 출석하여 의견을 개진할 수 있다($^{동조}_{제 4 항}$).

체포영장청구서에는 ① 피의자의 성명·주민등록번호 등·직업·주거, ② 피의자에게 변호인이 있는 때에는 그 성명, ③ 죄명 및 범죄사실의 요지, ④ 7일을 넘는 유효기간을 필요로 하는 때에는 그 취지 및 사유[2], ⑤ 여러 통의 영장을 청구하는 때에는 그 취지 및 사유, ⑥ 인치·구금할 장소 등을 기재하여야 하며($^{규칙}_{제95조}$), 체포의 사유 및 필요를 인정할 수 있는 자료를 제출해야 한다($^{규칙 제}_{96조 1항}$). 체포영장청구서에는 범죄사실의 요지를 따로 기재한 서면 1통($^{수통의 영장을 청구하는}_{때에는 그에 상응하는 통수}$)을 첨부하여야 한다($^{규칙 제}_{93조 2항}$).

2) 체포영장의 발부　　　　체포영장의 청구를 받은 지방법원판사는 상당하다고 인정할 때에는 체포영장을 발부한다($^{동조}_{제 2 항}$). 구속영장의 경우와는 달리 체포영장을 발부하기 위하여 지방법원판사가 피의자를 심문하는 것은 인정되지 않는다. 체포영장의 기재사항이나 그 방식은 구속영장의 경우와 같다. 따라서 체포영장에는 피의자의 성명, 주거, 죄명, 피의사실의 요지, 인치·구금할 장소, 발부연월일, 그 유효기간과 그 기간을 경과하면 집행에 착수하지 못하며 영장을 반환하여야 할 취지를 기재하고 법관이 서명날인하여야 한다($^{제200조의 6,}_{제75조 1항}$). 체포영장을 발부하지 아니할 때에는 청구서에 그 취지 및 이유를 기재하고 서명날인하여 청구한 검사에게 교부한다($^{제200조의}_{2 제 3 항}$). 대법원은 체포영장에 관한 지방법원판사의 재판은 형사소송법 제402조의 항고의 대상이 되는 법원의 결정이나 제416조 1항의 준항고의 대상이 되는 재판장 또는 수명법관의 구금 등에 관한 재판에 해당하지 않는다고 판시하여 불복을 허용하지 않고 있다.[3]

10

1　영장심의위원회의 구성과 운영 등에 관한 사항은 「영장심의위원회 규칙」(제정 2021. 1. 1. 법무부령 제996호)에서 정하고 있다.

2　실무상 소재불명인 피의자에 대한 지명수배를 하기 위한 근거로서 체포영장을 청구하는 경우에 공소시효 내의 일정기간을 정하여 체포영장을 청구하는 방법으로 이용되고 있는데, 소재불명이라고 해서 출석불응 또는 그 염려가 있다고 하기 어려우므로 해석론상, 입법론상 문제가 있다.

3　대법원 2006. 12. 18. 결정, 2006 모 646.

3) 체포영장의 집행

11   (가) **집행기관**   체포영장의 집행에 관하여는 구속영장의 집행에 관한 규정이 대부분 준용된다($^{제200조}_{의6}$). 즉 체포영장은 검사의 지휘에 의하여 사법경찰관리가 집행한다($^{제81조}_{1항 본문}$). 교도소 또는 구치소에 있는 피의자에 대하여 발부된 체포영장은 검사의 지휘에 의하여 교도관리가 집행한다($^{동조}_{제3항}$). 검사는 관할구역 외에서 집행을 지휘할 수 있고 당해 관할구역의 검사에게 집행지휘를 촉탁할 수 있으며($^{제83조}_{1항}$), 사법경찰관리도 관할구역 외에서 체포영장을 집행하거나 관할구역의 사법경찰관리에게 집행을 촉탁할 수 있다($^{동조}_{제2항}$). 사법경찰관리가 관할구역 외에서 체포영장을 집행하거나 관할구역 밖의 사법경찰관리의 촉탁을 받아 피의자를 체포한 때에는 관할 지방검찰청 검사장 또는 지청장에게 보고하여야 한다($^{제210}_{조}$).

12   (나) **집행절차**   체포영장을 집행함에는 체포영장을 피의자에게 제시하여야 한다($^{제200조의6,}_{제85조 1항}$). 다만, 체포영장을 소지하지 아니한 경우에 급속을 요하는 때에는 피의자에 대하여 피의사실의 요지와 영장이 발부되었음을 고하고 집행할 수 있다. 이 경우에 집행을 완료한 후에는 신속히 체포영장을 제시해야 한다($^{동조 제3}_{항·제4항}$).[1] 검사 또는 사법경찰관은 피의자를 체포하는 경우에는 피의사실의 요지, 체포의 이유와 변호인을 선임할 수 있음을 말하고 변명할 기회를 주어야 한다($^{헌법 제12조}_{5항 전문,}$ $^{형소법 제}_{200조의5}$).[2] 이러한 제시[3]나 고지[4]는 체포를 위한 실력행사에 들어가기 이전에 미리 하여야 하는 것이 원칙이나, 달아나는 피의자를 쫓아가 붙들거나 폭력으로 대항하는 피의자를 실력으로 제압하는 경우에는 붙들거나 제압하는 과정에서 하거나, 그것이 여의치 않은 경우에는 일단 붙들거나 제압한 후에 지체 없이 하여야 한다. 체포영장의 집행을 받은 피의자를 호송할 경우에 필요한 때에는 가장 근접한 교도소 또는 구치소에 피의자를 임시로 유치할 수 있다($^{제86}_{조}$).

---

1 체포영장을 소지하지 않았지만 급속을 요하여 영장 제시 없이 체포에 착수하였는데 피의자가 저항하여 특수공무집행방해의 현행범인으로 체포한 때는 체포영장을 별도로 제시할 필요가 없다(대법원 2021. 6. 24, 2021 도 4648).

2 피의자 국선변호제도를 확대하여 체포된 피의자가 미성년자·농아자인 경우, 신체적·정신적 장애로 사물을 변별하거나 의사를 결정·전달할 능력이 미약한 사람인 경우 및 사형·무기 또는 단지 3년 이상의 징역·금고에 해당하는 사건의 피의자인 경우에도, 법률구조공단을 통하여 국선변호인을 선정해 줄 수 있는 정부의 형사소송법개정안(2019. 11. 의안번호 23814)이 제출된 바 있으나, 아직 실현되지 못하고 있다.

3 대법원 2017. 9. 21, 2017 도 10866.

4 대법원 2004. 8. 30, 2004 도 3212. 긴급체포(대법원 2008. 7. 24, 2008 도 2794)나 현행범인의 체포(대법원 2008. 10. 9, 2008 도 3640; 대법원 2017. 3. 15, 2013 도 2168)의 경우에도 마찬가지이다.

4) 집행 후의 절차   피의자를 체포한 때에는 즉시 영장에 기재된 인치·구   13
금장소로 호송하여 인치 또는 구금하여야 한다($\substack{제200조의6, \\ 제85조 1항}$). 구금장소의 변경은 판
사의 허가사항으로 수사기관의 임의변경은 위법하다.[1] 변호인이 있는 경우에는
변호인에게, 변호인이 없는 때에는 변호인 선임권자 가운데 피의자가 지정한 자
에게 피의사건명, 체포일시·장소, 피의사실의 요지, 체포의 이유와 변호인을 선
임할 수 있음을 알려야 한다($\substack{헌법 제12조 5항 후문, \\ 형소법 제200조의6, 제87조}$).

체포된 피의자는 수사기관, 교도소장 또는 구치소장이나 그 대리자에게 변호   14
인을 지정하여 변호인의 선임을 의뢰할 수 있고, 의뢰를 받은 위의 사람은 급속
히 피의자가 지정한 변호사에게 그 취지를 알려야 한다($\substack{제200조의 \\ 6, 제90조}$). 또한 체포된 피
의자는 법률의 범위 내에서 타인과 접견하고 서류 또는 물건을 수수하며 의사의
진료를 받을 수 있다($\substack{제200조의 \\ 6, 제89조}$).

(3) 체포 후의 조치

체포된 피의자를 구속하고자 할 때에는 검사는 체포한 때로부터 48시간 이   15
내에 제201조의 규정에 의하여 구속영장을 청구하여야 하고, 그 기간 내에 구속
영장을 청구하지 아니하는 때에는 피의자를 즉시 석방하여야 한다($\substack{제200조의 \\ 2 제5항}$). 체포
된 피의자를 구속하기 위하여는 구속의 필요성이 인정되어야 하는 것은 당연하다.
따라서 체포영장에 의하여 체포된 피의자라고 할지라도 구속의 필요성이 인정되
지 않을 때에는 체포된 피의자를 즉시 석방해야 한다. 48시간의 기간 내에 구속
영장을 청구하면 족하고 반드시 구속영장이 발부될 것을 요하는 것은 아니다.

체포영장에 의하여 체포된 피의자에게도 체포적부심사청구권이 인정된다   16
($\substack{제214조의 \\ 2 제1항}$). 체포영장에 의하여 체포된 피의자를 구속영장에 의하여 구속한 때에는
구속기간은 체포된 때부터 기산한다($\substack{제203 \\ 조의2}$).

3. 긴급체포

(1) 긴급체포의 의의

긴급체포란 중대한 죄를 범하였다고 의심할 만한 상당한 이유가 있는 피의   17
자를 수사기관이 법관의 체포영장을 발부받지 않고 체포하는 것을 말한다. 현행
범인의 체포와 함께 체포에 있어서 영장주의의 예외가 인정되는 경우이다. 다만,

---

1 대법원 1996. 5. 15. 결정, 95 모 94.

긴급체포는 범행과 체포 사이의 시간적 접속성이 인정되지 않는 점에서 현행범인의 체포와 구별된다. 긴급체포를 인정하는 이유는 영장주의의 원칙을 일관함으로써 중대한 범죄를 범한 범인을 놓치는 것을 방지하는 데 있다. 헌법은 영장주의를 선언하면서 「다만 장기 3년 이상의 형에 해당하는 죄를 범하고 도피 또는 증거인 멸의 염려가 있을 때에는 사후에 영장을 청구할 수 있다」고 규정하여($^{헌법\ 제12조}_{3항\ 단서}$) 긴급체포에 대한 헌법적 근거를 마련하고 있다.

(2) 긴급체포의 요건

형사소송법상 긴급체포를 하기 위하여는 다음과 같은 요건이 충족되어야 한다($^{제200조의}_{3\ 제1항}$).

18   1) **범죄의 중대성**   피의자가 사형·무기 또는 장기 3년 이상의 징역이나 금고에 해당하는 죄를 범하였다고 의심할 만한 상당한 이유가 있어야 한다. 일본 형사소송법은 충분한 이유가 있을 것을 요한다고 규정하여($^{제199}_{조}$) 혐의의 정도가 높을 것을 요한다고 해석할 여지가 있으나, 긴급체포와 통상체포의 경우의 혐의의 정도에 차이가 있는 것은 아니다. 통상체포에 필요한 범죄의 혐의도 현저한 혐의 또는 객관적 혐의가 필요하기 때문이다.

19   2) **체포의 필요성**   피의자가 증거를 인멸할 염려가 있거나 도망 또는 도망할 염려가 있어야 한다($^{동조}_{제1항}$). 즉 긴급체포를 위하여는 구속사유가 존재할 것을 요한다.[1] 긴급체포의 경우에 체포영장을 받을 것을 요하지 않는 대신 그 요건을 엄격히 한 것이며, 긴급체포의 남용을 막기 위한 규정이라고 할 수 있다.

20   3) **체포의 긴급성**   긴급을 요하여 지방법원판사의 체포영장을 받을 수 없을 것을 요한다. 긴급을 요한다 함은 피의자를 우연히 발견한 경우 등과 같이 체포영장을 받을 시간적 여유가 없는 때를 말한다($^{동조}_{제1항}$). 이를 위하여는 판사의 체포영장을 받아서는 체포할 수 없거나 체포가 현저히 곤란할 것을 요한다. 반드시 체포영장에 의한 체포가 객관적으로 불가능해야 하는 것이 아니라 검사 또는 사법경찰관의 합리적 판단에[2] 의하여 체포의 목적이 위험하게 된다고 인정되면 충분하다. 따라서 체포 당시 범죄혐의가 인정되지 않는 사람을 긴급체포한 경우는 물론,[3] 조사를 받기 위하여 수사관서에 자진 출석한 피의자를 긴급체포한 경우

---

1 Boujong KK § 127, Rn. 34; Meyer-Goßner § 127, Rn. 10.

2 대법원 2006. 9. 8, 2006 도 148.

3 대법원 2002. 6. 11, 2000 도 5701.

에도 체포의 필요성이 현저한 특별한 경우[1] 외에는 원칙적으로 긴급체포는 위법하다고 해야 한다.[2]

> 대법원은 경찰관이 필로폰 투약의 의심이 있는 피고인의 주거지를 방문하여 나오라고 하였으나 응하지 않자 강제로 문을 열고 들어가 긴급체포한 사안에서, 경찰관이 이미 피고인의 신원과 주거지 및 전화번호 등을 모두 파악하고 있었고, 당시 마약 투약의 범죄 증거가 급속하게 소멸될 상황도 아니었던 점 등의 사정을 감안하면 긴급체포가 미리 체포영장을 받을 시간적 여유가 없었던 경우에 해당하지 않아 위법하다고 판시하였다.[3]

(3) 긴급체포의 절차

1) 긴급체포의 방법　　검사 또는 사법경찰관은 피의자에게 긴급체포를 한다 **21** 는 사유를 알리고 영장 없이 피의자를 체포할 수 있다($\frac{동조}{제1항}$). 사법경찰관이 긴급체포를 한 경우에는 즉시 검사의 승인을 받아야 한다($\frac{동조}{제2항}$). 검사 또는 사법경찰관이 피의자를 긴급체포하는 경우에는 피의사실의 요지, 체포의 이유와 변호인을 선임할 수 있음을 말하고 변명의 기회를 주어야 하며($\frac{제200조}{의5}$), 즉시 긴급체포서를 작성하여야 한다($\frac{제200조의}{3\ 제3항}$). 긴급체포서에는 범죄사실의 요지와 긴급체포의 사유 등을 기재하여야 한다($\frac{동조}{제4항}$).

2) 체포 후의 조치　　검사 또는 사법경찰관이 긴급체포한 피의자를 구속하고 **22** 자 할 때에는 지체 없이 검사는 관할 지방법원판사에게 구속영장을 청구하여야 하고, 사법경찰관은 검사에게 신청하여 검사의 청구로 관할 지방법원판사에게 구속영장을 청구하여야 한다. 이 경우 구속영장은 피의자를 체포한 때부터 48시간 이내에 청구하여야 하며, 구속영장을 청구할 때에는 긴급체포서를 첨부하여야 한다($\frac{제200조의}{4\ 제1항}$). 48시간 이내에 구속영장을 청구하지 아니하거나 발부받지 못한 때에는 피의자를 즉시 석방하여야 한다($\frac{동조}{제2항}$). 48시간 이내에 구속영장을 청구하면 족하므로 이 기간이 넘어서 구속영장이 발부되었다고 해서 피의자를 석방해야 하는 것은 아니다.

긴급체포가 체포영장에 의하지 아니한 체포임에도 불구하고 형사소송법은 **23** 이 경우에 체포영장을 받도록 하지 않고, 체포영장에 의한 체포의 경우와 같은

---

[1]　대법원 2005. 11. 10, 2004 도 42.

[2]　대법원 2006. 9. 8, 2006 도 148.

[3]　대법원 2016. 10. 13, 2016 도 5814.

시간 내에 구속영장을 받으면 구속할 수 있게 하고 있다. 그 결과 형사소송법은
긴급체포의 경우에 구속영장을 청구하는 48시간까지는 영장 없는 체포를 인정한
것이 된다. 이에 의하여 체포에 관하여 체포영장에 의한 체포를 원칙으로 하여
영장주의를 실현하려고 한 취지는 무의미하게 되었으며, 체포영장에 의한 체포와
긴급체포의 효과를 동일하게 하여 긴급체포뿐만 아니라 통상체포를 해야 할 경우
까지 영장 없는 체포로 만들게 될 위험을 안고 있다는 비판을 면할 수 없다.[1]
입법론으로는 긴급체포의 경우에도 지체 없이 체포영장을 받도록 하는 것이 타당
하다고 생각한다.

24   **3) 재체포의 제한 및 사후통제**   긴급체포되었으나 구속영장을 청구하지 아니
하거나 구속영장을 발부받지 못하여 석방된 자는 영장 없이는 동일한 범죄사실에
관하여 다시 체포하지 못한다($\frac{동조}{제3항}$). 따라서 판사에 의하여 체포영장을 발부받은
때에는 다시 체포할 수 있다.

　　검사는 구속영장을 청구하지 아니하고 긴급체포한 피의자를 석방한 경우에
는 석방한 날로부터 30일 이내에 긴급체포서를 첨부하여 서면으로 ① 긴급체포
후 석방된 자의 인적사항, ② 긴급체포의 일시ㆍ장소와 긴급체포하게 된 구체적
이유, ③ 석방의 일시ㆍ장소 및 사유, ④ 긴급체포 및 석방한 검사 또는 사법경찰
관의 성명을 법원에 통지하여야 하며($\frac{동조}{제4항}$), 사법경찰관은 긴급체포한 피의자에
대하여 구속영장을 신청하지 아니하고 석방한 경우에는 즉시 검사에게 보고하여
야 한다($\frac{동조}{제6항}$). 긴급체포 후 석방된 자 또는 그 변호인ㆍ법정대리인ㆍ배우자ㆍ직
계친족ㆍ형제자매는 통지서 및 관련 서류를 열람하거나 등사할 수 있다($\frac{동조}{제5항}$).
긴급체포 후 석방결정에 대한 사법적 통제제도를 마련한 것이라고 할 수 있다.

　　(4) 긴급체포와 압수ㆍ수색ㆍ검증

25   검사 또는 사법경찰관이 피의자를 긴급체포하는 경우에 영장 없이 타인의
주거나 타인이 간수하는 가옥 등에서 피의자를 수색하거나, 체포현장에서 압수ㆍ
수색ㆍ검증을 할 수 있고($\frac{제216}{조}$), 피의자가 소유ㆍ소지 또는 보관하는 물건에 대하
여 체포한 때로부터 24시간 이내에 한하여 영장 없이 압수ㆍ수색 또는 검증을 할
수 있다($\frac{제217조}{1항}$).

---

1 이은모/김정환 251면; 이창현 331면; 정승환 § 13/23.

4. 현행범인의 체포

(1) 현행범인의 의의

헌법은 현행범인의 체포에 대하여 영장주의의 예외를 인정하고 있다($\binom{헌법}{제12조}$ **26**
$\binom{3항}{단서}$). 형사소송법은 현행범인을 고유한 의미의 현행범인과 준현행범인으로 나누
어 규정하고 있다.

현행범인의 개념은 원래 로마법의 현행도(現行盜, furtum manifestum)에서 유래한
다. 그러나 로마법의 현행도는 비현행도에 비하여 무겁게 처벌받는다는 실체법적 개
념이었다. 현재 현행범인은 대륙법에서는 물론 영미법에서도 체포에 있어서 영장주
의의 예외가 인정된다는 소송법적 의의만을 가지고 있다.

1) 고유한 의미의 현행범인   현행범인이란 범죄를 실행하고 있거나 실행하   **27**
고 난 직후의 사람을 말한다($\binom{제211조}{1항}$). 따라서 현행범인이란 범인의 일종을 의미하
는 것이 아니라 일정한 시간적 단계에 있는 범인을 말하는 데 지나지 않는다.

'범죄를 실행하고 있다'는 것은 범죄의 실행에 착수하여 종료하지 못한 상태
를 말한다. 범죄는 특정된 죄임을 요하지만 죄명이나 형의 경중을 묻지 않는다.
미수가 처벌되는 범죄에 있어서는 실행의 착수가 있으면 충분하고, 예비ㆍ음모를
벌하는 경우에는 예비ㆍ음모가 실행행위에 해당한다. 정범뿐만 아니라 공범도 포함
한다. 교사범과 방조범에 있어서는 교사행위ㆍ방조행위가 실행행위라고 하는 견해[1]
도 있다. 그러나 교사범과 방조범은 정범의 실행행위를 전제로 하므로 정범의 실
행행위가 개시된 때에 현행범인이 된다고 해야 한다.[2] 다만, 교사의 미수($\binom{헌법 제31조}{2항ㆍ3항}$)
로 예비ㆍ음모에 준하여 처벌되는 경우에는 교사행위도 실행행위가 된다고 하지
않을 수 없다. 간접정범에 있어서는 간접정범의 이용행위가 있으면 된다.

'범죄를 실행하고 난 직후'란 범죄의 실행행위를 종료한 직후를 말한다. 결과   **28**
발생의 유무와 관계없으며 실행행위를 전부 종료하였을 것도 요하지 않는다. 직
후란 행위를 종료한 순간 또는 이에 접착한 시간적 단계를 말한다. 따라서 실행
행위와 시간적 접착성이 인정되어야 한다. 이와 같이 현행범인은 시간적 단계의
개념이지만, 범인이 범행장소를 이탈한 때에는 시간적 접착성도 인정되지 않는다
는 점에서 동시에 장소적 접착성도 요건으로 한다고 보아야 한다.[3]

---

1 김기두 210면.
2 백형구 강의, 239면; 신동운 323면; 신양균/조기영 139면; 이영란 287면; 이은모/김정환 252면.
3 대법원 2006. 2. 10, 2005 도 7158.

대법원은 ① 목욕탕 탈의실에서 피해자를 구타한 지 25분 이내에 탈의실에서 체포한 경우(대법원 2006. 2. 10. 2005 도 7518), ② 피해자의 자동차를 걷어차고 싸운 지 10분 후에 범행장소와 인접한 학교 운동장에서 체포한 경우(대법원 1993. 8. 13. 93 도 926)는 적법하지만, ⓐ 교장실에서 식칼을 들고 피해자를 협박한 지 40분 후에 교무실에서 체포한 경우(대법원 1991. 9. 24. 91 도 1314), ⓑ 음주운전을 종료한 지 40분 이상 경과한 시점에서 길가에 앉아 있는데 술 냄새가 난다는 이유로 체포한 경우(대법원 2007. 4. 13. 2007 도 1249), ⓒ 주민 신고를 받고 현장에 도착하니 이미 싸움이 끝나 의자에 앉아 있는데 체포한 경우(대법원 1995. 5. 9. 94 도 3016)는 위법한 현행범 인의 체포라고 판시하였다.

29   **2) 준현행범인**   준현행범인이란 현행범인은 아니지만 현행범인으로 간주되는 사람을 말한다. 형사소송법은 ① 범인으로 불리며 추적되고 있는 때, ② 장물이나 범죄에 사용되었다고 인정하기에 충분한 흉기나 그 밖의 물건을 소지하고 있을 때, ③ 신체나 의복류에 증거가 될 만한 뚜렷한 흔적이 있을 때,[1] ④ 누구냐고 묻자 도망하려고 할 때에 해당하는 사람을 현행범인으로 보고 있다(제211조 2항). 누구냐고 묻자 도망하려고 할 때란 주로 경찰관 직무집행법에 의한 불심검문의 경우를 말한다. 그러나 묻는 주체는 반드시 경찰관임을 요하지 않고 사인인 경우도 포함한다. 반드시 말로써 누구냐고 물을 것도 요하지 않는다. 현행범인에 대하여 영장주의의 예외를 인정하는 것은 범행과의 시간적 접착성과 범행의 명백성이 인정된다는 것을 전제로 한다. ① 내지 ③의 경우에는 범행과의 관련성이 강하게 인정되는 경우임에 반하여, ④의 경우는 범행과의 관련이 극히 약한 경우이다. 따라서 이 경우에는 다른 상황을 종합하여 죄를 범하였다는 사실이 인정될 것을 요한다고 해석하여야 할 뿐만 아니라, 입법론상으로도 재검토를 요한다고 하지 않을 수 없다.

(2) 현행범인의 체포

30   현행범인은 누구든지 영장 없이 체포할 수 있다(제212 조). 현행범에 대하여는 긴급한 체포의 필요성이 인정될 뿐만 아니라, 죄증이 확실하여 부당한 인권침해의 염려가 없기 때문이다.

31   **1) 체포의 주체**   체포는 누구든지 할 수 있다. 누구든지란 수사기관뿐만 아니라 사인(私人)도 체포할 수 있다는 것을 의미한다. 수사기관이라 할지라도 그

---

[1] 음주운전 중 교통사고를 내고 의식불명 상태에 빠져 병원으로 후송된 운전자의 신체 내지 의복류에 주취로 인한 냄새가 강하게 나는 경우(대법원 2012. 11. 15, 2011 도 15258)가 여기에 해당된다.

권한외의 범죄에 대하여는 사인으로서 체포할 수 있다. 다만, 사인은 체포할 권한을 가질 뿐이며 체포의 의무가 있는 것은 아니다.[1] 체포자는 범죄를 지각한 자임을 요한다. 그러나 직접 범죄를 지각하지 않았다 할지라도 실제로 지각한 자를 도와 체포하는 것도 가능하다. 따라서 경찰관이 통보를 받고 현장 부근에서 범인을 현행범인으로 체포할 수도 있다.

   2) 체포의 요건   현행범인으로 체포하기 위하여 행위의 가벌성, 범죄의 현행성·시간적 접착성, 범인·범죄의 명백성이 인정되어야 한다는 점에는 의문이 없다. 이 이외에 체포의 필요성과 비례성이 요구되는가가 문제된다. 그리고 이러한 요건을 갖추었는지는 체포 당시의 상황을 기초로 판단하여야 하고, 이에 관한 수사주체의 판단에는 상당한 재량의 여지가 있으므로 체포 당시의 상황에서 보아 그 요건에 관한 수사주체의 판단이 경험칙에 비추어 현저히 합리성이 없다고 인정되지 않는 한 수사주체의 현행범인 체포를 위법하다고 단정할 것은 아니다.[2]

   ㈎ 범죄의 명백성   현행범인은 체포 시에 특정범죄의 범인임이 명백하여야   32
한다. 형식상 죄를 범한 것처럼 보일지라도 범죄가 성립하지 않을 때에는 현행범인으로 체포할 수는 없다. 따라서 구성요건해당성이 인정되지 않는 경우는 현행범인으로 체포할 수 없다.[3] 그러나 사후적으로 구성요건에 해당하지 않아 무죄로 판단된다고 하더라도 범행 당시에 객관적으로 보아 현행범인이라고 인정할 만한 충분한 이유가 있으면 체포하려고 한 행위는 적법한 공무집행이라고 할 것이다.[4] 위법성조각사유나 책임조각사유가 명백한 경우에도 현행범인으로 체포할 수 없다.[5] 형사미성년자에 대하여도 현행범인이라는 이유로 체포할 수는 없다.[6] 다만, 소송조건의 존재는 체포의 요건이 되지 않는다. 따라서 친고죄에서 고소가 없는 경우에도 체포할 수 있다.[7] 그러나 고소의 가능성이 없는 때에는 수사를 할 수 없으므로 현행범인의 체포도 허용되지 않는다고 해야 한다.

---

1   Boujong KK § 127, Rn. 6; Meyer-Goßner § 127, Rn. 7; Pfeiffer § 127, Rn. 4.

2   대법원 2016. 2. 18, 2015 도 13726; 대법원 2017. 3. 9, 2013 도 16162.

3   대법원 2020. 6. 11, 2016 도 3048(사인의 현행범인체포).

4   대법원 2013. 8. 23, 2011 도 4763(식당 안 소란행위가 업무방해죄에 해당하지는 않지만, 상황을 설명해 달라거나 밖에서 얘기하자는 경찰관의 요구를 거부하고 경찰관 앞에서 소리를 지르고 양은그릇을 두드리면서 소란을 피운 사례).

5   백형구 강의, 239면.

6   Boujong KK Rn. 8; Pfeiffer Rn. 2; Roxin S. 263.

7   Boujong KK Rn. 44; Meyer-Goßner § 127, Rn. 21.

33   (나) **체포의 필요성**   긴급체포의 경우와는 달리 현행범인의 체포에 도망이나 증거인멸의 우려와 같은 구속사유가 필요하다는 명문의 규정은 없다. 현행범인의 체포에도 구속사유가 필요하다는 **적극설**[1]과 이를 요하지 않는다는 **소극설**[2]이 대립되고 있다. 도망의 염려가 있거나 신분이 확인될 수 없는 것은 현행범인체포의 요건이 되지만 증거인멸위험은 체포사유가 될 수 없다고 해석하는 견해[3]도 있다. 판례는 체포의 필요성을 요한다는 입장이다.[4] 생각건대 형사소송법은 현행범인의 체포를 통상체포의 예외적인 경우로 규정하고 있으며 통상체포의 경우에도 구속사유가 존재할 필요는 없으므로 현행범인의 체포에 있어서도 구속사유가 존재할 필요는 없다고 하겠다.

34   (다) **비례성의 원칙**   비례성의 원칙은 구속법을 지배하는 원칙이므로 현행범인의 체포에 있어서도 유지되지 않으면 안 된다. 형사소송법이 경미사건, 즉 50만 원 이하의 벌금·구류 또는 과료에 해당하는 죄의 현행범인에 대하여는 범인의 주거가 분명하지 아니한 때에 한하여 현행범인으로 체포할 수 있다고 규정하고 있는 것도 비례성의 원칙을 표현한 것이라 할 수 있다($^{제214}_조$).

3) 체포의 절차

35   (가) **체포와 범죄사실 등의 고지**   사법경찰리가 현행범인으로 체포하는 경우에는 반드시 피의사실의 요지, 구속의 이유와 변호인을 선임할 수 있음을 말하고 변명할 기회를 주어야 한다($^{제213조의 2,}_{제200조의 5}$). 이와 같은 고지는 체포를 위한 실력행사에 들어가기 전에 미리 하여야 하는 것이 원칙이나, 달아나는 피의자를 쫓아가 붙들거나 폭력으로 대항하는 피의자를 실력으로 제압하는 경우에는 붙들거나 제압하는 과정에서 하거나, 그것이 여의치 않은 경우에는 일단 붙들거나 제압한 후에 지체 없이 하여야 한다.[5]

        (나) **현행범인의 체포와 실력행사**   현행범인을 체포하는 경우에 현행범인의 저항을 받는 때에는 사회통념상 체포를 위하여 필요하고 상당하다고 인정되는 범위에서 실력을 행사할 수 있다.[6] 그러나 강제력의 사용은 체포의 목적을 달성하기

---

1 백형구 113면; 신동운 325면; 이영란 289면; 이창현 337면; 임동규 194면.
2 김재환 146면; 노명선/이완규 188면.
3 정승환 § 13/32.
4 대법원 1999. 1. 26, 98 도 3029; 대법원 2011. 5. 26, 2011 도 3682; 대법원 2016. 2. 18, 2015 도 13726; 대법원 2017. 4. 7, 2016 도 14409.
5 대법원 2010. 6. 24, 2008 도 11226; 대법원 2017. 3. 15 2013 도 2168.
6 대법원 1999. 1. 26, 98 도 3029.

위한 적절한 수단이 되지 않으면 안 된다.[1] 따라서 체포를 빌미로 생명이나 신체를 침해하는 것은 결코 허용되지 않는다.

    4) 현행범인의 체포와 압수 · 수색 · 검증   검사 또는 사법경찰관이 현행범인   36
을 체포하는 경우에 필요한 때에는 영장 없이 타인의 주거에 들어가 피의자를 수색할 수 있고, 체포현장에서 압수 · 수색 · 검증을 할 수 있다(제216조). 그러나 일반 사인이 현행범인을 체포하기 위하여 타인의 주거에 들어갈 수는 없다.

(3) 체포 후의 절차

    1) 현행범인의 인도   검사 또는 사법경찰관리 아닌 자가 현행범인을 체포한   37
때에는 즉시 검사 또는 사법경찰관리에게 인도하여야 한다(제213조 1항). 즉시란 정당한 이유 없이 인도를 지연하거나 체포를 계속하는 등으로 불필요한 지체를 함이 없이라는 의미이다.[2] 사인이 체포한 현행범인을 인도하지 않고 석방하는 것은 허용되지 않는다. 신체의 구속을 사인의 처분에 맡길 수는 없으며 체포 후에 임의로 석방하는 것을 허용할 때에는 체포권이 남용될 우려가 있기 때문이다.

    사법경찰관리가 현행범인의 인도를 받은 때에는 체포자의 성명 · 주거 · 체포의 사유를 물어야 하고 필요한 때에는 체포자에 대하여 경찰관서에 동행함을 요구할 수 있다(동조 제2항). 동행의 요구는 임의동행에 한한다.

    2) 구속영장의 청구   현행범인의 체포의 경우에도 체포영장에 의한 체포의   38
규정에 의하여 구속영장을 청구하여야 한다. 즉 검사 또는 사법경찰관리가 체포한 현행범인을 구속하고자 할 때에는 체포한 때로부터 48시간 이내에 구속영장을 청구하여야 하고, 그 기간 내에 구속영장을 청구하지 아니한 때에는 피의자를 즉시 석방하여야 한다(제213조의 2, 제200조의 2 제 5 항). 검사 또는 사법경찰관리가 아닌 자에 의하여 현행범인이 체포된 후 검사 등에게 인도된 경우는 위 48시간의 기산점은 체포시가 아니라 현행범인을 인도받은 때이다.[3]

---

1   Boujong KK Rn. 28; Gössel S. 86; Roxin S. 265.

2   대법원 2011. 12. 22, 2011 도 12927.

3   대법원 2011. 12. 22, 2011 도 12927.

Ⅲ. 피의자의 구속

1. 구속의 의의와 목적

(1) 구속의 개념

39   구속이란 피의자 또는 피고인의 신체의 자유를 체포에 비하여 장기간에 걸쳐 제한하는 강제처분이다. 피의자의 구속이란 수사기관이 판사가 발부한 구속영장에 의하여 피의자를 구금하는 것이며, 반드시 체포된 피의자임을 요하지 않는다. 형사소송법은 체포된 피의자의 구속뿐만 아니라 체포되지 아니한 피의자를 직접 구속하는 경우도 인정하고 있기 때문이다($\frac{제201조,\ 제201}{조의2\ 제2항}$). 피고인의 구속이란 공소제기된 후에 법원이 구속영장에 의하여 피고인을 구인 또는 구금하는 것을 말한다. 이와 같이 구속은 사전에 발부된 구속영장에 의한 구속만 인정된다는 점에서 체포영장에 의한 체포뿐만 아니라 영장 없는 체포도 인정되는 체포와 구별된다.

40   구속에는 구인과 구금이 포함된다. 구금이란 피고인 또는 피의자를 교도소 또는 구치소 등에 감금하는 강제처분이며, 구인은 피고인 또는 피의자를 법원이나 그 밖의 장소에 인치하는 강제처분이다. 구인한 피고인 등을 인치한 경우에 구금할 필요가 없다고 인정한 때에는 인치한 때로부터 24시간 이내에 석방하여야 한다($\frac{제71조,}{제209조}$). 피의자에 대한 구인은 체포되지 아니한 피의자의 구속전피의자심문을 위한 수단으로 이용된다($\frac{제201조의}{2\ 제2항}$). 구인도 구속의 일종이므로 구인을 위한 구속영장이 발부되어야 하며, 구인을 위한 구속영장이 발부되기 위하여는 구속사유가 있어야 한다.

(2) 구속의 목적

41   구속은 형사소송의 진행과 형벌의 집행을 확보함을 목적으로 한다. 즉 구속은 피고인 또는 피의자의 자유를 제한함에 의하여 형사소송에의 출석을 보장하고, 증거인멸에 의한 수사와 심리의 방해를 제거하며, 확정된 형벌의 집행을 확보하기 위한 제도이다. 구속은 형사소송의 진행을 확보하기 위한 것이지만 동시에 구속된 피의자를 조사하는 등 적정한 방법으로 범죄를 수사하는 것도 예정하고 있다. 구속영장 발부에 의하여 적법하게 구금된 피의자가 피의자신문을 위한 출석요구에 응하지 아니하면서 수사기관 조사실에 출석을 거부할 경우, 수사기관

이 구속영장의 효력에 의하여 피의자를 조사실로 구인할 수 있다.[1]

그러나 단순히 수사를 용이하게 하기 위한 제도는 아니다. 따라서 피의자나 피고인의 자백을 받기 위하여 구속하거나, 수사의 편의를 위하여 구속하는 것이 결코 허용되어서는 안 된다.

구속사유로 재범의 위험성을 규정하고 있는 법제에서는 구속이 형사소송의 확보라는 목적 이외에 예방구금의 성질을 가지게 되지만,[2] 우리 형사소송법에서는 이러한 구속사유가 인정되지 않는다. 형사소송에는 무죄추정의 법리가 적용되어 모든 형사피고인은 유죄의 판결이 확정될 때까지 무죄를 추정받는다(헌법 제27조 4항). 무죄의 추정을 받는 자에게 형벌을 과할 수는 없으므로 구속이 사전형벌의 성질을 가질 수 없다는 것은 당연하다.[3]

42

형사소송의 진행을 확보하기 위하여는 구속은 불가결한 수단이다. 그러나 구속은 피의자나 피고인 본인에게는 물론, 그 가족과 주변에 중대한 결과를 초래한다. 구속은 피고인 또는 피의자를 가족과 직업에서 떠나게 하여 그 자신은 물론 가족을 돌볼 수 없게 하고, 경우에 따라서는 심각한 경제적 위험에 빠뜨린다. 구속은 피고인 또는 피의자의 명예를 침해하고 일반인에게는 유죄의 인상을 심어준다. 이로 인하여 피구속자의 가족도 정신적·경제적인 곤란에 빠지게 되고, 피고인 또는 피의자는 방어의 기회를 제한받게 된다. 여기서 형사소송의 기능을 확보하기 위하여 개인의 자유를 제한하는 구속은 범죄에 대한 효과적인 투쟁이 다른 방법에 의하여는 달성될 수 없는 정당한 공익의 요구가 인정되는 경우에 최후의 수단으로 사용되어야 하며,[4] 비례성의 원칙이 구속법을 지배하는 기본원리가 되지 않을 수 없다. 형사소송법은 준수사항으로 「피의자에 대한 수사는 불구속 상태에서 함을 원칙으로 한다」고 규정하고 있다(제198조 1항). 피고인에 대하여도 불구속 재판의 원칙이 적용됨은 당연하다.

43

---

1 대법원 2013. 7. 1. 결정, 2013 모 160.

2 구속이 예방구금의 성질을 갖는 것은 구속의 본질에 반한다고 할 수 있다. Roxin S. 246; Zipf S. 121; Grebing, "Untersuchungshaftrecht in der BRD," ZfRV 75, 177.

3 Boujong KK Vor § 112, Rn. 12; Zipf S. 121; Böing, "Der Schutz der Menschenrechte im Strafverfahren," ZStW 91, 380; Dünnebier, "Reform der Untersuchungshaft," *Probleme der Strafprozeßreform*, S. 41.

4 Boujong KK Vor § 112, Rn. 7; Gössel S. 66; Peters S. 419; Böing ZStW 91, 380.

2. 구속의 요건

44 형사소송법 제70조와 제201조는 구속의 요건으로 피고인이나 피의자가 죄를 범하였다고 의심할 만한 상당한 이유가 있고 구속사유, 즉 ① 일정한 주거가 없을 때, ② 증거를 인멸할 염려가 있을 때, ③ 도망 또는 도망할 염려가 있을 때의 하나에 해당하는 사유가 있는 경우에는 구속할 수 있다고 규정하고 있다. 이 이외에 비례성의 원칙도 구속의 요건이 된다.

(1) 범죄의 혐의

45 구속은 범죄의 혐의를 전제로 한다. 범죄수사는 수사기관의 주관적인 구체적 혐의에 의하여 개시된다. 그러나 구속은 개인의 자유를 제한하는 강제처분이므로 보다 강한 범죄의 혐의가 필요하다. 부당한 구속이나 구속의 남용으로부터 개인의 자유를 보장하기 위하여는 구속의 요건이 되는 범죄의 혐의가 무죄의 추정을 깨뜨릴 정도로 유죄판결에 대한 고도의 개연성이 인정되는 경우에 제한되어야 하기 때문이다.[1] 형사소송법은 피고인과 피의자의 구속에 대하여 모두 죄를 범하였다고 의심할 만한 상당한 이유가 있을 것을 요구하고 있으므로, 혐의의 정도는 체포영장 발부의 경우와 동일하다. 따라서 여기서 죄를 범하였다고 의심할 만한 상당한 이유는 죄를 범하였음을 인정할 고도의 개연성을 의미한다고 해석해야 한다.

46 혐의의 대상은 소송법상 공소를 제기할 수 있는 위법하고 유책하게 실행된 범죄이다. 따라서 위법성조각사유나 책임조각사유가 있는 때에는 물론, 소송조건이 구비될 수 없는 것이 명백한 때에도 범죄의 혐의를 인정할 수 없다고 해야 한다. 다만, 심신장애로 인하여 책임능력이 없는 때에는 치료감호 등에 관한 법률에 의하여 보호구속을 할 수 있다(동법 제6조). 범죄의 혐의는 구속 시를 기준으로 하는 것이므로, 수사나 심리의 진행에 따라 혐의가 없어질 수도 있다.

(2) 구속사유

47 형사소송법은 재범의 위험성이나 중범죄를 특별한 구속사유로 규정하고 있지 않다. 다만, 법원은 구속사유를 심사함에 있어서 범죄의 중대성, 재범의 위험성, 피해자 및 중요 참고인 등에 대한 위해우려 등을 고려해야 한다(제70조 2항). 형사

---

1 Boujong KK § 112, Rn. 3; Jescheck/Krümpelmann, *Die Untersuchungshaft*, S. 942; Böing ZStW 91, 381; Dünnebier, *a.a.O.* S. 30.

소송법이 인정하고 있는 구속사유는 ① 일정한 주거가 없는 때, ② 증거를 인멸할 염려가 있는 때, ③ 도망 또는 도망할 염려가 있는 때에 제한된다. 증거인멸과 도망의 염려는 가장 전형적인 구속사유이다.[1] 일정한 주거가 없는 때라는 구속사유는 도망의 염려를 판단하기 위한 기준에 불과하므로 형사소송법은 고전적인 구속사유만을 인정하고 있다고 할 수 있다.

　범죄의 중대성, 재범의 위험성, 피해자 및 중요 참고인 등에 대한 위해우려 등은 독립된 구속사유가 아니라 구속사유를 심사함에 있어서 고려해야 할 사정에 불과하다. 따라서 구속사유가 없는 경우에 범죄의 중대성을 이유로 구속할 수는 없다. 그러나 범죄의 중대성과 재범의 위험성은 도망할 염려를 판단할 적극적 요소가 되며, 피해자 및 중요 참고인 등에 대한 위해우려는 증거인멸의 우려를 판단하는 중요한 기준이 된다.[2]

　구속사유는 구체적 사실을 기초로 인정되어야 하며, 법관의 주관적 추측이나 염려로는 부족하다. 즉 구속사유는 객관화되어야 한다. 형사소송법이 구속영장의 청구에 구속의 필요를 인정할 수 있는 자료를 제출하도록 하고 있는 것도 이러한 의미에서 이해할 수 있다($\binom{\text{제201조}}{\text{2항}}$).

　1) 도망 또는 도망할 염려　　　　도망이란 형사소송이나 형의 집행을 피하여 영구히 또는 장기간에 걸쳐 숨는 것을 말한다. 수사기관이나 법원에서 연락하지 못하도록 종래의 주거를 떠나 새로운 거처를 정하지 않거나 돌아오지 않을 의사로 외국으로 떠나는 것이 여기에 해당한다. 도망은 피고인 또는 피의자가 형사소송이나 형의 집행을 영구히 또는 장기간 피할 의사가 있음을 전제로 한다. 따라서 피고인 또는 피의자의 존재가 형사소송이나 형벌의 집행에 불필요한 때에는 도망이라고 할 수 없게 된다. 도망할 염려란 구체적 사정을 평가한 결과 피고인 또는 피의자가 형사소송에서 떠날 고도의 개연성이 있는 것을 말한다. 형사소송에서 선고될 형량은 도망할 염려를 판단할 중요한 자료가 된다. 따라서 특별히 중형이 선고될 것이 기대되는 때에는 그 사유만으로 도망할 염려를 인정할 수 있게 된다. 다만, 이 경우에도 경제적 지위나 직장 또는 가족관계 등에 비추어 예외적으로 도망할 염려를 부정할 수도 있다.[3] 피고인 또는 피의자가 자해하거나 약물복

48

1　Gössel S. 68; Grebing ZfRV 75, 166.

2　법무부, 개정 형사소송법, 41면.

3　Boujong KK § 112, Rn. 18; Meyer-Goßner § 112, Rn. 18; Peters S. 420; Böing ZStW 91, 381.

용으로 소송능력 없는 상태에 빠지는 것도 도망의 위험에 해당할 수 있다. 그러
나 단순한 자살의 위험은 도망의 위험에 해당하지 않는다.

49   **2) 주거부정**   피고인 또는 피의자에게 일정한 주거가 없을 때는 도망의 위
험을 인정할 수 있는 중요한 판단자료가 된다. 그런데 형사소송법은 이를 독립된
구속사유로 규정하고 있다. 그러나 주거가 일정하지 않다고 하여 그것만으로 도
망할 위험이 있다고 할 수는 없으며, 한편 주거가 일정하다고 하여 도망의 위험
이 없는 것도 아니므로, 이를 독립된 구속사유로 규정한 것은 타당하다고 할 수
없다. 일정한 주거가 없다는 사유는 경미한 범죄에 대한 유일한 구속사유가 된다
는 점에서 독자적 의미를 가질 뿐이다($\genfrac{}{}{0pt}{}{\text{제70조 3항,}}{\text{제201조 1항 단서}}$).[1]

50   **3) 증거인멸의 위험**   도망이나 도망의 위험이 피고인 또는 피의자가 형사소
송에 출석할 것을 확보하기 위한 구속사유임에 대하여, 증거인멸의 위험은 인
적·물적 증거방법에 부정하게 영향을 미쳐 사실인정이 침해되는 것을 방지하는
기능을 가진 구속사유이다. 따라서 증거인멸의 위험은 피고인 또는 피의자를 구
속하지 않으면 증거방법을 훼손·변경·위조하거나, 공범자·증인·감정인에게
허위의 진술을 하게 하여 진실발견을 곤란하게 할 구체적 위험이 있는 경우에 인
정된다. 부정한 방법으로 증거를 인멸할 현저한 혐의가 있어야 하므로 단순히 수
사가 종결되지 않았다거나, 피의자가 피의사실을 다투거나 자백을 거부한다는 이
유만으로 증거인멸의 위험을 인정해서는 안 된다. 피고인 또는 피의자가 방어를
위하여 유리한 증거를 수집하거나 진술거부권을 행사하는 것도 부정한 방법이라
할 수 없으므로 증거인멸의 위험을 인정할 자료가 되지 않는다. 증거인멸의 위험
만을 기초로 한 구속사유는 사실심의 심리가 종결되면 소멸된다고 해야 한다. 그
러나 수사가 종결되었다고 하여 증거인멸의 위험이 없어지는 것은 아니다.

(3) 비례성의 원칙

51   범죄의 혐의와 구속사유 이외에 비례성의 원칙도 구속의 실질적 요건이 된
다. 구속에 의한 개인의 자유권의 침해와 형사소송의 확보라는 구속의 기능은 비
례성의 원칙에 의하여 조화될 수 있기 때문이다. 따라서 구속은 사건의 의미와
그것에 대하여 기대되는 형벌에 비추어 상당한 때에만 허용된다고 해야 한다.

52   **1) 비례성의 판단기준**   비례성의 판단기준은 기대되는 형벌과 사건의 의미
를 종합한 것이다. 따라서 구속이 선고될 형보다 오래 계속될 때에는 비례성의

---

1 Jescheck/Krümpelmann S. 948.

원칙에 반한다고 할 수 있다. 다만, 사건의 성질상 피고인이 도망하여 심리를 계속할 수 없는 때에는 비례성의 원칙에 반한다고 할 수 없다.[1] 50만 원 이하의 벌금·구류·과료에 해당하는 죄를 범한 때에도 같은 이론이 적용된다. 형사소송법이 이 경우에 피고인 또는 피의자에게 일정한 주거가 없는 경우에 한하여 구속할 수 있다고 규정한 것은 비례성의 원칙이 표현된 것이라 할 수 있다(제70조 3항, 제201조 1항 단서). 피고인 또는 피의자에게 집행유예판결을 선고할 것임에도 불구하고 구속을 계속하는 것도 비례성의 원칙에 비추어 바람직하지 않다.

2) 구속과 보충성의 원칙　　　　비례성의 원칙은 구속의 보충성의 원칙(Prinzip der Subsidiarität)을 내용으로 한다. 따라서 구속은 다른 방법에 의하여는 형사소송을 확보할 수 없는 때에만 허용된다. 그러므로 구속의 사유가 소멸되었거나, 구속의 집행정지나 보석에 의하여 구속의 목적을 달성할 수 있음에도 불구하고 구속을 계속하는 것은 비례성의 원칙에 반한다고 해야 한다.[2] 자유형의 집행을 정지해야 하는 사유가 있음에도 불구하고 구속을 하는 것도 같은 이유로 허용될 수 없다.

3. 구속의 절차

(1) 구속영장의 청구

구속은 피고인의 구속뿐만 아니라 피의자를 구속하는 때에도 법관이 발부한 영장에 의하여야 한다. 구속에 대하여 영장주의를 채택하고 있는 것은 구속에 대한 사법적 통제를 통하여 그 남용을 방지하고 인권을 보장하기 위한 것이다. 다만 구속영장의 법적 성질은 피고인의 구속과 피의자의 구속의 경우가 다르다. 즉 피고인을 구속하는 수소법원의 구속영장은 법원의 재판의 일종으로서의 명령장의 성질을 가지고 있음에 대하여, 수사기관의 피의자 구속의 경우에는 지방법원 판사의 수사기관에 대한 허가장으로서의 성질을 가진다.[3]

피의자도 검사의 청구에 의하여 법관이 발부한 구속영장에 의하여 구속을

53

54

55

---

1 Boujong KK § 120, Rn. 6; Gössel S. 70.

2 Boujong KK § 112, Rn. 50; Gössel S. 71; Meyer–Goßner § 116, Rn. 5.

3 백형구 강의, 255면; 손동권/신이철 259면; 신현주 287면; 임동규 205면. 헌법재판소도 허가장이라고 한다(헌재결 1997. 3. 27, 96 헌바 28).
　　김재환 156면; 신동운 163면; 정승환 § 14/19는 피의자의 구속의 경우에도 구속영장은 명령장이 된다고 해석한다.

할 수 있다($^{제201조}_{1항}$). 구속영장의 청구권자는 검사에 한하며, 사법경찰관은 검사에
게 신청하여 검사의 청구에 의하여 구속영장을 발부받을 수 있다. 사법경찰관이
영장을 신청한 경우, 검사는 청구 전에 사전심사를 위하여 피의자를 검찰청으로
일시 인치하여 면담·조사할 수 있고, 이를 위하여 피의자에게 출석을 요구할 수
있다($^{구속영장 청구 전 피의자 면담 등 절}_{차에 관한 지침^1 제 2 조 2항, 제 3 조}$).^{2} 사법경찰관은 검사의 신청기각에 대하여 준항
고로 다툴 수는 없으나,^{3} 검사가 정당한 이유 없이 판사에게 구속영장을 청구하지
아니하면 고등검찰청에 영장 청구 여부에 대한 심의를 신청할 수 있고($^{제221조의}_{5 제 1 항}$),
각 고등검찰청에 설치된 영장심의위원회에서 이를 심의한다($^{동조}_{제 2 항}$). 이와는 달리
일반 국민은 검사의 영장불청구에 대하여 다툴 수 없다.^{4}

　　구속영장의 청구는 서면에 의하여야 하며($^{규칙 제93}_{조 1항}$), 구속영장청구서에는 체포
영장에 기재할 사항($^{규칙 제95조}_{1호 내지 6호}$) 이외에 구속의 사유, 피의자의 체포 여부 및 체포
된 경우에는 그 형식, 피의자가 지정한 사람에게 체포이유 등을 알린 경우에는
그 사람의 성명과 연락처를 기재하고($^{규칙 제}_{95조의2}$), 구속의 필요를 인정할 수 있는 자
료를 제출해야 한다($^{제201조}_{2항}$). 구속영장청구서에도 범죄사실의 요지를 따로 기재한
서면 1통($^{수통의 영장을 청구하는 때}_{에는 그에 상응하는 통수}$)을 첨부하여야 한다($^{규칙 제}_{93조 2항}$). 체포영장에 의하여 체
포된 자 또는 현행범인으로 체포된 자에 대하여 구속영장을 청구하는 때에는 체
포영장 또는 현행범인으로 체포되었다는 취지와 체포의 일시와 장소가 기재된 서
류를 제출하여야 한다($^{규칙 제}_{96조 2항}$). 피의자도 구속영장의 청구를 받은 판사에게 유리
한 자료를 제출할 수 있다($^{동조}_{제 3 항}$).

　　구속영장의 발부도 일종의 재판이다. 따라서 구속영장의 청구를 받은 지방
법원판사는 상당하다고 인정할 때에는 구속영장을 발부하고, 이를 발부하지 아니
한 때에는 청구서에 그 취지와 이유를 기재하고 서명날인하여 청구한 검사에게
교부한다($^{제201조}_{4항}$). 구속영장을 발부한 결정이나 영장의 발부를 기각한 결정에 대하
여는 항고나 준항고가 허용되지 않는다.^{5}

1　제정 대검예규 제1153호, 2020. 12. 30(개정 대검예규 제1252호, 2021. 11. 23).
2　면담·조사는 강제수사가 아니므로 출석요구에 동의한 피의자에 한한다. 종래 판례는 사법경
　찰관이 검사의 인치지휘를 이행하지 아니한 경우에는 인권옹호직무명령불준수죄(형법 제139
　조)와 직무유기죄(형법 제122조)가 각 성립하고, 두 죄는 상상적 경합관계라고 판시하였다
　(대법원 2010. 10. 28, 2008 도 11999).
3　서울북부지방법원 2007. 1. 16. 결정, 2007 보 1.
4　대법원 2007. 5. 25. 결정, 2007 모 82.
5　대법원 1957. 12. 27. 결정, 4290 형항 8; 대법원 1958. 3. 14. 결정, 4290 형항 9; 대법원
　2006. 12. 18. 결정, 2006 모 646.

(2) 구속전피의자심문제도

1) 영장실질심사제도의 의의　　　　영장실질심사제도란 구속영장의 청구를 받은 56
판사가 피의자를 직접 심문하여 구속사유를 판단하는 것을 말한다. 형사소송법은
「체포영장에 의한 체포·긴급체포 또는 현행범인의 체포에 의하여 체포된 피의
자에 대하여 구속영장을 청구받은 지방법원판사는 지체 없이 피의자를 심문하여
야 하고($^{제201조의}_{2\,제1항}$), 체포되지 아니한 피의자에 대하여 구속영장의 청구를 받은 지
방법원판사는 피의자가 죄를 범하였다고 의심할 만한 이유가 있는 경우에 구인을
위한 구속영장을 발부하여 피의자를 구인한 후 심문하여야 한다($^{동조}_{제2항}$)」고 규정하
고 있다. 영미에서 체포된 피의자를 치안판사에게 인치하여 심문한 후에 구속 여
부를 결정하게 하고, 독일 형사소송법이 구속된 피의자를 즉시 판사에게 인치하
여 범죄사실을 심문하도록 하고 있는 것과 같은 태도이다. 자유권규약 제 9 조 제
3 항도 「형사상의 죄의 혐의로 체포되거나 또는 억류된 사람은 법관 또는 법률에
의하여 사법권을 행사할 권한을 부여받은 기타 관헌에게 신속히 회부되어야 하
며」라고 규정하고 있다. 영장주의가 법관의 사법적 판단에 의하여 구속을 규제하
는 제도적 기능을 다하기 위하여는 수사기관이 일방적으로 제출한 수사기록에 대
한 형식적 심사만으로 구속 여부를 결정할 것이 아니라 법관이 직접 피의자를 심
문하여 구속사유가 충족되었는가를 판단해야 한다는 점에서 영장실질심사는 영
장주의의 핵심적 내용이 될 뿐만 아니라, 법적 청문권은 헌법상의 법치국가 원리
와 적법절차의 이념에서 파생된 핵심적인 권리이므로 구속될 피의자에게도 법관
에게 한마디 변명이라도 할 수 있는 청문권을 보장해야 적법절차의 원리가 실현
될 수 있다는 것을 근거로 한다.

2) 필요적 피의자심문제도　　　　형사소송법은 구속전피의자심문을 피의자의 의 57
사나 법관의 필요성 판단과 관계없이 필요적으로 실시하도록 하고 있다. 즉 체포
된 피의자에 대하여 판사는 지체 없이 피의자를 심문하여야 하며, 이 경우 특별
한 사정이 없는 한 구속영장이 청구된 날의 다음 날까지 심문하여야 하고($^{동조}_{제1항}$),
체포되지 않은 피의자에 대하여 사전 구속영장을 청구받은 판사는 구인을 위한
구속영장을 발부하여 피의자를 구인한 후 심문하여야 하며, 다만 피의자가 도망
하는 등의 사유로 심문할 수 없는 경우에는 심문을 생략할 수 있다($^{동조}_{제2항}$). 형사
소송법의 필요적 피의자심문제도는 ① 영장주의와 법적 청문권의 보장은 피의자
의 구속을 제한하기 위한 법치국가원리의 내용이므로 비용과 소송경제를 이유로

제한할 수 있는 것이 아니고, ② 임의적 피의자심문제도는 체포 또는 구금된 피의자가 법관 또는 법률에 의하여 사법권을 행사할 권한을 부여받은 관헌에게 신속히 인치될 것을 요구하는 국제인권규약의 기준($\substack{\text{자유권규약} \\ \text{제9조 3항}}$)을 충족할 수 없을 뿐만 아니라, ③ 구속전피의자심문은 구속피의자에게 국선변호인을 선정해 주는 절차이며 구속영장이 발부된 때에는 그 선정의 효력이 제 1 심까지 미친다는 점($\substack{\text{동조} \\ \text{제8항}}$)에 비추어 타당한 태도라고 생각된다.

58   구속전피의자심문제도는 1995년의 제 8 차 형사소송법 개정에 의하여 우리나라에 처음 도입되었다. 그러나 당시의 구속전피의자심문제도는 판사가 구속사유를 판단함에 있어서 필요하다고 인정할 때에 피의자를 심문할 수 있게 한 임의적 심문제도였다. 이러한 임의적 심문제도는 1997년 제 9 차 형사소송법 개정에 의하여 신청에 의한 심문제도로 개정되었다. 그러나 영장주의의 실효성을 확보하고 피의자의 대면권을 보장하기 위하여는 구속전피의자심문제도는 필요적인 제도로 개정해야 한다는 비판이 계속되었고,[1] 2007년 제17차 형사소송법 개정에 따라 필수적으로 피의자심문절차를 거치도록 바뀌었다.

3) 구속전피의자심문의 절차

59   ㈎ **심문기일의 지정과 통지**   구속영장을 청구받은 판사는 심문기일을 정해야 한다. 심문기일은 체포된 피의자에 대하여는 특별한 사정이 없는 한 구속영장이 청구된 날의 다음 날까지여야 하나, 사전 구속영장이 청구된 피의자에 대하여는 시한의 제한이 없다($\substack{\text{동조 제1항} \cdot \\ \text{제2항}}$). 판사는 전자의 경우에는 즉시, 그리고 후자의 경우에는 피의자를 인치한 후 즉시 검사, 피의자 및 변호인에게 심문기일과 장소를 통지하여야 한다($\substack{\text{동조} \\ \text{제3항 1문}}$). 이 경우에 체포된 피의자 외의 피의자에 대한 심문기일은 관계인에 대한 심문기일의 통지 및 그 출석에 소요되는 시간 등을 고려하여 피의자가 법원에 인치된 때로부터 가능한 한 빠른 일시로 지정하여야 한다($\substack{\text{규칙 제96조} \\ \text{의12 제2항}}$). 심문기일의 통지는 서면 이외에 구술·전화·모사전송·전자우편·휴대전화 문자전송 그 밖에 적당한 방법으로 신속하게 하여야 한다($\substack{\text{동조} \\ \text{제3항}}$).

판사는 지정된 심문기일에 피의자를 심문할 수 없는 특별한 사정이 있는 경우에는 그 심문기일을 변경할 수 있다($\substack{\text{규칙 제96} \\ \text{조의22}}$).

60   ㈏ **피의자의 인치**   판사가 구속 전의 피의자를 심문하기 위하여 피의자를

---

1 이재상(제 6 판 보정판) 234면.

법원에 인치할 것이 필요하다. 피의자를 법원에 인치하는 방법은 피의자가 체포되어 있는 경우와 그렇지 않은 경우에 따라 구별된다. 먼저 체포된 피의자에 대하여는 체포의 효력을 이용하여 피의자를 법원에 인치한다. 즉 검사는 피의자가 체포되어 있는 때에는 심문기일에 피의자를 출석시켜야 한다(제201조의2 제3항 2문). 이에 반하여 체포되지 않은 피의자를 바로 구속하는 경우에는 판사가 피의자를 구인하여 심문하게 하고 있다. 즉 구속영장을 청구받은 판사는 피의자가 죄를 범하였다고 의심할 만한 이유가 있는 경우에 구인을 위한 구속영장을 발부하여 피의자를 구인한 후 심문하여야 한다. 다만, 피의자가 도망하는 등의 사유로 심문할 수 없는 경우에는 그러하지 아니하다(동조 제2항). 법원이 인치받은 피의자를 유치할 필요가 있는 경우에는 교도소·구치소 또는 경찰서 유치장에 24시간을 초과하지 않는 범위에서 피의자를 유치할 수 있다(동조 제10항, 제71조의2).

> 체포되지 않은 피의자의 구속전피의자심문을 위하여 법관이 구속영장을 발부하여 피의자를 구인하고, 피의자가 도망한 경우에는 심문하지 않고 구속영장을 발부하게 한 것은 입법론상 타당하다고 할 수 없다. 영장실질심사제도는 구속을 제한하고 규제하는 영장주의의 실효성을 확보하기 위한 제도임에도 불구하고, 반대로 구속전피의자심문을 위하여 피의자를 구속하는 것은 모순되기 때문이다. 도망하여 인치할 수 없는 피의자에 대하여 법관에 대한 대면권을 박탈하는 것도 의문이다. 따라서 체포되지 않는 피의자를 구속하는 경우에는 먼저 구속영장을 발부한 후에 판사가 구속된 피의자를 심문하여 구속사유 없는 피의자는 석방하게 하는 것이 타당하다고 생각된다.

61

⒟ **심문기일의 절차**

A. **피의자 등의 출석**   심문기일에 지방법원판사는 구속사유를 판단하기 위하여 피의자를 심문하고, 검사와 변호인은 심문기일에 출석하여 의견을 진술할 수 있다(제201조의2 제4항). 범죄피해자는 판사의 허가를 얻어 심문을 방청할 수 있으며(규칙 제96조의14), 판사는 구속 여부의 판단을 위하여 필요하다고 인정하는 때에는 출석한 피해자를 심문할 수 있다(규칙 제96조의16 제5항). 이를 위하여 검사는 피해자가 심문절차에 참여하여 그 의견을 진술할 수 있도록 적극 지원한다(범죄피해자 보호 및 지원에 관한 지침[1] 제16조, 체포·구속업무 처리지침[2]). 심문을 함에 있어 지방법원판사는 공범의 분리심문이나 기타 수사상의 비밀보호를 위하여 필요한 조치를 하여야 한다(동조 제5항). 판사는 피의자가 심문기일에 출석

62

---

1 제정 대검 기획, 2004. 10. 1(개정 대검예규 제1250호, 2021. 12. 3).
2 제정 대검예규 기획 제249호, 1996. 12. 21(개정 대검예규 기획 제346호, 2003. 8. 23).

을 거부하거나 질병 그 밖의 사유로 출석이 현저하게 곤란하고, 피의자를 심문 법정에 인치할 수 없다고 인정되는 때에는 피의자의 출석 없이 심문절차를 진행 할 수 있다(규칙 제96조 의13 제1항).

검사는 피의자가 심문기일에의 출석을 거부하는 때에는 판사에게 그 취지 및 사유를 기재한 서면을 작성·제출하여야 하며(동조 제2항), 피의자의 출석 없이 심문절차를 진행 할 경우에는 출석한 검사 및 변호인의 의견을 듣고, 수사기록 그 밖에 적당하다고 인정하는 방법으로 구속사유의 유무를 조사할 수 있다(동조 제3항).

63　　　　**B. 심문의 방법**　　　　심문은 법원청사 내에서 하여야 하나, 피의자가 출석을 거 부하거나 출석할 수 없는 때에는 경찰서, 구치소 기타 적당한 장소에서 할 수 있 다(규칙 제96조 의15). 피의자에 대한 심문절차는 공개하지 아니한다. 다만, 판사는 상당하 다고 인정하는 경우에는 피의자의 친족, 피해자 등 이해관계인의 방청을 허가할 수 있다(규칙 제96조 의14). 심문에 앞서 판사는 피의자에게 구속영장청구서에 기재된 범 죄사실의 요지를 고지하고, 피의자에게 일체의 진술을 하지 아니하거나 개개의 질문에 대하여 진술을 거부할 수 있으며, 이익되는 사실을 진술할 수 있음을 알 려 주어야 한다(규칙 제96조 의16 제1항). 판사는 피의자를 심문함에 있어서 구속 여부를 판단 하기 위하여 필요한 사항에 관하여 신속하고 간결하게 심문하여야 한다. 증거인 멸 또는 도망의 염려를 판단하기 위하여 필요한 때에는 피의자의 경력, 가족관계 나 교우관계 등 개인적인 사항에 관하여 심문할 수 있다(동조 제2항). 검사와 변호인은 판사의 심문이 끝난 후에 의견을 진술할 수 있다. 다만, 필요한 경우에는 심문 도중에도 판사의 허가를 얻어 의견을 진술할 수 있다(동조 제3항). 피의자는 판사의 심 문 도중에도 변호인에게 조력을 구할 수 있고(동조 제4항), 판사는 구속의 여부를 판단 하기 위하여 필요하다고 인정하는 때에는 심문장소에 출석한 피해자 그 밖의 제 3자를 심문할 수 있다(동조 제5항).

구속영장이 청구된 피의자의 법정대리인, 배우자, 직계친족, 형제자매나 가족, 동거 인 또는 고용주도 판사의 허가를 얻어 사건에 관한 의견을 진술할 수 있으며(동조 제6항), 판사는 심문을 위하여 필요하다고 인정하는 경우에는 호송경찰관 기타의 자를 퇴실 하게 하고 심문을 진행할 수 있다(동조 제7항).

64　　　　**C. 국선변호인의 선정**　　　　심문할 피의자에게 변호인이 없는 때에는 지방법원판

사는 직권으로 변호인을 선정하여야 한다. 이 경우 변호인의 선정은 피의자에 대한 구속영장 청구가 기각되어 효력이 소멸한 경우를 제외하고는 제 1 심까지 효력이 있다(제201조의
2 제8항). 이에 의하여 모든 구속된 피의자에게 국선변호인이 선정될 수 있게 되었다. 법원은 변호인의 사정이나 그 밖의 사유로 변호인 선정결정이 취소되어 변호인이 없게 된 때에는 직권으로 변호인을 다시 선정할 수 있다(동조
제9항). 선정된 국선변호인은 이후 수사 과정은 물론 제 1 심이 마무리될 때까지 계속 변호할 수 있다(구속사건 논스톱
국선변호제도).

　　D. **구속전피의자심문조서의 작성**　　　　구속영장이 청구되어 법원이 구속전피의자심 　**65** 문을 하는 경우 법원사무관 등은 심문의 요지 등을 조서로 작성하여야 한다(동조
제6항). 법원이 피의자심문조서를 작성하는 때에는 조서 작성의 일반원칙에 따라 조서 기재의 정확성 여부를 진술자에게 확인하고, 조서에 간인하여 기명날인 또는 서명을 받아야 하며, 검사·피의자 또는 변호인이 조서 기재의 정확성에 관하여 이의를 제기한 때에는 그 진술의 요지를 기재하고 법관·법원사무관 등이 조서에 기명날인 또는 서명하여야 한다(동조 제10항,
제48조, 제53조). 검사·피의자 및 변호인은 심문과정의 속기·녹음·영상녹화를 신청할 수 있으며, 사후 속기록·녹음물·영상녹화물의 사본을 청구할 수 있다(제201조의 2 제10
항, 제56조의 2). 구속전피의자심문조서는 형사소송법 제311조의 법원 또는 법관의 조서에는 해당하지 않지만, 제315조의 기타 특히 신빙할 만한 정황에 의하여 작성된 서류로서 증거능력이 인정된다.[1]

　　⑶ **구속영장의 발부**

　　구속영장의 청구를 받은 지방법원판사는 신속히 구속영장의 발부 여부를 결 　**66** 정하여야 한다(제201조
3항). 구속영장의 발부도 일종의 재판이다. 따라서 지방법원판사는 상당하다고 인정할 때에는 구속영장을 발부한다(동조
제4항 1문). 구속영장에는 피의자의 성명·주거·죄명·피의사실의 요지, 인치·구금할 장소, 발부연월일, 그 유효기간과 그 기간을 경과하면 집행에 착수하지 못하며 영장을 반환해야 한다는 취지를 기재하고 재판장 또는 수명법관이 서명날인하여야 한다. 피의자의 성명이 분명하지 아니한 때에는 인상·체격 기타 피의자를 특정할 수 있는 사항으로 피의자를 표시할 수 있고, 주거가 분명하지 아니한 때에는 주거의 기재를 생략할 수 있다(제201조의2 제
10항, 제75조). 구속영장에는 이 이외에 피의자의 주민등록번호(외국인인 경우에는
외국인등록번호,
위 번호들이 없거나 이를 알 수
없는 경우에는 생년월일 및 성별)·직업 및 구속의 사유를 기재하여야 한다(규칙
제46조). 구속영장

1　대법원 2004. 1. 16, 2003 도 5693.

은 수통을 작성하여 사법경찰관리 수인에게 교부할 수 있으며, 이 때에는 그 사유를 구속영장에 기재해야 한다($\frac{제201조의 2}{제10항, 제82조}$).

67 　　　법원이 피의자심문을 위하여 구속영장청구서·수사관계 서류 및 증거물을 접수한 날로부터 구속영장을 발부하여 검찰청에 반환한 날까지의 기간은 구속기간에 산입하지 아니한다($\frac{제201조의}{2 \ 제7항}$). 지방법원판사가 구속영장을 발부하지 아니할 때에는 청구서에 그 취지 및 이유를 기재하고 서명날인하여 청구한 검사에게 교부한다($\frac{제201}{조 \ 4항}$). 체포영장에 의하여 체포된 자, 긴급체포된 자 및 현행범인으로 체포된 자에 대하여 구속영장 청구가 기각된 때에는 피의자를 즉시 석방하여야 한다($\frac{제200조의 4 \ 제2항,}{규칙 \ 제100조 \ 2항}$). 구인을 위한 구속영장에 의하여 구인된 피의자에 대하여 구속영장이 기각된 때에도 같다. 구속영장을 발부한 결정이나 영장의 발부를 기각한 결정에 대하여는 항고나 준항고가 허용되지 않는다.[1]

(4) 구속영장의 집행

68 　　　**1) 구속영장의 집행절차**　　　구속영장은 검사의 지휘에 의하여 사법경찰관리가 집행하며, 교도소 또는 구치소에 있는 피의자에 대하여는 검사의 지휘에 의하여 교도관리가 집행한다($\frac{제209조,}{제81조}$). 검사는 관할구역 외에서 집행을 지휘할 수 있고, 당해 관할구역의 검사에게 집행지휘를 촉탁할 수 있다($\frac{제209조,}{제83조}$). 검사 또는 사법경찰관은 피의자에 대하여 피의사실의 요지, 구속의 이유와 변호인을 선임할 수 있음을 말하고 변명할 기회를 준 후가 아니면 구속할 수 없다($\frac{제209조,}{제200조의 5}$). 구속영장을 집행함에는 이를 피의자에게 제시하고 그 사본을 교부하여야 하며, 신속히 지정된 법원 기타 장소에 인치하여야 한다. 다만 구속영장을 소지하지 아니한 경우에 급속을 요하는 때에는 피의사실의 요지와 영장이 발부되었음을 고하고 집행할 수 있으며, 이 때에는 집행을 완료한 후에 신속히 구속영장을 제시하여야 한다($\frac{제209조,}{제85조}$). 구속영장의 집행을 받은 피의자를 호송할 경우에 필요하면 가장 가까운 교도소 또는 구치소에 임시로 유치할 수 있다($\frac{제209조,}{제86조}$). 판례는 구속영장의 집행이 정당한 사유 없이 지체되면, 그 기간 동안의 체포 내지 구금 상태는 위법하다고 한다.[2]

69 　　　**2) 영장집행 후의 절차**　　　검사 또는 사법경찰관이 피의자를 구속한 때에는 지체 없이 서면으로 변호인 또는 변호인선임권자($\frac{제30조}{2항}$) 가운데 피의자가 지정한

---

1 대법원 1958. 3. 14. 결정, 4290 형항 9; 대법원 2006. 12. 18. 결정, 2006 모 646.

2 대법원 2021. 4. 29, 2020 도 16438(현행범인 체포된 피의자에 대한 구속영장이 정당한 사유 없이 발부 만 3일 경과 후 집행된 사례).

자에게 피의사건명·구속일시·장소·범죄사실의 요지·구속의 이유와 변호인을 선임할 수 있는 취지를 알려야 한다($\frac{제209조,}{제87조}$). 이는 국가권력에 의하여 시민이 다른 사람이 모르는 사이에 흔적 없이 사라지는 것을 방지함으로써 절차의 공개원칙과 법치국가원리를 보장하기 위한 것이다.[1] 따라서 피구속자의 동의나 합목적적 고려를 근거로 구속사실을 통지하지 않는 것은 허용될 수 없다.[2]

구속의 통지는 구속을 한 때로부터 늦어도 24시간 이내에 하여야 한다. 통지할 자가 없어 통지를 하지 못한 경우에는 그 취지를 기재한 서면을 기록에 철하여야 한다($\frac{규칙 제}{51조\ 2항}$). 급속을 요하는 경우에는 구속되었다는 취지 및 구속의 일시·장소를 전화 또는 모사전송기 기타 상당한 방법에 의하여 통지할 수 있다. 이 경우에도 구속통지는 다시 서면으로 하여야 한다($\frac{동조}{제3항}$).

구속된 피의자는 관련 법률이 정한 범위에서 타인과 접견하고 서류나 물건을 수수하며 의사의 진료를 받을 수 있고($\frac{제209조,}{제89조}$), 변호인이나 변호인이 되려는 자는 신체가 구속된 피의자와 접견·교통할 수 있다($\frac{제34}{조}$).

(5) 구속기간

사법경찰관이 피의자를 구속한 때에는 10일 이내에 피의자를 검사에게 인치하지 아니하면 석방하여야 한다($\frac{제202}{조}$). 검사의 구속기간도 10일이지만($\frac{제203}{조}$), 지방법원판사의 허가를 얻어 10일을 초과하지 않는 한도에서 구속기간을 연장할 수 있다($\frac{제205}{조}$). 구속기간 연장을 허가하지 않는 지방법원판사의 결정에 대하여는 항고 또는 준항고의 방법으로 불복할 수 없다.[3] 피의자가 체포영장에 의한 체포·긴급체포·현행범인의 체포에 의하여 체포되거나 구인을 위한 구속영장에 의하여 구인된 경우에 검사 또는 사법경찰관의 구속기간은 피의자를 체포 또는 구인한 날부터 기산한다($\frac{제203조}{의\ 2}$). 또 지방법원판사는 국가보안법 제3조 내지 제10조의 죄에 대하여 사법경찰관에게 1회, 검사에게 2회에 한하여 각 10일 이내로 구속기간의 연장을 허가할 수 있다($\frac{동법}{제19조}$).[4]

70

---

1 Boujong KK § 114 b, Rn. 1; Roxin S. 250.

2 Meyer–Goßner § 114 b, Rn. 6; Peters S. 427; Böing ZStW 91, 383.

3 대법원 1997. 6. 16. 결정, 97 모 1.

4 다만, 헌법재판소는 국가보안법 제7조(찬양·고무) 및 제10조(불고지)의 죄에 대하여 구속기간을 연장한 것은 과잉금지의 원칙을 현저히 위배하여 피의자의 신체의 자유, 무죄추정의 원칙 및 신속한 재판을 받을 권리를 침해한 것으로 위헌이라고 결정하였다(헌재결 1992. 4. 14, 90 헌마 82).

구속기간을 도과한 구속의 효력에 관하여 대법원은 구속영장의 효력이 당연히 실효되는 것은 아니라고 판시한 바 있다(대법원 1964. 11. 17, 64 도 428). 그러나 구속기간을 제한하고 있는 취지에 비추어 기간을 도과하면 구속영장의 효력은 상실되어 불법구속이 된다고 하지 않을 수 없다.

(6) 재구속의 제한

71　　검사 또는 사법경찰관에 의하여 구속되었다가 석방된 자는 다른 중요한 증거를 발견한 경우를 제외하고는 동일한 범죄사실에 관하여 재차 구속하지 못한다. 이 경우에 1개의 목적을 위하여 동시 또는 수단·결과의 관계에서 행하여진 행위는 동일한 범죄사실로 간주한다(제208). 동일사건에 대한 수사기관의 중복적 구속을 방지함으로써 피의자의 인권을 보호하고 피의자의 지위의 안정을 보장하기 위한 것이다. 따라서 재구속영장의 청구서에는 재구속영장의 청구라는 취지와 새로 발견한 중요한 증거의 요지를 기재하여야 한다(규칙 제99조 2항). 재구속의 제한은 검사 또는 사법경찰관이 피의자를 구속하는 경우에 적용될 뿐이며, 법원이 피고인을 구속하는 경우에는 적용되지 않는다.[1] 재구속이 제한될 뿐이고 재구속되었다고 하여 공소제기가 무효로 되는 것도 아니다.[2]

4. 관련문제

구속의 요건과 관련하여 특히 이중구속과 별건구속의 적법성 및 검사의 체포·구속장소 감찰제도를 살펴볼 필요가 있다.

(1) 이중구속과 별건구속

72　　1) 이중구속　　　이중구속이란 이미 구속영장이 발부되어 구속되어 있는 피고인 또는 피의자에 대하여 다시 구속영장을 집행하는 것을 말한다. 다수설은 구속영장의 효력은 구속영장에 기재된 범죄사실에 대하여만 미치고(사건단위설), 구속된 피고인 또는 피의자가 석방되는 경우를 대비하여 미리 구속해 둘 필요가 있다는 이유로 이중구속도 허용된다고 해석하고 있다.[3] 이에 의하면 구속기간은 사건에 따라 별도로 진행된다고 해야 한다. 구속영장의 효력이 구속영장에 기재된

1　대법원 1969. 5. 27, 69 도 509; 대법원 1985. 7. 23. 결정, 85 모 12.

2　대법원 1966. 11. 22, 66 도 1288.

3　백형구 115면, 강의 258면; 손동권/신이철 269면; 신동운 1033면; 신양균/조기영 168면; 신현주 275면; 이은모/김정환 277면; 이창현 370면.

범죄사실에 대하여만 미친다는 것은 타당하다.

> 대법원도 「구속의 효력은 원칙적으로 구속영장에 기재된 범죄사실에만 미치는 것이
> 므로, 구속기간이 만료될 무렵에 종전 구속영장에 기재된 범죄사실과 다른 범죄사실
> 로 피고인을 구속하였다는 사정만으로는 피고인에 대한 구속이 위법하다고 할 수 없
> 다」고 판시함으로써 긍정설의 입장을 따르고 있다.[1]

그러나 ① 이미 구속되어 있는 자를 다시 구속할 필요는 없으므로 사건단위설
을 취한다고 하여 구속의 이유 없는 구속까지 허용된다고 할 수는 없고, ② 구속된
피고인 또는 피의자의 석방에 대비하기 위하여는 석방 전에 구속영장을 발부받아
두었다가 구속된 피고인 또는 피의자의 구속영장의 집행에 관한 규정($\binom{\text{제81조 3항,}}{\text{제209조}}$)에
의하여 구속영장을 집행하면 된다고 할 것이므로 이중구속은 허용되지 않는다고
해석함이 타당하다고 생각된다.[2] 즉 구속되어 있는 자에게 다른 범죄사실로 구
속영장을 발부받을 수는 있어도 동일인에게 동시에 수개의 구속영장을 집행할 수
는 없다고 해야 한다.[3]

  2) 별건구속   별건구속이란 수사기관이 본래 수사하고자 하는 사건(본건)에   73
대하여는 구속의 요건이 구비되지 않았기 때문에 본건의 수사에 이용할 목적으
로 구속요건이 구비된 별건으로 구속하는 경우를 말한다. 별건구속은 별건을 기
준으로 할 때에는 구속이 적법하지만, 그것은 실질적으로 본건의 구속을 위한
것이므로 ① 본건구속의 요건이 없는 이상 영장주의에 반하고, ② 본건구속에
대한 구속기간의 제한을 벗어나는 것이 되며, ③ 구속의 사유가 없는 경우에 자
백강요 내지 수사의 편의를 위하여 구속을 인정하는 것이 되므로 위법하다고 하
지 않을 수 없다.[4] 그러나 구속 중인 피의자에 대한 여죄수사까지 금지되는 것
은 아니다.[5]

  (2) 검사의 체포·구속장소 감찰

  관하 수사관서에 소재하는 체포·구속 피의자에 대한 불법 체포·구속의 유   74

---

1   대법원 2000. 11. 10. 결정, 2000 모 134.

2   이영란 304면; 정승환 § 14/36.

3   Boujong KK Vor § 112, Rn. 16; Meyer-Goßner Vor § 112, Rn. 13; Peters S. 424.

4   김재환 158면; 백형구 강의, 251면; 신동운 340면; 신양균/조기영 168면; 신현주 297면; 이영란
     304면; 이창현 370면; 임동규 200면.

5   신양균/조기영 168면; 이주원 155면.

무에 관한 검사의 조사권을 검사의 체포·구속장소 감찰권이라고 한다. 지방검찰청 검사장 또는 지청장은 불법 체포·구속의 유무를 조사하기 위하여 검사로 하여금 매월 1회 이상 관하 수사관서의 피의자의 체포·구속장소를 감찰하게 하여야 한다. 감찰하는 검사는 피구속자를 심문하고 관련서류를 조사하여야 한다($\frac{제198조의}{2 \ 제 1 항}$). 검사는 적법한 절차에 의하지 아니하고 체포 또는 구속된 것이라고 의심할 만한 상당한 이유가 있는 경우에는 즉시 체포 또는 구속된 자를 석방하거나 사건을 검찰에 송치할 것을 명하여야 한다($\frac{동조}{제 2 항}$).

검사의 체포·구속장소 감찰권은 불법 체포·구속을 규제하고 불법 체포 또는 구속된 피의자를 구제하기 위한 효율적인 제도이다. 그러나 이 제도는 검사의 사법경찰관리에 대한 지휘·감독권의 행사라는 내부적 통제장치로서의 성질을 가지므로 불법 체포·구속된 피의자가 검사의 구속장소 감찰에 대한 청구권을 가지는 것은 아니다.

Ⅳ. 접견교통권

1. 접견교통권의 의의

(1) 접견교통권의 개념

75   접견교통권이란 피의자 또는 피고인, 특히 체포 또는 구속된 피의자·피고인이 변호인이나 가족·친지 등의 타인과 접견하고 서류 또는 물건을 수수하며 의사의 진료를 받는 권리를 말한다. 헌법은 체포·구속을 당한 사람의 변호인의 조력을 받을 권리를 기본적 인권으로 보장하고 있다($\frac{헌법 제}{12조 \ 4항}$).[1] 변호인과의 자유로운 접견교통권은 헌법이 보장하는 변호권의 가장 중요한 내용이 된다. 그러나 체포 또는 구속된 피의자·피고인의 변호인과의 접견교통권은 체포 또는 구속된 피의자·피고인의 형사소송상 가장 중요한 기본적 권리임과 동시에 변호인에 대하여도 변호인의 고유권 가운데 가장 중요한 권리로서의 의미를 가지고 있다. 이러한 의미에서 형사소송법은 체포 또는 구속된 피의자·피고인의 변호인과의 접견교통권을 제한 없이 보장하고($\frac{제34}{조}$), 변호인 아닌 자와의 접견교통권[2]은 법률이

---

1 헌재결 2017. 11. 30, 2016 헌마 503; 헌재결 2019. 2. 28, 2015 헌마 1204.

2 변호인 아닌 자와의 접견교통권 또한 헌법 제10조의 인간으로서의 존엄과 가치 및 행복추구권, 제27조 4항의 무죄추정의 원칙에 근거를 둔 헌법상 기본권에 속한다(대법원 1992. 5. 8, 91 부 8).

정한 범위 내에서 인정하여 이에 대한 법적 제한을 규정하고 있다(^{제89조, 제91}_{조, 제209조}).

(2) 접견교통권의 근거

접견교통권을 보장하는 이론적 근거는 피의자·피고인의 기본적 인권을 보호함과 동시에 방어권을 보장하는 데 있다.

1) **기본적 인권의 보호**   인간이 타인과 만나고 교통하는 것은 인간의 존엄   **76** 과 가치를 유지하기 위한 불가결한 요소이다. 체포 또는 구속된 피의자·피고인 은 무죄의 추정을 받고 있으면서도 형사소송의 확보를 위하여 자유가 제한되어 있는 데 불과하다. 따라서 피의자·피고인에게 체포 또는 구속의 목적에 반하지 않는 범위에서 외부와의 교통을 보장하여 주는 것은 피의자·피고인의 인권보장 을 위하여 필요하다고 하지 않을 수 없다. 특히 체포 또는 구속된 피의자의 변호 인 아닌 자와의 접견교통권을 보장하는 주된 이유는 이러한 관점에서 피의자의 사회생활을 유지하게 하는 데 중점이 있다고 볼 수 있다. 변호인과의 접견교통을 통하여서도 피의자는 심리적 안정을 얻을 수 있게 된다.

2) **방어권의 보장**   체포 또는 구속된 피의자·피고인은 방어권의 행사에 현   **77** 저한 곤란이 따르게 된다. 여기서 체포 또는 구속된 피의자·피고인의 방어권을 보장하고 공정한 재판을 유지하기 위하여 헌법과 형사소송법은 변호권을 인정하 고 있다. 그러나 변호권의 보장은 형식적 보장에 그치는 것이 아니라 실질적이고 효과적인 변호를 보장하지 않으면 안 된다. 체포 또는 구속된 피의자·피고인의 효과적인 방어활동은 변호인을 선임하는 것으로 족하지 않고, 변호인과의 자유로 운 접견교통권이 전제가 될 때에 비로소 가능하게 된다. 변호인과의 접견교통권 은 주로 피의자의 방어권을 보장한다는 점에 중점이 있다. 그러나 변호인 아닌 자 와의 접견교통권도 피의자의 방어준비에 도움이 된다는 점을 부정할 수는 없다.

2. 변호인과의 접견교통권

(1) 자유로운 접견교통권의 보장

체포·구속을 당한 피의자·피고인은 변호인을 선임할 권리가 있을 뿐 아니   **78** 라(^{헌법 제}_{12조 4항}), 변호인이나 변호인이 되려는 자는 신체가 구속된 피고인 또는 피의자 와 접견하고 서류나 물건을 수수할 수 있으며 의사로 하여금 피고인이나 피의자 를 진료하게 할 수 있다(^{제34}_조). 여기서 신체가 구속된 자에는 구속영장에 의하여 구속된 경우뿐만 아니라 체포영장에 의하여 체포되거나 긴급체포, 현행범인의 체포에 의하여 체포된 자 또는 감정유치에 의하여 구속된 자는 물론, 임의동행된 피의자나 피내사자도 포함된다.[1] 그러나 수형자는 여기에 포함되지 않는다.[2]

79　　　　변호인과의 접견교통권도 법률에 의하여 제한될 수 있는 것은 물론이다(헌법 제37조 2항). 그러나 변호인과의 접견교통권은 현행법상 아무런 제한 없이 보장되고 있다. 즉 변호인과의 접견교통권을 제한하는 법률의 규정은 없고, 법원의 결정에 의하여 변호인과의 접견교통권을 제한할 수도 없다.[3] 신체가 구속된 피의자에게 변호인과 자유로운 접견이 보장되지 않을 때에는 묵비권의 보장은 물론 자기에게 유리한 증거를 수집하고 방어의 준비를 할 수 없으며, 형사소송에 있어서 due process가 실현될 수 없기 때문이다. 따라서 변호인과의 접견을 수사를 위하여 필요하다는 이유로 제한할 수는 없다. 변호인과의 접견시간을 제한하는 것도 금지된다.

80　　　　독일에서는 1964년의 형사소송법의 개정에 의하여 변호인과의 접견교통권이 제148조에 규정되었으며, 영국에서는 1964년의 법관준칙에 의하여, 미국에서는 1964년의 Escobedo사건[4]과 1966년의 Miranda사건[5]을 통하여 변호인과의 자유로운 접견교통권이 보장되고 있다. 입법례에 따라서는 변호인과의 접견교통권을 지정에 의하여 제한하거나(일본 형소법 제39조 3항) 특정범죄 또는 내용에 따라 제한하는 것을 허용하는 경우도 있다(독일 형소법 제148조 2항. 테러단체조직죄). 그러나 우리 형사소송법상 변호인과의 접견교통권에는 아무런 제한이 없다. 다만, 최근에 변호인이나 피의자·피고인이 접견교통권을 남용하는 사례(이른바 집사변호사, 접견피싱 등)가 있어 그 대책이 필요한 실정이다.

(2) 접견교통권의 내용

변호인과의 접견교통권에는 피의자·피고인과의 접견뿐만 아니라 서류나 물건의 수수 및 진료가 포함되어 있다.

1　대법원 1996. 6. 3. 결정, 96 모 18.

2　따라서 재심청구절차에서도 형사소송법 제34조는 준용되지 않는다(대법원 1998. 4. 28, 96 다 48831). 수형자와 변호사 사이의 접견권은 헌법 제27조의 재판을 받을 권리로서 인정된다 (헌재결 1998. 8. 27, 96 헌마 398; 헌재결 2013. 8. 29, 2011 헌마 122; 헌재결 2013. 9. 26, 2011 헌마 398; 헌재결 2015. 11. 26, 2012 헌마 858).

3　대법원 1990. 2. 13. 결정, 89 모 37, 「변호인의 접견교통권은 피의자의 인권보장과 방어준비를 위하여 필수불가결한 권리이므로 법령에 의한 제한이 없는 한 수사기관의 처분은 물론 법원의 결정으로도 이를 제한할 수 없는 것이다.」

4　Escobedo v. Illinois, 878 U.S. 478(1964).

5　Miranda v. Arizona, 384 U.S. 436(1966).

　　1) 접견의 비밀보장　　　　변호인과의 접견교통권은 방해나 감시 없는 자유로운　　81
접견교통을 본질로 한다. 따라서 체포 또는 구속된 피의자·피고인과의 변호인의
접견내용에 대하여는 비밀이 보장되어야 하며, 접견에 있어서 교도관 또는 경찰
관의 참여는 절대로 허용되지 않는다.[1] 다만, 구속장소의 질서유지를 위한 일반
적인 시간의 제한(예컨대 일요일 또는 퇴근 시간 후의 접견의 금지)은 접견교통권의 제한에 해당하지 않는다.[2]
여기서 변호인과의 접견교통권이 형의 집행 및 수용자의 처우에 관한 법률에 의
하여 제한받는가가 문제된다. 그러나 접견과 서신수수에 교도관의 참여와 검열을
규정하고 있는 형의 집행 및 수용자의 처우에 관한 법률 제41조 2항과 제43조 4
항 단서의 규정은 비변호인과의 접견교통권에 대하여만 적용된다고 해석하여야
한다.[3] 접견교통권의 본질을 침해하는 동법에 의한 제한은 허용되지 않는다고
해야 하기 때문이다.

　　변호인과 피의자·피고인의 접견 시에 교도관이 참여하여 기재한 진술을 증
거로 하는 것도 허용되지 않는다. 접견교통권을 침해하여 취득한 증거의 증거능
력은 부정해야 하기 때문이다.

　　2) 서류나 물건의 수수　　　　변호인 또는 변호인이 되려고 하는 자는 체포 또는　　82
구속된 피의자 또는 피고인을 위하여 서류 또는 물건을 수수할 수 있다. 수수한
서류의 검열과 물건의 압수도 허용되지 않는다. 따라서 체포 또는 구속된 피의자
또는 피고인과 변호인 사이의 서신에 대한 압수는 허용되지 않는다.[4] 다만, 이
경우에도 체포 또는 구속장소의 질서유지를 위하여 무기 기타 위험한 물건의 수
수를 금지하는 것은 허용된다고 해야 한다.

1　백형구 강의, 101면; 신동운 140면; 신현주 306면; 이영란 308면; 이은모/김정환 280면.

2　Gössel S. 155; Meyer-Goßner Rn. 12; Roxin S. 148; Zipf S. 51.

3　헌법재판소는 미결수용자의 변호인과의 접견교통 시에 교도관이 참여할 수 있게 한 구 행형
　법 제18조 3항은 구속을 당한 미결수용자에게 보장된 변호인의 조력을 받을 권리를 침해한
　것이어서 위헌이라고 결정한 바 있다(헌재결 1992. 1. 28, 91 헌마 111). 형의 집행 및 수용
　자의 처우에 관한 법률 제84조는 「미결수용자와 변호인과의 접견에는 교도관이 참여하지 못
　하며 그 내용을 청취 또는 녹취하지 못한다. 다만, 보이는 거리에서 미결수용자를 관찰할 수
　있다. 미결수용자와 변호인 간의 서신은 교정시설에서 상대방이 변호인임을 확인할 수 없는
　경우를 제외하고는 검열할 수 없다」고 규정하고 있다(동조 제 1 항·제 3 항).

4　백형구 강의, 101면; 신동운 143면; 신현주 307면; 이영란 309면.

3. 변호인 아닌 자와의 접견교통권

(1) 접견교통권의 보장

83   체포 또는 구속된 피의자 또는 피고인은 관련 법률이 정한 범위에서 타인과 접견하고 서류 또는 물건을 수수하며 의사의 진료를 받을 수 있다(제89조, 제200조의6, 제209조). 피고인 · 피의자의 방어권은 변호인과의 접견교통에 의하여 확보될 수 있지만 변호인 아닌 자와의 접견과 교통도 방어권의 행사에 적지 않은 의미를 가지며, 특히 피의자 또는 피고인의 사회적 지위와 심리적 안정의 유지에 중대한 영향을 미친다. 그러나 체포 또는 구속된 피의자 · 피고인에게 외부와의 교통에 대한 완전한 자유를 인정하는 것도 공범자와의 통모에 의한 증거인멸의 염려는 물론 피의자 · 피고인과 구금장소의 안전을 위태롭게 할 우려가 있다. 여기서 형사소송법은 체포 또는 구속된 피의자 · 피고인에게 변호인 아닌 자와의 접견교통권도 원칙적으로 보장하면서, 다만 이를 법률에 의하여 제한할 수 있도록 하고 있다.

(2) 접견교통권의 제한

84   1) 제한의 근거   변호인 아닌 자와의 접견교통권은 법률이나 법원 또는 수사기관의 결정에 의하여 제한할 수 있다.

(가) 법률에 의한 제한   변호인 아닌 자와의 접견교통권은 법률의 범위 내에서 보장된다. 따라서 접견교통권이 법률에 의하여 제한될 수 있음은 당연하다. 구속된 피의자 · 피고인의 접견교통권은 현재 형의 집행 및 수용자의 처우에 관한 법률과 동법 시행령에 의하여 제한되고 있다(형의 집행 및 수용자의 처우에 관한 법률 제41조 내지 제43조, 동법 시행령 제58조). 경찰서 유치장에 구속되어 있는 피의자의 접견교통권도 같은 법에 의하여 제한받는다(동법 제87조).

(나) 법원 또는 수사기관의 결정에 의한 제한   법원은 도망하거나 범죄의 증거를 인멸할 염려가 있다고 인정할 만한 상당한 이유가 있는 때에는 직권 또는 검사의 청구에 의하여 결정으로 구속된 피고인과 변호인이나 변호인이 되려는 자 외의 타인과의 접견을 금지할 수 있고, 서류나 그 밖의 물건을 수수하지 못하게 하거나 검열 또는 압수할 수 있다(제91조). 이 규정은 피의자의 체포 또는 구속에 대하여도 준용된다(제200조의6, 제209조).

도망하거나 범죄의 증거를 인멸할 염려가 있다고 인정할 만한 상당한 이유란 구속에 비하여 엄격하게 해석하지 않으면 안 된다. 도망과 증거인멸의 염려는 구속에 의하여 일응 방지되므로, 접견교통에 의한 도망과 증거인멸의 염려가 문제되기 때문이다. 따라서 도망과 증거인멸의 염려는 구체적으로 예견될 수 있는

염려 내지 그 개연성 또는 이를 인정할 수 있는 현저한 사유가 있을 것을 요한다
고 할 수 있다.[1]

　　2) 제한의 범위　　접견교통권의 제한은 접견의 금지, 서류나 물건의 수수의　　85
금지 및 검열과 압수이다. 접견의 금지는 전면적인 금지뿐만 아니라 특정인을 제
외한 사람의 접견을 금지하는 개별적 금지를 포함한다. 조건부 또는 기한부 금지
도 가능하다. 다만, 의류·양식 또는 의료품의 수수를 금지하거나 압수하는 것은
허용되지 않는다(제91조 단서). 체포 또는 구속된 피의자와 피고인에 대하여 구속의 목
적과 관계없는 사생활에 관한 제한을 해서는 안 된다는 인신보호 내지 인도적 측
면을 고려한 것이다.

　　3) 제한의 절차　　피고인에 대한 접견교통권의 제한은 법원이 직권으로 하거　　86
나 검사의 청구에 대하여 법원의 결정이 있을 것을 요한다. 이에 반하여 피의자
에 대한 접견교통권의 제한은 수사기관의 결정에 의하여 할 수 있다(제200조의6, 제209조).
입법론으로는 피의자에 대하여도 법원의 결정을 요하는 것으로 규정하는 것이 타
당하다고 생각한다.[2]

4. 접견교통권의 침해에 대한 구제

　　접견교통권의 침해란 수사기관이 변호인과의 접견교통권을 제한하거나 의　　87
류·양식·의료품의 수수를 금지한 때 또는 적법한 절차에 의하지 않고 접견교통
권을 제한한 경우를 말한다. 수사기관이나 법원의 접견불허처분이 없는 경우에도
변호인의 접견신청일로부터 상당한 기간이 경과하였거나[3] 접견신청일이 경과하
도록 접견이 이루어지지 않은 때는[4] 실질적으로 접견불허처분이 있는 것과 동일
시된다. 신체가 구속된 피고인 또는 피의자가 범하였다고 의심받는 범죄행위에
변호인이 관련되었다는 사정만으로 접견교통을 금지하거나,[5] 사실상 구금장소를
임의적으로 변경한 때에도[6] 접견교통권의 침해에 해당한다. 접견교통권을 침해

---

1 손동권/신이철 109면; 신양균/조기영 179면; 이영란 310면; 이은모/김정환 283면.
2 백형구 강의, 103면; 임동규 218면.
　　피의자에 대한 접견교통의 제한에도 법원의 결정이 있어야 한다고 해석하는 견해도 있다
　　(신동운 161면; 신양균/조기영 179면; 신현주 286면; 이은모/김정환 283면; 정승환 § 15/9).
3 대법원 1990. 2. 13. 결정, 89 모 37.
4 대법원 1991. 3. 28. 결정, 91 모 24.
5 대법원 2007. 1. 31. 결정, 2006 모 657.
6 대법원 1996. 5. 15. 결정, 95 모 94.

한 경우의 구제수단으로는 항고와 준항고 및 증거능력의 배제를 생각할 수 있다.

(1) 항고 · 준항고

88   법원의 접견교통제한결정에 대하여 불복이 있는 때에는 보통항고를 할 수 있고($\frac{제402}{조}$), 검사 또는 사법경찰관의 접견교통권의 제한은 구금에 대한 처분이므로 준항고에 의하여 취소 또는 변경을 청구할 수 있다($\frac{제417}{조}$). 다만, 항고나 준항고에 의한 접견교통권에 대한 침해의 구제는 즉시 접견교통권을 보장해 주기 위한 적절한 대책이 될 수 없으므로 실효성이 적다는 본질적인 한계가 있다. 교도소 또는 구치소에 의한 접견교통권의 침해에 대하여는 행정소송이나 국가배상의 방법에 의하여 구제받을 수 있을 뿐이다.

(2) 증거능력의 배제

89   변호인과의 접견교통권을 침해하여 얻은 자백의 증거능력을 인정할 것인가가 문제된다. 자백을 하는가 하지 않는가는 피고인 · 피의자에게 가장 중요한 방어권의 행사이므로 변호인과의 접견의 기회를 주지 않고 얻은 자백은 증거능력을 부정해야 한다.[1]

V. 체포 · 구속적부심사제도

1. 체포 · 구속적부심사제도의 의의

(1) 의의와 성질

90   체포 · 구속적부심사제도란 수사기관에 의하여 체포되거나 구속된 피의자에 대하여 법원이 체포 또는 구속의 적법 여부와 그 필요성을 심사하여 체포 또는 구속이 부적법 · 부당한 경우에 피의자를 석방시키는 제도를 말한다. 수사단계에서 체포되거나 구속된 피의자를 석방케 하기 위한 제도인 점에서 법원이 구속된 피고인의 석방을 결정하는 보석과 구별되며, 법원의 결정에 의하여 피의자를 석방하는 제도라는 점에서는 검사가 피의자를 석방하는 체포 또는 구속취소($\frac{제200조의}{6, 제93조}$)와 구별된다.

91   체포 · 구속적부심사제도는 영미법상의 인신보호영장(writ of habeas corpus)에

---

1 대법원 1990. 8. 24, 90 도 1285; 대법원 1990. 9. 25, 90 도 1586.

서 유래하는 제도이다. 원래 habeas corpus란 법원에 구속된 자의 신체를 제시하라(the court would have the body)는 의미의 라틴어[1]이며, 구속자에 대하여 일시와 장소를 지정하여 구속의 적법 여부를 심사하여 위법한 구속인 때에는 피구속자를 석방하기 위하여 피구속자의 신체를 제시하라는 법원의 영장을 인신보호영장이라고 한다. 그러나 우리나라의 체포·구속적부심사제도는 대부분 피의자에 대한 체포영장 또는 구속영장의 발부를 요건으로 하고 피의자의 구속은 법관이 발부한 영장에 의할 뿐만 아니라, 체포 또는 구속의 적부 여부 이외에도 구속계속의 필요성까지 심사의 대상으로 한다는 점에서 독일 형사소송법상의 구속심사제도(Haftprüfung)와 유사한 성격을 가지고 있다. 이러한 의미에서 체포·구속적부심사제도는 법관이 발부한 영장에 대한 재심절차 내지 항고적 성격을 가진다고할 수 있다.[2] 체포·구속적부심사제도는 동시에 피의자에 대한 체포의 경우에는 형식적 심사를 거친 체포영장의 발부를 법원의 심사에 의하여 규제하는 기능을가지고 있다.

　　체포·구속적부심사제도는 수사기관에 의하여 불법하게 체포되거나 구속되어 있는 피의자를 구제하기 위한 자유의 대영장(Great Writ of Freedom)으로서[3] 피의자를 석방하기 위한 가장 중요한 제도라고 할 수 있다. 특히 1995. 12. 29. 개정 형사소송법이 적부심사의 대상을 구속뿐만 아니라 체포에 대하여까지 확대하고, 보증금납입조건부 피의자석방을 구속적부심사와 결합시킴으로써 체포되거나 구속된 피의자를 구제하기 위한 제도로서의 가치는 더욱 증가하였다.　　92

　　(2) 연　　혁

　　구속적부심사제도는 1948. 3. 20. 미군정법령 제176호[4]에 의하여 우리나라에 처음으로 도입되었다. 1948. 7. 17.의 제헌헌법 제9조 3항은 구속적부심사제도를 헌법에 의하여 보장하였으며, 1954. 9. 23.에 공포된 형사소송법은 제201조　　93

1　LaFave–Israel–King, *Criminal Procedure*, p. 1312; Saltzburg–Capra, *American Criminal Procedure*, p. 1629.

2　신양균/조기영 181면; 이영란 312면; 이은모/김정환 285면.

3　LaFave–Israel–King p. 1312; Sanford H. Kadish, *Encyclopedia of Crime and Justice*, p. 843; Saltzburg–Capra p. 1629.

4　군정법령 제176호 제17조 5항은 「신청서에 의하여 구속이 일응 불법하다고 인정하는 경우에는 재판소는 신청수리일로부터 7일 이내에 심문기간을 지정하여 구속자에게 피구속자를 재판소에 동행 출두케 하여 그 구속을 계속할 이유를 설명할 것을 명하여야 한다」고 규정하고 있었다.

에서 이를 규정하고 있었다. 구속적부심사제도는 제 3 공화국에 이르기까지 유지
되어 왔으며, 특히 1962. 12. 26.에 공포된 제 3 공화국 헌법 제10조 5항은 「누구
든지 체포 · 구금을 받은 때에는 적부의 심사를 법원에 청구할 권리를 가진다. 사
인으로부터 신체의 자유의 불법한 침해를 받은 때에는 법률이 정하는 바에 의하
여 구제를 법원에 청구할 권리를 가진다」고 규정하여 구속적부심사제도를 일체
의 불법구속에 대한 구제수단으로 확대하였으며, 1963. 12. 13.에 개정된 형사소
송법 제201조 4항은 「지방법원판사가 발부한 영장에 의하여 구속을 받은 자 또
는 그 변호인 및 일정한 친족 · 가족은 관할법원에 구속의 적법 여부의 심사를 청
구할 수 있다」고 규정하고 있었다.

> 그러나 구속적부심사제도는 1972년의 소위 유신헌법에 의하여 삭제되고, 이에 따라
> 1973. 2. 1.부터 시행된 형사소송법 개정법률에 의하여 폐지되었다.[1] 1980년 제 5
> 공화국 헌법은 제11조 5항에서 「누구든지 체포 · 구금을 당한 때에는 법률이 정하는
> 바에 의하여 구속적부심사를 청구할 수 있다」고 하여 구속적부심사제도를 부활하였
> 으며, 1980. 12. 18.자로 개정 · 공포된 형사소송법 제214조의 2는 구속적부심사의 청
> 구사유를 구속영장의 발부가 법률에 위반한 때와 구속 후 중대한 사정변경이 있어
> 구속을 계속할 필요가 없는 때로 제한하였을 뿐만 아니라, 검사인지사건과 공안사건
> 및 법정형이 중한 사건에 대하여는 청구권을 배제하였다. 1987년 개정된 현행 헌법
> 도 구속적부심사의 청구에 관한 규정을 이어받았으며(헌법 제12조 6항), 1988. 2. 25. 시행된
> 제 6 차 형사소송법 개정법률은 「구속영장에 의하여 구속된 피의자 또는 그 변호인
> 등은 관할법원에 구속의 적부심사를 청구할 수 있다」고 개정하고, 청구권의 배제규
> 정을 삭제하여 구속적부심사의 청구사유를 현저히 확대하였다.

94   1995. 12. 29. 형사소송법 개정법률은 체포제도를 도입하면서 체포의 경우
에도 적부심사를 청구할 수 있게 하였고(제214조의2 제1항), 구속적부심사를 청구한 경우에
법원은 보증금의 납입을 조건으로 피의자의 석방을 명할 수 있게 하여(동조 제4항) 사
실상 피의자에 대한 보석을 인정하였다. 개정 형사소송법은 다시 ① 체포 · 구속
적부심사의 대상에서 영장의 요건을 삭제하여 그 대상을 확대하고, ② 체포 · 구

---

1 당시 구속적부심사를 폐지한 이유는 ① 법관이 발부한 영장에 의하여 구속된 자의 구속의 적
   법 여부를 법관이 다시 판단하는 것은 이론적으로 모순되며(屋上屋理論) 외국의 입법례에도
   없을 뿐 아니라, ② 영장을 발부한 법관은 자기가 다시 한 번 심사할 기회가 있을 수 있으므
   로 영장의 발부를 소홀히 할 염려가 있고, ③ 변호인을 선임할 수 있는 자력 있는 사람만 구
   제받고 가난한 서민층은 이용하지 못하여 법조부조리의 요인으로 형사사법의 운용에 대한 국
   민의 신뢰를 저하시키고, ④ 석방률과 석방된 자의 도주율이 높아 수사에 막대한 지장을 초
   래하였다는 점에 있었다.

속적부심사의 청구에 대한 고지절차를 신설하고, ③ 체포·구속적부심사의 심사
기한은 청구서 접수 후 48시간 이내로 제한하고, ④ 체포·구속적부심사의 조서
작성을 의무화하였다.

2. 비교법적 고찰

(1) 영미법계의 인신보호영장제도

1) 영   국   habeas corpus는 원래 영국의 common law에서 유래하여 수   95
세기에 걸쳐 왕권에 대한 정치적·헌법적 투쟁의 핵심적 기능을 수행해 온 제도
였다. 영국에서의 habeas corpus의 기원은 1215년의 Magna Charta 이전으로 소
급되고 1641년과 1679년의 Habeas Corpus Act에 의하여 확립된 것이다. 즉
1641년의 인신보호법은 국왕에게 상당한 이유(probable cause) 없이 사람을 체포
할 수 없도록 하고 체포된 자는 인신보호영장에 의하여 구속의 적법성에 대한 사
법적 심사를 받을 수 있도록 하였고, 1679년의 Habeas Corpus Act에 의하여 누
구든지 적법절차에 의하지 않고는 자유를 박탈당하지 않는다는 원칙이 확립되어
이 영장을 이용할 사법적 권한이 강화되었다.[1]

> 그러나 영국에서 habeas corpus는 현재 위법한 구속에 대한 방지책으로서 충분한
> 기능을 다하지 못하고 실제상으로도 별로 사용되지 않는 제도에 지나지 않는다.[2] habeas
> corpus는 권한 없는 자에 의하여 구속된 때에만 적용되므로 영장에 의하여 구속된
> 경우에는 영장을 발부한 법원에 재판권(jurisdiction)이 없을 때에만 이에 의하여 석
> 방될 수 있기 때문이다.

2) 미   국   영국의 habeas corpus는 미국에 계수되어 미국의 대다수의 주   96
는 영국의 1679년 Habeas Corpus Act를 모델로 한 법률을 제정하게 되었고, 주
헌법도 대부분 habeas corpus의 권리를 보장하고 있었다. 1776년의 미국 연방헌
법 제1조 9항 2호는 「인신보호영장의 특권은 반란 또는 외환에 의하여 공공의
안전이 요구할 때가 아니면 정지되지 않는다」고 규정하고 있었다. 1867년의
Habeas Corpus Act는 헌법·법률 또는 조약을 위반한 구속에 관하여 주에 의하
여 구금된 자에 대하여도 연방법원에게 habeas corpus를 인정하였다. 그리하여

---

1 Kadish p. 844; LaFave–Israel–King p. 1313.

2 Jescheck/Krümpelmann S. 163; Saltzburg–Capra p. 1630.

미국에 있어서 인신보호영장제도는 공소제기전의 구속뿐만 아니라 이미 법원의 판결을 받은 피고인이 그 판결의 무효를 주장하는 무기로 사용되고 있고,[1] 청구 사유도 관할위반 이외에 기본법인 헌법에 저촉되는 모든 경우에 적용할 수 있도록 확대되었다.[2] 이러한 의미에서 미국의 habeas corpus는 자유를 위한 기본적 보장책으로서 미국문명의 핵심이 되는 가치를 지니고 있다고 할 수 있다.[3]

(2) 독일의 구속심사제도

97　　　독일에서도 피의자를 구속하는 경우에는 영장에 의하지 않는 긴급구속의 경우는 물론 구속영장에 의하여 구속하는 때에도 지체 없이 법관에게 인치하여 늦어도 다음 날 이전에 법관의 심문을 받을 것을 요건으로 하고 있다($\substack{제115조,\\제128조}$). 이는 영미에 있어서 구속에 관하여 치안판사가 행하는 기능과 같다. 구속된 피의자와 피고인을 석방하기 위한 제도로 독일 형사소송법은 구속심사제도(Haftprüfung)를 두고 있다. 즉 구속된 피의자는 언제나 법원에 구속의 취소나 그 집행정지 여부의 심사를 청구할 수 있으며, 변호인 없는 피의자가 구속심사신청이나 구속에 관한 항고(Haftbeschwerde)를 제기하지 않고 3개월이 경과한 때에는 직권으로 심사하도록 하고 있다($\substack{제117\\조}$). 구속심사의 청구는 언제나 할 수 있으나 심문이 있은 후에는 2월이 지난 후에 다시 심문을 구할 수 있고($\substack{제118\\조}$), 직권에 의한 심사도 매 3개월마다 해야 한다($\substack{제117조\\5항}$).

　　독일의 구속심사제도는 이와 같이 구속의 적법 여부를 심사하는 제도가 아니라 구속의 계속이 필요한가를 심사하는 제도라는 점[4]에서 영미의 habeas corpus와 구별된다.

(3) 일본의 구류이유개시제도

98　　　일본 헌법 제34조는 「누구도 정당한 이유 없이 구금되지 않으며, 그 이유는 직접 본인 및 변호인이 출석한 공개법정에서 개시하지 않으면 안 된다」고 규정하고 있으며, 이에 따라 형사소송법에는 구류이유개시제도(勾留理由開示制度)를 두고 있다($\substack{제82\\조}$). 일본의 구류이유개시제도는 영미의 habeas corpus와 같이 부당한 구

1　Kadish p. 845; LaFave-Israel-King p. 1314; Saltzburg-Capra p. 1631.
2　Fay v. Noia, 372 U.S. 391(1963); Rose v. Mitchell, 433 U.S. 545(1979).
3　Saltzburg p. 1168.
4　Boujong KK § 117, Rn. 1; Gössel S. 81; Meyer-Goßner § 117, Rn. 4; Peters S. 427; Zipf S. 128.

금으로부터의 사법적 구제를 위한 제도이지만, habeas corpus와는 성질을 달리하는 일본의 고유한 제도라 할 수 있다. 즉 구류이유개시제도는 구금의 이유를 공개법정에서 개시할 것을 요구함에 그치고, 이에 의하여 간접적으로 불법구금을 방지하고자 하는 제도인 점에서 불법구금된 자의 석방을 명하는 제도인 habeas corpus와 구별된다. 따라서 이유개시에 의하여 구속의 이유가 없거나 구속을 계속할 수 없다고 인정될 때에는 직권으로 구류를 취소하거나 구속에 대한 준항고 또는 구속취소청구의 사유가 될 수 있을 뿐이다.

3. 체포 · 구속적부심사제도의 내용

(1) 심사의 청구

1) **청구권자**   체포 · 구속적부심사의 청구권자는 체포되거나 구속된 피의자, 그 변호인 · 법정대리인 · 배우자 · 직계친족 · 형제자매 · 가족, 동거인 또는 고용주이다($\binom{제214조의}{2\ 제1항}$).   99

청구권자는 피의자에 제한되어 있으므로 피고인은 체포 · 구속적부심사를 청구할 수 없다. 체포영장 또는 구속영장에 의하여 체포되거나 구속된 피의자뿐만 아니라 체포영장 또는 구속영장이 발부되지 않고 불법하게 체포되거나 구속된 피의자, 예컨대 임의동행에 의하여 보호실에 유치되어 있거나 긴급체포[1] 또는 현행범인의 체포에 의하여 체포되어 구속영장이 청구되지 않은 피의자도 체포 · 구속적부심사를 청구할 수 있다.

사인에 의하여 불법구속된 자는 여기에 포함되지 않는다. 구속적부심사제도는 신체의 자유를 불법으로 침해당한 모든 경우에 인정되어야 하므로 이 경우도 형사소송법에서 고려했어야 한다는 견해[2]도 있으나, 사인에 의한 불법구속은 형사소송의 문제가 아니다.   100

동거인이나 고용주도 청구권자에 포함시킴으로써 형사소송법은 청구권자의 범위를 확대하였다. 동거인이란 주민등록부에 등재되어 있을 것을 요하지 않고 사실상 동거하는 사람이면 되고,[3] 고용주는 일용노동자라 할지라도 어느 정도 계속적인 고용관계에 있는 사람을 포함한다.[4]

---

1 대법원 1997. 8. 27. 결정, 97 모 21.
2 김기두 220면.
3 강구진 208면; 백형구 강의, 274면; 신현주 314면.
4 백형구 강의, 279면은 동거인과 고용주를 청구권자로 하면서 변호인선임권을 인정하지 아니

피구속자 이외에 청구권자가 없는 경우도 있을 수 있으므로 이해관계의 유무를 불문
하고 청구권자의 범위를 확대해야 한다는 견해[1]도 있다. 그러나 청구권자를 무제한
하게 확대하는 것은 형사소송의 형식적 확실성을 해하는 것이라고 하겠다.

101   **2) 청구의 사유**   적부심사(適否審査)의 청구사유는 체포 또는 구속의 적부이
다. 여기서 체포 또는 구속의 적부란 체포 또는 구속의 불법뿐만 아니라 부당, 즉
구속계속의 필요성에 대한 판단을 포함한다. 체포영장 또는 구속영장의 발부가
법률에 위반하거나 구속 후 중대한 사정변경이 있을 것을 요하는 것은 아니다.

체포·구속이 불법한 경우로는 재구속의 제한($\frac{제208}{조}$)에 위반하여 구속영장이
발부된 경우나, 영장에 의한 체포·긴급체포나 현행범인으로 체포된 자에 대하여
구속영장 청구기간($\frac{제200조의 4, 제213조의 2,}{제200조의 2 \ 제 5 항}$)이 경과한 후에 구속영장이 청구되어 발부
된 것과 같이 영장발부가 위법한 경우뿐만 아니라, 구속사유가 없음에도 불구하
고 구속영장이 발부된 경우나 경미한 사건으로 주거가 일정한 피의자에게 구속영
장이 발부된 경우와 같이 구속의 필요성에 대한 판단이 잘못된 경우도 포함한다.
체포 또는 구속이 불법 또는 부당하면 족하며 체포영장 또는 구속영장의 발부가
위법할 것을 요하는 것은 아니다. 따라서 구속영장의 발부가 적법할지라도 구속
기간을 경과한 구속은 구속이 불법한 경우에 해당한다고 해야 한다.

체포영장 또는 구속영장의 발부가 위법하지 않은 경우라 할지라도 구속계속
의 필요성이 인정되지 않는 경우의 구속계속에 대하여도 적부심사를 청구할 수
있다. 피의자에 대한 보석도 적부심사를 청구한 때에만 인정되므로 피의자는 적
부심사에 의하여만 부당한 구속으로부터 구제받을 수 있기 때문이다. 구속계속의
필요성은 피해변상·합의 또는 고소취소와 같은 사정변경이 있는 경우에 주로 문
제되는 것이지만, 반드시 구속 후의 사정변경을 요건으로 하는 것은 아니다. 구
속을 계속할 필요가 있는가를 판단하는 기준시기는 심사 시가 되어야 한다.

102   **3) 청구의 방법**   체포·구속적부심사의 청구는 서면에 의하여야 하며, 체
포·구속적부심사청구서에는 체포·구속된 피의자의 성명·주민등록번호 등·주
거, 체포 또는 구속된 일자, 청구의 취지와 청구의 이유, 청구인의 성명과 체포·
구속된 피의자와의 관계를 기재하여야 한다($\frac{규칙 \ 제}{102조}$). 체포·구속적부심사 청구를

한 것은 입법론상 부당하다고 한다.

1 김기두 220면.

위하여 청구권자에게 적부심사를 청구할 수 있다는 것을 알려 줄 필요가 있다. 따라서 형사소송법은 피의자를 체포하거나 구속한 검사 또는 사법경찰관은 피의자와 적부심사 청구권자 중 피의자가 지정하는 사람에게 적부심사를 청구할 수 있음을 알려 주게 하였다($^{제214조의}_{2 \ 제 2 항}$).

　　체포·구속적부심 청구권자는 긴급체포서, 현행범인체포서, 체포영장, 구속영장 또는 그 청구서를 보관하고 있는 검사, 사법경찰관 또는 법원사무관 등에게 그 등본의 교부를 청구할 수 있다($^{규칙 \ 제}_{101조}$).

(2) 법원의 심사

1) **심사법원**　　　체포·구속적부심사 청구사건은 지방법원 합의부 또는 단독판　　103
사가 심사한다. 체포영장이나 구속영장을 발부한 법관은 심문·조사·결정에 관여하지 못한다. 다만, 체포영장이나 구속영장을 발부한 법관 외에는 심문·조사·결정을 할 판사가 없는 경우에는 그러하지 아니하다($^{동조}_{제12항}$). 체포영장 또는 구속영장을 발부한 법관의 예단을 배제하려는 취지이다.

2) **심문기일의 통지**　　　체포·구속적부심사의 청구를 받은 법원은 청구서가 접　　104
수된 때부터 48시간 이내에 체포되거나 구속된 피의자를 심문하여야 한다($^{제214조의}_{2 \ 제 4 항}$). 다만, ① 청구권자 아닌 사람이 청구하거나 동일한 체포영장 또는 구속영장의 발부에 대하여 재청구한 때, ② 공범이나 공동피의자의 순차청구(順次請求)가 수사방해를 목적으로 하고 있음이 명백한 때에는 심문 없이 결정으로 청구를 기각할 수 있다($^{동조}_{제3항}$). 체포 또는 구속의 적부심사의 청구를 받은 법원은 지체 없이 청구인·변호인·검사 및 피의자를 구금하고 있는 관서의 장에게 심문기일과 장소를 통지하여야 하며($^{규칙 \ 제}_{104조 \ 1항}$), 급속을 요하는 경우에는 이 통지는 서면 외에 전화·모사전송·전자우편·휴대전화 문자전송 그 밖에 적당한 방법으로 할 수 있다($^{동조}_{제3항}$).

3) **법원의 심사**　　　체포·구속적부심사의 청구를 받은 법원은 심문기일에 피　　105
의자를 심문하고 수사 관계 서류와 증거물을 조사한다($^{제214조의}_{2 \ 제 4 항}$). 이를 위하여 사건을 수사 중인 검사 또는 사법경찰관은 수사관계서류와 증거물을 심문기일까지 법원에 제출하여야 하고, 피의자를 구금하고 있는 관서의 장은 피의자를 출석시켜야 한다($^{규칙 \ 제}_{104조 \ 2항}$). 피의자의 출정은 절차개시의 요건이다. 검사·변호인 및 청구인은 심문기일에 출석하여 의견을 진술할 수 있다($^{제214조의}_{2 \ 제 9 항}$). 심문기일에 출석한 검사·변호인과 청구인은 법원의 심문이 끝난 후에 의견을 진술할 수 있다. 다만, 필요한 경우에는 심문 도중에도 판사의 허가를 얻어 의견을 진술할 수 있다 ($\frac{규칙 제}{105조 1항}$). 체포되거나 구속된 피의자, 변호인, 청구인은 피의자에게 유리한 자료를 낼 수 있다($\frac{동조}{제3항}$).

법원은 피의자의 심문을 합의부원에게 명할 수 있으며($\frac{동조}{제4항}$), 피의자는 판사의 심문 도중에도 변호인에게 조력을 구할 수 있다($\frac{동조}{제2항}$).

체포·구속적부심사를 청구한 피의자가 제33조에 해당할 때에는 법원은 국선변호인을 선정하여야 한다($\frac{제214조의}{2 제10항}$). 이 경우에는 국선변호인의 출석도 절차개시의 요건이 된다. 법원은 심문을 하는 경우 공범의 분리심문이나 그 밖의 수사상의 비밀보호를 위한 적절한 조치를 취하여야 한다($\frac{동조}{제11항}$).

106 **4) 체포·구속적부심사조서**   심문기일에 피의자를 심문하는 경우에는 법원사무관 등은 심문의 요지 등을 조서로 작성하여야 한다($\frac{동조 제14항,}{제201조의2 제6항}$). 체포·구속적부심사조서는 제315조의 당연히 증거능력 있는 서류에 해당한다.[1]

(3) 법원의 결정

107   법원은 체포 또는 구속된 피의자에 대한 심문이 종료된 때부터 24시간 이내에 체포·구속적부심사청구에 대한 결정을 하여야 한다($\frac{규칙 제}{106조}$). 이 경우 법원이 수사 관계 서류와 증거물을 접수한 때부터 결정 후 검찰청에 반환된 때까지의 기간은 체포 또는 구속기간에 산입하지 아니한다($\frac{제214조의}{2 제13항}$). 이는 체포·구속적부심사의 청구로 인하여 수사에 지장을 초래하는 것을 막고 전격기소의 폐해를 방지하기 위한 것이라 할 수 있다.

체포·구속적부심사청구에 대한 법원의 결정에는 기각결정과 석방결정이 있다.

1) 기각결정   법원의 심사의 결과 청구가 이유 없다고 인정한 때에는 결정으로 그 청구를 기각하여야 한다($\frac{동조}{제4항}$). 심문 없이 기각결정이 허용되는 경우도 있다($\frac{동조}{제3항}$).

2) 석방결정   법원이 적부심사의 청구를 이유 있다고 인정한 때에는 결정으로 체포되거나 구속된 피의자의 석방을 명하여야 한다($\frac{동조}{제4항}$). 석방결정은 그 결정서의 등본이 검찰청에 송달된 때에 효력을 발생한다($\frac{제42}{조}$). 심사청구 후 피의자에

---

1 대법원 2004. 1. 16, 2003 도 5693.

대하여 공소제기가 있는 경우에도 같다($\frac{제214조의 2}{제 4 항 2문}$). 이 규정은 청구인이 구속적부
심사청구권을 행사한 다음 검사가 법원의 결정이 있기 전에 기소하는 경우($\frac{이른바}{전격기소}$),
영장에 근거한 구속의 헌법적 정당성에 대하여 법원이 실질적인 판단을 하지 못
하고 그 청구를 기각할 수밖에 없게 되는 것을 막기 위하여 신설되었다.[1]

　　체포와 구속적부심사의 결과 법원의 석방결정에 의하여 석방된 피의자는 도
망하거나 범죄의 증거를 인멸하는 경우를 제외하고는 동일한 범죄사실에 대하여
재차 체포하거나 구속하지 못한다($\frac{제214조의}{3 \text{ 제}1항}$). 따라서 피의자가 도망하거나 범죄의
증거를 인멸하는 경우에는 재차 체포하거나 구속할 수 있다.

　　그러나 수사기관이 스스로 석방한 때에는 다른 중요한 증거를 발견한 경우를 제외하
고는 재구속을 금지하면서 체포·구속적부심사에 의하여 체포나 구속이 위법하거나
구속의 필요성이 없다고 인정되어 석방된 자에 관하여는 쉽게 재구속을 허용하는 것
은 입법론상 타당하다고 할 수 없다.

3) 보증금납입조건부 피의자석방

(개) 보증금납입조건부 피의자석방제도의 의의

보증금납입조건부 피의자석방제
도란 피의자에 대하여 보증금납입을 조건으로 구속의 집행을 정지하는 제도를 말
한다. 형사소송법은 구속적부심사를 청구한 피의자를 보증금납입조건부로 석방하
는 제도를 도입하였다. 즉 법원은 구속된 피의자(심사청구 후 공소제기된 사람을 포
함한다)에 대하여 피의자의 출석을 보증할 만한 보증금의 납입을 조건으로 하여
결정으로 제214조의 2 제 4 항의 석방을 명할 수 있다($\frac{제214조의}{2 \text{ 제}5항}$). 보증금납입조건부
피의자석방제도는 보석제도를 피의자에 대하여까지 확대한 것이라 할 수 있다.
다만, 형사소송법은 보석을 피의자에게 준용하는 대신에 구속적부심사와 결합하
여 보증금납입조건부 피의자석방제도를 신설하였다. 보증금납입조건부 피의자석
방제도는 ① 구속적부심사의 청구가 있을 때에만 허용되며, ② 법원의 직권에 의
하여 석방을 명할 수 있을 뿐인 직권보석이고 재량보석이며 피의자에게 보석권이
인정되는 것은 아니라는 점에 특색이 있다.

(내) 보증금납입조건부 피의자석방제도의 내용

A. 보증금납입조건부 피의자석방의 청구

보증금납입조건부 피의자석방의 청구

---

[1] 헌법재판소의 헌법불합치결정(헌재결 2004. 3. 25, 2002 헌바 104)에 따라 2004. 10. 16. 형
　사소송법 개정으로 신설되었다.

는 인정되지 않으며, 피의자가 구속적부심사를 청구한 경우에 법원은 보증금의 납입을 조건으로 피의자의 석방을 명할 수 있을 뿐이다. 피의자에 대하여 보석의 청구권을 인정하지 않고 구속적부심사청구가 있을 때에 피의자의 석방을 명하게 한 것은 피의자의 중복된 석방청구로 인하여 수사절차가 지연된다는 점을 고려한 결과이다.

보증금납입조건부 피의자석방의 대상자는 구속된 피의자에 제한되어 있으므로 체포된 피의자에 대하여는 보증금납입을 조건으로 한 석방이 허용되지 않는다. 따라서 체포적부심사절차에서 피의자를 보증금납입을 조건으로 석방할 수는 없다.[1]

111				B. 보증금납입조건부 피의자석방의 제외사유			피의자에게 ① 범죄의 증거를 인멸할 염려가 있다고 믿을 만한 충분한 이유가 있는 때, ② 피해자, 당해 사건의 재판에 필요한 사실을 알고 있다고 인정되는 사람 또는 그 친족의 생명·신체나 재산에 해를 가하거나 가할 염려가 있다고 믿을 만한 충분한 이유가 있는 때에는 보증금납입조건부로 피의자의 석방을 명할 수 없다(동조 제5항 단서). 전자는 피의자가 실체진실의 발견을 해하는 경우까지 보석을 허용하지는 않겠다는 취지이며, 후자는 피해자 또는 증인 보호를 위한 규정이다.

112				C. 보증금과 조건			보증금납입을 조건으로 하는 피의자석방의 경우에 보증금의 결정이나 집행절차에 관하여는 보석에 관한 규정이 준용된다(동조 제7항). 즉 보증금납입을 조건으로 석방을 하는 경우에는, ① 범죄의 성질 및 죄상, ② 범죄의 증명력, ③ 피의자의 전과·성격·환경 및 자산, ④ 피해자에 대한 배상 등 범행 후의 정황에 관련된 사항을 고려하여 피의자의 출석을 보증할 만한 보증금을 정하여야 하며(동조 제7항, 제99조), 법원은 피의자의 자금능력 또는 자산 정도로는 납입할 수 없는 보증금액을 정할 수 없다(제99조 제2항). 피의자의 석방 결정을 하는 경우에는 주거의 제한, 법원 또는 검사가 지정하는 일시·장소에 출석할 의무, 그 밖에 적당한 조건을 부가할 수 있다(제214조의 2 제6항).

보증금의 납입을 조건으로 하는 피의자석방결정도 보증금을 납입한 후가 아니면 집행하지 못한다(동조 제7항, 제100조 1항). 법원은 유가증권 또는 피의자 외의 자가 제출한 보증서로써 보증금에 갈음할 것을 허가할 수 있고(제100조 제3항), 이 보증서에는 보증

---

1 대법원 1997. 8. 27. 결정, 97 모 21.

금액을 언제든지 납입할 것을 기재하여야 한다($\substack{동조\\제4항}$).

　　D. **재체포·재구속의 제한**　　　　보증금납입을 조건으로 석방된 피의자가 ① 도망　113
한 때, ② 도망하거나 범죄의 증거를 인멸할 염려가 있다고 믿을 만한 충분한 이
유가 있는 때, ③ 출석요구를 받고 정당한 이유 없이 출석하지 않은 때, ④ 주거
의 제한이나 그 밖에 법원이 정한 조건을 위반한 때의 어느 하나에 해당하는 사
유가 있는 경우를 제외하고는 동일한 범죄사실에 관하여 피의자를 재차 체포하거
나 구속할 수 없다($\substack{제214조의\\3\ 제2항}$).

　　⒟ **보증금의 몰수**　　　　법원은 ① 보증금납입을 조건으로 석방된 피의자를 재체　114
포·재구속 제한의 예외사유에 해당하여 재차 구속할 때, ② 보증금납입을 조건
으로 석방된 피의자에 대하여 공소가 제기된 후 법원이 동일한 범죄사실에 관하
여 피고인을 재차 구속할 때에는 납입된 보증금의 전부 또는 일부를 몰수할 수
있다($\substack{제214조의\\4\ 제1항}$). 보증금의 임의적 몰수에 해당하는 규정이다. 보증금납입을 조건으
로 석방된 피의자가 동일한 범죄사실에 관하여 형의 선고를 받고 그 판결이 확정
된 후, 집행하기 위한 소환을 받고 정당한 이유 없이 출석하지 아니하거나 도망
한 때에는 법원은 직권 또는 검사의 청구에 의하여 결정으로 보증금의 전부 또는
일부를 몰수하여야 한다($\substack{동조\\제2항}$). 이 경우의 보증금의 몰수는 필요적 몰수이다.

　　4) 항고의 금지　　　　체포·구속적부심사에 관한 법원의 결정에 대하여는 기각　115
결정과 석방결정을 불문하고 항고가 허용되지 않는다($\substack{제214조의\\2\ 제8항}$). 항고로 인한 수사
의 지연과 심사의 장기화를 피하기 위한 것이다. 그러나 보증금납입조건부 석방
결정에 대해서는 항고할 수 있다.[1]

4. 체포·구속적부심사제도의 개선

　　체포·구속적부심사제도는 불법 또는 부당하게 체포·구속된 피의자를 구제　116
하기 위한 가장 효과적인 인권보장의 보루라고 할 수 있다. 보석이 원칙적으로
피고인에게 제한되어 있고 피의자에 대한 보석제도인 보증금납입조건부 피의자
석방도 구속적부심사를 청구한 경우에만 허용될 뿐만 아니라, 형사소송법이 체포
제도를 도입하였으나 긴급체포와 현행범인의 체포는 법관의 사법적 통제에서 제
외되어 있다는 점에서 체포·구속적부심사는 불법 또는 부당하게 체포·구속된

1　대법원 1997. 8. 27. 결정, 97 모 21.

피의자를 석방시키기 위한 제도로서 더욱 중요한 의미를 가진다고 할 수 있다. 다만, 형사소송법상의 체포·구속적부심사제도에도 보완해야 할 점이 없지 않다.

(1) 피고인의 적부심사청구

117   피의자 이외에 피고인에 대하여도 체포·구속적부심사를 청구할 수 있게 하는 것이 타당한가에 관하여는 견해가 대립되고 있다. 긍정설은 체포·구속적부심사제도와 보석제도는 제도의 취지를 달리하는 제도이므로 피의자에게 보석을 인정해야 하는 것과 마찬가지로 피고인도 적부심사를 청구할 수 있게 해야 한다고 한다.[1] 이에 반하여 부정설은 체포·구속적부심사제도가 가지는 본래의 의미는 수사절차상의 신체구속에 대하여 법원이 통제를 가하려는 데 있으므로 법원에 의한 피고인의 구속에 대하여는 인정할 필요가 없다고 한다.[2] 생각건대 체포·구속적부심사는 불법한 구속뿐만 아니라 부당한 구속에 대하여도 인정되고 법원에 의하여 불법 또는 부당하게 구속된 피고인도 구제할 필요가 있다는 점에서 피고인도 구속적부심사를 청구할 수 있게 하는 것이 헌법 제12조 6항의 정신에 일치한다고 생각된다. 영미의 habeas corpus는 물론 독일의 구속심사제도나 일본의 구류이유개시제도는 모두 피의자뿐만 아니라 피고인에 대하여도 인정되고 있다.

(2) 체포·구속기간의 산입

118   체포·구속적부심사가 청구된 경우에 법원이 수사관계서류와 증거물을 접수한 때부터 결정 후 검찰청에 반환된 때까지의 기간을 체포 또는 구속기간에 산입하지 않는 것도 타당하다고 할 수 없다. 체포·구속적부심사의 청구는 헌법에 의하여 구속된 피의자에게 인정된 권리이고, 결정과 증거물이나 수사관계서류를 반환하는 기간은 법원의 사정에 따라 달라질 수 있고, 이 기간 동안 특별히 수사에 지장이 초래되는 것도 아니기 때문이다. 수사에 미치는 영향을 고려하여 법원이 구속기간의 산입 여부를 결정하게 하는 것이 타당하다는 견해도 있다.[3]

(3) 보증금납입조건부 피의자석방제도의 문제점

119   형사소송법이 보증금납입조건부 피의자석방제도를 도입하여 피의자에 대하여도 보석을 인정한 것은 구속을 제한하여 피의자의 석방가능성을 넓혔다는 점에서 타당한 태도라고 할 수 있다. 그러나 보석을 피의자에 대하여 확대함에 있어

---

1 신현주 323면; 정승환 § 15/39.

2 백형구 강의, 280면; 신동운 391면.

3 정승환 § 15/40.

서 보석에 관한 규정을 피의자에게 준용하지 않고 별도로 보증금납입조건부 피의
자석방제도를 만들어 피의자가 구속적부심사를 청구한 때에만 보석을 허가하도
록 한 것은 타당하다고 할 수 없다. 보석과 구속적부심사제도는 제도의 취지를
달리하는 제도이므로 적부심사를 청구한 경우에 보석을 허가하는 것은 타당하다
고 할 수 없고, 반대로 보석을 원하는 피의자에게 그 요건에 해당하지 않음에도
불구하고 적부심사를 청구하게 하는 것도 옳다고 할 수 없기 때문이다. 피고인에
대한 보석이 필요적 보석임에 대하여 피의자에 대하여는 임의적 보석만을 인정하
는 것도 문제이다. 재구속의 제한에 관한 제214조의 3의 규정도 보석제도의 취지
와 일치하지 않는다. 보석은 성질상 구속의 집행정지이므로 보석이 취소되지 않
는 한 재구속될 수 없고 보석을 취소한 때에는 당연히 구속해야 한다. 결국 피의
자에 대하여 보석제도를 확대함에 있어서는 보석에 관한 규정을 피의자에게 준용
하면 되고 구속적부심사와 결합하여 보증금납입조건부 피의자석방제도를 신설할
것은 아니라고 생각된다.

Ⅵ. 구속의 집행정지와 실효

1. 구속의 집행정지

1) **구속집행정지의 의의**　　　검사 또는 사법경찰관은 구속된 피의자에 대하여 120
는 상당한 이유가 있는 때에는 결정으로 구속된 피의자를 친족·보호단체 기타
적당한 자에게 부탁하거나 피의자의 주거를 제한하여 구속의 집행을 정지할 수
있다($\frac{제101조 1항,}{제209조}$). 다만, 사법경찰관이 구속의 집행을 정지한 때는 구속집행정지 통
보서를 작성하여 그 사실을 검사에게 통보해야 한다($\frac{경찰수사규칙^1}{제62조 2항}$). 구속의 집행정
지의 경우에는 구속의 집행이 정지될 뿐이며 구속영장의 효력에는 영향이 없다.
보증금을 조건으로 하지 않고 직권에 의하여 행하여지며, 피고인뿐만 아니라 피
의자에 대하여도 인정된다는 점에서 보석과 구별된다. 피고인의 구속집행정지는
법원이 할 수 있다($\frac{제101}{조}$).

2) **구속집행정지의 절차**　　　헌법 제44조에 의하여 구속된 국회의원에 대한 석 121
방요구가 있으면 당연히 구속영장의 집행이 정지된다($\frac{동조}{제4항}$). 법원의 결정을 요하

1　제정 2020. 12. 31. 행정안전부령 제233호(시행 2021. 1. 1).

지 않고 국회의 석방결의에 의하여 구속집행정지의 효력이 발생한다는 점에 특
색이 있다. 따라서 석방요구의 통고를 받은 검찰총장은 즉시 석방을 지휘하여야
한다($\frac{동조}{제5항}$).

122   **3) 구속집행정지의 취소**   구속된 피의자에 대하여는 검사 또는 사법경찰관이
결정으로 구속의 집행정지를 취소할 수 있다($\frac{제102조 2항,}{제209조}$). 구속집행정지의 취소사
유는 보석의 취소사유와 같다. 다만, 국회의원에 대한 구속영장의 집행정지는 그
회기 중 취소하지 못한다($\frac{제102조}{2항 단서}$).

2. 구속의 실효

구속의 실효에는 구속의 취소와 구속의 당연실효가 있다.

(1) 구속의 취소

123   구속의 사유가 없거나 소멸된 때에 검사 또는 사법경찰관은 피의자에 대하
여는 결정으로 구속을 취소하여야 한다($\frac{제209조,}{제93조}$). 구속의 사유가 없는 때란 구속사
유가 처음부터 존재하지 않았던 것이 판명된 경우이고, 구속사유가 소멸된 때란
존재한 구속사유가 사후적으로 소멸한 경우를 말한다. 한편 사법경찰관이 구속을
취소하여 피의자를 석방하는 경우, 검사에게 송치해야 하는 사건($\frac{제245조의}{5 제1호}$)에 대해
서는 구속취소 동의 요청서에 따라 검사의 동의를 받아야 한다($\frac{경찰수사규칙}{제61조 1항}$).

(2) 구속의 당연실효

124   구속영장의 효력이 당연히 상실되는 경우가 있다.

1) 구속기간의 만료   구속기간이 만료되면 구속영장의 효력은 당연히 상실
된다.

2) 구속영장의 실효   무죄, 면소, 형의 면제, 형의 선고유예, 집행유예, 공소
기각 또는 벌금이나 과료를 과하는 판결이 선고된 때에는 구속영장은 효력을 잃
는다($\frac{제331}{조}$). 구속 중인 소년에 대한 피고사건에 관하여 법원의 소년부송치결정이
있는 경우에는 소년부판사가 소년의 감호에 관한 결정을 한 때에 구속영장은 효
력을 잃는다($\frac{소년법}{제52조}$).

3) 사형·자유형의 확정   사형 또는 자유형의 판결이 확정된 때에도 구속영
장의 효력은 상실된다. 자유형의 판결이 확정된 때에는 그 확정된 날로부터 형의
집행이 시작된다. 사형선고를 받은 자는 그 집행까지 구치소에 수감된다. 그러나

이는 확정판결 자체의 효력에 의한 것이며 구속영장의 효력이 존속하는 것은 아니다.

제 2 절　대물적 강제수사　　　　§14

I. 대물적 강제수사

1. 대물적 강제수사의 의의

증거물이나 몰수물의 수집과 보전을 목적으로 하는 강제처분을 대물적 강제처분이라 한다. 대물적 강제처분은 그 직접적 대상이 물건이라는 점에서 대인적 강제처분과 구별된다. 형사소송법상 대물적 강제처분에는 압수·수색과 검증이 있다. 다만 검증에 있어서는 법원이 행하는 검증은 증거조사의 일종에 지나지 않고, 수사기관의 검증만 강제처분에 해당한다. 대물적 강제처분은 주체에 따라 법원이 증거수집을 위하여 행하는 경우와 수사기관이 수사로 행하는 경우로 나눌 수 있다. 수사기관의 대물적 강제처분을 대물적 강제수사라고 한다. 그러나 증거물이나 몰수할 물건의 수집과 확보를 목적으로 하는 강제처분이라는 점에서 양자는 그 성질을 같이한다. 형사소송법은 대물적 강제처분에 대하여도 대인적 강제처분과 마찬가지로 수소법원의 압수·수색과 검증에 관하여 먼저 규정한 후, 그 일부를 수사기관의 대물적 강제수사에 관해 준용하는 방식을 취하고 있다(제219조).

대부분의 중요한 정보가 디지털화되어 저장되고 있는 오늘날에는 대물적 강제처분의 대상이 유체물이 아닌 전자정보인 경우에도 전통적인 대물적 강제처분의 요건과 절차가 그대로 적용될 수 있을 것인지에 관하여 오랫동안 논의되어 왔다. 2011. 7. 18. 형사소송법 개정으로 정보저장매체의 압수·수색 방법에 관하여 새로운 규정이 신설되었으나(제106조), 전자정보에 대한 강제처분은 여전히 법리가 새롭게 형성되어 가고 있는 영역이다. 특히 오늘날에는 디지털화된 개인정보를 제 3 자가 보관하고 있는 경우가 증가하고 있는데, 직접 강제처분의 상대방을 중심으로 그 의사의 침해 여부를 판단해온 기존의 전통적인 대물적 강제처분 논의를 여기에 그대로 적용할 경우에는 여러 문제가 발생하게 되므로, 이는 해석론상·입법론상 중요한 관심사가 되어 있다.

　한편, 통신비밀보호법상 통신제한조치, 송·수신이 종료된 이메일의 압수·수색과 통신사실확인자료 제공요청은 상대방의 의사에 반하여 사적인 대화내용, 통화내역, 위치정보 등의 법익을 중대하게 침해하는 처분으로서 전통적인 대물적 강제처분은 아니지만 특별법에 의하여 규율되는 정보에 관한 대물적 강제처분의 일종으로 볼 수 있다. 오늘날 과학기술의 발전에 따라 GPS 수사, 실내공간의 열화상 감지 등 새로운 기술적 수단에 의해서 중대한 법익의 침해가 가능하게 됨에 따라 새로운 강제처분의 법적 규율이 중요한 문제가 되고 있다.[1]

2. 형사소송법상 대물적 강제수사의 공통적 요건

2　　대물적 강제수사도 강제수사이므로 강제수사를 할 수 있는 요건이 갖추어져야 한다. 압수·수색에 관하여 영장주의를 천명하고 있는 헌법($\frac{제12조 제3}{항, 제16조}$)에 따라 형사소송법은 「검사는 범죄수사에 필요한 때에는 피의자가 죄를 범하였다고 의심할 만한 정황이 있고 해당 사건과 관계가 있다고 인정할 수 있는 것에 한정하여 지방법원 판사에게 청구하여 발부받은 영장에 의하여 압수·수색 또는 검증할 수 있고, 사법경찰관이 범죄수사에 필요한 때에는 피의자가 죄를 범하였다고 의심할 만한 정황이 있고 해당 사건과 관계가 있다고 인정할 수 있는 것에 한정하여 검사에게 신청하여 검사의 청구로 지방법원판사가 발부한 영장에 의하여 압수·수색 또는 검증을 할 수 있다」고 규정하고 있다($_{조}^{제215}$). 따라서 형사소송법상 대물적 강제수사는 범죄의 혐의와 강제수사의 필요성 및 해당 사건과의 관련성을 요건으로 사전영장을 발부받아야 한다. 다만 일정한 긴급한 경우에는 영장주의의 예외가 인정되나, 이때에도 대물적 강제수사의 결과물을 증거로 사용하기 위하여는 사후영장을 발부받아야 한다($\frac{제216조,}{제217조}$).

3　　**1) 범죄의 혐의**　　대물적 강제수사인 압수·수색 또는 검증을 함에 있어서는 범죄의 혐의가 존재해야 한다. 그것은 강제처분의 대상과 필요성을 판단하는 기

1　형사소송법 제199조 1항은 강제처분은 이 법률에 특별한 규정이 있는 경우에 한하여 하도록 규정하고 있다. 미국은 수정 헌법 제 4 조의 압수·수색 개념을 통해서 대물적 강제수사를 규율하며, 독일과 프랑스 등 대륙법계 국가들은 형사소송법을 통해서 다양한 수사방법에 관하여 통일적인 규율을 하고 있다. 수사비례의 원칙과 강제수사법정주의의 취지에 따라 새로운 수사방법에 관한 규율은 특별법이 아닌 형사소송법을 통해서 통일적으로 하는 것이 바람직하다고 하겠다.

준이 되기 때문이다. 형사소송규칙이 압수·수색·검증영장의 청구서에 범죄사실의 요지를 기재하고($^{규칙 제}_{107조}$), 피의자에게 범죄의 혐의가 있다고 인정되는 자료를 제출할 것을 요구하고 있는($^{규칙 제}_{108조}$) 이유도 여기에 있다.

　　문제는 대물적 강제수사인 압수·수색 또는 검증의 경우에 신체구속의 경우와 같은 정도의 혐의를 요구하는가에 있다. 수사상의 압수·수색 또는 검증의 경우에도 신체구속의 경우와 같이 죄를 범하였다고 의심할 만한 상당한 혐의, 즉 죄를 범하였다고 인정할 고도의 개연성이 있어야 한다거나,[1] 체포의 혐의보다 높거나 적어도 같아야 한다고[2] 해석하는 견해도 있다. 체포·구속과 압수·수색·검증은 모두 수사상의 강제처분으로 피의자의 사생활의 비밀과 자유 및 재산권 등 기본권을 침해하는 점에서 차이가 없기 때문에 헌법이 법관의 영장에 의하도록 하고 있고($^{헌법 제}_{12조\ 3항}$), 형사소송규칙이 압수·수색·검증영장 청구서의 기재사항으로 범죄사실의 요지를 들고 있다는 점을 근거로 한다. 그러나 다수설은 압수·수색·검증에 있어서 요구되는 범죄의 혐의는 신체구속의 경우에 요구되는 정도에 이를 것을 요구하는 것은 아니라고 해석한다.[3] 생각건대 ① 강제수사인 압수·수색·검증은 대부분 수사의 초기에 구속에 앞서 행하여지는 것이고, ② 형사소송법이 체포와 구속사유로는 「죄를 범하였다고 의심할 만한 상당한 이유」를 요구함에 반하여($^{제201조, 제200조}_{의 2,\ 제200조의 3}$), 압수·수색·검증에 있어서는 「피의자가 죄를 범하였다고 의심할 만한 정황」이 있을 것을 요구하는 점에 비추어 범죄의 혐의는 구속의 경우에 요구되는 정도에 이를 것을 요하지는 않는다고 해석하는 것이 타당하다. 따라서 그것은 최초의 혐의(Anfangsverdacht) 또는 단순한 혐의(einfacher Verdacht)로 충분하다고 해야 한다.[4]

　　2) 압수·수색·검증의 필요성　　　　대물적 강제수사는 필요성을 요건으로 한다. 즉, 검사 또는 사법경찰관은 범죄수사에 필요한 때에만 압수·수색·검증할 수 있다($^{제215조}_{1항·2항}$). 형사소송규칙이 압수·수색영장에 압수·수색의 사유를 기재하도록 하고($^{규칙}_{제58조}$), 검사가 압수·수색·검증영장을 청구할 때에는 「압수·수색 또는 검증의 필요를 인정할 수 있는 자료」를 제출하도록 하고 있는 것도($^{규칙 제}_{108조}$) 이

4

1　차용석/최용성 248면.

2　신양균/조기영 204면.

3　김재환 195면; 손동권/신이철 295면; 신동운 415면; 이영란 317면; 이은모/김정환 312면; 이주원 170면; 이창현 431면; 임동규 227면; 정승환 § 16/4.

4　Laufhütte KK § 94, Rn. 8; Roxin S. 282.

러한 의미에서 이해할 수 있다.

압수 · 수색 · 검증의 필요성을 정당한 이유에 따른 합리성으로 이해하여 피의사실과의 관련성과 대상물 존재의 개연성을 의미한다고 해석하는 견해[1]도 있다. 그러나 여기의 필요성은 단순히 범죄수사를 위하여 압수 · 수색 · 검증이 필요할 뿐만 아니라, 강제처분인 압수 · 수색 · 검증을 하지 않으면 수사의 목적을 달성할 수 없는 것을 말한다고 해야 한다. 법치국가원리의 본질적 내용인 비례성의 원칙은 대물적 강제처분에 있어서도 당연히 적용되어야 하기 때문이다.[2] 따라서 임의수사에 의하여도 수사의 목적을 달성할 수 있는 때에는 압수 · 수색 · 검증을 할 수 없다. 이 경우에 필요성은 범죄의 태양과 경중, 대상물의 증거가치와 중요성 및 인멸의 위험, 처분을 받을 자의 불이익의 정도 등 제반 사정을 고려하여 판단해야 한다.[3]

5 　　　3) 해당 사건과의 관련성　　　압수 · 수색 · 검증은 해당사건과의 관련성이 인정되어야 할 수 있다. 2011. 7. 18. 개정 형사소송법은 「법원은 필요한 때에는 피고사건과 관계가 있다고 인정할 수 있는 것에 한하여 압수 · 수색할 수 있고」(제106조, 제109조), 대물적 강제수사에 있어서도 「범죄수사에 필요한 때에는 피의자가 죄를 범하였다고 인정할 만한 정황이 있고 해당 사건과 관계가 있다고 인정할 수 있는 것에 한정하여」 검사는 지방법원판사에게 압수 · 수색 · 검증영장을 청구할 수 있고 (제215조 1항), 사법경찰관은 검사에게 압수 · 수색 · 검증영장을 신청할 수 있다(동조 2항)고 규정하였다. 압수 · 수색 · 검증의 필요성 이외에 사건과의 관련성이라는 별도의 요건이 필요하다는 취지의 규정이라고 볼 수 있다. 사건과의 관련성이 없는 물건 등에 대하여 압수 · 수색 · 검증을 할 수 없는 것은 당연하다.[4] 압수 · 수색 · 검증은 그 사건에 대한 증거물과 몰수물을 확보하기 위한 강제처분이기 때문이다. 다만, 해당 사건과의 관련성은 필요성 판단의 일부에 해당한다. 즉 관련성이 없는 경우에는 압수 · 수색 · 검증의 필요성도 인정될 수 없다는 점에는 견해가 일치하

1　차용석/최용성 248면.

2　Laufhütte KK Vor § 94, Rn. 5; Meyer-Goßner Vor § 94, Rn. 1; Roxin S. 286, 298; Zipf S. 133.

3　대법원 2008. 7. 10, 2008 도 2245, 「어떤 물건이 범죄사실 수사에 필요한 최소한의 범위 내의 것으로서 압수의 대상이 되는 것인지는 당해 범죄사실의 구체적인 내용과 성질, 압수하고자 하는 물건의 형상 · 성질, 당해 범죄사실과의 관련 정도와 증거가치, 인멸의 우려는 물론 압수로 인하여 발생하는 불이익의 정도 등 압수 당시의 여러 사정을 종합적으로 고려하여 객관적으로 판단하여야 한다.」

4　대법원 2011. 5. 26. 결정, 2009 모 1190.

고 있다.[1] '관련성'은 증거로서의 의미를 가질 수 있는 개연성을 말한다. 관련성은 압수·수색·검증영장의 청구 및 발부의 요건이지만, 동시에 압수·수색·검증 집행의 한계로서의 의미도 지닌다. 즉 적법하게 청구하여 발부받은 압수·수색·검증영장에 의하거나 예외적으로 허용되는 사전영장 없는 압수·수색·검증을 함에 있어서는 해당 사건과의 관련성이 인정되는 범위 내에서만 집행이 가능하며, 관련성을 넘어선 집행으로 취득한 압수물은 위법수집증거로서 증거능력이 없고(제308조의2), 준항고에 의한 취소대상이 된다(제417조). 실무상 문제되는 것은 주로 후자의 경우이므로 구체적인 내용은 압수·수색의 집행 부분에서 상술한다.

Ⅱ. 압수와 수색

1. 압수 · 수색의 의의

압수란 물건의 점유를 취득하는 강제처분을 말하며, 압류와 영치 및 제출명령의 세 가지를 내용으로 한다. 압류란 점유취득과정 자체에 강제력이 가하여지는 경우를 말하고, 유류물과 임의제출물을 점유하는 경우를 영치라고 말하며, 일정한 물건의 제출을 명하는 처분을 제출명령이라고 한다. 다만, 수사기관에 의한 강제수사에는 제출명령이 포함되지 않는다.

수색이란 압수할 물건 또는 체포할 사람을 발견할 목적으로 주거·물건·사람의 신체 또는 기타 장소에 대하여 행하는 강제처분을 말한다. 수색은 실제로 압수와 함께 행하여지는 것이 통례이고, 실무상으로도 압수·수색영장이라는 단일영장이 발부되고 있다.

2. 압수 · 수색의 목적물

(1) 압수의 목적물

압수의 목적물은 증거물 또는 몰수할 것으로 사료하는 물건이다(제106조 1항, 제219조). 그러나 증거물에 대한 압수와 몰수물에 대한 압수는 그 의미를 달리한다. 증거물의 압수가 절차확보를 위한 것임에 대하여, 몰수물의 압수는 판결확보의 기능을 가진다고 할 수 있기 때문이다.[2] 전자정보의 압수에 관해서는 정보저장매체 등

6

7

1　김재환 196면; 이영란 332면; 이은모/김정환 312면; 임동규 227면.

2　Peters S. 441; Roxin S. 281.

에 관한 압수 · 수색 항목에서 별도로 서술한다.

8   1) 우체물의 압수   형사소송법은 우체물 또는 전기통신의 압수에 관하여 압수의 요건을 완화하는 특별규정을 두고 있다. 즉 증거물 또는 몰수물이 아니더라도 우체물 또는 통신비밀보호법 제2조 3호에 따른 전기통신에 관한 것으로서 체신관서, 그 밖의 관련기관 등이 소지 또는 보관하는 물건은 피고사건 또는 피의사건과 관계가 있다고 인정할 수 있는 것에 한정하여 제출을 명하거나 압수를 할 수 있다(제107조 1항, 제219조). 이러한 처분을 할 때에는 발신인이나 수신인에게 그 취지를 통지하여야 한다. 단, 심리에 방해가 될 염려가 있는 경우에는 예외로 한다(제107조 3항, 제219조).

우체물에 대하여 압수의 요건을 완화한 점에 대하여는 체신의 비밀을 보장한 헌법과의 관계에서 의문이라는 견해[1]가 있다. 그러나 우체물은 개봉하지 않으면 증거물이 되는가를 알 수 없다는 점에서 그 정당성을 인정할 수 있다고 하겠다.[2]

9   2) 금융거래정보   금융실명거래 및 비밀보장에 관한 법률 제 4 조 1항은 금융회사 등에 종사하는 자는 명의인의 서면상의 요구나 동의를 받지 아니하고는 그 금융거래의 내용에 대한 정보 또는 자료를 타인에게 제공하거나 누설해서는 아니된다고 규정하고, 동조 제 2 항은 수사기관이 금융기관에게 정보를 요구할 때에는 금융계좌추적용 압수 · 수색영장에 의하도록 규정하고 있다. 금융거래정보는 은행 등 금융기관 등이 금융자산을 수입, 매매, 환매, 중개, 할인, 발행, 상환, 환급, 수탁, 등록, 교환하거나 그 이자, 할인액 또는 배당을 지급하는 것과 이를 대행하는 것 또는 그밖에 금융자산을 대상으로 하는 거래에 관한 정보를 의미한다(동법 제2조 2호, 3호). 이는 특별법에 의한 대물적 강제처분에 해당한다. 실무상 압수 · 수색 대상자의 금융거래정보에 대하여 포괄적인 계좌추적은 허용되지 않으며, 해당 계좌의 거래내역과 그 직전, 직후 연결계좌의 거래개설 정보에 한정하여 금융계좌추적용 압수 · 수색영장이 발부되고 있다. 금융기관이 수사기관 등에 금융거래정보를 제공한 경우 제공한 날로부터 10일 이내에 거래정보 등의 주요 내용, 사용목적, 제공받은 자 및 제공일 등을 명의인에게 서면으로 통보하여야 한다(동법 제4조의2 제1항). 그러나 해당 통보가 사람의 생명이나 신체의 안전을 위협할 우려가 있거나 증거

---

1 강구진 222면.

2 서일교 135면; 신동운 407면; 이영란 334면.

인멸 등 공정한 사법절차의 진행을 방해할 우려가 있는 때에는 수사기관이 최장
6개월 동안 통보의 유예를 요청할 수 있으며, 1회에 3개월씩 2회 통보유예기간
연장 요청을 할 수 있다(동조 2항).

(2) 수색의 목적물

수색의 목적물은 사람의 신체, 물건 또는 주거, 기타 장소이다. 수사기관은   10
피의자의 신체, 물건 또는 주거, 그 밖의 장소를 수색할 수 있다(제109조 1항, 제219조). 피고
인 또는 피의자에 대한 수색은 널리 허용되지만, 피고인 또는 피의자 아닌 자의
신체, 물건 또는 주거, 기타 장소에 관하여는 압수할 물건이 있음을 인정할 수 있
는 경우에 한하여 수색할 수 있다(제109조 2항, 제219조).

(3) 압수 · 수색의 목적물의 제한

압수 · 수색의 목적물에 관하여는 공무상 또는 업무상의 비밀보호라는 관점   11
에서 어느 정도의 제한을 받고 있다. 제106조 1항 단서가 법률에 다른 규정이 있
는 때에는 예외로 한다고 규정하고 있는 것은 이를 의미한다.

1) **군사상 비밀과 압수**   군사상 비밀을 요하는 장소는 그 책임자의 승낙 없
이는 압수 또는 수색할 수 없다. 책임자는 국가의 중대한 이익을 해하는 경우를
제외하고는 승낙을 거부하지 못한다(제110조, 제219조).

2) **공무상 비밀과 압수**   공무원 또는 공무원이었던 자가 소지 또는 보관하
는 물건에 관하여는 본인 또는 그 당해 공무소가 직무상의 비밀에 관한 것임을
신고한 때에는 그 소속공무소 또는 당해 감독관공서의 승낙 없이는 압수하지 못
한다. 소속공무소 또는 당해 감독관공서는 국가의 중대한 이익을 해하는 경우를
제외하고는 승낙을 거부하지 못한다(제111조, 제219조).

3) **업무상 비밀과 압수**   변호사 · 변리사 · 공증인 · 공인회계사 · 세무사 · 대
서업자 · 의사 · 한의사 · 치과의사 · 약사 · 약종상 · 조산사 · 간호사 · 종교의 직에
있는 자 또는 이러한 직에 있던 자가 그 업무상 위탁을 받아 소지 또는 보관하는
물건으로 타인의 비밀에 관한 것은 압수를 거부할 수 있다. 단, 그 타인의 승낙
이 있거나 중대한 공익상 필요가 있는 때에는 예외로 한다(제112조, 제219조).

3. 압수 · 수색의 절차

(1) 압수 · 수색영장의 발부

검사는 범죄수사에 필요한 때에는 지방법원판사에게 청구하여 발부받은 영   12

장에 의하여 압수·수색 또는 검증을 할 수 있다. 사법경찰관이 범죄수사에 필요한 때에는 검사에게 신청하여 검사의 청구로 지방법원판사가 발부한 영장에 의하여 압수·수색 또는 검증을 할 수 있다(제215조). 검사가 판사에게 압수·수색영장을 청구하지 아니한 것에 대하여 준항고를 할 수는 없으나,[1] 정당한 이유가 없는 경우 고등검찰청에 영장 청구 여부에 대한 심의를 신청할 수 있고(제221조의5 제1항), 각 고등검찰청에 설치된 영장심의위원회에서 이를 심의한다(동조 제2항). 압수영장의 발부재판에 대하여도 항고나 준항고는 허용되지 않는다.[2]

> 압수·수색·검증영장에는 통상의 영장(사전영장) 및 영장 없이 압수 등을 한 후에 발부되는 사후영장 외에 금융계좌추적을 위한 압수·수색·검증영장(금융계좌추적용)이 있다. 그리고 DNA 감식시료는 DNA 감식시료채취영장에 의하여 채취한다(디엔에이신원확인정보의 이용 및 보호에 관한 법률 제8조).

13   영장주의는 일반영장의 금지를 그 내용으로 한다. 따라서 압수·수색영장에는 피의자의 성명, 죄명, 압수할 물건, 수색할 장소·신체·물건, 영장 발부 연월일·영장의 유효기간과 그 기간이 지나면 집행에 착수할 수 없으며 영장을 반환하여야 한다는 취지, 압수·수색의 사유를 기재하고 지방법원판사(피고인의 경우, 재판장이나 수명법관)이 서명날인하여야 하며,[3] 압수·수색할 물건이 전기통신에 관한 것인 경우에는 작성기간을 기재하여야 한다(제219조, 제114조 제1항, 규칙 제58조). 실무상 지방법원판사가 영장을 발부하면서 '압수할 물건'의 특정 등을 위하여 별도의 문언을 기재하기도 하는데, 이 문언은 엄격하게 해석해야 한다는 것이 대법원의 입장이다.[4] 동일한 영장으로 수회 같은 장소에서 압수·수색·검증을 할 수는 없다. 따라서 수사기관이 압수·수색영장을 제시하고 집행에 착수하여 이를 종료한 때에는 영장의 유효기간이 경과하지 않은 때에도 새로운 압수·수색영장을 발부받지 않고 동일한 장소 또는 목적물에 대하여 다시 압수·수색할 수 없다.[5] 별건압수나 별

---

1 대법원 2007. 5. 25. 결정, 2007 모 82.

2 대법원 1997. 9. 29. 결정, 97 모 66.

3 법관의 서명날인란에 서명만 있고 날인이 없는 영장은 요건을 갖추지 못하여 부적법하고, 비록 법관의 진정한 의사에 따라 영장이 발부되었다고 하더라도 유효라고 할 수 없다(대법원 2019. 7. 11, 2018 도 20504. 다만, 위 판결은 부적법한 영장으로 압수한 물건에 대하여 예외적으로 증거능력을 인정).

4 대법원 2009. 3. 12, 2008 도 763; 대법원 2022. 6. 30, 2022 도 1462.

5 대법원 1999. 12. 1. 결정, 99 모 161; 대법원 2023. 3. 16, 2020 도 5336(영장 유효기간 경과 후 압수 사례).

건수색도 허용되지 않는다.[1] 다만, 범죄사실이 다른 때에는 동일한 물건에 대한 재압수가 가능하다. 압수해제된 물품의 재압수도 가능하다.[2]

(2) 압수 · 수색영장의 집행

1) 영장의 집행기관   압수 · 수색영장은 검사의 지휘에 의하여 사법경찰관리
가 집행한다. 단, 필요한 경우에는 재판장은 법원사무관 등에게 그 집행을 명할
수 있다(제115조 1
항, 제219조). 검사는 관할구역 외에서도 집행을 지휘할 수 있고, 사법경찰관
리도 압수 · 수색영장을 집행할 수 있다(제115조 2
항, 제83조). 법원사무관 등은 필요한 때에는
사법경찰관리에게 보조를 구할 수 있다(제117
조).

2) 영장의 집행방법   압수 · 수색영장은 처분을 받는 자[3]에게 반드시 제시
하여야 하고, 처분을 받는 자가 피고인인 경우에는 그 사본을 교부하여야 한다.
다만, 처분을 받는 자가 현장에 없는 등 영장의 제시나 그 사본의 교부가 현실적
으로 불가능한 경우 또는 처분을 받는 자가 영장의 제시나 사본의 교부를 거부한
때에는 예외로 한다(제118조,
제219조). 영장의 제시는 원본을 제시하여야 하고,[4] 피처분자
(피압수자)로 하여금 그 내용을 충분히 알 수 있도록 제시하여야 한다.[5] 또한 사

14

15

---

1 동일한 장소 또는 물건을 대상으로 하는 처분일지라도 영장에 기재된 피의사실과 별개의 사
   실에 대하여 영장을 유용할 수도 없다. 압수 · 수색의 대상을 예비적으로 기재하는 것도 허용
   되지 않는다.

2 대법원 1997. 1. 9. 결정, 96 모 34.

3 처분을 받는 자가 회사에 제출한 휴대전화 등을 본인이나 변호인의 참석도 없이 회사 관계
   자로부터 건네받는 방식으로 영장을 집행한 것은 적법한 제시로 볼 수 없다(대법원 2020.
   11. 3. 결정, 2020 모 2485).

4 대법원 2017. 9. 7, 2015 도 10648(팩스로 영장 사본을 송신한 것만으로는 적법한 제시라고
   할 수 없다고 한 사례). 다만, 수사기관이 금융기관에 금융실명거래 및 비밀보장에 관한 법
   률 제 4 조 2항에 따라서 금융거래정보에 대하여 영장 사본을 첨부하여 그 제공을 요구한 결
   과 금융기관으로부터 회신받은 금융거래자료가 해당 영장의 집행 대상과 범위에 포함되어
   있고, 이러한 모사전송 내지 전자적 송수신 방식의 금융거래정보 제공요구 및 자료 회신의
   전 과정이 해당 금융기관의 자발적 협조의사에 따른 것이며, 그 자료 중 범죄혐의사실과 관
   련된 금융거래를 선별하는 절차를 거친 후 최종적으로 영장 원본을 제시하고 위와 같이 선
   별된 금융거래자료에 대한 압수절차가 집행된 경우로서, 그 과정이 금융실명법에서 정한 방
   식에 따라 이루어지고 달리 적법절차와 영장주의 원칙을 잠탈하기 위한 의도에서 이루어진
   것이라고 볼 만한 사정이 없어, 이러한 일련의 과정을 전체적으로 '하나의 영장에 기하여 적
   시에 원본을 제시하고 이를 토대로 압수 · 수색하는 것'으로 평가할 수 있는 경우에 한하여,
   예외적으로 영장의 적법한 집행 방법에 해당한다고 볼 수 있다(대법원 2022. 1. 27, 2021 도
   11170).

5 따라서 영장의 표지만을 보여 주고 압수물건 · 장소 등 그 기재 내용을 확인하지 못하게 한
   경우(대법원 2017. 9. 21, 2015 도 12400)나 영장이 있다는 것을 보여주기만 하였을 뿐 그
   내용을 확인시켜 주지 않은 경우(대법원 2020. 4. 16. 결정, 2019 모 3526), 그 제시는 위법
   하다.

전에 제시할 것을 요하고, 구속에 있어서와 같은 긴급집행($\frac{제85조.}{제219조}$)은 인정되지 않는다. 그러나 피처분자가 현장에 없거나 현장에서 그를 발견할 수 없는 경우 등 영장제시가 현실적으로 불가능한 경우에는 영장을 제시하지 않은 채 압수·수색을 하더라도 위법이 아니다.[1] 현장에서 압수·수색을 당하는 사람이 여러 명일 경우에는 그 사람들 모두에게 개별적으로 영장을 제시해야 한다. 따라서 수사기관이 압수·수색에 착수하면서 그 장소의 관리책임자에게 영장을 제시하였다고 하더라도, 물건을 소지하고 있는 다른 사람으로부터 이를 압수하고자 하는 때에는 그 사람에게 따로 영장을 제시하여야 한다.[2] 영장의 제시 외에 사본의 교부 규정은 2022. 2. 3. 형사소송법 개정으로 신설되었다.[3]

　　압수·수색영장의 집행 중에는 타인의 출입을 금지할 수 있고, 이에 위배한 자에게는 퇴거하게 하거나 집행종료 시까지 간수자를 붙일 수 있다($\frac{제119조.}{제219조}$). 영장의 집행에 있어서는 건정을 열거나 개봉 기타 필요한 처분을 할 수 있다. 압수물에 대하여도 같은 처분을 할 수 있다($\frac{제120조.}{제219조}$).[4] 영장의 집행을 중지할 경우에 필요한 때에는 집행이 종료될 때까지 그 장소를 폐쇄하거나 간수자를 둘 수 있다($\frac{제127조.}{제219조}$). 압수·수색영장을 집행할 때에는 타인의 비밀을 보호해야 하며 처분받은 자의 명예를 해하지 아니하도록 주의하여야 한다($\frac{제116}{조}$).

16　　　3) 영장 집행의 통지와 당사자·책임자 등의 참여　　　　검사·피의자(피고인) 또는 변호인은 압수·수색영장의 집행에 참여할 수 있다($\frac{제219조.}{제121조}$). 피의자에는 직접적인 피압수자 외에 실질적 피압수자, 예컨대 인터넷서비스업체의 서버에 대한 압수에 있어서 서비스이용자인 피의자[5]도 포함한다. 압수·수색절차의 공정을 확보하고 집행을 받는 자의 이익을 보호하기 위한 것이다. 따라서 압수·수색영장을 집행

1　대법원 2015. 1. 22, 2014 도 10978.

2　대법원 2009. 3. 12, 2008 도 763; 대법원 2017. 9. 21, 2015 도 12400.

3　종래 실무상 수사기관이 제대로 영장을 제시하지도 않거나 영장을 제시하지 않은 채 포괄적
　　이고 광범위하게 압수·수색을 하는 경우가 많아 법원의 허용범위를 넘어선 위법수집증거 문
　　제와 함께 당사자의 기본권이 과도하게 침해되고 있다는 비판이 있어, 처분을 받는 자가 피
　　고인인 경우 피고인의 방어권이 실질적으로 보장받을 수 있도록 영장을 제시할 뿐만 아니라
　　그 사본을 교부하도록 한 것이다.

4　① 소변 채취를 위하여 적합한 장소로 데려가기 위하여 필요·최소한의 유형력을 행사하거나
　　(대법원 2018. 7. 12, 2018 도 6219), ② 원격지 저장매체에 저장된 전자정보를 압수하기 위
　　하여 그 저장매체에 접속하거나 화면에 현출시키는 것(대법원 2017. 11. 29, 2017 도 9747)
　　도 집행에 필요한 처분에 해당한다.

5　대법원 2022. 5. 31. 결정, 2016 모 587.

함에는 미리 집행의 일시와 장소를 참여권자에게 통지하여야 한다. 단, 참여하지
아니한다는 의사를 표명한 때 또는 급속을 요하는 때에는 예외로 한다($\binom{제122조,}{제219조}$).[1]
'급속을 요하는 때'라 함은 압수·수색영장 집행사실을 미리 알려주면 증거물을
은닉할 염려 등이 있어 압수·수색의 실효를 거두기 어려운 경우를 말한다.[2]

공무소, 군사용 항공기 또는 선박·차량 안에서 압수·수색영장을 집행하려
면 그 책임자에게 참여할 것을 통지하여야 한다. 위 장소 외에 타인의 주거, 간
수자 있는 가옥, 건조물(建造物), 항공기 또는 선박·차량 안에서 압수·수색영장
을 집행할 때에는 주거주(住居主), 간수자 또는 이에 준하는 사람을 참여하게 하
여야 한다. 이상의 사람을 참여하게 하지 못할 때에는 이웃사람 또는 지방공공단
체의 직원을 참여하게 해야 한다($\binom{제123조,}{제219조}$). 여자의 신체에 대하여 수색할 때에는
성년의 여자를 참여하게 하여야 한다($\binom{제124조,}{제219조}$). 여자의 정조에 대한 감정을 보호하
기 위한 것이다.

4) 집행의 한계로서의 관련성

영장 기재 범죄사실 및 장소, 물건과 관련성이 있는 범위 내에서만 집행이 [17]
가능하며, 이를 넘어선 집행은 할 수 없다. 형사소송법은 해외 입법례가 널리 인
정하고 있는 영장 없는 독립적 긴급압수·수색 제도나 미국 판례법상의 플레인뷰
(plain view doctrine) 법리 등을 채택하지 않았다. 따라서 수사기관이 압수·수색
집행 과정에서 우연히 별건 범죄의 증거물이나 압수물을 발견하더라도 영장 없이
이를 압수할 수는 없다.

대법원은 관련성이 인정되기 위해서는 ① 혐의사실과 '객관적 관련성'이 있
고, ② 대상자와 피의자 사이에 '인적 관련성'이 인정되어야 한다고 판시하고 있
다.[3] ①의 객관적 관련성과 관련해서는 관련사실(범행)의 범위와 관련의 정도를
함께 검토하여야 한다. 관련사실의 범위에 대하여 살펴보면, ⓐ 영장에 기재된
'혐의사실 그 자체'는 당연히 관련사실의 범위 내이다. ⓑ '혐의사실과 기본적 사
실관계가 동일한 사실',[4] 즉 혐의사실을 그 기초가 되는 사회적 사실로 환원하여

---

1 변호인의 참여권은 고유권이므로 피압수자가 불참의사를 명시하였더라도 특별한 사정이 없는
   한 변호인에게는 통지하여야 한다(대법원 2020. 11. 26, 2020 도 10729).
2 대법원 2012. 10. 11, 2012 도 7455.
3 대법원 2017. 12. 5, 2017 도 13458; 대법원 2020. 2. 13, 2019 도 14341; 대법원 2023. 6.
   1, 2018 도 18866. 통신사실확인자료 제공요청의 목적이 된 범죄와 관련된 범죄의 의미 및 범
   위도 마찬가지이다(대법원 2017. 1. 25, 2016 도 13489).
4 공소사실의 동일성 판단기준과 같다.

기본적 사실관계에서 동일성이 인정되는 사실도 마찬가지로 그 범위에 해당한다. 문제는 ⓒ '혐의사실과 동종 또는 유사한 사실'의 경우이다. 종래 판례는 동종·유사사실도 혐의사실에 포함된다고 하였으나,[1] 그 후 '단순히' 동종·유사하다는 사유만으로는 관련성이 있다고 할 수 없다고 판시하였다.[2] 이는 동종·유사한 경우에 언제나 관련성이 없다는 것이 아니라, 아래의 관련의 정도에 따라 구체적·개별적으로 이를 판단하여야 한다는 취지이다.[3] 관련의 정도에 대하여 살펴보면, (i) 혐의사실과 직접 관련되어 있는 경우는 물론, (ii) 범행 동기와 경위, 범행 수단과 방법, 범행 시간과 장소 등을 증명하기 위한 간접증거나 정황증거 등으로 사용될 수 있는 경우에도 관련성이 인정될 수 있는데, 혐의사실의 내용과 수사의 대상, 수사 경위 등을 종합하여 구체적·개별적 연관관계가 있는 경우에만 인정된다.[4] ②의 인적 관련성은 대상자 본인 외에 대상자의 공동정범이나 교사범 등 공범이나 간접정범은 물론 필요적 공범 등에 대한 사건에 대해서도 인정될 수 있다.[5]

구체적으로 객관적 관련성에 관한 판례를 살펴보면, ① 경찰관이 전화를 이용한 사기죄 범행의 혐의자 甲을 긴급체포하면서 그가 보관하고 있던 다른 사람의 주민등록증·운전면허증과 그것이 들어 있던 지갑을 압수한 것은 위 사기죄와 관련된다고 의심할 만한 상당한 이유가 있어 이를 압수한 것은 적법하고,[6] ② 저서 기부행위 제한 위반 혐의에 대한 영장으로 압수한 사전선거운동 내용의 추석편지는 피고인 및 공범에 대한 사전선거운동 범죄사실의 증거로 사용할 수 있고,[7] ③ 피고인이 2018. 5. 6.경 피해자 A에 대하여 저지른 간음유인미수 등 범행에 대하여 압수한 휴대전화의 디지털정보분석 결과 획득한 '피고인이 2017. 12.경부터 2018. 4.경까지 사이에 저지른

---

1 대법원 2009. 7. 23, 2009 도 2649; 대법원 2015. 10. 29, 2015 도 9784.

2 대법원 2017. 12. 5, 2017 도 13458.

3 대법원 2018. 10. 12, 2018 도 6252, 「헌법과 형사소송법이 구현하고자 하는 적법절차와 영장주의의 정신에 비추어 볼 때, 법관이 압수수색영장을 발부하면서 '압수할 물건'을 특정하기 위하여 기재한 문언은 이를 엄격하게 해석하여야 하고, 함부로 피압수자 등에게 불리한 내용으로 확장 또는 유추해석하는 것은 허용될 수 없다. 그러나 압수의 대상을 압수수색영장의 범죄사실 자체와 직접적으로 연관된 물건에 한정할 것은 아니고, 압수수색영장의 범죄사실과 기본적 사실관계가 동일한 범행 또는 동종·유사의 범행과 관련된다고 의심할 만한 상당한 이유가 있는 범위 내에서는 압수를 실시할 수 있다.」

4 대법원 2019. 10. 17, 2019 도 6775.

5 대법원 2017. 1. 25, 2016 도 13489; 대법원 2021. 7. 29, 2020 도 14654.

6 대법원 2008. 7. 10, 2008 도 2245(압수물을 甲의 점유이탈물횡령죄의 증거로 인정).

7 대법원 2015. 10. 29, 2015 도 9784(압수물은 영장 기재 혐의사실에 대한 직접 또는 간접증거로서의 가치가 있다고 판시).

피해자 B, C, D에 대한 간음유인 등 범행에 관한 추가 자료'는 B 내지 D에 대한 범
행의 증거로 사용할 수 있고,[1] ④ 피고인에 대한 2019. 4. 초순(제 1 영장) 및 2019.
6. 26(제 2 영장)의 각 필포폰 투약 혐의사실에 대하여 압수한 소변·모발 감정 결과
를 2019. 11. 12·16(제1 영장) 및 2020.1. 14(제 2 영장)의 필로폰 투약 공소사실의
증거로 사용할 수 있고,[2] ⑤ 피고인의 모텔 방실 침입혐의에 대하여 경찰이 피해자
로부터 임의제출받은 위장형카메라에서 발견된 다른 3개 호실에서 촬영된 영상은 다
른 호실에서의 카메라이용 촬영 범죄사실의 증거로 사용할 수 있고,[3] ⑥ 피해자 A
에 대한 강제추행과 카메라이용 촬영 혐의사실로 압수한 피고인의 휴대전화에서 발
견된 다른 피해자들에 대한 성적 학대와 촬영 내용은 다른 피해자들에 대한 범죄사
실의 증거로 사용할 수 있다[4]고 각 판시하였다. 그러나 이와는 달리, ⓐ A의 재단
기부금품 모집 관련 법령 위반 등으로 압수한 외장하드에서 발견된 공무원 甲의 공
무상비밀누설과 관련된 청와대 문건은 영장 기재 범죄사실에 대한 직접 또는 간접증
거로서의 가치가 있다고 보기 어려워 관련성이 인정되지 않고,[5] ⓑ 피해자가 임의제
출한 피고인 소유·관리의 휴대전화 2대 중 피해자를 촬영한 휴대전화가 아닌 다른
휴대전화에서 발견된 다른 피해자 2명의 1년 전 사진·동영상은 관련성이 없고,[6] ⓒ
피고인이 2014. 7. 28. 지하철 내에서 여성을 추행한 행위와 2014년 초경 다세대 주

---

1 대법원 2020. 2. 13, 2019 도 14341, 2019 전도 130(영장 범죄사실과 상습범으로 처벌될 가
  능성이 있는 점 등에 비추어 기본적 사실관계가 동일한 사실이고, 영장 범죄사실과 같은 범
  행을 저지른 수법 및 준비과정, 계획 등에 관한 정황증거에 해당할 뿐 아니라, 영장 범죄사
  실 자체에 대하여 피고인이 하는 진술의 신빙성을 판단할 수 있는 자료로도 사용될 수 있었
  으므로, 단순히 동종 또는 유사 범행인 것을 넘어서서, 이와 구체적·개별적 연관관계가 있는
  경우에 해당된다고 판시).
2 대법원 2021. 7. 29, 2021 도 3756(소변·모발은 압수영장 혐의사실 증명을 위한 간접증거 내
  지 정황증거로 사용될 수 있고, 공소사실이 영장 발부 이후의 범행이더라도 영장 발부 당시
  전혀 예상할 수 없었던 범행이라고 볼 수 없다고 판시).
3 대법원 2021. 11. 25, 2019 도 7342(임의제출에 따른 압수의 동기가 된 범행의 동기와 경위,
  범행 수단과 방법 등을 증명하기 위한 간접증거나 정황증거 등으로 사용할 수 있다고 판시).
4 대법원 2021. 11. 25, 2021 도 10034, 「전자정보 또는 전자정보저장매체에 대한 압수·수색
  에서 혐의사실과 관련된 전자정보인지 여부를 판단할 때는 혐의사실의 내용과 성격, 압수·
  수색의 과정 등을 토대로 구체적·개별적 연관관계를 살펴볼 필요가 있다. 특히 카메라의 기
  능과 전자정보저장매체의 기능을 함께 갖춘 휴대전화인 스마트폰을 이용한 불법촬영등 범죄
  와 같이 범죄의 속성상 해당 범행의 상습성이 의심되거나 성적 기호 내지 경향성의 발현에
  따른 일련의 범행의 일환으로 이루어진 것으로 의심되고, 범행의 직접 증거가 스마트폰 안에
  이미지 파일이나 동영상 파일의 형태로 남아 있을 개연성이 있는 경우에는 그 안에 저장되
  어 있는 같은 유형의 전자정보에서 그와 관련한 유력한 간접증거나 정황증거가 발견될 가능
  성이 높다는 점에서 이러한 간접증거나 정황증거는 혐의사실과 구체적·개별적 연관관계를
  인정할 수 있다.」
   동지: 대법원 2022. 2. 17, 2019 도 4938.
5 대법원 2018. 4. 26, 2018 도 2624.
6 대법원 2021. 11. 18, 2016 도 348(범죄발생 시점 사이에 상당한 간격이 있고, 피해자와 범
  행에 이용된 휴대전화도 전혀 다르다고 판시).

택에서 당시 교제 중이던 여성의 나체 등을 몰래 촬영한 행위는 관련성이 없다[1]고
판시하였다.

다음으로 인적 관련성에 관한 판례를 살펴보면, ① 甲의 공직선거법위반 혐의로 발부
받은 영장에 의하여 압수한 乙의 휴대전화를 분석하는 과정에서 발견한 甲의 혐의사
실과는 무관한 乙과 丙 사이의 공직선거법위반 혐의의 증거가 될만한 대화가 녹음된
녹음파일은 관련성이 인정되지 않고,[2] ② 피고인의 동생이 피의자로 기재된 영장으
로 피고인 소유의 휴대전화를 압수한 것은 관련성이 인정되지 않는다[3]고 각 판시하
였다.

관련성을 넘어선 집행으로 취득한 압수물은 위법수집증거로서 증거능력이
없고 준항고에 의한 취소대상이 된다. 한편 적법하게 압수된 압수물이 압수의 전
제가 되는 범죄에 대한 증거로서의 의미가 있을 뿐만 아니라 그 자체로 다른 범
죄의 증거로서도 의미가 있는 경우, 종래 판례는 이를 이용하여 다른 범죄를 수
사하고 다른 범죄의 증거로 사용하는 것은 원칙적으로 제한이 없다[4]고 하였으
나, 최근 별도의 영장을 발부받지 아니하고서는 압수물 또는 압수한 정보를 그
압수의 근거가 된 영장 혐의사실과 관계가 없는 범죄의 유죄 증거로 사용할 수
없다고 판시하여, 관련성의 법리를 증거의 수집뿐 아니라 증거의 사용에까지 확
대하는 취지로 판시하였다.[5]

18   **5) 야간집행의 제한**   일출 전 일몰 후에는 압수·수색영장에 야간집행을 할
수 있는 기재가 없으면 그 영장을 집행하기 위하여 타인의 주거, 간수자 있는 가

---

1 대법원 2021. 11. 25, 2016 도 82(범행 시간과 장소뿐만 아니라 범행 동기와 경위, 범행 수
   단과 방법 등을 달리한다고 판시). 그러나 대법원 2022. 1. 13, 2016 도 9596은 「불법촬영물
   은 범죄행위로 인해 생성된 것으로서 몰수의 대상이기도 하므로 임의제출된 휴대전화에서
   해당 전자정보를 신속히 압수·수색하여 불법촬영물의 유통 가능성을 적시에 차단함으로써
   피해자를 보호할 필요성이 크다. 나아가 이와 같은 경우에는 간접증거나 정황증거이면서 몰
   수의 대상이자 압수·수색의 대상인 전자정보의 유형이 이미지 파일 내지 동영상 파일 등으
   로 비교적 명확하게 특정되어 그와 무관한 사적 전자정보 전반의 압수·수색으로 이어질 가
   능성이 적어 상대적으로 폭넓게 관련성을 인정할 여지가 많다는 점에서도 그러하다.」고 판시
   하면서, 촬영 사이에 최대 2년여의 간격이 있고, 대상 사실관계는 고속도로 주차장에서의 촬
   영으로서 안마시술소에서의 종전 촬영과는 촬영장소와 방식이 달랐음에도, 구체적·개별적
   연관관계와 객관적 관련성을 인정하여 불법촬영물에 대한 관련성 요건을 완화하고 있다.
2 대법원 2014. 1. 16, 2013 도 7101.
3 대법원 2021. 7. 29, 2020 도 14654.
4 대법원 2015. 10. 29, 2015 도 9784.
5 대법원 2023. 6. 1, 2018 도 18866. 통신사실확인자료와 통신제한조치의 결과물의 사용 범위
   는 통신비밀보호법상 제한이 있다.

옥·건조물·항공기 또는 선차 내에 들어가지 못한다($\substack{제125조,\\제219조}$). 야간의 사생활의
평온을 보호하기 위한 것이다. 다만, 도박 기타 풍속을 해하는 행위에 상용된다
고 인정하는 장소, 여관·음식점 기타 야간에 공중이 출입할 수 있는 장소에 대
하여는 이러한 제한을 받지 않는다($\substack{제126조,\\제219조}$). 일출 전 일몰 후의 기준에 대하여는
사실을 기준으로 해야 한다는 견해[1]도 있으나, 절차의 확실성을 보장한다는 의
미에서 역(曆)을 표준으로 결정한다고 해석하는 것이 타당하다고 생각된다.

6) **수색증명서·압수목록의 교부 및 압수조서의 작성**　　수색한 경우에 증거물 또　19
는 몰수할 물건이 없는 때에는 그 취지의 증명서를 교부하여야 한다($\substack{제128조,\\제219조}$). 압
수한 경우에는 목록을 작성하여 소유자·소지자·보관자 기타 이에 준할 자에게
교부하여야 하고($\substack{제129조,\\제219조}$), 압수의 일시·장소, 압수 경위 등을 기재한 압수조서를
작성하여야 한다($\substack{수사준칙규정\\제40조}$).

> 압수목록은 피압수자 등이 압수처분에 대한 준항고를 하는 등 권리행사절차를 밟는
> 가장 기초적인 자료가 되므로, 수사기관은 이러한 권리행사에 지장이 없도록 압수
> 직후 현장에서 바로 작성하여 교부해야 하는 것이 원칙이다($\substack{대법원 2009. 3. 12.,\\2008 도 763}$). 압수목
> 록의 교부는 출력한 서면을 교부하거나 전자파일 형태로 복사해 주거나 이메일을 전
> 송하는 등의 방식으로도 할 수 있다($\substack{대법원 2018. 2. 8.,\\2017 도 13263}$). 피의자 신문 당시 직접 다른 범
> 행에 관한 동영상을 토대로 범죄일람표 목록을 작성·제출한 경우, 실질적으로 전자
> 정보 상세목록이 교부된 것과 다름이 없다($\substack{대법원 2021. 11. 25.,\\2019 도 6730}$).

4. 형사소송법상 대물적 강제처분에 있어서의 영장주의의 예외

대물적 강제수사에 있어서는 긴급성을 고려하여 일정한 경우에 영장에 의하　20
지 않는 압수·수색 및 검증을 허용하고 있다.

영장에 의하지 않는 대물적 강제수사의 대표적인 예는 피의자에 대한 적법
한 체포·긴급체포 및 구속 현장에서의 압수·수색과 검증이며, 이는 영미에서도
전통적으로 인정되어 오던 영장주의의 예외에 속한다. 형사소송법은 이 이외에도
체포·구속 목적의 피의자 수색, 수사기관의 피고인 구속현장에서의 압수·수
색·검증과 범죄현장에서의 압수·수색·검증에 대하여도 영장을 요하지 않는
것으로 규정하고 있다. 임의제출물의 영치($\substack{제108조,\\제218조}$)도 이와 관련하여 검토해야 할
것이다.

---

1 김기두 114면.

(1) 체포 · 구속 목적의 피의자 수색 및 구속 목적의 피고인 수색

21   검사 또는 사법경찰관은 체포영장에 의한 체포($^{제200조}_{의2}$), 긴급체포($^{제200조}_{의3}$) 또는 현행범인의 체포($^{제212}_조$)에 의하여 체포하거나 구속영장에 의하여 피의자를 구속하는 경우($^{제201}_조$)에 필요한 때에는 영장 없이 타인의 주거나 타인이 간수하는 가옥 · 건조물 · 항공기 · 선차($^{이하, 타인의 주거}_{등이라고 한다}$) 내에서 피의자 수색을 할 수 있다($^{제216조 1항}_{1호 본문}$). 다만, 체포영장에 의한 체포 또는 구속영장에 의한 구속의 경우의 피의자 수색은 미리 수색영장을 발부받기 어려운 긴급한 사정이 있는 때에 한정한다($^{동호}_{단서}$).[1]

22   **1) 피의자 수색 제도의 취지**   체포 또는 구속하고자 하는 피의자가 타인의 주거 등 내에서 잠복하고 있다고 인정되는 경우에 피의자의 소재를 발견하기 위한 수색은 영장 없이 할 수 있도록 한 것이다. 수색은 피의자 또는 현행범인의 체포를 위한 불가결한 전제이기 때문에 영장주의의 예외를 인정한 것이라 할 수 있다.

23   **2) 피의자 수색의 적용범위**   영장주의의 예외가 되는 피의자 수색은 피의자의 발견을 위한 처분을 말한다. 따라서 피의자의 발견을 필요로 하지 않는 경우, 즉 피의자의 추적이 계속되고 있을 때에는 피의자를 따라 주거 · 건조물 등에 들어간다고 할지라도 그것은 체포 또는 구속 자체이며 본호의 수색에는 해당하지 않는다.

    피의자의 수색은 피의자를 구속 · 체포하기 위한 처분이므로 수색은 체포 전임을 요한다. 따라서 피의자 또는 현행범인을 체포한 후에는 본호에 의한 수색은 인정되지 않는다. 수색과 체포 사이의 시간적 접착이나 체포의 성공 여부는 문제되지 아니한다. 수색의 범위도 피의자의 주거에 제한되지 아니하고, 제 3 자의 주거 등을 포함한다. 다만, 피의자 이외의 자의 주거 등에 대하여는 그곳에 피의자가 소재한다는 개연성이 있어야 수색의 필요성을 인정할 수 있다고 하겠다.[2] 현행범체포나 긴급체포의 경우에는 그 성격상 미리 수색영장을 발부받기 어려운 긴급한 사정이 인정된다고 볼 수 있으므로 필요성과 개연성의 요건만 충족하면 타인의 주거 등에서도 영장 없이 피의자 수색을 할 수 있다. 이와 달리 체포영장에

---

1 체포영장에 의한 체포의 경우, 헌법재판소가 ① 피의자가 그 장소에 소재할 개연성이 인정되는 외에, ② 수색영장을 발부받기 어려운 긴급한 사정이 있어야 한다는 이유로 이 부분 헌법불합치결정(헌재결 2018. 4. 26, 2015 헌바 370 · 2016 헌가 7)을 함에 따라 2019. 12. 31. 개정되어 단서가 추가되었다.

2 헌재결 2018. 4. 26, 2015 헌바 370 · 2016 헌가 7.

의한 체포 또는 구속영장에 의한 구속의 경우에는 그 성격상 사전영장을 발부받기 어려운 긴급한 사정이 일반적으로 인정된다고 보기는 어려우므로 타인의 주거 등에서는 미리 수색영장을 발부받기 어려운 긴급한 사정이 있는 때에만 영장 없이 피의자의 수색이 가능할 뿐이다.

3) **피의자 수색의 수색의 주체** 수색은 검사 또는 사법경찰관만 할 수 있다. 24 현행범인은 누구나 체포할 수 있으나, 일반인은 현행범인의 체포를 위하여 타인의 주거를 수색할 수 없다.

4) **구속 목적의 피고인 수색** 검사, 사법경찰관리 또는 제81조 2항의 규정에 의한 법원사무관 등이 구속영장을 집행할 경우에 필요한 때에도, 구속 목적의 피의자 수색과 마찬가지로 미리 수색영장을 발부받기 어려운 긴급한 사정이 있는 경우에 한정하여, 타인의 주거, 간수자 있는 가옥, 건조물, 항공기, 선차 내에 들어가 피고인을 수색할 수 있다($\substack{제137\\조}$).

(2) **체포 · 구속현장에서의 압수 · 수색 · 검증**

검사 또는 사법경찰관이 피의자를 구속하는 경우 또는 체포영장에 의한 체 25 포, 긴급체포 및 현행범인을 체포하는 경우에 필요한 때에는 영장 없이 그 현장에서 압수 · 수색 · 검증을 할 수 있다($\substack{제216조\\1항 2호}$).

1) **제도의 취지** 피의자를 체포 또는 구속하는 경우에 그 현장에서 증거수 26 집을 위하여 행하는 압수 · 수색 · 검증에 대하여 영장주의의 예외를 인정한 것이다. 체포 · 구속현장에서의 압수 · 수색 · 검증에 영장을 요하지 않는 이유에 대하여는 체포 · 구속에 의하여 가장 중요한 기본권인 자유권이 적법하게 침해된 때에는 이에 수반하는 보다 경한 비밀이나 소유권의 침해도 영장 없이 할 수 있도록 한 것이라는 견해(부수처분설),[1] 체포 · 구속하는 자의 안전을 위하여 무기를 빼앗고 피의자가 증거를 파괴 · 은닉하는 것을 예방하기 위한 긴급행위로서 허용된다는 견해(긴급행위설),[2] 증거가 존재할 개연성이 높은 체포 · 구속현장에서의 합리적인 증거수집을 위하여 허용된다는 견해(합리성설)[3]가 대립되고 있다. 이는 적법한 체포 · 구속이 있으면 당연히 수사기관의 대물적 강제수사권이 인정되는가 또는 증거나 무기가 있다는 개연성이 인정될 것을 요하는가에 대하여 결론을 달리한

---

1 신동운 431면; 정영석/이형국 214면.
2 김재환 207면; 손동권/신이철 315면; 이주원 217면; 이창현 484면; 임동규 254면.
3 노명선/이완규 264면.

다. 부수처분설이나 합리성설에 의하면 영장에 의하지 아니한 대물적 강제수사가
부당하게 확대될 위험이 있으므로, 원칙적으로 긴급행위설이 타당하다고 생각된다.

> 미국에서 체포에 수반한 압수에 대하여 영장을 요하지 않는 이유도 경찰관에 대한
> 공격과 증거의 파괴를 방지하자는 데 근본적인 취지가 있다고 할 수 있다.[1] 다만,
> United States v. Robinson사건에서 연방대법원은 수색은 체포에 비하여 경미한 침
> 해에 해당한다고 하여 대물적 강제수사의 범위를 확대하는 태도를 취하고 있다.[2]

27   **2) 체포 · 구속과의 시간적 접착성**   체포 · 구속현장에서의 압수 · 수색 · 검증
이 체포와의 사이에 시간적 접착을 요한다는 점에 대하여는 이론이 없다. 그러나
체포 · 구속현장의 의미와 관련하여 어느 정도의 시간적 접착을 요하는가에 대하
여는 ① 체포 · 구속행위에 시간적 · 장소적으로 접착되어 있으면 충분하고 체포 ·
구속의 전후를 불문한다는 견해(체포접착설),[3] ② 피의자가 현실적으로 체포 · 구
속되었음을 요한다는 견해(체포설),[4] ③ 압수 · 수색의 당시에 피의자가 현장에 있
음을 요한다는 견해(현장설)[5] 및 ④ 피의자가 수색장소에 현재하고 체포 · 구속의
착수를 요건으로 한다는 견해(체포착수설)[6] 등이 나누어지고 있다.

> 견해의 대립은 체포 · 구속 전의 압수 · 수색이 허용되는가 그리고 피의자의 체포 · 구
> 속에 성공하였을 것을 요하는가라는 두 가지 문제에 귀착된다고 하겠다. 일본의 판
> 례는 체포하는 경우란 체포와의 시간적 전후관계를 불문한다는 전제에서 피의자의
> 부재 중 귀가를 기다리는 동안에 한 압수 · 수색도 적법하다고 판시하였다.[7]

그러나 피의자의 부재 중에 하는 압수 · 수색 · 검증은 체포에 수반하는 긴급
행위라고 할 수 없으므로 이러한 압수 · 수색 · 검증은 물론 체포 · 구속이 완료된
사후의 그것도 허용된다고 할 수는 없다. 한편, 피의자가 현재하는 경우에는 체
포 · 구속 전에 압수 · 수색 · 검증할 필요가 강한 경우도 있다. 또 체포 · 구속현장

---

1 LaFave–Israel–King, *Criminal Procedure*, p. 180; Saltzburg p. 217.
     Chimel v. California, 395 U.S. 752(1969)
2 United States v. Robinson, 414 U.S. 218(1973).
3 임동규 255면; 정영석/이형국 214면.
4 이주원 218면.
5 노명선/이완규 345면; 백형구 123면; 정승환 § 16/38; 정웅석/최창호/김한균 273면.
6 김재환 208면; 손동권/신이철 316면; 신동운 433면; 신양균/조기영 248면; 이창현 485면; 차
     용석/최용성 255면.
7 日最判 1961. 6. 7[刑集 15-6, 915].

의 압수·수색·검증을 위하여 체포·구속에 성공하였을 것을 요한다는 것도 강제수사의 적법성을 우연에 맡기는 결과가 된다. 따라서 체포·구속할 피의자가 있는 장소에서 압수·수색·검증한 이상 체포·구속의 전후나 그 성공 여부는 불문하고, 먼저 체포·구속에 착수한 때에는 피의자가 도주한 경우에도 압수·수색·검증이 허용된다고 해석함이 타당하다고 하겠다.

　　3) 압수·수색·검증의 대상과 장소적 범위　　　압수·수색·검증의 대상은 체포·구속자에게 위해를 줄 우려가 있는 무기 기타의 흉기, 도주의 수단이 되는 물건 및 체포·구속의 원인이 되는 범죄사실에 대한 증거물에 한한다. 압수할 수 있는 것은 당해 사건의 증거물이며, 별건의 증거를 발견한 때에는 임의제출을 구하거나 영장에 의하여 압수해야 한다. 영장주의가 금지하는 일반탐색적 수색이 허용되어서는 안 되기 때문이다. 그 장소적 범위도 피체포·구속자의 신체 및 그의 직접지배하에 있는 장소에 제한된다.[1]

　28

　　4) 압수·수색영장의 청구　　　검사 또는 사법경찰관은 체포·구속현장에서 압수한 물건을 계속 압수할 필요가 있는 경우에는 지체 없이 압수·수색영장을 청구하여야 한다. 이 경우 압수·수색영장의 청구는 체포한 때로부터 늦어도 48시간 이내에 하여야 한다($^{제217조}_{2항}$). 검사 또는 사법경찰관은 청구한 압수·수색영장을 발부받지 못한 때에는 압수한 물건을 즉시 반환하여야 한다($^{동조}_{제3항}$). 따라서 피고인을 현행범인으로 체포하면서 체포현장에서 영장 없이 대마를 압수하고 사후 압수·수색영장을 발부받지 않은 때에는 압수물의 증거능력이 부정된다.[2]

　29

　　(3) 피고인 구속현장에서의 압수·수색·검증

　　검사 또는 사법경찰관이 피고인에 대한 구속영장을 집행하는 경우에 필요한 때에는 그 집행현장에서 영장 없이 압수·수색 또는 검증할 수 있다($^{제216조}_{2항}$). 피고인에 대한 구속영장을 집행하는 검사 또는 사법경찰관은 재판의 집행기관으로서 활동하는 것이지만, 집행현장에서의 압수·수색 또는 검증은 수사기관의 수사에

　30

1　대법원 2010. 7. 22, 2009 도 14376, 「경찰이 피고인의 집에서 20m 떨어진 곳에서 피고인을 체포하여 수갑을 채운 후 피고인의 집으로 가서 집안을 수색하여 칼과 합의서를 압수하였을 뿐만 아니라 적법한 시간 내에 압수·수색영장을 청구하여 발부받지도 않았음을 알 수 있는 바, 이를 위 법리에 비추어 보면 위 칼과 합의서는 임의제출물이 아니라 영장없이 위법하게 압수된 것으로서 증거능력이 없고, 따라서 이를 기초로 한 2차 증거인 임의제출동의서, 압수조서 및 목록, 압수물 사진 역시 증거능력이 없다고 할 것이다.」

2　대법원 2009. 5. 14, 2008 도 10914. 이와는 반대로 현행범 체포가 위법한 경우에는 사후에 압수·수색영장을 발부받았더라도 압수한 증거는 위법수집증거로서 증거능력이 없다(대판 2023. 3. 16, 2020 도 5336).

속하는 처분이다. 따라서 그 결과를 법관에게 보고하거나 압수물을 제출할 것을 요하는 것도 아니다. 영장 없이 압수·수색·검증할 수 있는 것은 피고인에 대한 구속영장을 집행하는 경우에 제한된다. 따라서 증인에 대한 구인장을 집행하는 경우에는 본항이 적용되지 않는다.

(4) 범죄장소에서의 긴급압수·수색·검증

31　　　범행 중 또는 범행 직후의 범죄장소에서 긴급을 요하여 법원판사의 영장을 받을 수 없는 때에는 영장 없이 압수·수색 또는 검증을 할 수 있다. 이 경우에는 사후에 지체 없이 영장을 받아야 한다($\frac{동조}{제3항}$). 체포·구속현장에서의 압수·수색·검증과 긴급체포 시의 압수·수색·검증에 있어서는 압수를 계속할 필요가 있는 경우에 사후영장을 청구하도록 한 것과 달리 범죄장소에서의 긴급압수·수색·검증의 경우에는 언제나 사후영장을 청구하여야 한다. 피의자의 체포 또는 구속을 전제로 하지 않는다는 점에서 긴급체포에 유사한 긴급압수·긴급수색 및 긴급검증을 인정한 것이라고 할 수 있다. 범죄현장에서의 증거물의 은닉과 산일을 방지하기 위한 것이라고 하겠다. 따라서 범행 중 또는 범행 직후의 범죄장소면 충분하고, 피의자가 현장에 있거나 체포되었을 것을 요건으로 하지 않는다. 음주운전 중 교통사고를 일으켜 의식불명이 된 경우, 운전자의 생명·신체를 구조하기 위하여 사고현장으로부터 곧바로 후송된 병원응급실 등의 장소는 범죄장소에 준한다고 할 수 있으므로, 병원응급실에서 혈액을 채취하여 이를 압수하는 것은 적법하다.[1] 다만, 사후에 지체 없이 영장을 받아야 한다. 체포 이 경우에 압수·수색·검증영장청구서에는 영장 없이 압수·수색 또는 검증을 한 일시 및 장소를 기재하여야 한다($\frac{규칙 제107}{조 1항 5호}$). 입법론으로는 영장을 받아야 할 기간을 법정하는 것이 타당하다고 생각된다.

> 대법원은 불법게임장 주변에서 순찰 도중 남자들이 들어가는 것을 우연히 목격하고 따라 들어가 불법게임기를 압수·수색한 사례에서, 불법게임기는 상당한 부피와 무게 때문에 쉽게 은폐나 은닉이 되지 않는다는 이유로 긴급성을 인정하지 아니하였다 ($\frac{대법원 2012. 2. 9,}{2009 도 14884}$).

1　대법원 2012. 11. 15, 2011 도 15258.

(5) 긴급체포 시의 압수 · 수색 · 검증

검사 또는 사법경찰관은 긴급체포의 규정($^{제200조}_{의3}$)에 따라 체포된 자가 소유 · 소지 또는 보관하는 물건에 대하여 긴급히 압수할 필요가 있는 경우에는 피의자를 체포한 때부터 24시간 이내에 한하여 영장 없이 압수 · 수색 또는 검증을 할 수 있다($^{제217조}_{1항}$). 32

1) 제도의 취지 긴급체포의 경우에도 체포현장에서의 압수 · 수색 또는 검증은 제216조 1항 2호에 의하여 영장 없이 할 수 있다. 따라서 본조를 체포에 수반하는 대물적 강제수사라고 할 수는 없다. 이는 긴급체포된 사실이 밝혀지면 피의자의 공범이나 관련된 사람이 증거물을 파괴하거나 은닉하는 것을 방지하고 증거물을 신속히 확보하기 위한 제도라고 할 수 있다.[1] 33

2) 긴급압수 · 수색 · 검증의 요건 영장 없이 압수 · 수색 또는 검증할 수 있는 대상은 긴급체포된 자가 소유 · 소지 또는 보관하는 물건이다($^{제217조}_{1항}$). 여기서 긴급체포된 자는 현실로 긴급체포된 자에 한한다. 본조에 의한 압수 · 수색 · 검증은 피의자를 체포한 때부터 24시간 이내에 한하여 허용되는 것이기 때문이다. 긴급체포된 자가 소유 · 소지 또는 보관하고 있는 물건은 영장 없이 압수 · 수색 · 검증할 수 있다. 피의자의 소유물을 보관하는 자의 기본권이 침해될 수 있으므로 소지 또는 보관하는 물건에 대하여만 압수 · 수색 · 검증할 수 있게 해야 한다는 의견도 있을 수 있으나, 마약 등 특정범죄의 수사필요성을 고려할 때 소유를 제외할 이유가 없다. 긴급압수 · 수색의 대상물건은 긴급체포의 사유가 된 범죄사실 수사에 필요한 최소한의 범위 내에서 당해 범죄사실과 관련된 증거물 또는 몰수할 것으로 판단되는 물건으로 한정된다.[2] 영장 없이 압수 · 수색 · 검증하기 위하여는 긴급히 압수할 필요가 있어야 한다. 34

3) 압수 · 수색 · 검증의 기간과 사후영장의 청구 영장 없이 압수 · 수색 · 검증할 수 있는 기간은 긴급체포한 후 24시간 이내에 한한다($^{동조}_{제1항}$). 따라서 24시간이 지난 때에는 구속영장이 발부되었는가의 여부를 불문하고 영장 없이 압수 · 수색 · 검증할 수 없다. 긴급체포 시의 압수 · 수색 · 검증의 경우에는 형사소송법 제 35

---

1 대법원 2017. 9. 12, 2017 도 10309.

2 대법원 2008. 7. 10, 2008 도 2245, 「어떤 물건이 긴급체포의 사유가 된 범죄사실 수사에 필요한 최소한의 범위 내의 것인지 여부는, 당해 범죄사실의 구체적인 내용과 성질, 압수하고자 하는 물건의 형상 · 성질, 당해 범죄사실과의 관련 정도와 증거가치, 인멸의 우려는 물론 압수로 인하여 발생하는 불이익의 정도 등 압수 당시의 여러 사정을 종합적으로 고려하여 객관적으로 판단하여야 한다.」

216조의 영장 없는 압수·수색·검증과는 달리 제123조 2항(주거주의 참여), 제 125조(야간 압수·수색의 제한)의 적용을 배제하는 규정이 없으나($^{제220}_{조}$), 시간적 제약이 있는 점에 비추어 마찬가지로 사후영장에 그 취지가 기재되어 있으면 야간 압수·수색도 허용된다고 할 것이다.[1] 검사 또는 사법경찰관은 압수한 물건을 계속 압수할 필요가 있는 경우에는 지체 없이 압수·수색영장을 청구하여야 한다. 이 경우 압수·수색영장의 청구는 체포한 때로부터 늦어도 48시간 이내에 하여야 한다($^{동조}_{제2항}$). 압수·수색·검증영장청구서에는 체포한 일시 및 장소와 영장 없이 압수·수색 또는 검증을 한 일시 및 장소를 기재하여야 한다($^{규칙 제107}_{조 1항 6호}$). 검사 또는 사법경찰관은 청구한 압수·수색영장을 발부받지 못한 때에는 압수한 물건을 즉시 반환하여야 한다($^{동조}_{제3항}$). 이 경우에 수색과 검증의 결과를 기재한 조서는 증거능력이 없다.

⑹ 임의제출한 물건 및 유류한 물건의 압수

36

법원은 소유자·소지자 또는 보관자가 임의로 제출한 물건 또는 유류한 물건을 영장 없이 압수할 수 있고($^{제108}_{조}$), 검사 또는 사법경찰관도 피의자 기타인의 유류한 물건이나 소유자·소지자 또는 보관자가 임의로 제출한 물건을 영장 없이 압수할 수 있다($^{제218}_{조}$). 이를 압수한 때에는 압수조서와 압수목록을 작성하여야 한다(제49조 1항, 제129조, 수사준칙규정 제40조. 다만, 피의자신문·조서·진술조서·검증조서에 압수취지가 기재된 경우는 제외). 임의제출하거나 유류한 물건의 압수를 영치라고도 하는데, 영치는 점유취득과정에는 강제력이 행사되지 않았으나 일단 영치된 이상 제출자가 임의로 취거할 수 없다는 점에서 강제처분으로 인정되고 있다. 다만, 점유취득이 임의적이므로 영장 없이 압수할 수 있도록 한 것이다.[2] 그러나 영치한 후의 절차와 법률효과는 일반적인 압수의 경우와 동일하다. 따라서 임의제출물 압수의 경우에도 수사기관은 목록을 작성하여 소유자·소지자·보관자 기타 이에 준할 자에게 교부하여야 하고($^{제129조,}_{제219조}$), 압수조서를 작성하여야 한다. 다만, 피의자신문조서, 진술조서, 검증조서에 압수의 취지를 적은 경우에는 그렇지 아니하다($^{수사준칙규}_{정 제40조}$).[3]

---

1 사법연수원, 법원실무제요 형사 [Ⅲ], 171면, 239면(실무상 야간집행 허용 요청이 누락된 경우, 직권으로 허용 문구를 영장에 기재하기도 한다).

2 독일 형사소송법은 임의제출물에 대하여는 압수가 불필요하다고 규정하고 있다(제94조 2항). 이에 관하여는 Meyer-Goßner § 94, Rn. 13; Peters S. 443; Roxin S. 282; Zipf S. 133 참조.

3 이는 수사기관으로 하여금 압수절차의 경위를 기록하도록 함으로써 사후적으로 압수절차의 적법성을 심사·통제하기 위한 것으로 적법하다(대법원 2023. 6. 1, 2020 도 2550).

임의제출한 물건의 압수가 적법하기 위해서는 제출이 임의적 · 자발적이어야한다.[1] 제출 과정에서 수사기관의 우월적 지위에 의하여 임의제출 명목으로 실질적으로 강제적인 압수가 행하여질 수 있으므로, 제출의 임의성은 검사가 합리적 의심을 배제할 수 있을 정도로 증명해야 한다.[2] 그리고 제출할 권한 있는 사람이 제출하여야 하고, 제출한 범위 내에서 압수가 이루어져야 한다.[3] 소지 또는보관자가 반드시 권한에 기하여 소지 또는 보관한 자일 것을 요하지 않는다. 임의제출하여 압수한 물건이 정보저장매체인 때는 정보저장매체의 압수 · 수색에관한 법리가 그대로 적용된다.[4]

유류한 물건은 유실물보다 넓은 개념으로서 범죄현장에서 발견된 범인이 버리고 간 흉기, 혈흔, 지문,[5] 족적은 물론, 차량이 대전차 방호벽에 충돌한 살인사건에서 대전차 방호벽의 안쪽 벽면에 부착된 철제구조물에서 발견된 강판조각,[6] 도로상의 쓰레기통에 버려진 쓰레기[7] 등이 이에 포함된다.

대법원은 ① 음주사고를 야기하고 응급실에 의식을 잃고 있는 피고인으로부터 간호사가 치료 목적으로 채취한 혈액 중 일부를 간호사에게 부탁하여 제출받은 경우(대법원 1999. 9. 3, 98 도 968), ② 교도관이 보관하고 있던 재소자의 비망록을 뇌물수수죄 등의 증거자료로 사용하기 위하여 제출받은 경우(대법원 2008. 5. 15, 2008 도 1097), ③ 세관공무원이 통관검사를 위하여 직무상 소지 또는 보관하는 우편물을 제출받은 경우(대법원 2013. 9. 26, 2013 도 7718), ④ 현행범인 체포현장이나 범죄장소에서 소지자로부터 필로폰(대법원 2016. 2. 18, 2015 도 13726)이나 피해자의 치마 속을 몰래 촬영한 휴대전화기(대법원 2019. 11. 14, 2019 도 13290; 대법원 2020. 4. 9, 2019 도 17142)를 임의로 제출받은 경우는[8] 특별한 사유가 없는 한 위 물건들에 대한 압수는 적법하다고 판시하

1　임의성의 판단은 제출 당시의 상황 외에 임의제출의 의미와 불이익에 대한 설명 여부, 변호인의 조력 여부, 심리의 위축 정도 등을 고려하여 종합적으로 판단해야 할 것이다[서울북부지방법원 2018. 8. 16, 2018 노 391(임의성 부정. 대법원 2019. 11. 21(전원합의체판결), 2018 도 13945로 확정); 의정부지방법원 2019. 12. 12, 2019 노 453, 2054(병합)(임의성 부정. 대법원 2020. 5. 14, 2020 도 398로 확정)].

2　대법원 2016. 3. 10, 2013 도 11233; 대법원 2020. 5. 14, 2020 도 398.

3　대법원 2021. 7. 29, 2020 도 14654, 「피의자가 휴대전화를 임의제출하면서 휴대전화에 저장된전자정보가 아닌 클라우드 등 제 3 자가 관리하는 원격지에 저장되어 있는 전자정보를 수사기관에 제출한다는 의사로 수사기관에게 클라우드 등에 접속하기 위한 아이디와 비밀번호를 임의로 제공하였다면 위 클라우드 등에 저장된 전자정보를 임의제출하는 것으로 볼 수 있다.」

4　대법원 2021. 11. 18(전원합의체판결), 2016 도 348.

5　대법원 2008. 10. 23, 2008 도 7471.

6　대법원 2011. 5. 26, 2011 도 1902.

7　日最決 2008. 4. 15[刑集 62-5, 1398].

8　체포된 사람으로부터 형사소송법 제216조 및 제217조에 따라 영장 없이 압수하는 경우에는

였다. 그러나 피고인의 집 앞마당에서 발견된 범행도구인 피고인 소유의 쇠파이프를
소유자 · 소지자 또는 보관자가 아닌 피해자로부터 제출받아 압수한 것은 위법하다고
판시하였다(대법원 2010. 1.
 28, 2009 도 10092).[1]

5. 압수물의 처리[2]

(1) 압수물의 보관과 폐기

37   **1) 자청보관의 원칙**   압수물은 압수한 법원 또는 수사기관의 청사로 운반하
여 직접 보관하는 것이 원칙이다. 이를 자청보관의 원칙이라 한다. 법원 또는 수
사기관이 압수물을 보관함에 있어서는 그 상실 또는 파손 등의 방지를 위하여 상
당한 조치를 하여야 한다(제131조,
 제219조). 법원 또는 수사기관이 압수물을 보관함에 있어
서는 선량한 관리자로서의 주의의무를 다하여야 한다.

38   **2) 위탁보관**   운반 또는 보관에 불편한 압수물에 관하여는 간수자를 두거나
소유자 또는 적당한 자의 승낙을 얻어 보관하게 할 수 있다(제130조 1항,
 제219조). 이를 압수
물의 위탁보관이라고 한다. 위탁보관의 법적 성질은 보관을 명하는 것은 공법상
의 권력작용인 강제처분이나 보관자의 승낙을 얻어 보관하게 하는 것은 임치계약
에 해당한다. 따라서 보관자는 특별한 약정이 없으면 임치료를 청구할 수 없다.[3]

39   **3) 폐기처분**   위험 발생의 염려가 있는 압수물은 폐기할 수 있다(제130조 2항,
 제219조).
이를 폐기처분이라고 한다. 폐기처분은 위험 발생의 염려가 있는 압수물에 대하
여만 허용된다. 이는 개인의 소유권에 대한 중대한 침해를 의미하므로 엄격히 해
석해야 한다. 따라서 위험 발생의 염려 있는 압수물이란 위험 발생의 개연성이
극히 큰 압수물을 의미한다고 해야 한다.[4] 법령상 생산 · 제조 · 소지 · 소유 또는
유통이 금지된 압수물로서 부패의 염려가 있거나 보관하기 어려운 압수물은 소유

법원에 의한 사후통제를 받음에도 불구하고 임의제출을 받아 영장 없이 압수하는 것을 허용
하면 사실상 영장주의를 회피하게 되므로 위법하다는 주장(위 2015 도 13726 판결의 원심도
현행범인의 체포로 이미 제압당한 피고인으로부터 임의제출받는 형식을 취하였더라도 위법하
다고 판시)도 있으나, 제218조에 비추어 타당하지 않다.

1 소지 또는 보관자가 반드시 권한에 기하여 소지 또는 보관한 자일 것을 요하지는 않으나, 수
   사가 개시된 이후에 피해자가 불법적으로 증거물의 점유를 취득하여 수사기관에 임의제출하
   는 것은 소지 또는 보관자가 아닌 자로부터 수사기관이 임의제출받는 것과 사실상 동일한
   결과를 가져오기 때문으로 보인다.

2 편의상 여기에서 수사기관과 법원의 압수물 처리에 관하여 함께 서술한다.

3 대법원 1968. 4. 16, 68 다 285.

4 백형구 256면, 강의 323면; 신동운 428면; 이영란 341면.

자 등 권한 있는 자의 동의를 받아 폐기할 수 있다(제130조 3항, 제219조). 소유 또는 유통이 금지된 압수물은 판매할 수 없으므로 대가보관이 불가능하고, 보관에 막대한 비용이 필요하므로 소유자 등의 동의를 받아 폐기할 수 있게 한 것이다. 사법경찰관이 압수물을 폐기하려는 경우에는 압수물 처분 지휘요청서를 작성하여 검사에게 제출해야 하고(제219조, 제130조, 경찰 수사규칙 제68조 1항), 이에 따라 압수물을 폐기하는 경우에는 압수물 폐기조서를 작성하고 사진을 촬영하여 사건기록에 편철하여야 한다(동조 제2항). 검사가 폐기처분을 한 경우에도 폐기조서를 작성하여 사건기록에 편철하여야 한다(검찰압수물사무 규칙 제66조 1항).

4) 대가보관   몰수하여야 할 압수물로서 멸실·파손·부패 또는 현저한 가   40
치 감소의 염려가 있거나 보관하기 어려운 압수물은 이를 매각하여 대가를 보관할 수 있다(제132조 1항, 제219조). 또한, 환부하여야 할 압수물 중 환부를 받을 자가 누구인지 알 수 없거나 그 소재가 불명한 경우로서 그 압수물의 멸실·파손·부패 또는 현저한 가치 감소의 염려가 있거나 보관하기 어려운 압수물은 매각하여 대가를 보관할 수 있다(제132조 2항, 제219조). 이를 환가처분이라고도 한다. 환가처분은 몰수하여야 할 압수물에 대하여만 할 수 있으므로 몰수하여야 할 물건이 아닌 이상 멸실·부패의 염려가 있어도 환가처분이 허용되지 않는다.[1] 몰수하여야 할 압수물에는 필요적 몰수뿐만 아니라 임의적 몰수도 포함된다. 환가처분을 함에는 미리 검사·피해자·피고인 또는 변호인에게 통지하여야 한다(제135조, 제219조).

대가보관은 몰수와의 관계에서는 압수물과 동일성이 인정된다. 따라서 법원은 대가를 추징하지 않고 압수물을 몰수할 수 있다.[2] 몰수를 하지 아니할 때에는 대가를 소유자에게 인도하여야 한다.[3]

(2) 압수물의 가환부와 환부

1) 압수물의 가환부

(개) 가환부의 대상   가환부란 압수의 효력을 존속시키면서 압수물을 소유   41
자·소지자 또는 보관자 등에게 잠정적으로 환부하는 제도를 말한다. 가환부의 대상은 증거에 공할 압수물에 제한된다(제133조 1항, 제219조). 증거에만 공할 목적으로 압수한 물건으로서 소유자 또는 소지자가 계속 사용하여야 할 물건은 사진촬영 기타 원형

---

1 대법원 1965. 1. 19, 64 다 1150.
2 대법원 1966. 9. 20, 66 도 886.
3 대법원 1957. 7. 25, 4290 민상 290.

보존의 조치를 취하고 신속히 가환부하여야 한다(제133조 2항, 제219조,). 가환부의 대상은 증거에 공할 압수물임을 요하므로 몰수의 대상이 되는 압수물은 가환부할 수 없다.[1]

42　　　(나) **가환부의 절차**　　　가환부는 소유자·소지자·보관자 또는 제출인의 청구에 의하여 법원 또는 수사기관의 결정에 의하여 한다(제133조 1항, 제219조,). 법원 또는 수사기관이 가환부의 결정을 함에는 미리 검사, 피해자, 피고인 또는 변호인에게 통지하여야 한다(제135조, 제219조). 따라서 피고인에게 의견을 진술할 기회를 주지 아니한 채한 가환부결정은 위법하다.[2]

43　　　(다) **가환부의 효력**　　　가환부는 압수 자체의 효력을 잃게 하는 것이 아니다. 따라서 가환부를 받은 자는 압수물에 대한 보관의무를 가지며, 이를 임의로 처분하지 못하고, 법원 또는 수사기관의 요구가 있는 때에는 이를 제출하여야 한다. 가환부한 장물에 대하여 별단의 선고가 없는 때에는 환부의 선고가 있는 것으로 간주한다(제333조 3항).

2) 압수물의 환부

44　　　(가) **환부의 대상**　　　압수물의 환부란 압수물을 종국적으로 소유자 또는 제출인에게 반환하는 법원 또는 수사기관의 처분을 말한다. 압수물을 환부하기 위하여는 압수를 계속할 필요가 없을 것을 요한다. 따라서 몰수의 대상이 되는 압수물을 환부하는 것은 위법하므로 항고 또는 준항고의 사유가 된다. 증거에 공할 압수물도 가환부의 대상은 될 수 있어도 환부의 대상이 될 수는 없다.[3] 압수를 계속할 필요가 없다고 인정되는 압수물은 피고사건종결 전이라도 결정으로 환부하여야 한다(제133조 1항 전단, 제219조).

45　　　(나) **환부의 절차**　　　환부는 법원 또는 수사기관의 결정에 의한다. 사법경찰관이 압수물을 환부할 때에는 검사의 지휘를 받아야 한다. 소유자 등의 청구가 있을 것을 요하지 않는다. 그러나 소유자 등이 환부청구를 할 수는 있다. 피압수자가 소유권을 포기한 경우에도 법원 또는 수사기관은 환부결정을 해야 한다.[4]

---

1 대법원 1966. 1. 28. 결정, 65 모 21; 대법원 1984. 7. 24. 결정, 84 모 43.
2 대법원 1980. 2. 25. 결정, 80 모 3.
3 대법원 1966. 9. 12. 결정, 66 모 58.
4 대법원 1996. 8. 16(전원합의체결정), 94 모 51, 「피압수자 등 환부를 받을 자가 압수 후 그 소유권을 포기하는 등에 의하여 실체법상의 권리를 상실하더라도 그 때문에 압수물을 환부하여야 하는 수사기관의 의무에 어떠한 영향을 미칠 수 없고, 또한 수사기관에 대하여 형사소송법상의 환부청구권을 포기한다는 의사표시를 하더라도 그 효력이 없어 그에 의하여 수사기관의 필요적 환부의무가 면제되지 아니한다.」

(다) **환부의 효력**   환부에 의하여 압수는 효력을 상실한다. 그러나 환부는 압   46
수를 해제할 뿐이며 환부를 받은 자에게 실체법상의 권리를 확인하는 효력까지
가지는 것은 아니다. 따라서 이해관계인은 민사소송절차에 의하여 그 권리를 주
장할 수 있다($_{제4항}^{제333조,}$). 압수한 서류 또는 물품에 대하여 몰수의 선고가 없는 때에
는 압수를 해제한 것으로 간주한다($_{조}^{제332}$).

(라) **압수장물의 피해자환부**   압수한 장물은 피해자에게 환부할 이유가 명백할   47
때에는 피고사건의 종결 전이라도 피해자에게 환부할 수 있다($_{제219조}^{제134조,}$). 환부할 이
유가 명백한 때라 함은 사법상 피해자가 그 압수된 물건의 인도를 청구할 수 있
는 권리가 있음이 명백한 경우를 말하고, 그 인도청구권에 관하여 사실상 법률상
다소라도 의문이 있는 경우에는 여기에 해당하지 않는다.[1] 압수한 장물로서 피
해자에게 환부할 이유가 명백한 것은 판결로써 피해자에게 환부하는 선고를 해야
하며, 장물을 처분하였을 때에는 판결로써 그 대가로 취득한 것을 피해자에게 교
부하는 선고를 하여야 한다($_{1항 \cdot 2항}^{제333조}$).

3) **공소제기 전의 압수물의 환부 · 가환부**   검사 또는 사법경찰관은 사본을   48
확보한 경우 등 압수를 계속할 필요가 없다고 인정되는 압수물 및 증거에 사용할
압수물에 대하여 공소제기 전이라도 소유자 · 소지자 · 보관자 또는 제출인의 청
구가 있는 때에는 환부 또는 가환부하여야 한다($_{제1항 \cdot 제4항}^{제218조의 2}$). 따라서 검사 또는
사법경찰관은 소유자 등의 청구가 있는 경우 가환부를 거부할 수 있는 특별한 사
정이 없는 한 가환부에 응하여야 한다.[2] 검사 또는 사법경찰관이 이 청구를 거
부하는 경우에는 신청인은 해당 검사의 소속 검찰청에 대응한 법원에 압수물의
환부 또는 가환부결정을 청구할 수 있다. 다만, 사법경찰관은 환부 또는 가환부
처분에 관하여 검사의 지휘를 받아야 한다($_{경찰수사규칙 제66조}^{동조 제4항 단서,}$). 법원이 환부 또는 가
환부결정을 하면 검사 또는 사법경찰관은 신청인에게 압수물을 환부 또는 가환부
하여야 한다($_{제3항}^{동조}$).

4) **불복방법**   압수 또는 압수물 환부에 관한 수사기관의 처분에 대하여는   49
준항고($_{조}^{제417}$)가 가능하다.

---

1 대법원 1984. 7. 16. 결정, 84 모 38.
2 대법원 2017. 9. 29. 결정, 2017 모 236, 「특별한 사정이 있는지 여부는 범죄의 태양, 경중,
   몰수 대상인지 여부, 압수물의 증거로서의 가치, 압수물의 은닉 · 인멸 · 훼손될 위험, 수사나
   공판수행상의 지장 유무, 압수에 의하여 받는 피압수자 등의 불이익의 정도 등 여러 사정을
   검토하여 종합적으로 판단하여야 한다.」

6. 전자정보의 압수 · 수색

⑴ 전자정보의 의의 및 특성

50　　　전자정보는 전기적 · 자기적 방식에 의하여 저장 · 전송되는 정보로서 특히 정보의 표기, 저장, 전달의 형태가 0과 1의 조합인 이진수 방식으로 이루어지는 디지털정보를 포함하는 개념이다. 오늘날 컴퓨터와 인터넷의 발달로 인하여 대부분의 주요한 정보들이 대량으로 전자정보 형태로 생산 · 저장 · 전송되고 있으며, 그 경향이 점차 가속화되고 있다. 전자정보는 무형적 존재로서 저장된 매체와 독립하여 동일한 정보의 자유로운 복제와 네트워크를 통한 전송이 가능하고($\binom{\text{매체}}{\text{독립성,}}$ $\substack{\text{네트워크} \\ \text{관련성}}$), 아주 작은 물리적 저장장치에도 엄청난 분량의 대량 정보가 저장될 수 있는 특성($\substack{\text{대량} \\ \text{성}}$)을 가지고 있다. 또한 전자정보는 유체물과 오감으로 인식 불가능하여 컴퓨터 등 일정한 판독장치를 통해서만 인식할 수 있으므로 판독장치에서 그 파일을 열어보기 전에는 내용을 알 수 없으며($\substack{\text{비가} \\ \text{시성}}$), 전체 또는 일부에 대한 수정 · 삭제 등 편집이 용이하다는 특성을 가진다($\substack{\text{변질} \\ \text{취약성}}$). 압수목적물이 전자정보와 관련된 경우라고 하더라도 형사소송법상 영장주의가 적용되므로 일반적인 압수 요건, 집행 및 사후절차 등의 규정은 그대로 적용된다. 다만 이러한 전자정보의 특성으로 말미암아 전통적인 대물적 강제처분이 그대로 적용되기 어려운 문제가 발생하게 되므로, 이에 대응하기 위하여 2011. 7. 18. 형사소송법 개정 시 전자정보 압수 · 수색에 관한 특칙이 마련되었다.

⑵ 전자정보와 압수목적물

51　　　형사소송법은 「법원은 압수의 목적물이 컴퓨터용디스크, 그 밖에 이와 비슷한 정보저장매체($\substack{\text{이하, '정보저장매} \\ \text{체등'이라 한다.}}$)인 경우에는 기억된 정보의 범위를 정하여 출력하거나 복제하여 제출받아야 한다. 다만, 범위를 정하여 출력 또는 복제하는 방법이 불가능하거나 압수의 목적을 달성하기에 현저히 곤란하다고 인정되는 때에는 정보저장매체등을 압수할 수 있다」($\substack{\text{제106조 3} \\ \text{항, 제219조}}$)고 규정하여, 명시적으로 전자정보를 압수의 목적물로서 인정하고 있지는 않다. 즉 전자정보를 압수하는 경우에도 그 목적물은 그 정보를 저장한 정보저장매체이지만 그 압수의 방법에 관한 특칙을 규정하는 방식을 취하고 있다. 그러나 대법원은 2011. 5. 26. 결정, 2009 모 1190 이래 전자정보 자체가 압수의 목적물임을 전제로 각종 판시를 해오고 있다.

(3) 전자정보 압수의 집행방법

전자정보는 아주 작은 물리적 저장장치에도 엄청난 분량의 대량 정보가 저　52
장되어 있으므로 유체물에 대한 압수·수색에 비하여 관련성의 범위를 넘어선 포
괄적인 압수·수색 집행의 위험성이 증가한다. 따라서 형사소송법은 정보저장매
체 자체를 압수하는 것은 범위를 정하여 출력 또는 복제하는 방법이 불가능하거
나 압수의 목적을 달성하기에 현저히 곤란한 예외적인 사정[1]이 인정되는 때에만
허용하고($\binom{제106조 3항, 제219조,}{수사준칙규정 제40조 1항}$), 대법원은 나아가 그 취지가 압수·수색영장에도 기
재되어 있어야 가능하다고 한다.[2] 현장 사정이나 전자정보의 대량성으로 인해
관련 정보 획득에 장시간이 소요되어 오히려 현장 선별압수가 대상자에게 피해를
발생시키는 경우, 전문인력에 의한 기술적 조치가 필요한 경우 또는 전자정보 파
일의 삭제·변경이 의심되는 경우 등이 이에 해당할 것이다. 그런데 이때에도 정
보저장매체 원본을 압수하기 전에 먼저 압수·수색 또는 검증 현장에서 정보저장
매체 등에 들어 있는 전자정보 전부를 하드카피나 이미징의 방법으로 복제하여
그 복제본을 정보저장매체등의 소재지 외의 장소로 반출하는 방법으로 압수하여
야 한다($\binom{수사준칙규정}{제41조 2항}$). 전부 복제하여 반출하는 압수 방법의 실행이 불가능하거나
그 방법으로는 압수의 목적을 달성하는 것이 현저히 곤란한 경우에 비로소 피압
수자 또는 형사소송법 제123조에 따라 압수·수색영장을 집행할 때 참여하게 해
야 하는 사람이 참여한 상태에서 정보저장매체 등의 원본을 봉인하여 소재지 외
의 장소로 반출할 수 있다($\binom{수사준칙규정}{제41조 3항}$).

전자정보는 전체 또는 일부에 대한 수정, 삭제 등 조작이 용이하기 때문에
압수절차에서 전자정보의 동일성과 무결성을 보장하기 위한 조치가 필요하다. 따
라서 검사 또는 사법경찰관은 전자정보의 복제본을 취득하거나 전자정보를 복제
할 때에는 해시값($\binom{파일의 고유값으로서 일}{종의 전자지문을 말한다}$)을 확인하거나 압수·수색 또는 검증의 과정
을 촬영하는 등 전자적 증거의 동일성과 무결성을 보장할 수 있는 적절한 방법과
조치를 취하여야 한다($\binom{수사준칙규정}{제42조 3항}$).

1　대법원 2015. 7. 16(전원합의체결정), 2011 모 1839; 대법원 2022. 7. 14. 결정, 2019 모
　2584; 대법원 2023. 6. 1, 2018 도 19782. 이러한 예외적인 사정이 존재하였다는 점은 영장
　집행기관인 수사기관이 이를 구체적으로 증명하여야 한다.

2　대법원 2011. 5. 26. 결정, 2009 모 1190.

⑷ 전자정보의 관련성 요건과 피압수자 측의 참여권 강화

53   전자정보에 관하여도 압수의 관련성 요건이 그대로 적용된다. 다만, 정보저장매체에 대한 압수는 광범위한 별건 전자정보에 대한 포괄적인 집행의 위험성이 크므로 관련성 요건을 더 엄격하게 판단할 필요가 있다. 현장에서의 1회 집행으로 압수가 종료되는 유체물 압수와 달리, 대법원은 전자정보의 경우에는 정보저장매체를 수사기관의 사무실 등으로 가지고 온 뒤 전자정보를 탐색하여 해당 전자정보를 문서로 출력하거나 파일을 복사하는 과정 역시 전체적으로 압수·수색의 집행에 포함되므로 영장주의의 원칙과 적법절차가 준수되어야 한다.[1] 따라서 이 과정에서의 문서 출력 또는 파일 복사는 혐의사실과 관련된 부분에 한정되어야 하고, 관련성에 대한 구분 없이 임의로 문서를 출력하거나 파일을 복사하는 것은 특별한 사정[2]이 없는 한 위법하다.[3]

그리고 피압수자 측의 참여권은 압수·수색의 집행 전 과정에 걸쳐 보장되어야 하며,[4] 피압수자 등과 변호인이 참여를 거부하는 경우에는 신뢰성과 전문성을 담보할 수 있는 상당한 방법으로 압수·수색을 해야 한다(수사준칙규정 제42조 4항). 이는 정보저장매체 또는 그 복제본을 현장에서 반출한 이후 정보저장매체 또는 그 복제본 내의 파일 복사, 탐색 및 선별 과정에도 피압수자 측의 참여의 기회를 보장함으로써 관련성 있는 범위 내에서 전자정보의 선별적 압수가 이루어질 수 있도록 보장하고자 한 것이다. 또한, 전자정보는 그 매체독립적 특성으로 인해 동일한 전자정보가 무한 복제되어 저장·전파될 수 있으므로 파일의 복사 과정에도 피압수자 측의 참여기회가 보장되어야 하는 것이다. 그러나 수사기관이 이미 현장에서 전자정보를 선별적으로 압수한 경우에는 수사기관 사무실에서 이를 탐색, 복제, 출력하는 과정에서 다시 피압수자 측에 참여의 기회를 보장할 필요는 없

---

1 대법원 2015. 7. 16(전원합의체결정), 2021 모 1839; 대법원 2021. 11. 18(전원합의체판결), 2016 도 348; 대법원 2022. 7. 28, 2022 도 2960.

2 대법원은 수사기관이 임의로 정한 시점 이후의 접근 파일 일체를 복사하는 방식으로 8,000여 개나 되는 파일을 복사한 영장집행에 대하여, 원칙적으로 압수·수색영장이 허용한 범위를 벗어난 것으로서 위법하다고 볼 여지가 있다고 하면서도, ① 관련성에 관하여 명시적인 이의를 제기하지 않았고, ② 압수·수색 과정에 당사자 측이 참여하였고, ③ 관련 있는 부분으로 대상을 제한하려고 노력하였고, ④ 당사자 측도 그 조치의 적합성에 묵시적으로 동의하였다는 이유로 영장 집행이 적법하다고 판시하였다(대법원 2011. 5. 26. 결정, 2009 모 1190).

3 대법원 2012. 3. 29, 2011 도 10508; 대법원 2022. 1. 14. 결정, 2021 모 1586.

4 대법원 2012. 3. 29, 2011 도 10508; 대법원 2017. 9. 2, 2015 도 12400; 대법원 2019. 7. 11, 2018 도 20504; 대법원 2021. 11. 15, 2016 도 82.

다.[1] 피압수자 측이 참여하지 않는다는 의사를 명시적으로 표시하였거나 절차 위반행위가 이루어진 과정의 성질과 내용 등에 비추어 피압수자 측에 절차참여를 보장한 취지가 실질적으로 침해되었다고 볼 수 없을 정도에 해당하는 경우에 는,[2] 피압수자 측에 참여권을 보장하지 않고 전자정보를 압수하더라도 이를 위법수집증거로서 증거능력이 없다고 볼 수 없으며, 준항고에 의한 취소 대상이 되지 않는다.

　검사 또는 사법경찰관은 전자정보를 압수했을 때에는 압수의 일시, 장소, 압수경위 등을 적은 압수조서를 작성하여야 하며(수사준칙규정 제40조), 피압수자등이나 변호인이 압수 대상 전자정보와 사건의 관련성에 관하여 의견을 제시한 때에는 이를 조서에 기재하여야 한다(수사준칙규정 제42조 5항).

　한편 전자정보에 대한 압수·수색 과정에서 이루어진 현장에서의 저장매체 압수·이미징·탐색·복제 및 출력행위 등 수사기관의 처분은 하나의 영장에 의한 압수·수색 과정에서 이루어지므로, 그러한 일련의 행위가 모두 진행되어 압수·수색이 종료된 이후에는 특정단계의 처분만을 취소하더라도 그 이후의 압수·수색을 저지한다는 것을 상정할 수 없고, 수사기관에게 압수·수색의 결과물을 보유하도록 할 것인지[3]가 문제될 뿐이다. 대법원은 전체 압수·수색 과정 중 일부의 과정에서만 참여권이 보장되지 아니한 경우에도, 특별한 사정이 없는 한 당해 압수·수색 과정을 개별적·단계적으로 구분하여 개별 처분의 위법이나 취소 여부를 판단할 것이 아니라 압수·수색 과정 전체를 하나의 절차로 파악하여 그 과정에서 나타난 위법이 절차 전체를 위법하게 할 정도로 중대한지 여부에 따라 전체적으로 압수·수색 처분을 취소할 것인지를 가려야 하고, 여기서 위법의 중대성은 위반한 절차조항의 취지, 전체 과정 중에서 위반행위가 발생한 과정의 중요도, 위반사항에 의한 법익침해 가능성의 경중 등을 종합하여 판단해야 한다

1　대법원 2018. 2. 8, 2017도13263. 한편 경찰관이 피의자 신문 당시 임의제출받은 휴대전화를 함께 탐색하는 과정에서 발견된 다른 범행의 동영상을 추출·복사한 경우, 실질적으로 참여권이 보장된 것으로 보아야 한다(대법원 2021. 11. 25, 2019 도 6730).

2　대법원 2015. 7. 16(전원합의체결정), 2011 모 1839; 대법원 2021. 11. 15, 2016 도 82.

3　대법원 2023. 6. 1, 2018 도 19782, 「압수를 완료하면 혐의사실과 관련 없는 전자정보(이하 '무관정보'라 한다)를 삭제·폐기하여야 한다. 수사기관이 새로운 범죄 혐의의 수사를 위하여 무관정보가 남아 있는 복제본을 열람하는 것은 압수·수색영장으로 압수되지 않은 전자정보를 영장 없이 수색하는 것과 다르지 않다. 따라서 복제본은 더 이상 수사기관의 탐색, 복제 또는 출력 대상이 될 수 없으며, 수사기관은 새로운 범죄 혐의의 수사를 위하여 필요한 경우에도 유관정보만을 출력하거나 복제한 기존 압수·수색의 결과물을 열람할 수 있을 뿐이다.」

고 본다.[1]

압수·수색이 종료되기 전에 별도의 범죄혐의와 관련된 전자정보를 우연히 발견한 경우, 수사기관은 더 이상의 추가 탐색을 중단하고 별도의 범죄혐의에 대한 압수·수색영장을 발부받아 이를 압수·수색하여야 한다.[2] 이러한 경우에도 저장매체의 원래 소재지에서 별도의 압수·수색영장에 기해 압수·수색을 진행하는 경우와 마찬가지로 피압수자는 최초의 압수·수색 이전부터 해당 전자정보를 관리하고 있던 자라 할 것이므로, 특별한 사정이 없는 한 그 피압수자에게 형사소송법 제219조, 제121조, 제129조에 따라 참여권을 보장하고 압수한 전자정보 목록을 교부하는 등 피압수자의 이익을 보호하기 위한 적절한 조치가 이루어져야 한다.[3] 한편 범죄혐의와 관련 없는 별개의 증거(전자정보 포함)를 압수한 경우, 이를 피압수자 등에게 환부하고 다시 임의제출받아 압수할 수 있다. 최초로 압수한 증거는 원칙적으로 유죄 인정의 증거로 사용할 수 없지만, 2차로 압수한 증거는 제출의 임의성이 인정되면 최초의 절차 위반행위와 최종적인 증거수집 사이의 인과관계가 단절되었다고 평가할 수 있다.[4]

---

1 대법원 2015. 7. 16(전원합의체결정), 2011 모 1839. 사안에서는 검사가 압수·수색영장을 발부받아 저장매체에 범죄혐의와 관련된 유관 정보와 범죄혐의와 무관한 정보가 혼재된 것으로 판단하여 피압수자 측의 동의를 받아 저장매체를 수사기관 사무실로 반출한 다음 피압수자 측의 참여하에 저장매체에 저장된 전자정보파일 전부를 '이미징'의 방법으로 다른 저장매체로 복제(이하, '제 1 처분'이라 한다)하였으나, 이미징한 복제본을 외장 하드디스크에 재복제(이하, '제 2 처분'이라 한다)하는 과정 및 이후 하드디스크에서 유관정보를 탐색하고 피압수자 측의 별건 범죄혐의와 관련된 전자정보 등 무관정보도 함께 출력(이하, '제 3 처분'이라 한다)하는 과정에서는 각각 피압수자 측의 참여 기회를 보장하지 않았는데, 대법원은 제 1 처분 자체는 위법하다고 볼 수 없으나, 제 2·3 처분은 제 1 처분 후 피압수·수색 당사자에게 계속적인 참여권을 보장하는 등의 조치가 이루어지지 아니한 채 유관정보는 물론 무관정보까지 재복제·출력한 것으로서 영장이 허용한 범위를 벗어나고 적법절차를 위반한 위법한 처분이며, 제 2·3 처분에 해당하는 전자정보의 복제·출력 과정은 증거물을 획득하는 행위로서 압수·수색의 목적에 해당하는 중요한 과정인 점 등 위법의 중대성에 비추어 위 영장에 기한 압수·수색이 전체적으로 취소되어야 한다고 하였다. 그러나 전체 압수·수색 과정이 일련의 단계에 따라 이루어져서 적법하게 압수된 유관 정보와 위법하게 압수된 무관 정보를 구분할 수 있는 경우에도 그 일부의 위법을 이유로 전체 압수처분을 취소하고 적법한 유관 정보의 증거능력을 인정하지 않는 것은 범죄자에게 지나치게 큰 이익을 부여하는 것이어서 타당하다고 보기 어렵다. 따라서 압수·수색 과정을 구분할 수 없거나 전 단계의 위법이 후단계의 절차에도 영향을 미치거나 수사기관이 처음부터 별건 정보를 목적으로 의도적으로 무관정보의 압수를 하였다는 등의 사정이 없는 경우에는 적법한 유관 정보의 압수는 유효하고 그 증거능력도 인정하는 것이 타당하다고 생각된다(위 전원합의체결정의 반대의견 참조).
2 대법원 2015. 7. 16(전원합의체결정), 2011 모 1839; 대법원 2017. 11. 14, 2017 도 3449; 대법원 2018. 4. 26, 2018 도 2624. 이러한 견해에 의하면 압수·수색의 집행과정에서 압수한 관련성 없는 전자정보 중에서 다른 피의자에 대한 범죄혐의를 발견한 때(대법원 2014. 1. 16, 2013 도 7101)에도 마찬가지로 별도의 압수·수색영장을 발부받아야 할 것으로 보인다.
3 대법원 2015. 7. 16(전원합의체결정), 2011 모 1839.
4 대법원 2016. 3. 10, 2013 도 11233.

⑸ 제 3 자 보관 전자정보의 압수 · 수색

1) 제3자 보관 전자정보의 문제점   오늘날 전자정보는 개인 소유의 컴퓨터   54
등 정보저장매체에 저장되어 있지 않고 정보통신서비스 업체나 공공기관이 자신
들의 서버에 저장하여 다른 개인정보들과 함께 보유하고 있는 경우가 많다. 개인
의 이메일, 위치정보, 의료정보, 금융거래정보 등 각종 중요한 정보들은 그 정보
주체가 아닌 제 3 자인 정보통신서비스 업체나 공공기관이 보관하고 있으며, 각종
기업의 정보도 외부업체가 제공하는 클라우드 컴퓨터 네트워크에 저장된 경우가
늘어가고 있다. 원래 대용량의 전자정보에 대한 수사기관의 압수 · 수색은 사생활
의 비밀과 자유, 정보에 대한 자기결정권, 재산권 등을 침해할 우려가 클 수밖에
없는데, 특히 제 3 자가 개인의 전자정보를 보관하고 있는 경우에는 기존의 대물
적 강제처분 법리로는 예상하지 못했던 여러 법적 쟁점들이 제기된다.

첫째로, 제 3 자가 보관하는 개인의 전자정보의 경우에는 피압수자, 정보주체, 피의자
가 서로 달라질 수 있는데, 이때 집행통지 대상자와 참여권자의 범위를 어떻게 구성
해야 하는가의 문제가 있다. 피의자가 특정되지 않은 초기 단계에서 수사기관에서
제 3 자가 보관하고 있는 전자정보를 수집하는 경우도 있고, 전자정보의 불가시성으
로 인해 파일을 열어본 후에야 정보주체가 확정되는 경우도 있으며, 집행통지 범위
를 지나치게 확대할 경우 원격지에서 삭제가 가능한 전자정보의 특성상 증거인멸의
염려도 있으므로 기존의 대물적 압수 · 수색의 법리만으로는 적절한 규율이 쉽지 않
다. 피압수자나 피의자가 아닌 정보주체에 대하여 어느 정도의 절차적 보장을 할 것
인지의 문제도 이와 관련이 있다. 둘째, 제 3 자가 보관하는 전자정보의 직접적인 이
해관계자는 그 정보주체인데, 그 정보를 관리 · 보관하는 제 3 자는 직접적인 이해관
계자가 아니므로 수사기관의 임의제출 요구를 거부할 동기가 크지 않다. 이러한 경
우에 정보주체의 동의 없이 그 정보의 관리 · 보관자가 어느 정도로 자유롭게 임의제
출을 할 수 있도록 허용할 것인가의 문제가 있다. 일반적인 임의제출물의 압수법리
에 의하면 소지 또는 보관자가 반드시 권한에 기하여 소지 또는 보관한 자임을 요하
지 않으므로 임의제출에 아무런 제한이 없는데, 대량의 개인정보를 제 3 자가 소지
또는 보관하고 있는 오늘날의 정보화사회에서 종래의 임의제출법리를 그대로 적용하
는 것은 문제가 있다. 이는 형사절차와 관련하여 제 3 자가 보관하는 개인정보의 보
호법제를 어떻게 구성할 것인지, 그리고 제 3 자 보관 정보에 관하여도 정보주체를
소지 · 보관자를 보고 정보주체를 피압수자로 하는 영장주의를 적용할 수 있을지 여
부와 연관된다. 셋째, 이러한 전자정보인 경우 대부분 압수목적물과 무관한 다른 개
인정보들과 함께 저장 · 보관되고, 보관자가 운용하는 데이터베이스 전산프로그램에

의해 관리되거나, 경우에 따라 다중적으로 암호가 걸려 있거나, 또 다른 제 3 자가 관
여하는 클라우드 등 네트워크 공간에 분산 저장되어 있을 수도 있으므로, 이러한 전
자정보를 획득하는 과정에서 정보관리자 또는 외부 전문가의 참여 및 협력이 필수적
으로 요구된다는 점을 들 수 있다. 기존의 대물적 강제처분은 수사기관이 현장에 직
접 나아가 압수·수색 목적물 각각의 소지·보관자에게 영장을 제시하고 직접 압
수·수색하는 것을 전제로 하고 있으나, 오늘날 제 3 자가 대량으로 보관하는 다수
정보주체의 전자정보에 이를 그대로 적용하기는 어렵다.

불완전하기는 하지만 형사소송법과 통신비밀보호법 등 특별법의 일부 조항들이 이러
한 제 3 자 보관 전자정보에 관하여 규율하고 있다. 형사소송법 제106조 4항은 법원
이 제106조 3항에 따라 정보저장매체를 압수하여 그에 따라 정보를 제공받은 경우
개인정보보호법 제2조 3호에 따른 정보주체에게 해당 사실을 지체없이 알려야 한다
고 규정하고 있다. 제106조는 제219조에 의하여 수사기관의 압수·수색에 준용되고
있으므로 검사나 사법경찰관이 정보저장매체를 압수한 때에도 동일하게 적용된다.
따라서 피의자나 피압수자가 아닌 정보주체도 이러한 경우에는 사후통지를 받을 수
있게 된다. 제107조 1항은 법원은 필요한 때에는 피고사건과 관계가 있다고 인정할
수 있는 것에 한정하여 우체물 또는 통신비밀보호법 제 2 조 3호에 따른 전기통신에
관한 것으로서 체신관서, 그 밖의 관련 기관 등이 소지 또는 보관하는 물건의 제출
을 명하거나 압수를 할 수 있다고 규정하고, 동조 제 3 항은 이러한 처분을 할 때에
는 발신인이나 수신인에게 그 취지를 통지하여야 하되, 심리에 방해될 염려가 있는
경우에는 예외로 한다고 규정하고 있다. 제219조에 의하여 제107조도 수사기관에 준
용된다. 따라서 수사기관이 이메일, 문자메시지, 실시간 인터넷메신저서비스와 같이
전기통신을 이용한 송·수신 개인 전자정보들을 압수한 경우에 수사에 방해될 염려
가 없으면 발신인이나 수신인은 통지를 받을 수 있게 된다. 한편 통신비밀보호법 제
9조의 3은 수사기관이 송·수신이 완료된 이메일에 대해 압수한 경우, 기소·불기소
처분일로부터 30일 이내에 수사대상인 가입자에게 서면통지를 하도록 규정하고 있
다. 통신비밀보호법은 특별법으로서 형사소송법에 우선하여 적용된다고 할 것이므로
송·수신이 완료된 이메일 압수·수색 시 발신인이나 수신인에 대한 통지는 형사소
송법 제107조가 아니라 통신비밀보호법에 따라 이루어져야 한다고 봐야 할 것이다.

이러한 제 3 자 보관 전자정보 중에서 통신자료(이용자의 성명, 주민등록번호, 주소, 전화번호, 아이디, 가입해지 정보 등)에 대해
서는, 전기통신사업자는 법원 또는 수사기관 등이 재판, 수사, 형의 집행 등을 위하
여 요청하면 그 요청에 따를 수 있도록 하여(전기통신사업법 제83조 3항) 법원의 허가나 영장 없이
이를 확보할 수 있도록 하고 있으므로 임의수사 방식으로 가능하다. 또한 통신사실
확인자료나 실시간 전기통신으로 이루어지는 이메일, 문자메시지 등은 통신비밀보호

법에 의하여 별도로 규율되고 있는데, 별도 항목으로 살펴본다.

2) 실질적 피압수자와 정보주체   제 3 자가 보관하는 피의자의 전자정보를 압수·수색하는 경우에는 피의자는 실질적 피압수자가 된다. 따라서 특별한 사정이 없는 한 형사소송법 제219조, 제121조, 제129조에 따라 피의자에게 참여권을 보장하고 압수한 전자정보 목록을 교부하는 등 피의자의 절차적 권리를 보장하기 위한 적절한 조치가 이루어져야 한다.[1] 다만, 정보주체가 언제나 실질적 피압수자가 되는 것은 아니다. 정보저장매체에 대한 압수·수색 당시 외형적·객관적으로 전자정보 전반에 관한 전속적인 관리처분권을 보유·행사하고 있음이 인식될 수 있을 때 실질적 피압수자로 인정될 수 있다.

여기서 임의제출자 아닌 피의자에게도 참여권이 보장되어야 하는 '피의자의 소유·관리에 속하는 정보저장매체'라 함은, 피의자가 압수·수색 당시 또는 이와 시간적으로 근접한 시기까지 해당 정보저장매체를 현실적으로 지배·관리하면서 그 정보저장매체 내 전자정보 전반에 관한 전속적인 관리처분권을 보유·행사하고, 달리 이를 자신의 의사에 따라 제 3 자에게 양도하거나 포기하지 않은 경우로써, 피의자를 그 정보저장매체에 저장된 전자정보에 대하여 실질적인 압수·수색 당사자로 평가할 수 있는 경우를 말하고, 이에 해당하는지 여부는 민사법상 권리의 귀속에 따른 법률적·사후적 판단이 아니라 압수·수색 당시 외형적·객관적으로 인식 가능한 사실상의 상태를 기준으로 판단하여야 하고, 이러한 정보저장매체의 외형적·객관적 지배·관리 등 상태와 별도로 단지 피의자나 그 밖의 제 3 자가 과거 그 정보저장매체의 이용 내지 개별 전자정보의 생성·이용 등에 관여한 사실이 있다거나 그 과정에서 생성된 전자정보에 의해 식별되는 정보주체에 해당한다는 사정만으로 그들을 실질적으로 압수·수색을 받는 당사자로 취급하여야 하는 것은 아니다.[2]

---

[1] 대법원 2021. 11. 18(전원합의체판결), 2016 도 348; 대법원 2022. 5. 31. 결정, 2016 모 587. 위 2016 모 587 결정에서는 인터넷서비스업체인 甲 주식회사를 상대로 甲 회사의 본사 서버에 저장되어 있는 준항고인의 전자정보인 카카오톡 대화내용 등에 대하여 압수·수색을 실시하였는데, 수사기관이 압수·수색영장의 원본을 제시하지 않은 위법, 甲 회사로부터 입수한 전자정보에서 범죄 혐의사실과 관련된 부분의 선별 없이 그 일체를 출력하여 증거물로 압수한 위법, 그 과정에서 서비스이용자로서 **실질적 피압수자이자 피의자인 준항고인에게 참여권을 보장하지 않은 위법과 압수한 전자정보 목록을 교부하지 않은 위법**을 종합할 때, 압수·수색에서 나타난 위법이 압수·수색절차 전체를 위법하게 할 정도로 중대하다고 보아 압수·수색을 취소하였다. 다만, 원심이 甲 회사의 본사 서버에 보관된 준항고인의 카카오톡 대화내용에 대한 압수·수색영장의 집행에 의하여 전자정보를 취득하는 것이 참여권자에게 통지하지 않을 수 있는 형사소송법 제122조 단서의 '급속을 요하는 때'에 해당하지 않는다고 판단한 것은 잘못이라고 판시하였다.

[2] 대법원 2022. 1. 27, 2021 도 11170. 대법원은 이러한 기준에 따라, ① 카메라 등 이용촬영의

(6) 전자정보의 임의제출

55   수사기관이 특정 범죄혐의와 관련하여 전자정보가 수록된 정보저장매체를 임의제출받아 그 안에 저장된 전자정보를 압수하는 경우에도, 영장에 의한 압수와 마찬가지로 압수의 집행방법, 관련성 요건, 피압수자 측의 참여, 압수목록의 교부 등 전자정보에 관한 압수·수색의 일반원칙이 적용된다.

따라서 그 동기가 된 범죄혐의사실과 관련된 전자정보의 출력물 등을 임의제출받는 방식으로 압수하여야 하고, 범위를 정하여 출력 또는 복제하는 방법이 불가능하거나 압수의 목적을 달성하기에 현저히 곤란하다고 인정되는 때에 한하여 예외적으로 정보저장매체 자체나 복제본을 임의제출받아 압수할 수 있다. 수사기관이 제출자의 의사를 확인하지 않은 채 특정 범죄혐의사실과 관련된 전자정보와 그렇지 않은 전자정보가 혼재된 정보저장매체를 임의제출받아서 임의제출자의 의사에 따른 전자정보 압수의 대상과 범위가 명확하지 않거나 이를 알 수 없는 경우에는, 임의제출에 따른 압수의 동기가 된 범죄혐의사실과 관련되고 이를 증명할 수 있는 최소한의 가치가 있는 전자정보에 한하여 압수의 대상이 된다.[1] 이때 범죄혐의사실과 관련된 전자정보에는 범죄혐의사실 그 자체 또는 그와 기본적 사실관계가 동일한 범행과 직접 관련되어 있는 것은 물론 범행 동기와 경위, 범행 수단과 방법, 범행 시간과 장소 등을 증명하기 위한 간접증거나 정황증거 등으로 사용될 수 있는 것도 포함될 수 있다. 다만 그 관련성은 임의제출에 따른 압수의 동기가 된 범죄혐의사실의 내용과 수사의 대상, 수사의 경위, 임의제출의 과정 등을 종합하여 구체적·개별적 연관관계가 있는 경우에만 인정되고, 범죄혐의사실과 단순히 동종 또는 유사 범행이라는 사유만으로 관련성이 있다고 할 것은 아니다.[2]

피해자가 피해 사실을 신고하면서 피고인의 집에서 가지고 나온 피고인 소유 휴대폰을 임의제출한 사안에서는 피고인의 참여권을 보장하여야 한다고 판시하였으나[대법원 2021. 11. 18 (전원합의체판결), 2016 도 348], ② 피고인의 자녀 의학전문대학원 부정지원 관련 업무방해 혐의와 관련하여 피고인이 재직 중이던 대학의 관계자가 대학에서 공용으로 사용하거나 그 밖의 방법으로 임의처리할 것을 전제로 3년 가까이 강사휴게실 내에 보관하고 있던 컴퓨터를 임의제출한 사안에서는, 위 컴퓨터에 저장된 전자정보 전반에 관하여 당시 대학 측이 포괄적인 관리처분권을 사실상 보유·행사하고 있는 상태에 있었다는 이유로 피고인은 참여권을 보장해야 하는 피압수자에 해당하지 않는다고 판시하였다(대법원 2022. 1. 27, 2021 도 11170).

1 대법원 2022. 2. 17, 2019 도 4938.

2 대법원 2021. 11. 18(전원합의체판결), 2016 도 348; 대법원 2022. 1. 27, 2021 도 11170.

피의자가 소유·관리하는 정보저장매체를 피의자 아닌 피해자 등 제 3 자가 임의제출하는 경우에도 마찬가지인데, 이 경우에는 그 임의제출 및 그에 따른 수사기관의 압수가 적법하더라도 임의제출의 동기가 된 범죄혐의사실과 구체적·개별적 연관관계가 있는 전자정보에 한하여 압수의 대상이 되는 것으로 더욱 제한적으로 해석하여야 한다. 피의자 개인이 소유·관리하는 정보저장매체에는 그의 사생활의 비밀과 자유, 정보에 대한 자기결정권 등 인격적 법익에 관한 모든 것이 저장되어 있어 제한 없이 압수·수색이 허용될 경우 피의자의 인격적 법익이 현저히 침해될 우려가 있기 때문이다.[1]

압수의 대상이 되는 전자정보와 그렇지 않은 전자정보가 혼재된 정보저장매체나 그 복제본을 임의제출받은 수사기관이 그 정보저장매체 등을 수사기관 사무실 등으로 옮겨 이를 탐색·복제·출력하는 경우, 그와 같은 일련의 과정에서 형사소송법 제219조, 제121조에서 규정하는 피압수자나 그 변호인에게 참여의 기회를 보장하고,[2] 압수된 전자정보의 파일 명세가 특정된 압수목록[3]을 작성·교부

---

[1] 대법원 2021. 11. 18(전원합의체판결), 2016 도 348[피고인이 2014. 12. 11. 피해자 A를 상대로 저지른 성폭력범죄의처벌등에관한특례법위반(카메라등이용촬영) 범행(이하, '2014년 범행'이라 한다)에 대하여 A가 즉시 피해 사실을 경찰에 신고하면서 피고인의 집에서 가지고 나온 피고인 소유의 휴대전화 2대에 피고인이 촬영한 동영상과 사진이 저장되어 있다는 취지로 말하고 이를 범행의 증거물로 임의제출하였는데, 경찰이 이를 압수한 다음 그 안에 저장된 전자정보를 탐색하다가 A를 촬영한 휴대전화가 아닌 다른 휴대전화에서 피고인이 2013. 12.경 피해자 B, C를 상대로 저지른 같은 법 위반(카메라등이용촬영) 범행(이하, '2013년 범행'이라 한다)을 발견하고 그에 관한 동영상·사진 등을 영장 없이 복제한 CD를 증거로 제출한 사안에서, A는 경찰에 피고인의 휴대전화를 증거물로 제출할 당시 그 안에 수록된 전자정보의 제출 범위를 명확히 밝히지 않았고, 담당 경찰관들도 제출자로부터 그에 관한 확인절차를 거치지 않은 이상 휴대전화에 담긴 전자정보의 제출 범위에 관한 제출자의 의사가 명확하지 않거나 이를 알 수 없는 경우에 해당하므로, 휴대전화에 담긴 전자정보 중 임의제출을 통해 적법하게 압수된 범위는 임의제출 및 압수의 동기가 된 피고인의 2014년 범행 자체와 구체적·개별적 연관관계가 있는 전자정보로 제한적으로 해석하는 것이 타당하고, 이에 비추어 볼 때 범죄발생 시점 사이에 상당한 간격이 있고 피해자 및 범행에 이용한 휴대전화도 전혀 다른 피고인의 2013년 범행에 관한 동영상은 임의제출에 따른 압수의 동기가 된 범죄혐의사실(2014년 범행)과 구체적·개별적 연관관계 있는 전자정보로 보기 어려워 수사기관이 사전영장 없이 이를 취득한 이상 증거능력이 없고, 사후에 압수·수색영장을 받아 압수절차가 진행되었더라도 달리 볼 수 없다는 이유로, 피고인의 2013년 범행을 무죄로 판단한 원심의 결론이 정당하다고 한 사례].

[2] 대법원 2021. 11. 25, 2016 도 82(피고인의 참여권이 보장되었다는 점을 인정할 자료가 없다고 한 사례); 대법원 2022. 1. 13, 2016 도 9596(경찰이 1회 피의자신문 당시 휴대전화를 피고인과 함께 탐색하는 과정에서 다른 범행에 관한 영상을 발견하였으므로 피고인이 휴대전화의 탐색 과정에 참여하였다고 볼 수 있다고 한 사례).

[3] 대법원 2021. 11. 25, 2019 도 7342(압수목록을 작성·교부하지 않은 사례); 대법원 2021. 11. 25, 2019 도 6730(경찰관이 피의자신문 당시 휴대전화를 피고인과 함께 탐색하는 과정에서 발견된 다른 범행에 관한 동영상을 추출·복사하였고, 피고인이 직접 다른 범행에 관한 동영상을 토대로 '범죄일람표' 목록을 작성·제출하였으므로, 전자정보 상세목록이 교부된 것과 다

하여야 하며, 범죄혐의사실과 무관한 전자정보의 임의적인 복제 등을 막기 위한 적절한 조치를 취하는 등 영장주의 원칙과 적법절차를 준수하여야 한다. 피해자 등 제 3 자가 '피의자의 소유·관리에 속하는 정보저장매체'를 영장에 의하지 않고 임의제출한 경우에도, 특별한 사정이 없는 한 실질적 피압수자인 피의자에게 참여권을 보장하고 압수한 전자정보 목록을 교부하는 등 피의자의 절차적 권리를 보장하기 위한 적절한 조치가 이루어져야 한다.

한편 피의자가 휴대전화를 임의제출하면서 휴대전화에 저장된 전자정보가 아닌 클라우드 등 제 3 자가 관리하는 원격지에 저장되어 있는 전자정보를 수사기관에 제출한다는 의사로 수사기관에게 클라우드 등에 접속하기 위한 아이디와 비밀번호를 임의로 제공하였다면 위 클라우드 등에 저장된 전자정보를 임의제출하는 것으로 볼 수 있다.[1]

(7) 원격지 전자정보의 압수·수색

56   전자정보가 원격지 서버 등 저장매체에 저장되어 있는 경우에는, 피의자의 이메일 계정에 대한 접근권한에 갈음하여 발부받은 압수·수색영장에 의하여 원격지의 저장매체에 통상적인 방법으로 적법하게 접속하여 전자정보를 수색장소의 정보처리장치로 내려받거나 화면에 현출시켜서 압수·수색할 수 있으며, 이러한 방식으로 접속하는 것은 압수·수색영장의 집행에 필요한 처분에 해당한다. 그 저장매체가 국외에 있더라도 마찬가지이다.[2] 다만, 원격지 서버에 저장된 전자정보를 압수·수색하기 위해서는 영장에 적힌 '압수할 물건'에 별도로 원격지 서버 저장 전자정보가 특정되어 있어야 한다는 것이 판례의 입장이다.[3] 이러한 원격지 서버에 대한 압수·수색을 비롯하여 디지털

름이 없다고 한 사례); 대법원 2022. 1. 13. 2016 도 9596(경찰이 압수 당일 곧바로 진행된 2회 피의자신문에서 휴대폰 촬영 사진을 피고인에게 제시하였고, 5장에 불과한 사진은 모두 동일한 일시·장소에서 촬영된 다른 범행에 관한 영상을 출력한 것임을 육안으로 쉽게 알 수 있으므로, 비록 피고인에게 전자정보의 파일 명세가 특정된 압수목록이 작성·교부되지 않았더라도 절차 위반행위가 이루어진 과정의 성질과 내용 등에 비추어 피고인의 절차상 권리가 실질적으로 침해되었다고 보기도 어렵다는 이유로 증거능력을 부정한 원심을 파기한 사례); 대법원 2023. 6. 1, 2020 도 12157(휴대전화의 압수 과정에서 압수조서 및 전자정보 상세목록을 작성·교부하지는 않았지만, 그에 갈음하여 압수의 취지가 상세히 기재된 수사보고의 일종인 조사보고를 작성하였으므로, 적법절차의 실질적인 내용을 침해하였다고 보기 어렵다고 한 사례).

1 대법원 2021. 7. 29, 2020 도 14654.

2 대법원 2017. 11. 9, 2017 도 9747.

3 대법원 2022. 6. 30. 결정, 2020 모 735; 대법원 2022. 6. 30, 2022 도 1462. 그러나 원격지

증거에 대한 실효적인 압수·수색을 위해서는 피압수자는 물론 서버관리자 등 관련자의 협력이 필요한 경우가 있으므로, 개인의 인권 보호와 범죄 수사의 필요성을 조화롭게 고려한 방안을 마련할 필요가 있다.[1]

(8) 정보 상세목록의 교부 및 폐기, 환부

전자정보의 탐색·복제·출력을 완료한 경우에는 지체 없이 피압수자 등에게 압수한 전자정보의 목록을 교부하여야 한다. 그 목록에 포함되지 않은 전자정보가 있는 경우에는 해당 전자정보를 지체 없이 삭제 또는 폐기하거나 반환해야 하고(수사준칙규정 제42조 1항), 삭제·폐기 또는 반환확인서를 작성하여 피압수자 등에게 교부해야 한다(동조 제2항). 법원은 압수·수색영장의 집행에 관하여 범죄 혐의사실과 관련 있는 전자정보의 탐색·복제·출력이 완료된 때에는 지체 없이 영장 기재 범죄 혐의사실과 관련이 없는 나머지 전자정보에 대해 삭제·폐기 또는 피압수자 등에게 반환할 것을 정할 수 있으며, 수사기관이 범죄 혐의사실과 관련 있는 정보를 선별하여 압수한 후에도 그와 관련이 없는 나머지 정보를 삭제·폐기·반환하지 아니한 채 그대로 보관하고 있다면 범죄 혐의사실과 관련이 없는 부분에 대하여는 압수의 대상이 되는 전자정보의 범위를 넘어서는 전자정보를 영장 없이 압수·수색하여 취득한 것이어서 위법하고, 사후에 법원으로부터 압수·수색영장이 발부되었다거나 피고인이나 변호인이 이를 증거로 함에 동의하였다고 하여 그 위법성이 치유된다고 볼 수 없다.[2]

압수된 정보의 상세목록에는 정보의 파일 명세가 특정되어 있어야 한다.[3] 다만 피의자신문 당시 직접 다른 범행에 관한 동영상을 토대로 범죄일람표 목록을 작성·제출한 경우, 실질적으로 전자정보 상세목록이 교부된 것과 다름이 없다.[4]

57

의 저장매체에 접속하여 저장된 전자정보를 압수·수색장소의 정보처리장치로 내려받거나 화면에 현출시키는 방법으로 압수할 때에는 영장에 기재된 압수·수색장소에서 압수·수색 대상 정보처리장치를 이용하여 원격지의 인터넷서비스 제공자가 허용한 피압수자의 해당 전자정보의 접근 및 처분권한과 일반적 접속절차에 기초하여 이루어진 것이므로 인터넷서비스 제공자의 의사에 반한다고 단정할 수 없으며(대법원 2017. 11. 9, 2017 도 9747), 영장 기재 피압수자 외에 추가적인 법익침해가 발생한다고 볼 수도 없으므로, 단순히 원격지 서버에 대한 압수·수색 취지가 기재되어 있지 않다고 해서 이를 허용하지 않는 것은 동의하기 어렵다.

1 이와 관련하여, 서울중앙지방법원은 2019년 2월 불법도박사이트 운영 혐의자에 대하여 압수한 휴대폰 또는 태블릿 등 통신기기의 잠금해제 용도로 제한하여 지문, 홍채정보 채취를 위한 압수·수색영장을 발부하였다고 한다(법률신문 2019. 12. 9.자 1면).

2 대법원 2022. 1. 14. 결정, 2021 모 1586.

3 대법원 2018. 2. 8, 2017 도 13263; 대법원 2022. 1. 14. 결정, 2021 모 1586.

4 대법원 2021. 11. 25, 2019 도 6730.

7. 통신사실 확인자료 제공요청[1]

(1) 통신사실 확인자료의 의의

58 통신사실 확인자료란 ① 가입자의 전기통신일시, ② 전기통신개시·종료시간, ③ 발·착신 통신번호 등 상대방의 가입자번호, ④ 사용도수, ⑤ 컴퓨터통신 또는 인터넷의 사용자가 전기통신역무를 이용한 사실에 관한 컴퓨터통신 또는 인터넷의 로그기록자료, ⑥ 정보통신망에 접속된 정보통신기기의 위치를 확인할 수 있는 발신기지국의 위치추적자료, ⑦ 컴퓨터통신 또는 인터넷의 사용자가 정보통신망에 접속하기 위하여 사용하는 정보통신기기의 위치를 확인할 수 있는 접속지의 추적자료를 말한다(통신비밀보호법 제2조 11호).

통신사실 확인자료는 컴퓨터와 통신의 발전에 따라 정보통신망 가입자 명의, IP 주소, 접속기록 및 전자우편을 활용하여 인적사항과 소재를 파악하는 방법으로 빈번히 활용되고 있고, 최근에는 휴대폰 실시간 위치추적 정보를 문자메시지로 전달받아 피의자의 검거 등에 자주 활용하고 있다.

(2) 통신사실 확인자료 제공요청

59 1) 요건과 절차 범죄수사 또는 형의 집행을 위하여 필요한 경우, 법원의 허가를 얻어 전기통신사업자에게 통신사실 확인자료의 열람이나 제출을 요청할 수 있다(동법 제13조 1항). 위 ⑥·⑦ 중 실시간 추적자료와 특정한 기지국에 대한 통신사실확인자료(통신제한조치 대상범죄 또는 전기통신을 수단으로 하는 범죄에 대한 자료 제외)는 다른 방법으로는 범죄의 실행을 저지하기 어렵거나 범인의 발견·확보 또는 증거의 수집·보전이 어려운 경우에만 열람·제출을 요청할 수 있다(동조 제2항).[2] 다만, 법원의 허가를 받을 수 없는 긴급한 사유가 있는 때에는 통신사실 확인자료제공을 요청한 후 지체 없이 그 허가를 받아 전기통신사업자에게 송부하여야 한다(동조 제3항). 통신사실 확인자료 제공요청은 제 3 자가 보관하고 있는 전자정보의 일종이라고 볼 수 있는데, 헌법재판소는 이에 관한 법원의 허가절차를 영장주의가 적용된 것으로 이해하고 있다.[3]

---

1 통신사실 확인자료 제공요청과 통신제한조치는 형사소송법상 압수·수색에 포함되지 않고, 통신비밀보호법에 의해서 별도로 규율되는 강제수사 유형이다. 그러나 미국에서는 수정 헌법 제 4 조의 수색(search) 법리가 여기에도 적용되며, 그 실질에 있어서는 개인정보의 압수·수색이라고 볼 수 있으므로 압수·수색과 함께 서술한다.

2 헌법재판소의 헌법불합치결정(헌재결 2018. 6. 28, 2012 헌마 191·538)에 따라 2019. 12. 31. 신설되었다.

3 헌재결 2018. 6. 28, 2012 헌마 191·538. 다만, 제 3 자가 보관한 정보에 대한 헌법상 영장주의의 적용을 선언하면서도 그 의미를 밝히지 않고 있어서 그 개념과 적용범위가 분명하지 않다.

2) **통신사실 확인자료의 사용범위와 관련성** 통신제한조치와 마찬가지로 통 60
신사실 확인자료 제공요청에 의하여 취득된 자료를 범죄의 수사·소추 또는 예방
을 위하여 사용하는 경우, 그 대상 범죄는 통신사실 확인자료 제공요청의 목적이
된 범죄나 이와 관련된 범죄에 한정된다(^{통법 제12조 1호,}_{제13조의 5}).[1]

3) **통신사실 확인자료 제공사실 통보** 통신사실 확인자료제공을 받은 사건에 61
관하여, ① 공소를 제기하거나, 공소의 제기 또는 입건을 하지 아니하는 처분
(^{기소중지결정·참고인중지결정}_{또는 수사중지 결정은 제외})을 한 경우는 그 처분을 한 날부터(^{일부 사건의 경우 수사처검사 또는}_{사법경찰관이 검사로부터 통보를}
_{받은} 30일 이내, ② 기소중지·참고인중지 또는 수사중지 결정을 한 경우는 그
_{날부터}
처분을 한 날부터(^{일부 사건의 경우 수사처검사 또는 사법}_{경찰관이 검사로부터 통보를 받은 날부터}) 1년(^{총 연장기간 3년 범}_{죄인 경우에는 3년})이 경과한 때
부터 30일 이내. ③ 수사가 진행 중인 경우는 통신사실 확인자료제공을 받은 날
부터 1년(^{총 연장기간 3년 범}_{죄인 경우에는 3년})이 경과한 때부터 30일 이내에 제공받은 사실과 제공요청
기관 및 그 기간 등을 서면으로 통지하여야 한다(^{동법 제13조}_{의 3 제 1 항}).[2] 통지의 유예 및 그
절차는 통신제한조치의 경우와 같다(^{동법 제 2 항·}_{제 3 항}).

8. 전기통신의 감청

(1) 감청의 의의와 성질

감청이란 수사기관이 타인의 대화를 본인의 부지 중에 청취하는 것을 말하 62
며, 도청이라고도 한다. 전화도청(wiretapping)과 전자도청(electronic eavesdropping,
bugging)이 포함된다. 통신비밀보호법은 감청을 「전기통신에 대하여 당사자의 동
의 없이 전자장치·기계장치 등을 사용하여 통신의 음향·문언·부호·영상을
청취·공독하여 그 내용을 지득 또는 채록하거나 전기통신의 송·수신을 방해하
는 것을 말한다」고 규정하고 있다(^{제 2 조}_{7호}). 감청은 현재 실시간으로 이루어지고 있
는 전기통신의 내용을 대상으로 한다.[3] 따라서 이미 수신이 완료된 전기통신에

---

1 대법원 2017. 1. 25, 2016 도 13489.
2 헌법재판소의 헌법불합치결정(헌재결 2018. 6. 28, 2012 헌마 191·538)에 따라 2019. 12. 31.
  개정되었다.
3 대법원 2016. 10. 13, 2016 도 8137. 대법원은 방송자가 인터넷을 도관 삼아 인터넷서비스제
  공업체 또는 온라인서비스제공자인 인터넷개인방송 플랫폼업체의 서버를 이용하여 실시간 또
  는 녹화된 형태로 음성, 영상물을 방송함으로써 불특정 혹은 다수인이 이를 수신·시청할 수
  있게 하는 인터넷개인방송은 그 성격이나 통신비밀보호법 제 2 조 3호, 7호, 제 3 조 1항, 제 4
  조에 비추어 전기통신에 해당하므로, 인터넷개인방송의 방송자가 비밀번호를 설정하는 등으
  로 비공개 조치를 취한 후 방송을 송출하는 경우에는, 방송자로부터 허가를 받지 못한 사람
  은 당해 인터넷개인방송의 당사자가 아닌 '제 3 자'에 해당하고, 이러한 제 3 자가 비공개 조치

관하여 남아 있는 기록이나 내용을 입수하기 위해서는 압수·수색영장에 의하여야 한다(동법 제9조의 2).[1] 인터넷 통신망을 통한 송·수신은 전기통신에 해당하므로 인터넷 통신망을 통하여 흐르는 전기신호 형태의 패킷(packet)을 중간에 확보하여 그 내용을 지득하는 이른바 패킷감청도 허용된다(동법 제12조의 2).[2]

63   감청은 종래 임의수사와 강제수사의 한계선에 있는 것으로 논의되었으나, 통신비밀보호법의 제정에 따라 강제수사로 자리매김하였다(동법 제3조). 즉 일정한 요건 아래 법원의 허가를 얻은 때에만 ① 우편물의 검열 또는 전기통신의 감청(이하, 통신제한조치라 한다)(동법 제5조 내지 제7조)을 할 수 있고, ② 통신사실 확인자료(동법 제2조 11호)의 제공을 요청할 수 있으며(동법 제13조, 제13조의 4), ③ 공개되지 아니한 타인 간의 대화를 녹음 또는 청취할 수 있게 되었다(동법 제14조). 불법감청에 의하여 지득 또는 채록된 전기통신의 내용은 재판 또는 징계절차에서 증거로 사용할 수 없다(동법 제4조).

(2) 범죄수사를 위한 통신제한조치

64   **1) 통신제한조치의 허가요건**   전기통신의 감청은 통신비밀보호법 제5조에 규정된 중범죄를 계획 또는 실행하고 있거나 실행하였다고 의심할 만한 충분한 이유가 있고 다른 방법으로는 그 범죄의 실행을 저지하거나 범인의 체포 또는 증거의 수집이 어려운 경우에 한하여 허가할 수 있다(동법 제5조 1항).[3]

65   **2) 통신제한조치의 청구**   범죄수사를 위하여 전기통신을 감청하기 위하여 검사는 통신제한조치를 받을 통신당사자의 쌍방 또는 일방의 주소지·소재지 등을 관할하는 지방법원 또는 지원에 통신제한조치를 허가하여 줄 것을 청구할 수 있다(동법 제6조 1항·3항). 청구서에는 필요한 통신제한조치의 종류·그 목적·대상·범위·기간·집행장소·방법 및 청구이유를 기재해야 하며 이에 대한 소명자료를 첨부해야 한다(동조 제4항).

가 된 인터넷개인방송을 비정상적인 방법으로 시청·녹화하는 것은 통신비밀보호법상의 감청에 해당할 수 있다고 한다(대법원 2022. 10. 27, 2022 도 9877).

1 대법원 2012. 7. 26, 2011 도 12407; 대법원 2013. 11. 28, 2010 도 12244; 대법원 2016. 10. 13, 2016 도 8137.

2 대법원 2012. 10. 11, 2012 도 7455. 이후 헌법재판소가 패킷감청의 필요성을 인정하면서도, 현행법상 집행 과정이나 그 이후에 객관적인 감독·통제 수단이나 감청자료의 처리 등을 확인할 수 있는 법적 장치가 제대로 마련되어 있지 않다는 이유로 헌법불합치결정(헌재결 2018. 8. 30, 2016 헌마 263)을 함에 따라 2020. 3. 24. 통신비밀보호법 개정으로 그 근거 및 취득자료 관리규정이 신설되었다.

3 통신제한조치에는 범죄수사 외에 국가안보를 위한 통신제한조치(동법 제7조)가 있다.

3) 통신제한조치의 허가와 내용   법원은 청구가 이유 있다고 인정하는 경우   66
에는 통신제한조치를 허가하고 이를 증명하는 서류를 청구인에게 발부한다($\substack{동조\\제5항}$).
통신제한조치의 기간은 2개월을 초과하지 못하고, 그 기간 중 통신제한조치의 목
적이 달성되었을 경우에는 즉시 종료하여야 한다. 다만, 허가요건이 존속하는 경
우에는 소명자료를 첨부하여 2개월의 범위 안에서 통신제한조치기간의 연장을
청구할 수 있다($\substack{동조\\제7항}$). 통신제한조치의 총 연장기간은 원칙적으로 1년을 초과할
수 없으며, 내란죄 등 일정한 국가적 법익침해 범죄의 경우 3년을 초과할 수 없
다($\substack{동조\\제8항}$). 법원은 통신제한조치 및 연장 청구가 이유없다고 인정하는 경우에는
청구를 기각하고 이를 청구인에게 통지한다($\substack{동조\\제9항}$).

4) 통신제한조치의 집행   통신제한조치는 청구한 검사나 신청한 사법경찰관   67
이 집행하거나 통신기관 등에 그 집행을 위탁할 수 있다($\substack{동법\\제9조 1항}$). 통신제한조치
는 허가서에 기재된 집행방법 등을 준수하여 집행한다. 수사기관이 통신기관 등
에 통신제한조치의 집행을 위탁하는 경우에는 집행에 필요한 설비를 제공하여야
한다($\substack{동법 시행령\\제21조 3항}$). 따라서 수사기관으로부터 통신제한조치의 집행을 위탁받은 통신
기관 등이 집행에 필요한 설비가 없을 때에는 수사기관에 설비의 제공을 요청하
여야 하고, 그러한 요청 없이 허가서에 기재된 사항을 준수하지 아니한 채 집행
하였다면, 그러한 집행으로 취득한 전기통신의 내용 등은 위법수집증거($\substack{제308조\\의 2}$)에
해당한다.[1]

5) 통신제한조치로 취득한 자료의 사용범위와 관련성   통신제한조치의 집행으   68
로 취득한 자료를 범죄의 수사·소추 또는 예방을 위하여 사용하는 경우, 그 대
상범죄는 목적이 된 범죄나 이와 관련된 범죄로 한정된다($\substack{동법 제\\12조 1호}$).[2] 대법원은 '관
련된 범죄'는 객관적 관련성과 인적 관련성이 인정되는 범죄라고 하면서, 객관적
관련성은 허가서에 기재된 혐의사실 자체 또는 그와 기본적 사실관계가 동일한
범행과 직접 관련되어 있는 경우는 물론 범행 동기와 경위, 범행 수단 및 방법,
범행 시간과 장소 등을 증명하기 위한 간접증거나 정황증거 등으로 사용될 수 있
는 경우에도 인정될 수 있으나, 구체적·개별적 연관관계가 있어야 하므로 혐의
사실과 단순히 동종 또는 유사 범행이라는 사유만으로 관련성이 있다고 할 수는
없고, 인적 관련성은 허가서에 기재된 대상자의 공동정범이나 교사범 등 공범이
나 간접정범은 물론 필요적 공범 등에 대한 피고사건에 대해서도 인정될 수 있다

---

1 대법원 2016. 10. 13, 2016 도 8137.

2 대법원 2014. 10. 17, 2014 도 2121.

고 판시하였다.[1] 이후 대법원은 압수·수색에서의 '관련성'에 대해서도 같은 의미로 판시하였다.[2] 그러나 전자는 이미 적법하게 취득한 자료의 범죄 수사 등에의 사용에 관한 것인 반면, 후자는 그 이전 단계인 자료의 취득에 관한 것으로서 서로 차원이 다르다.[3] 따라서 해석론, 입법론상 이미 적법하게 취득한 자료의 사용범위는 조금 더 넓게 인정하는 것이 바람직할 것이다.

69   6) 통신제한조치의 집행사실 통보   통신제한조치를 집행한 사건에 관하여, ① 검사($\binom{수사처 공소제기대상 범죄에}{관하여는 수사처검사도 포함}$)는 공소를 제기하거나 공소의 제기 또는 입건을 하지 아니하는 처분($\binom{기소중지결정·참고}{인중지결정은 제외}$)을 한 때에는 그 처분을 한 날부터 30일 이내에($\binom{동법 제9조의2}{제1항 본문}$), ② 수사처검사는 서울중앙지방검찰청 소속 검사에게 송부한 사건에 관하여 처분 검사로부터 위 처분의 통지를 받은 날부터 30일 이내에($\binom{동항}{단서}$), ③ 사법경찰관은 검사로부터 위 처분의 통보를 받거나 검찰송치를 하지 아니하는 처분($\binom{수사중지}{결정은 제외}$) 또는 내사사건에 관하여 입건하지 아니하는 처분을 한 날부터 30일 이내에($\binom{동조}{제2항}$), 우편물 검열의 경우에는 그 대상자에게, 감청의 경우에는 그 대상이 된 전기통신의 가입자에게 각 통신제한조치를 집행한 사실과 집행기관 및 그 기간 등을 서면 통지하여야 한다.[4] 다만, 이를 통지할 경우 국가의 안전보장·공공의 안녕질서를 위태롭게 할 현저한 우려가 있거나 사람의 생명·신체에 중대한 위험을 초래할 염려가 현저한 때에는 그 사유가 해소될 때까지 통지를 유예할 수 있다($\binom{동조}{제4항}$). 검사 또는 사법경찰관이 통지를 유예하려는 경우에는 소명자료를 첨부하여 미리 관할 지방검찰청 검사장의 승인을 받아야 하고, 수사처검사는 미리 수사처장의 승인을 받아야 한다($\binom{동조}{제5항}$).

70   7) 긴급통신제한조치   법원의 허가나 대통령의 승인에 의한 감청 이외에 긴급통신제한조치도 인정되고 있다. 즉 검사와 사법경찰관이 범죄수사를 위한 감청이 필요하고 법원의 허가를 받을 수 없는 긴급한 사정이 있거나 정보수사기관의 장이 대통령의 승인을 얻을 여유가 없는 때에는 소속장관의 승인을 얻어 통신제한조치를 할 수 있다. 이 경우에는 통신제한조치를 집행한 때로부터 36시간 이내에 법원의 허가 또는 대통령의 승인을 얻어야 한다($\binom{동법}{제8조}$).

---

1 대법원 2017. 1. 25, 2016 도 13489(통신사실 확인자료).

2 대법원 2017. 12. 5, 2017 도 13458.

3 이주원 203면.

4 송·수신이 완료된 전기통신에 대하여 압수·수색·검증을 집행한 경우에도 수사대상이 된 가입자에게 집행사실을 통지하여야 한다(동법 제 9 조의 3).

8) 동의에 의한 감청   통화에 원래부터 참여하지 않은 제 3 자가 법원의 허   71
가 없이 일반 공중이 알 수 있도록 공개되지 아니한 타인 간의 발언을 녹음·청
취하는 것은 위법하다.[1] 그러나 통화의 일방당사자의 동의가 있는 경우에는 법
원의 허가를 받지 아니한 경우에도 감청이 허용된다. 일방당사자의 동의로 통화
의 비밀성이 인정되지 않기 때문이다. 피해자의 의뢰에 의하여 전화의 발신장소
를 탐지하기 위하여 행하는 전화의 역탐지도 허용된다고 해야 한다.

> 판례는 제 3 자가 당사자 일방만의 동의를 받고 통화내용을 녹음하는 것은 감청에 해
> 당되어 위법하다고 판시하였다.[2] 그러나 통화의 당사자 일방이 통화내용을 녹음하
> 는 것은 감청 자체에 해당하지 않고,[3] 3인 간의 대화에 있어서 그중 한 사람이 그
> 대화를 녹음하는 경우에는 다른 두 사람의 발언은 그 녹음자에 대한 관계에서 '타인
> 간의 대화'라고 할 수 없으므로 통신비밀보호법 제3조 1항에 위배된다고 볼 수는 없
> 다[4]고 판시하였다.

Ⅲ. 수사상의 검증

1. 수사기관의 검증

검증이란 사람, 장소, 물건의 성질·형상을 오관의 작용에 의하여 인식하는   72
강제처분을 말한다. 검증에도 법원의 검증과 수사기관이 하는 검증이 있다. 법원
의 검증은 증거조사의 일종으로 영장을 요하지 않는다($\frac{제139}{조}$). 이에 반하여 수사기
관의 검증은 증거를 수집·보전하기 위한 강제처분에 속하며, 따라서 원칙적으로
법관의 영장에 의하지 않으면 안 된다($\frac{제215}{조}$). 형사소송법은 수사기관의 검증에 관
하여는 압수·수색과 같이 규정하면서 법원의 검증에 관한 규정을 준용하고 있다
($\frac{제219}{조}$). 검증에도 영장에 의한 검증과 영장에 의하지 않는 검증이 있다. 검증영장
의 청구, 영장의 기재사항, 영장의 집행방법 등 검증의 절차는 압수·수색의 경
우와 같다. 영장에 의하지 않는 검증도 긴급압수·수색에서 본 바와 같다. 다만,
검증을 함에는 신체의 검사, 사체의 해부, 분묘의 발굴, 물건의 파괴 기타 필요한

---

1 대법원 2016. 5. 12, 2013 도 15616.
2 대법원 2002. 10. 8, 2002 도 123; 대법원 2010. 10. 4, 2010 도 9016; 대법원 2019. 3. 14, 2015 도 1900.
3 대법원 2008. 10. 23, 2008 도 1237.
4 대법원 2006. 10. 12, 2006 도 4981; 대법원 2014. 5. 16, 2013 도 16404.

처분을 할 수 있다(제219조,). 시체의 해부 또는 분묘의 발굴을 하는 때에는 예(禮)
에 어긋나지 아니하도록 주의하고 미리 유족에게 통지하여야 한다(제219조, 제141조 4항).

　　한편 수사기관이 당사자의 동의를 얻거나 임의로 범죄의 현장 그 밖의 장소
에서 실황을 조사하는 실황조사(검사규 제51조, 경찰수사규칙 제41조)는 실질적으로 검증과 그 성질이
같지만, 임의수사로 허용된다.

　　검증과 관련하여서는 특히 신체검사의 한계가 문제된다.

2. 신체검사

(1) 신체검사의 성질

73　　신체검사는 신체 자체를 검사의 대상으로 하는 점에서 신체외부와 착의에
대한 증거물의 수색인 신체수색과 구별된다. 따라서 신체검사는 원칙적으로 검증
으로서의 성질을 가진다.[1] 다만, 검증은 장소·물건 또는 사람의 형상을 오관의
작용에 의하여 감지하는 강제처분이므로 신체검사에는 검증으로서의 신체검사
이외에 전문적 지식과 경험을 요하는 감정으로서의 신체검사가 있을 수 있다. 혈
액채취나 X선촬영 등이 여기에 해당한다.

　　신체검사에 있어서는 검사를 받는 사람의 성별, 나이, 건강상태, 그 밖의 사
정을 고려하여 그 사람의 건강과 명예를 해하지 아니하도록 주의하여야 하며, 피
고인 아닌 사람의 신체검사는 증거가 될 만한 흔적을 확인할 수 있는 현저한 사
유가 있는 경우에만 할 수 있다(제219조, 제141조 1항·2항). 여자의 신체를 검사하는 경우에는
의사나 성년 여자를 참여하게 하여야 한다(제219조, 제141조 3항).

(2) 영장을 요하지 않는 신체검사

74　　형사소송법 제216조와 제217조에 의하여 구속과 체포현장에서 신체검사를
영장 없이 할 수 있다는 점에 대하여는 의문이 없다. 따라서 체포 또는 구속된
피의자에 대하여 지문 또는 족형을 채취하고 신장과 체중 또는 흉위를 측정하는
것도 영장 없이 할 수 있다.

　　일본 형사소송법은 이에 대한 명문의 규정(제218조 2항)을 두고 있는데, 이는 신체를 구속
하는 처분에 실질적으로 포함된 피의자를 특정하기 위한 처분이므로 당연히 허용된
다고 해석된다. 미국에서도 피의자의 특정을 위한 신체검사가 허용되고 있다.[2]

1　Peters S. 447; Roxin S. 273.

2　LaFave-Israel-King p. 183.

(3) 체내신체검사의 한계

　　신체검사의 한계는 주로 체내신체검사가 허용되는가를 중심으로 문제되고　　75
있다. 체내강제수사는 피검사자의 건강을 해하지 않는 범위에서 허용된다고 해야
한다. 피검사자의 건강을 장기간에 걸쳐 현저히 침해하는 강제처분은 인간의 존
엄을 침해하는 것이기 때문이다.[1] 예컨대 증거물을 찾기 위한 외과수술은 어떤
경우에도 허용될 수 없다.

　　신체내부 예컨대 질내·구강내·항문내의 수색은 압수·수색과 검증영장에　　76
의하여 행할 수 있다. 그러나 신체에 대한 침해를 내용으로 하는 강제처분은 전
문가의 지식을 필요로 하는 감정의 절차에 따라야 한다. 뿐만 아니라 이 경우에
는 반드시 의사에 의하여 실행될 것을 요한다. 강제채혈[2]이나 X선촬영의 경우가
여기에 해당한다. 문제는 연하물(嚥下物)의 강제배출과 강제채뇨[3]가 허용될 수
있는가에 있다. 미국의 판례는 구토제에 의한 연하물의 강제배출은 양심에 대한
충격이며 적정절차의 위반이라고 판시한 바 있다.[4] 그러나 강제수사의 필요성이
현저하고, 의사에 의하여 정당한 방법으로 실행되고, 피검사자의 건강을 침해하
지 않는 범위에서는 영장에 의하여 강제로 할 수 있다.[5] 그 경우 영장의 종류에
대하여 판례는 감정허가장이나 압수·수색영장에 의하여 할 수 있다고 하고,[6]
실무에서는 압수·수색영장으로 하고 있는데, 압수·수색과 감정의 절차에 따라
이를 행할 수 있다고 해석하는 것이 타당하다.[7] 이때 압수·수색영장의 집행에

1　Meyer–Goßner § 81 a, Rn. 17; Pelchen KK § 81 a, Rn. 6; Pfeiffer § 81 a, Rn. 5; Roxin S. 275.

2　대법원은 강제적인 혈액의 취득·보관은 ① 감정처분허가장을 받아 감정에 필요한 처분으로 하거나, ② 압수·수색영장의 집행에 있어 필요한 처분으로 할 수 있다고 판시하고 있다(대법원 2012. 11. 15, 2011 도 15258).

3　강제채뇨는 임의로 소변을 제출하지 않는 경우 강제력을 사용해서 도뇨관(catheter)을 요도를 통하여 방광에 삽입한 뒤 체내에 있는 소변을 배출시켜 소변을 취득·보관하는 행위이다(대법원 2018. 7. 12, 2018 도 6219).

4　Rochin v. California, 342 U.S. 165(1952).

5　대법원 2018. 7. 12, 2018 도 6219, 「피의자에게 범죄 혐의가 있고 그 범죄가 중대한지, 소변성분 분석을 통해서 범죄 혐의를 밝힐 수 있는지, 범죄 증거를 수집하기 위하여 피의자의 신체에서 소변을 확보하는 것이 필요한 것인지, 채뇨가 아닌 다른 수단으로는 증명이 곤란한 지 등을 고려하여 범죄 수사를 위해서 강제 채뇨가 부득이하다고 인정되는 경우에 최후의 수단으로 적법한 절차에 따라 허용된다고 보아야 한다. 이때 의사, 간호사, 그 밖의 숙련된 의료인 등으로 하여금 소변 채취에 적합한 의료장비와 시설을 갖춘 곳에서 피의자의 신체와 건강을 해칠 위험이 적고 피의자의 굴욕감 등을 최소화하는 방법으로 소변을 채취하여야 한다.」

6　대법원 2018. 7. 12, 2018 도 6219.

7　백형구 124면; 이영란 347면.

필요한 처분($^{제219조,}_{제120조 1항}$)이나 감정에 필요한 처분($^{제221조의4 제1항,}_{제173조 1항}$)으로 병원 등 적합한 장소로 데려가기 위한 필요·최소한의 유형력을 행사할 수 있다.[1]

Ⅳ. 수사상의 감정유치

1. 감정유치의 의의

77　　수사기관이 수사를 위하여 필요한 때에는 감정을 위촉할 수 있다($^{제221조}_{2항}$). 감정은 특수한 지식·경험을 가진 제3자가 그 지식·경험에 의하여 알 수 있는 법칙 또는 그 법칙을 적용하여 얻은 판단을 보고하는 것을 말하고, 감정을 위촉받은 자를 감정수탁자라고 한다. 수사기관의 감정위촉에 의한 감정은 임의수사이지만,[2] 충분한 결과를 얻기 위하여 강제력을 동원할 필요가 있는 경우가 있다. 이처럼 피고인 또는 피의자의 정신 또는 신체를 감정하기 위하여 일정한 기간 동안 병원 기타 적당한 장소에 피고인 또는 피의자를 유치하는 강제처분을 감정유치라고 한다($^{제172조 3항,}_{제221조의3}$). 검사는 감정을 위촉하는 경우에 감정유치가 필요한 때에는 판사에게 감정유치를 청구하여야 하는데($^{제221조의}_{3 제1항}$), 이를 수사상의 감정유치라고 한다. 수사상의 감정유치는 검사의 청구에 의하여 판사가 발부하는 감정유치장의 집행이라는 형식으로 행하여진다. 감정유치가 감정이라는 특수한 목적을 위한 신체의 자유에 대한 구속을 의미하므로 판사가 발부하는 영장을 필요로 하는 것이다.

2. 감정유치의 대상과 요건

(1) 감정유치의 대상

78　　수사상의 감정유치는 피의자를 대상으로 한다. 피의자인 이상 구속 중임을 요하지 않는다. 따라서 피의자가 아닌 제3자에 대하여 감정유치를 청구할 수 없다는 점에는 의문이 없다.

　　문제는 검사가 피고인에 대하여도 감정유치를 청구할 수 있는가에 있다. 그러나 수사기관의 감정유치는 공소제기를 결정하기 위하여 필요한 것이므로 공소제기 후에는 인정할 필요가 없을 뿐만 아니라, 피고인에 대하여 수사상의 감정유치를 인정하는 것은 피고인의 지위와 일치하지 않는다고 할 것이므로 피고인은

1　대법원 2018. 7. 12, 2018 도 6219.
2　대법원 2011. 5. 26, 2011 도 1902.

포함되지 않는다고 해석해야 한다.

(2) 감정유치의 요건

감정유치를 청구함에 있어서는 감정유치의 필요성이 인정될 것을 요한다.   79
감정유치의 필요성은 정신 또는 신체의 감정을 위하여 계속적인 유치와 관찰이
필요한 때에 인정된다. 따라서 피의자를 유치하지 않아도 병원에 통원함에 의하
여 감정할 수 있는 때에는 감정유치를 청구할 수 없다.

감정유치의 필요성은 구속의 필요성과는 구별된다. 따라서 감정유치를 함에
있어서 구속사유가 있을 것은 요하지 않는다. 문제는 범죄에 대한 혐의를 요건으
로 하는가에 있다. 감정유치는 피의자에 대하여만 인정되고 감정유치도 유치라고
하는 실질에 비추어 범죄의 혐의는 필요하다고 해야 한다.

3. 감정유치의 절차

수사상의 감정유치의 절차는 검사의 청구를 요건으로 하는 이외에는 법원의
감정유치에 관한 규정이 준용된다(제221조의 3 제 2 항, 제172조, 제172조의 2).

(1) 감정유치의 청구

감정유치의 청구권자는 검사에 한한다(제221조의 3 제 1 항). 따라서 감정유치의 청구에   80
대한 필요성은 종국적으로 검사가 판단하여야 한다.

감정유치의 청구는 감정유치청구서에 의한다.

감정유치청구서에는 ① 피의자의 성명·주민등록번호 등·직업·주거, 피의자에게
변호인이 있는 때에는 그 성명, 죄명 및 범죄사실의 요지, 7일을 넘는 유효기간을 필
요로 할 때에는 그 취지와 사유, 여러 통의 영장을 청구하는 때에는 그 취지와 사유,
② 유치할 장소 및 유치기간, ③ 감정의 목적 및 이유, ④ 감정인의 성명, 직업을 기
재하여야 한다(규칙 제113조).

(2) 감정유치장의 발부

판사는 청구가 상당하다고 인정할 때에는 유치처분을 하여야 한다(제221조의 3 제 2 항).   81
유치처분을 하여야 한다는 것은 감정유치장을 발부한다는 것을 의미한다(제172조 4항).
감정유치장에는 피의자의 성명, 주민등록번호, 직업, 주거, 죄명, 범죄사실의 요
지, 유치할 장소, 유치기간, 감정의 목적 및 유효기간과 그 기간 경과 후에는 집
행에 착수하지 못하고 영장을 반환하여야 한다는 취지를 기재하고 판사가 서명날

인하여야 한다($^{규칙 제}_{85조 1항}$). 수사상의 감정유치의 경우에 감정유치장은 명령장의 성질을 가진다고 해석하는 견해[1]도 있다. 법원의 감정유치에 있어서 감정유치장이 명령장임을 부정할 수 없다. 그러나 피의자에 대한 감정유치는 수사기관의 강제수사에 속하므로 허가장이라고 해석하는 것이 타당하다고 생각된다.

청구서에 기재된 유치기간이 장기라고 인정될 때에는 법원은 상당한 기간으로 단축하여 감정유치장을 발부할 수 있다. 감정유치를 기각하는 결정에 대하여는 물론, 감정유치장의 발부에 대한 피의자의 준항고도 허용되지 않는다.

(3) 감정유치장의 집행

82   감정유치장의 집행에 관하여는 구속영장의 집행에 관한 규정이 준용된다($^{제221조의3 제2항;}_{제172조 7항}$). 검사 또는 유치장소의 관리자가 간수의 필요가 있다고 인정할 때에는 검사는 유치의 청구와 동시 또는 별도로 판사에 대하여 간수명령을 청구할 수 있다. 판사가 직권으로 간수명령을 발하는 것도 가능하다($^{제172조}_{제5항}$).

(4) 유치기간과 장소의 변경

83   감정유치에 필요한 유치기간에는 제한이 없다. 수사상의 감정유치에 있어서 감정유치장의 유치기간을 연장할 때에는 검사의 청구에 의하여 판사가 결정하여야 한다($^{동조}_{제6항}$). 수사기관이 유치기간의 만료 전에 피의자를 석방할 수 있는가가 문제된다. 감정유치에 관하여는 구속에 관한 규정이 적용되므로 검사가 감정유치를 계속할 필요가 없다고 인정한 때에는 석방할 수 있다고 해석하는 것이 타당하다.

감정유치의 유치장소는 병원 기타 적당한 장소이다. 기타 장소에 관하여 특별한 제한은 없으나 시설면에서 계호가 가능한 장소임을 요한다고 하겠다. 감정유치에 있어서 유치장소는 유치의 필요성을 판단하는 중요한 요소이므로 유치장소의 변경을 위하여는 검사가 판사에게 청구하여 결정을 받을 것을 요한다고 해야 한다.

4. 감정유치와 구속

84   감정유치는 감정을 목적으로 하는 것이라 할지라도 실질적으로는 구속에 해당하므로 유치에 관하여는 구속에 관한 규정이 준용된다($^{동조}_{제7항}$). 따라서 미결구금일수의 산입에 있어서 유치기간은 구속으로 간주한다($^{동조}_{제8항}$).

---

1 신동운 461면; 차용석/최용성 268면.

구속 중인 피의자에 대하여 감정유치장이 집행되었을 때에는 유치되어 있는 기간 동안 구속은 그 집행이 정지된 것으로 간주한다($^{제221조의 3\ 제 2 항,}_{제172조의 2\ 제 1 항}$). 따라서 감정유치기간은 구속기간에는 포함되지 않는다. 감정유치 중의 피의자신문은 감정에 지장을 초래하지 않는 범위에서 허용된다고 해야 한다.

감정유치처분이 취소되거나 유치기간이 만료된 때에는 구속의 집행정지가 취소된 것으로 간주한다($^{제172조의}_{2\ 제 2 항}$).

5. 감정에 필요한 처분

수사기관으로부터 감정의 위촉을 받은 자는 감정에 관하여 필요한 때에는   85 판사의 허가를 얻어 타인의 주거, 간수자 있는 가옥 · 건조물 · 항공기 · 선차 내에 들어갈 수 있고 신체의 검사, 사체의 해부, 분묘의 발굴, 물건의 파괴 등 필요한 처분을 할 수 있다($^{제221조의}_{4\ 제 1 항}$). 필요한 처분에 대한 허가는 검사가 청구하여야 하며($^{동조}_{제 2 항}$), 판사는 청구가 상당하다고 인정한 때에는 허가장을 발부하여야 한다($^{동조}_{제 3 항}$). 이를 감정처분허가장이라고 한다.

제 3 절   수사상의 증거보전   § 15

수사상의 증거보전이란 수사절차에서 판사가 증거조사 또는 증인신문을 하   1 여 그 결과를 보전하는 것을 말한다. 증거조사는 공판정에서 수소법원에 의하여 행하여지는 것이 원칙이다. 그러나 공판정에서의 정상적인 증거조사가 있을 때까지 기다려서는 증거방법의 사용이 불가능하거나 곤란한 경우 또는 참고인이 출석이나 진술을 거부하는 경우에는 수사절차에서도 판사의 힘을 빌려 증거조사나 증인신문을 함으로써 증거를 보전할 수 있게 된다. 증거보전($^{제184}_{조}$)과 증인신문의 청구($^{제221조}_{의2}$)가 여기에 해당한다. 증거보전절차에서 판사는 압수 · 수색 · 검증 또는 증인신문을 할 수 있고, 증인신문의 청구에 의하여 참고인에 대한 증인신문이 행하여진다. 판사에 의한 압수 · 수색 · 검증은 물론 참고인을 증인으로 신문할 때에는 증인으로서의 출석과 증언의 의무가 발생하므로 수사절차에서 판사에게 강제처분을 청구하는 경우라고 하기도 한다. 다만, 이러한 증거보전은 수사절차에서만 인정되는 것이 아니라 제 1 회 공판기일 전까지의 공판절차에서도 인정됨을 주의하여야 한다.

Ⅰ. 증거보전

1. 증거보전의 의의

(1) 증거보전절차의 의의

2   증거보전이란 공판정에서의 정상적인 증거조사가 있을 때까지 기다려서는 증거방법의 사용이 불가능하거나 현저히 곤란하게 될 염려가 있는 경우에 검사·피고인·피의자 또는 변호인의 청구에 의하여 판사가 미리 증거조사를 하여 그 결과를 보전하여 두는 제도를 말한다.

수사기관이 행하는 수사도 증거를 수집·보전하는 절차라는 의미에서는 일종의 증거보전으로서의 성격을 가지고 있다. 그러나 증거보전절차는 수사기관이 아닌 판사가 행하고, 증거를 보전하지 않으면 사용이 곤란한 사정이 있을 것을 요건으로 한다는 점에서 수사와는 성격을 달리한다. 또한 증거보전절차는 제 1 회 공판기일 전에 한하여 행하여지고 수소법원 이외의 판사가 주체가 된다는 점에서 증거조사절차와 구별된다.

(2) 증거보전절차의 취지와 성질

3   증거보전절차는 제 1 회 공판기일 전에 한하여 인정되는 절차라는 점에서 주로 수사단계에서의 증거를 수집·보전하는 절차라고 할 수 있다. 수사단계에 있어서 수사기관인 검사에게는 증거를 수집·보전하기 위한 여러 가지 강제처분의 권한이 인정되고 있다. 그러나 형사소송법은 피의자에 대하여는 강제처분권을 인정하지 않고 있다. 공소가 제기된 후라고 할지라도 제 1 회 공판기일 전까지는 피고인의 본격적인 입증활동은 불가능하다. 물론 공익의 대표자인 검사는 피고인에게 불이익한 증거뿐만 아니라 이익되는 증거도 조사하여야 한다. 그러나 객관적 관청이면서도 동시에 피고인에 대한 반대당사자인 검사에게 피고인에게 이익되는 증거까지 충분히 수집할 것을 기대할 수는 없다. 여기서 증거보전의 필요가 있는 경우에는 검사뿐만 아니라 피의자와 피고인에게도 유리한 증거를 수집·보전할 수 있는 길을 열어줄 필요가 있다. 그러나 강제처분권이 인정되지 않는 피

의자와 피고인이 증거를 보전함에는 법원의 힘을 빌리지 않을 수 없다. 이러한 의미에서 증거보전절차는 검사뿐만 아니라 피의자와 피고인이 판사에 대하여 강제처분을 청구하여 이에 의하여 판사가 강제처분을 행하는 절차를 말한다고 할 수 있다.

> 증거보전절차는 주로 피의자 또는 피고인에게 유리한 증거를 수집·보전하기 위한   4
> 강제처분이다. 이는 수사절차의 소송구조화를 위한 구체적 표현이며,[1] 당사자주의
> 를 강화하기 위한 제도[2]라고 설명되고 있다. 그러나 증거보전은 주로 피의자의 유
> 리한 증거에 대한 수집·보전권을 보장하기 위한 것이며, 수사절차에 당사자주의가
> 실현될 수 없다는 점에서 볼 때 피의자 또는 피고인의 지위강화를 통하여 공정한 재
> 판의 이념을 실현하기 위한 제도라고 이해하는 것이 타당하다.

2. 증거보전의 요건

증거보전은 미리 증거를 보전하지 않으면 그 증거를 사용하기 곤란한 사정   5
이 있는 때에 제 1 회 공판기일 전에 한하여 인정된다.

(1) 증거보전의 필요성

증거보전을 위하여는 증거를 보전하지 않으면 증거의 사용이 곤란할 것, 즉   6
증거보전의 필요성이 인정되어야 한다($\binom{제184조}{1항}$). 증거의 사용곤란에는 그 증거의 증
거조사가 곤란한 경우뿐만 아니라 증명력에 변화가 있는 경우도 포함된다. 따라
서 물증·서증에 대하여는 멸실·분산·은닉 또는 성상의 변경이 있는 경우, 증
인에 대하여는 증인의 사망·해외여행의 경우뿐만 아니라 증언불능이나 진술변
경의 경우도 여기에 해당한다. 검증에 있어서는 현장 또는 원상의 보존이 불가능
한 경우, 감정에 대하여는 감정대상의 멸실·훼손·변경 이외에 감정인을 증인으
로 신문할 수 없는 경우도 포함된다.

(2) 제 1 회 공판기일 전

증거보전은 제 1 회 공판기일 전에 한하여 할 수 있다. 제 1 회 공판기일 후   7
에는 수소법원에서의 증거조사가 가능하므로 증거보전의 필요가 없기 때문이다.
제 1 회 공판기일 전인 이상 공소제기의 전후는 불문한다. 제 1 회 공판기일 전에
청구가 있으면 기일 이후에 증거보전절차가 행하여져도 좋은가가 문제된다. 그러

---

1   김기두 194면.
2   강구진 231면; 서일교 269면.

나 증거보전절차와 공판중심주의의 취지에 비추어 제 1 회 공판기일 이후에 공판
절차와 증거보전절차의 병행을 인정하는 것은 타당하다고 할 수 없다.[1]

8   제 1 회 공판기일이란 수소법원에서의 증거조사가 가능한 단계를 의미한다.
형사소송법은 증거조사의 시기를 제287조의 규정에 의한 절차(재판장의 쟁점정리 및 검사·변호인의 증거관계 등에 대한 진술)가 끝난 후에 실시한다고 규정하고 있다(제290조). 따라서 제 1 회 공판기일
전이란 모두절차가 끝난 때까지를 의미한다고 해야 한다. 증거보전은 항소심이나
재심에서는[2] 허용되지 않는다.

3. 증거보전의 절차

(1) 증거보전의 청구

9   1) 청구권자   증거보전의 청구권자는 검사·피고인·피의자 또는 변호인이
다. 검사는 제 1 회 공판기일 전에 증인신문을 청구할 수 있음에도 불구하고(제221조의 2)
검사에게 증거보전의 청구권을 인정한 것은 입법론상 부당하다는 견해[3]도 있다.
일본 형사소송법은 피고인 또는 피의자에게(제179조), 독일 형사소송법은 피의자에
대하여만 증거보전청구권을 인정하고 있다(제166조). 피고인은 공소제기 후 제 1 회
공판기일 이전의 피고인을 말한다. 피의자란 수사기관이 특정범죄의 범인으로 수
사의 대상으로 한 것이 수사기관의 활동에 의하여 객관적으로 표시된 자를 말한
다. 따라서 형사입건되기 전의 자는 피의자가 아니므로 증거보전을 청구할 수 없
다.[4] 변호인의 청구권은 독립대리권에 속한다.

10   2) 청구의 방식   증거보전을 청구함에는 서면으로 그 사유를 소명하여야 한
다(제184조 3항). 즉 증거보전청구서에는 ① 사건의 개요, ② 증명할 사실, ③ 증거 및
보전의 방법, ④ 증거보전을 필요로 하는 사유를 기재하여야 한다(규칙 제92조).

증거보전의 청구는 수소법원에 대하여 청구하는 것이 아니라, ① 압수할 물건의 소
재지, ② 수색 또는 검증할 장소·신체 또는 물건의 소재지, ③ 증인의 주거지 또는
현재지, ④ 감정대상의 소재지 또는 현재지를 관할하는 지방법원판사에게 하여야 한
다(규칙 제91조).

---

1 백형구 강의, 418면; 신동운 468면.
2 대법원 1984. 3. 29. 결정, 84 모 15.
3 강구진 231면.
4 대법원 1979. 6. 12, 79 도 792.

3) **청구의 내용**　　　증거보전을 청구할 수 있는 것은 압수·수색·검증·증인　　11
신문 또는 감정이다. 따라서 증거보전절차에서 피의자 또는 피고인의 신문을 청
구할 수는 없다.[1] 그러나 공동피고인 또는 공범자를 증거보전절차에서 증인으로
신문하는 것은 허용된다고 해야 한다.[2]

(2) 증거보전의 처분

1) **지방법원판사의 결정**　　　청구를 받은 판사는 청구가 적법하고 필요성이 있　　12
다고 인정할 때에는 증거보전을 하여야 한다. 이 경우에는 청구에 대한 재판은
요하지 않는다. 그러나 청구가 부적법하거나 필요 없다고 인정할 때에는 청구를
기각하는 결정을 하여야 한다. 증거보전의 청구를 기각하는 결정에 대하여는 3일
이내에 항고할 수 있다($\frac{제184조}{4항}$).

2) **판사의 권한**　　　증거보전의 청구를 받은 판사는 법원 또는 재판장과 동일　　13
한 권한이 있다($\frac{동조}{제2항}$). 따라서 판사는 증인신문의 전제가 되는 소환·구인을 할
수 있고, 법원 또는 재판장이 행하는 경우와 같이 압수·수색·검증·증인신문
및 감정에 관한 규정이 준용된다. 그러므로 증인신문에 있어서는 검사 또는 피고
인이나 피의자의 참여권이 보장되어야 한다.

4. 증거보전 후의 절차

(1) 증거물의 열람·등사권

증거보전에 의하여 압수한 물건 또는 작성한 조서는 증거보전을 한 판사가　　14
소속한 법원에서 보관한다. 검사·피고인·피의자 또는 변호인은 판사의 허가를
얻어 그 서류와 증거물을 열람 또는 등사할 수 있다($\frac{제185}{조}$). 피고인에는 증거보전
을 청구한 피고인뿐만 아니라 공동피고인도 포함된다. 변호인에도 공동피고인의
변호인이 포함된다. 그러나 공동피의자는 피고인이 된 때에 비로소 열람·등사권
이 인정된다고 해야 한다. 열람·등사를 청구할 수 있는 시기에는 제한이 없다.
반드시 제 1 회 공판기일 전임을 요하지 않는다.

(2) 증거보전절차에서 작성된 조서의 증거능력

증거보전절차에서 작성된 조서는 법원 또는 법관의 조서로서 당연히 증거능　　15
력이 인정된다. 그러나 검사·피고인 또는 변호인이 이를 증거로 이용하기 위하

1　대법원 1968. 12. 3, 68 도 1458; 대법원 1972. 11. 28, 72 도 2104.
2　대법원 1966. 5. 17, 66 도 276.

여는 수소법원에 그 증거조사를 청구하여야 하며, 수소법원은 증거보전을 한 법원에서 기록을 송부받아 증거조사를 하여야 한다. 증거보전절차에서 피의자와 변호인에게 참여의 기회를 주지 않았거나,[1] 비공개결정 없이 비공개로 증인신문한 때에는[2] 증인신문조서의 증거능력을 부정하지 않을 수 없다.

Ⅱ. 증인신문의 청구

1. 증인신문의 청구의 의의

16   증인신문의 청구란 참고인이 출석 또는 진술을 거부하는 경우에 제 1 회 공판기일 전까지 검사의 청구에 의하여 판사가 그를 증인으로 신문하는 진술증거의 수집과 보전을 위한 대인적 강제처분을 말한다. 수소법원이 아닌 판사에 의한 참고인에 대한 증인신문이라는 점에서 수소법원의 증인신문과 구별된다. 증거의 수집과 보전을 목적으로 하는 판사에 의한 강제처분이라는 점에서는 증거보전과 유사하다. 그러나 증인신문의 청구는 청구권자가 검사에 제한되어 있을 뿐만 아니라 청구의 요건과 내용에 있어서도 증거보전과는 다르다.

17   수사기관인 검사와 사법경찰관은 참고인에게 출석을 요구하여 진술을 들을 수 있다($\frac{제221조}{1항}$). 그러나 참고인조사는 임의수사이므로 참고인은 출석과 진술의 의무가 없다. 물론 참고인은 수사에 대한 협조자에 지나지 않으므로 그 출석과 진술을 강제하는 것은 적합하지 못하다. 그러나 범죄의 수사도 공익을 위한 것이므로 범죄에 대하여 책임이 없는 제 3 자라 할지라도 국가형벌권의 신속·적정한 실현과 실체진실의 발견을 위하여 어느 정도까지는 희생을 하는 것이 바람직하다고 하지 않을 수 없다.[3] 여기에 일정한 범위에서 참고인의 수사기관에의 출석과 진술을 강제할 필요가 인정된다.

참고인의 수사기관에의 출석과 진술을 강제하는 방법에는 두 가지가 있다. 즉 독일 형사소송법은 참고인에게 검사에 대한 출석과 진술의무를 인정하고 있음에 대하여 ($\frac{제161}{조의\ a}$), 일본 형사소송법은 증인신문의 청구에 의하여 이를 실현하고 있다($\frac{제226조\ 내지}{제228조}$). 우리 형사소송법은 참고인의 출석의무를 강제할 수 없다는 고려에서 증인신문의 청

---

1 대법원 1992. 2. 28, 91 도 2337.

2 대법원 2015. 10. 29, 2014 도 5939.

3 Meyer-Goßner § 161 a, Rn. 2; Müller KK § 161 a, Rn. 1.

구제도를 도입한 것으로 보아야 한다.

2. 증인신문의 청구의 요건

검사가 참고인에 대하여 증인신문을 청구하기 위하여는 증인신문의 필요성이   18
있어야 한다. 이 경우에도 증인신문은 제 1 회 공판기일 전에 한하여 할 수 있다.

(1) 증인신문의 필요성

증인신문의 필요성은 참고인이 수사기관에의 출석과 진술을 거부하는 경우   19
에 인정된다. 즉 범죄의 수사에 없어서는 아니될 사실을 안다고 명백히 인정되는
자가 수사기관의 출석요구에 대하여 출석과 진술을 거부하는 경우이다$\binom{제221조의}{2 \ 제1항}$.
이 경우에 증명의 대상이 되는 범죄사실 내지 피의사실의 존재가 필요하다는 것
은 당연하다.[1]

1) 범죄수사에 없어서는 아니될 사실   범죄수사에 없어서는 아니될 사실이란   20
범죄의 증명에 없어서는 아니될 사실보다는 넓은 개념으로 범죄의 성부에 관한
사실뿐만 아니라 정상에 관한 사실로서 기소·불기소의 결정과 형의 양정에 중대
한 영향을 미치는 사실도 포함한다. 피의자의 소재를 알고 있는 자나 범죄의 증
명에 없어서는 안 될 지식을 가지고 있는 참고인의 소재를 알고 있는 자도 여기
에 해당한다. 다만, 증인신문의 대상은 비대체적 지식이므로 감정인은 여기에 해
당하지 않는다. 공범자 내지 공동피의자도 다른 피의자에 대한 관계에서는 증인
이 될 수 있으므로 여기에 해당한다고 해야 한다.

2) 출석거부와 진술거부   출석거부와 진술거부가 정당한 이유가 있는 경우   21
에도 여기에 해당한다. 따라서 증언거부권이 있는 자에 대하여도 증인신문을 청
구할 수 있다. 진술의 전부를 거부한 경우뿐만 아니라 일부를 거부한 경우에도
거부한 부분이 범죄수사에 없어서는 안 될 부분인 때에는 증인신문의 대상이 된
다. 진술은 하였으나 진술조서에 서명·날인을 거부하는 경우에도 진술거부에 해
당할 수 있다. 증인신문의 청구는 수사계속의 필요뿐만 아니라 수사결과의 보전
을 위한 것이라고도 할 수 있기 때문이다.

형사소송법은 종래 수사기관에서 진술한 참고인이 공판기일에서 진술을 번복할 위험   22
이 있는 경우에도 증인신문을 청구할 수 있는 것으로 규정하고 있었다. 그러나 이

---

1 대법원 1989. 6. 20, 89 도 648.

규정은 헌법재판소가 적법절차의 원칙과 공정한 재판을 받을 권리에 위배된다는 이유로 위헌결정[1]을 함에 따라 삭제되었다.

(2) 제 1 회 공판기일 전

23   증인신문의 청구도 제 1 회 공판기일 전에 한하여 허용된다. 공소제기의 전후를 불문한다. 제 1 회 공판기일 전이란 사실심리가 개시되기 전이라는 견해도 있으나,[2] 모두절차가 끝난 때까지를 말한다.[3]

3. 증인신문의 절차

(1) 증인신문의 청구

24   증인신문의 청구권자는 검사에 제한된다. 참고인이 사법경찰관의 출석요구에 출석 또는 진술을 거부한 때에도 증인신문을 청구할 수는 있다. 그러나 이 경우에도 증인신문의 청구는 검사만 할 수 있다.

증인신문의 청구를 함에는 서면으로 그 사유를 소명하여야 한다($\binom{\text{동조}}{\text{제3항}}$). 이 경우에 증인신문청구서에는 ① 증인의 성명·직업 및 주거, ② 피의자 또는 피고인의 성명, ③ 죄명 및 범죄사실의 요지, ④ 증명할 사실, ⑤ 신문사항, ⑥ 증인신문청구의 요건이 되는 사실, ⑦ 피의자 또는 피고인에게 변호인이 있는 때에는 그 성명을 기재하여야 한다($\binom{\text{규칙}}{\text{제111조}}$).

(2) 청구의 심사

25   판사는 증인신문의 청구가 적법하고 요건을 구비하였는가를 심사한다. 심사 결과 요건을 구비하고 있다고 인정할 때에는 증인신문을 하지 않으면 안 된다. 청구절차가 부적법하거나 요건이 구비되지 않은 때에는 결정으로 기각하여야 한다. 청구를 기각한 결정에 대하여는 불복할 수 없다.

(3) 증인신문의 방법

26   증인신문의 청구를 받은 판사는 증인신문에 관하여 법원 또는 재판장과 동일한 권한이 있다($\binom{\text{제221조의}}{\text{2 제 4 항}}$). 따라서 증인신문에 관하여는 법원 또는 재판장이 하는 증인신문에 관한 규정이 준용된다. 준용되는 규정은 증인신문 자체에 한하지

---

1 헌재결 1996. 12. 26, 94 헌바 1.

2 정승환 § 19/7.

3 이주원 239면; 임동규 275면.

않고 증인신문과 직접 관련되는 사항, 증인신문의 전제가 되는 소환과 구인 및
이를 보장하기 위한 벌칙에 관한 규정을 포함한다. 증인도 또한 법원의 증인신문
의 경우와 같은 권리를 가진다.

　　증인신문에는 피고인·피의자 또는 변호인의 참여권이 인정된다. 즉 판사는　27
피고인·피의자 또는 변호인에게 증인신문기일을 통지하여 증인신문에 참여할
수 있도록 하여야 한다(동조 제5항). 이 경우에 판사는 심문기일과 장소 및 증인신문에
참여할 수 있다는 취지를 통지하여야 한다(규칙 제112조).

4. 증인신문 후의 조치

　　증인신문을 한 때에는 판사는 지체 없이 이에 관한 서류를 검사에게 송부하　28
여야 한다(제221조의 2 제6항). 증거보전의 경우와는 이 점에서도 구별된다. 증인신문조서는
법관의 면전조서로서 당연히 증거능력이 인정된다.[1] 다만, 이 경우에도 검사가
제출한 증거에 대한 증거조사가 필요한 것은 물론이다. 그러나 피고인·피의자
또는 변호인에게 참여의 기회를 주지 않은 증인신문절차에서 작성된 증인신문조
서는 증거능력을 부인해야 한다.[2] 증인신문을 한 판사는 당해 사건의 직무집행
에서 제척된다고 해석하여야 한다.

1　대법원 1976. 9. 28, 76 도 2143.
2　대법원 1997. 12. 26, 97 도 2249.

제 3 장   수사의 종결

§ 16

제 1 절   수사절차의 종결

1   수사는 범죄의 혐의 유무를 밝혀 공소를 제기·유지할 것인가를 결정하기 위한 수사기관의 활동이다. 수사절차는 공소를 제기할 것인가를 판단할 수 있을 정도로 피의사건이 해명되었을 때 종결된다. 즉 검사는 범죄사실이 명백하게 되었거나 또는 수사를 계속할 필요가 없는 경우에 수사를 종결한다. 그러나 수사를 종결하였다고 하여 그 이후에는 절대로 수사를 할 수 없는 것은 아니다. 공소를 제기한 후에도 검사는 공소유지의 여부를 결정하기 위하여 수사를 할 수 있고, 불기소처분을 한 때에도 수사를 재개할 수 있다. 불기소처분에는 확정력이 인정되지 않기 때문이다.

2   종래 수사의 종결은 검사만이 할 수 있었으므로, 사법경찰관이 범죄를 수사하였을 때에는 즉결심판절차에 의하여 처리될 경미한 범죄사건을 제외하고는 모든 사건을 검사에게 송치하도록 되어 있었는데, 이를 전건송치주의라고 하였다. 그리고 검사의 수사종결에 관하여, 공소제기한 사건은 법원의 판결로써, 불기소처분한 사건은 일정한 요건에 따라 검찰항고, 재정신청 또는 헌법소원에 의하여 사법통제가 이루어졌다.

3   그런데 2020. 2. 4. 개정 형사소송법은 1차적 수사종결권을 사법경찰관(이하, 본절에서는 경찰청 직원 사법경찰관을 말한다)에게도 부여하였다. 이에 따라 사법경찰관은 범죄의 혐의가 있다고 인정되는 경우가 아닌 때에는 검사에게 사건을 송치하지 않고 단지 관계 서류와 증거물을 검사에게 송부하고, 검사는 원칙적으로 90일 이내에 이를 검토하여 위법 또는 부당한 경우 사법경찰관에게 재수사요청만을 할 수 있도록 바뀌었다(제245조의5 제2호, 제245조의8 제1항).[1]

4   또한, 공수처법에 의하여 설치된 수사처는 공수처법에서 규정한 일정한 범위의 고위공직자범죄 및 그 관련범죄에 대해서는 수사종결권을 행사할 수 있다(동법 제27조).[2]

5   이렇듯 최근 일련의 검찰개혁 입법을 통해서 종래 검사에게 집중되어 있던

---

1 제2편 1장 2절 Ⅳ. 검사의 소송법상 지위 부분 참조.
2 제2편 1장 3절 Ⅱ. 고위공직자범죄수사처 부분 참조.

수사종결권이 분산되어 사법경찰관과 수사처에도 일정 범위의 수사종결권이 부여되게 되었다. 형사소송법의 개정사를 살펴보면, 검사에게 준사법기관으로서의 신분과 지위를 보장하고 수사종결권한을 검사에게 독점시킴으로써 수사에 준사법적 성격을 부여하는 한편, 검사의 불기소결정에 대해서도 헌법소원을 인정하거나 재정신청 범위를 확대함으로써 그 사법적 통제를 확장하여 온 추세를 발견할 수 있다. 그런데 이번 개정으로 그러한 방향이 급격히 전환되어 수사의 준사법적 성격이 현저히 약화되었다.

Ⅰ. 사법경찰관의 수사종결

1. 사건 결정 유형

　2020. 2. 4. 개정 형사소송법은 사건송치와 그 밖의 관계 서류 및 증거물의 송부를 구분하고, 사법경찰관이 범죄의 혐의가 있다고 인정하는 경우에만 사건을 검사에게 송치하도록 하고 있다. 사법경찰관의 사건 결정 유형에는 ① 법원송치, ② 검찰송치, ③ 불송치(범죄인정안됨·증거불충분 혐의 없음, 죄가안됨, 공소권없음, 각하), ④ 수사중지(피의자중지, 참고인중지), ⑤ 이송이 있다(수사준칙규정 제51조 1항).　　　　　　6

　①의 법원송치는 소년법 제4조 1항 2호(촉법 소년) 및 3호(우범 소년)에 해당하는 소년이 있을 때에 경찰서장이 직접 관할 소년부에 송치하는 것을 말한다. ⑤의 이송은 피의자가 형법 제10조 1항의 심신장애인에 해당하는 경우나, 수사한 사건이 이미 기소되어 사실심계속 중인 사건과 포괄일죄를 구성하는 관계에 있는 경우에는 해당 사건을 검사에게 이송하는 것을 말한다(수사준칙규정 제51조 3항). 심신장애로 인하여 사물을 변별할 능력이 없거나 의사를 결정할 능력이 없는 자의 행위는 책임능력이 없어 처벌되지 않지만, 치료감호 등에 관한 법률 제 2 조 1항 1호의 치료감호대상자에 해당하는 경우 검사가 치료감호를 청구할 수 있고, 이미 기소되어 사실심계속 중인 사건과 포괄일죄를 구성하는 사건도 이중기소에 해당하여 기소할 수 없다고 하더라도(제327조 3호) 사실심 계속 중인 사건에 관하여 검사가 공소장변경신청을 할 수 있기 때문에, 각각 검사에게 이송하도록 규정한 것이다.　　　　　　7

　사법경찰관이 피의자나 중요참고인이 소재불명되어 수사를 계속할 수 없는 경우에는 ④의 피의자중지나 참고인중지와 같은 수사중지 결정을 할 수 있다. 종　　　　　　8

래에는 이 경우에도 검사에게 송치하여 검사가 기소중지나 참고인중지의 결정을 하였으나, 수사준칙규정은 검사에게 송치하지 않고 경찰 단계에서 할 수 있도록 하였다. 다만, 사법경찰관이 수사중지 결정을 한 경우 7일 이내에 사건기록을 검사에게 송부해야 한다(수사준칙규정 제51조 4항 전문). 검사는 그 기록을 송부받은 날부터 30일 이내에 반환하여야 하며, 그 기간 내에 형사소송법 제197조의 3에 따른 시정조치요구를 할 수 있다(동항 후문).[1] 고소인·고발인·피해자 또는 그 법정대리인(피해자가 사망한 경우에는 그 배우자·직계친족·형제자매를 포함한다. 이하, 고소인등이라 한다)이 사법경찰관으로부터 수사중지 결정의 통지를 받은 때에는 해당 사법경찰관이 소속된 바로 위 상급경찰관서의 장에게 이의를 제기할 수 있으며(수사준칙규정 제54조 1항), 해당 수사중지 결정이 법령위반, 인권침해 또는 현저한 수사권 남용이라고 의심되는 경우 검사에게 형사소송법 제197조의 3 제 1 항에 따른 신고를 할 수 있다(수사준칙규정 제54조 3항).[2]

9   사법경찰관은 위와 같이 수사한 사건에 관하여 결정을 한 때에는 그 내용을 고소인등과 피의자에게 통지해야 한다. 다만, 피의자중지 결정을 한 때에는 고소인등에게만 통지한다(제53조 1항). 사법경찰관은 고소인등에게 수사중지 결정의 통지를 할 때에는 위와 같이 검사에게 신고할 수 있다는 사실을 함께 고지하여야 한다(제54조 4항).

---

1 피의자나 참고인이 소재불명인 경우에도 법리나 증거관계에 따르면 충분히 혐의가 인정되어 사건을 송치하여야 하거나, 혐의가 인정되지 않아서 혐의없음 결정을 하여야 하는 등의 종국적 판단이 가능한 경우가 있다. 사법경찰관이 수사중지 결정을 한 사건에 관하여 이러한 종국적 판단이 가능한지 여부도 검사의 수사감독대상이 되어야 한다. 따라서 피의자나 참고인이 소재불명인 사건도 검사에게 사건을 송치하여 검사가 기소중지 또는 참고인중지의 결정을 하도록 하거나, 적어도 사법경찰관의 수사중지 결정에 대하여 검사의 재수사요청이 가능하도록 허용하는 것이 바람직하다고 할 것이다. 수사준칙규정은 기록을 송부받은 검사가 법령위반, 인권침해, 현저한 수사권 남용이 있는 경우에 형사소송법 제197조의 3에 따른 시정조치요구가 가능하게 하였으나, 그것만으로는 사법경찰관의 수사중지 결정의 내용상 적정성을 감독할 수 있는 장치로는 부족하다고 할 것이다.

2 경우에 따라서는 피의자나 참고인이 소재불명되더라도 공소제기가 가능한 경우가 있을 수 있음에도 불구하고, 수사준칙규정은 수사중지 결정 사건에 대해서는 사법경찰관이 혐의없음 결정한 사건과 같이 고소인등에게 이의신청을 통하여 검사에게 사건을 송치하게 할 수 있도록 하지 아니하고, 그와 달리 상급경찰관서의 장에게 이의신청을 하도록 하거나 검사에게 법령위반 등의 사유가 의심된다는 신고를 하도록 하고 있을 뿐이다. 이러한 방법만으로는 공소제기가 가능한 사건을 사법경찰관이 부당하게 수사중지 결정을 한 경우에 고소인등이 충분한 구제를 받을 수 있다고 보기 어렵다. 따라서 이는 고소인의 항고권, 재정신청권, 헌법상 보장된 피해자의 재판절차진술권(헌법 제27조 5항)을 침해한다고 할 것이다.

2. 송　　치

　　사법경찰관은 고소·고발 사건을 포함하여 범죄를 수사한 때에 범죄의 혐의 　10
가 있다고 인정되는 경우에는 지체 없이 사건을 송치하고, 관계 서류와 증거물을
검사에게 송부하여야 한다($^{제245조의}_{5\ 제1호}$). 사법경찰관은 검사에게 사건을 송치할 때에
송치의 이유와 범위를 적은 송치 결정서와 압수물 총목록, 기록목록, 범죄경력
조회 회보서, 수사경력 조회 회보서 등 관계 서류와 증거물을 함께 송부하여야
한다($^{수사준칙규정}_{제58조\ 1항}$). 검사가 사법경찰관이 송치한 사건의 공소제기 여부 결정 또는
공소의 유지에 관하여 필요한 경우 사법경찰관에게 보완수사를 요구할 수 있다
($^{제197조의 2}_{제1항 1호}$).[1] 사법경찰관은 하나의 사건 중 피의자가 여러 사람이거나 피의사실
이 여러 개인 경우로서 분리하여 결정할 필요가 있는 경우 그중 일부에 대해 위
와 같은 결정을 할 수 있다($^{수사준칙규정}_{제51조\ 2항}$).

3. 불 송 치

　　사법경찰관은 범죄의 혐의가 인정되지 않는다고 판단하는 경우에는 검사에 　11
게 사건을 송치할 필요가 없다($^{제245조의}_{5\ 제2호}$). 사법경찰관은 사건불송치를 하는 경우
불송치의 이유를 적은 불송치 결정서와 함께 압수물 총목록, 기록목록 등 관계
서류와 증거물을 검사에게 송부해야 한다($^{수사준칙규정}_{제62조\ 1항}$). 수사준칙규정 제51조 1항은
단순히 법리상 또는 증거관계상 혐의가 없는 경우($^{범죄인정안됨·}_{증거불충분}$)뿐만 아니라, 위법성
조각사유나 책임조각사유가 있거나($^{죄가}_{안됨}$), 소송조건이 충족되지 않는($^{공소권}_{없음}$) 경우에
까지도 사건불송치의 유형에 포함하고 있다.[2] 다만 사법경찰관은 이러한 경우에
관계 서류와 증거물을 검사에게 송부하여야 하며, 검사는 원칙적으로 90일 이내
에 이를 검토한 후 사법경찰관에게 반환하여야 한다($^{동호}_{단서}$). 검사가 검토 결과 위법

1　제 2 편 1장 2절 Ⅳ. 검사의 소송법상 지위 부분 참조.

2　형사소송법 제197조 1항은 사법경찰관이 범죄의 혐의가 있다고 사료하는 때에는 범인, 범죄
　사실과 증거를 수사하도록 규정하고, 제245조의 5 제 1 호는 범죄의 혐의가 있다고 인정되는
　경우에는 지체 없이 검사에게 사건을 송치하도록 규정하고 있는데, 여기에서 '범죄의 혐의가
　있다'는 의미는 구성요건해당성이 인정된다는 것을 말하는 것으로 해석함이 타당하다. 왜냐
　하면 위법성조각사유나 책임조각사유는 형사미성년자와 같이 일률적으로 판단할 수 있는 예
　외적인 경우를 제외하면, 일단 범죄혐의는 인정되지만, 법체계 전체의 입장을 고려하거나 피
　의자의 개인적 책임능력이나 특수한 사정을 고려하여 죄가 되지 않는다고 판단하는 것이기
　때문이다. 따라서 수사준칙규정이 형사소송법의 법문언에도 불구하고 사법경찰관이 범죄혐의
　가 있다고 사료하여 수사한 다음 범죄혐의가 있다고 판단하였음에도 예외적으로 죄가 되지
　않는다고 판단하는 경우까지 사건을 송치하지 않을 수 있도록 규정한 것은 문제가 있다.

또는 부당하다고 판단하는 경우에는 사법경찰관에게 재수사요청을 할 수 있다($\substack{제245조의\\8\ 제1항}$).[1]

12		한편, 고소인등은 사법경찰관이 사건을 송치하지 아니하여 불송치통지($\substack{제245조\\의6}$)를 받은 사람(고발인 제외)[2]은 사법경찰관의 소속 관서의 장에게 이의를 신청할 수 있다($\substack{제245조의\\7\ 제1항}$). 사법경찰관은 이의신청을 받은 때에는 지체 없이 검사에게 사건을 송치하고 관계 서류와 증거물을 송부하여야 하며, 처리결과와 그 이유를 이의신청인에게 통지하여야 한다($\substack{동조\\제2항}$). 사법경찰관은 재수사 중인 사건에 대해 이의신청이 있는 경우에도 재수사를 중단하고 지체 없이 검사에게 사건을 송치하여야 한다($\substack{수사준칙\\규정\ 제65조}$). 이는 고소인의 항고권($\substack{검찰청법\\제10조}$), 고소인의 재정신청권($\substack{제260조\\1항}$), 헌법상 보장된 피해자의 재판절차진술권($\substack{헌법\ 제\\27조\ 5항}$)을 보장하기 위한 것인데, 고소인 이외에 피해자에 대해서까지 이의신청권을 보장하고 있다. 피해자를 고소인·고발인과 병렬적으로 나열하고 있는 점($\substack{제245조\\의6}$)을 감안할 때, 여기서 피해자는 고소인·고발인이 아닌 피해자를 의미한다. 예컨대, 진정사건이 입건된 경우의 피해자가 여기에 포함될 수 있을 것이다. 또한 이의신청권 주체의 범위를 폭넓게 인정한 취지는 피해자가 존재하는 범죄에 관해서는 사법경찰관의 수사결과에 대한 검사의 감독권을 강화하기 위한 것으로 이해할 수 있으므로, 사회적 법익에 관한 범죄에 있어서 실질적인 피해자($\substack{사문서위조죄의\\문서명의자\ 등}$)도 여기에 포함된다고 해석해야 할 것이다. 따라서 고소된 사건이나 실질적인 피해자가 있는 범죄사건의 범위 내에서 사법경찰관의 1차적 수사종결권은 제한된다고 볼 수 있다.

13		이러한 이의신청권을 보장하기 위하여 2020. 2. 4. 개정 형사소송법은 사법경찰관으로 하여금 사건불송치 시 검사에게 그 관계 서류 등을 송부한 날부터 7일 이내에 서면으로 그 취지와 이유를 고소인등에게 통지하도록 규정하였다($\substack{제245\\조의6,\\수사준칙규정\\제53조\ 1항}$). 마찬가지로 사법경찰관은 고소인·고발인이 아닌 실질적인 피해자에게도 위 통지를 하여야 할 것이다.

---

1 제 2 편 1장 2절 Ⅳ. 검사의 소송법상 지위 부분 참조.
2 2022. 5. 9. 개정된 형사소송법은 사법경찰관으로부터 수사결과 불송치결정을 받고 이의신청을 할 수 있는 주체에서 고발인을 제외하였다(제245조의7 제 1 항).

Ⅱ. 수사처검사의 수사종결

1. 공소의 제기

수사처는 대법원장 및 대법관, 검찰총장, 판사 및 검사, 경무관 이상 경찰 　14
공무원이 재직 중에 본인 또는 본인의 가족이 범한 고위공직자범죄 및 관련범죄
($\binom{공소제기}{대상 범죄}$)에 대해서는 공소제기와 그 유지 직무를 수행한다($\binom{공수처법 제}{3조 1항 2호}$). 따라서 수
사처의 수사결과 공소제기대상 범죄에 대해 혐의가 인정된다고 판단될 경우, 수
사처검사는 검사에게 사건을 송부하지 않고 직접 공소를 제기할 수 있다.[1] 수사
처검사가 공소를 제기하는 사건의 제 1 심 재판은 서울중앙지방법원의 관할로 한
다. 다만, 범죄지, 증거의 소재지, 피고인의 특별한 사정 등을 고려하여 수사처검
사는 형사소송법에 따른 관할 법원에 공소를 제기할 수 있다($\binom{동법}{제31조}$).

2. 불기소처분

수사처검사는 위 공소제기대상 범죄에 대해서는 검사에게 송부하지 않고 직 　15
접 불기소처분을 할 수 있다($\binom{동법 제}{26조 1항}$). 고소·고발인은 수사처검사로부터 공소를
제기하지 아니한다는 통지를 받은 때에는 서울고등법원에 그 당부에 관한 재정을
신청할 수 있다($\binom{동법 제}{29조 1항}$). 재정신청을 하려는 사람은 공소를 제기하지 아니한다는
통지를 받은 날부터 30일 이내에 처장에게 재정신청서를 제출하여야 한다($\binom{동조}{제2항}$).
재정신청서를 제출받은 처장은 재정신청서를 제출받은 날부터 7일 이내에 재정
신청서, 의견서, 수사 관계 서류 및 증거물을 서울고등법원에 송부하여야 한다
($\binom{동조}{제3항}$). 다만, 신청이 이유 있는 것으로 인정하는 때에는 즉시 공소를 제기하고
그 취지를 서울고등법원과 재정신청인에게 통지한다($\binom{동조}{제4항}$). 그 밖의 재정신청에
관한 사항에 관하여는 형사소송법 제262조 및 제262조의 2부터 제262조의 4까지
의 규정을 준용한다($\binom{동조}{제5항}$).

1　공수처법 제 3 조 1항에서 수사처로 하여금 공소제기 및 공소유지 직무를 담당하게 한 점을
　감안할 때, 수사처에 소속된 수사처검사를 검사와 같은 단독관청으로 볼 수 없다. 따라서 공
　소제기결정은 수사처장 명의로 하여야 하고, 수사처검사 단독으로는 할 수는 없다는 견해도
　있다(이완규, 2020년 검찰개혁법 해설, 박영사, 2020, 67-68면).

3. 송　　부

16　　수사처검사는 위와 같이 수사처가 직접 공소를 제기할 수 있는 사건 이외의 경우에는 수사종결권이 인정되지 않는다. 따라서 범죄 혐의가 있다고 판단한 경우는 물론, 그 혐의가 없다고 판단한 경우에도 언제나 그 관계 서류와 증거물을 지체 없이 서울중앙지방검찰청 소속 검사에게 송부하여야 한다(동법 제26조 1항). 그에 따라 관계 서류와 증거물을 송부받아 사건을 처리하는 검사는 처장에게 해당 사건의 공소제기 여부를 신속하게 통보하여야 한다(동조 제2항).

4. 이　　첩

17　　수사처장은 피의자, 피해자, 사건의 내용과 규모 등에 비추어 다른 수사기관이 고위공직자범죄등을 수사하는 것이 적절하다고 판단될 때에는 해당 수사기관에 사건을 이첩할 수 있다(동법 제24조 3항). 또한, 수사처장은 수사처가 스스로 공소제기가 가능한 고위공직자범죄에 대하여 불기소 결정을 하는 때에는 해당 범죄의 수사과정에서 알게 된 관련범죄 사건을 대검찰청에 이첩하여야 한다(동법 제27조). 당해 고위공직자범죄를 기소하는 경우에는 관련범죄도 함께 기소할 수 있으나(동법 제3조 2항 1호), 고위공직자범죄를 불기소하는 경우에는 관련범죄에 대해서 스스로 공소제기 또는 불기소처분을 할 수 없게 되기 때문이다.

Ⅲ. 검사의 수사종결

1. 사건처리

18　　검사의 사건처리에는 종국처분(공소제기·불기소), 중간처분(기소중지·참고인중지·보완수사요구·공소보류) 및 송치처분이 있다(검사규 제98조).

검사의 수사 진행과 종결 과정에 국민이 참여하는 제도로는 다음 제도가 있다.

(i) 형사조정　　검사는 형사조정에 회부한 사건을 수사하고 처리함에 있어서는 형사조정 결과를 고려할 수 있다(범죄피해자 보호법 제45조 4항). 검사는 피의자와 범죄피해자(이하 "당사자"라 한다) 사이의 형사분쟁을 공정하고 원만하게 해결하여 범죄피해자가 입은 피해를 실질적으로 회복하는 데 필요하다고 인정하면 당사자의 신청 또는 직권으로 수사 중인 형사사건을 형사조정에 회부할 수 있다(동법 제41조 1항). 형사조정은 각급 지방검찰청 및 지청에

설치된 형사조정위원회에서 담당하며($\frac{동법 제}{42조 1항}$), 형사조정위원회는 2명 이상의 위원으로 구성된다($\frac{동조}{2항}$). 형사조정위원회는 형사조정이 회부되면 지체 없이 형사조정 절차를 진행하며($\frac{동법 제}{43조 1항}$), 형사조정이 성립되면 그 결과를 서면으로 작성하여($\frac{동법 제}{45조 1항}$) 형사조정을 회부한 검사에게 보낸다($\frac{동조}{3항}$). 검사는 사건의 수사와 처리에 형사조정 결과를 고려할 수 있지만, 형사조정이 성립되지 않았다는 사정을 피의자에게 불리하게 고려하여서는 아니 된다($\frac{동조}{제4항}$). 형사조정제도는 회복적 사법의 이념을 반영한 제도로서 상세한 절차는 대검찰청의 「형사조정 실무운영 지침」[1]에 정해져 있다.

(ⅱ) 검찰시민위원회   검사는 공소제기와 불기소 처분은 물론, 구속취소, 구속영장 청구 및 재청구 여부를 결정함에 있어 국민의 의견을 직접 반영하여 수사의 공정성과 투명성을 제고하고 국민의 인권을 보장하기 위하여 설치된 검찰시민위원회[2]의 의견을 최대한 존중하여 사건을 처리하여야 한다. 다만, 위원회의 의견은 검사의 결정을 기속하지는 않는다.

(ⅲ) 검찰수사심의위원회   국민적 의혹이 제기되거나 사회적 이목이 집중되는 사건에 관하여 수사 계속 여부, 공소제기 또는 불기소 처분 여부, 구속영장 청구 및 재청구 여부, 공소제기 또는 불기소 처분된 사건의 수사의 적정성·적법성 등을 심의하며,[3] 검사는 위원회의 심의의견을 존중하여야 한다.

(1) 종국처분

수사결과 범죄의 객관적 혐의가 충분하고 소송조건을 구비하여 유죄판결을 받을 수 있다고 인정할 때에는 검사는 공소를 제기한다($\frac{제246}{조}$). 수사종결의 가장 전형적인 경우에 해당한다. 그러나 약식명령을 할 수 있는 경우에는 공소제기와 동시에 약식명령을 청구할 수 있다($\frac{제449}{조}$).   19

(2) 불기소처분

(가) 기소유예   피의사건에 관하여 범죄의 혐의가 인정되고 소송조건이 구비되었으나 범인의 연령, 성행, 지능과 환경, 범행의 동기, 수단과 결과, 범행 후의 정황 등을 참작하여 공소를 제기하지 아니하는 경우를 말한다($\frac{제247}{조}$). 기소유예는 조건부로도 할 수 있다($\frac{조건부}{기소유예}$).   20

(나) 혐의없음   피의사건에 관하여 공소를 제기함에 충분한 객관적 혐의가 없는 경우이다. 피의사실이 범죄를 구성하지 아니하거나 인정되지 아니하는 경우

---

1 제정 대검예규 제493호, 2009. 10. 29(개정 대검예규 제1245호, 2021. 10. 18).
2 검찰시민위원회 운영지침(제정 대검예규 제544호, 2010. 7. 2).
3 검찰수사심의위원회 운영지침(제정 대검예규 제915호, 2017. 12. 15).

($\frac{범죄인정}{안됨}$) 또는 피의사실을 인정할 만한 증거가 없는 경우($\frac{증거}{불충분}$)에 혐의없음의 결 정을 한다($\frac{검사규 \ 제115}{조 \ 3항 \ 2호}$).

(다) **죄가안됨**   피의사실이 범죄구성요건에 해당하나 법률상 범죄의 성립을 조각하는 사유가 있어 범죄를 구성하지 아니하는 경우에 하는 처분이다($\frac{동항}{제3호}$). 위법성조각사유나 책임조각사유가 있는 경우가 여기에 해당한다. 피의자가 형사 미성년자 또는 심신상실인 때가 대표적인 예이다.

(라) **공소권없음**   피의사건에 관하여 소송조건이 결여되었거나 형이 면제되는 경우를 말한다($\frac{동항}{제4호}$).

(마) **각   하**   고소 또는 고발이 있는 사건에 관하여 고소인 또는 고발인의 진술이나 고소장 또는 고발장에 의하여 혐의 없음·죄가 안 됨·공소권 없음의 사유에 해당함이 명백한 경우, 고소·고발이 형사소송법 제224조, 제232조 2항 또는 제235조에 위반한 경우, 동일사건에 관하여 검사의 불기소처분이 있는 경우 ($\frac{다만, \ 새로이 \ 중요한 \ 증거가 \ 발견된 \ 경우에 \ 고소인 \ 또는}{고발인이 \ 그 \ 사유를 \ 소명한 \ 때에는 \ 그러하지 \ 아니하다}$), 고소권자가 아닌 자가 고소한 경우, 고 소·고발장 제출 후 고소인 또는 고발인이 출석요구나 자료제출 등 혐의 확인을 위한 수사기관의 요청에 불응하거나 소재불명되는 등 고소·고발사실에 대하여 수사를 개시·진행할 자료가 없는 경우, 고발이 진위 여부가 불분명한 언론 보도 나 인터넷 등 정보통신망의 게시물, 익명의 제보, 고발 내용과 직접적인 관련이 없는 제 3 자로부터의 전문이나 풍문 또는 고발인의 추측만을 근거로 한 경우 등 으로서 수사를 개시할만한 구체적인 사유나 정황이 충분하지 아니한 경우, 사안 의 경중 및 경위, 피해회복 및 처벌의사 여부, 고소인·고발인·피해자와 피고소 인·피고발인·피의자와의 관계, 분쟁의 종국적 해결 여부 등을 고려하여 수사 또는 소추에 관한 공공의 이익이 없거나 극히 적어 수사를 개시·진행할 필요성 이 인정되지 아니하는 경우에는 각하의 결정을 한다($\frac{동항}{제5호}$).

(3) **중간처분**

21   (가) **기소중지**   검사가 피의자의 소재불명이나 참고인중지 사유가 아닌 사유로 수사를 종결할 수 없는 경우에 그 사유가 해소될 때까지 하는 처분이다($\frac{검사규}{제120조}$). 기소중지는 수사의 종결이라기보다는 수사중지처분에 속한다고 할 수 있다.

(나) **참고인중지**   참고인·고소인·고발인 또는 같은 사건 피의자의 소재불명 으로 수사를 종결할 수 없는 경우에는 그 사유가 해소될 때까지 하는 처분이다 ($\frac{검사규}{제121조}$).

(다) **보완수사요구**　사법경찰관이 송치한 사건에 대하여 공소제기 여부 결정 등을 위하여 보완수사가 필요한 경우에 하는 처분이다(검사규 제132조 1항, 수사 준칙규정 제52조 1항 5호).

(라) **공소보류**　국가보안법위반죄를 범한 자에 대하여 형법 제51조(양형의 조건)의 사항을 참작하여 공소제기를 보류하는 처분이다(국가보안법 제20조 1항, 검사규 제125조). 공소보류를 받은 자가 공소의 제기없이 2년을 경과한 때에는 소추할 수 없다(국가보안법 제20조 2항). 공소제기 가 가능함에도 이를 보류한다는 의미에서 기소유예와 유사한 제도라고 할 수 있다.

(4) 송치처분

(가) **타관송치**　검사는 사건이 소속검찰청에 대응한 법원의 관할에 속하지 아 니한 때에는 사건을 서류와 증거물과 함께 관할법원에 대응한 검찰청 검사에게 송치하여야 한다(제256조). 그리고 검사는 사건이 군사법원의 재판권에 속하는 때에 는 사건을 서류와 증거물과 함께 재판권을 가진 군검찰부 군검사에게 송치하여야 하는데, 이 경우에 송치 전에 행한 소송행위는 송치 후에도 그 효력에 영향이 없 다(제256조의2). 이처럼 검사나 군검사에게 송치하는 것을 타관송치(타관송치)라고 하는데,[1] 이때 송치결정서에 따르지만(검사규 제128조 1항) 이는 이송결정(제98조 7호)에 해당한다.

(나) **이송**　검사는 수사개시범죄가 아닌 범죄에 대한 대한 고소·고발·진정 등이 접수되거나 수사 중 수사개시범죄에 해당되지 않는다고 판단되는 때(다만 구속 영장이나 압수·수색·검증영장이 발부된 경우는 제외)에는 사건을 검찰청 외의 수사기관에 이송하여야 하고(검사규 제98조 7호, 수사준칙규정 제18조3항).[2] 검찰청의 장은 범죄수사가 중복되어 수사처장이 이첩을 요청하는 경우(공수처법 제24조 1항)와 검사의 고위공직자범죄 혐의를 발견한 경우(공수처법 제25조 2항), 사건을 수 사처에 이첩하여야 한다(검사규 제98조 7호). 이때에도 각기 이송결정(검사규 제98조 7호)을 한다.

(다) **보호사건송치**　검사는 ① 소년에 대한 피의사건을 수사한 결과 보호처분 에 해당하는 사유가 있다고 인정한 때에는 사건을 관할소년부에 송치하여야 하고 (소년법 제49조 1항)(소년보호사건 송치. 검사규 제87조 8호), ② 가정폭력사범에 대하여 보호처분을 하는 것이 적절 하다고 인정할 때(가정폭력범죄의 처벌 등에 관한 특례법 제 9 조, 제11조 1항)(가정보호사건 송치. 검사규 제87조 9호), ③ 성매매를 한 자에 대 하여 보호처분을 하는 것이 적절하다고 인정할 때(성매매알선 등 행위의 처벌에 관한 법률 제12조, 제13조)(성매매보호 사건 송치. 검사규 제87조 10호), ④ 아동학대행위자에 대하여 보호처분을 하는 것이 적절하다고 인정할

1　이주원, 250면; 이창현, 535면. 다만, 형사소송법은 검사에게 송치하는 것을 '타관송치', 군검 사에게 송치하는 것을 '군검사에의 사건송치'라고 용어를 구분하여 사용하고 있다.
2　수사경합 시 사법경찰관이 범죄사실을 계속 수사할 수 있게 된 때(제197조의4 제 2 항)와 다 른 수사기관에서 수사하는 것이 적절하다고 판단하는 때는 사건을 이송할 수 있다(수사준칙 규정 제18조 2항).

때(한 특례법 제27조 1항, 제18조)(검사규 제87조 11호)에는 관할 가정법원 또는 지방법원(지원 포함)에 사건을 각 송치하여야 한다.

2. 검사의 처분 등 통지

(1) 고소·고발인, 피해자에 대한 처분 등 통지

23   검사는 고소 또는 고발 있는 사건에 관하여 공소를 제기하거나 제기하지 아니하는 처분, 공소의 취소 또는 타관송치를 한 때에는 그 처분을 한 날로부터 7일 이내에 서면으로 고소인 또는 고발인에게 그 취지를 통지하여야 한다($\frac{제258조}{1항}$). 이는 고소인의 권리를 보호하기 위한, 검사의 기소독점주의에 대한 규제로서의 의미를 가진다. 검사는 범죄로 인한 피해자 또는 그 법정대리인(피해자가 사망한 경우에 는 그 배우자·직계친족· 형자자매를 포함한다)의 신청이 있는 때에는 당해 사건의 공소제기 여부, 공판의 일시·장소, 재판결과, 피의자·피고인의 구속·석방 등 구금에 관한 사실 등을 신속하게 통지하여야 한다($\frac{제295조}{의 2}$).

(2) 피의자에 대한 처분통지

24   검사는 불기소 또는 타관송치의 처분을 한 때에는 피의자에게 즉시 그 취지를 통지하여야 한다($\frac{제258조}{2항}$). 이는 불안한 상태에 있는 피의자를 보호하기 위한 규정이다.

(3) 불기소이유의 고지

25   검사는 고소 또는 고발 있는 사건에 관하여 공소를 제기하지 아니하는 처분을 한 경우에 고소인 또는 고발인의 청구가 있는 때에는 7일 이내에 고소인 또는 고발인에게 그 이유를 서면으로 설명하여야 한다($\frac{제259}{조}$).

3. 불기소처분에 대한 불복

검사의 불기소처분에 대한 고소인 또는 고발인의 불복수단으로는 재정신청과 검찰청법에 의한 항고·재항고가 있다.

(1) 재정신청

고소권자로서 고소를 한 자(형법 제123조부터 제126조까지의 죄에 대하여는 고발을 한 자도 포함한다)는 검사로부터 공소를 제기하지 아니한다는 통지를 받은 때에는 그 검사 소속의 지방검찰청 소재지를 관할하는 고등법원에 그 당부에 관한 재정을 신청할 수 있다($\frac{제260조}{1항}$). 다만, 재정신청을 하려면 검찰청법 제10조에 따른 항고를 거쳐야 한다($^{동조}_{제2항}$). 신청이 이유 있는 때에는 고등법원은 공소제기를 결정하므로($^{제262조}_{2항}$) 기소강제절차라고도 한다.

(2) 항고 · 재항고

검사의 불기소처분에 불복이 있는 고소인 또는 고발인은 그 검사가 속하는   26
지방검찰청 또는 지청을 거쳐 서면으로 관할 고등검찰청의 검사장에게 항고할 수 있다. 이 경우 지방검찰청 또는 지청의 검사는 항고가 이유 있다고 인정하는 때에는 그 처분을 경정하여야 한다($^{검찰청법}_{제10조 1항}$). 고등검찰청검사장은 항고가 이유있다고 인정하는 때에는 소속 검사로 하여금 지방검찰청 또는 지청 검사의 불기소처분을 직접 경정하게 할 수 있다($^{동조}_{제2항}$). 항고를 한 자는 항고를 기각하는 처분에 불복하거나 항고를 한 날로부터 항고에 대한 처분이 행하여지지 아니하고 3개월이 지났을 때에는 그 검사가 속한 고등검찰청을 거쳐 서면으로 검찰총장에게 재항고할 수 있다($^{동조}_{제3항}$). 다만 형사소송법 제260조에 따라 재정신청할 수 있는 자는 제외되므로, 재항고는 재정신청을 할 수 없는 고발인에 대하여만 인정되는 결과가 된다. 이 경우 당해 고등검찰청 검사는 재항고가 이유 있다고 인정하는 때에는 그 처분을 경정하여야 한다($^{동조}_{제3항}$). 항고는 고소인 등이 불기소처분 통지를 받은 날로부터 30일 이내에($^{동조}_{제4항}$), 재항고는 항고기각결정을 통지받은 날 또는 항고 후 항고에 대한 처분이 이루어지지 아니하고 3개월이 경과한 날부터 30일 이내에 하여야 한다($^{동조}_{제5항}$). 다만, 항고를 한 자에게 책임이 없는 사유로 인하여 그 기간 내에 항고 또는 재항고를 하지 못한 것을 소명한 때에는 그 사유가 해소된 때부터 기산한다($^{동조}_{제6항}$). 기간이 지난 후 접수된 항고 또는 재항고는 기각하여야 한다. 다만, 새로이 중요한 증거가 발견된 경우에 고소인 또는 고발인이 그 사유를 소명한 때에는 그러하지 아니하다($^{동조}_{제7항}$).

검찰청법에 의한 항고제도는 실질적으로 검사의 불기소처분을 규제하는 가장 효과적인 규제수단이 되고 있다고 할 수 있다.

종래 검사의 불기소처분에 불복이 있는 고소인은 불기소처분으로 인하여 헌법상 보   27
장된 기본권을 침해당하였다는 이유로 헌법소원을 제기할 수 있었으며, 불기소처분에 대한 헌법소원은 헌법재판소에 청구된 헌법소원의 대부분을 차지하고 있었다.[1]

---

1 2007년 형사소송법 개정 이전인 2007년 4월까지 헌법재판소에 접수된 헌법소원 12,400건 중 약 67.4%에 해당하는 8,362건이 불기소처분에 대한 헌법소원이었다(법무부, 개정 형사소송법, 132면).

헌법소원이란 공권력의 행사 또는 불행사로 인하여 기본권을 침해받은 자가 헌법재
판소에 그 권리구제를 청구하는 것을 말한다(헌제법). 그러나 재정신청의 대상범죄가
모든 범죄로 전면 확대됨에 따라 더 이상 재정신청 대상범죄의 불기소처분에 대한
헌법소원은 불가능하게 되었다. 헌법소원은 보충성의 원칙에 따라 다른 법률에 구제
절차가 있는 경우에는 그 절차를 모두 마쳐야 제기할 수 있고, 법원의 재판에 대하
여는 헌법소원이 허용되지 않기 때문이다.

§ 17   # 제 2 절 공소제기 후의 수사

Ⅰ. 수사의 시간적 범위

1. 수사의 시간적 한계

1   수사는 범인의 발견과 증거의 수집을 내용으로 하므로 주로 공소제기 전에
행하여진다. 따라서 수사의 결과 검사가 충분한 혐의를 인정하고 공소를 제기하
면 수사는 원칙적으로 종결된다. 그러나 공소제기 후에도 검사가 공소유지를 위
하거나 공소유지 여부를 결정하기 위하여 수사를 계속할 수 있다는 점에 대하여
는 이론이 없다. 공소제기 후에 피고인이 공소사실의 일부를 추가로 범한 것이
밝혀지거나, 피고인이 공판정에서 알리바이를 주장하여 그 진실성을 확인할 필요
가 있는 경우 또는 공범자나 진범이 검거된 때에는 공소제기 후에도 수사를 계속
할 필요가 있기 때문이다. 따라서 수사는 범인과 증거를 발견·수집한다는 본질
에 비추어 공소제기 전은 물론 공소가 제기된 후에도 판결이 확정될 때까지는 가
능하다고 하지 않을 수 없다. 검사는 공소제기 후에 공소의 유지에 관하여 필요
한 경우에는 사법경찰관에게 보완수사를 요구할 수 있다(제19조의2).

다만 판결이 확정된 후에도 재심과의 관계에서 수사기관은 증거를 수집할 수 있으
며, 재심청구의 시기에는 제한이 없으므로 수사의 시간적 한계도 일률적으로 정할
성질은 아니라고 해야 한다.

2. 공소제기 후의 수사의 범위

2   공소제기 후에도 수사를 할 수 있다고 하여 공소제기 후의 수사가 공소제기

전과 같이 무제한하게 허용된다는 의미는 아니다. 그것은 ① 공소제기에 의하여 피고사건은 법원에 계속되어 검사의 지배하에 있던 사건이 법원의 지배에 속하게 되었음에도 불구하고 공소제기 전과 같이 수사를 허용하는 것은 법원의 심리에 지장을 초래하고, ② 공소제기 후의 공판절차에서는 당사자주의가 전면에 나타나므로 당사자의 지위를 가지고 있는 피고인을 반대당사자인 검사가 수사하는 것은 피고인의 당사자지위와 모순되며, ③ 공소제기 후의 강제수사를 허용하는 것은 피고인의 인권을 침해하고 나아가서 강제수사법정주의에도 반한다고 할 수 있기 때문이다.

공소제기 후의 수사의 범위는 주로 피고인에 대한 신문과 압수·수색·검증이 공소제기 후에도 허용되는가를 중심으로 다루어진다. 여기서 공소제기 후의 수사의 범위를 강제수사와 임의수사로 나누어 살펴보기로 한다.

Ⅱ. 공소제기 후의 강제수사

1. 구　　　속

공소제기 후의 피고인구속은 법원의 권한에 속한다($^{제70}_{조}$). 공판절차에서 피고　　3
인은 검사와 대등한 지위를 가지는 당사자이므로 반대당사자인 검사에게 피고인을 구속할 권한을 줄 수는 없기 때문이다. 따라서 공소제기 후에 수사기관이 피고인을 구속할 수 없다는 점에 대하여는 의문의 여지가 없다.

2. 압수·수색·검증

(1) 견해의 대립

공소제기 후에 수사기관에 의한 압수·수색·검증이 허용되는가에 대하여는 견해가 대립되고 있다.

1) 긍 정 설　　　공소제기 후에도 수사기관에 의한 압수·수색·검증이 원칙적　　4
으로 허용된다는 견해[1]이다. 긍정설은 ① 수사기관의 압수·수색·검증에 관하여는 제215조가 영장청구의 시기를 제한하지 않고 있으며, ② 압수·수색·검증은 피고인의 방어활동에 영향을 미치는 것이 아니며, ③ 공소제기 후에는 법원에

1　강구진 245면; 노명선/이완규 320면.

의한 압수 · 수색 · 검증을 중심으로 하지만 이는 당사자주의와 모순되는 것이므로 공소제기 후에도 수사기관이 법원의 손을 빌리지 않고 압수 · 수색 · 검증의 강제수사를 할 수 있다고 하는 것이 당사자주의와 공판중심주의에 일치한다는 것을 이유로 한다. 다만, 긍정설도 제 1 회 공판기일 이후에는 법원에 의한 압수 · 수색 · 검증(제106조 이하)에 의하여야 한다고 하고 있다.

5   **2) 부 정 설**   공소제기 후에는 수사기관에 의한 대물적 강제처분도 원칙적으로 허용되지 않는다는 견해[1]이다. 부정설은 ① 제215조는 수사상의 강제처분을 규정한 것이므로 인권보장적 견지에서 제한적으로 해석해야 하며, ② 공소가 제기되면 사건이 법원에 계속되므로 압수 · 수색 · 검증도 법원의 권한에 속하고, ③ 공소제기 후 제 1 회 공판기일 전에 압수 · 수색 · 검증을 해야 할 긴급한 사정이 있는 때에는 증거보전절차에 의한 증거보전이 가능하며(제184조) 제 1 회 공판기일 후에는 법원에 의한 압수 · 수색 · 검증이 가능하므로 수사기관에 의한 강제처분을 인정할 필요가 없다는 것을 근거로 들고 있다.

(2) 비   판

6   수사기관에 의한 공소제기 후의 압수 · 수색 · 검증이 허용되느냐에 대하여 일본의 통설은 제 1 회 공판기일 전에는 허용된다는 제한적 긍정설을 취하고 있다.[2]

그것은 ① 일본 형사소송법 제219조가 수사기관의 강제처분인 압수 · 수색 · 검증영장에 피의자 또는 피고인의 성명을 기재하도록 규정하여 피고인에 대한 압수 · 수색 · 검증도 가능하다는 취지로 규정하고 있을 뿐만 아니라, ② 동법 제179조는 증거보전청구권을 피의자 · 피고인 또는 변호인에 대하여만 인정하고 있으므로 제 1 회 공판기일 전에 증거를 보전하지 않으면 증거로 사용할 수 없을 때에는 검사도 법관의 영장을 받아 압수 · 수색 · 검증을 하도록 해야 할 필요가 있다는 점을 이유로 한다.

7   그러나 형사소송법의 해석에 있어서는 우리 형사소송법과 일본 형사소송법의 차이를 주의하지 않으면 안 된다. 즉 ① 형사소송법 제215조는 압수 · 수색 · 검증영장을 청구할 수 있는 시기를 제한하지 않고 있다. 그러나 형사소송규칙 제107조는 압수 · 수색 · 검증영장의 청구서에 피의사실의 요지를 기재하게 하고 있고, 제108조 1항은 이를 피의자에 대하여만 인정되는 것으로 규정하고 있다. 피

---

1 김재환 259면; 백형구 강의, 335면; 신동운 604면; 신현주 283면; 이창현 563면; 임동규 292면.
2 田宮裕, 刑事訴訟法(新版), 有斐閣, 1996, 158頁.

의자에 대하여 인정된 강제처분이 피고인에게도 허용된다고는 할 수 없다. ② 형사소송법 제184조는 증거보전청구권을 피의자·피고인뿐만 아니라 검사에게도 인정하고 있다. 따라서 검사에게 제 1 회 공판기일 이전에 압수·수색·검증을 허용해야 할 필요도 없다. ③ 형사소송에는 법관의 예단배제를 위하여 공소장일본주의가 채택되어 있다(규칙 제118조 2항). 그런데 제 1 회 공판기일 이전에 검사가 제215조에 의한 압수·수색·검증영장을 청구할 때에는 범죄의 혐의가 있다고 인정되는 자료를 제출해야 한다(규칙 제108조 1항). 제 1 회 공판기일 이전에 범죄의 혐의가 있다고 인정되는 자료를 제출하는 길을 열어 두는 것은 공소장일본주의의 취지에 반한다. 따라서 공소제기 후에는 수사기관에 의한 압수·수색·검증이 허용되지 않는다는 부정설이 타당하다고 해야 한다. 판례도 부정설을 취하고 있다.[1]

   그러나 부정설에 의하는 경우에도 다음과 같은 경우에는 공소제기 후에 수사기관의 압수·수색·검증이 예외적으로 허용될 수 있다.

   1) 피고인에 대한 구속영장을 집행하는 경우   검사 또는 사법경찰관이 피고   8
인에 대한 구속영장을 집행하는 때에 그 집행의 현장에서는 영장 없이 압수·수색·검증할 수 있다(제216조 2항). 이 경우 검사 또는 사법경찰관은 집행기관으로서 구속영장을 집행하는 데 불과하지만 압수·수색·검증은 수사에 속하는 강제처분이므로 압수물은 법관에게 제출해야 하는 것이 아니라 수사기관에서 보유할 수 있다. 이 범위에서 수사기관이 공소제기 후에도 압수·수색·검증을 할 수 있음이 명백하다.

   2) 임의제출물의 압수   공소제기 후에 수사기관이 임의제출물을 압수할 수   9
있다는 점에는 의문이 없으나, 그 근거에 대하여는 견해가 일치하지 않는다. 임의제출물의 압수를 임의수사라고 해석하는 견해[2]도 있으나, 점유취득과정에는 강제력이 행사되지 않았다 할지라도 일단 영치된 이상 제출자가 임의로 취거할

---

1 대법원 2011. 4. 28, 2009 도 10412, 「형사소송법은 제215조에서 검사가 압수·수색 영장을 청구할 수 있는 시기를 공소제기 전으로 명시적으로 한정하고 있지는 아니하나, 헌법상 보장된 적법절차의 원칙과 재판받을 권리, 공판중심주의·당사자주의·직접주의를 지향하는 현행 형사소송법의 소송구조, 관련 법규의 체계, 문언 형식, 내용 등을 종합하여 보면, 일단 공소가 제기된 후에는 피고사건에 관하여 검사로서는 형사소송법 제215조에 의하여 압수·수색을 할 수 없다고 보아야 하며, 그럼에도 검사가 공소제기 후 형사소송법 제215조에 따라 수소법원 이외의 지방법원 판사에게 청구하여 발부받은 영장에 의하여 압수·수색을 하였다면, 그와 같이 수집된 증거는 기본적 인권 보장을 위해 마련된 적법한 절차에 따르지 않은 것으로서 원칙적으로 유죄의 증거로 삼을 수 없다.」

2 서일교 216면.

수 없다는 점에서 강제수사라고 해야 한다. 임의제출물의 압수는 강제수사지만 점유취득방법이 임의적이므로 공소제기 후에도 허용되는 것이다.

Ⅲ. 공소제기 후의 임의수사

1. 임의수사의 범위

10   형사소송법 제199조 1항은 「수사에 관하여는 그 목적을 달성하기 위하여 필요한 조사를 할 수 있다」고 규정하고 있다. 공소제기 후에도 공소를 유지하거나 그 여부를 결정하기 위한 수사가 가능한 이상 공소제기 후의 임의수사는 원칙적으로 허용된다고 하지 않을 수 없다. 그러므로 참고인의 조사, 감정, 통역 또는 번역의 위촉($^{제221조}_{2항}$)과 공무소에의 조회($^{제199조}_{2항}$)와 같은 임의수사는 제 1 회 공판기일 전후를 불문하고 허용된다고 하겠다.

11   그러나 임의수사라 하여 공소제기 후에도 무제한하게 허용되는 것은 아니다. 예컨대 공소제기 후에 참고인조사는 허용되어도 피고인에게 유리한 증언을 한 증인을 수사기관이 신문하여 증언내용에 대한 조서를 받는 것은 위증사건의 수사가 개시된 경우가 아니면 허용되지 않는다고 해야 한다. 공소제기 후에는 원칙적으로 법원에 의하여 증인신문이 행해져야 하기 때문이다.

> 판례는 「공판준비 또는 공판기일에서 이미 증언을 마친 증인을 검사가 소환한 후 피고인에게 유리한 증언 내용을 추궁하여 이를 일방적으로 번복시키는 방식으로 작성한 진술조서를 유죄의 증거로 삼는 것은 당사주의·공판주의중심주의·직접주의를 지향하는 현행 형사소송법의 소송구조에 어긋나는 것일 뿐만 아니라, 헌법 제27조가 보장하는 기본권, 즉 법관의 면전에서 모든 증거자료가 조사·진술되고 이에 대하여 피고인이 공격·방어할 수 있는 기회가 실질적으로 부여되는 재판을 받을 권리를 침해하는 것이므로, 이러한 진술조서는 피고인이 증거로 할 수 있음에 동의하지 아니하는 한 증거능력이 없다」고 판시하고,[1] 이는 그 증인을 상대로 위증의 혐의를 조사한 내용을 담은 피의자신문조서의 경우도 마찬가지라고 판시하였다.[2] 나아가 그와 같은 방법으로 수집된 증거의 신빙성은 상대적으로 희박하다[3]는 태도를 취하고 있다.

---

1 대법원 2000. 6. 15(전원합의체판결), 99 도 1108; 대법원 2012. 6. 14, 2012 도 534.
2 대법원 2013. 8. 14, 2012 도 13665.
3 대법원 1993. 4. 27, 92 도 2171.

공소제기 후의 임의수사에 대하여는 특히 피고인에 대한 수사기관의 신문이
허용되는가가 문제된다.

2. 피고인의 신문

(1) 견해의 대립

공소제기 후에 수사기관이 공소사실에 관하여 피고인을 신문할 수 있느냐에
대하여는 견해가 대립되고 있다. 적극설과 소극설 및 절충설(중간설)이 그것이다.

1) 적 극 설   공소제기 후에도 제 1 회 공판기일 전후를 불문하고 수사기관   12
이 피고인을 신문할 수 있다는 견해[1]이다. 피고인신문이 임의수사라는 전제에서
형사소송법 제199조의 임의수사에는 법적 제한이 없으므로 제200조의 피의자라
는 문구에 관계없이 공소유지에 필요한 신문을 할 수 있다고 한다. 적극설은 공
소제기 후에 수사기관이 피고인을 신문하여 작성한 조서(진술조서)의 증거능력을 인정
하게 된다.

> 일본의 판례는 공소제기 후에 제 1 회 공판기일 전에 수사기관이 피고인을 신문하여
> 작성한 진술조서의 증거능력을 인정하여 적극설을 채택하고 있다.[2] 대법원이 「검사
> 의 피고인에 대한 당해 피고사건에 대한 진술조서가 기소 후에 작성된 것이라는 이
> 유만으로 곧 그 증거능력이 없는 것이라고 할 수는 없다」고 판시하고 있는 것[3]도
> 이러한 의미에서 적극설의 태도라고 할 수 있다.

2) 소 극 설   수사기관은 공소제기 후에는 제 1 회 공판기일 전후를 불문하   13
고 피고인을 신문할 수 없다는 견해이다. 통설이 취하고 있는 태도이다.[4] 소극설
은 ① 형사소송법 제200조는 「검사 또는 사법경찰관은 수사에 필요한 때에는 피
의자의 출석을 요구하여 진술을 들을 수 있다」고 하여 피의자신문을 규정하고 있
으며 여기의 피의자에는 피고인이 포함되지 않으므로 피고인신문은 부정되어야
하며, ② 피의자 또는 피고인신문은 완전한 임의수사가 아니라 강제수사이므로
형사소송법 제199조의 수사에 포함될 수는 없고, ③ 피고인신문을 임의수사라 할
지라도 공소제기 후에 피고인은 소송의 주체로서 당사자의 지위를 가지므로 수사

---

1 이창현 559면.
2 日最決 1961. 11. 21[刑集 15-10, 1764].
3 대법원 1982. 6. 8, 82 도 754; 대법원 1984. 9. 25, 84 도 1646.
4 노명선/이완규 319면; 신동운 605면; 신현주 385면; 이영란 380면; 정승환 § 22/10.

기관이 피고인을 신문하는 것은 당사자주의와 모순될 뿐만 아니라, ④ 공소제기 후에는 공판절차에 의하여 형사소송을 진행하는 것이 원칙이므로 공판 외의 수사를 허용한다면 공판절차는 외견상의 절차에 그쳐 공판중심주의에 반하고, 공판에서는 원칙으로 변호인 없는 절차는 적정성을 결한다는 점 등을 논거로 들고 있다.

14   3) 절 충 설   공소제기 후에도 제 1 회 공판기일 전에는 수사기관에 의한 피고인신문을 허용해야 한다는 견해[1]이다. 이는 피고인의 당사자로서의 지위와 공소제기 후의 피고인신문의 필요성을 조화해야 한다는 전제에서 제 1 회 공판기일 전에는 공판절차상의 피고인신문이 불가능하며 제 1 회 공판기일에 이르러 당사자주의가 발현되는 것이므로 그 이전까지는 임의수사인 한 피고인에 대한 신문이 허용된다는 것이다.

    (2) 비   판

15   1) 피고인신문의 법적 성격   형사소송법 제200조의 피의자신문은 임의수사[2]라고 하지 않을 수 없다. 피의자는 진술거부권을 가질 뿐만 아니라 출석을 거부할 수 있고, 출석한 후에도 언제나 퇴거할 수 있기 때문이다.

    미국의 판례는 공소제기 후의 피고인신문을 변호권의 침해라는 이유로 금지하고 있다. 즉 1959년의 Spano사건[3]에서 미국 연방대법원은 공소제기 후에 경찰에서 기망에 의하여 한 피고인의 자백을 전체상황(totality of cir-cumstances)을 고려하여 임의성이 없다고 배제하였지만, 4판사의 보충의견에 의하여 기소 후에 한 자백은 변호인의 도움을 받을 권리를 침해하였다고 지적되었으며,[4] 1964년의 Massiah사건[5]에서는 연방대법원도 마약사건으로 기소되어 보석 중인 피고인의 자백에 대하여 변호인의 참여 없는 신문은 법의 적정절차의 원리에 비추어 허용될 수 없다고 판시하였다.

16   2) 피고인의 지위와 피고인신문   피의자신문이 임의수사라고 하여 수사기관에 의한 피고인신문이 당연히 허용되는 것은 아니다. 임의수사라 할지라도 적정절차의 원칙에서 공정성을 잃은 수사나 상대방의 법적 지위와 일치하지 않는 수사는 금지된다고 해야 하기 때문이다. 피고인의 지위는 피의자의 그것과 구별해

---

1 백형구 74면, 강의 336면.

2 대법원 2013. 7. 1. 결정, 2013 모 160.

3 Spano v. NY., 360 U.S. 315(1959).

4 LaFave–Israel, *Criminal Procedure(Constitutional Limitation)*, p. 221.

5 Massiah v. United States, 377 U.S. 201(1964).

야 한다. 즉 공소제기 후의 피고인은 소송의 주체로서 검사와 대등한 지위에서 방어권을 행사하는 당사자가 된다. 수사기관이 당사자인 피고인을 신문하는 것은 피고인을 피의자와 동일시하는 것으로 당사자주의와 일치할 수 없고, 공정한 재판의 이념에도 반한다고 해야 한다. 법원에 소송이 계속되어 있음에도 불구하고 피고인이 계속 수사기관의 신문을 받을 때에는 피고인의 방어권행사가 방해받기 때문이다. 따라서 피고인신문은 임의수사이지만, 형사소송법 제200조의 피의자에는 피고인이 포함되지 않고, 제199조의 임의수사로 피고인을 신문하는 것도 피고인의 당사자지위와 공정한 재판의 이념에 반하는 결과를 초래하므로 공소제기 후에는 수사기관이 공소사실에 관하여 피고인을 신문할 수 없다는 소극설이 타당하다고 하겠다. 따라서 공소제기 후에 수사기관이 공소사실에 대하여 피고인을 신문하는 것은 제 1 회 공판기일 전후를 불문하고 허용할 수 없으며, 이에 위반하여 피고인을 신문하고 작성한 수사기관의 피고인에 대한 진술조서는 위법하게 수집된 증거로서 증거능력을 부정해야 한다.

다만, 소극설에 의하는 경우에도 예외적으로 ① 피고인이 검사의 면접을 요구한 경우, ② 공범자 또는 진범이 발견되어 피고인에 대한 신문이 불가피한 경우에는 피고인신문을 부정할 이유가 없다고 생각된다.[1] 이 때에는 피고인의 이익을 위한 경우이거나 피고인이 순수한 참고인으로 조사받는 것에 불과하기 때문이다.

3) **절충설에 대한 비판**   절충설은 피고인의 당사자로서의 지위와 피고인신문의 필요성을 조화하기 위하여 제 1 회 공판기일을 기준으로 그 이전의 피고인신문은 허용된다고 한다. 그러나 ① 피의자는 공소제기에 의하여 당연히 피고인으로 되어 완전한 당사자로서의 지위를 차지하는 것이며 피고인의 당사자지위가 제 1 회 공판기일의 전후에 따라 차이가 있는 것은 아니다. 또한 ② 공소제기 후 제 1 회 공판기일까지의 기간은 피고인이 공소사실에 대한 방어를 준비하는 최초이자 유일한 기회라고 해야 한다. 수사기관은 공소제기까지 충분한 시간을 가지고 있었음에도 불구하고 피고인에게 주어진 유일한 방어준비기회에 피고인을 신문하여 그 기회를 박탈하는 것은 결코 타당하다고 할 수 없다.

17

---

1 이주원 255면.

제 3 편

공소의 제기와
심판의 대상

제1장 공소의 제기

제1절 공소와 공소권이론 §18

I. 공소의 의의

검사는 수사결과 범죄의 객관적 혐의가 인정되고 유죄의 판결을 받을 수 있 1
다고 판단할 때에는 공소를 제기한다. 공소란 법원에 대하여 특정한 형사사건의
심판을 요구하는 검사의 법률행위적 소송행위를 말한다. 검사의 공소제기는 수사
의 종결을 의미하는 동시에 이에 의하여 법원의 심판이 개시된다. 따라서 공소에
의하여 범죄수사는 일응 종결되고 사건은 공판절차에 이행된다.

공소의 제기는 수사결과에 대한 검사의 판단에 의하여 결정된다. 그러나 공
소제기가 없는 때에는 법원은 그 사건에 대하여 심판을 할 수 없다(불고불리의 원
칙). 즉 법원의 심판의 대상은 공소제기에 의하여 결정되고 법원은 이를 중심으
로 심판하지 않을 수 없다. 이러한 의미에서 공소제기는 형사절차에서 중요한 의
미를 가지는 소송행위라고 할 수 있다.

II. 공소권의 이론

1. 공소권의 의의

공소권이란 공소를 제기하는 검사의 권리를 말한다. 공소를 제기하고 수행 2
하는 검사의 지위를 권리 또는 권한의 측면에서 파악한 것이라고 할 수도 있다.
공소권의 구체적 내용은 유·무죄의 실체재판을 청구하는 권리이다. 공소권은 법
원의 심판권, 피고인의 방어권과 함께 형사소송구조의 기본개념의 하나를 이루고
있는 검사의 권리이다.

공소권은 검사의 공소제기에 관한 권리를 의미하는 것이므로 실체법상의 형 3
벌권과 구별되는 개념이다. 따라서 형벌권이 존재하지 않기 때문에 무죄판결을

하는 경우에도 공소권은 존재할 수 있다. 물론 형벌권과 공소권이 전혀 관계가 없는 것은 아니다. 공소의 제기는 유죄판결을 전제로 하므로 공소제기에는 유죄판결의 개연성이 인정될 것을 요하기 때문이다.

2. 공소권이론

4　　공소권이론이란 공소권의 본질과 성격을 어떻게 파악할 것인가, 즉 법원의 심판권과의 관계에서 공소권의 구체적 의미와 내용을 어떻게 이해할 것인가에 대한 이론을 말한다.

공소권이란 개념은 프랑스의 action publique에서 유래하여, 독일 소송법학에서 형사소권(Strafklagerecht)의 이론으로 체계화된 것이다. 초기에는 민사소송의 사법적 소권설의 영향으로 범죄에 의하여 형벌권이 발생하고 재판상 이를 확인하기 위한 국가의 권리로서 형벌청구권이 생기는데 이 형벌청구권이 바로 공소권이라고 하는 실체적 형사청구권설이 주장된 바 있다. 그러나 공소권을 전제로 소송에 의하여 확인된 형벌청구권을 공소권의 본질이라고 하는 것은 논리상 모순일 뿐만 아니라, 실체법과 절차법의 혼동이라는 비판이 제기되어 민사소송의 공법적 소권설의 영향 아래 소송법적 공소권이론이 등장하게 된 것이다.

여기에는 추상적 공소권설과 구체적 공소권설 및 실체판결청구권설이 있다.

(1) 추상적 공소권설

5　　검사가 형사사건에 대하여 공소를 제기할 수 있는 일반적 권한을 공소권이라고 하는 견해이다. 민사소송의 추상적 소권설에 대응하는 이론이다. 공소는 검사가 제기하여 수행한다는 국가소추주의에 관한 규정에 의하여 이러한 의미의 공소권이 검사에게 있는 것은 명백하다. 그러나 추상적 공소권이란 국법상의 권리에 불과하며 고유한 소송법상의 문제가 아닐 뿐만 아니라, 공소권의 구체적 내용을 밝히는 데 무의미하다는 비판을 받지 않을 수 없었다. 우리나라에서 현재 추상적 공소권설을 취하는 학자는 없다.

(2) 구체적 공소권설

6　　검사가 구체적 사건에 관하여 공소를 제기하여 수행할 수 있는 구체적 권한을 의미한다는 견해이다. 구체적 공소권설은 민사소송의 구체적 소권설에 대응하는 이론으로 공소권은 추상적 공소권을 전제로 하여 더 필요한 조건을 구비한 경

우에 검사에게 발생하는 권한이라고 해석한다. 유죄판결청구권설이라고도 한다. 우리나라의 다수설[1]이라고 볼 수 있다.

　　구체적 공소권설은 공소권을 형식적 공소권과 실체적 공소권으로 구별한다. 형식적 공소권이란 공소제기를 위한 형식적 적법요건을 구비한 경우의 공소권, 즉 법원에 재판권과 관할권이 있을 것, 다른 소송계속이 없을 것, 공소제기의 절차가 법률의 규정에 위반하지 않았을 것, 친고죄에 있어서 고소가 있을 것과 같은 형식적 소송조건이 구비된 경우의 공소권을 말한다. 이에 반하여 실체적 공소권은 사건이 실체적으로 범죄를 구성하는 혐의가 충분하고 유죄판결을 받을 법률상의 이익이 있는 경우의 구체적 공소권, 즉 확정판결이 없을 것, 공소시효가 완성되지 않았을 것과 같은 실체적 소송조건이 구비된 경우의 구체적 공소권을 의미한다. 형식적 공소권이 없는 공소제기에 대하여는 공소기각의 재판을 하고, 실체적 공소권이 없는 공소제기에 대하여는 면소의 재판을 해야 한다는 것이다.

　　구체적 공소권설이 공소권의 남용을 억제한다는 정책적 기능을 수행하는 것은 부정할 수 없다. 그러나 이에 의하면 ① 무죄판결을 할 경우의 공소권을 설명할 수 없고, ② 소의 이익이라는 관념이 일반화되지 않은 형사소송법에 있어서는 실체적 형벌청구권설과의 구별이 곤란할 뿐 아니라, ③ 공소권에 형식적 공소권과 실체적 공소권의 두 가지 종류가 있다고는 할 수 없으므로 형식적 공소권과 실체적 공소권을 구별하는 것도 부당하다는 비판을 면할 수 없다.　　　　　7

(3) 실체판결청구권설

　　공소권이란 검사가 구체적 사건에 관하여 유죄 또는 무죄의 실체판결을 구하는 권능을 말한다고 해석하는 견해[2]이다. 민사소송에 있어서의 본안판결청구권설에 대응하는 이론이며, 공소권의 본질을 가장 적절히 설명한 타당한 견해라고 생각된다. 이러한 의미에서 공소권이란 검사가 구체적 사건에 관하여 공소를 제기·수행하여 실체판결을 받을 권리를 말한다고 정의할 수 있다.　　　　　8

　　실체판결청구권설은 형사소송과 민사소송의 본질적 차이를 간과했다고 비판하는 견해[3]도 있다. 즉 형사절차에는 유죄판결과 무죄판결이라는 실체판결 이외에 민사소송법이 알지 못하는 면소판결·관할위반의 판결·공소기각의 판결과 결정이 있으므

1　손동권/신이철 348면; 신동운 549면; 이영란 385면; 이은모/김정환 379면; 임동규 297면.
2　강구진 58면; 백형구 강의, 443면.
3　신동운 547면.

로 형사절차의 종결을 실체재판과 형식재판으로 이분하는 것은 부당하다는 것이다. 그러나 면소판결을 비롯한 위의 재판은 모두 형식재판에 속한다고 해야 하고, 공소제기의 이익이 없거나 공소제기가 부적법하여 형식재판으로 소송을 종결시키는 경우가 공소권의 본질에 영향을 미친다고 해석할 수는 없다.

3. 공소권이론 부인론

9   공소권을 실체판결청구권설에 의하여 파악할 때에도 공소권은 소송조건과 표리일체의 관계에 있게 된다. 여기서 공소권이론을 소송조건이론으로 해소시켜야 한다는 주장이 등장하였다. 이를 공소권이론 부인론이라고도 한다. 즉 소송조건은 법원과 양 당사자에 공통한 것으로 이를 법원측에서 보면 실체심판을 할 권리가 되고 당사자 측에서는 실체심판을 받을 권리가 되며, 공소권이란 소송조건을 검사의 입장에서 본 것에 지나지 않고, 따라서 공소권이론은 소송조건이론의 일면으로 생각하면 충분할 뿐만 아니라 오히려 공소권의 개념은 그 자체로서 발전적 요소가 없기 때문에 소송의 동적·발전적 성격에 적합하지 않다는 것이다.[1]

10   공소권이론 부인론은 소송절차를 동적·발전적으로 파악하는 데 의의가 있다. 그러나 ① 공소권이론을 소송조건이론으로 환원하는 것은 직권주의에 입각하여 법원의 측면에서 관찰하는 것일 뿐만 아니라,[2] ② 공소제기의 유효요건인 소송조건에 공소권이 해소된다는 것은 적절하다고 볼 수 없고,[3] ③ 검사의 공소권을 피고인의 방어권에 대립시켜 양 당사자의 권리로 파악할 때에는 검사의 공소권행사를 억제하는 기능을 수행할 수 있다는 점에 비추어[4] 공소권이론 부인론은 타당하다고 할 수 없다. 공소권이론 부인론도 공소권의 개념까지 부인하는 것은 아니다.

Ⅲ. 공소권남용이론

(1) 공소권남용이론의 의의

11   공소권남용이론이란 공소권의 남용이 있는 경우에 공소기각 또는 면소판결

---

1 김기두 81면; 김재환 264면.
2 정영석/이형국 226면.
3 강구진 59면.
4 신동운 546면; 이영란 385면; 차용석/최용성 285면.

의 형식재판에 의하여 소송을 종결시켜야 한다는 이론을 말한다. 검사의 공소권
에 대하여 권리남용이론을 적용함으로써 피고인을 조기에 형사절차에서 해방시
키고, 검사의 부당한 공소권행사를 통제하기 위하여 주장된 이론이다. 여기서 공
소권의 남용이란 공소권의 행사가 형식적으로는 적법하지만 실질적으로는 부당
한 경우를 말한다. 예컨대 ① 범죄의 객관적 혐의가 없음에도 불구하고 검사가
공소를 제기한 경우, ② 사건의 성질과 내용에 비추어 기소유예를 함이 상당함에
도 불구하고 공소를 제기한 경우, ③ 죄질과 범증이 유사한 여러 피의자 중에서
일부만을 선별적으로 공소제기한 경우, ④ 공소제기의 전제인 수사과정에 중대한
위법이 있는 경우가 여기에 해당한다. 따라서 공소권남용이론의 적용이 문제되는
경우로는 혐의 없는 사건의 공소제기, 소추재량을 일탈한 공소제기, 차별적 공소
제기 및 위법수사에 의한 공소제기의 네 가지 유형을 들 수 있다.

　　위법수사에 의한 공소제기가 공소권남용에 해당하는가에 관하여는 그것은 수사의 위　　12
법이 공소제기에 어떤 영향을 미치는가의 문제[1] 또는 위법수집증거배제법칙의 적용
에 의하여 해결해야 할 문제[2]라는 이유로 이를 부정하는 견해도 있다. 그러나 수사
의 위법이 공소제기를 무효로 한다면 그것은 공소권의 남용에 해당하는 것이고, 위
법수집증거배제법칙과 공소제기의 효력은 구별되어야 한다. 판례는 위법한 함정수사
로 인한 공소제기는 공소제기가 무효인 때에 해당한다고 판시한 바 있다.[3] 그러나
위법수사에 의한 공소제기가 당연히 공소제기를 무효로 한다고 할 수는 없으므로 여
기서는 앞의 세 가지 유형만을 살펴보기로 한다.

(2) 혐의 없는 사건의 공소제기

　　범죄의 객관적 혐의가 없음에도 불구하고 검사가 공소를 제기한 경우에 형　　13
식재판에 의하여 소송을 종결시킬 수 있는가에 관하여 공소권남용이론을 긍정할
것인가에 따라 공소기각설과 무죄판결설이 대립되고 있다.

　　1) 공소기각설　　　　범죄의 객관적 혐의가 없음에도 불구하고 공소를 제기하는　　14
것은 공소권의 남용에 해당하여 공소제기가 부적법하게 된다는 이유로 공소기각
의 재판을 해야 한다는 견해이다. 다만 이 경우에 공소기각의 결정을 할 것인가
또는 공소기각의 판결을 할 것인가에 관하여 공소기각설은 다시 ① 공소장에 기

1　백형구 강의, 446면.
2　신동운 567면.
3　대법원 2005. 10. 28, 2005 도 1247; 대법원 2006. 9. 28, 2006 도 3464.

재된 사실이 진실이라 하더라도 범죄가 될 만한 사실이 포함되지 아니한 때에 해당하므로 형사소송법 제328조 제 1 항 4호에 의하여 공소기각의 결정을 해야 한다는 견해(공소기각결정설)[1]와, ② 유죄판결을 받을 수 있는 가능성은 공소권행사의 기본적 전제요건을 이루는 것이므로 명백한 무혐의사건에 대한 공소제기는 공소제기의 절차가 법률의 규정에 위반하여 무효인 때에 해당하는 것으로 보아 제327조 2호에 의하여 공소기각의 판결로 절차를 종결해야 한다는 견해(공소기각판결설)[2]로 나누어진다.

15   **2) 무죄판결설**   혐의 없는 사건에 대하여는 무죄판결을 선고해야 한다는 견해[3]이다. 형사소송법은 피고사건이 범죄로 되지 아니하거나 범죄사실의 증명이 없는 때에 무죄판결을 하게 하고 있고($\frac{제325}{조}$), 범죄의 혐의가 없는 때에는 공소기각이나 면소의 사유에 해당하지 않는다는 것을 이유로 한다.

16   **3) 비   판**   공소기각설에 의하면 ① 혐의불충분으로 공소기각을 해야 할 경우와 범죄사실의 증명이 없어 무죄판결을 해야 할 경우를 구별할 수 없게 되고, ② 본안심리의 대상을 소송조건의 유무로 심사하여 중복심리를 하게 된다. ③ 혐의 없는 사건에 대하여 무죄판결을 선고할 때에는 이에 의하여 일사부재리의 효력이 발생한다는 점에서 피고인에게도 불이익하지 않다고 할 수 있다. 따라서 혐의 없는 사건에 대하여는 무죄판결을 선고하는 것이 당연하며, 범죄혐의의 불충분이 공소기각이나 면소의 사유에 해당하지 않음에도 불구하고 절차의 신속한 종결을 위하여 형식재판에 의하여 절차를 종결하는 것은 허용되지 않는다고 할 것이므로 무죄판결설이 타당하다.

(3) 소추재량을 일탈한 공소제기

기소유예처분을 함이 상당한 사건을 검사가 공소제기한 경우에 대하여도 면소판결설과 공소기각설 및 유죄판결설이 대립되고 있다.

17   **1) 면소판결설**   공익의 대표자인 검사가 소추재량의 기준을 일탈하는 것은 공소권의 남용에 해당하므로 일사부재리의 효력이 인정되는 면소판결에 의하여 절차를 종결해야 한다는 견해이다. 그러나 우리나라에서 면소판결설을 주장하는

---

1 차용석/최용성 313면.

2 손동권/신이철 348면; 신동운 568면; 이은모/김정환 381면.

3 배종대/홍영기 § 31/18; 백형구 강의, 448면; 송광섭 392면; 이창현 567면; 임동규 299면; 정승환 § 22/13.

학자는 없다.

   2) **공소기각판결설**　　　검사의 소추재량은 기속재량이므로 소추재량을 남용한 18
공소제기는 공소제기의 절차가 법률의 규정에 위반하여 무효인 때($\frac{제327조}{2호}$)에 해당
하여 공소기각의 판결로 절차를 종결해야 한다는 견해[1]로서, 판례의 입장이다.[2]

   3) **유죄판결설**　　　기소유예의 여부는 검사의 재량에 속하며 소추재량의 남용은 19
공소기각이나 면소의 사유에 해당하지 않을 뿐만 아니라, 기소유예의 정상은 사건
의 실체에 관한 문제이므로 유죄판결로 절차를 종결해야 한다는 이론[3]이다. 공소
권남용이론을 부정할 때에는 당연히 유죄판결설을 취하지 않을 수 없게 된다.

   4) 비　　　판　　　생각건대 ① 기소유예의 정상이 사건의 실체에 관한 것임에도 20
불구하고 이를 소송조건으로 다루는 것은 타당하다고 할 수 없고, ② 형사소송에
있어서 법원의 역할은 공소사실의 심판이지 소추재량의 당부를 판단하는 것은 아
니므로 유죄판결설이 타당하다고 하지 않을 수 없다.

  (4) **차별적 공소제기**

   범죄의 성질과 내용이 비슷한 여러 피의자들 가운데 일부만을 선별하여 공 21
소제기하고 다른 사람들은 수사에 착수하지도 않거나 기소유예하는 것을 선별기
소 또는 차별적 공소제기라고 한다. 차별적 공소제기의 경우에도 공소기각판결설
과 실체판결설이 대립되고 있다.

   1) **공소기각판결설**　　　검사의 차별적 공소제기는 헌법이 규정한 평등원칙에 22
위반한 공소권의 행사로서 형사소송법 제327조 2호의 공소제기의 절차가 법률의
규정에 위반하여 무효인 때에 해당하므로 공소기각의 판결을 선고해야 한다는 견
해[4]이다.

   2) **실체판결설**　　　검사의 차별적 공소제기가 명백히 불합리한 경우에도 유죄 23
또는 무죄의 실체판결을 해야 한다는 견해[5]이다. 검사의 차별적 공소제기는 현
행법상 공소기각의 사유에 해당하지 않는다는 것을 이유로 한다.

   3) 비　　　판　　　① 형사소송법이 검사에게 공소제기에 관하여 재량을 인정하 24

---

1 노명선/이완규 407면; 차용석/최용성 314면.
2 대법원 2021. 10. 14, 2016 도 14772.
3 백형구 강의, 449면; 신동운 570면; 신양균/조기영 346면; 이영란 388면; 이창현 568면; 정승환
   § 22/14.
4 신동운 571면; 정승환 § 22/18.
5 김재환 267면; 백형구 강의, 450면; 손동권/신이철 351면; 송광섭 393면; 임동규 300면.

는 기소편의주의를 채택하고 있을 뿐만 아니라, ② 차별적 공소제기를 공소기각
의 사유로 할 때에는 공소제기되지 않은 사건까지 심리의 대상에 포함시키지 않
을 수 없어 불고불리의 원칙에 반하므로 실체판결설이 타당하다고 생각된다.

> 대법원은 「동일한 구성요건에 해당한 행위를 한 공동피의자 중 일부만을 기소하고
> 다른 일부에 대하여는 불기소처분을 하였다 할지라도 평등권을 침해하였거나 공소권
> 을 남용하였다고 할 수 없다」고 판시하고 있다.[1]

(5) 결   론

25   공소권남용의 이론은 전형적인 소송조건을 통하여는 견제하기 어려운 검사
의 공소권행사의 적정성을 도모하고 검사의 부당한 공소제기를 시정·억제하기
위한 이론이라는 점에서 입법론으로는 가치 있는 이론이다. 그러나 공소기각과
면소판결의 사유를 제한하고 있는 형사소송법의 해석에 있어서 범죄의 혐의가 없
거나 소추재량을 일탈하였거나 수사절차에 위법이 있다는 이유로 형식재판에 의
하여 절차를 종결시키는 것은 해석론으로는 불가능하다고 하지 않을 수 없다.

26   대법원은 검사가 자의적으로 공소권을 행사하여 피고인에게 실질적인 불이
익을 줌으로써 소추재량권을 현저히 일탈하였다고 보여지는 경우에는 공소권남
용에 해당되어 공소제기의 효력을 부인할 수 있지만,[2] 그러기 위해서는 단순한
직무상의 과실만으로는 부족하고 적어도 미필적으로나마 어떤 의도가 있어야 한
다고 판시한 바 있다.[3] 생각건대 검사에게 동시소추의 의무가 있다고는 할 수
없으므로, 수개의 사건 중 추가기소한 일부사실이 공소제기하지 않을 수 없는 정
도인 때에는 보복기소에 해당한다고 할 수 있는 경우가 아닌 한 공소권의 행사가
부당하다고 할 수 없다. 미국에서는 불평등기소 이외에 검사에게 피고인에 대한
보복의 의도가 있고 보복이라는 실질적인 증거가 있는 경우에는 보복기소가 되
고, 보복기소는 적정절차를 침해했다는 이유로 공소기각의 대상이 된다고 한다.[4]

대법원은 기소유예처분을 번복하고 기소할 만한 의미 있는 사정 변경이 없는데도 피

---

1 대법원 1990. 6. 8, 90 도 646; 대법원 2012. 7. 12, 2010 도 9349; 대법원 2013. 1. 31,
2011 도 1701; 대법원 2018. 9. 28, 2018 도 10447.

2 대법원 2004. 4. 27, 2004 도 482; 대법원 2017. 8. 23, 2016 도 5423.

3 대법원 1998. 7. 10, 98 도 1273(항소심판결 선고 후 추가기소); 대법원 2004. 7. 8, 2004 도
2189(항소심판결 선고 후 추가기소); 대법원 2018. 9. 28, 2018 도 10447(수사미진·선별기
소); 대법원 2019. 2. 14, 2018 도 14295(3개월 후 추가기소).

4 LaFave–Israel–King p. 696; Senna–Siegel, *Introduction to Criminal Justice*, 5th Ed. p. 363.

고인이 간첩사건에서 무죄를 선고받게 되자 이미 기소유예처분을 받은 외국환관리법
위반 혐의에 대하여 4년 만에 다시 공소제기한 것은 어떠한 의도를 가지고 공소권을
자의적으로 행사한 것으로 공소권남용에 해당한다고 판시하였다.[1] 이 판결은 대법
원이 공소권남용을 인정한 최초의 판결이다. 그 이전에는 검사가 동시에 수사하여
함께 기소하는 것이 상당한 사건의 일부를 항소심 판결선고 후에 추가기소하거나[2]
가정보호사건으로 불처분결정을 받아 확정된 사건을 피해자의 고소로 약식명령을 청
구하는 경우에[3] 공소권남용이 될 수 있다고 하면서도, 개별 사례에서 공소권남용을
인정한 사례는 없었다. 다만 피고인이 차량을 절취하여 무면허로 운전하다가 적발되
어 절도죄의 기소중지자로 검거되었음에도 불구하고 도로교통법위반(무면허운전)죄
로만 기소되어 유죄판결로 선고받고 복역하다가 가석방으로 출소하는 날 다시 위 절
도죄의 기소중지자로 긴급체포되어 절도죄에 이미 처벌받은 도로교통법위반(무면허
운전)죄까지 포함하여 기소한 사건에서, 자의적인 공소권행사의 의심이 든다는 이유
로 파기환송한 판결이 있다.[4]

제 2 절   공소제기의 기본원칙   § 19

Ⅰ. 국가소추주의 · 기소독점주의

1. 국가소추주의

누구를 공소제기의 주체로 하는가에 관하여 국가소추주의와 사인소추주의가   1
대립되고 있다. 공소제기의 권한을 국가기관(특히 검사)에게 전담하게 하는 것을 국가
소추주의라고 하며, 사인의 공소제기를 인정하는 것을 사인소추주의라고 한다.
국가소추주의 가운데 국가기관인 검사가 공소제기를 담당하는 것을 검사기소주
의라고 한다. 사인소추주의에는 피해자소추주의와 공중소추주의가 있다. 피해자
소추주의는 피해자 또는 그 친족의 소추에 의하여 형사소송이 개시되는 것을 말

---

1 대법원 2021. 10. 14, 2016 도 14772. 원심판결도 공소권남용을 인정하였다(서울고등법원
   2016. 9. 1, 2015 노 2312).
2 대법원 1996. 2. 13, 94 도 2658.
3 대법원 2017. 8. 23, 2016 도 5423.
4 대법원 2001. 9. 7, 2001 도 3026. 파기환송심에서는 절도죄에 대하여 다시 공소권남용에 해
   당하지 않는다고 유죄판결을 선고하였고, 동 판결은 상고기간 도과로 확정되었다(서울지방법
   원 2002. 11. 5, 2001 노 8398).

하며 고대 게르만시대에 전용되던 소추제도이다. 이에 반하여 일반공중에게 소추
권을 인정하는 것이 공중소추주의이다.

2   비교법적으로 볼 때 사인소추의 전통을 가지고 있는 영국에서는 경찰에 의한 사소
(私訴, private prosecution)를 원칙으로 함에 반하여, 미국에서는 공적 소추기관으로
검사제도를 도입하고 있지만 연방과 대부분의 주에는 검사 이외의 소추기관인 대배
심(Grand Jury)을 두어 정식기소(indictment)를 맡게 하고 있다. 배심기소주의를 국
가소추주의의 한 형태로 파악하는 견해[1]도 있으나, 이는 공중으로 하여금 소추를
담당하게 하는 공중소추주의의 방식이라고 할 것이다. 대륙의 형사소송은 치죄법 이
후 국가소추주의를 원칙으로 하고 있다. 범죄예방과 처벌에 대한 공적 이익은 국가
적 형사소추절차를 전제로 하며,[2] 이러한 의미에서 국가소추주의는 공형벌권의 실
현을 위한 가장 적절한 수단으로 평가되기 때문이다. 그러나 독일 형사소송법은 국
가소추주의를 원칙으로 하면서도($\frac{제152}{조}$) 주거침입죄나 비밀침해죄 등의 경미한 범죄
에 관하여 예외적으로 사인소추(Privatklage)를 인정하고 있고($\frac{제374}{조}$), 프랑스에서도
같은 태도를 유지하고 있다.

3   형사소송법은 공소는 검사가 제기하여 수행한다고 규정하여($\frac{제246}{조}$), 국가소추
주의를 일관하고 있는 점에 특색이 있다.

2. 기소독점주의

4   국가기관 중에서 검사만이 공소를 제기하고 수행할 권한을 갖는 것을 검사
의 기소독점주의라고 한다. 국가소추주의는 기소독점주의와 사실상 표리일체의
관계에 있으며, 형사소송법 제246조는 국가소추주의와 함께 기소독점주의를 선언
한 것이라 할 수 있다.

(1) 기소독점주의의 장점

5   기소독점주의는 전국적으로 통일된 조직체를 이루고 있는 검사에게 소추권
을 독점케 함으로써 공소제기의 적정을 보장하고, 공익의 대표자인 검사가 개인
적 감정이나 지방적 특수사정 또는 일시적 흥분에 의하여 좌우되지 않고 국가적
입장에서 공평하고 획일적인 소추를 할 수 있게 한다는 장점을 가진다. 특히 기
소독점주의는 기소편의주의와 결합할 때에는 기소 · 불기소의 기준을 통일하여

---

1 강구진 248면; 신현주 395면.
2 Roxin S. 78.

공소권행사의 공정을 보장하는 기능을 하게 된다. 이러한 의미에서 기소독점주의는 형사사법에 있어서 실질적 정의를 실현하기 위한 최상의 역할분담이라고 할 수도 있다.[1]

⑵ 기소독점주의의 단점

기소독점주의는 공소권행사의 공정을 기하기 위한 합리적인 제도임에도 불구하고 관료주의와 야합하여 공소권의 행사를 검사의 자의와 독선에 흐르게 하고 비민주적인 검사독선 내지 검사팟쇼를 초래할 위험을 내포하고 있다. 공소권의 행사가 정치권력에 의하여 영향을 받게 될 때에는 기소독점주의는 더욱 위험한 제도가 된다. 기소독점주의의 이러한 단점은 기소편의주의와 결합하여 더욱 배가된다고 할 수 있다.

3. 기소독점주의에 대한 예외 및 규제

⑴ 기소독점주의에 대한 예외

⑺ **고위공직자범죄수사처의 공소제기** 공수처법은 공소제기대상 범죄 사건에 대해 수사처에게 공소제기 권한을 부여하였으므로(공수처법 제3조 1항 2호), 이러한 범죄에 관하여는 더 이상 검사의 기소독점주의가 유지된다고 보기 어렵게 되었다. 그런데 이렇게 되면 필연적으로 수사처에 부여된 권한 범위 내에서는 검찰권 행사에 관하여 전국적으로 통일적인 기준이 없게 되고, 두 기관 사이에 법의 해석과 적용이 서로 충돌하거나 모순되는 문제가 발생하는 등 공소권행사의 공정성이 문제될 수 있다. 이와 관련하여, 공수처법은 수사처장의 사건이첩요청권과 다른 수사기관의 통보의무 등을 규정하고 있다. 수사처장은 다른 수사기관의 사건이 수사처와 중복되는 경우에는 수사의 진행 정도 및 공정성 논란 등에 비추어 수사처에서 수사하는 것이 적절하다고 판단하는 경우 해당 수사기관에게 이첩을 요청할 수 있고, 이때 그 수사기관은 이에 응하여야 한다(공수처법 제24조 1항). 또한, 다른 수사기관이 범죄를 수사하는 과정에서 고위공직자범죄등을 인지한 경우에는 그 사실을 즉시 수사처에 통보하여야 한다(동조 제2항). 고위공직자범죄등 사실의 통보를 받은 처장은 통보를 한 다른 수사기관의 장에게 수사처규칙으로 정한 기간과 방법으로 수사개시 여부를 회신하도록 하고 있다(동조 제4항).

---

1 Schoreit KK § 152, Rn. 11.

8   (나) **즉결심판의 청구 및 법정경찰권에 위한 제재**   즉결심판의 청구[1]와 법정경
찰권에 의한 제재도 기소독점주의의 예외이다. 즉결심판의 청구권자는 검사가 아
니라 경찰서장이다. 즉결심판의 청구도 넓은 의미의 형사재판의 청구라는 점에서
기소독점주의에 대한 예외가 된다. 법정경찰권에 의한 제재(법조법 제
61조 1항)에 대하여도
검사의 소추를 요하지 않는다. 다만 이는 형벌이 아니라 질서벌의 성질을 가지
며, 특히 기소독점주의를 규제하기 위한 제도라고 할 수는 없다.

(2) **기소독점주의에 대한 규제**

기소독점주의를 채택하는 경우에도 이에 대한 법적 규제를 마련하여 그 폐해
를 극소화할 필요가 있다. 친고죄에 있어서 고소권자의 고소가 있는 때에만 공소
를 제기할 수 있도록 한 것도 기소독점주의에 대한 제한으로서의 의미를 가진
다.[2] 형사소송법이 규정하고 있는 기소독점주의에 대한 법적 규제는 다음과 같다.

9   (가) **재정신청**   검사의 불기소처분에 대하여 불복이 있는 고소인(형법 제123조
부터 제126조까지의 죄에 대하여는 고발인을 포함한다)이 고등법원에 재정신청을 하고
고등법원은 신청이 이유 있는 때에는 공소제기를 결정하여(제262조
2항 2호) 검사의 공소제
기를 강제하는 제도이다(제260조
이하). 종래의 준기소절차가 법원의 부심판결정에 의하
여 공소제기가 의제되었기 때문에 기소독점주의에 대한 예외가 되었음에 반하여,
현행 형사소송법은 법원의 공소제기결정이 있는 경우에 검사가 공소제기를 하게
하였으므로(제262조
6항) 기소독점주의에 대한 예외가 될 수 없다. 다만, 검사의 공소제
기에 대한 사법적 강제라는 의미에서 기소독점주의에 대한 중요한 규제책이 된다
고 할 수 있다.

10   (나) **불기소처분에 대한 항고제도**   고소 또는 고발사건에 관한 불기소처분에
대하여 불복이 있는 고소인 또는 고발인이 상급검찰청 검사장에게 항고 또는 재
항고하여 검사 자체에 의하여 부당한 불기소처분을 시정하고자 하는 제도이다
(검찰청법
제10조). 실질적으로는 기소독점주의를 규제할 수 있는 가장 효과적인 제도라고
할 수 있다. 다만 검사 스스로에 의한 시정책이라는 점에 이론상의 문제가 남아
있으며, 따라서 기소독점주의에 대한 예외는 아니다.

공소권행사에 대한 국민의 참여라는 관점에서 입법론으로는 일본의 검찰심사회제

---

1 대법원 2021. 4. 1, 2020 도 15194.
2 Gössel S. 35; Roxin S. 80; Zipf S. 72.

도[1]의 도입을 검토할 필요가 있다.

(다) **불기소처분의 취지와 이유고지제도**   고소인 또는 고발인에게 불기소처분의   11
취지를 통지하게 하고($\frac{제258}{조}$) 청구가 있는 때에는 그 이유를 설명할 것을 요구하는
것($\frac{제259}{조}$)은 재정신청과 항고의 기초를 제공하고 검사의 공소권행사를 심리적으로
견제하는 기소독점주의에 대한 소극적 규제제도라고 할 수 있다.

Ⅱ. 기소편의주의

1. 기소편의주의의 의의

수사결과 공소를 제기함에 충분한 혐의가 인정되고 소송조건을 갖춘 때에는   12
반드시 공소를 제기해야 한다는 원칙을 기소법정주의라고 함에 대하여, 기소편의
주의는 이러한 경우에 재량에 의한 불기소처분(기소유예)을 인정하는 원칙을 말한
다. 형사소송법 제247조는 검사는 형법 제51조의 사항을 참작하여 공소를 제기하
지 아니할 수 있다고 규정하여[2] 기소편의주의를 채택하고 있다.

대륙법계의 법제 가운데 독일 형사소송법은 기소법정주의를 원칙으로 하고 있으나
($\frac{제152조}{2항}$), 많은 개별 법규($\frac{형사소송법, 소년법원}{법, 마약류관리법 등}$)에서 기소편의주의를 규정하고 있다. 프랑
스는 기소편의주의를 전통으로 하고 있다. 영미법계에 있어서도 영국에서는 사인소
추주의를 원칙으로 하므로 사실상 많은 범죄가 기소되지 않는 결과를 초래함에 그치
지만, 미국에서는 검사의 재량에 의한 기소유예가 널리 행하여져서 실제상 기소편의
주의가 인정되고 있다고 할 수 있다. 일본 형사소송법도 명문으로 기소편의주의를
선언하고 있다($\frac{제248}{조}$).

2. 기소편의주의와 기소법정주의

(1) **기소편의주의와 기소법정주의의 장·단점**

1) **기소법정주의**   기소편의주의는 기소법정주의에 대립되는 개념이다. 기소   13

---

1 일본의 검찰심사회제도는 지방법원의 관할구역마다 국민 중에서 선출된 11인의 검찰심사원으
  로 구성되어 검사의 불기소처분에 불복하는 자의 신청 또는 직권에 의하여 심사를 개시하여
  의결서를 지방검찰청 검사장에게 송부하는 제도이며, 미국의 대배심제도와 취지를 같이한다.
2 수사처의 공소제기대상 범죄에 관하여 수사처검사에게도 기소유예 결정권한이 있다(공수처법
  제27조).

법정주의는 검사의 공소제기에 대한 재량권을 박탈함에 의하여 공소제기에 대한
검사의 자의와 정치적·당파적 영향을 배제하고, 공소제기 여부를 자백이나 약식
명령의 이행을 강제하기 위한 수단으로 남용하는 것을 방지하고 형사사법의 획일
적 운영에 의하여 법적 안정성을 유지할 수 있다는 장점을 가지고 있다. 그러나
기소법정주의에 의하여 범죄의 정상을 불문하고 언제나 공소제기를 강요하는 것
은 형사사법의 경직을 초래하여 구체적 타당성을 잃게 되고, 법원과 피고인에게
불필요한 절차상의 부담을 주어 소송경제에 반하고, 처벌할 필요가 없거나 처벌
이 개선에 장애가 되는 경우에도 공소를 제기하여 범죄자의 낙인을 찍게 하는 것
은 형사정책상으로도 좋은 정책이 아니라는 비판을 면할 수 없다.

14   **2) 기소편의주의**   기소편의주의는 기소법정주의의 이러한 결함을 시정하기
위하여 형사사법의 탄력성 있는 운용을 통하여 구체적 정의를 실현하고, 공소제
기에 대한 형사정책적 고려에 의하여 범죄인에게 조기개선의 기회를 제공함과 동
시에 일반예방의 목적을 달성하고, 불필요한 공소를 억제하는 것이 소송경제상으
로도 도움이 된다는 점을 근거로 한다. 한편, 기소편의주의에는 공소제기에 대한
정치적 영향과 검사의 자의를 배제할 수 없게 되어 법적 안정성을 유지할 수 없
다는 단점이 있음을 부정할 수 없다. 이러한 의미에서 기소편의주의는 기소합리
주의가 될 것을 요한다고 할 수 있다.[1]

(2) 기소편의주의의 평가

15   합리성과 합목적성을 이념으로 하는 기소편의주의가 형사사법의 운용에 있
어서 필요불가결한 제도이며 기소법정주의보다 합리적 제도라고 하는 것이 우리
나라의 다수 학자들의 견해[2]이다. 이에 반하여 독일의 형사소송법학에서는 기소
법정주의야말로 형법에 있어서 법 앞의 평등원칙과 정의를 실현하여 형사사법에
대한 국민의 신뢰를 유지하게 하는 유일한 방법이며,[3] 기소독점주의에 대한 필
요불가결한 보완책일 뿐만 아니라,[4] 공소권의 행사에 대한 정치적 영향을 배제
하는 유일한 방법이라고 평가하고 있다.[5] 그러나 기소법정주의의 장점은 기소편
의주의의 단점이 되고, 기소법정주의의 단점이 기소편의주의의 장점이 된다는 점

---

1 서일교 278면; 신현주 401면.
2 백형구 151면; 신현주 401면.
3 Meyer–Goßner § 152, Rn. 2; Roxin S. 85; Zipf S. 75.
4 Meyer–Goßner § 152, Rn. 2; Schäfer S. 231; Zipf S. 74.
5 Roxin S. 86; Schäfer S. 239; Schoreit KK § 152, Rn. 36.

에 비추어 그 어느 것이 우월하거나 절대적이고 유일한 방법이라고 하는 것은 타당하다고 할 수 없다. 어느 원칙을 채택하는 경우에도 다른 원칙의 이익을 고려하면서 이에 따른 위험을 제거하기 위한 충분한 법적 규제를 마련하지 않으면 안되는 이유가 여기에 있다.

3. 기소편의주의의 내용

(1) 기소유예제도의 채택

기소편의주의, 즉 형사소송법 제247조에 의한 불기소를 기소유예라고 한다. 이러한 의미에서 기소편의주의는 기소유예를 인정하는 입법주의라고 할 수 있다. 기소유예도 불기소처분의 일종이나 공소를 제기하는 데 충분한 범죄의 혐의가 있고 소송조건이 구비되어 있음에도 불구하고 검사의 재량에 의하여 공소를 제기하지 않는 처분이라는 점에서 협의의 불기소(혐의없음)와 구별된다.

기소유예는 당해 사건을 기소하지 않겠다는 검사의 의사결정을 내용으로 하는 검사의 종국처분이다. 따라서 기소유예처분에는 확정판결의 경우와 같은 확정력이 인정되지 않는다. 그러므로 검사가 기소유예처분을 한 것을 재기하여 공소를 제기하였다고 하여도 공소제기의 효력에는 영향이 없고, 법원이 이에 대하여 유죄판결을 선고하였다고 하여 일사부재리의 원칙에 반한다고는 할 수 없다.[1]

(2) 기소유예의 기준

검사가 기소유예를 함에 있어서 참작해야 할 사정은 범인의 연령·성행·지능과 환경, 피해자에 대한 관계, 범행의 동기·수단과 결과, 범행 후의 정황이다 (제247조; 형법 제51조). 이는 결국 범인에 관한 사항과 범죄사실에 관한 사항 및 범죄 후의 정황에 관한 사항으로 나눌 수 있다. 그러나 여기에 규정된 사유는 예시에 지나지 아니하므로 이 이외에도 범행에 대한 사회적 평가의 변화, 범행 후의 시간적 경과, 법령의 개폐 등의 사정도 고려의 대상이 될 수 있다. 기소유예를 결정함에 있어서 범인에 관한 사항 이외에 범죄의 경중과 정황에 관한 사항까지 고려하도록 하고 있는 점에서 볼 때 기소유예를 결정함에 있어서는 특별예방적 요소와 일반예방적 요소를 함께 참작할 것을 요구하고 있는 것이 명백하다.[2]

16

17

18

---

1 대법원 1966. 11. 29, 66 도 1416; 대법원 1983. 12. 27, 83 도 2686; 대법원 1987. 11. 10, 87 도 2020.
2 정영석/이형국 232면.

(3) 조건부 기소유예와 일부기소유예의 문제

19   **1) 조건부 기소유예**   검사가 피의자에게 일정한 지역에의 출입금지, 피해배상 또는 수강명령의 이행, 치료 등 일정한 의무를 부과하여 이를 준수하는 조건으로 기소유예를 하는 것을 조건부 기소유예라고 한다. 조건부 기소유예가 허용되는가에 관하여 ① 상대방의 의사에 반하여 강제적인 의무사항을 부과하는 것은 법관이 해야 하는 것이므로 법률의 규정이 없는 한 의무이행을 조건으로 하는 기소유예는 허용되지 않으며, ② 조건부 기소유예가 기소유예와 보호관찰의 결합일 때에는 검사가 법률의 근거 없이 기소유예를 조건으로 보호관찰을 명하는 것도 허용되지 않는다는 이유로 부정하는 견해(부정설)도 있다.[1] 기소유예의 권한을 검사에게 부여한 이상 이를 부정할 이유가 없다(긍정설).[2] 소년법은 제49조의 3에서 「검사는 피의자에 대하여 ① 범죄예방자원봉사위원의 선도, ② 소년의 선도·교육과 관련된 단체·시설에서의 상담·교육·활동 등에 해당하는 선도를 받게 하고, 피의사건에 대한 공소를 제기하지 아니할 수 있다. 이 경우 소년과 소년의 친권자·후견인 등 법정대리인의 동의를 받아야 한다」고 규정하여 소년범에 대한 조건부 기소유예의 법적 근거를 두고 있다. 이 외에도 보호관찰선도(보호관찰 등에 관한 법률 제15조 3호), 가정폭력사범에 대한 상담(가정폭력범죄의 처벌 등에 관한 특례법 제9조의2), 아동학대사범에 대한 상담·치료·교육(아동학대범죄의 처벌 등에 관한 특례법 제26조), 마약사범에 대한 치료보호·교육이수, 성구매자 교육이수 등 다양한 조건부 기소유예가 활용되고 있다.

20   **2) 일부기소유예**   범죄의 혐의가 인정되고 소송조건이 구비된 범죄사실의 일부에 대하여 기소유예하는 것이 허용되는가에 대하여 부정설은 일부 기소유예가 범죄인의 재사회화에 무의미하고 검사의 자의적 공소권행사를 허용하는 결과가 된다고 한다.[3] 그러나 일죄의 일부에 대한 공소제기가 허용되는 것처럼 범죄사실의 일부에 대한 기소유예는 당연히 허용된다고 해야 한다.[4]

(4) 기소변경주의

21   일단 공소를 제기한 후에 공소의 취소를 인정하는 기소변경주의는 기소편의주의의 논리적 귀결이라고 해석하는 것이 다수설의 입장[5]이다. 기소편의주의의

---

1 신동운 497면; 신양균/조기영 356면; 정승환 § 23/16.
2 임동규 282면; 정웅석/최창호/김한균 377면.
3 임동규 283면.
4 신양균/조기영 356면; 이창현 577면; 정웅석/최창호/김한균 377면.
5 김재환 272면; 신현주 401면; 임동규 305면.

취지를 일관하면 공소의 취소도 인정하지 않을 수 없다는 것이다. 이에 의하면 기소변경주의도 기소편의주의의 내용이 된다. 그러나 기소법정주의라 할지라도 공소의 취소를 인정할 가능성이 전혀 없는 것은 아니고, 공소취소의 사유도 기소유예사유에 제한되는 것은 아니므로 기소변경주의를 기소편의주의의 내용으로 파악하는 것은 타당하다고 할 수 없다는 견해[1]도 있다.

4. 기소편의주의에 대한 규제

기소편의주의는 기소합리주의가 되어야 한다. 기소편의주의를 채택한 이상 공소제기에 대한 검사의 독선과 자의를 방지하기 위한 충분한 법적 규제가 확립되지 않으면 안 된다. 기소편의주의에 대한 규제는 불기소에 관한 규제와 공소제기에 대한 규제를 포함한다.　　22

(1) 불기소에 대한 규제

기소독점주의에 대한 법적 규제는 동시에 기소편의주의에 대한 규제가 된다. 따라서 공소권의 적정한 행사를 담보하기 위한 기소강제절차와 불기소처분에 대한 항고제도 및 불기소처분의 취지와 이유고지제도는 모두 기소독점주의에 대한 규제인 동시에 기소편의주의에 대한 규제로서의 의미를 가진다고 할 수 있다. 2007년 형사소송법 개정에 의하여 재정신청의 대상은 모든 범죄로 확대되었다 ($\frac{제260조}{1항}$). 이 이외에 법무부장관의 구체적 사건에 대한 지휘·감독권의 제한($\frac{검찰청법}{제8조}$)도 검찰권행사에 대한 정치적 영향을 배제하기 위한 제도라고 하겠다.　　23

(2) 공소제기에 대한 규제

형사소송법은 검사의 부당한 공소제기를 규제하는 제도에 관하여는 아무런 규정도 하지 않고 있다. 사건이 기소되면 법원의 실체판결에 의하여 유죄나 무죄의 판결이 선고되는 것이므로 부당기소의 문제는 일어날 여지가 없다고 할 수 있기 때문이다. 그러나 최근 피고인의 절차적 부담이라는 소송법적 관점에서 부당기소로부터의 구제를 다루어야 한다는 것이 공소권남용이론에 의하여 주장되고 있다. 그러나 기소유예의 정상에 관한 문제는 사건의 실체에 관한 문제임에도 불구하고 이를 소송조건 내지 소송장애라는 절차법상의 사유로 다루는 것은 타당하다고 할 수 없고, 형사소송에 있어서 법원의 역할은 공소사실의 심판이며 소추재　　24

1　백형구 152면.

량의 당부를 심판하는 것은 아니므로 이를 공소기각 또는 면소의 사유로 이해할
수는 없다고 생각한다.

Ⅲ. 공소의 취소

1. 공소취소와 기소변경주의의 의의

25   일단 제기한 공소의 취소를 인정하는 태도를 기소변경주의라고 한다. 공소
의 취소란 검사가 공소제기를 철회하는 법률행위적 소송행위를 말한다. 공소의
취소는 공소사실의 동일성이 인정되지 않는 수개의 공소사실의 전부 또는 일부를
철회하는 것이라는 점에서 동일성이 인정되는 공소사실의 일부를 철회하는 데 그
치는 공소사실의 철회와 구별된다. 기소법정주의의 논리적 결론이 기소불변경주
의임에 대하여,[1] 기소변경주의는 기소편의주의의 논리적 귀결이라고 할 수 있다.
형사소송법은 공소는 제 1 심 판결의 선고 전까지 취소할 수 있다고 규정하여($_{1항}^{제255조}$)
기소변경주의를 선언하고 있다.

26   공소취소의 사유에는 법률상 제한이 없다. 원칙적으로 공소제기 후에 발생
한 사정의 변화에 의하여 불기소처분을 하는 것이 상당하다고 인정되는 경우에
공소를 취소하는 것이나, 그 이외의 경우라도 공소취소의 효력에는 영향이 없다.
기소변경주의가 기소편의주의의 논리적 귀결이라 하여 기소유예에 해당하는 사
유가 발생한 때에만 공소취소를 할 수 있는 것은 아니다. 소송조건이 결여되었음
이 판명된 경우나 증거불충분으로 공소를 유지할 수 없음이 명백한 경우에도 공
소를 취소할 수 있다. 다만, 증거불충분을 이유로 공소를 취소하는 때에는 무죄
를 선고하는 경우에 비하여 피고인은 재소의 위험을 부담하는 불안정한 상태에
있음을 부정할 수 없다.

2. 공소취소의 절차

(1) 공소취소의 주체

27   공소취소는 검사만이 할 수 있다. 기소독점주의의 당연한 결론이다. 다만,
검사도 재정신청에 대한 고등법원의 공소제기 결정에 따라 공소를 제기한 때에는

---

1 Meyer-Goßner § 156, Rn. 1; Roxin S. 93.

공소를 취소할 수 없다($\substack{제264조 \\ 의2}$).

(2) 공소취소의 방법

공소취소는 이유를 기재한 서면으로 하여야 한다. 다만, 공판정에서는 구술   28
로써 할 수 있다($\substack{제255조 \\ 2항}$). 그러나 공소를 취소하는 이유는 법원에서 참고할 사항에
지나지 않으며 특별한 의미를 갖는 것이 아니다. 따라서 공소를 취소하는 서면에
이유를 기재하지 않은 경우에도 공소취소는 유효하다고 해야 한다. 공소를 취소
한 때에는 7일 이내에 서면으로 고소인 또는 고발인에게 통지하여야 한다($\substack{제258조 \\ 1항}$).

(3) 공소취소의 시기

공소는 제 1 심 판결선고 전까지 취소할 수 있다. 공소취소의 시기를 제 1 심   29
판결선고 전까지로 제한한 것은 검사의 처분에 의하여 재판의 효력이 좌우되어서
는 안 된다는 점을 고려한 것이다. 여기의 제 1 심 판결선고란 제 1 심의 판결고지
를 의미하는 데 지나지 않으며 실체판결인가 형식판결인가는 묻지 않는다.[1] 따
라서 유죄·무죄의 판결뿐만 아니라 면소판결이나 공소기각의 판결이 선고된 때
에도 공소를 취소할 수 없다. 제 1 심 판결에 대하여 상소심의 파기환송이나 이송
의 판결이 있는 경우에도 공소를 취소할 수 없게 된다. 제 1 심 판결에 대한 재심
소송절차에 있어서도 같다.[2] 약식명령도 법원의 종국판단이므로 그 발부 후에는
공소취소가 허용되지 않는다고 해야 한다. 다만, 정식재판의 청구에 의하여 공판
절차가 개시되면 공소취소가 가능하다.

3. 공소취소의 효과

(1) 공소기각의 결정

공소가 취소되었을 때에는 결정으로 공소를 기각하여야 한다($\substack{제328조 \\ 1항 1호}$). 공소취   30
소의 효력이 미치는 범위는 공소제기의 경우와 같다.

(2) 재기소의 제한

공소취소에 의한 공소기각의 결정이 확정된 때에는 공소취소 후 그 범죄사   31
실에 대한 다른 중요한 증거를 발견한 경우에 한하여 다시 공소를 제기할 수 있

---

1 김재환 273면; 백형구 177면; 신동운 675면; 신양균/조기영 358면; 이영란 399면; 임동규
381면.
2 대법원 1976. 12. 28, 76 도 3203.

다(제329). 위 규정에 위반하여 공소가 제기되었을 때에는 판결로 공소기각의 선고를 하여야 한다(제327조). 동일사건에 대하여 재기소를 제한한 것은 기판력에 의한 일사부재리의 효력이 아니라 법적 안정성과 인권보호를 고려한 결과에 지나지 않는다. 여기서 다른 중요한 증거를 발견한 경우라 함은 공소취소 전의 증거만으로써는 증거불충분으로 무죄가 선고될 가능성이 있으나 새로 발견된 증거를 추가하면 충분히 유죄의 확신을 가지게 될 정도의 증거가 있는 경우를 말한다.[1]

입법론으로는 증거불충분의 경우에도 공소취소를 한 후에 재기소를 인정하는 것은 피고인의 법적 지위를 현저하게 불안정하게 할 위험이 있으므로 재검토를 요한다.[2]

IV. 기소강제절차

1. 기소강제절차의 의의

32   기소강제절차란 검사의 불기소처분에 불복하는 고소인 등의 재정신청에 대하여 법원이 공소제기결정을 한 경우에 검사에게 공소제기를 강제하는 제도를 말한다. 재정신청에 대한 법원의 결정에 의하여 공소제기가 의제되는 것이 아니라 검사에게 공소제기를 강제하는 제도라는 점에서 종래의 준기소절차와 구별된다. 독일의 기소강제절차(Klageerzwingungsverfahren)에서 유래하는 제도이다. 그러나 독일의 기소강제절차가 기소법정주의의 유지와 함께 기소독점주의에 의하여 스스로 공소를 제기할 수 없는 피해자의 보호를 목적으로 하는 제도임에 반하여,[3] 기소편의주의를 취하고 있는 형사소송법의 기소강제절차는 피해자의 권리를 보호하기 위하여 기소독점주의와 기소편의주의를 규제한 것이라고 하지 않을 수 없다.

검사의 공소권행사를 통제하는 방법으로 미국에서는 기소배심제도에 의하여 국민이 참여하여 공소제기 여부를 결정하는 방법을 취하고 있음에 반하여, 독일에서는 검사의 불기소처분을 법원에서 심사하여 공소제기를 강제하는 기소강제절차를 두고 있다. 일본은 일반인으로 구성된 검찰심사회에서 검사의 불기소처분을 심사하게 하는 한편, 공무원의 직권남용범죄에 대하여는 고소인 또는 고발인의 재정신청에 의하여

---

1 대법원 1977. 12. 27, 77 도 1308.

2 김기두 231면.

3 Meyer-Goßner § 172, Rn. 1; Moschüring AK § 172, Rn. 1; Pfeiffer § 172, Rn. 1; Roxin S. 320; Schmid SK § 172, Rn. 1.

법원이 재정결정을 한 때에 공소제기를 의제하는 준기소절차를 두고 있다. 종래 우리나라의 재정신청제도는 일본 형사소송법의 준기소절차와 성질을 같이하였다고 볼수 있다. 그러나 현행 형사소송법은 종래의 재정신청제도를 대폭 수정하였다. 즉, ① 재정신청의 대상을 모든 범죄로 확대하면서 신청인을 원칙적으로 고소인에 제한하고, ② 재정신청을 위해서는 반드시 검찰항고를 거치게 함으로써 항고전치주의를 도입하고, ③ 고등법원의 공소제기 결정이 있으면 검사가 공소를 제기하고 공소유지도 검사가 담당하며, ④ 재정신청의 남용으로 인한 불이익을 방지하기 위한 규정을 신설하였다.

형사소송법은 공소제기의 기본원칙으로 기소독점주의와 기소편의주의를 취하고 있다. 기소독점주의는 공소제기의 적정성을 보장함을 이념으로 하고, 기소편의주의에 의하여 형사사법의 탄력성 있는 운용을 통하여 구체적 정의를 실현할수 있게 되는 것은 사실이다. 그러나 기소독점주의에 의하여 공소권을 독점하고 있는 검사에게 공소제기에 대한 재량까지 부여하였을 때에는 검사의 독선 내지자의를 허용하는 결과가 되며, 나아가서 검사의 공소권행사에 대한 정치적 영향을 배제할 수 없게 할 위험이 있다. 따라서 기소편의주의를 규제하기 위한 법적장치를 마련하여 고소인 또는 고발인의 이익을 보호하기 위한 제도가 필요하게된다. 검찰청법은 검사의 부당한 불기소처분에 불복하는 고소인 또는 고발인을 보호하기 위하여 항고·재항고제도를 두고 있다(검찰청법 제10조). 그러나 검찰청법에 의한항고·재항고는 검사동일체의 원칙이 적용되는 검사에 의한 시정제도에 지나지않는 점에서 적정한 공소권행사를 보장하는 기능을 다할 것을 기대할 수 없다. 여기에 기소강제절차의 존재이유가 있다. 종래 재정신청이 법원의 공소제기결정또는 부심판결정에 이르러 검사의 불기소처분을 규제하는 데 성공한 예는 극히드물었으나, 재정신청의 대상이 모든 범죄로 확대되면서 그 수가 크게 증가하고 있다.[1] 이런 점에서 기소강제절차가 가지고 있는 검사의 부당한 불기소처분을 규제하기 위한 예방효과는 결코 과소평가해서는 안 될 것으로 보인다.[2]

33

---

1 1948년부터 1999년까지 재정신청청구가 인용된 사건은 모두 17건에 불과하고 그 중 유죄가 선고된 것은 8건에 불과하였다(법무부, 개정 형사소송법, 134, 139면). 2007년 재정신청의 대상이 모든 범죄로 확대된 후 2019년 재정신청인원이 32,977명으로까지 늘어났으며, 2021년에는 17,295명이 신청하여 116명(0.67%)(전년도 0.58%)에 대하여 공소제기결정이 내려졌다(법원행정처, 2022 사법연감, 830면).

2 Moschüring AK § 172, Rn. 1; Roxin S. 320; Schmid SK § 172, Rn. 1.

2. 재정신청

(1) 재정신청권자 및 신청의 대상

34   **1) 재정신청권자**   재정신청의 신청권자는 ① 검사로부터 불기소처분의 통지를 받은 고소인, 형법 제123조(직권남용)·제124조(불법체포·감금)·제125조(폭행, 가혹행위)·제126조(피의사실공표)[1]의 죄의 고발인($^{제260조}_{1항}$), ② 특별법에서 재정신청 대상으로 규정된 범죄[2]의 고발인, ③ 수사처검사로부터 공소를 제기하지 아니한다는 통지를 받은 고소·고발인($^{공수처법}_{제29조\ 1항}$)이다. 따라서 검사의 불기소처분에 대하여 불복이 있는 고발인은 위의 경우 이외에는 검찰항고나 재항고를 신청할 수 있을 뿐이다. 대리인에 의하여도 재정신청을 할 수 있다($^{제264조}_{1항}$). 그러나 고소나 고발을 취소한 사람은 재정신청을 할 수 없다.

35   **2) 재정신청의 대상**   재정신청의 대상은 검사의 불기소처분과 수사처에 공소제기권한이 인정되는 범죄에 대한 수사처검사의 불기소처분이다. 불기소처분의 이유에는 제한이 없다. 따라서 협의의 불기소처분뿐만 아니라 기소유예처분에 대하여도 재정신청을 할 수 있다.[3] 재정신청은 기소편의주의도 규제하기 위한 제도이기 때문이다. 기소강제절차가 기소법정주의를 유지하는 기능을 하고 있는 독일 형사소송법에서는 기소편의주의가 적용되는 경우에 재정신청을 할 수 없는 것과 구별된다. 다만, 공소취소는 불기소처분이 아니므로 재정신청의 대상이 되지 않는다.

(2) 재정신청의 절차

1) 재정신청의 방법

36   **㈎ 검찰항고전치주의**   검사 불기소처분에 대하여 재정신청(이하, '검사 불기소 재정신청'이라 한다)을 하려면 검찰청법 제10조에 따른 항고를 거쳐야 한다($^{제260조}_{2항}$). 고소인에게는 재정신청 전에 신속한 권리구제의 기회를 제공하고, 검사에게 자체 시정의 기회를 갖게 하여 재정신청제도의 효율성을 도모하면서 신청남용의 폐해

---

1 다만, 형법 제126조의 죄에 대하여는 피공표자의 명시한 의사에 반하여 재정을 신청할 수 없다 (제260조 1항 단서).

2 부패방지 및 국민권익위원회의 설치와 운영에 관한 법률상의 공직자의 뇌물, 업무상 횡령·배임 등 부패범죄(제61조), 공직선거법상의 중요한 선거범죄(제273조), 헌정질서 파괴범죄의 공소시효 등에 관한 특례법상의 헌정질서 파괴범죄(제4조), 5·18민주화운동 등에 관한 특별법상의 위 헌정질서 파괴범죄행위(제3조)가 여기에 해당한다.

3 대법원 1988. 1. 29. 결정, 86 모 58.

를 줄이기 위한 것이다. 이 경우에 재정신청을 할 수 있는 자는 검찰청법에 의한 재항고를 할 수 없다($\frac{검찰청법}{제10조\ 3항}$). 항고전치주의에는 예외가 인정된다. 즉, ① 재정신청인의 항고에 대하여 재기수사가 이루어진 다음에 다시 검사로부터 공소를 제기하지 아니한다는 통지를 받은 경우, ② 항고 신청 후 항고에 대한 처분이 행하여지지 아니하고 3개월이 경과한 경우, ③ 검사가 공소시효 만료일 30일 전까지 공소를 제기하지 아니하는 경우의 하나에 해당하는 때에는 바로 재정신청을 할 수 있다($\frac{제260조}{2항\ 단서}$). 항고심사 지연으로 인한 고소인의 불이익을 방지하기 위한 것이다. 사법경찰관이 수사 중인 사건에 관하여 공소시효 만료일 30일 전까지 공소가 제기되지 아니한 경우에 해당하여 지방검찰청 검사장 또는 지청장에게 재정신청서가 제출된 경우 해당 지방검찰청 또는 지청 소속 검사는 즉시 사법경찰관에게 그 사실을 통보하여야 하며($\frac{수사준칙규정}{제66조\ 1항}$), 사법경찰관은 그 통보를 받는 즉시 검사에게 해당 사건을 송치하고 관계 서류와 증거물을 송부하여야 한다($\frac{동계}{제2항}$).

(나) **재정신청의 방식** 검사 불기소 재정신청을 하려는 자는 항고기각 결정을 37 통지받은 날로부터 10일[1] 이내에 불기소처분을 한 검사가 소속한 지방검찰청 검사장 또는 지청장에게 재정신청서를 제출하여야 한다. 다만, 항고전치주의의 예외에 해당하여 항고절차를 거칠 필요가 없는 경우에는 불기소처분의 통지를 받거나 항고신청 후 3개월이 경과한 날로부터 10일 이내에, 공소시효 임박을 이유로 하는 재정신청은 공소시효 만료일 전날까지 재정신청서를 제출할 수 있다($\frac{제260조}{3항}$). 한편 수사처검사의 불기소처분에 대하여 재정신청($\frac{이하,\ '수사처검사\ 불기}{소\ 재정신청'이라\ 한다}$)[2]을 하려는 자는 공소를 제기하지 아니한다는 통보를 받은 날로부터 30일 이내에 수사처장에게 재정신청서를 제출하여야 한다($\frac{공수처법}{제29조\ 2항}$). 신청기간은 불변기간이므로 기간을 도과한 신청은 허용되지 않는다.[3] 재정신청서에는 재정신청의 대상이 되는 사건의 범죄사실과 증거 등 재정신청을 이유 있게 하는 사유를 기재하여야 한다($\frac{제260}{조\ 4항,}$ $\frac{공수처법}{제29조\ 3항}$). 재정신청서에 위의 사항을 기재하지 않은 때에는 재정신청을 기각할 수 있다.[4]

---

1 헌법재판소는 10일이라는 신청기간은 재정신청의 이유를 기재하기에 지나치게 짧지 않다는 이유로 합헌결정을 하였다(헌재결 2020. 12. 23, 2018 헌바 389).

2 수사처검사 불기소 재정신청에 관하여는 재정신청에 관한 형사소송법 제262조 및 제262조의 2부터 제262조의 4까지의 규정을 준용한다. 이하에서는 검사 불기소 재정신청을 중심으로 살펴본다.

3 대법원 1967. 3. 8. 결정, 65 모 59.

4 대법원 2002. 2. 23. 결정, 2000 모 216.

38   **2) 재정신청의 효력**   고소인 또는 고발인이 수인인 경우에 공동신청권자 중 1인의 신청은 그 전원을 위하여 효력을 발생한다($\substack{\text{제264조} \\ \text{1항}}$). 재정신청이 있으면 재정 결정이 확정될 때까지 공소시효의 진행이 정지된다($\substack{\text{제262조의4 제1항,} \\ \text{공수처법 제29조 5항}}$).

39   **3) 재정신청의 취소**   재정신청은 고등법원의 재정결정이 있을 때까지 취소 할 수 있고 재정신청을 취소한 자는 다시 재정신청을 할 수 없다($\substack{\text{제264조} \\ \text{2항}}$). 재정신 청의 취소는 관할 고등법원에 서면으로 하여야 한다. 다만, 기록이 관할 고등법 원에 송부되기 전에는 그 기록이 있는 검찰청 검사장 또는 지청장에게 하여야 한 다. 취소서를 받은 고등법원의 사무관은 즉시 고등검찰청 검사장 및 피의자에게 그 사유를 통지하여야 한다($\substack{\text{규칙 제} \\ \text{121조}}$). 재정신청의 취소는 다른 공동신청권자에게 효 력을 미치지 아니한다($\substack{\text{제264조} \\ \text{3항}}$).

(3) 지방검찰청 검사장 · 지청장 및 수사처장의 처리

40   검사 불기소 재정신청서를 제출받은 지방검찰청 검사장 또는 지청장은 재정 신청서를 제출받은 날부터 7일 이내에 재정신청서 · 의견서 · 수사 관계 서류 및 증거물을 관할 고등검찰청을 경유하여 관할 고등법원에 송부하여야 한다($\substack{\text{제261조} \\ \text{본문}}$). 항고전치주의에 의하여 이미 항고절차를 거쳤기 때문에 고등법원에 신속히 송부 하게 한 것이다. 다만 항고전치주의가 적용되지 않는 경우에는 지방검찰청 검사 장 또는 지청장은 ① 신청이 이유 있는 것으로 인정하는 때에는 즉시 공소를 제 기하고 그 취지를 관할 고등법원과 재정신청인에게 통지하고, ② 신청이 이유 없 는 것으로 인정하는 때에는 30일 이내에 관할 고등법원에 송부한다($\substack{\text{제261} \\ \text{조}}$). 수사처 검사 불기소 재정신청서를 제출받은 수사처장은 7일 이내에 재정신청서 등을 서 울고등법원에 송부하여야 하고, 신청이 이유 있는 것으로 인정하는 때에는 즉시 공소를 제기하고 그 취지를 서울고등법원과 재정신청인에게 통지한다($\substack{\text{공수처법} \\ \text{제29조 4항}}$).

3. 고등법원의 심리와 결정

(1) 재정신청심리절차의 구조

41   재정신청심리절차는 재정신청의 이유의 유무를 심사하는 법원의 재판절차이 다. 법원은 수사서류와 증거를 인계받고 필요한 때에는 증거를 조사하여 재정결 정을 하게 된다. 그러나 법원의 재정결정은 공소제기의 결정에 불과하다. 여기서

재정신청심리절차의 구조를 어떻게 파악할 것인가에 대하여 수사설 · 항고소송설 · 중간설 및 형사소송유사재판설의 대립이 나타나게 된다. 재정신청심리절차의 구조를 어떻게 파악하는가에 따라 신청인과 피의자의 절차관여의 범위가 달라진다.

　　1) 수 사 설　　재정신청심리절차는 수사절차이므로 신청인의 절차관여는 배 **42** 제되어야 한다고 한다. 재정신청심리절차가 공소제기 전의 절차임을 이유로 한다. 그러나 재정신청심리절차의 기능과 목적을 고려하지 않고 시간적으로 공소제기 전의 절차이며 공소제기의 여부를 결정한다는 것만으로 이를 수사절차라고 파악하는 것은 타당하다고 할 수 없다.

　　2) 항고소송설　　재정신청심리절차를 검사의 불기소처분의 당부를 심판의 대 **43** 상으로 하는 행정사건에 있어서의 항고소송에 준하는 소송절차로 파악한다. 이에 의하면 신청인과 검사는 대립당사자로서의 지위를 가지고 절차에 관여할 수 있게 된다. 그러나 항고소송설에 관하여도 신청인은 검사에 대하여 공소제기를 청구할 권리가 없으므로 소송의 전제인 권리 · 의무관계가 존재하지 않고, 피의자와 신청인의 관계를 설명할 수 없다는 비판이 제기된다. 우리나라에서 수사설이나 항고소송설을 주장하는 학자는 없다.

　　3) 중 간 설　　재정신청심리절차는 수사와 항고소송으로서의 성격을 함께 가 **44** 지고 있다고 설명하는 견해[1]이다. 재정신청심리절차가 불기소처분의 당부를 심사하는 항고소송의 성격을 가지고 있음을 부정할 수 없지만 동시에 수사의 속행적 성격도 가지고 있다는 것이다. 그러나 재정신청심리절차를 수사와 항고소송의 성격을 함께 가진다고 설명하여서는 소송의 구조를 명백히 밝힐 수 없을 뿐 아니라, 이를 행정소송의 일종으로 파악하는 것은 타당하다고 할 수 없다.

　　재정신청심리절차는 수사절차가 아닌 재판절차이며 형사소송 유사의 재판절 **45** 차로 파악하는 **형사소송유사설**이 타당하다고 해야 한다.[2] 다만, 그것은 공소제기 전의 절차이며 수사와 유사한 성격을 가지고 있으므로 당사자가 대립하는 소송구조의 절차가 아니라 밀행성의 원칙과 직권주의가 지배하는 소송절차이다. 형사소송법 제262조 2항이 법원은 항고의 절차에 준하여 결정한다고 규정하고 있는 것도 이러한 의미라고 할 수 있다. 따라서 재정신청사건의 심리 중에는 관련 서류

1　강구진 254면; 백형구 190면, 강의 432면.
2　김재환 251면; 손동권/신이철 361면; 신동운 513면; 신양균/조기영 321면; 이영란 403면; 이은모/김정환 425면; 이창현 547면; 임동규 342면; 차용식/최용성 318면. 이를 형사항고유사설이라고도 한다(이주원 260면).

및 증거물을 열람 또는 등사할 수 없다($^{제262조}_{의2}$). 재정법원의 심리는 공소제기 이전에 기소 여부를 결정하는 수사로서의 성격도 가지고 있으므로 수사기록에 대하여 피의자나 고소인의 무분별한 열람·등사가 허용되는 경우에는 수사의 비밀을 유지할 수 없을 뿐만 아니라 재정신청을 남발할 위험이 있기 때문이다. 다만, 재정신청의 심리과정에서 법원이 작성한 서류나 피의자 등이 제출한 서류까지 열람·등사를 제한할 필요가 없으므로 법원은 증거조사 과정에서 작성된 서류의 전부나 일부의 열람 또는 등사를 허가할 수 있게 하고 있다($^{동조}_{단서}$).

(2) 재정신청사건의 심리

46   **1) 재정신청사건의 관할**   검사 불기소 재정신청사건은 불기소처분을 한 검사 소속의 지방검찰청 소재지를 관할하는 고등법원($^{제260조}_{1항}$)의, 수사처검사 불기소 재정신청사건은 서울고등법원($^{공수처법}_{제29조\ 1항}$)의 관할에 속한다. 법원은 재정신청서를 송부받은 때에는 송부받은 날부터 10일 이내에 피의자에게 그 사실을 통지하여야 한다($^{제262조}_{1항}$). 피의자의 지위를 보호하기 위한 것이다. 재정신청서를 송부받은 법원은 송부받은 날로부터 10일 이내에 피의자 이외에 재정신청인에게도 그 사유를 통지하여야 한다($^{규칙\ 제}_{120조}$).

47   **2) 재정신청사건의 심리방식**   재정신청사건의 처리기간은 3개월이다($^{제262조}_{2항}$). 현실성 있는 처리기간을 설정하면서 피의자의 지위를 장기간 불안하게 하는 것을 방지하기 위한 것이다. 법원은 항고의 절차에 준하여 결정한다($^{동조}_{제2항}$). 따라서 재정신청사건의 심리는 특별한 사정이 없는 한 공개하지 아니한다($^{동조}_{제3항}$). 피의자의 비밀을 보호할 필요가 있기 때문이다. 재정신청사건의 심리에 있어서 법원은 필요한 때에는 증거를 조사할 수 있다($^{동조\ 제}_{2항\ 2문}$). 따라서 법원이 피의자신문은 물론 참고인에 대한 증인신문이나 검증·감정을 할 수 있다는 점에는 의문이 없다. 증거조사는 법원이 필요하다고 인정하는 방법에 의한다. 문제는 피의자를 구속하거나 압수·수색·검증 등의 강제처분을 할 수 있는가에 있다. 부정설[1]도 있으나, 수소법원에 준하여 행할 수 있다고 해석하는 긍정설[2]이 다수설이다. 생각건대 압수·수색·검증의 대물적 강제처분을 부정할 이유는 없으나, 피의자에 대한 구속은 문제가 있다. 그것은 ① 수소법원의 구속기간은 공소제기 시부터 기산되고

---

1 백형구 193면, 강의 434면; 차용석/최용성 322면.

2 김재환 252면; 신동운 515면; 신양균/조기영 323면; 이영란 407면; 이창현 548면; 임동규 343면.

$\binom{제92조}{3항}$), ② 재정법원을 수사기관이라고 할 수도 없기 때문이다. 피의자심문을 위한 구인은 가능하지만, 구금은 허용되기 어렵다는 것이 일반적인 견해이다.[1] 재정신청사건의 피의자가 법관에 대하여 기피신청을 할 수 있는가에 대하여는 재정신청을 한 사람은 고소인 또는 고발인이므로 피의자가 기피신청을 할 수는 없다고 해석하는 견해[2]도 있다. 그러나 재정신청사건의 심리와 결정은 일종의 재판이며, 재판의 대상이 피의자인 이상 이를 긍정해야 한다고 생각된다.[3]

(3) 고등법원의 재정결정

재정신청에 대한 고등법원의 결정에는 기각결정과 공소제기결정이 있다.

1) 기각결정　　　재정신청이 법률상의 방식에 위배하거나 이유 없는 때에는 신청을 기각한다($\binom{제262조}{2항 1호}$). 신청이 법률상의 방식에 위배한 때란 신청권자 아닌 자의 재정신청과 신청기간 경과 후의 재정신청 및 전치절차를 거치지 아니한 재정신청을 말한다. 다만, 재정신청서를 직접 고등법원에 제출한 경우에는 그 신청을 기각할 것이 아니라 재정신청서를 관할 지방검찰청 검사장·지청장이나 수사처장에게 송부해야 한다.[4] 신청이 이유 없는 때란 불기소처분이 정당한 것으로 판단된 경우를 말한다. 검사의 무혐의 불기소처분이 위법하다 하더라도 기소유예의 불기소처분을 할 만한 사건인 때에는 기각결정을 할 수 있다.[5] 검사의 불기소처분 당시에 공소시효가 완성되어 공소권이 없는 경우에도 재정신청은 허용되지 않는다.[6] 재정신청의 이유 유무는 결정 시를 표준으로 결정해야 한다. 따라서 불기소처분 후에 발견된 증거를 판단의 자료로 삼을 수 있다. 48

법원은 기각결정을 한 때에는 즉시 그 정본을 재정신청인·피의자와 관할 지방검찰청검사장·지청장 또는 수사처장에게 송부하여야 한다($\binom{제262조 5항, 공수}{처법 제29조 5항}$). 재정신청을 기각하는 결정이 확정된 사건[7]에 대하여는 다른 중요한 증거를 발견한 49

1　신양균/조기영 322면; 이창현 548면; 실무제요 형사 [Ⅰ] 277면.

2　신동운 516면.

3　김재환 253면; 백형구 194면, 강의 435면; 신양균/조기영 323면; 이영란 407면; 이창현 548면; 임동규 343면.

4　백형구 강의, 435면.

5　대법원 1986. 9. 16. 결정, 85 모 37; 대법원 1993. 8. 12. 결정, 93 모 9; 대법원 1997. 4. 22. 결정, 97 모 30.

6　대법원 1990. 7. 16. 결정, 90 모 34.

7　대법원 2015. 9. 10, 2012 도 14755, 「형사소송법 제262조 제 4 항 후문에서 말하는 '제 2 항 제 1 호의 결정이 확정된 사건'은 재정신청사건을 담당하는 법원에서 공소제기의 가능성과 필요성 등에 관한 심리와 판단이 현실적으로 이루어져 재정신청 기각결정의 대상이 된 사건만

경우를 제외하고는 소추할 수 없다($\frac{제262조}{4항}$). 다른 중요한 증거를 발견한 경우란 재정신청 기각결정 당시에 제출된 증거에 새로 발견된 증거를 추가하면 충분히 유죄의 확신을 가지게 될 정도의 증거가 있는 경우를 말하고, 단순히 재정신청 기각결정의 정당성에 의문이 제기되거나 범죄피해자의 권리를 보호하기 위하여 형사재판절차를 진행할 필요가 있는 정도의 증거가 있는 경우는 여기에 해당하지 않는다.[1] 다른 피해자의 고소나[2] 관련 민사판결에서의 사실인정 및 판단 자체는[3] 새로 발견된 증거라고 할 수 없다.

50   **2) 공소제기결정**   법원은 재정신청이 이유 있는 때에는 사건에 대한 공소제기를 결정한다($\frac{동조 제}{2항 제2호}$). 공소제기를 결정하는 때에는 죄명과 공소사실이 특정될 수 있도록 이유를 명시하여야 한다($\frac{규칙}{제122조}$). 법원이 공소제기결정을 한 때에는 즉시 그 정본을 재정신청인·피의자와 관할 지방검찰청검사장·지청장 또는 수사처장에게 송부하고, 관할 지방검찰청검사장·지청장 또는 수사처장에게 사건기록을 함께 송부하여야 한다($\frac{제262조 5항, 공수}{처법 제29조 5항}$). 공소제기결정의 재정결정서를 송부받은 관할 지방검찰청검사장·지청장 또는 수사처장은 지체 없이 담당 검사를 지정하고 지정받은 검사는 공소를 제기해야 하므로($\frac{제262조 6항, 공수}{처법 제29조 5항}$), 재정결정에 의하여 공소를 제기하는 경우에도 공소장일본주의가 적용될 수 있게 된다. 공소제기의 결정이 있는 때에는 공소시효에 관하여 그 결정이 있는 날에 공소가 제기된 것으로 본다($\frac{제262조의}{4 제 2항}$).

51   **3) 재정결정에 대한 불복**   고등법원의 재정신청 기각결정에 대하여는 형사소송법 제415조에 따른 즉시항고를 할 수 있으나, 공소제기결정에 대하여는 불복할 수 없다($\frac{제262조}{4항 전문}$). 종전에는 재정신청 기각결정에 대해서도 불복할 수 없도록 규정되어 있었으나, 헌법재판소가 「형사소송법 제262조 4항 전문의 불복에 재항고가 포함되는 것으로 해석하는 한 헌법에 위반된다」는 결정을 선고함에 따라[4] 2016. 1. 6. 이를 개정하여 기각결정에 대해서도 재항고할 수 있도록 하였다. 재정신청 기각결정에 대한 재항고나 그 재항고 기각결정에 대한 즉시항고로서의 재항고에 대한 법정기간에 관하여는 도달주의가 적용되고, 상소장에 관한 형사소송

을 의미한다고 해석함이 타당하다.」

1 대법원 2018. 12. 28, 2014 도 17182.
2 대법원 1967. 7. 25, 66 도 1222.
3 대법원 2018. 12. 28, 2014 도 17182.
4 헌재결 2011. 11. 24, 2008 헌마 578.

법 제344조 1항의 재소자 피고인 특칙은 준용되지 않는다.[1]

재정결정 중 공소제기결정에 대하여 불복할 수 없다는 것은 당연하다. 공소제기결정의 경우에는 본안사건에서 그 잘못을 바로잡을 수 있기 때문이다.[2]

> 판례는 법원이 대상사건이 아니거나(대법원 2017. 11. 14, 2017 도 13465) 재정신청서에 재정신청을 이유 있게 하는 사유가 기재되어 있지 않음에도(대법원 2010. 11. 11, 2009 도 224) 이를 간과하거나, 신청권자가 아닌 자의 신청이나(대법원 2014. 4. 10, 2012 도 1741) 형사소송법 제262조 1항의 피의자 통지를 하지 않은 채(대법원 2017. 3. 9, 2013 도 16162) 공소제기결정을 하였더라도 그에 따라 공소가 제기되어 본안사건의 절차가 개시된 후에는 다른 특별한 사정이 없는 한 본안사건에서 그 잘못을 다툴 수 없으며, 그 경우 공소기각의 판결(형소법 제327조 2호)이 아니라 공소사실 자체에 대하여 본안판결을 하여야 한다(대법원 2017. 11. 14, 2017 도 13465)는 입장이다.

4) 비용부담　　　재정신청을 전면 확대함에 따라 재정신청이 이유 없거나 재정 **52**
신청인이 재정신청을 취소하는 경우에 재정신청인에게 재정신청으로 인한 비용과 피의자가 재정신청절차에서 지출하는 비용을 부담하게 하여 재정신청의 남용을 억제할 필요가 있다. 따라서 법원은 재정신청을 기각하는 결정을 하거나 재정신청인이 재정신청을 취소한 경우에는 결정으로 재정신청인에게 신청절차에 의하여 생긴 비용의 전부 또는 일부를 부담하게 할 수 있고(제262조의3 제1항), 또한 직권 또는 피의자의 신청에 따라 재정신청인에게 피의자가 재정신청절차에서 부담하였거나 부담한 변호인선임료 등 비용의 전부 또는 일부의 지급을 명할 수 있다(동조 제2항). 비용의 지급범위와 절차는 대법원규칙으로 정한다(동조 제4항, 규칙 제122조의 2 내지 제122조의 5). 법원의 비용부담 결정에 대하여는 즉시항고를 할 수 있다(제262조의3 제3항).

4. 공소제기결정사건의 공판절차

재정법원의 공소제기결정의 재정결정서를 송부받은 관할 지방검찰청 검사 **53**
장·지청장 또는 수사처장은 지체 없이 담당 검사를 지정하고 지정받은 검사는 공소를 제기해야 한다(제262조 6항, 공수처법 제29조 5항). 따라서 검사는 공소제기를 위하여 공소장을 제출해야 하며, 공소유지도 검사가 담당한다. 공소제기결정에 따라 공소를 제기한 검사는 통상 사건의 경우와 같이 검사로서의 모든 직권을 행사한다. 검사는

1　대법원 2015. 7. 16(전원합의체결정), 2013 모 2347.
2　대법원 2012. 10. 29. 결정, 2012 모 1090. 공소제기결정에 대하여 재항고가 제기된 경우, 기각결정을 하여야 한다.

공소장변경뿐만 아니라 상소를 제기할 수도 있다. 다만, 이 경우에 검사가 공소취소를 할 수 없다는 것은 당연하다(제264조의2). 공소취소를 허용할 때에는 공소제기 결정의 취지가 몰각될 수 있기 때문이다.

> 종래의 재판상 준기소절차에서는 재정법원의 부심판 결정의 정본이 검사의 공소장을 대신하고, 법원에서 지정한 공소유지변호사가 공소유지를 담당하게 하고 있었다. 2007. 6. 1. 개정 형사소송법은 재정신청 대상범죄의 전면 확대에 따른 비용상의 문제 등을 고려하여 검사가 공소제기 및 유지를 담당하게 하였는데, 이를 통하여 ① 검사소추주의와 기소독점주의를 유지하면서, ② 재정법원의 역할을 불기소처분의 당부심사에 그치게 하여 탄핵주의 소송구조를 유지하고, ③ 피고인의 권리와 이익을 보호할 수 있게 한 것이다.[1]

§20   제 3 절 공소제기의 방식

Ⅰ. 공소장의 제출

1   공소를 제기함에는 공소장을 관할법원에 제출하여야 한다(제254조1항). 이와 같이 공소제기는 서면에 의하여야 하므로 구두나 전보에 의한 공소제기는 인정되지 않는다. 범죄일람표가 저장된 저장매체(CD) 자체를 공소장에 첨부하여 제출한 경우에는, 서면인 공소장에 기재된 부분에 한하여 공소제기가 된 것으로 볼 수 있을 뿐, 저장된 문서 부분까지 공소제기된 것이라고 할 수 없다.[2] 법원은 공소가 제기된 범죄사실에 대하여만 심판할 수 있다. 그러나 공소제기는 공소장에 의하지 않으면 안 되므로 공소장은 형사소송의 기초로서의 의미를 가지며,[3] 법원의 심판의 범위를 명백하게 하는 기능을 가진다. 피고인도 또한 공소장의 기재내용에 방어활동을 집중할 수 있게 된다. 이러한 의미에서 공소장은 피고인의 방어준비를 충분하게 할 수 있는 피고인보호정신의 반영이라 할 수 있다.

---

1 법무부, 개정 형사소송법, 151면.
2 대법원 2016. 12. 15, 2015 도 3682; 대법원 2016. 12. 29, 2016 도 11138; 대법원 2017. 2. 15, 2016 도 19027.
3 Meyer-Goßner § 200, Rn. 2.; Treier KK § 200, Rn. 1.

　　형사소송법은 피고인의 방어준비를 용이하게 하기 위하여 공소장에는 피고인 수에 상응한 부본을 첨부하여야 하며($\frac{동조}{제2항}$), 법원은 제 1 회 공판기일 전 5일까지 이를 피고인에게 송달하도록 하고 있다($\frac{제266}{조}$). 공소장에는, 공소제기 전에 변호인이 선임되거나 보조인의 신고가 있는 경우에는 변호인선임서 또는 보조인신고서를, 피고인이 구속되어 있거나 체포 또는 구속된 후 석방된 경우에는 체포영장, 긴급체포서, 구속영장 기타 구속에 관한 서류를 첨부하도록 하고 있다($\frac{규칙 제}{118조 1항}$).

Ⅱ. 공소장의 기재사항

1. 필요적 기재사항

　　공소장에는 피고인·죄명·공소사실 및 적용법조를 기재하여야 한다($\frac{제254조}{3항}$). 　2
실무상으로는 이 이외에도 공소장에 공소장이라는 표제, 소속검찰청의 표시 및 관할법원을 기재하고 있다. 공소장은 '공무원이 작성하는 서류'에 해당하므로 검사가 기명날인 또는 서명을 하여야 하고,[1] 간인하거나 이에 준하는 조치를 하여야 한다($\frac{제57조}{1항}$). 기명날인이나 서명이 누락된 공소장이 관할법원에 제출된 경우, 공소제기의 효력은 특별한 사정이 없는 한 공소제기의 절차가 법률의 규정에 위반하여 무효이지만($\frac{제327조}{2호}$) 이를 추완하면 공소제기의 효력이 있다.[2] 그리고 공소장에 일부 간인이 없더라도 공소장의 형식과 내용이 연속된 것으로 일체성이 인정되고 동일한 검사가 작성하였다고 인정되는 한 그 효력이 인정된다.[3]

(1) 피고인의 성명 기타 피고인을 특정할 수 있는 사항

　　공소장에는 피고인을 특정해야 한다. 피고인을 특정할 수 있는 사항으로는 　3
피고인의 성명 이외에 주민등록번호($\frac{주민등록번호가 없거나 이를}{알 수 없는 때에는 생년월일}$)·직업·주거를 기재하여야 하며, 피고인이 법인인 때에는 사무소 및 대표자의 성명과 주소를 기재해야 한다($\frac{규칙 제117}{조 1항 1호}$). 다만 이러한 사항이 명백하지 아니한 때에는 그 취지를 기재하고

1　이례적이기는 하지만 실무적으로 2명 이상의 검사가 공소장에 공동으로 서명·날인하여 기소하기도 한다(연명기소). 이에 대해서는 검사는 단독관청이고 이를 허용하는 법률규정이 없다는 이유로 위법하다는 주장도 있으나, 이를 금지하는 규정이 없고 2명 이상의 검사가 공판을 수행할 수 있는 것과 마찬가지로 문제될 것은 없다고 하겠다.

2　대법원 2012. 9. 27, 2010 도 17052; 대법원 2021. 12. 16, 2019 도 17150(다만, 추완 요구는 법원의 의무가 아니라며 공소기각판결을 선고한 원심판결을 수긍하여 상고기각한 사안).

3　대법원 2021. 12. 30, 2019 도 16259.

($\binom{동조}{제2항}$) 인상·체격의 묘사나 사진의 첨부에 의하여도 특정할 수 있으며, 구속된 피고인에 대하여는 유치번호를 기재해도 된다.

4　　특정의 정도는 타인과 구별할 수 있는 정도면 충분하다. 따라서 피고인을 주거·등록기준지·생년월일·직업 또는 인상·체격에 의하여 특정할 수 있는 한 피고인의 성명이 진명(眞名)임을 요하지 않는다. 그러나 수사기관에서 甲을 조사하였는데 甲이 乙의 성명·주소·생년월일 등 인적사항을 모용하였기 때문에 검사가 乙의 이름으로 공소를 제기한 때에는 검사가 피고인표시정정을 하지 않으면 甲에 대한 공소로서는 피고인이 특정되었다고 할 수 없다.[1] 피고인을 특정하지 않은 공소제기는 무효이고 공소기각의 사유가 된다($\binom{제327조}{2호}$).[2]

(2) 죄　　명

5　　공소장에는 죄명을 기재하여야 한다. 죄명은 범죄의 유형적 성질을 가리키는 명칭으로서 적용법조의 기재와 함께 공소제기의 범위를 정하는 데 보조적 기능을 한다.

죄명은 구체적으로 표시해야 한다.

형법범 및 주요 특별법범의 죄명은 대검찰청에서 제정한 죄명표에 의하여 표시하고 ($\binom{공소장 및 불기소장에 기}{재할 죄명에 관한 예규}$), 특별법범의 죄명은 그 특별법 다음에 위반이라는 문자를 더하여 표시한다. 미수범·교사범·방조범은 형법범에 한하여 죄명 다음에 미수·교사·방조를 붙여서 표시한다.

6　　죄명의 표시가 틀린 경우에도 이로 인하여 피고인의 방어에 실질적 불이익이 없는 경우는 공소제기의 효력에 영향이 없다. 따라서 공소사실이 복수인 때에는 명시된 공소사실의 죄명을 모두 표시해야 하나, 다수의 공소사실에 대하여 죄명을 일괄 표시했다고 하여 죄명이 특정되지 않았다고 할 수는 없다.[3]

(3) 공소사실

7　　**1) 공소사실의 의의**　　공소사실이란 범죄의 특별구성요건을 충족하는 구체적

1　대법원 1982. 10. 12, 82 도 2078; 대법원 1985. 6. 11, 85 도 756; 대법원 1997. 11. 28, 97 도 2215.

2　대법원은 공소장에 누범이나 상습범을 구성하지 아니하는 전과사실을 기재하는 것도 피고인을 특정할 수 있는 사항에 속한다고 한다(대법원 1966. 7. 19, 66 도 793).

3　대법원 1969. 9. 23, 69 도 1219.

사실을 말한다. 따라서 그것은 구성요건에 해당하는 것으로 법률적·사실적으로 특정된 사실을 말하며, 검사가 공소장에 기재하여 공소를 제기한 범죄사실이고 법원의 심판의 대상이 되는 사실이라 할 수 있다. 소인(訴因)대상설에 의하면 심판의 대상은 소인이고 공소사실은 소인변경을 한계지우는 기능개념에 불과하다. 그러나 법원의 심판의 대상은 공소사실이고 이는 실체개념으로 파악해야 한다.

　　2) 공소사실의 특정　　　공소사실의 기재는 범죄의 일시·장소와 방법을 명시하여 사실을 특정할 수 있도록 하여야 한다($\binom{\text{제254조}}{\text{4항}}$). 심판의 대상을 명확히 하여 피고인의 방어권행사를 보호하기 위한 것이다.[1]   8

　　공소제기된 범죄의 성격에 비추어 그 공소의 원인이 된 사실을 다른 사실과 구별할 수 있을 정도면 되고,[2] 그 일부가 다소 불명확하더라도 함께 적시된 다른 사항들에 의하여 공소사실이 특정될 수 있어서 피고인의 방어권행사에 지장이 없다면 공소제기의 효력에는 영향이 없다.[3] 공소사실로는 구체적인 범죄사실의 기재가 있어야 하며,[4] 단순히 추상적 구성요건만을 기재함에 그치고 범죄의 특별구성요건을 충족하는 구체적 사실인 행위의 객체[5]나 범행의 방법[6]을 기재하지 아니한 공소사실은 특정되었다고 할 수 없다.[7] 경합범으로 공소제기하는 경우에는 공소를 제기하는 사실을 구체적으로 기재해야 하며, 방조범의 공소사실에는 그 전제요건이 되는 정범의 범죄구성요건을 충족하는 구체적 사실을 기재해야 한다.[8]

---

1 대법원 2006. 9. 8, 2006 도 388; 대법원 2022. 12. 29, 2020 도 14662; 대법원 2023. 3. 30, 2022 도 6758; 대법원 2023. 4. 27, 2023 도 2102.

2 대법원 1968. 6. 4, 68 도 302; 대법원 2015. 9. 10, 2105 도 7989.

3 대법원 1987. 1. 20, 86 도 2260; 대법원 2001. 10. 26, 2000 도 2968; 대법원 2002. 6. 20 (전원합의체판결), 2002 도 807; 대법원 2010. 4. 29, 2007 도 7064; 대법원 2015. 9. 10, 2015 도 7989; 대법원 2016. 12. 15, 2014 도 1196; 대법원 2017. 3. 15, 2016 도 19659.

4 대법원 1971. 10. 12, 71 도 1615; 대법원 2016. 5. 26, 2015 도 17674.

5 대법원 1975. 11. 25, 75 도 2946, 「공소장에 피고인이 성명불상자와 합동하여 성명불상자들로부터 품명불상의 재물을 절취하였다고 기재함은 특정된 것이라 볼 수 없다.」
　동지: 대법원 1982. 12. 14, 82 도 1362

6 대법원 1970. 10. 13, 70 도 1528, 「피고인은 상피고인이 피해자를 때릴 때 그 주위에서 위세를 부리는 방법으로 폭행을 가하였다고 하는 공소사실은 구체적인 행동의 표시를 결하여 적법한 공소사실의 적시라고 볼 수 없다.」
　동지: 대법원 1984. 5. 22, 84 도 471

7 대법원 2000. 10. 27, 2000 도 3082; 대법원 2000. 11. 24, 2000 도 2119; 대법원 2001. 4. 27, 2001 도 506; 대법원 2005. 12. 9, 2005 도 7465; 대법원 2010. 10. 14, 2010 도 9835.

8 대법원 1982. 2. 23, 81 도 822; 대법원 1982. 5. 25, 82 도 715; 대법원 1983. 12. 27, 82 도 2840; 대법원 2001. 12. 28, 2001 도 5158.

9   그러나 공소사실의 특정을 지나치게 엄격하게 요구할 때에는 공소의 제기와 유지에 장애를 초래할 수 있으므로 범죄사실을 특정할 수 있는 한도 내에서, 범죄의 일시의 기재는 적용법령을 결정하고 행위자의 책임능력을 명확히 하며 이중기소 여부와 공소시효의 완성 여부를 결정할 수 있을 정도로 기재하면 충분하다 할 것이므로,[1] 초순·중순·하순 또는 일자불상경이라고 기재하여도[2] 공소사실은 특정되었다고 해야 한다. 범죄의 일시를 포함하여 범죄의 성격에 비추어 개괄적 표시가 부득이한 경우[3]는 공소내용이 특정되지 않아 공소제기가 위법하다고 할 수 없다.[4] 범죄의 장소는 토지관할을 가름할 수 있을 정도, 그 방법도 범죄구성요건을 밝히는 정도로 특정하면 충분하다.[5] 따라서 포괄일죄에서는 일죄의 일부를 구성하는 개개의 행위에 대하여 구체적으로 특정되지 아니하더라도 그 전체 범행의 시기와 종기·범행방법·범행횟수 또는 피해액의 합계 및 피해자와 상대방을 기재하면 이로써 공소사실은 특정되었다고 해야 한다.[6] 특정해야 할 공소사실은 범죄구성요건에 해당하는 사실[7]에 한한다.

---

1 대법원 1971. 10. 19, 71 도 1540; 대법원 1992. 7. 24, 92 도 1148; 대법원 1992. 8. 18, 92 도 1395; 대법원 2015. 12. 23, 2014 도 2727; 대법원 2022. 11. 17, 2022 도 8257; 대법원 2023. 3. 30, 2022 도 6758; 대법원 2023. 4. 27, 2023 도 2102.

2 대법원 1979. 8. 21, 78 도 2118.

3 개괄적 기재의 허용 여부가 가장 문제되는 것은 마약류 자기사용범죄의 경우이다. 대법원은 메스암페타민 양성반응에 따른 소변검사결과에 따라, '2009. 8. 10-19, 서울 또는 부산, 투약량, 투약방법 불상'으로 기재한 경우, 감정서가 있고 소변의 채취일시, 투약 후 소변 배출기간에 관한 자료, 체포 시까지의 거주 및 왕래에 관한 진술이 있는 사례에서는 특정되었다고 하고 있으나(대법원 2010. 8. 26, 2010 도 4671), 그러한 자료 없이 모발감정결과에 따라 단순히 '2009년 3월 말경부터 같은 해 6월 말경까지 진주시 이하 장소를 알 수 없는 곳에서, 메스암페타민(일명 필로폰) 불상 양을 불상의 방법으로 1회 투약하였다'는 공소사실은 특정되지 않았다고 판시하였다(대법원 2010. 4. 29, 2010 도 2857). 그 밖에 특정되었다고 한 판례(대법원 2005. 5. 13, 2005 도 1765. 모발감정결과와 계속 거주사실)와 특정되지 않았다고 한 판례(대법원 2009. 11. 12, 2009 도 9717. 모발감정결과)가 있다. 다만, 판례는 공소사실이 특정되었다고 인정하더라도 모발감정결과만을 토대로 마약류 투약기간을 추정하고 유죄로 판단하는 것은 신중하여야 한다는 입장이다(대법원 2017. 3. 15, 2017 도 44). 자기사용범죄와는 달리 투약 상대방의 진술에 기초한 경우에는, 일시나 장소가 다소 개괄적으로 기재되더라도 다소 폭넓게 공소사실의 특정이 인정된다(대법원 2014. 10. 30, 2014 도 6107).

4 대법원 2016. 8. 30, 2013 도 658; 대법원 2023. 6. 29, 2020 도 3626.

5 대법원 1984. 8. 14, 84 도 1139; 대법원 1990. 6. 26, 89 도 513; 대법원 2023. 3. 30, 2022 도 6758; 대법원 2023. 4. 27, 2023 도 2102.

6 대법원 1982. 10. 26, 81 도 1409; 대법원 1984. 2. 28, 83 도 3313; 대법원 1984. 9. 25, 84 도 1581; 대법원 1987. 7. 21, 87 도 546; 대법원 1989. 5. 23, 89 도 570; 대법원 2012. 8. 30, 2012 도 5220; 대법원 2023. 6. 29, 2020 도 3626.

7 대법원 2016. 4. 2, 2016 도 2696, 「공모가 공모공동정범에서의 '범죄 될 사실'인 이상, 범죄에 공동가공하여 범죄를 실현하려는 의사결합이 있었다는 것은, 실행행위에 직접 관여하지

따라서 유가증권위조죄에 있어서 피해자($^{대법원 1981. 6. 9,}_{81 \text{ 도 } 1359}$), 업무상과실치사상죄의 피해자의 치료기간($^{대법원 1984. 3. 13,}_{83 \text{ 도 } 3006}$) 등 공소장의 필요적 기재사항이라고 볼 수 없는 사실까지 구체적으로 특정해야 되는 것은 아니다. 배임죄에 있어서 재산상의 손해액도 확정될 필요는 없다($^{대법원 1983. 12. 27,}_{83 \text{ 도 } 2602}$).

3) **공소사실불특정의 효과**　　　공소사실의 특정은 공소제기의 유효요건이다. 따　　**10**
라서 공소사실이 특정되지 아니한 공소제기는 무효이므로 원칙적으로 판결로써 공소를 기각해야 한다($^{제327}_{조 2호}$).[1] 공소사실이 특정되지 아니한 경우에 그 하자를 추완할 수 있느냐라는 문제가 제기된다. 공소사실이 전혀 특정되지 아니한 때에는 피고인과 변호인이 이의를 제기하지 아니하고 변론에 응하였다고 하여 공소제기의 하자가 치유될 수 없다고 할 것이다.[2] 그러나 공소사실로서 구체적 범죄구성요건사실이 표시되어 있는 때에는 검사 스스로 또는 법원의 석명($^{규칙 제}_{141조}$)[3]에 의하여 불명확한 점을 보정할 수 있다고 해야 한다.[4]

(4) **적용법조**

공소장에는 죄명·공소사실과 함께 적용법조도 기재해야 한다. 적용법조란　　**11**
공소사실에 적용된 법적 평가를 의미하며 죄명과 함께 공소의 범위를 확정하는 데 보조적 기능을 한다. 공소장에 적용법조의 기재를 요구하는 이유는 공소사실의 법률적 평가를 명확히 하여 피고인의 방어권을 보장하고자 하는 데 있다.[5] 따라서 적용법조의 기재에 있어서는 형법각칙의 본조뿐만 아니라 총칙상의 중지미수 또는 불능미수·교사·방조·죄수에 관한 기재도 요한다.

그러나 적용법조의 기재는 공소의 범위를 확정하는 데 보조기능을 가짐에　　**12**

아니한 자에게 다른 공범자의 행위에 대하여 공동정범으로서의 형사책임을 지울 수 있을 정도로 특정되어야 한다.」

1　대법원 2022. 1. 13, 2021 도 13108.

2　대법원 2009. 2. 26, 2008 도 11813.

3　대법원 2015. 12. 23, 2014 도 2727(공소사실 기재 불명료); 대법원 2017. 6. 15, 2017 도 3448(공소제기 취지 불명료); 대법원 2019. 12. 24, 2019 도 10086(공소사실 불특정); 대법원 2021. 5. 7, 2020 도 17853(공소사실 기재 오해 소지 또는 불명료); 대법원 2022. 1. 13, 2021 도 13108(공소사실 특정을 위한 석명을 하지 않은 채 공소기각을 한 것은 위법); 대법원 2023. 4. 27, 2023 도 2102(공소사실 불특정). 이 경우 법원은 검사에게 석명을 구하여 특정을 요구하여야 하고, 그럼에도 검사가 이를 특정하지 않으면 공소를 기각할 수밖에 없다 (위 2019 도 10086 판결).

4　백형구 157면; 손동권/신이철 377면; 신동운 580면; 이영란 422면.

5　대법원 2018. 7. 24, 2018 도 3443.

불과하므로 적용법조의 기재에 오기가 있거나 그것이 누락된 경우라 할지라도 이로 인하여 피고인의 방어에 실질적 불이익이 없는 한 공소제기의 효력에는 영향이 없다.[1]

> 따라서 공소사실과 죄명에 대한 기재는 있으나 적용법조의 기재가 없는 때에는 공소사실과 죄명에 의하여 적용법조를 알 수 있으므로 공소제기는 유효하다고 할 것이나, 공소사실의 기재만 있고 죄명과 적용법조의 기재가 없는 때에는 그 부분에 대한 공소제기는 무효라고 보아야 한다.[2]

2. 임의적 기재사항

(1) 범죄사실과 적용법조의 예비적 · 택일적 기재

13   공소장에는 수개의 범죄사실과 적용법조를 예비적 또는 택일적으로 기재할 수 있다($\frac{제254조}{5항}$). 예비적 기재라 함은 수개의 사실 또는 법조에 대하여 심판의 순서를 정하여 선순위의 사실이나 법조의 존재가 인정되지 않는 경우에 후순위의 사실 또는 법조의 존재의 인정을 구하는 취지로 기재하는 것을 말하며, 이 경우 선순위의 공소사실을 본위적(주위적) 공소사실, 후순위의 공소사실을 예비적 공소사실이라고 한다. 이에 대하여 택일적 기재라 함은 수개의 사실에 관하여 심판의 순서를 정하지 않고 어느 것을 심판해도 좋다는 취지의 기재를 말한다. 범죄사실을 예비적 · 택일적으로 기재할 때에는 적용법조도 예비적 · 택일적으로 기재하는 것이 일반적이나, 같은 범죄사실에 대하여 적용법조만을 예비적 또는 택일적으로 기재하는 경우도 있다. 형사소송법은 범죄사실과 적용법조의 예비적 · 택일적 기재만을 규정하고 있으나, 죄명의 예비적 · 택일적 기재도 당연히 허용된다.

14   범죄사실과 적용법조의 예비적 · 택일적 기재를 인정하는 것은 검사가 공소제기 시에 공소사실의 구성에 관하여 심증형성이 불충분하거나 법률적 구성을 확정할 수 없는 경우에도 공소장의 기재방법에 융통성을 갖게 하여 공소제기를 용이하게 하고자 함에 있다. 검사는 공소를 제기한 후에도 공소장변경에 의하여 공소사실과 적용법조를 예비적 또는 택일적으로 변경할 수 있다($\frac{제298}{조}$). 그러나 공소장변경은 심리의 진행 중에 법원 또는 검사의 심증형성이 변경되는 경우임에 반

---

1 대법원 1976. 11. 23, 75 도 363; 대법원 2001. 2. 23, 2000 도 6113; 대법원 2006. 4. 28, 2005 도 4085.

2 신동운 581면; 신현주 364면; 이영란 417면.

하여, 공소장의 예비적·택일적 기재는 공소제기시에 검사의 심증형성이 불확실
한 경우에 대처하기 위한 것으로, 법원에 대하여는 문제점을 예고하여 심판을 신
중하게 하고자 하는 데에도 그 취지가 있다.

(2) 허용범위

범죄사실과 적용법조의 예비적·택일적 기재가 허용되는 범위에 대하여는   15
견해가 대립되고 있다. 범죄사실의 동일성이 인정되지 않는 경우에도 예비적·택
일적 기재가 허용되는가에 관하여, **소극설(한정설)**은 범죄사실과 적용법조의 예비
적·택일적 기재는 범죄사실의 동일성이 인정되는 범위에서만 허용된다고 한다.
통설의 태도이다.[1] 이에 반하여 **적극설(비한정설)**은 예비적·택일적 기재는 동일
성을 요건으로 하지 않는다고 해석한다.[2] 적극설은 ① 이 제도의 존재이유가 공
소장변경에 의하여 치유될 수 없는 불합리를 제거하려는 데 있고, ② 검사가 수
개의 범죄사실을 독립적으로 기재하거나 수개의 공소장을 제출하도록 하는 것은
실익 없는 번잡만을 조장하는 것이 되며, ③ 형사소송법 제254조 5항이 공소사실
의 동일성을 요구하는 규정을 두고 있지 않다는 점을 근거로 들고 있다. 판례는
수개의 범죄사실 사이에 동일성이 인정될 것을 요하지 않는다고 판시하고 있
다.[3] 생각건대 ① 공소사실의 동일성이 인정되지 않는 수개의 사실을 공소장에
예비적·택일적으로 기재하는 것을 허용하는 것은 조건부 공소제기를 허용하는
결과가 되어 불확정적인 공소제기를 인정하는 것이 되고, ② 동일성이 인정되지
않는 수개의 범죄사실은 경합범으로 기소하거나 추가기소를 하는 것이 당연하다
고 할 것이므로 공소사실의 동일성의 범위 내에서 예비적·택일적 기재가 허용된
다는 통설이 타당하다고 하겠다.

공소사실의 동일성이 인정되지 않는 사실을 공소장에 예비적·택일적으로

---

1 노명선/이완규 457면; 백형구 159면; 신양균/조기영 370면; 이은모/김정환 401면; 정웅석/최창호
   /김한균 400면; 차용석/최용성 291면.

2 김재환 282면; 신동운 584면; 신현주 412면; 이주원 279면; 이창현 588면; 임동규 314면.

3 대법원 1966. 3. 24(전원합의체판결), 65 도 114, 「형사소송법 제254조 제 5 항은 검사가 공
   소를 제기함에 있어 수개의 범죄사실과 적용법조를 예비적 또는 택일적으로 기재하여 그 중
   어느 하나의 범죄사실만의 처벌을 구할 수 있다는 것이며 그들 수개의 범죄사실간에 범죄사
   실의 동일성이 인정되는 범위 내에서 예비적 또는 택일적으로 기재할 수 있음은 물론이나
   그들 범죄사실 상호간에 범죄의 일시·장소·수단 및 객체 등이 달라서 수개의 범죄사실로
   인정되는 경우에도 이들 수개의 범죄사실을 예비적 또는 택일적으로 기재할 수 있다고 해석
   할 것이다.」
    동지: 대법원 1969. 2. 18, 68 도 172.

기재한 경우에 법원이 어떻게 처리할 것이냐가 문제된다. 이론상 양자를 경합범으로 인정하여 유죄판결을 하거나, 검사로 하여금 공소장을 경합범으로 보정하게 하거나 공소제기의 방식이 부적법하다는 이유로 공소기각을 하는 방법을 생각할 수 있다. 형사소송의 형식적 확실성과 소송경제라는 이념에 비추어 두 번째의 방법이 가장 적절하다고 생각된다.[1]

(3) 법원의 심리 · 판단

16   **1) 심판의 대상**   범죄사실과 적용법조를 예비적 · 택일적으로 기재한 때에는 공소장에 기재된 모든 범죄사실이 법원의 심판의 대상이 된다. 즉 예비적 기재의 경우에는 본위적 공소사실뿐만 아니라 예비적 공소사실도 심판의 대상이 되며, 택일적 기재의 경우에도 공소사실 전부가 심판의 대상이 된다. 항소심에서도 같다. 따라서 항소심은 예비적 공소사실을 유죄로 인정할 수 있고, 택일적 기재의 경우에도 하나의 사실을 유죄로 인정한 원심판결을 파기하고 다른 사실을 유죄로 할 수 있다.[2]

17   **2) 심판의 순서**   예비적 기재의 경우에는 법원의 심리 · 판단의 순서도 검사의 기소 순위에 의하여 제한받는다. 따라서 법원이 검사의 본위적 공소사실을 판단하지 아니하고 예비적 공소사실만 판단하는 것은 위법이라고 해야 한다.[3] 이에 반하여 택일적 기재의 경우에는 법원의 심판의 순서에 아무런 제한이 없다.

18   **3) 판단의 방법**   예비적 · 택일적 기재의 경우에 법원이 그 어느 하나로 유죄를 선고한 때에는 판결주문에 유죄만을 선고하면 충분하고 다른 사실에 대한 판단은 요하지 않는다. 택일적 기재의 경우에는 판결이유에서도 다른 사실에 대한 판단이 필요 없고, 검사가 다른 사실을 유죄로 인정하지 않은 것을 이유로 상소할 수도 없다.[4] 예비적 기재의 경우에 본위적 공소사실을 유죄로 인정한 때에도 같다. 이에 반하여 예비적 공소사실을 유죄로 인정한 경우에는 판결이유에서 본위적 공소사실을 판단해야 한다.[5] 법원이 판단의 순서에 제한을 받는 이상 본위적 공소사실을 판단하는 것은 당연하기 때문이다. 예비적 · 택일적으로 기재된 모든 공소사실에 대하여 무죄를 선고하는 경우에는 모든 범죄사실 또는 적용법조

---

1 백형구 강의, 465면.
2 대법원 1975. 6. 24, 70 도 2660.
3 대법원 1975. 12. 23, 75 도 3238; 대법원 1976. 5. 26, 76 도 1126.
4 대법원 1981. 6. 9, 81 도 1269.
5 대법원 1976. 5. 26, 76 도 1126.

에 대한 판단을 요한다.

Ⅲ. 공소장일본주의

1. 공소장일본주의의 의의와 근거

(1) 공소장일본주의의 의의

공소를 제기함에는 공소장을 관할법원에 제출하여야 하며($^{제254조}_{1항}$), 공소장에 **19**
는 사건에 관하여 법원에 예단이 생기게 할 수 있는 서류 기타 물건을 첨부하거
나 그 내용을 인용하여서는 아니된다($^{규칙 제}_{118조 2항}$). 이와 같이 공소제기 시에 법원에
제출하는 것은 공소장 하나이며 공소사실에 대한 증거는 물론 법원에 예단을 생
기게 할 수 있는 것은 증거가 아니더라도 제출할 수 없다는 원칙을 공소장일본주
의(公訴狀一本主義)라고 한다. 공정한 재판의 전제가 되는 공평한 법원의 이념은
공평한 법원의 구성과 함께 소송절차에 있어 양 당사자로부터 법원의 독립을 필
요로 한다. 법관의 제척 · 기피 · 회피가 전자를 보장하기 위한 제도임에 반하여,
공소장일본주의는 수사기관의 심증과 법원을 차단함에 의하여 법관 또는 배심원
이 사건에 대하여 예단을 가지지 않고 백지의 상태에서 공판에서의 양 당사자의
공격과 방어를 통하여 진실을 발견하여야 한다는 요청을 절차상으로 반영한 것이
며, 이에 의하여 공판중심주의와 변론주의 및 직접심리주의의 정신이 실현될 수
있게 된다. 이러한 의미에서 공소장일본주의는 단순히 공소제기의 방식에 관한
기본원칙[1]에 그치는 것이 아니라, 소송절차에 있어서 공평한 법원의 이념을 실
현하기 위한 형사소송구조상의 제도라고 할 수 있다.[2]

> 군사법원법 제296조 6항도 「공소장에는 재판관에게 예단을 하게 할 우려가 있는 서
> 류나 그 밖의 물건을 첨부하거나 그 내용을 인용하지 못한다」고 하여 공소장일본주
> 의를 규정하고 있다.

(2) 공소장일본주의의 이론적 근거

공소장일본주의는 당사자주의 소송구조와 예단배제의 원칙 및 공판중심주의 **20**

1　백형구 강의, 468면.
2　김재환 285면; 이영란 427면; 차용석/최용성 301면.

에 이론적 근거를 두고 있다. 그것은 또한 위법한 증거로부터 법원을 보호하는 기능을 가지기도 한다.

21   **1) 당사자주의 소송구조**   공소장일본주의는 당사자주의 소송구조의 기본적 지주이다. 직권주의적 소송구조에서는 공소제기와 동시에 수사기록과 증거물은 모두 법원에 제출되고, 법관은 이에 의하여 사건내용을 충분히 파악한 후에 심리에 들어가게 된다. 그 결과 법관은 검사의 심증을 이어받게 되고 공판심리는 법관에게 이미 형성된 심증을 확인하는 절차에 불과하게 된다. 직권주의를 취하고 있는 독일 형사소송법이 공소장에 수사의 본질적 결과(wesentliche Ergebnis der Ermittlungen)와 증거를 기재하여($\frac{제200}{조}$) 범죄의 혐의와 양형의 자료를 명시하도록 하고,[1] 공소제기와 동시에 수사기록을 법원에 제출하도록 하고 있는 것은($\frac{제199조}{2항}$) 이러한 의미에서 이해할 수 있다. 그러나 당사자주의 소송구조는 법원이 공평한 제3자의 입장에서 공소장에 기재된 공소사실의 존부에 대하여 당사자 사이에 전개되는 공격·방어를 바탕으로 심증을 형성할 것을 요구한다. 수사와 공판절차를 단절하고 법관이 백지상태에서 심리를 개시하게 되는 공소장일본주의에 의하여 검사의 당사자지위가 명백해지고 피고인의 무죄추정도 제도적으로 보장받게 된다. 따라서 공소장일본주의는 공판절차의 운영이라는 실제적 측면에서 당사자주의가 실현된 것이며,[2] 상호신문제도는 공소장일본주의의 필연적 귀결이라고 할 수 있다.

22   **2) 예단배제의 원칙**   공소장일본주의는 예단배제의 원칙을 제도적으로 표현한 것이라고 할 수 있다. 예단배제의 원칙은 구체적 사건의 심판에 있어서 법관의 예단과 편견을 방지하여 공정한 판단을 보장하려는 원칙을 말한다. 물론 예단배제의 원칙은 공판심리의 개시 전은 물론 개시 후에도 기능하는 원칙이라는 점에서 공소장일본주의보다는 넓은 개념이다. 즉 공소제기 시의 법관의 예단을 배제하자는 이념이 실현된 것이 바로 공소장일본주의라고 할 수 있다. 여기서 검사의 심증이 법관에게 연속되는 것을 단절하여 법관으로 하여금 백지의 상태에서 심리를 개시하도록 하는 것은 형사소송법의 기본원칙인 예단배제원칙의 당연한 요청이다.

23   **3) 공판중심주의**   공소장일본주의는 공판중심주의의 실현을 위한 제도이다.

---

1 Meyer-Goßner § 200, Rn. 17; Peters S. 456; Treier KK § 200, Rn. 15; Zipf S. 138.
2 백형구 162면; 신현주 416면; 차용석/최용성 300면.

공판중심주의란 법관의 심증형성은 공판기일의 심리에 의하여야 한다는 원칙을 말한다.[1] 2007년의 형사소송법 개정으로 공판중심주의는 더욱 강화되었다. 공판중심주의는 공판에서 당사자의 공격·방어가 행하여지고 이를 기초로 심증이 형성될 것을 요구한다. 공소장일본주의는 바로 공판중심주의의 이념에 부합하는 제도라 할 것이다. 공판중심주의가 직접주의와 구두변론주의를 전제로 한다는 의미에서 공소장일본주의는 직접주의와 구두변론주의 등의 공판절차의 기본원칙을 실현하기 위한 제도라고도 할 수 있다.

4) 위법증거의 배제   공소장일본주의는 수사서류가 직접 공판절차에 유입되는 것을 방지하는 기능을 한다. 법원이 사전에 수사기록을 검토하여 심증을 형성하는 것을 허용한다면 증거능력을 제한한 형사소송법의 규정은 무의미하게 된다. 이러한 의미에서 공소장일본주의는 법원의 위법한 증거에 대한 공판 전의 접촉을 차단하여 증거능력 있는 증거에 의하여만 심증형성을 가능하게 하기 위하여도 필요하다고 하겠다.[2]   24

2. 공소장일본주의의 내용

(1) 첨부와 인용의 금지

공소장일본주의는 사건에 관하여 법원에 예단이 생기게 할 수 있는 서류 기타 물건을 첨부하거나 그 내용을 인용하는 것을 금지한다(규칙 제 118조 2항). 공소장일본주의의 위반 여부는 공소사실로 기재된 범죄의 유형과 내용 등에 비추어 볼 때에 공소장에 첨부 또는 인용된 서류 기타 물건의 내용, 그리고 법령이 요구하는 사항 외에 공소장에 기재된 사실이 법관 또는 배심원에게 예단을 생기게 하여 법관 또는 배심원이 범죄사실의 실체를 파악하는 데 장애가 될 수 있는지의 여부를 기준으로 해당 사건에서 구체적으로 판단하여야 한다.[3]   25

1) 첨부의 금지   공소장에 첨부가 금지되는 것은 사건에 관하여 법원에 예단을 줄 수 있는 서류 기타 물건이다. 법원에 예단을 줄 수 있는 서류 또는 물건이란 사건의 실체심리 이전에 법관의 심증형성에 영향을 줄 수 있는 자료를 말한다.   26

---

1 대법원 2023. 1. 12, 2022 도 14645(형사사건의 실체에 관한 유·무죄의 심증은 법정 심리에 의하여 형성하여야 한다는 원칙).

2 김재환 285면; 신동운 590면; 이영란 428면.

3 대법원 2009. 10. 22(전원합의체판결), 2009 도 7436; 대법원 2017. 11. 29, 2017 도 9747.

증거물이 보통이나 반드시 여기에 제한되지 않는다. 따라서 공소사실을 증명하는 수사서류 기타의 증거물의 첨부는 절대로 허용되지 아니한다. 공소사실은 법관의 판단대상을 명시하는 검사의 주장이다. 그것은 검사 자신의 주장이라는 점에서 증거제출과 구별되며 양자를 차단하는 것이 공소장일본주의라고 할 수 있다.

27   예단을 줄 염려가 없는 물건을 공소장에 첨부하는 것은 공소장일본주의에 반하지 않는다. 형사소송규칙은 공소장에 변호인선임서 또는 보조인신고서, 특별대리인 선임결정등본, 체포영장·긴급체포서·구속영장 기타 구속에 관한 서류를 첨부하여야 한다고 규정하고 있다(동조제1항).

28   2) 인용의 금지   형사소송규칙은 첨부뿐만 아니라 인용도 금지하고 있다. 공소장일본주의의 취지에 비추어 공소장에 증거 기타 예단이 생기게 할 수 있는 문서내용을 인용하는 것이 금지되는 것은 당연하다.[1] 인용이라 하기 위하여는 현물의 존재를 암시하는 기재가 있을 것을 요하지만 현물이 무엇인가를 명시할 필요는 없다.

29   증거물의 인용이 금지된다고 할지라도 문서를 수단으로 한 협박·공갈·명예훼손 등의 사건에서는 문서의 기재내용 그 자체가 범죄구성요건에 해당하는 중요한 요소이므로 공소사실을 특정하기 위하여 문서의 전부 또는 일부를 인용하는 것은 적법하다고 해야 한다. 일본의 판례도 같은 태도를 취하고 있다.[2] 그리고 범죄의 성격상 범의나 공모관계, 범행의 동기나 경위 등을 명확히 하기 위하여 증거서류의 내용을 인용하는 것이 허용되기도 한다.[3]

(2) 여사기재의 금지

30   공소장일본주의는 첨부나 인용의 형식에 의하는 경우뿐만 아니라 예단을 생기게 할 수 있는 사항을 공소장에 기재하는 것도 금지한다는 점에 대하여는 견해가 일치하고 있다.[4] 공소장에 제254조 3항의 기재사항 이외의 사항을 기재하는 경우를 여사기재(餘事記載)라고 한다. 여사기재에는 법관에게 사건에 대하여 예단이 생기게 할 수 있는 여사기재와 그런 염려가 없는 단순한 여사기재가 있다. 후

---

1 신동운 591면; 신양균/조기영 373면; 이영란 428면.
2 日最判 1951. 4. 10[刑集 5-5, 842]; 日最判 1958. 5. 20[刑集 12-7, 1398]; 日最判 1969. 10. 12 [刑集 23-10, 1199].
3 대법원 2009. 10. 22(전원합의체판결), 2009 도 7436(공직선거법위반·정치자금법위반); 대법원 2013. 7. 26, 2013 도 2511(국가보안법위반).
4 백형구 164면; 신동운 591면.

자의 여사기재는 공소장일본주의의 위반이라고 할 수 없다.[1] 이 경우에는 기재
사항을 삭제하면 된다. 이에 반하여 예단이 생기게 할 수 있는 여사기재는 허용
되지 않는다고 해야 한다. 여사기재와 관련하여 문제되는 점은 다음과 같다.

　　1) 전과의 기재　　　　공소사실의 첫머리에 전과를 기재하는 것은 허용된다는 견　　31
해도 있다.[2] 그러나 전과가 예단을 생기게 할 수 있는 사항인 점에는 의문이 없
다. 따라서 전과가 범죄구성요건에 해당하는 경우($\frac{상습누범 \cdot}{상습범}$)나 사실상 범죄사실의
내용을 이루는 경우($\frac{전과를 ~수단}{으로 ~한 ~공갈}$) 이외에는 공소장에 동종의 전과를 기재하는 것은
공소장일본주의에 반한다고 해야 한다.[3] 일본의 판례는 누범전과의 경우에 사기
의 공소사실에 대하여 사기의 전과를 기재하는 것은 허용되지 않는다고 한다.[4]
그러나 누범전과는 범죄사실에 준하는 것이므로 허용된다고 하는 것이 타당하다
고 생각된다. 이종전과의 기재도 허용되지 않지만, 이는 삭제하면 되는 경우에
해당한다. 대법원은 전과의 기재가 피고인을 특정할 수 있는 사항으로 허용된다
고 보고 있다.[5]

　　2) 전과 이외의 악성격 · 경력 · 소행의 기재　　　　전과 이외의 피고인의 악성격이　　32
나 나쁜 경력을 기재하는 것도 그것이 범죄구성요건의 요소가 된 경우($\frac{공갈 \cdot 강요의}{수단이 ~될 ~때}$)
나 구성요건적 행위와 밀접불가분한 관계에 있는 경우를 제외하고는 그 기재가
허용되지 않는다고 할 것이다.

　　판례는 국가보안법위반사건의 공소장 첫머리에 피고인의 과거 경력 · 성향 · 활동 등
　　에 관한 사항을 나열하는 것은 적절하다고 할 수 없지만, 이로 인하여 공소제기가
　　무효로 되지는 않는다고 한다($\frac{대법원 1999. 7. 23.}{99 ~도 ~1860}$). 그러나 공무집행방해죄 등 사건에서
　　공소사실과 관련 없는 집회의 폭력성을 부각하는 표현 등을 사용한 것은 공소장일본
　　주의에 위반한다는 원심의 판단은 적법하다고 하였다($\frac{대법원 2021. 8. 26.}{2020 ~도 ~12017}$).

　　3) **범죄동기의 기재**　　　　범죄의 동기나 원인은 범죄사실이 아니므로 일반적으　　33
로 기재하지 않지만, 살인죄나 방화죄와 같은 동기범죄나 중대범죄에서는 동기가

1　강구진 280면은 이러한 경우만을 여사기재라고 하나, 일반적으로 여사기재는 두 가지 경우를
　　포함한 개념으로 사용되고 있다.

2　백형구 165면; 이영란 431면.

3　손동권/신이철 385면; 신동운 592면; 신현주 419면; 이은모/김정환 406면.

4　日最判 1952. 3. 5[刑集 6-3, 351].

5　대법원 1966. 7. 19, 66 도 793. 피고인의 특정을 위해 필요한 경우에만 허용된다는 견해도
　　있다(신양균/조기영 374면).

공소사실과 밀접불가분하거나 공소사실을 명확하게 하기 위하여 필요한 것이므로 이를 기재하는 것이 허용된다.[1] 다만, 직접동기의 범위를 벗어나서는 안 된다고 할 것이다. 따라서 강도·사기·공갈 등의 재산죄에 관하여 「유흥비를 마련하기 위하여」 또는 「생활비에 쪼들려」라고 기재하는 것은 허용된다. 범죄동기의 기재는 단순한 여사기재로 공소제기를 무효로 하지는 않는다고 할 것이다.

34 **4) 여죄의 기재** 여죄의 기재는 법관에게 예단을 생기게 할 수 있는 사항이므로 허용되지 않는다고 해야 한다. 다만, 구체적 범죄사실의 기재가 없는 여죄 존재의 지적은 단순한 여사기재로 삭제를 명하면 된다고 하겠다.

3. 공소장일본주의 위반의 효과

35 공소장일본주의의 위반은 공소제기의 방식에 관한 중대한 위반이므로 공소제기는 무효이며, 따라서 법원은 판결로 공소기각을 선고하여야 한다($제327조 \atop 2호$). 판례도 마찬가지이다.[2] 이에 반하여 법관에게 예단을 생기게 할 우려가 없는 단순한 여사기재는 제254조 3항 내지 4항의 위반으로 검사에게 그 삭제를 명하면 된다.

36 공소장일본주의의 위반과 단순한 여사기재의 한계 및 공소장일본주의 위반의 하자가 치유될 수 있는가가 문제된다. 법관에게 예단이 생기게 할 수 있는 여사기재는 모두 공소장일본주의의 위반이고 하자의 치유도 인정되지 아니한다는 견해가 다수설[3]이다. 일본의 판례도 법관에게 예단이 생기게 할 수 있는 사항을 기재한 위법은 성질상 치유될 수 없는 것이라고 하고 있다.[4] 그러나 사실인정과 양형을 법관에게 맡기고 있는 형사소송에서 여사기재로 인한 예단의 위험을 지나치게 강조하는 것이 타당한가는 의문이다. 오히려 예단을 생기게 할 수 있는 자료를 첨부한 경우는 공소제기가 무효가 되지만 여사기재는 법원에서 삭제를 명하면 충분하고, 이러한 범위의 기재는 삭제에 의하여 하자가 치유될 수 있다고 해석함이 타당하다고 생각된다.

37 대법원은 「공소장일본주의에 위반한 경우라 하더라도 공소장 기재의 방식에 관하여 피고인 측으로부터 아무런 이의가 제기되지 아니하였고 법원 역시 범죄사실의 실체

1 대법원 2007. 5. 11, 2007 도 748.
2 대법원 2009. 10. 22(전원합의체판결), 2009 도 7436.
3 손동권/신이철 388면; 신동운 594면; 이창현 599면; 정승환 § 24/37.
4 日最判 1952. 3. 5[刑集 6-3, 351].

를 파악하는 데 지장이 없다고 판단하여 그대로 공판절차를 진행한 결과 증거조사
절차가 마무리되어 법관의 심증형성이 이루어진 단계에서는 소송절차의 동적 안정
성 및 소송경제의 이념 등에 비추어 이제는 더 이상 공소장일본주의의 위배를 주장
하여 이미 진행된 소송절차의 효력을 다툴 수는 없다」고 판시하였다[대법원 2009. 10. 22 (전원합의체판결), 2009 도 7436; 대법원 2017. 11. 9, 2014 도 15129]. 공소장일본주의의 위반의 정도에 따라 하자가 치유될 수는 있
다. 그러나 예단을 가진 법관에 의하여 이미 공판절차가 진행된 때에 책문권이 포
기·상실되었다고 하는 것은 타당하다고 할 수 없다.

4. 공소장일본주의의 예외

공소장일본주의에 대하여도 예외가 인정된다. 약식절차 및 즉결심판절차의　　38
경우가 여기에 해당한다. 또 공소장일본주의는 공소제기에 대하여 적용되는 원칙
이므로 그것이 적용되지 않는 경우도 있다.

(1) 약식절차 및 즉결심판절차

검사가 약식명령을 청구하는 때에는 공소제기와 동시에 수사기록과 증거물　　39
을 제출하여야 한다. 약식절차가 서면심리에 의한 재판이라는 성질로 인하여 공
소장일본주의의 예외를 인정한 것이라고 하겠다. 서면심리에 의한 재판은 약식절
차의 성질상 당연하다는 이유로 이를 공소장일본주의의 예외가 아니라고 하는 견
해[1]도 있으나, 약식명령의 청구도 공소제기와 동시에 하는 것인 이상 그 성질
때문에 예외가 인정된 것으로 보아야 한다.[2] 다만 약식명령의 청구가 있는 경우
에 법원이 약식명령을 할 수 없거나 부적당하다고 인정하여 공판절차에 의하여
심판하거나(제450 조), 정식재판의 청구가 있는 때(제453 조)에는 공소장일본주의가 적용된
다고 해야 한다.

경찰서장이 즉결심판을 청구할 때는 필요한 서류 또는 증거물을 판사에게
제출하여야 하므로(즉결심판에 관한 절차법 제 4 조) 공소장일본주의가 배제된다. 마찬가지로 즉결심
판에 대하여 정식재판의 청구가 있는 경우에도 사건기록과 증거물을 지체 없이
관할법원에 송부하여야 하므로(동법 제14 조 3항), 이 경우에도 공소장일본주의는 적용되지
않는다.

1　백형구 166면, 강의 472면; 정영석/이형국 245면.
2　손동권/신이철 386면; 신동운 594면; 신현주 421면; 이영란 432면; 차용석/최용성 306면.

(2) 공소장일본주의의 적용범위

40　　　공소장일본주의는 공소제기에 대하여 적용되는 것이므로 공판절차갱신 후의 절차, 상소심의 절차, 파기환송(이송) 후의 절차에는 공소장일본주의가 적용될 여지가 없다. 이 경우에도 공소장일본주의의 정신에 따라 심리할 것을 요한다는 견해[1]도 있으나, 이는 공소장일본주의의 적용범위가 아니라고 해야 한다.

5. 관련문제

공소장일본주의와 관련하여 다음의 몇 가지 문제를 검토할 필요가 있다.

(1) 증거개시의 문제

41　　　형사소송법은 종래 변호인에게 소송계속 중의 관계 서류 또는 증거물에 대한 열람·복사권만을 인정하고 있었다($\frac{제35}{조}$). 공소제기와 함께 수사기록과 증거물이 모두 법원에 제출되는 직권주의에서는 변호인이 법원에 제출된 검사의 증거를 자유롭게 열람·복사할 수 있다. 그러나 공소장일본주의에 의하여 공소제기 후에도 증거물과 수사기록을 모두 검사가 보관하게 되었으므로 변호인이 검사에 대하여 그 기록의 열람·복사를 청구할 수 있느냐가 문제되었다. 2007년 개정 형사소송법은 피고인과 변호인에게 소송계속 중의 관계 서류 또는 증거물에 대한 열람·복사권뿐만 아니라($\frac{제35}{조}$), 공소제기 후 검사가 보관하고 있는 서류 등의 열람·등사권, 즉 증거개시를 인정하는 규정을 신설하였다($\frac{제266조의}{3\ 내지\ 4}$).

(2) 공판기일 전의 증거제출

42　　　형사소송법은 공판기일 전의 증거조사($\frac{제273}{조}$)와 당사자의 공판기일 전의 증거제출($\frac{제274}{조}$)을 인정하고 있다. 검사·피고인 또는 변호인이 공판기일 전에 서류나 물건을 증거로 법원에 제출할 수 있도록 한 공판기일 전의 증거제출은 특히 공소장일본주의에 반하는 것이 아닌가가 문제된다. 공판기일 전의 증거조사와 증거제출은 공판기일의 심리의 신속을 준비하는 절차이다. 그러나 공판기일 전에 법관에게 증거를 제출하게 하여 사건의 실체에 관하여 예단을 갖게 하는 것은 공소장일본주의를 무의미하게 할 우려가 있다. 여기서 공판준비절차의 도입으로 공판기일 전 증거제출·조사규정은 사문화되었으며 공판준비절차에서의 증거조사나 증거제출은 공소장일본주의에 반하지 않는다고 하거나[2] 공판기일 전의 증거제출은

1　강구진 284면.

2　신동운 596면.

단순히 증거제출을 허용하는 것으로 증거조사까지 나아가는 것은 아니고 공판심리의 집중 내지 정리를 위해 이를 막을 필요도 없으므로 허용된다는 견해[1]도 있다. 그러나 증거보전절차($_조^{제184}$)와의 관계에 비추어 여기의 공판기일 전이란 제1회 공판기일 이후의 공판기일 전을 의미한다고 해석하는 것이 타당하다.[2]

제4절   공소제기의 효과   §21

I. 공소제기의 의의

공소제기에 의하여 법원의 공판절차가 개시된다. 즉 법원의 심판은 검사의 공소제기에 의하여 시작되며, 공소제기로 인하여 피의자는 피고인으로 전환하여 소송의 주체로서의 지위를 가지게 된다. 이 경우에 법원의 심판의 범위도 공소장에 기재된 공소사실에 한정된다. 공소제기는 소송의 원인임과 동시에 소송의 한계가 된다고 하겠다.[3] 이 이외에도 공소제기에 의하여 공소시효의 진행이 정지된다. 따라서 공소제기의 소송법적 효과로는 소송계속과 심판범위의 한정 및 공소시효의 정지를 들 수 있다.   1

공소제기에 의하여 법원의 심판의 범위가 한정된다. 그러나 법원의 심판의 범위와 공소의 효력이 미치는 범위가 반드시 일치하는 것은 아니다. 공소불가분의 원칙에 의하여 범죄사실의 일부에 대한 공소의 효력은 전부에 미친다. 그러나 법원의 심판의 범위는 공소장에 기재된 공소사실에 제한되며, 공소사실과 동일성이 인정되는 사실도 공소장변경에 의하여 비로소 법원의 현실적인 심판의 대상이 될 수 있을 뿐이다.   2

---

1 김재환 291면.
2 백형구 강의, 472면; 손동권/신이철 387면; 신현주 420면; 이영란 506면; 이은모/김정환 408면; 임동규 320면; 정승환 §24/36.
3 Peters S. 455.

Ⅱ. 공소제기의 소송법상 효과

1. 소송계속

(1) 소송계속의 의의

3　　　공소제기에 의하여 사건은 법원에 계속된다. 즉 종래 검사의 지배하에 있던 피의사건은 피고사건이 되어 공소가 제기된 법원의 지배로 옮겨지고, 이에 따라 피의자는 피고인의 지위를 가지게 된다.[1] 사건이 법원의 지배로 옮겨진다는 것은 앞으로 사건의 진행에 대하여 법원이 책임을 지게 되고, 판단에 있어서 검사의 의견에 구속되지 않는다는 것을 의미한다. 따라서 검사가 피고인을 구속하거나 구속기소한 피고인을 석방할 수는 없게 된다. 이와 같이 사건이 특정한 법원의 심판대상으로 되어 있는 상태를 소송계속이라고 한다.

　　　공소제기에 의하여 소송계속의 효과가 발생한다. 그러나 소송계속이 반드시 공소제기에 의하여만 발생하는 것은 아니다. 법원이 공소제기가 없는 사건에 대하여 잘못으로 심리를 개시한 경우에도 소송관계가 발생한다고 보아야 하기 때문이다. 이 경우에 법원은 형식재판에 의하여 피고인을 소송관계에서 배제하여야 한다.

(2) 소송계속의 적극적 효과

4　　　**1) 심판의 권리·의무**　　　공소제기에 의하여 법원은 사건을 심리·재판할 권리·의무를 가지며, 검사와 피고인은 당사자로서 당해 사건의 심리에 관여하고 법원의 심판을 받아야 할 권리와 의무를 갖게 되는 법률관계가 발생한다. 이러한 법률관계는 공소제기의 본질적 효과이며 공소제기된 사건 자체에 대한 효과이므로, 이를 소송계속의 적극적 효과 또는 공소제기의 내부적 효과라고 한다.

5　　　**2) 실체적 소송계속과 형식적 소송계속**　　　소송계속은 공소제기가 적법·유효할 것을 요하는 것은 아니다. 공소제기가 적법·유효한 경우의 소송계속을 실체적 소송계속이라고 한다. 실체적 소송계속의 경우에는 법원은 공소사실의 존부에 관하여 유죄·무죄의 실체재판을 선고하여야 한다. 이에 반하여 공소제기가 부적법·무효인 경우의 소송계속이 형식적 소송계속이다. 형식적 소송계속의 경우에는 면소·공소기각·관할위반과 같은 형식재판을 할 권리·의무가 있을 뿐이다.

1　대법원 2009. 10. 22(전원합의체판결), 2009 도 7436; 대법원 2021. 6. 10, 2020 도 15891.

공소제기가 없는 사건에 대하여 법원이 심리를 개시한 경우도 형식적 소송계속에
속함은 앞에서 본 바와 같다.

(3) 소송계속의 소극적 효과

공소의 제기가 있는 때에는 동일사건에 대하여 다시 공소를 제기할 수 없다.   6
이를 이중기소(재소)의 금지 또는 공소제기의 외부적 효과라고도 한다. 따라서 동
일사건이 같은 법원에 이중으로 공소가 제기되었을 때에는 후소에 대하여 공소기
각의 판결을 하여야 한다($\frac{제327조}{3호}$). 동일사건을 수개의 법원에 이중으로 공소제기하
는 것도 허용되지 않는다. 그러므로 동일사건이 사물관할을 달리하는 수개의 법
원에 계속된 때에는 법원합의부가 심판하고($\frac{제12}{조}$), 사물관할을 같이하는 수개의 법
원에 계속된 때에는 먼저 공소를 받은 법원이 심판한다($\frac{제13}{조}$). 이 경우 심판할 수
없게 된 법원은 공소기각의 결정을 하여야 한다($\frac{제328조}{1항 3호}$).

2. 공소시효의 정지

공소제기에 의하여 공소시효의 진행이 정지되며, 공소기각 또는 관할위반의   7
재판이 확정된 때로부터 진행한다($\frac{제253조}{1항}$). 공소제기가 있으면 시효가 정지되며 소
송조건을 구비할 필요는 없다. 공범의 1인에 대한 시효정지는 다른 공범자에 대하
여도 효력이 미친다($\frac{동조}{제2항}$). 공소제기의 효력은 당해 피고인에 대하여만 미치는 것
이 원칙이지만 공평의 견지에서 그 특례를 인정한 것이라고 할 수 있다. 여기의
공범에는 임의적 공범뿐만 아니라 필요적 공범도 포함한다. 그러나 공범이 아닌
자에 대한 관계에서는 이를 확장하여 적용할 수 없다. 따라서 범인 아닌 자에 대한
공소제기는 진범인에 대하여 시효정지의 효력이 없다. 공범 중의 1인이 범죄의 증
명이 없다는 이유로 무죄의 확정판결을 선고받은 때에도 그를 공범이라고 할 수
없어 그에 대하여 제기된 공소로써는 진범에 대한 공소시효정지의 효력이 없다.[1]

공소제기에 의한 시효정지의 효력은 잠재적으로 법원의 심판의 대상이 되는 공소사
실과 단일하고 동일한 범위 내의 전체 사실에 효력을 미친다. 따라서 과형상의 일죄
의 일부에 대하여만 공소가 제기된 때에는 다른 부분에 대하여도 공소시효가 정지
된다.

---

1 대법원 1999. 3. 9, 98 도 4621.

Ⅲ. 공소제기의 효력이 미치는 범위

1. 사건범위의 한정

(1) 공소불가분의 원칙

8 　　공소제기의 효과는 공소장에 기재된 피고인과, 공소사실과 단일성 및 동일성이 인정되는 사실에 미친다. 이를 공소불가분의 원칙이라고 한다. 형사소송법은 「범죄사실의 일부에 대한 공소의 효력은 범죄사실 전부에 미친다」고 하여 명문으로 공소불가분의 원칙을 규정하고 있다($\frac{제248조}{2항}$). 그런데 법원이 공소의 제기가 없는 사건을 심판할 수 없다는 것은 불고불리의 원칙에 의하여 당연하다.[1] 이와 같이 법원이 공소제기가 없는 사건에 대하여 심판할 수 없다는 것은 탄핵주의 소송구조의 당연한 결론이며, 공소제기는 사건의 범위를 한정한다고 할 수 있다. 즉 공소제기는 법원의 심판대상을 구속하는 것이다.[2]

(2) 심판의 대상과 공소불가분의 원칙

9 　　법원의 심판의 대상을 공소제기된 피고인의 범죄사실에 한정하는 것은 법원의 심판범위를 자의적으로 확대하는 것으로부터 피고인을 보호하고자 하는 점에 근거가 있다. 법원의 심판의 대상에 대하여는 견해가 대립되고 있으나, 공소사실과 단일성 및 동일성이 인정되는 사실에 대하여는 공소제기의 효과가 미치지만 그것은 법원의 잠재적 심판의 대상이 되는 데 불과하고, 공소장에 기재된 공소사실과 공소장변경에 의하여 변경된 사실만 법원이 현실적으로 심판할 수 있다고 보아야 한다($\frac{제2장 제}{1절 참조}$).[3]

---

1 대법원 2001. 12. 27, 2001 도 5304; 대법원 2022. 7. 28, 2022 도 5388.

2 이때, 검사가 어떠한 행위를 기소한 것인지는 기본적으로 공소장 기재 자체를 기준으로 하되, 심리의 경과 및 검사의 주장내용 등도 고려하여 판단하여야 한다(대법원 2017. 6. 15, 2017 도 3448; 대법원 2023. 3. 30, 2022 도 6758).

3 대법원 1959. 6. 26, 4292 형상 36, 「현행 형사소송법하에서는 법원의 실체적인 심판의 범위는 잠재적으로는 공소사실과 단일성 및 동일성이 인정되는 한 그러한 사실의 전부에 미칠 것이나, 현실적 심판의 대상은 공소장에 예비적 또는 택일적으로 기재되었거나 소송의 발전에 따라 그후 추가 철회 또는 변경된 사실에 한한다고 해석하는 것이 동법 제254조 제 5 항, 제298조 제 1 항의 해석상 타당할 것이다.」

2. 공소제기의 인적 효력범위

(1) 인적 효력의 범위

공소는 검사가 피고인으로 지정한 자에게만 미친다($\frac{제248조}{1항}$). 따라서 법원은   10
검사가 공소장에 특정하여 기재한 피고인만 심판하여야 하며 그 이외의 자를 심
판할 수는 없다. 이 점에서 공소제기의 효력은 주관적 불가분의 원칙이 적용되는
고소의 효력과 구별된다. 따라서 공소제기 후에 진범인이 발견되어도 공소제기의
효력은 진범인에게 미치지 아니하며, 공범 중 1인에 대한 공소제기가 있어도 다
른 공범자에 대하여는 그 효력이 미치지 않는다. 다만, 공소제기로 인한 공소시
효정지의 효력은 다른 공범자에게도 미친다($\frac{제253조}{2항}$).

(2) 검사가 지정한 피고인

1) **피고인의 특정**   검사가 지정한 피고인이란 공소장에 특정되어 있는 피고   11
인을 의미한다. 공소장에는 피고인의 성명, 기타 피고인을 특정할 수 있는 사항
을 기재하도록 하고 있으므로 통상의 경우에는 공소장에 기재되어 있는 자가 피
고인이 된다. 그러나 문제는 甲이 乙의 성명을 모용하여 공소장에 乙이 피고인으
로 기재된 경우와 공소장에는 甲이 피고인으로 기재되어 있는데 乙이 공판정에
출석하여 재판을 받은 경우에 공소제기의 효력이 乙에게도 미치느냐에 있다.[1]

2) **성명모용의 경우**   甲이 乙의 성명을 모용하여 乙의 이름으로 공소가 제   12
기된 경우에 공소제기의 효력은 명의를 사칭한 자에게만 미치고 그 명의를 모용
당한 자에게는 미치지 않는다고 해석하여야 한다.[2] 구공판(求公判)의 경우뿐만
아니라 구약식(求略式)의 경우[3]는 물론 경범죄 처벌법에 따른 경찰서장의 통고처
분의 경우[4]에도 같은 이론이 적용된다. 공소제기의 효력은 甲에게만 미치므로
검사가 모용관계를 바로잡아 피고인을 특정하기 위하여는 공소장정정절차에 의
하여 피고인의 표시를 정정하면 된다.[5] 甲이 공판정에 출석하여 유죄판결이 확
정된 때에도 판결의 효력은 乙에게는 미치지 않는다. 다만, 乙이 공판정에 출석
하여 재판을 받거나 약식명령에 대하여 정식재판을 청구한 때에는 乙은 검사가

---

1 피고인을 특정하는 기준에 관하여는 *infra* 28 3 참조.
2 대법원 1984. 9. 25, 84 도 1610; 대법원 1997. 11. 28, 97 도 2215; 대법원 2023. 3. 16,
   2023 도 751.
3 대법원 1981. 7. 7, 81 도 182.
4 대법원 2023. 3. 16, 2023 도 751.
5 대법원 1984. 9. 25, 84 도 1610; 대법원 1985. 6. 11, 85 도 756.

지정한 피고인은 아니지만 형식적으로 피고인의 지위에 있는 자이므로 乙에 대하여 공소기각의 판결을 하여야 한다.[1] 이 경우에도 공소제기의 효력은 甲에게만 미친다.

13   3) 위장출석의 경우   공소장에는 甲이 피고인으로 기재되어 있음에도 불구하고 乙이 출석하여 재판을 받은 경우에는 甲은 실질적 피고인, 乙은 검사가 지정한 피고인 이외의 자가 소송에 관여한 형식적 피고인이 된다. 이 경우에도 공소제기의 효력은 甲에게만 미친다.

3. 공소제기의 물적 효력범위

(1) 공소사실의 단일성과 동일성

14   범죄사실의 일부에 대한 공소는 그 전부에 대하여 효력이 미친다($\frac{제248조}{2항}$). 즉 공소제기의 효력은 단일사건의 전체에 미치고 동일성이 인정되는 한 그 효력은 계속 유지된다. 여기서 공소사실의 단일성은 소송법적 행위의 단일성을 의미하며, 동일성은 기본적 사실의 동일성을 의미한다. 단일성과 동일성이 인정되는 사실의 전체에 대하여 공소제기의 효력이 미치므로 그것은 법원의 잠재적 심판의 대상이 된다. 공소장변경에 의하여 현실적 심판의 대상이 된 때에만 법원은 그 사건에 대하여 심판할 수 있다. 이러한 의미에서 공소제기의 물적 효력범위는 법원의 잠재적 심판의 범위를 의미하며, 그것은 공소장변경의 한계가 되고 기판력의 객관적 범위와 일치한다고 할 수 있다.

(2) 일죄의 일부에 대한 공소제기

15   1) 문제의 제기   소송법상 일죄로 취급되는 단순일죄 또는 과형상의 일죄의 일부에 대한 공소제기가 허용되는가, 예컨대 강도상해의 사실을 강도로 기소하거나 상대적 친고죄에 해당되는 형법 제331조 1항의 특수절도에 대하여 고소가 있는 경우에 그 수단으로 또는 그에 수반하여 행하여진 재물손괴로 공소제기할 수 있는가의 문제를 일죄의 일부에 대한 공소제기의 문제라고 한다. 일죄의 일부에 대한 공소제기의 문제는 일죄의 전부에 대하여 범죄혐의가 인정되고 소송조건이 구비된 경우에 검사가 일부만의 공소를 제기하는 것이 허용되는가를 문제삼는 것이다. 따라서 일죄의 일부에 대하여만 혐의가 인정되거나 소송조건이 구비된 경

1 대법원 1992. 4. 24, 92 도 490; 대법원 1993. 1. 19, 92 도 2554; 대법원 1997. 11. 28, 97 도 2215.

우에는 일부에 대한 공소제기가 허용되는 것이 당연하다.

다만, 야간주거침입절도죄나 특수절도죄가 상대적 친고죄인 경우에 고소가 없는데도 그 수단으로 또는 그에 수반하여 저질러진 주거침입 또는 재물손괴만으로 기소한 경우에도 일죄의 일부에 대한 공소제기의 이론이 적용될 것인가의 문제도 함께 검토해야 할 성질이다.

2) 견해의 대립   일죄의 일부에 대한 공소제기가 허용되는가에 대하여는 적 16 극설과 소극설 및 절충설이 대립되고 있다. **소극설**은 일죄의 일부에 대한 공소제기는 허용되지 않는다고 한다.[1] 공소불가분의 원칙에 의하여 공소장에 공소사실의 일부만이 기재된 경우에도 그 사건의 전부에 당연히 공소제기의 효력이 미치며, 이를 인정하는 것은 실체진실발견을 무시하고 검사의 자의를 인정하는 결과가 되기 때문이라고 한다. 이에 반하여 **적극설**은 일죄의 일부에 대한 공소제기도 적법하다고 한다.[2] 다만 그 근거에 대하여는 변론주의에 의하여 검사에게 소송물의 처분권이 있기 때문이라는 견해[3]와 공소권의 주체가 검사이므로 공소제기는 검사의 재량에 속하기 때문이라고 설명하는 견해[4]가 있으나, 같은 의미에 지나지 않는다고 하겠다. **절충설**은 일죄의 일부에 대한 공소제기는 원칙적으로 허용되지 않으나 검사가 범죄사실의 일부를 예비적·택일적으로 기재한 경우에는 예외적으로 허용된다고 해석한다.[5] 원칙적으로 소극설이 타당하나 이에 의하면 예비적·택일적 공소제기를 설명하지 못하기 때문이라고 한다. 생각건대 ① 기소독점주의와 기소편의주의를 채택하고 있는 형사소송법에서 공소의 제기는 검사의 재량에 속한다고 보아야 하고, ② 형사소송법 제248조 2항은 일죄의 일부에 대한 공소제기를 허용한다는 전제에서 규정된 것이라 할 것이므로 적극설이 타당하다고 하겠다.

판례도 하나의 행위가 부작위범인 직무유기죄와 작위범인 범인도피죄의 구성요건을 동시에 충족하는 경우 검사는 재량에 의하여 부작위범인 직무유기죄만 공소제기할

---

1 손동권/신이철 393면; 정승환 § 25/18; 정영석/이형국 247면.
2 김재환 311면; 백형구 강의, 480면; 신양균/조기영 393면; 이영란 437면; 임동규 325면; 차용석/최용성 310면.
3 강구진 288면.
4 백형구 강의, 480면.
5 신동운 635면.

수 있다고 판시하는($\binom{\text{대법원 1999. 11. 26,}}{\text{99 도 1904}}$) 등 일죄의 일부에 대한 공소제기를 인정하는 태
도를 취하고 있다($\binom{\text{대법원 2017. 12. 5,}}{\text{2017 도 13458}}$).

17   **3) 친고죄의 수단인 범죄행위의 기소**   친고죄의 고소가 있는 경우에 그 수단
으로 또는 부수적으로 저질러진 범죄행위로 공소제기하는 것은 당연히 적법하다
고 해야 한다. 문제는 고소가 없는 경우에는 수단이 되는 범죄행위만으로 공소제
기하는 것이 허용되는가에 있다. 그러나 ① 단일한 범죄는 소송상의 취급에 있어
서 불가분한 단위로 판단하는 것이 타당하고, ② 이를 인정할 때에는 친고죄로
한 취지에 반하며, ③ 고소불가분의 원칙과도 일치하지 않는다고 할 것이므로 이
는 허용되지 않는다고 해석함이 타당하다. 이 경우에 수단인 범죄행위만에 대하
여 공소제기가 있는 때에는 무죄판결을 할 것이 아니라, 고소불가분의 원칙에 반
하는 경우로서 공소제기가 위법한 경우에 해당하기 때문에 공소기각의 판결을 선
고해야 한다. 대법원은 종래 친고죄였던 강간죄의 수단인 폭행·협박만의 공소제
기에 대하여 무죄판결을 선고해야 한다고 하였으나,[1] 그 후 전원합의체판결에
의하여 태도를 변경하고 공소기각의 판결을 해야 한다고 판시하였다.[2] 이러한
판례의 효력은 다른 상대적 친고죄에도 미친다고 보아야 할 것이다.

18   **4) 공소제기의 효력과 심판의 범위**   일죄의 일부를 기소한 경우에 공소제기
의 효력이 전부에 미친다는 것은 공소불가분의 원칙상 당연하다. 따라서 이중기
소금지의 원칙과 기판력은 일죄의 전부에 미치고, 그것은 또한 법원의 잠재적 심
판의 범위가 된다. 그러나 법원의 현실적 심판의 대상은 공소장에 기재되어 있는
일죄의 일부에 제한된다. 그러므로 법원은 검사의 공소장변경이 있는 경우에 한
하여 일죄의 전부를 심판할 수 있을 뿐이다. 다만, 법원이 일죄의 전부를 심판하
고자 할 때에는 검사에게 공소장변경을 요구할 수 있다($\binom{\text{제298조}}{\text{2항}}$).

---

1 대법원 1974. 6. 11, 73 도 2817; 대법원 1976. 4. 27, 75 도 3365.
2 대법원 2002. 5. 16(전원합의체판결), 2002 도 51.

제 5 절 공소시효   § 22

I. 공소시효의 의의와 본질

(1) 공소시효의 의의

공소시효란 검사가 일정한 기간 동안 공소를 제기하지 않고 방치하는 경우   1
에 국가의 소추권을 소멸시키는 제도를 말한다. 공소시효도 형의 시효와 함께 형
사시효의 일종이다. 따라서 공소시효도 일정한 시간이 경과한 사실상의 상태를
유지·존중하기 위한 제도라는 점에서 형의 시효와 취지를 같이한다. 다만 형의
시효가 확정된 형벌권을 소멸시키는 제도임에 반하여, 공소시효는 국가의 소추권
을 소멸시킨다는 점에 차이가 있다. 공소시효가 완성된 때에는 면소의 판결을 해
야 함에 대하여, 형의 시효가 완성된 때에는 형의 집행이 면제될 따름이다. 형의
시효에 관하여는 형법에서 규정하고 있다($\binom{형법\ 제77조}{내지\ 제80조}$).

(2) 공소시효의 본질

공소시효의 법적 효과 내지 그 본질에 관하여는 견해가 대립되고 있다. 공소
시효의 본질에 대한 논쟁은 독일 형법학의 영향이라고 볼 수 있다.

1) 실체법설   실체법설은 공소시효를 시간의 경과에 따라 사회의 응보감정   2
또는 범인의 악성이 소멸되기 때문에 형벌권을 소멸시키는 제도라고 파악하고,
형벌권의 소멸이 소송에 반영되어 실체재판을 저지하는 소송법적 효과($\binom{실체관계적}{소송조건}$)
를 가진다고 한다. 종래 우리나라의 다수설이라 할 수 있다.[1] 그러나 실체법설에
대하여는 ① 형벌권이 소멸하면 무죄판결을 하여야 할 것임에도 불구하고 면소판
결을 하도록 한 이유를 설명하지 못하고, ② 시간이 경과하였다고 하여 형벌권이
소멸할 수는 없다는 비판을 면할 수 없다.[2] 공소시효를 형법에 규정하고 있는
독일 형법학에 있어서도 실체법설은 현재 지지자를 찾아볼 수 없다.

2) 소송법설   소송법설에 의하면 공소시효는 형벌권과는 관계없이 시간의   3
경과에 의하여 증거가 없어지게 된다는 점을 고려하여 국가의 소추권을 억제하는
소송법적 성격을 가진 것이며, 따라서 시효의 완성은 소송조건이 된다고 한다.[3]

---

1 김기두 232면; 서일교 294면; 정영석/이형국 234면.

2 Schäfer S. 194.

3 강구진 264면; 백형구 180면, 강의 488면; 신현주 425면.

독일의 다수설의 입장[1]이다. 소송법설에 대하여는 시효기간이 법정형에 따라 달리 규정된 이유를 설명할 수 없다는 비판이 제기되고 있다.

4   **3) 경합설(결합설)**   경합설은 공소시효의 본질이 가벌성의 감소와 증거의 산일에 있다고 하여 실체법적 성격과 소송법적 성격을 함께 인정하는 견해[2]이다.

5   실체법설은 공소시효가 완성된 경우에 면소판결을 하도록 규정하고 있는 형사소송법의 태도와 일치할 수 없다고 생각된다. 공소시효의 본질은 공소시효의 존재이유에 관한 문제라기보다는 그 법적 효과와 깊은 관계가 있다. 따라서 소송법설과 경합설의 차이는 공소시효를 장기로 한 법률의 개정이 있는 경우에 소급효를 인정할 수 있는가에 실익이 있을 따름이다.[3] 그러나 소급효의 금지를 소송법에 대하여도 인정해야 할 필요는 없다. 시간이 경과함에 따라 형벌권이 소멸한다는 전제에 서 있는 경합설도 실체법설의 난점이 그대로 유지된다고 하겠다. 따라서 소송법설이 타당하다고 하지 않을 수 없다. 공소시효의 본질을 소추권의 소멸을 의미한다고 파악하면 법정형의 경중에 따라 시효기간의 차이가 있는 것을 충분히 설명할 수 있기 때문이다.

6   공소시효의 본질을 면소판결의 본질과 관련시켜 면소판결의 성질을 실체관계적 형식재판이라고 이해하면 공소시효의 본질도 실체법설에 의하여 설명해야 한다는 견해[4]도 있다. 그러나 면소판결의 본질을 공소시효의 본질을 이해하기 위한 전제로 사용하는 것은 논리적으로 모순이며, 면소판결의 일사부재리효를 설명하기 위하여 공소시효의 본질을 실체법설 또는 경합설에 의하여 파악해야 할 필요도 없다.

(3) 공소시효의 존재이유

7   공소시효의 근거는 시간의 경과에 따른 사실관계를 존중하여 사회와 개인생활의 안정을 도모하고, 형벌부과의 적정을 기하는 데 있다. 여기에는 시간의 경과에 의한 가벌성의 감소, 증거의 산일 이외에 장기간의 도망생활로 인하여 처벌받은 것과 같은 상태가 되며, 국가의 태만으로 인한 책임을 범인에게만 돌리는 것은 부당하다는 복합적 요소가 함께 고려된 것이라고 보아야 한다.

차용석/최용성 329면은 공소시효도 개인의 권리보장이라는 관점에서 이해해야 한다고 하며, 이를 신소송법설이라고 한다.

1 Maurach/Gössel/Zipf § 75, Rn. 15; Schönke/Schröder/Stree *StGB* 26. Aufl. Vor § 78, Rn. 3.
2 김재환 295면; 신동운 553면; 신양균/조기영 378면; 이은모/김정환 411면; 임동규 329면.
3 Jescheck/Weigend 5. Aufl. S. 911; Schäfer S. 195.
4 김희옥, "공소시효"(고시연구 1987. 2), 46면.

공소시효의 근거는 공소시효의 본질과 구별하지 않으면 안 된다. 따라서 소 8
송법설을 취한다고 하여 공소시효의 존재이유도 소송법적 근거에 있다고 하는 것
은 타당하지 않다. 실체법설을 취하는 다수설이 공소시효의 존재이유에 관하여
소송법적 고려를 포함시키고 있는 이유도 여기에 있다.[1]

Ⅱ. 공소시효의 기간

1. 시효기간

공소시효의 기간은 법정형의 경중에 따라 차이가 있다. 즉 ① 사형에 해당 9
하는 범죄는 25년, ② 무기징역 또는 무기금고에 해당하는 범죄는 15년, ③ 장기
10년 이상의 징역 또는 금고에 해당하는 범죄는 10년, ④ 장기 10년 미만의 징역
또는 금고에 해당하는 범죄는 7년, ⑤ 장기 5년 미만의 징역 또는 금고, 장기 10
년 이상의 자격정지 또는 벌금에 해당하는 범죄는 5년, ⑥ 장기 5년 이상의 자격
정지에 해당하는 범죄는 3년, ⑦ 장기 5년 미만의 자격정지, 구류, 과료 또는 몰
수에 해당하는 범죄는 1년이다($^{제249조}_{1항}$).[2] 공직선거법에 규정한 죄의 공소시효는
당해 선거일 후 6월(선거일 후에 행하여진 범죄는 그 행위가 있는 날부터 6월)이며, 범
인이 도피한 때[3]나 범인이 공범 또는 범죄의 증명에 필요한 참고인을 도피시킨
때에는 3년이다($^{제268조}_{1항}$). 다만, 성폭력범죄의 처벌 등에 관한 특례법 제2조 3호 · 4

---

1 김기두 233면; 서일교 295면; 정영석/이형국 239면.
2 공소시효에 관한 규정은 개정 형사소송법이 시행되기 전에 범한 범죄에 관하여는 종전의 규
 정(개정 전 제249조)을 적용한다(2007. 12. 21. 부칙 제 3 조). 그러나 공소시효를 정지·연장
 ·배제하는 내용의 특례조항을 신설하면서 소급적용에 관한 명시적인 경과규정을 두지 않은
 경우에 그 조항을 소급적용할 수 있다고 볼 것인지에 관하여는 보편타당한 일반원칙이 존재
 하지 않는다. 대법원은 적법절차원칙과 소급금지원칙을 천명한 헌법 정신을 바탕으로 하여
 법적 안정성과 신뢰보호원칙을 포함한 법치주의 이념을 훼손하지 않는 범위 내에서 소급적
 용 여부를 신중히 판단해야 한다고 판시하면서, ① 13세 미만의 여자 및 신체적·정신적 장
 애가 있는 여자에 대한 강간죄 등에 대한 공소시효 배제조항(구 성폭력범죄의 처벌 등에 관
 한 특례법 제21조 3항)은 피고인에게 불리하게 소급적용되지 않지만(대법원 2015. 5. 28,
 2015 도 1362), ② 아동학대범죄의 공소시효 기산점을 피해아동이 성년에 달한 날로 한 조
 항(아동학대범죄의 처벌 등에 관한 특례법 제34조 1항)은 그 시행일 당시 범죄행위가 종료되
 었으나 아직 공소시효가 완성되지 않은 아동학대범죄에 대하여도 적용된다(대법원 2016. 9.
 28, 2016 도 7273; 대법원 2021. 2. 25, 2020 도 3694)고 한다. 한편 부칙조항에서 말하는
 '종전의 규정'에는 제249조 2항도 포함된다(대법원 2022. 8. 19, 2020 도 1153).
3 이때, '범인이 도피한 때'에 해당하기 위해서는 범인이 주관적으로 수사기관의 검거·추적으
 로부터 벗어나려는 도피의사가 있어야 하고(형사처분을 면하거나 공소시효 도과 목적은 불
 요), 객관적으로 수사기관의 검거·추적이 불가능한 도피상태에 있어야 한다(대법원 2010. 5.
 13, 2010 도 1386).

호의 죄와 같은 법 제3조부터 9조까지의 죄 및 아동·청소년에 대한 강간·강제추행 등의 죄는 디엔에이(DNA)증거 등 그 죄를 증명할 수 있는 과학적 증거가 있는 때에는 공소시효가 10년 연장된다(성폭력범죄의 처벌 등에 관한 특례법 제21조 2항, 아동·청소년의 성보호에 관한 법률 제20조 2항).

한편, ① 사람을 살해한 범죄(종범은 제외한다)로 사형에 해당하는 범죄(제253조의 2), ② 13세 미만의 사람과 신체적·정신적 장애가 있는 사람을 대상으로 한 형법상의 강간죄, 미성년자에 대한 간음·추행죄 등 일부 강간과 추행의 죄와 성폭력범죄의 처벌 등에 관한 특례법상의 강간등상해·치상, 살인·치사, 유사성행위와 아동·청소년의 성보호에 관한 법률상의 강간등상해·치상, 살인·치사(성폭력범죄의 처벌 등에 관한 법률 제21조 3항, 아동·청소년의 성보호에 관한 법률 제20조 3항), 위 3법상의 강간등살인죄(성폭력범죄의 처벌 등에 관한 법률 제21조 4항, 아동·청소년의 성보호에 관한 법률 제20조 4항), ③ 아동·청소년성착취물의 제작·수입·수출죄(아동·청소년의 성보호에 관한 법률 제 20조 4항, 제11조 1항), ④ 헌정질서 파괴범죄(형법상의 내란의 죄·외환의 죄와 군형법상의 반란의 죄·이적의 죄)와 형법 제250조의 죄로서 「집단살해죄의 방지와 처벌에 관한 협약」에 규정된 집단살해에 해당하는 범죄(헌정질서 파괴범죄의 공소시효 등에 관한 특례법 제2조, 제3조), ⑤ 국제형사재판소 관할 범죄의 처벌 등에 관한 법률상의 집단살해죄 등(제6조)에 대해서는 공소시효를 폐지하여 위 공소시효에 관한 규정을 적용하지 않는다.

10   공소제기 후 판결의 확정 없이 25년을 경과하면 공소시효가 완성된 것으로 간주한다(제249조 2항). 이는 피고인의 소재불명으로 인한 영구미제사건을 종결처리하기 위한 규정이다. 이를 의제공소시효라고도 하는데, 공소시효의 정지에 관한 제253조 3항은 여기에 적용되지 않는다.[1]

2. 시효기간의 기준

(1) 기간결정의 기준이 되는 형

11   공소시효기간의 기준이 되는 형은 처단형이 아니라 법정형이다. 2개 이상의 형을 병과(倂科)하거나 2개 이상의 형에서 그 1개를 과(科)할 범죄에 대해서는 무

---

1   대법원 2022. 9. 29, 2020 도 13547, 「형사소송법 제253조 제 3 항에서 정지의 대상으로 규정한 '공소시효'는 범죄행위가 종료한 때로부터 진행하고 공소의 제기로 정지되는 구 형사소송법 제249조 제 1 항의 시효를 뜻하고, (중략) 구 형사소송법 제249조 제 2 항에서 말하는 '공소시효'는 여기에 포함되지 않는다고 봄이 타당하다. 따라서 공소제기 후 피고인이 처벌을 면할 목적으로 국외에 있는 경우에도, 그 기간 동안 구 형사소송법 제249조 제 2 항에서 정한 기간의 진행이 정지되지는 않는다.」
    이러한 문제에 대응하기 위하여 정부는 2023년 2월 23일 「피고인이 형사처분을 면할 목적으로 국외에 있는 경우 그 기간 동안 제249조 제 2 항에 따른 기간은 정지된다」는 규정(제253조 4항)을 신설하는 개정안을 국회에 제출하여 심의 중이다.

거운 형이 기준이 된다(제250조). 2개 이상의 형을 과할 경우라 함은 2개 이상의 주
형을 병과할 경우를 말하고, 2개 이상의 형에서 그 1개를 과할 경우라 함은 수개
의 형이 선택적으로 규정된 경우를 의미한다.

형법에 의하여 형을 가중 또는 감경할 경우에는 가중 또는 감경하지 아니한   12
형이 시효기간의 기준이 된다(제251조). 가중·감경이 필요적임을 요하지 않고 임의
적인 경우를 포함한다. 가중 또는 감경되지 않은 형을 기준으로 하는 것은 형법
에 의하여 형이 가중·감경된 경우에 한하므로 특별법에 의하여 형이 가중·감경
된 경우에는 그 법에 정한 법정형을 기준으로 시효기간을 결정해야 한다.[1] 교사
범 또는 종범의 경우에는 정범의 형을 기준으로 해야 한다. 다만, 필요적 공범에
있어서는 개별적으로 판단하지 않을 수 없다.

양벌규정에 의하여 법인이나 사업주를 처벌하는 경우에 법인 또는 사업주의   13
시효기간에 관하여는 행위자 본인을 기준으로 해야 한다는 견해도 있으나,[2] 사
업주에게 규정된 법정형을 기준으로 하여야 한다고 생각한다.[3] 양벌규정의 주체
는 사업주 등이기 때문이다. 법률의 변경에 의하여 법정형이 가벼워진 경우에는
적용될 신법의 법정형이 기준이 된다.[4]

(2) 법정형판단의 기초인 범죄사실

1) **공소장기재 공소사실**   공소시효는 공소장에 기재된 공소사실에 대한 법정   14
형이 기준이 되지 않을 수 없다. 공소장에 수개의 공소사실이 예비적·택일적으
로 기재된 경우에 공소시효는 가장 중한 죄에 정한 법정형이 기준이 된다는 견
해[5]도 있으나, 개별적으로 결정해야 한다고 해석하는 것이 타당하다.[6]

2) **과형상의 일죄**   과형상의 일죄인 상상적 경합의 경우에는 가장 중한 죄에   15
정한 법정형으로 공소시효를 결정해야 한다는 견해[7]도 있으나, 상상적 경합은 실
질적으로 수죄이므로 각 죄에 대하여 개별적으로 공소시효를 결정해야 한다.[8]

---

1 대법원 1973. 3. 13, 72 도 2976; 대법원 1979. 4. 24, 77 도 2752; 대법원 1980. 10. 14, 80 도
   1959.
2 신동운 556면; 신양균/조기영 382면; 정승환 § 24/55.
3 김재환 298면; 백형구 강의, 490면; 신현주 429면; 이영란 446면; 이은모/김정환 414면; 이창현
   606면; 임동규 330면.
4 대법원 2008. 12. 11, 2008 도 4376.
5 백형구 강의, 489면.
6 신동운 556면; 신양균/조기영 382면; 차용석/최용성 331면.
7 김기두 234면.
8 Rudolphi *StGB*(SK) § 78, Rn. 9; Schönke/Schröder/Stree § 78, Rn. 8; Tröndle/Fischer § 78 a,

16   **3) 공소장변경의 경우**   공소제기 후에 공소장이 변경된 경우에 변경된 공소
사실에 대한 공소시효를 공소제기 시를 기준으로 할 것인가 또는 공소장변경 시
를 기준으로 할 것인가가 문제된다. 공소제기의 효력은 공소장에 기재된 공소사
실과 동일성이 인정되는 사실에 대하여도 미치므로 공소제기 시를 기준으로 판단
해야 한다고 하지 않을 수 없다.[1] 다만, 공소장변경절차에 의하여 공소사실이 변
경됨에 따라 그 법정형에 차이가 있는 경우에는 변경된 공소사실에 대한 법정형
이 공소시효기간의 기준이 된다.[2] 따라서 변경된 공소사실에 대한 법정형을 기
준으로 공소제기 당시 이미 공소시효가 완성된 경우 법원은 면소판결을 하여야
하고, 마찬가지로 법원이 공소장을 변경하지 않고도 인정할 수 있는 사실에 대한
법정형을 기준으로 공소제기 당시 이미 공소시효가 완성된 경우에도 면소판결을
하여야 한다.[3]

3. 공소시효의 기산점

(1) 범죄행위종료 시

17   시효는 범죄행위를 종료한 때로부터 진행한다(제252조 1항). 다만, 미성년자 또는
아동·청소년에 대한 성폭력범죄의 공소시효는 해당 성폭력범죄로 피해를 당한
미성년자 등이 성년에 달한 날부터 진행된다(성폭력범죄의 처벌 등에 관한 특례법 제21조 1항; 아동·청소년의 성보호에 관한 법률 제20조 1항).
아동학대범죄의 피해아동도 마찬가지이다(아동학대범죄의 처벌 등에 관한 특례법 제34조 1항). 범죄행위의 종료
시가 무엇을 의미하는가에 대하여 행위시설과 결과발생시설을 생각할 수 있으나,
결과발생 시가 기준이 되어야 한다는 점에 견해가 일치하고 있다.[4] 판례도 같은
입장이다.[5] 시효는 객관적인 사실상태를 기초로 하는 것이기 때문이다. 따라서
결과의 발생을 요건으로 하는 결과범에 있어서는 결과가 발생한 때부터 공소시효
가 진행된다. 다만 거동범은 행위 시부터 시효가 진행되고, 미수범은[6] 행위를 종

Rn. 10.

1 대법원 1981. 2. 10, 80 도 3245; 대법원 1982. 5. 25, 82 도 535; 대법원 1992. 4. 24, 91 도
   3150; 대법원 2018. 10. 12, 2018 도 6252.
2 대법원 2001. 8. 24, 2001 도 2902.
3 대법원 2013. 7. 26, 2013 도 6182.
4 백형구 강의, 490면; 손동권/신이철 399면; 신동운 558면; 이영란 448면; 이은모/김정환 415면;
   차용석/최용성 331면.
5 대법원 2003. 9. 26, 2002 도 3924.
6 대법원 2017. 7. 11, 2016 도 14820.

료하지 못하였거나 결과가 발생하지 아니하여 더 이상 범죄가 진행될 수 없는 때부터 시효가 진행된다. 계속범에서는 법익침해가 종료된 때로부터 공소시효가 진행된다. 포괄일죄에 있어서 공소시효의 기산점은 최종의 범죄행위가 종료된 때이다.[1] 이에 반하여 과형상의 일죄에서는 공소시효의 진행도 개별적으로 결정해야 한다.

결과적 가중범에서 중한 결과도 구성요건적 결과에 해당하므로 중한 결과가 발생한 때부터 공소시효가 진행된다고 해야 한다.[2] 신고기간이 정해져 있는 범죄의 시효기산점에 관하여는 신고기간의 경과 시라는 견해[3]와 신고의무의 소멸 시라는 견해[4]가 대립되고 있다. 대법원은 후설을 취하고 있다.[5]

(2) 공범에 관한 특칙

공범은 최종행위가 종료한 때로부터 모든 공범에 대한 시효기간을 기산한다 ($\frac{동조}{제2항}$). 공범을 일률적으로 처벌하여 처벌의 공평을 기하기 위한 것이다. 여기의 공범에는 공동정범과 교사범·종범뿐만 아니라 필요적 공범도 포함된다.   18

4. 공소시효의 계산

공소시효의 계산에 있어서는 초일은 시간을 계산함이 없이 1일로 산정하고 기간의 말일이 공휴일에 해당하는 날이라도 기간에 산입한다($\frac{제66}{조}$).   19

Ⅲ. 공소시효의 정지

1. 공소시효정지의 의의

공소시효에 관하여는 시효의 정지만을 인정하고 시효의 중단제도는 없다. 즉 공소시효는 일정한 사유의 발생에 의하여 그 진행이 정지된다. 시효의 정지는 그 사유가 존재하는 동안 시효가 진행하지 않지만 그 효력이 없어지면 나머지 기   20

---

[1] 대법원 2012. 9. 13, 2010 도 17418.

[2] Rudolphi SK § 78 a, Rn. 4; Schönke/Schröder/Stree § 78 a, Rn. 3.

[3] 백형구 강의, 491면.

[4] 김희옥, 앞의 논문, 52면.

[5] 대법원 1978. 11. 14, 78 도 2318.

간이 진행된다는 점에서, 중단사유가 소멸하면 새로 시효가 진행되는 중단과 구별된다.

2. 공소시효정지의 사유

21   공소시효가 정지되는 사유에는 다음의 네 가지가 있다.

(1) 공소의 제기

공소시효는 공소의 제기로 진행이 정지되고 공소기각 또는 관할위반의 재판이 확정된 때로부터 다시 진행한다(제253조 제1항). 공소제기가 적법·유효할 것을 요하는 것은 아니다.

(2) 범인의 국외도피

범인이 형사처분을 면할 목적으로 국외에 있는 경우 그 기간 동안 공소시효는 정지된다(동조 제3항).[1] 국외에 체류한 것이 도피의 수단으로 이용된 경우에 체류기간 동안은 공소시효가 진행되는 것을 저지하여 범인을 처벌하여 형벌권을 적정하게 실현하기 위한 규정이다. 따라서 범인이 국내에서 범죄를 저지르고 형사처분을 면할 목적으로 국외로 도피한 경우는 물론, 범인이 국외에서 범죄를 저지르고 형사처분을 면할 목적으로 국외에서 체류를 계속하는 경우도 여기에 포함된다.[2] 「형사처분을 면할 목적」은 국외 체류의 유일한 목적일 필요는 없고 여러 국외 체류 목적 중에 포함되어 있으면 충분하다.[3] 범인이 국외에 있는 것이 형사처분을 면하기 위한 방편이었다면 형사처분을 면할 목적이 있었다고 볼 수 있으며, 위 목적과 양립할 수 없는 주관적 의사가 명백히 드러나는 객관적 사정이 존재하지 않는 한 국외 체류기간 동안 위 목적은 계속 유지된다.[4] 위 목적은 당해 사건에 관한 것이어야 한다.[5]

(3) 재정신청

재정신청이 있을 때에는 고등법원의 재정결정이 있을 때까지 공소시효의 진

---

1 헌재결 2017. 11. 30, 2016 헌바 157(합헌).

2 대법원 2015. 6. 24, 2015 도 5916.

3 대법원 2022. 3. 30, 2022 도 857.

4 대법원 2008. 12. 11, 2008 도 4101; 대법원 2012. 7. 26, 2011 도 8463; 대법원 2013. 6. 27, 2013 도 2510.

5 대법원 2014. 4. 24, 2013 도 9162.

행이 정지된다($^{제262조의}_{4 \, 제1항}$). 부당한 불기소처분으로 인한 공소시효완성을 방지하기 위한 것이다. 재정결정이 공소제기결정인가 또는 기각결정인가를 불문한다.

(4) 소년보호사건의 심리개시결정 등

소년보호사건에 대하여 소년부판사가 심리개시의 결정을 한 때에는 그 사건에 대한 보호처분의 결정이 확정될 때까지 공소시효의 진행이 정지된다($^{소년법}_{제54조}$). 가정폭력범죄에 대한 공소시효는 해당 가정보호사건이 법원에 송치된 때부터 ($^{가정폭력범죄의 \, 처벌 \, 등에}_{관한 \, 특례법 \, 제17조 \, 1항 \, 본문}$), 성매매에 대한 공소시효는 해당 보호사건이 법원이 송치된 때부터($^{성매매 \, 알선 \, 등 \, 행위의 \, 처}_{벌에 \, 관한 \, 법률 \, 제17조 \, 1항}$), 아동학대범죄는 해당 보호사건이 법원에 송치된 때 ($^{아동학대범죄의 \, 처벌 \, 등에}_{관한 \, 특례법 \, 제34조 \, 2항}$)에 각 시효 진행이 정지된다.

(5) 대통령이 범한 죄

대통령은 내란 또는 외환의 죄를 범한 경우를 제외하고는 재직중 형사상의 소추를 받지 아니한다($^{헌법 \, 제}_{84조}$). 따라서 내란 또는 외환의 죄를 제외하면, 대통령이 범한 죄에 대하여는 재직기간 동안 공소시효의 진행이 정지된다.[1]

(6) 즉결심판의 청구

즉결심판절차에서는 그 성질에 반하지 않는 한 형사소송법의 규정이 준용되므로($^{즉결심판에 \, 관한}_{절차법 \, 제19조}$), 즉결심판의 청구가 있는 때에는 공소제기와 마찬가지로 공소시효의 진행이 정지된다고 할 것이다.

3. 시효정지효력이 미치는 범위

공소시효정지의 효력은 공소제기된 피고인에 대하여만 미친다. 따라서 진범 아닌 자에 대한 공소제기는 진범에 대한 공소시효의 진행을 정지하지 않는다. 그러나 공범의 1인에 대한 공소시효의 정지는 다른 공범자에 대하여도 효력이 미치고, 당해 사건의 재판이 확정된 때로부터 진행한다($^{제253조}_{2항}$). 대향범 관계에 있는 자는 필요적 공범이기는 하지만 각자 자신의 구성요건을 실현하고 별도의 형벌규정에 따라 처벌되고 각자 상대방의 범행에 대하여 형법총칙의 공범규정이 적용되지 않으므로 시효정지효력이 미치는 공범에는 해당하지 않는다.[2] 공범인가의 여부는 심판을 하고 있는 법원이 결정한다. 따라서 검사가 단독범이라고 공소제기

22

---

1 헌재결 1995. 1. 20, 94 헌마 246; 대법원 2020. 10. 29, 2020 도 3972.

2 대법원 2015. 2. 12, 2012 도 4842.

한 경우에도 공범이 있다고 인정된 때에는 공범에 대하여도 시효정지의 효력이 미친다. 다시 공소시효가 진행되는 시점은 당해 사건의 재판, 즉 형사소송법 제 253조 1항의 공소기각 또는 관할위반뿐 아니라 유죄, 무죄, 면소판결이 확정된 때를 말하며, 약식명령이 확정된 때도 마찬가지이다.[1]

Ⅳ. 공소시효완성의 효과

23   공소의 제기 없이 공소시효기간이 경과하거나 공소가 제기되었으나 판결이 확정되지 않고 25년을 경과한 때에는 공소시효가 완성된다($제249조$). 공소시효의 완성은 소송조건에 해당하므로 공소가 제기되지 않은 때에는 검사는 공소권 없음의 불기소처분을 하여야 한다. 공소가 제기된 후에 공소시효가 완성된 것이 판명된 때에는 법원은 면소의 판결을 해야 한다($제326조 3호$). 면소의 판결을 하지 않고 유죄 또는 무죄의 실체판결을 한 경우에는 항소 또는 상고이유가 된다.

---

1 대법원 2012. 3. 29, 2011 도 15137, 「공범 중 1인에 대해 약식명령이 확정된 후 그에 대한 정식재판청구권회복결정이 있었다고 하더라도 그 사이의 기간 동안에는, 특별한 사정이 없는 한, 다른 공범자에 대한 공소시효는 정지함이 없이 계속 진행한다고 보아야 할 것이다.」

제 2 장   공판심리의 범위

제 1 절   심판의 대상

I. 형사소송의 소송물론

검사가 공소를 제기함에는 법원에 공소장을 제출하여야 하고, 공소장에 기재   1
된 공소사실은 범죄의 시일·장소와 방법을 명시하여 사실을 특정할 수 있어야
한다($\frac{제254조}{1항·4항}$). 법원의 심판의 대상이 공소장에 기재된 피고인과 공소사실에 제한
되어야 한다는 것은 불고불리의 원칙의 당연한 결과이다. 이와 같이 공소장에 공
소사실을 특정하도록 하고 법원의 심판의 대상을 공소장에 기재된 공소사실에 제
한하는 것은 피고인의 방어권행사를 보장하여 당사자주의의 실효성을 확보하기
위한 것이다. 그러나 공소제기의 효력은 공소장에 기재된 공소사실과 동일성이
있는 사실의 전부에 미치므로($\frac{제248조}{2항}$) 이에 대하여 다시 공소가 제기된 때에는 공
소기각의 판결을 해야 하고($\frac{제327조}{3호}$), 판결의 기판력도 동일성이 인정되는 사건의
전부에 미치므로 확정판결이 있는 때에는 비록 경범죄처벌법위반으로 즉결심판
이 확정된 때에도 그것과 동일성이 인정되는 강간사건에 대하여까지 면소판결을
하지 않을 수 없다($\frac{제326조}{1호}$).[1] 이러한 불합리한 결과를 피하기 위하여 형사소송법
은 공소장에 수개의 범죄사실과 적용법조를 예비적·택일적으로 기재할 수 있도
록 하고 있다($\frac{제254조}{5항}$). 그러나 동적·발전적 성격을 가지고 있는 형사소송에 있어
서는 공소장에 기재된 공소사실과 적용법조가 공판의 진행에 따라 사실적·법률
적으로 변경되는 때가 있다. 이 경우에도 공소사실과 동일성이 인정되는 범위에
서 변경된 사실을 심판의 대상으로 할 필요가 있다. 여기서 대륙의 직권주의 형
사소송법은 법원의 심판범위를 공소사실과 동일성이 인정되는 사실로 확대하여
법원은 공소장에 기재된 공소사실과 관계없이 그 동일성이 인정되는 다른 사실도

---

1 대법원 1984. 10. 10, 83 도 1790; 대법원 1996. 6. 28, 95 도 1270.

심판할 수 있도록 하고 있다.[1] 그러나 공소사실과 동일성이 인정된다고 하여 법원이 공소장변경 없이 공소장에 기재된 공소사실과 다른 사실을 판단하는 것은 피고인의 방어에 현저한 불이익을 주게 되고, 이는 당사자주의 소송구조와 근본적으로 배치된다. 형사소송법은 공소장변경제도를 인정하여 공소장에 기재된 공소사실과 동일성이 인정되는 사실이라 할지라도 공소장을 변경하지 않으면 법원에서 심판할 수 없도록 하여 피고인의 방어권을 철저히 보호하고 있다. 여기에 형사소송법의 해석에 있어서 심판의 대상, 즉 소송물이 무엇인가가 다루어지는 이유가 있다.

Ⅱ. 견해의 대립

형사소송법의 해석상 심판의 대상이 무엇인가에 대하여는 공소사실대상설 · 소인대상설 · 절충설 및 이원설이 대립되고 있다.

1. 공소사실대상설

2   공소장에 기재된 공소사실과 단일성 및 동일성이 인정되는 사실이 심판의 대상으로 된다는 견해[2]이다. 즉 공소사실과 단일성 및 동일성이 인정되는 사실에 대하여는 일부에 대한 공소라 할지라도 그 효력이 전부에 미치므로 공판심리의 인적 범위는 불고불리의 원칙에 의하여 한정되고, 물적 범위는 공소불가분의 원칙에 의하여 규율된다는 것이다. 범죄사실대상설이라고도 한다. 이에 의하면 심판의 대상은 공소제기의 효력범위와 공소장변경의 한계 및 확정판결의 효력범위와 모두 일치하게 된다.

2. 소인대상설

3   소인이라는 개념을 인정하여 심판의 대상은 공소사실이 아니라 소인이라고 해석하는 견해[3]이다. 이에 의하면 심판의 대상은 범죄가 되는 사실, 즉 구성요건

---

1 독일 형사소송법 제265조는 「법원이 공소장에 기재된 것과 다른 법률을 적용하는 경우 또는 형을 가중하거나 보안처분을 선고할 사실을 심판하는 때에는 피고인에게 고지하여 방어의 기회를 주어야 한다」고 규정하고 있다.
2 김기두 251면; 신동운 622면.
3 강구진 296면; 차용석/최용성 352면.

에 해당하는 사실의 기재를 의미하는 소인이고, 공소사실은 실체개념이 아니라 소인변경을 한계지우는 기능개념에 불과하다고 한다. 이와 같이 심판의 대상을 소인이라고 해석하는 견해는 ① 형사소송법이 당사자주의를 기본구조로 하는 이상 소인제도를 인정해야 하며, ② 형사소송법 제254조 4항이 공소사실을 특정할 수 있도록 기재할 것을 요구하는 것은 피고인의 방어권을 보장하려는 취지의 규정이므로 이에 의하여 소인제도는 인정되고 있다고 해야 하고, ③ 제298조 1항이 「공소장에 기재한 공소사실」과 「공소장변경의 허용한계가 되는 공소사실」을 구별하고 있으므로 제254조 4항과 전자의 공소사실은 소인을 의미하고 후자의 공소사실은 공소장변경의 한계개념인 공소사실을 말한다고 해석할 때에 동조의 의미가 명백하여진다는 것을 이유로 들고 있다.

3. 절 충 설

현실적 심판의 대상은 소인이고 공소사실은 잠재적 심판의 대상이라고 해석하는 견해[1]이다. 즉 소인변경에 의하여 현실적 심판의 대상이 잠재적 심판의 대상의 범위 안에서 확장·이동하는 것이며 법원은 현실적 심판의 대상에 제약되어 소인 이외의 사실을 심리할 수 없고, 판결에서도 소인 이외의 사실을 인정할 수 없다고 한다. 소인 개념을 인정하면서도 공소사실의 실체성을 긍정하는 견해라고 볼 수 있다.

4

4. 이 원 설

공소장에 기재된 공소사실이 현실적 심판의 대상이고 공소사실과 동일성이 인정되는 사실이 잠재적 심판의 대상이라고 하는 견해[2]이다. 판례가 취하고 있는 태도[3]이다.

5

---

1 서일교 309면.

2 김재환 429면; 백형구 219면, 강의 513면; 신현주 469면; 이주원 298면; 이창현 639면; 임동규 358면.

3 대법원 1962. 5. 24, 4293 비상 2; 대법원 1971. 11. 23, 71 도 1548; 대법원 1983. 11. 8, 82 도 2119; 대법원 1989. 2. 14, 85 도 1435.

Ⅲ. 비   판

6   심판의 대상과 관련되는 규정에는 공소불가분의 원칙을 규정하고 있는 형사소송법 제248조 2항과 공소장의 기재사항에 관한 제254조, 공소장변경에 관한 제298조 및 판결의 효력에 관한 제326조가 있다. 심판의 대상을 설명하는 앞의 견해는 이러한 모든 규정을 합리적으로 설명할 수 있을 때에 타당한 이론이라고 할 수 있다.

1. 소인대상설과 절충설에 대한 비판

7   소인대상설과 절충설은 소인 개념을 인정하는 점에서 태도를 같이한다고 볼 수 있다. 그렇다면 먼저 소인이라는 개념을 형사소송법상 인정할 수 있는가. 소인이 영미의 당사자주의 소송구조에서 유래하는 개념이고, 형사소송법에 당사자주의가 강화된 사실을 부정할 수는 없다. 그러나 ① 일본 형사소송법 제256조 3항은 공소장에 피고인·죄명과 함께 공소사실을 기재하도록 하면서 「공소사실은 소인을 명시하여 기재하여야 한다. 소인을 명시함에는 가능한 한 일시·장소 및 방법으로서 범죄사실을 특정하지 않으면 안 된다」고 규정하여 소인(count)제도를 채택하였음을 명백히 하고 있다. 우리 형사소송법은 일본 형사소송법과 달리 소인을 특정하여 기재할 것을 요하는 것이 아니라 공소사실을 특정할 것을 요구하고 있다. 따라서 구성요건에 해당하는 사실을 특정하여 기재한 것은 소인이 아니라 공소사실이라고 해야 한다. ② 형사소송법이 당사자주의를 기본구조로 하고 있다고 단정하기도 어려울 뿐만 아니라, 당사자주의가 강화되었다고 하여 반드시 소인이라는 개념이 필요한 것도 아니다. 당사자주의는 공소사실을 특정하게 하여 피고인의 방어권을 보장할 것을 요구하는 것이지 공소장에 기재된 사실을 공소사실이라고 하는가 또는 소인이라고 하는가와는 아무런 관계가 없다. ③ 형사소송법 제298조 1항은 법원의 심판의 대상은 공소장에 기재된 공소사실이고 공소장변경의 한계 개념은 공소사실의 동일성임을 명백히 한 규정이라고 해석해야 하며, 전자가 소인이고 후자는 공소사실이라고 해석할 근거가 없다. 이러한 의미에서 형사소송법상 소인 개념을 인정할 수도 없고 인정할 필요도 없으며, 따라서 소인대상설과 절충설은 타당하다고 할 수 없다.

소인대상설은 형사소송법 제254조와 제298조를 설명할 수 있을지 몰라도 공소불가분의 원칙과 기판력이 미치는 범위를 설명하기 어려운 견해이며, 절충설 또한 소인이라는 개념을 사용한다는 점에서 소인대상설과 같은 난점을 가지지 않을 수 없다.

2. 공소사실대상설에 대한 비판

공소사실대상설도 심판의 범위를 공소사실과 동일성이 인정되는 모든 사실   8
에 확대하는 결과 피고인의 방어권에 중대한 위험을 초래할 뿐만 아니라, 형사소
송법이 특히 공소장변경제도를 인정한 취지를 무의미하게 한다는 비판을 면할 수
없다.

공소사실대상설은 공소불가분의 원칙에 관한 형사소송법 제248조 2항에 치중한 나
머지 동법 제254조와 제298조를 완전히 무시한 이론이라고 하지 않을 수 없다.

이러한 의미에서 법원의 현실적 심판의 대상은 어디까지나 공소장에 기재된   9
공소사실이고 그 공소사실과 동일성이 인정되는 사실은 공소장변경이 있을 때에
비로소 심판의 대상이 된다는 의미에서 잠재적 심판의 대상에 불과하다고 해석하
는 이원설이 타당하다. 그것은 공소장변경에 의하여 비로소 현실적 심판의 대상
이 된다.

제2절 공소장의 변경   §24

Ⅰ. 공소장변경의 의의

1. 공소장변경의 개념

검사가 공소사실의 동일성을 해하지 않는 한도에서 법원의 허가를 얻어 공   1
소장에 기재된 공소사실 또는 적용법조를 추가·철회 또는 변경하는 것을 공소장
변경이라고 한다($^{제298조}_{1항}$). 공소사실 또는 적용법조의 추가란 공소장에 별개의 공소
사실이나 적용법조를 부가하는 것을 말하며, 철회란 공소장에 기재된 수개의 공
소사실이나 적용법조 가운데 일부를 철회하는 것을 말하고, 변경은 개개의 공소
사실 또는 적용법조의 내용을 고치는 것을 말한다. 이와 같이 공소장변경은 공소
사실의 동일성이 인정되어야 허용되는 제도인 점에서 공소사실의 추가는 추가기
소와 구별되고, 철회는 공소취소와 다른 뜻을 가지게 된다.

따라서 공소장에 기재된 수개의 공소사실이 경합범의 관계에 있어서 동일성이 인정되지 않는 경우에 그 일부 사실을 철회하는 때에는 공소장변경의 방식에 의할 것이 아니라, 공소취소의 절차에 따라야 한다.[1]

2. 공소장변경제도의 가치

2   법원의 심판의 대상은 검사의 공소장에 기재된 공소사실이다. 따라서 공소사실과 동일성이 인정되는 사실이라 할지라도 공소장변경절차에 의하여 변경되지 않은 사실을 법원은 심판할 수 없다. 공소장변경제도는 공소제기의 효력과 판결의 기판력이 공소사실과 동일성이 인정되는 사건의 전부에 미친다는 점에 비추어 공소장에 기재된 공소사실과 동일성이 인정되는 사실도 법원의 심판의 대상이 될 수 있는 길을 열어 적정한 형벌권의 발동을 가능하게 하면서도, 한편으로 법원은 동일성이 인정되는 사실일지라도 공소장변경이 있는 경우에만 이를 심판할 수 있도록 함으로써 피고인의 방어권을 보장하는 데 그 제도적 가치가 있다. 공소장변경은 법원의 심판의 대상에 변경을 가져온다는 점에서 공소장에 기재된 일시나 피고인의 성명 등에 명백한 오기가 있는 경우[2]에 이를 고치는 공소장정정과 구별된다.

3   공소장변경제도는 심판대상론과 관계없는 순수한 절차적 보호장치이며, 직권주의적 관점에서 피고인의 방어권보장을 위하여 마련된 제도라고 해석하는 견해[3]도 있다. 그러나 ① 공소사실과 동일성이 인정되는 사실도 공소장변경이 없으면 심판의 대상으로 할 수 없음에도 불구하고 이를 심판대상론과 관계없다고 할 수는 없고, ② 형사소송법에 규정된 당사자주의적 요소를 부정하는 것은 타당하다고 할 수 없다.

Ⅱ. 공소장변경의 한계

4   공소장변경은 공소사실의 동일성을 해하지 않는 범위에서 허용된다(제298조 1항). 이러한 의미에서 공소사실의 동일성은 공소제기의 효력과 기판력이 미치는 범위를 결정할 뿐만 아니라 공소장변경의 한계를 결정하는 기능을 가진다.

---

1 대법원 1982. 3. 23, 81 도 3073; 대법원 1986. 9. 23, 86 도 1487; 대법원 1992. 4. 24, 91 도 1438.
2 대법원 1984. 9. 25, 84 도 1610; 대법원 1997. 11. 28, 97 도 2215.
3 신동운 642면.

1. 공소사실의 동일성의 의의

공소사실의 동일성이란 공소사실의 단일성과 협의의 동일성을 포함하는 개   5
념으로 이해하는 것이 다수설의 입장[1]이다. 이에 대하여 공소사실의 단일성은
실체법상의 죄수문제에 지나지 아니하므로 공소사실의 동일성의 문제로 소송법
에서 다루어지는 것은 협의의 동일성의 문제에 제한된다는 견해[2]도 있다. 공소
범죄사실의 수가 1개임을 의미하는 공소사실의 단일성이 대부분 형법의 죄수론
에 의하여 결정된다는 것은 사실이다. 그러나 공소사실의 동일성에서 단일성이
제외된다고 해석하는 것은 타당하다고 할 수 없다. 그것은 ① 공소사실의 동일성
이 사건의 시간적 전후동일성을 의미함에 반하여 단일성은 객관적 자기동일성을
뜻하는 것이므로 동일성과 단일성 사이에 가치 차이를 인정할 수 있고, ② 공소
사실의 단일성이 대부분 죄수론에 의하여 결정된다고 하여 그것이 형법의 죄수론
과 반드시 일치한다고 할 수는 없기 때문이다.

공소사실의 단일성을 결정하는 기준은 형법상의 죄수론이 아니라 형사소송
법상의 행위(사실)개념이다.[3] 상상적 경합이 형법에서는 수죄이지만 소송법상으
로는 일죄가 되는 이유도 여기에 있다. 경합범은 소송법상으로도 수죄라고 해석
하는 것이 지배적 견해[4]이다. 그러나 경합범이라 할지라도 역사적 사실로서 하
나로 인정될 때에는 단일성을 인정할 여지가 있다고 해야 한다.[5] 포괄일죄는 일

---

1 김재환 433면; 손동권/신이철 430면; 신현주 477면; 이은모/김정환 452면; 이창현 642면; 임동규
   359면.

2 강구진 317면.

3 Hürxthal KK § 264, Rn. 4; Meyer–Goßner § 264, Rn. 6; Peters S. 460; Zipf S. 106;
   Achenbach, "Strafprozessuale Ergänzungsklage und materielle Rechtskraft," ZStW 87, 94.

4 김기두 96면; 백형구 211면; 서일교 225면.

5 그러나 판례는 역사적으로 단일성이 인정되더라도 경합범에 해당하면 동일성을 부정하는 경
   향이 있다. 예컨대 대법원 2022. 12. 29, 2022 도 10660, 「청소년성보호법(주: 아동·청소년
   의 성보호에 관한 법률 약칭) 제11조 제 1 항에서 아동·청소년성착취물을 제작하는 행위를
   처벌하는 규정을 두고 있는데, 청소년성보호법이 2020. 6. 2. 법률 제17338호로 개정되면서
   상습으로 아동·청소년성착취물을 제작하는 행위를 처벌하는 조항인 제11조 제 7 항을 신설하
   고 그 부칙에서 개정 법률은 공포한 날부터 시행한다고 정하였다. 포괄일죄에 관한 기존 처
   벌법규에 대하여 그 표현이나 형량과 관련한 개정을 하는 경우가 아니라 애초에 죄가 되지
   않던 행위를 구성요건의 신설로 포괄일죄의 처벌대상으로 삼는 경우에는 신설된 포괄일죄
   처벌법규가 시행되기 이전의 행위에 대하여는 신설된 법규를 적용하여 처벌할 수 없고(형법
   제 1 조 제 1 항), 이는 신설된 처벌법규가 상습범을 처벌하는 구성요건인 경우에도 마찬가지
   이다. (중략) 공소사실 중 위 개정규정이 시행되기 전인 2015. 2. 28.부터 2020. 5. 31.까지
   아동·청소년성착취물 제작으로 인한 청소년성보호법 위반 부분에 대하여는 위 개정규정을
   적용하여 청소년성보호법 위반(상습성착취물제작·배포등)죄로 처벌할 수 없고, 행위시법에
   기초하여 청소년성보호법 위반(성착취물제작·배포등)죄로 처벌할 수 있을 뿐이다. 2015. 2.

죄이지만 유죄의 확정판결에 의하여 분단되면[1] 동일성이 인정되지 않는다.

2. 공소사실의 동일성의 기준

(1) 견해의 대립

6   공소사실의 동일성은 소송의 발전에 따른 시간적 전후동일성을 말한다. 그러나 어느 정도 동일하면 이를 인정할 수 있는가에 대하여는 견해가 대립되고 있다.

7   1) 기본적 사실동일설   공소사실을 그 기초가 되는 사회적 사실로 환원하여 그러한 사실 사이에 다소의 차이가 있더라도 기본적인 점에서 동일하면 동일성을 인정해야 한다는 견해이다.[2] 독일에서 심판의 대상이 되는 행위(Tat)의 의미에 관하여 통설이 이를 경험칙에 따라 자연적으로 볼 때 다른 사실과 구별되고 역사적으로 하나의 사건이라고 할 수 있는 역사적·구체적 사실(ein historisches oder konkretes Vorkommnis)을 의미한다고 이해하여, 여기에는 법적 평가를 문제삼지 아니하고 공소장에 기재된 사실과 관련된 사건은 모두 포함된다고 해석하고 있는 것[3]도 기본적 사실동일설의 입장이라고 할 수 있다. 대법원도 일관하여 공소사실의 동일성은 그 사실의 기초가 되는 사회적 사실관계가 기본적인 점에서 동일한 것인가에 따라서 판단해야 한다고 판시하여[4] 이 견해를 따르고 있다.

8   따라서 대법원은 ① 돈을 수령한 사실이 같은 이상 횡령죄의 공소사실을 사기죄로 변경하는 경우(대법원 1983. 11. 8, 83 도 2500; 대법원 1984. 2. 28, 83 도 3074), ② 재물을 취득한 사실이 있는 이상 장물죄를 절도죄로 변경하거나(대법원 1964. 12. 29, 64 도 664) 절도죄를 장물보관죄로 변경하는 경우(대법원 1999. 5. 14, 98 도 1483), ③ 목을 조르고 폭행한 사실이 있는 때에 살인죄의 미수를 강간치상죄로 변경하는 경우(대법원 1984. 6. 26, 84 도 666), ④ 흉기를 휴대한 사실이 있는 이상 강도예비를 폭력행위

28.부터 2020. 5. 31.까지 부분은 청소년성보호법위반(상습성착취물제작·배포등)죄로 처벌될 수 없으므로, 청소년성보호법위반(상습성착취물제작·배포등)죄로 처벌되는 그 이후의 부분과 포괄일죄의 관계에 있지 않고 실체적 경합관계에 있게 된다. 그런데 실체적 경합관계에 있는 부분은 종전 공소사실과 기본적 사실관계가 동일하다고 볼 수 없으므로, 2015. 2. 28.부터 2020. 5. 31.까지 부분을 추가하는 공소장변경은 허가될 수 없고 이 사건에서 심판의 대상이 되지 못한다.」

1 대법원 2017. 4. 28, 2016 도 21342(영업범); 대법원 2004. 9. 16(전원합의체판결), 2001 도 3206(상습범으로 유죄의 확정판결을 받은 경우).

2 송광섭 451면; 신동운 653면; 이주원 302면; 이창현 645면; 정영석/이형국 272면.

3 Gössel S. 267; Hürxthal KK § 264, Rn. 3; Meyer–Goßner Rn. 2; Peters S. 458; Pfeiffer Rn. 2; Schäfer S. 173; Zipf S. 106; Achenbach ZStW 87, 91.

4 대법원 1972. 3. 28, 72 도 116; 대법원 2010. 6. 24, 2009 도 9593; 대법원 2012. 4. 13, 2010 도 16659.

등처벌에관한법률위반죄로 변경하는 경우($\frac{\text{대법원 1987. 1. 20.}}{86 \text{ 도 } 2396}$), ⑤ 협박한 사실이 있는 이상 협박죄를 범인도피죄로 변경하는 경우($\frac{\text{대법원 1987. 2. 10.}}{85 \text{ 도 } 897}$), ⑥ 인터넷설치업자에게 타인의 주민등록번호를 불러준 이상 사문서위조죄를 인터넷설치업자의 휴대정보단말기에 타인 명의를 서명한 사서명위조죄로 변경하는 경우($\frac{\text{대법원 2013. 2. 28.}}{2011 \text{ 도 } 14986}$)에도 공소사실의 동일성을 인정하고 있다. 이에 반하여 대법원은 ⓐ 과실로 교통사고를 발생시켰다는 '교통사고처리특례법위반죄'와 고의로 교통사고를 낸 뒤 보험금을 청구하여 수령하거나 미수에 그쳤다는 '사기 및 사기미수죄'($\frac{\text{대법원 2010. 2. 25.}}{2009 \text{ 도 } 14263}$), ⓑ 회사의 대표이사가 회사 자금을 빼돌려 횡령한 다음 그 중 일부를 배임증재에 공여한 경우($\frac{\text{대법원 2010. 5. 13.}}{2009 \text{ 도 } 13463}$), ⓒ 조세범처벌법상 법인세 포탈행위와 종합소득세 포탈행위($\frac{\text{대법원 2015. 6. 11.}}{2013 \text{ 도 } 9330}$), ⓓ 토지거래허가구역내 토지에 대한 미등기전매 후 근저당권 설정한 배임죄와 매매대금을 편취하였다는 사기죄($\frac{\text{대법원 2012. 4. 13.}}{2011 \text{ 도 } 3469}$), ⓔ 타인에게 필로폰 0.3그램을 교부하였다는 마약류관리법위반($^{\text{향}}_{\text{정}}$)죄와 필로폰을 구해주겠다고 속여 대금을 편취하였다는 사기죄($\frac{\text{대법원 2012. 4. 13.}}{2010 \text{ 도 } 16659}$), ⓕ 아파트를 사전분양한 주택건설촉진법위반죄와 건축·분양의사나 능력없이 아파트 분양대금을 편취하였다는 사기죄($\frac{\text{대법원 2011. 6. 30.}}{2011 \text{ 도 } 1651}$), ⓖ 피해자 등에게 187회 편취하였다는 사기죄와 피해자와 금액을 추가하여 288회 편취하였다는 사기죄($\frac{\text{대법원 2010. 4. 29.}}{2010 \text{ 도 } 3092}$) 사이에는 기본적 사실관계가 다르다는 이유로 동일성을 부정하였다. 대법원은 또한 기본적 사실동일성을 취하는 경우에도 규범적 요소를 전적으로 배제할 수 없다는 이유로 (i) 강도상해죄와 장물취득죄 사이[$\frac{\text{대법원 1994. 3. 22(전원}}{\text{합의체판결), 93 도 } 2080}$]1 및 약식명령이 확정된 약사법위반죄의 범죄사실과 보건범죄단속에관한특별조치법위

1　대법원 1994. 3. 22(전원합의체판결), 93 도 2080. 피고인이 장물취득죄로 1심에서 징역 1년을 선고받고 항소하였으나 공범이 검거되어 강도상해죄로 처벌될 상황에 이르자 항소를 취하하여 확정시킨 사건이다. 검사가 다시 피고인을 강도상해죄로 공소제기하자 대법원은 「⑺ 유죄로 확정된 장물취득죄와 이 사건 강도상해죄는 범행일시가 근접하고 위 장물취득죄의 장물이 이 사건 강도상해죄의 목적물 중 일부이기는 하나, 그 범행의 일시·장소가 서로 다르고, 강도상해죄는 피해자를 폭행하여 상해를 입히고 재물을 강취하였다는 것인 데 반하여 장물취득죄는 위와 같은 강도상해죄의 범행이 완료된 이후에 강도상해죄의 범인이 아닌 피고인이 다른 장소에서 그 장물을 교부받았음을 내용으로 하는 것으로서, 그 수단, 방법, 상대방 등 범죄사실의 내용이나 행위가 별개이고, 행위의 태양이나 피해법익도 다르고 죄질에도 현저한 차이가 있어, 위 장물취득죄와 이 사건 강도상해죄 사이에는 동일성이 있다고 보기 어렵고, 따라서 피고인이 장물취득죄로 받은 판결이 확정되었다고 하여 강도상해죄의 공소사실에 대하여 면소를 선고하여야 한다거나 피고인을 강도상해죄로 처벌하는 것이 일사부재리의 원칙에 어긋난다고 할 수는 없다.
　⑷ 공소사실이나 범죄사실의 동일성은 형사소송법상의 개념이므로 이것이 형사절차에서 가지는 의미나 소송법적 기능을 고려해야 할 것이고, 따라서 두 죄의 기본적 사실관계가 동일한가의 여부는 그 규범적 요소를 전적으로 배제한 채 순수하게 사회적·전법률적인 관점에서만 파악할 수는 없고, 그 자연적·사회적 사실관계나 피고인의 행위가 동일한 것인가 외에 그 규범적 요소도 기본적 사실관계의 동일성의 실질적 내용의 일부를 이루는 것이라고 보는 것이 상당하다」고 판시하였다.
　이 판결의 문제점에 관하여는 이재상, 형사소송법 기본판례, 99-121면 참조.

반죄의 공소사실 사이($\frac{\text{대법원 2010. 10. 14,}}{\text{2009 도 4785}}$)의 동일성을 부정하고, (ii) 사기죄의 확정판결의 기판력은 그 기간 동안의 상습사기행위에 미치지 않는다고 판시하였으나,[1] (iii) 금지통고된 옥외집회의 주최행위와 참가행위($\frac{\text{대법원 2017. 8. 23,}}{\text{2015 도 11679}}$)는 기본적 사실관계가 동일하다고 판시하였다.

9   **2) 죄질동일설**   공소사실은 자연적 사실이 아니라 일정한 죄명, 즉 구성요건의 유형적 본질(죄질)에 의한 사실관계의 파악이므로 죄질의 동일성이 인정되어야 공소사실의 동일성을 인정할 수 있다는 견해이다. 따라서 수뢰죄와 공갈죄, 폭행죄와 특수공무원폭행죄($\frac{\text{형법 제}}{\text{125조}}$)는 죄질이 다르기 때문에 동일성이 인정되지 않는다고 한다. 그러나 죄질동일설은 공소사실의 동일성의 범위를 지나치게 좁게 해석하여 공소장변경제도를 무의미하게 만든다는 비판을 면할 수 없다. 현재 우리나라에서 죄질동일설을 주장하는 학자는 없다.

10   **3) 구성요건공통설**   범죄란 구성요건을 떠나서는 생각할 수 없다는 점에서 죄질동일설과 출발점을 같이하지만 죄질동일설의 결함을 시정하여, A 사실이 甲 구성요건에 해당하고 B 사실이 乙 구성요건에 해당하는 경우에 B 사실이 甲 구성요건에도 상당 정도 부합하는 때에는 공소사실의 동일성이 인정되고, 甲·乙 구성요건이 죄질을 같이하거나 공통된 특징을 가질 것을 요하지 않는다는 견해이다. 이에 의하면 공갈죄와 수뢰죄, 사기죄와 공갈죄, 재산죄 상호간, 공무집행방해죄와 소요죄, 내란예비죄와 살인죄 사이에도 동일성이 인정된다. 우리나라의 종래 다수설의 입장[2]이었다.

11   **4) 소인공통설**   공소사실의 동일성은 소인과 소인의 비교에서 오는 사실상의 문제에 지나지 않으므로 소인의 기본적 부분을 공통으로 할 때에 공소사실의 동일성이 인정된다는 견해[3]이다. 소인이란 구체적 사실을 의미하므로 소인변경의 한계인 공소사실의 동일성은 사실과 사실의 비교의 문제에 불과하고 구성요건의 비교에 의하여 결정되는 규범의 문제는 아니라는 것이다. 그러나 소인공통설은 사실과 사실의 비교에 의하여 공소사실의 동일성을 결정할 수 있는 절대적 기준은 찾

---

1 대법원 2004. 9. 16(전원합의체판결), 2001 도 3206; 대법원 2010. 2. 11. 2009 도 12627.

2 정영석 222면.
    다만, 백형구 213면, 강의 540면은 범죄행위동일설 또는 사회적 행위동일설을 주장하고 있다. 그러나 범죄행위동일설은 구성요건공통설에 지나지 않고, 사회적 행위동일설은 기본적 사실동일설과 같은 의미로 보아야 하므로 이는 전후 모순된 이론이다.

3 강구진 321면; 차용석/최용성 366면.

을 수 없으므로 이는 결국 동일소송에서 해결해야 할 이익과 기판력에 의하여 재
소를 금지하는 이익을 비교하여 합목적적으로 결정하지 않을 수 없다고 한다.

　소인공통설에 입각하여 공소사실의 동일성에 대한 구체적 기준을 제시하기 위한 이 　　12
론으로 일본에서는 다시 형벌관심동일설·사회적 혐의동일설 및 총합평가설 등이 주
장되고 있다. ① 형벌관심동일설은 공소사실의 동일성은 국가적 형벌관심의 동일성
을 의미한다는 견해이다.[1] 즉 공소사실의 동일성은 소인변경의 한계를 의미하는 기
능개념에 불과하므로 1회의 소송에서 해결한다는 국가적 관심을 기초로 결정해야 한
다고 한다. ② 사회적 혐의동일설은 범죄가 있다는 사회적 관심을 공소사실이라고
보고, 절차의 전후단계에서 그 관심이 공통된 때에 공소사실의 동일성을 인정하는
견해이다.[2] ③ 총합평가설은 소인의 요소로 피고인, 범죄의 일시·장소·방법, 피해
법익의 내용, 피해자, 공범관계를 생각할 수 있으므로 그 가운데 한 개의 변동이 있
으면 동일성이 인정되지만 2개 이상이 다른 때에는 그 요소 간의 관계를 총합평가하
여 검사와 피고인의 이익을 비교·교량하여 동일성을 판단해야 한다는 견해이다.[3]

(2) 학설에 대한 비판

　공소사실의 동일성에 대한 판단기준에 관하여 현재 죄질동일설을 주장하는 　　13
학자는 없으므로, 판례가 취하고 있는 기본적 사실동일설과 종래의 통설인 구성
요건공통설 및 일부 학자들에 의하여 주장되고 있는 소인공통설을 검토의 대상으
로 삼아야 할 것이다. 먼저 구성요건공통설과 소인공통설을 살펴보기로 한다.

　1) **구성요건공통설에 대한 비판**　　　구성요건공통설의 논거는 공소사실의 규범 　　14
적 성격을 유지하면서 검사와 피고인의 이익을 조화하기 위하여는 동일성의 범위
를 부당하게 좁게 해서는 안 된다는 데 있다. 그러나 ① 공소사실은 구성요건 자
체가 아니라 어디까지나 사실의 주장에 지나지 않으므로 공소사실의 규범적 성격
을 강조해야 할 이유가 없다. ② 공소사실의 동일성을 결정하는 데 검사와 피고
인의 이익을 조화한다는 것도 타당하다고 할 수 없다. 동일성의 범위가 넓어지면
공소제기의 효력과 기판력에 관하여는 피고인에게 유리하고 공소장변경에 있어
서는 피고인에게 불리하고, 동일성의 범위가 좁게 되면 반대가 된다고 한다. 그
러나 공소장변경제도 자체는 피고인의 방어권을 보장하기 위한 제도이므로 공소

1　田宮裕, 刑事訴訟法(新版), 有斐閣, 1996, 206頁.
2　平場安治, 刑事訴訟法講議, 有斐閣, 1954, 131頁.
3　松尾浩也, 刑事訴訟法 下(新版補正 2 版), 弘文堂, 266頁.

장변경의 범위가 넓어진다고 하여 피고인에게 불이익이라고 할 수만은 없다. 순수한 당사자주의가 아닌 우리 형사소송구조에서 피고인의 불이익은 검사의 이익이라고 단정하는 것도 옳다고 할 수 없다. ③ 구성요건공통설은 구성요건이 상당 정도 부합할 때에 동일성이 인정된다고 하고 있으나 그것이 어느 정도 부합해야 하는가에 대한 기준을 제시하지 못하고 있다. 따라서 구성요건공통설은 타당하다고 할 수 없다.

15　　　2) 소인공통설에 대한 비판　　　소인공통설이 공소사실의 동일성을 사실과 사실의 비교의 문제로 파악한 것은 타당하다. 그러나 ① 소인공통설은 소인 개념을 규정하고 있는 일본 형사소송법에서는 가능한 이론이지만 우리 형사소송법에서는 소인이라는 개념을 인정할 여지가 없다. ② 공소사실의 동일성을 소인과 소인의 비교의 문제라고 하는 것은 문제에 대하여 문제로 답하는 데 지나지 않는다. 소인공통설이 결과적으로 기본적 사실동일설과 같은 결론을 가져오는 이유도 여기에 있다.[1] ③ 소인공통설의 기준을 구체화하기 위하여 형벌관심동일설 · 사회적 혐의동일설 · 총합평가설 등이 주장되고 있으나, (i) 형벌관심은 형사소송의 목적이나 기초는 될 수 있지만 그것이 한 개인가 아닌가를 정할 수 있는 기준이 될 수 없고, (ii) 사회적 혐의라는 개념도 명확하지 않으며, (iii) 총합평가설도 또한 소인 요소 가운데 한 개가 변경된 경우에만 왜 동일성을 인정해야 하고 어떤 방법으로 총합평가를 해야 하는가에 대한 기준을 제시하지 못한다. 이러한 의미에서 소인공통설도 타당하다고 할 수 없다.

(3) 결　론

16　　　공소사실의 동일성은 기본적 사실동일설에 따라 해결하는 것이 타당하다고 생각된다. 기본적 사실동일설에 대하여는 그것이 공소사실의 규범적 성격을 무시하고, 이에 의하여 동일성의 범위가 지나치게 넓어지며, 기본적 사실이 무엇인가가 명백하지 않다는 비판이 제기되고 있다.[2] 그러나 ① 기본적 사실동일설이 공소사실의 규범적 성격을 무시한 것은 공소사실이 법적 평가가 아니라 사실이라는 점에서 나온 당연한 결론이라고 해야 하며, ② 동일성의 범위가 확대될 우려가 있다고 하여 피고인이나 검사에게 불이익을 초래하는 것이 아니고, 그것은 오히려 소송경제와 신속한 재판의 이념에 합치된다. 또 기본적 사실동일설에 의한 동

1　차용석/최용성 366면 참조.
2　강구진 318면; 김기두 109면; 백형구 211면.

일성의 범위는 사실상 구성요건공통설이나 소인공통설과 일치한다. ③ 기본적 사실의 개념이 반드시 불명확한 것도 아니다. 여기서 사실이란 물론 소송법적 의미의 개념이지만 그것은 형법의 행위론에서 말하는 행위(Handlung)와 같은 뜻이라고 할 수 있다.[1] 공소장에 기재된 공소사실이 변경된 공소사실($\binom{행}{위}$)과 일방의 범죄가 성립되는 때에는 타방의 범죄의 성립은 인정될 수 없을 정도로 시간적·장소적으로 밀접한 관계에 있는 때($\binom{비양립·}{택일관계}$)에는 기본적 사실이 동일하다고 할 수 있다.[2] 요컨대 공소사실의 동일성에 대한 판단기준으로는 기본적 사실동일설이 타당하며, 판례가 기본적 사실동일설에 의하여 공소장변경의 한계를 결정하고 있는 것은 타당하다고 생각된다.

17

　　문제는 기본적 사실동일성의 판단에 있어서 규범적 요소를 고려해야 하며, 또 고려해야 할 규범적 요소는 무엇인가에 있다. 판례는 강도상해죄와 장물취득죄의 기본적 사실관계의 동일성을 부정한 전원합의체판결 이래[3] 일관하여 이를 긍정하고 있다.[4] 이들 판례가 들고 있는 규범적 요소는 범죄의 일시·장소와 범죄사실의 내용과 행위의 태양, 보호법익과 죄질로 요약될 수 있다. 이처럼 규범적 요소를 고려하는 입장을 수정된 기본적 사실동일설이라고 한다. 이러한 판례의 태도에 대하여 찬성하는 견해도 있다.[5] 그러나 ① 범죄의 일시와 장소는 규범적 요소가 아니며 그것이 동일성 판단에 있어서 의미를 가지는 것은 그것으로 인하여 경합범이 성립한다는 점에 이유가 있다. 그러나 기본적 사실동일성은 밀접관계와 택일관계로 인하여 경합범이 성립할 수 없는 경우에 인정된다. 예컨대 동일인의 강도상해죄와 장물취득죄는 일시와 장소가 달라도 경합범이 성립하지 않고 따라서 같은 사실에 지나지 않는다. ② 범죄사실의 내용과 행위의 태양은 구성요건공통설의 핵심내용이며, 보호법익과

1　Schäfer S. 173.

2　대법원 1982. 12. 28, 82 도 2156; 대법원 2007. 5. 10, 2007 도 1048; 대법원 2009. 5. 14, 2008 도 10771; 대법원 2012. 5. 24, 2010 도 3950; 대법원 2019. 3. 28, 2018 도 16031; 대법원 2022. 12. 29, 2022 도 9845.

3　대법원 1994. 3. 22(전원합의체판결), 93 도 2080.

4　대법원 2001. 5. 25. 결정, 2001 모 85(횡령죄＝사기죄); 대법원 2006. 3. 23, 2005 도 9678 (유사수신행위≠사기죄); 대법원 2017. 1. 25, 2016 도 15526(살인죄≠증거인멸죄); 대법원 2017. 8. 23, 2015 도 11679(금지통고된 집회 주최로 인한 집시법위반죄＝질서위협 집회 참가로 인한 집시법위반죄); 대법원 2019. 4. 25, 2018 도 20928(병원 환자유인 등 의료법위반죄≠병원 시술상품 허위광고로 인한 표시·광고의공정화에관한법률위반죄); 대법원 2020. 12. 24, 2020 도 10814(사기죄≠보이스피싱 범죄단체조직 등); 대법원 2021. 7. 21, 2020 도 13812; 대법원 2022. 9. 7, 2022 도 6993(범죄집단활동죄≠범죄집단에서의 개별적 범행); 대법원 2022. 12. 29, 2022 도 10660; 대법원 2023. 6. 15, 2023 도 3038.

5　노명선/이완규 406면; 이창현 645면; 임동규 362면.

죄질은 죄질동일설의 입장이다. 기본적 사실동일성의 판단에 구성요건의 공통성이나 죄질의 동일성을 고려해야 한다는 것은 이미 기본적 사실동일설의 입장이라고 할 수 없다. 기본적 사실동일설은 공소사실을 사회적 사실로 환원시키는 이론이기 때문이다. ③ 사기죄의 확정판결의 기판력은 그 기간 동안의 상습사기행위에 미치지 않는다는 취지의 전원합의체판결은 확정판결의 정당성 내지 처벌의 공정성이 동일성판단의 기준이 된다는 이론이다. 그러나 기본적 사실동일성이 공소제기된 범죄의 죄명이나 확정판결의 죄명에 따라서 달라질 수 있는 것은 아니다. 따라서 기본적 사실동일설에 의하는 한 규범적 요소를 고려하는 것은 옳다고 할 수 없다.[1]

Ⅲ. 공소장변경의 필요성

1. 공소장변경의 요부

18   공소장에 기재된 공소사실과 동일성이 인정되는 사실은 공소장변경에 의하여 비로소 심판의 대상이 된다고 하여, 공소사실이나 적용법조에 조금이라도 변경이 생기면 언제나 공소장변경을 해야 하는 것은 아니다. 여기서 법원이 어떤 범위에서 공소장변경 없이 공소장에 기재된 공소사실과 다른 사실을 인정할 수 있는가가 문제된다. 이것이 바로 공소장변경의 필요성 또는 요부의 문제이다.

2. 견해의 대립

공소장변경의 필요성을 결정하는 기준에 대하여는 동일벌조설과 법률구성설 및 사실기재설이 대립되고 있다.

(1) 동일벌조설

19   공소사실을 어떤 구성요건에 해당하는가라는 법률적 평가라고 이해하여 구체적 사실관계가 다르다 할지라도 그 벌조 또는 구성요건에 변경이 없는 한 공소장을 변경할 필요가 없다는 견해이다. 이에 의하면 범죄의 시일과 장소가 다를지라도 그 구성요건을 같이하면 법원은 공소장변경 없이 다른 사실을 인정할 수 있으나 절도죄가 횡령죄로, 사기죄가 공갈죄로 바뀌는 경우와 같이 그 구성요건을 달리하는 때에는 공소장변경을 필요로 하게 된다.

---

1 배종대/홍영기 § 36/37; 이은모/김정환 455면; 이주원 302면; 정승환 § 35/39.

(2) 법률구성설

공소사실의 법률적 측면을 중시하여 구체적 사실관계가 다르다 할지라도 그   20
법률구성에 영향이 없을 때에는 공소장변경을 요하지 않고 공소장에 기재된 사실
과 다른 사실을 인정할 수 있다는 견해이다. 법률구성은 형법의 특별구성요건을
기준으로 한다는 점에서 동일벌조설에 포함시켜 설명하기도 한다.[1] 공소사실의
법률적 평가에 중점을 둔다는 점에서 동일벌조설과 공통점을 가진다.

(3) 사실기재설

공소사실을 구성요건에 해당하는 구체적 사실의 주장이라고 파악하여 그 사   21
실적 측면을 강조함으로써 공소장에 기재되어 있는 사실과 실질적으로 다른 사실
을 인정할 때에는 공소장변경을 필요로 한다는 견해[2]이다. 그러나 사실기재설이
라 하여 조금이라도 사실의 변경이 있으면 언제나 공소장변경을 요한다는 것이
아니라 사실 사이에 실질적 차이가 있을 때에만 공소장변경을 필요로 한다고 한
다. 그리고 사실 사이에 실질적 차이가 있느냐의 여부는 결국 심판의 대상으로서
의 기본적 성격, 즉 형식적으로는 사실의 변화가 사회적·법률적으로 의미를 달
리하고 실질적으로 피고인의 방어권행사에 불이익을 초래하느냐를 기준으로 판
단해야 한다는 것이다. 우리나라의 통설[3]과 판례[4]의 태도이다.

(4) 결 론

동일벌조설과 법률구성설은 ① 공소장에 구성요건 내지 법률구성에 관하여   22
별도로 적용법조를 기재하도록 하고 있는 점에 비추어 공소사실은 구성요건에 해
당하게 기재된 사실을 의미한다고 보아야 하며, ② 동일벌조설 또는 법률구성설
에 의하면 형사소송법 제298조가 무의미하게 되어 피고인의 방어권행사에 불이
익을 초래한다는 비판을 면할 수 없다. 현재 우리나라에서 법률구성설을 주장하
는 학자는 없다. 공소장에 공소사실을 특정하여 기재하도록 한 것은 당사자에게

---

1 김기두 254면.
   법률구성설과 동일벌조설이 반드시 일치하는 것은 아니다. 같은 구성요건이라 할지라도 여
   러 개의 유형이 구별되는 경우가 있기 때문이다. 예컨대 강도의 경우에 폭행에 의한 강도와
   협박에 의한 강도, 사기의 경우에 재물사기와 이득사기는 법적 유형을 달리한다. 이러한 의
   미에서 법률구성설은 동일벌조설이 발전된 이론이라 할 수 있다.
2 대법원 1962. 6. 14, 4294 형상 716.
3 김재환 438면; 백형구 강의, 526면; 신동운 657면; 임동규 367면.
4 대법원 1994. 12. 9, 94 도 1888; 대법원 2011. 6. 30, 2011 도 1651; 대법원 2014. 5. 16,
   2012 도 12867.

공격과 방어의 쟁점을 명백히 하여 피고인의 방어권을 보장하려는 데 그 취지가 있다. 이러한 의미에서 피고인의 방어에 불이익을 초래할 사실변경이 있으면 공소장변경을 요한다는 사실기재설이 타당하다고 하겠다. 이 경우에 피고인의 방어권행사에 있어서 실질적인 불이익을 초래할 염려가 존재하는지의 여부는 공소사실의 기본적 동일성이라는 요소 이외에도 법정형의 경중 및 그러한 경중의 차이에 따라 피고인이 자신의 방어에 들일 노력·시간·비용에 관한 판단을 달리할 가능성이 뚜렷한지 여부 등의 여러 요소를 종합하여 판단해야 한다.[1]

3. 필요성판단의 기준

23　　　사실기재설에 의하여 공소장변경의 필요성을 판단하는 경우에도 피고인의 방어권행사에 불이익을 초래한다는 추상적 기준을 구체화할 필요가 있다. 공소장에 기재된 공소사실과 법원에서 인정할 사실이 같은 구성요건에 속하는 경우와 다른 경우를 나누어 공소장변경의 필요성의 유무를 살펴보기로 한다.

(1) 구성요건이 같은 경우

24　　　공소장에 기재된 공소사실과 인정되는 범죄사실이 같은 구성요건에 속하는 경우에는 공소사실을 심판의 대상을 특정하기 위하여 필요불가결한 사실과 기타의 사실로 나누어 전자의 경우에는 공소장변경을 요하지만, 후자의 경우는 요하지 않는다고 할 수 있다. 그러나 이 경우에도 그것이 피고인의 방어에 중요한 의의를 가지는지를 함께 고려해야 한다. 구체적으로 공소장변경의 요부가 문제되는 경우는 다음과 같다.

25　　　1) 범죄의 일시·장소　　　　범죄의 일시와 장소의 변경은 원칙적으로 공소장변경을 요한다. 범죄의 일시·장소는 공소사실의 특정을 위한 불가결한 요소이며, 피고인의 방어권행사에 직접 영향을 미치는 것이기 때문이다. 다만, 범죄의 일시의 기재가 명백한 오기인 때에는 공소장변경을 요하지 않는다.[2] 판례는 범죄의 일시는 공소사실의 특정을 위한 요건이지 범죄사실의 기본적 요소는 아니므로 동일 범죄사실에 대하여 약간 다르게 인정하는 경우에도 반드시 공소장변경을 요하지 아니하나, 그 범행일시의 차이가 단순한 착오기재가 아니고 그 변경 인정이

1　대법원 2011. 2. 10, 2010 도 14391; 대법원 2019. 6. 13, 2019 도 4608.
2　대법원 1980. 2. 12, 79 도 1032; 대법원 1985. 3. 12, 83 도 2501; 대법원 2022. 12. 15, 2022 도 10564.

피고인의 방어에 실질적 불이익을 가져다 줄 염려가 있는 경우에는 공소장의 변
경을 요한다고 판시하고 있다.[1]

2) **범죄의 수단과 방법**   범죄의 수단 또는 방법이 변경된 경우에도 원칙적   26
으로 공소장변경을 요한다.[2] 범죄의 수단도 공소사실을 특정하기 위한 요소이기
때문이다. 따라서 살인죄에 있어서 살해방법, 강도죄나 공갈죄[3]에 있어서 폭행·
협박의 수단, 사기죄에서의 기망의 내용이나 태양[4]을 변경한 때에는 공소장변경
이 있어야 한다.

3) **범죄의 객체**   범죄의 객체도 범죄의 일시·장소 또는 수단에 준하여 원   27
칙적으로 공소장변경을 요한다고 해야 한다. 그것은 피고인의 방어권행사에 영향
을 미치는 사실이기 때문이다. 다만, 객체가 달라진 경우에도 피고인이 시인하여
방어권에 불이익을 주지 않을 때에는 공소장변경을 요하지 않는다.[5] 범죄의 객
체 가운데 일부만을 인정하는 때에도 같다.[6]

4) **그 밖의 사항**   사실의 변화 없이 적용법조를 바로잡는 때에는 공소장변   28
경을 요하지 않는다.[7] 범죄의 객체가 같은 경우에 피해자를 달리 인정하는 때에
도 마찬가지이다.[8] 사기죄[9]나 배임죄[10]에서 피해자가 다르거나, 인과관계의 진
행에 차이가 있거나,[11] 배임죄에서 임무가 변경된 경우[12]에도 공소장변경을 요하
지 않는다. 단순한 상해 정도의 차이[13]나 뇌물전달자가 다른 경우에도 공소장변

---

1 대법원 1992. 10. 27, 92 도 1824; 대법원 1992. 12. 22, 92 도 2596; 대법원 1993. 1. 13,
   92 도 2588; 대법원 2009. 5. 14, 2008 도 10771; 대법원 2019. 1. 31, 2018 도 17656.
2 그러나 단순히 범행방법의 일부 추가·정정에 그치는 때에는 공소장변경을 요하지 않는다[대
   법원 2022. 12. 15, 2022 도 10564(직권 유죄 인정이 가능함에도 공소장변경절차를 거치더라
   도 법리오해의 잘못이 없다고 한 사례)].
3 대법원 2013. 6. 27, 2013 도 3983(갈취의 방법을 '흉기 등 휴대'에서 '다중의 위력'으로 변경
   하는 경우).
4 대법원 2010. 4. 29, 2010 도 2414.
5 대법원 1984. 9. 25, 84 도 312.
6 대법원 1969. 12. 9, 69 도 1761.
7 대법원 2017. 7. 11, 2013 도 7896.
8 대법원 1978. 2. 28, 77 도 3522.
9 대법원 1987. 12. 22, 87 도 2168.
10 대법원 2010. 9. 9, 2010 도 5975; 대법원 2017. 6. 19, 2013 도 564. 피해자의 변경으로 방
   어권에 실질적 불이익을 주는 경우에는 공소장변경을 요한다(대법원 2011. 1. 27, 2009 도
   10701).
11 대법원 1980. 11. 11, 80 도 1074.
12 대법원 2011. 6. 30, 2011 도 1651.
13 대법원 1984. 10. 23, 84 도 1803.

경을 요하지 않는다.[1]

(2) 구성요건이 다른 경우

29　　공소사실과 법원이 인정할 범죄사실 사이에 구성요건을 달리하는 때에는 사실도 변경된다고 해야 하고, 또 그 사실의 변경은 피고인의 방어에 영향을 미친다고 할 것이므로 원칙적으로 공소장변경이 필요하다고 해야 한다.

　　따라서 공소장변경 없이 ① 특수절도죄를 장물운반죄로($\frac{대법원 1965. 1. 26,}{64 도 681}$), ② 특수강도죄를 특수공갈죄로[$\frac{대법원 1968. 9. 19(전원}{합의체판결), 68 도 995}$], ③ 강간치상죄를 강제추행치상죄로($\frac{대법원}{1968. 9. 24,}$ $^{68 도}_{776}$), ④ 성폭력범죄의 처벌 및 피해자보호 등에 관한 법률상 주거침입강간미수죄를 주거침입강제추행죄로($\frac{대법원 2008. 9. 11,}{2008 도 2409}$), ⑤ 명예훼손죄를 모욕죄로($\frac{대법원 1972. 5. 31,}{70 도 1859}$), ⑥ 강제집행면탈죄를 권리행사방해죄로($\frac{대법원 1972. 5. 31,}{72 도 1090}$), ⑦ 사기죄를 상습사기죄로($\frac{대법원 1977. 9. 13,}{77 도 2233}$), ⑧ 강도상해교사죄를 공갈교사죄로($\frac{대법원 1993. 4. 27,}{92 도 3156}$), ⑨ 살인죄를 폭행치사죄로($\frac{대법원 1981. 7.}{28, 81 도 1489}$), ⑩ 장물보관죄를 업무상과실 장물보관죄로($\frac{대법원 1984. 2. 28,}{83 도 3334}$) 인정하는 것은 허용되지 않는다. 다만, 대법원은 배임죄로 기소된 공소사실에 대하여 특별한 사정이 없는 한 공소장변경 없이 횡령죄를 적용하여 처벌할 수 있다고 판시한 바 있다($\frac{대법원 1999. 11. 26, 99 도 2651;}{대법원 2015. 10. 29, 2013 도 9481}$).[2]

　　다만, 다음의 두 가지 경우에는 공소장변경을 요하지 않는다고 해야 한다.

30　　**1) 축소사실의 인정**　　구성요건을 달리하는 사실이 공소사실에 포함되어 있는 경우에는 「대는 소를 포함한다」는 이론에 의하여 피고인의 방어권 행사에 실질적 불이익을 초래할 염려가 없다고 인정되는 때에는 공소장변경을 요하지 않는다.[3] 미국에서도 포함된 범죄(lesser included offense)를 유죄로 하는 것을 인정하고 있다.

　　그러므로 공소장변경절차를 거치지 않는다 할지라도 법원은 ① 강간치상죄의 공소사실을 강간죄로($\frac{대법원 1976. 5. 11, 74 도 1898;}{대법원 1980. 7. 8, 80 도 1227}$),[4] ② 강제추행치상죄를 강제추행죄로[$\frac{대법원}{1989. 4. 15}$ $^{(전원합의체판결),}_{96 도 1922}$], ③ 강간치사죄를 강간죄의 미수로($\frac{대법원 1969. 2. 18,}{68 도 1601}$), ④ 특수절도죄를 절도죄로($\frac{대법원 1973. 7. 24,}{73 도 1256}$), ⑤ 강도상해죄를 절도죄와 상해죄로($\frac{대법원 1965. 10. 26,}{65 도 599}$), ⑥ 강도강간죄를 강간죄로($\frac{대법원 1987. 5. 12,}{87 도 792}$), ⑦ 수뢰후부정처사죄를 뇌물수수죄로($\frac{대법원 1999. 11. 9,}{99 도 2530}$)

1　대법원 1984. 5. 29, 84 도 682.

2　그러나 횡령죄와 배임죄는 구성요건이 다르고 횡령죄가 배임죄의 특별법임에 비추어 공소장변경의 필요성을 부인하는 때에는 피고인의 방어권을 침해할 염려가 있다고 해야 한다.

3　대법원 2014. 3. 27, 2013 도 13567.

4　폭행치상죄를 공소장변경 없이 폭행죄로 처벌할 수 없다는 판례(대법원 1971. 1. 12, 70 도 2216)가 있으나, 타당하지 않다.

인정할 수 있다. 다만, 대법원은 공소장이 변경되지 않았다는 이유로 이를 처벌하지 않는다면 적정절차에 의한 신속한 실체적 진실의 발견이라는 형사소송의 목적에 비추어 현저히 정의와 형평에 반하는 것으로 인정되는 경우가 아닌 한 법원이 직권으로 그 범죄사실을 인정하지 않았다고 하여 위법은 아니라고 한다.[1] 예컨대 상해죄 (구타로 인한 상해)의 공소사실에 대하여 무죄를 선고한 원심에 대하여 공소장변경이 없었기 때문에 폭행죄(눈에 손전등을 비춘 폭행)를 인정하지 아니하였다고 하여 위법이라고 할 수는 없다고 판시하고 있다($\frac{\text{대법원 1993. 12. 28,}}{\text{93 도 3058}}$).[2] 그러나 법원이 공소장변경 없이 심판할 수 있는 사실은 법원의 현실적 심판의 대상이 된 사실이라 할 것이므로 이 경우에도 법원은 유죄판결을 해야 한다고 생각된다.

　　2) 법률평가만을 달리하는 경우　　　사실의 변화 없이 법적 평가만을 달리하는 경우에는 원칙적으로 공소장변경을 요하지 않는다. 따라서 특정범죄가중처벌등에 관한법률위반의 공소사실에 대하여 수뢰죄·관세법위반·준강도죄[3]를 적용할 때에는 반드시 공소장변경이 있어야 하는 것은 아니다. 그러나 공소장에 기재된 적용법조보다 법정형이 무거운 적용법조를 인정하는 경우에는 공소장변경을 요한다.[4] 그것이 피고인의 방어에 실질적인 불이익을 줄 수 있기 때문이다. 다만, 죄수에 대한 법적 평가만을 달리하는 경우에는 공소장변경을 요하지 않는다고 해석하는 것이 타당하다.

31

1　대법원 1993. 12. 28, 93 도 3058; 대법원 2016. 8. 30, 2013 도 658; 대법원 2022. 4. 28, 2021 도 9041[아동·청소년의 성보호에 관한 법률상 위계등간음죄에 관하여 당시의 대법원 판례에 따라 간음행위 자체에 대한 착각을 일으키게 한 것으로 공소제기된 사건에서, 종전 판례를 변경한 대법원 2020. 8. 27(전원합의체판결), 2015 도 9436의 결과를 확인하기 위하여 무려 4년가량 기다려 왔으며, 위 2015 도 9436 전원합의체판결이 판시한 새로운 법리에 따르면 피고인의 행위는 위계에 의한 간음죄를 구성함에도 불구하고, 피해자가 간음행위에 이르게 된 동기 등에 대해 오인, 착각, 부지에 빠져 피고인과의 성관계를 결심하였는지를 직권으로 심리하지 아니한 원심판결을 위법하다고 판시한 사례].

2　판례는 살인죄로 기소된 경우에 폭행·상해, 체포·감금(대법원 2009. 5. 14, 2007 도 616), 필로폰투약죄의 기수범으로 기소된 경우에 미수(대법원 1999. 11. 9, 99 도 3674), 장물취득죄로 기소된 경우에 장물보관죄(대법원 2003. 5. 13, 2003 도 1366)의 범죄사실이 인정되는 때에는 직권으로 그 범죄사실을 인정해야 한다고 판시하였다.

3　대법원 1982. 9. 14, 82 도 1716(특정범죄 가중처벌 등에 관한 법률 제5조의4 제5항 누범 준강도의 가중처벌을 형법 제335조의 단순 준강도죄로).

4　대법원 2008. 3. 14, 2007 도 10601; 대법원 2019. 6. 13, 2019 도 4608. 다만, 석명을 통하여 피고인에게 적정한 방어권 행사의 기회를 제공한 후에는 직권으로 인정할 수 있다(대법원 2011. 2. 10, 2010 도 14391. 적용법조에 관한 석명을 통하여 피고인에게 방어권 행사의 기회를 제공하지 아니한 채 직권으로 성폭력범죄의 처벌 등에 관한 특례법상 법정형이 무거운 조항을 적용한 것은 위법이라고 한 사례).

따라서 경합범으로 공소제기된 것을 포괄일죄($_{87\ 도\ 546}^{대법원\ 1987.\ 7.\ 21.}$)나 상상적 경합으로 인정하는 때($_{80\ 도\ 2236}^{대법원\ 1980.\ 12.\ 9.}$)에는 물론, 포괄일죄의 공소사실을 경합범으로 인정하는 경우($_{82\ 도\ 938;\ 대법원\ 1987.\ 5.\ 26,\ 87\ 도\ 527}^{대법원\ 1980.\ 3.\ 11,\ 80\ 도\ 217;\ 대법원\ 1982.\ 6.\ 22.}$)에도 공소장변경을 요하지 않는다. 한편, 정범 또는 공범관계의 변경이 있는 때에는 공소장변경 없이 이를 인정하더라도 피고인에게 예기치 않은 타격을 주어 방어권의 행사에 실질적 불이익을 줄 우려가 없는 경우에는 공소장변경을 요하지 않는다. 즉 ① 단독범을 공동정범으로 인정하는 경우, 피고인이 객관적 사실관계를 인정하고 공범자에 대하여 증인신문이 이루어지거나($_{1999.\ 7.\ 23,\quad 10.\ 24,\ 2013\ 도\ 5752}^{대법원\quad\ 99\ 도\ 1911;\ 대법원\ 2013.}$) 공판에서 사망한 남편과의 공모관계를 다투어 온 경우($_{2018.\ 7.\ 12,\quad 5909}^{대법원\quad 2018\ 도}$)에는 공소장변경이 필요없지만, 피고인이 공소사실을 전면 부인하였고 공범관계에 대하여 전혀 심리가 없었던 경우($_{96\ 도\ 1185}^{대법원\ 1997.\ 5.\ 23.}$)에는 공소장변경이 필요하다. ② 공동정범을 방조범으로 인정하는 경우, 피고인이 처음부터 방조범을 주장하는 경우($_{대법원\ 2012.\ 6.\ 28,\ 2012\ 도\ 2628}^{대법원\ 1982.\ 6.\ 8,\ 82\ 도\ 884;}$)에는 공소장변경이 필요없지만, 처음 기소된 살인방조는 물론 이후 공소장변경된 공동정범에 대하여도 부인한 경우($_{2018\ 도\ 7658}^{대법원\ 2018.\ 9.\ 13.}$)에는 공소장변경이 필요하다. 한편 ③ 공동정범을 단독범으로 인정하는 경우도 실행행위나 결과의 범위에 변동이 없고 공소사실의 일부를 인정하는 경우에는 공소장변경이 필요없지만,[1] 그 범위에 변동이 있거나 피고인의 관여 정도가 중하게 되는 경우에는 공소장변경이 필요하다.[2]

Ⅳ. 공소장변경의 절차

1. 검사의 신청에 의한 공소장변경

(1) 공소장변경허가신청

32   공소장변경은 검사의 신청에 의한다($_{1항}^{제298조}$). 검사의 공소장변경허가신청은 원칙적으로 서면에 의하여야 한다. 즉 검사는 공소장변경허가신청서를 법원에 제출하여야 하며($_{142조\ 1항}^{규칙\ 제}$),[3] 공소장변경허가신청서에는 피고인의 수에 상응한 부본을 첨부하여야 하고($_{제2항}^{동조}$), 법원은 부본을 피고인 또는 변호인에게 즉시 송달하여야 한다($_{제3항}^{동조}$).[4] 피고인이 재정하는 공판정에서는 피고인에게 이익이 되거나

---

1 日最判 1955. 10. 19[刑集 9-11, 2268].

2 池田/前田 315頁.

3 검사가 공소장변경허가신청서를 제출하지 않고 공소사실에 대한 검사의 의견을 기재한 서면을 제출하였더라도 이를 곧바로 공소장변경허가신청서를 제출한 것이라고 볼 수 없다(대법원 2022. 1. 13, 2021 도 13108).

4 부본을 송달·교부하지 않은 채 공소장변경을 허가하고 허가된 공소사실에 관하여 유죄판결

동의하는 경우에 구술에 의하는 것도 가능하다($\substack{동조 \\ 제5항}$).[1] 구술로 공소장변경허가
신청을 하면서 변경하려는 공소사실의 일부만 진술하고 나머지는 전자적 형태의
문서로 저장한 저장매체를 제출하였다면, 구체적으로 진술한 부분에 한하여 신청
이 된 것으로 볼 수 있다.[2] 검사는 공소사실 등을 예비적·택일적으로도 변경할
수 있다. 이 때에는 법원의 판단순서도 검사의 기소순위에 제한된다.[3]

검사의 공소장변경허가신청이 있을 때에는 법원은 신속히 그 사유를 피고인   33
또는 변호인에게 고지해야 한다($\substack{제298조 \\ 3항}$). 공소장변경허가신청사유의 고지는 검사
가 제출한 공소장변경허가신청서 부본을 송달함에 의한다($\substack{규칙 제 \\ 142조 3항}$). 부본의 송달
은 허가재판을 기다리지 않고 즉시 하여야 한다. 피고인의 방어권을 보장하기 위
한 것이다. 다만 부본이 공판정에서 교부되었다 하여도 피고인이 충분히 진술·변
론하거나,[4] 부본을 송부하지 않았더라도 변경 내용이 피고인에게 불리하거나 방
어할 내용이 추가되지 않고 이의도 제기하지 않은 때에는[5] 판결에 영향을 미치
지 않는다.

(2) 공소장변경허가신청에 대한 결정

검사의 공소장변경허가신청에 대해 법원은 결정의 형식으로 이를 허가 또는   34
불허가하고, 법원의 허가 여부 결정은 공판정 외에서 별도의 결정서를 작성하여
고지하거나 공판정에서 구술로 하고 공판조서에 기재할 수도 있다.[6]

검사의 공소장변경신청이 공소사실의 동일성을 해하지 않는 때에는 법원은
이를 허가하여야 한다.[7] 따라서 불이익변경금지의 원칙을 이유로 신청을 불허할

을 하였다면, 부본을 송달·교부하지 않은 법원의 잘못은 피고인의 방어권이나 변호인의 변
호권이 본질적으로 침해되지 않았다고 볼 만한 특별한 사정이 없는 한, 판결에 영향을 미친
법령 위반에 해당하여 상소이유가 된다(대법원 2009. 6. 11, 2009 도 1830; 대법원 2021. 6. 30,
2019 도 7217).

1 대법원 2017. 6. 8, 2017 도 5122; 대법원 2021. 6. 30, 2019 도 7217.
2 대법원 2016. 12. 29, 2016 도 11138.
3 대법원 1975. 12. 23, 75 도 114.
4 대법원 1986. 9. 23, 85 도 1041.
5 대법원 2018. 12. 13, 2018 도 16117.
6 대법원 2023. 6. 15, 2023 도 3038. 만일 공소장변경허가 여부 결정을 공판정에서 고지하였
   다면 그 사실은 공판조서의 필요적 기재사항이다(제51조 2항 14호).
7 대법원 2018. 10. 25, 2018 도 9810(포괄일죄의 경우). 포괄일죄에서 공소장변경허가 여부를
   결정할 때는 포괄일죄를 구성하는 개개 공소사실별로 종전 것과의 동일성 여부를 따지기보
   다는 변경된 공소사실이 전체적으로 포괄일죄의 범주 내에 있는지 여부, 즉 단일하고 계속된
   범의하에 동종의 범행을 반복하여 행하고 피해법익도 동일한 경우에 해당한다고 볼 수 있는
   지에 초점을 맞추어야 한다(대법원 2006. 4. 27, 2006 도 514; 대법원 2022. 10. 27, 2022 도

것은 아니다.[1] 이 경우의 법원의 허가는 의무적이다.[2] 다만 검사의 공소장변경 허가신청이 현저히 시기에 늦거나,[3] 부적법한 공소사실로 변경하는 때에는 그 예외를 인정해야 할 것이다. 공소장변경을 허가한 때에는 검사는 공판기일에 공소장변경허가신청서에 의하여 변경된 공소사실·죄명 및 적용법조를 낭독하여야 한다. 다만, 재판장은 필요하다고 인정하는 때에는 공소장변경의 요지를 진술하게 할 수 있다($\frac{규칙 제}{142조 4항}$). 다만, 피고인이 재정하는 공판정에서는 피고인에게 이익이 되거나 피고인이 동의하는 경우 구술에 의한 공소장변경을 허가할 수 있다($\frac{동조}{제5항}$). 공소장변경이 피고인의 방어에 불이익을 증가할 염려가 있다고 인정될 때에는 법원은 결정으로 필요한 기간 공판절차를 정지할 수 있다($\frac{제298조}{4항}$).

단독판사의 관할사건이 공소장변경에 의하여 합의부 관할사건으로 변경된 경우에 법원은 결정으로 관할권이 있는 법원에 이송한다($\frac{제8조}{2항}$). 그러나 그 반대의 경우에 대해서는 아무런 규정이 없다. 따라서 제 1 심에서 합의부 관할사건에 관하여 단독판사의 관할사건으로 죄명, 적용법조를 변경하는 공소장변경허가신청서가 제출되면 합의부는 사건의 실체에 들어가 심판하여야 하고, 이를 단독판사에게 재배당해서는 안 된다.[4]

2. 법원의 공소장변경요구

(1) 공소장변경요구의 의의

35   법원은 심리의 경과에 비추어 상당하다고 인정할 때에는 공소사실 또는 적용법조의 추가 또는 변경을 요구하여야 한다($\frac{제298조}{2항}$). 이와 같이 법원이 검사에 대하여 공소사실 또는 적용법조의 추가 또는 변경을 요구하는 것을 공소장변경요구라고 한다. 검사가 공소장을 변경하지 않기 때문에 명백히 죄를 범한 자를 무죄로 하는 일이 없도록 함으로써 적정한 형사사법을 실현하기 위한 제도이며, 공소사실의 철회가 제외된 것은 이러한 취지에서 볼 때 당연한 것이다.

8806).

1 대법원 2013. 2. 28, 2011 도 14986.
2 대법원 1975. 10. 23, 75 도 2712; 대법원 2012. 4. 13, 2010 도 16659; 대법원 2013. 9. 12, 2012 도 14097; 대법원 2018. 10. 25, 2018 도 9810; 대법원 2021. 7. 21, 2020 도 13812; 대법원 2023. 6. 15, 2023 도 3038.
3 공판의 심리를 종결하고 판결선고기일까지 고지한 후에는 허가할 의무가 없다(대법원 2018. 10. 12, 2018 도 11229).
4 대법원 2013. 4. 25, 2013 도 1658.

공소장변경요구는 법원이 행하는 소송지휘에 관한 결정의 성질을 가진다.   36
따라서 공소장변경요구는 공판정에서 구두에 의하여 고지하는 것이 통례이다. 그
것은 심리의 경과에 비추어 상당하다고 인정될 때에 하는 것이므로 심리가 상당
한 정도 진행된 때에 해야 한다. 따라서 제 1 회 공판기일 이전에 법원이 공소장
변경요구를 할 수는 없다. 그러나 1심뿐만 아니라 항소심에서도 공소장변경요구
는 허용되며, 변론을 종결한 후일지라도 이를 재개하여 요구할 수 있다.

공소장변경요구에 있어서는 법원에 공소장변경요구의 의무가 있는지와 법원
의 공소장변경요구에 형성력이 인정되는지가 문제된다.

(2) 공소장변경요구의 의무성

공소장변경요구가 법원의 의무라고 할 수 있는가에 관하여는 의무설과 재량
설 및 예외적 의무설이 대립되고 있다.

1) 의 무 설   공소장변경요구가 법원의 의무라고 해석하는 견해[1]이다. 법   37
원의 의무성을 긍정하는 것이 형사소송법 제298조 2항의 문리해석상 당연할 뿐
만 아니라 법원의 직권개입을 보충적으로 인정한 취지에도 적합하다는 것을 이유
로 한다. 이에 의하면 검사가 공소장변경신청을 하지 않는 경우에 법원에서 공소
장변경요구를 하지 않고 무죄판결을 한 때에는 심리미진의 위법이 있다고 하게
된다.

2) 재 량 설   공소장변경요구는 법원의 권리일 뿐이며 법원에서 요구해야   38
할 의무가 있는 것은 아니라는 견해[2]이다. 공소사실의 변경은 검사의 권한에 속
하는 것이므로 법원은 검사가 제기한 공소사실의 범위 안에서 판결하면 족하고
적극적으로 공소장변경을 요구할 의무는 없다는 것을 이유로 한다.

3) 예외적 의무설   공소장변경요구는 원칙적으로 법원의 재량에 속하는 것   39
이나 공소장변경요구를 하지 아니하고 무죄판결을 하는 것이 현저히 정의에 반하
는 경우에 한하여 예외적으로 법원의 의무가 된다고 해석하는 견해[3]이다. 현저
히 정의에 반하기 때문에 예외적으로 법원의 의무가 되기 위한 기준으로는 증거
의 명백성과 범죄의 중대성을 요건으로 하며, 범죄의 중대성은 법정형만을 기준

---

1 신양균/조기영 514면; 이창현 702면.
2 강구진 310면; 신현주 491면; 차용석/최용성 379면.
3 배종대/홍영기 § 36/47; 백형구 236면, 강의 533면; 손동권/신이철 444면; 신동운 668면; 이은모/
   김정환 466면; 임동규 378면; 정승환 § 35/49; 정웅석/최창호/김한균 432면.

으로 하는 것이 아니라 사건의 죄질, 태양, 결과 등을 고려한 사회적 관심의 중대
성을 의미한다고 한다.

40   4) 비   판   생각건대 공소장변경요구를 법원의 의무라고 해석하는 것은
당사자주의를 강화하여 검사가 제출한 공소장에 기재된 공소사실만을 심판의 대
상으로 하면서 공소장변경제도를 인정하고 있는 형사소송법의 취지와 일치하지
않는다. 예외적 의무설도 그 기준이 명백하지 못하다는 비난을 면할 수 없다. 공
소의 제기와 변경은 어디까지나 검사의 권한에 속하는 것이므로 공소장변경요구
는 법원의 권한이지 의무가 되는 것은 아니라고 해석해야 한다. 판례도 공소장변
경요구는 법원의 권한에 불과하며,[1] 법원이 공소장변경요구를 하지 않았다고 하
여 심리미진의 위법이 있는 것은 아니라고 판시하여[2] 재량설의 입장을 일관하고
있다.

(3) 공소장변경요구의 형성력

41   공소장변경요구가 있는 경우에 공소장변경요구의 형성력에 의하여 공소장이
자동적으로 변경되는가가 문제된다. 긍정설은 검사가 공소장변경요구에 불응한
때에도 공소장변경의 효과가 발생한다고 한다. 형성력을 인정하지 않을 때에는
특별히 공소장변경요구를 규정한 이유를 설명할 수 없다는 것을 이유로 한다. 그
러나 ① 공소사실의 설정과 변경은 검사의 권한에 속하며, ② 공소장변경요구의
경우에 공소장변경의 효과를 의제하는 규정은 없고, ③ 소송지휘의 재판인 공소
장변경요구를 직접 강제할 수는 없으며, ④ 형성력을 인정할 때에는 복수의 공소
장변경권자를 인정하는 결과가 된다는 점에 비추어 부정설이 타당하다고 하지 않
을 수 없다.[3]

42   공소장변경요구가 검사에 대한 관계에서 어떤 효과를 가질 것인가에 관하여
는 권고효설과 명령효설이 대립되고 있다. 권고효설은 공소장변경요구가 권고적
의미를 갖는 데 그치며 검사에게 복종의무가 있는 것은 아니라고 함에[4] 반하여,
명령효설은 공소장변경요구에 대하여 검사의 복종의무를 인정한다. 공소장변경요

---

1 대법원 1979. 11. 27, 79 도 2410; 대법원 1981. 3. 10, 80 도 1418; 대법원 1984. 4. 24, 84
   도 137; 대법원 1999. 12. 24, 99 도 3003.
2 대법원 1984. 2. 28, 83 도 3334; 대법원 1985. 7. 23, 85 도 1092; 대법원 2009. 5. 14,
   2007 도 616; 대법원 2011. 1. 13, 2010 도 5994.
3 백형구 강의, 535면; 신동운 670면; 이창현 702면; 임동규 378면.
4 이창현 702면.

구가 법원의 소송지휘권에 의한 결정이므로 검사에게 복종의무를 인정하지 않을 수 없다는 의미에서 명령효설이 타당하다고 해야 한다.[1]

3. 항소심에서의 공소장변경

항소심에서 공소장변경이 허용되느냐는 항소심의 구조를 어떻게 파악할 것
인가와 직접 관련되는 문제이다. 이에 대하여 ① 항소심은 사후심이므로 공소장
변경이 허용되지 않는다는 견해,[2] ② 항소심에서 원심판결을 파기하는 때에만
허용된다는 견해,[3] ③ 항소심에서도 당연히 인정된다는 견해[4]가 대립되고 있다.
그러나 항소심은 속심이고 항소심의 사후심적 구조는 소송경제를 위하여 이를 제
한하는 데 불과하다고 보아야 하므로 항소심에서도 당연히 공소장변경이 허용된
다고 해석하는 것이 타당하다.[5]

43

---

1 배종대/홍영기 § 36/49; 손동권/신이철 444면; 신동운 671면; 정승환 § 35/50면.

2 강구진 322면; 서일교 289면.

3 김기두 254면.

4 김재환 951면; 백형구 강의, 520면; 신동운 673면; 이은모/김정환 468면; 임동규 379면.

5 대법원 1986. 7. 8, 86 도 621; 대법원 1987. 7. 21, 87 도 1101; 대법원 2014. 1. 16, 2013
   도 7101; 대법원 2016. 1. 14, 2013 도 8118.

제 4 편

소송주체와
소송행위

제 1 장   형사소송의 기본구조

제 1 절   형사소송구조의 이론과 역사 §25

Ⅰ. 소송구조론

1. 형사소송구조론의 의의

형사소송은 소송주체의 활동을 전제로 하여 전개된다. 소송의 주체가 누구 1
이고 소송주체 사이의 관계를 어떻게 구성할 것인가에 대한 이론을 소송구조론이
라 한다. 소송구조론은 실체진실주의와 적정절차 및 신속한 재판의 원칙이라는
형사소송의 지도이념을 달성하기 위한 방법론이라고 할 수 있다.

형사소송법이 탄핵주의 소송구조를 취하고 있다는 점에는 의견이 일치한다.
그러나 탄핵주의 소송구조에는 대륙의 직권주의와 영미의 당사자주의가 있으며,
우리 형사소송법은 직권주의와 당사자주의를 혼합·절충한 구조를 취하고 있다.

따라서 소송구조론의 핵심은 직권주의와 당사자주의의 관계를 규명하는 데 있다고
할 것이나, 연혁적인 의미에서 탄핵주의와 규문주의의 소송구조를 먼저 살펴볼 필요
가 있다. 소송구조는 연혁적으로 규문주의와 탄핵주의로 나눌 수 있기 때문이다.

2. 규문주의 소송구조와 탄핵주의 소송구조

(1) 규문주의

규문주의란 법원이 스스로 절차를 개시하여 심리·재판하는 주의를 말한다. 2
즉 규문주의는 심리개시와 재판의 권한이 법관에게 집중되어 있다는 점에 특색이
있다. 따라서 규문주의에서는 소추기관이나 피고인도 없이 오직 심리·재판하는
법관과 그 조사·심리의 객체가 있을 뿐이다. 그러나 ① 수사와 심리개시 및 재
판의 권한이 법관에게만 집중된 규문주의는 법관에게 지나친 부담을 주게 되고,
② 법관은 공평한 재판을 하기보다는 주로 소추기관으로 활동하게 되고, ③ 조사

와 심리의 객체에 지나지 않는 피고인은 충분한 방어를 할 수 없다는 결함을 나타내게 된다.[1] 이러한 이유로 규문주의는 프랑스혁명을 계기로 형사소송의 구조에서 자취를 감추게 되었다.

(2) 탄핵주의

3 　　탄핵주의는 재판기관과 소추기관을 분리하여 소추기관의 공소제기에 의하여 법원이 절차를 개시하는 주의를 말하며, 소추주의라고도 한다. 탄핵주의에서 법원은 공소제기된 사건에 대하여만 심판할 수 있다는 불고불리의 원칙이 적용되고, 피고인도 소송의 주체로서 절차에 관여하여 형사절차는 소송의 구조를 갖게 된다.

4 　　탄핵주의는 다시 누가 소추기관이 되느냐에 따라 공소제기를 다른 국가기관 특히 검사에게 담당하게 하는 국가소추주의와 피해자 또는 그 친족이 소추하게 하는 피해자소추주의 및 일반공중이 소추하게 하는 공중소추주의로 나눌 수 있다.[2] 탄핵주의는 영미에서는 물론 치죄법 이후의 모든 대륙의 형사소송법이 채택하고 있는 소송구조이며,[3] 형사소송법도 「공소는 검사가 제기하여 수행한다」라고 규정하여(제246조) 국가소추주의에 의한 탄핵주의 소송구조를 채택하고 있다.

Ⅱ. 당사자주의와 직권주의의 이념

5 　　탄핵주의 소송구조는 소송의 주도적 지위를 누가 담당하는가에 따라 당사자주의와 직권주의로 나눌 수 있다. 전자가 영미의 형사소송구조임에 대하여, 후자는 대륙의 그것이라 할 수 있다. 다만 대륙에서 직권주의를 채택하고 있다고 하여 당사자주의의 요소를 완전히 부정하는 것은 아니며, 영미의 당사자주의도 직권의 개입을 금지하는 취지는 아니라는 의미에서 양 제도는 서로 접근·조화하는 추세에 있다.

---

1 Roxin S. 82; Schäfer S. 220; Schroeder S. 33; Zipf S. 72.
2 피해자소추주의와 공중소추주의를 합하여 사인소추주의라고 한다.
3 영미에서는 대륙의 형사소송을 규문주의(inquisitorial system)라고 하여 영미의 당사자주의(adversary system)와 대립되는 개념으로 사용하고 있다(LaFave-Israel-King p. 28). 그러나 당사자주의에 대립되는 개념은 직권주의이며, 탄핵주의 소송구조를 취하고 있는 점에서는 영미법과 대륙법에 차이가 없다.

1. 당사자주의

(1) 당사자주의의 의의

당사자주의란 당사자, 즉 검사와 피고인에게 소송의 주도적 지위를 인정하여   6
당사자 사이의 공격과 방어에 의하여 심리가 진행되고 법원은 제 3 자의 입장에
서 당사자의 주장과 입증을 판단하는 소송구조를 말하며, 변론주의라고도 한다.
당사자주의에서는 ① 소송의 주도적 지위가 당사자에게 있으므로 소송은 당사자
의 청구(공소
제기)에 의하여 개시된다. 여기서 당사자주의는 필연적으로 탄핵주의와
결합하지 않을 수 없다. ② 소송의 진행도 당사자의 주도 아래 이루어진다. 즉
증거의 수집과 제출은 당사자에게 맡겨지고 심리도 당사자의 공격·방어의 형태
로 진행된다. 이러한 의미에서 당사자주의의 핵심은 당사자추행(소송)주의에 있다
고 할 수 있다. ③ 당사자주의를 철저하게 유지하면 소송절차에 있어서 뿐만 아
니라 소송물에 대하여도 당사자의 처분을 허용하게 된다. 당사자주의가 당사자처
분권주의까지 내용으로 하는 이유가 여기에 있다.

(2) 당사자주의의 장·단점

당사자주의의 이념은 당사자주의가 실체진실의 발견에 보다 적합한 제도일   7
뿐만 아니라, 피고인의 인간으로서의 존엄과 기본적 인권을 보호하는 데 보다 적
합한 구조라는 점에 있다.[1] 즉 ① 당사자주의에서는 소송의 결과에 대하여 직접
적인 이해관계를 가진 당사자에게 증거를 수집·제출케 함으로써 보다 많은 증거
가 법원에 제출될 수 있고, 법원은 순수한 제 3 자의 입장에서 공정한 재판이 가
능하다는 것이다. 영미의 당사자주의가 실체진실의 발견이라는 공리적 관점에 기
초하고 있으며, 당사자투쟁주의가 실체진실주의에 일치한다는 설명은 이러한 의
미에서 이해할 수 있다. ② 당사자주의는 피고인에게 검사와 대등한 지위를 인정
함으로써 피고인의 자유와 권리를 보장하기 위한 제도라는 점에 보다 중요한 존
재의의가 있다. 물론 직권주의에서도 피고인은 소송의 주체가 된다.[2] 그러나 실
체진실주의와 결합된 직권주의에서는 피고인의 주체성은 형식적인 것으로 될 위
험이 있으며, 당사자주의에 의하여 피고인은 비로소 적극적으로 소송활동을 수행
하는 실질적인 소송의 주체가 될 수 있다는 것이다.

---

1 LaFave-Israel-King p. 29.
2 Peters S. 102; Roxin S. 114; Schäfer S. 126.

8   당사자주의의 이념은 한편으로는 당사자주의의 결점으로 작용할 수도 있다.
즉 ① 철저한 당사자주의 소송에서는 당사자 사이에 시종 공격과 방어의 항쟁이
연속하게 되어 심리의 능률과 신속을 달성할 수 없고, ② 소송의 운명이 당사자
의 소송추행에 대한 열의와 능력에 좌우되는 결과 소위 사법의 스포츠화(sporting
theory of justice)를 초래하고 국가형벌권의 행사가 당사자의 무분별한 타협이나
거래의 대상이 될 위험이 있다.

2. 직권주의

(1) 직권주의의 의의

9   직권주의란 소송에서의 주도적 지위를 법원에게 인정하는 소송구조를 말한
다. 따라서 직권주의에서는 ① 법원이 실체진실을 발견하기 위하여 검사나 피고
인의 주장 또는 청구에 구속받지 않고 직권으로 증거를 수집·조사해야 하며(직
권탐지주의), ② 소송물은 법원의 지배 아래 놓이게 되고, 따라서 법원이 직권으로
사건을 심리할 것을 요구한다(직권심리주의).

(2) 직권주의의 장·단점

10   직권주의는 ① 형사소송이 국가형벌권을 실현하는 절차인 이상 형사소송에
서 국가가 적극적인 관심을 가지는 것은 형사소송의 본질에 비추어 당연하다는
점에 근거하고 있다. 국가기관인 검사가 범죄를 수사하여 공소를 제기하는 것과
마찬가지로 심판의 주체인 법원도 형벌권의 실현을 위한 심리에 적극적으로 관여
해야 한다는 것이다. ② 직권주의는 법원이 소송에서 주도적으로 활동할 때에 실
체진실의 발견이 가능하므로 직권주의가 실체진실주의를 위한 당연한 요청이라
는 점에 가장 중요한 이론적 근거를 가진다. 대륙의 형사소송법학에서 직권주의
를 실체진실주의와 동의어로 해석하고 있는 이유도 여기에 있다.[1] ③ 직권주의
는 재판의 지연을 방지하여 능률적이고 신속한 재판을 실현할 수 있다는 장점을
가지기도 한다.

11   직권주의가 실체진실의 발견과 소송의 능률과 신속에 기여하는 소송구조임
에도 불구하고 직권주의에도 문제가 없는 것은 아니다. 즉 직권주의를 일관할 때
에는 ① 사건의 심리가 법원의 독단에 흐를 위험이 있고, ② 피고인의 주체성이

---

1 Kindhäuser 4/21; Pfeiffer Einl. Rn. 6; Roxin S. 95; Schäfer S. 239; Zipf S. 87.

형식적인 것이 되어 피고인의 방어권을 실질적으로 보장할 수 없다는 결점을 나타내게 된다.

제 2 절 우리 형사소송의 구조   §26

Ⅰ. 우리 형사소송법의 기본구조

1. 당사자주의와 직권주의의 조화

우리 형사소송법은 대륙의 개혁된 형사소송법을 모델로 한 직권주의를 기본   1
구조로 출발하였지만, 현재는 영미 특히 미국의 당사자주의를 대폭 도입한 점에
특색이 있다. 이러한 의미에서 형사소송법은 당사자주의와 직권주의를 조화·배
합한 절충적·혼혈적 구조를 취하고 있다고 할 수 있다.

2. 형사소송법의 당사자주의적 요소

당사자주의는 당사자의 지위와 권한의 평등을 전제로 한 당사자의 대립·항   2
쟁관계를 그 내용으로 한다. 공소제기 후의 공판절차는 사건의 실체형성을 목표
로 검사와 피고인이 대립·항쟁하는 절차이다. 따라서 형사소송법은 공판절차의
진행에 관하여 당사자주의를 강하게 실현시키고 있다. 공소제기와 공판준비절차
도 또한 당사자주의를 실현하기 위한 전제가 되는 절차라고 할 수 있다.

(1) 심판범위의 확정

형사소송법은 공소장에 공소사실을 특정하여 기재하도록 하고($^{제254조}_{4항}$), 공소   3
사실과 동일성이 인정되는 사실이라 할지라도 원칙적으로 공소장변경절차를 거
치지 아니하면 심판의 대상이 될 수 없도록 하여($^{제298}_{조}$) 법원의 현실적 심판의 범
위를 제한하고 있다.[1] 법원의 심판의 대상을 확정하도록 한 것은 피고인의 방어
권을 보장하기 위한 당사자주의적 요소이다.

---

1 직권주의를 채택하고 있는 독일 형사소송법 제265조는 공소장변경이 없어도 공소장에 기재
  된 공소사실과 다른 사실을 인정할 수 있도록 하고 있다.

(2) 공소장일본주의

4　　공소제기에 있어서 법관에게 예단을 줄 우려가 있는 사유를 공소장에 기재하지 못하도록 하는 예단배제의 원칙은 법원이 제 3 자의 입장에서 공정한 재판을 하도록 하는 당사자주의의 요청이다. 이러한 의미에서 형사소송규칙이「공소장에는 법원에 예단이 생기게 할 수 있는 서류 기타 물건을 첨부하거나 그 내용을 인용하여서는 아니된다」라고 규정하여($\frac{규칙 제}{118조 2항}$) 공소장일본주의를 선언하고 있는 것은 당사자주의적 요소라고 해야 한다.

(3) 공판준비절차에서의 피고인의 방어권 보장

5　　공판준비절차는 공판기일에서의 심리를 원활·신속하게 하기 위하여 쟁점을 정리하는 기능을 한다. 공소장부본의 송달($\frac{제266}{조}$), 제 1 회 공판기일의 유예기간($\frac{제269}{조}$), 피고인의 공판기일변경신청권($\frac{제270}{조}$) 등은 피고인의 방어준비를 보장하기 위한 당사자주의적 제도라 할 수 있다.

(4) 공판절차에서의 당사자의 주도적 지위

6　　**1) 당사자의 출석**　　공판정에는 원칙으로 검사와 피고인이 출석할 것을 요하며($\frac{제275조,}{제276조}$), 특히 피고인에 대한 궐석재판은 원칙으로 허용되지 않는다. 이와 같이 당사자, 특히 피고인의 공판정출석을 공판개정의 요건으로 하고 있는 것도 당사자주의 정신을 구현한 것이다.

7　　**2) 모두진술**　　공판은 검사의 모두진술에서 시작된다. 즉 검사는 공소장에 의하여 공소사실·죄명 및 적용법조를 낭독하여야 한다. 다만, 재판장은 필요하다고 인정하는 때에는 검사에게 공소의 요지를 진술하게 할 수 있다($\frac{제285}{조}$). 피고인은 검사의 모두진술이 끝난 뒤에 공소사실의 인정 여부를 진술해야 한다. 피고인 또는 변호인은 이익되는 사실을 진술할 수 있다($\frac{제286}{조}$). 이와 같이 검사와 피고인의 모두진술에 의하여 공판을 개시하는 것은 검사와 피고인의 공격·방어에 의하여 소송을 진행하려는 당사자주의적 요소이다.

8　　**3) 증거조사**　　증거조사는 피고인신문과 함께 공판절차의 가장 중요한 부분이다. 당사자주의 소송구조의 핵심이 되는 공판절차가 바로 증거조사라고 할 수 있다. ① 증거조사는 원칙적으로 당사자의 신청에 의하여 행하여진다($\frac{제294}{조}$). 이는 입증활동의 주도권을 당사자에게 주어 당사자주의를 구현한 것이라 할 수 있다. ② 검사와 피고인에게 증거보전청구권을 인정하고($\frac{제184}{조}$), 당사자에게 증거조사참

여권($^{제145조,\ 제163}_{조,\ 제176조}$), 증거조사에 대한 이의신청권을 준 것($^{제296}_{조}$)도 당사자주의적 요소이다. 증거조사에 대한 당사자의 참여와 이의를 통하여 당사자 사이의 투쟁이 극적으로 전개된다. ③ 증인신문에 관하여는 상호신문제도가 채택되어 있다. 즉 증인신문은 신청한 당사자가 신문(주신문)한 다음에 반대당사자가 신문(반대신문)하며, 필요한 때에는 재주신문과 재반대신문이 계속된다($^{제161조}_{의2}$). ④ 형사소송법은 증거법칙으로 전문법칙을 인정하고 있다($^{제310조}_{의2}$). 이는 당사자의 반대신문권의 보장을 주된 이유로 하며 당사자주의와 관련하여 확립된 원칙이다. 증거에 대한 당사자의 동의($^{제318}_{조}$)와 탄핵증거($^{제318조}_{의2}$)도 당사자주의를 강화하기 위한 법칙이다.

　　4) 피고인신문의 방법　　　　　형사소송법은 피고인신문제도를 유지하고 있다.[1] 그　　9
러나 피고인신문에 대하여 피고인에게 진술거부권을 보장하고($^{제283조}_{의2}$), 특히 피고인신문의 방식으로 증인신문의 방식을 준용하여 검사와 변호인이 먼저 피고인을 신문하고 법원에게는 그 후에 신문하도록 하여($^{제296조}_{의2}$) 당사자주의의 신문방식을 따르고 있다.

　　5) 당사자의 최종변론　　　　　피고인신문과 증거조사가 끝난 후에 검사와 피고인　　10
및 변호인에게 의견을 진술할 기회를 주도록 하고 있는 것도 당사자주의적 요소라고 할 수 있다.

3. 형사소송법의 직권주의적 요소

　　형사소송법에 있어서 직권주의는 소송의 실체면에서 보충적·보정적 기능을　　11
발휘하고 있다. 직권에 의한 증거조사와 피고인신문 및 공소장변경요구제도가 바로 형사소송법에 나타난 직권주의의 요소이다.

　　1) 증거조사　　　　　증거조사는 당사자의 신청에 의하는 것을 원칙으로 하지만 법　　12
원도 직권으로 증거조사를 할 수 있다($^{제295}_{조}$). 직권에 의한 증거조사는 법원의 권리임과 동시에 의무가 된다고 이해되고 있다. 증인신문에서도 재판장(또는 합의부원)은 당사자의 신문이 끝난 후에 신문할 수 있고($^{제161조의2}_{제2항·제5항}$), 필요하다고 인정할 때에는 어느 때에나 신문할 수 있다($^{동조}_{제3항}$). 심리의 원활한 진행과 실체진실의 발견을 위하여 증거조사에 관하여 직권의 개입을 인정한 것이다. 직권에 의한 증

1　피고인신문제도는 직권주의적 요소이다. 영미에서는 피고인에 대한 신문이 인정되지 않는다. 즉 피고인은 유죄임을 인정하거나 무죄를 주장하는 답변을 할 수 있을 뿐이며, 피고인이 자기에게 유리한 사실을 진술하기 위하여는 증인으로 선서하고 증언하지 않으면 안 된다.

거조사도 실질적인 당사자주의를 실현하는 제도로 파악하여 법원의 직권은 피고인의 입증활동을 보충하기 위하여만 인정되어야 한다는 견해[1]도 있으나, 이는 실체진실을 발견하기 위한 직권주의적 요소라고 해야 한다.

13　　　　2) 피고인신문　　　　피고인신문 자체도 직권주의의 요소이다. 형사소송법은 피고인신문의 방식으로 상호신문제도를 채택하여 당사자주의를 강화하면서도, 당사자의 신문이 끝난 후에 재판장(또는 합의부원)도 피고인을 신문할 수 있게 하여 직권주의의 요소를 결합하고 있다(제296조의2).

14　　　　3) 공소장변경요구　　　　형사소송법은 공소장변경제도에 관하여 「법원은 심리의 경과에 비추어 상당하다고 인정할 때에는 공소사실 또는 적용법조의 추가 또는 변경을 요구하여야 한다」고 규정하여(제298조2항) 공소장변경요구제도를 인정하고 있다. 직권에 의한 증거조사를 입증과정의 직권행사라고 한다면, 공소장변경요구는 소송의 대상에 대한 직권행사라고 할 수 있다.

Ⅱ. 당사자주의와 직권주의의 관계

1. 견해의 대립

15　　　　형사소송법이 당사자주의를 대폭 도입하여 외형상으로는 당사자주의를 기본구조로 하고 당사자의 소송활동을 보충하기 위하여 직권주의를 가미하고 있는 점에 의문이 없다. 그러나 우리 형사소송의 기본구조가 무엇인가는 형식적 측면에서만 볼 것이 아니라 실질적으로는 소송의 본질을 고려하여 결정해야 할 성질이다.

　　　　형사소송의 기본구조가 무엇인가에 대하여는 견해가 대립되고 있다. 형사소송의 구조가 순수한 당사자주의라는 견해[2]와 당사자주의를 기본구조로 하고 직권주의는 보충적 성격을 가진다고 보는 견해[3] 및 형사소송의 기본구조는 직권주의이고 당사자주의를 강화한 것은 직권주의에 대한 수정적 의미를 가질 뿐이라는 견해[4]가 그것이다. 형사소송의 기본구조를 당사자주의라고 하는 견해는 실체진실의 발견과 인권보장의 이념에 가장 상응하는 소송형태가 당사자주의라는 점을

1　차용석/최용성 47면.
2　강구진 125면.
3　백형구 47면, 강의 25면; 손동권/신이철 30면; 신동운 14면; 신현주 48면; 이은모/김정환 29면.
4　김기두 52면; 서일교 72면.

이유로 들고 있음에 대하여, 직권주의를 기본구조로 이해하는 견해는 형사소송의
본질과 실체진실의 발견이라는 이념에 비추어 직권주의가 본질적인 구조가 되지
않을 수 없다고 한다.

2. 비   판

형사소송의 구조가 순수한 당사자주의라는 견해는 적정절차의 보장이 당사   16
자주의의 진수라고 하여 법원의 활동은 피고인에 대한 후견적 역할에 제한되어야
한다고 한다.[1] 그러나 이는 형사소송법에 규정된 직권주의의 요소를 무시할 뿐
만 아니라, 형사소송의 이념은 실체진실주의를 배제한 적정절차가 아니라 적정절
차에 의하여 실체진실을 발견하는 것이라 할 것이므로, 형사소송에 있어서 법원
의 역할을 피고인에 대한 후견자로 전락시킨다는 점에서 타당하다고 할 수 없다.
문제는 당사자주의와 직권주의 가운데 형사소송법의 기본구조가 무엇인가를 형
사소송의 이념과의 관계에서 명백히 하는 데 있다.

1) **실체진실주의와의 관계**   실체진실주의는 형사소송의 지도이념이다. 그   17
러나 당사자주의가 실체진실의 발견에 기여하기 위하여는 당사자대등주의 내지
무기평등의 원칙을 전제로 한다. 물론 무기평등의 원칙은 당사자주의뿐만 아니라
직권주의에서도 요구된다. 그러나 이는 당사자주의에서 소송구조의 전제요건이
됨에 반하여, 직권주의에서는 공정한 재판을 위한 소송의 지도이념[2] 내지 그 구
조원리[3]에 지나지 않는다. 형사소송법은 검사와 피고인의 무기평등을 실현하기
위하여 피고인에게 묵비권과 변호권을 보장하고 있을 뿐만 아니라, 검사에게는
거증책임을 지우고 객관의무를 부과하고 있다.[4] 그러나 당사자대등주의는 당사
자의 실질적 평등을 요구한다. 검사와 피고인의 실질적 평등은 어떤 노력에도 불
구하고 실현될 수 없는 것이 현실이다. 즉 무기평등의 원칙은 형사소송에서 달성
해야 할 이념은 될 수 있어도 소송구조를 기초지우는 전제로 타당할 수는 없다.
따라서 무기평등의 원칙을 전제로 한 당사자주의가 실체진실의 발견에 보다 적합

---

1 차용석/최용성 44면.
2 Meyer-Goßner Rn. 88; Pfeiffer KK Einl. Rn. 29; Roxin S. 77; Schäfer S. 98.
3 Rüping ZStW 91, 359.
4 독일의 통설은 객관의무가 인정되는 검사를 당사자라고 할 수 없다고 한다.
   Gössel S. 39; Roxin S. 116; Schäfer S. 127; Dünnebier, "Die Grenzen der Dienstaufsicht
   der Staatsanwaltschaft," JZ 58, 417; Thiemann, "Zur Parteistellung und Weisungsgebunden-
   heit des Staatsanwalts," DRiZ 50, 255

하다고 하는 것은 타당하다고 할 수 없다.

18　　　2) 피고인의 인권보장　　헌법은 법의 적정절차에 관한 일반규정($\frac{제12조}{1항}$)을 둔 이외에 신속한 공개재판을 받을 권리와 무죄추정권($\frac{제27조}{항}$.$\frac{3}{4항}$), 고문과 불이익한 진술의 강요금지($\frac{제12조}{2항}$), 영장주의($\frac{동조}{제3항}$), 변호인의 조력을 받을 권리와 국선변호제도($\frac{동조}{제4항}$) 등 피고인의 기본적 인권을 보장하기 위한 여러 규정을 두고 있다. 헌법이 규정하고 있는 피고인의 기본권을 보장하는 방법으로 당사자주의가 적절한 수단임을 부정할 수는 없다.[1] 그러나 직권주의라고 하여 피고인의 인권보장이 당사자주의보다 경시되는 것은 아니다.[2] 기본적 인권의 보장은 인간의 존엄과 가치를 인정하는 헌법의 당연한 요청이며 법치국가원리의 적용에 지나지 않기 때문이다.[3]

19　　　3) 형사소송의 본질　　형사소송은 국가적 정의와 민족적 윤리에 관련된 국가 형벌권의 실현과정이다. 이러한 형벌권의 실현과정에 법원이 관여하는 것은 당연할 뿐만 아니라, 검사가 당사자의 지위를 가진다고 하여도 검사와 피고인의 대립은 전체와 부분의 대립에 불과하다. 이러한 의미에서 형사소송의 철저한 당사자주의화는 형사소송의 민사소송화를 초래하며, 형사소송에서의 직권의 개입은 형사소송의 본질에 속하는 문제라고 할 수 있다.[4]

20　　　형사소송법은 당사자주의와 직권주의를 조화한 소송구조를 채택하고 있다. 더욱이 당사자주의를 대폭 도입한 결과 표면적으로는 형사소송의 기본구조가 당사자주의라고 볼 수 있다.[5] 그러나 우리 형사소송법에는 비록 당사자주의가 강화되어 있어도 그 배후에는 항상 직권주의가 숨어 있다가 필요한 때에는 표면에 나오는 소송구조를 취하고 있다고 해야 한다. 직권주의에서 출발하여 이를 기본구조 내지 기초로 하면서도 형식적으로는 당사자주의구조를 취하여 당사자주의와 직권주의를 조화한 것이 우리 형사소송의 구조이다.

1　차용석/최용성 44면.

2　Peters S. 94.

3　Meyer-Goßner Einl. Rn. 19; Pfeiffer KK Einl. Rn. 23; Roxin S. 76; Schäfer S. 96.

4　Eb. Schmidt, "Zur Frage nach der Notwendigkeit von Veränderungen der Hauptverhandlungsstruktur," MDR 67, 879.

5　헌법재판소는 우리 형사소송구조는 "당사자주의 소송구조를 취하고 있는 것으로 이해되고, 또한 재판실무도 그와 같은 전제하에 운용되고 있다"고 하고(헌재결 1995. 11. 30, 92 헌마 44), 대법원도 당사자주의를 기본구조로 채택하고 직권주의적 요소를 가미한 것으로 보고 있다[대법원 2009. 10. 22(전원합의체판결), 2009 도 7436].

제2장 소송의 주체

소송을 성립시키고 발전하게 하는 데 필요한 최소한의 주체를 소송의 주체라고 한다. 따라서 소송주체의 자격은 독자적인 소송법상의 권한을 가지고 그 행위에 의하여 소송을 성립하게 하는 점에 있다. 이러한 의미에서 소송의 주체는 소송의 인적 구성요소임과 동시에 소송법률관계를 형성하는 주체를 의미한다고 할 수 있다.

일반적으로 소송의 주체로는 법원·검사·피고인을 들 수 있다. 이를 소송의 3주체라고 한다. 법원은 재판을 하는 주체임에 반하여, 검사와 피고인은 재판을 청구하거나 재판을 받는 주체이다. 법원과 검사는 모두 국가기관인 소송주체이다. 그러나 법원이 재판권의 주체임에 반하여, 검사는 공소권의 주체라는 점에서 양자는 구별된다. 재판을 받는 주체인 검사와 피고인을 당사자라고 한다. 물론 당사자란 당사자주의 소송구조를 전제로 하는 개념이다. 따라서 당사자주의가 적용될 수 없는 수사절차에 있어서 검사와 피의자를 당사자라고 할 수는 없다.

범죄피해자는 소송의 주체나 당사자에 해당하지 않는다는 것이 일반적인 견해이다.[1] 그러나 피해자는 형사절차에서 일정한 법적 지위가 부여되어 절차를 형성하는 역할을 담당하고 있고, 점차 그 지위가 강화되는 추세에 있다. 이런 점에서 제한적이나마 피해자도 소송의 주체로 보아야 할 것이다. 앞으로 피해자의 지위를 소송의 참가인이나 당사자로까지 인정하는 방향으로 입법을 개선할 필요가 있다.

변호인은 소송의 주체가 아니라 소송의 주체인 피고인(또는 피의자)의 보조자에 지나지 않는다. 피고인의 보조자에는 변호인 이외에 보조인과 대리인이 있다. 소송당사자와 보조자를 합하여 소송관계인이라고 한다. 증인·감정인·고소인 또는 고발인과 같이 소송에 대한 적극적인 형성력이 없이 소송에 관여하는 사람은 소송관계인과 구별하여 소송관여자라고 한다.

검사에 관하여는 수사기관 부분에서 이미 살펴보았으므로 여기에서는 검사를 제외한 나머지 소송의 주체에 관하여 살펴본다.

---

1 노명선/이완규 47면(그러나 제2편 '소송의 주체'에서 제6장을 두어 '피해자'에 대하여 설명하고 있다); 신동운 739면.

§27

제 1 절 법　　원

Ⅰ. 법원의 의의와 종류

1. 법원의 의의

1 　 법원이란 사법권을 행사하는 국가기관을 말한다. 법률상의 쟁송에 관하여 심리·재판하는 권한과 이에 부수하는 권한을 사법권이라고 한다. 헌법은 사법권은 법관으로 구성된 법원에 속한다고 규정하고 있다(헌법 제 101조 1항).

　 법원이라는 말은 두 가지 의미로 사용되고 있다. 국법상 의미의 법원과 소송법상 의미의 법원이 그것이다. 국법상 의미의 법원은 사법행정상의 단위이기 때문에 대법원장과 법원장의 지휘·감독을 받는 데 반하여, 소송법상 의미의 법원은 독립하여 재판권을 행사하고 상급법원이나 법원장의 지휘·감독을 받지 않는다는 점에 차이가 있다.

(1) 국법상 의미의 법원

2 　 사법행정상의 의미에서의 법원을 말한다. 국법상 의미의 법원은 사법행정상의 관청으로서의 법원과 관서로서의 법원으로 구분된다. 전자는 사법행정권의 주체가 되는 법원을 말하고, 후자는 그 자체로서는 아무런 권한을 가지고 있지 않는 법관과 전 직원을 포괄한 사법행정상의 단위에 불과한 법원을 의미한다. 관서로서의 법원의 청사를 법원이라고 하는 경우도 있다. 법원조직법에서 말하는 법원은 보통 국법상 의미의 법원을 뜻한다.

(2) 소송법상 의미의 법원

3 　 재판기관으로서의 법원을 말한다. 국법상 의미의 법원이 구체적으로 재판권을 행사할 때에는 일정한 수의 법관으로 구성된 재판기관에 의한다. 이와 같이 개개의 소송사건에 관하여 재판권을 행사하는 법원, 즉 합의부 또는 단독판사를 소송법상 의미의 법원이라고 한다. 형사소송법에서 법원이라고 할 때에는 소송법상 의미의 법원을 말한다.

2. 법원의 종류

4 　 법원에는 최고법원인 대법원과 하급법원인 고등법원과 특허법원, 지방법원, 가정법원, 행정법원 및 회생법원이 있다(헌법 제101조 2항, 법조법 제 3 조 1항). 최고법원인 대법원은 서

울특별시에 두며($^{법조법 제11}_{조, 제12조}$), 대법원장과 대법관으로 구성된다($^{동법}_{제4조}$). 대법원장은
국회의 동의를 받아 대통령이 임명하고($^{동법}_{제41조 1항}$), 대법관은 대법원장의 제청으로
국회의 동의를 받아 대통령이 임명한다($^{동조}_{제2항}$). 이때 대법원장은 대법관후보추천
위원회의 추천 내용을 존중하여 제청한다($^{동법 제41조}_{의2 제7항}$). 고등법원과 지방법원은 고
등법원장 또는 지방법원장과 법률로 정한 수의 판사로 구성되며, 고등법원장과
지방법원장도 판사로 보한다($^{동법 제5조,}_{제26조, 제29조}$). 지방법원과 가정법원의 사무의 일부를
처리하게 하기 위하여 그 관할구역 안에 지원과 가정지원, 시법원 또는 군법원
및 등기소를 둘 수 있다($^{동법}_{제3조 2항}$).

3. 사법권의 독립

공정한 재판을 보장하여 개인의 자유와 권리를 보호하기 위하여는 법원은 사   5
법권의 독립이 보장된 법관에 의하여 구성되어야 한다. 사법권의 독립은 법치국가
원리의 핵심적 요소일 뿐 아니라, 특히 형사소송에 있어서는 법질서가 가지고 있
는 가장 강력한 권한을 법관에게 맡기고 있다는 점에서 보다 중요한 실질적 의미
를 가지고 있다. 헌법이 법관은 헌법과 법률에 의하여 그 양심에 따라 독립하여
심판한다고 규정하여 사법권의 독립을 보장하고 있는 이유도 여기에 있다($^{헌법 제}_{103조}$).

사법권의 독립을 실질적으로 보장하기 위하여 법관에게 엄격한 자격을 요구
할 뿐만 아니라, 법관의 신분은 강력히 보장되고 있다. 즉 대법원장과 대법관은
45세 이상인 사람으로서 20년 이상 ① 판사 · 검사 · 변호사, ② 변호사의 자격이
있는 사람으로서 국가기관, 지방자치단체, 공공기관의 운영에 관한 법률 제4조에
따른 공공기관, 그 밖의 법인에서 법률에 관한 사무에 종사한 사람, ③ 변호사의
자격이 있는 사람으로서 공인된 대학의 법률학 조교수 이상으로 재직한 사람 중
에서 임명하며($^{법조법 제}_{42조 1항}$), 판사는 10년 이상 위 각 호의 직에 있던 사람 중에서 임
용하되, 판사의 임용에는 성별, 연령, 법조경력의 종류 및 기간, 전문분야 등 국
민의 다양한 기대와 요청에 부응하기 위한 사항을 적극 반영하여야 한다($^{동조}_{제2항}$).[1]

---

1 법원조직법 부칙(제10861호, 2011. 7. 18) 제 2 조(판사 임용을 위한 재직연수에 관한 경과조
   치) 제42조 제 2 항의 개정규정에도 불구하고 2013년 1월 1일부터 2017년 12월 31일까지 판
   사를 임용하는 경우에는 3년 이상 제42조 제 1 항 각 호의 직에 있던 사람 중에서, 2018년 1
   월 1일부터 2024년 12월 31일까지 판사를 임용하는 경우에는 5년 이상 제42조 제 1 항 각
   호의 직에 있던 사람 중에서, 2025년 1월 1일부터 2028년 12월 31일까지 판사를 임용하는
   경우에는 7년 이상 제42조 제1항 각 호의 직에 있던 사람 중에서 임용할 수 있다. <개정
   2021. 12. 21.> [전문개정 2014. 1. 7.]

재직기간을 통산하여 5년 미만인 판사는 변론을 열어 판결하는 사건에 관하여는 단독으로 재판할 수 없으며($\binom{동법 \ 제42조}{의3 \ 제1항}$), 합의부의 재판장이 될 수 없다($\binom{동조}{제2항}$).

법관은 탄핵결정이나 금고 이상의 형의 선고에 의하지 아니하고는 파면되지 아니하며, 법관징계위원회의 징계처분에 의하지 아니하고는 정직·감봉 또는 불리한 처분을 받지 아니한다($\binom{헌법 \ 제106조 \ 1항,}{법조법 \ 제46조 \ 1항}$). 다만, 법관에게도 임기와 정년은 있다. 대법원장과 대법관의 임기는 6년, 그 밖의 법관의 임기는 10년이며, 대법원장 이외의 법관은 연임할 수 있다($\binom{헌법 \ 제105조,}{법조법 \ 제45조}$). 대법원장과 대법관의 정년은 70세, 판사의 정년은 65세로 한다($\binom{법조법}{제45조 \ 4항}$).

Ⅱ. 법원의 구성

6 형사소송법상의 법원은 소송법상 의미의 법원을 말하는 것이므로 여기서는 소송법상 의미의 법원의 구성에 관하여만 살펴보기로 한다. 소송법상 의미의 법원은 국법상 의미의 법원에 속하는 일정한 수의 법관에 의하여 구성된다.

(1) 단독제와 합의제

7 소송법상 의미의 법원을 구성하는 방법에는 1명의 법관으로 구성되는 단독제와 2명 이상의 법관으로 구성되는 합의제가 있다. 단독제는 소송절차를 신속하게 진행시킬 수 있고 법관의 책임감을 강하게 하는 장점이 있음에 반하여, 사건의 심리가 신중·공정하지 못하게 될 우려가 있다. 이에 반하여 합의제는 사건의 심리를 신중·공정하게 할 수는 있어도 소송절차의 진행이 지연되고 법관의 책임감이 약화될 위험이 있다.

제1심법원은 단독제와 합의제를 병용하고 있으나 단독제가 원칙이 되고 있음에 반하여($\binom{법조법 \ 제7조}{4항·5항}$), 상소법원은 합의제로 구성되어 있다. 즉 고등법원은 항상 판사 3명으로 구성된 합의부에서 심판하며($\binom{동법 \ 제7조}{3항, \ 제27조}$), 대법원은 원칙적으로 대법관 전원의 3분의 2 이상의 합의체에서 심판하며 대법원장이 재판장이 된다. 그러나 대법관 3명 이상으로 구성되는 부에서 먼저 사건을 심리하여 의견이 일치한 때에는 그 부에서 심판할 수 있다($\binom{동법}{제7조 \ 1항}$).

(2) 재판장·수명법관·수탁판사·수임판사

8 1) 재 판 장 　법원이 합의체인 경우에는 그 구성원 중의 1명이 재판장이 된

다. 재판장은 합의체의 기관으로 또는 독립하여 여러 가지 권한을 가진다. 합의체의 기관으로서는 공판기일지정권($\frac{제267}{조}$)·소송지휘권($\frac{제279}{조}$) 또는 법정경찰권($\frac{제281}{조\ 2항;}$ $\frac{법조법}{제58조}$) 등의 권한을 가지고, 독립하여서는 급속을 요하는 경우에 피고인을 소환·구속할 수 있는 권한($\frac{제80}{조}$)을 가진다. 재판장 이외의 법관을 합의부원(배석판사)이라고 한다. 재판장은 소송절차를 진행시키기 위한 권한만을 가지고 있으며 심판에 있어서는 다른 법관과 동일한 권한을 가질 뿐이다.

　　2) **수명법관**　　　합의체의 법원이 그 구성원인 법관에게 특정한 소송행위를 하도록 명하였을 때 그 법관을 수명법관이라고 한다($\frac{제37조\ 4항,\ 제}{136조\ 1항·3항}$). 　9

　　3) **수탁판사**　　　하나의 법원이 다른 법원의 법관에게 일정한 소송행위를 하도록 촉탁한 경우에 그 촉탁을 받은 법관을 수탁판사라고 한다($\frac{제37조\ 4항,\ 제}{136조\ 1항·3항}$). 촉탁을 받은 법관은 일정한 경우에 다른 법원의 판사에게 전촉할 수 있다($\frac{제77조\ 2항,}{제136조\ 2항}$). 전촉을 받은 판사도 또한 수탁판사이다. 　10

　　4) **수임판사**　　　수소법원과는 독립하여 소송법상의 권한을 행사할 수 있는 개개의 법관을 수임판사(受任判事)라고 한다. 예컨대 수사기관에 대하여 각종의 영장을 발부하는 판사($\frac{제201}{조}$), 증거보전절차를 행하는 판사($\frac{제184}{조}$) 또는 수사상의 증인신문을 행하는 판사($\frac{제221조}{의\ 2}$)가 여기에 해당한다. 　11

Ⅲ. 법원의 관할

1. 관할의 의의

(1) 관할의 개념

　관할이란 각 법원에 대한 재판권의 분배, 즉 특정법원이 특정사건을 재판할 수 있는 권한을 말한다. 전국의 모든 사건을 1개의 법원에서 심판하는 것은 불가능하므로 재판권의 행사는 각 법원에 분배하지 않을 수 없다. 이와 같은 재판권의 행사를 위하여 각 법원에 분배된 직무의 분담을 관할이라 한다. 관할은 법원간의 재판권의 분배를 의미하므로 법원 내부에서의 사무의 분배는 관할이라 할 수 없다. 사무분배는 법원 내부의 사법행정사무에 불과하다. 　12

　관할권은 재판권과 구별해야 한다. 재판권은 사법권을 의미하는 일반적·추상적 권한을 뜻하는 국법상의 개념임에 반하여, 관할권이란 재판권을 전제로 특 　13

정사건에 대하여 특정법원이 재판권을 행사할 수 있는 구체적 한계를 정하는 소송법상의 개념이다. 재판권이 없을 때에는 공소기각의 판결을 해야 함에 반하여 ($\frac{제327조}{1호}$), 관할권이 없는 경우에는 관할위반의 판결을 해야 한다($\frac{제319}{조}$).

(2) 관할의 결정기준

14 법원의 관할은 심리의 편의와 사건의 능률적 처리라는 절차의 기술적 요구와 피고인의 출석과 방어의 편의라는 방어상의 이익을 고려하여 결정되어야 한다. 따라서 관할을 법률에 규정된 추상적 기준에 의하여 획일적으로 결정하는 것이 법원의 자의적인 사건처리를 방지하기 위하여 필요하다. 헌법에 규정된 법률에 정한 법관에 의한 재판을 받을 권리도 관할획일의 원칙을 의미하는 취지라고 해야 한다.[1] 그러나 추상적 기준만에 의하여 관할을 정하게 하여 그 변경을 허용하지 않는 경우에는 오히려 심리의 편의와 피고인의 이익에 반할 우려가 있다. 여기서 관할을 정하는 데 있어서는 어느 정도의 탄력성을 인정하여 구체적 타당성을 잃지 않도록 하여야 할 필요가 있다.

(3) 관할의 종류

15 1) 사건관할과 직무관할 법원의 관할은 피고사건의 심판에 관한 사건관할과 특정절차에 관한 직무관할로 구별된다. 재심($\frac{제423}{조}$)·비상상고($\frac{제441}{조}$)·재정신청사건($\frac{제260}{조}$)에 대한 관할이 후자에 속한다. 여기서 관할이란 일반적으로 사건관할만을 의미한다.

16 2) 법정관할과 재정관할 사건관할에는 법률의 규정에 의하여 관할이 정하여지는 법정관할과 법원의 재판에 의하여 관할이 결정되는 재정관할이 있다. 법정관할에는 고유관할과 관련사건의 관할이 있으며, 고유관할에는 사물관할·토지관할 및 심급관할이 포함된다. 재정관할에는 관할의 지정과 이전이 있다.

2. 법정관할

(1) 고유관할

17 1) 사물관할 사물관할이란 사건의 경중 또는 성질에 의한 제 1 심 관할의 분배를 말한다. 사물관할은 법원조직법에 규정되어 있다. 사물관할을 정하는 원칙에는 범죄를 기준으로 하는 범죄주의와 형벌을 기준으로 하는 형벌주의가 있으

---

1 Gössel S. 135; Peters S. 124; Roxin S. 29; Zipf S. 33.

나 법원조직법은 양 주의를 병용하고 있다.

사물관할은 지방법원 또는 지원의 단독판사 또는 합의부에 속한다. 그러나 제 1 심의 사물관할은 원칙적으로 단독판사에 속한다(법조법 제7 조 4항 본문). 그러나 ① 사형·무기 또는 단기 1년 이상의 징역이나 금고에 해당하는 사건[다만 형법 제258조의 2, 제258조의 2 제 1 항, 제331조, 제332조(제 331조의 상습범으로 한정한다)와 그 각 미수죄, 제350조의2와 그 미수죄, 제363조에 해당하는 사건, 폭력행위 등 처벌에 관한 법률 제 2 조 3항 2호·3호, 제 6 조(제 2 조 3항 2호·3호의 미수죄로 한정한다) 및 제 9 조에 해당하는 사건, 병역법 위반사건, 특정 범죄가중처벌 등에 관한 법률 제 5 조의 3 제 1 항, 제 5 조의 4 제 5 항 1호·3호 및 제5조의11에 해당하는 사건, 보건범죄 단속에 관한 특별조치법 제 5 조에 해당하는 사건, 부정수표 단속법 제 5 조에 해당하는 사건, 「도로교통법」 제148조의 2 제 1 항·제 2 항, 제 3 항 1호 및 2호에 해당하는 사건, 중대해 처벌 등에 관한 법률 제 6 조 1항·3항 및 제10조 1항에 해당하는 사건 제외]과 이와 동시에 심판할 공범사건, ② 지방법원 판사에 대한 제척·기피사건, ③ 다른 법률에 따라 지방법원 합의부의 권한에 속하는 사건 및 ④ 합의부에서 심판할 것으로 합의부가 스스로 결정한 사건은 합의부에서 심판한다(법조법 제32조 1항).

20만 원 이하의 벌금·구류 또는 과료에 처할 범죄사건에 대하여는 시·군법원에서 즉결심판한다(동법 제34조 1항 3호). 피고인은 즉결심판에 대하여 고지를 받은 날부터 7일 이내에 지방법원 또는 지원에 정식재판을 청구할 수 있다(동법 제35조).

2) 토지관할

㈎ **토지관할의 의의**　　　토지관할이란 동등법원 사이에 사건의 토지관계에 의　18
한 관할의 분배를 말하며, 재판적이라고도 한다. 토지관할을 1심법원의 관할에 제한하는 견해[1]도 있다. 상소심의 관할은 원심법원에 의하여 결정된다는 것을 이유로 한다. 그러나 각급 법원에는 그 설치지역에 따라 관할구역이 정하여져 있으며(각급 법원의 설치와 관할구역에 관한 법률), 법원의 관할구역은 토지관할을 정하는 기준이 된다. 따라서 토지관할을 1심법원에 제한해야 할 이유는 없다고 생각한다.[2] 지방법원본원과 지방법원지원 사이의 관할의 분배도 토지관할에 해당한다. 따라서 특별한 사정이 없는 한, 지방법원지원에 제 1 심 토지관할이 인정된다는 것만으로 당연히 지방법원본원에 토지관할이 인정된다고 볼 수 없다.[3]

토지관할은 사건의 능률적 처리와 피고인의 출석·방어의 편의를 고려하여 결정되어야 한다. 형사소송법은 토지관할은 범죄지, 피고인의 주소·거소 또는 현재지로 한다고 규정하고 있다(제4조 1항).

1　백형구 654면, 강의 130면; 신현주 85면; 이영란 62면.

2　신동운 764면; 신양균/조기영 413면; 이은모/김정환 40면.

3　대법원 2015. 10. 15, 2015 도 1803.

(나) 토지관할의 표준

19   A. 범 죄 지   범죄지란 범죄사실, 즉 범죄구성요건에 해당하는 사실의 전부 또는 일부가 발생한 장소를 말한다. 범죄지를 토지관할의 표준으로 한 이유는 범죄에 대한 증거가 범죄지에 존재하고 심리의 능률과 신속에 도움이 된다는 점에 있다.

범죄지란 범죄사실의 전부 또는 일부가 발생한 장소를 말하므로, 실행행위지와 결과발생지뿐만 아니라 중간지도 범죄지에 포함된다. 그러나 구성요건과 관계없는 행위나 결과발생지는 범죄지가 아니다. 따라서 예비·음모지는 원칙적으로 범죄지에 포함되지 않는다. 다만, 예비와 음모를 처벌하는 경우에는 예비지와 음모지도 범죄지에 포함된다. 예비·음모가 실행행위로 발전한 경우에도 같다. 부작위범에서는 부작위지와 작위의무지 및 결과발생지가 모두 범죄지이다. 공동정범에서 범죄사실 전체의 일부가 발생한 장소는 모든 공동정범에 대한 범죄지가 된다. 공모공동정범에서는 공모지도 범죄지에 포함된다. 간접정범에 관하여는 이용자의 행위가 문제되지 않는다는 견해[1]도 있으나, 이용자의 이용행위지뿐만 아니라 피이용자의 실행행위지와 결과발생지가 모두 포함된다고 해석하는 다수설이 타당하다고 하겠다.[2] 교사범과 방조범의 경우에도 교사와 방조의 지, 정범의 실행행위지 및 결과발생지가 모두 범죄지로 된다.

20   B. 주소와 거소   주소와 거소는 민법상의 개념에 의한다. 즉 주소는 생활의 근거되는 곳을 말하고, 거소는 사람이 다소 계속적으로 거주하는 곳을 말한다. 주소와 거소는 공소제기 시에 법원의 관할구역 안에 있으면 된다.

21   C. 현 재 지   피고인의 현재지인 이상 범죄지 또는 주소지가 아니더라도 토지관할이 인정된다.[3] 현재지란 임의 또는 적법한 강제에 의하여 피고인이 현재하는 장소를 말한다. 현재의 소재지인 한 임의·적법을 불문한다는 견해[4]도 있으나, 불법하게 연행된 장소는 포함되지 않는다고 해석하는 통설[5]이 타당하다. 대법원도 같은 태도를 취하고 있다.[6] 현재지인가의 여부도 공소제기 시를 기준

---

1 서일교 64면.
2 강구진 76면; 백형구 강의, 130면; 신동운 765면; 신현주 86면; 이영란 62면.
3 대법원 1984. 2. 28, 83 도 3333.
4 신현주 86면.
5 백형구 강의, 131면; 서일교 64면; 신동운 765면; 이영란 63면; 정승환 § 29/18; 차용석/최용성 65면.
6 대법원 2011. 12. 22, 2011 도 12927(소말리아 해적사건).

으로 판단한다. 따라서 적법하게 구속된 이상 석방되거나 도망한 경우에도 토지관할에는 영향이 없다.[1]

㈐ **선박ㆍ항공기 내 범죄의 특칙**　　　국외에 있는 대한민국 선박 내에서 범한 　22
죄에 관하여는 이 이외에 선적지 또는 범죄 후의 선착지를 토지관할로 한다(동조 제2항).
국외에 있는 대한민국 항공기 내에서 범한 죄에 관하여도 같다(동조 제3항).

3) 심급관할　　　심급관할이란 상소관계에 있어서의 관할을 말한다. 상소에는 　23
항소와 상고 및 항고가 있다.

지방법원 또는 지방법원지원의 단독판사의 판결에 대한 항소사건은 지방법
원본원 합의부 및 춘천지방법원 강릉지원 합의부에서 관할하고(법조법 제32조 2항), 지방법
원 합의부의 제 1 심 판결에 대한 항소사건은 고등법원에서 관할한다(동법 제28조 1호). 제
2 심 판결에 대한 상고사건과 제 1 심 판결에 대한 비약상고사건은 대법원의 관할
에 속한다(동법 제14조 1호, 제372조).

결정과 명령에 대한 상소를 항고라고 한다. 지방법원 단독판사의 결정ㆍ명
령에 대한 항고사건은 지방법원본원 합의부 및 춘천지방법원 강릉지원 합의부에
서 관할하고(동법 제32조 2항), 지방법원 합의부의 제 1 심 결정ㆍ명령에 대한 항고사건은
고등법원의 관할에 속한다(동법 제28조 1호). 고등법원의 결정ㆍ명령과 지방법원본원 합의
부의 제 2 심 결정ㆍ명령에 대한 항고사건은 대법원의 관할에 속한다(동법 제14조 2호).

(2) 관련사건의 관할

1) 관련사건의 의의　　　관련사건이란 수개의 사건이 서로 관련하는 것을 말한 　24
다. 관련사건의 경우에는 고유의 법정관할에 대한 수정이 인정된다. 관련사건에
는 주관적 관련 또는 인적 관련과 객관적 관련 또는 물적 관련이 있다. 전자는 1
인이 범한 수죄를 의미함에 대하여, 수인이 공동하여 범한 죄가 후자에 해당한
다. 인적 관련과 물적 관련의 결합도 가능하다.[2]

형사소송법은 다음의 경우를 관련사건으로 규정하고 있다(제11조).

㈎ **1인이 범한 수죄**　　　경합범의 경우가 여기에 해당한다. 여기서 수죄란 소송
법상의 의미로 이해하여야 한다.[3] 따라서 상상적 경합은 소송법상 1죄이므로 관

1　Meyer–Goßner § 9, Rn. 6; Pfeiffer KK § 9, Rn. 2; Wendisch LR § 9, Rn. 6.

2　Gössel S. 139; Meyer–Goßner § 3, Rn. 4; Peters S. 134; Pfeiffer KK § 3, Rn. 4; Rudolphi
　SK § 3, Rn. 4.

3　Gössel S. 139; Pfeiffer KK § 3, Rn. 3; Rudolphi SK § 3, Rn. 2.

련사건에 속하지 않는다.

　　㈏ 수인이 **공동으로 범한 죄**　　공동으로 범한 죄란 형법총칙상의 공범뿐만 아
니라 필요적 공범과 합동범을 포함한다. 그러나 이러한 관계가 없는 경우에는 단
순히 피고인들이 일가친척이라는 사실만으로 여기에 해당한다고 할 수 없다.[1]

　　㈐ 수인이 동시에 동일한 장소에서 범한 죄　　이는 동시범의 경우를 말한다.

　　㈑ **범인은닉죄 · 증거인멸죄 · 위증죄 · 허위감정통역죄** 또는 **장물에 관한 죄와 그
본범의 죄**

25　　2) 관련사건의 병합관할　　관련사건에 대하여는 병합관할이 인정되고 있다.
즉 1개의 사건에 대하여 관할권이 있는 법원은 관련사건에 대하여도 관할권을 가
진다. 관련사건의 병합관할을 인정하여 고유관할의 수정을 인정하는 것은 인적
관련에 있어서는 불필요한 이중심리를 피하고, 물적 관련에 있어서는 동일한 사
건에 대한 모순된 판결을 피하고자 하는 점에 그 이유가 있다.[2]

　　관련사건의 병합관할은 사물관할과 토지관할에 대하여 인정된다.

26　　㈎ **사물관할의 병합**　　사물관할을 달리하는 수개의 사건이 관련된 때에는 법
원 합의부가 병합관할한다. 단, 결정으로 관할권 있는 법원 단독판사에게 이송할
수 있다(제$_{조}^3$). 사물관할의 병합관할은 제 1 심의 관할에 관한 규정이다. 독일에서
는 이를 1심에 대하여만 적용된다고 해석하고 있다.[3] 그러나 병합관할을 인정하
는 취지에 비추어 항소심에서도 이를 인정해야 한다. 다만, 심급의 이익을 해하
여서는 안 된다. 고유의 관할사건에 대하여 무죄 · 면소 또는 공소기각의 재판이
선고된 경우에도 이미 발생한 관련사건의 관할은 소멸하지 않는다.

　　㈏ **토지관할의 병합**　　토지관할을 달리하는 수개의 사건이 관련된 때에는 1
개의 사건에 관하여 관할권 있는 법원은 다른 사건까지 관할할 수 있다(제$_{조}^5$). 토
지관할의 병합은 항소심 법원 사이에도 준용된다(규칙 제 4 조).

　　3) 관련사건의 심리　　관련사건에 대하여는 심리의 편의를 위하여 심리의 병
합과 분리가 인정되고 있다.

　　㈎ **심리의 병합**

27　　A. **사물관할의 병합심리**　　사물관할을 달리하는 수개의 관련사건이 각각 법원

1　대법원 1978. 10. 10, 78 도 2225.

2　Gössel S. 138; Peters S. 134; Pfeiffer KK § 2, Rn. 3.

3　Gössel S. 139; Meyer–Goßner § 4, Rn. 6; Pfeiffer KK § 4, Rn. 3; Rudolphi SK § 4, Rn. 3.

합의부와 단독판사에 계속된 때에는 합의부는 결정으로 단독판사에 속한 사건을 병합하여 심리할 수 있다($\frac{제10}{조}$). 법원 합의부와 단독판사에 계속된 사건이 토지관할을 달리하는 경우에도 같다($\frac{규칙}{제4조 1항}$).

　　합의부가 병합심리결정을 한 때에는 즉시 그 결정등본을 단독판사에게 송부하여야 하고, 단독판사는 5일 이내에 소송기록과 그 증거물을 합의부에 송부해야 한다($\frac{규칙}{제4조 3항}$). 단독판사가 별도로 이송결정을 할 필요는 없다.

　　사물관할을 달리하는 수개의 관련항소사건이 각각 고등법원과 지방법원본원 합의부에 계속된 때에는 고등법원은 결정으로 지방법원본원 합의부에 계속된 사건을 병합하여 심리할 수 있다. 수개의 관련항소사건이 토지관할을 달리하는 경우에도 같다($\frac{규칙 제4조}{의2 제1항}$).

　　B. **토지관할의 병합심리**　　　토지관할이 다른 여러 개의 관련사건이 각각 다른 법원에 계속된 때에는 공통되는 바로 위의 상급법원은 검사나 피고인의 신청에 의하여 결정(決定)으로 한 개 법원으로 하여금 병합심리하게 할 수 있다($\frac{제6}{조}$). 검사 또는 피고인은 바로 위의 상급법원에 신청서를 제출하여야 하며($\frac{규칙}{제2조 1항}$), 병합심리하게 된 법원 이외의 법원은 그 결정등본을 송부받은 날로부터 7일 이내에 소송기록과 증거물을 병합심리하게 된 법원에 송부하여야 한다($\frac{규칙}{제3조 2항}$).

　　형사소송법 제6조에서 말하는 '각각 다른 법원'이란 사물관할은 같으나 토지관할이 다른 동종, 동등의 법원을 말하는 것이므로 사건이 각각 지방법원 항소부와 고등법원에 계속된 경우에는 심급은 같을지언정 사물관할을 같이하지 아니하여 여기에 해당하지 아니한다($\frac{대법원 1990. 5. 23.}{결정, 90 초 56}$). 또한 이 경우에 '공통되는 바로 위의 상급법원'은 그 성질상 형사사건의 토지관할 구역을 정해 놓은 각급 법원의 설치와 관할구역에 관한 법률 제4조의 관할구역 구분을 기준으로 정하여야 한다[$\frac{대법원 2006. 12. 5 (전원합}{의체결정), 2006 초기 335}$].

　　⑷ **심리의 분리**　　　토지관할을 달리하는 수개의 관련사건이 동일법원에 계속된 경우에 병합심리의 필요가 없는 때에는 법원은 결정으로 이를 분리하여 관할권 있는 다른 법원에 이송할 수 있다($\frac{제7}{조}$).　　28

3. 재정관할

(1) 재정관할의 의의

29   재정관할(裁定管轄)이란 법원의 재판에 의하여 정하여지는 관할을 말한다. 즉 법정관할이 없는 경우 또는 법정관할은 있으나 구체적 사정에 따라 관할을 창설·변경하는 제도를 재정관할이라 한다. 재정관할에는 관할의 지정과 이전이 있다.

(2) 관할의 지정

30   **1) 관할지정의 의의**   관할의 지정이란 관할법원이 없거나 관할법원이 명확하지 않은 경우에 상급법원이 사건을 심판할 법원을 지정하는 것을 말한다. 관할법원이 없거나 명확하지 않은 경우에도 형사절차를 가능하게 하기 위하여 인정한 제도이다.[1]

31   **2) 관할지정의 사유**   관할의 지정을 신청할 수 있는 사유는 다음과 같다($\binom{제14}{조}$).

        (가) 법원의 관할이 명확하지 아니한 때   관할이 명확하지 아니한 때란 행정구역 자체가 불명확한 경우를 말한다고 해석하는 것이 다수설[2]의 태도이다. 그러나 관할의 경합에는 2개 이상의 법원이 관할권을 가진 경우인 적극적 경합과 서로 관할권이 없다고 판단하는 소극적 경합이 있다.[3] 형사소송법은 관할의 경합에 관하여 이를 구별하지 않고 있다. 따라서 관할이 명확하지 아니한 때란 행정구역이 불명확한 때뿐만 아니라 범죄사실이나 범죄지가 불명확하여 관할이 명확하지 아니한 때를 모두 포함한다고 해석하는 것이 타당하다고 생각한다.[4]

        (나) 관할위반을 선고한 재판이 확정된 사건에 관하여 다른 관할법원이 없는 때   관할위반의 재판의 당·부당은 불문한다.

32   **3) 관할지정의 절차**   관할의 지정은 검사가 관계있는 제 1 심법원에 공통되는 바로 위의 상급법원에 신청하여야 한다($\binom{제14}{조}$). 신청은 공소제기 전후를 불문하고, 사유를 기재한 신청서를 제출함에 의한다($\binom{제16조}{1항}$). 공소제기 후에 관할지정을 신청할 때에는 공소를 접수한 법원에 통지하여야 한다($\binom{동조}{제2항}$). 관할은 바로 위의

---

1 Pfeiffer KK § 13 a, Rn. 1; Rudolphi SK § 13 a, Rn. 1.

2 송광섭 80면; 신동운 771면.

3 Meyer–Goßner § 14, Rn. 2; Peters S. 136; Pfeiffer KK § 14, Rn. 1; Roxin S. 39.

4 일본 형사소송법은 제15조에서 「관할구역이 명백하지 아니한 때」를 관할지정사유로 규정하면서, 제16조에 「관할법원이 없거나 알 수 없을 때」를 별도로 규정하고 있다. 형사소송법 제14조의 사유는 일본 형사소송법 제15조와 제16조를 포함하는 것으로 해석하여야 한다.

상급법원의 결정에 의하여 지정된다. 공소가 제기된 사건에 대하여 관할의 지정
이 있는 때에는 당연히 이송의 효과가 발생한다고 해야 한다.

(3) 관할의 이전

1) 관할이전의 의의   관할의 이전이란 관할법원이 재판권을 행사할 수 없거   33
나 적당하지 않은 때에 법원의 관할권을 관할권 없는 법원으로 이전하는 것을 말
한다. 따라서 관할의 이전은 관할권 있는 법원에 대한 사건이송과 구별된다. 관
할의 이전은 그 성질상 토지관할에 대하여만 인정된다. 다만, 1심뿐만 아니라 항
소심에서도 관할의 이전이 인정된다.[1]

2) 관할이전의 사유   관할이전의 사유는 다음과 같다($\frac{제15}{조}$).   34

(개) **관할법원이 법률상의 이유 또는 특별한 사정으로 재판권을 행사할 수 없을 때**
법률상의 이유란 법관의 제척 · 기피 · 회피로 인하여 소송법상의 의미의 법원을
구성할 수 없는 때를 말하며, 특별한 사정이란 천재지변 또는 법관의 질병 · 사망
등으로 장기간 재판을 할 수 없는 경우를 말한다.

(내) **범죄의 성질, 지방의 민심, 소송의 상황 기타 사정으로 재판의 공평을 유지하기
어려울 염려가 있는 때**   불공정한 재판을 할 염려가 있는 객관적 사정이 있
는 경우를 말한다. 예컨대 그 지방의 주민이 피고인을 증오 또는 동정하고 있어
법원에서 편파적인 재판을 할 사정이 있는 경우가 여기에 해당한다.

그러나 피고인이 담당법관에 대하여 기피신청을 하였고 위증을 한 증인이 다른 법원
관할 내의 검찰청에서 조사를 받고 있거나,[2] 법원에서 공소장변경을 허용하였다는
것만으로는 재판의 공정을 유지하기 어려운 염려가 있다고 할 수 없다.[3]

3) 관할이전의 절차   관할의 이전은 검사 또는 피고인의 신청에 의한다   35
($\frac{제15}{조}$). 검사의 관할이전신청은 의무적인 데 대하여, 피고인에게는 신청권이 인정
되고 있다. 검사의 신청은 공소제기 전후를 불문한다. 이에 반하여 피고인은 공
소제기 후에 한하여 신청할 수 있을 뿐이다.

관할의 이전을 신청하려면 그 사유를 기재한 신청서를 바로 위의 상급법원
에 제출해야 하며, 공소를 제기한 후에 신청할 때에는 즉시 공소를 접수한 법원

---

1 이주원 13면; 이창현 61면; 정승환 § 29/36.
2 대법원 1982. 12. 17. 결정, 82 초 50.
3 대법원 1984. 7. 24. 결정, 84 초 45.

에 통지해야 한다($^{제16}_{조}$). 관할이전의 신청을 기각한 결정에 대하여는 즉시항고를 할 수 있다는 규정이 없으므로 불복할 수 없다.[1]

4. 관할의 경합

(1) 관할경합의 의의

36　　　법원의 관할이 여러 가지 기준에 의하여 결정되는 결과 같은 사건에 대하여 2개 이상의 법원이 관할권을 가지는 경우가 있다. 이를 관할의 경합이라고 한다. 이 경우 법원의 관할권에는 우열이 없으므로 검사는 어느 법원에나 공소를 제기할 수 있고, 또 검사가 어느 한 법원에 공소를 제기하였다고 하여 다른 법원의 관할권이 소멸하는 것도 아니다. 그러나 같은 사건에 대하여 2중으로 심판하거나 이중판결을 하는 것은 소송경제에 반할 뿐만 아니라 모순된 판결을 초래할 위험이 있다. 형사소송법은 이러한 위험을 방지하기 위하여 다음과 같은 규정을 두고 있다. 이는 적극적 경합의 경우에 대한 규정이다.

(2) 소송계속의 경합

37　　　같은 사건이 사물관할을 달리하는 수개의 법원에 계속된 때에는 법원 합의부가 심판한다($^{제12}_{조}$). 이는 수개의 소송계속이 모두 1심에 있는 경우를 규정한 것이다. 그러나 동일사건이 항소법원과 1심법원에 계속된 경우에도 이를 준용하여 항소법원에서 심판해야 한다고 하는 것이 타당하다.[2]

　　　같은 사건이 사물관할이 같은 여러 개의 법원에 계속된 때에는 먼저 공소를 받은 법원이 심판한다($^{제13조}_{본문}$). 이를 선착수의 원칙(Grundsatz der Prävention)이라고 한다. 다만, 각 법원에 공통되는 바로 위의 상급법원은 검사나 피고인의 신청에 의하여 결정으로 뒤에 공소를 받은 법원으로 하여금 심판하게 할 수 있다($^{동조}_{단서}$).

　　　이 경우에 심판을 하지 않게 된 법원은 결정으로 공소를 기각해야 한다($^{제328조}_{1항 3호}$). 그러나 뒤에 공소가 제기된 사건이 먼저 확정된 때에는 먼저 공소가 제기된 사건에 대하여 면소판결을 해야 한다($^{제326조}_{1호}$). 이에 반하여 같은 사건을 여러 개의 법원에서 판결하여 모두 확정된 때에는 뒤에 확정된 판결은 당연무효이다.

1　대법원 2021. 4. 2. 결정, 2020 모 2561.
2　김재환 338면; 백형구 강의, 137면; 신동운 774면; 임동규 35면; 차용석/최용성 68면.

5. 관할권부존재의 효과

(1) 관할위반의 판결

관할권의 존재는 소송조건의 하나이다. 따라서 법원은 직권으로 관할을 조　　38
사하여야 하며($^{제1}_{조}$), 관할권이 없음이 명백한 때에는 관할위반의 판결을 선고해야
한다($^{제319}_{조}$). 관할을 위반하여 선고한 판결은 항소이유가 된다($^{제361조의}_{5 \ 제3호}$). 따라서 법
원이 관할위반사건에 대하여 소송절차를 진행시키는 경우 그 절차는 적법하다고
할 수 없다. 그러나 그 절차를 조성하는 소송행위는 관할위반의 경우에도 효력에
영향이 없다($^{제2}_{조}$). 다만, 이는 소송경제를 위하여 절차를 이루는 개개의 소송행위
가 유효하다는 의미에 지나지 않으며 관할권 없는 법원이 실체판결을 할 수 있다
는 의미는 아니다.[1]

관할권의 존재를 결정하는 시기는 토지관할에서는 공소제기 시를 기준으로
하지만 뒤에 관할권이 생기면 하자가 치유된다고 해야 함에 반하여, 사물관할은
공소제기 시부터 재판종결에 이르기까지 전체 심리과정에 존재해야 한다.[2]

(2) 예　　　　외

관할은 법원의 심리의 편의와 피고인의 이익을 보호하기 위한 것이므로 이
원칙에 대하여는 예외가 인정되고 있다.

1) 토지관할의 위반　　　　토지관할에 관하여 법원은 피고인의 신청이 없으면 관　　39
할위반의 선고를 하지 못한다($^{제320조}_{1항}$). 토지관할이 다르더라도 동등한 법원에서 심
판한다면 사물관할에 영향이 없어 실질적으로 피고인에게 불이익을 가져올 염려
가 없기 때문이다. 피고인의 관할위반의 신청은 피고사건에 대한 진술 전에 하여
야 한다($^{동조}_{제2항}$). 즉 피고사건에 대한 진술로 인하여 관할권의 결여가 치유되어 법
원은 그 사건에 대한 관할권을 가지게 된다. 피고인의 신청이 없으면 소송을 진
행시키는 것이 능률적이기 때문이다. 이러한 의미에서 토지관할은 기한부 소송조
건이라고 할 수 있다.[3]

2) 관할구역 외에서의 집무　　　　법원 또는 법관은 원칙적으로 관할구역 안에서　　40
만 소송행위를 할 수 있다. 관할구역은 법원이 직무행위를 할 수 있는 지역으로
서 토지관할을 정하는 기준이 되기 때문이다. 그러나 사실발견을 위하여 필요하

1　Meyer–Goßner § 20, Rn. 1; Pfeiffer KK § 20, Rn. 1.
2　신동운 779면; 신현주 91면; 임동규 38면; 차용석/최용성 69면.
3　Meyer–Goßner § 16, Rn. 1; Pfeiffer KK § 16, Rn. 3.

거나 긴급을 요하는 때에는 법원은 관할구역 외에서 직무를 행하거나 사실조사에 필요한 처분을 할 수 있다($\frac{제3조}{1항}$).

6. 사건의 이송

(1) 사건의 직권이송

41   법원은 피고인이 관할구역 내에 현재하지 아니하는 경우에 특별한 사정이 있으면 결정으로 사건을 피고인의 현재지를 관할하는 동급법원에 이송할 수 있다 ($\frac{제8조}{1항}$). 공판중심주의와 직접심리주의를 강화한 형사소송법이 심리의 편의와 피고인의 이익보호를 위하여 인정한 것이다. 사건의 이송은 관할법원 사이에 소송계속을 이전하는 것이라는 점에서 관할의 이전과는 구별된다. 따라서 피고인에 대하여 관할권이 없는 경우에는 사건을 이송해야 하는 것은 아니다.[1] 이송을 할 것인가의 여부는 심리의 편의와 피고인의 이익을 고려하여 법원의 재량에 의하여 결정된다.

이송결정이 확정된 때에는 이송을 받은 법원에 소송계속이 이전된다. 이송을 받은 법원은 사정의 변경이 없으면 재이송할 수 없다.

42   단독판사의 관할사건이 공소장변경에 의하여 합의부 관할사건으로 변경된 경우에도 법원은 결정으로 관할권 있는 법원에 이송한다($\frac{제8조}{2항}$). 소송경제를 위한 것이며, 이 경우의 이송은 법원의 의무에 속한다. 같은 이유로 항소심에서 공소장변경에 의하여 단독판사의 관할사건이 합의부 관할사건으로 된 경우에도 법원은 관할권 있는 고등법원에 이송하여야 한다.[2] 그러나 제 1 심에서 합의부 관할사건에 관하여 단독판사 관할사건으로 공소장변경허가신청서가 제출되거나 합의부가 공소장변경을 허가하는 결정을 하더라도 이에 대하여는 법에 규정이 없으므로 합의부로서는 마땅히 그 실체에 들어가 심판하여야 하고, 사건을 단독판사에게 재배당할 수는 없다.[3]

(2) 사건의 군사법원이송

43   일반법원과 군사법원의 재판권의 분배는 관할의 문제가 아니라 재판권에 관

---

1 대법원 1978. 10. 10, 78 도 2225.
2 대법원 1997. 12. 12, 97 도 2463.
3 대법원 2013. 4. 25, 2013 도 1658.

한 문제이다.[1] 그러나 법원은 공소가 제기된 사건에 대하여 군사법원이 재판권을 가지게 되었거나 재판권을 가졌음이 판명된 때에는 결정으로 사건을 재판권이 있는 같은 심급의 군사법원으로 이송한다. 이 경우에 이송 전에 행한 소송행위는 이송 후에도 그 효력에 영향이 없다($^{제16조}_{의 2}$). 따라서 피고인이 군인이라는 사실이 인정되면 군사법원에 이송해야 하며 공소기각의 판결을 선고해서는 안 된다.[2] 공소가 제기된 사건에 관하여 군사법원이 재판권을 가졌음이 판명된 때라 함은 공소제기 당시에 이미 군사법원이 재판권을 가지고 있던 경우를 포함한다.[3]

> 일반 국민이 범한 수 개의 죄 가운데 특정 군사범죄($^{군형법 제1조}_{4항 각호}$)와 그 밖의 일반범죄가 형법 제37조 전단의 경합범 관계에 있다고 보아 하나의 사건으로 기소된 경우, 특정 군사범죄에 대하여는 군사법원이 전속적인 재판권을 가진다고 보아야 하므로 일반법원은 이에 대하여 재판권을 행사할 수 없다. 반대로 그 밖의 일반범죄에 대하여 군사법원이 재판권을 행사하는 것도 허용될 수 없다.[4]

(3) 사건의 소년부송치

법원은 소년에 대한 피고사건을 심리한 결과 보호처분에 해당할 사유가 있다고 인정하면 결정으로써 사건을 관할 소년부에 송치하여야 한다($^{소년법}_{제50조}$). 소년부는 송치받은 사건을 조사 또는 심리한 결과 사건의 본인이 19세 이상인 것으로 밝혀지면 결정으로써 송치한 법원에 사건을 다시 이송하여야 한다($^{소년법}_{제51조}$).

Ⅳ. 제척 · 기피 · 회피

1. 공평한 법원의 구성

재판은 공정해야 한다. 공정한 재판은 공평한 법원의 존재를 전제로 한다. 44 공평한 법원이란 조직과 구성에 있어서 편파적인 재판을 할 우려가 없는 법원을 의미한다. 공평한 법원의 구성을 위하여는 사법권의 독립이 보장되고 자격 있는 법관에 의하여 법원이 구성되어야 한다. 사법권의 독립은 공평한 법원의 구성을

---

1 대법원 1968. 2. 20, 67 도 1526; 대법원 1970. 5. 26, 70 도 117.
2 대법원 1973. 7. 24, 73 도 1296.
3 대법원 1982. 6. 22, 82 도 1072.
4 대법원 2016. 6. 16(전원합의체결정), 2016 초기 318.

위한 일반적 보장이다. 그러나 구체적인 특정사건에 대하여 법관에게 개인적인
특수관계가 있다면 법관도 인간이기 때문에 공정한 재판을 기대할 수 없다. 여기
서 불공평한 재판을 할 염려가 있는 법관을 법원의 구성에서 배제하여 공정한 재
판을 구체적으로 보장하기 위하여 마련된 제도가 바로 제척·기피·회피제도이
다. 공정한 재판이라고 하기 위하여는 법관이 실제로 객관적으로 심판하였다는
것 이외에 소송관계인과 일반인에게 재판의 객관성에 대한 신뢰가 보장되어야 한
다. 이러한 의미에서 제척·기피·회피제도는 재판에 대한 국민의 신뢰를 보장하
는 기능도 가지게 된다. 중립적이고 공평하며 편견 없는 적절한 법관의 이념은
궁극적으로는 헌법의 법치국가원리에서 유래한다.

2. 제   척

(1) 제척의 의의

45   제척이란 구체적인 사건의 심판에 있어서 법관이 불공평한 재판을 할 우려
가 현저한 것으로 법률에 유형적으로 규정되어 있는 사유에 해당하는 때에 그 법
관을 직무집행에서 배제시키는 제도를 말한다. 기피나 회피와 제도의 취지를 같
이하지만, 제척의 효과가 법률의 규정에 의하여 당연히 발생한다는 점에서 당사
자 또는 법관 스스로의 신청이 있을 때에 재판에 의하여 법관이 직무집행에서 배
제되는 기피·회피와 구별된다.

(2) 제척의 원인

46   제척의 원인은 형사소송법 제17조에 규정되어 있다. 제17조의 제척원인은
예시적인 것이 아니라 제한적 열거이다. 따라서 아무리 불공평한 재판을 할 우려
가 현저한 경우라 할지라도 제17조에 열거된 사유에 해당하지 않을 때에는 제척
원인이 되지 않는다.

47   1) **법관이 피해자인 때**   피해자가 그 사건에 대한 법관이 될 수는 없다
($^{제17조}_{1호}$). 여기서 피해자란 직접피해자만을 의미하며 간접피해자는 포함되지 않는
다. 간접피해자를 포함할 때에는 그 범위가 불명확하여 법적 안정성을 해할 염려
가 있기 때문이다. 물론 법관이 간접피해자인 때에는 기피사유가 될 수 있다. 또
한 피해자에는 보호법익의 주체뿐만 아니라 행위의 객체도 포함된다. 피해를 입
은 범죄는 개인적 법익에 대한 죄임을 요하지 않고 국가적·사회적 법익에 대한
죄도 포함된다.

2) 법관이 피고인 또는 피해자와 개인적으로 밀접한 관련이 있는 때　　　　48

(가) 법관이 피고인 또는 피해자의 친족 또는 친족관계가 있었던 자인 때($_{제2호}^{동조}$)
친족의 개념은 민법에 의하여 결정된다. 법관이 피고인인 때에도 제척사유가 된다. 법관이 자신을 재판하는 것은 허용될 수 없기 때문이다.

(나) 법관이 피고인 또는 피해자의 법정대리인·후견감독인인 때($_{제3호}^{동조}$)　　　법정대리인 또는 후견감독인의 개념도 민법에 의하여 결정된다.

(다) 법관이 사건에 관하여 피해자의 대리인($_{제4호·후단}^{동조}$) 또는 피고인의 대리인·변호인·보조인으로 된 때($_{제5호}^{동조}$)　　　법관이 피해자의 대리인이 된 때란 법관이 고소대리인 또는 재정신청의 대리인이 된 때를 말한다. 피고인의 대리인에는 피고인인 법인의 대표자($_{조}^{제27}$)가 포함되며, 변호인에는 사선변호인뿐만 아니라 국선변호인도 포함된다. 특별변호인($_{단서}^{제31조}$)이 된 경우도 포함된다.

3) 법관이 이미 당해 사건에 관여하였을 때　　　법관이 이미 당해 사건의 수　　49
사·공소제기·심리 또는 판결에 관여하여 선입견을 가지고 있기 때문에 공정한 재판을 기대할 수 없는 경우이다.

(가) 법관이 사건에 관하여 증인·감정인으로 된 때($_{제4호·전단}^{동조}$)　　　법관도 증인 또는　　50
감정인이 될 수는 있다. 그러나 법관이 일단 증인이나 감정인이 된 때에는 제척사유가 된다. 여기서 사건은 당해 형사사건을 말한다. 당해 사건인 이상 피고사건뿐만 아니라 피의사건도 포함한다. 그러므로 증거보전절차($_{조}^{제184}$) 또는 증인신문절차($_{의2}^{제221조}$)에서 증인 또는 감정인이 된 때에도 여기에 해당한다. 증인·감정인이 된 때란 증인 또는 감정인으로서 소환되어 실제로 증언 또는 감정한 때를 말한다. 수사기관에서 참고인으로 조사받거나 감정인으로 위촉된 때에도 여기에 해당한다는 견해[1]가 있으나, 통설은 이러한 경우는 증인·감정인이 아니므로 여기에 포함되지 않는다고 한다.[2] 본조가 제한적 열거규정인 점에 비추어 통설이 타당하다고 생각된다.

(나) 법관이 사건에 관하여 검사 또는 사법경찰관의 직무를 행한 때($_{제6호}^{동조}$)　　　법관은　　51
사건에 관하여 검사 또는 사법경찰관의 직무를 동시에 행할 수 없다. 따라서 이 사유는 법관이 임관되기 전에 검사 또는 사법경찰관으로 범죄를 수사하거나 공소를 제기·유지한 때로 제한된다.

1　신현주 79면; 이영란 179면.
2　김재환 343면; 백형구 647면, 강의 145면; 신동운 783면; 임동규 40면; 차용석/최용성 55면.

52　　　⒟ 법관이 사건에 관하여 전심재판 또는 그 기초되는 조사 · 심리에 관여한 때$\binom{동조}{제7호}$

　　　본호의 제척사유의 근거를 공소장일본주의의 정신과 관련시켜 법관에게 해당 사건에
대한 선입견 형성의 위험이 있는 때를 규정한 것이라고 해석하는 견해[1]도 있다. 그
러나 법관이 재판에 관여하였다는 것만으로 법관이 불공평한 재판을 할 염려가 있다
고는 할 수 없다.[2] 따라서 공소장일본주의의 정신에 의하여 법관이 심리하기 전에
사건내용을 알고 있는 모든 경우가 제척사유에 해당하는 것이 아니라 예외적으로 전
심재판에 관여한 때에만 제척된다고 해석해야 한다.[3]

53　　　A. 전심재판에 관여한 때　　　전심(前審)이란 상소에 의하여 불복이 신청된 재판
을 말한다. 구체적으로는 제 2 심에 대한 1심, 제 3 심에 대한 2심 또는 1심을 말
하고, 재판은 종국재판을 의미한다. 종국재판인 이상 판결이든 결정이든 불문한
다. 따라서 파기환송 전의 원심에 관여한 법관이 환송 후의 재판에 관여한 경
우[4]나, 재심청구의 대상인 확정판결에 관여한 법관,[5] 형사소송법 제400조에 의
한 판결정정신청사건의 상고심[6]은 전심이 아니므로 제척사유가 되지 않는다.

　　　약식명령을 한 판사가 정식재판을 담당한 경우에 전심재판에 관여한 때에
해당하는가에 대하여는 견해가 대립되고 있다. **적극설**은 약식명령의 경우에도 판
사는 사건의 실체에 관하여 조사 · 심리에 관여하는 것이므로 예단 · 편견의 가능
성이 있다는 이유로 여기에 포함시켜야 한다고 해석한다.[7] 그러나 약식명령은
정식재판과 심급을 같이하는 재판이므로 약식명령을 한 판사가 정식재판을 담당
하였다고 하여 전심재판에 관여하였다고 볼 수는 없으므로 **소극설**[8]이 타당하다.

1　강구진 83면; 신현주 73면.

2　Meyer-Goßner § 23, Rn. 1; Pfeiffer KK § 23, Rn. 1.

3　법관이 심리 전에 사건내용을 알고 있는 것이 어느 범위에서 제척사유가 되느냐는 입법례에
　　따라 태도가 일치하지 않는다. 예컨대 독일 형사소송법은 전심재판에 관여한 법관과 재심의
　　대상인 확정판결에 관여한 법관만을 제척사유로 규정하고 있음에 반하여(제23조), 일본 형사
　　소송법은 법관이 준기소절차에서의 부심판의 결정 · 약식명령 · 전심재판 · 파기환송의 경우의
　　원판결 또는 그 재판의 기초인 심리에 관여한 때를 제척사유로 하고 있다(제20조 7호).

4　대법원 1971. 12. 28, 71 도 1208; 대법원 1979. 2. 27, 78 도 3204. 파기환송한 상고심의 법
　　관이 원심재판에 관여한 경우도 같다.

5　대법원 1964. 6. 22. 결정, 64 모 16; 대법원 1982. 11. 15. 결정, 82 모 11.

6　대법원 1967. 1. 18. 결정, 66 초 67.

7　강구진 84면; 김기두 41면.

8　김재환 344면; 백형구 647면, 강의 146면; 신동운 784면; 신양균/조기영 404면; 신현주 80면;
　　임동규 42면; 차용석/최용성 56면.

판례도 소극설의 입장이다.[1] 즉결심판을 한 판사가 그 사건에 대한 정식재판에 관여한 때에도 같다.[2] 다만, 약식명령을 한 판사가 그 정식재판의 항소심에 관여한 경우에는 제척사유에 해당한다.[3]

전심재판에 관여한 때란 전심재판의 내부적 성립에 실질적으로 관여한 때를 말한다. 따라서 재판의 선고에만 관여한 때는 물론, 사실심리나 증거조사를 하지 않고 공판기일을 연기하는 재판에만 관여한 때,[4] 공판에 관여한 바는 있어도 판결선고 전에 경질된 때[5]에는 여기에 해당하지 않는다. 전심재판도 또한 당해사건의 전심에 제한된다. 이를 공범자의 심판에 관여한 경우까지 포함한다고 해석하는 견해[6]도 있으나, 같은 피고인의 다른 사건은 물론 분리심리된 다른 공범자에 대한 사건에 관여한 것은 전심재판에 관여하였다고 할 수 없다.[7] 54

B. 전심재판의 기초되는 조사·심리에 관여한 때 전심재판의 기초되는 조사·심리란 전심재판의 내용형성에 영향을 미친 경우를 말하며, 공소제기의 전후를 불문한다. 따라서 구속영장을 발부한 법관,[8] 구속적부심사에 관여한 법관,[9] 또는 보석허가결정에 관여한 법관은 여기에 해당하지 않는다. 이에 반하여 수탁판사로서 증거조사를 한 경우, 증거보전절차[10]나 증인신문절차에 관여한 경우 또는 재정신청절차에서 공소제기결정을 한 법관은 전심재판의 기초되는 조사·심리에 관여한 것이라고 해야 한다. 55

㈑ 법관이 사건에 관하여 피고인·피해자의 대리인인 법무법인 등에서 또는 피고인인 법인 등에서 퇴직한 때($^{동조 제8호·}_{제9호}$) 법관이 사건에 관하여 피고인의 변호인이거나 피고인·피해자의 대리인인 법무법인, 법무법인(유한), 법무조합, 법률사무소, 외국법자문사법 제 2 조 9호에 따른 합작법무법인에서 퇴직한 날부터 2년이

---

1 대법원 2002. 4. 12, 2002 도 944.

2 임동규 42면.

3 대법원 1955. 10. 18, 4288 형상 242; 대법원 1985. 4. 23, 85 도 281; 대법원 2011. 4. 28, 2011 도 17.

4 대법원 1954. 8. 12, 4286 형상 141.

5 대법원 1985. 4. 23, 85 도 281.

6 신현주 81면; 이영란 80면.

7 김재환 345면; 신동운 784면; 임동규 41면.

8 대법원 1969. 7. 22, 68 도 817; 대법원 1989. 9. 12, 89 도 612.

9 대법원 1960. 7. 13, 4293 형상 166.

10 대법원 1971. 7. 6, 71 도 974는 증거보전절차에서 증인신문한 판사가 원심재판에 관여한 때에는 제척사유에 해당하지 않는다고 판시하였다.

지나지 아니한 때($^{동조}_{제8호}$) 또는 법관이 피고인인 법인·기관·단체에서 임원 또는 직원으로 퇴직한 날부터 2년이 지나지 아니한 때($^{동조}_{제9호}$)를 말한다. 이는 '전관 예우'와 마찬가지로 공정한 재판에 대한 논란이 있는 이른바 '후관 예우'를 방지하기 위하여 새로 추가된 제척사유이다.

(3) 제척의 효과

56   제척사유가 있는 법관은 해당 사건의 직무집행에서 당연히 배제된다. 즉 제척의 효과는 법률에 의하여 당연히 발생한다. 법관이나 당사자가 그 사유를 알 필요도 없다. 배제되는 직무집행의 범위는 법관으로서의 모든 소송행위에 미친다.[1] 따라서 그 법관은 판결은 물론 기일지정도 할 수 없다. 제척사유 있는 법관은 스스로 회피해야 하고($^{제24조}_{1항}$), 당사자도 기피신청을 할 수 있다($^{제18조}_{1항}$). 제척사유 있는 법관이 재판에 관여한 때에는 상소이유가 된다.

57   제척은 피고사건을 심판하는 법관뿐만 아니라 약식명령을 하는 판사에게도 적용되어야 한다. 공소제기 후의 증거보전($^{제184}_{조}$) 또는 참고인에 대한 증인신문에서도 제척사유 있는 법관은 배제된다. 그러나 공소제기 전의 피의사건의 심판에는 제척의 규정이 적용되지 않는다.

3. 기   피

(1) 기피의 의의

58   기피란 법관이 제척사유가 있음에도 불구하고 재판에 관여하거나 그 밖의 불공평한 재판을 할 염려가 있는 때에 당사자의 신청에 의하여 그 법관을 직무집행에서 탈퇴케 하는 제도이다. 따라서 이미 그 사건의 직무집행에서 배제되어 있는 법관에 대한 기피신청은 허용되지 않는다.[2] 제척사유가 유형적으로 제한되어 있음에 반하여 기피의 원인은 비유형적·비제한적이고, 제척의 효과가 법률의 규정에 의하여 당연히 발생하지만 기피의 효과는 당사자의 신청이 있는 경우에 법원의 결정에 의하여 발생한다는 점에서 제척과 구별된다. 이러한 의미에서 기피는 제척을 보충하는 제도라고 할 수 있다.

---

1 Meyer–Goßner § 22, Rn. 4; Roxin S. 42; Rudolphi SK Vor § 22, Rn. 11.

2 대법원 1986. 9. 24. 결정, 86 모 48.

(2) 기피의 원인

기피의 원인은 법관이 제17조 각 호에 해당하는 때와 법관이 불공평한 재판을 할 염려가 있는 때이다(제18조 1항).

1) 법관이 제척의 원인에 해당하는 때   제척의 효과는 법률의 규정에 의하여 59
당연히 발생하므로 제척사유의 존부는 직권으로 심리해야 한다. 이를 기피원인으로 규정한 것은 제척사유가 있다는 당사자의 신청이 있는 경우에 법원이 이를 심리·판단할 것을 강제한다는 점에 의의가 있다.[1]

2) 법관이 불공평한 재판을 할 염려가 있을 때   기피원인의 핵심은 법관이 60
불공평한 재판을 할 염려가 있다는 일반조항이다.

법관이 불공평한 재판을 할 염려가 있는 때란 보통인의 판단으로 법관과 사건과의 관계로 보아 편파 또는 불공평한 재판을 할 것 같다는 염려를 일으킬 만한 객관적 사정이 있는 때를 말한다.[2] 예컨대 법관이 피고인 또는 피해자와 친구 또는 적대관계에 있을 때, 법관이 증명되지 않은 사실을 언론을 통하여 발표한 경우,[3] 법관이 심리 중에 유죄를 예단한 말을 한 경우,[4] 법관이 심리 중에 피고인에게 심히 모욕적인 말을 한 경우[5] 또는 법관이 피고인의 진술을 강요한 경우가 여기에 해당한다. 그러나 법관의 종교·세계관·정치적 신념 및 성별은 기피사유가 되지 않으며, 법관이 피고인에게 공판기일에 어김없이 출석하라고 촉구하거나[6] 당사자의 증거신청을 채택하지 아니하거나[7] 공소장변경허가신청에 대하여 불허가결정을 한 것[8]만으로는 재판의 공정을 기대하기 어려운 경우에 해당한다고 할 수 없다.

---

1 Meyer–Goßner § 24, Rn. 4; Pfeiffer KK § 24, Rn. 2; Rudolphi SK § 24, Rn. 3; Zipf S. 38.
2 대법원 1966. 7. 28, 66 도 37.
3 BGHSt. 4, 264; 21, 85.
4 대법원 1974. 10. 16. 결정, 74 모 68.
5 Meyer–Goßner § 24, Rn. 8; Pfeiffer KK § 24, Rn. 7; Wendisch LR § 24, Rn. 36; Zipf S. 39.
6 대법원 1969. 1. 6. 결정, 68 모 57.
7 대법원 1995. 4. 3. 결정, 95 모 10, 「형사소송법 제18조 제 1 항 제 2 호 소정의 '불공평한 재판을 할 염려가 있는 때'라 함은 당사자가 불공평한 재판이 될지도 모른다고 추측할 만한 주관적 사정이 있는 때를 말하는 것이 아니라 통상인의 판단으로써 법관과 사건과의 관계상 불공평한 재판을 할 것이라는 의혹을 갖는 것이 합리적이라고 인정할 만한 객관적인 사정이 있는 때를 말한다. 따라서 재판부가 당사자의 증거신청을 채택하지 아니하거나 이미 한 증거결정을 취소하였다 하더라도 그러한 사정만으로는 재판의 공평을 기대하기 어려운 객관적인 사유가 있다 할 수 없다.」
8 대법원 2001. 3. 21. 결정, 2001 모 2.

법관과 피고인이 긴장관계에 있다고 할지라도 그것이 피고인의 행위로 인한 때에는 기피사유가 되지 않으며, 법관과 변호인의 친소관계도 기피사유가 될 수 없다.[1]

(3) 기피신청의 절차와 재판

61   **1) 신청권자**   신청권자는 검사와 피고인이다($\frac{동조}{제1항}$). 변호인도 피고인의 명시한 의사에 반하지 않는 한 기피신청을 할 수 있다($\frac{동조}{제2항}$). 변호인의 기피신청권은 대리권이다. 따라서 피고인이 기피신청을 포기한 때에는 변호인의 그것도 소멸된다.

62   **2) 기피신청의 방법**   기피신청은 서면 또는 공판정에서 구두로 할 수 있다. 합의법원의 법관에 대한 기피는 그 법관의 소속 법원에 신청하고, 수명법관·수탁판사 또는 단독판사에 대한 기피는 당해 법관에게 신청해야 한다($\frac{제19조}{1항}$). 기피신청을 함에 있어서는 기피의 원인이 되는 사실을 구체적으로 명시해야 한다($\frac{규칙}{제9조 1항}$). 기피사유는 3일 이내에 서면으로 소명해야 한다($\frac{제19조}{2항}$).

기피신청의 시기에는 제한이 없다. 따라서 기피신청은 판결 시까지 가능하며, 종국판결 선고 후의 기피신청은 부적법하다.[2] 기피신청의 대상은 법관이다. 따라서 법원, 즉 합의부 자체에 대한 기피신청은 허용되지 않는다. 다만, 합의부를 구성하는 모든 법관에 대한 기피신청은 가능하다.

3) 기피신청의 재판

63   **(가) 신청받은 법원의 처리**   기피신청이 소송의 지연을 목적으로 함이 명백하거나 제19조의 규정에 위배된 때에는 신청을 받은 법원 또는 법관은 결정으로 이를 기각한다($\frac{제20조}{1항}$). 이러한 간이기각결정은 기피권의 남용으로 인하여 법관의 독립성이 침해되고 신속한 재판의 진행에 장애가 초래되는 것을 방지하기 위한 제도이다. 제19조에 위배된 경우란 기피신청의 관할을 위반하였거나 신청 후 3일 이내에 기피사유를 서면으로 소명하지 않은 경우를 말한다. 기피신청이 소송의 지연을 목적으로 함이 명백한 때에 해당하는가의 여부는 사안의 성질, 심리의 경과 및 변호인의 소송준비 등 객관적 사정을 종합하여 판단해야 한다. 일반적으로 ① 법원의 심리방법이나 태도에 대한 불복신청을 이유로 하는 기피신청($\frac{공판기일지}{정, 공판기일}$ 변경신청의 기각, 변론병합청구의 기각), ② 시기에 늦은 기피신청, ③ 이유 없음이 명백한 기피신청이 여

---

1 Meyer-Goßner Rn. 11; Pfeiffer KK Rn. 11; Rudolphi SK Rn. 15.
2 대법원 1995. 1. 9. 결정, 94 모 77.

기에 해당한다고 할 수 있다. 기피당한 법관은 이 경우 이외에는 지체 없이 기피신청에 대한 의견서를 제출해야 하며($\frac{동조}{제2항}$), 기피당한 법관이 기피신청을 이유 있다고 인정하는 때에는 그 결정이 있은 것으로 간주한다($\frac{동조}{제3항}$).

기피신청이 있는 경우는 기피신청기각의 경우를 제외하고는 소송진행을 정 **64** 지해야 한다. 다만, 급속을 요하는 경우에는 예외로 한다($\frac{제22}{조}$). 따라서 구속기간의 만료가 임박하여 기피신청이 있는 경우에는 소송진행을 정지해야 할 필요가 없다.[1] 구속기간의 만료가 임박하였다는 사정은 소송진행정지의 예외사유인 급속을 요하는 경우에 해당하기 때문이다.[2] 기피신청을 받은 법관이 소송절차를 정지하지 않은 채 그대로 소송을 진행하여서 한 소송행위는 효력이 없고, 이는 그 후 기피신청에 대한 기각결정이 확정되었다고 하더라도 마찬가지이다.[3]

정지해야 할 소송진행을 실체재판에의 도달을 직접 목적으로 하는 본안에 대한 소송진행을 말한다고 해석하여 구속기간의 갱신과 같은 절차는 여기에 포함하지 않는다고 하는 견해[4]도 있다. 판례도 같은 취지에서 구속기간의 갱신[5]이나 판결의 선고[6]는 정지해야 할 소송절차에 해당하지 않는다고 하고 있다. 그러나 정지해야 할 소송절차를 본안에 대한 소송진행에 제한해야 할 이유는 없으며, 급속을 요하는 경우 외에는 모든 소송절차가 정지된다고 해야 한다.

(나) **기피신청사건의 관할** 기피신청사건에 대한 재판은 기피당한 법관의 소 **65** 속법원 합의부에서 한다($\frac{제21조}{1항}$). 기피당한 법관은 여기에 관여하지 못한다($\frac{동조}{제2항}$). 기피당한 판사의 소속법원이 합의부를 구성하지 못할 때에는 직근상급법원이 결정한다($\frac{동조}{제3항}$). 다만, 기피당한 판사를 제외하고는 합의부를 구성할 수 없는 수의 대법관을 동시에 기피신청하는 것은 허용되지 않는다.[7]

(다) **기피신청에 대한 재판** 기피신청에 대한 재판은 결정으로 한다. 기피신청 **66** 이 이유 없다고 인정한 때에는 기피신청을 기각한다. 기피신청을 기각한 결정에

---

1 대법원 1990. 6. 8, 90 도 646.
2 대법원 1994. 3. 8, 94 도 142. 다만, 개정된 형사소송법 제92조 제3항은 제22조 기피신청으로 인한 공판절차 정지 시 구속기간도 정지되어 산입되지 않게 되었으므로 급속을 요한다고 보기는 어렵다고 할 것이다.
3 대법원 2012. 10. 11, 2012 도 8544.
4 백형구 650면, 강의 150면.
5 대법원 1987. 2. 3. 결정, 86 모 57.
6 대법원 1987. 5. 28. 결정, 87 모 10; 대법원 2002. 11. 13, 2002 도 4893.
7 대법원 1966. 4. 1(전원합의체결정), 65 주 1.

대하여는 즉시항고를 할 수 있다($^{제23조}_{1항}$). 다만, 제20조 1항의 기각결정에 대한 즉 시항고는 재판의 집행을 정지하는 효력이 없다($^{동조}_{제2항}$). 기피신청이 이유 있다고 인정한 때에는 이유 있다는 결정을 한다. 이 결정에 대하여는 항고하지 못한다 ($^{제403}_{조}$).

(4) 기피의 효과

67   기피신청이 이유 있다는 결정이 있을 때에는 그 법관은 해당 사건의 직무집 행으로부터 탈퇴한다. 그 법관이 사건의 심판에 관여한 때에는 상소이유가 된다 ($^{제361조의 5 제}_{7 호, 제383조}$), 기피당한 법관이 기피신청을 이유 있다고 인정한 때에도 같다.

탈퇴의 효력이 발생하는 시기에 관하여는 원인시설·신청시설 및 결정시 설[1]이 있을 수 있으나, 제척의 원인을 이유로 하는 때에는 원인이 발생한 때이 고, 불공평한 재판을 할 염려가 있는 때를 이유로 하는 경우에는 결정 시에 효력 이 발생한다고 하는 다수설이 타당하다고 해야 한다.[2]

4. 회   피

68   회피란 법관이 스스로 기피의 원인이 있다고 판단한 때에 자발적으로 직무 집행에서 탈퇴하는 제도이다. 그러나 법관에게 회피권이 인정되는 것은 아니므로 법관이 스스로 기피사유가 있다고 판단한 때에는 사건의 재배당[3]이나 합의부원 의 재구성에 의하여 내부적으로 해결할 수도 있으나, 이러한 내부적 해결이 이루 어지지 않을 때에는 회피하여야 한다($^{제24조}_{1항}$). 법관의 회피신청은 직무상의 의무라 고 할 수 있다.[4]

회피의 신청은 소속법원에 서면으로 해야 한다($^{동조}_{제2항}$). 신청의 시기에는 제한 이 없다. 회피신청에 대한 결정에는 기피에 관한 규정이 준용된다($^{동조}_{제3항}$). 그러나 회피신청에 대한 법원의 결정에 대하여는 항고할 수 없고, 법관이 회피신청을 하 지 않았다고 하여 상소이유가 되는 것도 아니다.

---

1 신현주 83면; 이영란 85면.

2 강구진 87면; 백형구 651면, 강의 151면; 신양균/조기영 410면; 차용석/최용성 61면.

3 일부 법원에서는 재판의 공정성 확보를 위하여 '연고관계 있는 변호사 선임에 따른 재배당 방안'을 시행하고 있다.

4 Meyer-Goßner § 30, Rn. 2; Pfeiffer KK § 30, Rn. 4; Wendisch LR § 30, Rn. 10.

5. 법원사무관 등에 대한 제척 · 기피 · 회피

　법관의 제척 · 기피 · 회피에 관한 규정은 전심관여로 인한 제척규정을 제외 　69
하고는 법원서기관 · 법원사무관 · 법원주사 또는 법원주사보(이하, 법원사무관등이
라 함)와 통역인에게 준용된다($\frac{제25조}{1항}$). 따라서 통역인이 사건에 관하여 증인으로
증언한 경우 통역인 제척사유($\frac{제17조}{4호}$)에 해당하지만, 피해자의 사실혼 배우자인 때
에는 제척사유($\frac{제17조}{2호}$)에 해당하지 않는다.[1] 법원사무관등은 직접 사건을 심리 ·
재판하는 재판기관은 아니지만 재판에 밀접한 관련을 가진 직무를 수행하기 때문
에 간접적으로 재판에 영향을 줄 수 있음을 고려한 것이다. 전심관여로 인한 제
척원인이 제외된 것은 이들은 직무의 성질상 심판에 관여할 수 없기 때문이다.

　법원사무관등과 통역인에 대한 기피신청의 재판은 그 소속법원의 결정으로
한다. 단, 간이기피신청기각의 결정($\frac{제20조}{1항}$)은 기피당한 자의 소속법관이 한다($\frac{제25조}{2항}$).
　제척 및 기피에 관한 규정은 전문심리위원에게도 준용된다($\frac{제279조의}{5\ 제1항}$).

제 2 절　피 고 인 　　　　　　§28

Ⅰ. 피고인의 의의

1. 피고인의 개념

　피고인이라 함은 검사에 의하여 형사책임을 져야 할 자로 공소가 제기된 자, 　1
또는 공소가 제기된 자로 취급되고 있는 자를 말한다. 따라서 공소가 제기되지
않았음에도 불구하고 피고인으로 출석하여 재판을 받고 있는 자도 피고인이 된
다. 피고인은 공소가 제기된 자를 의미한다는 점에서 공소제기 전에 수사기관에
의하여 수사의 대상으로 되어 있는 피의자와 구별되며, 징역 · 금고 · 구류형이 확
정되거나 노역장 유치명령을 받은 수형자($\frac{형의\ 집행\ 및\ 수용자의\ 처우}{에\ 관한\ 법률\ 제2조\ 1호}$)와도 구별된다. 공
소가 제기된 자이면 되고 진범인가의 여부와 당사자능력과 소송능력의 유무 및
공소제기가 유효한 것인가는 문제되지 않는다. 즉 피의자는 공소제기에 의하여
피고인이 되고, 피고인은 형의 확정에 의하여 수형자가 된다.

1　대법원 2011. 4. 14, 2010 도 13583.

2   수인의 피고인이 동일 소송절차에서 공동으로 심판받는 경우가 있다. 이를
공동피고인이라고 한다. 공동피고인의 한 사람에 대하여 다른 피고인을 상피고인
이라고 한다.

> 공동피고인은 반드시 공범자임을 요하지 않으므로 수개의 사건이 동일 법원에 계속
> 되어 있는 경우에 불과하다. 따라서 공동피고인에 대한 소송관계는 피고인에 별도로
> 존재하며, 그 1인에 대하여 발생한 사유는 다른 피고인에게 영향을 미치지 않는다.
> 다만, 상소심에서 피고인의 이익을 위하여 원심판결을 파기하는 때에는 그 예외가
> 인정된다($\binom{제364조의}{2, 제392조}$).

2. 피고인의 특정

(1) 피고인 특정의 기준

3   공소장에는 피고인의 성명 기타 피고인을 특정할 수 있는 사항을 기재해야
한다($\binom{제254조}{3항 1호}$). 따라서 통상의 경우에는 공소장에 기재되어 있는 자가 피고인이 된
다. 문제는 甲이 乙의 성명을 모용하여 공소장에 乙이 피고인으로 기재된 경우와
공소장에는 甲이 피고인으로 기재되어 있는데 乙이 공판정에 출석하여 재판을 받
은 경우에 누가 피고인이며 공소제기의 효력은 누구에게 미치느냐에 있다.

이 경우에 피고인을 특정하는 기준에 관하여는 검사의 의사를 기준으로 해
야 한다는 의사설, 공소장에 피고인으로 표시된 자가 피고인이라는 표시설 및 실
제로 피고인으로 행위하거나 피고인으로 취급된 자가 피고인이라는 행위설이 대
립되고 있다. 종래의 통설은 표시설과 행위설을 결합하여 피고인을 정하여야 한
다는 견해[1]를 취하였다. 그러나 검사의 의사를 고려하지 않을 때에는 성명모용
의 경우에 모용자가 피고인으로 행위하기 전에는 그가 피고인이라고 할 수 없는
부당한 결과를 초래한다. 따라서 절차의 확실성을 유지하기 위하여는 표시설을
중심으로 하면서도 행위설과 의사설을 함께 고려하여 피고인을 결정해야 한다고
해석하는 것이 타당하다고 생각된다. 이를 실질적 표시설이라고 한다. 실질적 표
시설에 의할 때에 누가 피고인이 되는가를 구체적으로 검토해 볼 필요가 있다.

(2) 성명모용의 경우

4   甲이 乙의 성명을 모용하여 乙의 이름으로 공소가 제기된 경우에 누가 피고

---

1 강구진 108면; 김기두 59면; 백형구 610면; 서일교 82면; 정영석/이형국 71면.

인인가에 대하여는 공소장 송달의 시점에는 乙만 피고인이지만 공판기일에서 甲이 성명을 모용한 것임이 밝혀지면 甲만 피고인이 된다는 견해[1]와 성명모용의 경우에 피모용자는 피고인이 아니고 甲만 피고인이 된다고 해석하는 견해[2]가 대립되고 있다. 그러나 성명이 모용되었다는 것만으로 피고인이 된다고 하는 것은 타당하다고 할 수 없으므로 甲만 피고인이 된다고 해석하는 것이 실질적 표시설의 태도와 일치한다고 해야 한다.

　　피고인은 甲이므로 검사가 모용관계를 바로잡아 피고인을 특정하기 위하여는 공소장 정정절차에 의하여 피고인의 표시를 정정해야 할 것이다.[3] 甲이 공판정에 출석하여 유죄판결이 확정된 때에도 판결의 효력은 乙에게는 미치지 않는다. 다만 乙이 공판정에 출석하여 실체에 관한 재판을 받거나 약식명령에 대하여 정식재판을 청구한 때에는, 乙은 검사가 지정한 피고인은 아니지만 형식적으로 피고인의 지위에 있는 자이므로 乙에 대하여는 공소기각의 판결을 하여야 한다.[4] 이 경우에는 乙도 형식적 피고인이 될 수 있다. 판결확정 후에 성명모용이 판명된 때는 비상상고[5]에 의할 것이 아니라 전과기록을 말소하여야 한다.[6]

(3) 위장출석의 경우

　　공소장에는 甲이 피고인으로 기재되어 있음에도 불구하고 乙이 출석하여 재판을 받는 경우에는 甲은 실질적 피고인, 乙은 검사가 지정한 피고인 이외의 자가 소송에 관여한 형식적 피고인이 된다.　　　　　　　　　　　　　　　5

　　다만, 이 경우에 乙을 절차에서 배제시키는 방법은 절차진행의 단계에 따라 차이가 있다. ① 인정신문의 단계에서 위장출석이 밝혀진 경우에는 乙을 퇴정시키고 甲을 소환하여 절차를 진행하면 된다. ② 사실심리에 들어간 후에 사실이 밝혀진 때에는 乙에게도 형식적 소송계속을 인정하여야 하므로 공소기각의 판결을 선고하고 甲에 대한 절차를 진행하여야 한다. ③ 乙에게 판결이 선고된 때에는 항소 또는 상고이유가 되며 판결이 확정된 경우에는 재심으로 구제해야 한다는 견해[7]도 있으나, 비상

1　강구진 108면.
2　백형구 611면; 신동운 610면; 신양균/조기영 430면; 이은모/김정환 77면; 정영석/이형국 71면; 차용석/최용성 110면.
3　대법원 1984. 9. 25, 84 도 1610; 대법원 1985. 6. 11, 85 도 756; 대법원 1993. 1. 19, 92 도 2554; 대법원 1997. 11. 28, 97 도 2215.
4　대법원 1992. 4. 24, 92 도 490.
5　신동운 611면.
6　이창현 98면; 임동규 62면.
7　이은모/김정환 79면; 이창현 100면; 임동규 63면.

상고의 절차에 의하여 그 판결을 시정하여야 한다.[1] 이 경우에 甲에 대한 절차는 1
심부터 다시 시작해야 한다. 甲은 실질적 피고인이므로 어느 경우이든 甲에 대한 새
로운 공소는 요하지 않는다.

Ⅱ. 피고인의 소송법상 지위

1. 소송구조와 피고인의 지위

6   피고인의 소송법상의 지위는 소송구조와 밀접한 관계를 가지고 있다. 피고
인의 지위는 소송의 목적에 따라 결정되며, 소송의 목적은 소송구조와 깊은 관계
를 가지는 것이기 때문이다.[2] 과거 규문절차에서 피고인은 규문판사의 조사의
객체가 되는 데 그치고 소송의 주체로서 소송에서 자기의 정당한 이익을 방어할
권리가 인정되지 아니하였다. 그 결과 피고인은 소송의 주체로서의 기본적인 인
격까지 부정당한 채 가혹한 고문의 대상이 되지 않을 수 없었다. 피고인에 대하
여 소송주체로서의 지위를 인정한 결정적 계기는 19세기에 이르러 자유주의의
영향에 의하여 확고한 위치를 차지하게 된 탄핵주의 소송구조의 영향이라 할 수
있으며,[3] 탄핵주의 소송구조는 피고인에게 소송의 주체인 지위를 인정하는 점에
일치하고 있다.

7   탄핵주의의 형사소송구조에서도 직권주의와 당사자주의에 따라 피고인의 지
위가 같은 것은 아니다. 당사자주의 소송구조에서는 피고인이 당사자의 지위를
가짐에 반하여, 직권주의에서 피고인은 소송의 주체가 될 수는 있어도 당사자가
될 수는 없다. 그러나 피고인의 지위는 소송구조와 함께 헌법의 가치체계에 의해
서도 결정되는 것이므로 직권주의라고 하여 피고인의 소송주체인 지위가 형식적
으로 되는 것은 아니다.

형사소송법은 직권주의의 소송구조로 출발하였으나 이후 당사자주의를 대폭
도입한 절충적 소송구조를 취하고 있으며, 특히 당사자주의의 요소가 강하게 나
타나고 있는 분야가 바로 공판절차이다. 형사소송법에서의 피고인의 지위도 이러

---

1 신동운 612면.

2 Müller–Dietz, "Die Stellung des Beschuldigten," ZStW 93, 1181.

3 Gössel S. 149; Roxin S. 117.

한 기초 위에서 검토되어야 할 것이다.

2. 당사자로서의 지위

(1) 수동적 당사자인 피고인

피고인은 검사에 대립하는 당사자이다. 당사자주의를 대폭 도입하여 검사와   8
피고인의 공격과 방어에 의하여 공판절차를 진행하도록 규정하고 있는 형사소송
법에서 피고인이 형사소송의 주도권을 가지고 있는 당사자로서의 지위를 가진다
는 것은 당연하다고 하지 않을 수 없다.[1] 즉 피고인은 검사의 공격에 대하여 자
기를 방어하는 수동적 당사자이다. 이러한 의미에서 검사를 공소권의 주체라고
한다면, 피고인은 방어권의 주체라고 할 수도 있다.

피고인의 당사자지위를 인정하는 통설에 대하여 순수한 당사자주의를 채택하지 않은   9
형사소송에서 피고인은 소송주체에 지나지 않고 형사절차에서 피고인을 당사자라고
지칭하는 것은 적절하지 못하다는 이유로 피고인의 당사자로서의 지위를 부정하고
피고인의 소송법상 지위를 적극적 소송주체로서의 지위와 소극적 소송주체로서의 지
위로 파악하는 것이 타당하다는 견해[2]도 있다. 독일 형사소송법학에서 피고인이 당
사자가 아닌 소송주체로서의 지위를 가지고 있을 뿐이라고 해석하는 것과 태도를 같
이하는 것이라고 생각된다.[3] 그러나 당사자의 지위가 순수한 당사자주의 소송구조
에서만 인정되는 것은 아니다. 형사소송법이 특히 공판절차에 있어서 당사자주의를
대폭 강화한 소송구조를 채택하고 있음에도 불구하고 형사소송법상 피고인의 지위를
순수한 직권주의 소송구조를 취하고 있는 독일 형사소송법의 피고인의 그것과 같이
보는 것은 부당하다.

(2) 피고인의 방어권과 참여권

형사소송법은 피고인이 당사자로서 검사와 대등한 지위에서 공격·방어를 할   10
수 있도록 하기 위하여 피고인에게 방어권과 소송절차참여권을 보장하고 있다.

  1) 방 어 권   방어권의 주체인 피고인은 공소권의 주체인 검사에 대하여 자   11
기의 정당한 이익을 방어할 수 있는 권리를 가진다. 방어권의 보장과 강화는 피
고인의 당사자로서의 지위에서 유래하는 요청이라고 할 수 있다.

---

1 김재환 357면; 백형구 613면; 신현주 119면; 이은모/김정환 86면; 임동규 69면.
2 신동운 805면; 신양균/조기영 435면.
3 Peters S. 203; Schäfer S. 127; Zipf S. 62; Müller-Dietz ZStW 93, 1209.

피고인에게 보장되고 있는 방어권의 내용은 다음과 같다.

(가) **방어준비를 위한 권리**　　　공소장의 기재사항을 법정하고($\frac{제254}{조}$) 공소장변경에 일정한 절차를 요하도록 하여($\frac{제298}{조}$) 심판대상을 한정할 뿐만 아니라, 제 1 회 공판기일의 유예기간($\frac{제269}{조}$)과 공소장부본을 송달받을 권리($\frac{제266}{조}$)·공판기일변경신청권($\frac{제270}{조}$)·공판조서열람·등사권($\frac{제55}{조}$)을 인정하고 있는 것은 피고인에게 방어의 기회를 보장하기 위하여 인정하고 있는 권리이다.

(나) **진술거부권과 진술권**　　　피고인은 진술거부권을 가지며 피고인에 대하여도 진술거부권을 고지하여야 한다($\frac{제283조}{의2}$). 피고인에게 이익되는 사실을 진술할 권리($\frac{제286조}{2항}$)와 최후진술권($\frac{제303}{조}$)을 보장하고 있는 것도 피고인에게 무기평등의 원칙을 실현하기 위한 것이다.

(다) **증거조사에 있어서의 방어권**　　　피고인에게 증거조사에 있어서 증거신청권($\frac{제294조}{1항}$)·의견진술권($\frac{제293}{조}$)·이의신청권($\frac{제296}{조}$) 및 증인신문권($\frac{제161조}{의2}$)을 인정하고 있는 것도 피고인의 방어권의 내용에 속한다.

(라) **방어능력의 보충**　　　피고인에게 변호인의 선임권과 의뢰권($\frac{제30조,}{제90조}$)·접견교통권($\frac{제34조,}{제89조}$)을 인정하고 있을 뿐만 아니라, 국선변호($\frac{제33}{조}$)와 필요적 변호제도($\frac{제282조,}{제283조}$)를 두고 있는 것은 피고인의 방어능력을 보충하여 그 방어권을 보장하여 주기 위한 권리이다.

2) 소송절차참여권　　　피고인은 당사자로서 소송절차의 전반에 참여하여 소송절차를 형성할 권리를 가진다. 피고인의 참여권은 방어권의 행사를 위한 전제가 되는 권리이다. 참여권의 내용은 다음과 같다.

(가) **법원구성에 관여하는 권리**　　　피고인은 법원의 구성과 관할에 관여하는 권리를 가진다. 피고인의 기피신청권($\frac{제18}{조}$)과 관할이전신청권($\frac{제15}{조}$)·관할위반신청권($\frac{제320}{조}$) 및 변론의 분리·병합·재개신청권($\frac{제300조,}{제305조}$)이 여기에 해당한다.

(나) **공판정출석권**　　　피고인은 공판정에 출석할 권리를 가진다($\frac{제276}{조}$). 즉 피고인이 공판기일에 출석하지 아니한 때에는 원칙으로 개정하지 못한다. 그러나 피고인의 출석권은 동시에 출석의무가 된다. 따라서 피고인이 정당한 이유 없이 출석하지 아니할 때에는 법원은 구속영장을 발부하여 피고인을 법원에 인치할 수 있다.

(다) **증거조사참여권**　　　피고인은 증인신문과 검증·감정 등에의 참여권을 가진다($\frac{제145조, 제163조,}{제176조, 제183조,}$). 공판준비절차에서의 증거조사($\frac{제273}{조}$)와 증거보전절차에서의 증거조사($\frac{제184}{조}$)에 대하여도 피고인은 참여권을 가진다.

(라) **강제처분절차 등의 참여권**　　　 피고인은 압수·수색영장의 집행에 대한 참여권을 가진다($\frac{제121}{조}$). 피고인의 강제처분절차에 대한 참여권이라 할 수 있다. 피고인의 상소의 제기와 포기·취하권($\frac{제338조,}{제349조}$) 및 약식명령에 대한 정식재판청구권($\frac{제453}{조}$)도 피고인에게 보장된 참여권이다.

3. 증거방법으로서의 지위

피고인은 소송의 주체로서 당사자의 지위를 가지지만 동시에 증거방법으로 　13
서의 지위를 가지는 것을 부정할 수 없다.[1] 피고인의 임의의 진술은 피고인에게 이익이 되거나 불이익한 증거로 될 수 있고, 피고인의 신체가 검증의 대상이 될 수 있기 때문이다. 전자를 인적 증거방법으로서의 지위, 후자를 물적 증거방법으로서의 지위라고 한다.

1) **당사자로서의 지위와의 관계**　　　 피고인에 대하여 증거방법으로서의 지위를 　14
인정하는 것은 피고인의 당사자로서의 지위와 모순되는 것이 아니라는 점에는 견해가 일치하고 있다. 피고인에게 증거방법으로서의 지위를 인정한다고 하여 피고인을 조사의 객체로 취급하는 것은 아니며,[2] 증거방법으로서의 지위는 당사자로서의 원칙적 지위에 지장을 주지 않는 범위에서 인정되는 보조적 지위에 불과하기 때문이라고 한다.[3] 피고인은 공소사실에 대하여 가장 직접적으로 체험한 사람이므로 임의의 진술에는 증거능력을 인정해야 한다는 점에서 볼 때 피고인에게 증거방법으로서의 지위를 인정하는 것은 당연하다고 생각된다. 형사소송법이 피고인신문제도를 인정하고 있고($\frac{제296조}{의2}$), 영미에서 피고인에 대하여 증인적격을 인정하고 있는 이유도 이러한 의미에서 이해할 수 있다.

2) **인적 증거방법으로서의 지위**　　　 피고인은 인적 증거방법이다. 따라서 피고 　15
인의 임의의 진술은 증거가 될 수 있다. 여기서 피고인을 증인으로 신문할 수 있는가가 문제된다. 영미에서는 피고인의 증인적격을 인정하고 있다. 그러나 형사소송법상 증인은 제 3 자임을 요할 뿐만 아니라, 피고인에게 증인적격을 인정하여 진술의무를 강제하는 것은 피고인에게 보장하고 있는 진술거부권을 무의미하게 하여 피고인의 당사자지위를 침해하는 결과를 초래하기 때문에 피고인의 증인적격은 부정되어야 한다.

1　Peters S. 203; Roxin S. 119; Zipf S. 62; Müller–Dietz ZStW 93, 1194.

2　신양균/조기영 437면; 정영석/이형국 76면.

3　백형구 강의, 60면; 신현주 120면; 이은모/김정환 88면.

16   **3) 물적 증거방법으로서의 지위**   피고인은 물적 증거방법으로서 피고인의 신체가 검증의 대상이 된다. 피고인의 신체가 증거방법이 됨으로써 피고인의 인격이 형사소송의 대상이 될 위험이 증가하게 된다. 여기서 형사소송에 있어서 피고인의 인격의 보호가 문제되며, 피고인의 인격이 심리의 한계로 기능하게 된다.[1]

4. 절차의 대상으로서의 지위

17   피고인은 소환 및 구속·압수·수색 등의 강제처분의 객체가 된다. 따라서 피고인은 적법한 소환·구속에 응하여야 하며(제68조, 제69조), 신체 또는 물건에 대한 압수·수색을 거부할 수 없다. 이와 같이 피고인이 소환이나 강제처분 등의 대상이 되는 지위를 절차의 대상으로서의 지위라고 할 수 있다.[2] 이처럼 피고인이 강제처분의 대상이 된다는 점은 부정할 수 없지만,[3] 이 경우에도 피고인의 인간으로서의 존엄과 기본권이 부당하게 침해되어서는 아니 된다.

18   한편 피고인의 절차의 대상으로서의 지위의 내용을 소환 또는 강제처분 등의 대상이 되는 지위 이외에 피고인의 법정질서에 복종해야 할 의무, 예컨대 소송지휘권과 법정경찰권에 복종해야 할 의무까지 포함하는 것으로 해석하는 견해[4]도 있다. 그러나 법정질서에 복종해야 할 의무는 피고인 이외에 검사에게도 부과되는 것에 지나지 않으므로 이를 피고인의 지위로 파악하는 것은 타당하다고 할 수 없다. 이는 피고인에게 인정되는 의무로 파악하면 될 것이다.

Ⅲ. 당사자능력과 소송능력

1. 당사자능력

(1) 당사자능력의 의의

19   당사자능력이란 소송법상 당사자가 될 수 있는 일반적인 능력을 말한다. 당

---

1 Müller–Dietz ZStW 93, 1250; Zipf S. 62.

2 김재환 360면; 송광섭 110면; 신동운 810면; 이은모/김정환 89면; 임동규 72면; 차용석/최용성 116면.

3 Meyer–Goßner Einl. Rn. 80; Peters S. 204; Roxin S. 119; Martin Fincke, "Begriff des Beschuldigten," ZStW 95, 951; Müller–Dietz ZStW 93, 1194(1216).

4 송광섭 110면; 신양균/조기영 437면; 정영석/이형국 77면.

사자에는 검사와 피고인이 있으나, 검사는 일정한 자격 있는 사람 중에서 임명된 국가기관이므로 당사자능력이 문제될 여지가 없다. 따라서 당사자능력은 피고인이 될 수 있는 능력의 문제로 다루어진다.

당사자능력은 일반적·추상적으로 당사자가 될 수 있는 능력을 의미하는 것   20
이므로 구체적 특정사건에서 당사자가 될 수 있는 자격인 당사자적격과는 구별된다.

당사자능력은 소송법상의 능력이라는 점에서 형법상의 책임능력과도 구별   21
된다. 당사자능력이 없을 때에는 공소기각의 사유가 되나 책임능력이 없으면 무죄판결을 해야 한다.

(2) 당사자능력이 있는 자

피고인은 원래 형벌을 과하기 위하여 소추된다. 따라서 일반적으로 형벌을 받을 가능성이 있는 자에게는 당사자능력이 인정된다.

1) **자연인의 당사자능력**   자연인은 연령이나 책임능력의 여하를 불문하고   22
언제나 당사자능력을 가진다. 따라서 형사미성년자도 공소가 제기되면 당사자가 된다. 형벌을 받는 것은 원칙으로 책임능력자에 한하나 책임무능력자도 특별법에 의하여 처벌될 가능성이 있기 때문이다(담배사업법 제31조). 그러나 태아나 사망자에게는 당사자능력이 없다. 다만, 재심절차에서는 피고인의 사망이 영향을 미치지 아니한다(제424조 4호, 제 438조 2항 1호).

2) **법인의 당사자능력**   법인 그 밖의 단체도 처벌받는 경우가 있으므로 당   23
사자능력을 가진다. 법인에 대한 처벌규정이 있는 경우에 법인의 당사자능력이 인정된다는 점에 대하여는 이론이 없다. 그러나 법인을 처벌하는 규정이 없는 경우에도 법인의 당사자능력을 인정할 것인가에 대하여는 ① 법인이 형사책임을 지는 것은 예외에 속한다는 이유로 당사자능력을 부정하는 **부정설**[1]과, ② 이 경우에도 당사자능력을 인정하는 **긍정설**[2]이 대립되고 있다. 생각건대 당사자능력은 일반적·추상적 능력을 의미하므로 법인에 대한 처벌규정이 없는 경우에도 이를 인정하는 것이 타당하다 하겠다.[3]

---

[1] 신양균/조기영 433면; 임동규 65면; 정영석/이형국 82면.
[2] 김재환 354면; 백형구 616면, 강의 81면; 신동운 798면; 신현주 123면; 이은모/김정환 81면; 차용석/최용성 111면.
[3] 따라서 이 경우에 법인을 공소제기한 때에는 무죄판결을 선고해야 한다. 그러나 부정설에 의하면 공소기각의 재판을 해야 한다.

　　　　법인격 없는 사단과 재단의 경우에도 동일하다.

(3) 당사자능력의 소멸

24　　　　피고인이 사망하거나 피고인인 법인이 존속하지 아니하게 되었을 때에는 당사자능력도 소멸한다. 당사자능력은 피고인의 존재를 전제로 하기 때문이다. 따라서 이 경우에는 공소기각의 결정을 하여야 한다($\binom{제328조}{1항 2호}$).

　　　　법인이 합병에 의하여 해산하는 경우에는 합병 시에 법인이 소멸하므로 당사자능력의 소멸시기가 문제되지 않는다. 그러나 법인이 청산인으로 존속하는 경우에 법인이 존속하지 아니하게 된 때의 의미에 관하여는 ① 소송이 계속되고 있는 한 청산사무는 종결되지 않았으므로 당사자능력은 상실되지 않는다는 견해[1]와, ② 실질적인 청산의 완료에 의하여 당사자능력이 소멸된다는 견해[2]가 대립되고 있다. 판례는 재판을 받는 것은 청산인의 현존사무에 포함된다는 이유로 제 1 설을 취하고 있다.[3] 피고사건의 계속과 청산은 관계없는 것이므로 청산법인을 인정한 취지에 비추어 제 2 설이 타당하다고 해야 한다.

(4) 당사자능력 흠결의 효과

25　　　　당사자능력은 소송조건이므로 법원은 직권으로 당사자능력의 유무를 조사하여 피고인에게 당사자능력이 없는 때에는 공소기각의 재판을 하여야 한다. 공소제기 후에 피고인이 당사자능력을 상실한 때에 공소기각의 결정을 해야 한다는 점에는 의문이 없다($\binom{제328조}{1항 2호}$). 문제는 피고인에게 처음부터 당사자능력이 없는 경우이다. 이에 관하여 ① 통설은 제328조 1항 2호를 준용하여 **공소기각의 결정**을 해야 한다고 함에 반하여,[4] ② 제328조 1항 2호는 피고인이 사망하거나 법인이 해산되어 당사자능력이 소멸한 경우이지 당사자능력이 없는 경우는 아니라는 이유로 제327조 2호에 의하여 **공소기각의 판결**을 해야 한다는 견해[5]가 대립되고 있다. 생각건대 당사자능력이 소멸된 경우에는 공소기각의 결정을 하면서, 처음부터 당사자능력이 없는 때에는 판결을 해야 할 이유는 없다고 할 것이므로 통설이

1　김재환 354면; 신동운 799면; 신양균/조기영 433면; 이영란 176면; 임동규 65면.

2　백형구 617면; 정승환 § 30/10. 다만, 소송존속을 청산사무의 실질적 존속으로 보면 두 견해는 차이가 없다.

3　대법원 1982. 3. 23, 81 도 1450; 대법원 1976. 4. 27, 75 도 2551; 대법원 1986. 10. 28, 84 도 693; 대법원 2021. 6. 30, 2018 도 14261.

4　김재환 355면; 배종대/홍영기 § 13/37; 신동운 800면; 신양균/조기영 433면; 신현주 124면; 이영란 176면; 이은모/김정환 81면; 임동규 66면.

5　강구진 111면; 백형구 617면, 강의 82면.

타당하다.

2. 소송능력

(1) 소송능력의 의의

소송능력이란 피고인으로서 유효하게 소송행위를 할 수 있는 능력, 즉 의사   26
능력을 기초로 한 소송행위능력을 말한다. 피고인의 소송행위가 유효하기 위하여
는 피고인이 자기를 방어할 수 있는 능력이 있어야 한다. 따라서 소송능력은 피
고인이 자기의 소송상의 지위와 이해관계를 이해하고 이에 따라 방어행위를 할
수 있는 의사능력을 의미하게 된다.[1] 피고인을 형사소송의 객체로 취급하던 소
송구조에서는 소송능력이라는 개념은 문제될 여지가 없었다. 그러나 피고인에게
당사자로서의 지위를 인정하고 방어권과 참여권을 인정함에 따라 피고인의 소송
능력은 중요한 의미를 가지지 않을 수 없게 되었다.

> 소송능력은 의사능력을 실질적 내용으로 한다는 점에서 형법상의 책임능력과 유사한
> 성질을 가진다. 그러나 소송능력이 소송수행상의 이해득실을 판단하여 이에 따라 행
> 동할 능력으로서 소송행위 시에 존재할 것을 요함에 대하여, 책임능력은 사물을 변
> 별하고 이에 따라 행위할 능력으로서 행위 시에 그 존부가 문제된다는 점에서 양자
> 는 구별된다. 소송능력은 또한 변론능력과도 구별되어야 한다. 소송능력이 있는 피
> 고인이라 할지라도 상고심에서는 변론능력이 없기 때문이다.

(2) 소송능력 흠결의 효과

1) 공판절차의 정지   소송능력이 없는 자연인이 한 소송행위는 무효이다.   27
다만, 소송능력은 당사자능력과 달리 소송조건은 아니다. 따라서 소송능력 없는
자에 대하여 공소가 제기되었다고 하여 공소가 무효로 되는 것은 아니며, 소송능
력 없는 자에 대한 공소장부본의 송달이 있는 경우에 송달 자체가 무효로 되는
것도 아니다. 공소장부본의 송달은 피고인에 대하여 공소사실과 적용법조를 통지
하는 것에 지나지 않기 때문이다.

피고인이 계속적으로 소송능력이 없는 상태에 있을 때에는 절차를 진행시킬   28
수 없으므로 공판절차를 정지하여야 한다. 즉 피고인이 사물의 변별 또는 의사의
결정을 할 능력이 없는 상태에 있는 때에는 법원은 검사와 변호인의 의견을 들어

---

1 대법원 2009. 11. 19(전원합의체판결), 2009 도 6058; 대법원 2014. 11. 13, 2013 도 1228.

서 결정으로 그 상태가 계속하는 기간 공판절차를 정지하여야 한다($^{제306조}_{1항}$). 따라서 제 1 회 공판기일의 모두에 변호인으로부터 피고인에게 소송능력이 없다는 주장이 있는 때에는 법원은 직권으로 소송능력의 유무를 조사하여 소송능력이 없음이 명백한 때에는 즉시 공판절차를 정지하여야 한다.

2) 공판절차정지의 특칙

29　　　　(개) **무죄·면소·공소기각 등의 재판을 할 경우**　　　피고사건에 대하여 무죄·면소·형의 면제·공소기각의 재판을 할 것이 명백한 때에는 피고인에게 소송능력이 없는 경우에도 피고인의 출정 없이 재판할 수 있다($^{동조}_{제4항}$). 무죄 등의 재판은 피고인에게 유리한 재판임을 고려한 것이다.

30　　　　(내) **의사무능력자와 소송행위의 대리**　　　형법 제 9 조 내지 제11조의 적용을 받지 않는 범죄사건에 관하여 피고인 또는 피의자가 의사능력이 없는 때에는 그 법정대리인이 소송행위를 대리한다($^{제26}_{조}$). 법정대리인이 없는 때에는 법원이 특별대리인을 선임하여야 한다($^{제28}_{조}$). 이 경우의 대리를 대표와 같은 뜻으로 해석하여 피고인을 대신하여 피고인에게 불이익한 진술도 할 수 있다는 견해[1]도 있다. 그러나 법정대리인 또는 특별대리인은 피고인의 소송행위를 대리하는 것이라고 해석하여야 한다.[2]

31　　　　(대) **피고인인 법인의 대표**　　　법인 그 밖의 단체는 의사능력이 없으므로 소송능력이 없다. 그러나 법인이 피고인인 때에는 법인이 소송행위를 할 수는 없으므로 그 기관인 자연인이 법인을 대표하여 소송행위를 할 수밖에 없다. 따라서 법인이 피고인인 때에는 그 대표자가 소송행위를 대표한다($^{제27조}_{1항}$). 대표자가 수인인 경우에는 각각 대표권을 행사한다($^{동조}_{제2항}$). 법인에 대표자가 없는 때에는 법원은 직권 또는 검사의 청구에 의하여 특별대리인을 선임하여야 하며, 특별대리인은 대표자가 있을 때까지 그 임무를 행한다($^{제28}_{조}$).

1　서일교 87면.
2　백형구 강의, 83면; 정승환 § 30/18.

제 3 절   변 호 인   §29

I. 변호인제도의 의의

1. 변호인의 의의

변호인이란 피고인 또는 피의자의 방어력을 보충함을 임무로 하는 보조자를   1
말한다. 즉 변호인은 소송의 주체가 아니라 소송의 주체인 피고인 또는 피의자의
보조자에 지나지 않는다. 형사소송법은 피고인에게 검사의 공격에 대하여 자기를
방어하는 수동적 당사자의 지위를 인정하고 있으며, 피의자도 당사자는 아니지만
장차 소송에서 당사자가 될 소송의 주체로서 방어에 필요한 여러 가지 권리를 보
장받고 있다. 그러나 피고인에게 당사자의 지위를 인정하였다고 하여도 검사와
피고인 사이에 무기평등의 원칙이 보장되지 않을 때에는 당사자주의에 의한 실체
진실 발견의 이념이나 공정한 재판의 원칙은 실현될 수 없다. 그런데 검사가 법
률의 전문가로서 국가권력이라는 강력한 강제력을 배경으로 하고 있음에 반하여,
피고인은 일반적으로 법률의 문외한으로서 자기에게 이익되는 증거를 수집 · 제
출 · 평가할 능력이 부족함은 물론 범죄의 혐의를 받고 있다는 불안과 공포로 인
하여 심리적 열등감에 빠져 있다는 것을 부정할 수는 없다. 특히 신체가 구속되
어 있는 피고인의 방어력은 더욱 제한되지 않을 수 없다. 여기에 피고인과 신뢰
관계에 있으면서 검사와 대등한 법률지식을 가지고 있는 법률전문가로 하여금 피
고인을 보조하게 하여 공정한 재판을 실현할 필요성이 절실하다고 하겠으며,[1]
변호인제도의 존재이유도 바로 여기에 있다.

2. 형식적 변호와 실질적 변호

(1) 형사소송의 구조와 변호인

변호인은 피고인의 방어력을 보충하기 위한 피고인의 보호자이다. 피고인의   2
보호자로서의 변호인은 당사자주의에 있어서 뿐만 아니라 직권주의의 소송구조에
서도 필요하다. 그러나 변호인의 이러한 지위는 소송구조에 따라 같은 기능을 가

---

1 Kindhäuser 7/1; Peters S. 213; Gössel, "Die Stellung des Verteidigers im rechtsstaatlichen
   Strafverfahren," ZStW 94, 25.

질 수는 없다. 직권주의에서의 변호인은 당사자주의에서의 변호인에 비하여 그 지위가 약화된다고 할 수 있다.[1] 그것은 ① 당사자주의 소송구조에서는 변호인이 공소를 제기·수행하는 검사에 대립하고 있음에 반하여, 직권주의의 변호인은 검사뿐만 아니라 법원에 대하여도 대립된 지위를 차지해야 하고, ② 법원과 검사도 피고인에게 이익되는 사실을 심리·판단해야 하므로 원래 변호인이 담당해야 할 기능을 법원과 검사도 분담하지 않을 수 없기 때문이다. 이와 같이 법원이나 검사가 담당하는 변호적 기능을 실질적 변호라고 함에 대하여, 변호인에 의한 변호적 기능을 형식적 변호라고 한다. 형사소송법은 당사자주의와 직권주의를 조화한 소송구조를 채택하고 있다. 직권주의 또는 직권주의요소를 가미한 소송구조에서 변호인제도는 피고인에게 소송의 주체성을 인정하여 인격의 가치를 인정하면서 실체진실을 발견해야 한다는 공정한 재판의 이념을 실현하는 기능을 가진다.[2]

(2) 변호인제도의 강화

3　　　형사소송법의 역사를 변호권 확대의 역사라고도 한다. 여기서 변호권이란 바로 변호인에 의한 변호, 즉 형식적 의미의 변호권을 의미한다. 헌법은 구속된 피고인 또는 피의자의 변호인의 도움을 받을 권리를 국민의 기본적 인권의 하나로 보장하고 있으며($\frac{헌법 제}{12조 4항}$), 이에 따라 형사소송법은 ① 피의자에 대하여도 변호인선임권을 인정하고($\frac{제30}{조}$), ② 피고인에게는 광범위한 국선변호인선임청구권을 보장하며($\frac{제33}{조}$), ③ 신체를 구속당하고 있는 피고인 또는 피의자의 변호인의 접견교통권을 인정하여($\frac{제34}{조}$) 변호권의 범위를 현저히 확대·강화하고 있다.

Ⅱ. 변호인의 선임

4　　　변호인이 소송절차에 관여함에는 선임을 필요로 한다. 즉 변호인의 지위는 선임에 의하여 발생한다. 변호인은 그 선임방법에 따라 사선변호인과 국선변호인으로 구별된다.

1. 사선변호인

사선변호인이란 피고인·피의자 또는 그와 일정한 관계가 있는 사인이 선임

1　Welp, "Die Rechtsstellung des Strafverteidigers," ZStW 90, 806.

2　Roxin S. 125; Bottke, "Wahrheitspflicht des Verteidigers," ZStW 96, 729; Gössel ZStW 94, 24.

한 변호인을 말한다.

(1) 선임권자

1) 고유의 선임권자   피고인 또는 피의자는 언제나 변호인을 선임할 수 있 ⁵
다($\frac{\text{제30조}}{\text{1항}}$). 즉 고유의 선임권자는 피고인 또는 피의자이다. 특히 구속된 피고인이
나 피의자에게는 변호인을 선임할 수 있음을 고지하여야 하며($\frac{\text{제87조, 제88}}{\text{조, 제209조}}$), 변호인
선임의뢰권이 보장되고 있다($\frac{\text{제90조,}}{\text{제209조}}$).

2) 선임대리권자   피고인 또는 피의자의 법정대리인 · 배우자 · 직계친족과 ⁶
형제자매는 독립하여 변호인을 선임할 수 있다($\frac{\text{제30조}}{\text{2항}}$). 배우자란 법률상의 배우자
를 의미하므로 내연관계에 있는 사람은 포함하지 않는다.[1] 선임권 없는 자가 한
변호인선임은 효력이 없다. 피고인 또는 피의자 이외의 자가 행하는 변호인선임
은 피고인 또는 피의자의 선임권의 대리행사로 보아야 한다.[2] 「독립하여」란 본
인의 명시 또는 묵시의 의사에 반하여(독립대리권)라는 의미이다. 따라서 선임대
리권자가 본인의 의사에 반하여 변호인을 선임한 경우에도 본인에게 선임의 효과
가 발생한다. 본인이 변호인을 해임할 수는 있다. 그러나 선임대리권자는 본인의
의사에 반하여 변호인을 해임할 수 없다.

(2) 피선임자

1) 변호인의 자격   변호인은 변호사 중에서 선임하여야 한다($\frac{\text{제31조}}{\text{본문}}$). 변호인 ⁷
이 피고인 또는 피의자의 방어권을 보충하기 위하여는 검사와 대등한 전문적 법
률지식을 요하기 때문이다. 다만, 대법원 아닌 법원은 특별한 사정이 있으면 변
호사 아닌 자를 변호인으로 선임함을 허가할 수 있다($\frac{\text{동조}}{\text{단서}}$). 이를 특별변호인이라
한다. 다만, 법률심인 상고심에 있어서는 변호사 아닌 자를 변호인으로 선임하지
못한다($\frac{\text{제386}}{\text{조}}$).

2) 변호인의 수   1인의 피고인 또는 피의자가 선임할 수 있는 변호인의 수 ⁸
에는 제한이 없다. 변호인의 수를 3명까지 제한하고 있는 입법례[3]도 있다. 변호
인선임권이 소송지연의 목적으로 남용되는 것을 방지하기 위한 것이다. 다만, 형
사소송법은 소송지연을 방지하기 위하여 대표변호인제도를 도입하고 있다. 즉 수

---

1 임동규 75면. 내연관계에 있는 사람도 포함된다는 견해도 있다(정승환 § 31/6).
2 김재환 363면; 손동권/신이철 89면; 신동운 98면; 이영란 146면; 차용석/최용성 119면.
3 독일 형사소송법 제137조와 일본 형사소송법 제35조는 변호인의 수를 제한하고 있다. 일본
   형사소송법 제33조는 수인의 변호인이 있는 경우에 변호인에 대한 통지와 서류송달을 간이
   하게 하고 변호활동의 통일을 도모하기 위하여 주임변호인을 지정하도록 하고 있다.

인의 변호인이 있는 때에는 재판장이 피고인·피의자 또는 변호인의 신청에 의하거나 신청이 없는 때에는 직권으로 대표변호인을 지정할 수 있고(제32조의2 제 1항·제2항), 이 경우에 대표변호인의 수는 3인을 초과할 수 없다(동조 제3항). 대표변호인이 지정된 경우에 대표변호인에 대한 통지 또는 서류의 송달은 변호인 전원에 대하여 효력이 있다(동조 제4항). 피의자에게 수인의 변호인이 있는 때에는 검사가 대표변호인을 지정할 수 있고(동조 제5항), 이 경우 검사에 의한 대표변호인의 지정은 기소 후에도 그 효력이 있다(규칙 제13 조의4).

> 대표변호인의 지정, 지정의 철회 또는 변경은 피고인 또는 피의자의 신청에 의한 때에는 검사 및 대표변호인에게, 변호인의 신청에 의하거나 직권에 의한 때에는 피고인 또는 피의자 및 검사에게 이를 통지하여야 한다(규칙 제13 조의3).

(3) 선임의 방식

9　　변호인의 선임은 변호인과 선임자가 연명·날인한 서면(변호인 선임서)을 공소제기 전에는 그 사건을 취급하는 검사 또는 사법경찰관에게, 공소가 제기된 후에는 그 법원에 제출하여야 한다(제32조 1항). 변호인의 선임은 법원 또는 수사기관에 대한 소송행위이므로 그 기초가 되는 선임자와 변호인 사이의 민법상의 계약과는 구별해야 한다. 따라서 위임계약이 무효 또는 취소되었다고 하더라고 변호인선임의 효력에는 영향이 없다.

(4) 선임의 효과

10　　변호인은 선임에 의하여 변호인으로서의 권리·의무가 발생한다. 따라서 변호인선임서 없이 제출된 항소이유서 또는 상고이유서는 적법·유효하다고 할 수 없다.[1] 선임의 효과가 미치는 범위는 두 가지 측면에서 검토되어야 한다.

11　　1) **심급과의 관계**　　변호인선임의 효과는 그 심급에 한하여 미친다. 따라서 변호인은 심급마다 선임하여야 한다(제32조 1항). 다만, 공소제기 전의 변호인선임은 제1심에도 그 효력이 있다(동조 제2항). 여기서 심급이란 종국판결 선고 시를 의미하는 것이 아니라 상소에 의하여 이심의 효력이 발생할 때까지를 말한다는 점에 견해가 일치하고 있다.[2] 그것은 ① 형사소송법이 원심의 변호인에게 상소권을 인정하고 있을 뿐 아니라(제341조 1항), ② 이론상 종국판결이 확정되거나 상소의 제기에 의

1　대법원 1961. 6. 7, 4293 형상 923; 대법원 1968. 4. 30, 68 도 195; 대법원 1969. 10. 4. 결정, 69 모 68; 대법원 2014. 2. 13, 2013 도 9605.
2　백형구 629면; 신동운 102면; 신양균/조기영 443면; 이영란 149면; 차용석/최용성 120면.

하여 이심의 효과가 발생할 때까지는 소송계속은 원심에 있다고 해야 하고, ③ 종국판결 시부터 이심의 효력이 발생할 때까지 변호인 없는 공백기간이 있어서는 안 되기 때문이다.

　　환송 전의 항소심에서의 변호인선임이 환송 후의 항소심에서도 효력을 가지는가에 　12
　대하여 종래 견해의 대립이 있었으나, 형사소송규칙은 환송 또는 이송 전 원심에서의
　변호인선임은 파기환송 또는 파기이송 후에도 효력이 있다고 규정하고 있다(규칙 제
　158조).

　　2) 사건과의 관계　　　　변호인의 선임은 사건을 단위로 하는 것이므로 선임의　13
효력은 공소사실의 동일성이 인정되는 사건의 전부에 미치는 것이 원칙이다. 공
소장변경에 의하여 공소사실이 변경된 경우에도 선임의 효력에는 영향이 없다.
그러나 사건의 일부에 대한 변호인의 선임도 불가능한 것은 아니다. 다만, 이는
사건의 일부분이 가분이며 그 부분만에 대한 선임이 합리적이라고 인정되는 경우
에 제한된다. 하나의 사건에 대한 변호인선임의 효력은 피고인 또는 변호인이 다
른 의사표시를 하지 않는 경우에는 병합심리된 다른 사건에도 미친다(규칙
제13조). 실
무의 편의와 당사자의 통상의 의사를 고려한 결과라고 할 수 있다.

2. 국선변호인

(1) 국선변호인제도의 의의

　　법원에 의하여 선정된 변호인을 국선변호인이라고 한다. 변호인은 당사자주　14
의에 의한 실체진실의 발견이나 공정한 재판의 이념을 실현하기 위한 불가결한
전제이며, 문명국가의 형사절차를 위한 최소한의 요구라고 할 수 있다. 그러나
아무리 변호인선임권을 보장하고 있다고 할지라도 경제적 빈곤 등으로 인하여 사
선변호인을 선임할 수 없는 사람에 대하여 국가가 변호인을 선정하여 피고인의
소송활동을 보완하지 않을 때에는 피고인의 변호권을 실질적으로 보장할 수 없을
뿐만 아니라 평등의 원칙에도 반하는 결과를 초래한다. 여기서 헌법은 「형사피고
인이 스스로 변호인을 구할 수 없을 때에는 국가가 변호인을 붙인다」고 규정하여
국선변호를 헌법상 보장하고 있다(헌법 제12조
4항 단서). 국선변호인제도는 헌법이 보장하고
있는 변호인의 조력을 받을 권리를 공판심리절차에서 효과적으로 실현될 수 있도
록 구체화한 것이며,[1] 사선변호제도를 보충하여 피고인의 변호권을 강화하기 위

1　대법원 2019. 9. 26, 2019 도 8531.

한 제도이다.

⑵ 국선변호인의 선정

15   **1) 선정의 사유**   법원이 국선변호인을 선정해야 하는 경우는 다음과 같다.

(가) **형사소송법 제33조**   법원은 피고인이 ① 구속된 때,[1] ② 미성년자인 때, ③ 70세 이상인 때, ④ 듣거나 말하는 데 모두 장애가 있는 사람인 때, ⑤ 심신장애가 있는 것으로 의심되는 때,[2] ⑥ 피고인이 사형, 무기 또는 단기 3년 이상의 징역이나 금고에 해당하는 사건으로 기소된 때 변호인이 없는 경우에는 직권으로 변호인을 선정하여야 한다($\binom{제33조}{1항}$).[3]

또한, 법원은 피고인이 빈곤이나 그 밖의 사유로 변호인을 선임할 수 없는 경우에 피고인이 청구하면 변호인을 선정하여야 한다($\binom{동조}{제2항}$). 법원은 피고인의 나이·지능 및 교육 정도 등을 참작하여 권리보호를 위하여 필요하다고 인정하면[4] 피고인의 명시적 의사에 반하지 아니하는 범위에서 변호인을 선정하여야 한다($\binom{동조}{제3항}$).

(나) **필요적 변호사건**   형사소송법 제33조 1항 각 호의 어느 하나에 해당하는 사건 및 동조 제2항·제3항의 규정에 따라 변호인이 선정된 사건에서 변호인이 출석하지 아니한 때에는 법원은 직권으로 변호인을 선정하여야 한다($\binom{제282조,}{제283조}$). 공판준비기일이 지정된 사건($\binom{제266조의}{8\ 제4항}$)이나 군사법원사건($\binom{군사법원법}{제62조\ 1항}$)에서 변호인이 없거나, 치료감호가 청구된 사건에서 변호인이 없거나 변호인이 출석하지 아니한

---

1 변호인 없는 불구속 피고인에 대하여 국선변호인을 선정하지 않은 채 판결을 선고한 다음 법정구속한 것은 제33조 1항 위반이 아니지만(대법원 2011. 3. 10, 2010 도 17353), 판결 선고 후 피고인을 법정구속한 뒤에 비로소 국선변호인을 선정하는 것보다는, 피고인의 권리보호를 위해 판결 선고 전 공판심리 단계에서부터 제33조 3항에 따라 피고인의 명시적 의사에 반하지 아니하는 범위 안에서 국선변호인을 선정해 주는 것이 바람직하다(대법원 2016. 11. 10, 2016 도 7622. 항소심에서 집행유예 선고에 대한 검사의 양형부당 항소를 받아들여 법정구속).

2 대법원 2019. 9. 26, 2019 도 8531. 「피고인이 심신장애의 의심이 있는 때」란 진단서나 정신감정 등 객관적인 자료에 의하여 피고인의 심신장애 상태를 확신할 수 있거나 그러한 상태로 추단할 수 있는 근거가 있는 경우는 물론, (중략) 소송기록과 소명자료에 드러난 제반 사정에 비추어 피고인의 의식상태나 사물에 대한 변별능력, 행위통제능력이 결여되거나 저하된 상태로 의심되어 피고인이 공판심리단계에서 효과적으로 방어권을 행사하지 못할 우려가 있다고 인정되는 경우를 포함한다.」

3 청구인이 피고인의 지위에 있지 아니한 집행유예 취소청구 사건의 심리절차에는 국선변호인 제도가 인정되지 않는다(대법원 2018. 2. 13. 결정, 2013 모 281; 대법원 2019. 1. 4. 결정, 2018 모 3621).

4 시각장애인(대법원 2010. 4. 29, 2010 도 881; 대법원 2014. 8. 28, 2014 도 4496), 청각장애인(대법원 2010. 6. 10, 2010 도 4629).

때$\binom{\text{치료감호 등에 관한}}{\text{법률 제15조 2항}}$에는 직권으로 국선변호인을 선정하여야 한다.

(다) **체포 · 구속적부심사**　　　체포 · 구속적부심사를 청구한 피의자가 제33조의 국선변호인 선임사유에 해당하고 변호인이 없는 때에는 국선변호인을 선정하여야 한다$\binom{\text{제214조의}}{\text{2 제10항}}$. 구속피의자에게는 구속전피의자심문절차에서 이미 국선변호인이 선정되어 있기 때문에 적부심사절차에서 국선변호인 선정이 의미를 가지는 것은 체포된 피의자가 체포적부심사를 청구한 경우에 한한다.

(라) **구속전피의자심문**　　　구속영장을 청구받은 지방법원판사가 피의자를 심문하는 경우에$\binom{\text{제201조}}{\text{의 2}}$, 심문할 피의자에게 변호인이 없는 때에는 직권으로 변호인을 선정하여야 한다. 이 경우 변호인의 선정은 피의자에 대한 구속영장청구가 기각되어 효력이 소멸한 경우를 제외하고는 제 1 심까지 효력이 있다$\binom{\text{동조}}{\text{제8항}}$. 법원은 변호인의 사정이나 그 밖의 사유로 변호인 선정결정이 취소되어 변호인이 없게 된 때에는 직권으로 변호인을 다시 선정할 수 있다$\binom{\text{동조}}{\text{제9항}}$. 이에 의하여 구속된 피고인뿐만 아니라 피의자에 대하여도 공판과 수사절차에서 전면적인 국선변호가 인정되게 되었다.

(마) **재심사건**　　　재심개시의 결정이 확정된 사건에서 ① 사망자 또는 회복할 수 없는 심신장애인을 위하여 재심의 청구가 있는 때, ② 유죄의 선고를 받은 자가 재심의 판결 전에 사망하거나 회복할 수 없는 심신장애인으로 된 때에 재심청구자가 변호인을 선임하지 아니한 경우에도 국선변호인을 선임하여야 한다$\binom{\text{제438조·}}{\text{4항}}$.

> 국선변호인은 원칙적으로 피고인에게 사선변호인이 없는 때에만 선정할 수 있다. 따　　16
> 라서 피고인 또는 피의자에게 변호인이 선임된 때에는 국선변호인선정의 취소사유가
> 된다$\binom{\text{규칙 제18}}{\text{조 1항 1호}}$. 다만, 피고인에게 사선변호인이 있는 경우에도 변호인이 출정하지
> 않은 때에 한하여 국선변호인을 선정할 수가 있다.

2) 선정의 절차　　　국선변호인의 선정은 법원의 선정결정에 의한다. 선정의 절차는 공소제기 전의 피의자와 공소제기된 후의 피고인에 대한 국선변호인의 경우로 나누어 검토할 필요가 있다.

(가) **공소제기 전의 국선변호인 선정**　　　구속전피의자심문$\binom{\text{제201조}}{\text{의 2}}$에 따라 심문할　　17
피의자에게 변호인이 없거나 체포 · 구속적부심사절차$\binom{\text{제214조}}{\text{의 2}}$에 따라 체포 또는 구속의 적부심사가 청구된 피의자에게 변호인이 없는 때에는 법원 또는 지방법원판사는 지체 없이 국선변호인을 선정하고 피의자와 변호인에게 그 뜻을 고지하여

야 한다(규칙 제
16조 1항). 이 경우 국선변호인에게 피의사실의 요지 및 피의자의 연락처 등을 함께 고지할 수 있다(동조
제2항). 구속영장이 청구된 후 또는 체포·구속의 적부 심사를 청구한 후에 변호인이 없게 된 때에도 같다(동조
제4항). 위의 고지는 서면 이 외에 구술·전화·모사전송·전자우편·휴대전화 문자전송 그 밖에 적당한 방법 으로 할 수 있다(동조
제3항).

18　　　　(나) **공소제기의 경우 국선변호인의 선정**　　　재판장은 공소의 제기가 있는 때에는 변호인 없는 피고인에게 서면으로 ① 형사소송법 제33조 1항 1호 내지 6호에 해 당하는 때에는 변호인 없이 개정할 수 없는 취지와 피고인 스스로 변호인을 선임 하지 아니할 경우에는 법원이 국선변호인을 선정한다는 취지, ② 제33조 2항에 해당하는 때에는 법원에 대하여 국선변호인의 선정을 청구할 수 있다는 취지, ③ 제33조 3항에 해당하는 때에는 법원에 대하여 국선변호인의 선정을 희망하지 아 니한다는 의사를 표시할 수 있다는 취지를 고지한다(규칙 제17조
1항·2항). 법원은 위의 고지 를 받은 피고인이 변호인을 선임하지 아니하거나 제33조 2항에 해당하는 피고인 이 국선변호인 선정청구를 하거나 같은 조 제 3 항에 의하여 국선변호인을 선정 하여야 할 때에는 지체 없이 국선변호인을 선정하고 피고인 및 변호인에게 그 뜻을 고지해야 한다(동조
제3항). 공소제기가 있은 후 변호인이 없게 된 때에도 같다(동조
제4항). 국선변호인의 선정은 법원의 직권에 의하나 제33조 2항의 경우에는 피고인의 청 구가 있어야 한다. 이 경우에 피고인은 소명자료를 제출하여야 한다. 다만, 기록 에 의하여 그 사유가 소명되었다고 인정될 때에는 그러하지 아니하다(규칙 제17
조의2). 피고인의 국선변호인 선정청구가 있는 경우에 법원이 아무런 결정을 하지 않는 것은 위법하다.[1] 피고인뿐만 아니라 변호인선임의 대리권자도 국선변호인의 선 정을 청구할 수 있다. 국선변호인의 선정은 공판준비가 가능하도록 신속히 할 것 을 요한다. 그러나 이미 선임된 변호인 또는 선정된 국선변호인이 출석하지 아니 하거나 퇴정한 경우에 부득이한 때에는 피고인 또는 피의자의 의견을 들어 재정 중인 변호사 등을 공판정에서 국선변호인으로 선정할 수도 있다(규칙 제
19조 1항). 이 경우 에는 이미 선정되었던 국선변호인에 대하여 그 선정을 취소할 수 있다(동조
제2항).

19　　　　(다) **국선변호인의 자격**　　　국선변호인은 법원의 관할구역 안에 사무소를 둔 변 호사, 그 관할구역 안에서 근무하는 공익법무관 또는 수습 중인 사법연수생 중에

1　대법원 1995. 2. 28, 94 도 2880.

서 선정한다($^{규칙 \, 제}_{14조 \, 1항}$). 다만 부득이한 때에는 인접한 법원의 관할구역 안에 있는 변호사·공익법무관 또는 사법연수생 중에서 선정하고, 변호사 등이 없거나 부득이한 때에는 변호사 아닌 자 중에서 선정할 수 있다($^{동조 \, 제 2}_{항 \cdot 제 3 항}$).

> 따라서 제 1 심법원에서 변호사 아닌 법원사무관을 국선변호인으로 선정하였다고 하여 위법한 것이라 할 수 없다.[1] 국선변호인은 피고인마다 1인을 선정한다. 다만 사건의 특수성에 비추어 필요하다고 인정할 때에는 1인의 피고인에게 수인의 국선변호인을 선정할 수 있고, 피고인 사이에 이해가 상반되지 아니할 때에는 수인의 피고인을 위하여 동일한 국선변호인을 선정할 수도 있다($^{규칙}_{제15조}$).
> 법원은 기간을 정하여 법원의 관할구역 안에 사무소를 둔 변호사 중에서 국선변호를 전담하는 변호사(국선전담변호사)를 지정할 수 있다($^{규칙 \, 제}_{15조의 2}$). 또한, 지방법원 또는 지원은 국선변호를 담당할 것으로 예정한 변호사, 공익법무관, 사법연수생 등을 일괄 등재한 국선변호인 예정자명부를 미리 작성할 수 있다. 이 경우 국선변호인 업무의 내용 및 국선변호인 예정일자를 미리 지정할 수 있다($^{규칙 \, 제16조}_{의 2 \, 제 1 항}$).

3) 선정의 법적 성질   국선변호인선정의 법적 성질에 관하여는 재판설, 공법 20
상의 일방행위설 및 공법상의 계약설이 대립되고 있다. ① **재판설**은 국선변호인의 선정을 재판장 또는 법원이 소송법에 의하여 행하는 단독의 의사표시인 명령이라고 한다.[2] 이에 의하면 선정에는 국선변호인의 동의를 요하지 않고, 선정된 변호인은 재판장의 해임명령($^{선정의}_{취소}$)이 없으면 사임할 수 없다. ② **공법상의 일방행위설**은 피선임변호인의 승낙을 요건으로 재판장이 행하는 일방적 의사표시에 의하여 선임의 효과가 발생한다고 해석한다. 재판장의 해임명령에 의하여만 국선변호인의 지위를 떠날 수 있다는 점에서는 재판설과 결론을 같이한다. 이에 반하여 ③ **공법상의 계약설(변호계약설)**은 국선변호인의 선정을 재판장과 국선변호인 사이의 피고인을 위한 공법상의 계약이라고 파악한다. 따라서 선정의 효과가 발생하기 위하여는 변호인의 승낙을 필요로 하며, 변호인의 일방적 의사표시에 의하여 국선변호인을 사임할 수 있다는 결론이 된다.

국선변호제도의 실효성을 보장하기 위하여는 피국선변호인의 승낙이 없으면 선정의 효력이 발생하지 않는다고 해석하는 것은 타당하다고 할 수 없으므로 국

---

1 대법원 1974. 8. 30, 74 도 1965.
2 박찬걸 132면; 손동권/신이철 97면; 신동운 113면; 신양균/조기영 445면; 신현주 150면; 이영란 156면; 이은모/김정환 105면; 차용석/최용성 123면.

선변호인의 선정은 재판장이 행하는 명령이라고 하는 재판설이 타당하다고 해야 한다. 형사소송규칙이 국선변호인의 사임에는 법원의 허가를 얻도록 규정하고 있는 것($_{제20조}^{규칙}$)도 재판설과 태도를 같이한다고 하겠다.

(3) 국선변호인선정의 취소와 사임

21   1) 선정의 취소   법원은 ① 피고인 또는 피의자에게 변호인이 선임된 때, ② 국선변호인이 자격을 상실한 때, ③ 국선변호인의 사임을 허가한 때에는 국선변호인의 선정을 취소하여야 한다($_{18조\ 1항}^{규칙\ 제}$). 법원은 이 이외에도 국선변호인이 그 직무를 성실히 수행하지 아니하거나 기타 상당한 이유가 있는 때에는 국선변호인의 선정을 취소할 수 있다($_{제2항}^{동조}$). 법원이 국선변호인의 선정을 취소한 때에는 지체 없이 국선변호인과 피고인 또는 피의자에게 통지하여야 한다($_{제3항}^{동조}$).

22   2) 국선변호인의 사임   국선변호인도 정당한 이유가 있는 때에는 사임할 수 있다. 다만, 국선변호인의 사임에는 법원의 허가를 요한다. 국선변호인이 직무를 수행할 수 없을 때에 사임할 수 있다는 점에는 의문이 없다. 피고인과 국선변호인 사이에 신뢰관계가 상실된 때에도 사임할 수 있다. 형사소송규칙은 사임사유로 국선변호인이 ① 질병 또는 장기여행으로 인하여 국선변호인의 직무를 수행하기 곤란할 때, ② 피고인 또는 피의자로부터 폭행·협박 또는 모욕을 당하여 신뢰관계를 지속할 수 없을 때, ③ 피고인 또는 피의자로부터 부정한 행위를 할 것을 종용받았을 때, ④ 기타 국선변호인으로서의 직무를 수행할 수 없다고 인정할 만한 상당한 사유가 있을 때를 규정하고 있다($_{제20조}^{규칙}$).

(4) 국선변호인의 보수

23   국선변호인은 일당·여비·숙박료 및 보수를 청구할 수 있다($_{법률\ 제2조\ 3호,\ 제8조}^{형사소송비용\ 등에\ 관한}$). 다만, 일당·여비와 숙박료는 국선변호인이 기일에 출석하거나 조사 또는 처분에 참여한 경우에 한하여 지급한다($_{제10조}^{동법}$). 여비 등의 청구는 재판 전에 하여야 한다($_{제11조}^{동법}$). 국선변호인의 보수는 대법관회의에서 정하며, 심급별로 지급한다. 다만, 당해 재판장은 사안의 난이 등을 참작하여 이를 증액할 수 있다($_{관한\ 규칙\ 제6조}^{형사소송비용\ 등에}$).

Ⅲ. 변호인의 지위

1. 보호자의 지위

(1) 피고인 또는 피의자의 보호자

변호인은 피고인 또는 피의자가 소송주체로서의 권리를 행사하는 데 장애가   24
되는 결함을 보완하는 점에 본래의 사명이 있다. 즉 변호인은 피고인 또는 피의
자(이하, Ⅲ.에서는 피고인이라 한다)의 이익을 위하여 활동하는 피고인의 보호자이
다. 변호인은 피고인에게 부족한 법률지식을 제공할 뿐만 아니라 피고인과의 접
견을 통하여 심리적 불안과 열등감을 해소하여 주는 보호기능을 행사한다. 이러
한 의미에서 변호인은 피고인에 대한 법률의 봉사자임과 동시에 사회적 봉사자라
고 할 수 있다.[1] 피고인의 보호자로서의 지위는 변호인의 가장 기본적인 지위이
고 변호인제도의 존재이유도 바로 여기에 있다. 그러므로 변호인은 피고인에게
유리한 증거를 수집·제출하고 유리한 사실을 주장하여야 하며, 피고인에게 불이
익하게 활동하여서는 안 된다. 즉 변호인은 피고인의 권리를 보호하고 소송의 적
법성을 보장해야 할 의무를 가지며, 개인적인 정의감이나 양심에 어긋난다고 하
여 변호인이 검사나 판사와 같이 활동할 때에는 변호인의 존재의의는 없어지게
된다.

변호인이 피고인의 보호자로서 보호기능을 다하기 위하여는 피고인과 변호   25
인 사이의 신뢰관계가 전제가 되어야 한다. 사선변호인이 신뢰관계에 기초한 변
호인이라는 점에는 의문이 없다. 그러나 국선변호인은 피고인의 의사와 관계없이
법원이 직권으로 선정하고, 피고인은 법원에 의하여 선정된 변호인을 해임할 수
도 없다. 여기서 국선변호인은 피고인의 보호자가 아니라 재판의 진행을 가능하
게 하기 위한 소송이익의 담당자인 법원의 보조자가 아닌가라는 의문이 제기된
다.[2] 그러나 국선변호인도 사선변호를 보충하여 변호권을 확대하기 위하여 빈곤
한 피고인의 곤궁권을 인정한 것이므로 피고인의 이익을 보호하기 위한 피고인의
보호자라는 점에서 사선변호인과 기능을 같이한다고 해야 한다.[3]

---

1 Peters S. 213.
2 Welp ZStW 90, 106, 821.
3 강구진 131면; 서일교 94면; 이영란 158면.

(2) 변호인과 피고인의 관계

26   변호인은 피고인의 대리인에 그치는 것이 아니라 피고인의 보호자이다. 따라서 변호인은 피고인의 이익을 보호함에 있어서 자기의 판단에 따라 피고인의 정당한 이익을 보호하여야 한다. 즉 변호인은 피고인의 의사에 종속되지 않고 피고인에 대한 관계에서도 독립된 지위를 가지고 있다. 변호인이 피고인의 소송행위에 대하여 포괄대리권을 가지는 이외에 독립대리권과 고유권을 가지고 있는 이유도 여기에 있다. 이러한 의미에서 변호인의 피고인에 대한 관계는 민사소송의 소송대리인의 그것과는 성질을 달리한다.

27   변호인은 피고인에 대하여 비밀유지의무를 가진다. 이는 피고인의 보호자인 변호인에 대한 피고인의 신뢰를 보장하기 위한 것이다.[1] 변호사인 변호인이 업무처리 중에 지득한 타인의 비밀을 누설한 때에는 업무상비밀누설죄가 성립한다.

미국, 영국 등 영미법계 국가에서는 변호인과 의뢰인 사이에서 의뢰인이 법률자문을 받을 목적으로 비밀리에 이루어진 의사 교환에 대하여 의뢰인이 공개를 거부할 수 있는 이른바 변호사–의뢰인특권(Attorney–Client Privilege 또는 Legal Professional Privilege)이 인정되고 있다(미국 연방증거법 제501조, 제502조).[2] 명문의 규정은 없지만 우리나라에서도 변호인–의뢰인특권이 인정되는지 문제된다. 대법원은 변호사가 작성하여 의뢰인에게 보낸 법률의견서에 대한 증거능력을 판단하면서 이를 부정하였다.[3]

2. 공익적 지위

(1) 변호인의 진실의무

28   변호인은 피고인의 이익을 보호하는 피고인의 보호자이다. 그러나 변호인이

---

1 Peters S. 241; Bottke ZStW 96, 755.

2 U.S. v. United Shoe Machinery Corp., 89. F. Supp. 357(D. Mass. 1950).

3 대법원 2012. 5. 17(전원합의체판결), 2009 도 6788,「변호인의 조력을 받을 권리, 변호사와 의뢰인 사이의 비밀보호 범위 등에 관한 헌법과 형사소송법 규정의 내용과 취지 등에 비추어 볼 때, 아직 수사나 공판 등 형사절차가 개시되지 아니하여 피의자 또는 피고인에 해당한다고 볼 수 없는 사람이 일상적 생활관계에서 변호사와 상담한 법률자문에 대하여도 변호사의 조력을 받을 권리의 내용으로서 그 비밀의 공개를 거부할 수 있는 의뢰인의 특권을 도출할 수 있다거나, 위 특권에 의하여 의뢰인의 동의가 없는 관련 압수물은 압수절차의 위법 여부와 관계없이 형사재판의 증거로 사용할 수 없다는 견해는 받아들일 수 없다고 하겠다. 원심이 이 사건 법률의견서의 증거능력을 부정하는 이유를 설시함에 있어 위와 같은 이른바 변호인-의뢰인 특권을 근거로 내세운 것은 적절하다고 할 수 없다.」

보호하는 피고인의 이익은 법적으로 보호받을 가치가 있는 정당한 이익에 제한된다.[1] 변호인은 또한 법관 · 검사와 함께 형사소송에 관여하여 형사소송의 이념을 실현하는 불가결한 지주가 된다. 이러한 의미에서 변호인은 검사나 법원은 물론 피고인에 대하여도 종속되지 않는 독립된 법조기관으로서의 지위를 가진다고 할 수 있다.[2] 형사소송의 일익을 담당하는 법조기관인 변호인은 형사소송의 이념을 존중해야 한다. 변호권도 소송 안에서의 권리이며 소송에 대립하는 권리는 아니기 때문이다. 여기서 변호인은 진실과 정의에 구속되지 않을 수 없고, 피고인의 보호자인 변호인의 지위도 진실의무에 의하여 제한되지 않을 수 없게 된다.[3] 변호인의 진실의무도 공정한 재판의 이념에 근거한다고 할 수 있다.[4] 이를 변호인의 공익적 지위라고 한다. 변호사법은 「변호사는 기본적 인권을 옹호하고 사회정의를 실현함을 사명으로 한다」(동법 제1조 1항), 「변호사는 그 직무를 수행함에 있어서 진실을 은폐하거나 허위의 진술을 하여서는 안 된다」고 규정하여(동법 제24조 2항) 변호인의 공익적 지위에 대한 법적 근거를 마련하고 있다.

변호인의 진실의무는 변호인이 검사나 법관과 같이 객관적 입장에서 실체진실의 발견에 기여해야 한다는 것을 의미하는 것은 아니다. 변호인이 피고인의 보호자라는 기본 지위로 인하여 그 공익적 지위도 일방적인 것에 지나지 않는다.[5] 따라서 그것은 변호인이 피고인에 대한 보호기능을 행사함에 있어서 진실에 구속되어야 한다는 소극적 의미를 갖는 데 그친다. 　29

(2) 보호자의 지위와의 조화

변호인은 피고인의 이익을 보호하는 보호자임과 동시에 진실의무를 가지는 이중의 지위를 가진다. 변호인의 활동은 이 두 가지 지위가 조화되는 점에 그 한계가 있다. 피고인의 보호자의 지위와 공익적 지위가 충돌하는 경우에는 변호인이 피고인의 보호자라는 지위를 기본으로 하고 공익적 지위는 그 한계로서 소극적 의미를 갖는다는 점을 고려하면서 공정한 재판의 이념에 따라 변호인은 법률　30

1　대법원 2012. 8. 30, 2012 도 6027.
2　Gössel S. 151; Kindhäuser 2/5; Laufhütte KK Vor § 137, Rn. 4; Meyer-Goßner Vor § 137, Rn. 1; Peters S. 214; Roxin S. 129; Rüping S. 45; Schroeder S. 83; Zipf S. 48; Bottke ZStW 96, 739.
3　Roxin S. 129; Welp ZStW 90, 819.
4　Bottke ZStW 96, 750.
5　Meyer-Goßner Vor § 137, Rn. 1; Peters S. 213; Zipf S. 49; Welp ZStW 90, 815.

상 허용되지 않는 수단이나 국가의 법질서에 반하는 변호활동을 할 수 없다는 선
에서 해결하여야 한다.[1]

31   **1) 변호인의 법적 조언**   변호인이 피고인에 대하여 법적 조언을 하는 것은
변호인의 권리이며 의무이다. 따라서 변호인이 피고인에게 소송법상의 권리를 알
려 주고 실체법적·소송법적 지식에 대하여 조언하는 것은 비록 피고인이 이를
악용하는 경우일지라도 무제한하게 허용된다. 변호인의 이러한 권리를 제한하는
것은 공정한 재판의 이념에도 반하기 때문이다. 변호인이 피고인에게 증언내용이
나 증거와 같은 사실이나 이에 대한 판단을 가르쳐 주는 것도 언제나 허용된다.

32   **2) 피고인의 행위에 대한 지시**   변호인이 피고인에 대하여 소송법상의 권리
를 행사할 것을 권하는 것은 당연히 허용된다. 변호인이 피고인에게 진술거부권
의 행사를 권고할 수 있는지 문제되는데, 진술거부권은 헌법과 형사소송법에 의
하여 피고인에게 부여된 소송법상의 권리이므로 권리의 행사를 권고하는 것을 진
실의무에 위배된다고 할 수는 없다.[2] 그러나 변호인이 피고인에 대하여 허위진
술[3]이나 임의의 자백의 철회 또는 진실에 반하는 사실을 주장할 것을 지시하는
것은 진실의무에 반한다.[4] 피고인에게 증거인멸이나 도망을 권유하는 것도 변호
인의 공익적 지위와 일치할 수 없다.

33   **3) 변호인의 증거수집**   피고인에게 유리한 증거를 수집하여 제출하는 것은
변호인의 당연한 의무이다. 따라서 변호인이 증인을 법정 이외의 장소에서 사전
에 신문하는 것은 허용된다. 그러나 변호인이 증인에게 위증을 교사하거나 증거
인멸을 지시하는 것은 공익적 지위에 반한다. 다만, 증언거부권 있는 증인에게
그 권리의 행사를 권고하는 것은 금지되지 않는다. 변호인은 피고인에게 불이익
한 증거를 법정에 제출해야 할 의무가 없다. 변호인의 진실의무는 피고인을 보호
하기 위한 일면적인 것에 지나지 않기 때문이다. 변호인이 고소인이나 피해자를
만나 합의나 고소취소를 시도하는 것도 당연히 허용된다.

34   **4) 변호인의 무죄변론**   변호인이 피고인과의 접견을 통하여 피고인이 유죄
임을 안 경우에도 이를 검사나 법원에 고지할 의무가 있는 것은 아니다. 변호인

---

1 Laufhütte KK Vor § 13, Rn. 5; Bottke ZStW 96, 753; Gössel ZStW 94, 30.

2 대법원 2007. 1. 31. 결정, 2006 모 657.

3 대법원 2012. 8. 30, 2012 도 6027.

4 손동권/신이철 99면; 신동운 120면; 이은모/김정환 113면; 정영석/이형국 91면.

에게는 진실의무 이외에 비밀유지의무가 있으며, 그것은 변호인의 신뢰관계의 기
초가 되는 것이기 때문이다. 따라서 변호인은 이 경우에도 입증의 부족이나 미비
를 이유로 무죄의 변론을 할 수 있다고 해야 한다.[1] 변호인은 피고인의 자백에
도 구속되지 않는다. 피고인의 자백이 사실과 다르다고 믿은 때에는 변호인은 당
연히 무죄의 변론을 해야 한다.

　　5) **변호인의 상소**　　　소송기록에 사실과 달리 흠이 있는 것으로 잘못 기재되   35
어 있는 경우에 변호인이 이를 이유로 상소할 수 있는가가 문제된다. 기록에 의
하여 명백히 나타난 잘못을 이유로 피고인에게 유리한 판결을 구하는 것은 당연
히 허용되며, 이를 진실의무에 반한다고 할 수 없다.[2]

Ⅳ. 변호인의 권한

　　피고인의 보호자인 변호인의 소송활동을 보장하기 위하여 변호인에게는 여   36
러 가지 권한이 인정되고 있다. 변호인의 권한에는 변호인이 피고인 또는 피의자
의 소송행위를 대리하는 권한(대리권)과 변호인에게 인정되는 고유한 권한(고유권)
이 있다. 사선변호인과 국선변호인, 변호사인 변호인과 특별변호인은 그 권한에
있어서 차이가 없다.

1. 대 리 권

　　변호인은 피고인 또는 피의자가 할 수 있는 소송행위로서 성질상 대리가 허
용될 수 있는 모든 소송행위에 대하여 포괄적 대리권을 가진다.[3] 명문의 규정은
없으나 변호인제도의 성질에 비추어 당연하다고 할 수 있다.

(1) 독립대리권과 고유권

　　변호인의 대리권에는 본인의 의사에 종속하여 하는 종속대리권과 본인의 의   37
사에 반하여 행사할 수 있는 독립대리권이 있다. 관할이전의 신청($\frac{제15}{조}$)·관할위

1　Laufhütte KK Rn. 2; Pfeiffer Vor § 137 Rn. 1; Bottke ZStW 96, 759.

2　Laufhütte KK Vor § 137, Rn. 5; Peters S. 241.

3　피고인은 당사자로서의 지위와 증거방법으로서의 지위를 가지고 있다. 일반적으로 피고인이
　당사자로서 하는 소송행위에는 대리가 허용되지만 증거방법으로서의 행위에는 대리가 인정되
　지 않는다고 할 수 있다. Peters S. 215 참조.

반의 신청($\frac{제320조}{1항}$)·증거동의($\frac{제318조}{1항}$)·상소취하($\frac{제349}{조}$) 및 정식재판의 청구($\frac{제453조}{1항}$) 등
은 종속대리권에 속한다. 독립대리권을 인정할 것인가에 대하여는 이를 인정하는
경우에는 피고인의 권리가 소멸하면 변호인의 권리도 소멸하는 결과가 되어 변호
인의 지위를 약하게 만든다는 이유로 변호인의 법적 권리로 형사소송법이 규정한
것은 모두 고유권이라고 해석해야 한다는 견해[1]도 있다. 그러나 ① 독립대리권
은 본인의 권리가 상실되면 대리인의 권리도 소멸되지만 고유권은 영향을 받지
않는다는 점에서 차이가 있고, ② 독립대리권의 이념을 인정하는 것이 법률관계
를 명확히 하고 절차의 확실성을 유지하는 데 도움이 되며, ③ 변호인이 피고인
의 보호자라 하여 대리권을 인정할 수 없는 것은 아니므로 독립대리권은 고유권
과 구별되며 형사소송법 제36조는 독립대리권과 고유권을 함께 규정하고 있다고
해석하는 통설[2]이 타당하다고 생각된다.

(2) 독립대리권

38 　　독립대리권에는 본인의 명시의 의사에 반하여 행사할 수 있는 것과 명시의
의사에는 반할 수 없으나 묵시의 의사에 반하여 행사할 수 있는 것이 있다. 구속
취소의 청구($\frac{제93}{조}$)·보석의 청구($\frac{제94}{조}$)·증거보전의 청구($\frac{제184조}{1항}$)·공판기일변경신청($\frac{제270조}{1항}$) 및 증거조사에 대한 이의신청($\frac{제296조}{1항}$)이 전자에 속하며, 기피신청($\frac{제18조}{2항}$)이
나 상소제기($\frac{제341조}{1항}$)가 후자에 해당한다.

2. 고 유 권

(1) 고유권의 의의와 종류

39 　　고유권이란 변호인의 권리로 특별히 규정된 것 중에서 성질상 대리권이라고
볼 수 없는 것을 말한다. 고유권에는 변호인이 피고인 또는 피의자와 중복하여
가지고 있는 권리와 변호인만 가지고 있는 권리가 있다. 후자를 협의의 고유권이
라고 한다. 압수·수색·검증영장의 집행에의 참여($\frac{제121조}{제145조}$),[3] 감정에의 참여($\frac{제176조}{1항}$),
증인신문에의 참여($\frac{제163조}{1항}$), 증인신문($\frac{제161조의}{2 제1항}$), 증거제출·증인신문신청($\frac{제294}{조}$), 서류·

---

1 강구진 141면.

2 백형구 강의, 96면; 손동권/신이철 100면; 신현주 155면; 이창현 140면; 정영석/이형국 92면.
이에 대하여 형사소송법 제36조는 독립대리권만 규정한 것이라는 견해도 있다(신양균/조기영
452면).

3 대법원 2020. 11. 26, 2020 도 10729.

증거물의 열람·등사(복사)권($_{제3조 내지 4}^{제35조, 제266조}$) 및 최종의견진술($_{조}^{제303}$) 등은 전자에 속하며, 피고인 또는 피의자와의 접견교통권($_{조}^{제34}$) 및 피고인에 대한 신문권($_{2 제1항}^{제296조의}$)[1]은 후자에 해당한다. 변호인의 고유권 가운데 가장 중요한 것이 바로 접견교통권과 기록열람·등사권 및 피의자신문참여권이다.

　　변호인의 고유권 가운데 변호인의 접견교통권을 검토하고, 항을 바꾸어 기록열람·등사권을 살펴보기로 한다. 피의자신문참여권에 관하여는 피의자신문 부분에서 이미 서술하였다.

(2) 변호인의 접견교통권

　　변호인이나 변호인이 되려는 자는 신체가 구속된 피고인 또는 피의자와 접견하고 서류 또는 물건을 수수(授受)할 수 있으며 의사로 하여금 피고인이나 피의자를 진료하게 할 수 있다($_{조}^{제34}$). 이를 변호인의 접견교통권이라 한다. 여기서 변호인이 되려는 자는 변호인 선임의뢰를 받았으나 아직 변호인선임신고를 하지 않은 사람 외에 스스로 변호인으로 활동하려는 사람도 포함된다.[2] 변호인이 피고인의 이익을 보호하고 방어활동을 협의하기 위하여는 변호인과 구속된 피고인 또는 피의자의 접견교통권이 불가결한 요소가 된다. 따라서 접견교통권은 구속된 피고인 또는 피의자가 변호인의 조력을 받을 수 있도록 하는 형사절차상 가장 중요한 기본적 권리이며, 변호인의 고유권 가운데 가장 중요한 권리에 속한다고 할 수 있다. 이러한 의미에서 접견교통권은 단지 형사소송법 제34조에 의하여 비로소 보장되는 권리에 불과한 것이 아니라 헌법상 기본권으로 보장되어야 할 것이다.[3]

　　변호인의 접견교통권은 감시받지 않는 자유로운 접견교통을 내용으로 한다. 따라서 변호인과 구속된 피고인 또는 피의자와의 접견은 비밀이 보장되어야 한다. 그러므로 변호인과의 접견에 참여하거나 감시하는 것은 절대로 허용될 수 없으며, 수수한 서류나 물건을 압수하는 것도 허용되지 않는다.[4] 접견교통권을 침

40

41

1　대법원 2020. 12. 24, 2020 도 10778.

2　헌재결 2019. 2. 28, 2015 헌마 1204(피의자 가족의 의뢰를 받아 변호인이 되려고 한 사람);
　대법원 2017. 3. 9, 2013 도 16162(선임의뢰를 받지는 않았지만 현행범인 체포현장에서 변호인이 되려는 의사를 표시하고 객관적으로 변호인이 될 가능성이 있는 사람).

3　헌재결 2019. 2. 28, 2015 헌마 1204, 「변호인이 되려는 자'의 접견교통권은 피의자 등을 조력하기 위한 핵심적인 권리로서, 피의자 등이 가지는 '변호인이 되려는 자'의 조력을 받을 권리가 실질적으로 확보되기 위하여 이 역시 헌법상 기본권으로서 보장되어야 한다.」

4　Gössel S. 155; Laufhütte KK § 148, Rn. 7; Meyer-Goßner § 148, Rn. 9; Peters S. 226; Zipf S. 51; Welp ZStW 90, 81.

해하여 얻은 증거의 증거능력도 부정된다.

변호인의 접견교통권은 신체구속제도 본래의 목적을 침해하지 않는 범위 내에서 행사되어야 하고,[1] 법률에 의하여 제한될 수는 있지만 법원의 결정이나 수사기관의 처분에 의하여 제한할 수는 없다. 그러나 구속장소의 질서유지를 위한 접견시간의 제한이나 무기 또는 위험한 물건의 수수를 금지하는 것은 변호인의 접견교통권을 침해한 것이라고 할 수 없다. 다만, 이 경우에도 수수한 서류의 내용을 조사하거나 접견내용에 관여하는 것은 허용되지 않는다.[2]

3. 변호인의 기록열람 · 등사권

(1) 기록열람 · 등사권의 의의

42   피고인을 위한 효과적인 방어는 피고인에게 범죄혐의를 인정하는 상황을 인식할 때에만 가능하며, 이는 수사서류와 증거물의 내용을 인식하는 것을 전제로 한다. 변호인의 기록열람 · 등사(복사)권은 변호인이 피고인에 대한 혐의내용과 수사결과 및 증거를 파악하여 변호를 준비하기 위한 불가결한 전제가 된다. 변호인이 서류나 증거물에 대한 열람 · 등사를 통하여 공판절차의 진행에 있어서 예상되는 쟁점을 정리하고 효율적인 변론활동을 준비하는 것은 공판절차의 원활하고 신속한 진행에 도움이 될 뿐 아니라, 공정한 재판의 이념과도 일치한다. 기록열람 · 등사권은 변호인뿐만 아니라 피고인에게도 인정되는 권리이다. 즉 형사소송법은 피고인과 변호인에게 소송계속 중의 관계 서류 또는 증거물에 대한 열람 · 복사권($\frac{제35}{조}$)뿐만 아니라 공소제기 후 검사가 보관하고 있는 서류 등의 열람 · 등사권, 즉 증거개시(discovery)를 인정하는 규정을 신설하였다($\frac{제266조의}{3 \text{ 내지 } 4}$).

(2) 법원이 보관하고 있는 서류 등의 열람 · 복사

43   피고인과 변호인은 소송계속 중의 관계 서류 또는 증거물을 열람하거나 복

---

1 대법원 2022. 6. 30, 2021 도 244(집사변호사가 위계공무집행방해에 해당하지 않는다고 한 사례), 「변호인 또는 변호인이 되려는 자의 접견교통권은 신체구속제도 본래의 목적을 침해하지 아니하는 범위 내에서 행사되어야 하므로, 변호인 또는 변호인이 되려는 자가 구체적인 시간적 · 장소적 상황에 비추어 현실적으로 보장할 수 있는 한계를 벗어나 피고인 또는 피의자를 접견하려고 하는 것은 정당한 접견교통권의 행사에 해당하지 아니하여 허용될 수 없다. 다만 접견교통권이 그와 같은 한계를 일탈한 것이어서 허용될 수 없다고 판단함에 있어서는 신체구속을 당한 사람의 헌법상 기본적 권리인 변호인의 조력을 받을 권리의 본질적인 내용이 침해되는 일이 없도록 신중을 기하여야 한다.」
    동지: 대법원 2007. 1. 31. 결정, 2006 모 657; 대법원 2017. 3. 9, 2013 도 16162.

2 Laufhütte KK § 148, Rn. 3; Meyer-Goßner § 148, Rn. 12.

사할 수 있다($\frac{제35조}{1항}$). 피고인의 법정대리인, 특별대리인, 보조인 또는 피고인의 배우자·직계친족·형제자매로서 피고인의 위임장 및 신분관계를 증명하는 문서를 제출한 자도 같다($\frac{동조}{제2항}$). 재판장은 피해자, 증인 등 사건관계인의 생명 또는 신체의 안전을 현저히 해칠 우려가 있는 경우에는 열람·복사에 앞서 사건관계인의 성명 등 개인정보가 공개되지 아니하도록 보호조치를 할 수 있다($\frac{동조}{제3항}$). 이 경우에 법원사무관 등은 재판기록에 대하여 사건관계인의 개인정보 보호를 위한 비실명 처리를 하여야 한다($\frac{재판기록 열람·복}{사 규칙 제7조 3항}$). 이 외에도 피고인에게는 공판조서 열람·등사권이 인정된다. 즉 피고인은 공판조서의 열람 또는 등사를 청구할 수 있다($\frac{제55조}{1항}$). 피고인이 공판조서를 읽지 못하는 때에는 공판조서의 낭독을 청구할 수 있다($\frac{동조}{제2항}$). 피고인의 공판조서의 낭독청구가 있는 때에는 재판장의 명에 의하여 법원사무관 등이 낭독한다($\frac{규칙}{제30조}$).

　　열람·복사의 대상은 소송계속 중의 관계 서류 또는 증거물이다. 수사기관 44 에서 수사하고 있는 수사서류에 대하여는 변호인이 이 규정에 의하여 열람·복사를 청구할 수 없다.

　　수사서류의 열람·복사는 원칙적으로 수사준칙규정에 의한다. 즉 피의자, 사건관계인 또는 그 변호인은 검사 또는 사법경찰관이 수사 중인 사건에 관한 본인의 진술이 기재된 부분 및 본인이 제출한 서류의 전부 또는 일부를, 검사가 불기소 결정을 하거나 사법경찰관이 불송치 결정을 한 사건에 관한 기록의 전부 또는 일부에 대해 열람·복사를 신청할 수 있고($\frac{제69조 1}{항·2항}$), 피의자 또는 그 변호인은 고소장, 고발장, 이의신청서, 항고장, 재항고장($\frac{각 피의자에 대한 혐}{의사실 부분으로 한정}$)의 열람·복사를 신청할 수 있다($\frac{동조}{제3항}$).[1] 입법론으로는 수사서류에 대하여도 피의자신문조서, 피의자가 제출한 증거 및 전문가의 감정서 등 일정한 서류에 대하여는 변호인의 열람·복사를 허용하는 것이 타당하다고 생각된다. 한편, 구속전피의자심문에 참여할 변호인 및 체포·구속적부심사[2]를 청구한 피의자의 변호인은 지방법원 판사에게 제출된 구속영장청구서 및 그에 첨부된 고소·고발장, 피의자의 진술을 기재한 서류와 피의자가 제출한 서류를 열람할 수 있다($\frac{규칙 제96조의 21}{제1항, 제104조의 2}$).

1　구체적인 절차와 내용은 검찰의 경우, 검찰보존사무규칙, 사건기록 열람·등사에 관한 업무처리 지침(대검예규 제1183호, 2021. 1. 1)에 의한다.

2　헌법재판소도 구속적부심사사건 피의자의 변호인에게 수사기록 중 고소장과 피의자신문조서를 열람·등사할 권리가 있음을 인정한 바 있다(헌재결 2003. 3. 27, 2000 헌마 474).

(3) 공소제기 후 검사가 보관하고 있는 서류 등의 열람·등사

45   공소장일본주의에 의하여 검사는 공소제기 시에 공소장만 법원에 제출하고 수사서류 등의 증거물은 증거조사의 과정에서 법원에 제출한다. 공소제기 후 검사가 보관하고 있는 서류 등에 관하여 피고인 또는 변호인은 검사에게 그 개시를 신청하고, 검사가 이를 거절하는 때에는 법원에 불복을 신청할 수 있다(제266조의3 내지 4).

46   **1) 검사에 대한 열람·등사의 신청**   피고인 또는 변호인은 검사에게 공소제기된 사건에 관한 서류 등의 열람·등사를 신청할 수 있다(제266조의3 제1항).

(가) **신청권자**   열람·등사를 신청할 수 있는 사람은 피고인 또는 변호인이다. 다만, 피고인에게 변호인이 있는 경우에는 피고인은 열람만을 신청할 수 있다.

검사에 대한 열람·등사의 신청은 ① 사건번호·사건명·피고인, ② 신청인 및 피고인과의 관계, ③ 열람 또는 등사할 대상을 기재한 서면으로 하여야 한다(규칙 제123조의2).

47   (나) **열람·등사의 대상**   검사에게 열람·등사를 신청할 수 있는 것은 공소제기된 사건에 관한 서류 또는 물건의 목록과 공소사실의 인정 또는 양형에 영향을 미칠 수 있는 ① 검사가 증거로 신청할 서류 등, ② 검사가 증인으로 신청할 사람의 성명·사건과의 관계 등을 기재한 서면 또는 그 사람이 공판기일 전에 행한 진술을 기재한 서류 등, ③ ① 또는 ②의 증명력과 관련된 서류 등, ④ 피고인 또는 변호인이 행한 법률상·사실상 주장과 관련된 서류 등이다(제266조의3 제1항 1호 내지 4호). 열람·등사를 신청할 수 있는 서류 등에는 도면·사진·녹음테이프·비디오테이프·컴퓨터용디스크, 그 밖에 정보를 담기 위하여 만들어진 물건으로서 문서가 아닌 특수매체를 포함한다(동조 제6항). 증명력과 관련된 서류에는 증명력을 강화시키는 증거와 약화시키는 증거를 포함한다. 피고인 또는 변호인의 주장과 관련된 서류는 당해 사건의 기록 이외에 관련된 형사재판확정기록과 불기소기록[1]이 포함

---

1 이와는 달리, 형사재판확정기록은 누구든지 이를 보관하고 있는 검찰청에 열람 또는 등사를 신청할 수 있다(제59조의2 제1항). 따라서 재판확정기록에 대해서는 공공기관의 정보공개에 관한 법률에 의한 공개청구는 허용되지 않는다(대법원 2016. 12. 15, 2013 두 20882; 대법원 2017. 3. 15, 2014두7305). 재판확정기록의 열람·등사신청의 거부나 제한(동조 제2항) 등에 대한 불복(동조 제6항)은 준항고에 의한다. 재판확정기록에는 형사사건에서 증거로 채택되지 아니하였거나 그 범죄사실과 직접 관련되지 아니한 서류도 포함된다(대법원 2016. 7. 12. 결정, 2015 모 2747; 대법원 2012. 3. 30. 결정, 2008 모 481; 대법원 2022. 2. 11. 결정, 2021 모 3175). 반면에, 불기소처분으로 종결된 기록에 관해서는 위 법에 따른 정보공개청구가 허용되고 그 거부나 제한 등에 대한 불복은 항고소송절차에 의한다(대법원 2022. 2. 11. 결정, 2021 모 3175). 그리고 확정 판결서 등은 누구든지 이를 보관하는 법원에 열람 및 복사할 수 있다(제59조의3 제1항).

되나, 다른 사건의 기록까지 포함하는 것은 아니다. 피고인 또는 변호인이 행한 주장이어야 하므로, 단순히 피고인이 예정하고 있는 쟁점으로는 부족하다. 또 서류 등의 목록은 수사기관이 필요하다고 인정되는 서류 등을 기재한 것이면 충분하다.[1] 피의자 또는 제 3 자의 진술을 영상녹화한 영상녹화물의 열람·등사는 원본과 함께 작성된 부본에 의하여 행할 수 있다($\frac{규칙 제}{123조의 3}$).

(다) **열람·등사의 거부**   검사는 국가안보, 증인보호의 필요성, 증거인멸의 염   48
려, 관련사건의 수사에 장애를 가져올 것으로 예상되는 구체적인 사유 등 열람·등사 또는 서면의 교부를 허용하지 아니할 상당한 이유가 있다고 인정하는 때에는 열람·등사 또는 서면의 교부를 거부하거나 그 범위를 제한할 수 있다($\frac{제266조의}{3 \ 제2항}$). 다만, 검사는 서류 등의 목록에 대하여는 열람·등사를 거부할 수 없다($\frac{동조}{제5항}$). 증거개시제도의 실효성을 확보하기 위한 것이다. 특수매체에 대한 등사는 필요한 최소한의 범위에 한하여 허용된다($\frac{동조}{제6항}$). 특수매체는 사생활 침해 및 전파가능성이 매우 높은 것을 고려한 것이다. 검사가 열람·등사를 거부하거나 그 범위를 제한하는 때에는 지체 없이 그 이유를 서면으로 신청인에게 통지해야 한다($\frac{동조}{제3항}$). 검사가 신청을 받은 때부터 48시간 이내에 위 통지를 하지 아니하는 때에는 피고인 또는 변호인은 열람·등사 등이 거부된 경우와 같이 법원에 열람·등사의 허용을 신청할 수 있다($\frac{동조}{제4항}$).

2) **법원의 열람·등사에 관한 결정**   피고인 또는 변호인은 검사가 서류 등의   49
열람·등사 또는 서면의 교부를 거부하거나 그 범위를 제한한 때에는 법원에 그 서류 등의 열람·등사 또는 서면의 교부를 허용하도록 할 것을 신청할 수 있다($\frac{제266조의}{4 \ 제1항}$). 법원에 대한 열람·등사의 신청은 ① 열람 또는 등사를 구하는 서류 등의 표목, ② 열람 또는 등사를 필요로 하는 사유를 기재한 서면으로 하여야 하며($\frac{규칙 제123조}{의4 \ 제1항}$), 그 신청서에는 ① 검사에 대한 열람·등사신청서 사본, ② 검사의 열람·등사 불허 또는 범위 제한 통지서(검사가 서면으로 통지하지 않은 경우에는 그 사유를 기재한 서면), ③ 신청서 부본 1부를 첨부하여야 한다($\frac{동조}{제2항}$). 법원은 위의 신청이 있는 경우 즉시 신청서 부본을 검사에게 송부하여야 하고, 검사는 이에 대한 의견을 제시할 수 있다($\frac{동조}{제3항}$). 법원은 위의 신청이 있는 때에는 열람·등사 또는 서면의 교부를 허용하는 경우에 생길 폐해의 유형·정도, 피고인의 방어 또는 재판의 신속한 진행을 위한 필요성 및 해당 서류 등의 중요성 등을 고려하여

---

1 법무부, 개정 형사소송법, 170면.

검사에게 열람·등사 또는 서면의 교부를 허용할 것을 명할 수 있다. 이 경우 열람 또는 등사의 시기·방법을 지정하거나 조건·의무를 부과할 수 있다($\frac{제266조의}{4 제2항}$). 법원이 위의 결정을 할 때에는 검사에게 의견을 제시할 수 있는 기회를 주어야 하며($\frac{동조}{제3항}$), 필요하다고 인정하는 때에는 검사에게 해당 서류의 제시 등을 요구할 수 있고, 피고인이나 그 밖의 이해관계인을 심문할 수 있다($\frac{동조}{제4항}$).

법원의 결정에 대하여는 즉시항고를 할 수 없다. 따라서 법원의 열람·등사 허용결정은 그 결정이 고지되는 즉시 집행력이 발생한다.[1] 다만, 형사소송법 제402조에 의한 보통항고가 허용되는지 여부에 관하여 이는 판결 전 소송절차에 관한 결정으로서 제403조의 보통항고를 할 수 있는 예외조항에 해당하지 않으므로 불복이 허용되지 않는다는 견해[2]가 있다. 판례도 같은 취지이다.[3] 그러나 이는 판결 전 소송절차에 관한 규정이 아니라 제402조에서 규정하는 일반규정으로서의 법원의 결정이므로 보통항고는 허용된다. 또 검사가 열람·등사 등에 관한 법원의 결정을 지체 없이 이행하지 아니한 때에는 해당 증인 및 서류 등에 대한 증거신청을 할 수 없다($\frac{동조}{제5항}$).[4]

검사, 피고인 또는 변호인은 공판준비 또는 공판기일에서 법원의 허가를 얻어 구두로 상대방에게 서류 등의 열람·등사를 신청할 수 있다($\frac{규칙 제123조}{의5 제1항}$). 상대방이 공판준비 또는 공판기일에서 서류 등의 열람 또는 등사를 거부하거나 그 범위를 제한한 때에는 법원은 열람 또는 등사를 명하는 결정을 할 수 있다($\frac{동조}{제2항}$). 이 경우의 신청과 결정은 공판준비 또는 공판기일의 조서에 기재하여야 한다($\frac{동조}{제3항}$).

(4) 피고인 또는 변호인의 증거개시

50   증거개시는 검사가 가지고 있는 증거만을 피고인과 변호인에게 일방적으로 열람·등사하게 하는 one-way-street가 아니라 피고인도 공판에 제출할 증거를

---

1 대법원 2012. 11. 15, 2011 다 48452.

2 사법연수원, 법원실무제요 형사 [Ⅰ], 364면.

3 대법원 2013. 1. 24. 결정, 2012 모 1393.

4 법원의 증거개시결정에 대한 검찰의 불이행에 관하여 헌법상 피고인의 재판을 받을 권리 또는 변호인의 조력을 받을 권리를 침해하였다는 이유로 헌법소원을 제기한 사안(이른바 용산 참사사건)에서, 헌법재판소는 기본권 침해에 해당한다고 판시하였다(헌재결 2010. 6. 24, 2009 헌마 257). 한편 대법원은 형사소송법 제266조의 4 제 5 항은 검사가 불이익을 감수하기만 하면 법원의 결정을 따르지 않을 수 있다는 의미가 아니라, 검사로 하여금 법원의 결정을 신속히 이행하도록 강제하는 규정이라고 하면서, 법원의 기록열람·등사결정을 이행하지 않는 검사를 상대로 한 손해배상사건에서 300만 원의 정신적 피해배상을 명하였다(대법원 2012. 11. 15, 2011 다 48452).

상대방에게 제출해야 하는 two-way-street가 되어야 한다.[1] 형사소송법은 검사
와 피고인의 증거개시의 범위에 균형을 맞추어야 한다는 고려에서 검사에게도 피
고인 또는 변호인에 대한 서류 등의 열람·등사권을 인정하고 있다. 즉 검사는
피고인 또는 변호인이 공판기일 또는 공판준비절차에서 현장부재·심신상실 또
는 심신미약 등 법률상·사실상의 주장을 한 때에는 피고인 또는 변호인에게 ①
피고인 또는 변호인이 증거로 신청할 서류 등, ② 피고인 또는 변호인이 증인으
로 신청할 사람의 성명·사건과의 관계 등을 기재한 서면, ③ ① 또는 ②의 서류
또는 서면의 증명력과 관련된 서류 등, ④ 피고인 또는 변호인이 행한 법률상·
사실상의 주장과 관련된 서류 등의 열람·등사 또는 서면의 교부를 요구할 수 있
다($\frac{제266조의}{11\ 제1항}$). 피고인 또는 변호인이 공판준비절차에서 법률상·사실상 주장을 하
는 경우뿐만 아니라 공판기일에서 한 때도 포함하며, 개시해야 할 증거도 법률
상·사실상의 주장과 관련된 서류뿐만 아니라, 피고인 또는 변호인이 신청할 서
류와 증인으로 신청할 사람의 성명 등을 기재한 서면 및 그 증명력과 관련된 서
류 등을 포함한다.

　　피고인 또는 변호인은 검사가 서류 등의 열람·등사 또는 서면의 교부를 거   51
부한 때에는 마찬가지로 서류 등의 열람·등사 등을 거부할 수 있다. 다만, 법원
이 피고인 또는 변호인의 허용신청($\frac{제266조의}{4\ 제1항}$)을 기각하는 결정을 한 때에는 그러하
지 아니하다($\frac{동조}{제2항}$). 검사도 피고인 또는 변호인이 열람·등사 등의 요구를 거부
한 때에는 법원에 그 서류 등의 열람·등사 또는 서면의 교부를 허용할 것을 신
청할 수 있고($\frac{동조}{제3항}$), 법원의 결정절차와 효과 및 특수매체에 대한 등사의 제한은
검사에 대한 경우와 같다($\frac{동조\ 제4항·}{제5항}$).

《보 조 인》

　　보조인(輔助人)이란 일정한 신분관계에 기한 정의(情誼)에 의하여 피고인 또는 피의   52
자의 이익을 보호하는 보조자를 말한다. 신분관계에 기한 정의의 발현으로 자진하여
맡게 된다는 점에서 법률전문가가 법률적 측면에서 피고인·피의자를 보호하는 변호
인과 구별된다. 변호인제도를 보충하는 의미를 가진다.

　　피고인 또는 피의자의 법정대리인·배우자·직계친족과 형제자매는 보조인이 될 수

1　LaFave-Israel-King p. 925.

있다($\frac{제29조}{1항}$). 보조인이 될 수 있는 자가 없거나 장애 등의 사유로 보조인으로서 역할을 할 수 없는 경우에는 피고인 또는 피의자와 신뢰관계 있는 자가 보조인이 될 수 있다($\frac{동조}{2항}$). 보조인은 변호인과 같이 선임되는 것이 아니라 보조인이 되고자 하는 자가 심급별로 그 취지를 신고하면 된다($\frac{동조}{제3항}$). 반드시 서면에 의하여 신고할 것을 요하지 않는다. 다만, 보조인이 되고자 하는 자와 피고인 또는 피의자 사이의 신분관계를 소명하는 서면을 첨부하여야 한다($\frac{규칙 제}{11조 1항}$). 보조인의 신고도 그 심급에 한하여 효력이 있다. 그러나 공소제기 전의 보조인 신고는 제 1 심에도 그 효력이 있다($\frac{제29조}{3항}$). 보조인에게는 변호인과 같은 광범위한 권한이 인정되지 않는다. 즉 보조인은 독립하여 피고인 또는 피의자의 명시한 의사에 반하지 아니하는 소송행위를 할 수 있다. 다만, 법률에 다른 규정이 있는 때에는 예외로 한다($\frac{동조}{제4항}$). 보조인의 권한은 독립대리권에까지만 미친다. 변호인제도의 확립에 따라 보조인은 실효성을 잃고 있다.

제3장 소송절차, 소송행위와 소송조건

제1절 소송절차의 본질 §30

Ⅰ. 소송절차의 본질

국가형벌권을 실현하는 과정이 형사소송이므로 형사소송은 필연적으로 절차 1
에 의하여 구현되지 않을 수 없다. 절차란 일정한 목적을 향한 행위의 질서 있는
연속을 의미한다. 따라서 형사소송절차는 확정판결을 위하여 소송의 주체인 법원
과 검사와 피고인의 연속된 소송행위에 의하여 발전하는 과정을 말한다고 할 수
있다. 소송절차의 전 과정, 즉 전체로서의 소송을 어떻게 통일적으로 파악할 수 있
는가의 문제가 소송절차의 기본이론 내지 소송절차의 본질론이라고 할 수 있다.

소송절차의 본질에 관하여는 법률관계설과 법률상태설 및 2면설이 대립되고
있다.

(1) 법률관계설

소송을 소송의 주체 사이에 존재하는 법률관계로 파악하는 견해이다. Bülow 2
에 의하여 주장된 이론이다. 이에 의하면 소송은 법원과 양 당사자 사이에 존재
하는 하나의 법률관계이므로 법원은 심판을 할 권리·의무를 가지고, 당사자는
심판을 구하거나 또는 심판을 받을 권리·의무를 가진다. 이러한 법률관계가 발
전하여 나가는 데 소송의 본질이 있고, 따라서 소송은 이러한 법률관계의 통일체
를 의미한다는 것이다.

법률관계설은 소송법률관계가 실체법률관계와 성질을 달리한다는 점을 명백
히 하였을 뿐만 아니라, 소송의 본질을 권리·의무관계로 파악하여 피고인의 권
리보호에 기여하였다고 할 수 있다. 그러나 법률관계란 원래 정적·고정적인 것
이므로 소송을 법률관계로 파악할 때에는 소송의 동적·발전적 성격에 일치할 수
없다는 비난을 면할 수 없다. 심판을 하고 심판을 받을 권리·의무란 정적인 공
법관계에 불과하며 그 자체가 발전하는 과정이라고 이해할 수는 없기 때문이다.

(2) 법률상태설

3   소송은 법률관계가 아니라 기판력을 정점으로 하는 부동적인 법률상태라고
이해하는 견해이다. Goldschmidt에 의하면 모든 소송과정은 종국적인 목표인 기
판력과의 관계에서 이해하여야 하고, 소송상의 권리·의무는 판결의 확정에 의하
여 비로소 명확한 권리·의무가 되며 그 때까지는 엄밀한 의미에서의 권리·의무
관계가 아니라 단순히 유리한 기판력을 획득할 가능성 또는 불리한 재판을 받을
부담에 지나지 않고, 소송은 바로 이러한 부동적 법률상태로 파악해야 한다고 하
였다.

법률상태설은 소송의 동적·발전적 성격을 명백히 한 점에서는 공헌하였다
고 할 수 있으나, 순수한 소송의 절차적 면까지 법률상태라고 파악하여 절차면이
가지는 법률관계적 성질을 부정한 것은 타당하다고 할 수 없다.

(3) 2 면 설

4   전체로서의 소송을 실체면과 절차면으로 구별하여 실체면은 실체법이 소송
을 통하여 실현되는 과정으로서 부동적인 성격을 가지고 있다는 점에서 법률상태
이지만, 절차면은 고정적인 법률관계라고 파악해야 한다는 견해이다. 우리나라의
통설이 취하고 있는 이론이다.[1] 2면설은 Sauer에 의하여 주장된 3면설을 기초로
소송추행과정을 다른 두 개의 과정, 특히 절차과정에 포함시켜 소송절차를 이해
하고자 하는 견해이다.

> Sauer는 소송의 발전적 성격에 착안하고 소송을 실체법의 실현과정으로 파악하여 그
> 발전과정을 실체형성과정(Sachgestaltungslinie), 소송추행과정(Verfolgungslinie) 및
> 절차과정(Verfahrenslinie)으로 분류하고 실체형성은 소송의 목적인 실체법률관계의
> 실현으로서 소송의 중심이 되는 것임에 반하여, 소송추행은 양 당사자의 이익추행의
> 활동이고, 절차는 그 이익추행을 현실로 행하는 법적 형식이라고 하였다. 이와 같은
> 소송의 3과정은 서로 목적·수단의 관계에 있으므로 그 분석에 의하여 소송을 체계
> 적으로 해명할 수 있다고 하였다.

5   소송의 동적·발전적 성격과 법률관계적인 성질을 모두 설명하고, 소송행
위·소송조건은 물론 재판의 효력 등 소송의 기본개념에 대한 통일적인 이해를
가능하게 하는 이론이라는 점에서 2면설이 타당하다고 하지 않을 수 없다.

---

1 김재환 316면; 백형구 567면, 강의 156면; 신양균/조기영 461면; 신현주 66면.

Ⅱ. 소송의 실체면과 절차면

1. 소송의 실체면

소송의 실체면이란 구체적 사건에서 실체법률관계가 형성·확정되는 과정을 6 말한다. 형사소송은 구체적 사건에 형법을 실현하는 것을 목적으로 한다. 이 구체적 사건이 형사소송의 객체이다. 그러나 형사사건, 즉 소송의 객체는 객관적으로 존재하는 것이 아니라 소송주체의 활동에 의하여 형성된다. 이러한 실체형성이 행하여지는 소송의 과정 내지 측면이 바로 소송의 실체면이다.

구체적으로 살펴보면 수사과정에서 수사기관의 주관적 혐의에 불과하였던 것이 증거에 의하여 객관적 혐의로 발전하여, 검사에 의하여 유죄의 확신이 생긴 때에 공소를 제기하게 된다. 검사의 공소제기에 의하여 소송의 객체가 특정된다. 그러나 공소제기는 검사의 일방적 주장에 불과하므로 법정에서 양 당사자의 공격·방어를 통하여 주장의 당부가 밝혀지고, 법관의 심증에 범죄사실의 존재가 증명될 때 비로소 유죄판결이 선고된다.

실체면은 구체적 사건에서 실체법률관계가 형성·확정되기까지의 부동적인 과정이므로 법률상태설이 타당하게 된다.

2. 소송의 절차면

소송의 절차면이란 소송절차에서 순실체면을 제외한 절차적 측면을 말한다. 7 절차면은 실체면에 대하여 내용에 대한 형식, 목적에 대한 수단으로서의 의미를 가진다. 절차면은 직접·간접으로 실체면의 발전을 목적으로 하는 소송행위의 연속이며 소송행위의 효력에 의하여 진전한다. 소송행위의 효력은 소송주체에 대하여 일정한 권리·의무관계를 발생시킨다. 절차면에 대하여 법률관계설이 타당하다고 하는 이유는 여기에 있다.

3. 실체면과 절차면의 관계

실체면과 절차면은 분리된 두 개의 면이 아니라 하나의 소송절차의 두 개의 8 측면에 지나지 않는다. 따라서 실체면과 절차면은 밀접한 관련을 가지고 서로 영향을 주고 받지 않을 수 없다.

(1) 실체면이 절차면에 미치는 영향

9 　사물관할의 표준, 고소의 요부(친고죄), 긴급체포의 요건, 필요적 변호의 요부, 피고인출석의 요부 등은 실체면을 떠나서 판단할 수 없는 부분이다. 실체면이 절차면에 영향을 미치는 것이 명백한 경우이다.

　부동적인 실체면이 절차면에 영향을 미치게 되면 절차면도 또한 부동적인 법률상태로서의 성질을 가지지 않을 수 없게 된다. 그러나 소송절차는 다수의 행위의 연속에 의하여 발전하며 뒤의 행위는 앞의 행위를 기초로 행하여진다. 즉 개별적인 행위는 다른 절차의 기초가 된다. 따라서 이미 행하여진 앞의 행위를 후에 번복하는 것은 절차의 계획성과 소송경제에 반한다. 여기서 절차가 그 당시의 실체형성에 근거하여 행하여진 경우에는 후에 실체형성이 변경되었다 할지라도 그 절차를 번복해서는 안 된다는 원칙이 요구된다. 이것이 절차면에 적용되는 절차유지의 원칙이다.

(2) 절차면이 실체면에 미치는 영향

10 　실체면의 발전은 증거조사에 의하여 행하여진다. 따라서 실체면은 증거에 관한 법적 규제를 통하여 절차면의 영향을 받지 않을 수 없다. 위법수집증거의 배제법칙이나 전문법칙은 물론 자백을 유일한 증거로 하여 유죄를 선고할 수 없도록 한 것은 절차면이 실체형성에 대하여 미치는 영향이다.

§31

제2절　소송행위의 의의와 종류

I. 소송행위의 의의

1. 소송행위의 개념

1 　소송행위란 소송절차를 조성하는 행위로서 소송법상의 효과가 인정되는 것을 말한다. 소송은 판결과 그 집행을 목적으로 진행·발전하는 동적 절차이다.[1] 이러한 소송절차를 형성하는 개개의 행위를 소송행위라고 한다.

2 　소송행위라고 하기 위하여는 소송절차를 조성하는 행위일 것을 요한다. 따

---

1 Zipf S. 91.

라서 법관의 임면이나 사법사무의 분배와 같이 소송에 관계있는 행위라 할지라도 소송절차 자체를 조성하는 행위가 아닌 것은 소송행위가 아니다. 소송행위는 협의로는 공소제기부터 판결확정에 이르기까지의 공판절차를 조성하는 행위를 의미하나, 광의로는 수사절차와 형집행절차를 조성하는 행위를 포함한다. 소송행위론을 논하는 실익에 비추어 볼 때 소송행위의 개념은 광의로 파악해야 한다.

소송행위는 소송법상의 효과가 인정되는 행위를 말한다. 따라서 사실상 소   3
송의 진행에 기여하는 행위라 할지라도 소송법적 효과가 인정되지 않는 것은 소송행위가 아니다. 법정경위의 법정정리 또는 개정준비행위가 여기에 해당한다. 소송법상의 효과가 인정되는 이상 동시에 실체법상의 효과가 인정되는 경우에도 소송행위라고 하지 않을 수 없다. 이를 이중기능적 소송행위라고 한다.[1] 자수와 자백이 여기에 해당한다.

2. 소송행위의 특질

소송행위는 소송목적을 향한 절차의 연속을 전제로 하는 행위이므로 소송법   4
독자의 이론이 적용되지 않을 수 없다. 즉 소송행위는 절차의 발전단계에 따라 이미 이루어진 행위를 바탕으로 다른 행위가 행하여지는 것이므로 절차유지의 원칙에 의하여 소송행위를 무효로 하는 것을 억제할 필요가 있다. 따라서 사법상의 법률행위이론 특히 의사의 하자에 관한 이론은 소송행위에 대하여 그대로 적용될 수 없다. 여기에 소송행위에 관하여 하자의 치유가 문제되는 이유가 있다.

Ⅱ. 소송행위의 종류

소송행위는 여러 가지 기준에 의하여 구별할 수 있다. 여기서는 소송행위의 주체·기능·성질 및 목적을 기준으로 소송행위의 종류를 검토하기로 한다.

1. 주체에 의한 분류

소송행위는 주체에 따라 법원의 소송행위와 당사자의 소송행위 및 제 3 자의   5
소송행위로 나눌 수 있다.[2] 법원의 소송행위 대신에 광의의 소송행위 개념에 따

---

1 Gössel S. 160; Roxin S. 165; Schäfer S. 131; Schroeder S. 234; Zipf S. 93.
2 손동권/신이철 121면; 신동운 690면; 이영란 169면; 정영석/이형국 113면.

라 법원의 소송행위, 수사기관의 소송행위 및 집행기관의 소송행위로 다시 세분하는 견해[1]도 있다.

(1) 법원의 소송행위

6   법원이 하는 소송행위를 말한다. 피고사건에 대한 심리와 재판이 가장 중요한 법원의 소송행위나, 강제처분과 증거조사도 여기에 포함된다. 재판장·수명법관·수탁판사의 소송행위도 법원의 소송행위에 준한다. 법원사무관 등의 소송행위도 여기에 속한다.

(2) 당사자의 소송행위

7   검사와 피고인의 소송행위를 말한다. 피고인의 변호인·대리인·보조인의 소송행위도 당사자의 소송행위에 준한다. 당사자의 소송행위에는 신청·입증 및 진술이 있다.

1) 신청·청구   법원에 대하여 일정한 재판을 구하는 소송행위를 말한다. 관할이전의 신청, 기피신청, 공소와 상소의 제기 또는 보석의 청구 등이 여기에 해당한다. 법이 이를 당사자의 권리로 인정한 때에는 법원은 반드시 재판을 하여야 한다.

2) 입 증   증명에 관한 소송행위를 말한다. 증거제출, 증거신청, 증인의 신문이 여기에 해당한다.

3) 진   술   진술에는 주장(Behauptung)과 협의의 진술(Aussage)이 포함된다. 주장은 사실 또는 법률에 대한 의견을 진술하는 것이며, 변론이라고도 한다. 검사의 논고와 구형 및 변호인의 변론이 여기에 해당한다. 진술이란 법원의 심증형성에 영향을 미치는 사실을 말하는 것이다. 피고인의 진술이 여기에 해당한다.

(3) 제3자의 소송행위

8   법원과 당사자 이외의 자가 행하는 소송행위를 말한다. 고소·고발·증언·감정 등이 여기에 해당한다.

2. 기능에 의한 분류

9   소송행위는 그 기능에 따라 효과요구 소송행위(Einwirkungshandlung)와 효과부여 소송행위(Bewirkungshandlung)로 나눌 수 있다. 전자를 취효적(取效的) 소송

---

1 백형구 578면, 강의 162면.

행위, 후자를 여효적(與效的) 소송행위라고 하기도 한다.[1] 독일 형사소송법학에서 소송행위를 분류하는 대표적인 기준이다.[2]

효과요구 소송행위란 그 자체로는 희망하는 소송법적 효과가 바로 발생하지 않고 다른 주체의 소송행위를 요구하는 소송행위를 말한다. 공소제기·증거신청과 같은 재판의 청구가 대표적인 예이다. 법원도 또한 효과요구 소송행위의 주체가 된다. 이에 반하여 효과부여 소송행위란 그 자체가 직접적으로 소송절차를 형성하는 소송행위를 말한다. 상소취하·정식재판청구의 취하 등이 여기에 해당한다.

3. 성질에 의한 분류

소송행위는 그 성질 또는 법률효과에 대한 관계를 기준으로 법률행위적 소송행위와 사실행위적 소송행위로 나눌 수 있다.

(1) 법률행위적 소송행위

일정한 소송법적 효과를 지향하는 의사표시를 요소로 하고 그에 상응하는 효과가 인정되는 소송행위를 말한다. 공소제기·법원의 재판 및 상소제기가 여기에 속한다. 그러나 법률행위적 소송행위는 의사표시에 대하여 그 내용과 같은 효과가 인정되는 것이 아니라 소송법이 정한 일정한 법률효과가 발생할 뿐이라는 점에서 민법상의 법률행위와는 구별된다.   10

(2) 사실행위적 소송행위

주체의 의사와 관계없이 일정한 소송법적 효과가 부여되는 소송행위를 말한다. 사실행위적 소송행위는 다시 표시행위와 순수한 사실행위로 나눌 수 있다.   11

표시행위란 의사를 내용으로 하는 소송행위이지만 그에 상응하는 소송법적 효과가 인정되지 않는 것을 말한다. 논고·구형·변론·증언·감정 등이 여기에 해당한다. 이에 반하여 순수한 사실행위는 구속·압수·수색 등의 영장의 집행을 말한다.

영장의 집행과 영장의 발부는 구별해야 한다. 영장의 집행은 사실행위이지만 영장의 발부는 법률행위적 소송행위이다. 따라서 구속은 사실행위와 법률행위가 복합된 복합적 소송행위라고 할 수 있다.

---

1 강구진 38면; 신동운 692면.
2 Gössel S. 160; Peters S. 252; Roxin S. 165; Schäfer S. 131; Zipf S. 92.

4. 목적에 의한 분류

12   소송행위는 그 목적 내지 역할에 따라 실체형성행위와 절차형성행위로 나눌 수 있다. 실체형성행위와 절차형성행위는 소송절차를 실체면과 절차면으로 구별하는 2면설을 근거로 한다. 따라서 3면설을 취할 때에는 소송행위를 실체형성행위와 절차형성행위 및 소송추행행위로 분류하게 된다. 그러나 소송절차의 이론적 분석에 대하여 3면설을 취해야 할 실익은 없다고 생각된다.

(1) 실체형성행위

13   실체면의 형성에 직접적인 역할을 담당하는 소송행위, 즉 법관의 심증형성을 위한 행위를 말한다. 증거조사, 당사자의 변론, 증언 등이 여기에 해당한다. 재판은 실체에 대한 법원의 판단이며 실체형성행위 자체는 아니다.

(2) 절차형성행위

14   절차의 형식적 발전과 그 발전을 추구하는 절차면의 형성에 역할을 담당하는 행위를 말한다. 공소제기, 공판기일의 지정, 소송관계인의 소환, 증거신청, 상소의 제기 등이 여기에 속한다.

§32   제 3 절   소송행위의 일반적 요소

1   소송행위에는 그 동적 · 발전적 성격으로 인하여 형식적 확실성이 요청된다. 따라서 모든 소송행위는 정형에 합치하여야 한다. 소송행위의 정형은 개개의 소송행위에 따라 다르다. 모든 소송행위에 대하여 일반적 요소로 문제되는 것으로 주체 · 내용 · 방식 및 일시와 장소가 있다.

Ⅰ. 소송행위의 주체

1. 소송행위적격

2   소송행위에는 주체가 필요하다. 행위의 주체가 그의 이름으로 소송행위를 할 수 있는 자격을 행위적격이라고 한다. 소송행위적격은 일반적 행위적격과 특별행위적격으로 나눌 수 있다.

(1) 일반적 행위적격

소송행위 일반에 대하여 요구되는 행위적격을 말한다. 소송행위의 주체와 대리권을 가지는 자가 누구인가의 문제라고 할 수 있다. 소송행위의 주체가 되기 위하여는 소송능력을 가질 뿐만 아니라 소송행위능력이 있어야 한다. 소송행위능력이란 소송을 수행하면서 자신의 이익과 권리를 방어할 수 있는 사실상의 능력을 의미한다.

(2) 특별행위적격

개개의 소송행위에 대하여 요구되는 행위적격을 말한다. 특별행위적격에는   3 두 가지가 있다. ① 행위적격이 소송행위의 개념요소로 되어 있는 때에는 행위적격 없는 자의 소송행위는 소송행위로서 성립하지 않는다. 법관 아닌 자가 한 재판이나 검사 아닌 자의 공소제기가 여기에 해당한다. ② 소송행위를 일정한 자의 권한으로 규정한 경우에는 권한 없는 자가 한 소송행위는 무효에 지나지 않는다. 고소권자 아닌 자가 한 고소, 상소권자 아닌 자의 상소가 그것이다.

2. 소송행위의 대리

(1) 소송행위의 대리의 의의

소송행위의 대리란 소송행위에 있어서 행위적격자의 대리가 허용되는가라는   4 문제를 말한다. 대리란 대리인의 행위에 의하여 본인에게 직접 법률상의 효과가 발생하는 것을 의미한다. 민법상의 대리는 법률행위에 대하여만 문제되는 것임에 반하여, 소송행위의 대리에 있어서는 법률행위적 소송행위인가 또는 사실행위적 소송행위인가를 불문한다. 법률행위적 소송행위라 할지라도 의사표시에 따른 효과가 인정되는 것이 아니므로 형사소송법에 있어서 법률행위와 사실행위의 구별은 상대적인 것에 지나지 않기 때문이다.

소송행위의 대리는 피고인(피의자) 또는 제 3 자의 소송행위에 대하여만 문제된다. 법원의 소송행위와 검사의 소송행위에 대하여는 대리를 인정할 여지가 없기 때문이다.

(2) 대리의 허용범위

1) 명문의 규정이 있는 경우   형사소송법이 명문으로 소송행위의 대리를 인   5 정하는 경우가 있다. 여기에는 피고인 또는 피의자의 소송행위에 대하여 포괄적

대리를 인정하는 경우와 개개의 소송행위에 대한 대리를 인정하는 경우가 있다. 경미사건에 대한 피고인의 대리($_{조}^{제277}$), 의사무능력자의 소송행위의 대리($_{조}^{제26}$), 법인의 대표($_{조}^{제27}$), 변호인·보조인에 의한 소송행위의 대리($_{제29조}^{제36조,}$)가 전자에 해당한다. 후자에 속하는 것으로는 고소 또는 그 취소의 대리($_{조}^{제236}$), 재정신청의 대리($_{1항}^{제264조,}$), 변호인선임의 대리($_{2항}^{제30조}$), 상소의 대리($_{제341조,}^{제340조,}$)가 있다.

6   **2) 명문의 규정이 없는 경우**   형사소송법에 대리를 허용하는 명문의 규정이 없는 경우에도 대리가 인정될 것인가 대하여는 **긍정설**[1]과 **부정설**[2]이 대립되고 있다.

　　부정설은 ① 형사소송법에 대리를 인정하는 명문의 규정을 두고 있는 것은 명문의 규정이 없는 때에는 대리가 허용되지 않는다는 취지로 이해하여야 하고, ② 소송행위의 대리를 인정하는 것은 형사소송의 형식적 확실성의 요구에 반할 뿐만 아니라, ③ 소송행위는 일신전속적 성질을 가지고 있으므로 대리에 친하지 않고 실체적 진실발견에 지장을 초래한다는 것을 이유로 한다. 판례도 형사소송법에 특별한 규정이 있는 경우에 한하여 소송행위의 대리가 허용된다고 하여 부정설을 취하고 있다.[3] 그러나 명문의 규정이 없는 경우에는 언제나 소송행위의 대리가 허용되지 않는다고 해석하는 것은 타당하다고 할 수 없다. 그것은 ① 대리를 허용하는 규정을 두었다고 하여 명문의 규정이 없으면 언제나 대리가 금지된다고 해석해야 되는 것은 아니고, ② 대리인의 권한이 확실한 때에는 형식적 확실성을 해할 여지가 없고, ③ 소송행위의 일신전속적 성격도 절대적인 것이 아니고, ④ 대리를 허용하면 실체진실의 발견에 지장을 초래한다는 것도 절차형성 행위에 대하여는 적용될 수 없기 때문이다. 따라서 **긍정설**이 타당하다고 해야 한다. 대리가 허용되는가의 여부는 소송행위의 의미와 목적에 따라 결정하지 않으면 안 된다.[4] 먼저 소송행위 가운데 증인의 증언 또는 피고인의 진술과 같은 비대체적 소송행위에 대하여는 대리가 허용되지 않는다. 증거방법이 되는 소송행위에 대하여도 같다. 그러나 절차형성행위 특히 소송주체로서의 소송행위에 대하여

1　강구진 42면; 김기두 86면; 신양균/조기영 469면; 정영석/이형국 118면.

2　김재환 386면; 백형구 582면, 강의 169면; 손동권/신이철 124면; 신동운 697면; 신현주 158면; 임동규 108면; 정승환 § 32/10.

3　대법원 1953. 6. 9. 결정, 4286 형항 3; 대법원 2014. 11. 13, 2013 도 1228; 대법원 2023. 7. 17(전원합의체판결), 2021 도 11126(반의사불벌죄에서의 처벌불원의 의사표시).

4　Peters S. 259; Zipf S. 95.

는 원칙적으로 대리가 허용된다고 해야 한다.

(3) 대리권의 행사

대리권의 행사는 본인의 의사에 따라야 한다. 다만, 본인의 명시 또는 묵시　　7
의 의사에 반하여 대리권을 행사할 수 있는 경우도 있다(독립$_{대리권}$).

대리권 없는 자의 소송행위는 무효이다. 대리권의 행사가 본인의 의사에 따를 것을 요하는 경우에 본인의 의사에 반하는 경우에도 같다. 다만, 본인의 추인이 있는 경우에는 무효의 치유가 가능하다.

Ⅱ. 소송행위의 내용

(1) 소송행위의 형식적 확실성

소송행위에는 형식적 확실성이 요청된다. 따라서 소송행위에서는 표시의 내　　8
용이 소송행위 자체에 의하여 명확히 나타나지 않으면 안 된다. 그러나 형식적 확실성을 해하지 않는 범위에서 다른 서면에 기재된 내용을 인용하는 것은 절차의 편의를 위하여 허용된다고 해야 한다(제369조, 제$_{399조 참조}$). 동시제출서면을 인용하는 것도 허용된다.

(2) 소송행위의 부관

소송행위는 형식적 확실성으로 인하여 부관(附款)에 친하지 않는 행위이다.　　9
따라서 조건부·기한부 소송행위는 원칙적으로 허용되지 않는다. 특히 상소의 제기와 취하, 재판에 대하여 조건을 붙일 수는 없다. 그러나 형식적 확실성을 해하지 않고 피고인의 이익에 중대한 영향이 없는 범위에서는 조건부 소송행위도 허용된다고 해야 한다(제한적$_{허용설}$).[1] 공소사실과 적용법조의 예비적·택일적 기재, 조건부 또는 택일적 증거신청이 그 예이다.

> 법령에서 허용하고 있는 경우 외에는 허용되지 않는다는 견해(부정설),[2] 효과부여 소송행위(여효적 소송행위)에는 조건이 허용되지 않지만 효과요구 소송행위(취효적 소송행위)에는 허용된다는 견해(이원설)[3]도 있다.

1　임동규 109면.

2　신동운 698면; 정승환 § 32/14.

3　강구진 43면.

Ⅲ. 소송행위의 방식

1. 소송행위의 방식

10   형사소송법은 소송의 법적 안정성과 형식적 확실성을 확보하고 관헌의 자의적인 권력발동을 방지함으로써 피고인을 보호함과 동시에 형사재판에 대한 국민의 신뢰를 확보하기 위하여 소송행위에 필요한 개별적 방식을 규정하고 있다. 따라서 방식위반의 소송행위에 대한 가치판단에 있어서는 이러한 취지를 고려하여 판단하여야 한다.

소송행위의 일반적 방식으로는 구두주의와 서면주의가 있다. 어느 방식에 의하는 경우에도 법원의 용어로는 국어를 사용하며, 국어가 통하지 아니하는 경우에는 통역에 의한다($^{법조법}_{제62조}$).

11   1) **구두주의**   구두주의는 표시내용이 신속·선명하고 표시자와 표시가 일치한다는 장점이 있다. 따라서 구두주의는 공판정에서의 소송행위, 특히 실체형성행위에 대한 원칙적 방식이 되고 있다. 그러므로 법정에서 진술되지 아니한 변호인의 변론요지서에 대하여는 법원의 판단을 요하지 않는다.[1]

12   2) **서면주의**   서면주의는 소송행위를 내용적·절차적으로 명확히 한다는 점에 특색이 있다. 따라서 형식적 확실성을 요하는 절차형성행위의 원칙적 방식은 서면주의이다. 고소와 고발에 대하여는 서면주의와 구두주의가 병용되고 있다($^{제237}_{조}$).

2. 서류와 송달

(1) 소송서류

13   1) **소송서류의 의의**   특정한 소송에 관하여 작성된 일체의 서류를 소송서류라고 한다. 법원에서 작성된 서류뿐만 아니라 법원에 제출된 서류를 포함한다. 소송서류는 특정한 소송에 관하여 작성되거나 제출된 서류를 의미하므로 압수된 서류는 증거물이지 소송서류가 아니다. 법원이 소송서류를 소송절차의 진행순서에 따라 편철한 것을 소송기록이라고 한다.

소송에 관한 서류는 공판의 개정 전에는 공익상 필요 기타 상당한 이유가 없으면 공개하지 못한다($^{제47}_{조}$). 이는 피고인 또는 이해관계인의 명예를 보호하고

---

1 대법원 1970. 9. 22, 70 도 1513.

재판에 대한 외부의 부당한 영향을 방지하기 위한 것이다. 공판의 개정 전이란 제 1 회 공판기일 전에 한하지 않는다. 따라서 제 2 회 공판기일의 공판개정 전에 도 전공판기일에 공개하지 않았던 서류 또는 그 후에 작성된 서류는 공개하지 못 한다.

2) 소송서류의 종류

(개) **의사표시적 문서와 보고적 문서**　　　공소장이나 고소장·고발장·상소장 또는 　14
변호인선임계와 같은 의사표시를 내용으로 하는 문서를 의사표시적 문서라고 하
고, 공판조서·검증조서 또는 신문조서와 같이 일정한 사실의 보고를 내용으로
하는 서류를 보고적 문서라고 한다. 당해 사건에 대한 의사표시적 문서는 증거능
력이 없다.

(나) **공무원의 서류와 비공무원의 서류**　　　공무원의 서류란 공무원이 작성하는 　15
서류를 말한다. 공무원이 작성하는 서류에는 법률에 다른 규정이 없는 때에는 작
성연월일과 소속공무소를 기재하고 기명날인 또는 서명하여야 한다($\binom{제57조}{1항}$). 공무
원이 서류를 작성함에는 문자를 변개하지 못하며, 삽입·삭제 또는 난외기재를
한 때에는 그 기재한 곳에 날인하고 그 자수(字數)를 기재하여야 한다($\binom{제58}{조}$). 공무
원 아닌 자가 작성하는 서류를 비공무원의 서류라고 한다. 비공무원의 서류에는
연월일을 기재하고 기명날인 또는 서명하여야 한다. 인장이 없으면 지장으로 한
다($\binom{제59}{조}$).

> 공무원이 아닌 자가 서명날인을 하여야 할 경우에 서명을 할 수 없으면 타인이 대서
> 한다. 이 경우에는 대서한 자가 그 사유를 기재하고 기명날인 또는 서명하여야 한다
> $\binom{규칙}{제41조}$.

(다) **조　　　서**　　　보고적 문서 중 일정한 절차 또는 사실을 인증하기 위하여 작 　16
성된 공권적 문서를 조서라고 한다. 공판조서, 진술조서, 압수·수색·검증의 결
과를 기재한 조서가 여기에 해당한다.

A. **조서의 작성방법과 기재요건**　　　피고인·피의자·증인·감정인·통역인 또는 　17
번역인을 신문(訊問)하는 때에는 참여한 법원사무관등이 조서를 작성하여야 한다
($\binom{제48조}{1항}$). 조서에는 피고인·피의자·증인·감정인 등의 진술, 증인·감정인 등이
선서를 하지 아니한 때에는 그 사유를 기재하여야 한다($\binom{동조}{제2항}$). 조서는 진술자에
게 읽어 주거나 열람하게 하여 기재 내용이 정확한지를 물어야 한다($\binom{동조}{제3항}$). 진술

자가 조서에 대하여 추가, 삭제 또는 변경의 청구를 한 때에는 그 진술내용을 조서에 기재하여야 한다(동조 제4항). 신문에 참여한 검사, 피고인, 피의자 또는 변호인이 조서 기재 내용의 정확성에 대하여 이의(異議)를 진술한 때에는 그 진술의 요지를 조서에 기재하여야 한다(동조 제5항). 이때 재판장이나 신문한 법관은 그 진술에 대한 의견을 기재하게 할 수 있다(동조 제6항). 조서에는 진술자로 하여금 간인(間印)한 후 서명날인하게 하여야 한다. 다만, 진술자가 서명날인을 거부한 때에는 그 사유를 기재하여야 한다(동조 제7항). 공판조서 및 공판기일 외의 증인신문조서에는 제48조 3항 내지 7항의 규정에 의하지 않는다. 단, 진술자의 청구가 있는 때에는 그 진술에 관한 부분을 읽어주고 증감변경의 청구가 있는 때에는 그 진술을 기재하여야 한다(제52조). 검증ㆍ압수 또는 수색에 관하여는 조서를 작성하여야 한다. 검증조서에는 검증목적물의 현상을 명확하게 하기 위하여 도화나 사진을 첨부할 수 있고, 압수조서에는 품종, 외형상의 특징과 수량을 기재하여야 한다(제49조). 조서에는 조사 또는 처분의 연월일시와 장소를 기재하고 그 조사 또는 처분을 행한 자와 참여한 법원사무관 등이 기명날인 또는 서명하여야 한다. 단, 공판기일 외에 법원이 조사 또는 처분을 행한 때에는 재판장 또는 법관과 참여한 법원사무관 등이 기명날인 또는 서명하여야 한다(제50조).

B. 공판조서   공판기일의 소송절차에 관하여서는 참여한 법원사무관 등이 공판조서를 작성하여야 한다(제51조 1항). 공판조서에는 제51조 2항에 규정된 사항과 모든 소송절차를 기재하여야 하며, 재판장과 참여한 법원사무관 등이 기명날인 또는 서명하여야 한다(제53조 1항). 재판장이 기명날인 또는 서명할 수 없는 때에는 다른 법관이 그 사유를 부기하고 기명날인 또는 서명하여야 하며 법관 전원이 기명날인 또는 서명할 수 없는 때에는 참여한 법원사무관 등이 그 사유를 부기하고 기명날인 또는 서명하여야 한다(동조 제2항). 법원사무관 등이 기명날인 또는 서명할 수 없는 때에는 재판장 또는 다른 법관이 그 사유를 부기하고 기명날인 또는 서명하여야 한다(동조 제3항). 공판조서는 각 공판기일 후 신속히 정리하여야 하며(제54조 1항), 다음 회 공판기일에는 전회의 공판심리에 관한 주요사항의 요지를 공판조서에 의하여 고지하여야 한다. 다만, 다음 회의 공판기일까지 전회의 공판조서가 정리되지 아니한 때에는 조서에 의하지 아니하고 고지할 수 있다(동조 제2항). 검사ㆍ피고인 또는 변호인은 공판조서의 기재에 대하여 변경을 청구하거나 이의를 제기할 수 있다(동조 제3항). 위의 청구나 이의가 있는 때에는 그 취지와 이에 대한 재판장의 의견

을 기재한 조서를 당해 공판조서에 첨부하여야 한다($_{제4항}^{동조}$). 피고인은 공판조서의 열람 또는 등사를 청구할 수 있다. 피고인이 조서를 읽지 못하는 때에는 조서의 낭독을 청구할 수 있다. 피고인의 이러한 청구에 응하지 않은 때에는 그 공판조서는 증거로 할 수 없다($_{조}^{제55}$). 공판기일의 소송절차로서 공판조서에 기재된 것은 그 조서만으로써 증명한다($_{조}^{제56}$).

　　법원은 검사 · 피고인 또는 변호인의 신청이 있는 때에는 특별한 사정이 없　　19 는 한 공판정에서의 심리의 전부 또는 일부를 속기사로 하여금 속기하게 하거나 녹음장치 또는 영상녹화장치를 사용하여 녹음 또는 영상녹화하여야 하며, 필요하다고 인정하는 때에는 직권으로 이를 명할 수 있다($_{2\ 제1항}^{제56조의}$).

　　속기, 녹음 또는 영상녹화(녹음이 포함된 것을 말한다)의 신청은 공판기일 · 공판준비기일을 열기 전까지 하여야 한다($_{의2\ 제1항}^{규칙\ 제30조}$). 속기를 하게 한 경우에 재판장은 법원사무관 등으로 하여금 속기록의 전부 또는 일부를 조서에 인용하고 소송기록에 첨부하여 조서의 일부로 하게 할 수 있다($_{제33조}^{규칙}$). 재판장은 필요하다고 인정하는 때에는 법원사무관 등 또는 속기사 등에게 녹음 또는 영상녹화된 내용의 전부 또는 일부를 녹취할 것을 명할 수 있고, 법원사무관 등으로 하여금 녹취서의 전부 또는 일부를 조서에 인용하고 소송기록에 첨부하여 조서의 일부로 하게 할 수 있다($_{제38조}^{규칙}$).

　　법원은 속기록 · 녹음물 또는 영상녹화물을 공판조서와 별도로 보관하여야 하며($_{2\ 제2항}^{제56조의}$), 검사 · 피고인 또는 변호인은 비용을 부담하고 속기록 · 녹음물 또는 영상녹화물의 사본을 청구할 수 있다($_{제3항}^{동조}$). 재판장은 피해자 또는 그 밖의 소송관계인의 사생활에 관한 비밀 보호 또는 신변에 대한 위해 방지 등을 위하여 특히 필요하다고 인정하는 경우에는 이를 불허하거나 그 범위를 제한할 수 있다($_{의2\ 제1항}^{규칙\ 제38조}$).

　　작성방법에 위반한 조서는 무효이다. 그러나 서류작성의 진정이 명백한 때　　20 에는 소송경제를 고려하여 효력을 인정할 필요가 있다.

　　따라서 관여법관의 성명이 전혀 기재되지 아니한 공판조서($_{70\ 도\ 1312}^{대법원\ 1970.\ 9.\ 22,}$)나 공판기일에 열석하지 아니한 판사가 재판장으로 서명날인하거나($_{82\ 도\ 2940}^{대법원\ 1983.\ 2.\ 8,}$) 참여하지 아니한 서기가 서명날인한 공판조서는 무효이지만($_{4286\ 형상\ 127}^{대법원\ 1953.\ 4.\ 28,}$), 공판조서에 판사의 서명이 있는 때에는 날인이 없는 경우에도 무효가 아니며, 간인이 없다는 것만으로 무효가 되는 것은 아니다($_{4292\ 형상\ 747}^{대법원\ 1960.\ 1.\ 29,}$).

(2) 소송서류의 송달

21　　　**1) 송달의 의의**　　　송달이란 당사자 그 밖의 소송관계인에 대하여 법률에 정한 방식에 의하여 소송서류의 내용을 알리게 하는 법원 또는 법관의 직권행위를 말한다. 송달에는 일정한 법률적 효과가 인정된다. 요식행위인 점에서 통지와 구별되며, 특정인에 대한 것이라는 점에서 공시 또는 공고와 구별된다.

　　　2) 송달의 방법　　　서류의 송달에 관하여는 법률에 다른 규정이 없으면 민사소송법을 준용한다($^{제65}_{조}$).

22　　　**(가) 송달영수인의 신고**　　　피고인・대리인・대표자・변호인 또는 보조인이 법원소재지에 서류의 송달을 받을 수 있는 주거 또는 사무소를 두지 아니한 때에는 법원소재지에 주거 또는 사무소가 있는 자를 송달영수인으로 선임하여 연명한 서면으로 신고하여야 한다($^{제60조}_{1항}$). 송달영수인은 송달에 관하여 본인으로 간주된다($^{동조}_{제2항}$). 다만, 이 규정은 신체의 구속을 당한 자에게는 적용되지 아니한다($^{동조}_{제4항}$). 여기서 신체구속을 당한 자라 함은 그 사건에서 신체를 구속당한 자를 말하며, 다른 사건으로 신체구속을 당한 자는 포함하지 않는다.[1]

23　　　**(나) 송달방법**　　　주거・사무소 또는 송달영수인의 선임을 신고하여야 할 자가 신고를 하지 아니한 때에는 법원사무관 등은 서류를 우체에 부치거나 기타 적당한 방법에 의하여 송달할 수 있다. 서류를 우체에 부친 경우에는 도달된 때에 송달된 것으로 간주한다($^{제61}_{조}$). 검사에 대한 송달은 소속검찰청에 송부하여야 한다($^{제62}_{조}$). 교도소・구치소 또는 국가경찰관서의 유치장에 체포・구속 또는 유치된 사람에게 할 송달은 그 장에게 한다($^{제65조, 민소법}_{제182조}$).[2] 구속된 자에게 전달되었는가는 불문한다.[3]

24　　　**(다) 공시송달**　　　피고인의 주거・사무소와 현재지를 알 수 없는 때에는 공시송달을 할 수 있다($^{제63조}_{1항}$).[4] 따라서 기록상 피고인의 주거가 나타나 있는 경우에는

1　대법원 1976. 11. 10. 결정, 76 모 69.

2　수감 중인 피고인에 대하여 공소장 부본과 피고인소환장 등이 종전 주소지 등으로 송달된 경우는 물론 공시송달의 방법으로 송달하였더라도 부적법하여 무효이고(대법원 2013. 6. 27, 2013 도 2714; 대법원 2017. 9. 22. 결정, 2017 모 1680), 송달명의인이 체포・구속된 날 서류가 종전 주소지 등에 송달된 때는 체포・구속된 시각과 송달된 시각의 전후에 의하여 효력발생 여부를 결정하되 선후관계가 명백하지 않다면 효력은 발생하지 않는다(대법원 2017. 11. 7. 결정, 2017 모 2162).

3　대법원 1972. 2. 18. 결정, 72 모 3.

4　대법원 2023. 2. 23, 2022 도 15288, 「기록상 피고인의 집 전화번호 또는 휴대전화번호 등이 나타나 있는 경우에는 위 전화번호로 연락하여 송달받을 장소를 확인하여 보는 등의 시도를

공시송달을 할 수 없다.[1] 피고인이 재판권이 미치지 아니하는 장소에 있는 경우에 다른 방법으로 송달할 수 없는 경우에도 같다(동조 제2항).

공시송달은 법원이 명하는 때에 한하여 할 수 있다(제64조 1항). 법원은 공시송달의 사유가 있다고 인정하는 때에는 직권으로 결정에 의하여 공시송달을 명한다(규칙 제43조). 공시송달은 법원사무관 등이 송달할 서류를 보관하고 그 사유를 법원게시장에 공시하여야 한다(제64조 2항). 법원은 그 사유를 관보나 신문지상에 공고할 것을 명할 수 있다(동조 제3항). 최초의 공시송달은 공시한 날로부터 2주일을 경과하면 그 효력이 생긴다. 단, 제 2 회 이후의 공시송달은 5일을 경과하면 그 효력이 있다(동조 제4항).

Ⅳ. 소송행위의 일시와 장소

1. 소송행위의 일시

소송행위의 일시에 관하여는 기일과 기간이 문제된다.

(1) 기　　일

기일이란 법관·당사자 그 밖의 소송관계인이 일정한 장소에서 만나 소송행위를 하도록 정해진 때를 말한다. 예컨대 공판기일·증인신문기일이 여기에 해당한다.   25

기일은 일(日) 및 시(時)로써 지정된다. 기일은 지정된 시각에 개시되나 종기에는 제한이 없다.

(2) 기　　간

기간이란 시기와 종기에 의하여 구획된 시간의 길이를 말한다.

1) 기간의 종류

⑺ 행위기간과 불행위기간　　　　행위기간이란 고소기간(제230조)이나 상소기간   26
(제358조 제374조)과 같이 일정한 기간 내에만 적법하게 소송행위를 할 수 있는 기간을 말

해 보아야 하고, 그러한 조치를 취하지 아니한 채 곧바로 공시송달의 방법에 의한 송달을 하고 피고인의 진술 없이 판결을 하는 것은 형사소송법 제63조 제 1 항, 제365조에 위배되어 허용되지 아니한다.」

[1] 대법원 1979. 1. 17. 결정, 78 모 46; 대법원 1984. 9. 28. 결정, 83 모 55; 대법원 1986. 2. 27. 결정, 85 모 6.

한다. 이에 반하여 일정한 기간 내에는 소송행위를 할 수 없는 것을 불행위기간이라 한다. 제 1 회 공판기일의 유예기간($\substack{제269\\조}$)이 여기에 속한다.

　　　(나) **법정기간과 재정기간**　　　기간의 길이가 법률에 정해져 있는 것을 법정기간이라고 하며, 재판에 의하여 정하여지는 기간을 재정기간이라고 한다. 구속기간($\substack{제92\\조}$)·상소제기기간($\substack{제358조\\제374조}$)이 전자에 해당하며, 구속기간의 연장($\substack{제205\\조}$)은 후자에 속한다.

27　　　**2) 기간의 계산**　　　기간의 계산에 관하여는 시(時)로 계산하는 것은 즉시(卽時)부터 기산하고 일(日), 월(月) 또는 연(年)으로 계산하는 것은 초일을 산입하지 아니한다. 다만, 시효(時效)와 구속기간의 초일은 시간을 계산하지 아니하고 1일로 산정한다($\substack{제66조\\1항}$). 연 또는 월로 정한 기간은 연 또는 월 단위로 계산한다($\substack{동조\\제2항}$). 기간의 말일이 공휴일이거나[1] 토요일이면 그 날은 기간에 산입하지 아니한다. 다만, 시효와 구속의 기간에 관하여는 예외로 한다($\substack{동조\\제3항}$).

28　　　**3) 법정기간의 연장**　　　법정기간은 소송행위를 할 자의 주거 또는 사무소의 소재지와 법원 또는 검찰청 소재지와의 거리 및 교통 통신의 불편정도에 따라 대법원규칙으로 이를 연장할 수 있다($\substack{제67\\조}$). 이는 행위기간에 대하여만 적용된다. 즉 시항고의 제출기간,[2] 상고기간[3] 또는 항소이유서[4]와 상고이유서 제출기간[5]에 대하여는 법정기간의 연장이 적용된다.

　　소송행위를 할 자가 국내에 있는 경우 주거 또는 사무소의 소재지와 법원 또는 검찰청, 고위공직자범죄수사처의 소재지와의 거리에 따라 해로는 100킬로미터, 육로는 200킬로미터마다 각 1일을 부가한다. 그 거리의 전부 또는 잔여가 기준에 미달할지라도 50킬로미터 이상이면 1일을 부가한다($\substack{규칙 제44조\\1항 본문}$). 소송행위를 할 자가 외국에 있는 경우의 법정기간에는 그 거주국의 위치에 따라 아시아·오세아니아주는 15일, 북아메리카 및 유럽주는 20일, 중남아메리카 및 아프리카주는 30일의 기간이 부가된다($\substack{동조\\제2항}$).

2. 소송행위의 장소

29　　　공판기일의 소송행위는 원칙적으로 법원 또는 지원의 건물 내에 있는 법정

1　임시공휴일도 공휴일에 해당한다(대법원 2021. 1. 14. 결정, 2020 모 3694).
2　대법원 1983. 1. 22. 결정, 82 모 52.
3　대법원 1976. 9. 27. 결정, 76 모 58; 대법원 1979. 9. 27. 결정, 76 모 56.
4　대법원 1985. 10. 27. 결정, 85 모 47.
5　대법원 1964. 5. 21, 64 도 87.

에서 한다($\genfrac{}{}{0pt}{}{\text{제275조 1항,}}{\text{법조법 제56조 1항}}$). 그러나 법원장은 필요에 따라 법원 외의 장소에서 개정하게 할 수 있다($\genfrac{}{}{0pt}{}{\text{법조법}}{\text{제56조 2항}}$).

제 4 절 소송행위의 가치판단   § 33

Ⅰ. 소송행위의 해석

소송행위의 의미와 내용을 합리적으로 판단하여 그 객관적 의의를 명백히   1
하는 것을 소송행위의 해석이라고 한다. 소송행위의 해석에 있어서는 표시내용을
문리적·형식적으로 판단할 것이 아니라 전후의 사정을 고려하여 합리적·규범
적 의미를 탐구하여야 한다. 또한, 소송행위의 형식적 확실성을 지나치게 강조하
여 피고인에게 지나친 불이익을 초래하지 않도록 할 것도 요구된다.

소송행위가 해석에 의하여 그 내용이 명백하게 된 때에는 소송행위의 가치
판단이 결정되고, 이에 의하여 소송법적 효과가 확정된다. 소송행위의 가치판단
에는 ① 성립·불성립, ② 유효·무효, ③ 적법·부적법, ④ 이유의 유무의 네 가
지가 문제된다.

Ⅱ. 소송행위의 성립·불성립

1. 성립·불성립의 의의

소송행위의 성립과 불성립은 소송행위가 소송행위로서의 외관을 갖추었는   2
가, 즉 소송행위에 요구되는 소송법상의 정형을 충족하기 위한 본질적 개념요소
를 구비하고 있는가에 대한 가치판단을 말한다. 이러한 요소를 구비하고 있으면
성립하는 것이고, 구비하지 않은 경우를 불성립이라 한다.

성립·불성립은 유효·무효와 구별되어야 한다. 성립·불성립이 소송행위 자체에 대
한 일반적·추상적 판단임에 반하여, 유효·무효는 소송행위의 기반을 고려한 구체
적·개별적 판단이다. 후자는 전자를 전제로 한 판단이므로 불성립인 때에는 유효·
무효를 논할 여지도 없다.

2. 성립 · 불성립 판단의 실익

3   소송행위의 성립과 불성립을 논하는 실익은 ① 소송행위가 불성립한 때에는 이를 무시 · 방치할 수 있으나 성립한 때에는 무효라도 방치할 수 없고 절차형성행위 특히 신청에 관하여는 판단을 요하며, ② 무효의 치유는 성립을 전제로 하므로 불성립일 때에는 치유가 문제되지 않으며, ③ 성립이 있는 한 일정한 법률효과가 발생한다는 점에 있다. 즉 공소제기가 무효인 때에도 공소시효정지의 효력($\frac{제253}{조}$)은 발생하며, 판결이 무효라 할지라도 형식적 확정력은 인정된다.

Ⅲ. 소송행위의 유효 · 무효

1. 유효 · 무효의 의의

4   소송행위의 유효 · 무효는 소송행위가 성립한 것을 전제로 소송행위의 본래적 효력을 인정할 것인가에 대한 가치판단을 말한다. 무효는 소송행위의 본래적 효력을 인정하지 않는 것에 불과하며 아무런 법적 효과가 인정되지 않는 것은 아니다. 즉 공소제기가 무효인 때에는 실체심판을 받을 효력은 발생하지 않지만 공소시효정지의 효력은 인정되고, 법원은 무효인 공소제기에 대하여도 공소기각의 판결을 해야 한다($\frac{제327조}{2호}$).

5   무효에는 당연무효($\frac{예컨대 기재사항을 전혀 기재하지 않은 공소제기, 동}{일사건에 대한 이중판결, 상소취하 후의 상소심판결}$)뿐만 아니라 무효선언을 필요로 하는 경우도 포함된다. 당사자의 신청을 기다려 비로소 무효가 되는 경우($\frac{판}{결}$)도 있다.

2. 무효의 원인

(1) 행위주체에 관한 무효원인

6   소송행위에 필요한 행위적격이 없는 자의 소송행위는 무효가 될 수 있다. 소송능력이 없는 자가 한 절차형성행위는 무효지만, 실체형성행위($\frac{피고인의 진술,}{증인의 증언}$)를 무효라고 할 수는 없다.

7   착오 · 사기 · 강박에 의한 소송행위가 무효원인이 되는가에 대하여는 견해가 대립되고 있다. 먼저 실체형성행위는 의사에 합치하는가가 아니라 실체에 합치하는가를 문제삼는 것이므로 착오 등이 무효원인으로 될 수 없다는 점에는 의문이

없다. 절차형성행위에 관하여는 절차형성행위는 소송절차의 형식적 확실성에 의
하여 외부적으로 표시된 바에 따라 판단해야 한다는 이유로 착오나 사기·강박은
무효원인이 아니라고 하는 견해[1]도 있다. 그러나 다수설은 소송의 형식적 확실
성을 강조하여 피고인의 이익과 정의가 희생되어서는 안 된다는 이유로 착오가
책임 있는 사유로 인한 것이 아닌 때에는 무효로 하는 것이 타당하다고 한다.[2]
생각건대 형식적 확실성을 요구하는 소송행위에 관하여 사법상의 의사의 하자에
관한 규정이 적용될 수는 없다 할 것이므로, 그것이 적정절차의 원칙에 반하여
이루어진 경우를 제외하고는 무효원인이 될 수 없다고 해석하는 것이 타당하
다.[3] 따라서 법원 또는 검사의 사기·강박에 의한 경우 이외에는 무효원인이 될
수 없다.

> 판례는 착오에 의한 소송행위가 무효로 되기 위하여는 ① 통상인의 판단을 기준으로
> 하여 만일 착오가 없었다면 그러한 소송행위를 하지 않았으리라고 인정되는 중요한
> 점에 관하여 착오가 있고, ② 착오가 행위자 또는 대리인이 책임질 수 없는 사유로
> 인하여 발생하였으며, ③ 그 행위를 유효로 하는 것이 현저히 정의에 반한다고 인정
> 될 것 등 세 가지 요건을 필요로 한다고 판시하였다.[4]

(2) 내용과 방식에 관한 무효원인

소송행위의 내용이 법률상 또는 사실상 불능일 때에는 무효가 된다. 예컨대   8
법정형을 넘는 형을 선고한 유죄판결, 허무인에 대한 공소제기 또는 존재하지 않
는 재판에 대한 상소가 여기에 해당한다. 이중기소와 같이 이익이 없는 소송행위
또는 내용이 불분명한 소송행위도 무효라고 해야 한다.

방식에 대한 하자도 방식을 요구하는 목적과 필요성을 고려하여 무효원인이
될 수 있는 경우가 있다.

3. 무효의 치유

(1) 무효의 치유의 의의

소송행위의 유효와 무효는 원칙적으로 행위 당시를 기준으로 판단해야 한   9

---

1 정영석/이형국 131면.
2 강구진 52면; 김기두 93면; 백형구 강의, 178면; 서일교 113면.
3 손동권/신이철 138면; 신동운 707면; 신양균/조기영 475면; 이영란 192면; 이은모/김정환 138면.
4 대법원 1992. 3. 13. 결정, 92 모 1; 대법원 1995. 8. 17. 결정, 95 모 49.

다. 무효의 치유란 무효인 소송행위가 사정변경에 의하여 유효하게 될 수 있는가의 문제를 말한다. 여기서는 소송행위의 추완과 공격·방어방법의 소멸에 의한 하자의 치유가 포함된다.

(2) 소송행위의 추완

10   소송행위의 추완이란 법정기간이 경과한 후에 이루어진 소송행위에 대하여 그 기간 내에 행한 소송행위와 같은 효력을 인정할 수 있는가의 문제를 말한다. 소송행위의 추완에 관하여는 추완되는 소송행위 자체가 유효인가와 소송행위의 추완에 의하여 다른 소송행위의 효력이 보정될 수 있는가라는 두 가지 문제가 제기된다. 전자를 단순추완, 후자를 보정적 추완이라고 한다.

11   **1) 단순추완**   형사소송법은 상소권회복($\substack{제345 \\ 조}$)과 약식명령에 대한 정식재판청구권의 회복($\substack{제458 \\ 조}$)에 관하여는 명문의 규정에 의하여 단순추완을 인정하고 있다. 명문의 규정이 없는 경우에는 단순추완이 허용되지 않는다는 견해[1]도 있으나, 절차의 형식적 확실성과 법적 안정성을 해하지 않는 범위에서는 이를 인정하는 것이 타당하다고 해야 한다.[2] 따라서 상소권회복에 관한 규정은 소송비용집행면제의 신청($\substack{제487 \\ 조}$)에 대하여도 준용된다고 해석해야 한다.

12   **2) 보정적 추완**   소송의 동적·발전적 성격과 소송경제를 고려하여 소송행위의 보정적 추완을 인정해야 한다는 점에 관하여는 견해가 일치한다고 할 수 있다. 문제는 어느 범위까지 이를 인정할 수 있는가에 있다.

13   **(가) 변호인선임의 추완**   변호인선임신고 이전에 변호인으로서 한 소송행위가 변호인선임신고에 의하여 유효하게 되는가의 문제를 말한다. 판례는 상소이유서 제출기간 후에 변호인선임계가 제출된 때에는 그 기간 전에 상소이유서를 제출하였다고 하더라도 변호인의 상소이유서로서의 효력이 없다고 판시하여 보정적 추완을 부정하고 있다.[3] 그러나 피고인의 이익을 보호하기 위하여는 선임신고에 의한 보정적 추완을 인정하는 것이 타당하다고 해야 한다.[4]

14   **(나) 공소사실의 추완**   공소장에 기재된 공소사실은 법원의 현실적 심판의 대상을 결정하는 것이므로 이를 특정하여 기재하지 아니한 공소제기는 무효가 된

---

1 임동규 116면.
2 강구진 53면; 김기두 91면; 서일교 124면; 이은모/김정환 139면.
3 대법원 1961. 6. 7, 4293 형상 923; 대법원 1969. 10. 4. 결정, 69 모 68.
4 이창현 187면; 정승환 § 33/20.

다. 특정되지 아니한 공소사실은 공소장변경에 의하여 보정된다고 할 수 있다.[1] 그러나 공소장변경에 의한 보정은 무조건 인정되는 것이 아니라 피고인의 방어권의 보장을 고려하여 구체적으로 결정하지 않으면 안 된다. 따라서 공소사실을 전혀 기재하지 않은 공소제기가 공소장변경에 의하여 보정될 수는 없다.

　　㈐ **고소의 추완**　　　친고죄에서 고소가 없음에도 불구하고 공소를 제기한 후에 　15 비로소 고소가 있는 경우에 고소의 추완에 의하여 공소가 적법하게 될 수 있는가의 문제를 고소의 추완이라 한다. 고소의 추완은 고소가 소송조건이 되는 친고죄에 대하여만 문제된다. 고소의 추완을 인정할 것인가에 대하여도 견해가 대립되고 있다.

　　A. 적 극 설　　　고소의 추완을 인정해야 한다는 견해[2]이다. 이 견해는 ① 형 　16 사소송의 발전적 성격에 비추어 당해 사건이 친고죄인가의 여부가 처음부터 분명한 것이 아니라 심리의 진행에 따라 비로소 판명되는 경우가 있으므로 공소제기시에 고소의 존재를 절대적으로 필요하다고 하는 것은 적합하지 않고, ② 이 경우에 일단 공소를 기각하고 다시 공소제기를 기다려 심리를 새로 진행하는 것은 소송경제와 절차유지의 원칙에 반한다는 점을 이유로 한다.

　　B. 절 충 설　　　공소제기 시에 공소사실이 친고죄임에도 불구하고 고소가 없는 　17 경우에는 고소의 추완을 인정할 수 없으나, 비친고죄로 공소제기된 사건이 심리결과 친고죄로 판명되거나 친고죄가 추가된 때에는 고소의 추완을 인정해야 한다는 견해[3]이다. 소송조건인 고소가 없는 경우의 공소기각의 재판은 단순히 실체재판을 할 수 없다는 소극적 판단에 그치는 것이 아니라 검사의 공소제기에 대한 평가라는 적극적 판단을 포함하므로 추완을 인정하는 것은 검사의 공소제기에 비난할 점이 없는 경우로 제한되어야 한다는 것을 이유로 한다.

　　C. 소 극 설　　　고소의 추완을 부정하는 견해[4]이다. 소극설은 ① 친고죄에서 　18 고소는 공소제기의 적법·유효조건이므로 고소가 없으면 공소제기는 무효로 된다고 해야 하고, ② 공소제기는 절차의 형식적 확실성이 강하게 요청되는 소송행위이므로 무효의 치유를 인정해서는 안 된다고 한다.

　　D. 비 　 판　　　소송조건은 실체재판의 적법조건이기 이전에 공소제기의 유효 　19

1　백형구 강의, 187면.
2　백형구 591면, 강의 187면; 이영란 200면.
3　김기두 203면.
4　손동권/신이철 142면; 신동운 711면; 이은모/김정환 141면; 이창현 190면; 차용석/최용성 437면.

조건이 된다. 따라서 그것이 검사의 공소를 규제하고 피고인을 해당 절차로부터 해방시키는 기능을 다하기 위하여서는 소극설이 타당하다고 생각된다. 공소제기의 적법조건을 구비하지 못한 경우에 피고인을 그 소송에서 해방시키는 것은 소송경제보다 중요한 이익이라고 해야 하기 때문이다.

> 대법원도 소극설을 일관하여, ① 세무공무원의 고발 없이 조세범칙사건의 공소가 제기된 후에 세무공무원이 고발한 경우($^{대법원\ 1970.\ 7.\ 28.}_{70\ 도\ 942}$)는 물론, ② 비친고죄로 공소제기되었다가 친고죄로 공소장이 변경된 때에도 고소의 추완을 부정하고 있다($^{대법원\ \ \ \ 82\ 도}_{1982.\ 9.\ 14,\ 1504}$). 다만, 공소제기 전에 고소가 추완된 경우에 공소제기는 당연히 적법하게 된다($^{대법원\ 1970.\ 9.\ 29.}_{69\ 도\ 1150}$).

(3) 공격 · 방어방법의 소멸에 의한 하자의 치유

20   소송이 어느 단계에 이르면 무효를 주장할 수 없게 되는 경우가 있다. 이 경우에도 무효의 치유가 인정되는 것이라고 할 수 있다. 예컨대 토지관할에 대한 관할위반의 신청은 피고사건에 대한 진술 후에는 할 수 없다($^{제320조}_{2항}$).

당사자가 상당한 시기에 이의를 제기하지 아니한 때에는 책문권의 포기로 인하여 무효가 치유되는 경우도 있다. 공소장부본송달의 하자,[1] 공판기일지정의 하자,[2] 제 1 회 공판기일의 유예기간의 하자,[3] 증인신문순서의 하자, 유도신문에 의하여 이루어진 주신문의 하자,[4] 실질적 반대신문의 기회를 부여하지 않고 이루어진 증인신문의 하자[5] 등이 여기에 해당한다.

4. 소송행위의 취소와 철회

21   소송행위에 대하여는 절차유지의 원칙으로 인하여 소급하여 효력을 소멸시키는 취소는 인정되지 않는다. 형사소송법은 공소의 취소($^{제255}_{조}$), 고소의 취소($^{제232}_{조}$), 재정신청의 취소($^{제264조}_{2항}$), 상소의 취하($^{제349}_{조}$), 재심청구의 취하($^{제429}_{조}$), 정식재판청구의 취하($^{제454}_{조}$) 등을 명문으로 인정하고 있다. 그러나 이 경우의 취소는 엄격히 말하여 철회에 해당한다고 보아야 한다.

---

1 대법원 1962. 11. 22, 62 도 155.
2 대법원 1967. 3. 21, 66 도 1751.
3 대법원 1969. 9. 23, 69 도 1218.
4 대법원 2012. 7. 26, 2012 도 2937.
5 대법원 2010. 1. 14, 2009 도 9344.

　　소송행위의 철회는 명문의 규정이 없는 경우에도 절차형성행위에 관하여는 널리 인정된다. 따라서 증거신청($^{제294}_{조}$)이나 증거로 함에 대한 동의($^{제318}_{조}$)의 철회도 허용된다.[1] 이에 반하여 실체형성행위에 대하여는 철회가 허용되지 않는다고 해야 한다.

Ⅳ. 소송행위의 적법 · 부적법

　　소송행위의 적법 · 부적법은 소송행위가 법률의 규정에 합치하는가에 대한 가치판단을 말한다. 법률의 규정에 합치하면 적법이고, 불합치한 때에는 부적법한 것이 된다. 적법 · 부적법도 소송행위의 성립을 전제로 한다는 점에서는 유효 · 무효와 동일하다. 그러나 적법 · 부적법은 소송행위의 전제조건과 방식에 관한 사전판단임에 대하여, 유효 · 무효는 그 본래적 효력을 인정할 것인가에 대한 사후판단을 의미한다.　　　　　　　　　　　　　　　　　　　　　　　22

　　소송행위의 부적법에는 효력규정에 위반한 경우뿐만 아니라 훈시규정에 위반한 경우를 포함한다. 따라서 적법한 행위는 유효하지만, 부적법하다고 하여 언제나 무효가 되는 것은 아니다. 훈시규정에 위반한 행위는 부적법하지만 유효하기 때문이다. 법이 부적법한 행위를 유효한 것으로 규정한 경우도 있다. 관할권 없는 법원이 행한 소송행위($^{제2}_{조}$)가 여기에 해당한다.

Ⅴ. 소송행위의 이유의 유무

　　법률행위적 소송행위에 관하여 그 의사표시의 내용이 정당한가에 대한 가치판단을 말한다. 이유의 유무는 효과요구 소송행위에 대하여 적법을 전제로 하는 가치판단이라고 할 수 있다. 주로 당사자가 하는 신청과 청구에 대하여 이러한 가치판단이 문제된다. 이유의 유무는 소송행위가 적법할 것을 전제로 한다. 예컨대 공소 또는 상소에 대한 이유의 유무는 공소 또는 상소가 적법할 때에 문제된다. 재판과 같은 효과부여 소송행위에 대하여는 이유의 유무가 문제되지 않는다.　　23

1　대법원 1983. 4. 26, 83 도 267.

§ 34

제 5 절   소송조건

I. 소송조건의 의의

1   소송조건이란 사건의 실체에 대하여 심판할 수 있는 실체심판의 전제조건, 즉 형벌권의 존부를 심판하는 데 구비되어야 할 전체로서의 소송에 공통된 조건을 말한다. 실체에 대한 심판은 형사소송의 목적일 뿐 아니라 공소제기의 본래적 효력이라는 점에서 소송조건은 공소제기의 유효조건이며, 소송조건이 없는 때에는 형식재판으로 소송을 종결시키고 절차의 존속과 발전이 허용되지 않는다는 점에서는 소송의 존속과 발전을 위한 조건이라고도 할 수 있다. 이러한 의미에서 소송조건을 전체로서의 소송의 허용조건(Zuverlässigkeit des Verfahrens im ganzen)이라고도 한다.[1]

2   소송조건이라는 개념은 원래 1868년 법률관계설을 주장한 Bülow가 소송관계의 성립요건으로 제창한 것이 Kries에 의하여 형사소송법에 도입된 것이다. 그러나 소송조건이 없는 경우에도 소송이 계속되고 법원은 판단하지 않으면 안 된다는 비판이 제기되자 소송조건은 법률관계의 성립요건이 아니라 실체판결의 요건 또는 소송의 개시요건이라는 주장이 등장하였다. 그 후 이 주장에 대하여도 Beling에 의하여 실체판결뿐만 아니라 절차단계도 소송조건에 의존된다는 사실이 지적되고 Sauer가 소송이 개시된 경우에도 소송조건을 요한다는 비판을 제기하였고, Sauer에 의하여 실체재판을 할 것인가 또는 형식재판에 의하여 소송을 종결시킬 것인가를 결정하는 기준으로 소송조건이라는 개념이 확립된 것이다.

3   소송조건은 실체심판의 전제조건인 점에서 실체법상의 형벌권발생조건인 처벌조건과 구별된다. 처벌조건을 결한 경우에는 형면제의 실체판결을 해야 함에 반하여, 소송조건이 없는 때에는 형식재판에 의하여 소송을 종결시켜야 한다. 또 소송조건은 소송의 존속을 배제시키는 조건이라는 점에서 절차를 정지시키는 데 불과한 공판절차정지조건(제298조 4항, 제306조)과 구별되고, 전체로서의 소송에 관한 조건이라는 점에서 변호인선임 또는 구속과 같은 해당 소송행위를 무효로 하는 데 그치는 개개의 소송행위의 유효요건과 구별된다.

---

1 Gössel S. 130; Meyer–Goßner Einl. Rn. 142; Pfeiffer KK Einl. Rn. 131; Roxin S. 158; Schäfer S. 144; Zipf S. 99.

Ⅱ. 소송조건의 종류

소송조건은 여러 가지 기준에 의하여 다음과 같이 분류되고 있다.

(1) 일반적 소송조건과 특별소송조건

일반사건에 공통으로 필요한 소송조건을 일반적 소송조건이라 하고, 특수한   4
사건에 대하여만 필요한 소송조건을 특별소송조건이라고 한다. 법원의 재판권·
관할권은 전자에 속하고, 친고죄에 있어서 고소·반의사불벌죄에서의 처벌희망의
사[1]는 후자에 해당한다.

(2) 절대적 소송조건과 상대적 소송조건

절대적 소송조건은 법원이 공익을 위하여 특히 필요하다고 인정하여 직권으   5
로 조사하여야 하는 소송조건을 말하며, 상대적 소송조건은 당사자의 이익을 위
하여 정해진 조건이기 때문에 당사자의 신청을 기다려 법원이 조사하는 예외적
소송조건을 말한다. 소송조건은 절대적 소송조건임을 원칙으로 하나, 토지관할은
상대적 소송조건에 해당한다($\frac{제320}{조}$).

(3) 적극적 소송조건과 소극적 소송조건

일정한 사실의 존재가 소송조건이 되는 것을 적극적 소송조건이라 하며, 일   6
정한 사실의 부존재가 소송조건이 되는 것을 소극적 소송조건이라고 한다. 관할
권·재판권의 존재가 전자에 속하고, 동일사건에 관하여 확정판결이 없을 것, 동
일법원에 이중의 공소제기가 없을 것, 처벌불원의 의사표시가 없을 것[2]은 후자
에 해당한다.

(4) 형식적 소송조건과 실체적 소송조건

통설은 소송조건을 그 실질적 내용에 따라 형식적 소송조건과 실체적 소송   7
조건으로 구별하고 있다.[3] 형식적 소송조건이란 절차면에 관한 사유를 소송조건
으로 하는 것임에 반하여, 실체면에 관한 사유를 소송조건으로 하는 것을 실체적
소송조건이라고 한다. 형식적 소송조건은 공소기각($\frac{제327조,}{제328조}$) 또는 관할위반($\frac{제319}{조}$)의
재판을 하는 경우로 열거된 소송조건을 말하며, 실체적 소송조건은 면소의 판결
($\frac{제326}{조}$)을 해야 할 것으로 규정된 소송조건을 말한다.

---

1 대법원 2017. 5. 31, 2016 도 21034(교통사고처리 특례법 제4조 1항의 보험 또는 공제 미가입).
2 대법원 2019. 12. 13, 2019 도 10678; 대법원 2021. 10. 28, 2021 도 10010.
3 백형구 573면, 강의 190면; 신동운 684면; 이은모/김정환 158면.

Ⅲ. 소송조건 흠결의 효과

(1) 형식재판에 의한 종결

8   **1) 소송조건의 조사**   소송조건의 존부는 상대적 소송조건의 경우를 제외하고는 원칙적으로 법원이 직권으로 조사하여야 한다. 소송조건은 공소제기의 유효요건이므로 공소사실을 기준으로 판단해야 하며, 공소장변경의 경우에는 변경된 공소사실을 기준으로 판단해야 한다.[1] 그러나 소송조건은 동시에 절차의 존속과 발전을 위한 조건이므로 공소제기 시뿐만 아니라 판결 시에도 존재하여야 한다. 따라서 법원은 절차의 모든 단계에서 소송조건의 유무를 조사할 것을 요한다. 다만, 토지관할은 공소제기 시에 존재하면 충분하다. 소송조건은 제 1 심뿐만 아니라 항소심과 상고심에서도 존재해야 한다. 그러나 소송조건은 소송법적 사실에 해당하므로 자유로운 증명에 의하여 인정할 수 있는 것이면 된다.

9   **2) 형식재판**   소송조건이 구비되지 않은 때에는 형식재판에 의하여 소송을 종결해야 하며, 실체의 심판을 할 수 없다. 따라서 소송조건을 흠결한 사건에 대하여 무죄판결을 하는 것은 원칙적으로[2] 허용되지 않는다. 형식재판의 종류는 소송조건의 종류에 따라 구별된다. 즉 형식적 소송조건을 결한 때에는 공소기각의 판결(제327조)이나 결정(제328조) 또는 관할위반의 판결(제319조)을 하며, 실체적 소송조건을 결한 때에는 면소의 판결(제326조)을 선고한다. 형식재판에 대하여 피고인이 무죄를 이유로 상소하는 것도 허용되지 않는다.

(2) 소송조건 흠결의 경합

10   소송조건의 흠결이 경합한 때에는 논리상의 순서와 판단의 난이에 따라 결정해야 한다. 따라서 형식적 소송조건과 실체적 소송조건의 흠결이 경합한 때에는 전자를 이유로 재판해야 하며, 수개의 형식적 소송조건의 흠결이 경합한 때에는 하자의 정도가 중한 것을 기준으로 해야 한다. 관할위반과 공소기각의 사유가 경합한 때에는 공소기각의 재판을 해야 하며, 공소기각의 판결과 공소기각의 결

---

1 대법원 2015. 11. 17, 2013 도 7987, 「고소권자가 비친고죄로 고소한 사건이더라도 검사가 사건을 친고죄로 구성하여 공소를 제기하였다면 공소장 변경절차를 거쳐 공소사실이 비친고죄로 변경되지 아니하는 한, 법원으로서는 친고죄에서 소송조건이 되는 고소가 유효하게 존재하는지를 직권으로 조사·심리하여야 한다.」

2 사건의 실체에 관한 심리가 이미 완료된 경우에 피고인의 이익을 위하여 무죄판결을 선고하더라도 위법이 아닌 사례가 있다(대법원 2015. 5. 28, 2013 도 10958).

정 사유가 경합한 때에는 공소기각의 결정을 해야 한다. 같은 종류의 소송조건이 결여된 때에는 이론상의 전후관계는 없으므로 하자의 정도와 판단의 난이에 따라 결정하면 된다.

Ⅳ. 소송조건의 추완

소송조건의 추완이란 공소제기 시에는 소송조건이 구비되지 않았으나 소송   11
계속 중에 그것이 보완된 경우에 공소제기의 하자가 치유되는가의 문제를 말한다. 소송조건의 추완은 주로 친고죄에서 고소의 추완을 인정할 것인가를 중심으로 논의되는 것이다.

소송조건의 추완을 인정할 것인가에 관하여는 **적극설**과 **소극설**이 대립되고 있으며, 모두절차까지의 추완과 피고인이 동의한 때에는 추완을 인정해야 한다는 **절충설**도 주장되고 있다. 적극설은 소송의 동적 · 발전적 성격과 소송경제를 이유로 한다. 그러나 검사의 공소제기를 규제하고 피고인의 절차로부터의 해방을 보장한다는 점에서는 소송조건의 추완은 허용되지 않는다고 해석하는 것이 타당하다.[1]

---

1 이은모/김정환 160면; 이창현 199면; 임동규 102면.

공 판

제1장 공판절차

제1절 공판절차의 기본원칙 §35

I. 공판절차의 의의

공판 또는 공판절차란 공소가 제기되어 사건이 법원에 계속된 이후 그 소송 1
절차가 종결될 때까지의 모든 절차, 즉 법원이 피고사건에 대하여 심리·재판하
고 또 당사자가 변론을 행하는 절차단계를 말한다. 다만, 이러한 공판절차 가운
데 특히 공판기일의 절차를 협의의 공판절차라고도 한다.

사건에 대한 법원의 심리는 모두 공판절차에서 행하여진다. 이러한 의미에
서 공판절차는 형사절차의 핵심이며 정점이라고 할 수 있다.[1] 특히 형사소송법
은 예심제도를 폐지하였을 뿐만 아니라 공소장일본주의를 채택하여 법원의 심리
를 공판절차에 집중함으로써 공판중심주의를 확립하고 있다. 공판중심주의는 공
판기일 외에서 수집된 증거를 공판기일의 심리에 집중시키고 피고사건의 실체에
대한 심증형성도 공판심리에 의할 것을 요구한다. 공판중심주의는 공개주의·구
두변론주의 및 직접주의와 전문법칙을 바탕으로 하며, 따라서 이러한 공판절차의
기본원칙은 공판중심주의의 핵심적 내용이 되지 않을 수 없다. 공개된 법정에서
구두에 의하여 변론을 행할 때에만 법관은 공판정에서의 심리를 통하여 심증을
얻을 수 있고, 공판정에서 반대심문의 기회를 주면서 직접 조사한 증거에 의하여
심증을 형성하여야 법관은 정확한 심증을 얻을 수 있고, 피고인도 변명의 기회를
가질 수 있기 때문이다. 이러한 공판중심주의를 전제로 하여 공판절차에서는 피
고인을 보호하기 위한 기본원칙이 의미를 가질 수 있게 되며, 정의와 법적 안정
성 및 비례성의 원칙이라는 법치국가원리의 내재적 본질요소가 실현될 수 있게
된다.

---

1 Meyer-Goßner Vor § 220, Rn. 1; Pfeiffer § 226, Rn. 1; Roxin S. 336; Zipf S. 144.

Ⅱ. 공판절차의 기본원칙

2   공판절차는 공판기일에 양 당사자의 공격과 방어를 중심으로 전개되므로 여기에는 당사자주의가 지배되고, 구조에 있어서는 소송의 형태를 취하게 된다. 공판절차에서의 법률관계의 공정을 유지하기 위하여는 여러 가지 기본원칙이 필요하다. 공판절차의 기본원칙으로는 공개주의·구두변론주의·직접주의·집중심리주의가 있다.[1]

1. 공개주의

(1) 공개주의의 의의

3   공개주의란 일반 국민에게 심리의 방청을 허용하는 주의를 말한다. 따라서 공개주의는 일체의 방청을 허용하지 않고 비밀로 심판을 행하는 밀행주의와, 일정한 소송관계인에 한하여 참여를 허용하는 당사자공개주의에 대립되는 개념이다. 공개주의는 밀실재판에 대한 정치적 투쟁의 산물로서 19세기에 확립되어, 현대 법치국가원리의 기초를 형성하고 있는 원칙이라고 할 수 있다.[2] 헌법은 공개재판을 받을 권리를 국민의 기본적 인권으로 보장하고 있을 뿐만 아니라(제27조 3항) 법원에 관하여 다시 재판공개의 원칙을 선언하고 있고(제109조), 이에 따라 법원조직법 제57조도 재판의 심리와 판결은 공개한다고 하여 공개주의를 명백히 규정하고 있다.

4   공개주의의 이론적 근거는 법원의 심판절차를 국민의 감시하에 둠으로써 재판의 공정을 보장하고, 재판에 대한 국민의 신뢰를 유지하는 데 있다. 전자를 재판에 대한 국민의 통제기능이라고도 하며, 방청인에 의하여 대표되는 국민의 사법에 대한 통제에 공개주의의 가장 중요한 근거가 있다고 할 수 있다.[3] 공개주의는 1심뿐만 아니라 모든 재판에 대하여 적용되며, 공개주의에 위반한 때에는 항소이유가 된다(제361조의 5 제9호).

---

1 판례는 공판절차의 기본원칙으로 공판중심주의·구두변론주의·직접심리주의를 들고 있다(대법원 2014. 2. 21, 2013 도 12652).

2 Mayr KK GVG § 169, Rn. 1; Meyer-Goßner GVG § 169, Rn. 1; Schäfer S. 264.

3 Peters S. 554; Roxin S. 382; Zipf S. 148.

(2) 공개주의의 내용

공개주의는 누구나 방청인으로서 공판절차에 참여할 수 있다는 추상적 가능 　5
성이 보장된다는 것을 내용으로 한다.[1] 이러한 의미에서 공개주의는 일반공개주
의를 의미한다. 그러나 공개주의가 누구든지 언제나 공판에 출석할 수 있을 것을
요구하는 것은 아니다. 공판기일과 장소에 대한 충분한 정보가능성과 관심 있는
사람의 공판정에의 출입이 보장되어야 한다는 것이 바로 공개주의의 내용이다.
즉 누구나 특별한 어려움 없이 공판기일을 알 수 있고 공판정에 출입할 가능성이
부여된다는 점에 공개주의의 내용이 있다.

(3) 공개주의의 한계

공개주의도 절대적으로 보장될 것을 요하는 원칙은 아니다. 헌법 제109조
단서와 법원조직법 제57조 1항 단서는 「심리는 국가의 안전보장, 안녕질서 또는
선량한 풍속을 해칠 우려가 있는 경우에는 결정으로 공개하지 아니할 수 있다」고
규정하고 있다. 공개주의의 적용이 배제되는 경우로는 다음과 같은 세 가지 유형
을 들 수 있다.

1) 방청인의 제한 　　　 법정의 크기에 따라 방청인 수를 제한하거나, 법정의 질 　6
서유지를 위하여 특정한 사람의 방청을 허용하지 않는 것은 공개주의에 위배되지
않는다. 법정의 질서유지를 위한 방청의 제한이란 흉기 기타 질서를 파괴할 물건
을 소지한 자의 출입을 금지하는 경우를 말한다.

> 법정 방청 및 촬영 등에 관한 규칙도 「재판장은 법정질서를 유지하기 위하여 필요하
> 다고 인정한 때에는 방청에 관하여 방청석 수에 해당하는 방청권을 발행케 하고 그
> 소지자에 한하여 방청을 허용하거나, 법정경위로 하여금 방청인의 의복 또는 소지품
> 을 검사케 하고 위험물 기타 법정에서 소지함이 부적당하다고 인정되는 물품을 가진
> 자의 입정을 금하게 할 수 있다」고 규정하고 있다(제2조 1호·2호).

2) 특수사건의 비공개 　　　 사건의 내용이 국가의 안전보장·안녕질서 또는 선 　7
량한 풍속을 해칠 우려가 있는 경우에는 심리를 공개하지 않을 수 있다. 다만,
공개하지 않을 수 있는 것은 심리에 한하므로 판결선고의 비공개는 허용될 수 없다.[2]
특수사건에 대한 비공개를 결정하는 경우에는 그 이유를 밝혀 선고한다(법조법 제57조 2항).

1　Mayr KK GVG § 169, Rn. 7.

2　김재환 419면; 임동규 351면.

또 소년보호사건에 대한 심리는 원칙적으로 공개하지 아니한다(^{소년법 제}_{24조 2항}).

8 　　3) **퇴정명령**　　특정인에 대한 퇴정명령에 의하여 방청을 허용하지 않는 것도 공개주의에 반하는 것이 아니다.

　　법정 방청 및 촬영 등에 관한 규칙은 「재판장은 ① 재판장의 허가 없이 녹음·녹화·촬영·중계방송 등(이하 '촬영 등 행위'라 한다)을 하는 자, ② 음식을 먹거나 흡연을 하는 자, ③ 법정에서 떠들거나 소란을 피우는 등 재판에 지장을 주는 자에 대하여 이를 제지하거나 퇴정을 명령할 수 있다」고 규정하고 있다(^{제3}_조).

(4) 법정에서의 녹음·녹화·촬영·중계방송

9 　　공개주의가 보도를 위한 법정에서의 촬영 등 행위를 허용하는 것은 아니다. 촬영 등 행위에 의한 법정공개를 간접공개라고 한다. 간접공개는 법관의 여론에 의 속박을 초래할 뿐만 아니라 피고인의 사회복귀를 방해하고 그의 인격권을 침해하지 않을 수 없다.[1] 따라서 법정에서의 보도를 위한 촬영 등 행위는 피고인의 동의가 없는 한 허용되지 않는다고 해야 한다.[2] 법원조직법 제59조는 「누구든지 법정 안에서는 재판장의 허가 없이 녹화, 촬영, 중계방송 등의 행위를 하지 못한다」고 규정하고 있다. 법정 방청 및 촬영 등에 관한 규칙도 이에 따라 「① 법원조직법 제59조의 규정에 의한 재판장의 허가를 받고자 하는 자는 촬영 등 행위의 목적·종류·대상·시간 및 소속기관명 또는 성명을 명시한 신청서를 재판기일 전날까지 제출하여야 한다. ② 재판장은 피고인의 동의가 있는 때에 한하여 신청에 대한 허가를 할 수 있다. 다만, 피고인의 동의 여부에 불구하고 촬영 등 행위를 허가함이 공공의 이익을 위하여 상당하다고 인정되는 경우에는 그러하지 아니하다」고 규정하고 있다(^{동 규칙}_{제4조}).

　　촬영 등 행위를 허가하는 경우에도 재판장은 공판 또는 변론의 개시 전이나 판결 선고 시에 한하여야 하는 등의 제한을 할 수 있고(^{동 규칙}_{제5조 1항}), 소송관계인의 변론권·방어권 기타 권리의 보호, 법정의 질서유지 또는 공공의 이익을 위하여 촬영 등 행위의 시간·방법을 제한하거나 허가에 조건을 부가하는 등 필요한 조치를 취할 수 있다(^{동조}_{제2항}). 또한 재판장은 ① 소송관계인의 수가 재판이 진행되는 법정의 수용인원보다 현저히 많아 법정질서 유지를 위하여 필요한 경우, ② 재난 또는 이에 준하는 사

1　Peters S. 554; Schäfer S. 268.
2　Gössel S. 167; Mayr KK GVG § 169, Rn. 13; Meyer–Goßner GVG § 169, Rn. 8; Roxin S. 383.

유로 인하여 다수의 인명피해가 발생한 사건에서 당사자, 피해자 또는 그 법정대리
인(피해자가 사망한 경우에는 배우자·직계친족·형제자매를 포함한다) 중 상당수가 재판이 진행되는 법원으로부터 원격지
에 거주하여 법정에 직접 출석하기 어려운 경우에 중계장치가 갖추어진 원격지의 법
원에서 재판진행을 시청할 수 있도록 하는 것이 참여 보장을 위하여 상당하다고 인
정되는 경우에는 공판 또는 변론의 전부 또는 일부에 대하여 중계를 목적으로 한 녹
음, 녹화 또는 촬영을 명할 수 있다(동 규칙 제6조 1항).

2. 구두변론주의

구두변론주의란 법원이 당사자의 구두에 의한 공격·방어를 근거로 하여 심   10
리·재판하는 주의를 말한다. 공판기일에서의 변론은 구두로 하여야 하며(제275조의3),
특히 판결은 법률에 다른 규정이 없으면 구두변론에 의거하여야 한다(제37조 1항). 이
는 형사소송법이 공판중심주의를 충실히 실현하기 위하여 구두변론주의원칙을
명백히 한 것이다. 구두변론주의는 구두주의와 변론주의를 내용으로 한다.

(1) 구두주의

구두주의란 서면주의에 대립하는 개념으로 구두에 의하여 제공된 소송자료에   11
의하여 재판을 행하는 주의를 말한다. 과거 규문절차에서는 구두에 의한 진술도
서면의 형식으로 변형되어 법원은 서면에 의하여 재판을 하였다. 구두주의는 구두
에 의한 진술이 법관에게 신선한 인상을 주고 진술의 참뜻을 태도에 의하여 이해
할 수 있게 할 뿐만 아니라, 방청인에게 변론의 내용을 알릴 수 있다는 점에 장점
이 있다. 이러한 의미에서 구두주의는 공개주의의 기초가 된다고 할 수 있다.[1]

그러나 구두주의를 취한다고 하여 서면의 중요성이 부정되는 것은 아니다.   12
구두주의를 일관할 때에는 시일의 경과에 따라 기억이 애매하게 되고 변론의 내
용을 증명하기 곤란하기 때문이다. 따라서 형사소송법은 구두주의의 이러한 결함
을 공판조서의 작성에 의하여 보충하고 있다. 뿐만 아니라 구두주의는 실체진실
의 발견을 이념으로 하는 것이므로 실체형성행위에 대하여만 타당한 원칙이며,
절차형성행위에 대하여는 서면주의가 지배되지 않을 수 없다.

(2) 변론주의

1) **변론주의의 의의**   변론주의란 당사자의 변론, 즉 주장과 입증에 의하여   13
재판하는 주의이며, 당사자주의의 중요한 내용이 된다고 할 수 있다. 변론주의를

---

1 Kindhäuser 18/27; Peters S. 557; Zipf S. 147.

철저히 할 때에는 당사자의 주장과 입증만에 의하여 재판을 하고 당사자가 주장한 범위에서 재판을 하는 당사자처분권주의를 인정하는 결과가 된다. 그러나 당사자처분권주의는 국가형벌권의 실현을 목적으로 하는 형사소송의 본질과 일치할 수 없다. 따라서 형사소송법은 청구의 인낙에 해당하는 arraignment를 인정하지 아니할 뿐만 아니라, 직권에 의한 증거조사($\substack{제295\\조}$), 법관에 의한 증인신문($\substack{제161\\조의2}$), 법원의 공소장변경요구권($\substack{제298조\\2항}$)을 인정하고 있다는 점에서 철저한 변론주의를 채택하고 있는 것은 아니라고 할 수 있다.

14   **2) 변론주의의 강화**   당사자주의의 강화는 필연적으로 변론주의의 강화를 요구한다. 당사자주의의 강화에 의하여 형사소송법상 변론주의도 현저히 강화되었다고 할 수 있다. 공판정에 당사자의 출석을 요구하는 이외에($\substack{제275조\ 2항,\\제276조}$), 검사의 모두진술($\substack{제285\\조}$), 피고인의 모두진술($\substack{제286\\조}$), 당사자의 증거신청권($\substack{제294\\조}$), 증거조사에 대한 이의신청권($\substack{제296\\조}$), 증인신문에서의 상호신문제도($\substack{제161조\\의2}$), 공소장변경($\substack{제298\\조}$), 사실과 법률적용에 대한 의견진술권($\substack{제302조,\\제303조}$) 및 피고인이 심신상실상태인 경우의 공판절차정지($\substack{제306\\조}$)에 관한 규정은 변론주의의 표현이며, 국선변호와 필요적 변호의 확충도 변론주의를 강화하는 규정이라고 할 수 있다.

3. 직접주의

15   직접주의란 공판정에서 직접 조사한 증거만을 재판의 기초로 삼을 수 있다는 주의를 말하며, 직접심리주의라고도 한다. 직접주의에는 법관이 직접 증거를 조사하여야 한다는 형식적 직접주의와 전문증거가 아닌 원본증거를 재판의 기초로 삼아야 한다는 실질적 직접주의[1]가 포함된다.[2] 후자는 증거법의 기본원칙에 속하므로 공판절차의 기본원칙은 전자를 의미한다고 해석하는 견해[3]도 있다. 직접주의는 구두주의와 함께 법관에게 정확한 심증을 형성할 수 있게 할 뿐만 아니라, 피고인에게 증거에 관하여 직접 변명의 기회를 주기 위하여 요구되는 원칙이다. 즉 직접주의는 단순히 실체진실의 발견만을 위하여 요구되는 것이 아니라 동시에 피고인에게 반대신문의 기회를 주어 피고인을 보호하고 공정한 재판을 실현

---

1 판례는 법관의 면전에서 직접 조사한 증거만을 재판의 기초로 삼는 원칙을 실질적 직접주의라고 한다(대법원 2017. 3. 22, 2016 도 18031; 대법원 2023. 1. 12, 2022 도 14645).

2 Kindhäuser 21/111; Peters S. 558; Roxin S. 370; Schäfer S. 252; Zipf S. 147. 다만, 독일 형사소송법은 형식적 직접주의를 채택하고 있다는 것이 일반적인 독일학계와 판례의 입장이다.

3 김기두 250면.

하는 의미도 가지고 있다.[1]

   형사소송법이 공판개정 후에 판사의 경질이 있으면 공판절차를 갱신하도록
한 것($^{제301}_{조}$)은 직접주의의 요청이라 할 것이며, 전문증거배제의 법칙도 직접주의
와 표리일체의 관계에 있다고 할 수 있다.

4. 집중심리주의

(1) 집중심리주의의 의의

   집중심리주의란 심리에 2일 이상을 요하는 사건은 연일 계속하여 심리해야   16
한다는 원칙을 말한다. 계속심리주의라고도 한다. 집중심리주의는 법관이 신선하
고 확실한 심증에 의하여 재판을 할 수 있을 뿐만 아니라, 소송의 촉진과 신속한
재판을 실현하고자 하는 데 그 취지가 있다. 또한 심리의 분산은 공판정에서 현
출된 증거방법에서보다는 그 증거자료를 기록한 서면에 의하여 법관의 심증이 형
성되게 하므로 집중심리주의는 공판중심주의를 실현하기 위하여도 필수적으로
요구된다. 집중심리주의는 원래 배심제도를 채택하고 있는 영미에서 각종의 현출
증거에 대한 일관된 인상을 유지하기 위하여 실시되던 제도이다. 따라서 미국의
배심재판에서는 기일의 심리는 중단 없이 진행되는 것이 원칙이고, 변론이 종결
되면 즉시 배심원단의 평의가 이루어지고 평의가 마쳐지면 즉시 평결이 선언된
다.[2] 여기서 집중심리주의는 직권주의에서는 강조할 필요가 없고 당사자주의에
서만 문제된다는 견해[3]도 있다. 그러나 신선하고 확실한 심증에 의한 신속한 재
판은 당사자주의와 직권주의를 불문하고 요청되는 이념이다. 직권주의를 원칙으
로 하는 독일 형사소송법이 우리보다 집중심리주의를 더욱 철저히 실현하고 있는
것이 바로 이를 증명한다고 할 수 있다.[4]

   종래 우리나라에서는 특정강력범죄의 처벌에 관한 특례법이 특정강력범죄사   17
건의 심리와 판결에 관하여 집중심리주의를 도입하는 규정($^{동법}_{제10조}$)을 두었을 뿐 형
사소송법에 집중심리주의를 선언한 규정은 없었다. 그 결과 구속사건에서는 구속
기간의 제한으로 어느 정도의 집중심리가 이루어질 수 있었으나 불구속사건의 경

---

[1] 대법원 2019. 7. 24, 2018 도 17748.

[2] 법무부, 개정 형사소송법, 193면.

[3] 강구진 328면.

[4] Gössel S. 168; Kindhäuser 18/24; Peters S. 552; Schäfer S. 254; Zipf S. 146.

우에는 집중심리는 생각할 수 없었다.[1] 그러나 배심원이 참여하는 국민참여재판이 도입되고, 공판중심주의적 법정심리절차를 확립해야 한다는 당위성에서 개정 형사소송법은 집중심리($^{제267조}_{의2}$)와 즉일선고($^{제318조}_{의4}$)의 원칙을 선언하여 집중심리주의를 실현하게 되었다.

(2) 집중심리주의의 내용

18   집중심리주의는 집중심리와 판결의 즉일선고의 원칙을 내용으로 한다. 형사소송법 제267조의 2는 공판기일의 심리는 집중되어야 한다고 규정하여($^{동조}_{제1항}$) 집중심리의 원칙을 선언하고 있다. 따라서 심리에 2일 이상이 필요한 경우에는 부득이한 사정이 없는 한 매일 계속 개정하여야 하며($^{동조}_{제2항}$), 이 경우에 재판장은 여러 공판기일을 일괄하여 지정할 수 있다($^{동조}_{제3항}$). 또 재판장은 부득이한 사정으로 매일 계속 개정하지 못하는 경우에도 특별한 사정이 없는 한 전회의 공판기일부터 14일 이내로 다음 공판기일을 지정하여야 한다($^{동조}_{제4항}$). 특정강력범죄의 처벌에 관한 특례법은 법원은 특정강력범죄사건의 심리에 2일 이상이 걸리는 경우에는 가능하면 매일 계속 개정하여 집중심리를 하여야 하며($^{동법 제10}_{조 1항}$), 특별한 사정이 없으면 직전 공판기일부터 7일 이내로 다음 공판기일을 지정하여야 한다고 규정하고 있다($^{동조}_{제2항}$). 판결 선고기일에 관하여도 형사소송법은 판결의 선고는 변론을 종결한 기일에 하여야 한다고 규정하여 즉일선고의 원칙을 선언하고 있다($^{제318조의}_{4 제1항}$). 다만 특별한 사정이 있는 때에는 따로 선고기일을 지정할 수 있지만, 이 경우의 선고기일은 변론종결 후 14일 이내로 지정되어야 한다($^{동조}_{제3항}$). 특정강력범죄의 처벌에 관한 특례법도 변론을 종결한 때에는 신속하게 판결을 선고해야 하지만, 복잡한 사건이거나 기타 특별한 사정이 있는 경우에도 판결의 선고는 변론종결일부터 14일을 초과하지 못한다고 규정하고 있다($^{동법}_{제13조}$). 특정강력범죄의처벌에관한특례법위반사건에 대하여는 공판기일의 간격이 7일로 제한된다는 점에 차이가 있을 뿐이다.

(3) 집중심리주의를 실현하기 위한 제도

19   집중심리주의를 실현하기 위하여 법원에 집중심리를 할 수 있는 인적 · 물적 및 제도적 장치가 마련되어야 할 뿐만 아니라 집중심리에 대한 소송관계인의 협조가 필요하고, 피고인에게 신속한 재판에 대비할 수 있는 방어력이 보충되어야

---

1 법원행정처, 형사소송법 개정법률 해설, 101면.

하며, 즉일선고를 위한 재판서작성의 문제의 해결이 전제되어야 한다.

첫째, 법원이 집중심리를 하기 위하여는 충분한 공판정이 확보되어야 할 뿐만 아니라 재판부가 증설되어 적절한 사건이 배당되어야 함은 당연하다. 선택과 집중의 원칙에 따라 경미한 사건과 자백하는 사건에 대한 신속한 처리가 필요하고, 공판기일 전에 쟁점과 증거를 정리할 수 있는 준비절차가 도입되고 공판조서의 정리방법이 개선되어야 한다. 형사소송법은 공판준비절차를 도입했을 뿐만 아니라($\frac{제266조의}{5 \; 내지 \; 15}$), 공판조서는 각 공판기일 후 신속히 정리해야 하지만, 다음 회의 공판기일까지 전회의 공판조서가 정리되지 아니한 때에는 조서에 의하지 아니하고 전회의 공판심리에 관한 주요사항의 요지를 고지할 수 있게 하고 있다($\frac{제54조}{1항 \cdot 2항}$).

둘째, 검사·피고인 또는 변호인 등 소송관계인의 집중심리에 대한 이해와 적극적인 협조가 불가결하다. 따라서 형사소송법은「피고인 또는 변호인은 공소장부본을 송달받은 날부터 7일 이내에 공소사실에 대한 인정 여부, 공판준비절차에 대한 의견 등을 기재한 의견서를 법원에 제출하여야 하고」($\frac{제266조의}{2 \; 제 1 항}$),「소송관계인은 기일을 준수하고 심리에 지장을 초래하지 아니하도록 하여야 하며, 재판장은 이에 필요한 조치를 할 수 있다」는 규정을 신설하였고($\frac{제267조의}{2 \; 제 5 항}$), 증인의 출석확보를 위해「증인을 신청한 자는 증인이 출석하도록 합리적인 노력을 할 의무가 있다」는 규정을 마련하였으며($\frac{제150조의}{2 \; 제 2 항}$), 증인이 정당한 사유 없이 출석하지 아니한 때에는 과태료 또는 감치의 제재를 가할 수 있게 하였다($\frac{제151}{조}$).

셋째, 피고인에게 집중심리에 대비하여 방어의 기회가 보장될 수 있는 제도가 마련되어야 한다. 신속한 집중심리가 피고인에게 방어의 기회를 빼앗는 때에는 집중심리는 과집중심리(過集中審理)가 되고, 신속한 재판은 졸속재판이 되지 않을 수 없기 때문이다.[1] 따라서 피고인에게는 국선변호인 선정의 기회가 확대되어야 하고, 변호인의 방어준비를 위한 정보권이 보장되어야 한다. 형사소송법은 국선변호인의 선정을 모든 구속사건으로 확대하였고($\frac{제33조, \; 제201}{조의 2 \; 제 8 항}$), 공소제기 후 검사가 보관하고 있는 서류 등에 대한 증거개시제도를 도입하였다($\frac{제266조의}{3 \; 내지 \; 4}$).

넷째, 집중심리주의에 의하여 판결을 즉일선고하기 위하여는 재판서에 의하여 판결을 선고하는 제도($\frac{제42}{조}$)의 수정이 허용되어야 한다. 형사소송법은 변론을 종결한 기일에 판결을 선고하는 경우에는 판결을 선고한 후에 판결서를 작성할

1　이은모/김정환 445면; 정승환 § 34/37.

수 있게 하였다($\binom{\text{제318조의}}{\text{4 제 2 항}}$).

이러한 모든 제도적 장치에도 불구하고 집중심리주의가 피고인의 방어권에 불이익을 초래하지 않게 하는 법원의 신중하고 사려 깊은 운영이 필요하다고 생각된다.

§36

제 2 절 공판준비절차

Ⅰ. 공판준비절차의 의의

1   공판준비절차란 공판기일에서의 심리를 준비하기 위하여 수소법원에 의하여 행하여지는 절차를 말한다. 제 1 회 공판기일 전인가 또는 제 2 회 이후의 공판기일 전인가를 묻지 않는다. 수소법원에 의하여 행하여지는 절차임을 요하므로, 수소법원과 관계없이 행하여지는 증거보전이나 각종의 영장의 발부는 공판준비에 포함되지 않는다.

2   공판절차의 중점은 공판기일의 심리에 있다. 공판준비절차는 바로 공판기일의 심리를 신속하고 능률적으로 하기 위한 준비절차이다. 이러한 의미에서 공판준비절차는 공판중심주의와 모순되는 것이 아니라 이를 실현하기 위한 수단이라고 할 수 있다. 그러나 공판준비는 공판중심주의와의 관계에 의하여 한계지워지지 않으면 안 된다. 공판준비절차에서 과도한 심리를 할 때에는 공판기일의 심리절차는 형식적 절차로 유명무실하게 될 우려가 있기 때문이다. 특히 공판기일 전의 증거조사의 범위는 공판중심주의와의 관계를 고려하여 신중히 결정할 것을 요한다.

Ⅱ. 공판기일 전의 절차

3   공판기일 전의 절차에는 공소장부본의 송달($\binom{\text{제266}}{\text{조}}$), 공판기일의 지정·변경($\binom{\text{제267조,}}{\text{제270조}}$)과 같이 사건의 실체심리와 관계없는 절차적인 것과 공판기일 전의 증거조사($\binom{\text{제272조,}}{\text{제273조}}$)와 같은 실체심리와 밀접한 관계가 있는 것이 포함된다.

1. 공소장부본의 송달과 의견서의 제출

(1) 공소장부본의 송달

법원은 공소의 제기가 있는 때에는 지체없이 공소장의 부본을 피고인 또는 　4
변호인에게 송달하여야 한다. 단, 제 1 회 공판기일 전 5일까지 송달하여야 한다
($^{제266}_{조}$). 피고인에 대한 충분한 방어기회를 보장하기 위한 것이다.

공소장부본의 송달이 없거나 또는 제 1 회 공판기일 전 5일의 유예기간을 두
지 아니한 송달이 있는 때에 피고인은 심리개시에 대하여 이의신청을 할 수 있다
($^{제269}_{조}$). 이 경우에 법원은 다시 공소장부본을 송달하거나 공판기일의 지정을 취소
또는 변경하여야 한다. 그러나 피고인의 이의는 늦어도 피고인의 모두진술 단계
에서 하여야 하며, 피고인이 이의하지 않고 사건의 실체에 대하여 진술한 때에는
그 하자는 치유된다고 해야 한다.

(2) 의견서의 제출

피고인 또는 변호인은 공소장부본을 송달받은 날부터 7일 이내에 공소사실 　5
에 대한 인정 여부, 공판준비절차에 대한 의견 등을 기재한 의견서를 법원에 제
출하여야 한다. 다만, 피고인이 진술을 거부하는 경우에는 그 취지를 기재한 의
견서를 제출할 수 있다($^{제266조의}_{2\ 제 1 항}$). 법원은 피고인의 의견서가 제출된 때에는 이를
검사에게 송부하여야 한다($^{동조}_{제 2 항}$).

2. 공판기일의 지정ㆍ변경

(1) 공판기일의 지정과 변경

재판장은 공판기일을 정하여야 한다($^{제267조}_{1항}$). 공판기일은 가능한 한 각 사건 　6
에 대한 공판개정시간을 구분하여 정하여야 한다($^{규칙}_{제124조}$).

재판장은 직권 또는 검사ㆍ피고인이나 변호인의 신청에 의하여 공판기일을
변경할 수 있다($^{제270조}_{1항}$). 공판기일 변경신청에는 공판기일의 변경을 필요로 하는
사유와 그 사유가 계속되리라고 예상되는 기간을 명시하여야 하며 진단서 기타의
자료로써 이를 소명하여야 한다($^{규칙}_{제125조}$). 공판기일 변경신청을 기각한 명령은 송달
하지 아니한다($^{제270조}_{2항}$).

(2) 공판기일의 통지와 소환

7   공판기일은 검사·변호인과 보조인에게 통지하여야 한다($^{제267조}_{3항}$). 공판기일에는 피고인·대표자 또는 대리인을 소환하여야 한다($^{동조}_{제2항}$). 피고인에 대한 소환은 법률이 정한 방식에 따라 작성된 소환장을 송달하여야 한다($^{제73조, \ 제74}_{조, \ 제76조 \ 1항}$). 다만 피고인이 기일에 출석한다는 서면을 제출하거나 출석한 피고인에 대하여 차회기일을 정하여 출석을 명한 때($^{제76조}_{2항}$), 구금된 피고인에 대하여 교도관을 통하여 소환통지를 한 때($^{동조}_{제4항}$), 법원의 구내에 있는 피고인에 대하여 공판기일을 통지한 때($^{제268}_{조}$) 등에는 소환장의 송달과 동일한 효력이 있다. 따라서 그 밖의 방법에 의한 사실상의 기일의 고지 또는 통지 등은 적법한 피고인 소환이라고 할 수 없다.[1] 제 1 회 공판기일은 소환장의 송달 후 5일 이상의 유예기간을 두어야 한다. 그러나 피고인이 이의 없는 때에는 유예기간을 두지 아니할 수 있다($^{제269}_{조}$). 다만, 이의는 검사가 기소요지를 진술한 후에 지체 없이 하여야 한다. 공판기일에 소환 또는 통지서를 받은 자가 질병 기타의 사유로 출석하지 못할 때에는 의사의 진단서 기타의 자료를 제출하여야 한다($^{제271}_{조}$).

이러한 공판기일의 통지와 소환에 관한 절차가 준수되지 않은 채로 공판기일의 진행이 이루어진 경우에도, 그로 인하여 피고인의 방어권, 변호인의 변호권이 본질적으로 침해되지 않았다고 볼 만한 특별한 사정이 있다면 판결에 영향을 미친 법령위반이라고 할 수 없다.[2]

3. 공판기일 전의 증거조사

(1) 증거조사의 범위

8   법원 또는 소송관계인은 공판기일 전에 증거를 수집·정리하여 공판기일에 신속한 심리가 이루어지도록 할 필요가 있다. 따라서 법원은 직권 또는 검사·피고인이나 변호인의 신청에 의하여 공무소 또는 공사단체에 조회하여 필요한 사항의 보고 또는 그 보관서류의 송부를 요구할 수 있다. 이 신청을 기각함에는 결정으로 하여야 한다($^{제272}_{조}$).

---

1 대법원 2018. 11. 29, 2018 도 13377.

2 대법원 2023. 7. 13, 2023 도 4371(피고인에게 유리한 양형자료 제출을 고려하여 변론종결 시 고지한 선고기일을 피고인과 변호인에게 사전에 통지하는 절차를 거치지 않은 채 급박하게 변경하여 판결을 선고한 것은 법령위반에 해당한다고 한 사례).

또 법원은 검사·피고인 또는 변호인의 신청에 의하여 공판준비에 필요하다고 인정한 때에는 공판기일 전에 피고인 또는 증인을 신문할 수 있고 검증·감정 또는 번역을 명할 수 있다($^{제273조}_{1항}$). 즉 증거조사는 당사자의 신청이 있는 때에만 할 수 있다. 재판장은 수명법관으로 하여금 증거조사를 하게 할 수 있고($^{동조}_{제2항}$), 이 신청을 기각함에는 결정으로 하여야 한다($^{동조}_{제3항}$).

검사·피고인 또는 변호인은 공판기일 전에 서류나 물건을 증거로 법원에 제출할 수 있다($^{제274}_{조}$).

(2) 공소장일본주의와의 관계

공판기일 전의 증거조사는 제 1 회 공판기일의 전후를 불문하고 가능하다는 견해[1]가 있다. 그러나 이는 제 1 회 공판기일 이전에 법원의 예단을 금지하는 공소장일본주의의 정신에 반할 우려가 있다. 따라서 공판기일 전의 증거조사가 가능한 공판기일이란 제 1 회 공판기일 이후의 공판기일을 의미한다고 해석해야 한다.[2]

9

Ⅲ. 공판준비절차

1. 공판준비절차의 의의

형사소송법은 종래의 공판준비절차 이외에 공판기일의 효율적이고 집중적인 심리를 준비하기 위하여 공판준비절차를 도입하였다($^{제266조의}_{5\ 내지\ 15}$). 공판준비절차란 법원의 효율적이고 집중적인 심리를 위하여 수소법원이 주도하여 검사, 피고인 또는 변호인의 의견을 들어 제 1 회 공판기일 이전에 사건의 쟁점과 증거를 정리하는 절차를 말한다. 공판절차의 효율적인 진행을 위한 법원의 사전준비절차는 미국과 일본의 형사소송법을 원형으로 한다.

10

미국에서는 사전심리절차(Pretrial Proceedings)의 하나로 공판전 회합절차(Pretrial Conference)를 열 수 있다($^{연방형소법}_{§\ 17(1)}$). 공판전 회합절차에서는 기소인부절차에서 피고인이 범행을 부인하는 경우에 판사, 검사 및 변호인이 회의를 갖고 사건의 쟁점을 추려내고 신속한 재판을 진행하기 위한 사항을 검토한다. 일본 형사소송법은 2004. 11. 1. 시행된 형사소송법 개정법률에 의하여 공판전 정리절차와 기일간 정리절차에

---

1 신동운 869면.

2 손동권/신이철 458면; 신현주 496면; 이영란 506면; 정승환 § 37/16.

관한 규정을 신설하였다($\frac{제316조의}{2\ 내지\ 32}$). 2007년 개정 형사소송법의 공판준비절차는 일본의 공판전 정리절차와 유사한 제도이다.

원래 공판준비절차는 증거개시제도와 함께 국민참여재판이 도입됨에 따라 배심원이 재판에 참여하는 경우에 공판심리를 신속하게 진행하여 배심원이 장기간에 걸쳐 재판에 관여하는 것을 막기 위하여 창안된 제도였으나, 형사소송법은 이를 일반 공판절차에 확대 적용하였다. 그러나 공판준비절차는 종래의 공판준비절차에 비하여 공판준비의 정도가 현저히 강화된 절차이므로 공판준비절차의 적절한 해석과 운용은 앞으로 시대적 과제가 될 것으로 평가된다.

2. 공판준비절차의 대상

11　　공판준비절차의 대상은 효율적이고 집중적인 심리가 필요한 사건이다($\frac{제266조의}{5\ 제1항}$). 국민참여재판에서는 공판준비절차가 필수적이나($\frac{국민의\ 형사재판\ 참여에}{관한\ 법률\ 제36조\ 1항}$), 배심원이 참여하지 않는 일반사건에 있어서는 법원이 필요하다고 인정하는 경우에 거칠 수 있을 뿐이다. 효율적이고 집중적인 심리가 필요한 경우로는 ① 사안이 복잡하고 쟁점이 많은 사건, ② 증거관계가 많거나 복잡한 사건, ③ 증거개시가 문제된 사건을 들 수 있다. 이를 판단하기 위하여 형사소송법은 피고인 또는 변호인에게 공소장부본을 송달받은 날부터 7일 이내에 공소사실에 대한 인정 여부, 공판준비절차에 관한 의견 등을 기재한 의견서를 법원에 제출하여야 할 의무를 부과하고, 법원은 의견서가 제출된 경우에 이를 검사에게 송부하게 하고 있다($\frac{제266조의}{2}$). 물론 피고인이 진술을 거부하는 때에는 그 취지를 기재한 의견서를 제출하면 된다($\frac{동조}{제1항\ 단서}$).

3. 공판준비절차의 진행

(1) 공판준비절차의 참여자

12　　1) 공판준비절차의 주재자　　공판준비절차는 수소법원이 주재한다. 즉 재판장은 효율적이고 집중적인 심리를 위하여 사건을 공판준비절차에 부칠 수 있고($\frac{제266조의}{5\ 제1항}$), 법원은 검사·피고인 또는 변호인의 의견을 들어 공판준비기일을 지정할 수 있다($\frac{제266조의}{7\ 제1항}$). 다만, 법원은 수명법관으로 하여금 공판준비기일을 진행하게

할 수 있다. 이 경우에 수명법관은 법원 또는 재판장과 동일한 권한을 가진다(동조 제3항).

문제는 수소법원이 제 1 회 공판기일 전부터 쟁점과 증거를 정리하고 이를 위하여 양 13
당사자의 주장을 듣는 것은 공소장일본주의에 의하여 실현하려는 예단배제의 원칙에
반하는 것이 아닌가라는 점에 있다. 일본 형사소송법의 개정을 둘러싸고 일본의 다
수설은 공판전 정리절차는 예단배제의 원칙에 반하지 않는다고 해석하였다. 그것은
① 공판전 정리절차에서의 쟁점과 증거정리는 당사자 쌍방의 절차관여에 의하여 이
루어지는 것이므로 공소장일본주의에 의하여 방지하려고 하는 검사의 혐의가 법원에
인계되어 법원의 공평성을 잃게 하는 것과는 구별해야 하고, ② 쟁점과 증거정리는
사건의 실체에 대한 심증을 형성하기 위한 것이 아니므로 증거조사의 채부에 대한
결정이나 증거개시의 재정을 위하여 법원이 증거를 조사한다고 하여 법원의 심증형
성에 영향을 주는 것은 아니라는 것을 이유로 한다.[1] 그러나 ① 예단배제의 원칙은
단순히 수사기관과 법원의 심증을 차단하는 데 그치는 것이 아니라 법원이 백지의
상태에서 공판정에 임하여 당사자 쌍방의 주장과 입증에 의하여 심증을 형성할 것을
요구하는 것이며, ② 증거개시의 재정이나 증거결정을 위하여 법관이 증거를 보고
필요한 경우에 사실조사를 한 때에는 이로 인하여 심증형성에 영향을 받게 되는 것
은 부정할 수 없다고 할 것이므로 공판전 준비절차는 예단배제의 원칙에 대한 중대
한 후퇴를 의미한다.[2] 따라서 법원은 검사와 피고인 또는 변호인이 동의하는 경우
에 한하여 공판전 준비절차를 결정하고,[3] 공판전 준비절차를 운영하는 데 있어서도
공판중심주의와의 적절한 균형을 유지하지 않으면 안 된다고 생각한다.

2) 공판준비절차의 관여자 공판준비절차에는 검사와 변호인이 출석해야 한 14
다(제266조의 8 제 1 항). 법원은 공판준비기일이 지정된 사건에 관하여 변호인이 없는 때에는
직권으로 국선변호인을 선정해야 한다(동조 제4항). 따라서 피고인에게 변호인이 없는
때에는 법원은 지체없이 국선변호인을 선정하고, 피고인 및 변호인에게 그 뜻을
고지하여야 한다. 공판준비기일이 지정된 후에 변호인이 없게 된 때에도 같다
(규칙 제123 조의 11). 피고인의 출석은 필수적인 요건이 아니다. 다만 법원은 필요하다고 인
정하는 때에는 피고인을 소환할 수 있으며, 피고인은 법원의 소환이 없는 때에도

---

1 池田/前田 262頁.
2 白取祐司, 刑事訴訟法(第 4 版), 日本評論社, 2007, 250頁.
3 일본 형사소송법은 검사와 피고인 또는 변호인의 의견을 묻도록 하고 있음에 반하여(제316
조의 2 제 1 항), 형사소송법의 공판전 준비절차는 재판장이 임의로 결정하고(제266조의 5 제
1 항), 다만 공판준비기일의 지정에 대하여만 검사와 피고인 또는 변호인의 의견을 듣게 하
고 있다(제266조의 7 제 1 항). 입법론상 의문이다.

공판준비기일에 출석할 수 있다($^{제266조의}_{8 \; 제5항}$). 법원은 검사 · 피고인 및 변호인에게 공
판준비기일을 통지해야 하며($^{동조}_{제3항}$), 재판장은 출석한 피고인에게 진술을 거부할
수 있음을 알려 주어야 한다($^{동조}_{제6항}$).

(2) 공판준비절차의 방법

15　　　공판준비절차는 주장 및 입증계획 등을 서면으로 준비하게 하거나 공판준비
기일을 열어 소송관계인을 출석시켜 진술하게 하는 방법으로 행한다($^{제266조의}_{5 \; 제2항}$). 공
판준비절차의 신속한 진행을 위해 검사 · 피고인 또는 변호인은 증거를 미리 수
집 · 정리하는 등 공판준비절차가 원활하게 진행될 수 있도록 협력할 의무를 진다
($^{동조}_{제3항}$). 따라서 사건이 공판준비절차에 부쳐진 때에는 검사는 증명하려는 사실을
밝히고 이를 증명하는 데 사용할 증거를 신청하여야 하며($^{규칙 \; 123조}_{의7 \; 제1항}$), 피고인 또는
변호인은 검사의 증명사실과 증거신청에 대한 의견을 밝히고, 공소사실에 관한
사실상 · 법률상 주장과 그에 대한 증거를 신청하여야 한다($^{동조}_{제2항}$). 검사 · 피고인
또는 변호인은 필요한 경우 상대방의 주장 및 증거신청에 대하여 필요한 의견을
밝히고, 그에 관한 증거를 신청할 수 있다($^{동조}_{제3항}$).

　　　공판준비절차에서 검사 · 피고인 또는 변호인은 법률상 · 사실상 주장의 요지
및 입증취지 등이 기재된 서면을 법원에 제출할 수 있고, 재판장은 검사 · 피고인
또는 변호인에게 위의 서면의 제출을 명할 수 있다($^{제266조의6}_{제1항 \cdot 제2항}$). 위 서면에는 필
요한 사항을 구체적이고 간결하게 기재하여야 하고, 증거로 할 수 없거나 증거로
신청할 의사가 없는 자료에 기초하여 법원에 사건에 대한 예단 또는 편견을 발생
하게 할 염려가 있는 사항을 기재하여서는 아니 된다($^{규칙 \; 제123조}_{의9 \; 제3항}$).

　　　피고인이 공판준비를 위한 서면을 낼 때에는 1통의 부본을, 검사가 그 서면을 낼 때
　　　에는 피고인의 수에 1을 더한 수에 해당하는 부본을 함께 제출하여야 한다. 다만, 여
　　　러 명의 피고인에 대하여 동일한 변호인이 선임된 경우에는 검사는 변호인의 수에 1
　　　을 더한 수에 해당하는 부본만을 낼 수 있다($^{동조}_{제4항}$).

　　　법원은 검사 · 피고인 또는 변호인이 위의 서면을 제출한 때에는 그 부본을
상대방에게 송달하여야 한다($^{제266조의}_{6 \; 제3항}$). 또한 재판장은 검사 · 피고인 또는 변호인
에게 공소장 등 법원에 제출된 서면에 대한 설명을 요구하거나 그 밖에 공판준비
에 필요한 명령을 할 수 있다($^{동조}_{제4항}$). 법원은 검사 · 피고인 또는 변호인의 의견을
들어 공판준비기일을 지정할 수 있고($^{제266조의}_{7 \; 제1항}$), 검사 · 피고인 또는 변호인은 법원

에 대하여 공판준비기일의 지정을 신청할 수 있다. 이 경우에 당해 신청에 관한 법원의 결정에 대하여는 불복할 수 없다($\binom{동조}{제2항}$). 법원은 합의부원으로 하여금 공판준비기일을 진행하게 할 수 있다. 이 경우 수명법관은 공판준비기일에 관하여 법원 또는 재판장과 동일한 권한이 있다($\binom{동조}{제3항}$). 공판준비기일도 공판기일처럼 원칙적으로 공개하지만, 공개하면 절차의 진행이 방해될 우려가 있는 때에는 공개하지 아니할 수 있다($\binom{동조}{제4항}$). 검사·피고인 또는 변호인은 부득이한 사유로 공판준비기일을 변경할 필요가 있는 때에는 그 사유와 기간 등을 구체적으로 명시하여 공판준비기일의 변경을 신청할 수 있다($\binom{규칙 \ 제123}{조의 10}$). 법원은 피고인이 출석하지 아니하는 경우 상당하다고 인정하는 때에는 검사와 변호인의 의견을 들어 비디오 등 중계장치에 의한 중계시설을 통하거나 인터넷 화상장치를 이용하여 공판준비기일을 열 수 있다($\binom{제266조의}{17 \ 제1항}$). 이를 '영상공판준비기일'이라고 하는데($\binom{규칙 \ 제123조}{의 13 \ 제1항}$), 그 기일은 검사와 변호인이 법정에 출석하여 이루어진 공판준비기일로 본다($\binom{제266조의}{17 \ 제2항}$).

법원은 공판준비기일을 종료하는 때에는 검사·피고인 또는 변호인에게 쟁점 및 증거에 관한 정리결과를 고지하고, 이에 대한 이의의 유무를 확인해야 하며($\binom{제266조의}{10 \ 제1항}$), 법원이 공판준비기일을 진행한 경우에는 참여한 법원사무관 등이 공판준비기일조서를 작성하여야 하고($\binom{규칙 \ 제123조}{의 12 \ 제1항}$), 공판준비기일조서에는 피고인·증인·감정인·통역인 또는 번역인의 진술의 요지와 쟁점 및 증거에 관한 정리결과 그 밖에 필요한 사항을 기재하고($\binom{제266조의 10 \ 제2항,}{규칙 \ 제123조의 12 \ 제2항}$), 재판장 또는 법관과 참여한 법원사무관 등이 기명날인 또는 서명하여야 한다($\binom{동조}{제3항}$). 공판준비기일조서를 공판조서와 같이 자세하게 기재할 때에는 공판준비기일이 공판기일화하여 공판기일의 심리절차가 형식화될 우려가 있음을 고려하여 쟁점 및 증거의 정리결과만을 기재하게 한 것이다.

4. 공판준비절차의 내용

공판준비절차에서는 쟁점정리, 증거정리, 증거개시 및 심리계획의 책정이 행하여진다($\binom{제266조}{의 9}$).   16

1) **쟁점정리**   쟁점정리에 관한 사항으로는 ① 공소사실 또는 적용법조를 명확하게 하는 행위($\binom{동조}{제1항 1호}$), ② 공소사실 또는 적용법조의 추가·철회 또는 변경을 허가하는 행위($\binom{제2}{호}$), ③ 공소사실과 관련하여 주장할 내용을 명확히 하여 사건

의 쟁점을 정리하는 행위($\frac{제3}{호}$), ④ 계산이 어렵거나 그 밖에 복잡한 내용에 관하여 설명하도록 하는 행위($\frac{제4}{호}$)가 있다.

  2) 증거정리   증거정리에 관한 사항으로는 ⑤ 증거신청을 하도록 하는 행위($\frac{제5}{호}$), ⑥ 신청된 증거와 관련하여 입증취지 및 내용 등을 명확하게 하는 행위($\frac{제6}{호}$), ⑦ 증거신청에 관한 의견을 확인하는 행위($\frac{제7}{호}$), ⑧ 증거채부의 결정을 하는 행위($\frac{제8}{호}$),[1] ⑨ 증거조사의 순서 및 방법을 정하는 행위($\frac{제9}{호}$)가 포함된다.

  3) 증거개시   증거개시에 관한 사항으로는 ⑩ 서류 등의 열람·등사와 관련된 신청의 당부를 결정하는 행위($\frac{제10}{호}$)가 있다.

  4) 심리계획   심리계획에 관한 사항에는 ⑪ 공판기일을 지정 또는 변경하는 행위($\frac{제11}{호}$), ⑫ 그 밖에 공판절차의 진행에 필요한 사항을 정하는 행위($\frac{제12}{호}$)가 여기에 해당한다. 법원은 사건을 공판준비절차에 부친 때에는 집중심리를 하는 데 필요한 심리계획을 수립하여야 한다($\frac{규칙 제123조}{의8 제1항}$).

  이를 위하여 검사·피고인 또는 변호인은 특별한 사정이 없는 한 필요한 증거를 공판준비절차에서 일괄하여 신청하여야 하며($\frac{동조}{제2항}$), 법원은 증인을 신청한 자에게 증인의 소재, 연락처, 출석가능성 및 출석이 가능한 일시 등 증인의 신문에 필요한 사항의 준비를 명할 수 있다($\frac{동조}{제3항}$).

5. 공판준비절차의 종결

17   법원은 ① 쟁점 및 증거의 정리가 완료된 때, ② 사건을 공판준비절차에 부친 뒤 3개월이 지난 때, ③ 검사·변호인 또는 소환받은 피고인이 출석하지 아니한 때의 하나에 해당하는 사유가 있는 때에는 공판준비절차를 종결하여야 한다. 다만, ②와 ③에 해당하는 경우로서 공판의 준비를 계속하여야 할 상당한 이유가 있는 때에는 그러하지 아니하다($\frac{제266조}{의12}$). 법원은 필요하다고 인정한 때에는 직권 또는 검사, 피고인이나 변호인의 신청에 의하여 결정으로 종결한 공판준비절차를 재개할 수 있다($\frac{제266조의}{14, 제305조}$).

---

1 공판준비에 관한 사항에 관한 형사소송법 제266조의9 제1항의 내용은 공판전 정리절차에 관한 일본 형사소송법 제316조의5의 규정과 유사하다. 다만 형사소송법이 제4호를 추가하고, 제8호를 일본 형사소송법에서 증거조사를 하는 결정 또는 증거조사청구를 각하하는 결정이라고 규정된 것을 증거채부를 결정하는 행위라고 규정한 점에 차이가 있다. 제4호가 쟁점정리의 내용에 포함될 수 있는 것은 명백하다. 그러나 증거의 채부와 증거조사의 채부는 구별해야 하고, 증거의 채부는 증거조사를 마친 후에 하는 것이라는 점에서 볼 때 형사소송법이 증거의 채부를 결정하는 행위라고 규정한 것은 입법론상 의문이다.

공판준비기일에서 신청하지 못한 증거는 그 신청으로 인하여 소송을 현저히 18
지연시키지 아니하거나 또는 중대한 과실 없이 공판준비기일에 제출하지 못하는
등 부득이한 사유를 소명한 경우에 한하여 공판기일에 신청할 수 있다($^{제266조의}_{13 \, 제1항}$).
공판준비절차를 거친 후에 제한 없이 새로운 증거조사의 청구를 허용하는 것은
공판정리절차에 의한 쟁점과 증거정리의 실효성을 확보할 수 없다는 점을 고려한
것이다. 그러나 이러한 제한은 법원이 직권으로 증거조사를 하는 것을 방해하지
는 않는다($^{동조}_{제2항}$).

6. 기일간 공판준비절차

법원은 쟁점 및 증거의 정리를 위하여 필요한 경우에는 제1회 공판기일 후 19
에도 사건을 공판준비절차에 부칠 수 있다. 이를 기일간 공판준비절차라고 한다.
이 경우에는 공판준비절차에 관한 규정이 준용된다($^{제266조}_{의 15}$).

제3절 공판정의 심리, 피고인의 구속과 보석 §37

Ⅰ. 공판정의 구성

1. 판사 · 검사 및 변호인의 출석

공판기일에는 공판정에서 심리한다($^{제275조}_{1항}$). 공판정이란 공개된 법정을 의미 1
한다. 공판정은 판사와 검사, 법원사무관 등이 출석하여 개정한다($^{동조}_{제2항}$). 검사의
좌석과 피고인 및 변호인의 좌석은 대등하며, 법대의 좌우측에 마주 보고 위치하
고, 증인의 좌석은 법대의 정면에 위치한다. 다만, 피고인신문을 하는 때에는 피
고인은 증인석에 좌석한다($^{동조}_{제3항}$). 공판정에서는 피고인의 신체를 구속하지 못한
다. 다만 재판장은 피고인이 폭력을 행사하거나 도망할 염려가 있다고 인정하는
때에는 피고인의 신체의 구속을 명하거나 기타 필요한 조치를 할 수 있다($^{제280}_{조}$).

검사의 출석은 공판개정의 요건이다. 따라서 검사의 출석이 없을 때에는 개 2
정하지 못하며, 검사의 출석 없이 개정한 때에는 소송절차에 관한 법령에 위반한
경우에 해당한다.[1] 다만, 검사가 공판기일의 통지를 2회 이상 받고도 출석하지

---

1 대법원 1966. 5. 17, 66 도 276.

아니하거나 판결만을 선고하는 때에는 검사의 출석 없이 개정할 수 있다($\substack{제278\\조}$). 검사의 불출석으로 인한 심리지연을 방지하기 위한 것이다. 여기의 2회 이상이란 검사가 2회에 걸쳐 출석하지 아니한 때에는 그 기일에 바로 개정할 수 있다는 뜻이고,[1] 반드시 계속하여 2회 이상 불출석할 것을 요하는 것은 아니다.[2]

3   변호인은 당사자가 아니다. 따라서 변호인의 출석은 공판개정의 요건이 아니다. 그러므로 변호인이 공판기일의 통지를 받고도 출석하지 아니한 때에는 변호인의 출석 없이 개정할 수 있다. 다만, 필요적 변호사건과 국선변호사건에 관하여는 변호인 없이 개정하지 못한다($\substack{제282조,\\제283조}$).[3] 그러나 판결만을 선고하는 경우에는 예외로 한다($\substack{제282조\\단서}$).

> 다만, 필요적 변호사건에서 변호인이 임의로 퇴정하여 버리거나 피고인과 합세하여 법정질서를 문란케 하여 재판장의 퇴정명령을 받은 경우와 같이 변호인의 재정의무 위반이 피고인 측의 방어권의 남용 또는 변호권의 포기로 보여지는 때에는 형사소송법 제330조의 규정을 유추적용하여 변호인 없이 개정할 수 있다고 해야 한다.[4]

2. 피고인의 출석

4   피고인이 공판기일에 출석하지 아니한 때에는 특별한 규정이 없으면 개정하지 못한다($\substack{제276\\조}$). 즉 피고인은 출석권을 가지고 있으므로 피고인의 출석은 공판개정의 요건이다. 피고인의 공판정출석은 피고인의 권리인 동시에 의무가 되기도 한다. 피고인에게는 출석의 의무가 있을 뿐만 아니라 재정의무까지 있다. 따라서 출석한 피고인은 재판장의 허가 없이 퇴정하지 못한다($\substack{제281조,\\1항}$).

예외적으로 피고인의 출석 없이 심판할 수 있는 경우가 있다. 피고인의 출석을 요하지 않는 경우는 다음과 같다.

---

1 대법원 1967. 2. 21, 66 도 1710.

2 대법원 1966. 11. 29, 66 도 1415.

3 필요적 변호사건에서 제 1 심의 공판절차가 변호인 없이 이루어졌다면 일체의 소송행위는 모두 무효이다. 이 경우 항소심으로서는 변호인이 있는 상태에서 소송행위를 새로이 한 후 위법한 제 1 심 판결을 파기하고, 항소심에서의 증거조사 및 진술 등 심리 결과에 기하여 다시 판결하여야 한다(대법원 2011. 9. 8, 2011 도 6325). 이러한 법리는 필요적 변호사건과 그렇지 아니한 사건을 병합하여 심리한 경우에도 마찬가지로 적용된다(대법원 2011. 4. 28, 2011 도 2279).

4 대법원 1990. 6. 8, 90 도 646.

1) 소송무능력자의 소송행위의 대리와 대표

⑺ **피고인이 의사무능력자인 경우**   형법의 책임능력에 관한 규정이 적용되지   5
않는 범죄사건의 피고인이 의사무능력자인 경우에 법정대리인 또는 특별대리인
이 출석한 때에는 피고인의 출석을 요하지 않는다(제26조·제28조). 다만, 이때에는 법정대
리인 또는 특별대리인의 출석이 공판개정의 요건이 된다.

⑻ **피고인이 법인인 경우**   피고인이 법인인 때에는 법인이 소송행위를 할 수   6
없으므로 대표자가 출석하면 된다(제27조 1항). 이 경우에 대표자가 반드시 출석할 것
을 요하지 않고, 대리인을 출석하게 할 수 있다(제276조 단서).

2) 경미사건 및 피고인에게 유리한 재판을 하는 경우   법정형이 다액 500만   7
원 이하의 벌금 또는 과료에 해당하는 경미한 사건뿐만 아니라 경미한 사건으로
다툼이 없거나 피고인에게 유리한 재판을 할 것이 명백한 경우에는 피고인의 출
석 없이 재판할 수 있다. 피고인의 편익을 보호하고, 불필요한 재판지연을 방지
하기 위한 것이다.

⑺ **벌금 또는 과료에 해당하는 사건**   다액 500만 원 이하의 벌금 또는 과료에
해당하는 사건에 관하여는 피고인의 출석을 요하지 않는다(제277조 1호). 피고인의 출석
을 요하지 않을 뿐이지 출석의 권리까지 상실하는 것은 아니다. 따라서 이 경우
에도 피고인을 소환하여야 하며, 피고인은 대리인을 출석하게 할 수 있다(동조 단서).

⑻ **공소기각 또는 면소의 재판을 할 경우**   공소기각 또는 면소의 재판을 할   8
것이 명백한 사건에 관하여도 피고인의 출석을 요하지 않는다(동조 제2호). 또한 피고
인에게 사물의 변별능력 또는 의사결정능력이 없거나, 피고인이 질병으로 출정할
수 없는 때에는 공판절차를 정지하여야 한다(제306조 1항·2항). 그러나 피고사건에 대하여
무죄·면소·형의 면제 또는 공소기각의 재판을 할 것으로 명백한 때에는 피고인
의 출정 없이 재판할 수 있다(동조 제4항). 피고인에게 유리한 재판을 할 경우이기 때
문이다.

⑼ **법원이 피고인의 불출석을 허가한 경우**   장기 3년 이하의 징역 또는 금고,   9
다액 500만 원을 초과하는 벌금 또는 구류에 해당하는 사건에서 피고인의 불출
석허가신청이 있고 법원이 피고인의 불출석이 그의 권리를 보호함에 지장이 없다
고 인정하여 이를 허가한 사건에 관하여는 피고인의 출석을 요하지 않는다. 다
만, 이 경우에도 인정신문이나 판결선고 시에는 피고인이 출석해야 한다(제277조 3호).

피고인의 불출석허가신청은 공판기일에 출석하여 구술로 하거나 공판기일 외에서 서면으로 할 수 있다(규칙 제126조의3 제1항). 법원은 불출석허가신청에 대한 허가 여부를 결정하여야 하며(동조 제2항), 피고인의 불출석을 허가한 경우에도 피고인의 권리보호 등을 위하여 그 출석이 필요하다고 인정되는 때에는 불출석허가를 취소할 수 있다(동조 제3항).

10　　　⒣ **약식명령에 대한 정식재판청구**　　　약식명령에 대하여 피고인만이 정식재판을 청구한 사건에서 판결을 선고하는 경우에도 피고인의 출석이 필요하지 않다(동조 제4호).[1]

　　　⒤ **즉결심판사건**　　　즉결심판에 의하여 피고인에게 벌금 또는 과료를 선고하는 경우에도 피고인의 출석을 요하지 않는다(즉결법 제8조의2).

　　　3) 피고인이 퇴정하거나 퇴정명령을 받은 경우

11　　　⒢ **퇴정명령의 경우**　　　피고인이 재판장의 허가 없이 퇴정하거나, 재판장의 질서유지를 위한 퇴정명령을 받은 때에는 피고인의 진술 없이 판결할 수 있다(제330조). 피고인의 책임 있는 사유로 당사자로서의 출석권을 포기 또는 상실한 것이기 때문이다. 판결할 수 있다고 되어 있으나 판결뿐만 아니라 심리도 할 수 있다고 해석해야 하므로[2] 피고인의 출석 없이 개정할 수 있는 경우에 해당한다.[3] 이 경우 증거조사가 필요하면 증거동의(제318조 2항)가 있는 것으로 간주된다.[4]

12　　　⒣ **일시퇴정의 경우**　　　재판장은 증인 또는 감정인이 피고인 또는 어떤 재정인의 면전에서 충분한 진술을 할 수 없다고 인정한 때에는 그를 퇴정하게 하고 진술하게 할 수 있다. 피고인이 다른 피고인의 면전에서 충분한 진술을 할 수 없다고 인정한 때에도 같다(제297조 1항). 이는 증인 등의 진술의 자유를 보장하기 위한 것이다. 그러나 이로 인하여 피고인의 증인신문권을 침해할 우려가 있으므로 증인·감정인 또는 공동피고인의 진술이 종료한 때에는 퇴정한 피고인을 입정하게 한 후 법원사무관 등으로 하여금 진술의 요지를 고지하게 하여야 하며(동조 2항), 이 경우에도 피고인의 반대신문권을 배제하는 것은 허용되지 않는다.[5]

1　이는 항소심의 경우에도 그대로 적용된다(대법원 2012. 6. 28, 2011 도 16166).
2　판결선고 외 심리는 할 수 없다는 견해(이창현 734면), 심리는 할 수 있지만 증거동의는 간주되지 않는다는 견해(정승환 § 38/14)도 있다.
3　김기두 259면.
4　대법원 1991. 6. 28, 91 도 865.
5　대법원 2010. 1. 14, 2009 도 9344, 「형사소송법 제297조에 따라 변호인이 없는 피고인을 일시 퇴정하게 하고 증인신문을 한 다음 피고인에게 실질적인 반대신문의 기회를 부여하지 아

4) 피고인이 불출석하는 경우

㈎ **구속피고인의 출석거부**   피고인이 출석하지 아니하면 개정하지 못하는 경   13
우에 구속된 피고인이 정당한 사유 없이 출석을 거부하고, 교도관에 의한 인치가
불가능하거나 현저히 곤란하다고 인정되는 때에는 피고인의 출석 없이 공판절차
를 진행할 수 있다($^{제277조의}_{2\ 제1항}$). 이 경우에는 출석한 검사 및 변호인의 의견을 들어
야 한다($^{동조}_{제2항}$). 구속피고인의 출석거부로 인한 공판심리의 지연을 막기 위한 규
정이다. 출석을 거부하는 피고인에 대하여는 교도관에 의한 강제출정이 가능하므
로 이 규정은 입법론상 부당하다는 비판이 있다.[1] 그러나 집단공안사건에서 구
속피고인이 법정투쟁의 일환으로 출정을 거부하고 교도관에 의한 인치가 불가능
한 경우가 있을 수 있으므로 이에 대한 대책이 필요함을 부정할 수는 없다. 피고
인의 출석 없이 진행할 수 있는 것은 그 기일의 공판절차이므로 다음 공판기일의
공판절차에는 피고인의 출석이 필요하다. 또 진행할 수 있는 공판절차의 범위에
도 제한이 없으므로 모두절차이든 증거조사절차이든 판결선고이든 묻지 않는다.

구속피고인이 출석을 거부하는 때에는 교도소장은 즉시 그 취지를 법원에 통지해야
하며($^{규칙\ 제126}_{조의4}$), 법원은 그 사유가 존재하는가의 여부를 조사하여야 한다($^{규칙\ 제126조}_{의5\ 제1항}$).
법원은 조사를 함에 있어서 필요하다고 인정하는 경우에는 교도관리 기타 관계자의
출석을 명하여 진술을 듣거나 그들로 하여금 보고서를 제출하도록 명할 수 있다($^{동조}_{제2항}$).
법원은 피고인의 출석거부사유가 정당한 것인지 여부뿐만 아니라 교도관에 의한 인
치가 불가능하거나 현저히 곤란하였는지 여부 등 위 조문에 규정된 사유가 존재하는
가의 여부를 조사하여야 한다.[2] 피고인의 출석 없이 공판절차를 진행하는 경우에
재판장은 공판정에서 소송관계인에게 그 취지를 고지하여야 한다($^{규칙\ 제126}_{조의6}$).

㈏ **피고인의 소재불명**   소송촉진 등에 관한 특례법은 피고인이 소재불명인   14
경우에도 피고인의 진술 없이 재판할 수 있다고 규정하고 있다. 즉 제 1 심 공판
절차에서 피고인에 대한 송달불능보고서가 접수된 때부터 6개월이 지나도록 피
고인의 소재를 확인할 수 없는 경우[3]에 피고인이 공시송달의 방법[4]에 의한 공

니한 채 이루어진 증인의 법정진술은 위법한 증거로서 증거능력이 없다고 볼 여지가 있으나,
그 다음 공판기일에서 재판장이 증인신문 결과 등을 공판조서(증인신문조서)에 의하여 고지
하였는데 피고인이 '변경할 점과 이의할 점이 없다'고 진술하여 책문권 포기 의사를 명시한
때에는 실질적인 반대신문의 기회를 부여받지 못한 하자가 치유되었다고 해야 한다.」

1 백형구 강의, 550면.
2 대법원 2001. 6. 12, 2001 도 114.

판기일의 소환을 2회 이상 받고도 출석하지 아니한 때에는 피고인의 진술 없이 재판할 수 있다. 다만, 사형·무기 또는 장기 10년을 넘는 징역이나 금고에 해당하는 사건의 경우에는 그러하지 아니하다($\frac{소촉법 \; 제23조, \; 소촉}{규칙 \; 제18조, \; 제19조}$).

15   (다) **항소심에서의 특칙**   항소심에서 피고인이 공판기일에 출정하지 아니한 때에는 다시 기일을 정하여야 하며, 피고인이 다시 정한 기일에 출정하지 아니한 때에는 피고인의 진술 없이 판결할 수 있다($\frac{제365}{조}$). 이 경우에도 판결뿐만 아니라 심리도 할 수 있다.

16   (라) **정식재판청구에 의한 공판절차의 특칙**   약식명령에 대하여 정식재판을 청구한 피고인이 정식재판절차의 공판기일에 2회 출석하지 아니한 경우에는 피고인의 출석 없이 심판할 수 있다($\frac{제458조}{2항}$).

17   **5) 피고인의 출석이 부적당한 경우**   상고심의 공판기일에는 피고인의 소환을 요하지 않는다($\frac{제389조}{의2}$). 상고심은 법률심이므로 변호인이 아니면 변론할 수 없기 때문이다. 치료감호 등에 관한 법률에 의한 피치료감호청구인이 심신장애로 공판기일에 출석이 불가능한 경우에도 법원은 피치료감호청구인의 출석 없이 개정할 수 있다($\frac{동법}{제9조}$).

3. 전문심리위원의 참여

18   법원은 소송관계를 분명하게 하거나 소송절차를 원활하게 진행하기 위하여 필요한 경우에는 직권으로 또는 검사, 피고인 또는 변호인의 신청에 의해 결정으로 전문심리위원을 지정하여 공판준비 및 공판기일 등 소송절차에 참여하게 할 수 있다($\frac{제279조의}{2 \; 제1항}$). 전문심리위원을 소송절차에 참여시키는 경우 법원은 검사, 피고인 또는 변호인의 의견을 들어 각 사건마다 1인 이상의 전문심리위원을 지정한다($\frac{제279조의}{4 \; 제1항}$). 법원은 상당하다고 인정하는 때에는 검사, 피고인 또는 변호인의 신청이나 직권으로 전문심리위원의 지정을 취소할 수 있다($\frac{제279조의}{3 \; 제1항}$). 전문심리위원은 전문적인 지식에 의한 설명 또는 의견을 기재한 서면을 제출하거나 기일에서 전문적인 지식에 의하여 설명이나

---

3 피고인이 구치소나 교도소 등에 수감 중에 있는 경우는 여기에 해당하지 아니한다(대법원 2013. 6. 27, 2013 도 2714).

4 기록상 피고인의 집 전화번호 또는 휴대전화번호 등이 나타나 있는 경우에는 위 전화번호로 연락하여 송달받을 장소를 확인하여 보는 등의 시도를 해 보아야 하고, 그러한 조치를 취하지 아니한 채 곧바로 공시송달의 방법에 의한 송달을 하는 것은 형사소송법 제63조 1항, 소송촉진 등에 관한 특례법 제23조에 위배되어 허용되지 아니한다(대법원 2011. 5. 13, 2011 도 1094).

의견을 진술할 수 있으나, 재판의 합의에는 참여할 수 없다($\frac{제279조의}{2 \, 제 2 항}$). 전문심리위원은 기일에서 재판장의 허가를 받아 피고인 또는 변호인, 증인 또는 감정인 등 소송관계인에게 소송관계를 분명하게 하기 위하여 필요한 사항에 관하여 직접 질문할 수 있다($\frac{동조}{제 3 항}$). 법원은 전문심리위원이 제출한 서면이나 전문심리위원의 설명 또는 의견의 진술에 관하여 검사, 피고인 또는 변호인에게 구술 또는 서면에 의한 의견진술의 기회를 주어야 한다($\frac{동조}{제 4 항}$). 수명법관 또는 수탁판사가 소송절차를 진행하는 경우에는 위의 규정에 따른 법원 및 재판장의 직무는 그 수명법관이나 수탁판사가 행한다($\frac{제279조}{의 6}$). 이러한 전문심리위원과 관련된 절차 진행 등에 관한 사항은 당사자에게 적절한 방법으로 적시에 통지하여 당사자의 참여 기회가 실질적으로 보장될 수 있도록 하여야 하고, 그렇지 않을 경우 각각의 적법절차위반인 동시에 헌법상의 재판을 받을 권리를 침해한 것이 된다.[1]

Ⅱ. 법원의 구속

1. 구속영장의 발부

　　법원은 피고인이 죄를 범하였다고 의심할 만한 상당한 이유가 있고 제70조 소정의 구속사유가 있는 경우에는 피고인을 구속할 수 있다. 구속사유는 피의자의 구속사유와 같다($\frac{제70}{조}$). 피고인을 구속함에는 구속영장을 발부해야 한다($\frac{제73}{조}$). 구속영장에는 피고인의 성명, 주거, 죄명, 공소사실의 요지, 인치·구금할 장소, 발부연월일, 그 유효기간과 그 기간을 경과하면 집행에 착수하지 못하며 영장을 반환해야 한다는 취지를 기재하고 재판장 또는 수명법관이 서명날인하여야 하는 등, 구속영장의 방식은 피의자 구속의 경우와 같다($\frac{제75}{조}$). 법원은 피고인의 현재지의 지방법원판사에게 피고인의 구속을 촉탁할 수 있고, 수탁판사는 피고인이 관할구역 내에 현재하지 아니한 때에는 그 현재지의 지방법원판사에게 전촉할 수 있다($\frac{제77조}{1항·2항}$). 이 경우 수탁판사는 구속영장을 발부해야 한다($\frac{동조}{제 3 항}$). 촉탁에 의하여 구속영장을 발부한 판사는 피고인을 인치한 때로부터 24시간 이내에 그 피고인임에 틀림 없는가를 조사한 후, 신속히 지정된 장소에 송치해야 한다($\frac{제78}{조}$). 피고인에 대하여 범죄사실의 요지, 구속의 이유와 변호인을 선임할 수 있음을 말하고 변명할 기회를 준 후가 아니면 구속할 수 없다. 다만, 피고인이 도망한 경우

19

1　대법원 2019. 5. 30, 2018 도 19051.

에는 그러하지 아니하다($\frac{제72}{조}$).[1] 이는 법원이 구속영장을 발부함에 있어서 취해야 할 사전 청문절차로서 이를 거치지 아니한 구속영장 발부결정은 위법하다.[2] 여기서 도망이란 피고인이 공판절차와 형의 집행을 피할 목적으로 소재불명이 되는 것을 의미한다.[3] 법원은 합의부원으로 하여금 위 절차를 이행하게 할 수 있다($\frac{제72조의}{2 제1항}$). 한편 법원은 피고인이 출석하기 어려운 특별한 사정이 있고 상당하다고 인정하는 때에는, 검사와 변호인의 의견을 들어 비디오 등 중계장치에 의한 중계시설을 통하여 위 구속과 이유의 고지절차를 진행할 수 있다($\frac{동조 제2항,}{규칙 제45조의 2}$). 법원 또는 법관은 범죄사실의 요지 등을 고지할 때에는 법원사무관 등을 참여시켜 조서를 작성하게 하거나 피고인으로 하여금 확인서 기타 서면을 작성하게 하여야 한다($\frac{규칙}{제52조}$).

2. 구속영장의 집행

20   피고인에 대한 구속영장의 집행절차도 피의자 구속의 경우와 같이 검사의 지휘에 의하여 사법경찰관리가 집행하고($\frac{제81조}{1항}$), 교도소 또는 구치소에 있는 피고인에 대하여 발부된 구속영장은 검사의 지휘에 의하여 교도관이 집행한다($\frac{동조}{제3항}$). 피고인에 대한 구속영장의 집행은 급속을 요하는 경우에는 재판장, 수명법관 또는 수탁판사가 지휘할 수 있다($\frac{동조}{제1항 단서}$). 이 경우에는 법원사무관 등에게 그 집행을 명할 수 있다. 법원사무관 등은 그 집행에 관하여 필요한 때에는 사법경찰관리·교도관 또는 법원경위에게 보조를 요구할 수 있으며, 관할구역 외에서도 집행할 수 있다($\frac{동조}{제2항}$). 구속영장을 집행함에 있어서는 구속영장을 피고인에게 제시하고 그 사본을 교부하여야 하나($\frac{제85조}{1항}$), 구속영장을 소지하지 아니한 경우에 급속을 요하는 때에는 피고인에게 공소사실의 요지와 영장이 발부되었음을 고하고 집행한 후에 신속히 구속영장을 제시하고 그 사본을 교부하여야 한다($\frac{동조 제3}{항·제4항}$).

---

1 대법원 2019. 2. 28, 2018 도 19034.

2 대법원 2000. 11. 10. 결정, 2000 모 134; 대법원 2016. 6. 14. 결정, 2015 모 1032. 다만 대법원은 이미 변호인을 선정하여 공판절차에서 변명과 증거의 제출을 다 하고 그의 변호 아래 판결을 선고받은 경우 등과 같이 그 절차적 권리가 실질적으로 보장되었다고 볼 수 있는 경우에는, 절차의 흠결만으로 그 발부결정이 위법하다고 볼 것은 아니라고(2000 모 134) 하면서도, 범죄사실에 대한 충분한 소명과 공방이 이루어지고 그 과정에서 피고인에게 자신의 범죄사실 및 구속사유에 관하여 변명을 할 기회가 충분히 부여되었다고 볼 수 있을 정도의 사유가 아닌 이상 함부로 청문절차 흠결의 위법이 치유된다고 해석해서는 아니 된다(2015 모 1032)고 판시하고 있다.

3 대법원 2014. 11. 18. 결정, 2014 모 2488.

구속영장의 집행을 받은 피고인을 호송할 경우에 필요하면 가장 가까운 교도소 또는 구치소에 임시로 유치할 수 있다($\frac{제86}{조}$). 피고인을 구속한 때에는 변호인 또는 변호인 선임권자 중 피고인이 지정한 자에게 구속사실을 통지해야 하며($\frac{제87}{조}$), 즉시 공소사실의 요지와 변호인을 선임할 수 있음을 알려야 한다($\frac{제88}{조}$). 제88조의 고지는 사후 청문절차로서 이를 위반하더라도 구속영장의 효력에는 아무런 영향이 없다.[1] 형사소송규칙은 고지의 주체를 법원 또는 법관으로 규정하고 있다($\frac{규칙}{제52조}$). 그러나 제88조의 고지는 구속영장을 집행할 때에 집행기관의 고지를 규정한 것으로 보아야 하며,[2] 따라서 법원 또는 법관이 고지의 주체가 되는 것은 재판장·수명법관 또는 수탁판사가 집행을 지휘하는 경우에 한한다고 해야 한다.

3. 피고인의 구속기간

피고인에 대한 구속기간은 2개월이다($\frac{제92조}{1항}$). 그러나 특히 구속을 계속할 필요가 있는 경우에는 심급마다 2개월 단위로 2차에 한하여 결정으로 갱신할 수 있다. 다만, 상소심은 피고인 또는 변호인이 신청한 증거의 조사, 상소이유를 보충하는 서면의 제출 등으로 추가심리가 필요한 부득이한 경우에는 3차에 한하여 갱신할 수 있다($\frac{동조}{제2항}$). 피고인의 구속기간을 제한한 것은 부당한 장기구속을 방지하는 데 그 근본취지가 있다. 따라서 피고인의 구속기간은 1심은 최장 6개월이며, 상소심의 경우 상소기간 중 또는 상소 중에 있는 사건의 소송기록이 원심법원에 있을 때에는 원심법원이 갱신의 결정을 해야 하므로($\frac{제105}{조}$), 2심과 3심은 원칙적으로 원심의 잔여 구속기간을 제외한 4개월로 제한된다. 1심의 구속기간의 기산점은 공소제기 시이다. 즉 공판절차가 정지된 기간 및 공소제기 전의 체포·구인·구금된 기간은 위 기간에 산입하지 아니한다($\frac{제92조}{3항}$). 다만, 상소심은 추가심리가 필요한 부득이한 경우에는 3차에 한하여 갱신할 수 있다($\frac{동조}{제2항 단서}$). 피고인 또는 변호인이 신청한 증거의 조사, 상소이유를 보충하는 서면의 제출은 추가심리가 필요한 부득이한 경우의 예시라고 해석하지 않을 수 없다.[3]

21

---

1 대법원 2000. 11. 10. 결정, 2000 모 134.

2 신동운 1035면.

3 법원행정처, 형사소송법 개정법률 해설, 10면.

4. 구속집행정지, 구속의 실효

(1) 구속의 집행정지

22   법원은 상당한 이유가 있는 때에는 결정으로 구속된 피고인을 친족·보호단체 기타 적당한 자에게 부탁하거나 피고인의 주거를 제한하여 구속의 집행을 정지할 수 있다($\frac{제101조}{1항}$). 대법원은 구속집행정지 제도 취지에 부합한다면 피고인의 도주 방지 및 출석을 확보하기 위하여 전자장치의 부착을 구속집행정지의 조건으로 부가할 수도 있다고 한다.[1] 구속의 집행정지의 경우에는 구속의 집행이 정지될 뿐이며 구속영장의 효력에는 영향이 없다. 법원이 피고인의 구속집행정지의 결정을 함에는 검사의 의견을 물어야 한다. 단, 급속을 요하는 경우에는 그러하지 아니하다($\frac{제101조}{2항}$). 구속집행정지결정에 대한 검사의 즉시항고는 허용되지 않는다.[2] 헌법 제44조에 의하여 구속된 국회의원에 대한 석방요구가 있으면 당연히 구속영장의 집행이 정지된다($\frac{동조}{제4항}$). 법원의 결정을 요하지 않고 국회의 석방결의에 의하여 구속집행정지의 효력이 발생한다는 점에 특색이 있다. 따라서 석방요구의 통고를 받은 검찰총장은 즉시 석방을 지휘하고 그 사유를 수소법원에 통지하여야 한다($\frac{동조}{제5항}$). 법원은 직권 또는 검사의 청구에 의하여 결정으로 구속의 집행정지를 취소할 수 있고($\frac{제102조}{2항}$), 구속집행정지의 취소사유는 보석의 취소사유와 같다. 다만, 국회의원에 대한 구속영장의 집행정지는 그 회기 중 취소하지 못한다($\frac{제102조}{2항\ 단서}$).

(2) 구속의 실효

23   **1) 구속의 취소**   구속의 사유가 없거나 소멸된 때에 피고인에 대하여는 법원은 직권 또는 검사·피고인·변호인과 변호인선임권자의 청구에 의하여 결정으로 구속을 취소하여야 한다($\frac{제93}{조}$). 법원이 피고인에 대한 구속취소의 결정을 함에는 검사의 청구에 의하거나 급속을 요하는 경우 이외에는 검사의 의견을 물어야 하고($\frac{제97조}{2항}$), 검사는 지체 없이 의견을 표명하여야 한다($\frac{동조}{제3항}$). 구속취소결정에 대하여 검사는 즉시항고를 할 수 있다($\frac{동조\ 제4항}{제61조\ 1항}$).

       2) 구속의 당연실효   강제수사($\frac{제1편}{2장}$)에서 살펴본 바와 같다.

---

1 대법원 2022. 11. 22. 결정, 2022 모 1799.
2 헌재결 2012. 6. 27, 2011 헌가 11.

Ⅲ. 보   석

1. 보석의 의의

(1) 보석의 개념

보석이란 일정한 보증금의 납부 등을 조건으로 하여 구속의 집행을 정지함   24
으로써 구속된 피고인을 석방하는 제도를 말한다. 보석은 구속의 집행만을 정지
하는 제도라는 점에서 광의의 구속집행정지에 속한다. 다만, 보석은 보증금의 납
부 등을 조건으로 한다는 점에서 구속의 집행정지와 구별된다. 이러한 의미에서
보석은 보증금의 몰수라는 경제적 고통을 보증으로 하거나 다양한 출석담보수단
을 조건으로 하는 조건부 구속의 집행정지라고 할 수 있다.

　　종래 보석은 보증금 납부를 조건으로 하는 구속의 집행정지를 의미한다고 해석되었
　　다. 보석을 허가함에는 반드시 보증금을 정해야 했기 때문이다. 그러나 현행 형사소
　　송법은 보석의 조건을 다양화하였을 뿐만 아니라 보석의 조건들을 병렬적으로 규정
　　하여($_{제98조}$) 법원은 하나 또는 몇 개의 조건을 적절히 부과할 수 있게 함으로써 보증
　　금 없는 보석도 가능하게 되었다. 구속의 집행정지의 경우에도 피고인을 친족·보호
　　단체 기타 적당한 자에게 부탁하거나 주거를 제한할 수 있다는 점에서 보석과 구속
　　집행정지의 구별은 무의미하게 되었다고 할 수 있다.[1] 보석에는 필요적 보석의 원
　　칙이 적용되며, 보증금의 납입을 비롯한 다양한 조건을 내용으로 한다는 점에서 구
　　속의 집행정지와 구별된다고 할 수 있다.

보석은 구속의 집행을 정지하는 데 불과하므로 구속영장의 효력에는 영향을   25
미치지 않는다. 따라서 보석이 취소된 때에는 정지되어 있던 구속영장의 효력이
당연히 부활되는 점에서 보석은 구속의 취소와 다르다. 형사소송법상 보석은 피
고인에 대하여만 허용되어 왔다. 따라서 보석은 피고인의 석방을 위한 제도라는
점에서 피의자를 석방하기 위한 체포·구속적부심사와 구별된다. 그러나 형사소
송법은 보증금납입조건부 피의자석방제도를 신설함으로써 피의자에 대하여까지
사실상 보석을 확대하였다.

1　독일 형사소송법 제116조는 보증금 납부(Sicherheitsleistung)를 구속집행정지(Aussetzung des
　Vollzugs)의 구속대체조치의 하나로 규정하고 있다. 개정 형사소송법의 보석은 이와 유사하
　다고 할 수 있다.

(2) 보석의 제도적 가치

26   보석을 인정하고 있는 이유는 일정한 보증을 조건으로 하여 피고인을 석방
하면서도 구속한 것과 같은 효과를 거두고자 하는 데 있다.

구속은 형사소송의 확보를 위하여 불가결한 필요악이다. 그러나 재판이 확
정되기 전에 피고인을 구속하는 것은 피고인에게 유죄가 확정되기 전에 처벌받는
다는 의미를 주게 된다.[1] 피고인은 이에 의하여 자신의 자유가 제한됨은 물론
가정과 고용관계가 파괴되며, 방어준비를 위한 기회까지 박탈당하게 된다. 이러
한 의미에서 보석권을 인정하지 않을 때에는 무죄추정의 법리는 무의미하게 된다
고 할 수 있다.[2] 보석의 제도적 취지는 보증금을 조건으로 피고인을 석방하면서
도 피고인의 출석을 확보하여 구속의 효과를 달성하면서 피고인에게 자유를 부여
하여 방어의 준비를 다할 수 있게 하는 점에 있으며, 이러한 의미에서 보석은 당
사자주의의 이념을 실현하기 위한 제도라고도 한다.[3] 보석은 국가에 대하여는
미결구금의 유지에 필요한 막대한 경비를 절약할 수 있게 하고, 형사정책상으로
도 혼거구금(混居拘禁)의 폐해를 방지하는 데 기여한다.

보석은 대륙의 형사소송에서는 가진 자의 특권을 인정하는 것이라는 이유로 활용되
지 못하고 있음에 반하여,[4] 영미에서는 구속된 피의자와 피고인에 대한 절대적 권
리로서 보석권(right to bail)을 인정하고 있다. 특히 미국에서는 1789년의 연방형사
절차법(Federal Judiciary Act)이 사형범죄를 제외한 모든 사건에 대하여 보석권을 인
정한 이래 대다수의 주에서 이 원칙이 적용되고 있다.[5]

2. 보석의 종류

27   보석은 보석청구의 유무에 따라 청구보석과 직권보석으로 나눌 수 있다. 청
구보석이란 보석청구에 의하여 법원이 보석결정을 하는 경우를 말하고, 법원이
직권으로 보석결정을 하는 것을 직권보석이라 한다. 보석은 또한 보석결정에 대
한 법원의 재량의 유무에 따라 필요적 보석(권리보석)과 임의적 보석(재량보석)으
로 나눌 수 있다. 필요적 보석은 보석청구가 있으면 법원이 반드시 보석허가를

1 Caleb Foote, *Encyclopedia of Crime and Justice*, p. 107; Saltzburg p. 677.

2 Stack v. Boyle, 342 U.S. 1(1951).

3 백형구 강의, 281면; 차용석/최용성 464면.

4 Peters S. 426; Grebing, "Zur Entwicklung des Untersuchungshaftrechts in BRD," ZfRV 75, 180.

5 LaFave, *Encyclopedia*, p. 104; Saltzburg p. 676.

해야 함에 반하여, 임의적 보석은 그 허가 여부가 법원의 재량에 속하는 경우이다. 필요적 보석은 청구보석에 대하여만 인정되고 임의적 보석은 청구보석과 직권보석에 모두 인정된다. 형사소송법은 필요적 보석을 원칙으로 하고 임의적 보석을 보충적으로 인정하고 있다.

(1) 필요적 보석

1) **필요적 보석의 원칙**　　　보석의 청구가 있는 때에는 제외사유가 없는 한 보석을 허가하여야 한다(제95조). 형사소송법이 필요적 보석을 원칙으로 하고 있음을 명백히 한 것이다. 필요적 보석의 원칙은 보석이 취소된 후에 다시 보석청구가 있는 때에도 적용된다. 집행유예의 결격자라고 하여 보석을 할 수 없는 것도 아니다.[1]

2) **필요적 보석의 제외사유**　　　형사소송법은 필요적 보석을 원칙으로 하면서도 이에 대한 광범위한 제외사유를 인정하여 오히려 필요적 보석을 예외로 만들었다는 비판을 받고 있다.[2] 형사소송법이 규정하고 있는 필요적 보석의 제외사유는 다음과 같다.

① 피고인이 사형·무기 또는 장기 10년이 넘는 징역이나 금고에 해당하는 죄를 범한 때(동조 제1호): 중대한 죄를 범한 때에는 실형의 개연성이 크기 때문에 보증금에 의하여 피고인의 출석을 확보할 수 없다는 것을 이유로 한다. 사형·무기 또는 장기 10년이 넘는 징역이나 금고는 법정형을 의미한다. 죄는 공소장에 기재된 죄명을 말하고 법원이 인정하는 죄가 아니다. 공소장변경이 있는 때에는 변경된 공소사실이 기준이 되며, 공소사실과 죄명이 예비적·택일적으로 기재된 때에는 그중의 1죄가 여기에 해당하면 된다.

> 미국에서는 사형에 해당하는 죄(capital case)만을 제외사유로 하고 있고, 일본 형사소송법은 사형·무기 또는 단기 1년 이상의 징역이나 금고에 제한하고 있음에 반하여(제89조 1호), 우리 형사소송법의 제외사유는 지나치게 넓다.

② 피고인이 누범에 해당하거나 상습범인 죄를 범한 때(동조 제2호): 누범과 상습범을 필요적 보석의 제외사유로 규정하고 있는 취지가 재범의 위험성을 방지하는 데 있다고 해석하는 견해[3]도 있으나, 재범의 위험성은 형사소송법이 인정하고

28

29

30

1　대법원 1990. 4. 18. 결정, 90 모 22.
2　손동권/신이철 286면; 신현주 307면; 이영란 320면; 이은모/김정환 293면.
3　신동운 1053면; 차용석/최용성 465면.

있는 구속사유가 아니므로 실형선고의 개연성 때문에 도망의 우려가 현저한 경우를 규정한 것이라고 보아야 한다.[1] 상습범인 죄를 범한 때란 상습범이 구성요건 요소로 된 경우뿐만 아니라 널리 공소사실인 범죄가 상습으로 행하여진 경우를 포함한다.

31　　　③ 피고인이 죄증을 인멸하거나 인멸할 염려가 있다고 믿을 만한 충분한 이유가 있는 때($\frac{동조}{제3호}$): 죄증을 인멸할 염려란 제70조 1항 2호의 증거인멸의 염려와 같은 뜻이다. 죄증인멸의 염려는 당해 범죄행위의 객관적 사정, 소송과정, 피고인의 지위와 활동을 고려하여 구체적으로 결정해야 한다. 죄증인멸의 대상이 되는 사실은 범죄구성요건사실에 한하지 않고, 범죄의 배경사실이나 양형사실도 포함한다. 죄증인멸의 염려를 보석의 제외사유로 규정한 것은 보석이 증거인멸을 방지하기 위한 구속을 대신할 수 없다는 점을 이유로 한다.

　　독일 형사소송법은 도망의 염려를 사유로 한 구속에 대하여만 보석을 허용하고 있다($\frac{제116}{조}$). 그러나 독일에서도 증거인멸의 염려의 경우에 보석이 금지될 이유는 없다고 해석하고 있다.[2] 형사소송법이 피고인에게만 보석을 허용하고 증거인멸의 위험은 다른 조건에 의하여도 방지될 수 있다는 점에 비추어 이를 필요적 보석의 제외사유로 한 것은 타당하다고 할 수 없다.[3]

32　　　④ 피고인이 도망하거나 도망할 염려가 있다고 믿을 만한 충분한 이유가 있는 때($\frac{동조}{제4호}$): 보증금에 의하여도 피고인의 출석을 확보할 수 없는 경우를 말한다. 보석이 보증금의 몰수라는 심리적 압박에 의하여 피고인의 도망을 방지하기 위한 제도이므로 도망의 염려를 이유로 구속되어 있는 피고인에게 같은 이유로 보석을 허가하지 않는 것은 논리적 모순이며 보석 자체를 부정하는 결과가 된다는 비판이 있다.[4] 일본 형사소송법은 이를 필요적 보석의 제외사유로 규정하고 있지 않다. 그러나 보석이 도망의 위험을 언제나 제거한다고 할 수는 없고 보증금의 몰수가 만능의 수단이 될 수는 없다. 특히 범죄단체의 구성원이나 간첩의 경우에는 보증금의 몰수가 도망을 방지하는 데 아무런 효과가 없음이 명백하다. 구속의 가장 중요한 목적이 도망의 방지에 있는 이상 이를 필요적 보석의 제외사유로 하는

1　백형구 강의, 283면; 이영란 321면; 임동규 435면; 정승환 § 15/47.
2　Boujong KK § 116, Rn. 19; Meyer-Goßner § 116, Rn. 16.
3　강구진 212면; 차용석/최용성 465면.
4　강구진 212면; 신동운 1054면; 차용석/최용성 465면.

것은 당연하다고 생각된다.

⑤ 피고인의 주거가 분명하지 아니한 때($\frac{동조}{제5호}$): 주거불명, 즉 법원이 피고인   33
의 주거를 알 수 없는 경우를 말한다. 피고인이 주거에 대하여 묵비권을 행사하
고 있어도 법원에서 주거를 알고 있는 때에는 여기에 해당하지 않는다. 그러나
주거불명은 독립된 구속사유로도 적절하다고 할 수 없으므로 이를 필요적 보석의
제외사유로 한 것은 타당하다고 할 수 없다.

⑥ 피고인이 피해자, 당해 사건의 재판에 필요한 사실을 알고 있다고 인정되   34
는 자 또는 그 친족의 생명·신체나 재산에 해를 가하거나 가할 염려가 있다고
믿을 만한 충분한 이유가 있는 때($\frac{동조}{제6호}$): 피해자와 증인보호라는 형사정책적 목
적을 실현하기 위하여 1995년의 형사소송법 개정 시에 필요적 보석의 제외사유
로 추가되었다. 조직범죄, 특히 폭력범죄의 피고인이 보석으로 석방되어 피해자
나 증인에게 보복을 가하거나 증인을 위해하여 증언할 수 없게 하는 것을 방지하
기 위한 것이다.

3) 제외사유의 판단과 여죄   필요적 보석의 제외사유를 판단함에 있어서 구   35
속영장에 기재된 범죄사실만을 기준으로 할 것인가 또는 여죄를 고려할 수 있는
가가 문제된다. 이에 대하여는 구속의 효력은 구속영장에 기재된 사실에 대하여
만 미치므로 여죄를 고려할 수 없다는 **소극설**, 구속은 피고인에 대한 것이므로
여죄도 고려해야 한다는 **적극설**, 병합심리 중인 때에는 여죄도 고려할 수 있다는
절충설이 대립되고 있다. 구속영장은 사건을 단위로 하는 것이므로 소극설이 타
당하다고 생각된다.

(2) **임의적 보석**

필요적 보석의 제외사유에 해당하는 때에도 법원은 상당한 이유가 있는 때   36
에는 직권 또는 보석청구권자의 청구에 의하여 결정으로 보석을 허가할 수 있다
($\frac{제96}{조}$). 이를 직권보석에 관한 규정이라고 해석하거나,[1] 직권보석과 임의적 보석
의 양자를 규정한 것이라고 해석하는 견해[2]도 있다. 그러나 형사소송법 제96조
는 직권보석 이외에 청구보석을 포함하고 있고 양자는 모두 임의적 보석에 해당
하므로 임의적 보석(재량보석)을 규정한 것이라고 해야 한다.[3] 피고인의 건강을

---

1 김기두 108면.
2 강구진 213면; 백형구 279면.
3 신현주 332면; 이영란 323면; 정승환 § 15/53.

이유로 보석을 허가하는 경우(소위 병보석)가 여기에 해당한다.

임의적 보석을 결정함에 있어서는 범죄사실의 내용이나 성질, 피고인의 경력·행장·성격 등을 고려하기 위하여 구속영장에 기재되지 아니한 병합심리중인 여죄를 고려하는 것도 허용된다.[1]

3. 보석의 절차

(1) 보석의 청구

37 1) **청구권자**   보석의 청구권자는 피고인, 피고인의 변호인·법정대리인·배우자·직계친족·형제자매와 가족·동거인 또는 고용주이다($\substack{제94\\조}$). 피고인 이외의 자의 보석청구권은 독립대리권이다. 청구권자의 범위는 체포·구속적부심사 청구권자와 동일하다.

38 2) **청구의 방법**   보석의 청구는 서면에 의하여야 한다. 즉 보석청구서에는 ① 사건번호, ② 구속된 피고인의 성명·주민등록번호 등·주거, ③ 청구의 취지 및 청구의 이유, ④ 청구인의 성명 및 구속된 피고인과의 관계를 기재하여야 한다($\substack{규칙 제\\53조 1항}$). 보석의 청구인은 피고인(피고인이 미성년자인 경우에는 그 법정대리인 등)의 자력 또는 자산정도에 관한 서면을 제출하여야 하며, 적합한 보석조건에 관한 의견을 밝히고 이에 관한 소명자료를 낼 수 있다($\substack{규칙 제53\\조의 2}$). 보석청구는 공소제기 후 재판의 확정 전까지는 심급을 불문하고 할 수 있다. 상소기간중에도 가능하다($\substack{제105\\조}$). 피고인을 구속하는 경우에는 구속영장이 집행된 후이면 지정된 장소에 인치하기 전에도 보석청구를 할 수 있다. 보석청구는 보석허가결정이 있기 전까지 철회할 수 있다.

(2) 보석과 검사의 의견

39 재판장은 보석에 관한 결정을 하기 전에 검사의 의견을 물어야 한다($\substack{제97조\\1항}$). 검사는 재판장의 의견요청에 대하여 지체 없이 의견을 표명하여야 한다($\substack{동조\\제3항}$). 법원이 검사의 의견을 물을 때에는 보석청구서의 부본을 첨부해야 한다($\substack{규칙\\제53조 3항}$).

검사는 법원으로부터 보석에 관한 의견요청이 있을 때에는 의견서 이외에 소송서류와 증거물을 지체 없이 법원에 제출하여야 한다. 이 경우에 특별한 사정이 없는 한

---

1 日最決 1969. 7. 14[刑集 23-8, 1057].

의견요청을 받은 날의 다음 날까지 제출하여야 한다($\frac{규칙}{제54조}$ 1항). 보석에 관한 의견요청을 받은 검사는 보석허가가 상당하지 아니하다는 의견일 때에는 그 사유를 명시하여야 하며, 보석허가가 상당하다는 의견일 때에는 보석조건에 대하여 의견을 나타낼수 있다($\frac{동조 제2항 \cdot}{제3항}$).

검사의 의견이 법원을 구속하는 것은 아니다. 따라서 법원은 검사의 의견표명이 있기 전에 보석의 허부를 결정할 수도 있으며, 설사 검사의 의견을 듣지 아니한 채 보석에 관한 결정을 하였다고 하더라도 그 결정이 적정한 이상, 절차상의 하자만을 들어 그 결정을 취소할 수는 없다.[1]

(3) 법원의 결정

보석의 청구를 받은 법원은 지체 없이 심문기일을 정하여 구속된 피고인을 심문하고($\frac{규칙 제}{54조의2}$), 특별한 사정이 없는 한 보석을 청구받은 날부터 7일 이내에 그에 관한 결정을 하여야 한다($\frac{규칙}{제55조}$). 보석의 청구가 부적법하거나 이유 없는 때에는 보석청구를 기각해야 한다. 다만, 필요적 보석의 경우에는 제외사유에 해당하지 않는 한 보석청구를 기각할 수 없다. 이 경우에 법원이 보석을 허가하지 아니하는 결정을 하는 때에는 결정이유에 제외사유를 명시해야 한다($\frac{규칙 제55}{조의2}$). 법원은 보석을 허가하는 경우에는 필요하고 상당한 범위 안에서 피고인의 출석을 담보할 조건 중 하나 이상의 조건을 정해야 한다($\frac{제98}{조}$).

40

1) 보석의 조건

법원이 보석을 허가하는 경우에 피고인에게 부가할 수 있는 조건은 유형별로 다음과 같이 분류할 수 있다($\frac{제98}{조}$).

41

(개) 보증금의 납부　　보석의 전형적인 조건인 보증금 납입에 관한 조건이다.

① 피고인이나 법원이 지정하는 자가 보증금을 납입하거나 담보를 제공할 것($\frac{동조}{제8호}$). 보증금의 납입은 피고인뿐만 아니라 제3자도 할 수 있으며, 보증금을 납입하는 경우 이외에 담보를 제공하는 것도 가능하다.

② 법원이 정하는 보증금에 해당하는 금액을 납입할 것을 약속하는 약정서를 제출할 것($\frac{동조}{제2호}$). 보증금 상당액을 납입할 필요는 없으나 장래에 보증금을 납부하겠다는 약정서를 제출하는 것이다.

(내) 서약서와 출석보증서의 제출　　보석보증금 없는 보석을 인정하여 자력 없는 가난한 피고인에 대하여도 보석을 허용하여 보석을 활성화하기 위하여 도입된

---

1 대법원 1997. 11. 27. 결정, 97 모 88.

조건이다.

③ 법원이 지정한 일시·장소에 출석하고 증거를 인멸하지 아니하겠다는 서약서를 제출할 것($\frac{동조}{제1호}$). 피고인 본인의 서약서에 의한 보석(release on own recognizance)을 인정한 것이다.

④ 피고인 아닌 자가 작성한 출석보증서를 제출할 것($\frac{동조}{제5호}$). 출석보증서의 실효성을 확보하기 위하여 석방된 피고인이 정당한 사유 없이 기일에 불출석하는 경우에는 결정으로 출석보증인에게 500만 원 이하의 과태료를 부과할 수 있다($\frac{제100조의}{2 제1항}$). 다만, 이 결정에 대하여는 즉시항고할 수 있다($\frac{동조}{제2항}$).

(다) **피해금액의 공탁**   ⑤ 법원이 지정하는 방법으로 피해자의 권리 회복에 필요한 금전을 공탁하거나 그에 상당하는 담보를 제공할 것($\frac{제98조}{7호}$). 피해자의 불합리하게 과다한 요구로 인하여 합의가 이루어지지 않은 경우에 보석을 가능하게 하기 위한 조건이다. 그러나 피해금액의 공탁은 피해회복에 충분하지 않을 뿐만 아니라, 피고인에게 피해회복의무를 강요하는 결과를 초래할 우려가 있다. 따라서 피고인이 변상의무를 인정하는 경우에 한하여 이 조건을 부과하는 것이 타당하다.

(라) **그 밖의 부가적 보석조건**   종래 보증금을 정한 경우에 부가적으로 인정되어 오던 보석의 조건이다. ⑥ 법원이 지정하는 장소로 주거를 제한하고 주거를 변경할 필요가 있는 경우에는 법원의 허가를 받는 등 도주를 방지하기 위하여 행하는 조치를 받아들일 것($\frac{동조}{제3호}$), ⑦ 피해자, 당해 사건의 재판에 필요한 사실을 알고 있다고 인정되는 사람 또는 그 친족의 생명·신체·재산에 해를 가하는 행위를 하지 아니하고 주거·직장 등 그 주변에 접근하지 아니할 것($\frac{동조}{제4호}$), ⑧ 법원의 허가 없이 외국으로 출국하지 아니할 것을 서약할 것($\frac{동조}{제6호}$), ⑨ 그 밖에 피고인의 출석을 보증하기 위하여 법원이 정하는 적당한 조건을 이행할 것($\frac{동조}{제9호}$)이다.

42   법원은 제98조 3호의 주거제한 등의 조건으로 석방된 피고인이 보석조건을 이행함에 있어 피고인의 주거지를 관할하는 경찰서장에게 피고인이 주거제한을 준수하고 있는지 여부 등에 관하여 조사할 것을 요구하는 등 보석조건의 준수를 위하여 적절한 조치를 취할 것을 요구할 수 있고($\frac{규칙 제55조}{의3 제1항}$), 동조 제6호의 출국금지의 보석조건을 정한 경우에는 출입국사무를 관리하는 관서의 장에게 피고인에 대한 출국을 금지하는 조치를 취할 것을 요구할 수 있다($\frac{동조}{제2항}$). 문제는 선행보증이나 재범금지의 조건을 붙일 수 있는가에 있다. 그러나 이러한 조건은 그 내용이 명확하지 않을 뿐 아니

라, 보석의 조건은 피고인의 출석을 확보하기 위한 것이지 재범방지를 위한 것은 아니므로 허용되지 않는다고 해석해야 한다.[1]

㈐ **전자장치 부착**   보석활용률을 높이고 과밀구금을 해소하기 위하여 새로이 추가된 조건이다(전자장치의 부착 등에 관한 법률 제31조의 2 제 1 항).[2] 이는 형사소송법 제98조 9호의 '피고인의 출석을 보증하기 위하여 법원이 정하는 적당한 조건'에 해당한다(전자장치의 부착 등에 관한 법률 제31조의 2 제 1 항). 법원은 전자장치 부착을 명하기 위하여 필요하다고 인정하면 그 법원의 소재지 또는 피고인의 주거지를 관할하는 보호관찰소의 장에게 피고인의 직업, 경제력, 가족상황, 주거상태, 생활환경 및 피해회복 여부 등 피고인에 관한 사항의 조사를 의뢰할 수 있고(동조 제 2 항), 의뢰를 받은 보호관찰소의 장은 지체 없이 조사하여 서면으로 법원에 통보하여야 하며, 조사를 위하여 필요한 경우에는 피고인이나 그 밖의 관계인을 소환하여 심문하거나 소속 보호관찰관에게 필요한 사항을 조사하게 할 수 있고(동조 제 3 항), 국공립 기관이나 그 밖의 단체에 사실을 알아보거나 관련 자료의 열람 등 협조를 요청할 수 있다(동조 제 4 항).

2) 보석조건의 결정기준   법원은 보석의 조건을 정할 때 ① 범죄의 성질 및   43
죄상, ② 증거의 증명력, ③ 피고인의 전과(前科)·성격·환경 및 자산, ④ 피해자에 대한 배상 등 범행 후의 정황에 관련된 사항 등을 고려하여야 한다(제99조 1항). 자산은 피고인 개인의 재산뿐만 아니라 피고인의 신용과 보호자의 자산도 포함된다. 보석의 조건을 정함에 있어서 가장 중요한 것은 보석보증금을 정하는 것이다. 보석보증금은 피고인의 출석을 확보함에 상당한 금액이어야 한다. 그러나 과다한 보증금은 실질적으로 보석제도를 무의미하게 할 우려가 있다. 따라서 법원은 피고인의 자금능력 또는 자산 정도로는 이행할 수 없는 보증금액을 정할 수 없다(동조 제 2 항).[3]

3) 보석조건의 변경   법원은 직권 또는 보석청구권자의 신청에 따라 결정으   44

---

1 백형구 강의, 284면; 이영란 327면; 차용석/최용성 470면.

2 2020. 2. 4. 전자장치의 부착 등에 관한 법률의 개정으로 신설되어 2020. 8. 5.부터 시행되었다.

3 미국 수정 헌법 제 8 조는 「과다한 보증금을 붙일 수는 없다」(Excessive bail shall not be required)고 규정하고 있다. 그러나 여기서 말하는 excessive bail이란 단순히 피고인이 납입할 수 없는 보증금을 뜻하는 것이 아니라, 출석을 확보하는 데 필요한 이상의 보증금을 의미한다. 그러나 피고인이 납입할 수 없는 보증금을 붙임으로써 빈자의 보석권을 배제해서는 안 된다는 논의가 전개되어, 1984년의 Federal Bail Reform Act는 명문으로 「피고인의 구금을 강제하는 경제적 조건을 부가해서는 안 된다」고 규정한 것이다. LaFave, Encyclopedia, p. 101; LaFave-Israel-King p. 654.

로 보석조건을 변경하거나 일정한 기간 동안 당해 조건의 이행을 유예할 수 있다
($\substack{제102조\\1항}$). 보석결정 당시에 부과한 조건이 사정변경에 따라 부적절한 경우에 보석
조건을 변경하거나 그 이행을 유예할 수 있게 한 것이다. 문제는 사정변경을 이
유로 보증금액을 변경할 수 있는가에 있다. 보석조건을 다양화하고 보석허가결정
을 함에 있어서 반드시 보증금의 납입을 조건으로 하지 않는 형사소송법의 해석
에 있어서 보증금액의 변경만 달리 해석해야 할 이유는 없다고 생각한다. 법원은
보석을 허가한 후에 보석의 조건을 변경하거나 보석조건의 이행을 유예하는 결정
을 한 경우에는 그 취지를 검사에게 지체 없이 통지하여야 한다($\substack{규칙\\제55조의4}$). 그리
고 전자장치 부착 조건을 변경하는 경우는 이를 지체 없이 보호관찰소의 장에게
통지하여야 한다($\substack{전자장치의 부착 등에 관\\한 법률 제31조의4 제3항}$).

(4) 보석허가결정에 대한 항고

45   보석을 허가하는 결정에 대하여 검사는 즉시항고를 할 수 없다($\substack{제97조 4\\항 참조}$).
1995년 이전의 형사소송법은 검사의 즉시항고를 허용하여 검사의 즉시항고가 있
으면 보석의 집행이 정지되도록 하였으나, 헌법재판소는 영장주의, 적법절차의
원칙 및 과잉금지의 원칙에 반한다는 이유로 이를 위헌이라고 결정하였다.[1] 그
러나 검사가 형사소송법 제403조 2항에 의한 보통항고의 방법으로 보석허가결정
에 대하여 불복하는 것은 허용된다.[2]

(5) 보석의 집행

46   보석허가결정도 재판의 일종이므로 그 집행은 검사가 지휘한다($\substack{제460\\조}$). 제98
조 1호(서약서)·2호(보증금 납입 약정서)·5호(출석보증서)·7호(공탁 또는 담보제공)
및 8호(보증금 납입)의 조건은 이를 이행한[3] 후가 아니면 보석허가결정을 집행하
지 못하며, 법원은 필요하다고 인정하는 때에는 다른 조건에 관하여도 그 이행
이후 보석허가결정을 집행할 수 있도록 정할 수 있다($\substack{제100조\\1항}$). 법원은 보석청구자
이외의 자에게 보증금의 납입을 허가할 수 있다($\substack{동조\\제2항}$). 보석조건 중 전자장치 부
착의 집행은 주거지를 관할하는 보호관찰소에서 하며($\substack{전자장치의 부착 등에\\관한 법률 제31조의3}$), 보석조건
이행 상황을 법원에 정기적으로 통지하여야 한다($\substack{동법 제31조\\의4 제1항}$).

---

1 헌재결 1993. 12. 23, 93 헌가 2.

2 대법원 1997. 4. 18. 결정, 97 모 26.

3 형사소송법 제98조 각 호의 보석조건 이행과 관련된 사유는 출석서약서, 납입약정서, 출석보
   증서, 공탁 또는 담보제공 증명서류, 보증금 납입 또는 담보제공 증명서류 등 보석조건 이행
   관련 증명서류가 관할 검찰청에 제출된 때에 이행된 것으로 본다(검사규 제156조 2항).

보증금은 현금으로 납부함을 원칙으로 한다. 그러나 현금납부의 원칙에는 예외가 인정된다. 즉 법원은 유가증권 또는 피고인 이외의 자가 제출한 보증서로 보증금에 갈음함을 허가할 수 있고(제100조 3항), 보석보증보험증권을 첨부한 보증서를 제출할 것을 허가할 수 있다(보석·구속집행정지 및 적부심 등 사건의 처리에 관한 예규 제11조 1항). 보석보증보험증권제도는 피고인이 보증금의 1%에 해당하는 보험료를 보증보험회사에 내고 보석보증보험 증권을 발급받아 제출하는 것을 말한다. 보증서에는 보증금액을 언제든지 납입할 것을 기재해야 한다(제100조 4항). 따라서 법원은 보석허가결정의 집행전후를 불문하고 보증서제출인에게 보증금의 납부를 명할 수 있고, 보증서제출인은 보증금을 납부 할 의무를 진다.

> 보증서제출인이 법원의 보증금납부명령에 응하지 아니한 때에 보석의 취소사유가 되
> 는가 또는 보석집행의 조건이 구비되지 않는 것으로 다시 구속하는가가 문제된다.
> 절차의 명확성이라는 점에 비추어 보석취소사유가 될 뿐이라고 해석하는 것이 타당
> 하다고 생각된다.

법원은 보석허가결정에 따라 석방된 피고인이 보석조건을 준수하는 데 필요 47 한 범위 안에서 관공서나 그 밖의 공사단체에 대하여 적절한 조치를 취할 것을 요구할 수 있다(동조 제5항). 예컨대 법원이 제98조 3호의 규정에 따라 피고인의 주거 를 병원으로 제한한 때에는 지방경찰청장 또는 경찰서장에게 피고인의 도망을 방 지할 조치를 요구할 수 있고, 제98조 6호의 조건을 부과한 경우에는 출입국관리 를 담당하는 기관에 출국금지조치를 요구할 수 있다.[1]

4. 보석의 취소 · 실효와 보증금의 몰취 · 환부

(1) 보석의 취소와 실효

1) **보석의 취소**   법원은 직권 또는 검사의 청구에 의하여 보석을 취소할 수 48 있다(제102조 2항). 보석취소의 사유는 ① 피고인이 도망한 때, ② 도망하거나 죄증을 인멸할 염려가 있다고 믿을 만한 충분한 이유가 있는 때, ③ 소환을 받고 정당한 사유 없이 출석하지 아니한 때, ④ 피해자, 당해 사건의 재판에 필요한 사실을 알고 있다고 인정되는 자 또는 그 친족의 생명 · 신체나 재산에 해를 가하거나 가할 염려 가 있다고 믿을 만한 충분한 이유가 있는 때, ⑤ 기타 법원이 정한 조건을 위반

---

1   법원행정처, 형사소송법 개정법률 해설, 20면.

한 때이다. 다만, 이러한 사유는 보석 후에 발생하였을 것을 요한다. 보석의 취소
여부는 법원의 재량에 속한다. 보석취소결정에 대하여는 항고할 수 있다($\binom{제403조}{2항}$).[1]
보석을 취소한 때에는 그 취소결정의 등본에 의하여 피고인을 재구금해야 한다
($\binom{규칙}{제56조}$). 보석취소결정의 송달은 요하지 않는다.

　　　법원은 피고인이 정당한 사유 없이 보석조건을 위반한 경우에는 결정으로
피고인에 대하여 1천만 원 이하의 과태료를 부과하거나 20일 이내의 감치에 처
할 수 있다($\binom{제102조}{3항}$). 과태료나 감치처분 등 보석조건 위반행위에 대한 제재는 보석
취소의 경우는 물론, 보석을 취소하지 않는 경우에도 부과할 수 있다. 위의 제재
결정에 대하여는 즉시항고할 수 있다($\binom{동조}{제4항}$).

49　　　**2) 보석의 실효**　　　보석은 보석의 취소와 구속영장의 실효에 의하여 그 효력
을 상실한다. 따라서 무죄, 면소, 형의 선고유예와 집행유예, 벌금 또는 과료의
재판이 선고된 때에는 물론 자유형이나 사형이 확정된 경우에도 구속영장이 실효
되므로 보석도 효력을 잃는다. 그러나 피고인에게 제 1 심이나 제 2 심에서 실형
이 선고되었다고 하여도 그것이 확정되지 않고 또 보석이 취소되지 않는 한 보석
의 효력은 상실되지 않는다.

　　　(2) 보증금의 몰취와 환부

50　　　보석을 취소하는 때에는 직권 또는 검사의 청구에 따라 결정으로 보증금 또
는 담보의 전부 또는 일부를 몰취할 수 있다($\binom{제103조}{1항}$). 보증금의 전부 또는 일부를
몰취하느냐는 법원의 재량에 속하며, 법원은 보증금을 전혀 몰취하지 않을 수도
있다. 이를 임의적 몰취라고 한다. 법원은 보증금의 납입 또는 담보제공을 조건
으로 석방된 피고인이 동일한 범죄사실에 관하여 형의 선고를 받고 그 판결이 확
정된 후 집행하기 위한 소환을 받고 정당한 사유 없이 출석하지 아니하거나 도망
한 때에는 직권 또는 검사의 청구에 따라 결정으로 보증금 또는 담보의 전부 또
는 일부를 몰취하여야 한다($\binom{동조}{제2항}$). 필요적 몰취의 경우이다. 보증금의 몰취는 법
원의 결정에 의하며, 검사에게 결정서를 교부 또는 송달함으로써 즉시 집행할 수
있다.[2]

1　제 1 심의 보석취소결정에 대한 항고는 보통항고이고 항소심의 결정에 대한 항고는 즉시항고
　이지만(제415조), 신속한 집행을 위하여 제 1 심 결정에 대한 항고와 마찬가지로 집행정지의
　효력이 없다(대법원 2020. 10. 29. 결정, 2020 모 633; 대법원 2020. 10. 29. 결정, 2020 모
　1845).

2　대법원 1983. 4. 21. 결정, 83 모 19.

문제는 임의적 몰취의 경우에 보증금몰취결정은 보석취소결정과 같이 할 것 **51**
을 요하는가에 있다. 판례는 보석취소 후에 별도로 보증금몰취결정을 할 수 있다
는 태도를 취하고 있다.[1] 이는 ① 보석보증금의 몰취결정을 보석취소결정과 동
시에 해야 한다는 규정이 없고, ② 보석보증금은 유죄판결이 확정될 때까지의 신
체 확보까지 담보하고 있고, ③ 보석취소결정은 신속을 요함에 반하여 보증금몰
취결정은 신중히 해야 한다는 것을 이유로 한다. 그러나 보석취소 후에 보증금을
몰취할 수 있다는 규정이 없고, 몰취와 같은 불이익을 과하는 요건은 엄격히 해
석해야 하므로 보증금몰취결정은 보석취소결정과 동시에 할 것을 요한다고 해야
한다.

> 보증금몰취결정의 확정에 의하여 보증금은 국고에 귀속된다. 보증금이 유가증권으로
> 제출된 때에는 국가는 유가증권에 화체된 권리를 취득하며, 보증서가 제출된 때에는
> 국가가 제출인에 대하여 보증서에 기재된 금액을 청구할 채권을 가진다. 보증서의
> 제출인이 보증금을 납부하지 아니한 때에는 검사의 명령에 의하여 집행한다.

구속 또는 보석을 취소하거나 구속영장의 효력이 소멸된 때에는 몰취하지 **52**
아니한 보증금 또는 담보를 청구한 날로부터 7일 이내에 환부하여야 한다($\binom{제104}{조}$).
보석을 취소한 때에도 몰취하지 않거나, 일부만을 몰취한 때에는 나머지 보증금
을 환부해야 한다. 구속을 취소하거나 구속영장의 효력이 소멸된 때에는 보증금
을 전부 환부해야 한다.

5. 보석제도의 개선

보석은 구속에 대한 보충성의 원칙의 내용을 이룰 뿐만 아니라 피고인에게 **53**
방어의 기회를 보장하고 적정절차와 공정한 재판을 실현하는 데 중요한 기능을
한다. 형사소송법이 필요적 보석을 원칙으로 규정하여 피고인의 보석권을 인정하
고 있는 것은 이러한 의미에서 당연하다고 할 수 있다. 형사소송법이 보석의 조
건을 다양화하여 서약서 또는 출석보증서에 의한 보석을 가능하게 한 것도 가난
한 피고인에게도 보석을 확대하여 보석제도가 가지고 있는 본질적 결함을 극복한
것이라고 할 수 있다. 형사소송법이 보증금 납입조건부 피의자석방제도를 신설하
여 보석을 피의자에게 확대하고 보석허가결정에 대한 검사의 즉시항고권을 삭제

---

1 대법원 2001. 5. 29(전원합의체결정), 2000 모 22.

한 것도 보석제도의 중요한 개선이다. 그럼에도 불구하고 보석은 아직도 원칙이
아니라 예외라고 할 수 있을 정도로 널리 활용되지는 못하고 있는 실정이다.[1]
임의적 보석도 규정되어 있으나 직권보석이 인정된 것도 많지 않다. 여기에 현행
보석제도의 개선책을 검토해야 할 필요가 있다.

54   1) 필요적 보석의 제외사유   형사소송법은 필요적 보석을 원칙으로 하면서
도 지나치게 광범위한 예외를 인정하여 필요적 보석이 예외가 되지 않을 수 없게
하고 있다. 여기에 제95조의 제외사유를 제한해야 할 필요가 있다. 적어도 제 1
호의 「사형·무기 또는 장기 10년이 넘는 징역이나 금고에 해당하는 죄」는 사
형·무기 또는 단기 3년 이상의 징역이나 금고에 해당하는 죄로 그 범위를 축소
하고, 제 3 호와 제 5 호의 제외사유는 삭제해야 한다고 생각된다.

55   2) 피의자에 대한 보석   형사소송법의 보증금 납입조건부 피의자석방제도는
피의자에 대한 보석을 인정한 것이라고 할 수 있다. 그러나 형사소송법이 피의자
가 구속적부심사를 청구한 경우에 한하여 직권으로 보증금 납입조건부 피의자석
방을 인정한 것은 타당하다고 할 수 없다. 피의자에 대하여 보석을 확대하기 위
하여는 피의자에게도 보석권을 인정하고 피의자의 보석청구에 의하여 보석을 허
가하도록 하는 것이 타당하다. 특히 구속전피의자심문의 단계에서 피의자에 대한
보석을 허용함으로써 보석이 절차의 첫 단계에서부터 가능하게 하는 것이 옳다고
생각된다.[2]

56   3) 피고인의 도망에 대한 방지책   보증금에 의하여 피고인의 도망을 완전히
방지하는 것은 사실상 불가능하다. 보석의 활용을 위하여는 피고인의 도망을 방
지하기 위한 대책이 마련되어야 한다. 여기에 보석중인 피고인이 도망한 때에는
보증금을 몰수하는 이외에 피고인을 처벌하는 규정을 신설할 필요가 있다.

    1984년의 미국 연방보석개선법(Federal Bail Reform Act)은 도망한 피고인을 징역 또
    는 벌금형으로 처벌하는 규정을 두고 있다.[3]

---

1 2021년도 지방법원 1심 보석청구율은 15.0%이고 보석청구자에 대한 허가율은 27.4%로, 전년
   보다 청구율은 2.3% 늘었으나 허가율은 3.4% 줄었다(법원행정처, 2022 사법연감, 835면).
2 사법개혁위원회의 형사소송법 개정안 제201조의 2 제 6 항은 구속영장의 청구를 받은 지방법
   원 판사는 심문을 거쳐 구속영장을 발부함과 동시에 조건부로 피의자를 석방할 수 있다고
   규정하고 있었다. 이는 타당한 태도라고 생각된다.
3 형량은 범죄에 따라 차이를 두고 있다. LaFave-Israel-King p. 649 참조.

4) **보석절차의 개선책**   권리보석을 인정한 이상 피고인에게 보석권을 고지   57
하도록 하여야 한다. 미국에서는 예비심문의 서두에서 치안판사가 보석권을 고지
하도록 하고 있다. 인신구속에 관한 법원의 결정에 적정기준을 수립하기 위하여
는 보석불허결정에 상세한 이유를 적시하도록 해야 한다는 의견도 있다.[1] 형사
소송규칙 제55조의 2는 보석을 허가하지 아니하는 결정을 하는 때에 법원은 결정
이유에 필요적 보석의 불허사유 중 어느 사유에 해당하는지를 명시하여야 한다고
규정하고 있다.

Ⅳ. 소송지휘권

1. 소송지휘권의 의의

소송지휘권이란 소송의 진행을 질서 있게 하고 심리를 원활하게 하기 위한   58
법원의 합목적적 활동을 말한다. 형사소송법은 「공판기일의 소송지휘는 재판장이
한다」고 하여 재판장의 소송지휘권을 규정하고 있다($^{제279}_{조}$). 그러나 소송지휘권은
법률에 의하여 재판장에게 부여된 권한이 아니라 사법권에 내재하는 본질적 권한
이며, 법원의 고유한 권한 내지 사법권의 보편적인 원리라고 할 수 있다.[2] 재판
장의 소송지휘권은 공판기일에서의 신속·적절한 소송지휘를 가능하게 하기 위
하여 법원의 소송지휘권을 포괄적으로 재판장에게 맡긴 것에 불과하다. 따라서
소송지휘권은 법률의 규정이나 소송의 기본구조에 반하지 않는 한 명문의 근거가
없는 경우에도 행사할 수 있는 사법권의 고유권이며, 소송지휘권의 행사기준도
합목적성·합리성에 있는 것이므로 실체면에 대한 사법판단과는 성질을 달리한
다고 하지 않을 수 없다. 직권주의에 있어서뿐만 아니라 당사자주의에서도 소송
지휘권이 요구되며, 당사자주의에서 특히 그 중요성이 강조되는 이유도 여기에
있다.

> 소송지휘권은 사법권에 내재하는 고유한 권한이므로 공판기일의 절차뿐만 아니라 공
> 판기일 외의 절차에서도 인정되며 그 범위도 광범위하게 미친다. 법정경찰권도 법원
> 이 본질적으로 가지고 있는 소송의 운영관리권능이라는 점에서 소송지휘권에 속한다

---

1 신동운 1063면; 신현주 341면.
2 김재환 476면; 손동권/신이철 466면; 이영란 521면; 이은모/김정환 492면; 임동규 399면; 정영석/
　이형국 282면.

고 할 수 있다. 그러나 법정경찰권은 사법권에 부수하는 사법행정권의 작용으로 사
건의 내용과 직접 관계가 없다는 점에서 소송의 심리에 실질적인 관련을 가지고 있
는 협의의 소송지휘권과 구별된다.

2. 소송지휘권의 내용

(1) 재판장의 소송지휘권

59   신속하고 적절한 소송지휘를 위하여 법원의 소송지휘권은 포괄적으로 재판
장에게 맡기고 있다. 재판장의 소송지휘권의 중요한 내용은 형사소송법과 형사소
송규칙에 규정되어 있다. 공판기일의 지정과 변경($\frac{제267조,}{제270조}$), 인정신문($\frac{제284}{조}$), 증인신
문순서의 변경($\frac{제161조의}{2 \ 제3항}$), 불필요한 변론의 제한($\frac{제299}{조}$), 석명권($\frac{규칙 \ 제}{141조 \ 1항}$) 등이 그 대
표적인 예에 속한다.

　　　재판장의 소송지휘권 중에서 가장 중요한 의미를 가지고 있는 것은 변론의
제한과 석명권의 행사이다.

60   1) **변론의 제한**   재판장은 소송관계인의 진술 또는 신문이 중복된 사항이거
나 그 소송에 관계없는 사항인 때에는 소송관계인의 본질적 권리를 해하지 아니
하는 한도에서 이를 제한할 수 있다($\frac{제299}{조}$). 여기서 소송에 관계없는 사항이란 관
련성 없는 사항을 말하는 것으로서 관련성 없는 증거의 허용성을 부정하는 영미
의 증거법과 같은 취지로 이해할 수 있다.

61   2) **석 명 권**   재판장은 소송관계를 명료하게 하기 위하여 검사·피고인 또
는 변호인에게 사실상과 법률상의 사항에 관하여 석명을 구하거나 입증을 촉구할
수 있고, 합의부원은 재판장에게 고하고 석명을 구하거나 입증을 촉구할 수 있
다. 검사·피고인 또는 변호인은 재판장에 대하여 석명을 위한 발문을 요구할 수
있다($\frac{규칙}{제141조}$). 이와 같이 석명이란 사건의 내용을 명확히 하기 위하여 당사자에 대
하여 사실상·법률상의 사항을 질문하여 그 진술 내지 주장을 보충·정정할 기회
를 주고 입증을 촉구하는 것을 말한다는 의미에서 소송지휘권의 내용이 된다. 다
만, 석명권은 재판장뿐만 아니라 합의부원에 대하여도 인정된다는 점에 특색이
있다.

(2) 법원의 소송지휘권

공판기일에서의 소송지휘라 할지라도 중요한 사항은 법률에 의하여 법원에   62
유보되어 있다. 예컨대 국선변호인의 선임($\frac{제283}{조}$), 특별대리인의 선임($\frac{제28}{조}$), 증거조
사에 대한 이의신청의 결정($\frac{제296조}{2항}$), 재판장의 처분에 대한 이의신청의 결정($\frac{제304조}{2항}$),
공소장변경의 허가($\frac{제298조}{1항}$), 공판절차의 정지($\frac{제306}{조}$), 변론의 분리·병합·재개($\frac{제300조,}{제305조}$)
가 여기에 해당한다.

3. 소송지휘권의 행사

(1) 소송지휘권의 행사방법

재판장의 소송지휘권은 법률에 명문의 규정이 있는 때에는 이에 따라 행사   63
하여야 하며, 이에 반한 소송지휘는 허용되지 않는다. 뿐만 아니라 소송지휘권의
행사는 법원($\frac{합의}{부}$)의 의사에 반하지 않는 범위에서 행사할 것을 요한다. 소송지휘
권은 원래 법원의 권한이기 때문이다. 따라서 재판장의 소송지휘라 할지라도 사
전에 합의부원의 의견을 물어 사실상 합의를 거쳐 행사하는 것이 바람직하다.

법원의 소송지휘권은 결정의 형식을 취하며, 재판장의 소송지휘권은 명령의   64
형식에 의하는 것이 일반적이다. 그러나 재판장이 결정에 의하여 소송지휘권을
행사하는 것이 금지되는 것은 아니다.

(2) 소송지휘권에 대한 불복

당사자 등 소송관계인은 재판장 또는 법원의 소송지휘권에 대하여 복종할   65
의무가 있다. 재판장의 소송지휘권에 대하여는 이의신청을 할 수 있다($\frac{제304}{조}$). 다
만, 이의신청은 법령의 위반이 있는 경우에만 허용된다($\frac{규칙}{제136조}$). 이에 반하여 법원
의 소송지휘권의 행사에 대한 불복방법은 없다($\frac{제403}{조}$).

V. 법정경찰권

1. 법정경찰권의 의의

법정의 기능을 확보하기 위하여는 법정의 질서가 유지되지 않으면 안 된다.   66
법정경찰권이란 법정의 질서를 유지하고 심판의 방해를 제지·배제하기 위하여

법원이 행하는 권력작용을 말한다. 넓은 의미에서는 소송지휘권의 내용을 이루는 것이나 사건의 실질과 관계없다는 점에 특색이 있다. 법정경찰권도 원래 법원의 권한에 속하는 것이지만 질서유지의 신속성과 기동성을 고려하여 재판장의 권한으로 하고 있다. 즉 법정의 질서유지는 재판장이 담당한다($\frac{법조법}{제58조 1항}$).

2. 법정경찰권의 내용

법정경찰권의 내용에는 예방작용과 방해배제작용 및 제재작용이 있다.

(1) 예방작용

67   재판장은 법정의 질서유지를 위하여 필요한 예방조치를 취할 수 있다. 즉 재판장은 법정의 존엄과 질서를 해칠 우려가 있는 사람의 입정 금지 또는 퇴정을 명할 수 있고, 그 밖에 법정의 질서유지에 필요한 명령을 할 수 있다($\frac{법조법}{제58조 2항}$). 방청권의 발행과 소지품검사($\frac{법정 방청 및 촬영 등}{에 관한 규칙 제 2 조}$), 피고인에 대한 간수명령($\frac{제280}{조}$) 등이 여기에 해당한다.

(2) 방해배제작용

68   재판장은 법정의 질서를 회복하기 위하여 방해행위를 배제할 수 있다. 즉 재판장은 피고인의 퇴정을 제지하거나 법정의 질서를 유지하기 위하여 필요한 처분을 할 수 있고($\frac{제281조}{2항}$), 피고인($\frac{제297}{조}$) 및 방청인($\frac{법조법}{제58조 2항}$)에 대하여 퇴정명령을 할 수 있다. 법정에서의 질서유지를 위하여 필요하다고 인정할 때에는 재판장은 개정 전후에 상관없이 관할경찰서장에게 국가경찰공무원의 파견을 요구할 수 있고($\frac{법조법 제60}{조 제 1 항}$), 파견된 국가경찰공무원은 법정 내외의 질서유지에 관하여 재판장의 지휘를 받는다($\frac{동조}{제 2 항}$).

(3) 제재작용

69   법원 및 재판장은 법정 내외에서 법정의 질서를 유지하기 위하여 법원이 발한 명령에 위반하는 행위를 하거나 폭언·소란 등의 행위로 법원의 심리를 방해하거나 재판의 위신을 현저하게 훼손한 사람에 대하여 20일 이내의 감치에 처하거나 100만 원 이하의 과태료를 부과할 수 있고, 이를 병과할 수 있다. 감치는 경찰서유치장·교도소 또는 구치소에 유치함으로써 집행한다($\frac{법조법 제61}{조 1항·3항}$). 법원은 감치를 위하여 법원직원·교도관 또는 경찰관으로 하여금 즉시 행위자를 구속하게 할 수 있으며, 구속한 때부터 24시간 이내에 감치에 처하는 재판을 하지 않으면 즉시

석방하여야 한다($\frac{동조}{제2항}$). 감치에 처하는 재판에 대해서는 항고 및 특별항고를 할 수 있다($\frac{동조}{제5항}$). 이는 영미의 법정모욕(contempt of court)에 시사받은 것으로, 사법권의 독립을 보장하기 위하여 법정경찰권을 법원에 부여한 것이라고 할 수 있다.

3. 법정경찰권의 한계

(1) 시간적 한계

법정경찰권은 심리의 방해를 배제하기 위한 것이므로 심리의 개시부터 종료 　70 에 이르기까지 현재 절차가 행하여지고 있는 시간 내에 한하여 발동할 수 있다. 다만, 심리에 전후한 시간은 여기에 포함된다고 해야 한다.

(2) 장소적 한계

법정경찰권은 원칙적으로 법정 내에 미치는 것이나, 법정에서의 심리와 질서 　71 유지에 영향을 미치는 범위에서는 법정 외에 대하여도 미친다고 해야 한다. 이러한 의미에서 법정경찰권의 범위는 법정 내외를 불문하고 법관에 대한 방해행위를 직접 목격 또는 들을 수 있는 장소에까지 미친다고 할 수 있다.

(3) 인적 한계

법정경찰권은 심리에 관계있는 모든 사람에 대하여 미친다. 즉 방청인은 물 　72 론 피고인 · 변호인 · 검사 · 법원사무관 등과 배석판사도 법정경찰권에 복종하여야 한다.

제 4 절　　공판기일의 절차 　　　　　　 § 38

공판기일의 절차, 즉 제 1 심의 공판절차는 모두절차와 사실심리절차 및 판 　1 결선고절차로 나눌 수 있다. 모두절차는 진술거부권의 고지에서 시작하여 인정신문, 검사의 모두진술, 피고인의 모두진술, 재판장의 쟁점정리 및 검사 · 변호인의 증거관계 등에 대한 진술의 순서로 진행된다. 사실심리절차는 증거조사와 피고인신문 및 소송관계인의 의견진술($\frac{변}{론}$)이라는 3단계로 구분된다. 공판기일의 절차에 있어서 가장 핵심적인 절차라고 할 수 있다. 사실심리절차가 종료한 후에 수소법원에 의하여 선고의 형식으로 행하여지는 최종의 공판절차가 판결절차이다.

Ⅰ. 모두절차

1. 진술거부권의 고지

2   모두절차는 진술거부권의 고지에서 시작한다. 재판장은 인정신문을 하기 전에 피고인에게 진술을 하지 아니하거나 개개의 질문에 대하여 진술을 거부할 수 있고, 이익 되는 사실을 진술할 수 있음을 알려 주어야 한다($\frac{제283조의2 \; 제2항,}{규칙 \; 제127조}$). 인정신문에 들어가기 전에 진술거부권을 고지토록 한 것은 피고인의 방어권을 강화하기 위해서이다.

2. 인정신문

3   재판장은 피고인의 성명·연령·등록기준지·주거와 직업을 물어서 피고인임에 틀림없음을 확인하여야 한다($\frac{제284}{조}$). 이와 같이 공판기일에 실질적인 심리에 들어가기 전에 피고인으로 출석한 자가 공소장에 기재된 피고인과 동일인인가를 확인하는 절차를 인정신문이라고 한다. 인정신문 앞에 진술거부권의 고지를 규정한 점에 비추어 인정신문에 대해서도 진술거부권을 행사할 수 있다.

《공판절차의 진행도》

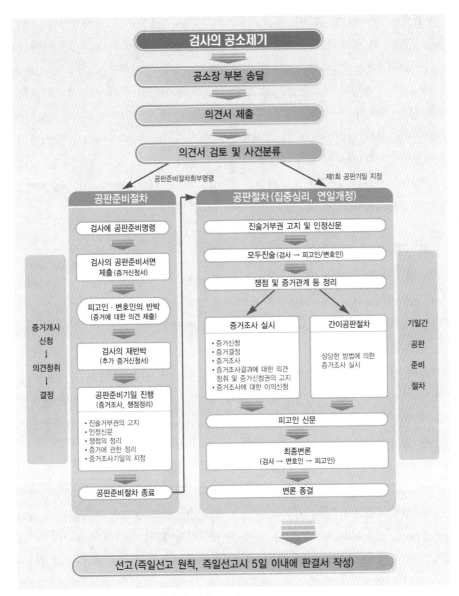

출처: 법원행정처, 새로운 형사재판의 이해, 15면.

3. 검사의 모두진술

4　　　검사는 공소장에 의하여 공소사실·죄명 및 적용법조를 낭독하여야 한다. 다만, 재판장은 필요하다고 인정하는 때에는 검사에게 공소의 요지를 진술하게 할 수 있다($^{제285}_{조}$). 이를 검사의 모두진술이라고 하며, 영미의 opening statement 에 해당한다. 검사의 모두진술은 사건의 심리에 들어가기 전에 사건개요와 입증의 방침을 명백히 하여 법원의 소송지휘를 가능하게 할 뿐만 아니라, 피고인에 대하여는 충분한 방어를 준비할 기회를 보장하기 위한 것이다. 따라서 항소심 또는 상고심에서는 검사의 모두진술을 요하지 않는다. 검사의 모두진술은 필수적인 절차이므로 검사는 반드시 모두진술을 하여야 한다. 다만, 재판장이 필요하다고 인정하는 때에는 공소의 요지를 진술하게 할 수 있다.

4. 피고인의 모두진술

5　　　피고인은 검사의 모두진술이 끝난 뒤에 공소사실의 인정 여부를 진술하여야 한다. 다만, 피고인이 진술거부권을 행사하는 경우에는 그러하지 아니하다($^{제286조}_{1항}$). 따라서 재판장은 검사의 모두진술 절차를 마친 뒤에 피고인에게 공소사실을 인정하는지 여부를 물어야 한다($^{규칙 제127조}_{의2 제1항}$). 피고인의 모두진술은 피고인에 대하여 공소사실에 관한 임의적인 인부, 주장과 신청 등 사건에 관한 총괄적인 진술을 할 기회를 제공하기 위한 것이다. 피고인에게 공소사실의 인정 여부를 진술하게 함으로써 의견서 제출제도($^{제266조}_{의2}$)의 도입과 함께 사건의 쟁점을 조기에 파악하여 신속한 심리를 가능하게 하기 때문이다.

　　　공소사실의 인정 여부를 진술한 후에 피고인 및 변호인은 공소에 관한 의견 그 밖에 이익이 되는 사실 등을 진술할 수 있다($^{규칙 제127조}_{의2 제2항}$). 피고인은 모두진술을 통하여 관할이전신청($^{제15}_{조}$), 기피신청($^{제18}_{조}$), 국선변호인의 선정청구($^{제33조}_{2항}$), 공판기일변경신청($^{제270}_{조}$) 등을 할 수 있다. 관할위반의 신청($^{제320}_{조}$), 제 1 회 공판기일의 유예기간에 대한 이의신청($^{제269조}_{2항}$)은 늦어도 이 단계까지는 하여야 한다. 피고인이 이 때까지 이의신청을 하지 않을 경우에는 피고인은 이러한 절차의 하자를 다툴 수 없게 된다.

5. 재판장의 쟁점정리 및 검사·변호인의 증거관계 등에 대한 진술

재판장은 피고인의 모두진술이 끝난 다음에 피고인 또는 변호인에게 쟁점의   6
정리를 위하여 필요한 질문을 할 수 있다($^{제287조}_{1항}$). 재판장이 증거조사 이전에 사건
의 쟁점을 정리하여 증거조사절차를 효율적으로 진행하기 위한 것이다. 재판장은
또한 증거조사를 하기에 앞서 검사 및 변호인으로 하여금 증명과 관련된 주장 및
입증계획 등을 진술하게 할 수 있다($^{동조}_{제2항}$). 이 경우 검사와 피고인은 증거로 할
수 없거나 증거로 신청할 의사가 없는 자료에 기초하여 법원에 사건에 대한 예단
또는 편견을 발생하게 할 염려가 있는 사항을 진술할 수 없다($^{동조 제2항}_{단서}$).

Ⅱ. 사실심리절차

1. 증거조사

(1) 증거조사의 의의

사실심리절차는 증거조사에 의하여 시작된다. 즉 증거조사는 제287조의 재   7
판장의 쟁점정리 등의 절차가 끝난 후에 실시한다($^{제290}_{조}$). 증거조사란 법원이 피고
사건의 사실인정과 형의 양정에 관한 심증을 얻기 위하여 인증·서증·물증 등
각종의 증거방법을 조사하여 그 내용을 감지하는 소송행위를 말한다.

증거조사의 주체는 법원이다. 검사와 피고인이 증인을 신문하는 경우에도
그 주체는 법원이 된다. 따라서 수사기관에 의한 증거수집이나 검증은 증거조사
가 아니다. 증거조사는 공판기일에 공판정에서 법원이 직접 행하는 것이 원칙이
나, 공판정 외에서의 증거조사도 허용된다. 증인의 법정 외의 신문($^{제165}_{조}$)이 여기
에 해당한다. 증거조사는 피고사건에 대한 법원의 심증을 얻기 위하여 행하는 것
이지만, 당사자에 대하여는 증거의 내용을 알게 하여 공격·방어의 기회를 주는
기능을 가진다. 증거조사의 방법을 법정하고 있는 이유는 여기에 있다.

(2) 증거조사의 절차

증거조사에는 당사자의 신청에 의한 증거조사와 직권에 의한 증거조사가 있   8
다. 당사자주의가 강화된 형사소송법에 있어서는 전자가 원칙으로 되어 있다. 그
러나 형사소송의 이념인 실체진실의 발견은 증거조사에 의하여 비로소 달성된다.

형사소송법이 직권에 의한 증거조사를 인정하고 있는 것은 증거조사에 있어서 당사자주의를 철저히 할 때에는 당사자의 소송기술에 의하여 재판의 결과를 좌우하게 되어 소송의 스포츠화를 초래할 위험이 있는 것을 고려한 것이다.

증거조사는 검사가 신청한 증거를 먼저 조사한 후 피고인 또는 변호인이 신청한 증거를 조사하고, 법원은 검사와 피고인 또는 변호인이 신청한 증거의 조사가 끝난 후에 직권으로 결정한 증거를 조사한다(제291조의2 제1항·제2항). 다만, 법원은 직권이나 검사·피고인 또는 변호인의 신청에 따라 증거조사의 순서를 변경할 수 있다(동조 제3항).

1) 당사자의 신청에 의한 증거조사

(가) **증거조사의 신청**   검사·피고인 또는 변호인은 서류나 물건을 증거로 제출할 수 있고, 증인·감정인·통역인 또는 번역인의 신문을 신청할 수 있다(제294조 제1항).

9   A. **신청의 시기와 순서**   검사·피고인 또는 변호인은 특별한 사정이 없는 한 필요한 증거를 일괄하여 신청하여야 한다(규칙 제132조). 증거조사를 신청하는 시기에는 제한이 없다. 원칙적으로 재판장의 쟁점정리 등의 절차가 끝난 후에 신청하는 것이지만 공판기일 전의 증거신청도 허용된다(제273조). 다만, 법원은 검사·피고인 또는 변호인이 고의로 증거를 뒤늦게 신청함으로써 공판의 완결을 지연하는 것으로 인정할 때에는 직권 또는 상대방의 신청에 따라 결정으로 이를 각하할 수 있다(제294조 제2항). 증거신청은 검사가 먼저 한 후에 피고인 또는 변호인이 한다(규칙 제133조). 검사에게 거증책임이 있기 때문이다.

10   B. **신청의 방법**   증거조사를 신청함에 있어서는 신청의 대상인 증거를 특정하여야 한다. 따라서 증인신문을 신청할 때에는 증인의 성명과 주소를 특정할 것을 요한다. 다만, 추완을 조건으로 하는 증거신청, 법원에 인선을 허용하는 신청, 복수의 증거를 택일적으로 신청하는 것은 허용된다.

검사·피고인 또는 변호인이 증거를 신청함에 있어서는 증거와 증명하고자 하는 사실과의 관계, 즉 입증취지를 구체적으로 명시하여야 한다(규칙 제132조의2 제1항). 입증취지는 법원의 증거결정에 참고가 될 뿐만 아니라, 상대방의 방어권행사에 도움이 되기 때문이다. 증거신청은 요식행위가 아니므로 원칙적으로는 서면 또는 구두에 의하여 할 수 있다. 그러나 법원은 필요하다고 인정할 때에 서면의 제출을 명할 수 있다(동조 제4항).

증거로 제출하고자 하는 서류나 물건은 개별적으로 특정하여 제출하여야 한다. 이를 증거분리제출제도라고 한다. 증거능력 있는 증거만을 사실인정의 자료로 조사할 것을 요구하는 당연한 결과라고 할 수 있다.

서류나 물건의 일부에 대한 증거신청을 함에 있어서는 증거로 할 부분을 특정하여 명시하여야 하고($\frac{동조,}{제3항}$), 증거로 할 수 있는 서류나 물건이 수사기록의 일부인 때에는 검사는 이를 특정하여 개별적으로 제출함으로써 그 조사를 신청하여야 한다($\frac{규칙 제132조의}{3 \ 제1항 \ 1문}$). 따라서 수사기관이 작성한 수사보고에 문서가 첨부되어 있는 경우, 수사보고와 첨부문서의 내용을 정확하게 확인하여 증거를 특정하여야 한다($\frac{대법원 \ 2011. \ 7. \ 14,}{2011 \ 도 \ 3809}$).

피고인의 자백을 보강하는 증거나 정상에 관한 증거는 보강증거 또는 정상에 관한 증거라는 취지를 특히 명시하여 그 조사를 신청하여야 한다($\frac{동항}{제2문}$).

C. 영상녹화물의 조사 신청   검사는 피고인이 아닌 피의자의 진술을 영상녹화 11
한 사건에서 피고인이 아닌 피의자가 그 조서에 기재된 내용이 자신이 진술한 내용과 동일하게 기재되어 있음을 인정하지 아니하는 경우($\frac{규칙 제134조}{의2 제1항}$)나 피의자 아닌 자가 공판준비 또는 공판기일에서 조서가 자신이 검사 또는 사법경찰관 앞에서 진술한 내용과 동일하게 기재되어 있음을 인정하지 아니하는 경우($\frac{규칙 134조}{의3 제1항}$), 그 부분의 성립의 진정을 증명하기 위하여 각 영상녹화물의 조사를 신청할 수 있다. 다만, 기억환기를 위한 영상녹화물의 조사신청은 서면에 의할 것을 요하지 않는다고 해야 한다. 조사를 신청한 영상녹화물은 조사가 개시된 시점부터 조사가 종료되어 피의자가 조서에 기명날인 또는 서명을 마치는 시점까지 전과정이 영상녹화된 것이어야 하고, 조사가 행하여지는 동안 조사실 전체를 확인할 수 있도록 녹화되고 조사자와 진술자의 얼굴을 식별할 수 있는 것이어야 하며($\frac{규칙 제134}{조의2}$ $\frac{제3항·제4항,}{제134조의3 \ 제3항}$), 영상녹화물의 재생화면에는 녹화 당시의 날짜와 시간이 실시간으로 표시되어야 한다($\frac{규칙 제134조의2 \ 제5항,}{제134조의3 \ 제3항}$).

(나) 증거결정   법원은 증거신청에 대하여 결정을 하여야 한다($\frac{제295}{조}$). 증거결 12
정을 함에 있어서 필요하다고 인정할 때에는 그 증거에 대한 검사·피고인 또는 변호인의 의견을 들을 수 있다. 법원은 서류 또는 물건이 증거로 제출된 경우에 이에 관한 증거결정을 함에 있어서는 제출한 자로 하여금 그 서류 또는 물건을 상대방에게 제시하게 하여 상대방으로 하여금 그 서류 또는 물건의 증거능력 유무에 관한 의견을 진술하게 하여야 한다($\frac{규칙 제134}{조 \ 1항·2항}$). 법원은 증거신청을 기각·각하하거나, 증거신청에 대한 결정을 보류하는 경우, 증거신청인으로부터 당해 증거서류 또는 증거물을 제출받아서는 아니 된다($\substack{동조 \\ 제4항}$).

13   법원의 증거결정은 법원의 소송지휘권에 근거하는 것이며 당사자주의와 직접 관계는 없다. 당사자주의라 하여 당사자가 신청한 증거를 법원이 반드시 조사하여야 하는 것은 아니기 때문이다. 형사소송법은 법원의 증거결정의 기준에 관하여 아무런 규정도 두고 있지 않다. 따라서 증거결정은 법원의 소송지휘권에 의하여 결정할 수밖에 없다. 이러한 의미에서 증거결정은 법원의 재량에 속한다고 할 수 있고($\substack{대법원 1977. 4. 26, \\ 77 도 814;}$ $\substack{대법원 2010. 1. 14, \\ 2009 도 9963}$), 신청한 증거를 채택하지 않았다고 하여 법관기피사유가 되지 않는다($\substack{대법원 1995. 4. 3. \\ 결정, 95 모 10}$). 그러나 법원의 증거결정도 증거평가에 대한 법관의 자유심증과 같이 일정한 한계가 있다고 해야 한다.

14   증거신청이 법령에 위반한 경우, 신청된 증거가 증거능력이 없거나 관련성이 없는 경우, 증거조사가 법률상 또는 사실상 불가능한 경우에 증거신청을 기각할 수 있는 것은 물론이다. 또 법원이 요증사실에 관하여 충분히 증명되었다고 인정하는 경우에 같은 사실을 증명하기 위하여 중복하여 증거조사를 할 필요는 없다. 그러나 이 경우의 법원의 심증은 쌍방의 증거를 충분히 조사한 결과일 것을 요한다. 따라서 일방의 증거만을 믿고 예단을 가지거나, 증명력이 박약하다는 예단만으로 증거신청을 기각해서는 안 된다. 요컨대 증거결정에 있어서는 공정한 재판의 이념과 무기평등의 원칙을 고려하면서 최량증거(best evidence)에 의한 소송의 신속하고 경제적인 진행이 가능하도록 하여야 할 것이다.

15   2) 직권에 의한 증거조사   법원은 직권으로 증거조사를 할 수 있다($\substack{제295조 \\ 후단}$). 법원의 직권에 의한 증거조사를 인정하는 이유는 법원에게는 진실을 밝혀야 한다는 일반적 의무가 있을 뿐만 아니라, 피고인의 입증활동이 충분하지 못한 경우에 이를 보충할 필요가 있다는 점에 있다. 법원의 직권에 의한 증거조사에 관하여는 이를 법원의 권한에 불과하다는 견해[1]와 법원의 권한인 동시에 의무가 된다는 견해[2]가 대립되고 있다. 그러나 실체진실주의와 공정한 재판이 형사소송의 최고의 이념임에 비추어 직권에 의한 증거조사는 법원의 권한임과 동시에 의무라고 해석하는 것이 타당하다. 따라서 법원이 직권에 의한 증거조사를 다하지 않은 때에는 심리미진의 위법이 있다고 해야 한다.[3]

---

1 김기두 265면.
2 김재환 500면; 손동권/신이철 472면; 신동운 901면; 이은모/김정환 509면; 임동규 635면.
3 대법원 1974. 1. 15, 73 도 2522.

그러나 법원의 직권에 의한 증거조사는 당사자의 신청에 의한 증거조사에   16
대하여 보충적·이차적인 것이라는 점을 고려하면 법원이 당사자의 증거신청을
미루어 두고 처음부터 직권에 의하여 증거조사를 하는 것은 허용되지 않는다. 따
라서 법원이 당사자의 입증활동이 불충분하다고 인정할 때에는 석명권의 적절한
행사에 의하여 입증을 촉구하고, 그것으로도 부족한 경우에 한하여 직권에 의하
여 증거조사를 하는 것이 타당하다고 생각된다. 다만, 법원의 피고인에 대한 후
견적 임무에 비추어 피고인에게 유리한 증거를 직권으로 조사하는 것은 허용된다
고 하지 않을 수 없다.

(3) 증거조사의 방법

증거조사의 방법은 증거방법의 성질에 따라 차이가 있다. 증인의 조사방법
은 신문이고, 증거서류의 조사방법은 내용의 낭독 또는 고지이며, 증거물의 조사
는 제시에 의한다. 형사소송법은 공판절차와 관련하여 서류 또는 물건에 대한 조
사방법만을 규정하고 있다. 따라서 증인신문과 감정·검증 등에 대하여는 제 6 절
에서 별도로 검토하기로 한다.

1) 증거서류에 대한 조사방법   소송관계인이 증거로 제출한 서류나 물건 또   17
는 공무소 등에 대한 조회, 공판기일 전의 증거조사에 의하여 작성 또는 송부된
서류는 검사·변호인 또는 피고인이 공판정에서 개별적으로 지시·설명하여 조
사하여야 한다($^{제291조}_{제1항}$). 따라서 원칙적으로 증거신청을 하는 자가 지시·설명하도
록 하고 있다. 다만 재판장은 직권으로 이를 공판정에서 조사할 수 있다($^{동조}_{제2항}$).

증거서류에 대한 원칙적인 조사방법은 낭독이다. 즉 검사·피고인 또는 변
호인의 신청에 따라 증거서류를 조사하는 때에는 신청인이 이를 낭독하여야 하
며, 법원이 직권으로 증거서류를 조사하는 때에는 소지인 또는 재판장이 낭독하
여야 한다($^{제292조}_{제1항·제2항}$). 다만, 재판장은 필요하다고 인정하는 때에는 내용을 고지하는
방법으로 조사할 수 있다($^{동조}_{제3항}$). 내용의 고지는 그 요지를 고지하는 방법으로 한
다($^{규칙 제134조}_{의6 제1항}$). 재판장은 법원사무관 등으로 하여금 낭독이나 고지를 하게 할 수
있고($^{제292조}_{4항}$), 필요하다고 인정하는 때에는 낭독에 갈음하여 그 요지를 진술하게
할 수 있다($^{규칙 제134조}_{의6 제2항}$). 재판장은 열람이 다른 방법보다 적절하다고 인정하는 때
에는 증거서류를 제시하여 열람하게 하는 방법으로 조사할 수도 있다($^{제292조}_{5항}$).

컴퓨터용디스크 등에 기억된 문자정보나 음성이나 영상을 녹음 또는 녹화한
매체에 대한 증거조사방법은 규칙에 규정된 바에 의한다. 이에 의하면,

A. 컴퓨터용디스크 등에 기억된 문자정보 등에 대한 증거조사   컴퓨터용디스크 그 밖에 이
와 비슷한 정보저장매체(이하, 컴퓨터디스
크 등이라 한다)에 기억된 문자정보를 증거자료로 하는 경우
에는 읽을 수 있도록 출력하여 인증한 등본을 낼 수 있다(규칙 제134조
의 7 제 1 항). 컴퓨터디스크
등에 기억된 문자정보를 증거로 하는 경우에 증거조사를 신청한 당사자는 법원이 명
하거나 상대방이 요구한 때에는 컴퓨터디스크 등에 입력한 사람과 입력한 일시, 출
력한 사람과 출력한 일시를 밝혀야 한다(동조
제2항). 컴퓨터디스크 등에 기억된 정보가
도면·사진 등에 관한 것인 때에도 같다(동조
제3항).

B. 음성·영상자료 등에 대한 증거조사   녹음·녹화테이프, 컴퓨터용디스크, 그 밖에 이
와 비슷한 방법으로 음성이나 영상을 녹음 또는 녹화(이하, 녹음·녹
화 등이라 한다)하여 재생할 수
있는 매체(이하, 녹음·녹
화매체라 한다)에 대한 증거조사를 신청하는 때에는 음성이나 영상이 녹음·
녹화 등이 된 사람, 녹음·녹화 등을 한 사람 및 녹음·녹화 등을 한 일시·장소를
밝혀야 한다(규칙 제134조
의 8 제 1 항). 녹음·녹화매체 등에 대한 증거조사를 신청한 당사자는 법
원이 명하거나 상대방이 요구한 때에는 녹음·녹화매체 등의 녹취서, 그 밖에 그 내
용을 설명하는 서면을 제출하여야 한다(동조
제2항). 녹음·녹화매체 등에 대한 증거조사
는 녹음·녹화매체 등을 재생하여 청취 또는 시청하는 방법으로 한다(동조
제3항). 위와
같은 증거조사절차를 거치지 아니한 녹음·녹화매체 등을 증거로 채택하는 것은 위
법하다(대법원 2011. 10. 13, 2009 도 13846;
대법원 2011. 11. 10, 2011 도 11115).

2) 영상녹화물의 조사

18   A. 조사 여부의 결정   법원은 검사가 영상녹화물의 조사를 신청한 경우 이에
대한 결정을 하여야 한다. 법원은 결정을 함에 있어 원진술자와 함께 피고인 또
는 변호인으로 하여금 그 영상녹화물이 적법한 절차와 방식에 따라 작성되어 봉
인된 것인지 여부에 관한 의견을 진술하게 하여야 한다(규칙 제134조
의 4 제 1 항). 영상녹화의
적법요건을 구비하였는가의 여부는 검사가 입증하여야 할 것이나, 조사의 전과정
이 녹화되었는가, 일정한 사항을 고지하였는가 등이 문제되는 때에는 영상녹화물
을 재생하여 확인할 수밖에 없다.

B. 영상녹화물의 조사방법   법원은 공판준비 또는 공판기일에서 봉인을 해체
하고 영상녹화물의 전부 또는 일부를 재생하는 방법으로 조사하여야 한다. 이때
영상녹화물은 그 재생과 조사에 필요한 전자적 설비를 갖춘 법정 외의 장소에서
이를 재생할 수 있다(동조
제3항). 재판장은 조사를 마친 후 지체 없이 법원사무관 등
으로 하여금 다시 원본을 봉인하도록 하고, 원진술자와 함께 피고인 또는 변호인

에게 기명날인 또는 서명하도록 하여 검사에게 반환한다. 다만, 피고인의 출석 없이 개정하는 사건에서 변호인이 없는 때에는 피고인 또는 변호인의 기명날인 또는 서명을 요하지 아니한다($\frac{동조}{제4항}$).

3) 증거물의 조사방식   증거물에 대한 조사방식은 제시이다. 즉 검사 · 피고인 또는 변호인의 신청에 따라 증거물을 조사하는 때에는 신청인이 이를 제시하여야 하며, 법원이 직권으로 이를 조사하는 때에는 소지인 또는 재판장이 이를 제시하여야 한다($\frac{제292조의 2}{제1항 · 제2항}$). 재판장은 법원사무관 등으로 하여금 제시하게 할 수 있다($\frac{동조}{제3항}$). 다만, 간이공판절차에서는 법원이 상당하다고 인정하는 방법으로 증거조사를 할 수 있다($\frac{제297조}{의2}$). 도면 · 사진 · 녹음테이프 · 비디오테이프 · 컴퓨터용디스크 그 밖에 정보를 담기 위하여 만들어진 물건으로서 문서가 아닌 증거의 조사에 관하여는 특별한 규정이 없으면 증거서류와 증거물의 조사방식에 관한 형사소송법 제292조 및 제292조의 2의 규정을 준용한다($\frac{제292조의 3,}{규칙 제134조의 9}$). 19

> 본래 증거물이지만 증거서류의 성질도 가지고 있는 증거물인 서면을 조사하기 위해서는 두 가지 절차가 함께 이루어져야 하므로, 원칙적으로 증거신청인으로 하여금 그 서면을 제시하면서 낭독하게 하거나 이에 갈음하여 그 내용을 고지 또는 열람하도록 하여야 한다($\frac{대법원 2013. 7. 26.,}{2013 도 2511}$).

(4) 증거조사에 대한 이의신청

검사 · 피고인 또는 변호인은 증거조사에 관하여 이의신청을 할 수 있다. 법원은 이의신청에 대하여 결정을 하여야 한다($\frac{제296}{조}$). 증거조사에 관하여란 증거조사의 절차뿐만 아니라 증거조사단계에서 행하여지는 모든 처분을 포함한다. 이의신청은 법령의 위반이 있는 경우뿐만 아니라 상당하지 아니함을 이유로 하는 경우에도 허용된다. 다만, 재판장의 증거신청의 결정에 대한 이의신청은 법령의 위반이 있음을 이유로 한 때에만 할 수 있다($\frac{규칙 제}{136조}$). 20

> 증거조사에 대한 이의신청은 개개의 행위 · 처분 또는 결정시마다 즉시 하여야 하며($\frac{규칙 제}{137조}$), 법원은 이의신청이 있은 후 즉시 결정하여야 한다($\frac{규칙 제}{138조}$). 시기에 늦은 이의신청, 소송지연만을 목적으로 하는 것임이 명백한 이의신청 및 이의신청이 이유 없다고 인정되는 때에는 이를 결정으로 기각하여야 한다. 이의신청이 이유 있다고 인정되는 경우에는 결정으로 이의신청의 대상이 된 행위 · 처분 또는 결정을 중지 · 취소 · 철회 · 변경하는 등 그 이의신청에 상응하는 조치를 취하여야 한다($\frac{규칙 제}{139조}$). 이 21

의신청에 대한 결정에 의하여 판단이 된 사항에 대하여는 다시 이의신청을 할 수 없다($^{규칙\ 제}_{140조}$).

(5) 증거조사결과와 피고인의 의견

22   재판장은 피고인에게 각 증거조사의 결과에 대한 의견을 묻고 권리를 보호함에 필요한 증거조사를 신청할 수 있음을 고지하여야 한다($^{제293}_{조}$). 그러나 간이공판절차에서의 증거조사에는 그러하지 않다.

2. 피고인신문

(1) 피고인신문의 의의

23   피고인신문이란 피고인에 대하여 공소사실과 그 정상에 관한 필요한 사항을 신문하는 절차이다. 피고인은 당사자의 지위를 가질 뿐만 아니라 증거방법으로서의 지위를 가지고 있음을 명백히 한 것이라고 볼 수 있다. 그러나 피고인의 증거방법으로서의 지위로 인하여 당사자의 지위가 침해되어서는 안 된다. 여기서 형사소송법은 피고인신문제도를 인정하면서도 피고인에게 각개의 신문에 대하여 진술거부권을 인정하고($^{제283조의}_{2\ 제1항}$), 피고인신문을 증인신문의 방법에 의하여 행하도록 규정하고 있다($^{제296조의}_{2\ 제3항}$). 다만, 피고인이 신문에 대하여 진술거부권을 행사하였더라도 검사의 신문권이 배제되는 것은 아니다. 피고인이 공판정에서 공소사실에 대하여 자백한 때에는 법원은 그 공소사실에 한하여 간이공판절차에 의하여 심판할 것을 결정할 수 있다($^{제286조}_{의2}$).

(2) 피고인신문의 순서

24   검사 또는 변호인은 증거조사 종료 후에 순차로 피고인에게 공소사실 및 정상에 관하여 필요한 사항을 신문할 수 있다. 다만, 재판장은 필요하다고 인정하는 때에는 증거조사가 완료되기 전이라도 이를 허가할 수 있다($^{제296조의}_{2\ 제1항}$). 그러므로 재판장의 허가가 있는 때에는 증거조사를 진행하는 도중에 피고인을 신문할 수 있게 된다. 재판장은 필요하다고 인정하는 때에는 피고인을 신문할 수 있다($^{동조}_{제2항}$). 피고인신문의 순서는 증인신문에 관한 규정이 준용된다($^{동조}_{제3항}$). 따라서 피고인은 신청한 검사·변호인 또는 피고인이 먼저 신문하고 다음에 다른 검사·변호인 또는 피고인이 신문하고($^{제161조의}_{2\ 제1항}$), 재판장은 그 신문이 끝난 뒤에 신문하지

만($\substack{동조 \\ 제2항}$), 필요하다고 인정하면 어느 때나 신문하거나 신문순서를 변경할 수 있
다($\substack{동조 \\ 제3항}$). 합의부원도 재판장에게 고하고 신문할 수 있다($\substack{동조 \\ 제5항}$).

(3) 피고인신문의 방법

피고인신문을 하는 때에는 피고인을 증인석에 좌석케 하여야 한다($\substack{제275조 \\ 3항 단서}$).   25
피고인신문의 범위는 공소사실과 정상에 관한 필요한 사항이다. 피고인신문에 있
어서는 진술의 강요와 유도신문이 금지된다. 즉 피고인을 신문함에 있어서는 그
진술을 강요하거나 답변을 유도하거나 그 밖에 위압적·모욕적 신문을 하여서는
아니된다($\substack{규칙 제140 \\ 조의2}$). 재판장은 피고인이 어떤 재정인의 앞에서 충분한 진술을 할 수
없다고 인정한 때에는 그 재정인을 퇴정하게 하고 진술하게 할 수 있다($\substack{규칙 제140 \\ 조의3}$).

재판장 또는 법관은 피고인을 신문하는 경우 ① 피고인이 신체적 또는 정신
적 장애로 사물을 변별하거나 의사를 결정·전달할 능력이 미약한 경우, ② 피고
인의 연령·성별·국적 등의 사정을 고려하여 그 심리적 안정의 도모와 원활한
의사소통을 위하여 필요한 경우의 어느 하나에 해당하는 때에는 직권 또는 피고
인·법정대리인·검사의 신청에 따라 피고인과 신뢰관계에 있는 자를 동석하게
할 수 있다($\substack{제276조의 \\ 2 제1항}$). 재판과정에서 장애인과 아동·노인·여성·외국인 등 사회
적 약자인 피고인의 방어권을 보장하기 위한 것이다. 피고인과 동석할 수 있는
신뢰관계에 있는 자는 피고인의 배우자, 직계친족, 형제자매, 가족, 동거인, 고용
주 기타 피고인의 심리적 안정과 원활한 의사소통에 도움을 줄 수 있는 자를 말
한다($\substack{규칙 제126조 \\ 의2 제1항}$).

신뢰관계 있는 자의 동석 신청에는 동석하고자 하는 자와 피고인 사이의 관계, 동석
이 필요한 사유 등을 밝혀야 하며($\substack{동조 \\ 제2항}$), 피고인과 동석한 신뢰관계에 있는 자는 재
판의 진행을 방해하여서는 아니되며, 재판장은 동석한 신뢰관계 있는 자가 부당하게
재판의 진행을 방해하는 때에는 동석을 중지시킬 수 있다($\substack{동조 \\ 제3항}$).

3. 최종변론

증거조사가 끝나면 당사자의 의견진술이 행하여진다. 다만, 재판장은 필요하   26
다고 인정하는 경우 검사·피고인 또는 변호인의 본질적인 권리를 해치지 아니하
는 범위 내에서 의견진술의 시간을 제한할 수 있다($\substack{규칙 \\ 제145조}$). 의견진술은 검사의 의
견진술과 피고인과 변호인의 최후진술의 순서로 진행된다.

(1) 검사의 의견진술

27　　증거조사와 피고인신문이 종료된 때에는 검사는 사실과 법률적용에 관하여 의견을 진술하여야 한다. 단, 검사의 출석 없이 개정한 경우에는 공소장의 기재사항에 의하여 의견진술이 있는 것으로 간주한다($\substack{제302 \\ 조}$). 이를 검사의 논고(論告)라고 하며, 특히 검사의 양형에 대한 의견을 구형이라고 한다. 법원은 검사의 구형에 구속되지 않는다. 따라서 법원은 구형을 초과하는 형을 선고할 수 있다.[1]

(2) 피고인과 변호인의 의견진술

28　　재판장은 검사의 의견을 들은 후 피고인과 변호인에게 최종의 의견을 진술할 기회를 주어야 한다($\substack{제303 \\ 조}$). 최종의견 진술의 기회는 피고인과 변호인에게 모두 주어져야 한다. 따라서 피고인과 변호인에게 최종의견 진술의 기회를 주지 않은 채 심리를 마치고 판결을 선고하는 것은 위법하다고 해야 한다.[2] 그러나 변호인이 공판기일통지서를 받고도 공판기일에 출석하지 아니하여 변호인 없이 변론을 종결한 경우에는 변호인에게 변론의 기회를 주지 않았다고 할 수 없다.[3]

　　피고인의 최종진술을 끝으로 변론을 종결하면(결심) 판결만을 기다리는 상태에 있게 된다. 그러나 법원은 필요하다고 인정한 때에는 직권 또는 검사·피고인이나 변호인의 신청에 의하여 결정으로 종결한 변론을 재개할 수 있다($\substack{제305 \\ 조}$).

Ⅲ. 판결의 선고

29　　공판절차의 최종단계는 판결선고절차이다. 판결의 선고는 변론을 종결한 기일에 하여야 한다. 다만, 특별한 사정이 있는 때에는 따로 선고기일을 정할 수 있다($\substack{제318조의 \\ 4 \text{ 제1항}}$). 이 경우 선고기일은 변론종결 후 14일 이내로 지정되어야 한다($\substack{동조 \\ 제3항}$). 판결은 공판정에서 재판서에 의하여 선고한다($\substack{제42조 \\ 본문}$). 판결의 선고는 재판장이 하며, 주문을 낭독하고 이유의 요지를 설명하여야 한다($\substack{제43 \\ 조}$). 다만, 변론을 종결하는 기일에 판결을 선고하는 경우에는 판결의 선고 후에 판결서를 작성할 수 있다($\substack{제318조의 \\ 4 \text{ 제2항}}$). 이 경우에는 선고 후 5일 내에 판결서를 작성하여야 한다($\substack{규칙 \\ 제146조}$). 형을 선고하는 경우에는 재판장은 피고인에게 상소할 기간과 상소할 법원을 고지하여

1　대법원 1965. 3. 30, 65 도 3; 대법원 1984. 4. 24, 83 도 1789.
2　대법원 1975. 11. 11, 75 도 1010; 대법원 2018. 3. 29, 2018 도 327.
3　대법원 1977. 2. 22, 76 도 4376; 대법원 1977. 7. 26, 77 도 835.

야 한다($\frac{제324}{조}$). 판결을 선고하는 공판기일에도 피고인이 출석하여야 한다. 다만,
피고인이 진술하지 아니하거나, 재판장의 허가 없이 퇴정하거나, 재판장의 질서
유지를 위한 퇴정명령을 받은 때에는 피고인의 출석 없이 판결할 수 있다($\frac{제330}{조}$).
피고인의 출석 없이 개정할 수 있는 경우에도 같다.

판결의 선고에 의하여 당해 심급의 공판절차는 종결되고, 상소기간이 진행된
다. 판결을 선고한 사실은 공판조서에 기재하여야 한다($\frac{제51조;}{2항 14호}$).

제 5 절 증인신문 · 압수와 수색 · 감정과 검증   § 39

Ⅰ. 증인신문

1. 증인신문의 의의

증인신문이란 증인이 실제로 체험한 사실을 내용으로 하는 진술을 얻는 증   1
거조사, 즉 증인에 대한 증거조사를 말한다. 형사소송법이 전문법칙을 채택함에
따라 사실을 직접 체험한 증인에 대한 증인신문이 증거조사의 중심이 되지 않을
수 없다. 증인신문에 있어서는 증언과 함께 증인의 표정과 진술태도까지 법관의
면전에 현출되어 심증형성에 중대한 영향을 미치므로 증거방법으로서 가장 중요
한 의미를 가지기 때문이다. 증인신문은 증거방법인 증인에 대한 증거조사이므로
증거조사의 절차에 따라 행하여진다. 따라서 증인신문도 검사 · 피고인 또는 변호
인의 신청에 대하여 법원이 증거조사결정을 하거나 법원이 직권으로 증인을 신문
하는 때에 비로소 행하여지는 절차이다($\frac{제294조;}{제295조}$). 다만, 범죄로 인한 피해자의 신
청에 의하여 신문할 증인의 신문($\frac{제294조}{의 2}$)은 피해자의 신청에 의한다.

형사소송법은 증인신문에 관하여 증인에게 출석 · 선서 및 증언의 의무를 지   2
우고, 이 의무를 이행하지 않을 때에는 직접 · 간접으로 강제를 가하고 있다. 이
러한 의미에서 증인신문은 강제처분으로서의 성질을 가진다.[1]

---

1 손동권/신이철 476면; 이영란 540면; 임동규 641면.

2. 증인의 의의와 증인적격 •

(1) 증인의 의의

3   증인이란 법원 또는 법관에 대하여 자기가 과거에 실제로 체험한 사실을 진술하는 제 3 자를 말한다. 법원 또는 법관에 대하여 진술하는 자임을 요하므로 수사기관에 대하여 진술하는 참고인은 증인이 아니다.

4   **1) 증인과 감정인의 구별**   증인은 자기가 과거에 체험한 사실을 진술하는 자라는 점에서 특별한 지식·경험에 속하는 법칙이나 이를 구체적 사실에 적용하여 얻은 판단을 보고하는 감정인과 구별된다. 따라서 증인과 감정인은 증인이 비대체적임에 반하여, 감정인은 대체적이라는 점에 차이가 있다. 증인이 사실을 체험한 동기는 묻지 않는다. 그러므로 특별한 지식·경험에 의하여 지득하게 된 과거의 사실을 진술하는 자, 즉 감정증인($\frac{제179}{조}$)도 증인에 속한다. 감정증인을 증인신문절차에 의하여 신문해야 하는 이유도 여기에 있다.

5   **2) 체험사실로부터 추측한 사실의 진술**   체험사실을 진술하는 자뿐만 아니라, 체험한 사실로부터 추측한 사실을 진술하는 자도 체험사실에 비대체성을 가진다는 점에서 증인이라고 해야 한다. 그러나 체험한 사실이 아니거나, 체험한 사실과는 관계없는 단순한 의견을 진술하는 자는 증인이 아니다.

(2) 증인적격

6   **1) 증인적격의 의의**   증인적격이란 누가 증인될 자격이 있는가, 즉 법원이 누구를 증인으로 신문할 수 있는가의 문제를 말한다. 형사소송법 제146조는 「법원은 법률에 다른 규정이 없으면 누구든지 증인으로 신문할 수 있다」고 규정하고 있으므로 원칙적으로 누구든지 증인적격이 있다고 할 수 있다. 여기서 증인적격을 특별히 문제삼을 필요 없이 증언의 증거능력의 문제로 다루면 된다는 견해[1]도 있으나, 통설은 법률의 규정에 의하여 증인거부권이 부여된 경우($\frac{제147}{조}$)뿐만 아니라 이론상 증인적격이 없는 자가 있음을 인정하고 있다. 이론상 증인적격이 없는 자란 증인이 당해 소송에서의 제 3 자라는 전제와 관련하여 증인이 될 수 없는 자, 즉 소송의 주체를 말한다.

2) 법관·검사·변호인의 증인적격

7   ㈎ **법 관**   당해 사건을 심판하는 법관이 그 사건의 증인으로 될 수 없다

---

1 신현주 527면.

는 점에는 이론이 없다. 물론 법관도 그 직무에서 떠났을 때에는 증인이 될 수 있으나, 증인으로 된 후에는 그 사건에 관하여 제척사유가 된다($^{제17조}_{4호}$). 여기서 법관을 직무에서 배제하기 위하여 증인으로 신청하는 경우도 생각할 수 있다. 따라서 법관이 출석한 때에는 신문이 없어도 제척되어야 하지만, 법관에 대한 증인신청이 받아들여지지 아니한 때에는 증인신청이 있었다는 것만으로 직무에서 제척되는 것은 아니라고 해석하여야 한다.[1]

(나) 검 사   검사에게 증인적격이 인정될 것인가에 관하여는 긍정설과 부정설이 대립되고 있다. **긍정설**은 ① 검사의 증인적격을 부정해야 할 법률의 규정이 없고, ② 실체진실의 발견을 위하여 검사를 증인으로 신문할 필요 있는 경우가 있고, ③ 검사가 증언한 후에도 공소유지의 직무수행이 가능하기 때문에 검사의 증인적격을 인정해야 한다고 한다.[2] 이에 반하여 **부정설**은 ① 당해 사건의 공판에 관여하고 있는 검사는 그 소송에서 제 3 자가 될 수 없으며, ② 검사를 공판관여검사의 지위에서 물러나게 할 강제적 방법이 없다는 이유로 검사의 증인적격을 부정한다. 통설의 태도이다.[3] **절충설**은 예외적으로 진실발견을 위해서 증인신문을 해야 할 필요성이 있는 때에 한하여 증인적격을 인정한다.[4] 생각건대 당사자인 검사는 당해 소송의 제 3 자가 아니므로 증인이 될 수 없다고 해석하는 통설이 타당하다고 하겠다.[5] 다만, 공소유지에 관여하지 않는 수사검사의 증인적격을 인정하는 데에는 문제가 있을 수 없다. 형사소송법 제316조 1항에 의하여 검사가 조사자로서 증언하는 경우가 여기에 해당한다.

증인으로 증언한 검사가 다시 그 사건에 관여할 수 있는가에 관하여도 준사법기관인 검사에게는 법관에 준하는 객관의무가 인정되기 때문에 일단 증언한 검사는 공소유지에서 제척되어야 한다는 **소극설**[6]과 검사에게는 제척제도가 인정되지 않으므로 허용된다고 해석하는 **적극설**[7]이 대립되고 있다. 생각건대 증인으로 증언한 검사가 당해 사건에 계속 관여하는 것은 검사의 객관의무와 일치하지 않

8

9

---

1 Gössel S. 199; Pelchen KK Vor § 48, Rn. 10; Rogall SK Vor § 48, Rn. 43; Roxin S. 208.
2 백형구 강의, 721면; 신동운 938면; 신현주 528면; 임동규 643면.
3 김재환 505면; 손동권/신이철 477면; 신양균/조기영 593면; 이영란 542면.
4 정승환 § 42/10.
5 사법연수원, 법원실무제요 형사 [I], 585면.
6 손동권/신이철 477면; 신동운 939면; 정승환 § 42/11.
7 김재환 506면; 백형구 강의, 721면; 임동규 644면.

는다고 하겠으나 검사가 그 직무수행 내지 직무의 적법성을 증명하기 위하여 증언한 경우까지 직무수행에서 제외시켜야 할 필요는 없다. 검찰수사관이나 사법경찰관은 소송당사자가 아니므로 증인적격이 인정된다.

> 실무에서는 자백의 임의성이나 조서의 증거능력을 증명하기 위하여 검찰수사관 또는 사법경찰관을 증인으로 신문하고 있다.

10   (다) 변 호 인   변호인에게 증인적격이 인정되는가에 관하여 긍정설과 부정설이 대립되고 있다. **긍정설**은 변호인의 증인적격을 부정하는 명문의 규정이 없고 변호인에게 증인적격을 인정하는 것이 피고인의 이익보호에 도움이 된다는 이유로 변호인은 증인이 되기 위하여 변호인을 사임할 필요가 없다고 한다.[1] 이에 반하여 **부정설**은 변호인은 피고인의 보호자이므로 당해 소송에서 제 3 자가 아니고 변호인과 증인의 지위를 겸하는 것은 역할의 혼동이므로 증인적격을 부정해야 한다고 해석한다. 통설의 입장이다.[2] 생각건대 피고인의 보호자인 변호인의 지위와 증인으로서의 지위는 조화되기 어려우며, 변호인에게 피고인에게 이익되는 증언만을 강제하는 것은 타당하다고 할 수 없으므로 통설이 타당하다고 생각한다.

3) 피고인의 증인적격

11   (개) 피 고 인   영미에서는 피고인에 대하여 증인적격을 인정하고 있다. 그것은 ① 영미법에서 피고인도 자기에게 이익되는 진술을 증거로 하기 위하여는 묵비권을 포기하고 증언하여야 하며, ② 묵비권은 포기할 수 없는 권리가 아니라는 점을 이유로 한다. 형사소송법의 해석에 있어서 피고인도 증인이 될 수 있다고 해야 한다는 견해[3]가 없는 것은 아니다. 그러나 ① 피고인은 당사자로서의 지위를 가지고 있으므로 제 3 자임을 요하는 증인이 될 수는 없으며, ② 피고인을 증인으로 하여 증언의무를 과하는 것은 피고인에게 보장된 진술거부권을 무의미하게 한다는 점에 비추어 피고인의 증인적격을 부정하는 통설이 타당하다고 하지 않을 수 없다.

---

1 백형구 강의, 720면; 신동운 939면; 차용석/최용성 649면.
2 손동권/신이철 478면; 신현주 529면; 이영란 542면; 이은모/김정환 521면.
3 신현주 528면.

(나) 공동피고인

A. 견해의 대립   공동피고인의 증인적격을 인정할 것인가에 대하여는 견해   12
가 대립되고 있다. ① **부정설**은 공동피고인이 공범관계에 있느냐의 여부를 불문
하고 변론을 분리하지 않는 한 증인적격이 없으므로 증인으로 신문할 수 없다고
한다.[1] 즉 사건이 병합심리되고 있는 한 공동피고인이라도 피고인으로서 진술거
부권을 가지므로 반대신문을 할 수 없기 때문에 증인으로 신문할 수 없다는 것
이다. ② **긍정설**은 공동피고인은 다른 피고인에 대한 관계에서 제 3 자이므로 병
합심리 중에 있는 공동피고인도 증인으로 신문할 수 있다고 한다.[2] 즉 공동피고
인이라도 각 피고인은 자기의 사건에 관하여만 피고인이고 다른 사람에 대한 사
건에는 피고인이 아니며, 피고인이 증인이 될 수 없다는 근거는 자기에 대한 사
실에 관한 문제이지 타인에 대한 사실에 관하여는 증인이 될 수 있다는 것이다.
③ **절충설**은 공범자인 공동피고인은 증인적격이 없지만, 자기의 피고사건과 실질
적 관련성이 없는 사건에 대하여는 공동피고인이라도 증인으로 신문할 수 있다
고 한다.[3]

     B. 비 판   생각건대 ① 변론을 분리하느냐 병합하느냐에 따라 공동피고인   13
의 증인적격이 좌우된다는 것은 옳다고 할 수 없으며 피고인의 진술거부권($^{제283조}_{의2}$)
과 증인의 자기부죄증언거부권($^{제148}_{조}$)을 동일하다고 할 수는 없고, ② 공범자인 공
동피고인의 진술은 다른 공동피고인의 공소사실에 대하여도 증거능력이 있으므
로 공동피고인을 증인으로 신문할 필요 없음에 대하여 자기의 피고사건과 다른
사건으로 공소가 제기된 공범자 아닌 공동피고인은 증인에 불과하므로 선서 없이
한 그의 공판정에서의 진술은 증거능력이 없다는 점에 비추어, 공범자인 공동피
고인은 증인적격이 없지만 단순히 병합심리를 받을 뿐인 공범자 아닌 공동피고인
은 증인으로 신문할 수 있다고 해석하는 절충설이 타당하다고 하겠다.

     대법원은「피고인과 별개의 범죄사실로 기소되어 병합심리 중인 공동피고인은 피고인
의 범죄사실에 관하여는 증인의 지위에 있고」($^{대법원\ 1979.\ 3.\ 27,\ 78\ 도\ 1031;}_{대법원\ 1982.\ 9.\ 14,\ 82\ 도\ 1000}$),「공범인 공동
피고인은 당해 소송절차에서는 피고인의 지위에 있으므로 다른 공동피고인에 대한
공소사실에 관하여 증인이 될 수 없으나, 소송절차가 분리되어 피고인의 지위에서

---

1 강구진 446면; 정영석/이형국 396면.
2 김기두 162면; 서일교 197면; 차용석/최용성 651면.
3 백형구 강의, 719면; 이창현 765면; 임동규 646면; 정승환 § 42/19.

벗어나게 되면 다른 공동피고인에 대한 공소사실에 관하여 증인이 될 수 있다」($\binom{\text{대법원}}{\text{2008. 6. 26,}}$ 2008 도 3300; 대법원 $\binom{}{}$ 2012. 3. 29, 2009 도 11249)고 판시하고 있다.[1] 공동정범[2]과 합동범[3]은 물론 뇌물 등을 주고받은 대향범[4]은 공범에 포함되지만, 절도범과 장물범은 공범에 해당하지 않는다.[5]

3. 증인의 의무와 권리

(1) 증인의 소송법상 의무

14 증인신문은 증인을 출석시켜 선서하게 한 후에 신문에 따라 진술($\frac{\text{증}}{\text{언}}$)하는 절차에 의하게 된다. 여기서 증인에게는 출석과 선서 및 증언의 의무가 인정된다.

1) '출석의 의무

15 (가) 증인의 출석의무   증인에게는 출석의 의무가 있다. 출석의 의무는 공판기일의 증인신문에 소환받은 증인뿐만 아니라 공판준비절차($\frac{\text{제273}}{\text{조}}$) · 증거보전절차($\frac{\text{제184}}{\text{조}}$)의 증인신문에 소환받은 증인에게도 인정된다. 따라서 증인을 신청한 자에게는 증인이 지정된 기일에 출석하도록 합리적인 노력을 할 의무가 부과된다($\frac{\text{제150조의}}{\text{2 제 2 항}}$).

16 (나) 증인의 소환   법원은 소환장의 송달 · 전화 · 전자우편 · 모사전송 · 휴대전화 문자전송 그 밖에 적당한 방법으로 증인을 소환한다($\frac{\text{제150조의2 제 1 항,}}{\text{규칙 제67조의 2 제 1 항}}$).[6] 증인을 신청하는 자는 증인의 소재, 연락처와 출석 가능성 및 출석 가능 일시 그 밖에 증인의 소환에 필요한 사항을 미리 확인하는 등 증인출석을 위한 합리적인 노력을 다하여야 한다($\frac{\text{동조}}{\text{제2항}}$). 소환장에 의한 증인의 소환에 관하여는 피고인의 소환에 관한 규정이 준용된다($\frac{\text{제153조, 제73조,}}{\text{제74조, 제76조}}$). 법원 또는 법관이 증인을 소환함에는 소환장을 발부하여 증인에게 송달하여야 한다($\frac{\text{규칙}}{\text{제68조}}$). 소환장은 급속을 요하는 경우를 제외하고 늦어도 출석일시 24시간 이전에 송달하도록 하여야 한다($\frac{\text{규칙}}{\text{제70조}}$).

---

1 판례의 입장과 같은 견해로는 김재환 507면; 신동운 942면(변론분리 후 허용설).

2 대법원 1993. 6. 22, 91 도 3346.

3 대법원 1990. 12. 26, 90 도 2632; 대법원 1992. 7. 28, 92 도 917.

4 대법원 1985. 6. 25, 85 도 691; 대법원 2005. 1. 14, 2004 도 6646; 대법원 2012. 3. 29, 2009 도 11249.

5 대법원 2006. 1. 12, 2005 도 7601.

6 특정범죄신고자 등 보호법에 따라 조서에 인적사항을 기재하지 아니한 범죄신고자등을 증인으로 소환할 때에는 검사에게 소환장을 송달하는(동법 제11조 1항) 등 증인 소환 및 신문 등에 특례가 인정된다(동조 제 2 항 내지 제 6 항).

증인에 대한 소환장이 송달불능된 경우 증인을 신청한 자는 재판장의 명에 의하여 증인의 주소를 서면으로 보정하여야 하고, 이 때 증인의 소재, 연락처와 출석가능성 등을 충분히 조사하여 성실하게 기재하여야 한다($\frac{규칙\ 제70}{조의2}$). 증인의 출석의무는 소환이 적법한 경우에 한하여 인정된다. 따라서 소환의 방법이 위법하거나 무효인 때에는 증인에게 출석의무가 없다. 다만, 재정 중인 증인(구내증인)은 소환하지 않고 신문할 수 있고($\frac{제154}{조}$), 증인거부권자($\frac{제147}{조}$)에게는 출석의 의무가 없다.

(다) **출석의무위반의 제재**　　증인이 출석요구를 받고 기일에 출석할 수 없을 경우에는 법원에 바로 그 사유를 밝혀 신고하여야 한다($\frac{규칙\ 제68}{조의2}$). 증인이 출석의무에 위반한 때에는 다음과 같은 제재를 과할 수 있다. ① 법원은 소환장을 송달받은 증인이 정당한 사유 없이 출석하지 아니한 때에는 결정으로 불출석으로 인한 소송비용을 부담하도록 명하고 500만 원 이하의 과태료를 부과할 수 있다($\frac{제151조}{1항}$). 비용배상 또는 과태료의 제재를 하는가는 법원의 재량에 속한다. ② 증인이 과태료 재판을 받고도 정당한 사유 없이 다시 출석하지 않은 때에는 법원은 결정으로 7일 이내의 감치에 처한다($\frac{동조}{제2항}$).[1] 법원의 소송비용 부담·과태료 및 감치결정에 대하여는 즉시항고할 수 있으나, 이 경우 집행정지의 효력은 인정되지 않는다($\frac{동조}{제8항}$). ③ 정당한 사유 없이 소환에 응하지 아니하는 증인은 구인할 수 있다($\frac{제152}{조}$).[2]

2) 선서의 의무

(가) **선서의 의의**　　출석한 증인은 신문 전에 선서를 하여야 한다. 선서란 증인 또는 감정인이 법원에 대하여 진실을 말할 것을 맹세하는 것을 말한다. 선서한 후에 거짓말을 하면 위증죄로 처벌받게 된다. 선서는 위증의 벌에 의한 심리적

17

18

1　법원은 감치의 재판을 받은 증인이 감치의 집행 중에 증언을 한 때에는 즉시 감치결정을 취소하고 증인을 석방하도록 명해야 한다(제151조 7항).

2　대법원 2020. 12. 10, 2020 도 2623, 「형사소송법이 증인의 법정 출석을 강제할 수 있는 권한을 법원에 부여한 취지는, 다른 증거나 증인의 진술에 비추어 굳이 추가 증인신문을 할 필요가 없다는 등 특별한 사정이 없는 한 사건의 실체를 규명하는 데 가장 직접적이고 핵심적인 증인으로 하여금 공개된 법정에 출석하여 선서 후 증언하도록 하고, 법원은 출석한 증인의 진술을 토대로 형성된 유죄·무죄의 심증에 따라 사건의 실체를 규명하도록 하기 위함이다. 따라서 다른 증거나 증인의 진술에 비추어 굳이 추가 증거조사를 할 필요가 없다는 등 특별한 사정이 없고, 소재탐지나 구인장 발부가 불가능한 것이 아님에도 불구하고, 불출석한 핵심 증인에 대하여 소재탐지나 구인장 발부 없이 증인채택 결정을 취소하는 것은 법원의 재량을 벗어나는 것으로서 위법하다.」

강제에 의하여 증언의 진실성과 확실성을 담보하기 위한 것이다. 따라서 선서능력 있는 증인이 선서 없이 증언한 때에는 그 증언은 증거능력이 없다.[1]

19   (나) **선서의 방법**   선서는 신문 전에 하여야 하며($^{제156}_{조}$), 선서는 선서서(宣誓書)에 따라 하여야 한다($^{제157조}_{1항}$). 선서서에는 「양심에 따라 숨김과 보탬이 없이 사실 그대로 말하고 만일 거짓말이 있으면 위증의 벌을 받기로 맹서합니다」라고 기재하여야 한다($^{동조}_{제2항}$). 재판장은 증인에게 선서서를 낭독하고 기명날인하거나 서명하게 하여야 한다. 다만, 증인이 선서서를 낭독하지 못하거나 서명하지 못하는 때에는 참여한 법원사무관 등이 대행한다($^{동조}_{제3항}$). 선서는 일어서서 엄숙하게 하여야 한다($^{동조}_{제4항}$). 선서는 각 증인마다 하여야 하며, 소위 대표선서는 허용되지 않는다. 다만, 동일심급에서 같은 증인에 대한 선서는 1회의 선서로 충분하다. 그러나 새로운 증거결정에 의하여 다시 동일증인을 신문할 때에는 별개의 증인신문이기 때문에 다시 선서하여야 한다. 재판장은 선서할 증인에 대하여 선서 전에 위증의 벌을 경고하여야 한다($^{제158}_{조}$).

20   (다) **선서무능력자**   선서무능력자에게는 선서의 의무가 없다. 즉 16세 미만의 자와 선서의 취지를 이해하지 못하는 자에 대하여는 선서를 하게 하지 아니하고 신문하여야 한다($^{제159}_{조}$). 선서의 취지를 이해하지 못하는 자란 정신능력의 결함으로 선서의 뜻을 알지 못하는 자를 말한다. 선서무능력자에게 선서를 시키고 증언한 때에는 선서의 효력이 없다. 이 경우에 증언 자체가 효력이 없는 것은 아니다.[2]

21   (라) **선서의무위반에 대한 제재**   증인이 정당한 이유 없이 선서를 거부한 때에는 결정으로 50만 원 이하의 과태료에 처할 수 있다. 이 결정에 대하여는 즉시항고를 할 수 있다($^{제161조}_{1항·2항}$).

22   3) **증언의 의무**   증인은 신문받은 사항에 대하여 증언할 의무가 있다. 법원 또는 법관의 신문뿐만 아니라 검사와 변호인·피고인의 신문에 대하여도 증언하여야 하고, 주신문뿐만 아니라 반대신문에 대하여도 같다. 증인이 주신문에 대하여만 증언하고 반대신문에 대하여는 증언을 거부한 때에는 반대신문의 기회가 없

---

1 대법원 1979. 3. 27, 78 도 1031.
2 대법원 1957. 3. 8, 4290 형상 23; 대법원 1984. 9. 25, 84 도 619; 대법원 1987. 8. 18, 87 도 1268.

기 때문에 증거능력이 없다고 해야 한다.[1] 증인이 증인적격이 있는 자라 할지라
도 증언능력(증인능력)이 없는 때에는 그 증언을 증거로 할 수 없다. 증언능력이
란 자기의 경험을 진술·표현할 수 있는 정신적 능력을 의미한다. 형사미성년자
라고 하여 반드시 증언능력이 없는 것은 아니다.[2]

증인이 정당한 이유 없이 증언을 거부한 경우에는 50만 원 이하의 과태료에   23
처할 수 있다($\frac{제161}{조}$). 정당한 이유란 법률상 증언을 거부할 수 있는 경우[3]를 말한
다. 증인에게 증인거부권($\frac{제147}{조}$)이나 증언거부권이 있는 경우가 여기에 해당한다.

(2) 증인의 소송법상 권리

형사소송법은 증인에게 증언거부권과 비용청구권을 인정하고 있다.

1) 증언거부권

(가) 증언거부권의 의의   증언거부권은 증언의무의 존재를 전제로 하여 증언의   24
무의 이행을 거절할 수 있는 권리를 말한다. 따라서 증언거부권은 증인거부권과
구별해야 한다. 증인거부권이 인정되는 때에는 증인신문 자체를 거부할 수 있으
나, 증언거부권에 의하여 증인이 출석을 거부할 수는 없다. 형사소송법은 공무원
또는 공무원이었던 자가 직무상 알게 된 공무상 비밀에 대하여 증인거부권을 인
정하고 있다($\frac{제147}{조}$).

---

1 이재상(제 9 판), § 34/22. 김재환 512면; 신동운 948면; 이은모/김정환 527면; 임동규 650면;
   정승환 § 42/33도 같은 취지. 판례의 태도는 일관되지 않는다. 대법원 2001. 9. 14, 2001 도
   1550은 「반대신문권의 보장은 형식적·절차적인 것이 아니라 실질적·효과적인 것이어야 하
   므로, 증인이 반대신문에 대하여 답변을 하지 아니함으로써 진술내용의 모순이나 불합리를
   드러내는 것이 사실상 불가능하였다면, 그 사유가 피고인이나 변호인에게 책임있는 것이 아
   닌 한 그 진술증거는 법관의 올바른 심증형성의 기초가 될 만한 진정한 증거가치를 가진다
   고 보기 어렵다 할 것이고, 따라서 이러한 증거를 채용하여 공소사실을 인정함에 있어서는
   신중을 기하여야 한다」고 판시하였다. 그러나 대법원 2022. 3. 17, 2016 도 17054는 「피고인
   에게 불리한 증거인 증인이 주신문의 경우와 달리 반대신문에 대하여는 답변을 하지 아니하
   는 등 진술 내용의 모순이나 불합리를 그 증인신문 과정에서 드러내어 이를 탄핵하는 것이
   사실상 곤란하였고, 그것이 피고인 또는 변호인에게 책임 있는 사유에 기인한 것이 아닌 경
   우라면, 관계 법령의 규정 혹은 증인의 특성 기타 공판절차의 특수성에 비추어 이를 정당화
   할 수 있는 특별한 사정이 존재하지 아니하는 이상, 이와 같이 실질적 반대신문권의 기회가
   부여되지 아니한 채 이루어진 증인의 법정진술은 위법한 증거로서 증거능력을 인정하기 어
   렵다」고 판시하여 상반된 태도를 보인다. 생각건대, 증인이 실질적인 반대신문권에 대해 답
   변을 거부한다고 하여 위법하거나 증언 전부를 배척할 수 있는 법률적 근거가 존재하지 않
   으므로 증명력 판단에 있어서 증거가치를 배척하면 충분하다고 할 것이다(이에 대한 상세는
   이창온, "형사소송법상 반대신문권과 국제인권법의 적용가능성에 관한 연구", 형사소송의 이
   론과 실무 13 - 3, 한국형사소송법학회, 2021, 92-96면 및 104-110면 참조).
2 대법원 1966. 12. 27, 66 도 1535; 대법원 1982. 5. 11, 82 도 322.
3 이은모/김정환 527면; 정승환 § 42/35.

(나) 증언거부권의 내용

25   A. 자기 또는 근친자의 형사책임과 증언거부권   누구든지 자기는 물론 ① 친족이
거나 친족이었던 사람, ② 법정대리인·후견감독인의 어느 하나에 해당하는 자가
형사소추(刑事訴追) 또는 공소제기를 당하거나 유죄판결을 받을 사실이 드러날 염려
가 있는 증언을 거부할 수 있다(제148조). 이는 영미법상의 자기부죄(self-incrimination)
의 강요금지와 신분관계에 기한 정의를 고려하여 이러한 경우에는 진실한 증언을
기대할 수 없다는 고려에 기인한 것이다. 이러한 의미에서 이 경우의 증언거부권은
헌법 제12조 2항의 불이익한 진술의 강요금지에 당연히 포함된다고 할 수 있다.

26   형사소추 또는 공소제기를 당할 염려 있는 증언이란 공소제기 전에 타인의
사건에 증인으로 증언하게 되면 자기나 근친자에 대하여 공소를 제기할 자료를
제공하는 경우를 말한다.

> 공소제기가 증인이 피의자로 되어 있는 경우를 말함에 대하여 형사소추는 피의자로
> 되어 있지 않는 경우를 의미한다는 견해[1]도 있다. 그러나 형사소추는 공소제기를
> 포함하는 개념이므로 양자를 피의자인가에 따라 구별할 성질은 아니라고 생각된다.
> 형사소추는 공소제기와 약식명령의 청구, 즉결심판의 청구를 포함하는 개념에 불과
> 하기 때문이다.[2]

27   유죄의 판결을 받을 사실이 드러날 염려가 있는 증언이라 함은 기소는 되었
어도 판결의 선고가 없는 사이에 타인의 사건에서 증언함으로 인하여 자기 또는
근친자에게 유죄의 자료를 제공하게 되는 경우를 의미한다. 피고인의 증인적격이
부인되는 이상 자기사건에 대한 증인이란 생각할 수 없다.[3]

28   거부할 수 있는 증언은 형사책임의 존부와 경중에 관하여 불이익을 초래할
수 있는 모든 사실에 미친다. 따라서 구성요건적 사실뿐만 아니라 누범가중의 사
유가 될 사실, 상습성 인정의 기초가 될 사실 등 형의 가중사유인 사실에 대하여
도 증언을 거부할 수 있다.[4] 반드시 형사소추나 유죄판결의 가능성을 발생시킬
것을 요하는 것이 아니라 그 가능성을 높이는 경우이면 충분하다. 다만 이러한
가능성에는 합리성과 객관성이 인정되어야 하며, 단순히 위증죄로 소추될 위험성

---

1 강구진 538면; 정영석/이형국 400면.
2 이은모/김정환 528면; 임동규 651면.
3 강구진 358면; 이영란 548면; 정영석/이형국 400면.
4 백형구 강의, 724면; 신동운 950면; 이영란 548면; 차용석/최용성 656면.

이 있다는 염려만으로는 증언을 거부할 수 없다.[1] 이미 유죄[2]나 무죄 또는 면소
의 판결이 확정된 사실에 대하여도 증언을 거부할 수 없다.

B. 업무상 비밀과 증언거부권   변호사 · 변리사 · 공증인 · 공인회계사 · 세무   29
사 · 대서업자 · 의사 · 한의사 · 치과의사 · 약사 · 약종상 · 조산사 · 간호사 · 종교의
직에 있는 자 또는 이러한 직에 있던 자가 그 업무상 위탁을 받은 관계로 알게
된 사실로서 타인의 비밀에 관한 것은 증언을 거부할 수 있다. 단, 본인의 승낙
이 있거나 중대한 공익상 필요 있는 때에는 예외로 한다($\substack{\text{제149}\\\text{조}}$). 일정한 업무에 종
사하는 자의 비밀을 보호함에 의하여 업무뿐만 아니라 상대방인 위탁자를 보호하
는 데 그 취지가 있다. 본조의 증언거부권자에는 위 업무자의 보조자도 포함된다
는 견해[3]도 있으나 제한적 열거라고 해석된다.[4] 형사사법의 목적을 희생하면서
도 업무의 보호를 받는 경우에 해당하기 때문이다.

⒟ 증언거부권의 고지   증인이 증언거부권자($\substack{\text{제148조,}\\\text{제149조}}$)에 해당하는 경우에는 재   30
판장은 신문 전에 증언을 거부할 수 있음을 설명하여야 한다($\substack{\text{제160}\\\text{조}}$).

증언거부권자에게 증언거부권을 고지하지 않고 신문한 경우의 증언의 증거
능력에 대하여 대법원은 증언의 효력에는 영향이 없다는 태도를 취하고 있다.[5]
그러나 증언거부권의 고지는 증언거부권에 대한 절차적 보장을 의미하므로 적정
절차의 원리에 비추어 증거능력을 부정해야 한다고 해석하는 것이 타당하다.[6]

⒠ 증언거부권의 행사와 포기   증언거부권은 증인의 권리이지 의무는 아니다.   31
따라서 증언거부권자도 증언거부권을 포기하고 증언을 할 수 있다. 증인이 주신
문에 대하여 증언을 한 후에는 반대신문에 대하여 증언을 거부할 수 없다.

증언을 거부하는 자는 거부사유를 소명하여야 한다($\substack{\text{제150}\\\text{조}}$). 증언거부권 없는
증인이 부당하게 증언을 거부하는 것을 방지하기 위한 것이다.

2) 비용청구권   소환받은 증인은 법률의 규정한 바에 의하여 여비 · 일당과   32
숙박료를 청구할 수 있다. 단, 정당한 사유 없이 선서 또는 증언을 거부한 자는

---

1 서일교 202면.
2 이미 유죄의 확정판결을 받은 경우에는 일사부재리의 원칙에 의하여 다시 처벌받지 아니하
   므로 공범사건에서 증언을 거부할 수 없다(대법원 2011. 11. 24, 2011 도 11994).
3 이은모/김정환 529면; 정승환 § 42/42.
4 김재환 514면; 이창현 772면; 임동규 652면.
5 대법원 1957. 3. 8, 4290 형상 23.
6 백형구 강의, 725면; 송광섭 521면.

예외로 한다($\overset{제168}{조}$). 소환받은 증인에게만 비용청구권이 인정되므로 재정증인(在廷證人)에게는 비용청구권이 없다. 그러나 구인된 증인이나 재감중인 증인이 출석한 때에도 비용청구권이 인정된다. 증언을 거부한 자에는 증언의 일부를 거부한 자도 포함한다. 여비 등의 액수에 관하여는 형사소송비용 등에 관한 법률에 규정되어 있다.

4. 증인신문의 방법

(1) 당사자의 참여권

33   검사 · 피고인 또는 변호인은 증인신문에 참여할 권리를 가진다. 따라서 증인신문의 시일과 장소는 검사 · 피고인 또는 변호인에게 미리 통지하여야 한다. 다만, 참여하지 않는다는 의사를 명시한 때에는 예외로 한다($\overset{제163}{조}$). 증인신문에 관하여 당사자주의를 강화한 것이며, 특히 피고인의 참여권은 방어권행사에 중요한 의미를 가진다. 공소가 제기된 후에는 그 사건에 관한 형사절차의 모든 권한이 사건을 주재하는 수소법원에 속하게 되며, 수사의 대상이던 피의자는 검사와 대등한 당사자인 피고인의 지위에서 방어권을 행사하게 되므로, 검사가 증인신문 준비 등 필요에 따라 증인을 사전 면담할 수 있다고 하더라도 법원이나 피고인의 관여 없이 일방적으로 사전 면담하는 과정에서 증인에 대한 회유나 압박 등이 없었다는 사정은 검사가 증인의 법정진술이나 면담 과정을 기록한 자료 등으로 사전 면담 시점, 이유와 방법, 구체적 내용 등을 밝힘으로써 증명하여야 한다.[1] 변호인의 참여권은 고유권으로서의 성질을 가진다. 증인신문의 시일과 장소를 당사자에게 통지하지 아니한 때에는 증인신문이 위법하므로 그 증언은 증거능력이 없다.[2] 피고인이 참여하게 하여 달라고 신청한 때에는 변호인이 참여한 때에도 피고인의 참여 없이 실시한 증인신문은 위법하다.[3]

34   검사 · 피고인 · 변호인이 증인신문에 참여하지 아니할 경우에는 법원에 대하여 필요한 사항의 신문을 청구할 수 있고, 법원은 피고인에게 예기하지 아니한 불이익한 증언이 진술된 때에 그 내용을 피고인 또는 변호인에게 알려 주어야 한다($\overset{제164}{조}$). 그러나 피고인의 참여 없이 증인신문이 행하여진 경우뿐만 아니라 당사

---

1 대법원 2021. 6. 10, 2020 도 15891.

2 대법원 1955. 7. 15, 4288 형상 128; 대법원 1967. 7. 4, 67 도 613.

3 대법원 1969. 7. 25, 68 도 1481.

자에게 통지하지 아니한 때에도 공판정에서의 증거조사를 거쳐 당사자가 이의를
하지 아니한 때에는 책문권의 포기로서 하자가 치유된다고 해야 한다.[1]

　　재판장은 증인이 피고인의 면전에서 충분한 진술을 할 수 없다고 인정한 때
에는 피고인을 퇴정하게 하고 증인신문을 할 수 있다($\frac{제297}{조}$). 그러나 이 경우에도
피고인의 반대신문권을 배제하는 것은 허용되지 않는다.[2]

(2) 증인에 대한 신문방법

　　1) 개별신문과 대질　　증인신문은 개별신문을 원칙으로 한다. 즉 증인신문은　　35
각 증인에 대하여 신문하여야 하며, 신문하지 아니한 증인이 재정한 때에는 퇴정
을 명하여야 한다. 그러나 필요한 때에는 다른 증인 또는 피고인과 대질하게 할
수 있다($\frac{제162}{조}$). 다른 증인을 퇴정시키느냐 않느냐는 법원의 자유재량에 속한다.
따라서 다른 증인의 면전에서 증인을 신문하게 하였다고 하여 증인신문이 위법인
것은 아니다.[3]

　　2) 증인의 신문방법　　증인에 대한 신문은 원칙적으로 구두로 해야 한다. 증　　36
인에 대한 반대신문을 가능하게 하기 위해서이다. 그러나 증인이 들을 수 없는
때에는 서면으로 묻고, 말할 수 없는 때에는 서면으로 답하게 할 수 있다($\frac{규칙}{제73조}$).
재판장은 증인신문을 행함에 있어서 증명할 사항에 관하여 가능한 한 증인으로
하여금 개별적이고 구체적인 내용을 진술하게 하여야 한다($\frac{규칙 제}{74조 1항}$). 2개 이상의
사항을 하나의 질문으로 묻는 복합질문이나 포괄적이고 막연한 질문은 허용되지
않는다. 즉 증인신문은 일문일답식이어야 한다.

　　증인이 증언을 함에 있어서도 공정한 처우를 받을 권리가 보장되어야 한　　37
다.[4] 따라서 증인에 대한 위협적이고 모욕적인 신문은 절대로 금지된다. 이 이외
에도 ① 중복되는 신문, ② 의견을 묻거나 의논에 해당하는 신문, ③ 증인이 직
접 경험하지 아니한 사항에 해당하는 신문도 원칙적으로 금지된다($\frac{동조}{제2항}$).

(3) 교호신문제도

　　1) 교호신문제도의 의의　　증인신문도 인정신문과 사실에 대한 신문으로 나　　38
눌 수 있다. 인정신문은 재판장이 행한다. 그러나 사실에 대한 신문은 증인을 신

1　대법원 1962. 5. 20, 4294 형상 127; 대법원 1972. 2. 27, 71 도 2497; 대법원 1974. 1. 15,
　　73 도 2967; 대법원 2010. 1. 14, 2009 도 9344.

2　대법원 2012. 2. 23, 2011 도 15608.

3　대법원 1961. 3. 15, 4292 형상 725.

4　Gössel S. 205; Peters S. 359; Roxin S. 223.

청한 검사·변호인 또는 피고인이 먼저 신문하고 다음에 다른 당사자가 신문한다. 법원은 당사자의 신문이 끝난 뒤에 신문할 수 있다(제161조의2 제1항·제2항). 이와 같이 증인신문을 주신문-반대신문-재주신문-재반대신문의 순서로 행하는 제도를 교(상)호신문제도라고 한다. 당사자 쌍방이 서로 자기의 주장의 정당성을 주장하고 상대방이 직접 그 주장의 결함과 맹점을 지적·폭로하여 실체진실을 발견하여 나가는 것을 이념으로 하는 증인신문방식이다. 이러한 의미에서 교호신문제도는 증인신문에 관하여 당사자에게 주도적 지위를 인정하는 당사자주의적 증인신문방식이라 할 수 있다. 형사소송법은 증인신문에 관하여 교호신문제도를 원칙으로 하고 있다.[1]

2) **교호신문의 방식**   교호신문제도에 있어서의 증인신문은 주신문-반대신문-재주신문-재반대신문의 순서로 행하여진다.

㈎ 주 신 문

39   A. **주신문의 의의**   주신문이란 증인을 신청한 당사자가 하는 신문을 말한다. 직접신문이라고도 한다. 주신문의 목적은 증인신문을 신청한 당사자가 유리한 증언을 얻으려는 데 있다.

40   B. **주신문의 범위**   주신문은 증명할 사항과 이와 관련된 사항에 관하여 한다(규칙 제75조 1항). 증명할 사항이란 증인신문을 신청한 입증취지를 의미하며, 이와 관련된 사항은 증언의 증명력을 보강하거나 다투기 위한 사항을 말한다. 진술조서나 진술서 등이 있는 경우 주신문은 이를 기초로 행하여지는 것이 일반적이다.

41   C. **유도신문의 금지**   주신문에서는 유도신문이 금지된다.[2] 주신문에서는 신문자와 증인 사이에 우호관계가 있는 것이 보통이므로 증인이 신문자의 암시에 영합하는 진술을 할 위험이 있고, 또 영합하는 진술을 하였는가의 판단이 곤란하기 때문이다. 여기서 유도신문이란 증인에 대하여 자기가 바라는 답을 암시하는 질문을 말한다.

유도신문금지의 원칙에 대하여는 예외가 인정된다. 형사소송법이 철저한 당사자주의를 채택하지 않고 직권주의원리를 그대로 두고 있을 뿐 아니라, 증인신

---

1 독일 형사소송법 제69조는 증인에게 먼저 알고 있는 사실을 진술하도록 하고, 일본 형사소송법 제304조는 재판장이 먼저 증인을 신문하도록 하고 있다.

2 유도신문에 의한 증언은 위법한 증거이지만 재판장이 증인신문 결과를 공판조서에 의하여 고지하였는데 피고인과 변호인이 변경할 점과 이의할 점이 없다고 진술하였다면 책문권의 포기로 인하여 하자가 치유되었다고 할 것이다(대법원 2012. 7. 26, 2012 도 2937).

문도 법원의 증거결정에 따라 법원의 소환에 의하여 행하는 것이므로 증인과 신
문자의 통모의 위험성이 영미에 있어서보다는 작기 때문이다. 따라서 ① 준비사
항에 대한 신문, ② 다툼 없는 명백한 사항에 대한 신문, ③ 증인이 주신문자에게
적의 또는 반감을 보일 경우, ④ 증인이 종전진술과 상반되는 진술을 하는 경우,
⑤ 기타 증인이 기억하고 있는 것을 적절히 표현하지 못하는 경우와 같이 유도신
문을 필요로 하는 특별한 사유가 있는 경우에는 주신문에 있어서도 유도신문이
허용된다(동조 제2항).

㈏ 반대신문

A. 반대신문의 의의   반대신문이란 주신문 후에 반대당사자가 하는 신문을   42
말한다. 반대신문의 목적은 주신문의 모순된 점을 지적하고 반대당사자에게 유리
한 누락된 사항을 이끌어낼 뿐만 아니라, 증인의 신용성을 탄핵하여 증언의 증명
력을 감쇄하려는 데 있다(상세한 내용은 전문법칙 부분 참조). 형사피고인은 형사소
송절차를 형성 · 유지하는 절차의 당사자로서, 검사에 대하여 '무기대등의 원칙'이
보장되는 공정한 재판절차를 향유할 헌법적 권리를 누린다. 헌법재판소는 피고인
의 반대신문권을 헌법상 독자적인 기본권으로 인정하지는 않으나, 이는 헌법 제
27조의 공정한 재판을 받을 권리를 형사소송절차에서 구현하고자 한 것이라고
본다.[1] 대법원도「형사소송법은 제161조의 2에서 피고인의 반대신문권을 포함한
교호신문제도를 규정하는 한편, 제310조의 2에서 법관의 면전에서 진술되지 아니
하고 피고인에 의한 반대신문의 기회가 부여되지 아니한 진술에 대하여는 원칙적
으로 그 증거능력을 부여하지 아니함으로써, 형사재판에서 증거는 법관의 면전에
서 진술 · 심리되어야 한다는 직접주의와 피고인에게 불리한 증거에 대하여 반대
신문할 수 있는 권리를 원칙적으로 보장하고 있는데, 이러한 반대신문권의 보장
은 피고인에게 불리한 주된 증거의 증명력을 탄핵할 수 있는 기회가 보장되어야
한다는 점에서 형식적 · 절차적인 것이 아니라 실질적 · 효과적인 것이어야 한
다」[2]고 한다. 따라서 실질적 반대신문권의 기회가 부여되지 아니한 채 이루어진

---

1 헌재결 2021. 12. 23, 2018 헌바 524.

2 대법원 2022. 3. 17, 2016 도 17054. 피고인에게 불리한 증거인 증인이 주신문의 경우와 달
리 반대신문에 대하여는 답변을 하지 아니하는 등 진술 내용의 모순이나 불합리를 그 증인
신문 과정에서 드러내어 이를 탄핵하는 것이 사실상 곤란하였고, 그것이 피고인 또는 변호인
에게 책임 있는 사유에 기인한 것이 아닌 경우라면, 관계 법령의 규정 혹은 증인의 특성 기
타 공판절차의 특수성에 비추어 이를 정당화할 수 있는 특별한 사정이 존재하지 아니하는
이상, 이와 같이 실질적 반대신문권의 기회가 부여되지 아니한 채 이루어진 증인의 법정진술

증인의 법정진술에 대하여는 피고인의 책문권 포기로 그 하자가 치유될 수 있으나, 책문권 포기의 의사는 명시적인 것이어야 한다.[1]

43   B. 반대신문의 범위   반대신문은 주신문에서 나타난 사항과 이와 관련된 사항 및 증언의 증명력을 다투기 위한 사항에 대하여 할 수 있다(규칙 제76조 1항, 제77조). 따라서 반대신문에 의하여 새로운 사항을 신문하는 것은 재판장의 허가가 있는 경우가 아니면 허용되지 않는다(제76조 4항). 재판장의 허가가 있는 때에는 주신문이 된다(동조 제5항).

44   C. 반대신문과 유도신문   반대신문에 있어서는 원칙적으로 유도신문이 허용된다(동조 제2항). 반대신문에서는 증인과 신문자 사이에 우호관계가 있다고 보기 어렵고, 주신문에서의 왜곡된 증언을 바로잡고 부분적·편면적인 것을 보충하여 전체적인 진상을 밝히는 역할을 하는 것이 반대신문이기 때문이다.

45   ㈐ 재주신문·재반대신문   반대신문 후에 반대신문에서 나타난 사항과 이와 관련된 사항에 관하여 주신문자가 행하는 신문을 재주신문이라고 한다. 재주신문은 주신문의 예에 의하여 행하며, 주신문에서 빠뜨린 사항에 대한 신문은 재판장의 허가가 있을 것을 요한다(규칙 제78조). 재주신문 후에 반대당사자는 재반대신문을 할 수 있다. 다만, 이 경우에는 재판장의 허가가 있어야 한다(규칙 제79조). 재판장의 허가가 있는 때에는 재재주신문과 재재반대신문도 허용된다.

46   3) 교호신문제도의 수정   형사소송법은 증인신문에 관하여 교호신문제도를 원칙으로 하여 법원은 당사자의 신문이 끝난 후에 보충신문을 하도록 하고 있으나, 너무 당사자에게만 의존할 때에는 당사자끼리 통모·거래할 위험이 있고 당사자의 투쟁에 의하여 진실을 발견하는 데 전제가 되는 무기평등의 원칙이 실현되지 아니한 점을 고려하여 증인신문에 대하여도 직권주의에 의하여 이를 수정하고 있다. 즉 재판장은 필요하다고 인정하면 어느 때나 증인을 신문할 수 있고 신문의 순서를 변경할 수 있다(제161조의 2 제3항). 법원이 직권으로 신문할 증인이나 범죄로 인한 피해자의 신청에 의하여 신문할 증인의 신문방식은 재판장이 정하는 바에

은 위법한 증거로서 증거능력을 인정하기 어렵다.

1 대법원 2022. 3. 17, 2016 도 17054. 증인에 대한 주신문이 이루어진 후 반대신문이 절반 정도만 이루어진 상태에서 증인신문절차가 속행되었는데, 증인이 피고인에 대한 두려움과 합의 등의 사정을 들어 공판에 출석하지 않은 사안에서, 원심과 대법원은 피고인 및 변호인이 주신문과 일부 반대신문이 이루어진 후 공판기일에서 '이의가 없다'는 취지로 진술하기는 하였으나 실질적 반대신문권을 보장하지 아니한 하자는 속행기일에 증인이 출석하지 않은 때부터 발생한 것이므로 피고인 또는 변호인이 책문권 포기의 의사를 명시한 것으로 볼 수도 없다는 취지로 판단하였다.

의한다($\frac{동조}{제4항}$). 따라서 직권에 의하여 증인을 신문할 때에는 당사자의 신문을 반
대신문의 예에 의하도록 하고 있다($\frac{규칙}{제81조}$). 간이공판절차에서의 반대신문에서는
법원이 상당하다고 인정하는 방법으로 신문하면 족하다($\frac{제297조}{의2}$).

4) 증인신문사항의 제출   재판장은 피해자·증인의 인적사항의 공개 또는   47
누설을 방지하거나 그 밖에 피해자·증인의 안전을 위하여 필요하다고 인정할 때
에는 증인의 신문을 청구한 자에 대하여 사전에 신문사항을 기재한 서면의 제출
을 명할 수 있고($\frac{규칙}{제66조}$), 신문사항을 기재한 서면의 제출의 명을 받은 자가 신속
히 그 서면을 제출하지 아니한 경우에는 증거결정을 취소할 수 있다($\frac{규칙}{제67조}$). 증인
신문사항의 제출은 직권에 의하여 증인신문을 행하는 법제에서는 법관에게 증인
신문에 있어서 필요한 사항을 신문하여 줄 것을 청구하는 의미를 가지고 있음에
반하여, 교호신문제도를 원칙으로 하는 형사소송법에서는 재판장의 소송지휘와
법원사무관 등의 공판조서작성의 편의를 돕는 데 지나지 않는다. 복잡한 사건의
증인신문에 있어서 실무상 활용되는 제도라고 할 수 있으나, 필요한 증인에 대한
증거취소결정은 법원의 실체진실발견의 의무에 반한다고 해야 한다.

⑷ 공판정 외의 증인신문

피고인에게 충분한 증인신문의 기회를 보장하기 위하여 증인신문은 원칙적   48
으로 공판기일에 공판정에서 행하여야 한다. 그러나 부득이한 경우에는 범죄의
현장이나 기타의 장소에서 증인을 신문할 수 있게 할 필요가 있다. 다만, 이 경
우에도 피고인의 증인신문권이 침해되지 않도록 신중한 고려가 있어야 함은 물론
이다.

법원은 증인의 연령·직업·건강상태 기타의 사정을 고려하여 검사·피고인
또는 변호인의 의견을 묻고 증인을 법정 외에 소환하거나 현재지에서 신문할 수
있다($\frac{제165}{조}$). 법원은 필요한 때에는 결정으로 지정한 장소에 증인의 동행을 명할
수 있다. 증인이 정당한 사유 없이 동행을 거부하는 때에는 구인할 수 있다($\frac{제166}{조}$).
법원은 합의부원에게 법정 외의 증인신문을 명할 수 있고, 증인현재지의 지방법
원 판사에게 그 신문을 촉탁할 수 있다($\frac{제167조}{1항}$). 수탁판사는 증인이 관할구역 내에
현재하지 아니한 때에는 그 현재지의 지방법원판사에게 전촉할 수 있다($\frac{동조}{제2항}$).
수명법관 또는 수탁판사는 증인의 신문에 관하여 법원 또는 재판장에 속한 처분
을 할 수 있다($\frac{동조}{제3항}$).

⑸ 비디오 등 중계장치 등에 의한 증인신문

49   법원은 ① 아동복지법 제71조 1항 1호·제 1 호의 2·제 2 호·제 3 호에 해당하는 죄의 피해자($\frac{1}{호}$), ② 아동·청소년의 성보호에 관한 법률 제 7 조, 제 8 조, 제 11조부터 제15조까지 및 제17조 1항의 규정에 해당하는 죄의 대상이 되는 아동·청소년 또는 피해자($\frac{2}{호}$), ③ 범죄의 성질·증인의 나이·심신의 상태·피고인과의 관계 그 밖의 사정으로 인하여 피고인 등과 대면하여 진술할 경우 심리적인 부담으로 정신적 평온을 현저하게 잃을 우려가 있다고 인정되는 사람($\frac{3}{호}$)의 어느 하나에 해당하는 사람을 신문하는 경우 상당하다고 인정할 때에는 검사와 피고인 또는 변호인의 의견을 들어 비디오 등 중계장치에 의한 중계시설을 통하여 신문하거나 가림 시설 등을 설치하고 신문할 수 있다($\frac{제165조}{의2}$). 아동 등 일정한 범위의 범죄피해자가 피고인이나 방청인 앞에서 증언하는 경우에 입게 될 심리적 압박과 정신적 고통을 완화하여 증인 및 피해자를 보호하기 위한 제도이다.[1]

　　제165조의 2 제 3 호는 비디오 등 중계장치 등에 의한 증인신문의 대상을 '피고인 등'이라고 규정하고 있으므로, 법원은 위 규정에서 정한 요건이 충족될 경우 피고인뿐만 아니라 검사, 변호인, 방청인 등에 대하여도 차폐시설 등을 설치하는 방식으로 증인신문을 할 수 있다($\frac{규칙 제84조의9는 피고인과 증인}{사이의 차폐시설 설치만을 규정}$). 다만 반대신문권이 제한될 수 있으므로 변호인에 대한 차폐시설의 설치는, 특정범죄신고자 등 보호법 제 7 조에 따라 범죄신고자 등이나 그 친족 등이 보복을 당할 우려가 있다고 인정되어 조서 등에 인적사항을 기재하지 아니한 범죄신고자 등을 증인으로 신문하는 경우와 같이, 이미 인적사항에 관하여 비밀조치가 취해진 증인이 변호인을 대면하여 진술함으로써 자신의 신분이 노출되는 것에 대하여 심한 심리적 부담을 느끼는 등의 특별한 사정이 있는 경우에 예외적으로 허용될 수 있을 뿐이다.[2]

50   **1) 증인신문의 요건**   비디오 등에 의한 증인신문의 요건으로는 증인이 피고인 등과 대면하여 증언할 경우에 심리적 부담으로 정신의 평온을 현저하게 잃을 우려가 있고, 상당하다고 인정될 것을 요한다. 심리적 부담으로 정신의 평온을 현저하게 잃을 우려란 수치심·곤혹·공포심이 현저하여 상당한 정도의 심리적·정신적 부담을 지게 될 염려를 의미하며, 제165조의 2 제 1 호와 제 2 호의 아동복

1　비교법적으로 일본 형사소송법은 1999년 개정을 통하여 제153조의 3에 증인신문 시의 증인의 차단, 동조의 4에서 비디오 방식에 의한 증인신문을 도입하였고, 독일 형사소송법 제247조의 a도 비디오방식에 의한 증인신문(Videovernehmung)에 관한 규정을 1998년에 신설하였다.

2　대법원 2015. 5. 28, 2014 도 18006.

지법위반죄와 아동 · 청소년의성보호에관한법률위반죄의 피해자인 증인은 그 우려가 현저한 경우를 예시한 것이라 할 수 있다. 상당한 이유는 위의 우려가 인정되면 당연히 긍정될 것이지만, 증인의 의사와 증인에게 어떤 방식이 적절한 것인가를 고려해야 할 판단이며, 따라서 법원은 검사와 피고인 또는 변호인의 의견을 들어 신문방법을 결정해야 한다. 법원은 증인으로 신문하는 결정을 할 때 증인의 연령, 증언할 당시의 정신적 · 심리적 상태, 범행의 수단과 결과 및 범행 후의 피고인이나 사건관계인의 태도 등을 고려하여 비디오 등 중계장치에 의한 중계시설 또는 차폐시설을 통한 신문 여부를 함께 결정하여야 하지만($\binom{규칙 제84조}{의4 제1항}$), 증인신문 전 또는 증인신문 중에도 이를 결정할 수 있다($\binom{동조}{제2항}$).

   2) 증인신문의 방법   비디오 등 중계장치 등에 의한 증인신문에는 비디오 등 중계장치에 의한 중계시설을 통한 증인신문과 가림 시설을 통한 증인신문이 있다. 전자는 법정 외의 별실에 증인을 있게 하고 소송관계인 등이 비디오 모니터에 비치는 증인의 모습을 보면서 증인을 신문하는 방법이다. 즉 이 경우에 법원은 증인을 법정 외의 장소로서 비디오 등 중계장치가 설치된 증언실에 출석하게 하고, 영상과 음향의 송수신에 의하여 법정의 재판장, 검사, 피고인과 증언실의 증인이 상대방을 인식할 수 있는 방법으로 증인신문을 한다.

> 다만, 중계장치를 통하여 증인이 피고인을 대면하거나 피고인이 증인을 대면하는 것이 증인의 보호를 위하여 상당하지 않다고 인정되는 경우 재판장은 검사, 변호인의 의견을 들어 증인 또는 피고인이 상대방을 영상으로 인식할 수 있는 장치의 작동을 중지시킬 수 있다($\binom{규칙 제84조}{의9 제2항}$). 법원이 신뢰관계에 있는 자를 동석하게 할 때에는 그를 증언실에 동석하게 하며, 법원 직원이나 중계시설을 관리하는 사람으로 하여금 증언실에서 중계장치의 조작과 증인신문 절차를 보조하게 할 수 있다($\binom{규칙 제84}{조의7}$).

   가림 시설을 통한 증인신문이란 법정 안에서 증인과 피고인 또는 방청인 사이에 panel screen 등의 차단장치를 설치하고 증인을 신문하는 방법이다. 따라서 법원은 차폐시설을 설치함에 있어 피고인과 증인이 서로의 모습을 볼 수 없도록 필요한 조치를 취해야 한다($\binom{규칙 제84조}{의9 제1항}$).
   법원은 비디오 등 중계장치에 의한 중계시설 또는 차폐시설을 통하여 증인을 신문하는 경우, 증인을 보호하기 위하여 필요하다고 인정하는 경우에는 결정으로 심리를 공개하지 아니할 수 있고($\binom{규칙 제84조}{의6 제1항}$), 증인과 그 가족도 증인신문의 비공개를 신청할 수 있다($\frac{동조}{제2항}$).

비디오 등 중계장치 등에 의한 증인신문을 하는 경우 증인은 증언을 보조할 수 있는 인형, 그림 그 밖에 적절한 도구를 사용할 수 있으며, 증인은 증언을 하는 동안 담요, 장난감, 인형 등 증인이 선택하는 물품을 소지할 수 있다($\frac{규칙 \ 제84}{조의 8}$).

5. 피해자의 진술권

(1) 피해자의 진술권의 의의

52   헌법 제27조 5항은 형사피해자의 진술권을 재판청구권의 내용으로 보장하고 있다. 이에 따라 형사소송법은 범죄로 인한 피해자를 신문하는 경우에 당해 사건에 관한 의견을 진술할 기회를 주도록 규정하고 있다. 즉 법원은 범죄로 인한 피해자 또는 그 법정대리인($\frac{피해자가\ 사망한\ 경우에는\ 배우자\cdot직계친족\cdot}{형제자매를\ 포함한다.\ '피해자\ 등'이라\ 한다}$)의 신청이 있는 때에는 ① 피해자 등이 이미 당해 사건에 관하여 공판절차에서 충분히 진술하여 다시 진술할 필요가 없다고 인정되는 경우, ② 피해자 등의 진술로 인하여 공판절차가 현저하게 지연될 우려가 있는 경우를 제외하고 그 피해자 등을 증인으로 신문하여야 한다($\frac{제294조의}{2 \ 제1항}$). 법원이 피해자 등을 증인으로 신문하는 경우에는 피해의 정도 및 결과, 피고인의 처벌에 관한 의견 그 밖에 당해 사건에 관한 의견을 진술할 기회를 주어야 한다($\frac{동조}{제2항}$). 여기서 피해자는 고소권자인 범죄로 인한 피해자($\frac{제223}{조}$)와 마찬가지로 해석해야 할 것이다. 따라서 직접적 피해자에 제한되지만 보호법익의 주체뿐 아니라 행위의 객체가 된 자도 포함되고, 범죄는 개인적 법익은 물론 국가적·사회적 법익에 대한 죄라도 무방하다.[1] 공판기록열람·등사권($\frac{제294조}{의 2}$)을 포함하여 다른 피해자보호규정에서도 특별한 사정이 없는 한 피해자의 범위는 같다고 할 것이다.

그런데 헌법의 정신을 살리기 위해서는 피해자가 선서와 위증의 부담을 느끼는 증인으로서가 아니라 피해자의 자격으로 의견을 진술하는 방향으로 입법 개선이 필요하다. 이에 따라 대법원은 2015. 6. 29. 형사소송규칙을 개정하여 필요하다고 인정되는 경우 직권 또는 신청에 따라 범죄사실의 인정에 해당하지 아니하는 사항에 관하여 피해자 등을 증인신문에 의하지 아니하고 의견을 진술하게

---

1 예컨대 직권남용권리행사방해죄(형법 제123조. 보호법익은 국가기능의 공정한 행사)의 객체가 된 사람도 피해자로서 진술할 권리가 인정된다.

하거나($\substack{규칙 \ 제134조 \\ 의10 \ 제1항}$), 의견진술에 갈음한 서면을 제출하게 할 수 있도록($\substack{규칙 \ 제134조 \\ 의11 \ 제1항}$)
하였다.

(2) 형사절차에서의 범죄피해자의 지위 강화

범죄피해자의 보호와 그 지위의 강화는 형사정책과 형사소송법학에 있어서   53
새로운 쟁점으로 등장하고 있다. 피고인이 소송의 주체로서 형사절차에서 주동적
역할을 담당하고 있음에 반하여 피해자는 지금까지 단순한 소송의 객체로서 심리
의 대상이 되었을 뿐이었다. 그러나 형사절차에 있어서 피해자의 인격권과 정당
한 권리도 당연히 보장되어야 한다는 점이 인식됨에 따라 피해자의 권리보호에
의한 지위강화와 소송주체로서의 피해자의 재발견은 형사정책의 중요한 목표가
되지 않을 수 없었다.[1] 헌법과 형사소송법이 피해자의 진술권을 보장하고 있는
이유도 이러한 의미에서 이해할 수 있다.

피해자의 지위강화를 위한 방법으로는 피해변상 내지 원상회복(Wiedergutma-   54
chung)에 의하여 피해자의 재산상의 손해를 전보하는 이외에도 피해자의 처분권,
통제권 및 참여권과 방어권을 보장하는 것을 생각할 수 있다. 따라서 피해자의
보호를 위하여는 피해자에게 진술권을 보장하는 이외에도 피해자에게 형사절차
에의 출석권과 기록열람권 및 변호인의 도움을 받을 권리 등을 보장할 필요가 있
다.[2] 형사소송법은 피해자의 정보권을 보호하기 위하여 피해자에 대하여 검사의
처분결과 등을 통지하도록 하고($\substack{제259조 \\ 의2}$), 피해자에게 공판기록열람 · 등사권을 인정
하고 있을 뿐만 아니라($\substack{제294조 \\ 의4}$), 피해자의 방어권을 보장하기 위하여 공판절차와
수사절차에 신뢰관계에 있는 자를 동석할 수 있게 하고 있다($\substack{제163조의2, \\ 제221조 \ 3항}$).

1) 피해자의 정보권

범죄피해자는 형사사건의 진행 및 그 결과에 대하여   55
피고인 못지 않은 관심과 이해관계를 가지고 있다. 따라서 검사는 피해자 또는
그 법정대리인 등의 신청이 있는 때에는 당해 사건의 공소제기 여부, 공판의 일
시 · 장소, 재판결과, 피의자 · 피고인의 구속 · 석방 등 구금에 관한 사실 등을 통
지하여야 한다($\substack{제259조 \\ 의2}$). 뿐만 아니라 피해자에게는 공판기록 열람 · 등사권이 인정
된다. 즉 소송계속 중인 사건의 피해자, 피해자 본인의 법정대리인 또는 이들로

---

1 Dahs, "Zum Persönlichkeitsschutz des Verletzten als Zeuge im Strafprozess," NJW 1984,
   1926; Jung, "Zur Rechtsstellung der Verletzten im Strafverfahren," JR 84, 311; Schöch,
   "Die Rechtsstellung des Verletzten im Strafverfahren," NStZ 1984, 385.

2 Schöch NStZ 1984, 388; Schünemann, "Zur Stellung des Opfers im System der Strafrechts-
   pflege," NStZ 1986, 196; Weigend, "Das Opferschutzgesetz," NJW 1987, 1172.

부터 위임을 받은 피해자 본인의 배우자·직계친족·형제자매·변호사는 소송기록의 열람·등사를 재판장에게 신청할 수 있다($\frac{제294조의}{4 \, 제1항}$). 재판장은 위의 신청이 있는 때에는 지체 없이 검사·피고인 또는 변호인에게 그 취지를 통지하여야 하며($\frac{동조}{제2항}$), ① 피해자 등의 권리구제를 위하여 필요하다고 인정하거나 그 밖의 정당한 사유가 있는 경우, ② 범죄의 성질·심리의 상황 그 밖의 사정을 고려하여 상당하다고 인정하는 때에는 열람·등사를 허가할 수 있다($\frac{동조}{제3항}$). 재판장은 등사를 허가하는 경우에 등사한 소송기록의 사용목적을 제한하거나 적당하다고 인정하는 조건을 붙일 수 있으며($\frac{동조}{제4항}$), 위의 재판에 대하여는 불복할 수 없다($\frac{동조}{제6항}$).

56

    2) 신뢰관계에 있는 자의 동석, 피해자변호사 및 진술조력인의 조력   피해자의 진술 시에는 신뢰관계에 있는 자를 동석하게 할 수 있다. 즉, 법원은 범죄로 인한 피해자를 증인으로 신문하는 경우 증인의 연령·심신의 상태 그 밖의 사정을 고려하여 증인이 현저하게 불안 또는 긴장을 느낄 우려가 있다고 인정하는 때에는 직권 또는 피해자·법정대리인·검사의 신청에 따라 피해자와 신뢰관계에 있는 자를 동석하게 할 수 있다($\frac{제163조의}{2 \, 제1항}$).[1] 특히 범죄로 인한 피해자가 13세 미만이거나 신체적 또는 정신적 장애로 사물을 변별하거나 의사를 결정할 능력이 미약한 경우에는 재판에 지장을 초래할 우려가 있는 등 부득이한 경우가 아닌 한 피해자와 신뢰관계에 있는 자를 동석하게 하여야 한다($\frac{동조}{제2항}$). 여기서 신뢰관계에 있는 자란 피해자의 배우자, 직계친족, 형제자매, 가족, 동거인, 고용주, 변호사 그 밖에 피해자의 심리적 안정과 원활한 의사소통에 도움을 줄 수 있는 자를 말한다($\frac{규칙 \, 제84조}{의3 \, 제1항}$). 신뢰관계에 있는 자의 동석신청에는 동석하고자 하는 자와 피해자 사이의 관계, 동석이 필요한 사유 등을 명시하여야 한다($\frac{동조}{제2항}$). 이 경우에 동석한 자는 법원·소송관계인의 신문 또는 증인의 진술을 방해하거나 그 진술의 내용에 부당한 영향을 미칠 수 있는 행위를 하여서는 아니 된다($\frac{제163조의}{2 \, 제3항}$). 재판장은 동석한 자가 부당하게 재판의 진행을 방해하는 때에는 동석을 중지시킬 수 있다($\frac{규칙 \, 제84조}{의3 \, 제3항}$). 검사 또는 사법경찰관이 범죄로 인한 피해자를 조사하는 경우에도 같다($\frac{제221조}{3항}$).

---

1 성폭력범죄의 피해자(성폭력범죄의 처벌 등에 관한 특례법 제34조 1항), 아동·청소년대상 성범죄 피해자(아동·청소년의 성보호에 관한 법률 제28조 1항), 아동학대범죄의 피해아동(아동학대범죄의 처벌 등에 관한 특례법 제17조 1항), 인신매매등범죄피해자(인신매매등방지 및 피해자보호 등에 관한 법률 제17조 1항)에 대해서는 개별 특별법에서 신뢰관계 있는 사람의 동석에 관하여 별도로 규정하고 있다.

　　성폭력범죄의 피해자(성폭력범죄의 처벌 등에 관한 특례법 제27조 1항), 아동 · 청소년대상 성범죄 피해자(아동 · 청소년의 성보호에 관한 법률 제30조 1항), 아동학대범죄의 피해아동(아동학대범죄의 처벌 등에 관한 특례법 제17조 1항), 장애인학대사건의 피해장애인(장애인복지법 제59조의 15 제 1 항), 인신매매등범죄피해자(인신매매등방지 및 피해자보호 등에 관한 법률 제16조 1항), 스토킹범죄의 피해자(스토킹범죄의 처벌 등에 관한 법률 제17조의 4 제1항) 및 각 법정대리인(이하, 피해자 등이라 한다)은 형사절차상 입을 수 있는 피해를 방어하고 법률적 조력을 보장하기 위하여 변호사를 선임할 수 있다. 선임된 변호사는 검사 또는 사법경찰관의 피해자등에 대한 조사에 참여하여 의견을 진술할 수 있으며(성폭력범죄의 처벌 등에 관한 특례법 제27조 2항 본문), 피의자에 대한 구속전피의자심문, 증거보전절차, 공판준비기일 및 공판절차에 출석하여 의견을 진술할 수 있고(동조 제3항), 증거보전 후 관계 서류나 증거물, 소송계속 중의 관계 서류나 증거물을 열람하거나 등사할 수 있으며(동조 제4항), 대리가 허용될 수 있는 민 · 형사의 모든 소송행위에 대한 포괄적인 대리권을 가진다(동조 제5항). 피해자에게 변호사가 없는 경우 검사는 국선변호사를 선정하여 형사절차에서 피해자의 권익을 보호할 수 있다(동조 제6항). 한편, 13세 미만의 아동이거나 신체적인 또는 정신적인 장애로 의사소통이나 의사표현에 어려움이 있는 성폭력범죄의 피해자(성폭력범죄의 처벌 등에 관한 특례법 제36조 1항), 아동 · 청소년대상 성범죄 피해자(아동 · 청소년의 성보호에 관한 법률 제25조 3항), 아동학대범죄의 피해아동(아동학대범죄의 처벌 등에 관한 특례법 제17조 1항), 범죄사건의 피해자인 장애인(장애인복지법 제59조의 16), 인신매매등범죄피해자(인신매매등방지 및 피해자보호 등에 관한 법률 제18조)에 대해서는 진술조력인제도가 마련되어 있다. 즉 검사 또는 사법경찰관은 직권이나 피해자, 그 법정대리인 또는 변호사의 신청에 따라 진술조력인으로 하여금 조사과정에 참여하여 의사소통을 중개하거나 보조하게 할 수 있다. 다만, 피해자 또는 그 법정대리인이 이를 원하지 아니하는 의사를 표시한 경우에는 그러하지 아니하다(성폭력범죄의 처벌 등에 관한 특례법 제36조 1항). 법원은 직권 또는 검사, 피해자, 그 법정대리인 및 변호사의 신청에 의한 결정으로 진술조력인으로 하여금 증인신문에 참여하여 중개하거나 보조하게 할 수 있다(동법 제37조 1항). 진술조력인은 피해자진술과 조사과정에서 조사기관과의 원활한 의사소통을 보조하기 위한 중개자의 역할을 하기 때문에 중립성이 요구된다는 점(동법 제38조 1항)에서 피해자변호사와는 차이가 있다.

　　(3) 피해자의 진술방법

　　1) 절　차　　　　피해자의 진술은 증인신문의 절차에 의하여 행하여지는 경우와 57 그렇지 않은 경우로 나누어진다. 증인신문의 절차에 의할 경우에 피해자 등의 신청이 있는 때에는 법원은 결정에 의하여 증인으로 신문하여야 한다(제295조). 피해자

에 대한 증인의 신문방식은 재판장이 정하는 바에 의하며($^{제161조의}_{2 \, 제4항}$), 신청인이 소환을 받고도 정당한 이유 없이 출석하지 아니한 때에는 그 신청을 철회한 것으로 본다($^{제294조의}_{2 \, 제4항}$). 또한 법원은 필요하다고 인정하는 경우에는 증인신문에 의하지 아니하고 직권으로 또는 피해자 등의 신청에 따라 피해자 등을 공판기일에 출석하게 하여 형사소송법 제294조의 2 제 2 항에 정한 사항으로서 범죄사실의 인정에 해당하지 아니한 사항에 관하여 의견을 진술하게 하거나($^{규칙 \, 제134조}_{의10 \, 제1항}$), 의견진술에 갈음하여 의견을 기재한 서면을 제출하게 할 수 있다($^{규칙 \, 제134조}_{의11 \, 제1항}$). 이 경우 진술이나 서면은 범죄사실의 인정을 위한 증거로 할 수 없다($^{규칙 \, 제134}_{조의12}$).

58   **2) 피해자 진술의 비공개**   피해자의 사생활의 비밀이나 신변보호를 위하여 형사소송법은 피해자의 진술을 공개하지 않을 수 있게 하고 있다. 즉, 법원은 범죄로 인한 피해자를 증인으로 신문하는 경우 당해 피해자·법정대리인 또는 검사의 신청으로 피해자의 사생활의 비밀이나 신변보호를 위하여 필요하다고 인정하는 때에는 결정으로 심리를 공개하지 않을 수 있다($^{제294조의}_{3 \, 제1항}$). 이 결정은 이유를 붙여 고지하여야 하며($^{동조}_{제2항}$), 이 경우에도 법원은 적당하다고 인정되는 자의 재정을 허가할 수 있다($^{동조}_{제3항}$).

    (4) 피해자의 진술의 제한

59   피해자는 검사나 피고인의 신청에 의한 증인이 아니므로 피해자의 진술은 이를 무제한하게 허용할 때에는 신속한 재판의 이념에 반함은 물론 피해자의 개인적 감정에 의하여 재판이 좌우될 위험이 있다. 따라서 법원은 ① 피해자 등이 이미 당해 사건에 관하여 공판절차에서 충분히 진술하여 다시 진술할 필요가 없다고 인정되는 경우, ② 피해자 등의 진술로 인하여 공판절차가 현저하게 지연될 우려가 있는 경우에는 피해자를 증인으로 신문할 것을 요하지 않는다($^{제294조의2}_{제1항 \, 단서}$). 증인신문에 의하지 아니한 의견진술의 경우에도 위와 같은 사유 외에 범죄사실의 인정에 관한 것이거나, 그 밖의 사유로 피해자 등의 의견진술로서 상당하지 아니하다고 인정되는 경우에는 이를 제한할 수 있다($^{규칙 \, 제134조}_{의10 \, 제6항}$). 그러나 피해자가 수사절차에서 진술하였다는 이유로 진술을 제한할 수는 없다. 동일한 범죄사실에 대하여 신청인이 여러 명인 경우에는 증인으로 신문할 자의 수를 제한할 수 있다($^{제294조의}_{2 \, 제3항}$).

Ⅱ. 법원의 압수 · 수색

공소가 제기되면 검사와 피고인은 대등한 당사자의 지위에 서게 되고 형사 60
절차의 주도권은 법원에 넘어가게 되므로 검사는 더 이상 당해 사건에 대한 강제
수사를 할 수 없게 된다. 그런데 공판절차에서도 새로운 증거의 수집이 필요할
수 있으므로 형사소송법은 법원에게 직권증거조사 권한을 부여하고, 필요한 경우
대물적 강제처분을 할 수 있도록 하고 있다. 따라서 법원은 공소제기 후에 대물
적 강제처분으로서 압수 · 수색을 할 수 있다(제106조, 107조, 109조). 법원은 좁은 의미의 압수
(제106조 1항)를 할 수 있지만, 압수할 물건을 지정하여 그 소유자, 소지자 또는 보관자
에게 제출을 명하는 제출명령(제106조 2항)의 방식으로도 물건을 압수할 수 있다. 수사
단계에서와 마찬가지로 영장 없이 임의제출물을 압수할 수 있다(제108조).

압수 · 수색의 요건, 압수목적물, 제한, 집행절차, 피고인의 참여권 등은 수사 61
절차에서의 압수 · 수색절차와 동일하므로,[1] 여기서는 차이가 있는 점만 언급한
다. 우선 법원은 공판정 외에서 압수 · 수색을 함에는 영장을 발부하여 행하여야
하지만, 공판정에서 압수 · 수색을 할 때에는 영장을 발부할 필요가 없다(제113조).
압수 · 수색영장은 검사의 지휘에 의하여 사법경찰관리가 집행하는 것이 원칙이
지만, 재판장은 필요한 경우에 법원사무관 등에게 영장의 집행을 명할 수 있다
(제115조 1항). 법원은 공판절차를 진행함에 있어서 압수를 계속할 필요가 없다고 인정
되는 압수물은 피고사건 종결 전이라도 결정으로 환부하여야 한다(제133조 1항 전단). 법원
은 공판절차 진행 중에 압수한 장물이 피해자에게 환부할 이유가 명백한 때에는
피고사건 종결 전이라도 결정으로 압수한 장물을 피해자에게 환부할 수 있다(제134조).
법원이 환부결정을 함에 있어서는 검사, 피해자, 피고인 또는 변호인에게 미리
통지하여야 한다(제135조). 법원이 압수물을 몰수하여야 하는 경우에는 몰수 선고를
하게 되나, 압수된 서류 또는 물품에 대한 몰수의 선고가 없는 때에는 압수가 해
제된 것으로 간주되므로(제332조) 압수한 물건을 피압수자에게 환부하여야 한다. 한
편 압수할 장물로 피해자에게 환부할 이유가 명백한 것에 대해서는 법원이 판결
로 피해자에게 환부하는 선고를 하여야 한다(제333조 1항). 만약 그 장물이 처분된 경우
에는 판결로써 그 대가로 취득한 것을 피해자에게 교부하는 선고를 하여야 한다

---

1 형사소송법은 법원의 강제처분을 먼저 앞에서 규정한 후 수사기관의 강제수사에 이를 준용
   하는 방식을 취하고 있다.

($\substack{동조 \\ 2항}$). 압수물이 증거에 공할 물건인 경우에 법원은 소유자, 소지자, 보관자 또는 제출인의 청구에 의하여 가환부할 수 있는데($\substack{제133조 \\ 1항}$), 만약 그 목적물이 증거에만 공할 물건으로 압수된 물건으로서 그 소유자 또는 소지자가 계속 사용해야 할 물건은 사진촬영 기타 원형보존의 조치를 취하고 신속히 가환부하여야 한다($\substack{동조 \\ 2항}$). 가환부결정을 할 때에는 검사, 피해자, 피고인 또는 변호인에게 미리 통지하여야 한다($\substack{제135}$). 법원이 판결을 선고할 때 가환부한 장물에 대하여 따로 선고하지 아니한 때에는 환부의 선고가 있는 것으로 간주한다($\substack{제333조 \\ 3항}$). 재판장 또는 수명법관의 압수 또는 압수물환부에 관한 재판에 대해서는 그 법관 소속의 법원에 재판의 취소 또는 변경을 구하는 준항고를 제기할 수 있다($\substack{제416조 \\ 1항}$).

Ⅲ. 감정 · 통역 · 번역

1. 감정의 의의

62   감정이란 특수한 지식 · 경험을 가진 제 3 자가 그 지식 · 경험에 의하여 알수 있는 법칙 또는 그 법칙을 적용하여 얻은 판단을 법원에 보고하는 것을 말한다. 법원 또는 법관으로부터 감정의 명을 받은 자를 감정인이라고 한다. 수사기관으로부터 감정을 위촉받은 감정수탁자는 여기서 말하는 감정인이 아니다. 감정인도 일종의 증거방법일 뿐만 아니라 그 진술이 증거로 되는 점에서 증인과 유사하다. 감정인을 넓은 의미의 증인이라고 하는 이유도 여기에 있다. 감정인의 신문은 증거조사의 성질을 가진다. 따라서 증인신문에 관한 규정은 구인에 관한 규정을 제한 외에는 감정에 대하여 준용된다($\substack{제177 \\ 조}$). 다만, 감정증인은 증인에 해당하므로 증인신문의 규정이 적용된다($\substack{제179 \\ 조}$).

2. 감정의 절차

(1) 감정의 방법

63   법원은 학식 · 경험 있는 자에게 감정을 명할 수 있다($\substack{제169 \\ 조}$). 감정인에게는 감정 전에 선서하게 하여야 한다. 선서는 선서서에 의하여야 한다($\substack{제170 \\ 조}$). 감정인은 반드시 선서하여야 한다. 감정인에 대하여는 증인신문의 경우와 같은 예외가 인정되지 않는다. 선서의 취지를 이해할 수 없는 감정인이란 있을 수 없기 때문

이다. 선서하지 않고 한 감정은 증거능력이 없다. 감정인을 최초로 소환하여 선
서시킨 후 감정사항을 알리고 감정을 명하는 것을 감정인신문이라고 한다.

　　법원은 필요한 때에는 감정인으로 하여금 법원 외에서 감정하게 할 수 있다.
이 경우에는 감정을 요하는 물건을 감정인에게 교부할 수 있다($^{제172조}_{1항 \cdot 2항}$).

(2) 감정유치

　　피고인의 정신 또는 신체에 관한 감정이 필요한 때에는 법원은 기간을 정하　　64
여 병원 기타 적당한 장소에 피고인을 유치하게 할 수 있고, 감정이 완료되면 즉
시 유치를 해제하여야 한다($^{제172조}_{3항}$). 이를 감정유치라고 한다. 감정유치를 함에는
감정유치장을 발부하여야 한다($^{동조}_{제4항}$). 구속에 관한 규정은 특별한 규정이 없는
경우에는 유치에 관하여 준용한다. 단, 보석에 관한 규정은 그러하지 아니하다
($^{동조}_{제7항}$). 유치는 미결구금일수의 산입에 있어서는 이를 구속으로 간주한다($^{동조}_{제8항}$).
구속 중인 피고인에 대하여 감정유치장이 집행되었을 때에는 피고인이 유치되어
있는 기간 구속은 그 집행이 정지된 것으로 간주한다($^{제172조의}_{2 \, 제 1 항}$).

(3) 감정에 필요한 처분

　　감정인은 감정에 관하여 필요한 때에는 법원의 허가를 얻어 타인의 주거 · 간　　65
수자 있는 가옥 · 건조물 · 항공기 · 선차 내에 들어갈 수 있고, 신체의 검사, 사체
의 해부, 분묘의 발굴, 물건의 파괴를 할 수 있다. 이러한 처분의 허가에는 허가
장을 발부하여야 한다. 감정인은 위의 처분을 받는 자에게 허가장을 제시하여야
한다($^{제173조 \, 1항}_{내지 \, 3항}$). 법원은 수명법관으로 하여금 감정에 관하여 필요한 처분을 하게
할 수 있다($^{제175}_{조}$).

(4) 감정인의 참여권 · 신문권과 당사자의 참여권

　　감정인은 감정에 관하여 필요한 경우에는 재판장의 허가를 얻어 서류와 증　　66
거물을 열람 또는 등사하고 피고인 또는 증인의 신문에 참여할 수 있다. 감정인
은 피고인 또는 증인의 신문을 구하거나 재판장의 허가를 얻어 직접 발문할 수
있다($^{제174}_{조}$).

　　검사 · 피고인 또는 변호인은 감정에 참여할 수 있다($^{제176조}_{1항}$).

(5) 감정의 보고

　　감정의 경과와 결과는 감정인으로 하여금 서면으로 제출하게 하여야 한다.　　67
감정인이 수인인 때에는 각각 또는 공동으로 제출하게 할 수 있다. 감정의 결과

에는 그 판단의 이유를 명시하여야 하며, 필요한 때에는 감정인에게 설명하게 할 수 있다($\substack{제171 \\ 조}$). 감정인을 출석시켜 감정서에 관한 설명을 시키는 것($\substack{제171조 \\ 4항}$)도 감정인신문이라고 한다. 감정인은 법률이 정하는 바에 의하여 여비·일당·숙박료 외에 감정료와 체당금(替當金)의 변상을 청구할 수 있다($\substack{제178 \\ 조}$).

3. 통역과 번역

68   법정에서는 국어를 사용한다($\substack{법조법 \\ 제62조}$). 그러나 이는 외국어에 의한 진술이나 서류가 법정에 제출되는 것을 금지하는 의미는 아니다. 여기에 통역과 번역이 필요하며, 법원으로부터 통역과 번역의 명을 받은 자를 통역인 또는 번역인이라고 한다. 통역과 번역은 특별한 지식에 의하여 행한 보고이므로 감정에 유사한 성질을 가진다. 감정에 관한 규정은 통역과 번역에 준용한다($\substack{제183 \\ 조}$).

(1) 통　　역

69   국어에 통하지 아니한 자의 진술에는 통역인으로 하여금 통역하게 하여야 한다($\substack{제180 \\ 조}$). 국어에 통하지 아니한 자란 외국인을 의미하는 것은 아니다. 따라서 외국인이라 할지라도 국어에 통할 때에는 통역을 요하지 않는다. 듣거나 말하는 데 장애가 있는 사람의 진술에 대해서는 통역인으로 하여금 통역하게 할 수 있다 ($\substack{제181 \\ 조}$).

(2) 번　　역

70   국어 아닌 문자 또는 부호는 번역하게 하여야 한다($\substack{제182 \\ 조}$). 국어 아닌 문자 또는 부호란 우리나라에서 일반적으로 통용되고 있는 문자 또는 부호 아닌 것을 말한다. 따라서 방언이나 널리 통용되는 외래어는 번역의 대상이 되지 않는다.

Ⅳ. 검　　증

1. 검증의 의의

71   검증이란 법관이 오관의 작용에 의하여 사물의 존재와 상태를 직접 실험·인식하는 증거조사를 말한다. 특히 범죄현장 또는 법원 이외의 일정한 장소에서 행하는 검증을 임검 또는 현장검증이라고 한다.

　　　검증의 목적물에는 제한이 없다. 오관의 작용에 의하여 실험·인식할 수 있는 것이면 유체물이건 무체물이건, 동산이건 부동산이건, 생물이건 무생물이건 묻지 않는다. 사체는 물론 살아 있는 사람의 신체도 검증의 대상이 된다.

2. 검증의 절차

(1) 검증의 방법

법원은 사실을 발견함에 필요한 때에는 검증을 할 수 있다($^{제139}_{조}$). 검증의 장 **72** 소에도 제한이 없다. 법원의 검증에는 영장을 요하지 않는다. 수사기관의 강제처 분인 검증에 대하여 영장을 요하는 것과 구별된다($^{제215}_{조}$). 법원은 검증을 수명법관 에게 명하거나 수탁판사에게 촉탁할 수 있고($^{제145조,}_{제136조}$), 필요한 때에는 사법경찰관리 에게 보조를 명할 수 있다($^{제144}_{조}$). 군사상 비밀을 요하는 장소는 책임자의 승낙을 요하고($^{제145조,}_{제110조}$), 검사 · 피고인 · 변호인의 참여권($^{제145조,}_{제121조}$)과 책임자의 참여권($^{제145조,}_{제123조}$) 이 인정되는 것은 압수 · 수색의 경우와 같다.

(2) 검증과 필요한 처분

검증을 함에는 신체의 검사, 사체의 해부, 분묘의 발굴, 물건의 파괴 기타 **73** 필요한 처분을 할 수 있다($^{제140}_{조}$). 검증 중에는 그 장소에 출입을 금하고($^{제145조,}_{제119조}$), 검증을 중지한 때에는 집행이 종료될 때까지 그 장소를 폐쇄하거나 간수자를 둘 수 있다($^{제145조,}_{제127조}$).

법원은 피고인의 신체를 검사하기 위하여 소환할 수 있으며($^{제68}_{조}$), 경우에 따 라 구속할 수도 있다. 피고인 아닌 자도 법원 기타 지정한 장소에 소환할 수 있 다($^{제142}_{조}$). 다만, 신체의 검사에 관하여는 검사를 받는 사람의 성별, 나이, 건강상 태, 그 밖의 사정을 고려하여 그 사람의 건강과 명예를 해하지 않도록 주의하여 야 한다. 피고인 아닌 사람의 신체검사는 증거가 될 만한 흔적을 확인할 수 있는 현저한 사유가 있는 경우에만 할 수 있다. 여자의 신체를 검사하는 경우에는 의 사나 성년 여자를 참여하게 하여야 한다. 시체의 해부 또는 분묘의 발굴을 하는 때에는 예에 어긋나지 아니하도록 주의하고 미리 유족에게 통지하여야 한다($^{제141}_{조}$).

(3) 검증시각의 제한

검증에는 시각의 제한이 있다. 즉 일출 전 · 일몰 후에는 가주 · 간수자 또는 **74** 이에 준하는 자의 승낙이 없으면 검증을 하기 위하여 타인의 주거, 간수자 있는 가옥 · 건조물 · 항공기 · 선차 내에 들어가지 못한다. 단, 일출 후에는 검증의 목적을 달성할 수 없을 염려가 있는 경우에는 예외로 한다. 일몰 전에 검증에 착수한 때에는 일몰 후라도 검증을 계속할 수 있다($\frac{제143조}{1항 \cdot 2항}$). 그러나 야간의 압수 · 수색이 허용되는 장소에 관하여는 그러하지 아니하다($\frac{동조}{제3항}$).

3. 검증조서

75   검증에 관하여는 검증의 결과를 기재한 검증조서를 작성하여야 한다($\frac{제49조}{1항}$). 특히 검증조서에는 검증목적물의 현상을 명확하게 하기 위하여 도화나 사진을 첨부할 수 있다($\frac{동조}{제2항}$). 법원 또는 법관의 검증의 결과를 기재한 검증조서는 무조건 증거능력이 있다($\frac{제311}{조}$).

§40

제 6 절   국민참여재판

I. 국민참여재판과 배심원

1. 국민참여재판의 의의

1   국민의 형사재판 참여에 관한 법률에 의하여 2008. 1. 1.부터 국민참여재판이 시행되었다. 배심원이 참여하는 형사재판을 국민참여재판이라고 한다($\frac{동법 제}{2조 2호}$). 국민참여재판은 국민 중에서 선정된 배심원이 형사재판에 참여하여 사실인정과 형의 양정에 관한 의견을 제시하게 함으로써 사법의 민주적 정당성과 이에 대한 국민의 신뢰성을 높이기 위하여 도입되었다($\frac{동법}{제1조}$). 법률의 비전문가인 일반 국민이 형사재판에 참여함으로써 국민, 특히 피고인이나 피해자가 납득할 수 있는 재판이 실현되면 국민의 사법에 대한 이해가 증진되고, 나아가 재판의 정당성에 대한 신뢰가 높아질 것으로 기대된다.

    국민이 형사재판에 참여하는 제도에는 영미의 배심제도와 대륙의 참심제도가 있다. 배심제도는 사실인정이나 유 · 무죄의 판단을 국민 중에서 선정된 복수의 배심원으로 구성된 배심에 의하여 결정하는 것임에 반하여, 참심제도는 일반 국민이 판사와 함께 합의체를 구성하여 재판에 관여하는 제도를 말한다. 우리의 배심원제도는 배심의 구성과 평결절차에서 영미의 배심제도에 유사한 형태라고 할 수 있다. 일본의 재판원제도가 참심제도와 유사한 것과 구별된다.

2. 국민참여재판의 대상사건

배심원이 참여하는 국민참여재판의 대상사건은 중죄사건이다. 즉 법원조직 2
법 제32조 1항에 규정된 대부분의 합의부 관할사건이다(동법 제5조 1항). 위 합의부 관할
사건의 미수죄·교사죄·방조죄·예비죄·음모죄에 해당하는 사건 및 이들 사건
과 형사소송법 제11조에 따른 관련 사건으로서 병합하여 심리하는 사건도 그 대
상이다(동항 제2호·제3호).[1]

피고인이 국민참여재판을 원하지 아니하거나 법원의 배제결정이 있는 경우
는 국민참여재판을 하지 아니한다(동조 제2항). 국민참여재판은 피고인이 희망한 경우
에 한정되므로 법원은 대상사건의 피고인에 대하여 국민참여재판을 원하는지 여
부에 대한 의사를 확인하여야 하며, 피고인은 공소장 부본을 송달받은 날부터 7
일 이내에 국민참여재판을 원하는지 여부에 관한 의사가 기재된 서면을 제출하여
야 한다(동법 제8조).

법원은 대상사건에 대한 공소의 제기가 있는 때에는 공소장 부본과 함께 피고인 또
는 변호인에게 국민참여재판에 관한 안내서를 송달하여야 한다(국민의 형사재판참여에 관한 규칙 제3조 1항).
피고인이 국민참여재판을 원하는지 여부에 관한 의사가 기재된 서면을 제출할 때에
는 ① 피고인의 성명 기타 피고인을 특정할 수 있는 사항, ② 사건번호, ③ 피고인이
국민참여재판을 원하는지 여부를 기재하고 기명날인 또는 서명하여야 한다(동조 2항). 법
원은 지방법원이나 그 지원의 단독판사 관할사건의 피고인에 대하여도 국민참여재판
을 원하는지 여부에 관한 의사를 서면 등의 방법으로 확인할 수 있다(국민참여재판규칙 제3조의2 제1항).
피고인이 제출한 서면만으로 피고인의 의사를 확인할 수 없는 경우에는 법원은 심문
기일을 정하여 피고인을 심문하거나 또는 서면 기타 상당한 방법으로 피고인의 의사
를 확인하여야 한다(국민참여재판 규칙 제4조 1항). 피고인이 국민참여재판을 원하는지에 관한 의사
확인절차를 거치지 아니한 채 통상의 공판절차로 재판을 진행한 경우, 그 절차는 위
법하고 그 공판절차에서 이루어진 소송행위는 무효이며, 항소심에서 그 절차상 하자
가 치유되기 위해서는 피고인에게 국민참여재판절차 등에 관한 충분한 안내가 이루
어지고 그 희망 여부에 관하여 숙고할 수 있는 상당한 시간이 사전에 부여되어야 한

---

1 헌법재판소는 국민참여재판 대상사건을 한정한 것은 실제 법원에서 충실하게 심리 가능한
  범위 안에서 이를 정한 것으로 합리적인 이유가 있다며 합헌결정(헌재결 2021. 6. 24, 2020
  헌마1421)을 하였고, 군사법원법에 의한 군사재판을 대상사건의 범위에서 제외한 것은 평등
  원칙에 위배되지 않는다고 합헌결정(헌재결 2021. 6. 24, 2020헌바499)을 하였다.

다$\left(\begin{smallmatrix}\text{대법원 2012. 10. 11.}\\\text{2012 도 8544}\end{smallmatrix}\right)$.

법원은 공소제기 후부터 공판준비기일이 종결된 다음날까지 ① 배심원 또는 그 친족의 생명 · 신체 · 재산에 대한 침해의 우려가 있어서 배심원에게 출석의 어려움이 있거나 직무를 공정하게 수행하지 못할 염려가 있다고 인정되는 경우, ② 공범 관계에 있는 피고인들 중 일부가 국민참여재판을 원하지 아니하여 국민참여 재판의 진행에 어려움이 있다고 인정되는 경우, ③ 성폭력범죄의 처벌 등에 관한 특례법 제2조의 범죄로 인한 피해자 또는 법정대리인이 국민참여재판을 원하지 아니하는 경우,[1] ④ 그 밖에 국민참여재판으로 진행하는 것이 적절하지 아니하다고 인정되는 경우의 하나에 해당하는 때에는 국민참여재판을 하지 아니하기로 결정할 수 있다$\left(\begin{smallmatrix}\text{동법 제}\\\text{9조 1항}\end{smallmatrix}\right)$. 그리고 법원은 피고인의 질병 등으로 공판절차가 장기간 정지되거나 피고인에 대한 구속기간의 만료, 성폭력범죄 피해자의 보호, 그 밖에 심리의 제반 사정에 비추어 국민참여재판을 계속 진행하는 것이 부적절하다고 인정하는 경우에는 직권 또는 검사 · 피고인 · 변호인이나 위 성폭력범죄 피해자 또는 법정대리인의 신청에 따라 결정으로 사건을 지방법원 본원 합의부가 국민참여재판에 의하지 아니하고 심판하게 할 수 있다$\left(\begin{smallmatrix}\text{동법 제}\\\text{11조 1항}\end{smallmatrix}\right)$.

3. 배심원의 권한

3   배심원은 국민참여재판을 하는 사건에 관하여 사실의 인정, 법령의 적용 및 형의 양정에 관한 의견을 제시할 권한이 있다$\left(\begin{smallmatrix}\text{동법 제}\\\text{12조 1항}\end{smallmatrix}\right)$. 다만, 배심원의 평결과 의견은 법원을 기속하지 못한다$\left(\begin{smallmatrix}\text{동법 제}\\\text{46조 5항}\end{smallmatrix}\right)$. 이와 같이 배심원이 사실인정뿐만 아니라 법령적용과 양형에 대한 의견까지 제시할 수 있고, 그 평결과 의견이 법원을 기속하지 못하는 점에서는 영미의 전통적인 배심과 차이가 있다. 배심원은 법령을 준수하고 독립하여 성실히 직무를 수행해야 하며$\left(\begin{smallmatrix}\text{동법 제}\\\text{12조 2항}\end{smallmatrix}\right)$, 직무상 알게 된 비밀을 누설하거나 재판의 공정을 해하는 행위를 하여서는 아니될 의무가 있다$\left(\begin{smallmatrix}\text{동조}\\\text{제3항}\end{smallmatrix}\right)$.

---

1 대법원 2016. 3. 16. 결정, 2015 모 2898, 「국민참여재판 배제결정을 하기 위해서는 성폭력 범죄 피해자나 법정대리인이 국민참여재판을 원하지 아니하는 구체적인 이유가 무엇인지, 피고인과 피해자의 관계, 피해자의 나이나 정신상태, 국민참여재판을 할 경우 형사소송법과 성폭력범죄의 처벌 등에 관한 특례법 및 아동 · 청소년의 성보호에 관한 법률 등에서 피해자 보호를 위해 마련한 제도를 활용하더라도 피해자에 대한 추가적인 피해를 방지하기에 부족한지 등 여러 사정을 고려하여 신중하게 판단하여야 한다. 따라서 이러한 사정을 고려함이 없이 성폭력범죄 피해자나 법정대리인이 국민참여재판을 원하지 아니한다는 이유만으로 국민참여재판 배제결정을 하는 것은 바람직하다고 할 수 없다.」

법정형이 사형·무기징역 또는 무기금고에 해당하는 대상사건에 대한 국민
참여재판에는 9인의 배심원이 참여하고, 그 이외의 대상사건에 대하여는 7인의
배심원이 참여한다. 다만, 피고인 또는 변호인이 공판준비절차에서 공소사실의
주요내용을 인정한 때에는 5인의 배심원이 참여하게 할 수 있다(동법 제13조 1항). 법원은
배심원의 결원 등에 대비하여 5인 이내의 예비배심원을 둘 수 있다(동법 제14조 1항).

4. 배심원의 선임

(1) 배심원의 자격

배심원은 만 20세 이상의 대한민국 국민 중에서 무작위의 방법으로 선정된
다(동법제16조). 배심원이 되는 것이 상당하지 않은 자, 즉 법이 정한 일정한 결격사유
에 해당하는 자(동법제17조)와 대통령·국회의원·법관·검사·변호사 및 법무사 등 직
업에 의한 제외사유에 해당하는 자(동법제18조) 및 불공평한 재판을 할 우려가 있는 제
척사유에 해당하는 자(동법제19조)는 배심원으로 선정될 수 없다. 만 70세 이상인 사람,
법령에 의하여 체포 또는 구금되어 있는 사람, 중병·상해 또는 장애로 인하여
법원에 출석하기 곤란한 사람 등 기타 부득이한 사유로 배심원 직무를 수행하기
어려운 사람에 대하여는 배심원 직무의 수행을 면제할 수 있다(동법제20조).

(2) 배심원의 선정절차

지방법원장은 매년 행정안전부장관으로부터 송부받은 관할구역 내에 거주하
는 만 20세 이상 국민의 주민등록정보를 활용하여 배심원후보예정자명부를 작성
하고(동법제22조), 그 명부 중에서 필요한 수의 배심원후보자를 무작위 추출방식으로
정하여 배심원과 예비배심원의 선정기일을 통지해야 한다(동법 제23조 1항). 법원은 선정기
일의 2일 전까지 검사와 변호인에게 배심원후보자의 명부를 송부해야 한다(동법 제26조 1항).
법원은 검사, 피고인 또는 변호인에게 선정기일을 통지해야 하며(동법 제27조 1항), 검사와
변호인은 선정기일에 출석해야 하고, 피고인은 법원의 허가를 받아 출석할 수 있
다(동조제2항). 선정기일에서 법원은 배심원후보자에게 결격사유·제외사유·제척사유
및 불공평한 판단을 할 우려가 있는가를 판단하기 위하여 질문할 수 있고, 검
사·피고인 또는 변호인은 법원으로 하여금 필요한 질문을 하도록 요청할 수 있
다(동법 제28조 1항). 법원은 배심원후보자에게 결격사유 등이 있거나 불공평한 판단을 할
우려가 있다고 인정되는 때에는 직권 또는 검사·피고인·변호인의 기피신청에

의하여 불선정결정을 해야 한다($\frac{동조}{제3항}$). 검사와 변호인은 배심원이 9인인 경우는 5인, 7인인 경우는 4인, 5인인 경우는 3인의 범위 내에서 무이유부기피신청을 할 수 있고, 무이유부기피신청이 있는 때에는 당해 배심원후보자를 배심원으로 선정할 수 없다($\frac{동법}{제30조}$). 법원은 출석한 배심원후보자 중에서 당해 재판에서 필요한 배심원과 예비배심원의 수에 상응하는 배심원후보자를 무작위로 뽑고 이들을 대상으로 직권, 기피신청 또는 무이유부기피신청에 의한 불선정결정을 반복하여, 필요한 수의 배심원과 예비배심원 후보자가 확정되면 법원은 무작위의 방법으로 배심원과 예비배심원을 선정한다($\frac{동법}{제31조}$).

(3) 배심원의 해임과 사임

6   법원은 배심원 또는 예비배심원이 그 의무를 위반하거나 직무를 행하는 것이 적당하지 아니한 때 또는 불공평한 판단을 할 우려가 있는 등 일정한 사유가 있는 때에는 직권 또는 검사·피고인·변호인의 신청에 의하여 해임할 수 있고($\frac{동법}{제32조}$), 배심원과 예비배심원도 직무를 계속 수행하기 어려운 사정이 있는 때에는 사임할 수 있다($\frac{동법}{제33조}$).

5. 배심원의 보호 · 벌칙

(1) 배심원의 보호를 위한 조치

7   배심원이 그 직무를 효율적으로 수행할 수 있도록 하기 위하여 배심원에 대한 보호조치가 규정되어 있다. 즉 누구든지 배심원 등인 사실을 이유로 해고하거나 불이익한 처우를 하여서는 안 되며($\frac{동법}{제50조}$), 당해 재판에 영향을 미치거나 배심원 등이 직무상 취득한 비밀을 알아낼 목적으로 배심원 등과 접촉하여서는 안 되고($\frac{동법}{제51조}$), 배심원 등의 개인정보의 공개가 금지되며($\frac{동법}{제52조}$), 배심원 등이 위해를 받거나 받을 염려가 있다고 인정되는 때에는 신변보호조치를 취할 수 있다($\frac{동법}{제53조}$).

(2) 벌   칙

8   국민의 형사재판 참여에 관한 법률은 벌칙으로 배심원 등에 대한 청탁죄($\frac{동법}{제56조}$)와 배심원 등에 대한 위협죄($\frac{동법}{제57조}$)를 두는 한편, 배심원 등에 대하여도 비밀누설죄($\frac{동법}{제58조}$)와 금품수수죄($\frac{동법}{제59조}$)의 처벌규정을 두고 있다.

Ⅱ. 국민참여재판의 공판절차

배심원이 참여하는 국민참여재판에서는 공판준비절차와 공판절차, 평의·평 　9
결 및 판결선고에 있어서 통상의 공판절차와 다른 특칙이 인정되고 있다.

1. 공판준비절차

국민참여재판에 있어서는 제 1 회 공판기일 이전에 반드시 공판준비절차를 　10
거쳐야 한다. 즉 재판장은 피고인이 국민참여재판을 원하는 의사를 표시한 경우
에 사건을 공판준비절차에 부쳐야 한다(국민의 형사재판 참여에 관한 법률 제36조 1항). 이는 배심원이 재판에
참여하는 기간을 단축하고 쟁점에 집중한 심리를 통하여 배심원의 부담을 줄이
고, 배심원이 사건의 실체를 이해하고 평의를 통하여 형사재판에 실질적으로 관
여할 수 있게 하기 위한 것이다. 통상의 공판절차에서 공판전 준비절차가 재판장
이 필요하다고 인정하면 부칠 수 있는 임의적인 제도인 점과 구별된다. 다만, 공
판준비절차에 부치기 전에 법원의 국민참여재판 배제결정(동법 제9조)이 있는 때에는
그러하지 아니하다(동법 제36조 1항 단서). 또 공판준비절차에 부친 이후 피고인이 국민참여재
판을 원하지 아니하는 의사를 표시하거나 법원의 배제결정이 있는 때에는 공판준
비절차를 종결할 수 있다(동조 제2항). 국민참여재판의 공판준비절차에서 법원은 반드
시 공판준비기일을 정해야 한다(동법 제37조 1항).[1] 법원은 합의부원으로 하여금 공판준비
기일을 진행하게 할 수 있으며(동조 제2항), 공판준비기일은 원칙적으로 공개한다(동조 제3항).
다만, 공판준비기일에는 배심원이 참여하지 아니한다(동조 제4항).

2. 공판절차의 특칙

(1) 공판정의 구성

배심원과 예비배심원은 공판기일에 출석하여야 한다. 따라서 공판기일은 배 　11
심원과 예비배심원에게 통지하여야 한다(동법 제38조). 공판정은 판사·배심원·예비배
심원·검사·변호인이 출석하여 개정한다(동법 제39조 1항). 검사와 피고인 및 변호인은 대
등하게 마주보고 위치한다. 다만, 피고인신문을 하는 때에는 피고인은 증인석에

---

[1] 통상의 공판준비절차는 주장 및 입증계획 등을 서면으로 준비하게 하거나 공판준비기일을
열어서 진행하는데(제266조의 5 제 2 항), 이때 법원이 공판준비기일을 지정할 수 있는 것(제
266조의 7)과 구별된다.

위치한다. 배심원과 예비배심원은 재판장과 검사·피고인 및 변호인의 사이 왼쪽
에 위치한다. 증인석은 재판장과 검사·피고인 및 변호인의 사이 오른쪽에 배심
원과 예비배심원을 마주보고 위치한다(동조 제2항).

(2) 배심원의 권리와 의무

12   배심원에게는 절차상의 권리로 신문요청권과 필기권이 인정된다. 첫째, 배심
원과 예비배심원은 피고인 또는 증인에 대하여 필요한 사항을 신문하여 줄 것을
재판장에게 요청할 수 있다(동법 제41조 1항 1호). 신문요청을 통하여 배심원이 재판에 더 집
중할 수 있고 검사, 피고인 또는 변호인도 배심원이 중점을 두고 있는 부분을 확
인하여 효과적인 변론을 할 수 있다는 것을 이유로 한다. 신문요청은 피고인 또는
증인에 대한 신문이 종료된 직후 서면에 의하여 하여야 한다(국민의 형사재판 참여에 관한 규칙 제3조 1항).
그러나 배심원의 신문요청권은 불필요하거나 부적절한 질문으로 심리가 지연되
고 다른 배심원들의 편견을 야기할 우려가 있다. 따라서 재판장은 공판의 원활한
진행을 위하여 필요한 때에는 배심원 또는 예비배심원에 의하여 요청된 신문사항
을 수정하여 신문하거나 신문하지 아니할 수 있다(동조 제2항). 둘째, 배심원과 예비배
심원은 필요하다고 인정되는 경우 재판장의 허가를 받아 각자 필기를 하여 이를
평의에 사용할 수 있다(국민의 형사재판 참여에 관한 법률 제41조 1항 2호). 필기를 통하여 배심원의 심리에 대한
집중도와 기억력이 향상되고, 배심원의 의욕과 만족감이 향상된다는 점을 고려하
여 재판장의 허가를 얻을 것을 조건으로 필기를 허용한 것이다. 그러나 배심원이
필기를 하다가 중요한 진술을 놓치거나 증인의 태도에 덜 집중할 수 있고, 부정
확하거나 증거능력 없는 부분에 대한 필기는 평의를 잘못된 방향으로 이끌 수 있
다. 따라서 재판장은 공판 진행에 지장을 초래하는 등 필요하다고 인정되는 때에
는 허용한 필기를 언제든지 다시 금지할 수 있고, 필기를 하여 평의에 사용하도
록 허용한 경우에는 배심원과 예비배심원에게 평의 도중을 제외한 어떤 경우에도
자신의 필기내용을 다른 사람이 알 수 없도록 할 것을 주지시켜야 한다(국민의 형사재판 참여에 관한 규칙 제34조).

          배심원과 예비배심원은 국민참여재판이 원활하게 진행되도록 협력하고 평결
의 공정성과 공평성을 해하는 행동을 하지 않아야 할 의무를 진다. 따라서 배심
원과 예비배심원은 ① 심리도중에 법정을 떠나거나, 평의·평결 또는 토의가 완
결되기 전에 재판장의 허락 없이 그 장소를 떠나는 행위, ② 평의가 시작되기 전
에 당해 사건에 관한 자신의 견해를 밝히거나 의논하는 행위, ③ 재판절차 외에

서 당해 사건에 관한 정보를 수집하거나 조사하는 행위 및 ④ 평의 · 평결 또는
토의에 관한 비밀을 누설하는 행위를 하여서는 아니된다(국민의 형사재판 참여에
관한 법률 제41조 2항). 배심
원 또는 예비배심원은 법원의 증거능력에 관한 심의에 관여할 수 없다(동법
제44조). 재
판장은 배심원과 예비배심원에 대하여 배심원과 예비배심원의 권한 · 의무 · 재판
절차 그 밖에 직무수행을 원활히 하는 데 필요한 사항을 설명해야 한다(동법 제
42조 2항).

(3) 간이공판절차 규정의 배제

국민참여재판에는 간이공판절차에 관한 규정을 적용하지 아니한다(동법
제43조). 국   13
민참여재판은 간이공판절차에 의한 증거능력과 증거조사의 특칙을 적용하기에
부적합한 재판이기 때문이다.

(4) 공판절차의 갱신

공판절차가 개시된 후 새로 재판에 참여하는 배심원 또는 예비배심원이 있   14
는 때에는 공판절차를 갱신하여야 한다(동법 제
45조 1항). 사건의 심리가 장기간 계속되어
배심원에 결원이 생겨 새로운 배심원이 참여하는 경우를 대비한 규정이다. 공판
절차의 갱신절차는 새로 참여한 배심원 또는 예비배심원이 쟁점 및 조사한 증거
를 이해할 수 있도록 하되 그 부담이 과중하지 않도록 하여야 한다(동조
제2항).

3. 평의 · 평결 및 판결선고

국민참여재판에 있어서 배심원은 유 · 무죄에 관하여 평결할 뿐만 아니라, 양   15
형에 관하여 토의하고 그에 관한 의견을 개진한다. 그러나 배심원의 평결과 의견
은 법원을 기속하지 아니한다는 점에 특색이 있다(동법 제
46조 5항).

(1) 평의와 평결의 절차

재판장은 변론이 종결된 후 법정에서 배심원에게 공소사실의 요지와 적용법   16
조, 피고인과 변호인의 주장의 요지, 증거능력 그 밖에 유의할 사항에 관하여 설명
하여야 한다. 이 때 필요한 경우에는 증거의 요지에 관하여 설명할 수 있다(동조
제1항).
심리에 관여한 배심원은 재판장의 설명을 들은 후 유 · 무죄에 관하여 평의하고,
전원의 의견이 일치하면 그에 따라 평결한다(동조
제2항). 배심원은 유 · 무죄에 관하여
전원의 의견이 일치하지 아니하는 때에는 평결을 하기 전에 심리에 관여한 판사
의 의견을 들어야 한다. 이 경우에 유 · 무죄의 평결은 다수결의 방법으로 한다.
심리에 관여한 판사는 평의에 참석하여 의견을 진술한 경우에도 평결에는 참여할

수 없다($\substack{동조 \\ 제3항}$). 평결이 유죄인 경우 배심원은 심리에 관여한 판사와 함께 양형에 관하여 토의하고 그에 관한 의견을 개진한다($\substack{동조 \\ 제4항}$). 평결결과와 양형에 관한 의견을 집계한 서면은 소송기록에 편철한다($\substack{동조 \\ 제6항}$).

(2) 판결선고

17　　판결의 선고는 변론을 종결한 기일에 하여야 한다. 다만, 특별한 사정이 있는 때에는 변론종결 후 14일 이내에 따로 선고기일을 지정할 수 있다. 변론을 종결한 기일에 판결을 선고하는 경우에는 판결서를 선고 후에 작성할 수 있다($\substack{동법 제48조 \\ 1항 내지 3항}$). 재판장은 판결선고 시 피고인에게 배심원의 평결결과를 고지하여야 하며, 배심원의 평결결과와 다른 판결을 선고하는 때에는 피고인에게 그 이유를 설명하여야 한다($\substack{동조 \\ 제4항}$). 판결서에는 배심원이 재판에 참여하였다는 취지를 기재하여야 하고, 배심원의 의견을 기재할 수 있다. 배심원의 평결결과와 다른 판결을 선고하는 때에는 판결서에 그 이유를 기재하여야 한다($\substack{동법 \\ 제49조}$).

§41

제 7 절　공판절차의 특칙

Ⅰ. 간이공판절차

1. 간이공판절차의 의의와 특색

(1) 간이공판절차의 의의

1　　간이공판절차란 피고인이 공판정에서 자백하는 때에 형사소송법이 규정하는 증거조사절차를 간이화하고 증거능력의 제한을 완화하여 심리를 신속하게 하기 위하여 마련된 공판절차를 말한다. 형사소송법 제286조의 2는 「피고인이 공판정에서 공소사실에 대하여 자백한 때에는 법원은 그 공소사실에 한하여 간이공판절차에 의하여 심판할 것을 결정할 수 있다」고 하여 간이공판절차를 규정하고 있다.

2　　간이공판절차의 입법취지가 신속한 재판과 소송경제의 이념에 있음은 명백하다. 그런데 간이공판절차는 사건의 중점적 처리를 위하여 단순한 사건의 심리를 촉진할 필요가 있다는 고려에 근거하고 있다는 점에 특색이 있다. 즉 피고인이 자백한 사건은 간이한 절차에 의하여 신속히 처리하고, 다툼 있는 사건에 대

하여는 완전하고 충실한 심리를 하여 재판의 신속과 함께 사건의 능률적 처리를
기하고자 하는 점에 간이공판절차의 존재이유가 있다.

(2) 간이공판절차의 특색

형사소송법의 간이공판절차는 피고인이 자백한 사건에 대하여 증거능력의   3
제한을 완화하고 증거조사절차를 간이화하는 데 그 특색이 있다.

> 비교법적으로 볼 때 피고인이 자백한 사건에 대하여 공판절차를 간이하게 하기 위한
> 제도로는 영미의 기소사실인부절차(arraignment)와 독일의 신속절차(das beschleunigte
> Verfahren, Schnellverfahren)를 들 수 있다. 그러나 영미의 arraignment는 피고인이
> 유죄의 답변(plea of guilty)을 하면 배심에 의한 유죄평결과 같은 효력을 발생시키는
> 제도로서 ① 사건의 경중을 불문하고 모든 사건에 적용되며, ② 증거조사절차를 생
> 략하는 점에서 증거조사절차가 행하여지는 간이공판절차와 구별된다. 또한 독일의
> 신속절차는 구두에 의한 공소제기를 인정하고 공소제기 이후 즉시 공판을 개정하여
> 판결하게 하여 공소절차와 중간절차(Zwischenverfahren)의 신속을 내용으로 하는 절
> 차인 점에서 증거조사절차를 간이화하는 간이공판절차와 구별된다.

형사소송법의 간이공판절차는 영미의 arraignment나 독일의 신속절차를 도
입한 것이 아니며, 이에 의하여 당사자처분권주의를 인정하는 것도 아니다. 이러
한 의미에서 형사소송법이 규정하고 있는 간이공판절차는 일본 형사소송법의 간
이공판절차(제291조의 2, 3)와 유사한 제도라고 할 수 있다.

2. 간이공판절차개시의 요건

간이공판절차는 형사소송법 제286조의 2가 규정하고 있는 다음의 요건을 갖
춘 때에 개시한다.

(1) 제 1 심 관할사건

간이공판절차는 지방법원 또는 지방법원지원의 제 1 심 관할사건에 대하여만   4
인정된다. 따라서 상고심의 공판절차에서는 물론 항소심의 공판절차에서도 간이
공판절차는 인정될 여지가 없다. 제 1 심 관할사건인 때에는 단독사건은 물론 합
의부 관할사건에 대하여도 간이공판절차를 할 수 있다. 형사소송법은 종래 간이
공판절차를 지방법원 또는 지원 단독판사의 제 1 심 관할사건에 대하여만 인정하
고, 다만 특정강력범죄사건에 대하여만 합의사건에 대하여도 간이공판절차를 할

수 있게 하였으나(1995년 개정 전 형사소송법 제286조의 2 단서, 특정강력범죄 처벌에 관한 특례법 제12조), 1995. 12. 29. 개정 형사소송법은 이를 모든 제 1 심 관할사건으로 확대하였다. 피고인이 자백하는 합의부 관할사건의 신속한 재판을 도모하기 위한 것이다. 그러나 ① 신속한 재판을 위하여 적정절차의 이념이 희생되어서는 안 되고 중죄사건에 대하여는 통상의 절차에서 신중한 재판이 행하여져야 하며, ② 피고인이 자백하는 합의사건을 간이공판절차에 의하지 않으면 안 될 필요성도 인정되지 않는다는 점에 비추어 볼 때 형사소송법의 태도는 입법론상 타당하다고 할 수 없다.[1]

(2) 피고인의 공판정에서의 자백

피고인이 공판정에서 공소사실에 대하여 자백할 것을 요한다(제286조의 2).

5   **1) 자백의 주체**   자백은 피고인이 하여야 한다. 피고인이 법인인 경우에 법인의 대표자가 자백을 할 수 있다. 의사무능력자인 피고인의 법정대리인(제26조)이나 특별대리인(제28조)도 자백의 주체가 될 수 있다고 해석된다.[2] 자백의 주체는 피고인에 한하므로 변호인이 자백하거나, 피고인의 출석 없이 개정할 수 있는 사건에 대하여는 간이공판절차를 개시할 수 없다.

6   **2) 공소사실에 대한 자백**   간이공판절차는 공소사실에 대하여 자백한 때에 한하여 허용된다. 공소사실에 대한 자백이란 공소장에 기재된 사실을 전부 인정하고 위법성조각사유나 책임조각사유의 원인되는 사실의 부존재를 인정하는 것을 말한다. 따라서 위법성조각사유나 책임조각사유[3]를 주장하는 경우는 여기서 말하는 자백이 아니다. 다만, 위법성조각사유나 책임조각사유의 부존재는 사실상 추정되는 것이므로 명시적으로 유죄임을 자인하지 않더라도 위법성이나 책임의 조각사유를 주장하지 않으면 자백한 경우에 해당한다고 할 것이다.[4] 피고인이 범의를 부인하는 경우에도 간이공판절차에 의하여 심판할 수는 없다.[5]

7   공소사실을 인정하고 죄명이나 적용법조만을 다투는 경우는 물론, 정상관계 사유나 형면제의 원인되는 사실을 주장하는 경우도 자백이라 할 수 있다. 경합범의 경우와 같이 수개의 공소사실 가운데 일부에 대하여만 자백한 경우에도 자백

---

1 백형구 강의, 566면; 신동운 1083면; 이은모/김정환 558면.

2 백형구 강의, 565면; 신동운 1084면; 이영란 572면.

3 대법원 2004. 7. 9, 2004 도 2116.

4 대법원 1981. 11. 24, 81 도 2422; 대법원 1983. 2. 22, 82 도 3176; 대법원 1987. 8. 18, 87 도 1269.

5 대법원 1981. 6. 9, 81 도 775; 대법원 1995. 12. 12, 95 도 2297.

한 공소사실에 대하여 간이공판절차가 가능하다는 점에는 이론이 없다. 이 경우에 반드시 공판절차를 분리해야 되는 것은 아니다. 다만, 절차의 번잡을 고려하여 공소사실 전체를 통상의 공판절차에 의하는 것이 적당한 경우가 많다.

　　상상적 경합의 관계에 있거나 예비적·택일적으로 기재된 공소사실의 일부를 자백한 경우에도 간이공판절차에서 말하는 자백에 해당한다는 견해[1]도 있다. 이론상으로는 논리적이라 할 것이나 이로 인하여 절차가 복잡하게 되어 간이공판절차를 인정하는 취지에 반하게 된다는 점에 비추어 이 경우에는 간이공판절차를 개시할 수 없다고 해석하는 것이 타당하다고 생각된다.[2]

　　3) **자백의 시기**　　　　자백은 공판정, 즉 공판절차에서 할 것을 요한다. 따라서　8
수사절차나 공판준비절차에서의 자백을 이유로 간이공판절차를 개시할 수는 없다. 피고인이 모두진술에서 자백할 것을 요건으로 하고 있는 일본 형사소송법과는 달리 이러한 제한이 없는 우리 형사소송법의 해석에 있어서는 자백은 공판절차가 개시된 때로부터 변론종결시까지 하면 족하다고 하겠다. 다만, 심리가 충분히 행해진 후에는 자백이 있어도 간이공판절차를 개시할 실익이 없다.

　　4) **자백의 신빙성**　　　　자백은 신빙성이 있어야 하며, 신빙성이 없는 자백을 이　9
유로 간이공판절차를 개시해서는 안 된다. 자백에 신빙성이 없는 때에는 간이공판절차의 취소사유에 해당하기 때문이다($\binom{\text{제286조}}{\text{의3}}$).

3. 간이공판절차의 개시결정

　　간이공판절차는 법원의 결정에 의하여 개시된다.

　　1) **결정의 성질**　　　　간이공판절차개시의 요건이 구비된 때에는 법원은 간이　10
공판절차에 의하여 심판할 것을 결정할 수 있다($\binom{\text{제286조}}{\text{의2}}$). 따라서 피고인이 자백한 제 1 심 관할사건에 대하여도 법원은 간이공판절차에 의하여 심판하지 않을 수 있다.

　　2) **결정의 방법**　　　　법원이 간이공판절차의 결정을 하고자 할 때에는 재판장은　11
미리 피고인에게 간이공판절차의 취지를 설명해야 한다($\binom{\text{규칙 제}}{\text{131조}}$). 결정은 공판정에서 구술로 고지하면 충분하다. 이 경우에 결정의 취지를 공판조서에 기재하여야

1　강구진 388면.
2　백형구 261면, 강의 565면; 손동권/신이철 500면; 신동운 1083면; 이영란 573면; 이은모/김정환 559면.

한다.

12   3) 결정에 대한 불복방법   간이공판절차의 개시결정은 판결전 소송절차에 대한 결정이므로 항고할 수 없다($^{제403조}_{1항}$). 그러나 간이공판절차에 의할 수 없는 경우인데도 이에 의하여 심리한 경우에는 소송절차의 법령위반에 해당하여 항소이유가 된다($^{제361조의}_{5 \ 제1호}$).

4. 간이공판절차의 특칙

(1) 증거능력에 대한 특칙

13   간이공판절차의 증거에 관하여는 전문법칙이 적용되는 증거($^{제310조의 2, 제312조}_{내지 \ 제314조, 제316조}$ $^{의 규정에}_{의한 증거}$)에 대하여 제318조 1항의 동의가 있는 것으로 간주한다. 다만, 검사·피고인 또는 변호인이 증거로 함에 이의가 있는 때에는 그러하지 아니하다($^{제318조의}_{3 \ 단서}$). 피고인이 공소사실에 대하여 자백한 이상 공소사실을 증명하기 위한 개개의 증거에 대하여도 다투지 않는 의사가 추정되기 때문에 이러한 추정을 깨뜨릴 의사표시가 없는 경우에는 전문증거를 배제할 필요가 없다는 것을 이유로 한다. 이의는 적극적으로 신청할 것을 요하나 반드시 명시적으로 할 필요는 없다고 해석된다.

14   간이공판절차에서 증거능력의 제한이 완화되는 것은 전문법칙에 한한다. 따라서 전문법칙 이외의 증거법칙은 간이공판절차에서도 배제되지 않는다. 예컨대 임의성 없는 자백, 위법수집증거, 당해 사건에 관한 의사표시적 문서나 부적법하여 무효로 된 진술조서 등은 증거로 할 수 없다. 증명력의 제한도 완화되는 것은 아니므로 간이공판절차에서도 자백의 보강법칙이 적용된다.

(2) 증거조사에 대한 특칙

15   1) 상당하다고 인정하는 방법   간이공판절차에서도 증거조사를 생략할 수는 없다. 그러나 이 경우에는 정식의 증거조사방식에 의할 필요는 없고 법원이 상당하다고 인정하는 방법으로 증거조사를 하면 된다($^{제297}_{조의2}$). 상당하다고 인정하는 방법이란 공개주의의 원칙상 당사자 및 방청인에게 증거내용을 알게 할 수 있을 정도로 행할 것을 요한다는 의미이다.[1] 제 1 심에서 상당하다고 인정하는 방법으로 증거조사를 한 이상, 항소심에 이르러 범행을 부인하였다고 하더라도 증거로 할 수 있고 다시 증거조사를 할 필요가 없다.[2]

---

1 이영란 575면; 정영석/이형국 299면.
2 대법원 2005. 3. 1, 2004 도 8313.

대법원은 공판조서의 일부인 증거목록에 증거방법을 표시하고 증거조사 내용을 '증
거조사함'이라고 표시한 경우에도 상당한 증거조사방법이라고 판시하고 있다(대법원
1980. 4. 22,
80 도
333). 증거서류 또는 증거물인 서류의 증거조사방법에 있어서는 내용의 고지와 제
시는 요하지 않아도, 최소한 증거의 표목과 입증취지를 간략하게 고지하되, 이와 함
께 보강증거에 해당하는 증거 중 핵심부분의 요지를 고지하는 것은 필요하다고 할
것이다(보강증거 요지고지설).[1]

2) 적용이 배제되는 증거조사방법   간이공판절차의 증거조사에 있어서는 증   16
인신문의 방식($제161조_{의 2}$), 증거조사의 시기와 방식($제290조 내지_{제292조}$), 증거조사결과와 피고
인의 의견($제293_{조}$), 증인신문시의 피고인의 퇴정($제297_{조}$)에 관한 규정의 적용이 배제된
다. 이 이외의 규정인 증인의 선서($제156_{조}$), 당사자의 증거조사참여권($제163_{조}$), 당사자
의 증거신청권($제294_{조}$), 증거조사에 대한 이의신청권($제296_{조}$)은 간이공판절차에서도 인
정된다. 그러므로 간이공판절차에 있어서의 증인신문에 관하여는 신문의 순서가
자유로워진다는 점에 특색이 있다.

(3) 공판절차에 관한 규정의 적용

간이공판절차에서는 증거능력과 증거조사에 대한 특칙이 인정되는 이외에는   17
공판절차에 대한 일반규정이 그대로 적용된다. 따라서 간이공판절차에서도 공소
장변경이 가능하며, 재판서의 작성에 있어서도 간이한 방식은 인정되지 않는다.
간이공판절차에 의하여 유죄판결 이외에 공소기각이나 관할위반의 재판은 물론,
무죄판결도 선고할 수 있다.[2]

5. 간이공판절차의 취소

(1) 취소의 사유

법원은 간이공판절차에 의하여 심판할 것을 결정한 사건에 관하여 피고인의   18
자백이 신빙할 수 없다고 인정되거나, 간이공판절차로 심판하는 것이 현저히 부
당하다고 인정할 때에는 그 결정을 취소하여야 한다($제286조_{의 3}$).

1) 피고인의 자백이 신빙할 수 없다고 인정될 때   피고인이 진의에 의하여 자   19
백한 것이 아니라고 의심되는 때를 말한다. 임의성 없는 자백으로 인정되는 경우

---

1 사법연수원, 법원실무제요 형사 [Ⅱ], 28면.
2 백형구 263면; 손동권/신이철 503면; 신동운 1087면; 이영란 574면.

도 여기에 해당한다. 자백에 보강증거가 없는 경우가 포함된다는 견해[1]도 있으나, 보강증거가 없는 때에는 간이공판절차에 의하여도 무죄판결을 할 수 있는 경우이므로 간이공판절차를 취소할 필요는 없다고 생각된다.[2]

20   **2) 간이공판절차로 심판하는 것이 현저히 부당하다고 인정된 때**   간이공판절차의 요건이 구비되지 않은 경우뿐만 아니라 법정요건이 구비되었어도 간이공판절차에 의하여 심판하는 것이 제도의 취지에 비추어 부당한 경우를 포함한다.[3] 간이공판절차의 요건이 구비되지 않은 경우에는 처음부터 요건이 구비되지 않은 경우 이외에도 사정변경에 의하여 요건이 구비되지 않게 된 경우, 즉 공소장변경에 의하여 변경된 공소사실에 대하여 피고인이 부인하거나 피고인이 자백을 철회한 경우가 포함된다. 간이공판절차에 의하여 심판하는 것이 제도의 취지상 부당한 경우란 공범의 일부가 자백하거나 과형상의 1죄의 일부에 대하여 자백을 하였으나 같이 심판하는 것이 효율적인 경우를 들 수 있다.

    (2) 취소의 절차

21   간이공판절차의 취소는 법원의 직권에 의하여 한다. 다만, 취소하기 전에는 검사의 의견을 들어야 한다(제286조의3). 검사의 의견을 들으면 되고 여기에 구속되는 것은 아니다. 취소도 또한 결정에 의하여 해야 함은 당연하다. 취소사유가 있는 때에는 법원은 반드시 취소해야 한다.

    (3) 취소의 효과

22   간이공판절차의 결정이 취소된 때에는 공판절차를 갱신해야 한다(제301조의2). 공판절차를 갱신하면 통상의 절차에 의하여 다시 심판해야 하므로 원칙적으로 증거조사절차를 다시 하지 않으면 안 된다. 그러나 검사·피고인 또는 변호인이 이의가 없는 때에는 갱신을 필요로 하지 않는다(동조단서). 이 경우에는 간이공판절차에 의하여 행한 증거조사가 그대로 효력을 유지하고 이미 조사된 전문증거도 증거능력이 인정된다.

---

1 강구진 398면.

2 김재환 556면; 백형구 강의, 568면; 손동권/신이철 503면; 신동운 1087면; 신양균/조기영 641면; 이영란 576면; 임동규 455면.

3 손동권/신이철 503면; 신동운 1087면; 신현주 516면; 이영란 577면; 이은모/김정환 562면.

Ⅱ. 공판절차의 정지와 갱신

1. 공판절차의 정지

(1) 공판절차정지의 의의

공판절차의 정지라 함은 심리의 진행을 방해할 중대한 사유가 발생한 경우에   23
그 사유가 없어질 때까지 공판절차를 법률상 진행할 수 없게 하는 것을 말한다.

공판절차의 정지는 주로 피고인의 방어권을 보호하기 위한 제도이다. 즉 피
고인이 방어능력이 없거나 출석할 수 없거나 공소장변경이 있는 경우에 피고인의
방어권행사에 지장이 없도록 하기 위하여 공판절차의 진행을 일시 정지하게 하여
피고인의 방어권을 보호하고자 하는 것이 공판절차의 정지이다. 이는 동시에 공
판절차가 지연된 것이 아니라는 사실을 증명하는 효과도 가진다.

(2) 공판절차정지의 사유

공판절차를 정지해야 할 경우는 다음과 같다.

1) **피고인의 심신상실과 질병**   피고인이 사물의 변별 또는 의사의 결정을 할   24
능력이 없는 상태에 있는 때에는 법원은 검사와 변호인의 의견을 들어서 결정으
로 그 상태가 계속되는 기간 공판절차를 정지하여야 한다($^{제306조}_{1항}$). 피고인이 질병
으로 인하여 출정할 수 없는 때에도 법원은 검사와 변호인의 의견을 들어서 결정
으로 출정할 수 있을 때까지 공판절차를 정지하여야 한다($^{동조}_{제2항}$).

그러나 피고사건에 대하여 무죄·면소·형의 면제 또는 공소기각의 재판을
할 것이 명백한 때에는 피고인의 출정 없이 재판할 수 있다($^{동조}_{제4항}$). 다만, 유죄판
결의 일종인 형의 면제판결을 여기에 포함시킨 것은 입법론상 의문이다. 경미사
건에 대하여 대리인이 출정할 수 있는 경우에는 공판절차를 정지하지 아니한다
($^{동조}_{제5항}$).

2) **공소장의 변경**   법원은 공소사실 또는 적용법조의 추가·철회 또는 변경   25
이 피고인의 불이익을 증가할 염려가 있다고 인정한 때에는 직권 또는 피고인이
나 변호인의 청구에 의하여 피고인으로 하여금 필요한 방어의 준비를 하도록 하
기 위하여 결정으로 필요한 기간 공판절차를 정지할 수 있다($^{제298조}_{4항}$).

3) **소송절차의 정지**   소송절차를 정지해야 하는 때에도 공판절차를 정지하   26
지 않을 수 없다. 소송절차를 정지해야 하는 경우는 다음과 같다.

⑺ **기피신청**   기피신청이 있는 때에는 기피신청이 부적법하여 기각하는 경우 이외에는 소송진행을 정지하여야 한다. 단, 급속을 요하는 경우에는 예외로 한다($\frac{제22}{조}$).

⑷ **병합심리신청 등이 있는 경우**   법원은 계속 중인 사건에 관하여 토지관할의 병합심리신청, 관할지정신청 또는 관할이전신청이 제기된 경우에는 그 신청에 대한 결정이 있기까지 소송절차를 정지하여야 한다. 다만, 급속을 요하는 경우에는 그러하지 아니하다($\frac{규칙}{제7조}$).

㈐ **재심청구의 경합**   재심청구가 경합된 경우에 항소법원 또는 상고법원은 하급법원의 소송절차가 종료할 때까지 소송절차를 정지하여야 한다($\frac{규칙}{제169조}$).

(3) 공판절차정지의 절차와 효과

27   **1) 공판절차정지의 절차**   공판절차의 정지는 법원의 결정으로 한다. 공소장 변경의 경우에는 법원의 직권 또는 피고인이나 변호인의 청구에 의하여 공판절차를 정지할 수 있으나, 그 이외의 경우에는 법원의 직권에 의하여 정지한다. 피고인의 심신상실 또는 질병을 이유로 공판절차를 정지함에는 의사의 의견을 들어야 한다($\frac{제306조}{3항}$). 공판절차를 정지하는 기간에는 제한이 없다. 법원은 일정한 기간을 정하여 정지할 수도 있다.

28   **2) 공판절차정지의 효과**   공판절차의 정지결정이 있으면 취소될 때까지 공판절차를 진행할 수 없다. 다만, 정지기간이 정하여진 때에는 기간의 경과로 인하여 공판절차의 정지는 당연히 효력을 잃는다. 정지되는 것은 협의의 공판절차, 즉 공판기일의 절차에 한한다. 따라서 구속 또는 보석에 관한 재판이나 공판준비는 정지기간 동안에도 할 수 있다.

공판절차정지의 결정을 취소하거나 정지기간이 경과한 경우에는 법원은 공판절차를 다시 진행해야 한다. 이 경우에 공판절차의 갱신을 요하는 것은 아니다. 다만, 피고인의 심신상실을 이유로 공판절차가 정지된 경우에는 그 정지사유가 소멸된 후의 공판기일에 공판절차를 갱신하여야 한다($\frac{규칙}{제143조}$).

공판절차상의 정지사유가 있음에도 불구하고 공판절차를 진행하는 것은 위법하므로 상소이유가 된다.

2. 공판절차의 갱신

(1) 공판절차갱신의 의의

공판절차의 갱신이라 함은 공판절차를 진행한 법원이 판결선고 이전에 이미 　29
진행된 공판절차를 일단 무시하고 다시 그 절차를 진행하는 것을 말한다. 따라서
파기환송 또는 이송판결에 의하여 하급법원이 공판절차를 진행하거나 사건을 이
송받은 법원이 공판절차를 다시 진행하는 것은 공판절차의 갱신이 아니다.

(2) 공판절차갱신의 사유

공판절차를 갱신해야 할 경우는 다음과 같다.

1) **판사의 경질**　　　공판개정 후 판사의 경질이 있는 때에는 공판절차를 갱신 　30
하여야 한다($^{제301조}_{본문}$). 이는 구두변론주의와 직접주의의 표현이라고 할 수 있다. 따
라서 재판이 내부적으로 성립하고 판결의 선고만을 하는 때에는 갱신을 요하지
않는다($^{동조}_{단서}$). 판사 경질의 이유는 묻지 않는다. 전보·퇴임·질환을 불문한다. 판
사의 경질이 있음에도 불구하고 갱신하지 않은 때에는 절대적 항소이유가 된다
($^{제361조의}_{5 \; 제8호}$).

2) **간이공판절차의 취소**　　　간이공판절차의 결정이 취소된 때에는 공판절차를 　31
갱신하여야 한다. 다만, 검사·피고인 또는 변호인의 이의가 없는 때에는 그러하
지 아니하다($^{제301조}_{의2}$). 이의가 없는 때란 당사자 쌍방에 이의가 없는 경우를 말한다.
간이공판절차에서의 심리가 부적법하거나 상당하지 않다는 것을 이유로 한다. 공
판절차를 갱신하지 않고 판결을 선고한 때에는 상대적 항소이유가 된다($^{제361조의}_{5 \; 제1호}$).

3) **심신상실로 인한 공판절차의 정지**　　　피고인의 심신상실로 인하여 공판절차 　32
가 정지된 경우에는 그 정지사유가 소멸한 후의 공판기일에 공판절차를 갱신하여
야 한다($^{규칙}_{제143조}$). 정지 전의 소송행위는 무효일 가능성이 많다는 점에 이유가 있다
고 하는 견해[1]도 있으나, 피고인이 정지 전의 소송행위를 충분히 기억하지 못한
다는 것을 이유로 한다고 보아야 한다.

(3) 공판절차갱신의 절차와 효과

공판절차의 갱신은 공판절차를 다시 시작하는 것이므로 종래의 절차를 무효 　33
로 하고 처음부터 절차를 다시 시작하는 것이 논리적이다. 그러나 어떤 소송행위
를 다시 할 것인가는 형식적·기계적으로 판단할 것이 아니라 갱신의 이유를 고

1　백형구 강의, 574면; 신동운 1092면.

려하여 목적론적으로 결정할 필요가 있다.

34   **1) 판사경질의 경우**   갱신절차에 대한 명문의 규정은 없다. 그러나 공판절차갱신의 이유가 직접주의와 구두변론주의에 있다는 점에 비추어 갱신 전의 실체형성행위는 효력을 상실하므로 다시 할 것을 요하지만, 절차형성행위는 갱신에 의하여 영향을 받지 않는다고 해야 한다.

35   **2) 간이공판절차의 취소와 공판절차정지의 경우**   간이공판절차의 결정이 취소된 때에는 간이공판절차에서의 심리가 부적법하거나 상당하지 않다고 인정되는 경우이므로 실체형성행위뿐만 아니라 절차형성행위도 그 효력을 잃는다고 해야 한다. 피고인의 심신상실로 인하여 공판절차가 정지된 때에도 같다.

36   공판절차의 갱신절차는 형사소송규칙 제144조에 규정된 바에 따라서 하게 된다.

> 즉 ① 재판장은 피고인에게 진술거부권 등을 고지한 후 인정신문을 하여 피고인임에 틀림없음을 확인하여야 한다. ② 재판장은 검사로 하여금 공소장 또는 공소장변경허가신청서에 의하여 공소사실, 죄명 및 적용법조를 낭독하게 하거나 그 요지를 진술하게 하여야 한다. ③ 재판장은 피고인에게 공소사실의 인정 여부 및 정상에 관하여 진술할 기회를 주어야 한다. ④ 재판장은 갱신전의 공판기일에서의 피고인이나 피고인이 아닌 자의 진술 또는 법원의 검증결과를 기재한 조서에 관하여 증거조사를 하여야 한다. ⑤ 재판장은 갱신전의 공판기일에서 증거조사된 서류 또는 물건에 관하여 다시 증거조사를 하여야 한다. 다만, 증거능력 없다고 인정되는 서류 또는 물건과 증거로 함이 상당하지 아니하다고 인정되고 검사, 피고인 또는 변호인이 이의를 하지 아니하는 서류 또는 물건에 대하여는 그러하지 아니하다(규칙 제144조 1항). 재판장은 서류 또는 물건에 대하여 증거조사를 함에 있어서 검사, 피고인 또는 변호인의 동의가 있는 때에는 그 전부 또는 일부에 관하여 상당하다고 인정하는 방법으로 이를 할 수 있다(동조 제2항).

Ⅲ. 변론의 병합 · 분리 · 재개

1. 변론의 분리와 병합

37   법원은 필요하다고 인정한 때에는 직권 또는 검사 · 피고인이나 변호인의 신청에 의하여 결정으로 변론을 분리하거나 병합할 수 있다(제300조).

변론의 병합이란 수개의 사건이 동일 또는 별개의 법원에 계속되어 있는 경우에 한 개의 절차로 병합하여 동시에 심리하는 것을 말하며, 변론의 분리는 병합된 수개의 사건을 분리하여 별개의 절차에서 심리하는 것을 말한다. 변론의 병합과 분리는 법원이 직권 또는 검사 · 피고인이나 변호인의 신청에 의하여 결정으로 한다. 변론을 분리 또는 병합할 것인가는 법원의 재량에 속한다.[1] 따라서 동일한 피고인에 대하여 여러 개의 사건이 별도로 공소제기되었다고 하여 반드시 병합심리해야 하는 것은 아니다.[2]

다만, 경합범에 대하여는 특별한 사정이 없는 한 피고인의 이익을 위하여 변론을 병합할 것이 요구된다. 문제는 공범사건 또는 피고인이 2인 이상인 경우에 변론을 병합할 것인가에 있다. 변론을 병합하여 공동심리할 때에는 사실의 합일확정이 용이하고 형의 균형을 유지할 수 있을 뿐만 아니라 소송경제에도 도움이 된다는 장점이 있는데 반하여, 심리의 혼란을 초래하고 신속한 재판과 실체진실의 발견에 지장을 초래할 우려도 있다. 결국 이러한 사실을 종합하여 구체적으로 판단할 수밖에 없다고 할 것이지만 피고인이 공동심판을 요청하는 경우에는 가능한 한 변론을 병합하는 것이 타당하다고 생각된다. 단일한 사건을 분리하거나 과형상의 일죄의 일부를 분리하는 것은 허용되지 않는다고 해야 한다.

2. 변론의 재개

법원은 필요하다고 인정한 때에는 직권 또는 검사 · 피고인이나 변호인의 신청에 의하여 결정으로 종결한 변론을 재개할 수 있다(제305조). 종결된 변론을 재개하느냐의 여부도 법원의 재량에 속한다.[3] 따라서 변론종결 후 선임된 변호인의 변론재개신청을 들어주지 않았다고 하여 위법이 있는 것은 아니다.[4]

변론의 재개에 의하여 사건은 종결 전의 상태로 돌아간다. 따라서 증거조사가 끝난 때에는 다시 최종변론이 행해져야 하며, 피고인과 변호인은 최후진술권을 가지게 된다.

38

---

1 대법원 1987. 6. 23, 87 도 706.
2 대법원 1984. 2. 14, 83 도 3013.
3 대법원 1983. 12. 13, 83 도 2279. 그러나 사실심 변론종결 후 검사나 피해자 등에 의하여 피고인에게 불리한 새로운 양형조건에 관한 자료가 법원에 제출되었다면, 변론을 재개하여 그 양형자료에 대하여 피고인에게 의견진술 기회를 주는 등 필요한 양형심리절차를 거침으로써 피고인의 방어권을 실질적으로 보장하여야 한다(대법원 2021. 9. 30, 2021 도 5777).
4 대법원 1986. 6. 10, 86 도 769; 대법원 2014. 4. 14, 2014 도 1414.

§ 42

제 8 절 소송절차이분론

I. 소송절차이분론의 의의

1 소송절차이분론이란 소송절차를 범죄사실의 인정절차와 양형절차로 분리하자는 주장을 말한다. 절차이분제도는 영미의 형사소송에서 유래한다. 즉 영미의 형사소송은 배심제도를 배경으로 유죄의 평결(conviction)과 형의 선고(sentence)를 엄격히 구분하여, 배심에 의한 유죄의 평결이 있은 후에 법관에 의한 양형절차가 개시된다. 이에 반하여 대륙의 형사소송 특히 독일과 일본에서는 물론, 우리 형사소송법은 사실인정과 양형절차를 구별하지 않고 있다. 국민의 형사재판 참여에 관한 법률에 의하여 국민참여재판에 관하여는 배심원제도가 도입되었으나, 배심원은 사실인정뿐만 아니라 형의 양정에 관한 의견을 개진할 수 있으므로(제12조) 두 절차가 분리된 것은 아니다. 그러나 독일에서 영미의 절차이분제도를 도입해야 한다는 견해[1]가 강력하게 주장되어 절차이분론은 독일 형사소송법의 개정을 위한 초점이 되고 있을 뿐만 아니라,[2] 국제적으로는 1962년의 로마 국제형법학회의 주제로 등장하였고, 1985년의 선택초안(AE) 제243조의 b에 의하여 입법화가 시도되었다.[3] 여기서 절차이분론의 이론적 근거를 살펴보고 이를 우리 형사소송법에도 도입할 것인가를 검토해야 할 필요가 있다.

II. 절차이분론의 검토

1. 절차이분론의 이론적 근거

2 절차이분론의 이론적 근거에 관하여 일본에서는 사실인정절차의 순화와 양형의 합리화를 주된 이유로 들고 있음에 반하여, 독일에서는 이 이외에 피고인의 인격권과 변호권의 보호 및 소송경제를 근거로 제시하고 있다.

---

1 Peters S. 561; Blau, "Die Teilung des Strafverfahrens in zwei Abschnitte," ZStW 81, 35; Fischinger, "Die Teilung des Strafverfahrens in zwei Abschnitte," ZStW 81, 50; Grünhut, "Die Bedeutung englischer Verfahrensformen für eine deutsche Strafprozeßreform," Weber-FS S. 362; Roxin, "Die Reform der Hauptverhandlung im deutschen Strafprozeß," *Probleme der Strafprozeßreform*, S. 62.

2 Fischinger ZStW 81, 49.

3 Arbeitskreis AE, *Alternative-Entwurf, Novelle zur Strafprozeßordnung*, S. 71.

1) **사실인정절차의 순화**　　　사실인정과 양형이 하나의 절차에서 이루어질 때 3
에는 전과 · 경력 · 교육과정 · 가족관계 · 재산상태와 같은 피고인의 인격이 모두
절차 또는 사실심리와 함께 심리되지 않을 수 없다.[1] 그러나 범죄사실의 입증에
앞서 피고인의 인격을 심리할 때에는 피고인의 악성격이 법관에게 편견과 예단을
가지게 할 우려가 있을 뿐 아니라, 이는 자백의 증거능력을 제한하고 공소장일본
주의에 의하여 법관의 예단을 금지하고자 하는 형사소송법의 정신에 반한다. 여
기서 피고인의 인격에 의한 법관의 예단을 방지하기 위하여는 절차의 이분이 필
요하게 된다는 것이다.

2) **양형의 합리화**　　　형벌의 개별화와 특별예방적 기능이 강조됨에 따라 양형 4
을 위하여 피고인의 인격과 사회적 · 심리적 상황은 물론 피고인에 미치는 형벌의
효과에 대한 조사가 더욱 필요하게 된다. 그러나 현재의 소송절차에서 양형은 사
실인정에 비하여 비교적 소홀히 다루어지는 분야라고 할 수 있다. 사실의 인정에
대하여는 엄격한 증명을 요함에 대하여, 양형사실은 자유로운 증명으로 충분하므
로 엄격한 증거법칙이 적용되지 않기 때문이다. 인격에 대한 철저한 심리는 양형
절차를 사실인정절차와 분리하고 판결전 조사제도를 도입함으로써 비로소 가능
하게 되며,[2] 이에 의하여 양형절차의 독자적인 구성이 이루어지고, 양형의 합리
화가 가능하게 된다.

3) **피고인의 인격권보호**　　　범죄사실이 증명되기 전에 공개된 법정에서 피고 5
인의 프라이버시(privacy)에 대하여 광범한 조사를 행하여 이를 일반에게 공개하
는 것은 피고인의 일반적 인격권을 침해하는 것이라 하지 않을 수 없다. 피고인
이 무죄판결을 선고받는 경우에도 보도에 의하여 공개된 피고인의 사생활의 비밀
은 회복될 수 없다. 여기에 양형절차에서 공개주의를 배제하여 피고인의 사생활
을 보호하기 위하여는 양형과정을 사실인정절차와 분리해야 한다는 것이다.

4) **변호권의 보장**　　　사실인정과 양형이 하나의 절차에서 행하여질 때에는 변 6
호인은 피고인이 무죄라고 확신하는 때에도 무죄를 변론하면서 유죄로 인정되는
때를 예상하여 피고인의 관대한 처벌을 구하는 변론을 하지 않을 수 없다. 그러나
이 경우에는 법관에게 변호인도 피고인의 무죄를 확신하지 못하고 있다는 인상을
줄 우려가 있고, 그렇다고 피고인의 무죄만을 변론하는 때에는 유죄인 경우에 피

1　Gössel S. 186; Meyer–Goßner § 243, Rn. 33; Tolksdorf KK § 243, Rn. 22; Blau ZStW 81, 34.
2　Peters S. 561; Roxin, *a.a.O.* S. 64; Grünhut, *a.a.O.* S. 363.

고인의 불이익을 초래한다는 딜레마에 빠지게 된다. 절차이분론에 의할 때에는 사실인정단계에서는 피고인의 무죄만을 변론하고, 양형단계에서 유리한 형을 선고받을 수 있게 할 수 있으므로 변호권을 보장할 수 있게 되는 장점이 있다.

7   5) 소송경제   절차이분론에 의할 때에는 무죄판결을 선고할 경우에는 피고인의 인격에 대한 조사를 필요로 하지 않는다는 점에서 소송경제에도 도움이 될 수 있다고 한다.[1]

2. 절차이분론에 대한 반론과 비판

절차이분론에 대하여는 다음 두 가지 점에서 반론이 제기되고 있다.

8   1) 소송의 지연   사실인정절차와 양형절차를 분리할 때에는 심리에 장기간을 필요로 하게 되어 소송의 지연을 초래한다는 것이다. 그러나 절차이분론에 의한다 할지라도 무죄판결의 경우에는 오히려 공판절차가 단축되며, 유죄판결의 경우의 심리의 지연도 이분론의 결과가 아니라 형사정책적 요구에 의한 것이라고 보아야 한다. 피고인의 인격에 대한 철저한 조사는 양형을 위하여 언제나 필요한 것이기 때문이다. 뿐만 아니라 양형절차의 기간을 제한하거나 또는 사실인정과정에서 조사관에게 조사를 개시하게 하는 방법에 의하여 재판의 지연은 충분히 방지할 수 있다.[2] 이러한 의미에서 절차이분론에 의하면 소송의 지연을 초래한다는 비판은 타당하다고 할 수 없다.

9   2) 범죄사실과 양형사실의 구별 불능   절차이분론에 대한 가장 중요한 비판은 책임은 행위자의 인격을 떠나서 판단할 수 없고 일반적인 범죄요소도 양면을 가지고 있기 때문에 범죄사실과 양형사실을 구별하는 것이 이론상 불가능하다는 점에 있다.[3] 그러나 책임은 행위책임을 의미할 뿐 아니라 피고인의 인격적 요소가 범죄의 구성요소, 즉 구성요건해당성과 위법성·책임에 관련된 때에는 사실인정절차에서 심리하면 된다고 할 것이므로 양자를 구별할 수 없다는 비판도 근거가 없다.

10   요컨대 절차이분론은 범죄사실의 인정과 형의 양정이라는 형사재판의 중심이 되는 두 개의 판단작용의 차이를 고려하여, 공판절차를 2개로 분리하여 별개

---

1 Roxin, *a.a.O.* S. 63.

2 Peters S. 561; Blau ZStW 81, 48; Fischinger ZStW 81, 59; Roxin, *a.a.O.* S. 67.

3 Gössel S. 185; Peters S. 560; Tolksdorf KK § 243, Rn. 22.

의 법칙이 적용되도록 함으로써 사실인정절차를 순화하고 양형을 합리화할 수 있는 타당한 이론이라고 할 수 있다.

Ⅲ. 입 법 론

절차이분론은 입법론으로서 타당할 뿐만 아니라 형사소송법의 해석과 운영에 있어서도 그 정신을 충분히 고려할 필요가 있다고 생각된다. 입법론으로 절차이분론을 어떤 형태로 구성할 것인가에 대하여도 검토할 필요가 있다.

11

1) 재판의 주체 　　　사실인정과 양형절차를 분리하는 경우에도 반드시 배심제도를 도입해야 하는 것은 아니다. 따라서 양형절차도 또한 같은 법관에 맡기는 것이 타당하다고 생각된다.[1] 법관의 변경은 불필요한 혼란을 초래할 뿐이기 때문이다. 국민참여재판에서는 배심원이 유·무죄에 관하여 평결하고 양형에 관한 의견을 개진하게 하고 있으나, 이 평결과 의견은 법원을 기속하지 못한다(국민의 형사재판 참여에 관한 법률 제 46조 2항·4항·5항). 양형의 절차에 판결전 조사 또는 감정에 의하여 심리학자 또는 사회학자의 도움을 받도록 하는 것도 고려할 필요가 있다.

2) 유죄결정의 구속력 　　　양형절차에서 유죄결정에 대하여 의문이 생긴 때에는 피고인의 이익을 위하여 재고의 여지가 인정되어야 한다는 견해[2]도 있다. 그러나 양형절차에서 유죄결정을 번복한다는 것은 심리의 지연을 초래할 뿐이므로 허용되지 않는다고 해야 한다.[3]

3) 양형절차의 심리대상 　　　전과·누범·상습범은 양형의 자료라고 할 것이므로 양형절차에서 심리하는 것이 타당하다. 책임능력도 양형절차에 맡겨야 한다는 견해[4]도 있다. 그러나 책임능력이나 금지의 착오는 범죄의 성립에 관계되는 요소이므로 범죄사실과 함께 심리하는 것이 타당하다고 생각된다.

4) 공개주의의 배제 　　　양형절차의 공개는 피고인의 사생활의 침해를 초래한다. 따라서 피고인의 사회복귀와 인격권을 보호하기 위하여 양형절차에서는 공개주의를 배제할 필요가 있다.[5]

1　Fischinger ZStW 81, 57; Roxin, *a.a.O.* S. 66.
2　강구진 33면; 차용석/최용성 308면.
3　Fischinger ZStW 81, 59; Roxin, *a.a.O.* S. 72.
4　강구진 33면.
5　Arbeitskreis AE, *a.a.O.* S. 74.

제 2 장 증　거

제 1 절　증거의 의의와 종류

Ⅰ. 증거의 의의

1　　형사소송은 형법의 적정한 적용에 의하여 구체적 법률관계를 형성·확정하는 것을 목적으로 한다. 형사소송에 의하여 확정되는 구체적 법률관계는 사실관계의 정확한 파악을 전제로 한다. 사실관계의 확정, 즉 사안의 진상을 명백히 하는 것이 형사소송에 있어서 가장 중요한 의미를 가지게 되는 이유가 바로 여기에 있다. 증거란 사실인정의 근거가 되는 자료를 말한다.

2　　증거는 증거방법과 증거자료의 두 가지 의미를 포함하는 개념이다. 증거방법이란 사실인정의 자료가 되는 유형물 자체를 말한다. 증인·증거서류 또는 증거물이 여기에 속한다. 이에 대하여 증거자료란 증거방법을 조사함에 의하여 알게 된 내용을 말한다. 예컨대 증인신문에 의하여 얻게 된 증언, 증거물의 조사에 의하여 알게 된 증거물의 성질이 그것이다.

Ⅱ. 증거의 종류

증거의 종류도 그 구별기준에 따라 여러 가지로 분류할 수 있다. 일반적인 분류방법에 의하면 증거는 다음과 같은 종류로 나누어진다.

(1) 직접증거와 간접증거

3　　증거자료와 요증사실과의 관계에 따라 증거를 분류한 것이다. 직접증거란 직접 요증사실의 증명에 이용되는 증거를 말한다. 예컨대 범행현장을 직접 목격한 증인의 증언이 여기에 해당한다. 이에 대하여 요증사실을 간접적으로 추인할 수 있는 사실, 즉 간접사실을 증명함에 의하여 요증사실의 증명에 이용되는 증거

를 간접증거라고 한다. 정황증거라고도 한다. 예컨대 범행현장에 남아 있는 지문
은 간접증거이다.

　　직접증거와 간접증거의 구별은 직접증거에 높은 증명력을 인정하였던 증거
법정주의에서는 의미가 있었으나, 직접증거의 우월을 인정하지 않는 자유심증주
의에서는 그 의미를 잃게 되었다. 특히 과학적 채증의 발달에 따라 간접증거의
중요성은 더욱 강조되고 있다.

(2) 인적 증거 · 물적 증거 · 증거서류

　　인적 증거란 사람의 진술내용이 증거로 되는 것을 말하며, 인증이라고도 한　　4
다. 예컨대 증인의 증언, 감정인의 감정이 그것이다. 피고인의 진술도 인적 증거
에 속한다. 물적 증거란 물건의 존재 또는 상태가 증거로 되는 것을 말한다. 물
증이라고도 하며, 범행에 사용된 흉기 또는 절도의 장물이 여기에 해당한다. 이
에 반하여 서면의 의미 내용이 증거로 되는 것을 증거서류라고 한다. 공판조서
또는 검증조서가 그것이다. 증거서류는 증거물인 서면과 구별하여야 한다. 증거
서류와 증거물인 서면을 합하여 서증이라고도 한다.

　　증거서류와 증거물인 서면은 공판기일에서의 증거조사의 방식에 차이가 있　　5
다. 전자는 낭독 또는 내용의 고지의 방식에 의하지만, 후자에 대하여는 제시에
의할 것을 요한다. 여기서 증거서류와 증거물인 서면을 어떻게 구별할 것인가가
문제된다.

　　증거서류와 증거물인 서면의 구별기준에 대하여는 견해가 대립되고 있다.

　　1) 절차기준설　　　　당해 사건에 대한 소송절차에서 작성된 서면으로 그 보고적　　6
내용이 증거로 사용되는 서류가 증거서류이고, 그 이외의 서류가 증거물인 서면
이라고 하는 견해[1]이다. 이에 의하면 법원의 증인신문조서 · 검증조서 · 감정서
이외에 수사기관에서 작성한 진술조서나 검증조서도 증거서류에 포함되는 결과
가 된다. 구법시대의 일본의 통설과 판례의 입장이었다. 이는 수사와 공판이 사
무인계의 관계에 있음을 전제로 법령에 의하여 작성된 조서에 절대적 증거능력을
인정하고 있던 구형사소송법에 기초한 이론으로 형사소송법의 구조와 일치할 수
없다는 비판을 받고 있다.

　　2) 내용기준설　　　　서면의 내용을 증거로 하는 것이 증거서류이며, 서면의 내　　7

1　권오병 161면.

용과 동시에 그 존재 또는 상태가 증거로 되는 것이 증거물인 서면이라고 하는 견해[1]이다. 확립된 실무[2]이자 판례[3]의 입장이다. 보고적 문서는 증거서류이고 처분문서는 증거물인 서면이라고 보는 견해라고도 할 수 있다. 따라서 법원의 공판조서·검증조서뿐만 아니라 수사기관이 작성한 조서와 의사의 진단서도 증거서류에 포함된다. 증거조사에 있어서 제시를 요하는 것은 성립의 진정을 확인하기 위한 것이 아니라 서면의 존재와 상태를 확인하기 위한 것이라는 점을 이유로 한다.

8   **3) 작성자기준설**   당해 소송절차에서 법원 또는 법관의 면전에서 법령에 의하여 작성된 서면이 증거서류이고, 그 이외의 서류가 증거물인 서면이라고 해석하는 견해이다.[4] 따라서 공판심리절차 또는 공판준비절차에서 법관에 의하여 작성된 서류뿐만 아니라 증거보전절차나 참고인에 대한 증인신문절차에서 작성된 증인신문조서 또는 검증조서는 증거서류지만 수사기관이 작성한 조서는 증거물인 서면에 해당하며, 법원에 의하여 작성된 조서라 할지라도 다른 사건에 대한 조서는 증거물인 서면에 해당한다고 한다.

생각건대 ① 형사소송법은 종래의 증거물이 서류인 때에는 그 요지를 고지하여야 한다는 규정을 삭제하고 모든 증거서류의 조사방법으로 낭독과 내용의 고지를 규정하는 반면($^{제292}_{조}$), 증거물의 조사는 제시하는 방법에 의하도록 하고 있고 ($^{제292조}_{의2}$), ② 증거조사에 있어서는 모든 증거에 대하여 제시를 요한다는 점에서 볼 때($^{규칙 제}_{134조 2항}$), 낭독 또는 내용의 고지에 의하여 그 내용이 문제되는 서류는 모두 증거서류라고 해석하지 않을 수 없다. 즉 서류의 내용이 문제되는 것이 증거서류라면 그 존재와 상태가 문제되는 것이 증거물인 서면이며, 따라서 내용기준설이 옳다고 생각한다.

(3) 본증과 반증

9   거증책임을 지는 당사자가 제출하는 증거를 본증이라 하며, 본증에 의하여 증명하려고 하는 사실의 존재를 부인하기 위하여 제출하는 증거를 반증이라고 한다.

---

1 김재환 597면; 신동운 985면; 신양균/조기영 672면; 이영란 652면; 이주원 411면; 이창현 809면; 임동규 473면.

2 사법연수원, 법원실무제요 형사 [I], 450면.

3 대법원 2015. 4. 23, 2015 도 2275(부정수표단속법위반의 공소사실을 증명하기 위하여 제출되는 수표).

4 손동권/신이철 514면; 신현주 581면; 정영석/이형국 304면.

형사소송법상 거증책임은 원칙적으로 검사에게 있다는 의미에서 검사가 제출하는 증거를 본증, 피고인이 제출하는 증거를 반증이라고 할 수도 있다. 그러나 피고인에게 거증책임이 있는 경우에는 피고인이 제출하는 증거도 본증에 해당한다.

(4) 진술증거와 비진술증거

진술증거란 사람의 진술을 증거로 하는 것을 말한다. 진술증거에는 진술과 10 진술을 기재한 서면이 포함되며, 그 이외의 서증과 물적 증거가 비진술증거이다.

진술증거는 다시 원본증거(original evidence)와 전문증거(hearsay evidence)로 11 나누어진다. 증인이 직접 경험한 사실을 진술하는 경우의 증거를 원본증거 또는 본래증거라고 하며, 타인으로부터 전문한 사실을 진술하는 것을 전문증거라고 한다. 진술증거와 비진술증거의 구별은 전문법칙이 진술증거에 대하여만 적용된다는 점에 의미가 있다.

(5) 실질증거와 보조증거

실질증거란 주요사실의 존부를 직접·간접으로 증명하기 위하여 사용되는 12 증거를 말하며, 실질증거의 증명력을 다투기 위하여 사용되는 증거를 보조증거라고 한다. 보조증거에는 증강증거와 탄핵증거가 있다. 전자는 증명력을 증강하기 위한 증거이며, 후자는 증명력을 감쇄하기 위한 증거를 말한다.

Ⅲ. 증거능력과 증명력

증거능력이란 증거가 엄격한 증명의 자료로 사용될 수 있는 법률상의 자격 13 을 말한다. 따라서 자유로운 증명의 자료가 되기 위하여는 증거능력을 요하지 않는다. 증거능력은 증거의 실질적 가치를 의미하는 증거의 증명력과 구별된다. 증거능력이 미리 법률에 의하여 형식적으로 결정되어 있음에 반하여, 증명력은 법관의 자유심증에 맡겨져 있다. 아무리 증거로서의 가치가 있는 증거라 할지라도 증거능력 없는 증거는 사실인정의 자료가 될 수 없을 뿐만 아니라, 공판정에 증거로 제출하여 증거조사를 하는 것도 허용되지 않는다. 증거로 사용할 수 없는 증거를 조사하는 것은 무익하고, 이를 조사하는 때에는 사실상 심증형성에 영향을 미치지 않을 수 없기 때문이다.

증거능력의 제한에는 절대적인 것과 상대적인 것이 있다. 자백의 증거능력제한이 전자에 해당함에 반하여, 전문증거라 할지라도 당사자의 동의가 있는 때에는 증거로 할 수 있으므로 전문법칙은 후자에 속한다.

14   자백배제법칙과 위법수집증거의 배제법칙 및 전문법칙이 증거능력에 관한 문제임에 반하여, 증명력과 관련하여 자백의 보강법칙과 공판조서의 증명력이 문제된다. 증명의 기본원칙에 있어서도 증거재판주의가 증거능력과 관련된 것임에 반하여, 자유심증주의는 증명력에 관한 원칙이다.

§ 44   제 2 절   증명의 기본원칙

Ⅰ. 증거재판주의

1. 증거재판주의의 의의

(1) 형사소송법 제307조의 취지

1   형사소송법 제307조 1항은 「사실의 인정은 증거에 의하여야 한다」라고 규정하여 증거재판주의를 선언하고 있다. 실체진실의 발견을 이념으로 하는 형사소송에 있어서 법관의 자의에 의한 사실인정이 허용될 수 없고 반드시 증거에 의하여야 한다는 것이 바로 증거재판주의이다. 이러한 의미에서 증거재판주의는 실체진실을 발견하기 위한 증거법의 기본원칙이라 할 수 있다.[1] 민사소송에서는 당사자가 자백한 사실(다툼이 없는 사실)에 대하여는 증명을 요하지 않는다(민소법 제288조). 그러나 실체진실주의가 적용되는 형사소송에 있어서는 자백한 사실일지라도 그 사실은 증거에 의하지 아니하면 인정할 수 없게 된다. 이와 같이 사실의 인정은 모두 증거에 의하여야 한다는 점에 제307조의 고유한 의미가 있다.

2   사실의 인정은 모두 증거에 의하여야 한다는 의미에서의 증거재판주의는 근대 형사소송법에 있어서 자명한 원리에 지나지 않는다. 그것은 사실인정을 자백에 의하여서는 안 된다는 역사적 의의를 명백히 한 것에 지나지 않는다. 독일과 프랑스의 형사소송법은 물론 영미의 증거법에서도 이런 규정을 찾아볼 수 없다.

---

1 Roxin S. 176; Zipf S. 163.

그러나 형사소송법 제307조는 이러한 소극적·역사적 의미에서의 증거재판주의
를 확인한 데 그치는 것이 아니라, 특수한 규범적·실정법적 의미를 가진다고 해
석해야 한다.[1] 즉 형사소송법 제323조 1항이 범죄될 사실에 관하여 증거의 요지
를 명시하도록 규정한 것에 비추어 본조에서 말하는 사실은 범죄될 사실을 의미
하며, 증거 또한 증거능력 있고 적법한 증거조사를 거친 증거만을 말하는 것이
다. 여기서 증거재판주의는 규범적 의미에서 범죄될 사실은 엄격한 증명을 요한
다는 특수한 의미를 가지게 된다.[2] 어떤 사실이 엄격한 증명의 대상이 되는가가
증거재판주의의 핵심문제가 되는 이유도 여기에 있다.

(2) 엄격한 증명과 자유로운 증명

　엄격한 증명과 자유로운 증명은 독일 형사소송법학에서 유래하는 개념이다.　　3
엄격한 증명이란 법률상 증거능력 있고 적법한 증거조사를 거친 증거에 의한 증
명을 말하고, 이를 요하지 않는 증거에 의한 증명인 자유로운 증명에 대립되는
개념이다. 이에 대하여 당사자의 면전에 현출되지 아니한 증거에 의하여 사실을
인정하는 것은 당사자주의에 반하므로 자유로운 증명이 증거능력 있는 증거일 것
은 요하지 않아도 증거조사는 거쳐야 한다는 견해[3]도 있다. 물론 엄격한 증명을
요하는 경우에도 간이공판절차[4] 또는 약식명령의 경우에는 증거조사에 대한 특
칙이 인정되고, 자유로운 증명이라 하여 증거가 법원에 제출될 필요도 없는 것은
아니다. 그러나 자유로운 증명의 경우에는 어떤 방법으로 증거조사를 하여야 하
는가가 법원의 재량에 속하므로, 법률에 규정된 증거조사절차에 따라야 하는 것
은 아니다. 법원은 변론종결 후에 접수된 서류나 전화에 의하여 확인한 증거에
의하여도 사실을 인정할 수 있게 된다. 이러한 의미에서 엄격한 증명과 자유로운
증명의 의미는 통설에 따라 이해하는 것이 타당하다.[5]

---

1 백형구 424면; 손동권/신이철 515면; 신현주 558면; 차용석/최용성 486면.
2 형사소송법 제307조의 사실은 제323조의 사실과 동의어가 되는 것은 아니다. 전자는 실체형
　　성과정 그 자체로서 구체성을 요구함에 반하여, 후자는 실체형성의 결과를 절차적으로 표시
　　한 것이므로 형식적 유형성을 요구하는 것이기 때문이다. 따라서 전자는 공소범죄사실에 한
　　하지 않고 형벌권의 범위와 존부에 관한 사실을 포함하는 데 반하여, 후자는 공소범죄사실만
　　을 의미한다.
3 권오병 174면.
4 간이공판절차에 있어서의 증명을 상당한 증명이라 하여 엄격한 증명과 자유로운 증명의 중
　　간영역으로 이해하는 견해도 있다(강구진 417면). 그러나 이는 형사소송법에 의한 증거조사
　　와 증거능력을 완화하는 특칙이라고 하는 것이 타당하다.
5 Herdegen KK § 244, Rn. 10; Meyer–Goßner § 244, Rn. 7; Zipf S. 164.

4　　　　엄격한 증명과 자유로운 증명은 증거능력의 유무와 증거조사의 방법에 차이
가 있을 뿐이고, 심증의 정도에 차이가 있는 것은 아니다. 엄격한 증명과 자유로
운 증명은 모두 합리적 의심 없는 증명(proof beyond a reasonable doubt) 또는 확
신(Überzeugung)을 요하는 점에서 같다.[1] 형사소송법이 범죄사실의 인정은 합리
적인 의심이 없는 정도의 증명에 이르러야 한다고 규정하고 있는 것($\frac{제307조}{2항}$)은 이
러한 의미에서 당연한 규정이라고 할 수 있다.

　　어떤 증거에 의하여 심증을 얻을 수 있는가도 엄격한 증명과 자유로운 증명에 따라
　　달라지는 것은 아니다. 그것은 자유심증주의의 문제에 불과하다. 판례에 의하면 예
　　컨대 범의와 전과는 자백만으로도 인정할 수 있고($\frac{대법원 1973. 3. 20, 73 도 280;}{대법원 1981. 6. 9, 81 도 1353}$), 남녀 사
　　이의 정사(情事)를 내용으로 하는 사실은 피해자의 증언만으로 인정할 수 있는 경우
　　도 있으며($\frac{대법원 1976. 2. 10,}{74 도 1519}$), 피해자의 증언만으로 상해사실을 인정할 수 없는 때도 있
　　다고 한다($\frac{대법원 1982. 5. 25, 82 도 862;}{대법원 1983. 2. 8, 82 도 2971}$).

2. 엄격한 증명의 대상

5　　　　형사소송법 제307조의 사실은 엄격한 증명의 대상이 되는 사실, 즉 주요사
실을 의미한다고 볼 때 어떤 사실이 주요사실이 되느냐를 명백히 할 필요가 있
다. 형사소송법의 기본이념에 비추어 형벌권의 존부와 그 범위에 관한 사실이 엄
격한 증명의 대상이 된다고 할 수 있다.

(1) 공소범죄사실

6　　　　공소장에 기재된 범죄사실이 주요사실로서 엄격한 증명의 대상이 된다는 점
에는 이론이 없다.[2] 여기서 공소범죄사실이란 범죄의 특별구성요건을 충족하는
구체적 사실로서 위법성과 책임을 구비한 것을 말한다.

7　　　　1) 구성요건해당사실　　　　구성요건에 해당하는 사실은 객관적 구성요건요소인
가 또는 주관적 구성요건요소인가를 불문하고 엄격한 증명의 대상이 된다. 따라
서 범죄일시,[3] 행위의 주체와 객체[4]·행위·결과의 발생 및 인과관계·특정경제

1　대법원 1985. 12. 24, 85 도 2178; 대법원 2010. 7. 22, 2009 도 1151.

2　대법원 2011. 4. 28, 2010 도 14487; 대법원 2013. 9. 26, 2012 도 3722; 대법원 2022. 5.
　　12, 2021 도 14074.

3　대법원 2011. 4. 28, 2010 도 14487.

4　대법원 2013. 11. 14, 2013 도 8121, 「(횡령죄에서) 피해자 등이 목적과 용도를 특정하여 위
　　탁한 사실 및 그 목적과 용도가 무엇인지는 엄격한 증명의 대상이라고 보아야 한다.」

범죄 가중처벌 등에 관한 법률의 적용기준이 되는 이득액[1]과 같은 객관적 구성
요건에 해당하는 사실뿐만 아니라, 고의[2]·과실·목적[3]·불법영득의사[4]와 같은
주관적 사실도 엄격한 증명을 요한다.

　　공모공동정범에 있어서의 공모의 사실(대법원 2000. 7. 7, 2000 도 1899; 대법원 2016. 8. 30,)과 상
2013 도 658; 대법원 2018. 4. 19, 2017 도 14322
습범에서 상습성의 기초가 되는 사실도 엄격한 증명의 대상이 된다.

　　2) 위법성과 책임의 기초사실　　　구성요건에 해당하는 사실 이외에 위법성과   8
책임을 기초지우는 사실도 엄격한 증명의 대상이 된다. 범죄의 성립을 조각하는
사유, 즉 위법성조각사유와 책임조각사유의 부존재도 엄격한 증명의 대상이 되는
가가 문제된다. 통설은 이러한 사실도 형벌권의 존부에 관한 중요한 사실이므로
엄격한 증명을 요한다고 하고 있다.[5] 따라서 정당방위·긴급피난·자구행위의
요건이 되는 사실의 부존재뿐만 아니라, 명예훼손죄에 있어서의 소위 사실증명[6]
도 엄격한 증명의 대상이 된다. 즉 엄격한 증명을 요하는가 또는 자유로운 증명
으로 충분한가는 거증책임이 누구에게 있느냐에 따라 달라지는 것이 아니다.

　　3) 처벌조건　　　처벌조건은 공소범죄사실 자체는 아니다. 그러나 이는 형벌권   9
의 발생에 직접 관련되는 사실이므로 엄격한 증명을 요한다고 해야 한다. 따라서
파산범죄에 있어서의 파산선고의 확정, 친족상도례의 경우 일정한 친족관계의 존
부는 엄격한 증명의 대상이 된다.

　　(2) 법률상 형의 가중·감면의 이유되는 사실

　　법률상 형의 가중의 이유되는 누범전과, 형의 감경 또는 감면의 이유되는 심   10
신미약[7] 또는 중지미수, 형의 면제의 이유되는 자수·자복의 사실은 범죄될 사

1　대법원 2017. 5. 30, 2016 도 9027.

2　대법원 2002. 3. 12, 2001 도 2064.

3　대법원 2014. 9. 26, 2014 도 9030; 대법원 2018. 7. 12, 2015 도 464.

4　대법원 2017. 2. 15, 2013 도 14777.

5　백형구 425면; 손동권/신이철 517면; 신동운 1107면; 신현주 563면; 이영란 661면; 이은모/김정환
　578면.

6　대법원은 명예훼손죄에 있어서의 위법성조각사유인 진실한 사실로서 오로지 공공의 이익에
　관한 것인지 여부는 행위자가 증명하여야 하고, 이는 자유로운 증명의 대상이라고 한다(대법원
　1996. 10. 25, 95 도 1473).

7　대법원은 피고인의 범행 당시의 정신상태가 심신상실이냐 또는 심신미약이었느냐의 문제는
　법률적 판단이지 범죄될 사실은 아니기 때문에 엄격한 증명이 필요 없다고 판시하고 있다(대
　법원 1961. 10. 26, 4294 형상 590; 대법원 1971. 3. 23, 71 도 212). 그러나 형법은 혼합적
　방법에 의하여 책임능력을 규정하고 있으므로 심신미약인가 아닌가는 법적·규범적 문제라

실 그 자체는 아니지만 범죄사실에 준하여 엄격한 증명의 대상이 된다는 것이 통설의 태도이다.[1] 이에 대하여 전과는 조회에 의하여 확실하게 알 수 있고 실체에 관한 사실도 그 중요성과 입증의 난이에 따라 같은 증명방법에 의할 것을 요하는 것은 아니라는 이유로 자유로운 증명으로 충분하다고 하거나, 법률상 형의 가중·감면의 이유되는 사실을 범죄 후에 발생한 것과 범죄행위에 내재하는 것으로 구별하여 전자는 자유로운 증명, 후자는 엄격한 증명의 대상이 된다고 해야 한다는 견해[2]도 있다. 그러나 비록 법률상 형의 가중·감면의 이유되는 사실이 범죄사실은 아니라 하더라도 피고인에게는 죄책의 유무보다는 형기가 더 큰 관심의 대상이 되고, 형기는 피고인의 인권과 밀접한 관계를 가지므로 그것은 범죄사실과 같은 중요성을 가지는 것이기 때문에 엄격한 증명의 대상이 된다고 하는 통설이 타당하다고 해야 한다. 따라서 법률상 형의 가중사유인 누범전과는 엄격한 증명을 요하지만, 그 이외의 전과는 정상관계사실로서 자유로운 증명으로 충분하다고 할 것이다.

11   법률상 형의 가중·감면의 이유되는 사실이 엄격한 증명의 대상이 된다고 하여 이에 대하여 판결에 증거요지까지 명시할 것을 요하는 것은 아니다.[3] 다만, 누범전과의 사실은 범죄사실 그 자체는 아니라 하더라도 범죄사실에 준하는 것이므로 증거요지도 명시할 것을 요한다고 해야 한다.

(3) 간접사실 · 경험법칙 · 법규

12   **1) 간접사실**   간접사실이란 주요사실의 존부를 간접적으로 추인하는 사실을 말한다. 예컨대 알리바이의 증명은 주요사실에 대한 간접적인 반대증거가 될 수 있는 간접사실이다. 요증사실이 주요사실인 때에는 간접사실도 엄격한 증명의 대상이 되어야 한다.

13   **2) 경험법칙**   경험법칙이란 사실이 아니라 사실을 판단하는 전제가 되는 지식을 말한다. 일반적인 경험법칙은 증명을 요하지 않는다. 그것은 공지의 사실이라고 할 수 있기 때문이다. 그러나 경험법칙의 내용이 명백하지 아니한 때에는

해도 심신장애상태에 있는가라는 생물학적 요소는 증명을 요하며, 이는 엄격한 증명을 필요로 한다고 해야 한다.

1 백형구 강의, 599면; 신동운 1108면; 신양균/조기영 681면; 신현주 563면; 이영란 662면; 이주원 422면; 이창현 815면.

2 강구진 419면.

3 日最判 1949. 5. 18[刑集 3-6, 734]; 日最判 1958. 2. 26[刑集 12-2, 316].

증명의 필요가 있으며, 그것이 엄격한 증명의 대상인 사실의 인정에 필요한 때에는 엄격한 증명의 대상이 된다.[1]

　　3) 법　　규　　　법규의 존부와 그 내용은 법원의 직권조사사항에 속하므로 원 14
래 증명의 대상이 되지 않는다. 그러나 외국법·관습법·자치법규와 같이 법규의 내용이 명백하지 아니한 때에는 법규에 대하여도 증명을 요한다. 법규가 인정된 사실에 대한 벌칙에 지나지 않을 때에는 엄격한 증명을 요하지 않지만, 그것이 엄격한 증명을 요하는 사실을 인정하는 자료가 되는 때에는 엄격한 증명의 대상이 된다고 해야 한다. 대법원은 행위지에서 범죄를 구성하는가 여부에 관한 외국 법규의 존재는 엄격한 증명의 대상이 된다고 판시하고 있다.[2]

3. 자유로운 증명의 대상

자유로운 증명은 증거능력의 제한이나 적법한 증거조사로부터 해방되어 증 15
거조사가 법원의 재량에 의하여 행해지는 점에 특색이 있다. 자유로운 증명의 대상으로는 정상관계사실과 소송법적 사실 및 보조사실을 들 수 있다.

(1) 정상관계사실

양형의 기초가 되는 정상관계사실은 복잡하고 비유형적이므로 엄격한 증명 16
의 대상으로 하기에 적합하지 않을 뿐만 아니라, 양형은 그 성질상 법원의 재량에 맡길 것이므로 통설은 자유로운 증명으로 충분하다고 해석한다.[3] 이에 대하여 정상관계사실 가운데 피고인에게 유리한 것은 자유로운 증명으로 충분하지만 불이익한 것은 엄격한 증명[4] 또는 상당한 증명을 요한다는 견해[5]도 있다. 그러나 ① 상당한 증명이라는 개념을 별도로 사용하는 것은 타당하다고 할 수 없고, ② 엄격한 증명의 대상인가 자유로운 증명으로 충분한가를 피고인에게 유리한가 불이익한가에 의하여 결정할 것은 아니므로 통설이 타당하다고 생각된다. 따라서 피고인의 경력(전과)·성격·환경·범죄 후의 정황 등 형의 선고유예·집행유예 또는 작량감경 및 양형의 조건이 되는 사실은 자유로운 증명으로 충분하다고 해야

1　대법원 2000. 11. 10, 99 도 5541.
2　대법원 1973. 5. 1, 73 도 289; 대법원 2017. 3. 22, 2016 도 17465.
3　김재환 604면; 백형구 425면; 신동운 1108면; 이영란 662면; 이주원 422면; 임동규 479면.
4　신현주 564면; 차용석/최용성 490면.
5　강구진 421면.

한다. 그러므로 양형의 자료가 되는 전과사실을 결심 후에 송부되는 범죄경력조
회서에 의하여 인정하여도 위법이라고 할 수 없다.[1] 다만, 정상관계사실이라 할
지라도 범죄의 수단 · 방법 · 피해정도와 같이 그것이 동시에 범죄사실의 내용이
된 때에는 엄격한 증명의 대상이 된다.

17   대법원은 몰수대상이 되는 여부는 범죄구성사실에 대한 것이 아니므로 엄격한 증명
          의 대상이 아니라고 판시하고 있다.[2] 몰수 · 추징은 부가형적 성질을 가지고 있으므
          로 형벌권의 발생과 직접 관련되는 사실이며, 따라서 엄격한 증명의 대상이 된다고
          해야 한다.[3]

(2) 소송법적 사실

18   순수한 소송법적 사실이 자유로운 증명으로 충분하다는 점에는 이론이 없
          다. 따라서 친고죄에 있어서 고소[4]나 전속고발범죄에서의 고발,[5] 유무, 피고인
          의 구속기간 · 공소제기 · 공판개시 및 적법한 피고인신문이 행하여졌는지의 여부
          는[6] 엄격한 증명을 요하지 않는다. 다만 자백의 임의성의 기초가 되는 사실에
          관하여는, ① 그것이 피고인에게 중대한 불이익을 초래하고, ② 당사자에게 반대
          신문의 기회를 주어야 한다는 이유로 엄격한 증명을 요한다는 견해[7]도 있다. 그
          러나 자백의 임의성에 관한 사실도 소송법적 사실인 이상 자유로운 증명으로 충
          분하다고 해석하는 것이 타당하다.[8] 판례도 같은 태도를 취하고 있다.[9] 마찬가
          지로 전문증거의 증거능력 인정의 요건이 되는 특신상태에 관하여도 자유로운 증

---

1 日最判 1952. 12. 27[刑集 6-12, 15].
2 대법원 1973. 4. 17, 73 도 279; 대법원 1982. 2. 9, 81 도 3040; 대법원 1987. 4. 11, 87 도 399;
   대법원 1993. 6. 22, 91 도 3346; 대법원 2006. 4. 7(전원합의체판결), 2005 도 9858.
3 신동운 1108면; 신현주 565면; 이영란 665면; 임동규 478면; 차용석/최용성 487면.
4 대법원 1967. 12. 19, 67 도 1181; 대법원 2011. 6. 24, 2011 도 4451, 2011 전도 76.
5 대법원 2021. 10. 28, 2021 도 404(출입국사범)
6 BGHSt. 16, 166.
7 신동운 1110면; 신현주 565면; 이은모/김정환 597면.
8 김재환 605면; 백형구 강의, 599면; 손동권/신이철 519면; 이영란 664면; 이창현 818면; 임동규
   479면.
9 대법원은 임의성 유무가 다투어지는 경우, 법원이 구체적인 사건에 따라 제반사정을 종합 참작
   하여 적당하다고 인정되는 방법에 의하여 자유로운 증명으로 그 임의성 유무를 판단하면 된다
   고 하면서(대법원 1984. 3. 13, 83 도 3228; 대법원 1986. 11. 25, 83 도 1718), 이때 그 임의성
   을 의심할 만한 합리적이고 구체적인 사실을 피고인이 증명할 것이 아니고 검사가 그 임의성의
   의문점을 없애는 증명을 해야 한다고 판시하고 있다(대법원 2012. 11. 29, 2010 도 3029).

명으로 충분하다고 한다.[1]

(3) 보조사실

보조사실이란 증거의 증명력에 영향을 미치는 사실을 말한다. 여기에는 증   19
거의 증명력을 탄핵하는 사실과 보강하는 사실이 포함된다. 증거의 증명력을 탄
핵하는 사실은 자유로운 증명으로 충분하다.[2] 그러나 주요사실을 인정하는 증거
의 증명력을 보강하는 자료가 되는 사실은 그 주요사실이 엄격한 증명의 대상이
되는 이상 엄격한 증명을 요한다고 해야 한다.

4. 증명을 요하지 않는 사실

증거재판주의는 실체진실의 발견을 위한 증거법의 기본원칙이다. 그러나 증   20
명의 대상인 사실의 성질에 비추어 증명이 필요 없는 사실이 있다. 이를 불요증
사실이라고 한다. 여기에는 공지의 사실과 추정된 사실 및 거증금지사실이 있다.

(1) 공지의 사실

1) 공지의 사실의 의의   공지의 사실이란 일반적으로 알려져 있는 사실, 즉   21
보통의 지식·경험이 있는 사람이면 의심하지 않는 사실을 말한다. 역사상 명백
한 사실이나 자연계의 현저한 사실이 여기에 해당한다. 반드시 모든 사람에게 알
려져 있는 사실임을 요하지 않고 일정한 범위의 사람에게 알려져 있으면 충분하
다. 따라서 공지인가는 구체적인 사회생활에서 그 사실에 대하여 가지고 있는 의
식에 따라 결정되는 상대적 개념이라 할 수 있다.

공지의 사실은 증거에 의하여 인정하지 않아도 공정한 사실의 인정에 아무
지장이 없으므로 증명을 요하지 않는다. 그러나 공지의 사실에 대하여 반증이 금
지되는 것은 아니다. 반증이 성공한 때에는 이미 공지의 사실이 아니라고 해야
한다.[3]

2) 법원에 현저한 사실   공지의 사실과 구별되는 것으로 법원에 현저한 사   22
실이 있다. 법원에 현저한 사실이란 법원이 그 직무상 명백히 알고 있는 사실,
즉 법관이 법관이기 때문에 알고 있는 사실을 말한다. 독일의 통설과 판례는 법

---

1 대법원 2001. 9. 4, 2000 도 1743; 대법원 2012. 7. 26, 2012 도 2937.
2 대법원 1978. 10. 31, 78 도 2292; 대법원 1981. 12. 22, 80 도 1547.
3 Roxin S. 178.

원에 현저한 사실도 공지의 사실에 속한다고 한다.[1] 그러나 형사소송에 있어서 법원에 대한 국민의 신뢰를 확보하고 공정한 재판을 담보하기 위하여는 법관이 알고 있는 사실이라도 자유로운 증명을 요한다고 해야 한다.[2] 법관이 개인적으로 알고 있는 사실도 당연히 증명을 필요로 한다.

(2) 추정된 사실

추정이란 전제사실로부터 다른 사실을 추인하는 것을 말한다. 여기에는 법률상의 추정과 사실상의 추정이 있다.

23　　　**1) 법률상 추정된 사실**　　　법률상 추정된 사실이란 전제사실이 증명되면 다른 사실을 인정하도록 법률에 규정되어 있는 것을 말한다. 법률상의 추정을 인정하는 것은 실체진실주의와 자유심증주의에 반할 뿐만 아니라 무죄추정의 법리에도 어긋나므로 형사소송에서는 이를 인정할 수 없다고 해야 한다.

24　　　**2) 사실상 추정된 사실**　　　전제사실로부터 다른 사실을 추정하는 것이 논리적으로 합리적인 사실을 말한다. 예컨대 어떤 범죄의 구성요건해당성이 인정되면 위법성과 책임은 사실상 추정된다. 사실상 추정된 사실은 증명을 요하지 않는다. 그러나 사실상 추정된 사실에 대하여도 반증이 허용되며, 반증에 의하여 의심이 생긴 때에는 증명을 필요로 한다고 해야 한다.

(3) 거증금지사실

25　　　증명으로 인하여 얻은 소송법적 이익보다 큰 초소송법적 이익 때문에 증명이 금지된 사실을 거증금지사실이라 한다. 예컨대 공무원 또는 공무원이었던 자의 직무상의 비밀에 속하는 사실이 여기에 해당한다(제147조). 거증금지사실도 증명을 요하지 않는다.

Ⅱ. 거증책임

1. 거증책임의 의의

(1) 거증책임의 개념

26　　　거증책임이란 요증사실의 존부에 대하여 증명이 불충분한 경우에 불이익을

1　Herdegen KK § 244, Rn. 69; Kindhäuser 20/19; Meyer-Goßner § 244, Rn. 52; Roxin S. 177; Schlüchter SK § 244, Rn. 90; Zipf S. 125.

2　이주원 425면; 이창현 819면.

받을 당사자의 법적 지위를 말한다. 입증책임,[1] 증명책임[2]이라고도 한다. 법원은 사실의 존부를 확인하기 위하여 당사자가 제출한 증거와 직권으로 조사한 증거에 의하여 재판에 필요한 심증을 형성한다. 그러나 이러한 증거에 의하여도 법원이 확신을 갖지 못할 때에는 일방의 당사자에게 불이익을 받을 위험부담을 주지 않을 수 없다. 이 위험부담을 바로 거증책임이라고 하며, 실질적 거증책임 또는 객관적 거증책임이라고 한다.

거증책임은 당사자의 일방이 불이익을 받을 법적 지위를 의미한다는 점에서   27
당사자가 아닌 법원이 부담하는 직권에 의한 심리의무와 구별된다. 거증책임은 또한 소송의 종결 시, 즉 종국판결 시에 존재하는 위험부담을 말한다. 따라서 거증책임은 소송의 개시로부터 종결 시까지 고정되어 있으며 소송의 진행에 따라 일방에서 타방으로 이전되는 것이 아니다. 이와 같이 거증책임은 자기에게 불이익한 종국적 사실인정을 받을 부담을 의미하므로 거증책임을 지는 자는 반대사실이 증명된 경우뿐만 아니라 그 진위가 불명인 경우에도 불이익한 판단을 받지 않을 수 없다.

(2) 거증책임과 소송구조

직권주의 소송구조를 전제로 이론적으로는 거증책임의 개념을 부정하는 견   28
해[3]도 있다. 독일의 통설도 거증책임의 개념을 인정하지 않고 있다.[4] 실체진실의 발견은 법원의 의무이므로 검사나 피고인이 증명해야 하는 것은 아니기 때문이라고 한다. 그러나 법원의 직권심리의무가 재판의 진행 중에 법원이 부담하는 증거조사의무를 의미함에 대하여, 거증책임은 종국판결 시에 비로소 작용하는 위험부담을 뜻하는 것으로 양자는 작용의 단계를 달리하는 것이므로 거증책임은 당사자주의에 있어서 뿐만 아니라 직권주의에서도 필요한 개념이라고 해야 한다.[5] 사실인정에 있어서 증거재판주의와 자유심증주의에 의하여 실체진실을 규명하는 것이 형사소송의 이념이지만 이에 의하여 법관의 심증을 얻을 수 없는 경우에는

---

1 임동규 482면.
2 이주원 414면; 정승환 § 48/1. 최근의 대법원 판례에서도 증명책임이라는 용어를 사용하고 있다 (대법원 2016. 10. 27, 2014 도 16271 등).
3 정승환 § 48/6.
4 Gössel S. 183; Peters S. 305; Schäfer S. 241.
5 김재환 610면; 백형구 강의, 603면; 신현주 569면; 이영란 669면; 임동규 484면; 차용석/최용성 481면.

거증책임에 의하여 보충되어야 하기 때문이다. 다만, 형사소송에서 거증책임의 개념을 인정하지 않는 견해도 증명이 불충분한 때에는 in dubio pro reo의 원리가 적용되어야 한다고 하므로 결론에 있어서는 차이가 있을 수 없다.

2. 거증책임분배의 원칙

29   거증책임분배의 원칙이란 거증책임을 어느 당사자에게 부담하게 하는가를 정하는 것을 말한다. 원래 거증책임은 거증의 난이를 고려하여 형평의 관념에 따라 분배해야 할 것이다. 그러나 형사소송법에는 법치국가원리로서 in dubio pro reo의 원리 내지 무죄추정의 원칙이 적용되고 있다.[1] 그런데 in dubio pro reo의 원리는 법관이 어떻게 증거를 판단하는가를 정하는 증거법칙이 아니라, 증거평가를 마친 후에도 확신에 이르지 못할 때에 적용되는 판단법칙에 지나지 않는다.[2] 따라서 in dubio pro reo의 원칙은 바로 거증책임을 정하는 기준이 되며, 형사소송에서 원칙적으로 검사가 거증책임을 부담하는 이유도 여기에 있다. 결국 거증책임분배의 원칙은 in dubio pro reo 원칙의 적용범위의 문제라고 할 수 있다.

(1) 공소범죄사실과 처벌조건인 사실

In dubio pro reo의 원칙이 범죄의 성립과 형벌권의 발생에 영향을 미치는 모든 사실에 미친다는 점에 대하여는 이론이 없다.

30   1) 공소범죄사실   공소범죄사실에 대한 거증책임은 검사에게 있다.[3] 공소범죄사실에는 객관적 구성요건해당사실,[4] 주관적 요소인 고의[5]나 목적[6]의 존재뿐만 아니라 범죄조각사유의 부존재도 포함된다. 따라서 피고인이 위법성조각사유나 책임조각사유를 주장하는 때에는 검사가 그 부존재에[7] 대하여 거증책임을

---

1 Roxin S. 106.

2 Hürxthal KK § 261, Rn. 56; Meyer–Goßner § 261, Rn. 26; Pfeiffer § 261, Rn. 16; Schlüchter SK § 261, Rn. 70; Zipf S. 195.

3 대법원 1984. 6. 12, 84 도 796; 대법원 2011. 4. 28, 2010 도 14487; 대법원 2012. 8. 30, 2012 도 6280.

4 대법원 2018. 12. 27, 2018 도 6870(음주운전의 유무 및 횟수); 대법원 2018. 6. 19, 2018 도 5191(위험한 물건의 휴대).

5 대법원 2015. 10. 29, 2015 도 5355.

6 대법원 2018. 7. 12, 2015 도 464; 대법원 2020. 12. 10, 2020 도 11471.

7 사실의 부존재의 증명인 경우, 특정기간과 특정장소에서의 특정행위의 부존재에 관한 것이라면 검사가 증명하여야 하지만(대법원 2010. 11. 25, 2009 도 12132; 대법원 2020. 8. 13, 2019 도 13404), 특정되지 아니한 기간과 공간에서의 구체화되지 아니한 사실의 부존재를 증명한다는 것은 사회통념상 불가능한 반면 그 사실이 존재한다고 주장·증명하는 것이 보다 용이한 법이므로 이러한 사정은 검사가 거증책임을 다하였는지를 판단함에 있어 고려되어야

진다고 해야 한다.

알리바이에 대한 거증책임이 누구에게 있느냐에 대하여는 나라에 따라 판례의 태도 31
에 차이가 있다. 독일의 BGH는 「의심스러운 경우에 피고인의 이익으로라는 원칙은
알리바이 증명에는 적용되지 않는다」고 판시하고 있는 데 대하여,[1] 미국의 연방대
법원은 알리바이에 대한 거증책임을 피고인에게 부담시키는 것은 적법절차에 위배된
다고 판시하였다.[2] 알리바이 증명은 단순히 소극적 사실의 증명에 그치는 것이 아
니라 행위자가 행위 시에 그 장소에 있었음을 증명하는 것이므로 검사에게 거증책임
이 있다고 해석하는 견해[3]도 있으나, 알리바이는 그것이 증명된 때에만 의의를 가
지는 것이므로 피고인에게 거증책임이 있다고 보는 것이 타당하다고 생각된다.[4] 증
명되지 아니한 알리바이로 판사에게 무죄를 강요할 수 없고, 반대로 알리바이가 증
명되지 않는다고 하여 유죄의 간접증거가 될 수도 없기 때문이다.

2) 처벌조건인 사실			처벌조건인 사실은 그것이 인적 처벌조각사유($\binom{예컨}{대}$ 32
$\binom{친족}{상도례}$)인가 객관적 처벌조건($\binom{파산범죄에\ 있어서}{파산선고의\ 확정}$)인가를 불문하고 형벌권 발생의 요건이
되는 사실이므로 검사가 거증책임을 지게 된다.

⑵ 형의 가중·감면의 사유가 되는 사실

형의 가중사유가 되는 사실($\binom{예컨대\ 누범}{전과사실}$)에 대한 거증책임이 검사에게 있음은 33
in dubio pro reo의 원칙상 당연하다. 형의 감면사유가 되는 사실에 관하여는 감
면사유가 위법성이나 책임의 감소를 이유로 하는 경우($\binom{예컨대\ 심신}{미약·농아자}$)에는 검사에게
거증책임이 있지만, 친족상도례나 자수의 경우와 같이 정책적 고려에 의하여 형
을 감면하는 때에는 in dubio pro reo의 원칙이 당연히 적용되는 것은 아니므로
당사자의 실질적 공평과 정의의 이념에 비추어 피고인에게 거증책임이 있다고 하
는 견해도 있을 수 있다. 그러나 형의 감면사유인 이상 형벌권의 범위에 영향을

한다(대법원 2005. 7. 22, 2005 도 2627). 예컨대 허위사실공표죄(공직선거법 제250조 2항)에
서 의혹을 받을 일을 한 사실이 없다고 주장하는 사람에 대하여 의혹을 받을 사실이 존재한
다고 적극적으로 주장하는 사람은 그러한 사실의 존재를 수긍할 만한 소명자료를 제시할 부
담을 지고, 검사는 제시된 그 자료의 신빙성을 탄핵하는 방법으로 허위성의 증명을 할 수 있
다(대법원 2018. 9. 28, 2018 도 10447). 양심적 병역거부[대법원 2018. 11. 1(전원합의체판결),
2016 도 10912; 대법원 2020. 9. 3, 2020 도 8055], 양심적 예비군훈련 거부(대법원 2021. 1. 28,
2018 도 4708)의 경우도 마찬가지이다.

1 BGHSt. 25, 285.
2 Johnson v. Bennett, 393 U.S. 253(1968).
3 김재환 613면; 손동권/신이철 525면; 신현주 557면; 이영란 671면; 이주원 415면; 임동규 484면.
4 이창현 822면.

미치는 사유라 할 것이므로 그 부존재에 대하여 검사에게 거증책임이 있다고 해석하는 통설[1]이 타당하다고 하지 않을 수 없다.

(3) 소송법적 사실

34		1) 소송조건의 존재		in dubio pro reo의 원칙은 원래 범죄의 성립과 형벌권의 발생에 관한 실체법적 사실에 대하여만 적용되고 소송법적 사실에는 적용되지 않던 원칙이었다. 특히 소송조건의 존재는 법원의 직권조사사항이기 때문에 거증책임을 논할 실익이 없다고 보았다. 그러나 소송조건의 존부가 불명확한 경우에도 이론상 또는 실무상 거증책임의 문제가 일어나고, 소송조건은 공소제기의 적법·유효요건이 되는 점에 비추어 in dubio pro reo의 원칙은 실체법적 사실뿐만 아니라 소송조건의 존재에 대하여도 확대적용되어야 한다는 것이 법치국가원리의 당연한 요청이다.[2] 따라서 친고죄에서 고소·고발과 같은 소송수행을 위한 적극적 요건은 물론, 공소시효의 완성·사면 또는 공소의 적법 등의 소송조건에 대한 거증책임도 검사에게 있다고 해야 한다.

35		2) 증거능력의 전제되는 사실		증거능력의 전제되는 사실에 대한 거증책임은 그 증거를 제출한 당사자에게 있다고 해야 한다. 증거를 자기의 이익으로 이용하려는 당사자가 이에 대한 거증책임을 부담하는 것이 공평의 이념에 합치하기 때문이다. 따라서 의사의 진단서 또는 서증을 검사가 증거로 제출하는 경우에 그 증거능력을 부여할 거증책임은 검사에게 있다고 해야 하며,[3] 자백의 임의성의 기초사실이나 임의제출받아 압수한 증거에 있어서 제출의 임의성[4]에 대하여도 검사가 거증책임을 가진다.

3. 거증책임의 전환

36		거증책임의 분배원칙에 대한 명문의 규정에 의한 예외를 거증책임의 전환이라고 한다. 실체법적 사실에 대하여는 검사가 거증책임을 지므로 통설은 피고인이 거증책임을 가지는 경우를 거증책임의 전환이라고 한다.[5] 그러나 거증책임의

1	김재환 613면; 백형구 강의, 603면; 손동권/신이철 525면; 신양균/조기영 687면; 신현주 571면; 이영란 671면; 이은모/김정환 600면; 임동규 485면.

2	Hürxthal KK § 261, Rn. 62; Meyer-Goßner § 261, Rn. 34; Peters S. 289; Schäfer S. 160; Zipf S. 195.

3	대법원 1969. 3. 31, 69 도 179; 대법원 1970. 11. 24, 70 도 2109.

4	대법원 2016. 3. 10, 2013 도 11233.

5	백형구 강의, 604면; 신양균/조기영 688면.

전환이란 원래의 거증책임의 담당자로부터 상대방으로 전환된 거증책임의 예외
적 배분을 말하는 것이며, 처음부터 피고인에게 거증책임이 있는 경우는 거증책
임분배의 원칙이지 거증책임의 전환이라고 할 수 없다. 따라서 거증책임의 전환
이라고 하기 위하여는 ① 거증책임을 상대방에게 전환하기 위한 명문의 규정이
있어야 하며, ② 거증책임의 예외를 뒷받침할 만한 합리적 근거가 있어야 한다.
거증책임의 전환에 관한 규정으로는 형법 제263조와 제310조를 들 수 있다.

(1) 형법 제263조

형법 제263조는 상해죄에 대하여 동시범의 특례를 규정하고 있다. 동조의 법   37
적 성질에 대하여 통설은 이를 거증책임의 전환에 관한 규정으로 해석하고 있다.[1]
즉 피고인이 상해의 결과에 대한 인과관계가 없음을 증명할 거증책임을 지
며, 이를 증명하지 못할 때에는 공동정범의 예에 의하여 처벌된다는 것이다. 본
조를 공동정범의 책임을 법률에 의하여 추정한 것이라고 해석하는 견해[2]도 있으
나, 법률상의 추정을 인정하는 것은 실체진실주의와 자유심증주의가 지배되는 형
사소송의 본질과 일치하지 않는다. 형법 제263조는 「원인된 행위가 판명되지 아
니한 때에는 공동정범의 예에 의한다」고 규정하여 명문으로 거증책임의 전환을
규정하고 있으며, 2인 이상이 동일인에게 폭행한 때에는 검사가 인과관계를 입증
하는 것이 곤란하고 폭행에 의하여 상해의 결과가 발생하였다고 인정하는 것이
합리적이라는 점에서 거증책임의 예외를 인정할 합리적 근거도 있다. 이러한 의
미에서 형법 제263조는 거증책임의 전환에 관한 규정이라고 할 수 있다.[3]

(2) 형법 제310조

형법 제310조는 명예에 관한 죄에 대하여 「형법 제307조 1항의 행위가 진실   38
한 사실로서 오로지 공공의 이익에 관한 때에는 처벌하지 아니한다」고 규정하고
있다. 이에 대하여 본조도 적시한 사실이 진실이고 공공의 이익에 관한 것임에
대하여 피고인에게 거증책임을 지운 거증책임의 전환에 관한 규정이라고 해석하
는 견해도 있다.[4] 그러나 이를 거증책임의 전환에 관한 규정이라고 하기 위하여

---

1 김재환 616면; 백형구 강의, 604면; 신현주 573면; 이영란 672면; 이은모/김정환 601면; 이주원
   418면; 이창현 824－825면; 임동규 487면.
2 강구진, 형법강의 각론 1, 70면.
3 형법 제263조에 대하여 이는 공동정범의 성립요건인 의사연락을 의제하는 규정이며 동시에
   인과관계 입증에 대하여 in dubio pro reo의 원칙을 폐기한 것이므로 위헌이라고 주장하는
   견해(정승환 § 48/17)도 있다.
4 신동운 1127면; 이창현 825면; 정영석/이형국 320면.

는 그 규정이 명문으로 거증책임을 피고인에게 전환하였다고 볼 수 있어야 하는
데, 형법 제310조의 규정은 일본 형법이나 독일 형법의 규정과는 크게 다르다.

> 일본 형법 제230조의 2 제 1 항은 「전조 제 1 항의 행위가 공공의 이해에 관한 사실에
> 관계되고 그 목적이 오로지 공익을 위하는 데 있다고 인정되면 사실이 진실이라는
> 증명이 있는 때에는 벌하지 아니한다」고 규정하고 있고, 독일 형법 제186조도 「사실
> 이 진실이라고 증명되지 아니한 때에는 …에 처한다」라고 규정하여 사실이 진실이라
> 는 증명을 하는 거증책임이 피고인에게 있음을 명백히 밝히고 있다.

형법 제310조는 적시된 사실이 진실이고 공공의 이익에 관한 때에는 벌하지
아니한다고 하고 있을 뿐이며, 증명에 관하여는 아무런 규정이 없다. 따라서 이
는 명예훼손죄에 관한 특수한 위법성조각사유를 규정한 것이지 거증책임의 전환
에 관한 규정이 아니라고 해석해야 하며,[1] 동조의 위법성조각사유의 부존재에
대한 거증책임은 검사에게 있다고 해야 한다. 이에 대하여 대법원은 행위자에게
거증책임이 있다고 판시하였다.[2]

4. 입증의 부담과 증거제출책임

(1) 입증의 부담

39   입증의 부담이란 소송의 발전과정에 따라 어느 사실이 증명되지 아니하면
자기에게 불이익한 판단을 받을 가능성이 있는 당사자가 불이익을 면하기 위하여
그 사실을 증명할 증거를 제출할 부담을 말하며, 형식적 거증책임이라고도 한다.
거증책임이 사항의 성질에 따라 고정되어 있음에 반하여, 입증의 부담은 소송의
발전에 따라 반전하는 것이다. 예컨대 검사가 구성요건해당성을 입증하면 위법성
과 책임은 사실상 추정되므로 위법성조각사유와 책임조각사유에 대하여는 피고
인이 입증의 부담을 가지며, 피고인이 알리바이를 입증하면 검사가 이를 번복할
입증의 부담을 갖게 된다.

40   입증의 부담은 거증책임이 누구에게 있느냐를 전제로 하는 개념일 뿐만 아
니라 당사자주의가 강화되었다고 하여도 직권에 의한 증거조사가 보충적으로 행

---

1 김재환 617면; 배종대/홍영기 § 45/16; 백형구 강의, 605면; 손동권/신이철 528면; 이은모/김
   정환 602면; 정승환 § 48/19; 정웅석/최창호/김한균 593면.
2 대법원 1996. 10. 25, 95 도 1473.

하여지고 있는 형사소송법에서는 민사소송에 있어서와 같은 중요성을 갖는 것이
아니라고 할지 모르나, 특히 사실상의 추정의 경우에 법관의 심증형성을 깨뜨리
기 위한 당사자의 소송활동은 이론상으로나 실제상으로 중요성을 갖는다고 하지
않을 수 없다. 다만, 입증의 부담의 경우에 필요한 입증의 정도는 법관에게 확신
을 갖게 할 것을 요하지 않고 그러한 사유가 있지 않은가라는 의심을 갖게 할 정
도, 즉 법관의 심증을 방해할 정도면 족하다.

(2) 증거제출책임

증거제출책임이란 영미 증거법상의 개념이다. 미국 증거법상의 거증책임   41
(burden of proof)이라는 관념은 설득책임(burden of persuasion)과 증거제출책임
(burden of producing evidence)으로 나누어진다. 설득책임은 실질적 거증책임과 같
은 의미라고 할 수 있음에 대하여, 증거제출책임이란 배심의 판단에 붙이기 위하
여 일응의 증거를 제출할 책임을 의미한다. 따라서 검사는 범죄의 요소에 관하여
배심이 그것을 인정할 정도의 증거를 제출하지 않으면 안 되고, 적극적 항변
(affirmative defence)에 대하여도 피고인이 증거를 제출하지 않으면 부존재의 증명
을 요하지 않는다. 이러한 증거제출책임은 배심재판을 전제로 하는 쟁점형성의
책임을 본질로 한다. 증명의 정도도 또한 합리적 의심 없는 정도의 증명을 요하
는 것이 아니라 증거의 우월(preponderance of evidence)로 충분하다. 우리 형사소
송법상으로도 거증책임의 전환에까지 미치지 않는 증거제출책임을 인정할 필요
가 있고 이에 의하여 피고인의 무책임한 주장의 남용에 의한 절차의 혼란을 억제
할 수 있다는 견해[1]도 있다. 그러나 형사소송법에서 쟁점형성책임을 본질로 하
는 증거제출책임을 인정하는 것은 피고인의 방어권을 더욱 제약하는 결과가 된다
고 할 것이므로, 이는 입증의 부담에 의하여 해결하면 충분하다고 생각된다.

III. 자유심증주의

1. 자유심증주의의 의의

(1) 자유심증주의의 개념

자유심증주의란 증거의 증명력을 적극적 또는 소극적으로 법정하지 아니하   42

---

1 강구진 432면.

고 법관의 자유로운 판단에 맡기는 주의를 말하며, 증거평가자유의 원칙이라고도
한다. 형사소송법 제308조는 「증거의 증명력은 법관의 자유판단에 의한다」고 하
여 자유심증주의를 규정하고 있다. 자유심증주의는 법정증거주의에 대립되는 개
념이다. 법정증거주의란 일정한 증거가 있으면 반드시 유죄로 인정하여야 하고
(적극적 법정증거주의), 일정한 증거가 없으면 유죄로 할 수 없도록 하여(소극적 법
정증거주의) 증거에 대한 증명력의 평가에 법률적 제약을 가하는 것을 말한다. 법
정증거주의는 법관의 자의를 배제함으로써 법적 안정성을 보장하는 데 그 이념이
있었다. 그러나 천차만별한 증거의 증명력을 획일적으로 규정하는 것은 구체적
사건에 있어서 실체적 진실을 발견하는 데 부당한 결과를 초래하였을 뿐만 아니
라, 법정증거주의 아래에서는 자백은 증거의 왕이라고 하여 자백을 얻기 위한 잔
학한 고문이 성행하여 법정증거주의는 그 이념을 달성함에 적합한 수단이 될 수
없음이 밝혀지게 되었다. 특히 프랑스혁명 이후에 대두된 이성적 합리주의와 국
민주권주의사상은 법관의 이성과 양심에 대한 신뢰를 요구하였고, 1808년의 치죄
법이 자유심증주의를 채택한 이래 자유심증주의는 독일 형사소송법을 비롯한 대
륙법계 형사소송법에 있어서 실체진실주의와 함께 증거법의 기본원리로서의 의
의를 가지게 되었다.[1]

43   독일 형사소송법 제261조는 「법원은 심리의 총체에서 얻어진 자유로운 확신(freie
        Überzeugung)에 따라 증거조사의 결과를 판단한다」고 규정하고, 프랑스 형사소송법
        제353조는 「내심의 확신(intime conviction)에 따라 판단한다」고 하여 자유심증주의
        를 채택하고 있다. 이에 반하여 엄격한 증거배제법칙이 확립되어 증거가치의 평가가
        배심원에게 맡겨져 있는 영미법에서는 자유심증주의(free evaluation of evidence)라
        는 용어는 사용되지 않는다. 그러나 영미에서도 증거의 증명력 판단에 있어서 자유
        심증주의가 인정되고 있다는 점에 대하여는 이론이 없다.

(2) 자유심증주의의 기능

44   자유심증주의는 실체진실의 발견을 이념으로 하는 형사소송법에 있어서 특
히 중요한 의의를 가지게 된다. 즉 자유심증주의에 의하여 법관은 사실을 인정하
는 데 아무런 법률적 구속을 받지 아니하고 구체적으로 타당한 증거가치를 판단
하여 사안의 진상을 파악할 수 있게 된다. 이러한 의미에서 자유심증주의는 형사

---

1 Hürxthal KK § 261, Rn. 1; Kindhäuser 23/52; Roxin S. 91; Schroeder S. 167.

소송의 목적을 달성하기 위한 합리적 증거법칙이라 할 수 있다. 자유심증주의는 형사소송법에서 뿐만 아니라 민사소송법에서도 인정되고 있다. 그러나 형사소송법에 있어서의 자유심증주의는 민사소송법의 그것과 일치하지 않는다. 즉 민사소송법의 자유심증주의는 법관이 변론의 전취지와 증거조사의 결과를 참작하여 사실주장의 진실 여부를 판단하는 것을 의미하지만, 형사소송법에 있어서는 증거를 기초로 한 주장사실의 진부만 문제될 뿐이고 변론의 전취지를 기초로 한 자유심증은 허용되지 않는다.

2. 자유심증주의의 내용

자유심증주의는 증거의 증명력을 법관의 자유판단에 의한다는 원칙으로서, 법관이 증거능력 있는 증거 중 필요한 증거를 선별하고 그 실질적 가치를 평가하여 사실을 인정하는 것은 자유심증에 속한다는 것을 의미한다.[1] 그러므로 자유심증주의의 내용으로는 자유판단의 대상과 의미 및 그 기준을 검토해야 한다. 자유심증주의의 한계를 의미하는 자유판단의 기준은 자유심증주의의 내용의 핵심이 된다.

(1) 자유판단의 대상

자유심증주의에 의하여 법관이 자유롭게 판단할 수 있는 것은 증거의 증명력이다. 증거의 증명력이란 사실인정을 위한 증거의 실질적 가치, 즉 증거가치를 의미한다. 증거의 증명력에는 신용력과 협의의 증명력이 포함된다. 전자는 증거 그 자체가 진실일 가능성을 말함에 대하여, 후자는 증거가 진정할 것을 전제로 그것이 요증사실을 추인하는 힘이라고 할 수 있다. 양자는 모두 법관의 자유판단의 대상이 된다.

(2) 자유판단의 의미

자유심증주의는 증거의 증명력을 법관의 자유판단에 의하도록 하고 있다. 여기서 자유판단이란 증명력 판단에 있어서 법관이 법률적 제한을 받지 않는다는 것을 의미한다. 즉 어떤 증거가 있어야 사실이 증명되고, 어느 증거에 어떤 가치가 있는가를 결정하는 기준이나 법칙은 있을 수 없다.[2] 그러므로 증거의 취사선

45

46

47

1　대법원 2016. 6. 23, 2016 도 3753.
2　Hürxthal KK § 261, Rn. 28; Meyer-Goßner § 261, Rn. 11; Pfeiffer § 261, Rn. 7; Schlüchter SK § 261, Rn. 55; Zipf S. 195.

택은 법관의 자유판단에 맡겨지며, 모순되는 증거가 있는 경우에 어느 증거를 믿는가도 법관의 자유에 속한다.

1) 인적 증거

48   **(가) 증인의 증언**   증인이 성년인가 미성년인가, 책임능력자인가 책임무능력자인가에 따라 증거의 증명력에 법률상 차이가 있는 것은 아니다.[1] 또 선서한 증인의 증언이 선서하지 않은 증인의 증언보다 증명력이 높은 것도 아니다. 법관은 선서하지 아니한 증인의 증언에 비추어 선서한 증인의 증언을 배척할 수 있다. 한편, 피고인이 범죄사실을 부인하고 객관적 물증이 없는 사건에서의 유일한 증인의 증언은 합리적인 의심을 배제할 만한 신빙성이 있어야 한다. 이때 신빙성 여부의 판단은 그 진술 내용 자체의 합리성, 객관적 상당성, 전후의 일관성뿐만 아니라 그의 인간됨, 그 진술로 얻게 되는 이해관계 유무, 특히 그에게 어떤 범죄의 혐의가 있고 그 혐의에 대하여 수사가 개시될 가능성이 있거나 수사가 진행 중인 경우에는 이를 이용한 협박이나 회유 등의 의심이 있어 그 진술의 증거능력이 부정되는 정도에까지 이르지 않는 경우에도 그로 인한 궁박한 처지에서 벗어나려는 노력이 진술에 영향을 미칠 수 있는지 여부 등도 아울러 살펴보아야 한다.[2] 증인이 법정에서 수사기관에서의 진술을 번복한 경우, 수사기관에서의 진술의 신빙성은 그 자체로서 판단하여야 하며 이를 번복하였다는 이유만으로 신빙성이 부정될 수는 없다.[3] 검사가 증인을 사전 면담한 후 증인이 법정에서 피고인에게 불리한 내용의 진술을 한 경우, 면담 과정에서 증인에 대한 회유나 압박, 답변 유도나 암시 등으로 증인의 법정진술에 영향을 미치지 않았다는 점이 담보되어야 신빙성이 있다고 할 것이고, 회유 등이 없었음은 검사가 증명하여야 한다.[4]

49   **(나) 성폭행 피해자의 진술**   피해자 중에서 성폭행 피해자의 진술의 신빙성은

---

1   판례는 13세의 아동(대법원 1966. 12. 27, 66 도 1535; 대법원 1971. 10. 25, 71 도 1592), 사건 당시 만 4세 6개월, 제 1 심 당시 만 6세 11개월 된 유아(대법원 2001. 7. 27, 2001 도 2891), 3세 7개월된 유아(대법원 2006. 4. 14, 2005 도 9561)의 증언에 신빙성을 인정하였다.

2   대법원 2014. 4. 10, 2014 도 1779(마약류매매사건); 대법원 2016. 6. 23, 2016 도 2889(금품 수수사건).

3   대법원 2015. 8. 20(전원합의체판결), 2013 도 11650, 「공판중심주의와 실질적 직접심리주의 등 형사소송의 기본원칙상 검찰진술보다 법정진술에 더 무게를 두어야 한다는 점을 감안한다 하더라도, A의 법정진술을 믿을 수 없는 사정 아래에서 단지 A가 법정에서 검찰진술을 번복하였다는 이유만으로 조성 자금을 피고인 甲에게 정치자금으로 공여하였다는 검찰진술의 신빙성이 부정될 수는 없다.」

4   대법원 2021. 6. 10, 2020 도 15891.

매우 신중하게 판단하여야 한다. 통상 성폭행 피해자의 대처 양상은 피해자의 성정이나 가해자와의 관계 및 구체적인 상황에 따라 다르게 나타날 수밖에 없다. 따라서 개별적·구체적인 사건에서 성폭행 등의 피해자가 처하여 있는 특별한 사정을 충분히 고려하지 않은 채 피해자 진술의 증명력을 가볍게 배척하는 것은 정의와 형평의 이념에 입각하여 논리와 경험의 법칙에 따른 증거판단이라고 볼 수 없다는 것이 대법원의 일관적인 입장이다.[1] 따라서 피해자가 '마땅히 그러한 반응을 보여야만 하는 피해자'(피해자다움)로 보이지 않는다거나,[2] 친족관계에 의한 미성년자인 성폭력 피해자의 수사기관에서의 진술 내용이 사실적·구체적이고 주요 부분이 일관되며, 경험칙에 비추어 비합리적이거나 진술 자체로 모순되는 부분이 없음에도 법정에서 이를 번복하였다거나,[3] 추행 즉시 행위자에게 항의하지 않았고 피해 신고 시 성폭력이 아닌 다른 피해사실을 먼저 진술하였다는[4] 이유를 들어 피해자 진술의 신빙성을 함부로 배척할 수는 없다.[5]

　(다) **피고인의 진술**　　　　　피고인의 진술도 인적 증거가 될 수 있다. 따라서 법관은 다른 증거와 모순되는 피고인의 진술을 믿을 수 있다. 일반적으로 피고인의 진술은 강한 증명력을 가진다. 그러나 자백이 항상 절대적 증거가 되는 것은 아니므로, 자백의 신빙성 유무를 판단할 때에는 자백 진술의 내용 자체가 객관적으로 합리성이 있는지, 자백의 동기나 이유는 무엇이며, 자백에 이르게 된 경위는 어떠한지, 그리고 자백 외의 정황증거 중 자백과 저촉되거나 모순되는 것은 없는지 등 제반 사정을 고려하여 판단하여야 한다.[6] 피고인이 정상이 아니거나, 형벌을 원하거나, 보다 무거운 범죄를 숨기기 위하여 허위자백을 할 수도 있기 때문이

50

1 　대법원 2018. 10. 25, 2018 도 7709; 대법원 2019. 7. 11, 2018 도 2614; 대법원 2020. 8. 20, 2020 도 6965, 2020 전도 74; 대법원 2020. 10. 29, 2019 도 4047; 대법원 2021. 3. 12, 2020 도 15259; 대법원 2022. 11. 10, 2021 도 230.

2 　대법원 2020. 8. 20, 2020 도 6965, 2020 전도 74(피고인의 친딸로 가족관계에 있던 피해자); 대법원 2020. 10. 29, 2019 도 4047(고용관계에 있는 편의점 직원인 피해자); 대법원 2022. 8. 19, 2021 도 3451(채팅 어플을 통해 만난 40세 어린 피해자); 대법원 2022. 9. 29, 2020 도 11185(군 부대 내 하급 군무원인 피해자); 대법원 2022. 12. 25, 2021 도 14234(여자 친구인 피해자).

3 　대법원 2020. 5. 14, 2020 도 2433.

4 　대법원 2020. 9. 24, 2020 도 7869; 대법원 2022. 11. 10, 2021 도 230.

5 　이러한 법리는 피해자임을 주장하는 자가 성폭행 등의 피해를 입었다고 신고한 사실에 대하여 증거불충분 등을 이유로 불기소처분되거나 무죄판결이 선고된 경우, 반대로 이러한 신고 내용이 객관적 사실에 반하여 무고죄가 성립하는지 여부를 판단할 때에도 마찬가지로 고려되어야 한다(대법원 2019. 7. 11, 2018 도 2614).

6 　대법원 2016. 10. 13, 2015 도 17869; 대법원 2017. 12. 28, 2017 도 17628.

다. 따라서 법관은 피고인이 자백한 때에도 자백의 진실성을 심리하여 자백과 다른 사실을 인정할 수 있고, 피고인이 부인하는 때에도 검찰에서의 피고인의 자백을 믿을 수 있다.[1]

51   ㈑ **감정인의 의견**   감정인의 감정결과도 반드시 법관을 구속하는 것은 아니다.

> 법관은 감정결과에 반하는 사실을 인정할 수 있고($\binom{대법원\ 1971.\ 3.\ 23,\ 71\ 도\ 212;}{대법원\ 1990.\ 11.\ 27,\ 90\ 도\ 2210}$), 감정의견이 상충된 경우에 다수의견을 따르지 않고 소수의견을 따를 수 있고, 여러 의견 가운데 각각 일부를 채용하여도 무방하나($\binom{대법원\ 1976.\ 3.\ 23,}{75\ 도\ 2068}$), 상반된 과학적 분석기법을 사용한 감정에 대해서는 면밀한 심리를 거쳐 증명력을 판단하여야 한다($\binom{대법원\ 2014.\ 2.\ 21,}{2013\ 도\ 9605}$).

52   2) **서 증**   증거서류의 증명력에 관하여도 법관의 자유판단을 제한할 증거법칙은 없다. 따라서 검사의 증인신문청구에 의한 증인신문조서의 기재내용이나,[2] 증거보전절차에서의 신문조서가 공판정에서의 조서기재내용보다 증명력이 덜한 것은 아니며,[3] 피고인의 법정에서의 진술이 절대적인 증명력을 가지는 것도 아니다.[4]

53   3) **동일증거의 일부와 종합증거**   법관은 동일증거의 일부만을 택하여 믿을 수 있으며, 아무리 신빙성이 없는 증인의 증언이라 할지라도 어느 부분의 증언은 믿을 수 있다.[5] 또한 다수증거의 종합판단, 즉 종합증거에 의한 사실인정도 가능하다고 해야 한다.[6] 종합증거란 수개의 증거가 불가분하게 결합하여 단독으로는 없는 증명력을 가지는 경우, 즉 총합적 증명력에 의한 사실인정을 말한다. 종합증거 가운데 위법증거가 있는 경우에도, 그 증거를 제외하고 사실을 인정할 수 있으면 판결의 결과에 영향을 미친 것이 아니므로 상소이유가 되지 않는다.

54   4) **간접증거**   자유심증주의는 간접증거에 대하여도 적용된다. 즉 사물의 성질상 요증사실과 상당한 관련성이 있는 간접증거[7] 또는 정황증거에 의하여도 사

---

1 대법원 1985. 7. 9, 85 도 826.
2 대법원 1956. 3. 16, 4288 형상 184.
3 대법원 1980. 4. 8, 79 도 2125.
4 대법원 1953. 1. 20, 4286 형상 136; 대법원 1958. 1. 24, 4290 형상 433.
5 대법원 1980. 3. 11, 80 도 145.
6 대법원 2013. 7. 12, 2013 도 4481; 대법원 2015. 9. 10, 2015 도 7989.
7 대법원 2016. 8. 30, 2013 도 658; 대법원 2018. 4. 19, 2017 도 14322, 「무엇이 상당한 관련성이 있는 간접증거에 해당할 것인가는 정상적인 경험칙에 바탕을 두고 치밀한 관찰력이나 분석력에 의하여 사실의 연결상태를 합리적으로 판단하는 방법으로 하여야 한다.」

실을 인정할 수 있다.[1] 간접증거는 그것이 진술증거인가 또 비진술증거인가를 묻지 아니한다. 간접증거에 의하여 범죄사실을 인정하기 위해서는 그 전제가 되는 간접사실이 합리적 의심을 허용하지 않을 정도로 증명되어야 하고, 각각의 간접사실이 상호 모순·저촉이 없어야 함은 물론 논리와 경험칙·과학법칙에 의하여 뒷받침되어야 하며, 범행 동기 등 여러 간접사실로 보아 피고인이 범인이라고 보기에 충분할 만큼 압도적으로 우월한 증명이 있어야 한다.[2] 이때 간접증거가 개별적으로는 범죄사실에 대한 완전한 증명력을 가지지 못하더라도 전체 증거를 상호 관련하에 종합적으로 고찰하여 종합적 증명력이 있으면 충분하다.[3]

(3) 자유판단의 기준과 심증형성의 정도

자유심증주의는 사실인정의 합리성을 그 이념으로 한다. 즉 사실인정은 통상인이면 어느 누구도 의심하지 않을 정도로 보편타당성을 가져야 한다. 이러한 보편타당성을 확보하기 위하여는 법관의 사실인정이 논리와 경험법칙에 합치하여야 한다. 따라서 충분한 증명력이 있는 증거를 합리적인 근거 없이 배척하거나[4] 반대로 객관적인 사실에 명백히 반하는 증거를 아무런 합리적인 근거 없이 채택·사용하여서는 안 된다.[5] 이러한 의미에서 자유심증주의를 합리적 심증주의 또는 과학적 심증주의라고도 한다. 논리와 경험법칙에 따른 심증형성의 정도는 합리적인 의심을 할 여지가 없을 정도로 공소사실이 진정한 것이라는 확신을 가지게 할 수 있는 정도여야 한다.[6] 여기서 합리적 의심이라 함은 모든 의문, 불

55

---

1 대법원 1961. 11. 16, 4294 형상 497; 대법원 2015. 9. 10, 2015 도 7989; 대법원 2021. 2. 4, 2020 도 3439(진정한 양심); 대법원 2021. 2. 25, 2019 도 18442(진정한 양심); 대법원 2021. 10. 14, 2018 도 10327(공동의사).

2 대법원 2017. 5. 30, 2017 도 1549.

3 대법원 2013. 6. 27, 2013 도 4172. 일본 판례도 간접증거에 의하여 인정되는 일정한 추인력을 지닌 간접사실을 종합평가하여 범인성을 인정하여야 한다고 판시하고 있다(日最判 2018. 7. 13 [刑集 72 - 3, 324]).

4 대법원 2022. 3. 30, 2018 도 19037; 대법원 2022. 8. 19, 2021 도 3451; 대법원 2023. 6. 15, 2022 도 15414.

5 대법원 2015. 8. 20(전원합의체판결), 2013 도 11650; 대법원 2016. 6. 23, 2016 도 3735; 대법원 2020. 5. 14, 2020 도 2433.

6 대법원 2023. 1. 12, 2022 도 14645, 「형사재판에서 범죄사실의 인정은 법관으로 하여금 합리적인 의심을 할 여지가 없을 정도의 확신을 가지게 하는 증명력을 가진 엄격한 증거에 의하여야 하므로, 검사의 증명이 그만한 확신을 가지게 하는 정도에 이르지 못한 경우에는 설령 피고인의 주장이나 변명이 모순되거나 석연치 않은 면이 있어 유죄의 의심이 가는 등의 사정이 있다고 하더라도 피고인의 이익으로 판단하여야 한다.」
 동지: 대법원 2013. 1. 16, 2012 도 8641; 대법원 2014. 6. 12, 2014 도 3163; 대법원 2022. 3. 30, 2018 도 19037; 대법원 2023. 1. 12, 2022 도 12245, 2022 보도 52.

신을 포함하는 것이 아니라 논리와 경험칙에 기하여 요증사실과 양립할 수 없는 사실의 개연성에 대한 합리성 있는 의문을 의미하는 것으로서, 피고인에게 유리한 정황을 사실인정과 관련하여 파악한 이성적 추론에 그 근거를 두어야 하는 것이므로 단순히 관념적인 의심이나 추상적인 가능성에 기초한 의심은 합리적 의심에 포함된다고 할 수 없다.[1]

56   **1) 논리와 경험법칙**   논리법칙이란 논리학상의 공리로서 자명한 사고법칙을 말한다. 수학상의 공리도 여기에 속한다. 논리법칙은 명백하고 타당한 결함이나 모순 없는 논증을 요구한다. 계산착오·개념의 혼동 또는 판결이유에 모순이 있을 때는 논리법칙에 반한다고 할 수 있다.

> 따라서 일관성이 없는 진술($\binom{대법원 1995. 10. 12,}{93 도 93}$)이나 애매하고 모순된 진술($\binom{대법원 1984. 7. 10,}{84 도 846;}$ 대법원 1987. 2. 24,$_{80 도 3222}$) 또는 객관적 합리성이 인정되지 않아 신빙성이 없는 증거를 근거로 ($\binom{대법원 1987. 4. 14,}{87 도 317}$) 사실을 인정하는 것은 논리법칙에 반하는 것으로서 허용되지 않는다.

57   경험법칙은 개별적인 체험의 관찰과 그 일반화에 의하여 경험적으로 얻어진 법칙을 의미한다. 경험법칙은 개별적인 체험으로부터 귀납적으로 얻어진 법칙[2]이므로 확실성에 있어서 차이가 있다. 따라서 경험법칙의 판단에 있어서는 확실성을 검토할 것을 요한다. 물리학상의 원리는 필연법칙적 경험칙임에 대하여, 사회심리학적 법칙은 개연성 또는 가능성의 정도에 불과하다. 필연법칙적 경험칙은 법관의 심증형성을 구속하며, 이 범위에서는 법관의 자유심증이 적용될 여지가 없다.[3] 다만 과학적 증거방법이 사실인정에 있어서 상당한 정도로 구속력을 갖기 위해서는, 감정인이 전문적인 지식·기술·경험을 가지고 공인된 표준 검사기법으로 분석을 거쳐 법원에 제출하였다는 것만으로는 부족하고, 시료의 채취·보관·분석 등 모든 과정에서 시료의 동일성이 인정되고 인위적인 조작·훼손·첨가가 없었음이 담보되어야 하며 각 단계에서 시료에 대한 정확한 인수·인계 절차를 확인할 수 있는 기록이 유지되어야 함은 물론이다.[4]

        예컨대 알코올함량에 의한 음주운전의 판단 또는 계기에 의한 속도측정, 배출허용기

---

1 대법원 2004. 6. 25, 2004 도 2221; 대법원 2011. 9. 29, 2010 도 5962; 대법원 2017. 1. 25, 2016 도 15526; 대법원 2023. 6. 15, 2022 도 15414.
2 대법원 2022. 8. 19, 2021 도 3451.
3 Roxin S. 102; Zipf S. 193.
4 대법원 2010. 3. 25, 2009 도 14772; 대법원 2018. 2. 8, 2017 도 14222.

준을 초과하여 수질유해물질을 배출하였다는 폐수 수질검사 결과, 유전자검사나 혈액형검사[1] 등이 여기에 해당한다. 물론 개연적이거나 가능한 경험칙에 대하여는 그 확실성의 정도에 따라 법관의 합리적 판단이 가능하다.

2) 자유심증주의와 상소　　　자유심증주의는 법관의 확신에 의한 심증형성이 **58** 상소의 대상이 될 수 없다는 것을 의미한다.[2] 즉 상고심은 사실심의 증거평가를 자신의 심증에 의하여 함부로 대체할 수 없다. 특단의 사정이 없는 한 증거의 취사선택이 사실심의 전권에 속한다는 것은[3] 이를 의미한다. 그러나 법관의 심증형성이 논리와 경험칙에 반하여 합리성을 잃어버린 때에는 이유불비 또는 판결에 영향을 미친 사실오인으로 항소이유가 될 뿐 아니라, 채증법칙위반 또는 심리미진의 위법이 있기 때문에 상고이유가 될 수 있다. 채증법칙위반이란 합리적인 증거평가에 위배하여 위법하다는 것을 말하며, 심리미진은 법원이 직권에 의한 증거조사의무를 다하지 않은 것을 뜻한다. 직권에 의한 증거조사는 법원의 권한임과 동시에 실체진실 발견을 위한 법원의 의무가 되기 때문이다.

국민참여재판의 형식으로 진행된 형사공판절차에서 배심원이 증거의 취사와 사실의 인정에 관하여 만장일치의 의견으로 내린 무죄의 평결이 재판부의 심증에 부합하여 그대로 채택된 경우, 판례는 「이러한 절차를 거쳐 이루어진 증거의 취사 및 사실의 인정에 관한 제 1 심의 판단은 실질적 직접심리주의 및 공판중심주의의 취지와 정신에 비추어 항소심에서의 새로운 증거조사를 통해 그에 명백히 반대되는 충분하고도 납득할 만한 현저한 사정이 나타나지 않는 한 한층 더 존중될 필요가 있다」고 판시하였다(대법원 2010. 3. 25, 2009 도 14065).

3) 자유심증주의와 증거요지　　　자유심증주의의 남용에 대한 상소에 의한 구　**59**

1　대법원 2007. 5. 10, 2007 도 1950, 「유전자검사나 혈액형검사 등 과학적 증거 방법은 그 전제로 하는 사실이 모두 진실임이 입증되고 그 추론의 방법이 과학적으로 정당하여 오류의 가능성이 전무하거나 무시할 정도로 극소한 것으로 인정되는 경우에는 법관이 사실인정을 함에 있어 상당한 정도로 구속력을 가지므로, 비록 사실의 인정이 사실심의 전권이라 하더라도 아무런 합리적 근거 없이 함부로 이를 배척하는 것은 자유심증주의의 한계를 벗어나는 것으로서 허용될 수 없다.」
　동지: 대법원 2009. 3. 12, 2008 도 8486; 대법원 2022. 6. 16, 2022 도 2236.
2　다만 제 1 심 증인이 한 진술의 신빙성 유무에 대한 제 1 심의 판단이 명백하게 잘못되었다고 볼 특별한 사정이 있거나, 제 1 심의 증거조사 결과와 항소심 변론종결 시까지 추가로 이루어진 증거조사 결과를 종합하면 제 1 심 증인이 한 진술의 신빙성 유무에 대한 제 1 심의 판단을 그대로 유지하는 것이 현저히 부당하다고 인정되는 예외적인 경우에는 이를 뒤집을 수 있다(대법원 2013. 4. 26, 2013 도 1222).
3　대법원 1988. 4. 12, 87 도 2709.

제를 법률상 보장하기 위한 제도로 통설은 유죄판결에 증거설명을 요구하고 있는 형사소송법 제323조를 들고 있다.[1] 유죄판결에 증거의 요지를 명시하도록 함으로써 법관의 합리적 증거평가가 담보된다는 점은 부정할 수 없다. 그러나 형사소송법 제323조는 유죄판결을 하는 경우에 범죄사실을 인정한 증거의 요지를 명시할 것을 규정한 것에 지나지 않으며, 증거를 취사한 이유까지 기재할 것을 요구하는 것은 아님을 주의하지 않으면 안 된다. 즉 합리적 심증주의라고 하여 증거설명까지 요구하는 것은 아니다.[2]

3. 자유심증주의의 예외

60   형사소송법은 자유심증주의에 대한 예외로 자백의 증명력을 제한하는 규정($\frac{제310}{조}$)과 공판조서의 증명력에 관한 규정($\frac{제56}{조}$)을 두고 있다. 이 이외에도 피고인이 진술거부권을 행사한 경우에도 자유심증주의의 예외를 인정할 것인가라는 문제가 있다.

(1) 자백의 증명력제한

61   형사소송법 제310조는 「피고인의 자백이 그 피고인에게 불이익한 유일의 증거인 때에는 이를 유죄의 증거로 하지 못한다」고 하여 자백의 보강법칙을 규정하고 있다. 자백에 대한 보강증거가 없을 때에는 자백에 의하여 유죄의 심증을 얻는 경우에도 유죄를 선고할 수 없다는 점에서 자백의 증명력제한은 자유심증주의의 예외가 된다고 할 수 있다. 다만, 범죄의 주관적 구성요소, 즉 고의·과실·목적은 자백만으로 인정할 수 있으며 보강증거를 요하지 않는다.[3] 전과에 관한 사실에 대하여도 같다.[4] 그러므로 이 범위에서는 자유심증주의가 적용된다고 하겠다.

(2) 공판조서의 증명력

62   형사소송법 제56조는 「공판기일의 소송절차로서 공판조서에 기재된 것은 그 조서만으로써 증명한다」고 규정하고 있다. 즉 공판기일의 소송절차로서 공판조서에 기재되지 않은 것에 대하여는 자유심증주의가 적용되지만, 공판조서에 기재된

---

1 강구진 437면; 김기두 153면; 정영석/이형국 379면.
2 대법원 1968. 6. 20(전원합의체판결), 68 도 449; 대법원 1979. 1. 23, 75 도 3546; 대법원 1985. 5. 29, 84 도 682.
3 대법원 1961. 8. 16, 4294 형상 171; 대법원 1969. 3. 25, 69 도 99.
4 대법원 1973. 3. 20, 73 도 280; 대법원 1981. 6. 9, 81 도 1353.

것은 법관의 심증 여하를 불문하고 그 기재된 대로 인정해야 된다는 점에서 이를 자유심증주의에 대한 예외로 인정하는 것이 통설의 태도[1]이다.

(3) 피고인의 진술거부와 자유심증주의

　　형사소송법은 피고인에게 진술거부권을 보장하고 있다($제283조_{의2}$). 그런데 피고　　63
인이 진술거부권을 행사한 경우에 자유심증주의에 의하여 피고인의 진술거부를 피고인에게 불이익한 간접증거로 평가할 수 있다면 피고인은 불이익한 심증을 피하기 위하여 진술을 강요당하지 않을 수 없어 진술거부권의 보장은 무의미하게 된다. 따라서 피고인이 진술을 거부한 때에는 진술거부권의 행사를 피고인에게 불이익한 증거로 사용할 수 없으며, 나아가서 법원이 진술거부의 동기를 심리하는 것도 허용되지 않는다고 해야 한다.[2] 증언거부권을 가진 증인이 증언을 거부한 때에도 같은 이론이 적용된다.[3] 이 범위에서 피고인이나 증인의 진술거부권은 자유심증주의의 예외가 된다고 할 수 있다.

4. 자유심증주의와 in dubio pro reo의 원칙

　　자유심증주의란 증거의 증명력은 법관의 자유판단에 의한다는 원칙이다. 법　　64
관은 자유로운 증거평가에 의하여 형성된 심증을 기초로 사실인정을 하게 된다. 여기에 자유로운 심증형성은 증명의 정도에 이를 것을 요한다. 즉 증거평가의 결과는 합리적 의심 없는 증명(proof beyond a reasonable doubt) 또는 확신의 단계에 이르러야 한다. 자유심증주의에 의한 증거평가의 결과 법관이 확신을 가질 수 없어 범죄사실이 증명되지 아니한 때에 적용되는 원칙이 바로 「의심스러운 때에는 피고인의 이익으로」라는 원칙이다. 이러한 의미에서 in dubio pro reo의 원칙은 자유심증주의를 제한하는 원칙이 아니라 서로가 밀접한 관계를 가지고 있는 원칙이라고 해야 한다.

1　백형구 강의, 612면; 이영란 680면; 정영석/이형국 381면.

2　Hürxthal KK § 261, Rn. 40; Meyer-Goßner § 261, Rn. 16; Roxin S. 103.

3　BGHSt. 22, 113.

제 3 절 자백배제법칙

§ 45   **I . 자백의 의의**

1   자백이란 피고인 또는 피의자가 범죄사실의 전부 또는 일부를 인정하는 진술
을 말한다.[1] 자백을 범죄사실 또는 그 본질적 부분(주요부분)에 대한 승인을 의미한다
고 하거나,[2] 자기의 형사책임을 인정하는 진술을 말한다고 정의하는 견해[3]도 있
다. 원래 영미법에 있어서는 범죄사실의 전부 또는 일부에 대하여 자기의 형사책
임을 인정하는 진술을 자백(confession)이라 하여, 단지 자기에게 불이익한 사실을
인정하는 승인(admission)과 구별하고 있다. 그러나 형사소송법에서는 자백과 승인
을 구별하지 아니하며 특히 자백배제법칙에 관하여는 양자를 구별하여 취급하여
야 할 이유가 없으므로,[4] 자백을 범죄사실의 주요부분이나 자기의 형사책임을 인
정하는 진술에 제한하여야 할 이유가 없다. 이러한 의미에서 자백은 승인의 일종
이라고 할 수 있다. 따라서 구성요건에 해당하는 사실을 긍정하면서 위법성조각
사유나 책임조각사유의 존재를 주장하는 경우도 자백에 해당한다고 할 수 있다.

2   범죄사실의 전부 또는 일부를 인정하는 진술은 모두 자백이다. 따라서,

첫째, 진술을 하는 자의 법률상의 지위는 문제되지 않는다. 제309조는 피고
인의 자백이라고 규정하고 있으나, 피고인의 진술뿐만 아니라 피의자나 증인·참
고인의 진술도 모두 자백에 해당한다.

둘째, 진술의 형식이나 상대방도 묻지 아니한다. 구두에 의한 진술뿐만 아니
라 서면에 의한 진술도 자백에 해당한다. 재판상의 자백과 재판 외의 자백을 포
함하며, 후자는 일기 등에 자기의 범죄사실을 기재하는 경우와 같이 상대방이 없
는 경우도 포함한다. 임의성이 문제되는 자백은 대부분이 수사기관에 의한 자백
의 경우이다. 그러나 공판정에서의 자백도 부당한 장기구속에 의한 자백의 경우
는 물론, 출정 전의 강요나 협박에 의하여 이루어진 자백에 관하여 증거능력이
문제된다.[5]

---

1 백형구 438면, 강의 616면; 손동권/신이철 536면; 신동운 1357면; 신현주 577면; 이영란 683면.
2 김기두 133면.
3 서일교 175면.
4 Rothstein, *Evidence*, p. 292.
5 대법원 1981. 7. 28, 80 도 2688.

셋째, 자백은 자기의 범죄사실을 승인하는 진술이며 형사책임을 긍정하는 진술임을 요하지 않는다.

문제는 모두절차에서 피고인이 '공소사실은 사실대로다'라고 진술한 경우에 이를 자백이라고 볼 수 있느냐에 있다. 자백은 사실의 진술임을 요하지 않는다는 이유로 이를 자백에 포함된다고 하는 견해[1]도 있으나, 이 경우에 자백한 것으로 볼 수 있는가는 수사기관에서의 진술이나 검사나 변호인의 신문에 대한 전후의 진술을 종합하여 판단하지 않으면 안 된다고 하겠다.[2]

다만, 자백은 당해 피고인 또는 피의자의 진술을 당해 사건에 이용하는 경우에 제한되므로 이를 타인에 대하여 이용하는 경우에는 자백이라고 할 수 없다.

Ⅱ. 자백배제법칙의 연혁과 비교법적 고찰

헌법 제12조 7항은 「피고인의 자백이 고문·폭행·협박·구속의 부당한 장기화 또는 기망 기타의 방법에 의하여 자의로 진술된 것이 아니라고 인정될 때에는 유죄의 증거로 삼을 수 없다」고 규정하고 있고, 형사소송법 제309조는 이에 따라 「피고인의 자백이 고문·폭행·협박·신체구속의 부당한 장기화 또는 기망 기타의 방법으로 임의로 진술한 것이 아니라고 의심할 만한 이유가 있는 때에는 이를 유죄의 증거로 하지 못한다」고 규정하여 임의성이 의심되는 자백의 증거능력을 부정하는 자백배제법칙을 선언하고 있다. 형사소송법 제198조 4항은 수사기관은 다른 사건의 수사를 통하여 확보된 증거 또는 자료를 내세워 관련 없는 사건에 대한 자백이나 진술을 강요하여서도 아니 된다고 규정하고 있는데, 별건 수사를 통한 자백 강요를 금지하는 취지이다. 여기에도 자백배제법칙의 정신이 반영되어 있다고 볼 수 있다.

1. 영미에 있어서의 자백배제법칙

자백에 대한 법적 규제는 영미 형사증거법의 자백배제법칙에서 유래한다. 영미의 common law는 국가기관의 자백강요를 금지하기 위하여 2개의 법칙을

---

1 강구진 488면.
2 대법원 1982. 6. 8, 81 도 790; 대법원 1984. 4. 10, 84 도 141; 대법원 1984. 7. 24, 83 도 2692.

가지고 있었다. 자기부죄거부의 특권(privilege against self-incrimination)과 자백배
제법칙(confession rule)이 그것이다. 자백배제법칙은 부당하게 유인된 자백 및 임
의성 없는 자백은 유죄 인정의 증거로 허용될 수 없다는 법칙을 의미한다.

　　영국에서도 17세기까지 자백은 아무런 제한을 받지 않고 증거로 허용되고
있었다. 그러나 18세기 후반부터 영국에서는 이익에 의하여 유인되거나 협박에
의한 자백의 허용성을 제한하기 시작하여, 이후 약 반세기에 걸쳐 조그마한 유인
이라도 있는 자백은 모두 배제되기에 이르렀고, 이러한 의미에서 영국의 형사사
법에는 자백에 의하지 않는 사실인정법칙이 확립되었다고 할 수 있다. 임의성
(voluntariness) 없는 자백을 배제하는 자백배제법칙은 미국에서 계수되어 대부분
의 주에서 비헌법적 증거법(unconstitutional evidence rule)으로서 자백에 임의성을
요구하고 있었다.[1]

　　이와 같이 common law에 있어서 자백의 임의성법칙은 자백의 신뢰성 내지 진실성
　　의 보장에 근거를 두고 있었다. 그러나 1897년의 Bram사건에서 연방대법원은 임의
　　성의 근거가 자기부죄금지의 특권을 규정한 미국 수정 헌법 제5조에 있다고 하였으
　　며,[2] 1936년의 Brown사건에서는 폭력에 의한 자백이 수정 헌법 제14조에 규정된
　　피고인의 due process에 대한 권리를 침해하는 것이라고 판시함으로써,[3] 자백배제
　　법칙이 확립되기에 이르렀다.

5　　한편, 1940년대부터 1950년대에 걸쳐 미국 연방대법원의 자백배제법칙은 전
통적인 임의성 없는 자백의 신뢰성결여이론에서 자백채취과정에 있어서의 위법
배제이론으로 발전하게 된다. 즉 1943년의 McNabb사건에서 연방대법원은 「피체
포자를 신속히 법관의 면전에 인도하지 않고 불법구속 중에 얻은 자백의 증거능
력은 없다」고 하였고,[4] 1957년의 Mallory사건에서도 체포 후 법관에게 인치하지
않고 30시간 구금 중에 받은 자백에 대하여 물리적·심리적 강제의 유무와 관계
없이 불법지체 사실만으로 자백을 배제함으로써,[5] 체포 후 즉시 법관에게 인치
하지 않고 구금 중에 받은 자백의 증거능력을 부정해야 한다는 McNabb-Mallory법

1　McCormick(3rd. edition) p. 372.
2　Bram v. United States, 168 U.S. 532(1897).
3　Brown v. Mississippi, 297 U.S. 278(1936).
4　McNabb v. United States, 318 U.S. 332(1943).
5　Mallory v. United States, 354 U.S. 449(1957).

칙이 확립되었다. 한편 1961년의 Rogers사건에서 연방대법원은 「임의성 없는 자
백이 배제되는 이유는 그러한 자백에 허위일 가능성이 있기 때문이 아니라 형법
의 실현을 위한 기본원칙을 침해하였기 때문이다」라고 하여[1] 자백에 대한 위법
배제법칙(due process exclusionary rule)을 명백히 하였으며,[2] 이에 따라 1964
년 변호인과의 접견교통권을 침해하여 획득한 자백의 허용성을 부정한 Escobedo
판결[3]을 거쳐, 1966년 Miranda판결에 의하여 변호인선임권과 접견교통권 및 진
술거부권을 고지하지 않은 상태에서 이루어진 자백은 배제된다는 소위 Miranda법
칙이 형성되기에 이르렀다.[4] 이와 같이 미국의 자백배제법칙은 common law의
임의성의 원칙을 초월하여 임의성과 관계없이 채취과정에 위법이 있는 자백을 배
제하는 의미를 가지게 되었으며,[5] 이에 의하여 자백배제법칙의 적용범위는 현저
히 확대되었다고 할 수 있다.

2. 독일 형사소송법의 증거금지

대륙의 형사소송법에서는 프랑스혁명 후에도 자유심증주의에 의하여 자백의   6
증명력을 법관의 자유판단에 맡김으로써 자백편중으로 인한 폐해를 시정하려고
하였을 뿐이며 자백의 증거능력을 제한하는 제도는 채택하지 아니하였다. 그러나
독일 형사소송법은 1950년의 개정을 통하여 증거금지(Beweisverbote)의 하나로 제
136조의 a에서 금지된 신문방법(verbotene Vernehmungsmethoden)을 규정하고 있
다. 이에 의하면 폭행 · 피로 · 신체침해 · 투약 · 고문 · 기망 또는 마취에 의하여
피고인의 의사결정과 의사활동의 자유가 침해되어서는 안 된다. 강제처분은 형사
소송법이 허용하는 경우에만 사용될 수 있고, 법률에 의하여 허용되지 않는 처분
에 의한 협박이나 법이 예상하지 않은 이익의 약속은 금지된다(동조 제1항). 이는 피고
인의 진술의 자유를 보호하기 위한 핵심규정이며, 소송의 모든 단계에서 존중되
어야 할 소송법적 근본규범(prozeßrechtliche Grundnorm)으로 평가되고 있다.[6] 독
일 형사소송법의 증거금지에 관한 규정은 형사소송에 있어서 법치국가원리를 실

---

1 Rogers v. Richmond, 365 U.S. 534(1961).

2 LaFave–Israel–King, *Criminal Procedure*, p. 316.

3 Escobedo v. Illinois, 378 U.S. 478(1964).

4 Miranda v. Arizona, 384 U.S. 436(1966).

5 Carmen, *Criminal Procedure*, p. 403; McCormick p. 219; Rothstein p. 309.

6 Boujong KK § 136 a, Rn. 1; Pfeiffer § 136 a, Rn. 1; Rogall SK § 136 a, Rn. 6.

현하는 것을 이념으로 한다.[1] 그런데 법치국가의 원리는 형사소송에서 피고인의
인간으로서의 존엄과 가치가 유지될 것을 요구하며, 피고인의 인간으로서의 가치
는 피고인이 스스로 진술과 진술거부의 자유를 가질 때에만 실현될 수 있다.[2] 증
거금지는 바로 진술거부권을 보장하기 위한 것이며, 이러한 의미에서 독일 형사
소송법 제136조의 a는 피고인의 인권옹호에 그 근거를 두고 있다고 할 수 있다.[3]

Ⅲ. 자백배제법칙의 이론적 근거

1. 견해의 대립

임의성에 의심 있는 자백의 증거능력을 부정하는 이론적 근거에 대하여는
견해가 대립되고 있다.

(1) 허위배제설과 인권옹호설

1) 허위배제설   허위배제설은 임의성 없는 자백에는 허위가 숨어들 위험성
이 많고 진실의 발견을 저해하기 때문에 증거능력이 부정된다고 한다. 영미의
common law에서 임의성 없는 자백의 증거능력을 부정한 전통적인 근거이다.[4]
이에 의하면 임의성 없는 자백이란 허위의 진술을 할 염려가 있는 상황하에서 행
하여진 자백을 의미하며, 유도·사술에 의한 자백일지라도 허위의 자백이 아니면
임의성을 긍정하게 되고 그 결과 임의성의 문제는 자백의 진실성 내지 신뢰성의
문제가 된다.

허위배제설에 대하여는 ① 허위배제설에 의하면 자백의 임의성이 자백내용
의 진실성에 의하여 좌우되는 결과가 되므로 자백의 증거능력과 증명력을 혼동하
였다고 하지 않을 수 없고, ② 임의성 없는 자백의 진실성이 증명되거나 자백에
의하여 다른 증거가 발견되어 진실성이 확인된 때에는 강제나 고문에 의한 자백
이라 할지라도 배제할 이유를 설명할 수 없게 된다는 비판을 면할 수 없다.

---

1 Gössel, "Die Beweisverbote im Strafverfahren," Bockelmann-FS, S. 802; Rogall, "Die Lehre
   von den strafprozessualen Beweisverboten," ZStW 91, 21.
2 Boujong KK § 136 a, Rn. 1; Gössel S. 187, Bockelmann-FS, S. 187.
3 Meyer-Goßner § 136 a, Rn. 1; Peters S. 311; Rogall SK Rn. 2; Schäfer S. 288; Zipf S. 185.
4 LaFave-Israel-King p. 315; McCormick p. 216.

2) **인권옹호설**　　　인권옹호설은 자백배제법칙을 묵비권보장의 증거법적 측면 8
으로 파악하여 묵비권을 중심으로 한 피고인의 인권보장을 담보하기 위하여 강제
등에 의한 자백이 배제된다고 한다. 허위배제설과의 결별을 선언한 미국의 판례
에 의하여 주장되어, 독일 형사소송법상의 증거금지의 이론적 기초가 된 이론이
다. 이에 의하면 임의성 없는 자백이란 범죄사실의 인부에 대한 의사결정의 자
유, 즉 진술의 자유를 침해한 위법·부당한 압박하에서 행하여진 자백을 의미하
게 된다.

인권옹호설에 대하여는 ① 자백배제법칙과 묵비권의 보장을 동일시하는 것
은 부당하고, ② 약속이나 기망에 의한 자백은 묵비권으로서는 해결할 수 없다는
비판을 받고 있다.[1] 즉 자백배제법칙과 묵비권은 역사적 연혁을 달리하고, 자백
배제법칙이 허위의 자백을 금지함에 대하여 묵비권은 진술내용의 진부를 불문한
다는 점에서 양자는 구별해야 한다는 것이다. 그러나 자백배제법칙과 묵비권의
보장이 연혁을 달리한다고 하여도 양자는 모두 고문의 금지라는 같은 목적을 위
한 정치적 항쟁의 결과이며, 자백배제법칙이 허위의 자백만을 금지하는 것도 아
니므로 이론상 양자를 엄격히 구별해야 한다는 것은 타당하다고 할 수 없다.[2]
다만 인권옹호설에 대하여는 ① 자백배제법칙은 묵비권의 침해에 의하여 진술의
무가 강제되는 경우에만 제한되는 것이 아니고, ② 임의성 없는 자백이라고 하기
위하여는 자백자의 의사결정의 자유가 침해되었을 것을 요하므로 임의성 판단을
자백자의 주관적 사정에 의하여 좌우되게 하는 것은 타당하다고 할 수 없다는 비
판이 가능하다.[3]

(2) **절 충 설**

허위배제설과 인권옹호설이 모두 자백의 증거능력을 제한하는 근거로 타당 9
하다는 견해이다.[4] 즉 임의성 없는 자백은 허위일 위험성이 많을 뿐만 아니라
자백강요의 방지라는 인권보장을 위하여도 증거능력이 배제된다는 것이다. 이에
의하면 임의성 없는 자백이란 허위의 진술을 할 염려 있는 상황에서 행하여진 자
백 또는 위법·부당한 압박하에서 행하여진 자백을 의미하는 것이 된다. 허위배
제설과 인권옹호설을 어떻게 조화할 것인가에 대하여 다수설은 제309조 전단의

1　강구진 490면.
2　차용석, "자백법칙의 근거 및 그 사정범위"(월간고시 1985. 8), 92면.
3　차용석/최용성 533면.
4　백형구 442면; 신양균/조기영 718면; 정웅석/최창호/김한균 600면.

고문·폭행·협박·신체구속의 부당한 장기화에 의한 자백은 인권침해에 의한 자백을 규정한 것이고, 기망 기타의 방법에 의한 자백은 허위배제설에 입각한 것이라고 하고 있다.[1] 그러나 허위배제설과 인권옹호설의 결합을 전단과 후단에 따라 분리하여 적용하는 것은 허위배제설과 인권옹호설의 결합만을 결합한 것에 지나지 않고, 자백배제법칙을 두 가지의 별개의 제도로 분리한 것이라는 비판을 면하기 어렵다. 자백배제의 근거로 허위배제와 인권옹호를 모두 고려해야 한다면 인권옹호적인 측면에 중점을 두고 설명해야 할 것으로 생각된다. 절충설에 의하는 경우에는 임의성의 유무가 전체상황을 고려하여 자백자의 주관을 기준으로 판단되지 않을 수 없다.

(3) 위법배제설

10   위법배제설은 자백배제법칙을 자백취득과정에서 적정절차의 보장을 확보하기 위하여 due process의 요청에 위반하여 위법하게 취득된 자백을 금지하는 실천적인 증거법상의 원칙으로 파악한다. 즉 자백법칙은 자백취득과정의 위법성으로 인하여 위법수집증거배제법칙에 의하여 증거능력이 부정된다는 것이다. 따라서 위법배제설에 의하면 자백법칙은 임의성의 원칙으로부터 탈피하여 임의성의 판단을 요하지 않고 위법수집증거이기 때문에 배제되는 것이 된다.[2] 위법배제설은 ① 자백배제법칙에 의하여 배제할 수 있는 자백의 범위를 확대할 뿐만 아니라, ② 증거능력의 표준을 객관화하여 명백하게 하였다는 점에서 실익이 있는 견해라고 할 수 있다.

(4) 종 합 설

10-1   허위배제설, 인권옹호설, 위법배제설 모두가 종합적으로 자백배제법칙의 근거가 된다는 견해이다.[3] 자백배제법칙이 증거법의 원칙이라는 의미를 넘어 헌법상 기본권으로 보장되어 있는 독자적 성격을 가진다는 점을 고려하여 이를 사인간의 영역에서도 확대 적용되도록 하기 위하여는 허위배제설과 인권옹호설 및 위법배제설을 상호보완적으로 사용할 필요가 있다는 것이다. 그러나 허위배제설과 인권옹호설을 결합하여 자백자의 주관을 기준으로 배제해야 할 자백인가를 결정해야 한다고 보는 점에서 이 견해는 절충설과 차이가 없을 뿐만 아니라, 이들 견

---

1 김기두 134면.

2 손동권/신이철 540면; 이은모/김정환 635면; 이창현 872-873면; 임동규 508면.

3 김재환 637면; 신동운 1365면; 이주원 459면; 정승환 § 51/14.

해와 위법배제설이라는 서로 다른 기준을 요구하는 학설을 결합하여 배제해야 할 자백의 범위를 불명확하게 했을 뿐이라고 해야 한다. 위법배제설을 인정할 때에는 더 이상 허위배제설이나 인권옹호설과의 결합은 필요 없기 때문이다.

2. 판례의 태도

자백배제법칙의 근거에 관한 대법원의 전통적인 태도는 허위배제설에 입각　　11
하고 있었다고 할 수 있다.

> 대법원이 종래 「피고인의 자백은 진실에 부합하는 임의성 있는 진술인 심증을 파악
> 함에 족하고」($\binom{대법원 1959. 10. 31.}{4292 형상 257}$), 「피고인의 자술서나 피고인에 대한 피의자신문조서의
> 기재가 능히 그 진실성을 담보할 수 있다고는 볼 수 없으므로 임의성이 없고」($\binom{대법원}{1968.}$
> $\binom{5. 7, 68}{도 379}$), 「피고인의 자백진술이 객관적으로 합리성이 결여되고 범행현장과 객관적 상
> 황의 중요부분이 부합되지 않는 등의 특별사정이 있는 경우 다소의 폭행 또는 기
> 타의 방법으로 자백을 강요하여 임의로 진술한 것이 아니라고 의심할 사유가 있다」
> ($\binom{대법원 1977. 4. 26,}{77 도 210}$)고 판시한 것은 모두 허위배제설의 입장이라고 하겠다.

다만 대법원이 그 후 「자백의 임의성이 인정된다고 하더라도 그 자백이 증　　12
거능력이 있다는 것에 지나지 않고 그 자백의 진실성과 신빙성, 즉 증명력까지도
당연히 인정되는 것은 아니다」고 판시하여[1] 자백의 증거능력과 증명력을 엄격히
구별한 것은 허위배제설을 극복한 것이라 할 수 있고, 또 「진술의 임의성이라는
것은 고문·폭행·협박·신체구속의 부당한 장기화 또는 기망 기타 진술의 임의
성을 잃게 하는 사정이 없다는 것, 즉 증거의 수집과정에 위법성이 없다는 것이
고」,[2] 「형사소송법 제309조의 피고인의 진술의 자유를 침해하는 위법사유는 예
시사유로 보아야 한다」[3]고 판시한 것은 마치 위법배제설을 채택한 듯한 인상을
주고 있다. 그러나 그 후 대법원은 임의성 없는 자백의 증거능력을 부정하는 이
유가 오판의 소지와 기본적 인권의 침해를 막기 위한 것이라고 판시하여 절충설
의 입장을 취하고 있음을 명백히 하고 있다.[4]

1　대법원 1983. 9. 13, 83 도 712; 대법원 1986. 8. 19, 86 도 1075; 대법원 1986. 9. 9, 85 도 64.
2　대법원 1983. 3. 8, 82 도 3248.
3　대법원 1985. 2. 26, 82 도 2413.
4　대법원 1999. 1. 29, 98 도 3584, 「임의성 없는 자백의 증거능력을 부정하는 취지가 허위진
　술을 유발 또는 강요한 위험성이 있는 상태하에서 행하여진 자백은 그 자체가 실체적 진실
　에 부합하지 아니하여 오판의 소지가 있을 뿐만 아니라 그 진위 여부를 떠나서 자백을 얻기

3. 절충설과 위법배제설의 검토

13　　허위배제설과 인권옹호설만으로 자백배제법칙의 이론적 근거를 설명하기에
는 부족하다는 것은 앞에서 본 바와 같다. 따라서 자백배제법칙의 근거에 관하여
는 다수설과 판례의 입장인 절충설과 위법배제설을 검토할 필요가 있다.

(1) 절충설에 대한 비판

14　　절충설이 자백배제법칙의 근거로 허위배제와 인권옹호를 들고 있는 것은 자
백의 임의성원칙의 독자적 성격을 강조한 것이라고 할 수 있다. 그러나 허위배제
와 인권옹호를 배경으로 한 임의성의 원칙은 ① 수사기관의 신문방법에 대하여
허용되는 명백한 기준을 제시하지 못하며 전체상황의 판단에 의하는 것도 법관의
주관적 판단에 맡기는 결과를 초래하고, ② 임의성의 원칙만으로는 헌법적 이익
에 대한 중대한 위험을 제거하는 데 충분하지 못하며, ③ 적정절차에 의할 때 비
로소 사법적 심사의 유효성과 적법성을 담보할 수 있다고 해야 한다.[1] 이러한
의미에서 위법배제설이 자백취득과정의 위법에 의하여 자백배제법칙의 객관적
적용기준을 확보하고, 이에 의하여 자백배제법칙의 통일된 해석원리를 제공한 것
은 타당하다고 생각된다. 위법배제설에 의하여 소송법규정에 위반하여 취득한 모
든 자백은 증거의 세계에서 배제할 수 있게 된다. 특히 형사소송법 제309조가 임
의성 없는 자백뿐만 아니라 기타의 방법으로 임의성에 의심 있는 자백에 이르기
까지 그 적용범위를 확대한 것은 위법배제설의 태도와 일치된다고 하지 않을 수
없다. 이러한 절충설의 비판은 종합설에도 그대로 적용된다.

(2) 위법배제설에 대한 비판의 검토

15　　절충설을 취하는 학자는 위법배제설에 대하여 ① 위법배제설이 임의성 없는
자백의 증거능력을 부정하는 이유를 임의성이 없다는 점에서 찾지 아니하여 자백
의 임의성이라는 면을 도외시하고 있는 것은 형사소송법 제309조의 입법취지를
외면하는 것이며, ② 위법배제설에 의하면 자백의 임의성이 없는 경우와 자백의
임의성은 인정되나 단지 그 획득의 절차가 위법한 경우의 질적 차이를 설명하기

위하여 피의자의 기본적 인권을 침해하는 위법부당한 압력이 가하여지는 것을 사전에 막기
위한 것이므로, 그 임의성에 다툼이 있을 때에는 검사가 그 임의성의 의문점을 해소하는 입
증을 하여야 한다.」
　　동지: 대법원 1998. 4. 10, 97 도 3234; 대법원 2000. 1. 21, 99 도 4940; 대법원 2012. 11.
29, 2010 도 11788; 대법원 2015. 9. 10, 2012 도 9879
1　LaFave-Israel-King p. 322; McCormick p. 219.

곤란하다고 비판하고 있다.[1] 그러나 ① 위법배제설도 자백배제법칙이 원래 임의
성의 원칙에서 유래된 것을 부정하지는 않는다. 허위배제설이나 인권옹호설에 의
하여는 자백배제의 적정한 객관적 기준을 제시하지 못하고 배제해야 할 자백을
모두 설명하지 못하게 되므로, 이에 대한 명백하고 객관적인 기준을 제시하기 위
하여 자백을 획득하는 절차의 위법을 자백배제의 이유로 제시하는 것에 불과하
다. ② 위법배제설에 의하면 임의성 없는 자백과 임의성은 있지만 위법한 절차에
의하여 획득한 자백의 질적 차이를 무시한다는 비판도 타당하다고 할 수 없다.
임의성에 의심 있는 자백이 증거능력을 부정하는 결론임에 반하여 위법한 절차에
의하여 획득한 자백은 임의성에 의심 있는 자백인가를 판단하기 위한 기준에 불
과하므로 양자는 질적으로 엄격히 구별할 수 있는 개념이 아니기 때문이다.[2] 뿐
만 아니라 절차의 위법은 있으나 임의성이 인정되는 자백을 예상하는 것도 제309
조의 해석과 일치된다고 할 수 없다. 임의성에 의심 있는 불공정하게 획득된 자
백은 이미 임의성 있는 자백이라고 할 수 없다.[3] 요컨대 자백배제법칙의 근거는
위법배제설에 의하여 설명하는 것이 타당하다고 하겠다.

Ⅳ. 자백배제법칙의 적용범위

피고인의 자백이 고문·폭행·협박·신체구속의 부당한 장기화 또는 기망   16
기타의 방법으로 임의로 진술한 것이 아니라고 의심할 만한 이유가 있는 때에는
이를 유죄의 증거로 하지 못한다(제309조). 자백배제법칙의 적용범위에 관하여는 특
히 「기타의 방법으로 임의로 진술한 것이 아니라고 의심할 만한 이유가 있는 때」
를 어느 범위까지 인정할 것인가가 문제된다.

1. 고문·폭행·협박·신체구속의 부당한 장기화로 인한 자백

고문·폭행·협박·신체구속의 부당한 장기화에 의한 자백이 배제된다는 점   17
에는 의문이 없다. 다수설은 이를 임의성 없는 자백의 전형적인 경우를 예시한

---

1 백형구, "형사소송법 제309조의 입법취지와 적용범위"(월간고시 1985. 8), 149–153면.

2 Israel/Kamisar/LaFave, *Criminal Procedure and Constitution*, 1993, p. 271.

3 Rogge, "Confession and Self-Incrimination," in Stuart S. Nagel(Ed.), *The Rights of the Accused*, p. 66.

것으로 해석하고 있다.[1] 그러나 위법배제설에 의하는 경우에는 고문·폭행·협 박·신체구속의 부당한 장기화는 그 자체가 자백을 배제하기에 충분한 위법한 수 단이 되므로 당연히 증거능력이 배제되는 것이다.

(1) 고문 · 폭행 · 협박에 의한 자백

18   1) 의   의   고문이란 신체에 대하여 위해를 가하는 것을 말하며, 폭행은 이에 대한 유형력의 행사를 의미하고, 협박은 해악을 고지하여 공포심을 일으키 는 것을 말한다. 협박은 경고와 구별되어야 하므로 단순한 경고에 의한 자백은 위법절차에 의한 자백이라고 할 수 없다. 다만 고문과 폭행·협박은 개념상 엄격 히 구별될 수 없으며, 또한 구별할 실익도 없다. 때리거나 차는 경우는 물론 광 선을 투사하여 잠을 못자게 하는 것도 고문 또는 폭행에 해당한다. 고문이나 폭 행에 의한 자백은 당연히 증거능력이 없으며,[2] 반드시 피고인이 직접 고문을 당 하지 않았다 할지라도 다른 피고인이 고문당하는 것을 보고 자백한 경우도 여기 에 해당한다.[3]

19   2) 경찰고문과 검사에게 한 자백의 증거능력   피의자가 경찰에서 고문에 의 하여 자백을 한 후 검사에게 동일한 자백을 한 경우에 검사 앞에서 한 자백의 증 거능력을 인정할 수 있느냐가 문제된다.

> 대법원은「임의성 없는 심리상태가 검사의 조사단계까지 계속된 경우에는 검사 앞에 서의 자백도 임의성이 없다」고 판시하였다.[4] 특히 경찰에서 피고인을 조사한 경찰 관이 검사 앞에까지 피고인을 데려간 경우에는 검사 앞에서 임의성 없는 심리상태가 계속되었다고 하고 있다($\frac{대법원\ 1992.\ 3.\ 10,}{91\ 도\ 1}$). 다만 그 사정이 검사의 수사과정에 영향을 미치지 않은 때에는 임의성 없는 자백이라고 할 수 없고($\frac{대법원\ 1983.\ 4.\ 26,\ 82\ 도\ 2943;}{대법원\ 1983.\ 11.\ 8,\ 83\ 도\ 2436}$), 단순히 검사의 피의자신문조서가 송치받은 당일에 작성된 것만으로 임의성이 없는 것은 아니라는 태도를 취하고 있다($\frac{대법원\ 1984.\ 5.\ 29,}{84\ 도\ 378}$). 나아가 수사기관에서 가혹행위 등으로 임의성 없는 자백을 하고, 그 후 법정에서도 그러한 심리상태가 계속되어 동 일한 내용의 자백을 하였다면 법정에서의 자백도 임의성이 없다고 판시하였다.[5]

---

1 백형구 445면; 정영석/이형국 336면.

2 대법원 1984. 3. 13, 84 도 36.

3 대법원 1978. 1. 31, 77 도 463.

4 대법원 1981. 10. 13, 81 도 2160; 대법원 1982. 2. 23, 81 도 3324; 대법원 1984. 5. 15, 84 도 472; 대법원 1992. 11. 24, 92 도 2409; 대법원 2011. 10. 27, 2009 도 1603; 대법원 2012. 11. 29, 2010 도 11788.

5 대법원 2004. 7. 8, 2002 도 4469; 대법원 2011. 10. 27, 2009 도 1603; 대법원 2012. 11. 29,

인권옹호설에 의하면 임의성의 존부는 신문 시에 의사의 자유가 침해되었는가에 따라 판단해야 하므로 의사의 자유가 침해된 상태에서 한 검사 앞에서의 자백이 증거능력 없다는 것은 당연하다고 할 수 있다. 그러나 위법배제설에 의하는 경우에도 고문은 반드시 조서작성자에 의하여 행하여졌을 것을 요하지 않고, 경찰에서의 위법수사와 자백 사이에 인과관계가 존재하는 범위에서는 같은 결론이 된다고 보아야 한다.

(2) 신체구속의 부당한 장기화로 인한 자백

신체구속의 부당한 장기화로 인한 자백이란 부당하게 장기간에 걸친 구속 후의 자백을 의미한다. 부당한 구속에 의한 자백은 자백의 임의성을 문제삼지 않고 구속의 위법성 때문에 자백의 증거능력이 배제되는 경우이며, 위법배제설의 색채가 명백히 나타난다고 할 수 있다. 따라서 부당한 장기간의 구속으로 인한 자백인가는 어디까지나 구속 자체의 위법성을 기준으로 하여 결정해야 하며, 이는 구체적 사정을 고려하여 구속의 필요성과 비례성을 판단하지 않으면 안 된다. 다만 불법구속과 부당한 장기간의 구속에 의한 자백은 임의성과 관계없이 증거능력이 부정되어야 하지만, 구속기간에 대한 일체의 불법이 모두 여기에 해당하는 것은 아니다.

> 판례는 구속영장 없이 13여일 간 불법구속되어 있으면서 고문이나 잠을 재우지 않는 등 진술의 자유를 침해하는 위법사유가 있는 증거의 증거능력을 부정하고 있다(대법원 1985. 2. 26. 82 도 2413).

2. 기망 기타 방법에 의한 임의성에 의심 있는 자백

(1) 기망과 약속에 의한 자백

1) 기망에 의한 자백   기망 또는 위계에 의하여 자백을 획득하는 경우를 말하며, 위계에 의한 자백이라고도 한다. 기망에 의한 자백은 허위배제설에 의하면 기망으로 인하여 허위의 자백을 유발하였거나 또는 유발할 개연성이 있는 경우에만 임의성 없는 자백으로 배제됨에 반하여,[1] 인권옹호설의 입장에서는 기망으로 인하여 진술의 자유가 침해된 때에만 임의성 없는 자백이 된다.[2] 그러나 위법배

2010 도 3029.

[1] Frazier v. Cupp, 394 U.S. 731(1969). 영미에서의 전통적 입장이라고 할 수 있다.

[2] Boujong KK § 136 a, Rn. 19; Hanack LR § 136 a, Rn. 33; Rogall SK Rn. 45, 53.

제설에 의하면 국가기관에 의한 현저히 불공평한 신문은 위법하므로 자백채취과
정의 위법으로 인하여 기망에 의한 자백이 배제되는 결과가 된다.

기망에 의한 자백에 해당하는 경우로는 예컨대 공범자가 자백하였다고 거짓말을 하
거나,[1] 거짓말탐지기의 검사결과 피의자의 진술이 거짓임이 판명되었다고 기망하여
자백을 받거나,[2] 또는 증거가 발견되었다고 기망하여 자백을 받은 경우[3]가 여기에
해당한다. 기망의 대상에는 사실뿐만 아니라 법률문제도 포함된다. 다만, 기망이라고
하기 위하여는 적극적인 사술이 있을 것을 요하고 단순히 착오를 이용하는 것으로는
족하지 않다.

22   2) 약속에 의한 자백   기타 방법에 의한 자백의 대표적인 예가 바로 이익의
약속에 의한 자백이라는 점에는 의문이 없다. 이익과 결부된 자백 또는 권유에
의한 자백이라고도 한다. 약속에 의한 자백이 배제되는 이유는 기망에 의한 자백
의 경우와 같다. 위법배제설에 의하면 신문방법의 위법성으로 인하여 자백이 배
제된다.[4] 이익의 약속은 자백에 영향을 미치는 데 적합한 것이어야 한다. 따라서
담배나 커피를 주겠다는 약속은 원칙적으로 여기에 해당하지 않는다.[5] 그러나
약속의 내용이 반드시 형사처벌과 관계있는 것임을 요하지 않고 일반적 · 세속적
이익도 포함된다. 다만 약속은 구체적이고 특수한 것임을 요하며, 단순히 진실을
말하는 것이 유리하다는 일반적인 약속으로는 부족하다.[6]

약속에 의한 자백에 해당하는 경우로는 검사가 자백을 하면 기소유예를 해 주겠다고
하여 이를 믿고 한 자백,[7] 특정범죄 가중처벌 등에 관한 법률을 적용하지 않고 가벼
운 수뢰죄로 처벌받게 해 주겠다고 약속한 경우$\left(\substack{\text{대법원 1984. 5. 9.}\\ \text{83 도 2782}}\right)$를 들 수 있다. 이에
반하여 증거가 발견되면 자백하겠다는 약속만으로는 이익과 교환된 것이 아니므로
임의성에 의심 있는 자백이라고 할 수 없다$\left(\substack{\text{대법원 1983. 9. 13.}\\ \text{83 도 712}}\right)$.

---

1 日最判 1970. 11. 25[刑集 24-12, 1670].

2 Gaspard v. State, 387 So. 2d 1016(Fla. App. 1980).

3 Boujong KK Rn. 20.

4 이와는 달리 자백에 따른 이익 제공에 대한 법률규정이 있어 이익을 약속하고 상대방이 이
   에 응한 경우(예컨대 사법협조자에 대한 형의 감면이나 소추면제)에는 임의성이 있으므로 자
   백이 배제되지 않는다.

5 Boujong KK § 136 a, Rn. 32; Pfeiffer § 136 a, Rn. 7; Rogall SK § 136 a, Rn. 66.

6 Meyer–Goßner § 136 a, Rn. 23; McCormick(3rd ed.) p. 378.

7 日最判 1966. 7. 1[刑集 20-6, 537].

(2) 기타 임의성에 의심 있는 자백

1) 임의로 진술한 것이 아니라고 의심할 만한 이유 다수설은 임의로 진술한 것이 아니라고 의심할 만한 이유가 있는 때란 임의성 없다는 것을 입증하는 것이 곤란하다는 점을 고려하여 임의성에 의심이 있는 자백은 증거로 할 수 없다는 취지이며, 따라서 이는 고문·폭행·협박·신체구속의 부당한 장기화에 의한 자백과 기망 기타의 방법에 의한 자백에 대하여 모두 적용되는 것이라고 해석한다.[1] 이에 대하여 전단의 사유는 당연히 임의성 없는 전형적인 경우를 규정한 것이므로 임의성에 의심이 있는 이유란 기망 기타의 방법에 의한 자백에 대하여만 적용된다고 해석하는 견해[2]도 있다. 고문·폭행·협박·신체구속의 부당한 장기화에 의한 자백의 경우에도 임의성이 없다는 것을 입증함을 요하지 않는다는 것을 명백히 하는 점에서 뿐만 아니라, 위의 사유는 임의성에 의심 있는 자백취득수단의 위법을 예시한 것이라는 점에서는 다수설이 타당하다고 하겠다. 그러나 기타 임의로 진술한 것이 아니라고 의심할 만한 이유란 임의성의 거증책임과 입증의 정도를 규정하는 데 그치는 것이 아니라, 앞에 열거된 것과 같은 정도의 위법수단에 의한 자백도 배제된다는 것을 의미한다고 해석하지 않을 수 없다.[3]

2) 위법한 신문방법에 의한 자백 법적으로 허용될 수 없는 방법에 의한 신문은 위법하지만 어느 정도의 추궁은 수사의 본질상 당연히 허용된다. 따라서 이론적 추궁에 의한 신문은 위법하다고 할 수 없다. 야간신문도 그 자체가 위법한 것은 아니다. 문제는 잠을 재우지 않는 정도의 신문이 허용될 수 있는가에 있다. 피의자가 피로로 인하여 정상적인 판단능력을 잃을 정도에 이를 때에는 신문을 중단하여야 할 것이므로, 이러한 방법에 의하여 얻은 자백의 증거능력은 부정되어야 한다.[4] 판례도 검찰에서 30시간 동안 잠을 재우지 않은 상태에서 받은 피고인의 자백의 증거능력을 부정한 바 있다.[5]

독일의 판례는 30시간 동안 잠잘 기회를 주지 않고 신문을 계속하여 받은 자백의 증거능력을 부정한 바 있고,[6] 미국에서도 잠을 재우지 않고 2일 동안 계속 신문한 끝

23

24

---

1 강구진 494면; 김기두 136면.

2 신현주 587면.

3 차용석/최용성 541면.

4 Boujong KK § 136 a, Rn. 12; Hanack LR § 136 a, Rn. 19; Meyer-Goßner § 136 a, Rn. 8; Rogall SK § 136 a, Rn. 35.

5 대법원 1997. 6. 27, 95 도 1964.

6 BGHSt. 13, 60.

에 얻은 자백의 증거능력을 부정한 바 있다.[1] 식량차입이 금지된 상태에서의 자백,[2] 수갑을 채운 채로 이루어진 신문에 의한 자백의 증거능력도 부정해야 할 경우가 있다.[3] 병상을 이용하여 얻은 자백에 대하여도 같이 평가해야 할 것이다.

판례는 요건을 충족하지 못하여 위법한 긴급체포에 의하여 유치 중인 피의자에 대하여 작성된 피의자신문조서의 증거능력을 부정하고 있다.[4] 형사소송법 제198조 4항은 별건 수사를 통한 자백 강요를 금지하고 있으므로, 수사기관이 다른 사건의 수사를 통하여 확보된 증거 또는 자료를 내세워 관련 없는 사건에 대한 자백이나 진술을 강요하였다면 그로 인해 받은 자백은 증거능력이 부정될 것이다. 위법한 수사방법으로 인하여 자백의 증거능력이 부정되는 경우라고 할 수 있다.

25   **3) 진술거부권을 고지하지 않은 자백, 변호인선임권 · 접견교통권의 침해에 의한**
자백   자백배제법칙과 진술거부권이 연혁을 달리하는 제도임은 부정할 수 없다. 그러나 연혁을 달리하는 두 제도는 공통의 원리에 의하여 일체화되고 있다고 할 수 있다. 진술거부권의 고지는 진술거부권의 불가결한 전제이며 이에 의하여 수사의 공정이 담보될 수 있는 것이므로, 진술거부권을 고지하지 않은 위법이 있는 때에는 자백배제법칙을 적용하여 증거능력을 부정하는 것이 타당하다고 생각된다. 변호권은 피고인의 방어권의 불가결한 요소이며 변호인선임권과 접견교통권은 그 핵심적 내용이 되는 것이므로 이를 침해하여 받은 자백에 대하여도 자백배제법칙이 적용되어야 한다.[5] 그러나 변호인 아닌 자와의 접견이 금지된 상태에서 피의자신문조서가 작성되었다는 것만으로 임의성이 부정되는 것은 아니다.[6] 이처럼 위법배제설에 의하는 경우에는 위법한 수사방법으로 인하여 자백배제법칙이 적용되어 그 증거능력이 배제된다고 할 수 있다. 이에 대하여 대법원은 수사기관이 미리 피의자에게 진술거부권을 고지하지 않은 때에 그 피의자의 진술은 위법하게 수집된 증거로서 증거능력이 부인되고,[7] 변호인선임권을 침해한 경

1 Ashcraft v. Tennessee, 322 U.S. 143(1944).
2 日最判 1957. 5. 31[刑集 11-5, 1579].
3 日最判 1963. 9. 13[刑集 17-8, 1703].
4 대법원 2002. 6. 11, 2000 도 5701.
5 이창현 878면; 임동규 513면.
6 대법원 1984. 7. 10, 84 도 846.
7 대법원 2009. 8. 20, 2008 도 8213; 대법원 1992. 6. 23, 92 도 682; 대법원 2015. 10. 29,

우에도 위법하게 수집된 증거로서 증거능력이 부인된다고[1] 판시하고 있다.

　　4) 거짓말탐지기와 마취분석 등에 의한 자백　　거짓말탐지기의 검사결과 취득　　26
한 자백의 증거능력을 인정할 것인가에 관하여 견해가 대립되고 있다. 거짓말탐
지기의 사용은 인간의 인격권을 침해하는 것이므로 피검사자의 동의가 있었는가
를 불문하고 위법한 것이므로 증거능력을 부정해야 한다는 견해[2]도 있다. 그러
나 동의가 있는 경우에는 이를 위법한 강제라고 할 수 없으므로 자백배제법칙이
적용될 성질은 아니라고 생각된다. 이 경우에도 검사결과가 적정할 것을 요하는
것은 물론이다.[3] 이에 반하여 마취분석은 인간의 의사지배능력을 배제하고 인간
의 가치를 부정하는 위법한 수사방법이라 할 것이므로 피분석자가 동의한 경우라
할지라도 이에 의하여 취득한 자백의 증거능력을 부정하지 않으면 안 된다.

V. 관련문제

1. 인과관계의 요부

　　고문 · 폭행 · 협박 · 신체구속의 부당한 장기화와 임의성 없는 자백 사이에　　27
인과관계를 요하는가에 대하여는 견해가 대립되고 있다. 적극설은 증거능력이 부
정되는 임의성 없는 자백은 고문 · 폭행 등에 의한 것이므로 양자 사이에는 당연
히 인과관계가 있어야 하며, 다만, 신체구속의 부당한 장기화와 임의성 없는 자
백 사이의 인과관계는 추정된다고 한다.[4] 이에 대하여 소극설은 폭행 · 협박 등의
위법행위는 절대로 방지되어야 하며 인과관계의 입증이 곤란하다는 점에 비추어
이를 요하지 않는다고 하는 것이 타당하다고 한다.[5] 그러나 자백배제법칙의 근
거에 관하여 허위배제설이나 인권옹호설을 취할 때에는 당연히 인과관계를 요한
다고 해야 한다. 즉 허위배제설에 의하면 고문 등과 허위의 자백 사이에 인과관

　　2014 도 5939.

1　대법원 2013. 3. 28, 2010 도 3359.

2　Boujong KK § 136 a, Rn. 34; Meyer-Goßner § 136 a, Rn. 24; Peters S. 336.

3　대법원은 거짓말탐지기의 검사결과가 증거능력을 갖기 위하여는 검사결과의 정확성을 확보할
　　수 있을 것을 요한다고 한다(대법원 1983. 9. 13, 83 도 712; 대법원 1985. 9. 24, 85 도 306).

4　김재환 646면; 신동운 1374면.

5　백형구 446면, 강의 625면; 손동권/신이철 545면; 이은모/김정환 641면; 임동규 514면; 정웅석/
　　최창호/김한균 605면.

계가 있어야 하며, 인권옹호설에 의하더라도 고문 등과 진술의 자유를 침해한 자
백 사이에 인과관계가 필요하다.[1] 대법원도 임의성 없는 사유들과 자백 사이에
인과관계가 있어야 한다고 판시하고 있다.[2] 위법배제설에 의할 때에도 고문 등
의 위법사유와 자백 사이의 인과관계는 필요하다. 그러나 이 때에는 고문 등의
위법사유와 임의성 없는 자백 사이의 인과관계는 요하지 않는다. 결국 위법배제
설에 따라 고문 등의 위법사유로 인한 자백이라는 의미에서의 인과관계는 요하지
만, 임의성에 대한 그것은 불필요하다고 해석하는 것이 타당하다.

2. 임의성의 입증

(1) 임의성의 거증책임

28   자백의 임의성에 대한 거증책임이 검사에게 있다는 점에 대하여는 이론이
없다. 제309조가 임의로 진술한 것이 아니라고 의심할 만한 이유가 있는 때에는
유죄의 증거로 하지 못한다고 규정하고 있는 것도 이러한 의미라고 할 수 있다.
검사는 피고인이 임의성에 대하여 이의를 제기한 경우에 한하여 임의성을 입증하
여야 하지만 피고인의 이의는 단순한 주장으로는 충분하지 않고 구체적 사실을
들어 임의성을 공격할 것을 요한다는 견해[3]가 있다.

> 대법원도 종래 자백의 임의성은 추정된다고 하여(대법원 1983. 3. 8, 82 도 3248), 「법관이 자백의 임
> 의성의 존부에 관하여 상당한 이유가 있다고 의심할 만한 고문 · 폭행 · 협박 · 신체구
> 속의 부당한 장기화 · 기망 · 기타의 방법 등 구체적 사실을 들어 그에 의하여 자백의
> 임의성에 합리적이고 상당한 정도의 의심이 있을 때에 비로소 검사에게 그에 대한
> 입증책임이 돌아간다」고 판시한 바 있다(대법원 1984. 6. 26, 84 도 748; 대법원 1984. 8. 14, 84 도 1139).

그러나 피고인이 임의성을 인정하거나 증거에 동의한 때에는 자백의 임의성
이 사실상 추정되는 것이므로 임의성에 대한 증명을 요하지 않는 것이지, 자백의
임의성 자체가 추정된다고 하는 것은 타당하다고 할 수 없다. 임의성에 의심이
있는 경우에는 증거능력이 없음에도 불구하고 임의성에 의심이 있을 때에 비로소
검사에게 거증책임이 있다는 것은 임의성의 거증책임이 검사에게 있다는 것을 무

---

1 Boujong KK § 136 a, Rn. 38; Meyer-Goßner § 136 a, Rn. 28; Rogall SK § 136 a, Rn. 84.
2 대법원 1984. 11. 27, 84 도 2252; 대법원 1985. 2. 8, 84 도 2630.
3 서일교 178면; 신현주 590면.

의미하게 하기 때문이다.

대법원이 그 후 피고인이 임의성을 다투는 경우에 법원은 피고인의 진술이 임의로
한 것인지의 여부를 자유로운 심증으로 판단해야 한다고 판시한 데 이어,[1] 임의성에
다툼이 있는 경우에는 검사가 임의성의 의문점을 해소하여 입증하여야 한다고 판시
하여,[2] 정면으로 검사의 거증책임을 인정한 것은 이러한 의미에서 이해할 수 있다.

(2) 증명의 정도

자백의 임의성에 대한 증명은 엄격한 증명을 요한다고 해석하는 견해도 있   29
다.[3] 그러나 자백의 임의성은 소송법적 사실에 불과하므로 자유로운 증명으로
충분하다고 해석하는 것이 타당하다.[4]

따라서 임의성은 조서의 형식·내용, 진술자의 신분·사회적 지위·학력·지능정도,
기타 여러 사정을 종합하여 판단할 수 있다(대법원 1985. 2. 8, 84 도 2630;
대법원 1986. 9. 9, 86 도 1187).

3. 위법하게 취득된 자백에 의하여 수집된 증거의 증거능력

형사소송법 제309조에 위반하여 위법하게 취득된 자백의 증거능력제한은 절   30
대적이다. 따라서 임의성에 의심 있는 자백은 동의에 의하여도 증거능력을 가지
지 못하며, 탄핵증거로도 사용하지 못한다.

제309조에 위반하여 취득한 자백에 의하여 수집된 증거의 증거능력에 대하
여 소위 독수의 과실이론(fruit of the poisonous tree doctrine)을 인정할 것인가가 문
제된다. 이를 긍정하는 경우에는 임의성에 의심 있는 증거의 증거능력을 부정한
제309조가 무의미하게 될 우려가 있으므로 증거능력을 부정하여야 할 것이다.[5]

---

1 대법원 1994. 12. 22, 94 도 2316; 대법원 1995. 5. 12, 95 도 484.

2 대법원 1998. 4. 10, 97 도 3234; 대법원 2000. 1. 21, 99 도 4940; 대법원 2006. 1. 26,
   2004 도 517.

3 신현주 591면.

4 대법원 1984. 3. 13, 83 도 3228; 대법원 1986. 11. 25, 83 도 1718; 대법원 2011. 2. 24,
   2010 도 14720.

5 김재환 644면; 백형구 446면; 손동권/신이철 547면; 신현주 592면; 임동규 516면.

§ 46   제 4 절   위법수집증거배제법칙

I. 위법수집증거배제법칙의 의의와 연혁

1. 위법수집증거배제법칙의 의의

1 위법수집증거배제법칙이란 위법한 절차에 의하여 수집된 증거, 즉 위법수집 증거의 증거능력을 부정하는 법칙을 말한다. 증거수집방법을 이유로 한 증거의 배제는 현대 증거법의 역사에 있어서 가장 중요한 발전으로 평가되고 있다.[1]

증거에는 진술증거와 비진술증거가 있다. 진술증거 특히 자백에 대하여는 종래 헌법 제12조 7항과 형사소송법 제309조에서 증거능력을 제한하는 규정을 두고 있었다. 그러나 비진술증거인 증거물에 대하여는 2007년 형사소송법 개정전 까지는 명문의 규정이 없어 위법수집증거배제법칙은 주로 증거물의 증거능력에 관한 문제로 다루어졌다. 그러나 자백배제법칙의 이론적 근거가 위법배제에 있다 고 보지 않을 수 없는 이상, 자백배제법칙도 위법수집증거배제법칙의 일부에 지 나지 않는다. 따라서 위법수집증거배제법칙은 비진술증거뿐만 아니라 진술증거에 대하여도 적용된다고 해야 한다. 다만, 자백의 증거능력에 관하여는 별도로 규정 하고 있으므로 여기서는 위법한 절차에 의하여 수집된 비진술증거와 자백 이외의 진술증거를 중심으로 검토하지 않을 수 없다.

2. 위법수집증거배제법칙의 형성과정

(1) 미국 증거법에서의 배제법칙의 형성

2 위법수집증거배제법칙은 미국 증거법에서 유래한다. 즉 이 원칙은 미국의 최고법원의 창조물이며,[2] 영국법에서는 인정되지 않았던 원칙이었다. 미국에서 도 1886년의 Boyd사건[3]에 이르기까지는 증거취득수단의 위법이 증거의 허용성 에 영향을 미치지 않는다는 common law의 원칙이 지배하고 있었다. 위법수집증 거배제법칙이 Boyd사건에 의하여 비롯되었다 할지라도 미국에서 이 법칙이 확립 된 것은 1914년의 Weeks사건에 의한 것이다.[4] Weeks판결은 우편을 위법하게

---

1 McCormick p. 243.

2 Carmen p. 106.

3 Boyd v. United States, 116 U.S. 616(1886).

4 LaFave-Israel-King p. 106; McCormick p. 247.

이용한 연방법위반사건에 대하여, 「위법하게 압수된 물건을 시민인 피고인에게 불이익한 증거로 이용하는 것을 인정한다면 불합리한 압수·수색을 받지 않을 권리를 시민에게 보장하는 미국 수정 헌법 제4조는 무의미하게 된다」고 하여 배제법칙이 연방헌법의 요구임을 명백히 하였다.[1] Weeks판결에 의하여 확립된 위법수집증거배제법칙은 1946년 연방형사소송법 제42조의 e에서 명문화되었을 뿐만 아니라, 1961년의 Mapp사건을 통하여 「수정 헌법 제 4 조의 privacy의 권리는 제14조의 due process조항의 본질적 내용을 이루므로 위법수집증거배제법칙은 주에도 적용된다」고 판시함으로써[2] 미국 증거법상 움직일 수 없는 원칙으로 확립되었다.

　　다만, 미국에서도 1974년의 United States v. Calandra사건과 1976년의 Stone v. Powell사건을 통하여 위법수집증거배제법칙은 헌법의 요청이라기보다는 수정 헌법 제 4 조의 권리를 보호하기 위한 사법상의 제도(judicially created remedy)에 지나지 않는다고 보아 그 적용범위가 제한되고 있다.[3]

(2) 독일 형사소송법의 증거금지

　　독일 형사소송법에는 진술증거의 경우와 달리 위법하게 수집된 증거의 사용을 금지하는 명문의 규정이 없다. 따라서 형사소송법 제136조의a와 같은 일반적 증거금지의 규정은 이 경우에 적용되지 않으며, 판례는 위법한 절차에 의하여 수집된 증거라 할지라도 적법한 강제처분에 의하여 발견될 수 있었을 것인 때에는 원칙적으로 사용할 수 있다고 판시하였다.[4] 다만 기본권의 보호에 대한 시민의 이익이 형사소추의 이익에 우선할 때, 즉 인격의 불가침한 핵심 내지 인간의 존엄이 침해된 때에는 사용금지가 적용되며,[5] 그 한계는 구체적 상황과 증거제출에 의하여 침해된 금지의 종류에 따라 판단해야 한다고 한다. 따라서 판례는 특히 도청에 관한 규정에 위반한 경우에 증거의 사용금지를 인정하고 있다. 다만 이 경우에도 진술에 대하여만 적용되는 독일 형사소송법 제136조의a는 독자적으로 발견된 증거방법에 대하여는 직접 적용될 수 없으므로, 증거사용금지의 먼거

3

1　Weeks v. United States, 232 U.S. 388(1914).

2　Mapp v. Ohio, 367 U.S. 643(1961).

3　LaFave–Israel–King p. 109; McCormick p. 245.

4　BGHSt. 24, 130.

5　Meyer–Goßner § 94, Rn. 21; Nack KK Vor § 94, Rn. 7; Pfeiffer/Fischer Vor § 94, Rn. 1; Roxin S. 191.

리효과(과실이론)가 문제될 수 있을 뿐이라고 한다. 불법녹음과 같은 국가기관의
허용될 수 없는 강제처분에 의하여 수집하게 된 증거방법도 사용할 수 없다고 한
다.[1]

(3) 일본의 위법수집증거배제법칙

4   일본의 판례는 종래 압수물은 압수절차가 위법하다고 할지라도 물건 자체의
성질이나 형상에는 변경이 없으므로 증거가치를 인정해야 한다는 태도를 유지하
고 있었다. 그러나 학설은 미국 판례의 영향 아래 위법한 절차에 의하여 수집된
증거가 배제되어야 한다는 점에 견해의 일치를 보이고 있었다. 여기서 최고재판
소도 1978. 9. 7.의 판결을 통하여 배제법칙을 선언하기에 이르렀으며,[2] 이에 따
라 일본의 위법수집증거배제법칙은 통설과 판례를 통하여 확립되기에 이르렀다.

Ⅱ. 위법수집증거배제법칙의 근거

5   형사소송법은 「적법한 절차에 따르지 아니하고 수집한 증거는 증거로 할 수
없다」는 규정을 신설하여($^{제308조}_{의2}$), 위법수집증거배제법칙을 명문으로 규정하고 있
다. 위법수집증거의 증거능력을 인정할 것인가에 관하여 판례는 종래 진술거부권
을 고지하지 않은 경우의 피의자신문조서의 증거능력은 부정하면서도,[3] 영장주
의에 위반하여 압수한 압수물의 증거능력에 관하여는 「압수물은 압수절차가 위
법하다 하더라도 물건 자체의 성질·형상에 변경을 가져오는 것은 아니므로 그
형상 등에 대한 증거가치에는 변함이 없다 할 것이므로 증거능력이 있다」고 판시
하여 그 증거능력을 일관되게 긍정하여 왔다.[4] 이에 반하여 학설은 비진술증거
인 증거물에 대하여도 위법수집증거배제법칙을 인정해야 한다는 점에 의견이 일
치하였다.[5]

---

1 Nack KK Rn. 8.

2 日最判 1978. 9. 7[刑集 32-6, 1672], 「증거물의 압수 등의 절차에 영장주의의 정신을 몰각
   시키는 중대한 위법이 있고 이를 증거로 허용하는 것이 장래의 위법한 수사의 억제라는 견
   지에서 상당하지 않은 경우에는 그 증거능력을 부정해야 한다.」

3 대법원 1992. 6. 23, 92 도 682.

4 대법원 1987. 6. 23, 87 도 705; 대법원 1994. 2. 8, 93 도 3318.

5 강구진 506면; 김기두 132면; 백형구 434면, 강의 593면; 서일교 150면.

그런데 2007. 6. 1. 형사소송법 개정으로 제308조의 2가 신설되어 이러한 판
례와 학설의 대립이 해소되었고, 대법원은 위 규정의 시행일(2008. 1. 1) 이전인
2007. 11. 15. 전원합의체판결을 통하여 「헌법과 형사소송법이 정한 절차에 따르
지 아니하고 수집한 증거는 원칙적으로 유죄인정의 증거로 삼을 수 없다」고 판시
함으로써 위법수집증거배제법칙을 인정하기에 이르렀다.[1]

1. 위법수집증거배제법칙의 근거

위법수집증거배제법칙의 근거는 일반적으로 적정절차의 보장과 위법수사의   6
억지라는 두 가지 이유에 있다고 설명되고 있다.[2] 전자가 배제법칙의 이론적 근
거임에 대하여, 후자는 그 정책적 근거로 이해된다.

(1) 적정절차의 보장

위법수집증거배제법칙의 이론적 근거는 위법하게 수집된 증거는 적정절차의   7
보장이라는 관점에서 그 증거능력이 부정되어야 하고, 이에 의하여 사법의 염결
성(judicial integrity)과 재판의 공정이 유지된다는 점에 있다. 즉 진실의 발견은 적
정한 절차에서 행하여질 것을 요하므로 헌법상 허용될 수 없는 절차에 의하여 수
집된 증거에 대하여는 진실발견을 위한 자격을 박탈하는 것이 당연하며, 법을 지
켜야 할 수사기관이 국민의 기본적 인권을 침해하고 위법하게 수집한 증거를 허
용하는 것은 법원이 위법행위에 가담하는 것과 같은 결과가 되어 사법의 염결성
을 해하게 된다는 것이다.

> 다만 적정절차의 보장과 사법의 염결성에 관하여 적정절차가 문제되는 것은 수사기
> 관이지 증거를 배제해야 하는 법원이 아니며, 위법수집증거를 사용하는 경우에 비하
> 여 명백한 죄인을 증거수집의 기술을 이유로 무죄판결하는 것이 사법에 대한 국민의
> 신뢰를 더욱 침해한다는 점에 비추어[3] 위법수집증거배제법칙의 근거는 정책적인 점
> 에 중점을 두어야 한다는 비판이 제기되고 있다.

---

1 대법원 2007. 11. 15(전원합의체판결), 2007 도 3061, 「헌법과 형사소송법이 정한 절차에 따
   르지 아니하고 수집한 증거는 기본적 인권 보장을 위해 마련된 적법한 절차에 따르지 않은
   것으로서 원칙적으로 유죄 인정의 증거로 삼을 수 없다. 수사기관의 위법한 압수·수색을 억
   제하고 재발을 방지하는 가장 효과적이고 확실한 대응책은 이를 통하여 수집한 증거는 물론
   이를 기초로 하여 획득한 2차적 증거를 유죄 인정의 증거로 삼을 수 없도록 하는 것이다.」

2 대법원 2017. 11. 15(전원합의체판결), 2007 도 3061; 대법원 2020. 1. 30(전원합의체판결),
   2018 도 2236, 대법원 2020. 11. 26, 2020 도 10729.

3 McCormick p. 246.

(2) 위법수사의 억지

8   위법수집증거의 배제는 위법수사를 방지·억제하기 위한 가장 유효한 방법
이라는 점에 그 정책적 근거가 있다. 물론 위법수집증거배제법칙의 억제력에 대
하여는 현재 미국에서도 의문이 제기되고 있다. 즉 이 법칙은 선의의 수사관의
수사행위에 대하여는 억제력을 가질 수 없고, 공소제기와 결합된 수사행위에 대
하여도 억제력을 인정할 실증적 자료가 없다는 것이다.[1] 그러나 위법수사를 행
한 자에 대한 형사상의 제재나 민사책임이 위법수사를 억제하기 위한 충분한 수
단이 될 수 없는 이상 위법수집증거배제법칙이야말로 이를 위한 가장 효과적인
방법이라고 보아야 한다.[2]

2. 위법수집증거배제법칙에 대한 비판

9   위법수집증거배제법칙에 대하여는 미국에서도 이를 위법수사를 억지하기 위
한 수단에 지나지 않는다고 보아 위법수집증거배제법칙 자체에 대한 비판이 제기
되고 있다. 비판의 핵심은 이 법칙이 사법의 염결성에 관하여 제한된 기능을 가
지고 있다는 것 이외에도 위법수집증거배제법칙으로 인하여 ① 신용성 있는 증거
를 상실하게 되고, ② 이를 보충하기 위하여는 막대한 비용이 필요하고, ③ 일반
의 지지를 잃고 있다는 점에 있다.[3] 그러나 위법수집증거배제법칙에 의하여 수
사방법의 적법이 사법심사의 대상이 되어 장래의 적법한 수사와 due process사
상의 발전이 기대될 수 있다는 점에 비추어 위법수집증거배제법칙을 부정할 수는
없다고 해야 한다. 미국에서의 위법수집증거배제법칙에 대한 비판자들도 이 법칙
의 폐기를 주장하는 것은 아니다.

Ⅲ. 위법수집증거배제법칙의 적용범위

1. 증거배제의 기준

10   위법수집증거배제법칙이라 하여 어떤 절차의 위법이라도 있으면 증거로서

---

1 LaFave-Israel-King p. 109.

2 Carmen p. 105.

3 LaFave-Israel-King pp. 108-109; McCormick(3rd edition) pp. 463-464.

배제된다는 것을 의미하는 것은 아니다. 위법의 정도가 경미한 경우까지 증거능력을 부정하는 것은 실체적 진실 발견이라는 형사소송의 이념에 비추어 부당하기 때문이다.[1] 따라서 배제법칙이 적용되는 범위는 침해된 이익과 위법의 정도를 고려하여 구체적·개별적으로 판단하지 않으면 안 된다. 일반적으로는 단순한 훈시규정의 위반만으로는 부족하고 본질적 증거절차규정을 위반한 때, 즉 중대한 위법이 있는 때에 한하여 증거능력이 배제된다고 해야 한다. 여기서 중대한 위법이란 「due process의 기본이념에 반하는 경우」, 또는 「정의감에 반하고 문명사회의 양심에 충격을 주는 것」을 의미한다고 할 수 있다.

한편, 대법원은 위법수집증거에 대하여 「원칙 배제, 예외 허용」의 입장을 취하고 있다. 즉 「헌법과 형사소송법이 정한 절차에 따르지 아니하고 수집된 증거는 기본적 인권 보장을 위해 마련된 적법한 절차에 따르지 않은 것으로서 원칙적으로 유죄 인정의 증거로 삼을 수 없다」고 선언하고, 다만 「수사기관의 절차위반 행위가 적법절차의 실질적인 내용을 침해하는 경우에 해당하지 않고 그 증거능력을 배제하는 것이 형사사법 정의를 실현하려고 한 취지에 반하는 결과를 초래하는 것으로 평가되는 때에는 유죄증거로 사용할 수 있다」고 한다.[2] 구체적으로 예외가 허용되는 기준에 해당하는지 여부는 수사기관의 증거수집과정에서 이루어진 절차위반행위와 관련된 모든 사정, 즉 ① 절차조항의 취지와 그 위반의 내용 및 정도, ② 구체적인 위반 경위와 회피가능성, ③ 절차조항이 보호하고자 하는 권리 또는 법익의 성질과 침해 정도 및 피고인과의 관련성, ④ 절차위반행위와 증거수집 사이의 인과관계 등 관련성의 정도, ⑤ 수사기관의 인식과 의도 등을 전체적·종합적으로 판단하여야 한다고 판시하였다.[3] 그리고 구체적 사안이 예외적인 경우에 해당하는지를 판단하는 과정에서 위법수집증거배제의 원칙이 훼손되지 않도록 유념하여야 하고, 예외적인 경우에 해당한다고 볼 수 있으려면 그렇게 볼 만한 구체적이고 특별한 사정이 존재한다는 것을 검사가 입증하여야 한다고 판시하였다.[4]

---

1 대법원 2019. 7. 11, 2018 도 20504.
2 대법원 2007. 11. 15(전원합의체판결), 2007 도 3061.
3 대법원 2007. 11. 15(전원합의체판결), 2007 도 3061; 대법원 2011. 4. 28, 2009 도 2109; 대법원 2019. 7. 11, 2018 도 20504; 대법원 2020. 11. 26, 2020 도 10729; 대법원 2022. 4. 28, 2021 도 17103.
4 대법원 2009. 3. 12, 2008 도 763; 대법원 2017. 9. 21, 2015 도 12400.

이처럼 대법원은 헌법과 형사소송법의 요건과 절차를 위반하였을 때에는 위법수집증거배제법칙을 상당히 넓게 적용한 후 구체적인 사정을 고려하여 예외적으로 증거능력을 인정하는 방법을 사용하고 있다. 구체적으로는 헌법상 영장주의나 적정절차를 위반하였거나 형사소송법상 효력규정을 위반한 때 등의 경우에 위법수집증거배제법칙을 적용한다.

2. 위법수집증거의 유형

위법수집증거배제법칙의 적용이 문제되는 것으로는 다음과 같은 경우를 들수 있다.

(1) 헌법정신에 반하여 수집한 증거

1) **영장주의의 위반**   영장주의에 위반하여 수집한 증거물의 증거능력은 부정된다. 따라서 ① 영장 없이 압수·수색·검증한 증거물[1]뿐만 아니라, ② 영장자체에 하자가 있는 경우, ③ 영장기재의 압수물건에 포함되지 않은 다른 증거물의 압수·수색,[2] ④ 체포현장이나 범죄장소의 요건을 결한 영장 없는 압수·수색, ⑤ 체포현장에서 영장 없이 압수하고 압수·수색영장을 발부받지 않은 경우, ⑥ 직무질문에 수반하여 한 동의 없는 소지품검사 등에 의하여 수집한 증거의 증거능력은 부정되어야 한다. 같은 이유로 ⑦ 위법한 사진촬영,[3] 녹음·녹화로 취득한 증거도 증거능력이 없다고 할 것이다. 영장이 발부된 경우에도 압수대상물이 특정되지 않은 경우에는 실질적으로 영장주의에 위반한 경우이므로 압수된 증거의 증거능력은 부정되어야 한다. 그러나 영장의 방식[4] 또는 집행방식의 단순

---

1 대법원 2009. 3. 12, 2008 도 11437.

2 대법원 2015. 7. 16(전원합의체결정), 2011 모 1839; 대법원 2016. 3. 10, 2013 도 11233; 대법원 2017. 11. 14, 2017 도 3449; 대법원 2018. 4. 26, 2018 도 2624; 대법원 2021. 2. 4, 2020 도 11559(영장의 장소적 효력범위 위반); 대법원 2022. 6. 30, 2022 도 1462(압수할 물건에 기재되어 있지 않은 원격지 서버에 저장된 불법촬영물 압수).

3 다만 사진촬영 자체가 적법한 한, 촬영장소가 우리나라가 아닌 일본이나 중국의 영역에 속하거나, 국제형사사법공조절차를 취하지 않았다는 사실만으로는 위법수집증거라고 할 수 없다(대법원 2013. 7. 26, 2013 도 2511).

4 판례 중에는 판사의 날인이 누락되어 부적법한 압수·수색영장에 의하여 압수한 노트북에 대하여, 판사의 의사에 기초하여 진정하게 영장이 발부되었다는 점이 외관상 분명하고, 당시 수사기관으로서는 영장이 적법하게 발부되었다고 신뢰할 만한 합리적인 근거가 있었으며, 의도적으로 적법절차의 실질적인 내용을 침해한다거나 영장주의를 회피할 의도를 가지고 영장을 집행하였다고 보기 어려운 점에 비추어, 예외적으로 증거능력이 있다고 한 것이 있다(대법원 2019. 7. 11, 2018 도 20504).

한 위법은 증거능력에 영향이 없다. 이처럼 영장주의에 위반하여 증거물을 수집한 경우 사후에 법원으로부터 영장을 발부받았다고 하여 그 위법성이 치유된다고 볼 수 없다.[1]

대법원은 ① 피고인을 마약류관리에관한법률위반(대마)죄의 현행범인으로 체포하면서 압수하였으나 사후에 영장을 발부받지 아니한 대마($\binom{대법원 2009. 5. 14,}{2008 도 10914}$), ② 소유자·소지자·보관자 이외의 자로부터 임의 제출받아 영장 없이 압수한 쇠파이프와 이를 촬영한 사진($\binom{대법원 2010. 1. 28,}{2009 도 10092}$), ③ 피고인의 집에서 20미터 떨어진 곳에서 피고인을 체포한 후 집안을 수색하여 압수하였으나 사후에 영장을 발부받지 아니한 칼과 합의서 및 이에 대한 임의제출동의서·압수조서와 그 목록·압수품 사진($\binom{대법원 2010. 7. 22,}{2009 도 14376}$), ④ 검사가 공소제기 후 형사소송법 제215조에 따라 수소법원 이외의 지방법원 판사로부터 발부받은 압수·수색영장에 의하여 수집한 뇌물사건의 증거물인 수표($\binom{대법원 2011. 4. 28,}{2009 도 10412}$), ⑤ 피고인의 동의 없이 채혈된 혈액 및 이를 이용한 혈중알코올농도에 관한 감정의뢰회보($\binom{대법원 2011. 4. 28, 2009 도 2109;}{대법원 2011. 11. 15, 2011 도 15258}$)와 수사보고 및 주취운전자적발보고서($\binom{대법원 2011. 5. 13,}{2009 도 10412}$), ⑥ 수사기관이 구속 수감된 자로 하여금 피고인의 범행에 관한 피고인과의 통화 내용을 녹음하게 한 불법감청행위를 통하여 수집한 녹음과 이를 근거로 작성된 수사보고서와 녹취록 및 mp3파일($\binom{대법원 2010. 10. 14,}{2010 도 9016}$), ⑦ 수사기관으로부터 집행을 위탁받은 통신기관 등이 통신제한조치허가서에 기재된 사항을 준수하지 아니하고 통신제한조치를 집행하여 취득한 전기통신의 내용($\binom{대법원 2016. 10. 13,}{2016 도 8137}$)의 증거능력을 부정하였다. 나아가 대법원은 위법한 선행절차에 수반하여 이루어진 행위에 의하여 수집한 증거의 증거능력도 부정하고 있다. 즉, ⑧ 위법한 긴급체포 후 시간적으로 근접하여 행해지고 변호인의 조력도 받지 아니한 피의자신문이나 긴급체포에 수반하여 이루어진 영장 없는 압수·수색($\binom{대법원 2009. 12. 24,}{2009 도 11401}$), ⑨ 위법한 강제연행 후의 호흡측정($\binom{대법원 2006. 11. 9, 2004 도 8404}$), 혈액측정결과($\binom{대법원 2013. 3. 14, 2010 도 2094}$), 채뇨 요구에 의하여 수집된 소변검사시인서($\binom{대법원 2013. 3. 14, 2012 도 13611}$), ⑩ 영장 없이 수집한 금융거래정보에 기하여 범인을 특정하여 긴급체포한 후의 수사기관에서의 피의자신문조서($\binom{대법원 2013. 3. 28, 2012 도 13607}$), ⑪ 압수·수색영장의 유효기간 경과 후에 1차 압수된 휴대전화로 온 메시지를 확인(취득)하고(위법수집증거) 이를 이용한 위장수사 후 피고인을 현행범으로 체포하면서(위법) 압수한 휴대전화 등 메시지(위법수집증거)($\binom{대판 2023. 3. 16, 2020 도 5336}$)의 증거능력을 부정하였다. 그러나 ⓐ 선행절차인 긴급체포가 적법한 이상, 법원에의 석방통지가 이루어지지 않았더라도 긴급체포에 의한 유치 중에 작성된 피의자신문조서($\binom{대법원 2014. 8. 26, 2011 도 6035}$), ⓑ 특별검사가 검찰을 통하여 또는 직접 청와대로부터 넘겨받은 '청와대문건'$\left[\substack{대법원 \text{ (전원합의체판결),} \\ 2020. 1. 30 \quad 2018 도 2236} \right]$

1　대법원 2017. 11. 29, 2014 도 16080; 대법원 2022. 1. 14. 결정, 2021 모 1586; 대법원 2022. 7. 28, 2022 도 2960.

은 증거능력이 인정된다.

12   **2) 적정절차의 위반**   압수·수색영장의 제시$\binom{제118조,}{제219조}$[1] 및 압수목록 교부규정 $\binom{제129조,}{제219조}$에 위반한 압수·수색,[2] 야간압수·수색금지규정$\binom{제125조,}{제219조}$에 위반한 압수·수색, 당사자의 통지[3]나 참여권[4]을 보장하지 않은 압수·수색$\binom{제121조, 제122조,}{제219조}$, 검증$\binom{제121조,}{제145조}$과 감정$\binom{제176조,}{제183조}$, 의사나 성년의 여자를 참여시키지 않은 여자의 신체

---

1 대법원 2009. 3. 12, 2008 도 763(관리자에게만 제시하고 개별 미제시); 대법원 2017. 9. 7, 2015 도 10648(팩스로 영장 사본만을 송신); 대법원 2017. 9. 21, 2015 도 12400(영장의 표지 등 일부만 제시); 대법원 2021. 2. 4, 2020 도 11559(소지인에게 미제시). 대법원 2022. 5. 31, 결정, 2016도587(원본 미제시). 그러나 금융계좌추적용 압수·수색영장을 집행하면서 영장 사본을 제시하고 금융기관의 자발적인 협조로 자료를 받은 다음 자료 중 범죄혐의사실과 관련된 금융거래를 선별하는 절차를 거친 후 최종적으로 영장 원본을 제시하였으며, 달리 적법절차와 영장주의 원칙을 잠탈하려는 의도가 없었던 경우에는, 적법한 영장 집행으로 위 자료는 증거능력이 있다고 판시하였다(대법원 2022. 1. 27, 2021 도 11170).

2 대법원 2009. 3. 12, 2018 도 763(부실기재 및 5개월 후 교부); 대법원 2017. 9. 21, 2015 도 12400(미교부); 대법원 2022. 5. 31. 결정, 2016 모 587(미교부). 그러나 ① 유류물·임의제출물에 대한 적법한 압수 후 압수조서의 작성 및 압수목록의 작성·교부 절차를 이행하지 아니한 경우에는 예외적으로 증거능력을 인정하였고(대법원 2011. 5. 26, 2011 도 1902), ② 적법한 압수의 대상이 되는 전자정보와 구별되는 별도의 보호가치 있는 전자정보의 혼재 가능성을 상정하기 어려운 경우에는 참여의 기회를 보장하지 않고 전자정보 압수목록을 작성·교부하지 않았다는 점만으로 곧바로 증거능력을 부정할 것은 아니라고 판시하였으며(대법원 2021. 11. 25, 2019 도 7342), ③ 피의자신문 시 압수한 사진을 피고인에게 제시하였으며, 사진이 5장에 불과하고 모두 동일한 일시·장소에서 촬영된 다른 범행에 관한 영상을 출력한 것임을 육안으로 쉽게 알 수 있는 경우에는, 전자정보의 파일 명세가 특정된 압수목록을 작성·교부하지 않았더라도 피고인의 절차상 권리가 실질적으로 침해되었다고 보기 어려우므로 증거능력이 인정된다고 판시하였다(대법원 2022. 1. 13, 2016 도 9596).

3 사전통지 누락이 증거수집에 영향을 미쳤다고 보이지 않거나, 30분 정도 후에 참여권자가 참여하고 압수·수색과정을 영상녹화하는 등 절차의 적정성을 담보하기 위한 상당한 조치를 취하는 등 특별한 사정이 있는 경우에는 증거능력이 있다[대법원 2015. 1. 22(전원합의체판결), 2014 도 10978].

4 대법원 2015. 7. 16(전원합의체결정), 2011 모 1839(참여권 미보장); 대법원 2017. 9. 21, 2015 도 12400(참여권 미보장); 대법원 2017. 11. 14, 2017 도 3449(참여권 미보장); 대법원 2022. 5. 31. 결정, 2016 모 587(인터넷서비스업체 서버의 서비스이용자인 실질적 피압수자의 참여권 미보장). 다만, ① 피압수자 측이 위와 같은 절차나 과정에 참여하지 않는다는 의사를 명시적으로 표시하였거나 절차 위반행위가 이루어진 과정의 성질과 내용 등에 비추어 피압수자에게 절차 참여를 보장한 취지가 실질적으로 침해되었다고 볼 수 없는 경우에는, 압수·수색의 적법성을 부정할 수 없다(대법원 2017. 9. 21, 2015 도 12400; 대법원 2019. 7. 11, 2018 도 20504). 한편 ② 변호인의 참여권은 고유권이므로 피압수자인 피의자가 집행에 불참한다는 의사를 밝혔더라도 변호인이 선임되거나 국선변호인이 선정된 경우에 그 변호인에게 별도로 집행일시, 장소를 통지하는 등으로 참여기회를 보장하여야 하지만, 피의자가 불참의사를 밝혔고, 범행은 물론 압수 컴퓨터에 불법 촬영 영상물이 저장되어 있다는 사실을 자백하고, 국선변호인이 수사기관에 영장의 집행 상황을 문의하거나 과정에의 참여를 요구한 사실이 없는 경우에는, 변호인 참여기회를 주지 않고 압수·수색하였더라도 예외적으로 증거능력을 인정할 수 있다(대법원 2020. 11. 26, 2020 도 10729).

검사($\frac{제141조}{3항}$)의 결과도 증거로 할 수 없다. 당사자의 참여권과 신문권을 침해한 증인신문($\frac{제163조,}{제161조의2}$), 위법한 비공개 증인신문,[1] 제척사유 있는 통역인이 통역한 증인신문[2]의 결과도 증거능력이 없다고 해야 한다. 선거범죄를 조사하면서($\frac{공직선거}{법 제272조}$ $\frac{의2 제1}{항·제6항}$) 진술녹음 사실을 미리 알려 주지 아니한 채 녹음한 파일 및 녹취록[3]이나 위법한 함정수사의 결과로 수집한 증거도 증거로 할 수 없다. 그러나 사건현장 CCTV 영상을 관리책임자인 아파트 관리소장의 승인 없이 경비실에서 받아왔더라도[4] 그것만으로 적정절차를 위반하였다고 보기 어려우므로 증거로 할 수 있다.[5]

(2) 형사소송법의 효력규정에 위반하여 수집한 증거

증거조사절차가 위법하여 무효인 경우에도 이로 인하여 수집한 증거는 증거 　13 능력이 없다. 따라서 거절권($\frac{제110조 내지 제}{112조, 제219조}$)을 침해한 압수·수색, 선서 없는 증인신문($\frac{제156}{조}$)·감정·통역·번역($\frac{제170조,}{제183조}$)의 결과, 증언거부권을 증인에게 고지하지 않았거나 실질적 반대신문권의 기회가 부여되지 않은 증언[6]은 증거로 할 수 없다. 이에 반하여 증인의 소환절차에 잘못이 있거나 위증의 벌을 경고하지 않고 선서한 증인의 증언은 증거능력에 영향이 없다.

(3) 자백배제법칙과의 관계

자백배제법칙의 근거를 위법배제에 있다고 볼 때에는 자백배제법칙은 위법 　14 수집증거배제법칙의 특칙에 지나지 않는다. 위법배제설을 취하면서도 임의성에 의심 있는 자백을 위법수집증거배제법칙의 적용범위에 포함시켜 설명하는 견해[7]도 있다. 그러나 임의성 없는 자백과 진술에 관하여는 형사소송법 제309조와 제317조에서 별도로 규정하고 있으므로 여기에 포함시킬 필요는 없다. 따라서 ①

---

1 대법원 2013. 7. 26, 2013 도 2511; 대법원 2015. 10. 29, 2014 도 5939.

2 대법원 2011. 4. 14, 2010 도 13583.

3 대법원 2014. 10. 15, 2011 도 3509.

4 대법원 2018. 12. 13, 2018 도 14519.

5 외국인을 현행범인으로 체포하면서 영사관계에 관한 비엔나협약에 따라 피고인에게 영사통보권 등을 고지하지 않았다면 체포나 구속절차는 위법하지만, 피고인이 영사통보권 등을 고지받더라도 영사의 조력을 구하였으리라고 보기 어려운 사정이 있는 경우에는 체포나 구속 이후에 수집한 증거와 이에 기초한 증거들은 예외적으로 증거능력이 있다(대법원 2022. 4. 28, 2021 도 17103).

6 대법원 2022. 3. 17, 2016 도 17054. 이 경우 피고인의 책문권 포기로 그 하자가 치유될 수 있으나, 책문권 포기의 의사는 명시적인 것이어야 한다(대법원 2010. 1. 14, 2009 도 9344 및 위 2016 도 17054 판결).

7 강구진 508면.

임의성 없는 자백이나, ② 진술거부권의 불고지에 의한 자백, ③ 별건구속을 포함한 위법한 신체구속 중의 자백, ④ 변호인선임권·참여권이나 접견교통권의 침해에 의한 자백은 모두 자백배제법칙의 적용을 받는 경우라고 해석할 것이다. 판례는 ②와 ④는 위법수집증거배제법칙에 따라 증거능력이 없다고 한다.[1]

3. 2차적 증거의 증거능력

(1) 독수의 과실이론

15   1) 의   의   독수(독나무)의 과실이론이란 위법하게 수집된 증거(독수)에 의하여 발견된 제 2 차 증거(과실)의 증거능력을 배제하는 이론을 말한다. 위법수집증거배제법칙을 인정하면서도 과실의 증거능력을 인정할 것인가에 대하여는 위법수집증거가 배제되더라도 과실의 증거능력이 인정되면 배제법칙은 무의미하게 되므로 증거로 허용해서는 안 된다는 견해[2]가 다수설이지만, 임의성 없는 자백에 기하여 수집된 증거의 증거능력만을 부정해야 한다는 견해[3]도 있다. 그러나 위법수집증거의 증거능력을 부정하는 이상 이로 인한 과실의 증거능력도 부정하는 것이 당연하다고 생각한다. 판례도 「위법수집 증거에 의하여 획득한 2차적 증거도 유죄 인정의 증거로 삼을 수 없다」고 판시하고 있다.[4]

16   2) 독수의 과실이론의 예외   위법하게 수집된 증거에 의하여 수집된 증거라고 할지라도 수사기관이 독립된 자료에 의하여 과실의 존재를 파악하고 있었거나, 위법수집증거와 과실 사이에 인과관계가 인정되지 않을 때에는 이 원칙이 적용되지 않는다. 다음의 경우에는 미국에서도 독수의 과실이론에 대한 예외가 인정되고 있다.[5]

17   ㈎ 오염순화에 의한 예외   오염순화에 의한 예외이론(The Purged Taint Exception)은 후에 피고인이 자의에 의하여 행한 행위는 위법성의 오염을 희석한다는 것을 말한다. 피고인의 자유의사에 의한 행위에 의하여 위법한 경찰행위와 오염된 증거 사이의 인과관계가 단절된다는 것을 이유로 한다. 예컨대 경찰관이

---

1 대법원 2010. 5. 27, 2010 도 1755(진술거부권); 대법원 2013. 3. 28, 2010 도 3359(변호인참여권).
2 김재환 624면; 손동권/신이철 569면; 신동운 1350면; 이은모/김정환 619면.
3 백형구 437면, 강의 584면; 정영석/이형국 328면.
4 대법원 2007. 11. 15(전원합의체판결), 2007 도 3061.
5 Carmen p. 95ff.

위법하게 피의자의 집에 침입하여 자백을 받은 경우에도 피의자가 며칠 후에 경찰서에 출석하여 자백서에 서명한 때에는 자유의사에 의한 것임이 명백하므로 위법성으로 인하여 오염된 증거는 순화된다는 것이다.[1]

> 대법원은 ① 강도 현행범인으로 체포된 피고인에게 진술거부권을 고지하지 아니한 채 강도범행에 대한 자백을 받은 후 40여 일이 지난 후에 피고인이 변호인의 충분한 조력을 받으면서 공개된 법정에서 임의로 자백한 경우($\frac{대법원 2009. 3. 12.}{2008 도 11437}$), ② 수사기관이 사전에 영장을 제시하지 아니한 채 구속영장을 집행하였으나 구속 중 변호인과의 충분한 상의를 거친 후 공소사실 전부에 대하여 자백한 피고인의 법정진술은 유죄인정의 증거로 할 수 있다고 판시하였다($\frac{대법원 2009. 4. 23,}{2009 도 526}$).

　　(나) **불가피한 발견의 예외**　　　　위법한 행위와 관계없이 합법적인 수단에 의할지라도 증거를 불가피하게 발견하였을 것임을 증명할 수 있을 때에는 증거로 허용될 수 있다는 이론을 불가피한 발견의 예외이론(inevitable discovery exception)이라고 한다. 수집된 증거가 무기 또는 신체 특히 시체인 경우에 적용되는 이론이다. 따라서 살인사건을 수사하던 경찰관이 피의자의 권리를 침해하고 신문한 결과, 시체의 소재를 알게 된 때에 경찰의 수색대가 그 장소에 접근해 있었고 시체를 발견한 직후 수색대가 도착한 때에는 증거로 할 수 있다.[2]　　　　18

　　(다) **독립된 오염원의 예외**　　　　위법한 압수·수색과 관계없는 독립된 근원에 의하여 수집될 수 있었던 증거임을 증명할 수 있을 때에는 증거로 허용된다는 이론을 독립된 오염원의 예외(independent untainted source exception)라고 한다. 수색이 위법할 때에는 수색으로 인하여 수집된 모든 증거를 오염시키지만, 독립된 근원에 의하여 발생한 증거는 허용된다는 것이다.[3] 따라서 위법한 수색에 의하여 피고인의 집에서 유괴된 소녀를 발견한 경우, 유괴된 소녀의 진술은 소녀의 부모가 이미 실종신고를 하였고 경찰의 정보원이 그 소녀가 피고인의 집에 있다는 것을 파악하고 있었던 때에는 증거로 허용될 수 있게 된다.[4]　　　　19

(2) 판례의 입장

　　대법원은 적법한 절차에 따르지 않고 수집된 증거를 기초로 하여 획득한 2　　20

1　Wong Sun v. United States, 371 U.S. 471(1963).
2　Nix v. Williams, 467 U.S. 431(1984).
3　United States v. Crews, 445 U.S. 463(1980).
4　State v. O'Brenski, 70 Wash. 2d. 425(1967).

차적 증거(^{파생}_{증거})의 증거능력에 관하여, 먼저 절차에 따르지 않은 1차적 증거 수집과 관련된 모든 사정들을 살피는 것은 물론, 나아가 1차적 증거를 기초로 하여 다시 2차적 증거를 수집하는 과정에서 추가로 발생한 모든 사정들까지 구체적인 사안에 따라 주로「인과관계 희석 또는 단절 여부」를 중심으로 전체적·종합적으로 고려하여야 한다고 판시하였다.[1]

대법원은 통상 2차적 증거의 증거능력을 부정하고 있다. 즉 ① 위법수집한 녹음파일을 제시받거나 그 대화 내용을 전제로 한 신문에 답변한 내용이 일부 포함되어 있는 피고인의 법정진술(대법원 2014. 1. 16, 2013 도 7101; 대법원 2018. 4. 26, 2018 도 2624), ② 범죄사실과 무관하게 압수한 다음 환부하였다가 다시 임의 제출받았으나 그 제출의 임의성이 인정되지 아니한 USB (대법원 2016. 3. 10, 2013 도 11233), ③ 제출의 임의성에 의문이 생기자 압수·수색영장을 발부받아 압수한 휴대전화[대법원 2019. 11. 21(전원합의체판결, 2018 도 13945], ④ 영장의 장소적 효력범위 및 제시 위반으로 압수한 저장매체로부터의 출력물을 제시받거나 그 내용에 기초하여 진술한 증거 (대법원 2021. 2. 4, 2020 도 11559)는 인과관계가 단절 또는 희석되지 아니하여 증거능력이 없다고 판시하였다.

그러나 ⓐ 수사기관이 진술거부권을 고지하지 아니한 상태에서 임의로 이루어진 피의자의 자백을 기초로 수집한 2차적 증거 중, 피고인의 법정자백 및 피해자의 법정진술(대법원 2009. 3. 12, 2008 도 11437), ⓑ 영장에 의하지 아니한 금융거래정보에 기하여 범인을 특정하여 긴급체포한 경우, 제 1 심 법정에서의 자백 및 해당 범죄사실 이외의 범죄에 대한 피해자들의 진술(대법원 2013. 3. 28, 2012 도 13607), ⓒ 위법한 강제연행 후 법원으로부터 피의자의 소변 등 채취에 관한 압수영장을 발부받아 그 영장에 의하여 2차 채뇨가 이루어진 다음 이를 분석한 소변감정서(대법원 2013. 3. 14, 2012 도 13611), ⓓ 구속영장을 제시하지 아니하고 구속한 다음 공소제기 후 이루어진 피고인의 법정진술(대법원 2009. 4. 23, 2009 도 526), ⓔ 증거능력 없는 녹취서를 제출받고도 임의로 진술하고, 검찰 및 법정에서 같은 내용을 일관되게 진술한 경우의 진술조서 및 피의자신문조서(대법원 2018. 5. 11, 2018 도 4075)에 대하여는 2차적 증거의 증거능력을 인정하였다. 통상 1차적 증거의 위법성과의 인과관계를 단절 또는 희석시킬 수 있는 요인들로서는 영장의 발부, 변호인의 조력이나 신문에의 참여, 수사기관의 의도 특히 수사의 순서 선택의 잘못 여부, 구금 후 석방 등 사정의 변경, 당사자의 동의 또는 자발적인 행위, 시간의 경과, 독립된 제 3 자의 행위 개입, 공개된 법정에서의 진술 등이 거론되고 있다.[2]

---

1 대법원 2013. 3. 28, 2012 도 13607; 대법원 2017. 9. 21, 2015 도 12400; 대법원 2018. 4. 26, 2018 도 2624; 대법원 2018. 5. 11, 2018 도 4075; 대법원 2019. 7. 11, 2018 도 20504; 대법원 2020. 11. 26, 2020 도 10729.

2 대법원 2009. 3. 12, 2008 도 11437,「예컨대 진술거부권을 고지하지 않은 것이 단지 수사기관의 실수일 뿐 피의자의 자백을 이끌어내기 위한 의도적이고 기술적인 증거확보의 방법으로 이용되

4. 사인의 증거수집과 위법수집증거배제법칙

위법수집증거배제법칙은 원래 국가기관인 수사기관이 위법하게 수집한 증거   21
의 증거능력을 부정하는 법칙이므로, 사인의 증거수집행위에 대하여는 이 원칙이
적용될 여지가 없다. 그러나 기본권의 대사인적 효력이 중시되면서 사인의 증거
수집행위에 대하여도 이 원칙이 적용될 수 있는가가 문제된다.

사인의 증거수집행위에 대하여도 위법수집증거배제법칙이 적용되어야 한다
는 견해로 우리나라에서는 권리범위설과 이익교량설이 대립되고 있다.

1) 권리범위설   권리범위설은 침해되는 권리의 중요성을 기준으로 하여, 기
본권의 핵심적 영역을 침해하는 경우에 사인의 증거수집행위에 대하여도 위법수
집증거배제법칙을 적용해야 한다는 견해이다.[1] 독일에서 극단적인 인권침해행위
에 대하여만 사인에 대하여도 예외적으로 증거사용금지를 적용해야 한다는 견해
도 여기에 해당한다.[2]

2) 이익형량설   이익형량설은 피고인의 개인적 이익과 효과적인 형사소추의
이익을 교량하여 사인의 증거수집행위에 대하여도 이 원칙이 적용되는가의 여부
를 판단해야 한다는 견해이다.[3] 증거금지의 적용범위에 관한 독일의 통설의 태
도이기도 하다.[4] 우리 판례도 같은 입장이다.

대법원은 ① 상간자가 피고인의 동의하에 촬영한 나체사진을 간통사건(간통죄는
2016. 1. 6. 폐지)의 증거로 제출한 경우,[5] ② 간통피고인의 남편인 고소인이 주거

지 않았고, 그 이후 이루어진 신문에서는 진술거부권을 고지하여 잘못이 시정되는 등 수사 절차
가 적법하게 진행되었다는 사정, 최초 자백 이후 구금되었던 피고인이 석방되었다거나 변호인으
로부터 충분한 조력을 받은 가운데 상당한 시간이 경과하였음에도 다시 자발적으로 계속하여
동일한 내용의 자백을 하였다는 사정, 최초 자백 외에도 다른 독립된 제 3 자의 행위나 자료 등도
물적 증거나 증인의 증언 등 2차적 증거 수집의 기초가 되었다는 사정, 증인이 그의 독립적인
판단에 의해 형사소송법이 정한 절차에 따라 소환을 받고 임의로 출석하여 증언하였다는 사정
등은 통상 2차적 증거의 증거능력을 인정할 만한 정황에 속한다.」

1 신양균/조기영 770면.
2 Kindhäuser 23/35; Roxin S. 195.
3 노명선/이완규 452면; 신동운 1337면; 이주원 452면; 이창현 862면.
4 Gössel LR Einleitung K Rn. 140; Senge KK Vor 48 Rn. 27.
5 대법원 1997. 9. 30, 97 도 1230, 「국민의 사생활 영역에 관계된 모든 증거의 제출이 곧바로
금지되는 것으로 볼 수는 없고, 법원으로서는 효과적인 형사소추 및 형사소송에서의 진실발
견이라는 공익과 개인의 사생활의 보호이익을 비교형량하여 그 허용 여부를 결정하고, 적절
한 증거조사의 방법을 선택함으로써 국민의 인간으로서의 존엄성에 대한 침해를 피할 수 있
다고 보아야 할 것이므로, 피고인의 동의하에 촬영된 나체사진의 존재만으로 피고인의 인격
권과 초상권을 침해하는 것으로 볼 수 없고, 가사 사진을 촬영한 제 3 자가 그 사진을 이용하

에 침입하여 획득한 휴지 및 침대시트 등을 대상으로 하여 이루어진 감정결과회보를 간통사건의 증거로 제출한 경우,[1] ③ 사인이 절취한 업무일지를 매수하여 사기죄의 증거로 제출한 경우,[2] ④ 시청공무원이 시청 전자관리시스템의 비밀보호조치를 해제하여 수집한 다른 시청공무원이 시장에게 보낸 전자우편을 공직선거법위반죄의 증거로 제출한 경우[3]에 대하여 증거능력을 인정하고 있다.

22	　3) 비 판　　　형사소송법은 국가적 형사소추기관을 대상으로 하며, 사인은 형사소송법의 수명자가 아니다. 생각건대 ① 미국의 위법수집증거배제법칙은 수사기관의 위법수집증거에 대하여만 적용되는 원칙이고, 독일의 증거금지도 원칙적으로 사인을 수명자로 하지 않는다는 점에는 견해가 일치하고 있다.[4] ② 권리범위설과 이익형량설은 독일 형사소송법의 증거금지의 적용기준에 관한 이론으로 증거금지가 예외적으로 사인에 대하여 적용될 수 있는 범위를 정하는 데 기준이 될 수 있을 뿐이다. ③ 그런데 독일에서 권리범위설에 의하여 사인에 대하여도 적용되어야 한다는 대표적인 경우인 도청에 의해 수집한 증거에 대하여 우리나라에서는 통신비밀보호법에 증거능력을 배제하는 특별규정을 두고 있으므로(동법 제14조 1항, 제4조) 특별히 이 경우에 위법수집증거배제법칙을 인정해야 할 필요가 없으며, ④ 이익형량설은 불명확한 기준으로 인하여 예견할 수 없는 결과를 초래한다는 비판을 면하지 못한다.[5] 따라서 사인이 수사기관에 고용되었거나 수사기관의 위임에 의하여 위법하게 증거를 수집한 경우가 아닌 한 위법수집증거배제법칙은 사인에 대해서는 적용되지 않는다고 해석하는 것이 타당하다. 대법원이 대화당사자 일방이 비밀녹음한 녹음테이프의 증거능력을 긍정한 것은 부정설의 입장과 일치한다고 할 수 있다.[6]

여 피고인을 공갈할 의도였다고 하더라도 사진의 촬영이 임의성이 배제된 상태에서 이루어진 것이라고 할 수는 없으며, 그 사진은 범죄현장의 사진으로서 피고인에 대한 형사소추를 위하여 반드시 필요한 증거로 보이므로, 공익의 실현을 위하여는 그 사진을 범죄의 증거로 제출하는 것이 허용되어야 하고, 이로 말미암아 피고인의 사생활의 비밀을 침해하는 결과를 초래한다 하더라도 이는 피고인이 수인하여야 할 기본권의 제한에 해당된다.」

1　대법원 2010. 9. 9, 2008 도 3990.
2　대법원 2008. 6. 26, 2008 도 1584.
3　대법원 2013. 11. 28, 2010 도 12244.
4　Meyer-Goßner § 136 a, Rn. 2; Pfeiffer § 136 a, Rn. 2; Roxin 25/48.
5　Kindhäuser 23/27.
6　대법원 1997. 3. 28, 96 도 2417.

Ⅳ. 관련문제

1. 선의의 예외법리

선의의 예외(the Good Faith exception)는 미국에서 최고법원에 의하여 인정되   23
고 있는 위법수집증거배제법칙에 대한 예외이다.[1] 선의의 예외란 위법하게 수집
된 증거라 할지라도 그 위법이 경찰관에 의하여 범해지지 않았거나 경찰에 의하
여 범해진 경우에도 경찰관이 정직하고 합리적인 때에는 증거로 허용된다는 원칙
이다. 즉 미국의 최고법원은 Leon사건[2]과 Sheppard사건[3]에서 법관에 의하여
발부된 수색영장에 대한 이성적 신뢰에서 수집한 증거는 후에 상당한 이유가 인
정되지 아니하여 영장이 무효인 경우에도 허용된다고 판시하였다. 위법은 경찰관
에게 있는 것이 아니라 판사에게 있고, 배제법칙은 판사가 아닌 경찰관의 행위를
통제하기 위한 것이므로 이 경우에 위법수집증거배제법칙은 적용될 수 없다는 것
이다. 따라서 선의의 예외법리는 ① 위법이 경찰이 아닌 법관에 의하여 범해진
경우에 인정되지만 여기에 한하지 않고, ② 위법이 법원 직원에 의하여 범해진
경우,[4] ③ 경찰이 위법을 행하였으나 압수·수색영장을 신청하기 위한 보고서가
정확하다고 정직하고 이성적으로 믿은 경우,[5] ④ 경찰관이 가옥에 들어오게 한
사람이 동의할 권한이 있다고 이성적으로 믿은 경우[6] 및 ⑤ 경찰관의 행위가 후
에 위헌결정된 법률에 근거한 경우[7]에 인정되고 있다.

선의의 예외법리에 관하여는 수사관이 선의였다고 하여 헌법상의 권리가 침
해되었다는 점에는 차이가 없고, 수사관이 선의에서 행동하였다는 객관적인 증거
를 찾기 어렵다는 이유로 그것이 위법수집증거배제법칙을 붕괴시키고 그 적용을
약화시킨다는 비판도 있다. 그럼에도 불구하고 미국의 법원은 앞으로도 선의의
예외법리를 조심스럽게 계속 적용할 것으로 전망되며,[8] 한편으로는 예외가 신뢰

---

1 Carmen p. 115; McCormick p. 271.
2 United States v. Leon, 468 U.S. 897(1984).
3 Massachusetts v. Sheppard, 468 U.S. 981(1984).
4 Arizona v. Evans, 56 CrL 2175(1995).
5 Maryland v. Garrison, 480 U.S. 79(1987).
6 Illinois v. Rodriguez, 497 U.S. 117(1990).
7 Illinois v. Krull, 480 U.S. 340(1987).
8 Carmen p. 121.

할 수 있는 객관적인 기초가 있는 경우에 제한되어야 한다고 하겠다.

2. 위법수집증거의 배제효과와 증거동의

위법하게 수집된 증거는 증거능력이 없어 피고인의 유죄 인정의 증거로 사용할 수 없다. 그런데 피고인 아닌 자를 상대로 수사기관이 위법하게 수집한 증거도 피고인에 대한 유죄 인정의 증거로 사용할 수 없는지 문제된다. 미국에서는 자신의 권리가 침해된 자만이 증거배제를 주장할 수 있는 적격(standing)을 가지는데,[1] 우리나라에서도 마찬가지로 해석해야 한다는 견해가 있다.[2] 그러나 수사기관에 의하여 위법하게 수집된 이상 원칙적으로 피고인에 대한 유죄 인정의 증거로 삼을 수 없다고 할 것이다. 판례도 같은 입장이다.[3]

24   위법하게 수집된 증거가 동의에 의하여 증거능력이 인정될 수 있는가에 대하여는 선서나 영장주의와 같이 공익을 위한 절차에 위반한 경우에는 동의에 의하여 증거능력이 인정될 수 없지만 개인의 이익보호를 목적으로 하는 절차에 위반한 경우에는 동의에 의하여 증거능력을 인정해야 한다는 견해[4]도 있으나, 증거수집절차의 중대한 위법으로 인하여 허용되지 않는 증거가 동의에 의하여 증거능력이 인정된다는 것은 타당하다고 할 수 없다. 판례도 같은 입장을 취하고 있다.[5]

3. 위법수집증거와 탄핵증거

25   위법수집증거를 탄핵증거로 사용하는 것을 허용할 때에는 사실상 증거배제의 효과를 피하는 것을 허용하는 결과가 된다. 따라서 증거능력 없는 위법수집증거를 탄핵증거로 사용하는 것도 허용되지 않는다고 해석해야 한다.

---

1 Alderman v. United States, 394 U.S. 165(1969).

2 노명선/이완규 453면.

3 대법원 2011. 6. 30, 2009 도 6717. 유흥주점 업주와 종업원인 피고인들이 이른바 티켓영업 형태로 성매매를 하면서 금품을 수수하였다고 하여 구 식품위생법위반죄로 기소된 사안에서, 경찰이 피고인 아닌 자들을 사실상 강제로 연행한 상태에서 받은 각 자술서 및 이들에 대하여 작성한 각 진술조서는 위법수사로 수집한 증거에 해당하여 증거능력이 없으므로 피고인들에 대한 유죄 인정의 증거로 삼을 수 없다는 취지로 판시하였다.

4 노명선/이완규 456면; 백형구 강의, 596면.

5 대법원 2009. 12. 24, 2009 도 11401; 대법원 2013. 3. 14, 2010 도 2094.

제 5 절 전문법칙

§ 47

Ⅰ. 전문증거와 전문법칙

1. 전문증거의 의의

전문증거(傳聞證據, hearsay evidence)란 사실인정의 기초가 되는 경험적 사실 [1]
을 경험자 자신이 직접 법원에 진술하지 않고 다른 형태에 의하여 간접적으로 보
고하는 것을 말한다. 따라서 전문증거에는 ① 경험사실을 들은 타인이 전문한 사
실을 법원에서 진술하는 경우(전문진술 또는 전문증언), ② 경험자 자신이 경험사실
을 서면에 기재하는 경우(진술서), ③ 경험사실을 들은 타인이 서면에 기재하는
경우(진술녹취서)가 포함될 수 있다. 즉 전문증거는 전문진술과 진술서 및 진술녹
취서를 기본형태로 하며, 진술서와 진술녹취서를 합하여 전문서류 또는 진술대용
서면이라고 한다. 전문진술을 본래의 전문증거라고 하고 전문서류를 광의의 전문
증거에 포함시키는 견해[1]도 있다. 그러나 양자를 구별하는 것은 연혁적인 의미
밖에 없으므로 이를 구별하여 설명할 필요는 없다.[2] 이러한 의미에서 전문증거
란 공판기일에서의 진술에 대응하는 서면 또는 공판기일 외에서의 타인의 진술을
내용으로 하는 진술로서 원진술 내용인 사실의 진실성을 증명하기 위한 증거를
말한다고 할 수 있다.[3]

형사소송법과 대륙법계 국가의 증거법에서 이용되는 조서는 법원 또는 수사
기관이 일정한 법적 형식과 절차에 따라 원진술자의 진술을 서면에 기재하여 작
성하는 진술녹취서의 특수한 유형으로 볼 수 있다. 특히, 수사기관이 작성하는
조서는 원진술자의 간인과 기명날인 또는 서명이 포함되어야 한다(제244조의 2 제3항). 전자
적 기록장치가 발달한 오늘날에는 위 3가지 유형 이외에 ④ 원진술자의 진술을

---

1 정영석/이형국 344면.
2 백형구 456면; 차용석/최용성 566면.
3 전문증거의 의의에 관하여는 영미에서도 아직 확고한 정의가 없다. 미국의 연방증거법
(Federal Rule of Evidence) 제801조는 전문증거를 「주장하는 사실이 진실임을 증명하기 위
하여 증거로 제공된 것(offered in evidence to prove the truth of the matter asserted)으로
서 공판정 이외에서 이루어진 진술(statement)」로 정의하며, 여기에서 진술이라 함은 구두에
의한 사실의 의도된(intended) 주장(assertion), 서면에 의한 사실의 의도된 주장, 그리고 비
언어적 행동(nonverbal conduct)을 이용하여 사실의 주장을 의도한(intended) 경우로 정의하고
있다. 다만, 커먼로(common law)의 확립된 전통에 따라 자백(opposing party's statement)은
전문증거의 개념 자체에 포함되지 않는 것으로 규정하고 있다.

그 진술자 본인 또는 제 3 자가 녹음 또는 녹화하는 경우도 전문증거의 유형에 포함될 수 있는데, 녹음·녹화자가 원진술자 본인인지 타인인지 여부에 따라서 진술서와 진술녹취서에 준하여 규율된다.

2. 전문법칙의 의의와 근거

(1) 전문법칙의 의의

2   전문법칙이란 전문증거는 증거가 아니며(hearsay is no evidence), 따라서 증거능력이 인정될 수 없다는 원칙을 말한다. 전문법칙은 영미 증거법에서 유래하는 원칙이다. 그것은 영미 증거법에 있어서 가장 특징적인 법칙이며, 배심제도와 함께 영미법계의 소송법체계에 가장 위대한 공헌을 한 원칙이라고 평가받고 있다.[1] 형사소송법의 전문법칙도 영미법의 영향을 받은 것으로 인정되고 있으나, 규정의 내용과 형식에 비추어 영미의 그것과 의미를 같이하는가에 대하여는 의문이 남는다. 여기서는 먼저 영미에서의 전문법칙의 의의와 이론적 근거를 살펴볼 필요가 있다.

3   영미에서의 전문법칙은 1675년부터 1690년 사이에 형성되어, 18세기와 19세기에 걸쳐 확립된 법칙이다. 전문법칙의 형성에 있어서 배심제도가 중요한 요소가 된 점은 부정할 수 없다. 배심원은 직업법관에 비하여 증거평가능력이 낮으므로 증명력에 결함이 있는 증거를 제출하는 것이 위험하기 때문에 전문법칙이 형성된 것이라고 볼 수도 있다. 그러나 전문법칙과 배심제도는 그 역사적 연혁을 달리하며, 직업법관의 재판에 대하여도 전문법칙이 적용될 뿐만 아니라 직업법관은 법률의 전문가는 되어도 사실인정의 전문가는 아니라는 점에서 전문법칙을 배심제도의 보호수단으로만 이해하는 것은 타당하지 않다.

(2) 영미에서의 전문법칙의 이론적 근거

영미의 증거법에서 전문법칙이 형성된 근거에 대하여도 견해가 일치하는 것은 아니다.

4   1) 선서의 결여와 부정확한 전달의 위험   종래 전문법칙의 근거가 선서의 결여에 있다고 보는 견해가 있었다. 선서는 의식적·종교적 상징으로서 증인에게 진실을 말하게 하고 위증죄에 의한 처벌을 가능하게 하는 기능을 한다. 그러나

---

1 Lempert-Saltzburg p. 324; McCormick p. 372.

선서를 하고 한 전문증언도 이 법칙에 해당한다는 점에 비추어 선서의 결여는 전
문법칙의 본질적 요소가 된다고 할 수 없다.

　　또한 전문법칙이 부정확한 전달의 위험을 방지하기 위하여 확립된 것이라고
보는 견해도 있었다. 타인의 말을 전달하는 경우에는 경험한 사실을 재생하는 경
우에 비하여 오류의 가능성이 크다는 것이다. 그러나 ① 서면이나 녹음 · 녹화물
에 의한 증거에는 변질의 가능성이 없으므로 모든 전문증거에 부정확한 전달의
위험이 있는 것은 아니며, ② 구술에 의한 표현에는 전문증거가 아닌 경우에도
부정확한 전달의 위험이 있다고 보아야 한다.

　　2) 반대신문의 결여　　　　영미의 통설은 전문법칙의 이론적 근거를 반대신문의　5
결여(lack of cross examination)에 있다고 해석하고 있다.

　　현대 인지심리학의 연구성과에 의하여 인간의 진술 과정에는 인간의 지
각 · 기억 · 표현 또는 서술의 과정에서 지각과 기억의 한계, 의사소통과정의 부정
확성, 편견과 이해관계 등에 따른 부정확성과 허위의 요소가 개입될 위험이 크다
는 점이 밝혀져 있다. 영미법계 증거법에서는 배심원 등 형사소송의 사실판단자
가 이러한 진술증거에 근거해서 원진술자가 실제로 경험했던 사실을 판단함에 있
어서 이와 같은 위험으로 인해 발생할 수 있는 오판을 방지하기 위해 가장 효과
적인 방법은 바로 당사자의 반대신문이라고 보고 있다.

　　따라서 진술증거에 의하여 불이익을 받게 될 당사자에게는 반대신문에 의하
여 잘못을 시정할 수 있는 권리가 보장되어야 한다는 것이다. 이러한 의미에서
Wigmore는 반대신문권을 「진실발견을 위한 가장 위대한 법적 엔진(the greatest
legal engine)」이라고 하였으며,[1] 오늘날까지도 영미법계에서는 반대신문권이야말
로 전문법칙의 가장 핵심적인 근거로 보는 것이 일반적인 견해이다. 따라서 원진
술자에 대한 반대신문의 기회가 없는 증거는 사실인정의 기초가 될 수 없도록 증거
에서 배제한 것이 바로 전문법칙이라고 해석하는 것이다. 또한 미국 수정 헌법 제
6 조는 전문법칙과 별개로 형사피고인의 증인에 대한 대질심문권(right of con-
frontation)까지 보장하고 있다. 이 대질심문권은 법관과 피고인의 면전에서 증인
신문이 행하여질 것을 보장할 뿐만 아니라, 피고인에게 검사 측 증인에 대한 반
대신문의 기회를 보장할 것도 요구한다.

　　3) 신용성의 결여　　　　영미법계의 통설적 견해가 반대신문의 결여에서 전문법　6

1　McCormick p. 375; Wigmore p. 16.

칙의 근거를 구하고 있음에 반하여, 반대신문의 결여가 전문법칙의 가장 중요한 근거가 된다는 사실을 인정하면서도 그 이외의 다른 이유도 전문법칙에 대한 부수적인 근거가 된다는 점에서 전문법칙의 근거를 복합적 요소에 의하여 설명하려는 견해가 유력하게 주장되고 있다. 이에 의하면 결국 전문법칙은 전문증거가 신용성의 결여(lack of trustworthiness)라는 본질적 약점 때문에 증거가 될 수 없다고 하는 것이 된다.[1]

II. 형사소송법의 전문법칙

1. 전문법칙의 선언

7   형사소송법 제310조의 2는 「제311조 내지 제316조에 규정한 것 이외에는 공판준비 또는 공판기일에서의 진술에 대신하여 진술을 기재한 서류나 공판준비 또는 공판기일 외에서의 타인의 진술을 내용으로 하는 진술은 이를 증거로 할 수 없다」고 규정하고 있다. 「진술자가 주장하는 사실이 진실임을 증명하기 위하여 증거로 제공된 것으로서 공판정 이외에서 이루어진 진술」을 전문증거로 정의하고 있는 미국 연방증거법상의 개념과는 차이가 있다. 본조를 전문법칙과 함께 직접주의를 규정한 것으로 해석하고 있는 견해[2]도 있으나, 직접주의가 형사소송법의 전문법칙에 대한 근거가 된다고 할지라도 본조는 전문법칙을 선언하고 있다고 보아야 한다.[3] 전문법칙은 자백배제법칙과 함께 형사소송법의 증거법칙에 있어서 양대지주를 형성하고 있다고 할 수 있다.

2. 전문법칙의 근거

8   형사소송법의 전문법칙이 영미의 증거법에서 유래하는 것은 명백하다. 그러나 전문법칙의 예외를 규정하고 있는 형사소송법 제311조 내지 제316조의 규정은 영미법의 전문법칙에 의하여는 전문증거에 포함되지 않거나 전문법칙의 예외에 속한다고 볼 수 없는 진술증거에 관한 규정들을 포함하고 있다. 여기서 우리

---

1 McCormick p. 375; Rothstein p. 207.
2 손동권/신이철 579면; 신동운 1143면; 신양균/조기영 731면; 이영란 725면.
3 백형구 457면; 신현주 593면.

형사소송법의 전문법칙의 이론적 근거로서 영미법의 전문법칙 이론을 그대로 적
용할 수 있는가가 문제된다. 그리고 직접주의가 우리 형사소송법상 전문법칙의
근거가 되었는가를 밝히기 위하여는 전문법칙과 직접주의의 관계도 살펴볼 필요
가 있다.

(1) 전문법칙의 이론적 근거

형사소송법이 전문법칙을 규정하고 있는 주된 근거가 영미법의 전문법칙에   9
대한 이론적 근거를 기초로 한다는 점에는 의문이 없다. 다만, 영미법의 어떤 이
론을 전문법칙의 주된 근거로 볼 것인가에 대하여는 견해가 일치하지 않고 있다.
대체로 전문법칙의 근거를 **반대신문권의 보장**이라고 보는 견해[1]와 **신용성의 결여**
에 있다고 해석해야 한다는 견해[2]로 나누어진다고 할 수 있다. 전문법칙의 근거
를 반대신문권의 보장이라고 할 때에는 반대신문권과 관계없는 전문법칙의 예외
규정은 전문법칙의 적용이 없는 경우가 되거나 또는 직접주의의 예외에 해당한다
(이원설)고 이해한다. 그러나 이러한 해석은 형사소송법의 기본태도와 일치한다고
할 수 없으며, 대륙의 직접주의와 전문법칙이 동일한 의미를 가진 것은 아니라는
사실을 무시한 것으로 보인다. 형사소송법이 규정하고 있는 전문법칙의 예외를
합리적으로 설명하면서 전문법칙의 배경이 되고 있는 기본사상을 적절히 지적할
수 있는 것은 신용성의 결여에 전문법칙의 근거를 구하는 견해라고 할 수 있다.[3]

요컨대 전문증거는 그 가치가 증인 자신의 신용성에서 발생한 것이 아니라   10
타인의 성실성과 능력에 의존하며 반대신문에 의하여 음미할 수 없을 뿐만 아니
라, 선서가 없고 와전될 가능성이 많기 때문에 신용성이 희박하여 증거능력이 부
정되는 것이라고 해석해야 한다. 물론 신용성의 결여라는 근거는 반대신문의 보
장을 포함하는 개념이므로 이 견해에 의하더라도 전문법칙의 가장 중요한 근거가
반대신문의 보장에 있다는 점을 부정할 수는 없다.

(2) 전문법칙과 직접주의의 관계

1) **직접주의의 의의**   직접주의란 법원은 스스로의 면전에서 조사한 직접적   11

---

1 백형구 457면; 이주원 470면.
2 김기두 137면; 신양균/조기영 730면.
    차용석/최용성 567면은 반대신문권의 보장을 주된 근거로 보면서도 다른 이유를 부수적 근
    거로 인정하고 있으며, 신현주 593면도 전문법칙의 근거를 복합적 요소에 의하여 설명하고
    있다.
3 주광일, 전문법칙연구, 법전출판사, 1979, 27면.

인 증거에 의하여 사실을 인정해야 한다는 원칙을 의미한다. 직접주의에는 법원이 스스로 조사한 증거에 의하여 재판하여야 한다는 직접심리주의 또는 형식적 직접주의와 법원은 범죄사실에 가장 접근한 본래증거(원본증거)에 의하여 사실을 인정해야 한다는 직접증거주의 또는 실질적 직접주의가 포함된다.[1] 직접심리주의는 법원에서의 증거조사를 통하여 태도증거에 의한 정확한 심증을 얻을 것을 목적으로 하는 원칙이다. 그러나 전문법칙과 관련하여 특히 의미를 가지는 것은 증거방법의 직접성 또는 경험자 본인의 공판정에서의 진술(원본증거)를 요구하는 직접증거(방법)주의이다. 그러나 증거법상 직접주의를 채택하고 있는 독일에서도 본래증거(원본증거)가 아닌 간접증거의 증거능력도 인정하고 있다. 직접증거주의는 진술증거에 관하여 가능한 범위 내에서 그 원진술자를 신문할 것을 요구하고, 진술을 기재한 서류, 특히 수사기관이 작성한 조서에 의하여 증인신문을 대체해서는 안 된다는 것을 요구할 뿐이다.[2]

12   **2) 대륙법계 직접주의와 영미법계 전문법칙의 차이**   진술증거에 관하여 직접증거주의를 관철할 때에는 전문법칙과 유사한 결론을 얻을 수 있는 것은 사실이다. 그러나 전문법칙과 직접주의는 그 연혁과 원리를 달리하는 것이다.[3] 독일 증거법상 영미법의 전문법칙에 의해서는 증거능력이 배제되지 않는 전문증거의 예외에 해당하는 경우(수사기관의 전문서류)라 할지라도 그 진술자가 법원에서 직접 진술하지 아니한 경우에는 직접주의에 반하는 경우가 있는가 하면, 전문증언 그 자체만으로는 직접주의에 반하지 않을 수 있기 때문이다. 독일 형사소송법이 직접증거(방법)주의를 증언과 서증의 관계에서만 규정하고 있으므로 간접적인 증인(mittelbarer Zeuge)이란 있을 수 없다는 전제에서 설사 전문증인(Zeuge vom Hörensagen)이라고 하더라도 그에 대한 신문 결과는 직접주의에 반하지 않는다고 해석하고 있는 것도 이러한 의미에서 이해할 수 있다.[4]

13   **3) 형사소송법상 전문법칙의 근거로서의 직접주의**   형사소송법 제310조의 2가 규정하고 있는 전문법칙이 반대신문의 결여 이외에 직접주의의 요청에도 근거

---

1 Gössel S. 168; Pfeiffer KK Einl. Rn. 9; Roxin S. 370; Schäfer S. 252; Zipf S. 147.

2 독일 형사소송법 제250조는 「사실의 증명이 사람의 경험에 기초한 때에는 공판정에서 증인으로 신문하여야 한다. 증인신문을 신문조서나 서류의 낭독으로 대체할 수는 없다」고 규정하고 있다.

3 차용석/최용성 568면.

4 Gössel S. 238; Mayr KK § 250, Rn. 13; Meyer-Goßner § 250, Rn. 4; Roxin S. 371; Schäfer S. 253.

를 두고 있는 것으로 보는 견해[1]도 있다. 즉 전문법칙은 반대신문권의 보장과 태도증거에 의한 정확한 심증형성이라는 의미에서 직접주의에도 그 근거를 두고 있다는 것이다. 판례도 같은 입장이다.[2] 형사소송법이 당사자주의와 직권주의를 절충한 소송구조를 취하고 있는 것은 사실이다. 그러나 직접주의와 전문법칙은 서로 구별되는 개념이므로 대륙의 직접주의가 전문법칙의 근거로 된다는 것은 타당하다고 할 수 없다. 전문법칙에 의하여 직접주의가 형사소송법에서 충실히 실현되는 것도 아니다. 직접주의를 전문법칙의 근거로 들고자 하는 견해는 전문법칙의 근거를 자백에는 적용되지 않는 반대신문권의 보장에 제한한 데서 오는 난점을 회피하기 위한 이론에 불과하다. 그러나 전문법칙의 근거를 신용성의 결여로 설명하는 입장에서는 간접증거로부터는 원진술자의 태도증거를 관찰하여 정확한 심증을 얻을 수 없다는 직접증거주의의 논거는 전문증거가 신용성이 없다는 이유의 하나에 지나지 않는다.[3] 이러한 의미에서 직접주의를 전문법칙의 근거로 볼 필요는 없으며, 우리 형사소송법상 전문법칙의 근거는 전문증거가 가지는 신용성의 결여에 있다고 해석하면 충분하다고 생각된다.[4]

3. 전문법칙의 적용범위

전문법칙의 근거를 반대신문권의 보장에 둘 때에는 전문증거라 할지라도 ①   14

---

1 백형구 458면, 강의 647면; 손동권/신이철 579면; 신동운 1143면; 이영란 725면; 이주원 470면; 이창현 872면.

2 대법원 2001. 9. 14, 2001 도 1550, 「제310조의 2에서 법관의 면전에서 진술되지 아니하고 피고인에 의한 반대신문의 기회가 부여되지 아니한 진술에 대하여는 원칙적으로 증거능력을 부여하지 아니함으로써, 형사재판에 있어서 모든 증거는 법관의 면전에서 진술·심리되어야 한다는 직접주의와 피고인에게 불리한 증거에 대하여는 반대신문할 수 있는 권리를 원칙적으로 보장하고 있다.」; 헌재결 1994. 4. 28, 93 헌바 26, 「우리 형사소송법은 제310조의 2를 신설하여 직접주의의 바탕 위에 영미법계의 전문법칙을 받아들여 공판중심주의의 철저를 기하였다.」

3 McCormick p. 374; Rothstein p. 207.

4 이재상(제9판), § 40/13. 그런데 수사기관이 작성한 조서의 증거사용을 기초로 형성된 우리 전문법칙은 영미법계 전문법칙에 고유한 개념인 특신상태보다 영미법계 전문법칙에서는 낯선 개념인 조서의 진정성립(조서의 진술 왜곡방지)에 관하여 오히려 더 큰 관심을 가지고 있으며, 이러한 점에서 서로 다른 규율목적과 체계를 가지게 되었다고 볼 수 있다. 이는 영미법계 전문법칙과 비교할 때 단지 자백을 전문증거의 개념에 포함하고 있는 것에 국한된 문제는 아니며, 수사기관과 법원이 작성하는 조서라는 제도를 채택하고 직권주의적 수사절차를 채택하였는지 여부와도 관련된 본질적인 제도적 차이라고 볼 수 있다. 이러한 점에서 각종 조서의 전문법칙 예외 근거에 관하여는 직접주의의 예외에 해당한다고 할 것이다(이창온, "형사소송법상 반대신문권과 국제인권법의 적용가능성에 관한 연구", 형사소송의 이론과 실무 13 - 3, 한국형사소송법학회, 2021, 80 - 89면 참조).

공판정 외의 진술에 관하여 이미 반대신문의 기회가 부여된 경우, ② 반대신문권이 포기된 경우, ③ 반대신문이 무의미한 경우에는 전문법칙에 의하여 배제되지 않는다는 결과가 된다.[1] 따라서 피고인이 아닌 자의 진술이 피고인의 진술을 내용으로 하는 경우에는 전문증거가 될 수 없다는 결론이 된다.[2] 그러나 전문법칙의 근거를 신용성의 보장에 둘 때에는 전문법칙은 반대신문권이 보장되었는가라는 형식적 기준이 아니라 전문증거의 개념과의 관계에서 그 적용범위가 결정되어야 한다. 따라서 전문증거는 원진술자가 피고인이건 제 3 자이건 불문한다고 하지 않을 수 없다.[3] 전문법칙의 적용범위란 형식적으로 볼 때에는 전문증거인 것처럼 보이지만 실질적으로 전문법칙의 적용이 없는 증거가 어떤 것인가를 문제삼는 것이다.

(1) 전문법칙의 적용요건

15   1) 진술증거   전문증거는 요증사실을 직접 지각한 자의 진술을 내용으로 하는 진술증거를 의미한다. 따라서 전문법칙은 진술증거에 대하여만 적용되며, 증거물과 같은 비진술증거에는 전문법칙의 적용이 없다.[4] 비진술증거에 대하여는 반대신문이 불가능하며 전문증거의 신용성이 문제될 여지가 없기 때문이다. 따라서 원래 영미법계 전문법칙에서는 진술증거인가 비진술증거인가는 증거의 객관적 성질, 즉 진술인지 여부에 따라 결정된다. 그러나 진술증거인 이상 전문진술인가 진술을 기재한 서류인가는 불문한다. 다만, 형사소송법상 전문증거의 예외를 인정할 것인지 여부에 관해서는 영미법과는 달리 전문진술과 전문서류 사이에 그 요건에 차등을 두고 있다.

16   비언어적 행동(nonverbal conduct)을 진술의 의미가 담겨 있는 행동(conduct as hearsay)으로 보아서 전문법칙을 적용할 것인지 여부가 문제된다. 이를 긍정하는 견해[5]도 있으며, 미국 연방증거법은 행동으로서 사실의 주장을 의도한 경우에는 명문으로 전문증거의 개념에 포함하고 있다. 예컨대 甲이 범인으로 A를 지적하거나 사건 현장을 지시하는 경우에는 언어적 진술과 다름없으므로 전문증거로 보아야 한다. 그러나 도망이나 침묵과 같은 행동의 경우에는 행동으로서 경험적 사실의 주장을 의도

---

1 강구진 448면.
2 대법원 1961. 7. 13, 4294 형상 194도 같은 취지로 판시하고 있다.
3 대법원 1974. 6. 25, 74 도 415; 대법원 1978. 7. 11, 78 도 491.
4 대법원 2015. 4. 23, 2015 도 2275(수표부도의 증거물인 수표사본).
5 신현주 597면; 이주원 472면.

한 경우에 해당된다고 보기 어렵고, 이를 진술의 의미가 담겨 있는 것으로 인정하여 전문법칙을 적용하게 되면 관련성 있는 높은 가치의 증거를 배제하는 결과가 되므로 이는 진술증거가 아닌 정황증거로서 전문증거에 해당하지 않는 것으로 파악하는 것이 타당하다고 생각한다.[1]

2) 요증사실과의 관계   전문법칙이 적용되는 전문증거는 그 정의상 원진술   17
이 담고 있는 요증사실을 증명하기 위하여 제출되는 경우, 즉 자신 또는 타인의 진술이나 서류에 포함된 원진술자의 진술 내용에 담긴 경험적 사실이 진실하다는 것을 입증하기 위하여 증거로 제출되는 경우로 제한된다. 반면에 원진술자의 진술의 존재 자체가 요증사실인 경우, 즉 원진술자가 어떠한 진술을 하였다는 사실 자체를 입증하기 위하여 증거로 제출되는 경우에는 본래증거이지 전문증거가 아니다.[2] 왜냐하면 원래 전문법칙은 원진술자가 경험적 사실을 주장할 때 개입되는 부정확성과 허위의 위험을 원진술자에 대한 반대신문을 통해서 제거하기 위한 것인데, 원진술자가 어떠한 진술을 하였다는 사실 그 자체는 그 원진술을 공판정에서 전달하는 진술자가 직접 경험한 사실에 해당하거나 원진술자의 진술을 담고 있는 서류의 진정성에 의하여 진실 여부를 판단할 문제에 불과하기 때문이다. 이러한 의미에서 전문증거는 요증사실과의 관계에 의하여 결정되는 상대적 개념이 된다.

예컨대 대법원은 ① 녹음된 대화 내용이 진술 당시에 진술자가 술에 취하여 횡설수설하였는지 등 진술자의 상태 등을 확인하기 위한 경우(대법원 2008. 7. 10, 2007 도 10755), ② 수사기관이 피고인의 주거지에서 입수하여 수사보고서에 첨부한 자료의 내용이 이적표현물에 해당한다거나 특정 사무실 등에서 발견된 기존 증거와 동일하다는 사실을 증명하기 위한 경우(대법원 2013. 2. 15, 2010 도 3504), ③ 공소사실을 인정하는 간접증거의 하나로 북경에서 면담하자는 내용이 담긴 파일이 피고인의 컴퓨터에 저장되어 있다는 사실 자체를 증명하는 경우(대법원 2013. 7. 26, 2013 도 2511), ④ 업무수첩에 기재된 상사의 지시사항 내용이 상사가 그러한 지시를 한 사실 그 자체를 증명하는 경우[대법원 2019. 8. 29(전원합의체판결), 2018 도 14303]에는 모두 진술의 존재 자체를 입증하기 위하여 제출된 경우로서 전문증거가 아니라고 한다.

---

[1] 차용석/최용성 570–571면.

[2] 대법원 1999. 9. 3, 99 도 2317; 대법원 2008. 11. 13, 2008 도 8007; 대법원 2012. 7. 26, 2012 도 2973; 대법원 2013. 2. 15, 2010 도 3504; 대법원 2013. 6. 13, 2012 도 16001; 대법원 2013. 7. 26, 2013 도 2511; 대법원 2014. 2. 27, 2013 도 12155; 대법원 2015. 1. 22 (전원합의체판결), 2014 도 10978; 대법원 2021. 3. 25, 2020 도 17109.

한편 소송행위로서의 진술은 경험적 사실을 입증하기 위하여 제출되는 것이 아닐 뿐 아니라 엄격한 증명의 대상이 되는 것도 아니므로 전문법칙이 적용되지 않는다.

(2) 전문법칙이 적용되지 않는 경우

형식적으로는 전문증거인 것처럼 보이지만 전문법칙의 적용이 부정되는 경우로 논의되는 것은 다음과 같다.

18   1) 구성요건적 요증사실의 일부를 이루는 진술   진술내용이 요증사실의 구성요소를 이루는 경우의 진술에는 전문법칙이 적용되지 않는다.[1] 이 경우에는 진술의 존재 자체가 요증사실이 되므로 본래증거가 되고, 전문증거가 아니기 때문이다. 예컨대 乙로부터 A가 B를 살해하는 것을 보았다는 말을 듣고 甲이 그 사실을 증언한 경우에 甲의 증언은 A에 대한 살인사건에 관하여는 전문증거가 되지만, 乙에 대한 명예훼손사건에 관하여는 전문증거가 되지 않는다.

2) 경험적 사실의 주장이 아닌 경우

19   원진술 내용이 ① 계약의 청약 · 승낙 · 거절을 구성하는 발언, ② 교사 · 방조에 있어서 지시를 구성하는 발언[2]이나 공모관계를 구성하는 진술[3], ③ 사기죄의 기망행위를 증명하기 위하여 기망을 위해 행한 발언을 증거로 사용하는 경우,[4] 협박을 위해 행한 발언을 협박행위를 증명하기 위해 증거로 사용하는 경우[5], 알선수재행위를 입증하기 위하여 알선사례비 요구 발언을 증거로 사용하는 경우,[6] ④ 다른 의도로 한 말이나 글이 무의식적으로 일정한 사실이나 지식을 함축하거나 전제하고 있는 경우 (implied assertion), ⑤ 일정한 사실에 관한 의사를 전달할 의도를 가지고 말하거나 글을 썼더라도 그 글의 형식이 객관적으로 볼 때 사실의 주장(assertion)이 아니라

---

1 대법원 2008. 11. 13, 2008 도 8007; 대법원 2008. 11. 13, 2006 도 2556.

2 대법원 2019. 8. 29(전원합의체판결), 2018 도 14303.

3 대법원 2018. 5. 15, 2017 도 19499. 대법원은 대학총장의 입시비리 관련 업무방해사건에서 증인인 입학부처장 등이 대학교수인 피고인 甲이 자신들에게 '대학총장인 피고인 乙이 丙을 뽑으라고 말하는 것을 들었다'고 말했다고 증언한 경우에, 乙의 지시를 내용을 하는 甲의 진술은 乙의 진술의 존재 자체가 피고인들 사이의 공모관계에 관한 증거가 되므로 전문증거가 아니라 본래증거가 되고, 증인들의 진술은 甲의 진술을 내용으로 하는 전문증거이고 재전문증거가 아니라고 하였다. 다만 乙에 관하여는 제316조 2항의 요건을 충족시켜야 하는데, 원진술자인 甲이 출석불능 요건을 갖추지 못하였으므로 그 증언은 증거로 사용할 수 없다고 보았다.

4 대법원 2012. 7. 26, 2012 도 2937.

5 대법원 2008. 11. 13, 2006 도 2556. 휴대전화기로 전송한 협박문자메시지가 협박사실을 입증하기 위해 제출된 경우에는 전문증거가 아니라고 하였다.

6 대법원 2008. 11. 13, 2008도8007

의견이나 의지 등을 표현하는 경우도 전문증거에 해당하지 않는다는 것이 영미법의 실무이다.[1] 진술뿐만 아니라 서증에 대하여도 같은 이론이 적용된다. 다만, ④와 ⑤ 의 사례에 관해서는 영미에서도 그 견해가 심하게 대립되어 있다. 전문증거의 개념 에 포함된다고 보는 입장에서는 일정한 의도를 가지고 의사를 전달하기 위하여 진술 을 한 이상 전문증거가 가진 지각·기억·표현 과정에서의 부정확성의 위험성이 동 일하게 존재한다는 점을 지적한다.

　3) 진술 내용의 진실성과 상관없는 간접사실의 정황증거로 사용되는 경우　　어　　20 떠한 전문진술을 그 진술 내용의 진실성과 관계없는 원진술자의 심리적·정신적 상황과 같은 간접사실을 증명하기 위한 정황증거로 사용하는 경우에도 전문법칙 은 적용되지 않는다.[2] 이 경우에는 원진술 내용의 진실성이 요증사실로 되는 것 이 아니라 그 진술이 원진술자의 정신상태를 추인하기 위해 간접사실로 사용된 것에 불과하기 때문이다. 예컨대 「나는 신이다」라는 원진술을 원진술자의 정신이 상을 추인하기 위해 증거로 사용하는 경우가 그것이다. 甲이 乙을 껴안은 것이 폭행의 의도로 한 것인지 또는 우정의 표현인지를 증명하기 위하여 그 당시에 甲 이 한 진술을 정황증거로 제출하는 경우에도 마찬가지로 볼 수 있다. 다만, 그 진술이 자신의 행동의 의도를 설명하는 내용을 담고 있는 경우에는 정황증거를 입증하기 위한 것이 아니라 진술 내용의 진실성을 입증하기 위한 것이 되므로 전 문증거의 개념에 포함된다.[3]

　4) 입증 목적에 따른 상대적 전문증거의 개념　　대법원도 위와 같이 어떠한 진　　21 술이 진술의 존재 자체나 진술 내용의 진실성과 관계 없는 간접사실의 입증을 위 하여 증거로 사용되는 경우에는 전문증거가 아니므로 전문법칙이 적용되지 않는 다고 본다. 그러나 대법원은 어떠한 내용의 진술을 하였다는 사실 자체에 대한 정 황증거로 사용될 것이라는 이유로 일단 이러한 진술의 증거능력을 인정한 다음, 그 사실을 다시 진술 내용이나 그 진술의 진실성을 증명하는 간접사실로 사용하

1　대법원은 의뢰인의 자문의뢰에 따라 법무법인 소속 변호사가 밝힌 법적 의견을 그 내용으로 한 서면, 즉 법률의견서는 전문증거로서 형사소송법 제313조에 의하여 증거능력을 판단해야 한다고 판시하였다[대법원 2012. 5. 17(전원합의체판결), 2009 도 6788]. 이에 대하여 위 법 률의견서는 요증사실을 체험한 내용과 관계없이 단지 자기의 의견을 표명하는 것에 불과하 므로 전문증거라고 볼 수 없다는 반대의견이 있다. 어떠한 경험적 사실에 대한 주장을 담고 있는 이상 의견서의 형태로 표현하였다고 해서 전문증거가 아니라고 보기는 어렵다고 본다.

2　대법원 2000. 2. 25, 99 도 1252; 대법원 2013. 6. 13, 2012 도 16001; 대법원 2013. 7. 26, 2013 도 2511; 대법원 2015. 1. 22(전원합의체판결), 2014 도 10978.

3　이 경우에도 미국 연방증거법 제803조는 진술 당시의 감정·감각·정신상태를 표현하는 진술인 때에는 특신상태가 인정되는 전문증거의 예외로서 명시적으로 그 증거능력을 인정하고 있다.

는 경우에는, 원진술의 내용인 사실이 요증사실이 되기 때문에 전문증거에 해당하여 전문법칙의 예외요건을 갖추지 않으면 증거로 사용할 수 없다고 한다.[1]

22   5) 탄핵증거로 사용된 진술   증인의 신용성을 탄핵하기 위하여 공판정 외에서의 자기모순의 진술을 증거로 제출하는 경우($\frac{제318조}{의 2}$)에는 적극적으로 원진술의 진실성을 증명하기 위한 경우가 아니므로 전문법칙이 적용되지 아니한다. 전문증거로서 증거능력이 부정되는 증거라 할지라도 당사자가 증거로 함에 동의한 때에는 증거능력이 인정되므로($\frac{제318}{조}$) 이 경우에도 전문법칙은 적용되지 아니한다.

Ⅲ. 전문법칙의 예외이론

1. 예외인정의 필요성

23   전문증거는 당사자의 반대신문권이 보장되어 있지 않고 신용성이 결여되어 있다는 이유로 증거능력이 부정된다. 그러나 전문증거에도 신용성이 보장되어 있는 경우가 있을 수 있다. 그럼에도 불구하고 전문법칙을 지나치게 엄격하게 적용할 때에는 재판의 지연을 초래할 뿐만 아니라, 재판에 필요한 증거를 잃어버리게 됨으로써 진실발견을 저해할 염려가 있다. 영미법에서도 전문법칙에는 많은 예외가 인정되어 왔으며 또 예외의 범위는 확대되었다고 할 수 있다. 우리 형사소송법이 제311조에서 제316조에 걸쳐 전문법칙의 예외를 규정하고 있는 이유도 여기에 있다. 증거가치 있는 모든 증거는 증거능력이 있다는 전제에서 예외적으로 신용성이 결여된 전문증거의 증거능력을 부정한 것이 전문법칙이므로 전문법칙에 각종의 예외를 수반하는 것은 당연한 현상이라고 하겠다. 이러한 의미에서 전문법칙은 예외를 전제로 하여 발달한 예외의 이론이며,[2] 전문법칙의 역사는 그

---

1 대법원 2019. 8. 29(전원합의체판결), 2018 도 2738; 대법원 2019. 8. 29(전원합의체판결), 2018 도 13792; 대법원 2019. 8. 29(전원합의체판결), 2018 도 14303; 대법원 2021. 2. 25, 2020 도 17109(피해자가 A에게 '피고인이 추행했다'는 진술을 하였다는 것 자체에 대한 증거로 사용된다는 이유로 증거능력을 인정한 다음, 위 진술이 피해자의 진술에 부합한다고 보아 A의 진술을 피해자의 진술 내용의 진실성을 증명하는 간접사실로 사용한 사례). 그러나 지시·교사·공모 과정에서 이루어진 발언이 일정한 지식이나 사실을 함축 또는 전제하거나 발언자의 의도나 계획을 표현하고 있는 경우에는, 영미법상 전문법칙에서는 전문증거에 포함되지 않거나 전문증거의 예외규정에 의하여 증거능력이 인정될 가능성이 많다. 따라서 진술의 내용과 입증취지를 구체적으로 살펴보지 않고 곧바로 전문증거에 해당한다고 단정하는 것은 타당하지 않다고 생각된다.

2 강구진 452면; 신현주 599면.

예외확장의 역사라고 할 수 있다.[1]

2. 예외인정의 기준

전문법칙의 예외도 영미의 증거법에서 판례를 통하여 형성되어 온 것이다.   24
영미의 통설은 전문법칙의 예외를 인정하기 위하여 필요한 요건으로 신용성의 정
황적 보장과 필요성을 요구하고 있으며, 우리 형사소송법의 해석에 있어서도 두
가지 요건이 필요하다는 점에 견해가 일치하고 있다. 다만, 신용성의 정황적 보
장과 필요성은 모든 경우에 엄격하게 요구되는 것이 아니라 상호보완관계 내지
반비례의 관계에 있다.[2] 따라서 신용성이 강하게 보장된 때에는 필요성의 요건
은 완화될 수 있다. 그러나 전문법칙의 근거가 신용성의 결여에 있는 이상 필요
성이 있다는 이유만으로는 전문법칙의 예외가 인정될 수 없다(제314조 참조). 다만 우리
형사소송법은 전문서류의 경우에는 그 서류의 진정성립 또한 전문법칙의 예외요
건으로 규정하는 경우가 많다는 점에서 영미법과 큰 차이를 보이고 있다.

(1) 신용성의 정황적 보장

신용성의 정황적 보장이란 공판정 외에서의 진술의 진실성이 제반의 정황에   25
의하여 보장되어 있는 경우를 말한다. 전문법칙의 근거를 반대신문권의 보장에
있다고 보는 입장에서는 반대신문에 대신할 만한 외부적 정황 아래서 진술이 행
하여졌을 것을 요한다고 해석한다. 물론 여기의 신용성은 증거능력과 관련된 것
이므로 진술내용의 진실성을 의미하는 것이 아니라 진실성을 보장할 만한 외부적
정황을 의미한다고 보아야 한다.

영미법에 있어서 신용성의 정황적 보장이 인정되는 전문법칙의 예외에 해당   26
하는 경우로는 ① 사건 직후의 충동적 발언과 같은 자연적·반사적 진술(진술의
자연성), ② 죽음에 직면한 자의 임종의 진술(진술의 양심성), ③ 재산상의 이익에
반하는 진술(진술의 불이익성), ④ 공문서·업무상 문서와 같이 업무상 통상의 과
정에서 작성된 문서(진술의 공시성)의 경우를 주로 들고 있다.

우리 형사소송법은 법원과 수사기관의 조서에 대하여도 이러한 신용성의 정
황적 보장을 요구하고 있다는 점에서 위와 같은 영미법상 전문법칙의 예외이론을
그대로 적용하기 어렵다. 조서의 신용성의 정황적 보장 여부는 사적 단계에서 이

---

1 주광일 15면.
2 손동권/신이철 582면; 신동운 1149면; 이영란 733면; 이주원 484면.

루어진 진술과는 달리 조서를 작성하는 주체의 객관성과 중립성이 핵심적인 판단 기준이 될 수밖에 없다. 사법부의 독립에 의하여 객관성과 중립성이 보장되는 법 관이 작성하는 조서, 법관에 비하여 객관성과 중립성이 약화되어 있는 준사법관 인 검사가 작성하는 조서, 행정부에 속하며 사법관이 아닌 사법경찰관이 작성하 는 조서의 신용성은 차이가 있다. 이러한 관점에서 우리 형사소송법은 법관 면전 의 조서, 검사 작성 피의자신문조서, 사법경찰관 작성 피의자신문조서의 증거능 력 요건을 각각 다르게 규정하고 있었다고 볼 수 있다. 이러한 점은 자백을 전문 증거의 정의에서 제외하여 언제나 그 증거능력을 인정하는 전통적인 영미법계 전 문법칙과는 크게 구별되는 것이며, 권한의 주체와 신분에 따라 수사와 조서의 작 성권한에 차등을 두는 대륙법계 국가들의 증거법 모델과 유사하다. 다만, 2020. 2. 4. 형사소송법 개정으로 검사의 수사 주재자로서의 지위가 약화되면서 검사 작성 피의자신문조서와 사법경찰관 작성 피의자신문조서의 증거능력 요건이 동 일하게 되었다.

그러나 법관의 면전조서나 진술에 대하여는 신용성의 보장을 별도로 요구하 지 않고 있다는 점, 사적 단계에서의 진술이 서면으로 작성된 경우($^{제313}_{조}$)에도 신 용성의 보장을 요하지 않는 경우가 있다는 점에서 여전히 영미법상 전문법칙에 비하여 그 요건이 완화되어 있으며, 상당한 차이가 있다.

(2) 필 요 성

27　　　필요성이란 같은 가치의 증거를 얻는 것이 불가능하기 때문에 전문증거라도 사용할 필요가 있는 것을 말한다. 원진술자의 사망·질병·소재불명·국외체재 등의 특수사정으로 인하여 원진술자를 공판정에 출석케 하여 다시 진술하게 하는 것이 불가능하거나 현저히 곤란한 경우가 여기에 해당한다.

한편, 공판절차 이전에 피의자에게 불리한 진술을 하였던 원진술자 또는 진 술자 본인이 시간의 경과와 함께 공판 단계에서 유죄판결을 받을 가능성이 커지 면 이전의 진술을 번복하거나 진술거부 또는 증언거부를 하게 될 가능성도 당연 히 증가한다. 이러한 경우에 언제나 공판 이전의 전문진술증거를 증거로 사용하 지 못하게 하면 그 진술이 핵심적인 증거가 되는 중요한 사건의 실체진실이 저해 될 위험이 있다. 따라서 이러한 경우에는 공판 단계에서의 진술번복에도 불구하 고 공판 이전의 전문진술증거가 신용성의 정황적 보장이 보장되고 작성 과정에서 진정성이 인정되는 경우에는 증거로 사용해야 할 필요성이 있게 된다.

또한 신속한 재판, 사법자원의 효율적이고 적정한 운용을 위하여 피고인이 공판단계에서 자백하고 검사가 제출한 증거에 동의하는 경우에는, 수사단계에서 작성된 조서의 증거능력을 인정할 필요성도 인정된다.

3. 전문법칙의 예외규정

형사소송법은 제311조에서 제316조에 이르기까지 전문법칙의 예외를 규정하고 있다. 전문법칙의 예외규정은 진술을 대신하는 서면, 즉 전문서류($^{제311조\ 내지}_{제315조}$)의 증거능력을 인정하는 것과 전문진술에 관한 것($^{제316}_{조}$)으로 나눌 수 있다.   28

Ⅳ. 형사소송법상 전문법칙의 예외

1. 법원 또는 법관의 당해 사건 면전조서(제311조)

(1) 형사소송법 제311조의 취지와 성질

1) 제311조의 취지   제311조는 「공판준비 또는 공판기일에 피고인이나 피고인 아닌 자의 진술을 기재한 조서는 증거로 할 수 있다. 제184조($^{증거보전}_{절차}$) 및 제221조의 2($^{증인신문의}_{청구}$)의 규정에 의하여 작성된 조서도 또한 같다」고 규정하고 있다. 이러한 조서는 법원 또는 법관의 면전에서의 진술을 기재한 조서이므로 그 성립이 진정할 가능성이 높고 원칙적으로 피고인의 참여권과 반대신문권 보장이 이뤄지고 있으므로 신용성의 정황적 보장이 높다는 이유로 무조건 증거능력을 인정하고 있다.[1]   29

2) 제311조와 전문법칙   본조 후단에 규정된 증거보전과 증인신문절차에서 작성된 조서가 전문법칙의 예외에 속한다는 점에는 의문이 없다. 그러나 본조 전단의 공판준비 또는 공판기일에서의 피고인이나 피고인 아닌 자의 진술을 기재한 조서의 성질에 대하여는 견해가 대립되고 있다. 이러한 조서에 있어서는 당사자가 참여권 및 신문권을 가지고 있어 반대신문의 기회가 주어져 있으므로 **전문법칙의 적용이 없는 경우**라는 견해,[2] 전문법칙의 예외라기보다는 **직접주의의 예외라**   30

---

1 대법원 1956. 2. 17, 4288 형상 308.
2 백형구 강의, 652면; 송광섭 657면; 신현주 601면.

고 해야 한다는 견해[1]와 **전문법칙의 예외**를 규정한 것이라고 해석하는 견해[2]가 그 것이다. 생각건대 ① 본조는 공판준비 또는 공판기일에서의 진술을 문제로 하는 것이 아니라 그 진술을 기재한 조서의 증거능력을 신용성과 필요성을 이유로 인정 하고 있는 것이며, ② 이러한 조서는 사실인정을 하는 법관의 면전에서 반대신문이 행하여진 것도 아니고, ③ 반대신문권의 보장이 전문법칙의 유일한 근거라고 볼 수 없을 뿐 아니라, ④ 형사소송법이 명문으로 전문법칙의 예외로 규정하고 있는 취지 에 비추어 볼 때 전문법칙의 예외라고 해석하는 것이 타당하다고 하겠다.

(2) 피고인 아닌 자의 진술을 기재한 조서

31   1) 공판준비 또는 공판기일에서의 피고인 아닌 자의 진술을 기재한 조서   공 판준비기일 또는 공판기일에서 피고인 아닌 자가 행한 진술을 기재한 조서(일체의 공 판조서와 기일 외 증인신문조서, 제273 조에 의한 피고인신문조서), 법원 또는 법관의 검증조서, 법원 또는 법관의 감정인신문 조서(제171조 4항의 설명기재조서 포 함. 그러나 감정서 자체는 제외)가 여기에 해당한다.[3] 공판기일에서의 진술을 기재한 조서는 공판조서를 의미한다. 공판기일에서의 피고인이나 증인의 증언은 직접 증 거가 되므로 본조에 해당할 여지가 없다. 따라서 공판기일에서의 피고인 아닌 자 의 진술을 기재한 조서란 공판절차갱신 전의 공판조서, 상소심에 의한 파기환송 전의 공판조서, 이송된 사건의 이송 전의 공판조서, 관할위반의 재판이 확정된 후에 재기소된 경우의 공판조서 등을 말한다고 보아야 한다.[4] 여기서 피고인 아 닌 자란 피고인을 제외한 제 3 자, 즉 증인·감정인뿐만 아니라 공범자와 공범 아 닌 공동피고인을 포함한다.

여기에 해당하는 조서라도 열람·등사청구권이 침해된 공판조서,[5] 공개재판 을 받을 권리가 침해된 공판조서는[6] 유죄의 증거가 될 수 없다. 또한 조서에 기 재된 진술의 내용이 전문진술이라면 당사자 동의가 없는 한, 형사소송법 제316조 에 따라 다시 증거능력의 인정 여부를 결정하여야 한다.

32   2) 다른 사건의 공판준비조서와 공판조서   본조의 예외를 인정한 취지에 비 추어 여기의 공판준비 또는 공판조서가 당해 사건의 조서에 제한되어야 한다는

---

1 신동운 1150면.
2 김재환 662면; 신양균/조기영 742면; 이영란 735면; 임동규 521면; 정웅석/최창호/김한균 632면; 차용석/최용성 576면.
3 사법연수원, 법원실무제요 형사 [I], 465면.
4 차용석/최용성 577면.
5 대법원 2003. 10. 10, 2003 도 3282.
6 대법원 2005. 10. 28, 2005 도 5854.

점에 견해가 일치하고 있다.[1] 다만 다른 사건의 공판조서를 어떻게 처리할 것인가에 대하여 ① 제315조 3호의 문서로서 증거능력이 인정된다는 견해[2]와, ② 본조 후단의 조서에 해당한다고 해석해야 한다는 견해[3]가 대립되고 있다. 그러나 형사소송법이 본조 후단의 조서를 증거보전 또는 증인신문절차에서의 조서라고 규정하고 있고, 다른 사건의 공판조서는 여기에 해당한다고 해석할 수 없으므로 전설이 타당하다고 해야 한다. 대법원도 같은 태도를 취하고 있다.[4]

3) 공동피고인의 진술을 기재한 조서

33

공동피고인도 피고인 아닌 자에 속한다. 공범인 공동피고인의 진술을 기재한 조서는 피고인의 동의를 기다릴 필요도 없이 증거능력이 인정된다.[5] 공범에는 공동정범, 교사범, 종범은 물론, 합동범, 필요적 공범[6]도 포함되지만, 절도범과 장물범[7]은 공범에 포함되지 않는다. 그러나 피고인과는 별개의 범죄사실로 기소되고 다만 병합심리된 것일 뿐인 공범 아닌 단순한 공동피고인은 피고인에 대한 관계에서 증인의 지위에 있음에 불과하므로, 증인으로서 선서 없이 한 공동피고인이 피고인으로서 한 공판정에서의 진술이 기재된 공판조서는 피고인에 대한 공소사실을 인정하는 증거로 쓸 수는 없다고 해야 한다.[8]

(3) 피고인의 진술을 기재한 조서

34

공판준비에 있어서 피고인의 진술을 기재한 조서란 공판준비절차에서 공판기일 전에 피고인을 신문한 조서($^{제273조}_{1항}$)나 공판준비기일조서($^{제266조의}_{10 \ 제2항}$), 공판기일 전의 법원의 검증조서 중 피고인의 진술을 기재한 부분을 말한다. 공판기일에 피고인의 진술을 기재한 조서란 공판조서를 의미한다. 공판정에서의 피고인의 진술은 진술 그 자체가 증거로 되며 특별한 증거조사를 요하지 않는다.[9] 여기서 피

---

1 김재환 664면; 백형구 462면; 신현주 601면; 임동규 521면; 정웅석/최창호/김한균 633면; 차용석/최용성 577면.

2 김재환 664면; 백형구 462면; 신동운 1151면; 이영란 737면; 임동규 521면.

3 강구진 454면.

4 대법원 1966. 7. 12, 66 도 617; 대법원 2005. 4. 28, 2004 도 4428. 다만, 이 경우 반대신문권 보장이 되지 않았다는 점에서 문제가 있다.

5 대법원 2006. 5. 11, 2006 도 1944.

6 대법원 2012. 3. 29, 2009 도 11249(증·수뢰사건).

7 대법원 2006. 1. 12, 2005 도 7601.

8 대법원 1979. 3. 27, 78 도 1031; 대법원 1982. 6. 22, 82 도 898; 대법원 1982. 9. 14, 82 도 1000; 대법원 2006. 1. 12, 2005 도 7601.

9 대법원 1956. 2. 17, 4288 형상 308도 같은 취지로 판시하고 있다.

고인의 진술을 기재한 조서는 공판조서가 증거로 되는 경우이므로 공판절차갱신 전의 공판조서나 파기환송·이송 전의 공판조서 등을 의미한다고 보아야 한다.

35   통설은 피고인의 진술을 기재한 공판조서도 당해 사건에 제한된다고 해석하고 있다.[1] 그러나 피고인의 진술을 기재한 공판조서인 경우에는 다른 사건의 조서를 제외해야 할 이유는 없다고 생각된다. 따라서 다른 사건의 공판에서 한 피고인의 증언을 기재한 공판조서도 본조에 의하여 증거능력이 인정된다고 해야 한다.

(4) 증거보전절차·증인신문청구절차에서 작성한 조서

36   증거보전절차($\frac{제184}{조}$)에서 작성한 조서와 검사의 증인신문청구($\frac{제221조}{의 2}$)에 의하여 작성한 조서도 선서와 법관의 직권신문에 의한 강한 신용성이 인정되므로 공판조서와 같이 취급된다.[2] 따라서 공동피고인이 증거보전절차에서 증언한 증인신문조서는 당연히 증거능력이 인정된다.[3]

> 다만, 증인신문조서가 증거보전절차에서 피고인이 증인으로 증언한 것을 기재한 것이 아니라 피고인이 당사자로 참여하여 반대신문한 것에 지나지 않는다면 피고인의 진술부분에 대하여는 본조에 의하여 증거능력을 인정할 수 없다($\frac{대법원\ 1984.\ 5.\ 15,}{84\ 도\ 508}$).

(5) 법원 또는 법관의 검증조서

37   검증조서란 법원 또는 수사기관이 검증의 결과를 기재한 서면, 즉 검증을 한 자가 오관의 작용에 의하여 물건의 존재와 상태에 대하여 인식한 것을 기재한 서면을 말한다. 검증조서는 검증 당시에 인식한 바를 직접 기재한 서면이므로 진술에 의하는 경우보다 정확성을 기할 수 있고, 검증 그 자체가 가치판단을 포함하지 않는 기술적인 성격을 가지기 때문에 허위가 개입될 여지가 없다는 점에서 전문법칙에 대한 예외를 인정하고 있다. 검증조서의 증거능력을 인정하기 위한 요건은 법원 또는 법관이 기재한 경우와 수사기관이 기재한 경우에 차이가 있다.

38   1) **검증조서의 증거능력**   공판준비 또는 공판기일에서 법원 또는 법관의 검증의 결과를 기재한 조서는 증거능력이 인정된다($\frac{제311}{조}$). 증거보전절차에서의 검증의 결과를 기재한 조서도 같다. 수소법원이 공판기일에 법정에서 행한 검증은

---

1 신동운 1151면.

2 대법원 1976. 9. 28, 76 도 2143, 「검사가 형사소송법 제221조의 2 제 1 항과 제 2 항에 의하여 증인신문청구를 하고 판사가 그 청구를 이유 있다고 인정하여 동조에 따라 제 1 회 공판기일 이전에 증인신문을 한 이상 그 증인신문조서는 증거능력이 있다.」

3 대법원 1966. 5. 17, 66 도 276.

그 검증결과가 바로 증거가 되므로 본조가 적용될 여지가 없으며, 공판절차가
갱신된 경우 갱신 전의 검증조서나 수소법원이 공판기일 외에서 행한 검증이나
수소법원 이외의 법원이나 법관이 행한 검증의 결과를 기재한 조서가 여기에 해
당된다.

㈎ **증거능력을 인정하는 근거**   법원 또는 법관의 검증조서에 무조건 증거능   39
력을 인정한 이유는 ① 검증자가 공평한 제 3 자인 법원 또는 법관이므로 검증의
결과(蒮)에 신용성이 인정되고, ② 법원 또는 법관이 검증의 결과를 증인으로서
보고할 수는 없을 뿐 아니라, ③ 검증에 있어서는 당사자의 참여권이 인정되고
있으므로(제145조) 당사자가 검증 시에 사실을 지적함으로써 법원 또는 법관의 관
찰을 정확하게 할 수 있다는 점에 있다.

㈏ **다른 사건의 검증조서**   법원 또는 법관의 검증조서는 당해 사건의 조서   40
에 한하는가 또는 다른 사건의 검증조서도 포함하는가에 대하여 견해가 대립되고
있다. **적극설**은 다른 사건의 검증조서에 대하여도 검증조서의 증거능력을 인정해
야 할 필요는 당해 사건의 경우와 동일하다는 이유로 제311조에 의하여 당연히
증거능력이 인정된다고 해석한다.[1] 그러나 법원 또는 법관의 검증조서에 무조건
증거능력을 인정하는 가장 중요한 이유가 당사자에게 참여권이 보장되어 있다는
점을 고려할 때에는 이러한 요건이 충족되지 않은 다른 사건의 검증조서는 여기
에 포함되지 않는다고 해석하는 **소극설**[2]이 타당하다. 같은 이유로 당해 사건의
검증조서라 할지라도 당사자에게 참여의 기회를 주지 않은 경우에는 증거능력이
없다고 해야 한다.[3]

2) **검증조서에 기재된 참여인의 진술의 증거능력**   검증조서에는 검증의 결과   41
이외에 참여인의 진술을 기재하는 경우가 있다. 참여인의 진술에 기하여 검증이
효과적으로 행하여질 수 있기 때문이다. 이 경우에 참여인의 진술은 어디까지나
진술일 뿐이고 검증의 결과와는 구별된다. 검증조서에 기재된 참여인의 진술에는
현장지시와 현장진술의 두 가지가 있다.

㈎ **현장지시**   검증의 대상을 지시하는 진술을 말한다. 검증조서에 기재된
현장지시부분의 증거능력에 관하여는 현장지시는 검증조서와 일체를 이루고 있

---

1 정영석/이형국 351면.
2 김재환 665면; 손동권/신이철 614면; 신동운 1155면; 신양균/조기영 786면; 이영란 763면; 이주원
   488면; 임동규 543면.
3 강구진 455면; 백형구 강의, 688면.

으므로 검증조서로서 증거능력이 인정된다고 해석하는 견해[1]도 있다. 그러나 현장지시가 법원의 검증활동의 동기를 설명하는 비진술증거로서 이용되는 때에는 검증조서와 일체성을 가지지만, 진술 자체가 범죄사실을 인정하기 위한 진술증거로 이용되는 때에는 현장진술과 같이 취급해야 할 것이다.[2]

(나) **현장진술**   검증현장을 이용하여 행하여진 현장지시 이외의 진술을 말한다. 검증조서 중 현장진술기재부분이 검증조서로서 증거능력을 가질 수 없다는 점에는 의문이 없다. 진술자의 서명 또는 날인이 없는 현장진술은 진술증거로서 증거능력이 없고 서명 또는 날인이 있는 경우에는 제313조 1항에 의하여 증거능력을 판단해야 한다는 견해도 있다.[3] 그러나 법원 또는 법관의 면전에서 진술한 때에는 제311조 전단에 의하여 증거능력이 인정된다고 해석하는 것이 타당하다고 생각한다.

42   **3) 검증조서에 첨부된 사진·도화의 증거능력**   검증조서에는 검증목적물의 현상을 명확하게 하기 위하여 사진이나 도화를 첨부할 수 있다($\substack{제49조 \\ 2항}$). 이 경우의 사진이나 도화는 검증결과의 이해를 쉽게 하기 위한 표시방법에 불과하다고 할 것이므로 검증조서와 일체를 이룬다고 해야 한다.[4] 범행상황을 재연하는 사진은 행동으로 진술하는 것이므로 현장진술과 마찬가지로 제311조 전단에 의하여 증거능력이 인정된다.

43   **4) 녹음테이프에 대한 검증조서**   사인이 녹음한 녹음테이프에 대한 검증이 실시된 경우, 그 검증결과를 기재한 검증조서는 그 검증의 내용이 녹음테이프에 녹음된 대화내용과 검증조서에 첨부된 녹취서의 기재내용이 같다는 것에 불과한 때에는 증거자료가 되는 것은 여전히 녹음된 대화내용이므로 검증조서의 기재 중 녹음진술 내용의 증거능력은 제313조 1항의 진술기재 서류에 준하여 당해 요건이 충족된 경우에만 인정될 수 있다. 그러나 녹음된 진술 당시의 상태 등을 확인하기 위한 경우에는 전문증거가 아니므로 그 검증결과가 기재된 검증조서는 제311조에 의하여 증거능력이 인정된다.[5]

---

1 주광일 198면.

2 이주원 489면.

3 백형구 강의, 688면.

4 김재환 666면; 손동권/신이철 615면; 신동운 1157면; 신양균/조기영 788면; 이영란 764면; 임동규 542면.

5 대법원 2008. 7. 10. 2007 도 10755.

2. 수사기관이 작성한 조서(제312조)

(1) 피의자신문조서($\binom{제312조}{1항, 3항}$)

1) 피의자신문조서의 의의와 증거능력의 제한   피의자신문조서란 수사기관,   44
즉 검사 또는 사법경찰관이 피의자를 신문하여 그 진술을 기재한 조서를 말한다.
수사기관의 조사과정에서 피의자의 진술을 녹취한 서류 또는 문서가 작성된 것이
라면 진술조서, 진술서, 자술서의 어떤 형식을 취했는가는 문제되지 않는다.[1] 검
사와 사법경찰관은 법관과 같이 공평한 제 3 자의 지위에 있는 것이 아니다. 검사
에게 객관의무가 인정된다고 하여 검사에게 피의자의 이익을 충분히 보장할 것을
기대하기도 어렵다. 이러한 의미에서 수사기관이 작성한 피의자신문조서에 대한
신용성의 보장은 법관의 면전조서에 비하여 현저히 약하다고 하지 않을 수 없다.
그럼에도 불구하고 앞서 서술한 바와 같이 원진술자의 공판 출석불능, 진술번복
의 위험성에 대비하여 실체진실 발견을 도모하고 신속하고 효율적인 재판을 하기
위하여 수사기관이 작성한 조서를 증거로 사용할 필요성이 존재하므로, 형사소송
법은 수사기관이 작성한 피의자신문조서 등 서면증거에 대하여는 예외적으로 증
거능력을 인정하고 있다.[2]

 2020. 2. 4. 형사소송법 개정 전에는 검사가 피고인이 된 피의자의 진술을
기재한 조서는 적법한 절차와 방식에 따라 작성된 것으로서 피고인이 진술한 내
용과 동일하게 기재되어 있음이 공판준비 또는 공판기일에서의 피고인의 진술에
의하여 인정되고, 그 조서에 기재된 진술이 특히 신빙할 수 있는 상태하에서 행
하여졌음이 증명된 때에 한하여 증거로 할 수 있으나($\binom{제312조}{1항}$), 이에 반하여 검사
이외의 수사기관이 작성한 피의자신문조서는 적법한 절차와 방식에 따라 작성된
것으로서 공판준비 또는 공판기일에 그 피의자였던 피고인 또는 변호인이 내용을
인정할 때에 한하여 증거로 할 수 있게 하고 있었다($\binom{동조}{제3항}$). 이는 직권주의 소송
절차를 가진 독일과 유사하게 검사에게는 준사법관으로서 수사의 주재자의 지위
가 인정되었기 때문이다. 따라서 행정기관인 사법경찰관 작성 피의자신문조서와
달리 검사 작성 피의자신문조서는 구 형사소송법 제312조 제 1 항의 요건을 갖춘

---

1 대법원 1992. 4. 14, 92 도 442; 대법원 2010. 5. 27, 2010 도 1755; 대법원 2015. 10. 29,
   2014 도 5939; 대법원 2019. 11. 14, 2019 도 11552.
2 대법원 2013. 3. 14, 2011 도 8325; 대법원 2022. 3. 17, 2016 도 17054; 대법원 2022. 6.
   16, 2022 도 364; 대법원 2022. 7. 14, 2020 도 13957. 따라서 수사기관 작성 서면증거의 증
   거능력 인정 요건에 관한 규정은 엄격하게 해석·적용해야 한다.

경우에는 피고인이 공판 단계에서 진술을 번복하더라도 증거로 사용할 수 있는 길을 열어둠으로써 실체진실 발견을 도모할 수 있도록 하였던 것이다.

그런데 2020. 2. 4. 형사소송법 개정으로 이제는 피고인이 공판단계에서 진술을 번복하더라도 검사 작성 피의자신문조서에 기재된 피고인의 자백을 증거로 사용할 수 없게 되었다. 공판절차 이전에 자백한 피의자가 시간의 경과와 함께 공판단계에서 유죄판결을 받을 가능성이 커지면 이전의 진술을 번복하거나 진술거부권을 행사할 가능성은 여전히 존재하며, 목격자 등의 직접 증거가 없는 살인죄나 절도죄와 같은 사건에서는 간접증거만으로는 합리적 의심 없는 증명에 이르기가 매우 어려우므로 공판 이전 단계에서의 피의자의 자백은 여전히 결정적인 증거가치를 지닐 수밖에 없다. 따라서 이러한 경우에 수사단계에서의 피의자의 자백을 증거로 사용하지 못하게 하면 중요한 사건의 실체진실이 저해될 위험이 있다. 그럼에도 불구하고 입법자는 객관성과 중립성이 부족한 수사기관의 조서에 잠재되어 있는 원진술의 왜곡 위험성을 다른 방법으로는 배제하기 어렵다는 전제하에 실체진실을 희생해서라도 형사재판이 더 이상 수사단계의 자백에는 의존하지 않도록 하겠다는 입법적 결단을 한 것으로 평가할 수 있다.[1] 현행법상 피고인이 수사단계에서의 자백을 번복하면 이를 공판정에 현출할 수 있는 방법은 제316조 1항의 조사자증언밖에 없게 되었다.

한편 구 형사소송법 제312조 1항은 2022. 1. 1.부터 시행되었으나 2021. 12. 21. 그 개정법률의 부칙 제1조의2을 신설하여 그 시행일 이후 공소제기된 사건부터 적용하도록 하고, 개정규정 시행 전에 이미 공소제기된 사건에 관하여는 종

---

[1] 이러한 입법태도에 대해서는 찬성하기 어렵다. 면전에서의 진술만이 증거가치가 있지도 않거니와 그것이 종전의 진술보다 반드시 증거가치가 높다고 볼 수 없다는 것은 일상생활에서의 우리의 경험과 인간 심리의 작동원리에 비추어 자명하다. 그래서 전문증거가 가진 부정확성과 허위의 위험성 또는 조서가 가진 수사기관의 진술 왜곡의 위험성에도 불구하고, 비교법적으로 볼 때 대륙법계든 영미법계든 대부분의 주요 증거법제들은 어떤 방식으로든 자신들의 체계와 부합하는 일정한 범위 내에서 번복된 종전 자백의 증거사용을 허용하고 있는 것이다. 따라서 조서 작성 과정에서 진술 변질의 위험성을 극소화할 수 있는 절차적 보장, 조서 작성 과정의 투명성과 정확성의 강화, 수사기관의 객관성과 중립성을 보장할 수 있는 조직법상의 개혁을 먼저 고려하지 않고, 자백을 번복하면 무조건 조서의 증거 사용을 금지하는 식의 증거법 개정은 심각한 부작용을 불러오게 될 것이다. 또한, 이러한 식의 접근방법은 조서제도를 그대로 유지하면서 수사 단계에서 진술을 토대로 신병을 구속하고 불기소처분에 관하여 재정신청 등의 통제를 하는 우리 소송체계와도 부합하지 않는다. 보다 근본적으로 증거법체계를 개혁하고자 하였다면, 피의자신문조서의 사용을 원칙적으로 금지하되 조사자증언을 통해서 수사단계 자백을 현출하는 독일식 직접심리주의를 도입하는 동시에 법원의 직권탐지주의를 함께 도입하거나, 수사절차를 포함한 전반적인 소송체계를 영미식 당사자주의로 바꾸는 식의 근본적인 전환이 필요하였을 것이라고 생각한다.

전의 규정에 따르도록 하였다. 현재 검사작성 피의자신문조서의 증거능력은 개정 전의 조항과 개정 후의 조항이 공소제기 시기에 따라 병존적으로 적용되고 있는 상황이다. 따라서 아래에서는 2020. 2. 4. 개정 전의 검사 작성의 피의자신문조서와 개정 후의 그 조서의 증거능력을 나눠서 검토할 필요가 있다. 반면 검사 이외의 수사기관, 즉 사법경찰관 작성의 피의자신문조서는 개정 후의 검사 작성 피의자신문조서와 이제는 그 증거능력 부여 요건이 동일하게 되었으므로 함께 검토하면 충분할 것이다.

2) 제312조 1항의 이론적 근거   피의자신문조서의 증거능력을 규정한 제312   45
조 1항이 전문법칙의 예외에 속하는가에 대하여는 견해가 일치하지 않고 있다. 피의자신문조서의 경우에 원진술자는 피고인 자신이므로 피고인의 반대신문권을 보장하는 것은 의미가 없고, 신문의 주체인 검사의 반대신문을 보장할 필요도 없으므로 전문법칙의 예외가 아니라 직접주의와 피의자의 인권보장의 요청에 의하여 증거능력을 제한한 것이라고 보는 견해[1]도 있다. 피의자신문조서의 증거능력을 제한하는 것이 피의자에 대한 수사과정에서의 인권보장을 고려한 것임을 부정할 수는 없다. 그러나 제312조가 피의자의 인권보장을 주된 근거로 하는 규정이라고 할 수는 없다. 전문법칙의 근거가 전문증거에 반대신문이 보장되어 있지 않다는 점에만 있는 것이 아니라 신용성이 결여되어 있기 때문이라고 볼 때에는 피의자신문조서도 공판기일의 진술에 대신하는 신용성이 보장되지 않은 증거라는 점에서 전문증거라 할 것이며, 제312조는 신용성과 필요성을 조건으로 증거능력을 인정하는 전문법칙의 예외에 관한 규정이라고 해야 한다.

3) 개정 전 검사 작성의 피고인이 된 피의자의 진술을 기재한 조서의 증거능력   46
요건   검사가 피고인이 된 피의자의 진술을 기재한 조서는 적법한 절차와 방식에 따라 작성된 것으로서 피고인이 진술한 내용과 동일하게 기재되어 있음이 공판준비 또는 공판기일에서의 피고인의 진술에 의하여 인정되고, 특신상태가 증명된 때에 한하여 증거능력이 인정된다(구 제312조 1항).

㈎ 적용범위   개정 전 제312조 1항은 검사가 작성한 피고인이 된 피의자의 진술을 기재한 조서의 증거능력을 규정하고 있다. 따라서 피고인이 되지 아니한 공범자에 대한 피의자신문조서나 공동피고인에 대한 피의자신문조서는 제 1항에 해당하지 않고, 동조 제 4 항에 의하여 증거능력이 판단되게 된다. 판례는

---

1 신동운 1162면.

검찰송치 전에 검사가 작성한 피의자신문조서는 특별한 사정이 없는 한 송치 후
에 작성한 피의자신문조서와 같이 취급할 수 없다고 판시하였다.[1] 그러나 검사
가 작성한 피고인이 된 피의자의 진술을 기재한 조서의 증거능력을 성립의 진정
을 조건으로 인정한 것은 준사법기관이면서도 객관의무를 부담하고 있는 검사의
지위를 고려하여 신용성을 인정한 때문이지, 검찰 송치 후에 작성된 때문이라고
할 수는 없다. 따라서 검사가 검찰송치 후에 작성한 조서는 물론, 검찰직수 사건
에 관하여 처음부터 검사가 작성한 조서이든, 송치 전에 작성한 조서이든 검사가
작성한 조서는 모두 이 규정에 의하여 증거능력이 인정된다고 해야 한다.[2]

　　검사가 작성한 피고인이 된 피의자의 진술을 기재한 조서의 증거능력을 인
정하기 위한 요건은 다음과 같다.

47　　　　(나) **적법한 절차와 방식**　　　검사가 피고인이 된 피의자의 진술을 기재한 조
서는 적법한 절차와 방식에 따라 작성된 것이어야 한다. 이는 조서 작성 과정에
서 지켜야 한다고 정한 여러 절차를 준수하고 조서의 작성 방식에도 어긋나지 않
아야 한다는 것을 의미한다.[3] 형사소송법은 피의자신문조서의 작성방법을 규정
하고 있다($제244 \atop 조$). 따라서 피의자신문조서에는 피의자가 조서에 간인한 후 기명날
인 또는 서명하여야 한다($동조 \atop 제3항$). 피의자의 기명날인 또는 서명의 진정은 종래의
형식적 진정성립을 의미한다. 따라서 조서말미에 피고인의 기명만 있고 날인이
없거나, 간인이 없는 검사 작성의 피의자신문조서는 증거능력이 없다.[4] 피의자신
문조서가 적법한 절차와 방식에 따라서 작성되었다고 하기 위하여는 형식적 진정
성립 이외에도 피의자신문의 주체(검사)와 참여자(검찰수사관 등)($제241조, \atop 제243조$), 변호인의
참여($제243조 \atop 의2$), 수사과정의 기록($제244조 \atop 의4$) 등의 규정을 따라야 한다. 다만, 수사기관이
진술거부권을 고지하지 아니하거나 정당한 사유 없이 변호인의 피의자신문참여
를 불허하여 변호인의 피의자신문참여권을 침해한 때에는 자백배제법칙(판례는 위
법수집증거배제법칙[5])에 의하여 증거능력이 부정되는 것이므로 전문법칙의 예외를

1　대법원 1994. 8. 9, 94 도 1228, 「검찰에 송치되기 전에 구속 피의자로부터 받은 검사 작성
　의 피의자신문조서는 극히 이례에 속하는 것으로, 그와 같은 상태에서 작성된 피의자신문조
　서는 내용만 부인하면 증거능력을 상실하게 되는 사법경찰관 작성의 피의자신문조서상의 자
　백 등을 부당하게 유지하려는 수단으로 악용될 가능성이 있어 그렇게 했어야 할 특별한 사
　정이 보이지 않는 한 송치 후에 작성한 피의자신문조서와 마찬가지로 취급하기는 어렵다.」
2　이창현 894면.
3　대법원 2017. 7. 18, 2015 도 12981, 2015 전도 218(진술조서).
4　대법원 1999. 4. 13, 99 도 237.
5　대법원 2013. 3. 28, 2010 도 3359.

인정할 요건이 될 수는 없다.

　그러나 피의자신문조서의 작성에 사소한 위법이 있다고 하여 그 증거능력을 항상 부
정해야 하는가는 의문이다. 판례는 종래 수사기관이 피의자신문조서를 작성함에 있
어서 피의자에게 열람하게 하거나 읽어 들려 주지 않았다 하더라도 제312조의 요건
이 갖추어지면 증거능력이 인정된다고 하였다(대법원 1988. 5. 10, 87 도 2716;
대법원 1993. 5. 14, 93 도 739). 만약 이러한
경우에도 언제나 위법수집증거배제법칙이 적용된다고 하게 되면 피고인 측이 증거동
의를 하더라도 증거능력이 없게 되는데, 이는 아무런 실익이 없이 신속한 재판이 저
해하게 만드는 결과가 된다.

　(다) **실질적 진정성립**　　　조서의 기재내용이 피고인이 진술한 내용과 동일하게　　48
기재되어 있음이 증명되어야 한다. 이는 실질적 진정성립이 인정되어야 한다는
의미이다.[1] 실질적 진정성립은 공판준비 또는 공판기일에서의 피고인의 진술에
의하여 인정되어야 한다(제312조
1항). 따라서 피고인이 실질적 진정성립에 대하여 이의
하지 않았다거나 조서 작성절차와 방식의 적법성을 인정하였다는 것만으로 실질
적 진정성립까지 인정한 것은 아니다.[2] 검사가 작성한 피의자신문조서의 일부에
대하여만 피고인이 성립의 진정을 인정하는 때에는 그 부분에 대하여만 증거능력
이 인정된다.[3] 한편, 피고인이 진정성립을 부인하였다가 공판과정에서 다시 인정
하는 진술을 하더라도 진술의 번복이 분명하게 확인되는 예외적인 경우가 아니라
면 피고인의 진술에 의하여 그 조서의 진정성립이 인정되었다고 할 수 없다.[4] 반
대로 피고인이 진정성립을 인정하였다가 증거조사 완료 후에 번복하는 경우, 최
초 진술의 효력을 그대로 유지하기 어려운 중대한 하자가 있고 그에 관하여 진술
인에게 귀책사유가 없는 경우에 한하여 예외적으로 그 진술을 취소할 수 있다.[5]

　2007. 6. 1. 형사소송법 개정으로 증거능력을 지나치게 제한하는 것은 국가형벌권의
　정당한 실현에 지장을 초래한다는 고려에서, 피고인이 성립의 진정을 부인하는 경우
　에도 그 조서에 기재된 진술이 피고인이 진술한 내용과 동일하게 기재되어 있음이

1　이는 영미법계 전문법칙 예외요건에는 없는 우리 형사소송법의 독특한 증거능력 요건이다.
　우리 형사소송법이 영미법에는 존재하지 않는 대륙법계의 조서제도를 채택한 귀결이라고 하
　겠다.
2　대법원 2013. 3. 14, 2012 도 13611.
3　대법원 2005. 6. 10, 2005 도 1849.
4　대법원 2008. 10. 23, 2008 도 2826.
5　대법원 2008. 7. 10, 2007 도 7760.

영상녹화물이나 그 밖의 객관적인 방법에 의하여 증명되고, 그 조서에 기재된 진술
이 특히 신빙할 수 있는 상태하에서 행하여졌음이 증명된 때에 한하여 증거로 할 수
있는 규정을 두었다(구법 제 312조 2항). 그러나 2020. 2. 4. 개정 형사소송법은 검사 작성의
피의자신문조서의 증거능력 요건을 경찰 조서와 동일하게 개정하면서(이 부분은 2022. 1. 1.부터 시행. 다만, 그 이전에 공소제기된 사건은 종전 규정에 의함.), 동시에 객관적 방법에 의하여 진정성립을 증명하는 길을 차단
하였다(2021. 1. 1. 부터 시행).

49   ㈘ **특히 신빙할 수 있는 상태**   조서에 기재된 진술이 특히 신빙할 수 있는 상
태에서 행하여졌음이 증명되어야 한다. 여기서 특히 신빙할 수 있는 상태(특신상
태)란 영미법의 신용성의 정황적 보장과 같은 의미로서, 진술내용이나 조서의 작
성에 허위개입의 여지가 거의 없고, 진술내용의 신빙성이나 임의성을 담보할 구
체적이고 외부적인 정황이 있는 것을 말한다.[1]

피의자의 진술이 특신상태 하에서 행하여진 것인가는 구체적 사안에 따라
판단하지 않을 수 없다. 특신상태는 증거능력의 요건이므로 외부적 부수사정에
따라 판단해야 한다.[2] 그러나 진술의 내용을 판단의 자료로 참작하는 것은 당연
히 허용된다.

> 수사기관이 작성하는 조서에 내재된 위험은 피조사자에 대하여 힘의 우위를 가진 수
> 사기관이 조서를 작성함에 있어서 그 진술을 왜곡하거나 임의성이 없는 환경에서 진
> 술을 획득할 수 있다는 것이다. 따라서 조서의 신용성이 정황적으로 보장되는지 여
> 부의 판단기준은 조서 작성자의 객관성과 중립성이 부족하다고 볼 만한 사정은 없는
> 지, 임의성이 없는 환경을 조성하거나 조서 작성 과정에서 진술을 왜곡하여 기재한
> 흔적은 없는지 등에 있다고 할 것이다. 법원 실무상 피의자신문조서의 특신상태 여
> 부는 변호인과 자유롭게 접견하였는지, 변호인에게 참여의 기회 및 변호 활동을 위
> 한 환경이 부여되었는지, 필요한 경우 신뢰관계 있는 자의 동석 기회가 부여되었는
> 지, 조사 내용 등에 비추어 합리적인 기간을 넘어서 불필요하게 조사가 이루어졌는
> 지, 수사기관이 구속 상태에서 별다른 조사를 하지도 않으면서 매일 소환하여 같은
> 질문을 반복하였는지, 수사기관이 수사과정에서 회유하거나 압박하여 필요한 답변을

---

1 대법원 2012. 7. 26, 2012 도 2937(진술조서); 대법원 2022. 4. 28, 2018 도 3914(진술기재
   서류).

2 대법원 1984. 10. 23, 84 도 1846, 「피고인들의 연령, 학력, 경력 등 일건기록에 나타난 제반
   사정을 종합하여 보면, 피고인들의 검사 앞에서의 자백은 특히 신빙할 수 있는 상태하에서
   행하여진 임의 진술이라고 보기에 넉넉하고, 소론과 같이 신체구속의 부당한 장기화로 인한
   임의성 없는 진술이라고 보기 어렵다 할 것이다.」

유도하였는지, 조서작성과정에서 형사소송법($\frac{제244}{조}$)이 정한 절차가 충분히 지켜졌는지 등을 엄격히 살펴 판단해야 한다고 보고 있다.[1] 따라서 피의자신문 시에 변호인이 참여한 때에는 특별한 사정이 없는 한 그 진술이 특신상태하에서 행하여졌다고 할 수 있다.

특신상태를 검사의 피의자신문이 법관 면전에서의 피고인신문에 준할 정도로 피의자보호절차를 준수하고 공정한 신문방법을 사용하였다는 점에서 구해야 한다는 전제에서 신용성의 정황적 보장이 없는 경우뿐만 아니라 피의자신문에 적법절차규정의 위반이 있는 경우에도 특신상태가 없는 것으로 해석해야 한다는 견해도 있다.[2] 그러나 피의자신문절차가 적법할 것은 피의자신문조서의 증거능력을 인정하기 위한 전제요건에 불과하며, 전문법칙의 범위를 벗어난다고 해야 한다.   50

특신상태의 존재는 소송상의 사실에 관한 것이므로 검사가 자유로운 증명으로 증명하면 되지만,[3] 그 증명은 그러한 개연성이 있다는 정도로는 부족하고 합리적인 의심의 여지를 배제할 정도에 이르러야 한다.[4]

㈕ **임의성**　피의자신문조서의 증거능력을 인정하기 위하여는 조서에 기재된 진술의 임의성이 인정되어야 한다.[5] 즉 진술내용이 자백인 때에는 제309조에 의하여, 자백 이외의 진술인 때에는 제317조에 의하여 임의성이 인정될 것을 요한다. 임의성의 유무는 구체적인 사건에 따라 당해 조서의 형식과 내용, 진술자의 학력·경력·지능 정도 등 제반사정을 참작하여 자유로운 심증으로 판단해야 한다.[6]   51

제314조의 적용 여부에 관하여는 아래에서 별도로 서술한다(IV. 4 부분 참조).

4) 개정 후 검사 작성 피의자신문조서 및 사법경찰관 작성의 피의자신문조서의 증거능력 요건　2020. 2. 4. 개정 후 제312조 1항은 검사가 작성한 피의자신문조서는 적법한 절차와 방식에 따라 작성된 것으로서 공판준비, 공판기일에 그 피의자였던 피고인 또는 변호인이 그 내용을 인정할 때에 한정하여 증거로 할 수 있다고 규정하였다. 동조 제 3 항은 종래부터 검사 이외의 수사기관이 작성한 피   52

1　사법연수원, 법원실무제요 형사 [I], 477-478면
2　신동운 1178면; 이영란 747면.
3　대법원 2012. 7. 26, 2012 도 2937(진술조서).
4　대법원 2014. 4. 30, 2012 도 725(진술조서 및 진술서); 대법원 2022. 3. 17, 2016 도 17054.
5　대법원 1981. 7. 28, 80 도 2688; 대법원 1987. 9. 22, 87 도 929; 대법원 1987. 11. 24, 87 도 2048.
6　대법원 1989. 11. 14, 88 도 1251; 대법원 1990. 6. 8, 90 도 646; 대법원 1990. 6. 22, 90 도 741; 대법원 1999. 11. 12, 99 도 3801; 대법원 2011. 10. 27, 2009 도 1603.

의자신문조서는 적법한 절차와 방식에 따라 작성된 것으로서 공판준비 또는 공판
기일에 그 피의자였던 피고인 또는 변호인이 그 내용을 인정할 때에 한하여 증거
로 할 수 있다고 규정하고 있었다. 따라서 2022. 1. 1.부터 공소제기된 사건에
관하여는 검사 작성 피의자신문조서와 사법경찰관 작성 피의자신문조서의 증거
능력 부여 요건이 같게 되었다.

53 　　(가) **적법한 절차와 방식**　　　사법경찰관이 작성한 피의자신문조서도 적법한
절차와 방식에 따라 작성된 것이어야 한다. 여기서 적법한 절차와 방식의 의미는
앞에서 개정 전 검사 작성 피의자신문조서에 관하여 서술한 것과 같다. 그런데
종래에는 사법경찰관이 작성한 피의자신문조서뿐만 아니라, 사법경찰리가 작성한
피의자신문조서도 제312조 3항이 적용되어 왔다.[1] 피고인이 수사과정에서 자백
하였다는 내용의 외국의 권한 있는 수사기관이 작성한 수사보고서나 피의자신문
조서도 같다.[2]

　　사법경찰리 작성 피의자신문조서도 제312조 3항이 적용된다고 한 판례나 실무는
2020년 검·경 수사권조정이 있기 이전에 경찰이 수사종결권 등 독립적인 수사권을
가지지 않고 검사의 직접 수사 내지 보완수사권한이 제약되지 않은 상황을 전제로
한 것이며, 또한 제312조 1항의 개정에 따라 조사자증언의 중요성이 크게 부각되기
이전에 만들어진 것이다. 수사권조정에 따라 형사소송법이 개정된 이상, 사법경찰관
작성 피의자신문조서도 조문에 명시된 대로 적법한 절차와 방식에 따라 작성된 경우
에만 증거능력이 있다고 해야 한다. 법이 개정되었음에도 종래와 같은 판례와 실무
의 입장을 유지할 경우, 검사 작성 피의자신문조서는 검사가 신문주체로서 작성한
경우에만 증거능력을 부여하면서 사법경찰관 작성 피의자신문조서는 사법경찰리가
신문주체가 된 경우에도 제한없이 허용하게 되어 모순이 생긴다. 마찬가지로 검찰수
사관이 신문주체로서 검사 작성 피의자신문조서를 작성한 경우에도 증거로 사용할
수 있게 하면 이는 명문의 규정에 정면으로 위배된다. 수사권 조정 이후에 경찰이
가진 권한과 책임을 일치시키기 위해서는 기존의 판례와 실무를 변경할 필요가 있다.

　　(나) **내용의 인정**

54 　　A. **내용인정의 의의**　　　내용의 인정이란 조서의 기재내용이 실제 사실과 부합
한다는 조서내용의 진실성을 의미한다.[3] 따라서 피고인이 공판정에서의 피고인

1　대법원 1997. 10. 28, 97 도 2211.
2　대법원 2006. 1. 13, 2003 도 6548.
3　대법원 2010. 6. 24, 2010 도 5040(사법경찰관); 대법원 2022. 7. 28, 2020 도 15669(사법경

의 진술내용과 배치되는 기재부분을 부인한다고 진술한 때에는 내용을 인정한 경우라고 볼 수 없다.[1]

B. 내용인정의 방법   내용의 인정은 피의자였던 피고인이나 변호인의 진술에   55
의하여야 한다. 따라서 검사나 사법경찰관이 작성한 피의자신문조서는 피고인이
내용을 부인하면 증거로 할 수 없게 된다.[2] 조서의 기재내용을 들었다는 다른
증인이나 조사한 조사자의 증언에 의하여 그 증거능력을 인정할 수도 없다.

C. 적용범위   2020. 2. 4. 개정 이전에는 검사 작성 피의자신문조서에 있어   56
서는 피고인이 되지 아니한 공범자에 대한 피의자신문조서나 공동피고인에 대한
피의자신문조서는 제312조 1항에 해당하지 않고, 동조 제 4 항에 의하여 증거능력
을 판단하였다. 그러나 사법경찰관 작성 피의자신문조서의 경우에는 공범관계에
있는 다른 피고인이나 피의자 등에 대하여는 제312조 4항을 적용해야 한다는 견
해도[3] 있으나, 제312조 3항이 적용된다고 보는 것이 실무와 학계의 일반적인 견
해였다.[4]

여기에서 공범에는 공동정범, 교사범, 종범은 물론, 합동범, 필요적 공범인
대향범[5]도 포함된다고 보고 있었다. 또한 판례는 양벌규정에 따라 처벌되는 행
위자와 행위자가 아닌 법인 또는 개인 간의 관계는 행위자가 저지른 법규위반행
위가 사업주의 법규위반행위와 사실관계가 동일하거나 적어도 중요 부분을 공유
한다는 점에서 내용상 불가분적 관련성을 지니므로, 인권보장의 측면에서 공범관
계에 관한 위 법리가 적용된다고 하면서 적용범위를 확장하였다.[6] 이때 조서는
공범의 조서로서의 성격을 가지면 되고, 그 명칭은 피의자신문조서에 한정되지

찰관); 대법원 2023. 4. 27, 2023 도 2102(검사); 대법원 2023. 6. 1, 2023 도 1096(검사).

1 대법원 1965. 5. 31, 64 도 723(사법경찰관); 대법원 2023. 4. 27, 2023 도 2102(검사).

2 대법원 1979. 10. 30, 78 도 2216; 대법원 1997. 10. 28, 97 도 2211; 대법원 2001. 9. 28,
   2001 도 3997.

3 이완규, 형사소송법연구 Ⅱ, 법문사, 2011, 375면.

4 대법원 1979. 4. 10, 79 도 287; 대법원 2015. 10. 29, 2014 도 5939; 대법원 2022. 7. 28,
   2020 도 15669.

5 대법원 2012. 3. 29, 2009 도 11249; 대법원 2022. 7. 28, 2020 도 15669; 대법원 2023. 6.
   1, 2023 도 3741. 대향범은 아니지만 거래에 있어 대향적 행위의 존재를 필요로 하는 경우
   (예컨대 부동산 이중매매에서 공범관계 아닌 매도인과 악의의 매수인)나 수뢰자와 증뢰자의
   방조범과 같이 공범관계에 간접적으로 관련된 경우는 마찬가지로 제312조 3항이 적용된다는
   견해(이주원 429면)도 있었다. 공범에 준하는 측면이 있기는 하지만 해석으로 증거능력의 요
   건을 완화하는 것은 바람직하지 않으므로 공범에 한정된다고 할 것이다.

6 대법원 2020. 6. 11, 2016 도 9367.

않았다.[1] 따라서 당해 피고인과 공범관계에 있는 다른 공동피고인 또는 피의자에 대한 검사 이외의 수사기관이 작성한 피의자신문조서는 원진술자인 피의자 또는 그의 변호인이 내용을 인정하는[2] 것으로 부족하고, 당해 피고인 또는 변호인이 그 내용을 인정하여야만 당해 피고인에 대한 증거능력이 부여되었다.[3] 반면 절도범과 장물범은 공범에 포함되지 않으므로 제312조 3항이 적용되지 않고 제312조 4항이 적용되었다.[4]

문제는 제312조 1항이 개정되었으므로 공범에 대한 검사 작성 피의자신문조서에도 제312조 1항이 적용되어 피고인이 내용부인하면 증거능력이 없도록 할 것인가 여부이다. 통설[5]은 물론 판례는 사법경찰관 작성 피의자신문조서에서의 논의가 그대로 적용되어 제312조 1항에 따라 증거능력이 없다고 한다.[6]

표면적으로 보면 제312조 1항과 3항의 조문 형식이 동일하게 되었으므로 공범에 대한 사법경찰관 작성 피의자신문조서와 동일하게 해석하여야 할 것처럼 보인다. 그러나 이는 타당하지 않다고 본다. 중대한 범죄일수록 공범관계에 의해서 이루어지는 경우가 많은데, 공범관계에 의해서 이루어지는 범죄는 그 실행행위의 분담으로 인해서 각각의 행위만을 놓고 보면 범죄의 구성요건이 충족되지 않아 범행을 입증할 수 없고, 공범들의 행위 전체를 놓고 보아야 범죄의 입증이 가능한 경우가 많다. 그러나 공범관계를 인정하려면 그 내부의 공모사실이 인정되어야 하는데, 많은 경우 이는 공범자의 진술에 의하지 않으면 불가능하다. 과거에는 공범이 공판단계에서 진술을 번복하더라도 그에 대한 검사 작성 피의자신문조서는 제312조 4항에 의하여 증거능력이 부여될 수 있었다. 그런데 제312조 1항이 개정되었다고 해서 그러한 경우에도 종래 공범에 대한 사법경찰관 작성 피의자신문조서에 대한 판례이론과 같이 제312조 1항에 따라 공범에 대한 검사 작성 피의자신문조서의 증거능력을 피고인의 내용부인만으로 부인하게 되면 공범의 수사단계 진술을 공판에 현출할 방법이 전혀 없게 된다. 공범의 수사단계 자백에는 제316조 2항이 적용되므로 조사자증언으로도 현출이 불가능하기 때문이다. 이는 중대범죄의 실체진실 발견과 정의 실현을 크게 저해하게

---

1 대법원 2019. 11. 14, 2019 도 11552(진술조서).

2 이은모/김정환 678면.

3 대법원 2004. 7. 15(전원합의체판결), 2003 도 7185; 대법원 2009. 7. 9, 2009 도 2865; 대법원 2010. 1. 28, 2009 도 10139; 대법원 2019. 11. 14, 2019 도 11552.

4 대법원 2006. 1. 12, 2005 도 7601.

5 배종대/홍영기 § 53/14; 신양균/조기영 754면; 이은모/김정환 677면; 이주원 499면; 이창현 896면.

6 대법원 2023. 6. 1, 2023 도 3741.

된다. 제312조 3항은 '그 피의자였던 피고인'이 '피의자신문조서의 내용을 인정한 때 한하여' 증거능력이 인정되도록 규정하고 있는데, 이때 '그' 피의자는 당연히 당해 피의자신문조서의 피의자만을 의미한다고 보아야 한다. 따라서 대법원이 종래 공범에 대한 사법경찰관 작성 피의자신문조서에 관해서도 내용부인을 할 수 있도록 해석한 것은 명문의 근거가 없이 정책적으로 제312조 3항의 적용을 확대한 것으로 볼 수 있다. 그런데 그 규정 형식을 떠나서 보더라도 원래 공범은 피고인에 대해서는 제 3 자인 참고인의 지위에 있는 것이므로 피고인이 사실이 아니라고 주장하는 것만으로 제 3 자 진술의 증거능력을 부정할 수 있게 하는 것은 자연스럽다고 보기 어렵다. 공범이 다른 제 3 자들에 비해서 피고인에게 불리한 허위진술을 할 동기가 큰 것은 사실이나 동시에 그의 진술은 공범 내부관계에 관하여 가장 정확한 정보를 제공할 수 있어 높은 증거가치를 가진 것도 부정할 수 없다. 따라서 공범 진술의 증거가치를 인정하되, 그 위험성은 반대신문권의 강화로 해결하는 것이 전문법칙의 정신에 맞는 해결방안일 것이다. 제312조의 문언(文言)에도 불구하고 피고인이 부인한다는 사실만으로 모든 수사단계에서의 공범 진술을 공판에 현출시키는 것을 아예 막을 수 있도록 해석하는 것은 제312조의 입법취지에 정면으로 반하는 것이다. 결론적으로 제312조 1항의 개정에도 불구하고 공범에 대한 검사 작성 피의자신문조서의 증거능력은 종전대로 제312조 4항에 따라 판단하여야 하고, 사법경찰관 작성 피의자신문조서의 증거능력에 관한 판례도 변경되어야 한다.

(라) 관련문제

A. 증거동의의 대상　　피의자신문조서도 증거동의의 대상이 된다. 피고인이 증 57
거로 함에 동의한 때에는 성립의 진정이나 내용의 인정 등을 조사할 필요가 없기 때문이다.

B. 탄핵증거와의 관계　　피고인이 성립의 진정이나 내용을 부인하는 피의자신 58
문조서를 탄핵증거로 사용할 수 있는가에 대하여 이를 부정하는 견해[1]도 있으나, 피의자신문조서도 전문증거이며 제312조는 이에 대한 예외를 규정한 것이므로 탄핵증거로 사용할 수 있다고 생각한다. 다만 진술의 기재가 정확한가를 확인하기 위하여 피의자의 서명 · 날인이 있을 것을 요하며, 이에 대한 탄핵증거로서의 증거조사는 필요하다고 해야 한다.[2]

---

1 백형구 강의, 665면.

2 대법원 2005. 8. 19, 2005 도 2617, 「증거신청의 방식에 관하여 규정한 형사소송규칙 제132조 제 1 항의 취지에 비추어 보면 탄핵증거의 제출에 있어서도 상대방에게 이에 대한 공격방어의 수단을 강구할 기회를 사전에 부여하여야 한다는 점에서 그 증거와 증명하고자 하는

59

  5) 피의자의 진술 영상녹화물의 증거능력   검사 또는 사법경찰관이 피의자의 진술을 기재한 영상녹화물은 피의자의 진술내용을 사실대로 녹화하여 재생시킬 수 있는 과학적 증거방법이다. 그런데 형사소송법은 피의자의 진술을 기재한 영상녹화물의 독립된 증거로서의 증거능력을 인정하는 규정을 두지 않고 있다.[1]

  부정설은 피의자진술 영상녹화물의 독립된 증거능력을 부정한다.[2] **부정설**은 피의자의 진술은 조서에 기재해야 한다는 형사소송법 제244조 1항의 규정은 강행규정이고, 독립된 증거능력을 인정할 때에는 수사절차가 비디오 촬영절차가 되고 공판절차는 비디오 상영장으로 변질될 위험이 있을 뿐만 아니라, 수사단계에서 촬영한 영상녹화물의 상영에 의하여 법관의 심증이 좌우되어 공판중심주의가 무의미하게 될 우려가 있고, 영상녹화물에 대한 증거조사는 공판절차를 과도하게 지연시킨다는 점을 이유로 한다. 그러나 ① 당사자의 증거제출행위인 검사의 피의자신문 결과를 조서에 기재할 것을 강제할 이유가 없으므로 제244조 1항은 임의규정에 불과하다고 해야 하고, ② 검사가 피고인이 된 피의자의 진술을 기재한 조서와 검사 이외의 수사기관이 작성한 조서는 그 형식 여하를 불문하고 제312조에 의하여 증거능력을 인정해야 하고(동조 제5 항 참조), ③ 피의자의 진술을 녹화 촬영한 영상녹화물은 실질적으로 피의자신문조서와 다를 바 없다고 해야 할 뿐만 아니라, ④ 영상녹화를 사진과 녹음으로 분리할 때에는 각각 현장사진 또는 진술녹음으로서 증거능력을 인정해야 하는데 영상녹화물의 증거능력을 인정하지 않는 것은 부당하고, ⑤ 영상녹화물에 대한 증거조사는 피고인이 수사절차에서 자백하고 공판정에서 부인하는 경우에만 필요하기 때문에 공판절차를 지연시키는 것도 아니라는 점에서 영상녹화물도 제312조의 요건을 충족할 때에는 증거능력을 인정해야 한다고 해야 한다.

  법원의 실무는 독립된 증거능력을 부정하고 있다.[3] 2020. 2. 4. 제312조의

사실과의 관계 및 입증취지 등을 미리 구체적으로 명시하여야 할 것이므로, 증명력을 다투고자 하는 증거의 어느 부분에 의하여 진술의 어느 부분을 다투려고 한다는 것을 사전에 상대방에게 알려야 한다.」

1 성폭력범죄의 처벌 등에 관한 특례법 제30조 6항, 아동·청소년의 성보호에 관한 법률 제26조 6항, 아동학대범죄의 처벌 등에 관한 특례법 제17조는 일정한 대상범죄의 피해자의 진술이 수록된 영상녹화물에 대하여 독립된 증거능력을 인정하고 있다. 이때 피해자 또는 조사과정에 동석한 신뢰관계자나 진술조력인(성폭력범죄·아동학대범죄)의 진술에 의하여 진정성립을 인정할 수 있다(2021. 12. 27. 규정 일부에 대하여 헌법재판소에서 위헌결정).

2 신동운 1254면.

3 사법연수원, 법원실무제요 형사 [Ⅰ], 481면.

개정으로 피고인이 내용부인할 경우 검사 작성 피의자신문조서의 증거능력을 부정하게 되었으므로 해석론상으로도 검사의 피의자신문을 촬영한 영상녹화물의 증거능력을 인정하기는 어렵게 되었다. 그러나 피의자의 자백의 임의성과 진정성은 조사자증언보다 영상녹화물에 의하여 훨씬 더 정확하게 판단할 수 있다. 피의자의 진술에 대한 영미법계의 입법례도 영상녹화물의 독립적인 증거능력을 인정하는 것이 일반적인 추세이고, 피의자의 진술을 언제나 영상녹화해야 하는가, 즉 영상녹화하지 않은 피의자의 자백을 증거로 할 수 있는가의 문제로 다루고 있을 뿐이다.[1] 형사소송법이 진실발견에 유용한 과학적 증거방법의 증거능력을 부인하는 것은 옳다고 할 수 없다. 오히려 입법론적으로는 독립된 증거능력을 인정하되, 가급적 모든 조사과정을 영상녹화하도록 하여 수사절차를 투명화하고 객관적으로 검증가능하게 하는 것이 타당하다고 하겠다.

(2) 진술조서($\frac{제312조}{4항}$)

1) 진술조서의 의의와 증거능력   진술조서란 검사 또는 사법경찰관이 피   60
의자 아닌 자($\frac{참고}{인}$)의 진술을 기재한 조서를 말한다. 수사기관이 피고인의 진술을 기재한 조서도 진술조서에 해당한다. 피고인은 피의자가 아니기 때문이다.

검사 또는 사법경찰관이 피고인이 아닌 자의 진술을 기재한 조서는 적법한 절차와 방식에 따라 작성된 것으로서 그 조서가 검사 또는 사법경찰관 앞에서 진술한 내용과 동일하게 기재되어 있음이 원진술자의 공판준비 또는 공판기일에서의 진술이나 영상녹화물 또는 그 밖의 객관적인 방법에 의하여 증명되고, 피고인 또는 변호인이 공판준비 또는 공판기일에 그 기재 내용에 관하여 원진술자를 신문할 수 있었던 때에는 증거로 할 수 있다. 다만, 그 조서에 기재된 진술이 특히 신빙할 수 있는 상태하에서 행하여졌음이 증명된 때에 한한다($\frac{동조}{제4항}$). 검사 또는 사법경찰관이 작성한 진술조서의 증거능력을 인정하기 위한 요건은 다음과 같다.

(가) **적법한 절차와 방식**   검사 또는 사법경찰관이 작성한 진술조서도 적법한   61

---

[1] 피의자진술의 영상녹화물에 관한 규정을 두고 있는 미국의 미네소타, 알라스카, 텍사스 및 일리노이 등 4개 주에서는 경찰서 기타 구금장소에서 구금된 상태에서 피의자가 한 진술은 전자적으로 기록되지 않으면 증거로 허용되지 않으며, 오스트레일리아 형법 제570조의 d에 의하면 중죄사건(serious crime)에 있어서 피고인의 승인은 비디오로 녹화되지 않으면 증거로 허용되지 않는다고 규정하고 있다. 다만, 영국에서는 2001년 형사사법 및 경찰법(Criminal Justice and Police Act 2001)의 시행에 따라 잉글랜드와 웨일스에 있는 경찰서에 피의자신문에 대한 비디오녹화가 도입되기 시작했으나, 녹화되지 않은 피의자의 진술을 증거에서 배제할 것인가는 해결되지 않고 있다(형사정책연구원, 수사상 녹음·녹화자료의 증거능력 부여방안, 2003, 37면 이하 참조).

절차와 방식에 따라 작성된 것이어야 한다. 여기서 적법한 절차와 방식이 진술자의 간인과 서명날인의 진정이라는 형식적 진정성립($\frac{제48조}{7항}$)뿐만 아니라, 조서의 작성방법($\frac{제48}{조}$), 제 3 자의 출석요구 등($\frac{제221}{조}$) 및 수사과정의 기록($\frac{제244조}{의 4}$)에 관한 규정에 따라 진술조서가 작성된 것임을 요하는 것은 피의자신문조서에서 서술한 것과 동일하다.

62　　　　(나) 실질적 진정성립　　　　조서가 검사 또는 사법경찰관 앞에서 진술한 내용과 동일하게 기재되어 있음이 증명되어야 한다. 즉 진술조서의 실질적 진정성립이 증명되어야 한다. 실질적 진정성립은 원진술자의 공판준비 또는 공판기일에서의 진술이나 영상녹화물[1] 또는 그 밖의 객관적 방법에 의하여 증명되어야 하고,[2] 증명의 정도는 합리적인 의심을 배제할 정도에 이르러야 한다.[3] 원진술자가 실질적 진정성립을 인정한 이상 내용을 부인하거나 내용과 다른 진술을 하여도 증거능력이 인정된다.[4] 피고인이 증거로 함에 동의할 것도 요하지 않는다. 실질적 진정성립을 인정해야 하므로 원진술자가 사실대로 진술하고 서명날인한 사실이 있다고 진술하거나,[5] 검찰·경찰에서 진술한 내용이 틀림 없다는 증언에 의하여는 진정성립을 인정할 수 없고,[6] '수사기관에서 사실대로 진술하고 진술한 대로 기

1　여기서 '영상녹화물'이라 함은 형사소송법 및 형사소송규칙에 규정된 방식과 절차에 따라 제작되어 조사·신청된 영상녹화물을 의미한다(대법원 2016. 2. 18, 2015 도 16586; 대법원 2022. 6. 16, 2022 도 364). 따라서 진술자가 조서를 열람하고 조서에 기명날인 또는 서명을 마치는 시점까지의 전 과정이 영상녹화되지 않았다면 그 영상녹화물로는 실질적 진정성립을 증명할 수 없다. 반면, 형사소송법 등이 정한 영상녹화물의 봉인절차를 제대로 지키지 못하더라도, 영상녹화물 자체에 원본으로서 동일성과 무결성을 담보할 수 있는 수단이나 장치가 있어 조작가능성에 대한 합리적 의심을 배제할 수 있는 경우에는 그 영상녹화물을 법정 등에서 재생·시청하는 방법으로 조사하여 영상녹화물의 조작 여부를 확인함과 동시에 위 조서에 대한 실질적 진정성립의 인정 여부를 판단할 수 있다(대법원 2022. 7. 14, 2020 도 13957).

2　다만 19세 미만이거나 신체적인 또는 정신적인 장애로 사물을 변별하거나 의사를 결정할 능력이 미약한 성폭력범죄의 피해자의 진술이 수록된 영상녹화물이 증거물로 제출된 경우, 공판준비기일 또는 공판기일에 피해자나 조사 과정에 동석하였던 신뢰관계에 있는 사람 또는 진술조력인의 진술에 의하여 그 성립의 진정함이 인정된 경우에 증거로 할 수 있도록 규정되어 있다(성폭력범죄의 처벌 등에 관한 특례법 제30조 1항·6항, 아동·청소년의 성보호에 관한 법률 제26조 1항·6항, 아동학대범죄의 처벌 등에 관한 특례법 제17조). 그런데 헌법재판소는 성폭력범죄의 처벌 등에 관한 특례법 제30조 6항이 피고인에게 반대신문의 기회를 전혀 부여하지 않는 것은 헌법 제27조 1항의 공정한 재판을 받을 권리를 침해하는 것이어서 헌법에 위반된다고 결정하였다(헌재결 2021. 12. 23, 2018 헌바 524). 이에 대해서는 피해자의 2차 피해 방지라는 공익의 중대성에 비추어 위헌이 아니라는 반대의견이 있다.

3　대법원 2015. 1. 22(전원합의체판결), 2014 도 10978.

4　대법원 1985. 10. 8, 85 도 1843.

5　대법원 1976. 4. 13, 76 도 500; 대법원 1976. 9. 28, 76 도 2118.

6　대법원 1979. 11. 27(전원합의체판결), 76 도 3962.

재되어 있는지 확인하고 서명무인하였다'는 취지로 증언하였더라도 일부 진술이
잘못 기재되었다고 증언하였다면 그 진술기재 부분의 진정성립을 인정하기는 부
족하다.[1] 앞서 설명한 바와 같이 검사가 작성한 공범이나 제 3 자의 피의자신문
조서의 증거능력도 진술조서로 취급하여야 한다. 이 경우에 피의자신문조서를 피
고인에 대한 증거로 사용하기 위하여는 원진술자인 공범이나 제 3 자가 자신에
대한 공판절차에서 진정성립을 인정한 것으로는 부족하고, 반드시 공범이나 제 3
자가 현재 사건에 증인으로 출석하여 진정성립을 인정하여야 한다.[2] 다만 공범
인 공동피고인의 경우에는, 피고인에게 반대신문의 기회가 보장되어 있으므로 반
드시 변론을 분리하여 공범을 증인으로 출석시켜야 하는 것은 아니다. 영상녹화
물 또는 그 밖의 객관적 방법에 의하여 실질적 진정성립을 증명할 수 있는 점에
서 피의자신문조서의 경우와 다르다.

> 참고인이 경찰에서 조사받았을 때는 그렇게 진술했으나, '사실은 그런 게 아닙니다'
> 라고 진술하는 경우에는 진정성립을 인정함에 부족하다고 판시한 판례가 있으나
> $\left(\substack{\text{대법원 1980. 4. 8,}\\ \text{80 도 5}}\right)$, 타당하다고 할 수 없다. 성립의 진정은 내용의 인정과 구별되는 것
> 이기 때문이다. 한편, 성립의 진정은 원진술자, 즉 참고인의 진술에 의하여 인정되어
> 야 한다. 따라서 피고인이 성립의 진정을 인정하였다고 하여 진술조서의 증거능력이
> 인정되는 것은 아니다$\left(\substack{\text{대법원 1967. 4. 18, 67 도 231;}\\ \text{대법원 1983. 8. 23, 83 도 196}}\right)$.[3]

대법원은 피의자의 진술을 기재한 서류가 수사기관의 수사과정에서 작성된
것이라면 진술조서의 형식을 취한 경우에도 피의자신문조서로 볼 것이므로 사법
경찰관이 작성한 피의자에 대한 진술조서는 피고인이 공판정에서 내용을 부인하
면 증거능력이 없다고 판시하였다.[4]

(다) **반대신문의 기회보장**   피고인 또는 변호인이 공판준비 또는 공판기일에서   63
그 기재내용에 관하여 원진술자를 신문할 수 있었어야 한다. 증언이나 참고인의
진술의 허위와 부정확을 방지하고 이를 밝히는 유일한 수단이 반대신문이므로 반
대증인에 대한 반대신문의 기회는 피고인의 가장 중요한 권리에 속한다.[5] 미국

---

1 대법원 2013. 8. 14, 2012 도 13665.

2 대법원 1999. 10. 8, 99 도 3063.

3 다만 피고인이 제318조에 따라 증거동의하면 원진술자의 성립 인정이 없더라도 증거로 사용
   할 수 있다.

4 대법원 1983. 7. 26, 82 도 385.

5 Carmen p. 485. 자유권규약 제14조 3항 (e)호도「모든 사람은 그에 대한 형사상의 죄를 결

의 Crawford v. Washington사건에서 연방대법원은 「공판절차에서 반대신문을 거치지 않은 처의 경찰에서의 진술은 증거능력이 없다」고 판시하였으며,[1] 대법원은 「공판정에서 반대신문을 거치지 않은 수사기관에서의 참고인의 진술조서는 진정한 증거가치를 인정할 수 없다」는 태도를 취한 바 있다.[2] 헌법재판소는 반대신문권의 보장은 헌법상 기본권으로까지 규정된 것은 아니나 헌법 제27조 1항의 공정한 재판을 받을 권리의 핵심적인 내용을 이룬다고 하였다.[3] 2007. 6. 1. 개정 형사소송법은 원진술자에 대한 반대신문의 기회가 보장된 때에만 그 진술조서의 증거능력을 인정할 수 있다고 규정하였다. 다만 피고인 또는 변호인에게 반대신문의 기회가 보장되면 충분하고, 반드시 반대신문이 실제로 행해져야 하는 것은 아니다.

64

㈑ **특히 신빙할 수 있는 상태**   조서에 기재된 진술이 특히 신빙할 수 있는 상태에서 행하여졌음이 증명되어야 한다. 특히 신빙할 수 있는 상태의 의미는 2020. 2. 4. 형사소송법 개정 이전 검사가 만든 피고인이 된 피의자의 진술을 기재한 조서의 증거능력에서와 같다.[4]

대법원은 ① 형사사법공조절차나 영사를 통한 조사방법을 택하지 않고 검사가 직접 외국에 출장가서 호텔에서 뇌물공여자를 상대로 진술조서를 작성한 경우($\binom{\text{대법원 2011. 7. 14,}}{\text{2011 도 3809}}$), ② 참고인이 종전에 수사기관에서 한 진술을 번복하는 내용의 동영상을 법정에 제출한 경우에 참고인과 피고인이 수사기관에서의 대질과정에서 공소사실의 핵심사항에 관하여 두 사람의 진술이 시종일관 일치하지 않았던 사정 등이 있는 경우($\binom{\text{대법원 2014. 2. 21,}}{\text{2013 도 12652}}$),[5] ③ 부당하게 장기간 계속된 사실상의 구금 상태에 있었음에도 변호인의 조력을 받지

정함에 있어서 적어도 다음과 같은 보장을 완전 평등하게 받을 권리를 가진다. (e) 자기에게 불리한 증인을 신문하거나 또는 신문받도록 할 것과 자기에게 불리한 증인과 동일한 조건으로 자기를 위한 증인을 출석시키도록 하고 또한 신문받도록 할 것」이라고 규정하여 반대신문권을 보장하고 있다.

1 Crawford v. Washington, 541 U.S. 36(2004).

2 대법원 2006. 12. 8, 2005 도 9730.

3 헌재결 2021. 12. 23, 2018 헌바 524. 이러한 근거에 따라 성폭력범죄의 처벌 등에 관한 특례법 제30조 6항의 일부조항에 대하여 위헌결정을 하였다.

4 대법원 2015. 10. 29, 2014 도 5939.

5 특신상태는 증거능력의 요건이므로 외부적 부수사정에 따라 판단하는 것이 원칙이며, 그 판단기준은 조서 작성자의 객관성과 중립성이 부족하다고 볼 만한 사정은 없는지, 임의성이 없는 환경을 조성하거나 조서 작성 과정에서 진술을 왜곡하여 기재한 흔적은 없는지 등에 있으므로, 사안과 같은 경우에는 증명력을 배척하여야지 특신상태를 이유로 증거능력 단계에서 배척하는 것은 타당하지 않다고 본다.

못하고 심리적 불안감과 위축 속에서 수사관의 회유에 넘어가 진술한 경우($\binom{대법원\ 2015.\ 10.\ 29,}{2014\ 도\ 5939}$),
④ 사망한 공범인 피의자의 피의자신문조서(3회)와 영상녹화물 사이에 일부 구성요
건사실이나 핵심적 정황에 관하여 차이가 있고, 말기암 환자인 뇌물공여 피의자가
약 1개월 동안 19차례 소환되어 11차례의 야간조사를 포함한 총 15차례에 걸친 피의
자신문을 받고 결국 수사과정에서 사망한 경우에 3회 이후의 피의자신문조서의 경우
($\binom{대법원\ 2014.\ 8.\ 26,}{2011\ 도\ 6035}$)에는 각 특신상태를 인정할 수 없다고 판시하였다. 그러나 자의로 출
석하여 진술거부권과 변호인 조력권을 고지받은 상태에서 객관적인 증거에 부합하는
진술을 구체적이고 비교적 일관적으로 진술하는데다가 형사처벌을 감수하면서까지
피고인을 처벌받게 할 의도로 거짓말을 할 만한 이유가 없는 경우($\binom{대법원\ 2017.\ 12.\ 5,}{2017\ 도\ 13458}$)에
는 특신상태가 인정된다고 판시하였다.

2) 수사기관의 증인이나 피고인에 대한 진술조서　　　검사가 피고인 또는 증　65
언한 증인을 신문하여 작성한 진술조서의 증거능력을 인정할 것인가가 문제된다.
판례는 검사의 피고인에 대한 진술조서에 대하여는 기소 후에 작성된 것이라는
이유만으로 곧 증거능력이 없는 것은 아니라고 한다.[1] 그리고 증인에 대한 진술
조서는 원칙적으로 증거능력이 있다는 전제 아래, 이미 증언을 마친 증인을 소환
한 후 피고인에게 유리한 그 증언 내용을 추궁하여 이를 일방적으로 번복시키는
방식으로 작성한 진술조서는 당사자주의·공판중심주의·직접심리주의에 비추어
증거동의를 하지 않는 한 증거능력이 없다고 판시하고 있다.[2] 또한 마찬가지의
방식으로 작성한 진술서,[3] 이미 증언을 마친 증인을 상대로 위증의 혐의를 조사
한 내용을 담은 피의자신문조서[4]도 증거능력이 없다고 한다. 이러한 법리는 제 1
심에서 피고인에 대하여 무죄판결이 선고되어 검사가 항소한 후, 수사기관이 항
소심 공판기일에 증인으로 신청하여 신문할 수 있는 사람을 특별한 사정 없이 미
리 수사기관에 소환하여 작성한 진술조서나 피의자신문조서에도 마찬가지로 적
용된다고 한다.[5] 생각건대 공소제기 후에 수사기관의 피고인신문은 원칙적으로

1　대법원 1982. 6. 8, 82 도 754.
2　대법원 2000. 6. 15(전원합의체판결), 99 도 1108.
3　대법원 2012. 6. 14, 2012 도 534.
4　대법원 2013. 8. 14, 2012 도 13665.
5　대법원 2019. 11. 28, 2013 도 6825[1심 무죄 후 참고인(이전에도 수사기관에서 진술)을 항
　소심에 증인으로 신청하기 하루 전에 검찰로 불러 조서를 작성하였고, 참고인이 법정에서 위
　조서의 진정성립을 인정한 사안]; 대법원 2020. 1. 30(전원합의체판결), 2018 도 2236(항소심
　계속 중인 상태에서 검사가 다른 사건의 수사과정에서 참고인 또는 피의자로 소환하여 작성
　한 조서에 피고인에게 불리한 내용이 들어 있어 피고인이 부동의한 사안).

허용되지 않으므로 검사가 당해 사건에 관하여 피고인을 신문하여 작성한 진술조서는 증거능력이 없고, 증인에 대한 진술조서도 공판중심주의와 직접주의에 반하는 것으로 증거능력을 부정하는 것이 타당하다고 생각한다. 다만 증인에 대한 임의수사 그 자체가 위법하다고 보기는 어려우므로 종전 증인이나 참고인 등이 다시 법정에 출석하여 증언을 하면서 조서와 같은 취지의 증언을 하는 경우, 증언 자체는 유죄의 증거로 할 수 있다.[1]

66   3) 참고인진술 영상녹화물의 증거능력   형사소송법은 참고인진술 영상녹화물의 경우 조서의 진정성립을 인정하기 위한 방법으로만 허용하고 있으며, 대법원도 참고인의 진술에 대한 영상녹화물은 피고인의 동의가 없는 이상 독립적인 증거로는 사용할 수 없다고 판시하였다.[2] 그러나 참고인에 대한 진술조서를 증거로 사용할 수 있게 하면서 그보다 훨씬 투명하고 정확한 영상녹화물을 증거로 사용할 수 없게 하는 것은 해석론과 입법론상 타당하다고 보기 어렵다는 점은 피의자신문조서에서 서술한 바와 같다. 다만 피고인에게 불리한 참고인 진술에 관하여는 피고인의 반대신문권을 보장하여야 하므로, 영상녹화물의 경우에도 피고인에게 공판에서 그 원진술자에 대한 반대신문을 할 기회를 부여하여야 한다.[3]

(3) 수사기관의 검증조서($\frac{제312조}{6항}$)

67   1) 검증조서의 증거능력   검사 또는 사법경찰관이 작성한 검증조서란 수사기관이 영장에 의하거나($\frac{제215}{조}$) 영장에 의하지 아니한 강제처분($\frac{제216}{조}$) 또는 피검자의 승낙에 의하여 검증한 결과를 기재한 조서를 말한다. 수사보고서에 검증의 결과가 기재되어 있더라도 이는 내부적 보고문서로 검증조서에 해당하지 않고, 그

---

1 대법원 2000. 6. 15(전원합의체판결), 99 도 1108. 다만, 판례는 「그 진술에 신빙성을 인정하여 유죄의 증거로 삼을 것인지는 증인신문 전 수사기관에서 진술조서 등이 작성된 경위와 그것이 법정진술에 영향을 미쳤을 가능성 등을 종합적으로 고려하여 신중하게 판단하여야 한다」고 판시하고 있다[대법원 2019. 11. 28, 2013 도 6825; 대법원 2020. 1. 30(전원합의체판결), 2018 도 2236].

2 대법원 2014. 7. 10, 2012 도 5041, 「2007. 6. 1. 법률 제8496호로 개정되기 전의 형사소송법에는 없던 수사기관에 의한 참고인 진술의 영상녹화를 새로 정하면서 그 용도를 참고인에 대한 진술조서의 실질적 진정성립을 증명하거나 참고인의 기억을 환기시키기 위한 것으로 한정하고 있는 현행 형사소송법의 규정 내용을 영상물에 수록된 성범죄 피해자의 진술에 대하여 독립적인 증거능력을 인정하고 있는 성폭력범죄의 처벌 등에 관한 특례법 제30조 제 6 항 또는 아동·청소년의 성보호에 관한 법률 제26조 제 6 항의 규정과 대비하여 보면, 수사기관이 참고인을 조사하는 과정에서 형사소송법 제221조 제 1 항에 따라 작성한 영상녹화물은, 다른 법률에서 달리 규정하고 있는 등의 특별한 사정이 없는 한, 공소사실을 직접 증명할 수 있는 독립적인 증거로 사용될 수는 없다고 해석함이 타당하다.」

3 헌재결 2021. 12. 23, 2018 헌바 524.

기재부분은 제312조 6항은 물론 제313조 1항에 의해서도 증거능력이 인정되지 않는다.[1]

> 대법원은 수사기관이 범행 중 또는 범행 직후의 범죄장소에서 긴급을 요하여 영장 없이 행한 실황조사나 검증은(제216조 3항) 사후영장이 발부되지 아니한 경우에는 그 조서를 유죄의 증거로 할 수 없다고 판시한 바 있다(대법원 1984. 3. 13, 83 도 3006; 대법원 1989. 3. 14, 88 도 1399; 대법원 1990. 9. 14, 90 도 1263). 그러나 승낙에 의한 검증의 결과를 기재한 조서는 검증조서로서의 증거능력을 인정할 수 있다고 해야 한다.

(가) 성립의 진정   검사 또는 사법경찰관이 작성한 검증조서는 적법한 절 68
차와 방식에 따라 작성된 것으로서 공판준비 또는 공판기일에서의 작성자의 진술에 따라 그 성립의 진정함이 증명된 때에 한하여 증거능력이 있다(제312조 6항). 따라서 성립의 진정함이 증명되지 않은 때에는 증거로 할 수 없게 된다. 여기서 작성자라 함은 검증조서의 작성자를 의미하며 검증에 참여한 것에 불과한 자는 포함되지 않는다.[2] 그러므로 단순히 검증에 참여한 경찰관의 증언에 의하여는 검증조서의 증거능력이 인정되지 않는다. 수사기관이 작성한 검증조서에 작성자의 진술에 따라 성립의 진정함이 증명될 것을 요구하고 있는 것은 검증조서로서의 성질에는 법원의 검증조서와 차이가 없으나 당사자의 참여권이 인정되지 않는 점을 고려한 것이다. 본조의 적용을 받는 검증조서는 당해 사건에 관하여 작성된 것임을 요하지 않고 다른 사건에 관한 것도 포함된다.

(나) 검증조서에 기재된 참여인의 진술의 증거능력   검증조서에 기재된 참여 69
인의 진술에는 현장지시와 현장진술이 있는데, 기본적인 증거능력의 인정 구조는 법원의 검증조서의 경우와 마찬가지이다. 따라서 현장진술이나 현장진술과 같이 취급해야 하는 현장지시는 조서작성의 주체와 진술자에 따라 제312조 1항·3항·4항 또는 제313조 1항이 적용된다.[3] 범행재연사진도 현장진술과 마찬가지이다. 판례도 같은 입장이다.[4]

---

1 대법원 2001. 5. 29, 2000 도 2933.
2 대법원 1976. 4. 13, 76 도 500.
3 김재환 686면; 신동운 1208면; 이주원 524면; 임동규 544면.
4 대법원 1998. 3. 13, 98 도 159, 「사법경찰관 작성의 검증조서에 대하여 피고인이 증거로 함에 동의하였을 뿐 공판정에서 검증조서에 기재된 진술내용 및 범행을 재연한 부분에 대하여 그 성립의 진정 및 내용을 인정한 흔적을 찾아볼 수 없는 때에는 그 증거능력을 인정할 수 없다.」

70　　　(다) **제314조의 적용**　　　검증조서의 작성자가 사망·질병·외국거주·소재불명 그 밖에 이에 준하는 사유로 진술할 수 없게 된 때에는 그 작성이 특히 신빙할 수 있는 상태하에서 행하여진 때에 한하여 증거로 할 수 있다($_{조}^{제314}$).

71　　　**2) 실황조사서의 증거능력**　　　실황조사서(실황조서)란 수사기관이 임의수사로서 행하는 실황조사의 결과를 기재한 서면을 말한다. 실황조사서도 형사소송법 제 312조 6항에 의하여 증거능력이 인정되는가에 관하여는 견해가 대립되고 있다. **부정설**은 승낙에 의하여 검증의 결과를 기재한 서면인 실황조사서는 제312조 6항의 검증의 결과를 기재한 서면이라고 할 수 없으므로 위의 규정의 적용대상이 되지 않는다고 한다.[1] 이에 반하여 **긍정설**은 검사와 사법경찰관이 작성한 실황조사서도 제312조 6항에 의하여 증거능력을 인정해야 한다고 해석한다.[2] 강제수사인가 임의수사인가에 따라 검증조서로서의 성격이 달라지는 것은 아니기 때문이다. 생각건대 제312조가 규정하고 있는 검증이 강제처분인 검증을 의미한다고 할지라도 피의자의 동의에 의한 임의수사로서의 검증이 불가능한 것이 아니고, 승낙에 의한 검증의 결과가 정확성에 있어서 실질적으로 검증조서와 다르지 않은 이상 수사기관의 실황조사서도 제312조 6항에 따라 성립의 진정이 인정되면 증거능력을 인정해야 한다는 긍정설이 타당하다고 생각한다.

72　　　다만 사법경찰관이 작성한 실황조사서에 피고인이 사법경찰관의 면전에서 자백한 범행내용을 현장에 따라 진술·재연하고 사법경찰관이 그 진술재연의 상황을 기재하거나 이를 사진으로 촬영한 것 외에 다른 기재가 없는 경우에 피고인이 진술내용 및 범행재연의 상황을 부인하거나,[3] 실황조사서의 기재가 검사나 사법경찰관의 의견을 기재한 것에 불과하다면 그 실황조사서는 증거능력이 없다.[4] 수사보고서에 검증의 결과에 해당하는 기재가 있더라도 이는 실황조사서나 검증조서($_{6항}^{제312조}$)는 물론 진술서나 진술기재 서류($_{1항}^{제313조}$)라 할 수 없으므로 그 기재 부분은 증거능력이 없다.[5]

1　신동운 1205면; 정영석/이형국 353면.

2　김재환 686면; 노명선/이완규 513면; 손동권/신이철 619면; 이은모/김정환 695면; 임동규 545면; 정웅석/최창호/김한균 672면.

3　대법원 1984. 5. 29, 84 도 378; 대법원 1989. 12. 26, 89 도 1557.

4　대법원 1983. 6. 28, 83 도 948.

5　대법원 2001. 5. 29, 2000 도 2933.

3) **검사 또는 사법경찰관의 압수조서**   검증조서와는 달리 압수조서에 대   73
한 증거능력에 관한 규정은 없으나, 수사기관이 작성한 경우에는 제312조 6항에
따라 증거능력을 판단하면 될 것이다.[1] 다만, 압수조서 중 '압수경위'란에 기재된
내용이 피고인이 공소사실과 같은 범행을 저지르는 현장을 직접 목격한 경찰관의
진술이 담긴 것이라면, 제312조 5항에서 정한 '피고인이 아닌 자가 수사과정에서
작성한 진술서'에 준하는 것으로 볼 수 있다.[2]

3. 진술서, 진술기재 서류, 감정서(제313조)

(1) **진술서와 진술기재 서류**$\left(\genfrac{}{}{0pt}{}{\text{제313조}}{\text{1항, 2항}}\right)$

1) **의의와 종류**

⑺ **의의**   진술서란 피고인·피의자 또는 참고인이 스스로 자기의 의사·   74
사상·관념 및 사실관계 등을 기재한 서면을 말하고, 진술기재 서류는 제 3 자가
원진술자의 진술을 기재한 서류를 말한다. 진술서 및 진술기재 서류에는 피고인
등이 작성하였거나 진술한 내용이 포함된 문자·사진·영상 등의 정보로서 컴퓨
터용디스크, 그 밖에 이와 비슷한 정보저장매체에 저장된 것이 포함된다$\left(\genfrac{}{}{0pt}{}{\text{제313조}}{\text{1항}}\right)$.
진술서는 진술자와 서류의 작성자가 같지만, 진술기재 서류는 진술자와 그 진술
을 기재한 서류의 작성자가 서로 다르다는 점에서 구분된다. 제313조의 진술서나
진술기재 서류는 피고인·피의자·참고인이 작성의 주체라는 점에서 법원 또는
수사기관이 작성하는 조서와 구별된다. 진술서·자술서·시말서 등 명칭의 여하
는 불문한다. 따라서 반드시 당해 사건의 공판과 수사단계에서 작성될 것을 요하
지 않고, 사건과 관계없이 작성된 메모나 일기 등도 여기에 포함된다. 수사과정
에서 작성된 진술서는 제312조 5항에 의하여 조서로 취급된다.

⑻ **종 류**   진술서는 작성의 주체에 따라 피고인의 진술서, 피의자의 진술   75
서 및 참고인의 진술서로 나눌 수 있다. 또 진술서가 작성되는 과정에 따라 공판
심리 중에 작성된 진술서, 검사의 수사단계에서 작성된 진술서 및 사법경찰관의
수사단계에서 작성된 진술서로 구분할 수 있다. 진술기재 서류도 작성의 주체와
과정에 따라 다양한 종류가 있는데, 크게 피의자(피고인)의 진술을 수사기관이 아
닌 제 3 자가 기재한 서류와 피의자(피고인) 아닌 자의 진술을 수사기관이 아닌 제

---

[1] 대법원 1995. 1. 24, 94 도 1476(원진술자의 공판기일에서의 증언에 의하여 그 성립의 진정
　함이 인정되면 증거능력이 있다는 취지로 판시).

[2] 대법원 2019. 11. 14, 2019 도 13290.

3 자가 기재한 서류로 구분할 수 있다.[1]

2) 증거능력

76　　㈎ **제313조 1항의 의의**　　제313조 1항은 「전 2조의 규정 이외에 피고인 또는 피고인이 아닌 자가 작성한 진술서나 그 진술을 기재한 서류로서 그 작성자 또는 진술자의 자필이거나 그 서명 또는 날인이 있는 것(피고인 또는 피고인 아닌 자가 작성하였거나 진술한 내용이 포함된 문자·사진·영상 등의 정보로서 컴퓨터용디스크, 그 밖에 이와 비슷한 정보저장매체에 저장된 것을 포함한다)은 공판준비나 공판기일에서의 그 작성자 또는 진술자의 진술에 의하여 그 성립의 진정함이 증명된 때에는 증거로 할 수 있다. 단, 피고인의 진술을 기재한 서류는 공판준비 또는 공판기일에서의 그 작성자의 진술에 의하여 그 성립의 진정함이 증명되고 그 진술이 특히 신빙할 수 있는 상태하에서 행하여진 때에 한하여 피고인의 공판준비 또는 공판기일에서의 진술에 불구하고 증거로 할 수 있다」고 규정하고 있다. 피의자나 참고인의 진술서 및 참고인의 진술기재 서류에 관하여는 내용의 인정이나 특신상태를 증거능력의 요건으로 하지 아니하였는데, 이는 원진술자의 자필이거나 서명 또는 날인이 있는 진술서와 진술기재 서류는 원진술자가 그 내용을 진술한 것이라는 점이 형식적 진정성립에 의하여 보장되고, 조서와 달리 수사기관이 진술을 기재하는 과정에서 왜곡할 염려가 없으며, 피고인의 자백이나 불이익한 사실의 승인은 재현 불가능하고 진실성이 강하다는 점에 그 취지가 있다.[2]

　　㈏ **증거능력의 요건**　　제313조 1항 및 2항에 의한 진술서면의 증거능력을 인정하기 위하여는 다음과 같은 요건이 구비되어야 한다.

77　　A. **성립의 진정**　　진술서와 진술기재 서류의 성립의 진정을 증명하는 방법에는 차이가 있다.

　　① **진술서**　　제313조 1항 본문과 2항에 의하여 증거능력을 판단하여야 한다. 첫째, 진술서는 정보저장매체에 저장된 것을 제외하고는 작성자의 자필이거나 서명 또는 날인이 있을 것을 요건으로 한다. 진술서는 반드시 자필일 것을 요하지 않으며, 타이프나 그 밖의 부동문자에 의한 진술서도 이에 포함된다.[3] 따라서 자

1　선거관리위원회의 문답서(대법원 2014. 1. 16, 2013 도 5441), 금융감독원의 문답서(대법원 2015. 2. 26, 2014 도 16973), 조세공무원의 심문조서(대법원 2022. 12. 15, 2022 도 8824), 감사원의 문답서도 수사기관이 아닌 제 3 자가 작성한 진술기재 서류로서 제313조 1항에 의하여 증거능력을 인정할 수 있다.

2　이러한 입법태도는 참고인의 진술은 전형적인 전문증거로서 피고인의 반대신문을 보장하기 위하여 구두발언이나 서면 등 그 진술 형식에 관계없이 예외적인 특신상태가 있을 때에만 증거능력을 인정하는 영미법계 전문법칙과는 차이가 있다.

3　이주원 532면.

필이 아니라 하더라도 서명 또는 날인이 있는 진술서는 증거능력이 인정될 수 있다. 대법원은 작성자의 기명 다음에 사인이 되어 있는 진술서의 증거능력도 인정하고 있다.[1]

둘째, 진술서는 공판준비 또는 공판기일에서 작성자의 진술에 의하여 그 성립의 진정함이 증명되어야 한다(제313조 1항 본문). 원래 진술서는 작성자가 동시에 진술자이므로 자필이나 서명날인 등의 형식적인 진정성립만 인정되면 실질적인 성립의 진정은 큰 의미를 가진다고 할 수 없다. 그럼에도 불구하고 2016년 형사소송법 개정 전에는 피고인이 스스로 진술서를 작성하고도 공판준비 또는 공판기일에서 진정성립을 부인해 버리면, 객관적 방법에 의한 진정성립 증명규정이 없는 이상 이를 증거로 사용할 수 있는 여지가 없었다. 이는 결국 진술서의 증거능력을 작성자의 '입'에 맡기는 결과가 되었다. 최근 각종 정보저장매체를 이용한 정보저장이 일상화되고, 범죄행위에 사용된 증거들도 종이문서가 아닌 전자적 정보의 형태로 디지털화되어 있는 현실을 고려하여 위 문제점을 해결하기 위하여 2016년 형사소송법을 개정하여 진술서의 작성자가 공판준비나 공판기일에서 그 성립의 진정을 부인하는 경우에도 과학적 분석결과에 기초한 디지털포렌식 자료, 감정 등 객관적 방법으로 성립의 진정함이 증명되는 때에는 증거로 할 수 있도록 하였다(제313조 2항 본문). 진술자가 진정성립을 부인하는 경우 외에도 묵비하거나 진술을 거부하는 경우도 여기에 포함된다.[2] 증인의 경우, 정당한 증언거부권이 있는지 여부는 불문한다.

여기서 객관적 방법으로 성립의 진정을 증명할 수 있는 대상은 진술서에 한정되고 진술기재 서류는 해당하지 않는다. 그리고 규정의 취지에 비추어 객관적 방법이란 원칙적으로 디지털포렌식[3] 자료, 감정과 같은 과학적 자료에 의한 증명을 의미한다. 디지털포렌식 조사관의 증언에 의한 증명은 해당하지 않는다는 견해도 있으나,[4] 과학적 자료에 근거하는 한 디지털포렌식 조사관의 증언에 의한 증명도 가능하다고 할 것이다.

1　대법원 1979. 8. 31, 79 도 1431.

2　이주원 537면.

3　디지털포렌식이란 디지털 증거를 수집·보존·분석·현출하는 데 적용되는 과학기술 및 절차를 말한다(대검찰청 디지털 증거의 수집·분석 및 관리 규정 제 3 조 3호).

4　이주원 536면.

셋째, 피고인의 반대신문권이 보장되어야 하므로 피고인 아닌 자가 작성한 진술서에 대해서는 피고인 또는 변호인이 공판준비 또는 공판기일에 그 기재 내용에 관하여 원진술자를 신문할 수 있었을 것을 요한다(제313조 2항 단서). 따라서 객관적 방법으로 진술서의 성립 진정을 증명하는 경우에도 반드시 피고인에게 공판에서 원진술자에 대한 반대신문 기회가 보장되어야만 그 증거능력을 부여할 수 있게 된다.

② **진술기재 서류**   제313조 1항 본문과 단서에 의하여 증거능력을 판단하여야 한다. 첫째, 진술기재 서류는 진술자와 그 진술을 기재하는 서류의 작성자가 서로 다르므로 그 서류에 원진술자의 서명 또는 날인이 있을 것을 요건으로 한다.[1] 둘째, 진술기재 서류는 원진술자의 진술에 의하여 그 성립의 진정함이 증명된 때에 증거로 할 수 있다(제313조 1항 본문). 원진술자가 진정성립을 부인하는 경우에 객관적 방법으로 진정성립을 인정하는 형사소송법 제313조 2항이 적용될 여지는 없다. 다만, 피고인의 진술을 기재한 서류는 제313조 1항 단서의 특신상태 요건을 충족하면 피고인이 진정성립을 부인하더라도 증거로 할 수 있다. 법원은 수사기관이 아닌 자가 제 3 자의 진술을 녹음 또는 녹화한 경우에는, 그 원진술자와 녹음·녹화자가 서로 다르므로 그 녹음물 또는 녹화물의 증거능력을 진술기재 서류에 준하여 판단하고 있다. 이때에는 원진술자의 서명 또는 날인을 요하지 않는다.

78   B. **특히 신빙할 수 있는 상태**   원칙적으로 진술서나 진술기재 서류의 증거능력을 인정하기 위해서 특신상태의 요건이 필요하지 않다.[2] 피고인이 작성한 진술서에 대하여는 제313조 1항 본문의 진정성립의 증명 외에 1항 단서의 특신상태의 요건이 증명되어야 한다는 견해(가중요건설)도 있고,[3] 판례 중에도 그런 취지로 판시한 것이 있기는 하나,[4] 원래 자백에 관해서는 영미법상 전문법칙이

---

1 진술기재 서류에 관한 제313조의 문언은 「진술자의 자필이거나 그 서명 또는 날인이 있는 것」으로 되어 있으나 진술기재 서류는 개념상 진술자가 자필로 기재하는 경우는 생각하기 어렵다.

2 사법연수원, 법원실무제요 형사 [I], 486 - 489면.

3 손동권/신이철 613면; 이주원 539면; 이창현 934면; 임동규 538면.

4 대법원 2001. 9. 4, 2000 도 1743은 「피고인의 자필로 작성된 진술서의 경우에는 서류의 작성자가 동시에 진술자이므로 진정하게 성립된 것으로 인정되어 형사소송법 제313조 단서에 의하여 그 진술이 특히 신빙할 수 있는 상태하에서 행하여진 때에는 증거능력이 있다」고 판시하고 있으나(가중요건설의 입장), 피고인의 법정진술에 의하여 진정성립이 증명된 진술서(각서)에 대하여 그에 더하여 특신상태가 필요하다고 설시한 것이 아니라 피고인이 진술서가 강압에 의하여 작성된 것이라고 다투고 있는 사안에서 작성경위에 대하여 더 심리하라는 취지로 파기환송하면서 설시하고 있는데다가 같은 취지의 공간(公刊)된 판례를 찾기 어려운 점

적용되지 않으며, 사적 단계에서 작성된 진술서는 직접심리주의에 의하더라도 그 적용대상이 되지 않을 뿐만 아니라, 제313조의 문언에 비추어 보더라도 피고인 아닌 자가 작성한 진술서와 마찬가지로 별도로 특신상태의 요건은 필요없다(완화요건설)고 할 것이다.

　　다만, 피고인의 진술을 기재한 서류는 작성자의 진술에 의하여 그 성립의 진정함이 증명되고, 그 진술이 특히 신빙할 수 있는 상태하에서 행하여진 때에 한하여 피고인의 공판준비 또는 공판기일에서의 진술에도 불구하고 증거로 할 수 있다(제313조 1항 단서). 즉, 작성자의 성립의 진정 이외에 특신상태가 증명되어야 증거능력이 있다. 여기서 작성자는 피고인이 아닌 진술기재 서류를 작성한 제 3 자를 말한다. 제313조 1항 단서의 「피고인의 진술에 불구하고」에서의 피고인의 진술의 의미에 대하여 진정성립을 인정하면서도 그 내용을 부인하는 진술이라는 견해(가중요건설과 같이 특신상태 요건은 피고인이 내용을 부인하는 경우 진정성립 요건에 더하여 추가로 필요한 요건이 된다)도 있으나,[1] 문언에 비추어 진정성립을 부인하는 진술을 의미한다고 할 것이다(완화요건설과 같이 특신상태 요건은 피고인이 진정성립을 부인하더라도 특신상태만 있으면 증거능력이 인정될 수 있게 된다).[2] 판례도 녹음테이프의 진술녹취서,[3] 국무조종실 산하 정부합동공직복무점검단 소속 점검단원이 작성한 피고인의 진술을 기재한 확인서[4]에 관하여 완화요건설과 같은 취지로 판시하였다. 이는 실무상 피고인의 진술을 수사기관이 아닌 제 3 자가 녹음·녹화한 경우에 상당한 의미가 있다.

　　대법원은 진술기재 서류의 특신상태의 의미에 관하여 조서의 증거능력 요건(제312조)과 같이 진술 내용이나 조서의 작성에 허위 개입의 여지가 거의 없고, 진술 내용의 신빙성이나 임의성을 담보할 구체적이고 외부적인 정황이 있는 것을 말한다고 하여 동일한 표현을 사용하고 있다.[5] 그런데 수사기관의 조서가 아닌 진술기재 서류에 있어서 특신상태가 인정되는 상황은 영미법상 전문법칙의 예외에 해당하는 경우와 유사하다. 따라서 영미법계 전문법칙의 예외에 해당하는 경우인 ① 사건 직후의 충동적 발언과 같은 자연적·반사적 진술(진술의 자연성), ② 죽음에 직면

에 비추어 피고인 진술서 전반에 적용할 수 있는 판례인지는 의문이다.

1　임동규 533면.

2　노명선/이완규 501면.

3　대법원 2008. 12. 24, 2008 도 9414; 대법원 2012. 9. 13, 2012 도 7461.

4　대법원 2022. 4. 28, 2018 도 3914(대법원이 제313조 1항 단서의 의미에 관하여 완화요건설의 입장에 있음을 분명히 한 사례).

5　대법원 2012. 7. 26, 2012 도 2937(진술조서).

한 자의 임종의 진술($\frac{진술의}{양심성}$), ③ 재산상의 이익에 반하는 진술($\frac{진술의}{불이익성}$) 등을 참조하여 진술내용의 신빙성이나 임의성을 담보할 구체적이고 외부적인 정황을 폭넓게 인정할 수 있을 것이다.

79   (다) **제313조 1항의 적용범위**   종래 피의자 이외의 참고인의 진술서나 검사에게 제출한 피의자의 진술서가 제313조 1항에 의하여 증거능력의 유무가 결정되어야 한다는 점에는 견해가 일치하고 있었다. 문제는 사법경찰관의 수사과정에서 피의자가 작성한 진술서의 증거능력을 제312조에 의하여 판단할 것인가 또는 제313조에 의하여 판단할 것인가에 있었다. 종래 대법원은 제312조설을 취하여 왔는데[1] 2007년 형사소송법을 개정하여 이를 입법적으로 확인하였다. 즉 제312조 5항은 「제 1 항에서 제 4 항까지의 규정은 피고인 또는 피고인이 아닌 자가 수사과정에서 작성한 진술서에 관하여 준용한다」고 규정하고 있다. 따라서 ① 검사의 수사과정에서 작성한 피고인이 된 피의자의 진술서는 제312조 1항에 의하여, ② 사법경찰관의 수사과정에서 피의자가 작성한 진술서는 동조 제 3 항에 의하여, ③ 검사 또는 사법경찰관의 수사과정에서 참고인이 작성한 진술서는 동조 제 4 항[2]에 의하여 각 증거능력을 판단하여야 한다.[3] 여기서 '수사과정에서 작성한 진술서'란 수사가 시작된 이후에 수사기관의 관여 아래 작성된 것이거나, 개시된 수사와 관련하여 수사과정에 제출할 목적으로 작성한 것으로, 작성 시기와 경위 등 여러 사정에 비추어 그 실질이 이에 해당하는 이상 명칭이나 작성된 장소 여부를 불문한다.[4] 따라서 제313조 1항에 의하여 증거능력이 인정될 진술서는 수사 이전에 작성하거나 수사과정에서 작성되지 아니한 진술서를 피고인 또는 제 3 자가 법원에 제출하거나, 공판심리 중에 작성된 진술서에 제한된다.

        (2) 감 정 서($\frac{제313조}{3항}$)

80   **1) 감정서의 의의**   감정의 경과와 결과를 기재한 서류를 감정서라고 한다.

---

1 대법원 1982. 9. 14(전원합의체판결), 82 도 1479.

2 대법원 2015. 4. 23, 2013 도 3790, 「피고인이 아닌 자가 수사과정에서 진술서를 작성하였지만 수사기관이 그에 대한 조사과정을 기록하지 아니하여 형사소송법 제244조의4 제 3 항, 제 1 항에서 정한 절차를 위반한 경우에는, 특별한 사정이 없는 한 '적법한 절차와 방식'에 따라 수사과정에서 진술서가 작성되었다 할 수 없으므로 그 증거능력을 인정할 수 없다.」

3 증거능력을 보다 엄격하게 판단하려는 조문의 취지에 비추어, 수사과정에서 작성된 진술기재 서류도 진술서와 마찬가지로 해석하여야 할 것이다.

4 대법원 2022. 10. 27, 2022 도 9510(경찰관이 입당원서 작성자의 주거지·근무지를 방문하여 그 작성 경위 등을 질문한 후 작성을 요구하여 제출받은 진술서에 대해서는 제312조 5항이 적용된다고 한 사례).

감정내용은 복잡하고 전문지식을 요하는 사항이므로 서면에 의하여 보고하는 것이 정확할 뿐만 아니라, 특히 법원 또는 법관의 감정명령에 의하는 경우에는 선서($^{제170}_{조}$)와 형법상의 제재에 의하여 공정이 담보된다는 점에 비추어 감정서는 진술서에 준하여 증거능력이 인정된다($^{제313조}_{3항}$).

    2) 적용범위   법원의 명령에 의한 감정보고서($^{제171}_{조}$)가 여기에 해당함에는 의문이 없다. 감정수탁자, 즉 수사기관에 의하여 감정을 촉탁받은 자가 작성한 감정서도 여기에 포함된다고 해석해야 한다. 그러나 사인인 의사가 작성한 진단서는 감정서라고 할 수 없으므로 제313조 1항에 의하여 증거능력이 인정된다고 하겠다.[1] 감정인신문조서의 증거능력은 법원 또는 법관의 조서인 때에는 제311조, 수사기관이 작성한 조서인 때는 제312조 4항에 의하여 판단하여야 한다.

81

4. 원진술자의 공판 출석 불능 시 전문서류의 증거능력(제314조)

(1) 제314조에 의한 증거능력 부여의 의의

    제314조는 「제312조 또는 제313조의 경우에 공판준비 또는 공판기일에 진술을 요하는 자가 사망·질병·외국거주·소재불명 그 밖에 이에 준하는 사유로 인하여 진술할 수 없는 때에는 그 조서 및 그 밖의 서류(피고인 또는 피고인 아닌 자가 작성하였거나 진술한 내용이 포함된 문자·사진·영상 등의 정보로서 컴퓨터용디스크, 그 밖에 이와 비슷한 정보저장매체에 저장된 것을 포함한다)를 증거로 할 수 있다. 다만, 그 진술 또는 작성이 특히 신빙할 수 있는 상태하에서 행하여졌음이 증명된 때에 한한다.」고 규정하여 필요성과 신용성의 정황적 보장을 이유로 증거능력을 인정하고 있다. 이는 전문법칙의 예외의 전형적인 경우를 규정한 것이며, 서증의 증거능력을 지나치게 제한하여 사실인정의 자료로 하지 못하게 되면 확실한 범죄인을 처벌하지 못할 우려가 있다는 점을 고려한 것이다.

82

    원래 영미법상의 전문법칙은 진술증거가 특별히 그 예외에 해당하지 않으면 증거능력이 인정되지 않지만, 일단 특신상태가 있는 것으로 인정되어 전문법칙의 예외에 해당하면 그 형식이 서류든 아니든 원진술자의 공판 출석 여부와 관계없이 증거능력이 인정될 수 있다.[2] 그러나 형사소송법은 제312조와 제313조의 조

---

1 대법원 1969. 3. 31, 69 도 179.

2 미국 연방증거법상 전문법칙의 예외는 원칙적으로 원진술자의 공판 출석 여부와 관계없이 제803조의 특신상태가 인정되면 인정된다. 다만, 제804조에서 원진술자가 공판에 출석할 수 없는 경우에만 예외로 인정될 수 있는 유형을 규정하고 있다. 종전 증언, 임종 시 진술, 이해관계에 반하는 진술, 피고인이 증언의 불가능을 유발한 경우 등이 여기에 해당한다. 또한

서나 진술서면이 전문법칙의 예외에 해당하기 위해서는 특신상태 요건(제313조 1항 본문의 경우에는 특신상태 요건조차 불필요하다) 외에도 공판에서의 원진술자의 진정성립 증명과 피고인의 반대신문권 보장을 그 요건으로 하고 있어서 영미법상의 전문법칙 예외에 비하여 증거능력 부여 요건이 훨씬 엄격하게 되어 있다. 그런데 제314조는 그 원진술자가 공판에 출석할 수 없는 사정이 있는 경우에는 이러한 엄격한 요건이 충족되지 않더라도 실체진실 발견의 필요성을 고려하여 특신상태만 인정되면 증거능력을 부여할 수 있게 하였는데, 원진술자가 공판에 출석하는 경우에 비해 지나치게 증거능력 요건이 완화되어 있어 문제가 된다. 이런 점에서 전문법칙의 예외인 제312조와 제313조의 예외에 해당하는 제314조의 요건은 더욱 엄격하게 해석·적용하여야 한다.[1]

> 2016. 5. 29. 형사소송법 개정에 의하여 제314조의 요건이 종전보다 엄격해졌으며,[2] 대법원도 원진술자가 부당한 증언거부권을 행사하는 경우에도 반대신문권이 실질적으로 보장되지 않았다는 이유로 제314조의 적용을 거부하는 등 그 범위를 최대한 축소하고자 하는 경향이다.[3] 또한 자유권규약 제14조 3항 (e)호는 반대신문권을 보장하고 있는데, 이는 형사소송법의 특별법으로서 구속력 있는 재판규범으로 적용되므로 제314조의 적용을 제약할 수 있다. 따라서 피고인에게 반대신문의 기회가 보장되지 않은 전문증거에만 근거하여 유죄를 선고하는 것은 자유권규약 침해가 될 수 있다.[4]

(2) 증거능력의 요건

1) 질병·외국거주·소재불명 그 밖에 이에 준하는 사유로 진술할 수 없을 때

83   이는 정신적·신체적 고장 또는 소재가 불명하거나 국외에 있기 때문에 임상신문이 불가능한 경우를 말한다. 질병은 진술을 요할 자가 공판이 계속되는 동

증언적(testmonial) 진술의 경우에는, 전문법칙의 예외에 해당하더라도 수정 헌법 제 6 조에 의하여 피고인의 대면권이 보장되어야 하므로, 공판에 출석하여 피고인에게 반대신문기회가 부여된 경우에만 증거능력이 인정될 수 있다.

1 대법원 2017. 12. 22, 2016 도 15868; 대법원 2022. 3. 17, 2016 도 17054.

2 구 형사소송법 제314조는 「사망, 질병, 외국거주 기타 사유로 인하여 진술할 수 없는 때」로 되어 있었는데, 「사망·질병·외국거주·소재불명, 그 밖에 이에 준하는 사유로 인하여 진술할 수 없는 때」로 개정되어 그 예외사유의 범위를 더욱 엄격하게 제한하였다.

3 대법원 2019. 11. 21(전원합의체판결), 2018 도 13945.

4 상세한 내용은 이창온, "형사소송법상 반대신문권과 국제인권법의 적용가능성에 관한 연구", 형사소송 이론과 실무 13 – 3, 한국형사소송법학회, 2021, 61 – 120면 참조.

안 임상신문이나 출장신문도 불가능할 정도의 중병임을 요한다.[1] 노인성 치매로 기억력에 장애가 있고 분별력을 상실한 경우는 여기에 해당하지만,[2] 출산을 앞두고 있다는 사정만으로는 여기에 해당하지 않는다.[3] 외국거주는 진술을 하여야 할 사람이 단순히 외국에 있다는 것만으로는 부족하고, 가능하고 상당한 수단을 다하더라도 그 사람을 법정에 출석하게 할 수 없는 사정이 있어야 한다.[4] 소재불명이라고 하기 위하여는 소환장이 송달불능된 것으로는 부족하고, 송달불능이 되어 소재수사를 하였어도 소재를 확인할 수 없을 것을 요한다.[5] 검사는 증인의 법정 출석을 위한 가능하고도 충분한 노력을 다하였음에도 불구하고 부득이 법정 출석이 불가능하게 되었다는 사정을 증명하여야 한다.[6]

따라서 소재불명이 되어 소재를 탐지할 수 없거나(대법원 1985. 5. 14, 80 도 2973; 대법원 2017. 12. 5, 2017 도 13458) 일정한 주거를 가지고 있더라도 구인영장을 발부하였으나 소재불명으로 집행되지 않은 때(대법원 1986. 2. 5, 85 도 2788; 대법원 1995. 6. 13, 95 도 523)에는 여기에 해당하지만, 단순히 소환을 받고 출석하지 않았다는 것만으로는 부족하다. 즉 소재탐사를 하지 않았거나, 주거지 아닌 곳에 소재 탐사를 한 경우에는 제314조에 의하여 증거능력을 인정할 수 없다(대법원 1973. 10. 31, 73 도 2124). 피해자인 증인이 제 1 심 제 2 회 공판기일에 출석하여 검찰의 주신문 전부와 변호인의 반대신문사항 중 절반가량에 대하여 진술한 상태에서 증인신문이 속행되었으나, 그 이후부터 법정에 출석하지 아니하다가 항소심에서 소재불명 상태가 된 경우에도, 피해자에 대한 증인신문조서와 검찰, 경찰 각 진술조서의 증거능력은 인정되지 않는다(대법원 2022. 3. 17, 2016 도17054). 한편 소재의 확인, 소환장의 발송과 같은 절차를 항상 거쳐야만 되는 것은 아니므로, 비록 그러한 절차를 거치지 않더라도 법정에서 신문하는 것을 기대하기 어려운 사정이 있는 경우에는 그 요건은 충족된다고 보아야 한다.[7] 그리고 외국의 주소나 연락처 등이 파악되고 해당 국가와 대한민국 간에 국제형사사법 공조조약이 체결된 상태라면, 사법공조절차를 시도해 보아야 한다.[8]

사법경찰관이 작성한 참고인진술조서라 할지라도 원진술자가 행방불명이 되

---

1 대법원 2006. 5. 25, 2004 도 3619.
2 대법원 1992. 3. 13, 91 도 2281.
3 대법원 1999. 4. 23, 99 도 915.
4 대법원 2008. 2. 28, 2007 도 10004; 대법원 2011. 7. 14, 2011 도 1013; 대법원 2013. 7. 26, 2013 도 2511.
5 대법원 1983. 5. 24, 83 도 768; 대법원 1985. 2. 26, 84 도 1697.
6 대법원 2013. 4. 11, 2013 도 1435.
7 대법원 2016. 10. 13, 2016 도 8137(진술서).
8 대법원 2016. 2. 18, 2015 도 17115(진술서).

어 공판기일에 환문할 수 없고 그 진술이 특히 신빙할 수 있는 상태에서 행하여
진 때에는 이를 증거로 채택하였다고 하여 위법이 아니다.[1]

한편, 원진술자가 증언을 거부한 때에도 그 밖의 사유로 진술할 수 없는 때
에 해당하는가가 문제된다.

대법원은 종래 증인으로 소환될 당시부터 기억력이나 분별력의 상실 상태에 있거나
$\binom{대법원 1992. 3. 13.}{91 도 2281}$, 증인신문 당시 일정한 사항에 관하여 기억이 나지 않는다는 취지로
진술하여 진술의 일부가 재현 불가능하게 된 경우$\binom{대법원 2006. 4. 14.}{2005 도 9561}$에는 그 밖의 사유
로 진술할 수 없는 때에 해당한다고 판시하였다. 증언을 거부하여 피고인이 반대신
문을 하지 못한 경우에는, 종래 정당한 증언거부권이 있는지를 기준으로 정당한 사
유 없이 증언을 거부한 때에는 그 밖에 사유로 진술할 수 없는 때에 해당하지만
$\binom{대법원 1992. 8. 14.}{92 도 1211}$, 정당하게 증언거부권을 행사한 때에는 해당하지 않는다[$\binom{대법원}{2012. 5. 17}$
$\binom{(전원합의체판결).}{2009 도 6788}$]고 구별하여 판시하였다. 그러나 최근에 견해를 바꾸어 증언거부권의
존부라는 우연한 사정에 따라 위 해당 여부가 달라지는 것은 피고인의 형사소송절차
상 지위에 심각한 불안정을 초래한다는 등의 이유로, 피고인이 증인의 증언거부 상
황을 초래하였다는 등의 특별한 사정이 없는 한 이에 해당하지 않는다고 판시하였다
[$\binom{대법원 2019. 11. 21(전원합)}{의체판결), 2018 도 13945}$]. 그러나 정당한 증언거부권이 없음에도 사실상 증언을 회피하
기 위하여 증언을 거부한 때에는 제314조의 문언상 이를 배척할 근거가 없으므로 제
314조가 적용될 수 있다고 해석하는 것이 타당하다.

84   2) 그 진술 또는 작성이 특히 신빙할 수 있는 상태하에서 행하여졌음이 증명된 때

이는 제312조의 조서의 특신상태 또는 제313조 진술기재 서류의 특신상태와
동일하게 보면 될 것이다.[2]

---

1 대법원 1972. 5. 23, 72 도 704; 대법원 1983. 6. 28, 83 도 931.

2 대법원 2022. 3. 17, 2016 도 17054는 피고인이 수사기관에서부터 원심에 이르기까지 일관하
여 피해자의 진술과 정면으로 배치되는 취지로 주장하며 이 사건 공소사실을 극렬히 다투어
온 점, 피해자의 수사기관에서의 진술 중 피해자가 피고인으로부터 폭행당하였다는 점에 관
하여는 진술이 대체로 일관되나, 폭행의 일시, 수단 및 방법, 상해 부위 및 정도 등에 관하
여는 다소 변경되었으므로, 피고인으로서는 반대신문을 통하여 피해자의 진술을 탄핵할 필요
성이 있는 점, 그러나 피해자는 제 1 심 제 2 회 공판기일 이후부터 증인신문을 의도적으로 회
피한 것으로 보이는 점 등을 들어 피해자의 수사기관에서의 각 진술이 법정에서의 반대신문
등을 통한 검증을 거치지 않더라도 진술의 신빙성과 임의성을 충분히 담보할 수 있는 구체
적이고 외부적인 정황이 있다는 점을 검사가 증명한 것으로 볼 수 없다고 판단하였다. 그러
나 진술 당시에 신용성의 정황적 보장이 있었는지 여부를 기준으로 하지 않고, 공판 외 진술
이 이루어진 이후에 진술자에 대한 실질적 반대신문이 이루어지지 못했다는 것을 이유로 특
신상태를 부정하는 것은 특신상태의 개념에 부합하지 않으므로 타당하다고 보기 어렵다.

(3) 제314조의 적용범위

종래 검사가 작성한 피의자신문조서의 증거능력을 제314조에 의하여 인정할   85
수 있는가에 관하여 견해 대립이 있었다. 제312조 1항은 피고인이 된 피의자의
진술이 기재된 조서의 증거능력을 규정하고 있는데, 피고인의 출석 없이는 원칙
적으로 개정할 수 없고, 예외적으로 피고인의 출정 없이 증거조사를 할 수 있는
경우에는 제318조 2항이 적용되어 피고인의 증거동의가 있는 것으로 간주되기
때문이다. 따라서 이 경우에 제314조의 적용은 부정하는 것이 타당하다.[1] 피고
인이 진술서의 진정성립을 묻는 검사의 질문에 대하여 진술거부권을 행사하는 경
우에도 피고인의 진술거부권 보장 취지에서 형사소송법 제314조의 '그 밖에 이에
준하는 사유로 인하여 진술할 수 없는 때'에 해당하지 아니한다고 할 것이다.[2]
따라서 제314조는 제312조, 제313조의 조서나 진술서류 중에서 원칙적으로 피의
자 아닌 제 3 자가 원진술인인 경우, 즉 검사 또는 사법경찰관 작성 진술조서, 검
증조서, 피고인 아닌 자의 진술서 및 진술기재 서류, 감정서에 적용된다고 볼 수
있다.

문제는 당해 피고인과 공범관계에 있는 다른 피의자에 대하여 사법경찰관이   86
만든 피의자신문조서에 대하여 제314조가 적용될 것인가에 있다. 대법원은 제312
조 3항의 해석상 공범에 대한 사법경찰관 작성 피의자신문조서는 그 공범의 법정
진술에 의하여 성립의 진정이 인정되더라도 당해 피고인이나 변호인이 공판기일
에서 내용을 부인하면 증거능력이 부정된다고 보고 있었으므로, 그 공범이 사망
등의 사유로 진술할 수 없는 때에도 증거능력을 인정하는 규정인 제314조는 이
경우에 적용될 여지가 없다고 보았다.[3] 다만, 2020. 2. 4. 형사소송법 개정 이후
에는 전술한 바와 같이 공범에 대한 검사 작성 피의자신문조서와 마찬가지로 제
314조가 적용될 수 있다고 보아야 하므로 위 판례는 변경되어야 할 것이다.

5. 당연히 증거능력이 있는 서류(제315조)

제315조는 당연히 증거능력이 있는 서류를 규정하고 있다. 여기에 규정된   87
서류는 원래 진술서에 해당한다. 그러나 진술서라 할지라도 특히 신용성이 높고

---

1 이주원 466면; 임동규 552면.

2 대법원 2013. 6. 13, 2012 도 16001.

3 대법원 2004. 7. 15(전원합의체판결), 2003 도 7185; 대법원 2009. 7. 9, 2009 도 2865; 대법원
   2020. 6. 11, 2016 도 9367.

그 작성자를 증인으로 신문하는 것이 부적당하거나 실익이 없기 때문에 필요성이 인정되는 경우에 증거능력을 인정하도록 한 것이다. 진술서의 증거능력이 성립의 진정을 요건으로 한다는 점에서 볼 때에는 성립의 진정이 추정되는 경우라고도 할 수 있다. 제315조가 규정하고 있는 서류는 다음과 같다.

(1) 직무상 증명할 수 있는 사항에 관한 공무원작성문서

88 가족관계기록사항에 관한 증명서, 공정증서등본 기타 공무원 또는 외국공무원의 직무상 증명할 수 있는 사항에 관하여 작성한 문서는 당연히 증거능력이 있다($\frac{제315조}{1호}$). 이는 공권적 증명문서의 증거능력을 인정한 것이다. 공권적 증명문서는 고도의 신용성이 보장되며, 원본을 제출하거나 공무원을 증인으로 신문하는 것이 곤란하므로 필요성이 인정되기 때문이다. 가족관계기록사항에 관한 증명서, 공정증서등본은 그 예시에 지나지 않는다.

따라서 등기부등ㆍ초본, 인감증명, 전과조회회보, 신원증명서 등은 물론 보건복지부장관의 시가 조사보고서($\frac{대법원 1967. 6. 13.}{67 도 544}$)나 세관공무원의 시가 감정서($\frac{대법원 1985. 4. 9.}{85 도 225}$), 외국공무원이 직무상 작성한 문서($\frac{대법원 1984. 2. 28, 83 도 3145, 일본}{세관직원의 범죄물건감정서등본 등}$), 군의관이 작성한 진단서($\frac{대법원 1972. 6. 13.}{72 도 922}$)도 여기에 해당한다. 그러나 수사기관이 작성한 문서는 여기에 해당하지 않는다. 따라서 공소장($\frac{대법원 1978. 5. 23.}{78 도 575}$) 또는 외국수사기관의 수사결과($\frac{대법원 1979. 9. 25.}{79 도 1852}$)는 당연히 증거능력이 인정되는 서류라 할 수 없다.

(2) 업무의 통상과정에서 작성된 문서

89 상업장부ㆍ항해일지 기타 업무상 필요로 작성한 통상문서를 말한다($\frac{동조}{제2호}$). 일상업무의 과정에서 작성되는 문서는 업무의 기계적 반복성으로 인하여 허위가 개입될 여지가 적고, 또 문서의 성질에 비추어 고도의 신용성이 인정되어 반대신문의 필요가 없거나 작성자를 소환해도 서면제출 이상의 의미가 없다는 점에 그 근거가 있다.[1] 출납부ㆍ전표ㆍ통계표 등이 여기에 속한다. 그러나 피고인이 이

---

1 대법원 2015. 7. 16(전원합의체판결), 2015 도 2625, 「업무상 통상문서에 해당하는지를 구체적으로 판단함에 있어서는, 형사소송법 제315조 제 2 호 및 제 3 호의 입법 취지를 참작하여 당해 문서가 정규적ㆍ규칙적으로 이루어지는 업무활동으로부터 나온 것인지 여부, 당해 문서를 작성하는 것이 일상적인 업무 관행 또는 직무상 강제되는 것인지 여부, 당해 문서에 기재된 정보가 취득된 즉시 또는 그 직후에 이루어져 정확성이 보장될 수 있는 것인지 여부, 당해 문서의 기록이 비교적 기계적으로 행하여지는 것이어서 기록 과정에 기록자의 주관적 개입의 여지가 거의 없다고 볼 수 있는지 여부, 당해 문서가 공시성이 있는 등으로 사후적으로 내용의 정확성을 확인ㆍ검증할 기회가 있어 신용성이 담보되어 있는지 여부 등을 종합적으로 고려하여야 한다.」

중장부를 작성한 경우 허위장부(표면장부)는 본호의 서면에 해당하지 않지만, 바르게 작성한 비밀장부는 포함된다고 해야 한다.[1] 의사의 진단서는 당연히 증거능력 있는 문서에 해당하지 않지만 진료부는 여기에 포함된다.[2]

> 피고인이 업무추진 과정에서 지출한 자금 내역을 기록한 수첩[대법원 1996. 10. 17(전원합의체판결), 94 도 2865], 성매매업소에서 영업에 참고하기 위하여 성매매 상대방에 관한 정보를 입력하여 작성한 메모리카드의 내용도 여기에 포함된다(대법원 2007. 7. 26, 2007 도 3219). 체포 · 구속인접견부는 제315조 2호 · 3호에 해당하지 않는다(대법원 2012. 10. 25, 2011 도 5459).

(3) 기타 특히 신용할 만한 정황 아래 작성된 문서

위의 제315조 1호 · 2호에서 예시된 문서에 준하여 군이 반대신문의 기회 부   90
여 여부가 문제되지 않을 정도로 고도의 신용성이 문서 자체에 의하여 보장되는
서면을 말한다(동조 제3호).[3] 공공기록 · 보고서 · 역서 · 정기간행물의 시장가격표 · 스
포츠기록 · 공무소작성의 각종 통계와 연감 등이 여기에 속한다. 영미법상의 임종
시의 진술, 자연적인 발언 또는 고문서 등도 여기에 포함될 수 있다. 판례는 다
른 피고사건의 판결문사본,[4] 공판조서[5]나 구속적부심문조서[6]는 여기에 해당하
지만, 주민들의 진정서사본,[7] 건강보험심사평가원의 입원진료 적정성 여부에 대
한 회신,[8] 사무처리의 편의를 위하여 자신이 경험한 사실 등을 기재해 놓은 공
무원의 업무수첩[9]은 증거능력이 인정되지 않는다고 판시하고 있다. 수사보고
서[10]도 원칙적으로 여기에 해당하지 않지만, 특히 신용성이 담보되어 있는 경우

---

1   김재환 701면; 임동규 555면; 차용석/최용성 608면.

2   신동운 1235면.

3   대법원 2015. 7. 16(전원합의체판결), 2015 도 2625; 대법원 2017. 2. 5, 2017 도 12671.

4   대법원 1981. 11. 24, 81 도 2591.

5   대법원 1966. 7. 12, 66 도 617; 대법원 2005. 4. 28, 2004 도 4428(증인신문조서).

6   대법원 2004. 1. 16, 2003 도 5693.

7   대법원 1983. 12. 13, 83 도 2613.

8   대법원 2017. 12. 5, 2017 도 12671.

9   대법원 2019. 8. 29(전원합의체판결), 2018 도 2738; 대법원 2019. 8. 29(전원합의체판결), 2018 도 13792; 대법원 2019. 8. 29(전원합의체판결), 2018 도 14303.

10   수사보고서의 증거능력은 그 내용에 따라 개별적으로 판단해야 하는데, 수사보고서 자체는 진술서로서 제313조 1항에 의하여 증거능력을 판단한다. ① 내용이 작성자의 단순한 의견을 기재한 것은 전문 이전의 문제로 증거가 되지 않는다(의견증거)(대법원 1983. 6. 28, 83 도 948(실황조서)). ② 체포의 적법성, 처벌희망의사표시의 철회(대법원 2010. 10. 14, 2010 도 5610, 2010 전도 31) 등과 같이 소송상의 사실을 증명하는 데 사용하는 경우는 증거능력의 제한이 없으므로 그대로 증거로 사용할 수 있다. ③ 내용이 전문증거가 아닌 경우는 관련성

는[1] 당연히 증거능력이 있는 서류에 해당한다.

6. 전문진술(제316조)

(1) 전문진술과 전문법칙

91   공판준비 또는 공판기일 외에서의 타인의 진술을 내용으로 하는 진술은 이
를 증거로 할 수 없다(제310조의2). 전문진술에 대한 전문법칙은 전문서류의 증거능력
을 부정하기 전에 확립된 것으로 전문법칙의 핵심을 이룬다고 할 수 있다. 전문
진술에 대하여 전문법칙의 예외를 인정한 것이 바로 제316조이다.

(2) 제316조 1항의 예외

92   피고인 아닌 자(공소제기 전에 피고인을 피의자로 조사하였거나 그 조사에 참여하
였던 자를 포함한다)의 공판준비 또는 공판기일에서의 진술이 피고인의 진술을 그
내용으로 하는 것인 때에는 그 진술이 특히 신빙할 수 있는 상태하에서 행하여진
때에 한하여 이를 증거로 할 수 있다(제316조1항). 원진술자인 피고인이 출석하여 진술
할 수 있으므로 신용성의 보장을 조건으로 증거능력을 인정한 것이다.

93   원진술자가 피고인이므로 당사자의 반대신문권은 무의미하다는 이유로 이는
전문법칙의 예외가 아니라 직접심리주의의 예외라고 설명하는 견해[2]도 있으나,
전문법칙의 예외에 해당한다고 보는 것이 통설[3]이다. 다만, 그 이유에 관하여는
검사의 피고인에 대한 반대신문권을 보장해야 하기 때문이라는 견해[4]와 증인에
대한 피고인의 반대신문권을 보장하기 위하여 전문법칙이 적용되어야 한다고 설
명하는 견해[5]가 있다. 그러나 진술거부권을 가진 피고인에 대한 검사의 반대신문

과 진정성이 인정되면 증거능력이 있다(대법원 2013. 2. 15, 2010 도 3504). ④ 내용이 전문
증거인 경우는 제311조 내지 제316조에 의하여 증거능력을 판단한다(대법원 1999. 2. 26, 98
도 2742). ⑤ 내용이 특히 신용할 만한 정황에 의하여 작성된 경우는 예외적으로 제315조 3
호에 의하여 당연히 증거능력이 인정된다(대법원 1992. 8. 14, 92 도 1211).

1 대법원 1992. 8. 14, 92 도 1211, 「사법경찰관 작성의 새세대 16호에 대한 수사보고서는 피
    고인이 검찰에서 소지 탐독사실을 인정하고 있는 새세대 16호라는 유인물의 내용을 분석하
    고, 이를 기계적으로 복사하여 그 말미에 그대로 첨부한 문서로써 그 신용성이 담보되어 있
    어 형사소송법 제315조 3호 소정의 "기타 특히 신용할만한 정황에 의하여 작성된 문서"에
    해당되는 문서로써 당연히 증거능력이 인정된다.」

2 김기두 139면.

3 김재환 704면; 백형구 459면; 이주원 551면; 임동규 558면.

4 정영석/이형국 358면.

5 강구진 460면.

은 무의미하므로 검사의 반대신문권을 보장하기 위한 것이라는 견해는 타당하다
고 할 수 없다. 전문법칙의 근거를 신용성의 결여에 있다고 볼 때에는 타인의 진
술을 내용으로 하는 진술이기 때문에 신용성이 없는 증거라는 점에서 전문증거라
할 수 있으므로 제316조 1항도 전문법칙의 예외를 규정한 것이라고 할 수 있다.

　　피고인의 진술이란 피고인의 지위에서 행하여진 것임을 요하지 않는다. 따　　　94
라서 사건 직후 피고인의 자백을 청취한 자가 그 내용을 증언하는 경우는 물론,
피고인을 신문한 사법경찰관이나 제 3 자가 경찰에서 조사받을 때 범행을 자백한
피고인의 진술내용을 증언하는 경우에도 여기에 해당한다. 판례는 종래 피고인을
신문한 사법경찰관의 피고인이 자백하였다는 취지의 증언[1]이나 이를 들었다는
제 3 자의 진술[2]은 제312조 3항에 비추어 피고인이 내용을 부인하는 경우에는 증
거로 할 수 없다고 판시하였다. 그러나 2007년 개정 형사소송법은 경찰에서 자백
한 피의자에 대한 검사의 이중수사로 인한 피의자의 불편을 해소하고 경찰수사에
대하여 사실상 증거능력을 인정함으로써 책임 있는 수사를 가능하게 한다는 고려
에서 조사자의 증언에 대하여도 증거능력을 인정하였다.[3] 그럼에도 불구하고 여
전히 피고인이 내용을 부인하면 증거능력이 부정되는 제312조 3항과 충돌할 때
는 조사자 증언의 증거능력을 부인해야 한다거나[4] 극히 제한된 범위에서 증언의
허용범위와 그 증거능력 및 증명력을 허용해야 한다는[5] 견해가 있으나 타당하지
않다. 조사자 증언과 마찬가지로 대질 등 수사과정에서 피고인의 진술을 들은 제
3 자의 증언에 대해서도 제316조 1항에 따라 증거능력이 인정된다. 특히 2020년
개정으로 검사 작성 피의자신문조서의 증거능력이 약화되어 피고인이 사실을 다
툴 경우 조사자증언 이외에는 수사단계에서의 자백을 공판에 현출시킬 방법이 없
어졌으므로 이를 적극적으로 활용해야 할 필요성이 더욱 커졌다고 볼 수 있다.

(3) 제316조 2항의 예외

　　피고인 아닌 자의 공판준비 또는 공판기일에서의 진술이 피고인 아닌 타인　　　95
의 진술을 그 내용으로 하는 것인 때에는 원진술자가 사망 · 질병 · 외국거주 · 소

1　대법원 1974. 3. 12, 73 도 2123; 대법원 1975. 2. 10, 74 도 3787; 대법원 2005. 11. 25,
　　2005 도 5831.

2　대법원 2001. 3. 27, 2000 도 4383(피해자).

3　법무부, 개정 형사소송법, 242면; 법원행정처, 형사소송법 개정법률 해설, 142면.

4　정승환 § 52/122.

5　이주원 553면.

재불명 그 밖에 이에 준하는 사유로 인하여 진술할 수 없고, 그 진술이 특히 신빙할 수 있는 상태하에서 행하여졌음이 증명된 때에 한하여 이를 증거로 할 수 있다($\substack{제316조 \\ 2항}$). 전문법칙의 예외에 대한 전형적인 경우를 규정한 것으로서 필요성과 신용성의 정황적 보장을 요건으로 한다. 피고인 아닌 타인을 조사하였거나 그 조사에 참여한 자의 진술도 증거로 할 수 있다($\substack{동조 \\ 제1항}$).[1] 다만, 조사자의 증언에 증거능력이 인정되기 위해서는 원진술자가 사망·질병·외국거주·소재불명 그 밖에 이에 준하는 사유로 인하여 진술할 수 없어야 한다. 따라서 원진술자가 법정에 출석하여 수사기관에서 한 진술을 부인하는 취지로 증언한 이상 원진술자의 진술을 내용으로 하는 조사자의 증언은 증거능력이 없다.[2] 그 실질적인 함의는 원진술자가 진술을 번복하는 경우에는 전문진술의 증거능력을 인정할 여지가 없다는 데 있다. 이는 영미법상 전문법칙과 크게 다른 점이다.

　　피고인 아닌 자에는 공범자와 공동피고인이 포함된다.[3] 필요성과 신용성의 보장은 전문의 내용인 원진술자의 진술에 관하여 요구되는 것이며 진술이 누구에 대하여 행하여졌는가는 문제되지 않는다.

　　제316조 1항 및 2항의 특신상태의 의미는 제314조에서의 특신상태와 마찬가지이다.[4]

(4) 피고인의 전문진술

96　　피고인의 공판준비 또는 공판기일에서의 진술이 피고인 아닌 자의 진술을 내용으로 하는 경우에 관하여는 명문의 규정이 없다. 따라서 이 경우에 ① 피고인에게 불이익한 경우에는 반대신문권을 포기한 것이므로 증거능력을 인정하고 이익이 되는 경우에는 제316조 2항을 유추적용해야 한다는 견해[5]와, ② 제316조 2항을 유추적용해야 한다는 견해[6]가 대립되고 있다. 생각건대 진술내용의 불이익을 증거능력의 요건으로 하고 있지 않는 형사소송법의 해석에 있어서는 피고인에게 이익인가 아닌가를 구별할 이유가 없다고 할 것이므로 이 경우에도 제316조 2항

1　대법원 2008. 9. 25, 2008 도 6985.
2　대법원 2008. 9. 25, 2008 도 6985.
3　대법원 1984. 11. 27, 84 도 2279; 대법원 2000. 12. 27, 99 도 5679; 대법원 2007. 2. 23, 2004 도 8654; 대법원 2019. 11. 14, 2019 도 11552.
4　대법원 2017. 7. 18, 2015 도 12981, 2015 전도 218.
5　손동권/신이철 639면; 차용석/최용성 612면.
6　신동운 1245면; 신현주 611면; 이영란 775면; 이은모/김정환 702면.

을 유추적용해야 한다는 견해가 타당하다고 생각된다. 판례도 같은 입장이다.[1]

7. 재 전 문

전문법칙의 예외의 법리에 따라 증거능력이 인정되는 전문증거가 그 내용에 97
서 다시 전문증거를 포함하는 경우, 즉 이중의 전문이 되는 경우를 재전문(hearsay within hearsay, double hearsay)이라고 한다. 재전문에 다시 전문증거가 포함된 경우를 다중전문(multiple hearsay)이라고 하기도 한다. 재전문의 경우에는 진술자를 반대신문하는 경우에도 원진술자의 존재나 진술정황을 확인할 수 없기 때문에 증거능력을 인정할 수 있는가가 문제된다. 여기서 말하는 재전문에는 전문진술을 서면에 기재한 경우와 전문진술을 들은 자로부터 전문한 진술이 포함된다.

재전문증거의 증거능력을 인정할 것인가에 관하여는 부정설과 긍정설이 대립되고 있다. **부정설**은 재전문은 이중의 예외이며 그 증거능력을 인정하는 명문의 규정이 없으므로 증거능력을 부정해야 한다고 한다.[2] 형사소송법이 진술녹취서에 대하여 일정한 조건하에 증거능력을 인정하고 있는 것은 재전문의 이용을 제한하려는 취지이며, 재전문은 단순한 전문증거에 비하여 관련성과 증명력이 불충분할 뿐만 아니라 이를 증거로 허용하는 것은 전문법칙을 무의미하게 만든다는 것을 이유로 한다. 이에 반하여 **긍정설**은 법정 외의 진술 하나하나가 전문법칙의 예외의 요구를 충족하는 때에는 증거로 할 수 있다고 해석한다.[3] 즉 甲에 대한 진술조서에 목격자 A의 진술이 있는 경우에는 甲의 진술에 의하여 진술조서의 성립의 진정이 인정되고, A에 대하여 제316조 2항에 의하여 필요성과 신용성의 정황적 보장이 인정되면 증거능력을 인정해야 한다는 것이다. 판례는 전문진술이 기재된 조서는 형사소송법 제312조 내지 제314조의 규정과 제316조의 요건을 충족하면 증거능력이 인정되지만, 재전문진술이나 재전문진술을 기재한 조서는 증

---

1 대법원 2019. 8. 29(전원합의체판결), 2018 도 13792는 '전(前) 대통령 甲이 개별 면담자 乙 사이에서 대화한 내용을 불러준 것을 기재한 피고인 丙의 업무수첩'이 위 대화 내용을 증명하기 위한 진술증거인 경우에는 전문진술로서 제316조 2항에 따라 증거능력을 판단해야 한다고 판시하였다. 이와 관련하여, 판례는 위 사례에서 피고인이 누구인가에 따라 적용법조를 달리하고 있다. 즉 피고인이 丙이 아니라 乙인 경우에는 제316조 2항에 따라(대법원 2019. 8. 29(전원합의체판결), 2018 도 2738), 피고인이 甲인 경우에는 제316조 1항에 따라(대법원 2019. 8. 29(전원합의체판결), 2018 도 14303) 각 증거능력를 판단해야 한다고 판시하였다.

2 신동운 1247면.

3 노명선/이완규 505면; 이은모/김정환 704면; 차용석/최용성 571면.

거능력을 인정할 수 없다고[1] 판시하고 있다.[2] 그러나 전문진술이 기재된 조서와 재전문진술은 이중의 전문이라는 점에서 차이가 없으며, 증거능력을 인정하는 요건에 차이를 둘 필요는 없다고 생각한다. 전문진술이 기재된 조서가 조서의 증거능력과 진술의 증거능력이 인정되는 것을 조건으로 증거가 될 수 있다면, 재전문진술도 원진술자의 진술에 필요성과 신용성의 정황적 보장이 인정되면 증거능력을 인정하지 않을 수 없기 때문이다. 보통법은 물론 미국 연방법 제805조도 재전문의 증거능력을 인정하고 있다.[3]

> 대법원은 "피해자로부터 A가 휴대폰을 훔쳐간 것으로 의심하는 말을 들은 후에 A와 전화통화를 하였는데, 'B와 함께 공장에 들어갔다가 사용할 목적으로 자신이 휴대폰을 훔쳐 가지고 나왔다'라고 A(=원진술자)가 말하였다"는 내용의 C의 진술을 기재한 사경 진술조서(전문진술을 기재한 조서)($\binom{\text{대법원 2000. 9. 8,}}{\text{99 도 4814}}$)는 증거능력이 있으나, ① 성폭력을 당한 피해자(=원진술자)로부터 처음 그 사실을 들은 모친 A로부터 이를 전해 들은 부친 B의 법정진술(재전문진술)과 A의 상담을 받은 성폭력상담소 직원 C에 대한 검찰의 진술조서(재전문진술을 기재한 조서)($\binom{\text{대법원 2000. 3. 10,}}{\text{2000 도 159}}$), ② A가 피고인(=원진술자)으로부터 들은 말을 순차로 A로부터 전해들은 B의 법정진술(재전문진술)과 B의 진술을 기재한 수사기관의 진술조서(재전문진술을 기재한 조서)($\binom{\text{대법원 2012. 5. 24,}}{\text{2010 도 5948}}$)는 증거능력이 없다고 판시하였다.

---

1 대법원 2000. 3. 10, 2000 도 159, 「(1) 전문진술이 기재된 조서는 형사소송법 제312조 또는 제314조의 규정에 의하여 각 그 증거능력이 인정될 수 있는 경우에 해당하여야 함은 물론 나아가 형사소송법 제316조 제 2 항의 규정에 따른 요건을 갖추어야 예외적으로 증거능력이 있다. (2) 형사소송법은 전문진술에 대하여 제316조에서 실질상 단순한 전문의 형태를 취하는 경우에 한하여 예외적으로 그 증거능력을 인정하는 규정을 두고 있을 뿐, 재전문진술이나 재전문진술을 기재한 조서에 대하여는 달리 그 증거능력을 인정하는 규정을 두고 있지 아니하므로 피고인이 증거로 하는 데 동의하지 아니하는 한 형사소송법 제310조의2의 규정에 의하여 이를 증거로 할 수 없다.」

  동지: 대법원 2004. 3. 11. 2003 도 171; 대법원 2005. 11. 25, 2005 도 5831; 대법원 2006. 4. 14, 2005 도 9561; 대법원 2010. 7. 8, 2008 도 7546; 대법원 2012. 5. 24, 2010 도 5948.

2 판례는 전문진술이 기재된 '조서'에 대하여 증거능력을 인정할 수 있다고 판시하고 있으나, 이는 판례의 대상이 된 것이 '조서'이기 때문일 뿐, 조서 이외의 '진술서 및 진술기재 서류'도 마찬가지로 증거능력을 인정할 수 있다.

3 McCormick p. 481.

V. 진술의 임의성

1. 형사소송법 제317조의 취지

(1) 형사소송법 제317조의 의의

제317조는 「① 피고인 또는 피고인 아닌 자의 진술이 임의로 된 것이 아닌   98
것은 증거로 할 수 없다. ② 전항의 서류는 그 작성 또는 그 내용인 진술이 임의
로 되었다는 것이 증명된 것이 아니면 증거로 할 수 없다. ③ 검증조서의 일부가
피고인 또는 피고인 아닌 자의 진술을 기재한 것인 때에는 그 부분에 한하여 전
2항의 예에 의한다」고 규정하고 있다.

본조가 진술의 임의성에 대한 법원의 조사의무를 규정한 것이라는 견해[1]도
있고, 진술의 임의성이 인정되지 않으면 증거능력이 없다는 내용을 규정하고 있
는 것이라고 보는 견해[2]도 있다. 진술의 임의성에 대한 법원의 조사의무를 규정
하고 있는 일본 형사소송법($\frac{제325}{조}$)과는 달리 진술이 임의로 된 것이 아니면 증거로
할 수 없다고 한 우리 형사소송법의 규정에 비추어 이를 임의성에 대한 조사의무
만을 규정한 것이라고 보는 것은 타당하지 않다. 그러나 진술의 임의성을 증거능
력의 요건으로 볼 때에는 당연히 이는 증거능력의 요건과 임의성에 대한 조사의
무를 함께 규정하고 있다고 해석하는 것이 타당하다.[3]

(2) 형사소송법 제317조의 적용대상

본조에 의하여 진술의 임의성이 요구되는 진술의 범위에 관하여는 ① 제309   99
조를 본조의 특별규정으로 보아 자백 이외의 일체의 진술증거를 의미한다는 광의
설,[4] ② 제310조의2 내지 제316조가 규정하고 있는 진술에 제한된다고 해석하는
협의설[5] 및 ③ 특신상황을 요건으로 하는 진술에는 임의성이 간접적으로 판단되
는 것이므로 피고인 이외의 자의 진술증거에 제한된다고 보는 제한설[6]이 대립되
고 있다. 본조가 진술의 범위를 제한하지 않고 있는 이상 자백 이외의 일체의 진

---

1 김기두 144면; 서일교 187면; 정영석/이형국 361면.
2 김재환 649면; 백형구 강의, 629면; 신동운 1275면; 이은모/김정환 717면.
3 신현주 623면; 이주원 557 - 558면; 임동규 583면; 김정수, "진술의 임의성의 조사"(형사증거법
   하)(재판자료 제23집), 97면.
4 백형구 465면, 강의 629면; 송광섭 659면; 신동운 1724면; 이주원 558면.
5 강구진 468면; 김기두 144면.
6 김정수, 앞의 논문, 98면.

술증거가 여기의 진술에 포함된다고 해석하는 광의설이 타당하다고 생각된다. 따라서 자백의 임의성이 인정되지 않으면 제309조에 의하여, 자백 이외의 진술의 임의성이 인정되지 않으면 본조에 의하여 증거능력이 부정된다고 해야 한다.

2. 진술의 임의성과 증거능력

(1) 진술의 임의성

제317조는 진술증거의 증거능력을 인정하기 위한 요건으로 진술의 임의성과 서류작성의 임의성을 요구하고 있다.

100   **1) 임의성의 의의**   진술의 임의성은 자백의 임의성과는 성질을 달리하는 것이라고 보는 견해[1]도 있다. 자백의 임의성이 위법배제에 근거가 있음에 반하여 진술의 임의성은 허위배제에 이유가 있다는 것이다.[2] 이에 의하면 피의자의 자백이 기재된 조서에 대하여는 제309조의 임의성뿐만 아니라 본조의 임의성이 다시 요구된다고 한다. 그러나 이러한 견해는 진술의 임의성을 증명력의 요건으로 본 데서 온 결과라고 하지 않을 수 없다. 본조의 임의성은 전문증거에 증거능력을 부여하기 위한 요건이므로 의사결정과 의사표현의 자유를 의미한다고 해석하는 견해[3]도 있다. 그러나 제309조와 본조는 진술내용이 자백인가 아닌가에 따라 구별될 뿐이며 임의성의 내용에는 차이가 없다고 해야 한다. 따라서 본조의 임의성도 위법배제에서 근거를 구하여야 할 것이다.[4]

101   **2) 임의성 없는 진술의 효과**   진술이 임의로 된 것이 아닌 것은 증거로 할 수 없다. 여기서 증거로 할 수 없다는 의미를 증명력의 요건이라고 해석하는 견해[5]가 있다. 그러나 일본의 통설이 이를 증명력의 요건이라고 해석하는 것은 일본 형사소송법이 「전 4조에 의하여 증거로 할 수 있는 서면 또는 진술이라도」라고 규정하여(제325조) 진술의 임의성이 없어도 증거능력이 인정되는 것으로 규정하고

---

1   강구진 470면.

2   김기두 144면; 김정수, 앞의 논문, 96면.

3   강구진 468면, 470면; 김기두 144면.

4   자백배제법칙의 근거에 대하여 절충설의 입장인 판례는 제317조의 취지는 「허위진술을 유발 또는 강요할 위험성이 있는 상태하에서 행하여진 진술은 그 자체가 실체적 진실에 부합하지 아니하여 오판을 일으킬 소지가 있을 뿐만 아니라 그 진위를 떠나서 진술자의 기본적 인권을 침해하는 위법·부당한 압박이 가하여지는 것을 사전에 막기 위한 것」이라고 한다(대법원 2015. 9. 10, 2012 도 9879).

5   강구진 470면.

있기 때문이다. 단순히 증거로 할 수 없다고 규정하고 있는 우리 형사소송법의 해석에 있어서 이는 증거능력을 부정하는 의미라고 해석하지 않을 수 없다.[1]

(2) 서류작성의 임의성

진술을 기재한 서류에 관하여는 진술의 임의성뿐만 아니라 서류작성의 임의성도 인정되어야 한다. 서류작성의 임의성이 인정되지 않으면 진술의 임의성도 부정된다. 그러나 법원 또는 수사기관이 작성한 조서에 관하여는 서류작성의 임의성은 문제될 여지가 없으므로 작성의 임의성이 요구되는 것은 피의자 또는 참고인이 작성하는 진술서에 제한된다.   102

3. 진술의 임의성에 대한 조사와 증명

(1) 임의성의 조사

1) 조사의 요부   진술의 임의성은 증거능력의 요건이므로 법원은 직권으로 이를 조사하여야 한다. 다만, 당사자가 증거로 함에 동의한 경우에는 조서의 작성상황을 고려하여 상당하다고 인정되면 임의성을 조사할 필요가 없다.   103

2) 임의성의 조사시기   진술의 임의성은 증거능력의 요건이므로 이론상으로는 증거조사 전에 조사하여야 한다. 그러나 일단 임의성이 있다고 인정하여 증거조사를 한 후에도 임의성에 의문이 있을 때에는 다시 임의성을 조사할 수 있으며, 증거조사와 임의성의 조사를 병행하여도 무방하다. 요컨대 임의성에 관하여 반드시 사전조사를 요하는 것은 아니다.[2]   104

3) 임의성의 조사방법   임의성의 조사방법에 관하여는 명문의 규정이 없다. 따라서 법원은 적당하다고 인정되는 방법으로 임의성을 조사하면 된다. 진술의 임의성은 소송법적 사실이므로 자유로운 증명으로 충분하기 때문이다.[3]   105

(2) 임의성의 증명

진술의 임의성을 증명하기 위하여 법관에게 확신을 줄 것을 요한다는 점은 당연하다. 임의성에 대한 거증책임은 증거를 제출하는 당사자에게 있다. 진술조서의 임의성을 피고인이 다투었다고 하여 검사에게 거증책임이 있는 것은 아니라   106

---

1 김재환 651면; 백형구 강의, 629면; 신동운 1279면; 이영란 779면; 이주원 585면; 이창현 983면; 임동규 585면.

2 임동규 586면.

3 대법원 1994. 12. 22, 94 도 2316.

는 견해[1]도 있다. 그러나 검사가 제출한 증거에 대하여 피고인이 임의성을 다툰 경우에는 검사가 거증책임을 부담하는 것이 당연하다.[2]

Ⅵ. 사진과 녹음테이프의 증거능력

1. 문제의 제기

107   기계문명의 발달은 증거법의 세계에도 영향을 미치고 있다. 피사체의 상황을 광학적으로 정확하게 기록하는 사진과 사람의 음성이나 언어를 고정하여 재생시키는 녹음테이프가 새로운 증거방법으로 등장하게 된 이유도 여기에 있다. 과학적 수사의 요청과 함께 사진과 녹음테이프가 수사와 공판단계에서 활용되고 있음에도 불구하고 이는 종래의 입법이 예상하지 못한 증거방법이므로 형사소송법에는 그 증거능력이나 증거조사방법에 관한 명문의 규정이 없다. 특히 전문법칙과의 관계에서는 사진과 녹음테이프를 증거물로 무조건 증거능력을 인정할 것인가 또는 진술증거로서 전문법칙의 적용을 받는다고 해석해야 할 것인가에 대하여 견해가 대립되고 있다. 비디오테이프 등 영상물에 대하여는 사진과 녹음테이프와 마찬가지로 증거능력을 판단하면 될 것이다. 그리고 최근에는 문자정보, 도면이나 사진, 음성이나 영상 등이 컴퓨터용 디스크 등 정보저장매체에 수록되어 있는 경우가 많은데, 정보저장매체에 담긴 내용 자체(파일 또는 전자문서)를 증거로 사용할 때에는 그 내용이 음성이나 영상을 녹음·녹화한 파일이면 사진이나 녹음테이프, 비디오테이프의 예에 따라 증거능력을 인정하면 될 것이다.

대법원은 이러한 정보저장매체에 수록된 자료를 증거로 사용하기 위해서는 원본임이 증명되거나 혹은 원본으로부터 복사한 사본일 경우에는 복사 과정에서 편집되는 등 인위적 개작 없이 원본의 내용 그대로 복사된 사본임이 증명되어야만 하는데, 증거로 제출된 전자문서 파일의 사본이나 출력물이 원본내용을 그대로 복사·출력한 것이라는 사실은 전자문서 파일의 사본이나 출력물의 생성과 전달 및 보관 등의 절차에 관여한 사람의 증언이나 진술, 원본이나 사본 파일 생성 직후의 해시(Hash)값 비교, 전자문서 파일에 대한 검증·감정 결과 등 제반 사정을 종합하여 판단할 수

---

1 서일교 188면.

2 대법원 2015. 9. 10, 2012 도 9879.

있고($\frac{\text{대법원 2013. 7. 26, 2013 도 2511;}}{\text{대법원 2018. 2. 8, 2017 도 13263}}$), 이러한 원본 동일성은 증거능력의 요건에 해당
하므로 검사가 그 존재에 대하여 구체적으로 주장·증명해야 한다고 판시하고 있다
($\frac{\text{대법원 2017 도}}{\text{2018. 2. 8, 13263}}$). 특히 원본을 압수한 경우, 원본이 압수 시부터 문건 출력 시까지
변경되지 않았음이 담보되어야 하며, 특히, 원본을 대신하여 저장매체에 저장된 자료
를 '하드카피' 또는 '이미징'한 매체로부터 출력한 문건의 경우에는 원본과 '하드카피'
또는 '이미징'한 매체 사이에 자료의 동일성도 인정되어야 할 뿐만 아니라, 이를 확
인하는 과정에서 이용한 컴퓨터의 기계적 정확성, 프로그램의 신뢰성, 입력·처리·
출력의 각 단계에서 조작자의 전문적인 기술능력과 정확성이 담보되어야 한다고 판
시하였다($\frac{\text{대법원 2007. 12. 13,}}{\text{2007 도 7257}}$).

2. 사진의 증거능력

(1) 사진의 성격

사진은 과거에 발생한 역사적 사실을 렌즈에 비친대로 필름 또는 인화지에   108
기계적으로 재생시킨 증거방법이므로 그 과정에 허위가 개입할 여지가 없다는 점
에서 신용성과 증거가치가 높다는 것을 부정할 수 없다. 그러나 사진에 인위적인
오류의 위험성이 없는 것은 아니다. 사진에 있어서도 피사체의 선정이나 촬영조
건은 물론 현상과 인화과정에 인위적인 조작의 가능성이 남아 있기 때문이다. 여
기서 사진을 비진술증거로 취급할 것인가 또는 진술증거로서 전문법칙이 적용된
다고 할 것인가의 문제가 제기되지 않을 수 없다. 이는 결국 사진의 증거로서의
가치를 최대한으로 발휘케 하면서 동시에 오류의 위험성을 최소화하는 관점에서
해결해야 할 문제이다.

사진의 증거능력은 사진의 성질과 용법에 따라 ① 사본으로서의 사진과 ②
진술의 일부인 사진 및 ③ 현장사진으로 나누어 검토해야 한다.

(2) 사본으로서의 사진

사진이 본래 증거로 제출되어야 할 자료의 대용물로 제출되는 경우를 말한   109
다. 예컨대 문서의 사본이나 범행에 사용된 흉기의 사진이 여기에 해당한다. 이
경우에 증거물이나 증거서류의 사본과 마찬가지로 최량증거의 법칙(best evidence
rule)에 의하여 ① 원본증거를 법정에 제출할 수 없거나 제출이 곤란한 사정이 있
고, ② 원본증거가 존재하거나 존재하였으며, ③ 제출된 증거가 원본증거와 정확
하게 같다는 사실이 증명된 때에 한하여 증거능력이 인정된다고 할 것이다. 판례

도 사본인 사진[1]이나 피의자신문조서의 초본,[2] 증거물인 수표의 사본[3]에 대하여 같은 취지로 판시하고 있다. 물론 사건과의 관련성도 증명되어야 한다. 진술기재서면의 사진을 증거로 제출하는 경우, 진술 부분의 증거능력은 진술의 성격에 따라 판단하면 될 것이다.

> 원본의 존재 및 진정성립을 인정할 자료가 구비되고 특히 신용할 만한 정황에 의하여 작성되었다고 인정될 때에 형사소송법 제315조 3호에 의하여 증거능력을 인정해야 한다는 견해[4]도 있다.

(3) 진술의 일부인 사진

110   사진이 진술증거의 일부로 사용되는 경우, 즉 검증조서나 감정서에 사진이 첨부되는 경우를 말한다. 이 경우에 사진은 진술증거의 일부를 이루는 보조수단에 불과하므로 원칙적으로 사진의 증거능력도 진술증거인 검증조서나 감정서와 일체적으로 판단된다는 점에 이론이 없다.[5] 따라서 검증조서에 첨부된 현장지시 사진은 단순히 검증활동의 동기를 설명하는 비진술증거에 그치는 경우(예컨대 검증참여인인 자동차사고 목격자의 목격 위치, 사고 시의 자동차 위치 등을 지시설명하는 사진)에는 검증조서와 일체로 증거능력을 판단하면 될 것이다.[6] 다만, 사법경찰관이 작성한 검증조서 중 피고인의 범행재연의 영상부분은 피고인에 의하여 재연의 진정함이 인정될 뿐만 아니라 내용이 인정될 때에만 증거능력이 인정된다.[7]

(4) 현장사진

111   현장사진이란 범인의 행동에 중점을 두어 범행상황과 그 전후 상황을 촬영한 사진으로서 독립증거로 이용되는 경우를 말한다. 현장녹화인 VTR이나 CCTV에 의한 녹화도 여기에 해당한다고 할 수 있다. 현장사진의 증거능력에 관하여는 비진술증거설과 진술증거설이 대립되고 있다.

112   1) 비진술증거설   사진의 과학적 특성에 중점을 두어 사진은 렌즈의 체험에

---

1 대법원 2008. 11. 13, 2006 도 2556.
2 대법원 2002. 10. 22, 2000 도 5461.
3 대법원 2015. 4. 23, 2015 도 2275.
4 임동규 559면.
5 김재환 712면; 백형구 474면; 신현주 624면; 이주원 562면; 임동규 564면.
6 日最決 1961. 5. 26[刑集 15 - 5, 893].
7 대법원 1998. 3. 13, 98 도 159.

의하여 필름이나 인화지에 남아 있는 과거의 역사적 사실에 대한 흔적이지 사람의 지각에 의한 진술이 아니므로 현장사진은 독립된 비진술증거라고 해석하는 견해이다. 이에 의하면 사진에 대하여는 전문법칙의 적용이 없는 것으로 된다. 대법원은 피해자의 상해 부위를 촬영한 사진은 전문법칙이 적용되지 않고,[1] 피고인이 사진영상은 증거동의하면서 조작된 것이라고 다투는 사진의 촬영일자가 나타난 부분은 전문증거로서 전문법칙이 적용된다고 판시하여 사진 자체는 비진술증거로 보고 있는 것으로 판단되고,[2] 실무도 비진술증거설의 입장이다.[3]

　　비진술증거설은 다시 ① 사진은 증거물로서 검증의 목적이 된다는 견해,[4] ② 비진술증거로서 관련성, 즉 현장의 정확한 영상이라는 사실이 입증되면 증거능력이 인정된다는 견해,[5] ③ 진술증거에서 나타나는 표현의 과정이 없으므로 전문법칙의 적용이 없다는 견해,[6] ④ 사진은 과학적 · 기계적 증거로서 전문법칙의 적용이 없다고 하는 견해[7] 등으로 나누어진다.

　　2) 진술증거설 및 검증조서유추설　　　　진술증거가 사람의 관찰 · 기억 · 표현을 [113]
통하여 사실을 보고하는 것이라면 사진은 기계의 힘에 의하여 사실을 재현하는 것이라는 점에서 양자는 사실의 보고라는 증거의 기능이 동일하므로 사진은 기록된 전문(recorded hearsay)으로 작성과정에 인위적인 수정의 위험이 있으므로 진술증거로서 전문법칙이 적용된다고 해석하는 견해[8]이다. 진술증거설에도 사진의 증거능력을 검증조서에 준하여 인정하는 견해와 촬영자의 지위에 따라 촬영자가 법관인 때에는 제311조, 수사기관인 때에는 제312조 6항(검증조서), 그 밖의 자인 때에는 진술서에 준하여 제313조 1항 · 2항을 각 적용하여 증거능력을 판단하여야 한다는 견해[9]가 있다.

　　현장사진은 비진술증거이지만 조작가능성 때문에 예외적으로 검증조서에 준

1　대법원 2007. 7. 26, 2007 도 3906.
2　대법원 1997. 9. 30, 97 도 1230. 일본 판례도 비진술증거라고 판시하고 있다(日最決 1984. 12. 21[刑集 38-2, 3071]).
3　사법연수원, 법원실무제요 형사 [I], 501면.
4　서일교 184면.
5　신양균/조기영 809면; 임동규 565면.
6　박찬걸 729면.
7　東京地決 1965. 2. 18[下刑集 7-2, 266]이 취한 태도이다.
8　이영란 785면; 정영석/이형국 359면.
9　이은모/김정환 707면.

하여 증거능력을 인정하여야 한다는 검증조서유추설도 있다.[1] 이 견해는 촬영자가 법관인 때에는 제311조, 수사기관인 때에는 제312조 6항, 그 밖의 자인 때에는 제312조 6항을 유추적용한다.

114   3) 비 판   현장사진은 사실을 보고한다는 기능면에서 진술증거와 동일하다고 해야 할 뿐만 아니라 촬영과 작성과정에 조작의 가능성이 있다는 것을 부정할 수 없고 또 그 위험은 사진기술의 발달에 따라 증가할 것으로 예상된다는 점에 비추어 현장사진을 사진의 기계적 정확성을 근거로 비진술증거라고 단정하여 전문법칙의 적용을 배제하는 것은 타당하다고 할 수 없다.[2] 따라서 현장사진은 현장검증과 같은 기능을 가지는 것으로 보아 전문법칙이 적용되지만, 촬영주체에 따라 법원의 경우는 제311조, 수사기관은 제312조 6항, 사인은 제313조 1항·2항에 따라 증거능력을 판단하여야 한다.[3] 다만, 촬영자가 진술할 수 없는 특별한 사정이 있는 때에는 제314조의 요건을 충족하는 때에 한하여 증거로 할 수 있다고 하겠다.

(5) 증거조사의 방법

115   증거물의 사본인 사진과 현장사진은 이를 제시하여 보여 주는 방법으로 증거조사를 해야 한다. 서증의 사본인 사진에 관하여는 내용의 고지가 필요하다(제292조 3항). 이에 반하여 진술의 일부인 사진은 낭독이나 내용의 고지에 의하여 증거조사를 할 수는 없으므로 소송관계인에게 제시하여 열람하게 하여야 한다(동조 제5항).[4]

---

1 신동운 1271면. 검증조서유사설이라고도 한다.

2 이재상(제 9 판), § 40/111. 그러나 사진의 경우에도 그 사진의 내용이 어떠한 사실의 주장을 포함하는 행동이나 진술을 담고 있는 경우에는 당연히 전문증거가 되지만, 사진에 담긴 내용의 존재 자체를 입증하기 위하여 제출되는 때에는 전문증거가 된다고 볼 수 없다. 이때 사진에 담긴 내용이 조작되었는지 여부는 사진촬영자의 성립 진정 진술에 의해서가 아니라, 과학적·객관적 방법으로 판독하여야 할 문제이다. 만약 사진촬영자가 해당 사진을 촬영한 동기에 문제가 있다면 그것은 사진 자체의 증거능력과는 별도로 사진의 증명력 판단을 위해서 촬영자를 증인으로 소환하여 입증할 문제인 것이다. 이런 점에서 현장사진은 비진술증거라고 할 것이다.

3 이재상(제 9 판), § 40/111에 「제312조 6항에 의하여 촬영자의 진술에 따라 진정하게 성립되었다는 것이 증명된 때에 한하여 증거능력이 인정된다고 해석해야 한다.」고 기술되어 있어, 촬영주체에 불문하고 제312조 6항을 적용한다고 이해할 여지가 있었다. 그러나 이재상, 형사소송법연습(제 7 판), 417면에 「현장사진은 진술증거이므로 검증조서에 준하여 증거능력이 인정되어야 하지만, 사인이 촬영한 사진에 대하여는 제313조의 요건이 충족되어야 한다」고 기술되어 있는 점을 고려하여 본문 내용을 보다 명확하게 기술하였다.

4 이주원 563면.

3. 녹음테이프의 증거능력

(1) 녹음테이프의 성격

녹음테이프($\binom{\text{디지털녹음기로 녹음한}}{\text{녹음파일도 포함한다}}$)는 사람의 음성과 기타 음향을 기계적 장치를   116
통하여 기록하여 재생할 수 있도록 한 것으로서, 기록과 재생능력의 기계적 · 과
학적 정확성이 인간의 지각과 기억능력을 초월할 뿐 아니라 수록된 음성은 살아
있는 음성으로서 법정에 제공된다는 점에서 사진과 함께 높은 증거가치를 가진
과학적 증거방법이라 할 수 있다. 그러나 녹음테이프에 있어서도 녹음자와 편집
자의 주관적 의도에 의하여 녹음과 편집이 조작될 위험성이 있다는 것을 부정할
수 없다. 여기에 녹음테이프의 증거능력이 형사증거법에서 새로운 문제로 다루어
져야 하는 이유가 있다.

녹음테이프의 증거능력은 진술녹음과 현장녹음의 경우를 나누어 살펴볼 필
요가 있다.

(2) 진술녹음의 증거능력

1) 전문법칙의 적용   녹음테이프에 사람의 진술이 녹음되어 있고 그 진술의   117
존재 자체가 아니라 진술내용의 진실성이 증명의 대상이 된 때에는 녹음테이프가
진술증거로 사용되는 것이며, 녹음테이프의 재생에 의하여 지각된 사람의 진술내
용에 대하여 반대신문이 보장되어 있지 않으므로 전문법칙이 적용된다는 점에 관
하여는 견해가 일치하고 있다. 이 경우 녹음주체와 원진술의 단계에 따라 제311
조 내지 제313조를 준용하여 증거능력을 판단하여야 한다.[1]

판례도 녹음테이프를 진술서($\binom{\text{진술자가}}{\text{녹음한 경우}}$) 또는 진술기재 서류($\binom{\text{진술자의 상대방}}{\text{이 녹음한 경우}}$)에
준하여 취급하고 있다. 즉 검사가 피의자와 대화하는 내용을 녹화한 비디오테이
프는 피의자신문조서에 준하여 증거능력을 가려야 하고,[2] 수사기관 아닌 사인이
다른 사람과의 대화내용을 녹화한 녹음테이프도 제313조 1항에 따라 증거능력이
인정되어야 한다고 판시하고 있다.[3]

2) 서명 · 날인의 요부 및 진정성   진술서의 증거능력을 인정하기 위하여는   118
진술자의 서명 또는 날인이 있을 것을 요하며($\binom{\text{제313조}}{\text{1항}}$), 피의자신문조서나 진술조서
의 증거능력을 인정함에 있어서도 진술자의 서명 · 날인을 전제로 한다. 녹음테이

---

1 김재환 715 – 716면; 손동권/신이철 663면; 신양균/조기영 805면; 이주원 565면.
2 대법원 1992. 6. 23, 92 도 682.
3 대법원 1997. 3. 28, 96 도 2417; 대법원 1999. 3. 9, 98 도 3169; 대법원 2005. 12. 23,
   2005 도 2945; 대법원 2008. 3. 13, 2007 도 10804.

프를 증거로 하기 위하여는 서명·날인을 필요로 하는가에 대하여 종래 견해가 대립되었으나, 판례[1]는 서명·날인이 필요하지 않다는 입장이었다(불요설). 그러나 형사소송법 개정으로 문자·사진·영상 등의 정보로서 컴퓨터용디스크, 그 밖에 이와 비슷한 정보저장매체에 저장된 것을 작성자 또는 진술자의 자필이나 그 서명·날인이 있는 진술서나 진술기재 서류와 같이 취급함으로써($\binom{제313조}{1항}$) 이러한 논의는 사실상 해결되었다고 할 것이다.

나아가 녹음테이프의 증거능력을 인정하기 위하여는 진정성이 인정되어야 한다. 판례는 녹음테이프가 대화내용을 녹음한 원본이거나 원본으로부터 복사한 사본($\binom{디지털녹음기로 녹음된 내용을}{CD로 복사한 경우도 포함된다}$)일 경우에는 복사과정에서 편집되는 등의 인위적 개작 없이 원본의 내용 그대로 복사된 사본임이 증명되면 증거능력을 인정할 수 있다고 한다. 녹취서(녹취록)가 증거로 제출된 경우에도 마찬가지로 녹음테이프에 대한 증거능력의 인정절차를 거쳐야 증거능력을 인정할 수 있다.[2] 이러한 증명은 녹음테이프의 생성과 전달 및 보관 등의 절차에 관하여한 사람의 증언이나 진술, 파일인 경우 원본이나 사본파일의 생성 직후의 해시값과의 비교, 녹음테이프에 대한 검증·감정결과 등 제반 사정을 종합하여 판단할 수 있다.[3]

119   **3) 비밀녹음의 증거능력**   통신비밀보호법은 전기통신을 감청하거나, 공개되지 아니한 타인 간의 대화를 녹음 또는 청취하는 것을 금지하고, 이를 공개하는 행위를 처벌하고 있다($\binom{통신비밀보호법}{제3조, 제16조}$). 따라서 수사기관에 의한 통신비밀보호법에 의한 절차를 밟지 않은 도청이나 비밀녹음은 물론, 사인이 타인 간의 대화를 도청하거나 비밀녹음하는 것은 허용되지 않으며, 그 증거능력을 부정해야 한다는 점에는 의문이 없다($\binom{통신비밀보호법}{제4조}$).[4] 문제는 대화당사자에 의한 비밀녹음의 결과가 증거로 사용될 수 있는가에 있다. 대법원은 대화당사자가 비밀녹음한 녹음테이프의 증거능력을 인정하고 있다.[5] 이에 관하여는 대화상대방의 프라이버시를 침해

---

1 대법원 2014. 8. 26, 2011 도 6035.

2 대법원 2005. 12. 23, 2005 도 2945; 대법원 2007. 3. 15, 2006 도 8869; 대법원 2008. 12. 24, 2008 도 9414; 대법원 2012. 9. 13, 2012 도 7461; 대법원 2014. 8. 26, 2011 도 6035.

3 대법원 2015. 1. 22(전원합의체판결), 2014 도 10978.

4 대법원 2001. 10. 9, 2001 도 3106.

5 대법원 1997. 3. 28, 96 도 2417; 대법원 1999. 3. 9, 98 도 3169; 대법원 2005. 2. 18, 2004 도 6323; 대법원 2006. 10. 12, 2006 도 4981; 대법원 2008. 7. 10, 2007 도 10755; 대법원 2019. 3. 14, 2015 도 1900.

한 것이 명백한 이상 증거능력을 부정해야 한다는 견해[1]와 대화당사자의 녹음과
제 3 자의 녹음은 구별해야 하므로 증거능력을 인정해야 한다는 견해[2]가 대립되
고 있다. 생각건대, 대화당사자 사이에는 프라이버시 보호의 필요성이 없거나 약
화되고 통신비밀보호법도 타인 간의 대화비밀만을 보호하고 있기 때문에 당사자
에 의한 공개는 현행법상 위법하다고 할 수 없는 점에 비추어, 비밀녹음한 녹음
테이프가 모두 증거능력이 없다고 해석하는 것은 타당하다고 할 수 없다.

> 판례는 몸싸움 과정에서 생긴 사물에서 발생하는 음향이나 사람의 비명은 타인 간의
> 대화에 해당하지는 않지만, 사생활 영역에 관계된 증거이므로 이를 형사절차에서 증
> 거를 사용할 수 있는지 여부는 개별적인 사안에서 효과적인 형사소추와 형사절차상
> 진실발견이라는 공익과 개인의 인격적 이익 등의 보호이익을 비교형량하여 결정하여
> 야 한다고[3] 판시하고 있다.[4] 독일의 통설은 비밀녹음은 인간의 가치를 보장하는
> 헌법규정에 반하여 개인의 privacy를 침해한 것이기 때문에 증거로 사용하는 것이
> 금지된다고 해석하고 있다.[5]

⑶ 현장녹음의 증거능력

현장녹음의 증거능력에 관하여는 현장사진의 경우와 같이 비진술증거설과   120
진술증거설이 대립되고 있다. **비진술증거설**은 녹음테이프는 비진술증거이므로 전
문법칙이 적용되지 않으며 따라서 관련성만 증명되면 증거능력이 인정된다고 한
다.[6] 이에 반하여 **진술증거설**은 녹음테이프도 진술증거이므로 전문법칙이 적용되

---

1 강동범, "녹음테이프의 증거능력," 형사판례연구 6, 474면.

2 이주원 567면.

3 대법원 2017. 3. 15, 2016 도 19843, 「법원이 그 비교형량을 함에 있어서는 증거수집 절차와
   관련된 모든 사정 즉, 사생활 내지 인격적 이익을 보호하여야 할 필요성 여부 및 그 정도,
   증거수집 과정에서 사생활 기타 인격적 이익을 침해하게 된 경위와 그 침해의 내용 및 정도,
   형사소추의 대상이 되는 범죄의 경중 및 성격, 피고인의 증거동의 여부 등을 전체적·종합적
   으로 고려하여야 하고, 단지 형사소추에 필요한 증거라는 사정만을 들어 곧바로 형사소송에
   서의 진실발견이라는 공익이 개인의 인격적 이익 등의 보호이익보다 우월한 것으로 섣불리
   단정하여서는 아니 된다.」

4 사생활 영역에 관계된 증거인 경우 적법하게 수집한 증거(대법원 2013. 11. 28, 2010 도
   12244. 전자우편)는 물론, 사인이 위법하게 수집한 증거(대법원 2008. 6. 26, 2008 도 1584.
   절취된 업무일지)인 경우에도 마찬가지로 공익과 사익을 비교형량하여 증거 사용 여부를 판
   단하여야 한다.

5 Boujong KK § 136 a, Rn. 25; Rogall SK § 136 a, Rn. 58; Roxin S. 191; Schäfer S. 280.

6 김재환 722면; 신현주 625면; 이주원 566면; 임동규 571면.

며 제311조 내지 제313조에 따라 증거능력이 인정될 수 있다고 해석한다.[1] 녹음
테이프는 비진술증거이지만 검증조서에 준하여 제311조 내지 제313조를 적용해
야 한다는 견해(검증조서유사설)[2]도 있다. 그러나 현장사진에서와 같이 비진술증거
라고 할 것이다.[3]

(4) 증거조사의 방법

121   형사소송법이 규정하고 있는 요지의 고지나 낭독 또는 제시의 방법에 의한
증거조사는 녹음테이프에 있어서는 불가능하다. 따라서 녹음테이프에 관하여는
테이프를 녹음재생기에 걸어 공판정에서 재현하거나 검증에 의하여 그 결과를 기
재하는 방법으로 조사하지 않을 수 없다(규칙 제134조
의8 제3항).

Ⅶ. 거짓말탐지기 검사결과의 증거능력

1. 거짓말탐지기의 의의

122   사람이 거짓말을 할 때에는 정신적·감정적 동요를 일으키게 되고 이에 따라
안색이 변하거나 호흡이나 맥박이 빨라지고 손에 땀이 나거나 입이 마르는 등 생
리적 변화와 신체적 반응을 야기하는 것이 보통이다. 거짓말탐지기의 검사결과란
피의자 등의 피검자에 대하여 피의사실과 관계있는 질문을 하여 진술하게 하고
그 때 피검자의 호흡·혈압·맥박·피부전기반사 등에 나타난 생리적 반응을 특
별한 과학적 기기인 거짓말탐지기(Lügendetektor, lie detector, polygraph)의 검사지
에 기록한 후, 이를 관찰·분석하여 피검자의 피의사실에 대한 진술의 허위나 피
의사실에 관한 인식의 유무를 판단하는 것을 말한다. 심리생리검사라고도 한다.

        거짓말탐지기는 과학수사기술의 발달에 따라 현재 우리나라에서도 본격적으
로 활용되고 있는 수사방법이다. 과학적 수사방법은 자백의 강요라는 전통적인
인권침해의 위험을 제거하는 데 공헌하였으나, 이로 인하여 인간의 존엄과 인격
권을 침해할 수 있는 새로운 길을 열었다고 할 수 있다. 거짓말탐지기의 검사는

---

1 손동권/신이철 666면; 신양균/조기영 806면; 이은모/김정환 713면.
2 백형구 강의, 684면.
3 이재상(제9판), § 40/111은 현장녹음의 경우에도 사실을 보고하는 성질을 가지고 있고 녹음
   과 편집과정에서의 조작의 위험성이 있다는 점에 비추어 진술증거설이 타당하다고 해야 한
   다고 한다.

바로 과학수사와 인권이 충돌하는 대표적인 경우이다.

2. 증거능력에 대한 견해의 대립

거짓말탐지기 검사결과의 증거능력을 인정할 것인가에 대하여는 견해가 대
립되고 있다.

(1) 부 정 설

거짓말탐지기 검사결과의 증거능력을 절대적으로 부정하는 견해이다. 다만   123
증거능력을 부정하는 이유를 설명하는 방법에는 태도가 일치하는 것이 아니다.

1) 인격침해를 이유로 증거능력을 부정하는 견해   거짓말탐지기에 의한 검사   124
는 인간의 인격을 침해하는 것이므로 허용될 수 없다는 견해[1]이다. 이에 의하면
피검자의 동의가 있는 경우에도 거짓말탐지기의 검사결과는 증거로 할 수 없는
결과가 된다.

> 독일의 통설이 기계에 의하여 인간심리를 검사하는 것은 인격에 대한 침해이며 인간
> 의 가치를 부정하는 것이므로 독일 형사소송법 제136조의 a에 규정된 금지된 신문방
> 법에 해당한다고 해석하고,[2] BGH의 판례도 「거짓말탐지기의 검사는 피의자의 의사
> 결정과 의사활동의 자유를 침해하는 것이므로 동의가 있는 경우에도 허용될 수 없
> 다」고 판시하고 있는 것은 이러한 이유에 근거한다고 할 수 있다.[3]

2) 신용성의 결여를 이유로 증거능력을 부정하는 견해   거짓말탐지기의 검사   125
결과는 최량의 조건에서도 증거로 허용될 수 있는 신빙성, 즉 자연적 관련성이
없기 때문에 증거능력을 배제하여 증거로 제출하는 것이 금지된다는 견해[4]이다.
즉 증거능력을 인정하기 위하여는 전문법칙과는 다른 측면에서 관련성의 법칙이
적용된다. 증거가 증명하려고 하는 사실에 대하여 필요한 최소한도의 증명력을
가지지 않은 때는 관련성이 없고, 관련성 없는 증거를 조사하는 것은 시간의 낭
비에 지나지 않으므로 증거능력이 부정되는데, 거짓말탐지기의 검사결과는 그 정

---

1 신동운 1347면; 이영란 794면.
2 Boujong KK § 136 a, Rn. 34; Gössel S. 191; Meyer-Goßner § 136 a, Rn. 24; Roxin S. 202;
   Schäfer S. 96; Peters S. 331, "Antwort auf Undeutsch," ZStW 87, 671.
3 BGHSt. 5, 332.
4 백형구 강의, 412면; 손동권/신이철 674면; 신양균/조기영 814면; 이은모/김정환 717면; 임동규
   580면; 박주봉, "거짓말탐지기 조사결과와 증거능력"(형사증거법 하)(재판자료 제23집), 491면.

확성을 신뢰할 수 없기 때문에 이러한 자연적 관련성을 인정할 수 없으므로 절대
적으로 증거능력을 부정해야 한다는 것이다.

(2) 긍정설

126 　　거짓말탐지기 검사결과는 피검자의 동의 또는 적극적인 요구가 있을 것을
요건으로 증거능력을 인정하는 견해[1]이다. 이 견해는 ① 피검자의 동의가 있는
때에는 인격의 침해가 있다고 볼 수 없고, ② 검사결과는 감정서의 성질을 가지
므로 동의가 있는 때에는 증거능력이 인정될 뿐 아니라, ③ 검사결과 피의자의
진술이 진실이라고 인정될 때에는 수사가 신속히 종결될 수 있으므로 동의가 있
으면 증거로 허용된다고 해야 한다는 점을 이유로 들고 있다.

3. 판례의 태도

127 　　대법원은 「거짓말탐지기의 검사결과에 대하여 증거능력을 인정할 수 있으려
면 ① 거짓말을 하면 반드시 일정한 심리상태의 변동이 일어나고, ② 그 심리상
태의 변동은 반드시 일정한 생리적 반응을 일으키며, ③ 그 생리적 반응에 의하
여 피검사자의 말이 거짓인지의 여부가 정확히 판정될 수 있다는 전제요건이 충
족되어야 하며, ④ 특히 생리적 반응에 대한 거짓 여부의 판정은 거짓말탐지기가
위 생리적 반응을 정확히 측정할 수 있는 장치이어야 하고, ⑤ 검사자가 탐지기
의 측정내용을 객관성 있고 정확하게 판독할 능력을 갖춘 경우라야 그 정확성을
담보할 수 있어 증거능력을 부여할 것이다」라고 판시하고 있다.[2] 정확성을 담보
할 수 있는 예외적인 경우에만 검사결과의 증거능력을 긍정하는 것이 대법원의
일관된 태도라고 할 수 있다.[3]

> 한편 대법원은 거짓말탐지기의 검사결과가 위에서 들고 있는 요건을 갖추어 증거능
> 력이 인정되는 경우라 할지라도 그 검사, 즉 감정의 결과는 검사를 받는 사람의 신
> 빙성을 가늠하는 정황증거로서의 기능을 다하는 데 그친다고 한다(대법원 1984. 2. 14, 83
> 도 3146; 대법원 1987.
> 7. 21, 87 도 968; 대법원
> 2017. 1. 25, 2016 도 15526).

---

1 김재환 727면.

2 대법원 1983. 9. 13, 83 도 712; 대법원 1986. 11. 25, 85 도 2208; 대법원 1987. 7. 21, 87 도
   968; 대법원 2005. 5. 26, 2005 도 130.

3 대법원 1983. 11. 22, 82 도 2087; 대법원 1985. 4. 9, 84 도 2277; 대법원 1985. 9. 24, 85 도
   306; 대법원 1986. 11. 25, 85 도 2208.

4. 검사결과의 증거능력

피검자의 동의 없이 강제에 의하여 행한 검사결과가 증거능력이 없다는 점　128
에는 의문이 없다. 문제는 동의에 의한 거짓말탐지기 검사결과의 증거능력을 인
정할 수 있는가에 있다. 먼저 거짓말탐지기에 의한 생리적·심리적 반응의 검사
는 일반적으로 나타나는 정상적인 신체작용을 검사하는 것에 지나지 않고 신체를
침해하는 것은 아니므로,[1] 인격침해 내지 인간의 가치에 대한 침해를 이유로 동
의가 있는 경우에도 검사결과의 증거능력을 인정할 수 없다는 견해는 타당하다고
할 수 없다. 즉 거짓말탐지기의 검사를 마취분석이나 체내검사와 같이 평가할 수
는 없다. 여기서 거짓말탐지기 검사결과의 증거능력을 판단하기 위하여는 거짓말
탐지기에 의한 검사와 진술거부권의 관계, 전문법칙과의 관계 및 관련성의 문제
를 살펴볼 필요가 있다.

(1) 거짓말탐지기의 검사와 진술거부권

거짓말탐지기의 검사가 진술거부권의 침해에 해당하는가에 대하여는 ① 피　129
검자가 반드시 답변할 필요도 없고 답변한 경우에도 이를 진술증거로 사용하는
것이 아니라 그 때의 생리적 변화를 증거로 하기 위한 비진술증거이므로 진술거
부권의 침해가 문제되지 않는다는 **부정설**과, ② 생리적 변화는 질문에 대응하여
의미를 가지는 진술증거이며 협의의 진술뿐만 아니라 일체의 의사전달작용이 진
술거부권의 보호를 받아야 한다는 이유로 진술거부권이 미친다고 해석하는 **긍정
설**이 대립되고 있다. 그러나 부정설이 생리검사는 피검자의 동의가 없으면 허용
되지 않는다고 해석하고, 긍정설도 진술거부권의 진지한 포기가 있는 때에는 증
거로 할 수 있다고 하므로 실질적인 차이는 없다고 보아야 한다. 이러한 의미에
서 피검자의 동의가 있는 때에는 거짓말탐지기의 검사를 진술거부권의 침해라고
할 수 없다는 결론이 된다.

(2) 검사결과와 전문법칙

검사결과가 전문증거에 해당하는가의 문제는 이를 진술증거로 볼 것인가와　130
깊은 관계를 가진다. 그러나 검사보고서는 전문지식을 가진 기술자가 검사기록을
분석한 보고서이므로 실질적으로는 감정서로서의 성질을 가진다고 해야 한다. 따
라서 전문법칙과의 관계에서도 동의에 의한 검사결과는 형사소송법 제313조 3항

1　Undeutsch ZStW 87, 659.

의 요건을 충족하면 증거능력을 가진다고 하지 않을 수 없다.

(3) 검사결과와 자연적 관련성

131   거짓말탐지기의 검사결과가 감정서로서 증거능력을 인정받기 위하여는 증거
로 사용함에 필요한 최소한도의 신용성을 가지지 않으면 안 된다. 따라서 검사결
과의 증거능력을 인정할 것인가에 대하여 가장 중요한 의미를 가지는 문제가 바
로 관련성의 문제라고 할 수 있다.

검사결과의 신빙성에 대하여 긍정적인 조사결과가 나타나고 있는 것은 사실
이다.[1] 그러나 거짓말탐지기의 검사결과는 다른 감정결과에 비하여 그 정확성과
신뢰성이 현저히 떨어진다는 점을 주의할 필요가 있다.[2] 그것은 ① 거짓말의 징
후를 알리는 독특한 생리적 반응이 아직 특정되지 않았고, ② 검사에 의하여 나
타난 거짓말의 징후는 문화적 배경이나 피검자의 정신상태 또는 진정제 복용 기
타 검사를 실시하는 물리적 상황 등 다른 요인에 의하여도 일어날 수 있으며, ③
피검자에 따라서는 생리적 반응을 조작하여 거짓말탐지기를 이길 수 있는 가능성
이 있고, ④ 검사에 포함된 사건의 성질과 복잡도에 따라 검사가 달라질 수 있으
며, ⑤ 피검자가 범행 이외에 신문보도 등으로 알게 된 지식에 의하여도 같은 반
응이 일어날 수 있을 뿐만 아니라, ⑥ 검사자의 질문방법에 따라 다른 반응이 나
타나게 되고, ⑦ 검사결과의 판단도 검사자에 따라 차이가 날 수 있다는 점에 이
유가 있다.[3] 이러한 의미에서 거짓말탐지기의 검사결과는 기계와 기술의 정확성
에 대한 일반적 신뢰성과 검사자에 대한 개별적 신뢰성이 인정될 수 없으므로 증
거로 할 수 없다고 해석하지 않을 수 없다.

(4) 검사결과와 탄핵증거

132   대법원은 증거능력이 인정되는 경우에도 검사결과는 진술의 신빙성을 가늠
하는 정황증거가 될 수 있을 뿐이라고 하고 있다.[4] 검사결과의 정확성과 신빙성
이 인정되는 경우에 비로소 진술의 신빙성을 판단하는 자료가 될 수 있다는 취지
라고 할 수 있다. 따라서 검사결과를 탄핵증거로 사용하기 위하여도 관련성이 인

---

1 미국에서는 검사결과의 92-100%가 정확하다는 보고가 있으며(McCormick p. 319; Undeutsch
   ZStW 87, 660), 일본에서도 93% 정도가 수사결과와 일치한다는 통계가 있다(內藤丈夫, 証拠
   法大系 Ⅱ, 209頁).

2 McCormick p. 312; Rothstein p. 20.

3 박주봉, 앞의 논문, 488-90면.

4 대법원 1984. 2. 14, 83 도 3146.

정될 것을 전제로 하는 것은 당연하다.

5. 관련문제

(1) 거짓말탐지기의 사용문제

거짓말탐지기의 증거능력을 부정하는 경우에 수사기관에서 수사를 위하여 **133**
이를 사용하는 것을 허용할 것인가가 문제된다. 그러나 검사결과의 증거능력을
부정하는 것은 이를 증거로 제출하여 유죄인정의 자료로 할 수 없다는 의미임에
비추어 수사기관이 피검자의 진술의 진실성을 확인하기 위하여 검사자의 요구 또
는 동의에 의하여 거짓말탐지기를 사용하는 것을 금지해야 할 이유는 없다고 생
각된다.[1]

(2) 거짓말탐지기의 검사결과로 얻은 자백의 증거능력

거짓말탐지기의 검사에 의하여 얻은 자백의 증거능력을 인정할 것인가는 제 **134**
309조의 문제로 해결해야 한다. 강제에 의한 검사는 임의성에 의심 있는 자백으
로 증거능력을 부정해야 한다. 거짓말탐지기를 사용하여 얻어진 자백의 증거능력
은 부인해야 한다는 견해[2]도 있으나, 피검자의 동의가 있는 경우에는 증거능력
을 부정할 수는 없다고 하겠다.

제 6 절　당사자의 동의와 증거능력　　§48

I. 동의의 의의와 성질

1. 동의의 의의

검사와 피고인이 증거로 할 수 있음을 동의한 서류 또는 물건은 진정한 것 **1**
으로 인정한 때에는 증거로 할 수 있다(제318조 1항). 전문법칙에 의하여 증거능력이 없
는 증거라 할지라도 당사자가 동의한 때에는 증거로 할 수 있도록 하여 불필요한
증인신문을 회피하는 것이 재판의 신속과 소송경제에 부합한다는 점을 고려한 것

1　백형구 강의, 411면; 이영란 795면; 이은모/김정환 717면.
2　신동운 1349면; 이영란 795면.

이라고 할 수 있다. 이와 같이 동의는 입증절차에 있어서 당사자주의의 이념을
구현한 당사자처분권주의적 색채가 강한 소송행위이다. 그러나 형사소송법은 당
사자의 타협에 의한 당사자처분권주의를 인정하지 않는다. 따라서 당사자의 동의
가 있다고 하여 바로 증거능력이 인정되는 것이 아니라 법원이 진정하다고 인정
한 때에 한하여 증거로 할 수 있도록 하고 있다. 즉 동의는 증거능력발생의 전제
조건에 불과하고 법원의 진정성의 인정에 의하여 비로소 증거능력이 인정된다.
이러한 의미에서 증거로 함에 대한 당사자의 동의에 있어서도 당사자주의와 직권
주의가 조화를 이루고 있다고 할 수 있다.

2. 동의의 본질

2   증거로 함에 대한 당사자의 동의는 형식적으로는 증거능력 없는 증거에 대
하여 증거능력을 부여하기 위한 당사자의 소송행위라고 할 수 있다. 동의의 본질
이 무엇인가에 대하여는 학설이 대립되고 있다.

(1) 처분권설

동의의 대상을 서류 또는 물건이라고 규정하고 있는 점에서 보아 동의는 반
대신문권의 포기에 그치는 것이 아니라 모든 증거능력의 제한은 동의를 해제조건
으로 하는 것이고, 따라서 증거의 증거능력에 대한 당사자의 처분권을 인정하는
것이라고 보아야 한다는 견해이다.[1] 동의를 그 증거의 증거능력과 증명력을 다
툴 권리를 포기하는 것이라고 해석하는 권리포기설[2]도 같은 입장이라고 할 수
있다. 이에 의하면 전문증거뿐만 아니라 위법한 절차에 의하여 수집된 증거 등
모든 증거물이 동의의 대상이 된다.

(2) 반대신문권 포기설

동의가 실질적으로 반대신문권의 포기를 의미하는 것이라고 해석하는 견해
이다. 통설의 태도이다.[3] 이에 의하면 반대신문권과 관계없는 것은 당사자의 동
의가 있더라도 증거로 할 수 없게 된다.[4]

---

1 신현주 656면.
2 김재환 732면; 백형구 475면, 강의 655면.
3 이영란 797면; 이은모/김정환 721면; 임동규 587면; 차용석/최용성 625면.
4 이런 점에서 피고인의 진술이 기재된 피의자신문조서나 증거물의 경우는 직접심리주의의 예외
   로 설명하는 견해(병합설)도 있다(이창현 986면; 정웅석/최창호/김한균 709면).

(3) 비   판

증거로 함에 대한 당사자의 동의는 ① 본래 증거능력이 없는 전문증거에 대   3
하여 증거능력을 부여하는 소송행위를 의미하며 전문법칙의 주된 이유가 반대신
문권의 보장에 있고 반대신문권도 포기할 수 없는 권리는 아니며, ② 모든 증거
물이 동의의 대상이 된다고 하는 것은 증거에 대한 당사자처분권주의를 인정하는
결과가 된다는 점에서 볼 때 동의의 본질이 반대신문권의 포기에 있다고 하는 통
설이 타당하다.[1] 따라서 동의에 의하여 증거능력이 인정되는 것은 반대신문권의
보장과 관련된 증거여야 하며, 임의성 없는 자백은 물론 위법하게 수집된 증거는
동의의 대상이 될 수 없다.[2]

3. 동의와 전문법칙

당사자의 동의가 전문증거에 대하여만 적용된다고 해석하는 경우에도 전문   4
법칙과 동의와의 관계에 대하여는 제318조가 전문법칙의 예외를 규정한 것이라
고 해석하는 **전문법칙예외설**[3]과 전문법칙의 적용이 배제되는 경우를 규정한 것이
라고 해석하는 **전문법칙 부적용설**[4]이 대립하고 있다. 전문법칙의 예외라고 보는
견해는 제318조의 진정성이 신용성과 같은 의미에 불과하다는 것을 이유로 한다.
대법원도 이를 전문법칙의 예외에 관한 규정이라고 판시하고 있다.[5] 그러나 제
318조는 ① 전문법칙에 의하여 증거능력이 배제되고 제311조 내지 제316조에도
해당하지 않기 때문에 증거능력 없는 증거가 증거능력을 부여받는 경우이며, ②
전문법칙의 예외이론인 신용성을 이유로 증거능력이 인정되는 것이 아니라 입증
절차에 당사자주의의 이념이 구현된 것에 지나지 않으므로 전문법칙이 적용되지
않는 경우라고 해석하는 다수설이 타당하다고 생각한다.

---

1 대법원 1983. 3. 8, 82 도 2873.

2 손동권/신이철 642면; 차용석/최용성 625면.

3 백형구 강의, 653면; 차용석/최용성 624면.

4 김재환 733면; 신동운 1283면; 신양균 900면; 이영란 796면; 이주원 577면; 임동규 588면; 정
   웅석/최창호/김한균 710면.

5 대법원 1983. 3. 8, 82 도 2873, 「형사소송법 제318조 제 1 항은 전문증거금지의 원칙에 대한
   예외로서 반대신문권을 포기하겠다는 피고인의 의사표시에 의하여 서류 또는 물건의 증거능
   력을 부여하려는 규정이다.」

Ⅱ. 동의의 방법

1. 동의의 주체와 상대방

(1) 동의의 주체

5   동의의 주체는 당사자, 즉 검사와 피고인이다. 일방당사자가 신청한 증거에 대하여는 상대방의 동의가 있으면 된다.[1] 이에 반하여 법원에서 직권으로 수집한 증거에 대하여는 양 당사자의 동의가 있어야 한다.

6   피고인의 동의가 있는 경우에는 별도로 변호인의 동의를 요하지 않는다. 그러나 변호인에게는 포괄대리권이 인정되고 있으므로 변호인도 동의할 수 있다고 해야 한다. 변호인의 동의권은 종속대리권이므로 적어도 피고인의 묵시의 동의 또는 추인을 요한다. 따라서 변호인이 피고인의 의사에 반하여 동의한 경우에는 동의의 효력이 없으며, 변호인의 동의에 대하여 피고인이 즉시 이의하거나 취소한 때에는 피고인이 동의한 것과 같은 효과는 발생하지 않는다. 이에 반하여 피고인의 동의를 변호인이 취소할 수는 없고,[2] 피고인의 부동의를 변호인이 번복하여 동의하더라도 특별한 사정이 없는 한 효력이 없다.[3] 피고인이 변호인과 함께 출석한 공판기일의 공판조서에 검사가 제출한 증거에 대하여 동의한다는 기재가 되어 있다면 이는 피고인이 증거동의를 한 것으로 보아야 한다.[4]

판례는 변호인이 피고인의 명시의 의사에 반하지 않는 한 피고인을 대리하여 동의할 수 있다고 판시하고 있다(대법원 1988. 11. 8, 88 도 1628; 대법원 1999. 8. 20, 99 도 2029).[5] 변호인의 동의권을 독립대리권으로 이해한 결과라고 할 수 있다.

(2) 동의의 상대방

7   동의의 상대방은 법원이어야 한다. 동의의 본질은 반대신문권의 포기이며 증거능력 없는 증거에 대하여 증거능력을 부여하는 의사표시이기 때문이다. 따라서 반대당사자, 특히 검사에 대한 증거의 동의는 동의로서의 효력이 없다.

---

1 피고인 또는 변호인이 제출한 서류는 검사의 원용(동의)이 있으면 그 서증을 유죄의 증거로 사용할 수 있다(대법원 2017. 9. 21, 2015 도 12400).
2 임동규 589면; 차용석/최용성 627면.
  신동운 1287면; 이영란 799면은 피고인이 중대한 착오에 의하여 증거동의를 한 때에는 변호인이 이를 취소할 수 있다고 한다
3 대법원 2013. 3. 28, 2013 도 3.
4 대법원 2016. 3. 10, 2015 도 19139.
5 사법연수원, 법원실무제요 형사 [I], 510면.

2. 동의의 대상

(1) 서류 또는 물건

1) 서   류   형사소송법은 동의의 대상으로 서류 또는 물건을 규정하고 있   8
다. 그러나 동의가 반대신문권의 포기를 의미하므로 서류 이외에 전문증거가 되
는 진술도 동의의 대상에 포함된다.[1] 서류에 관하여는 공동피고인 또는 상피의
자에 대한 피의자신문조서[2]뿐만 아니라, 진술조서[3]는 물론 조서나 서류의 사
본[4]과 사진,[5] 진술 내용의 속기록,[6] 대화내용이 녹음된 보이스펜[7]도 또한 동의
의 대상이 된다. 검사가 작성한 피고인에 대한 피의자신문조서도 피고인이 동의
한 때에는 성립의 진정과 특신상태를 조사할 필요가 없다는 점에서 동의의 대상
이 된다.[8] 조서의 일부에 대한 동의도 가능하다.[9]

2) 물   건   물건, 즉 증거물이 동의의 대상이 되는가에 대하여는 이를 포   9
함한다고 해석하는 **적극설**[10]과 증거물은 동의의 대상이 되지 않는다는 **소극설**[11]이
대립되고 있다. 생각건대 증거물은 반대신문과 관계없는 증거이고 물적 증거의
증거능력에는 전문법칙의 제한이 없으므로 동의의 대상이 되지 않는다고 해석하
는 것이 타당하다. 실무상으로는 물건도 동의의 대상으로 다루고 있다.[12]

(2) 증거능력 없는 증거

동의의 대상이 되는 것은 증거능력 없는 증거에 한한다. 이미 증거능력이 인   10
정된 증거, 예컨대 피고인이 성립의 진정을 인정한 검사 작성의 피고인에 대한

---

1 대법원 1983. 9. 27, 83 도 516; 대법원 2019. 11. 14, 2019 도 11552.
2 대법원 1982. 9. 14, 82 도 1000.
3 대법원 1972. 9. 26, 72 도 1556; 대법원 1990. 6. 26, 90 도 827; 대법원 1999. 10. 22, 99 도
   3273.
4 대법원 1986. 5. 27, 86 도 593; 대법원 1986. 7. 8, 86 도 893; 대법원 1996. 1. 26, 95 도
   2526.
5 대법원 1969. 8. 19, 69 도 938.
6 대법원 2022. 4. 14, 2021 도 14616(성폭력 피해자의 진술 영상물은 위헌결정으로 증거능력
   이 없더라도 증거능력의 차이를 둘 수 있는 특별한 사정이 있으면 동의한 진술 내용 속기록
   은 증거능력을 인정할 수 있다고 사례).
7 대법원 2008. 3. 13, 2007 도 10804.
8 대법원 1965. 7. 20, 65 도 453.
9 대법원 1990. 7. 24, 90 도 1303.
10 김재환 737면; 백형구 강의, 656면; 신동운 1285면; 신현주 656면; 이주원 579면; 이창현 992면.
11 손동권/신이철 645면; 이영란 800면; 이은모/김정환 724면; 임동규 590면; 차용석/최용성 625면.
12 사법연수원, 법원실무요 형사 [Ⅱ], 142면.

피의자신문조서는 동의 여부에 불구하고 증거로 삼을 수 있으므로 동의의 대상이 되지 않는다.[1]

11   판례는 유죄증거에 대하여 반대증거로 제출된 서류는 성립의 진정이 증명되지 않거나 동의가 없어도 증거판단의 자료로 삼을 수 있으므로 동의의 대상이 되지 않는다고 한다.[2] 그러나 반증은 증거능력 있는 증거에 의할 것을 요하므로 동의의 대상이 된다고 해야 한다.

3. 동의의 시기와 방식

(1) 동의의 시기

12   동의는 원칙적으로 증거조사 전에 하여야 한다. 동의가 증거능력의 요건이고 증거능력 없는 증거에 대한 증거조사는 허용되지 않기 때문이다. 그러나 증거조사 후에 동의가 있는 때에도 그 하자가 치유되어 증거능력이 소급적으로 인정된다고 하는 것이 타당하다.[3] 이 경우의 사후동의는 변론종결 시까지 가능하다고 해야 한다. 동의는 반드시 공판기일에서 할 것을 요하지 않고 공판준비기일에서 하더라도 관계없다.

(2) 동의의 방식

13   통설은 동의가 증거능력을 부여하는 중요한 소송행위라는 이유로 동의는 적극적으로 명시되지 않으면 안 된다고 해석하고 있다.[4] 이에 의하면 반드시 동의임을 명시할 필요는 없지만 증거조사에 대하여 이의를 하지 않은 것만으로는 부족하고, 적어도 반대신문권을 포기하는 의사 또는 증거능력을 부여하는 의사가 표현될 것을 요한다고 한다. 그러나 동의임을 명시할 필요가 없다는 의미에서는 동의는 명시적일 것을 요하지 않고 묵시의 동의로 충분하다고 하는 것이 타당하다.[5] 즉 동의는 동의임을 명시할 것을 요하지 않고 피고인의 발언태도에 비추어 반대신문권을 포기하였다고 해석할 수 있는 정도이면 충분하다고 해야 한다.

---

1 대법원 1968. 12. 6, 67 도 657.

2 대법원 1972. 1. 31, 71 도 2060; 대법원 1981. 12. 22, 80 도 1547.

3 김재환 737면; 신동운 1288면; 신현주 657면; 이영란 800면; 이은모/김정환 724면; 임동규 590면.

4 § 54/15; 백형구 강의, 657면; 신동운 1288면; 신현주 658면; 이영란 801면; 이은모/김정환 724면; 정승환 § 53/15.

5 임동규 591면. 묵시적으로도 가능하지만 발언태도만으로는 부족하다는 견해(이창현 994면)도 있다.

대법원은 피고인의 공판정에서의 진술과 부합하는 피고인 아닌 자의 진술조서($\binom{대법원}{1972.}$
$\binom{6.\ 13,\ 72}{도\ 922}$)나, 피고인이 신청한 증인의 전문진술($\binom{대법원\ 1983.\ 9.\ 27,}{83\ 도\ 516}$)에 대하여 이견이 없다
고 진술하였다면 이는 증거로 함에 동의한 것으로 볼 수 있다고 판시하였다. 그러나
법정증언에 대하여 별 의견이 없다고 진술하였더라도 검사가 신청한 증인의 진술이 피
고인의 부인진술과 상반된 내용이라면 동의한 것으로 볼 수 없고($\binom{대법원\ 2019.\ 11.\ 14,}{2019\ 도\ 11552}$),
사법경찰관 작성 피의자신문조서에 대하여 증거목록에 동의라고 기재되어 있더라도
피고인이 법정에서 공소사실을 부인하였다면 이는 착오 기재이거나 잘못 정리한 것
이므로 증거능력을 인정할 수 없다($\binom{대법원\ 2001.\ 9.\ 28,\ 2001\ 도\ 3997;\ 대법원\ 2017.\ 5.\ 17,}{2017\ 도\ 1132;\ 대법원\ 2022.\ 7.\ 28,\ 2020\ 도\ 15669}$)고 판시
하였다.

동의의 의사표시는 개개의 증거에 대하여 하여야 하며 포괄적 증거동의는   14
허용되지 않는다는 견해[1]도 있다. 그러나 개개의 증거에 대하여 동의하지 않고
검사가 제시한 모든 증거에 대하여 동의하였다고 하여 동의의 효력을 부정해야
할 이유는 없다[2]고 생각된다.[3]

Ⅲ. 동의의 의제

1. 피고인의 불출석

피고인의 출정 없이 증거조사를 할 수 있는 경우에 피고인이 출정하지 아니한   15
때에는 피고인의 대리인 또는 변호인이 출정한 때를 제외하고 피고인이 증거로 함
에 동의한 것으로 간주한다($\binom{제318조}{2항}$). 피고인이 불출정한 경우에 전문증거의 증거
능력을 결정하지 못하여 소송이 지연되는 것을 방지하기 위하여 경미사건에 한하
여 동의를 의제하는 것이다. 피고인이 법인인 경우에 대리인이 출석하지 아니한
때($\binom{제276조}{단서}$)와 경미사건과 공소기각 또는 면소의 재판을 할 것이 명백한 사건에 피고
인이 출석하지 아니한 때($\binom{제277}{조}$)가 여기에 해당한다는 점에 대하여는 의문이 없다.

문제는 피고인이 재판장의 허가 없이 퇴정하거나, 재판장의 퇴정명령에 의하   16
여 출석하지 않은 때($\binom{제330조,\ 제365조,}{제438조\ 2항·3항}$)에도 동의가 의제될 것인가에 있다. **부정설**은

---

1 신동운 1289면; 신양균/조기영 904면; 신현주 658면; 이영란 801면; 정승환 § 53/16.

2 대법원 1983. 3. 8, 82 도 2873.

3 이주원 580면; 이창현 994면.

① 동의의 의제는 소송진행의 편의를 위한 것이지 불출석에 대한 제재는 아니며, ② 이 때 모든 증거가 제출되면 그대로 증거능력이 인정되는 부당한 결과를 초래하며, ③ 피고인의 권리행사에 대한 의사를 인정해야 한다는 이유로 동의가 의제될 수 없다고 해석하고 있다.[1] 그러나 피고인이 출석하지 않거나 허가 없이 퇴정한 때에는 반대신문권을 포기한 것으로 볼 수 있으므로 동의를 의제할 수 있으나, 퇴정명령에 의하여 출석하지 아니한 때에는 동의를 의제하여서는 안 된다고 해석하는 **제한적 긍정설**[2]이 타당하다고 하겠다.[3] 판례도 피고인과 변호인이 출석하지 않은 상태에서 증거조사를 할 수밖에 없는 경우에는 동의가 있는 것으로 간주된다고 하고 있다.[4]

17   소송촉진 등에 관한 특례법 제23조에 의하여 피고인의 진술 없이 재판할 경우에 동의가 의제되는가에 대하여 대법원은 이를 긍정하고 있다.[5] 그러나 이 경우에도 피고인은 반대신문권을 포기한 것이라고 할 수 없으므로 동의를 의제해서는 안 된다고 해야 한다.

2. 간이공판절차에서의 특칙

18   간이공판절차의 결정($\frac{제286조}{의2}$)이 있는 사건의 증거에 관하여는 전문증거에 대하여도 동의가 있는 것으로 간주한다. 다만, 검사·피고인 또는 변호인이 증거로 함에 이의가 있는 때에는 그러하지 아니하다($\frac{제318조}{의3}$). 간이공판절차에 있어서 피고인이 공소사실에 대하여 자백한 이상 증거에 대한 반대신문권도 포기한 것으로 보아야 한다는 취지에서 인정된 특례이다. 다만, 간이공판절차에서의 특칙은 당사자 또는 변호인의 반대의사가 있는 경우에는 적용될 수 없다.

약식명령에 불복하여 정식재판을 청구한 피고인이 2회 불출정하여 피고인의 출정 없이 증거조사를 하는 경우($\frac{제458조 2}{항, 제365조}$)에도 증거동의가 간주된다.[6]

---

1 백형구 478면, 강의 658면; 신동운 1297면; 이영란 802면; 이주원 582면.

2 손동권/신이철 648면; 차용석/최용성 627면.

3 귀책사유로 인한 퇴정명령에 의하여 출석하지 아니한 때에도 동의가 의제된다는 **긍정설**도 있다 (임동규 592면).

4 대법원 1991. 6. 28, 91 도 865.

5 대법원 2011. 3. 10, 2010 도 15977.

6 대법원 2010. 7. 15, 2007 도 5776, 「형사소송법 제458조 제 2 항, 제365조는 피고인이 출정을 하지 않음으로써 본안에 대한 변론권을 포기한 것으로 보는 일종의 제재적 규정으로, 이와 같은 경우 피고인의 출정 없이도 심리, 판결할 수 있고 공판심리의 일환으로 증거조사가

Ⅳ. 동의의 효과

1. 전문증거의 증거능력

(1) 증거능력의 인정

당사자가 동의한 서류 또는 물건은 제311조 내지 제316조의 요건을 갖추지 19
않은 때에도 진정성이 인정되면 증거능력이 부여된다. 동의를 한 당사자가 동의
한 증거의 증명력을 다툴 수 있는가에 대하여 동의한 후에 증명력을 따지는 것을
허용하는 것은 불필요한 절차의 지연을 초래한다는 이유로 부정하는 견해[1]도 있
다. 그러나 증거능력과 증명력은 구별되는 것이고 반대신문권은 증명력을 다투는
권리와는 다른 것이므로 반대신문 이외의 방법으로 증명력을 다투는 것은 허용된
다고 해야 한다. 다만, 동의의 본질은 반대신문권의 포기에 있으므로 증거의 증
명력을 다투기 위하여 원진술자를 증인으로 신청하는 것은 허용되지 않는다. 당
사자가 동의한 후에 법원이 진정성을 조사하기 위하여 원진술자를 증인으로 신문
하는 경우에도 동의한 당사자는 반대신문을 할 수 없다.[2]

(2) 동의의 효력이 미치는 범위

1) **물적 범위**   동의의 효력은 원칙적으로 동의의 대상으로 특정된 서류 또 20
는 물건의 전체에 미치며, 일부에 대한 동의는 허용되지 않는다. 다만, 동의한 서
류 또는 물건의 내용이 가분인 때에는 그 일부에 대하여도 동의할 수 있다.[3]

2) **인적 범위**   피고인이 수인인 경우에 피고인은 각자가 독립하여 반대신문 21
권을 가지므로 동의의 효력은 동의한 피고인에게만 미치고 다른 피고인에게는 미

　　행해지게 마련이어서 피고인이 출석하지 아니한 상태에서 증거조사를 할 수밖에 없는 경우
　　에는 제318조 2항의 규정상 피고인의 진의와는 관계없이 같은 조 제1항의 동의가 있는 것
　　으로 간주하게 되어 있는 점, 제318조 제2항의 입법 취지가 재판의 필요성 및 신속성 즉,
　　피고인의 불출정으로 인한 소송행위의 지연 방지 내지 피고인 불출정의 경우 전문증거의 증
　　거능력을 결정하지 못함에 따른 소송지연 방지에 있는 점 등에 비추어, 약식명령에 불복하여
　　정식재판을 청구한 피고인이 정식재판절차에서 2회 불출정하여 법원이 피고인의 출정 없이
　　증거조사를 하는 경우에 제318조 제2항에 따른 피고인의 증거동의가 간주된다.」
1 백형구 481면, 강의 659면; 정영석/이형국 368면.
2 백형구 강의, 659면; 손동권/신이철 649면; 신동운 1292면; 이영란 805면; 이주원 583면; 임동규
　　595면; 정웅석/최창호/김한균 717면.
3 대법원 1984. 10. 10, 84 도 1552, 「검사작성의 피고인 아닌 자에 대한 진술조서에 관하여
　　피고인이 공판정 진술과 배치되는 부분은 부동의한다고 진술한 것은 조서내용의 특정부분에
　　대하여 증거로 함에 동의한다는 특별한 사정이 있는 때와는 달리 그 조서를 증거로 함에 동
　　의하지 아니한다는 취지로 해석하여야 한다.」

치지 않는다. 따라서 공동피고인 중의 1인이 동의한 경우에도 다른 공동피고인에
대하여는 동의의 효력이 미치지 않는다.

22　　　3) 시간적 범위　　　동의의 효력은 공판절차의 갱신이 있거나 심급을 달리한다
고 하여 소멸되지 않는다.[1] 그러나 제 1 심의 공시송달에 의한 불출석재판이 위
법하다면 항소심으로서는 제 1 심의 증거동의 간주를 그대로 활용할 수 없다.[2]

2. 진정성의 조사

23　　　당사자가 증거로 함에 동의한 경우에도 법원이 진정한 것으로 인정한 때에
한하여 증거로 할 수 있다. 진정성의 의미에 관하여는 이를 순수히 증거의 증명
력을 의미하는 것이라고 보는 견해[3]나 서류나 물건이 위·변조 또는 변형이 없
었음을 의미하는 것이라고 보는 견해[4]도 있다. 그러나 진정성은 증거능력의 요
건이므로 증명력과는 구별되어야 한다. 여기서 진정성이란 서류에 서명·날인이
없거나 서류의 기재내용이 진술과 상이한 경우 또는 진술내용이 진실과 다른 경
우와 같이 신용성을 의심스럽게 하는 유형적 상황이 없는 것을 의미한다.[5] 다만,
진정성의 조사에 있어서 증거의 내용을 검토해야 한다는 것을 부정할 수는 없다.
진정성은 증거능력의 요건에 불과하므로 제반 사정을 참작하여[6] 자유로운 증명
에 의하여 인정하면 충분하다.

V. 동의의 철회와 취소

1. 동의의 철회

24　　　동의는 절차형성행위이므로 절차의 안정성을 해하지 않는 범위에서는 철회
가 허용된다는 점에 견해가 일치하고 있다. 다만 언제까지 철회가 허용되는가에
대하여는 증거조사시행 전까지 가능하다는 견해,[7] 증거조사완료 전까지 해야 한

1　대법원 1965. 6. 25, 65 도 346; 대법원 2011. 3. 10, 2010 도 15977.
2　대법원 2012. 4. 26, 2012 도 986.
3　강구진 467면.
4　이주원 582면.
5　김재환 746면; 신양균/조기영 825면.
6　대법원 2019. 3. 28, 2018 도 13685.
7　강구진 467면.

다는 견해[1] 및 구두변론종결 시까지는 가능하다는 견해[2]가 대립되고 있다. 생각건대 증거조사가 끝난 후에도 동의의 철회를 허용하는 것은 소송상태의 안정을 침해할 우려가 있으므로 절차의 확실성과 소송경제를 고려할 때 증거조사완료 후에는 동의의 철회가 허용될 수 없다고 해석하는 다수설이 타당하다. 대법원도 제 1 심에서 한 증거동의를 제 2 심에서 취소할 수 없다고 판시하면서 같은 태도를 취하고 있다.[3]

2. 동의의 취소

협의의 취소, 즉 착오나 강박을 이유로 하는 동의의 취소가 허용되는가에 대하여도, 중대한 착오에 의하여 동의한 경우나 수사기관의 강박에 의한 경우에는 이를 인정하는 것이 타당하다는 견해[4]와 책임 없는 사유로 인한 착오의 경우에 한하여 취소할 수 있다고 해석하는 견해[5]가 있다.[6] 그러나 형사소송의 형식적 확실성에 비추어 착오나 강박을 이유로 하는 동의의 취소는 원칙적으로 허용될 수 없다고 해야 한다.[7] 변호인의 동의를 피고인이 취소할 수 있음은 물론이다.

25

---

1 백형구 강의, 657면; 손동권/신이철 651면; 신동운 1293면; 이창현 1002면; 임동규 596면; 차용석/최용성 630면.
2 신현주 662면; 이영란 807면.
3 대법원 1983. 4. 26, 83 도 267; 대법원 1990. 2. 13, 89 도 2366; 대법원 1991. 1. 11, 90 도 2525; 대법원 1999. 8. 20, 99 도 2029; 대법원 2019. 3. 28, 2018 도 16385.
4 백형구 강의, 657면.
5 신동운 1294면; 이주원 584면. 이창현 1003면은 이에 더하여 증거동의를 유효로 하는 것이 현저히 정의에 반한다고 인정되는 때에 한정된다고 한다.
6 판례는 피의자신문조서의 진정성립과 관련하여 최초의 진술에 그 효력을 그대로 유지하기 어려운 중대한 하자가 있고 그에 관하여 진술인에게 귀책사유가 없는 경우에 한하여 예외적으로 증거조사 절차가 완료된 뒤에도 그 진술을 취소할 수 있다고 한다(대법원 2008. 7. 10, 2007 도 7760). 이 판례를 근거로 법원 실무도 위와 같은 요건하에서 동의의 취소를 인정하고 있다[사법연수원, 법원실무제요 형사 [Ⅰ], 517면].
7 이영란 807면; 임동규 596면; 정영석/이형국 370면.

§ 49   제 7 절   탄핵증거

Ⅰ. 탄핵증거의 의의와 본질

1. 탄핵증거의 의의

(1) 탄핵증거의 개념

1   형사소송법 제318조의 2는 「제312조부터 제316조까지의 규정에 따라 증거로
할 수 없는 서류나 진술이라도 공판준비 또는 공판기일에서의 피고인 또는 피고
인이 아닌 자(공소제기 전에 피고인을 피의자로 조사하였거나 그 조사에 참여하였던 자를 포함한다)의 진술의 증명력을 다투기 위하여
증거로 할 수 있다」고 규정하고 있다. 진술의 증명력을 다투기 위한 증거를 탄핵
증거라고 한다. 탄핵증거는 범죄사실을 인정하는 증거가 아니므로 소송법상의 엄
격한 증거능력을 요하지 아니하며,[1] 전문법칙에 의하여 증거능력이 없는 전문증
거라 하더라도 증거로 사용될 수 있는 것이다.[2]

2   진술의 증명력을 다투는 방법에는 두 가지가 있을 수 있다. 증인신문 시에
반대신문에 의하여 증인의 신빙성을 감쇄하는 방법과 독립된 외부증거에 의하여
증인을 탄핵하는 것이 그것이다.[3] 후자의 경우에도 탄핵증거는 반증과 구별되어
야 한다. 반증은 범죄사실 또는 간접사실을 부정하는 사실(반대사실)의 증명에 사용되
는 것이므로 증거능력이 있고 적법한 증거조사를 거친 증거임을 요함에 대하여,
탄핵증거에 있어서는 전문법칙이 적용되지 않는다.

(2) 탄핵증거의 존재이유

3   탄핵증거에 전문법칙이 적용되지 않는 이유는 ① 탄핵증거가 적극적으로
범죄사실이나 간접사실을 인정하기 위한 것이 아니라 단순히 증명력을 다투기
위한 것에 불과하므로 이를 인정하여도 전문증거를 배제하는 취지에 반하지 않
고, ② 반증에 의한 번잡한 절차를 거치지 않게 하여 소송경제에 도움이 될 뿐
만 아니라, ③ 오히려 당사자의 반대신문권을 효과적으로 보장할 수 있다는 점
에 있다.

---

1 대법원 1985. 5. 14, 85 도 441.
2 대법원 1969. 9. 23, 69 도 1028.
3 McCormick p. 50; Rothstein p. 321.

2. 탄핵증거의 연혁

탄핵증거는 증인의 신빙성을 감쇄하기 위하여 제출하는 증거를 의미하는 영   4
미 증거법상의 개념이다. 영미에서 증인의 신빙성을 공격하기 위하여 ① 증인의
불일치진술(prior inconsistent statements)을 증명하거나, ② 증인이 친족관계 · 적대
관계와 같은 감정적 영향이나 금전적 이익의 동기가 있다는 것, ③ 증인의 성격,
④ 증인의 관찰 · 기억 및 판단력의 결함을 지적하거나, ⑤ 실질적 사실(material
facts)이 증언내용과 다르다는 것을 증명하는 방법이 사용되고 있으나, 이 가운데
가장 자주 사용되는 것이 바로 증인의 자기모순의 진술이라 할 수 있다.[1]

영미의 전통은 증인의 자기모순의 진술도 전문법칙의 예외가 될 수 없으므로 그것이   5
전문증거인 때에는 탄핵증거로도 허용되지 않는다고 하였다. 그러나 미국의 증거법
에서는 증인의 자기모순의 진술(self-contradiction) 또는 불일치진술(prior incon-
sistent statements)은 현재의 진술이 허위이고 전의 진술이 진실이라는 것을 증명하
는 것이 아니라 증인의 신빙성을 다투기 위한 것에 불과하다는 고려에서 전통적인
견해를 포기하고, 실질증거(substantive evidence)로서는 전문증거가 허용되지 않지
만 탄핵증거로서는 허용되어야 한다는 태도를 취하게 되었으며, 이에 따라 연방증거
법(Federal Rules of Evidence)에서는 자기모순의 진술은 전문증거가 아니라는 규정
을 두기에 이르렀다.[2]

형사소송법 제318조의 2가 규정하고 있는 탄핵증거는 바로 영미의 자기모순   6
의 진술에 의하여 증인을 탄핵하는 경우를 도입한 것이다.

3. 탄핵증거의 성질

(1) 탄핵증거와 전문법칙

탄핵증거가 전문법칙의 예외인가 또는 전문법칙의 적용이 없는 경우인가에   7
대하여 현재 우리나라에서는 전문법칙의 적용이 없는 경우라고 보는 데 견해가
일치하고 있다.[3] 생각건대 ① 전문법칙은 원진술자의 진술내용이 주요사실의 증
거로 되는 경우에만 적용되는 것임에 반하여 탄핵증거는 증인의 자기모순의 진술

---

1 McCormick p. 50.
2 Lempert-Saltzburg p. 364; McCormick p. 50, p. 744; Rothstein p. 324.
3 김재환 751면; 백형구 강의, 695면; 손동권/신이철 653면; 신동운 1300면; 이주원 539면; 임동규
  585면.

을 증거로 하여 증인의 신빙성을 다투는 경우이므로 요증사실이 원진술의 내용이
아니며, ② 전문법칙의 예외가 되기 위하여는 신용성의 정황적 보장과 필요성이
라는 요건이 있어야 하는데 탄핵증거는 그 어느 요건도 갖추지 않으면서 허용되
는 경우이므로 전문법칙의 적용이 없는 경우라고 하지 않을 수 없다.

(2) 탄핵증거와 자유심증주의

8   탄핵증거에서도 진술이 불일치하는가의 여부와 탄핵증거에 의하여 탄핵되는
증거의 증명력은 법관($\frac{배심}{원}$)의 자유판단에 의하여 결정된다.[1] 이러한 의미에서 탄
핵증거는 자유심증주의의 예외가 아니라 이를 보강하는 의미를 가진 제도라고 할
수 있다.[2]

Ⅱ. 탄핵증거의 범위

1. 견해의 대립

탄핵증거로서 제출할 수 있는 증거의 범위에 관하여는 견해가 대립되고 있다.

(1) 한 정 설

9   탄핵증거로 제출될 수 있는 증거를 자기모순의 진술, 즉 동일인의 법정에서
의 진술과 상이한 법정 외의 진술에 제한하는 견해[3]이다. 한정설은 자기모순의
진술로 증명력을 감쇄하는 경우와 타인의 진술에 의하여 증명력을 다투는 경우에
는 질적 차이가 있다는 점을 근거로 한다. 즉 전자가 동일인이 다른 진술을 한
사실 자체를 가지고 진술의 증명력을 감쇄하는 경우임에 반하여, 후자의 경우에
는 타인의 진술을 신용할 수 있어야 공판정에서의 진술의 증명력이 감쇄될 수 있
는 것이므로 탄핵증거의 범위는 전자에 제한되어야 하며 후자를 탄핵증거로 허용
하는 것은 전문법칙에 반한다는 것이다. 이에 의하면 제318조의 2는 당연히 전문
법칙의 적용이 없는 경우를 주의적으로 규정한 것에 불과하다고 한다.

(2) 비한정설

10   자기모순의 진술에 한하지 않고 또 범죄사실에 관한 것인가 아닌가를 불문

---

1 McCormick p. 52; Rothstein p. 325.
2 이주원 586면; 이창현 1049면.
3 백형구 494면, 강의 696면; 이영란 814면.

하고 증명력을 다투기 위한 증거에는 널리 전문증거를 사용할 수 있다는 견해이다. 이에 의하면 제3자의 진술이 기재된 서면도 탄핵증거로 허용되며, 제318조의 2는 전문법칙의 예외를 규정한 것이라고 이해한다. 비한정설은 ① 제318조의 2가 자기모순의 진술이라고 규정하지 않고 어떤 전문증거라도 진술의 증명력을 다투기 위한 탄핵증거로는 이용할 수 있다고 규정하고 있으므로 동조의 해석상 탄핵증거의 범위를 제한하지 않는 것이 타당하며, ② 전문법칙은 범죄사실을 인정할 증거에 대하여 적용하면 족하며, 사실인정을 법관이 행하는 형사소송법에서 탄핵증거의 범위를 엄격히 제한할 필요가 없다는 것을 근거로 들고 있다. 우리나라에서는 이 견해를 주장하는 학자는 없다.

(3) 절 충 설

탄핵증거는 자기모순의 진술일 것을 요하지는 않지만 증인의 신빙성에 대한 순수한 보조사실의 입증을 위한 증거에 제한되어야 한다는 견해[1]이다. 탄핵증거라 함은 증거의 증명력을 감쇄하는 사실을 입증취지로 하는 증거를 말하며 증명력을 감쇄하는 사실은 증인의 신빙성에 관한 순수한 보조사실을 의미하므로 순수한 보조사실(증인의 교양·성격·편견·이해관계)을 입증하기 위한 탄핵증거에는 전문법칙이 적용되지 않지만, 범죄사실에 대한 증거를 탄핵증거로 제출할 수 있다고 하면 주요사실 또는 간접사실이 전문증거에 의하여 입증되는 것과 같은 결과를 초래한다는 점을 이유로 한다.

(4) 이 원 설

피고인은 증명력을 다투기 위하여 모든 전문증거를 제출할 수 있으나 검사는 자기모순의 진술만을 제출할 수 있다는 견해[2]이다. 검사는 범죄수사를 위한 강대한 조직과 강제수사권을 가지고 피고인에 비하여 우월한 지위에 있기 때문에 탄핵증거의 범위도 피고인의 이익을 위한 방향으로 해석하여야 하며, 따라서 피고인에게 불이익한 증거는 자기모순의 증거에 제한되어야 하지만 피고인의 무죄입증은 검사의 유죄입증에 대한 탄핵으로서의 성질을 가지므로 피고인 측에서는 탄핵증거, 즉 실질증거라고 할 수 있고 탄핵증거로서 제출할 수 있는 증거에는 제한이 있을 수 없다는 것이다.

11

12

---

1 송광섭 727면; 신동운 1305면; 신현주 619면; 이주원 591면; 이창현 1051면; 임동규 599면; 정웅석/최창호 679면.

2 신양균/조기영 830면; 정승환 § 55/11; 차용석/최용성 636면.

2. 비   판

13   비한정설에 의하면 ① 진술의 증명력을 다툰다는 명목으로 범죄사실에 관한
전문증거가 무제한하게 제출되는 것을 방지할 수 없는 결과가 된다. 예컨대 피고
인이 공판정에서 부인하는 때에는 검찰이나 경찰에서의 자백조서는 물론 구속영
장·수사보고서·참고인진술조서 등 사건에 관련성 있는 증거라면 모두 탄핵증
거로 제출할 수 있게 되어 전문법칙은 사실상 유명무실하게 된다. ② 형사소송법
은 원칙적으로 법관의 사실인정을 전제로 하면서도 전문법칙을 규정하고 있는 것
이므로 이를 이유로 탄핵증거를 무제한하게 확대할 수는 없다고 해야 한다. 이러
한 이유에서 우리나라에서 비한정설을 주장하는 학자는 찾아볼 수 없다. 절충설
이 범죄사실에 관한 전문증거를 탄핵증거의 범위에서 제외한 것은 타당하다고 하
겠다. 그러나 절충설의 난점은 보조사실에 대한 증명에는 엄격한 증명을 요하지
않는다는 것을 전제로 하고 있다는 점에 있다. 범죄사실을 인정하기 위한 보조사
실도 엄격한 증명의 대상이 되며, 따라서 전문증거는 허용되지 않는다고 해야 한
다는 점에서 타당하다고 할 수 없다. 검사와 피고인이 제출할 수 있는 탄핵증거
의 범위를 구별하는 이원설은 피고인의 권리를 보호하고자 하는 취지에서는 흥미
로운 이론이지만, ① 탄핵증거의 범위에 있어서 검사와 피고인 측의 증거를 구별
해야 하는 이론적 근거가 없으며, ② 직권에 의한 증거조사의 경우에는 어느 범
위까지 탄핵증거를 허용해야 하는가에 대한 기준을 제시할 수 없다는 비판을 면
할 수 없다. 이러한 의미에서 증인의 자기모순의 진술만을 탄핵증거로 할 수 있
다는 한정설이 가장 타당하다고 해야 한다. 영미에서도 전문법칙이 적용되지 않
는 탄핵증거는 불일치진술에 제한되고 있다.[1] 한편, 이에 관하여 명시적인 의견
을 밝힌 판례는 아직까지 없다.[2]

---

1 McCormick p. 51.
2 다만 피고인 측의 탄핵증거의 경우에, 공소사실에 부합하는 피해자의 진술을 탄핵하는 증거
   로 변호인 제출의 신용카드 사용내역승인서 사본을 인정하는(대법원 2006. 5. 26, 2005 도
   6271) 등 폭넓게 허용하고 있는 점에 비추어 절충설 내지 이원설의 입장으로 이해된다는 견
   해도 있다(이주원 591면).

Ⅲ. 탄핵의 목적과 대상

1. 증명력을 다투기 위하여의 의의

(1) 견해의 대립

전문증거라 할지라도 증명력을 다투기 위하여는 증거로 할 수 있다. 여기서 　14
증명력을 다투기 위하여란 증명력을 감쇄하는 경우만을 의미하는가 또는 이를 증
강·지지하는 경우를 포함하는가가 문제된다. 먼저 증명력을 다투기 위하여란 증
인의 신빙성을 공격하는 것을 의미할 뿐이며,[1] 증거능력 없는 증거에 의하여 법
관의 심증이 좌우되는 결과를 방지하기 위하여는 처음부터 증명력을 지지·보강
하는 경우가 여기에 포함된다고 할 수 없다는 점에는 의문이 없다.[2] 문제는 감
쇄된 증명력을 회복하는 경우도 증명력을 다투기 위하여에 해당한다고 볼 것인가
에 있다. 이에 대하여는 부정설과 긍정설이 대립되고 있다.

1) 부 정 설　　　　탄핵증거는 증거의 증명력을 다투기 위한 경우만을 말하며 회 　15
복증거, 즉 탄핵된 공판정에서의 진술과 일치하는 공판정 외에서의 진술은 형식
적으로는 증명력을 회복하기 위한 것이라 할지라도 실질적으로 증강입증에 지나
지 않으므로 허용되지 않는다는 견해[3]이다. 회복증거는 증거의 증명력을 감쇄하
는 것이 아니라 이를 보강하는 것에 지나지 않으며, 법관에게 증거능력 없는 전
문증거에 의하여 사실의 존재를 인정하게 되는 것이 되기 때문이라고 한다.

2) 긍 정 설　　　　증명력을 감쇄하는 경우뿐만 아니라 감쇄된 증명력을 회복하 　16
는 경우도 증명력을 다투는 경우에 해당한다고 보는 견해[4]이다. 증거의 증명력
이 반대당사자에 의하여 감쇄된 경우에 이를 회복하기 위한 기회가 부여되지 않
으면 공평의 원칙에 반하고, 회복증거가 탄핵되기 이전의 증명력을 회복하기 위
한 것이라면 탄핵증거에서 제외해야 할 이유가 없다는 것을 이유로 한다.

(2) 비　　　판

탄핵증거에 의하여 감쇄된 증명력을 회복하기 위한 경우는 범죄사실 또는 　17

1　Rothstein p. 320.
2　대법원 1976. 2. 10, 75 도 3433; 대법원 1996. 9. 6, 95 도 2945.
3　신현주 619면; 정영석/이형국 374면.
4　김재환 758면; 백형구 강의, 698면; 손동권/신이철 655면; 신동운 1314면; 임동규 604면; 정승환
　　§ 54/22.

간접사실을 전문증거에 의하여 입증하려고 하는 경우에 해당하지 않으며, 이를 인정하는 것이 공평의 원칙에도 부합한다고 할 것이므로 증명력을 다투기 위하여 는 증명력을 감쇄하는 경우뿐만 아니라 감쇄된 증명력을 회복하는 경우를 포함한 다고 해석하는 것이 타당하다. 미국에서도 감쇄된 증명력을 회복하는 경우를 탄 핵증거의 범위에 포함시키고 있다.[1]

다만 일치진술의 회복증거로서의 제출은 증인의 증언이 탄핵된 경우에 그 증인이 동일내용의 진술을 하였다는 사실을 증명력의 회복을 위하여 입증하는 경 우에 한하여 인정되는 것이며, 다른 사람의 일치진술을 회복증거로 제출하는 것 은 범죄사실에 관한 증거이므로 전문법칙에 의하여 허용되지 않는다.

2. 탄핵의 대상

(1) 피고인 또는 피고인 아닌 자의 진술

18   탄핵의 대상은 공판준비 또는 공판기일에서의 피고인 또는 피고인 아닌 자 의 진술의 증명력이다. 여기의 진술에 진술이 기재된 서면이 포함됨은 물론이다. 따라서 공판준비 또는 공판기일에서의 진술뿐만 아니라 공판정 외의 진술도 서면 의 형식으로 증거가 된 경우에는 탄핵의 대상이 된다고 해야 한다.[2]

19   피고인의 진술이 탄핵의 대상이 될 수 있는가에 대하여 이를 부인하는 소극 설[3]도 있다. 그러나 본조가 명문으로 피고인의 진술의 증명력을 다툴 수 있다고 규정하고 있는 이상 이를 부정할 수는 없다고 해야 한다(적극설).[4] 대법원도 이를 긍정하면서,[5] 피고인이 공판정에서 내용을 부인하는 사법경찰관 작성의 피고인 에 대한 피의자신문조서나 피고인의 자술서도 피고인의 진술을 탄핵하는 증거가 될 수 있다고 판시하였다.[6] 입법론상으로는 재검토를 요한다.[7]

---

1 McCormick p. 72; Rothstein p. 322, p. 349.

2 김재환 756면; 신동운 1311면; 이영란 816면; 임동규 602면; 정승환 § 58/16.

3 백형구 495면; 신동운 1311면; 정승환 § 54/18.

4 김재환 757면; 손동권/신이철 656면; 신양균/조기영 833면; 신현주 620면; 이은모/김정환 738 면; 임동규 603면.

5 대법원 2005. 8. 19, 2005 도 2617.

6 대법원 1998. 2. 27, 97 도 1770; 대법원 2005. 8. 19, 2005 도 2617.

7 입법론적으로 문제가 있으므로 피고인의 자백진술은 탄핵대상이 되지만 부인진술은 탄핵대상 이 되지 않는다고 목적론적 축소해석을 할 필요가 있다는 견해도 있다(이주원 589면).

(2) 자기 측 증인의 탄핵

자기 측 증인의 증언이 탄핵의 대상이 될 수 있는가에 대하여 영미의 전통   20
은 부정적으로 해석하고 있었다. 그 이유는 ① 증인의 탄핵은 증언의 신빙성이
없는 경우에만 필요한 것이므로 자기 측 증인의 탄핵은 불필요하며, ② 이를 인
정할 때에는 증언을 강요하는 결과를 초래한다는 점에 있었다.[1] 그러나 당사자
는 대부분의 경우에 자기 측 증인을 자유롭게 선택한 것이 아니라 관찰자를 증인
으로 신청할 따름이고, 적대적인 증인에 대한 탄핵은 자기 측 증인에 대하여도
필요하다는 사실이 인정되어 ① 증인의 증언이 기대에 반하고, ② 증언내용이 그
에게 해로운 경우에는 자기 측 증인의 탄핵을 허용하는 경향을 보이고 있다.[2]
형사소송법의 해석에 있어서도 이러한 경우에 자기 측 증인의 탄핵이 허용된다고
해석하지 않을 수 없다.[3]

Ⅳ. 증거로 할 수 있는 범위

1. 입증취지와의 관계

형사소송법 제318조의 2에 의하여 증거로 할 수 있는 것은 진술의 증명력을   21
다투기 위하여 인정되는 것이고, 그 증거를 범죄사실 또는 간접사실의 인정증거
로 허용할 수는 없다.[4]

문제는 탄핵증거로 제출된 증거가 범죄사실인정을 위한 증거능력도 갖추고
있는 경우에 이를 범죄사실을 인정하기 위한 증거로 사용할 수 있는가에 있다.
그러나 입증취지는 법원의 증거결정에 대한 편의를 제공하는 자료에 불과하며 구
속력을 가지는 것은 아니라 할 것이므로 당사자의 이익을 부당하게 해하지 않는
다고 인정되는 범위 내에서는 범죄사실을 인정할 증거로 사용할 수 있다고 해야
한다.[5]

---

1 Lempert–Saltzburg p. 282; McCormick p. 57; Rothstein p. 321.

2 Lempert–Saltzburg p. 283; McCormick p. 57.

3 김재환 756면; 백형구 495면; 손동권/신이철 657면; 송광섭 728면; 신동운 1313면; 임동규
   603면.

4 대법원 1976. 2. 10, 75 도 3433; 대법원 1996. 9. 6, 95 도 2945; 대법원 2012. 10. 25,
   2011 도 5459.

5 이은모/김정환 735면; 차용석/최용성 638면.

2. 임의성 없는 자백 등과 성립의 진정

(1) 임의성 없는 자백 등과 탄핵증거

22   임의성 없는 자백이나 진술을 탄핵증거로 사용할 수 있는가가 문제된다. 그러나 ① 형사소송법 제309조가 임의성 없는 자백의 증거능력을 부정하는 것은 임의성 없는 자백을 증거의 세계에서 완전히 배제하려는 취지라고 보아야 하고, ② 제318조의 2도 진술의 임의성에 관한 제317조를 배제하지 않고 있으므로 임의성 없는 자백은 탄핵증거로도 사용할 수 없다고 하여야 한다.[1] 판례도 같은 입장이다.[2] 중대한 인권침해가 아닌 위법수집증거에 대하여는 미국처럼 탄핵증거로 사용할 수 있다는 견해도[3] 있으나, 제318조의 2에서 허용되는 탄핵증거에 임의성 없는 자백(제307조), 임의성 없는 진술(제317조)과 더불어 위법수집증거(제308조의2)도 빠져 있을 뿐 아니라 증거배제의 효과를 피하는 것을 허용하는 결과가 되는 점에 비추어 마찬가지로 사용할 수 없다고 할 것이다.[4]

(2) 탄핵증거와 성립의 진정

23   탄핵증거로 제출된 진술기재서류는 성립의 진정이 인정될 것을 요하는가가 서명 또는 날인이 없는 서류를 탄핵증거로 제출할 수 있는가와 관련하여 문제된다. 대법원은 일관하여 탄핵증거에 관하여는 성립의 진정이 인정될 것을 요하지 않는다고 판시하고 있다.[5] 그러나 진술자가 진술내용이 정확히 기재되어 있는가를 확인하지 않은 진술기재서류는 진술내용의 진실성과 정확성을 확인할 수 없으므로 그 서명·날인이 있는 경우에 한하여 탄핵증거가 될 수 있다고 해석하는 것이 타당하다고 생각된다.[6]

---

1   김재환 754면; 신동운 1309면; 이영란 814면; 임동규 600면.

2   대법원 2005. 8. 19, 2005 도 2617; 대법원 2014. 3. 13, 2013 도 12507, 「검사가 유죄의 자료로 제출한 사법경찰리 작성의 피고인에 대한 피의자신문조서는 피고인이 그 내용을 부인하는 이상 증거능력이 없으나, 그것이 임의로 작성된 것이 아니라고 의심할 만한 사정이 없는 한 피고인의 법정에서의 진술을 탄핵하기 위한 반대증거로 사용할 수 있다.」

3   노명선/이완규 542면.

4   사법연수원, 법원실무제요 형사 [I], 518면; 이주원 592면.

5   대법원 1972. 1. 31, 71 도 2060; 대법원 1974. 8. 30, 74 도 1687; 대법원 1981. 12. 22, 80 도 1547; 대법원 1994. 11. 11, 94 도 1159.

6   백형구 강의, 697면; 신동운 1310면; 이영란 815면; 정승환 § 54/14.

3. 영상녹화물과 탄핵증거

피고인 또는 피고인 아닌 자의 진술을 기재한 영상녹화물도 전문증거에 해 　24
당한다. 따라서 영상녹화물을 탄핵증거로 제출할 수 있는가가 문제된다. 형사소
송법은 제318조의 2 제 2 항에 「제 1 항에도 불구하고 피고인 또는 피고인 아닌
자의 진술을 내용으로 하는 영상녹화물은 공판준비 또는 공판기일에 피고인 또는
피고인이 아닌 자가 진술함에 있어서 기억이 명백하지 아니한 사항에 관하여 기
억을 환기시켜야 할 필요가 있다고 인정되는 때에 한하여 피고인 또는 피고인이
아닌 자에게 재생하여 시청하게 할 수 있다」는 규정을 신설하였다. 영상녹화물은
탄핵증거로도 사용할 수 없도록 하고, 단지 피고인 또는 피고인 아닌 자의 기억
환기를 위하여 사용할 수 있도록 한 것이라고 볼 수 있다. 탄핵증거는 증거의 증
명력을 탄핵하는 증거이지만 실제 재판에서 법관의 심증형성에 큰 영향을 줄 수
있고, 특히 영상녹화물을 탄핵증거로 제출하는 경우에는 그 위험이 더욱 커진다
는 점을 고려한 것이다.[1] 기억 환기를 위하여 영상녹화물을 제출하는 경우에 법
원이 시청하는 것이 아니라 피고인 또는 피고인 아닌 자에게 시청하게 하는 것도
법관이 증거능력 없는 영상녹화물에 의하여 심증형성에 영향을 받는 것을 방지하
기 위한 것이라고 한다.[2]

그러나 영상녹화물을 탄핵증거로도 제출할 수 없게 한 것은 입법론상 타당하다고 할
수 없다. 원래 탄핵증거는 증거능력 없는 전문증거라도 증인을 탄핵하기 위해서는
사용할 수 있게 한 것이다. 그런데 영상녹화물은 법관의 심증형성에 큰 영향을 줄
수 있는 증거이며, 진실발견에 도움을 주는 과학적 증거방법이다. 공판중심주의는
진실발견을 위한 원칙이지, 진실한 증거를 허용하지 않는, 법원의 진실발견의무를 초
월하는 원칙은 아니다. 법관의 심증형성에의 영향을 우려하여 믿을 만한 증거를 탄
핵증거로도 사용할 수 없게 한 것은 옳다고 할 수 없다.

4. 공판정에서의 진술 이후에 이루어진 자기모순의 진술

증인의 공판정에서의 증언을 탄핵하기 위하여 증언 이후에 수사기관에서 작 　25
성한 진술조서를 제출하는 것이 허용되는가가 문제된다.

일본의 판례는 「증인이 공판준비 또는 공판기일에서 신문받은 후에 작성된 동인에

1 　법원행정처, 형사소송법 개정법률 해설, 143면 참조.
2 　법원행정처, 앞의 책, 145면.

대한 검사작성조서를 그 증언의 증명력을 다투기 위한 증거로 채증하여도 본조에 위반한 것은 아니다」라고 판시하고 있음에 반하여,[1] 미국에서는 임종의 진술에 한하여 사후의 진술을 허용하고 있다.

생각건대 증언 후의 증인을 수사기관에서 신문하여 작성한 조서를 제출하는 것은 공판중심주의와 공정한 재판의 이념에 반하므로 허용되지 않는다고 해석하는 것이 타당하다.[2] 이미 증언을 마친 증인을 수사기관이 소환한 후 피고인에게 유리한 그 증언 내용을 추궁하여 이를 일방적으로 번복시키는 방식으로 작성한 진술조서의 증거능력을 부인하는 판례도[3] 기본적으로 같은 취지라고 하겠다.

V. 탄핵증거의 조사방법

26   증명력을 다투기 위한 증거의 조사방법에 관하여는 범죄사실에 관한 전문증거도 탄핵증거로 제출할 수 있는 점에 비추어 엄격한 증명의 경우에 준한 법정절차에 의한 증거조사가 필요하다는 견해도 있을 수 있으나, 증거능력 없는 전문증거도 탄핵증거로 사용된다는 점을 고려하면 공판정에서의 조사는 필요하여도 정규의 증거조사의 절차와 방식을 요하는 것은 아니라고 해석하는 통설이 타당하다고 생각된다.[4] 대법원도 탄핵증거에 관하여는 엄격한 증거조사를 거칠 필요가 없으나, 법정에서 이에 대한 탄핵증거로서의 증거조사는 필요하다고 판시하고 있다.[5]

---

1 日最判 1968. 10. 25[刑集 22-1, 961].

2 김재환 756면; 백형구 강의, 697면; 손동권/신이철 659면; 이영란 815면; 임동규 601면; 차용석/최용성 639면.

3 대법원 2000. 6. 15(전원합의체판결), 99 도 1108.

4 김재환 759면; 백형구 강의, 698면; 신동운 1315면; 이영란 819면; 임동규 604면.

5 대법원 1978. 10. 31, 78 도 2292; 대법원 1998. 2. 27, 97 도 1770; 대법원 2022. 10. 14, 2022 도 9284.

제 8 절 자백과 보강증거

Ⅰ. 자백의 보강법칙

1. 보강법칙의 의의

자백의 보강법칙이란 피고인이 임의로 한 증거능력과 신용성이 있는 자백에   1
의하여 법관이 유죄의 심증을 얻었다 할지라도 보강증거가 없으면 유죄로 인정할
수 없다는 원칙을 말한다. 여기서 보강증거는 피고인의 자백의 진실성을 확인하
는 독립된 증거를 뜻한다. 형사소송법 제310조는 「피고인의 자백이 그 피고인에
게 불이익한 유일의 증거인 때에는 이를 유죄의 증거로 하지 못한다」고 규정하여
자백의 보강법칙을 선언하고 있다. 뿐만 아니라 헌법 제12조 7항 후단은 「정식재
판에 있어서 피고인의 자백이 그에게 불리한 유일한 증거일 때에는 이를 유죄의
증거로 삼거나 이를 이유로 처벌할 수 없다」고 규정하여 보강법칙을 헌법상의 원
칙으로 삼고 있다. 자백에 의하여 법관이 유죄의 심증을 얻은 때에는 보강증거가
없으면 유죄판결을 할 수 없다는 의미에서 자백의 보강법칙은 자유심증주의에 대
한 예외가 된다.

2. 자백에 보강증거를 필요로 하는 이유

보강법칙의 근거는 자백의 진실성을 담보하여 오판의 위험성을 배제하고 자   2
백 편중으로 인한 인권침해를 방지하려는 데 있다.[1]

(1) 자백의 진실성 담보

보강법칙의 직접적인 근거는 자백의 진실성을 담보하는 데서 찾을 수 있다.   3
합리적·타산적 인간이 자기에게 불이익한 진술을 한 자백은 높은 신용성을 가지
며 따라서 자백은 증거의 왕으로서의 지위를 차지하고 있었다. 그러나 자백이라
하여 항상 진실한 것은 아니며, 자백이 허위일 때는 오판의 위험성은 더욱 커지
지 않을 수 없다. 합리적 존재인 인간은 보다 중대한 범죄를 숨기기 위하여 가벼
운 범죄를 자백하는 경우가 있고, 인간심리의 복합적 구조는 영웅심리나 의리 또
는 대가를 얻기 위하여 허위자백할 가능성도 배제할 수 없다. 그러므로 자백에

---

1 백형구 486면, 강의 638면; 신동운 1402면; 신현주 670면; 이영란 822면; 차용석/최용성 546면.

보강증거를 필요로 하는 가장 중대한 이유는 허위자백으로 인한 오판의 위험을
방지하는 데 있다고 해야 한다.[1] 즉 보강법칙은 불충분한 증거에 의한 유죄판결
을 방지하고, 믿을 수 없는 자백을 유죄의 증거로 사용하는 것에 대한 보장책이
된다.[2]

(2) 인권침해의 방지

4	자백편중에 의한 인권침해의 방지는 자백의 증거능력을 제한함에 의하여 달
성되는 것이므로 보강법칙의 근거는 자백의 진실성을 담보하는 데서 찾아야 한다
는 견해[3]도 있다. 자백의 증거능력을 제한하여 자백채취과정의 적법절차를 보장
하는 것이 인권침해를 방지하기 위한 것임을 부정할 수는 없다. 그러나 자백의
증거능력을 제한하는 외에 자백의 증거가치를 제한하는 것도 자백편중의 경향에
제동을 가하는 의미를 가진다고 해야 하며, 이러한 의미에서 자백편중에 의한 인
권침해의 방지도 보강법칙의 간접적인 근거가 된다고 하지 않을 수 없다.

> 그런데 보강법칙이 오판과 인권침해의 방지에 그 근거가 있다고 하면서도 오판의 방
> 지가 법관에 대한 것이라면 인권침해의 방지는 수사활동에서의 자백편중을 경계하는
> 데 중점이 있고, 따라서 그것은 수사기관이 자백 이외의 증거의 수집과 유죄입증에
> 진력해야 한다는 정책을 반영한 것이라고 보는 견해[4]도 있다. 그러나 보강법칙은
> 수사기관에서의 자백뿐만 아니라 공판정에서의 자백에도 적용되며 법관에 의한 자백
> 편중의 폐해도 간과할 수 없다는 점에서 볼 때 보강법칙의 근거를 수사활동에 대하
> 여만 특히 강조하는 것은 옳지 않다고 생각된다.

5	자백의 증거가치에 대한 평가는 증거법의 역사라고 할 수 있다. 자백에 대하
여 절대적 증명력을 인정하던 규문절차의 형사소송에서는 자백을 얻기 위한 고문
이 성행하지 않을 수 없었다. 자백의 증명력을 제한하고 인권침해를 방지하기 위
하여 대륙의 형사소송에서는 자유심증주의를 채택하고 있음에 반하여, 영미에서
확립된 것이 바로 자백의 보강법칙이다. 우리 형사소송법은 자유심증주의를 채택
하면서($\frac{제308}{조}$) 법관의 심증형성이 자백에 편중되는 위험을 막기 위하여 다시 보강
법칙을 규정하고 있다.

---

1 대법원 1967. 12. 18, 67 도 1084; 대법원 1983. 7. 26, 83 도 1372.
2 McCormick p. 213.
3 신영철, "자백과 보강증거"(형사증거법 하)(재판자료 제23집), 277면.
4 차용석/최용성 546면.

3. 보강법칙의 적용범위

자백의 보강법칙은 일반 형사소송절차에서 적용된다. 헌법 제12조 7항의 정   6
식재판이란 이런 의미에서의 형사사건을 의미한다고 볼 수 있다. 따라서 즉결심
판에 관한 절차법의 적용을 받는 즉결심판과 소년법의 적용을 받는 소년보호사
건[1]에는 보강법칙이 적용되지 않으므로, 자백만으로 사실을 인정하여도 위법이
아니다. 그러나 형사사건인 이상 간이공판절차에 있어서는 물론 약식명령절차에
서도 자백의 보강법칙이 적용된다.

II. 보강을 필요로 하는 자백

보강증거에 의하여 증명력의 보강을 요하는 것은 피고인의 자백이다. 그러   7
므로 증인의 증언이나 참고인의 진술에는 보강증거를 필요로 하지 않는다. 피고
인의 자백과 관련하여 공판정의 자백과 공범자의 자백이 포함되는가가 문제된다.

1. 피고인의 자백

보강법칙은 피고인의 자백에 대하여 적용된다. 피고인의 자백이란 반드시   8
피고인이 피고인의 지위에서 한 자백에 한하지 않는다. 피의자의 지위에서 수사
기관에 대하여 한 자백이나 참고인 또는 증인으로서 한 자백도 그가 후에 피고
인이 되었을 때에는 피고인의 자백이 된다. 수사기관 이외의 사인에 대하여 한
자백도 포함된다. 구두에 의한 자백뿐만 아니라 서면에 기재된 진술서나 일기
장·수첩·비망록 등도 포함한다.

자백의 보강법칙은 증거능력 있는 자백을 전제로 한다. 따라서 임의성 없는   9
자백은 보강증거가 있다고 하여도 유죄의 증거로 될 수 없다. 보강법칙이 적용되
기 위하여는 자백에 증거능력이 있어야 할 뿐만 아니라 자백의 신용성(證明)도 긍
정되어야 한다.[2] 자백의 신용성은 특히 피고인이 수사기관에서 자백하였으나 공
판정에서 부인하거나, 원심에서 자백하였으나 상소심에서 부인하는 경우 또는 자
백과 부인을 반복하는 경우에 문제된다. 자백의 신용성 판단은 법관의 자유심증
에 맡겨지지만 그 판단은 객관적 합리성을 가지지 않으면 안 된다. 자백의 신용

---

1 대법원 1982. 10. 15. 결정, 82 모 36.
2 대법원 1983. 9. 13, 83 도 712.

성을 판단함에 있어서는 ① 자백의 내용이 객관적으로 합리성을 띠고 있는가, ②
자백의 동기나 이유 및 자백에 이르게 된 경위는 무엇인가, ③ 자백 이외의 정황
증거 중 자백과 저촉되거나 모순되는 것이 없는가 등이 기준이 된다.[1]

2. 공판정의 자백

10   공판정에서의 피고인의 자백에도 보강법칙이 적용되는가가 문제된다. 영미
법에서는 기소사실인부제도(arraignment)가 채택되어 재판상의 자백은 유죄의 답
변(plea of guilty)으로 배심에 의한 유죄의 평결과 같은 효력이 인정된다. 따라서
자백의 보강법칙은 수사기관에서의 자백편중을 경계하는 데 의미가 있고, 공판정
의 자백에 대하여는 보강법칙이 적용되지 않는다.[2]

> 일본의 판례도 공판정에서의 피고인의 자백은 신체의 구속을 받지 않는 자유로운 상
> 태에서 이루어지며, 피고인의 허위자백은 변호인의 신문에 의하여 정정될 수 있고,
> 법원도 피고인의 태도 등으로부터 그 임의성을 판단할 수 있다는 이유로 공판정의
> 자백에는 보강법칙이 적용되지 않는다고 판시하고 있다.[3]

11   그러나 ① 공판정의 자백이라 하여 언제나 진실이라고 할 수는 없고, ② 자백
의 보강법칙은 임의성 있는 자백을 전제로 하므로 공판정의 자백에 임의성이 있다
고 하여 보강법칙이 적용되지 않는다고 할 수 없으며, ③ 자백편중으로 인한 오판
의 위험성은 공판정의 자백에도 있다고 해야 하고, ④ 형사소송법이 arraignment
를 인정하지 않고 있는 점에 비추어 형사소송법상 보강법칙이 적용되는 피고인의
자백에는 공판정의 자백도 포함된다고 해야 한다.[4] 대법원도 형사소송법 제310조
의 자백은 공판정의 자백과 공판정 외의 자백을 불문한다고 판시하고 있다.[5]

---

1 대법원 1985. 2. 26, 82 도 2413; 대법원 2003. 2. 11, 2002 도 6110; 대법원 2012. 1. 27,
   2011 도 6497; 대법원 2013. 11. 14, 2013 도 10277.

2 McCormick p. 212; Rothstein p. 293.

3 日最判 1947. 11. 29[刑集 1, 40].

4 김재환 779면; 손동권/신이철 549면; 신동운 1405면; 신양균/조기영 849면; 신현주 673면; 이
   영란 823면; 임동규 617면.

5 대법원 1966. 7. 26(전원합의체판결), 66 도 634; 대법원 1981. 7. 7, 81 도 1314.

3. 공범자의 자백

(1) 견해의 대립

피고인의 자백에 공범자의 자백이 포함되어 공범자의 자백이 있는 때에도   12
보강증거가 있어야 유죄로 인정할 수 있는가에 대하여는 견해가 대립되고 있다.

> 영미법에서는 공범자의 자백 가운데 공범자의 공판정 외의 진술은 반대신문권이 보
> 장되어 있지 않는 전문증거이므로 피고인에게 불이익한 증거로 사용될 수 없고, 공
> 범자의 공판정에서의 진술, 즉 증언에는 공범자의 진술에 따르는 위험 때문에 보강
> 증거를 필요로 한다고 하고 있다.[1]

1) 긍 정 설   공범자의 자백을 피고인의 자백에 포함시켜 공범자의 자백에   13
도 보강증거가 있어야 한다고 해석하는 견해이다.[2] 긍정설은 ① 공범자는 다른
공범자에게 책임을 전가시키려는 경향이 농후하므로 보강법칙의 근거인 자백강
요와 오판의 위험이라는 점에서 공범자의 자백과 피고인의 자백 사이에 차이가
없고, ② 공범자의 자백을 피고인의 자백에 포함시키지 않으면 공범자 중의 한
사람이 자백하고 다른 한 사람은 부인하였을 때에 다른 보강증거가 없으면 자백
한 공범자는 무죄가 되고 부인한 공범자는 유죄로 되는 불합리한 결과가 되며,
③ 공범자의 자백을 공범자 자신의 자백과 다른 공범자에 대한 진술로 분리할 수
없다는 것을 이유로 한다.

2) 부 정 설   공범자의 자백을 피고인의 자백이라고 할 수 없으므로 공범자   14
의 자백에 대하여는 보강증거를 요하지 않는다고 해석하는 견해[3]이다. 부정설은
① 자백의 보강법칙은 자유심증주의에 대한 예외이므로 엄격히 해석할 필요가 있
고, ② 공범자의 자백은 당해 피고인에 대한 관계에서는 증언에 지나지 않으므로
자백이라고 할 수는 없으며, ③ 피고인의 자백이 쉽게 신용을 얻을 수 없음에 반
하여 공범자에 대하여는 피고인의 반대신문이 가능하고 법관의 증거평가의 심증
에도 차이가 있다고 해야 하고, ④ 보강증거가 없는 경우에 자백한 공범자는 무
죄가 되고 부인한 피고인이 유죄가 된다고 할지라도 자백한 공범자가 무죄로 되

---

1 LaFave-Israel-King p. 835.
2 백형구 488면, 강의 640면.
3 김재환 780면; 신현주 672면; 이주원 597면; 이창현 1028면; 임동규 618면; 차용석/최용성
   554면.

는 것은 보강법칙의 당연한 결론이며 부인한 피고인이 유죄로 되는 것은 법관의
자유로운 증거평가에 의한 심증형성에 기인한 것이므로 불합리하다고 할 수는 없
다는 것을 이유로 한다.

15   3) 절 충 설   공동피고인인 공범자의 자백에는 보강증거가 필요하지 아니하
나 공동피고인이 아닌 공범자의 자백에는 보강증거가 필요하다고 해석하는 견
해[1]이다. 공범자가 공동피고인으로 심리받고 있는 공판절차에서 자백을 한 경우
에는 법관이 그 진술태도를 직접 관찰하고 또 피고인이 반대신문권을 행사할 수
있다는 점에서 보강증거의 필요성이 없지만, 공범자가 피고사건의 수사절차나 또
는 별개의 사건에서 자백진술을 행한 경우에는 이와 같은 보완장치가 갖추어져
있지 않기 때문에 보강증거를 통하여 법관으로 하여금 심증형성을 신중히 하도록
요구할 필요가 있기 때문이라고 한다.

    (2) 비   판

16   절충설에 대하여는 보강증거를 요하는가에 관하여 공동피고인의 자격에서
신문되었느냐라는 우연에 의하여 결론이 달라진다는 것은 타당하다고 할 수 없다
는 비판이 제기된다. 생각건대 공범자는 피고인에 대한 관계에서 제 3 자에 불과
하며 피고인 자신이라고 할 수는 없을 뿐만 아니라, 긍정설도 공범자의 자백이
보강증거가 될 수 있음을 인정하므로 공범자의 자백에 보강증거능력을 인정하면
서 이를 피고인의 자백이라고 하는 것은 전후 모순되는 이론이라고 할 것이므로
부정설이 타당하다고 하지 않을 수 없다. 대법원도 일관하여 공범자의 자백에는
보강증거를 요하지 않는다고 판시하고 있다.[2] 요컨대 공범자의 자백은 공동피고
인의 지위에서 한 것인가 또는 공판정에서 한 것인가의 여부를 불문하고 독립된
증거로서의 가치를 가진다고 해야 한다.

Ⅲ. 보강증거의 성질

17   어떤 증거가 자백에 대한 보강증거로 될 수 있는가를 보강증거의 성질 또는
보강증거의 능력에 관한 문제라고 한다. 보강증거도 증거능력 있는 증거일 것을

---

1 신동운 1409면.
2 대법원 1960. 7. 8, 4293 형상 258; 대법원 1960. 8. 26, 4293 형상 168; 대법원 1985. 7. 9,
   85 도 951; 대법원 1986. 10. 28, 86 도 1773; 대법원 1992. 7. 28, 92 도 917.

요하므로 증거능력에 대한 제한이 보강증거에 대하여 적용된다는 점에는 의문이 없다. 따라서 전문증거는 전문법칙의 예외가 되는 경우를 제외하고는 보강증거로 될 수 없다.[1] 보강증거는 자백 이외의 독립증거일 것을 요한다. 보강증거능력에 관하여는 이 이외에 정황증거와 공범자의 자백이 보강증거로 될 수 있는가가 특히 문제된다.

1. 독립증거

자백을 보강하는 증거는 자백과는 독립된 증거여야 한다. 따라서 피고인의   18
자백은 보강증거가 될 수 없다. 피고인의 자백이 분리된 독립의 것이든 또 언제 이루어진 것이든 불문한다.[2] 따라서 피고인의 공판정에서의 자백을 공판정 외의 자백, 즉 수사기관에서의 자백에 의하여 보강하는 것은 허용되지 않으며,[3] 자백은 아무리 반복되더라도 피고인의 자백만 있는 경우에 해당한다.

보강증거는 증거가치에 있어서 자백과 독립된 증거여야 하므로 자백의 내용   19
이 서면화되었거나($\frac{조서 \cdot}{진술서}$) 소송서류화된 경우($\frac{공판}{조서}$)는 물론,[4] 피고인의 자백을 내용으로 하는 피고인이 아닌 자의 진술도 보강증거가 될 수 없다.[5] 피고인이 범인으로 검거되기 전에 범죄혐의와 관계없이 작성한 일기장 · 수첩 · 자술서 · 메모 또는 상업장부도 피고인의 진술을 내용으로 하는 것인 한 보강증거가 될 수 없다고 해야 한다.[6] 그러나 진실성이 더욱 담보되고 자백강요와도 관계가 없으므로 보강증거가 될 수 있다는 견해도 있다.[7] 대법원은 상업장부나 항해일지, 진료일지, 금전출납부뿐만 아니라 금전지출 내역을 기재해 둔 수첩의 기재내용도 자백에 해당하지 않는다고 판시하였다.[8] 피고인이 범행장면을 재현하는 것도 실연(實

---

1 대법원 1971. 5. 31, 71 도 415.
2 Rothstein p. 293.
3 대법원 1974. 1. 15, 73 도 1819; 대법원 1978. 6. 27, 78 도 743.
4 대법원 1960. 10. 31, 4293 형상 376.
5 대법원 1981. 7. 7, 81 도 1314; 대법원 2008. 2. 14, 2007 도 10937.
6 이주원 598면.
　　임동규 623면은 그때그때 기계적으로 기입한 경우에 그 기재내용은 보강증거가 될 수 있으나, 피고인이 범행에 대한 감정 등만을 기재한 경우는 보강증거가 될 수 없다고 한다.
7 이창현 1034면.
8 대법원 1996. 10. 17(전원합의체판결), 94 도 2865, 「⑴ 상업장부나 항해일지, 진료일지 또는 이와 유사한 금전출납부 등과 같이 범죄사실의 인정 여부와는 관계없이 자기에게 맡겨진 사무를 처리한 사무내역을 그때 그때 기계적으로 기재한 문서 등의 경우는 사무처리내역을 증명하기 위하여 존재하는 문서로서 그 존재 자체 및 기재가 그러한 내용의 사무가 처리되었

演)에 의한 자백(confession by demonstration)에 지나지 아니하며 독립증거는 아니
므로 자백에 대한 보강증거가 될 수 없다.[1] 그러나 자백 이외의 증거능력 있는
독립증거인 이상 인증이든 물증이든 증거서류이든 묻지 않고 보강증거가 될 수
있다.

2. 정황증거

20   자백에 대한 보강증거는 반드시 직접 범죄사실을 증명하는 직접증거에 한하
지 않고 간접증거 내지 정황증거로도 충분하다는 점에 대하여는 이론이 없다. 물
론 정황증거가 자백을 보강할 수 있는 범위는 보강증거의 범위에 관한 죄체설과
진실성담보설에 따라 일치하지 않는다. 죄체설에 의하면 죄체에 대한 정황증거만
보강증거가 될 수 있기 때문이다.[2] 그러나 보강증거의 범위는 모든 증거에 공통
된 문제이므로 간접증거나 정황증거가 보강증거로 될 수 있다는 점에는 의문이
있을 수 없다.[3] 따라서 피고인이 위조신분증을 제시·행사하였다고 자백하고 있
는 때에 그 신분증의 현존은 자백을 보강하는 간접증거가 된다.[4]

3. 공범자의 자백

21   공범자의 자백이 보강증거가 될 수 있느냐의 문제는 보강을 요하는 자백에
공범자의 자백이 포함되느냐와 관련되는 문제이다. 피고인의 자백에는 공범자의

음의 여부를 판단할 수 있는 별개의 독립된 증거자료이고, 설사 그 문서가 우연히 피고인이
작성하였고 그 문서의 내용 중 피고인의 범죄사실의 존재를 추론해 낼 수 있는, 즉 공소사실
에 일부 부합되는 사실의 기재가 있다고 하더라도 이를 일컬어 피고인의 범죄사실을 자백하
는 문서라고 볼 수는 없다.
    (2) 피고인이 뇌물공여 혐의를 받기 전에 이와는 관계없이 준설공사에 필요한 각종 인·허
가 등의 업무를 위임받아 이를 추진하는 과정에서 그 업무수행에 필요한 자금을 지출하면서
스스로 그 지출한 자금내역을 자료로 남겨 두기 위하여 뇌물자금과 기타 자금을 구별하지
아니하고 그 지출 일시, 금액, 상대방 등의 내역을 그때 그때 계속적, 기계적으로 기입한 수
첩의 기재내용은 피고인이 자신의 범죄사실을 시인하는 자백이라고 볼 수 없으므로, 증거능
력이 있는 한 피고인의 금전출납을 증명할 수 있는 별개의 증거라고 할 것인즉, 피고인의 검
찰에서의 자백에 대한 보강증거가 될 수 있다.」

1 김재환 781면; 신동운 1411면; 임동규 621면; 차용석/최용성 557면.

2 차용석/최용성 536면.

3 대법원 1969. 5. 13, 69 도 436; 대법원 1970. 1. 23, 70 도 1737; 대법원 1981. 2. 24, 80 도
   3278; 대법원 1986. 10. 14, 86 도 1484; 대법원 2003. 12. 26, 2003 도 6288; 대법원 2006. 1. 27,
   2005 도 8704.

4 대법원 1983. 2. 22, 82 도 3107.

자백이 포함되지 않는다는 부정설에 의하면 공범자의 자백은 독립된 증거가 되므
로 당연히 보강증거로 될 수 있다. 이에 반하여 공범자의 자백을 피고인의 자백
이라고 해석하는 견해에 의하면 공범자의 자백을 보강증거가 될 수 없다고 하는
것이 논리상 당연하다. 그러나 현재 긍정설을 주장하는 학자들도 ① 형사소송은
논리뿐만 아니라 실제적 필요에도 충실해야 하며, ② 피고인의 자백이 있고 공범
자의 자백이 있는 때에는 공범자의 자백을 보강증거로 하여 유죄로 인정할 수 있
어야 하고, ③ 공범자의 자백만으로 유죄로 할 수 없다는 것이 보강증거가 될 수
있다는 것과 반드시 모순되는 것은 아니라는 이유로, 공범자의 자백에 반증거가
치(half proof)를 인정하고 그것이 보강증거가 될 수는 있다고 해석하고 있다.[1]
생각건대 공범자의 자백은 피고인에 대한 관계에서 증언에 불과하므로 당연히 보
강증거가 될 수 있다고 해석해야 한다.

　　대법원도 일관하여 공범자의 자백[2]이나 공범자인 공동피고인의 자백은 보강증거가
　　될 수 있다고 판시하고 있다.[3] 공범자 전원이 자백한 경우뿐만 아니라, 공동피고인
　　의 일부가 부인한 경우에도 자백한 공동피고인의 자백은 피고인의 자백에 대하여 보
　　강증거가 될 수 있다.[4]

Ⅳ. 보강증거의 범위

　　보강증거가 어느 범위까지 자백을 보강해야 하는가를 보강증거의 범위의 문   22
제라고 한다. 자백한 범죄사실의 전부에 대하여 보강증거를 필요로 하는 것은 사
실상 불가능할 뿐만 아니라 자백의 증거가치를 완전히 부정하는 결과가 된다. 따
라서 보강증거는 범죄사실의 전부에 대한 증거임을 요하지 않고 그 일부에 대한
증거로도 충분하다고 하지 않을 수 없다.[5] 반대로 보강증거로 어떤 증거라도 있
기만 하면 충분하다고 해석할 때에는 자백의 보강법칙은 무의미하게 된다.[6] 여

1　백형구 강의, 642면; 정영석/이형국 388면.
2　대법원 1959. 3. 27, 4292 형상 569; 대법원 1969. 12. 26, 69 도 1419; 대법원 1983. 6. 28,
　　83 도 1111.
3　대법원 1960. 4. 22, 4293 형상 34; 대법원 2006. 5. 11, 2006 도 1944.
4　대법원 1968. 3. 19, 68 도 43.
5　대법원 1971. 2. 23, 71 도 44.
6　대법원 1960. 3. 16, 4292 형상 434; 대법원 1970. 1. 27, 69 도 2200; 대법원 1979. 7. 24,
　　78 도 3226.

기서 자백에 대하여 보강증거를 필요로 하는 범위를 명백히 할 필요가 있다.

1. 견해의 대립

보강증거의 범위에 관하여는 죄체설과 진실성담보설이 대립되고 있다.

23   **1) 죄 체 설**   죄체에 대하여 보강증거가 필요하다는 견해이다. 죄체설은 다시 ① 죄체의 전부에 대하여 보강증거가 있어야 한다는 견해와, ② 죄체의 중요부분에 대하여 보강증거가 있어야 한다는 견해 및 ③ 죄체의 일부에 대하여 보강증거가 있으면 충분하다는 견해가 있으나, 우리나라에서 죄체설을 취하는 학자들은 모두 죄체의 전부 또는 중요부분에 대하여 보강증거가 필요하며 죄체란 객관적 범죄구성사실을 의미한다고 해석하고 있다.[1]

24   죄체라는 개념은 영미법의 corpus delicti(body of the crime)에서 유래한다. 미국의 대부분의 판례는 피고인의 자백이 증거로 제출되기 전에 죄체에 대한 독립된 증거가 제출될 것을 요하며, 따라서 자백에 대한 보강증거는 죄체에 대한 독립된 증거(independent proof of the corpus delicti)가 되어야 한다고 한다.[2] 즉 자백 이외에 죄체 또는 범죄사실의 모든 요소를 합리적 의심이 없을 정도로 증명함에 충분한 증거가 있어야 한다는 것이다. 그러나 죄체에 대한 보강증거가 필요하다고 하기 위하여는 죄체의 개념을 명백히 파악하지 않으면 안 된다. 미국에서 죄체의 개념은 ① 범죄를 구성하는 법익침해가 발생하였다는 사실, ② 법익침해가 누군가의 범죄행위로 인하여 발생하였다는 사실, ③ 피고인이 범죄인이라는 사실의 세 가지 의미로 사용되고 있으나, 일반적으로 죄체의 개념은 ①과 ②의 두 가지를 포함하는 것으로 이해되고 있다.[3] 따라서 죄체설도 보강증거가 피고인이 유죄임을 증명하는 증거일 것을 요하는 것은 아니라고 하겠다.

25   **2) 진실성담보설**   죄체에 대하여 보강증거가 있음을 요하지 않고 자백에 대한 보강증거는 자백의 진실성을 담보하는 정도면 충분하다는 견해이다. 실질설이라고도 하며, 우리나라의 다수설의 태도[4]이다.

---

1 김기두 156면; 정영석/이형국 389면.
   다만, 차용석/최용성 561면은 공판정 외의 자백에는 죄체설, 공판정의 자백에는 진실성담보설을 취하고 있다.

2 McCormick p. 214; Lempert–Saltzburg, A modern Approach to Evidence, p. 762.

3 Rothstein p. 293.

4 김재환 784면; 백형구 490면, 강의 643면; 손동권/신이철 561면; 신동운 1413면; 신현주 675면; 이창현 1040면.

미국의 연방대법원도 Opper사건에서 보강증거는 죄체의 전체를 증명할 필요가 없고 자백의 진실성을 담보할 만한 실질적으로 독립한 증거(evidence tending to establish the trustworthiness of confession)면 충분하다고 판시한 바 있고,[1] Wigmore나 McCormick 도 이를 최상의 방법이라고 한 바 있다.[2] 대법원도 일관하여 「보강증거는 범죄사실 전체에 대한 것이 아니라 하더라도 임의적인 자백사실이 가공적인 것이 아니고 진실한 것이라고 인정할 수 있는 정도의 증거이면 족하다」고 판시하여 진실성담보설의 입장을 명백히 하고 있다.[3] 나아가 자백과 보강증서가 서로 어울려서 전체로서 범죄사실을 인정할 수 있으면 유죄의 증거로 충분하다고 판시하고 있다.[4]

3) 비　　판　　　죄체설은 진실성담보설에 의하면 자백에 보강증거를 필요로 하는 취지가 무의미하게 된다는 것을 이유로 한다. ① 그러나 보강법칙의 직접적 근거가 오판의 위험을 방지하는 데 있는 이상 보강증거가 자백의 진실성을 담보할 때에는 오판의 위험이 없어진다고 할 것이므로 보강법칙의 이유에 비추어 볼 때에도 진실성담보설이 타당하다고 해야 하고, ② 죄체는 공판정의 자백과 공판정 외의 자백을 구별하여 공판정 외의 자백에 대하여만 엄격한 보강증거를 필요로 하는 미국 증거법에서 사용하는 개념으로 이러한 구별이 없는 우리 형사소송법에서 반드시 필요한 개념이라고는 할 수 없고, ③ 죄체는 미국에서도 완전히 정의된 개념이 아니고,[5] ④ 죄체설에 의할지라도 보강증거만으로 합리적 의심 없이 죄체를 증명할 것을 요하는 것이 아니라 죄체가 증명된 것인가는 자백과 보강증거를 종합하여 고려해야 한다는 점에서 진실성담보설과 차이가 없다고 할 것이므로 죄체의 중요부분에 대하여 보강증거가 있어야 한다는 견해는 실질적으로 진실성담보설과 같은 결론을 가져온다고 할 수 있다. 이러한 의미에서 진실성담보설이 타당하다고 생각된다.

판례는 ① 국가보안법상 회합죄에서 '회합 당시 상대방으로부터 받았다는 명함의 현존'(대법원 1990. 6. 22, 90 도 741), ② 뇌물공여죄에서 '범죄일시 경 공여자를 만났고 슬롯머신 영업

26

1　Opper v. United States, 348 U.S. 84(1954).

2　McCormick p. 216.

3　대법원 1969. 6. 10, 69 도 643; 대법원 1994. 9. 30, 94 도 1146; 대법원 2011. 9. 29, 2011 도 8015; 대법원 2017. 12. 28, 2017 도 17628; 대법원 2018. 3. 15, 2017 도 20247; 대법원 2022. 11. 17, 2019 도 11967.

4　대법원 2008. 11. 27, 2008 도 7883; 대법원 2010. 12. 23, 2010 도 11272; 대법원 2011. 9. 29, 2011 도 8015.

5　McCormick p. 215.

허가에 관한 청탁을 받았다는 뇌물공여 상대방의 진술'(대법원 1995. 6. 30,/94 도 993), ③ 무면허운전죄에서 '차량명의인이 피고인인 자동차등록증'(대법원 2000. 9. 26,/2000 도 2365), ④ 필로폰투약죄에서 '체포 시 압수된 필로폰의 현존 및 피고인에게 필로폰을 교부하였다는 제 3 자의 진술'(대법원 2004. 5. 14,/2004 도 1066), ⑤ 도로교통법위반죄(약물로 인한 비정상 상태에서의 운전)에서 '피고인 소변에서 나온 필로폰 양성반응'(대법원 2010. 12. 23,/2010 도 11272), ⑥ 합동절도미수죄에서 '현장 사진이 첨부된 수사보고서 및 현행범인 체포한 피해자의 경찰 진술'(대법원 2011. 9. 29,/2011 도 8015), ⑦ 향정신약 제공·투약죄에서 '향정신약 공급자의 진술조서 및 피고인 휴대전화 내용 수사보고서'(대법원 2018. 3. 15,/2017 도 20247), ⑧ 카메라등이용촬영죄에서 '현장목격 진술이 기재된 압수조서'(대법원 2019. 11. 14,/2019 도 13290), ⑨ 카메라등이용촬용죄에서 '휴대전화에 대한 임의제출서, 압수조서, 압수목록, 압수품사진, 압수물소유권 포기여부 확인서'(대법원 2022. 11. 17,/2019 도 11967)는 보강증거가 된다고 판시하였다. 그러나 ⓐ 5회에 걸친 필로폰투약죄에서 '마지막 투약일 다음날 채취한 소변에서 나온 필로폰 양성반응'은 이전 4회 투약행위의 보강증거가 될 수 없고(대법원 1996. 2. 13,/95 도 1794), ⓑ '필로폰 시가보고 및 매수대금 송금사실'은 필포폰투약죄의 보강증거가 될 수 없다(대법원 2008. 2. 14,/2007 도 10937)고 판시하였다.

2. 보강증거의 구체적 범위

27   범죄의 어느 부분에 보강증거가 있어야 하는가에 대하여는 이론상 죄체설과 진실성담보설에 따라 같은 기준이 적용될 수는 없다. 죄체설에 의하면 그것이 죄체 또는 그 중요부분인가가 문제됨에 반하여, 진실성담보설에 의하면 자백의 진실성을 담보할 것인가가 문제된다. 범죄에 대한 증명은 자백과 보강증거를 종합하여 판단해야 하므로 보강증거를 요하는 범위와 정도도 자백의 신용성에 반비례된다고 할 수 있다. 구체적으로 보강증거가 있어야 하는가가 문제되는 것은 다음과 같은 점에 있다.

(1) 범죄의 주관적 요소

28   미국에서는 범죄의 주관적 요소인 고의에 대하여도 보강증거를 필요로 한다는 판례[1]가 있다. 그러나 우리나라에서는 고의나 목적과 같은 범죄의 주관적 요소에 대하여는 보강증거를 요하지 않는다는 점에 견해가 일치하고 있다. 죄체설은 죄체를 객관적 범죄구성사실이라고 이해하므로 이를 죄체가 아니라고 보게 되고, 주관적 요소에 대한 보강증거는 얻기 어려울 뿐만 아니라 보강증거가 없어도 오판의 위험이 없다고 할 수 있기 때문이다. 대법원도 「범의는 피고인의 자백만

---

1 Adrian v. State, 587 S. W. 2d. 733(1979).

으로 인정할 수 있다」고 판시하고 있다.[1]

(2) 범죄구성요건사실 이외의 사실

처벌조건인 사실 또는 전과에 관한 사실은 엄격한 의미에서의 범죄사실과는 　29
구별되는 것이므로 피고인의 자백에 의하여 인정하면 충분하고, 보강증거를 필요
로 하지 않는다는 점에 견해가 일치하고 있다.[2] 판례도 마찬가지이다.[3]

(3) 죄수와 보강증거

1) 경 합 범　　　　경합범은 수죄이므로 독립된 범죄에 대하여 각각 보강증거가 　30
필요하다는 점에 대하여 이론이 없다.

2) 상상적 경합　　　　상상적 경합은 실체법상 수죄이지만 소송법상으로는 일죄 　31
이므로 중한 죄에 대한 보강증거가 있으면 충분하다는 견해[4]도 있으나, 실체법
상 수죄인 이상 각 범죄에 대하여 보강증거가 필요하다고 해야 한다.[5] 다만, 상
상적 경합은 한개의 행위가 수개의 죄에 해당하는 경우이므로 일죄에 대하여 보
강증거가 있으면 다른 죄에 대하여도 보강증거가 있는 것이 보통이므로 실제상
논쟁의 실익은 없다.

3) 포괄일죄　　　　포괄일죄의 경우에는 포괄성 내지 집합성을 인정할 수 있는 　32
범위에서 보강증거가 있으면 충분하다는 견해[6]와 각 범죄에 대하여 보강증거를
요한다는 견해[7]가 있다. 그러나 포괄일죄에는 여러 가지 유형이 있으므로 이를
일률적으로 해결할 성질은 아니라고 생각된다. 개별적인 행위가 독립된 의미를
가지지 아니한 때(예컨대 영업범)에는 개개의 행위에 대한 보강증거를 요하지 않지만, 그
것이 구성요건상 독립된 의미를 가지는 경우(예컨대 상습범·연속범)에는 보강증거를 요한다고
해석함이 타당하다고 생각된다.[8]

1　대법원 1961. 8. 16, 4294 형상 171.
2　백형구 강의, 643면; 손동권/신이철 561면; 신동운 1415면; 이영란 833면; 차용석/최용성 563면.
3　대법원 1979. 8. 21, 79 도 1528; 대법원 1981. 6. 9, 81 도 1353.
4　백형구 491면, 강의 643면; 손동권/신이철 562면; 이은모/김정환 652면.
5　신양균/조기영 858면; 이영란 833면; 정영석/이형국 390면; 차용석/최용성 563면.
6　차용석/최용성 563면.
7　백형구 강의, 643면; 이영란 545면.
8　김재환 786면; 손동권/신이철 562면; 신동운 1416면; 이주원 602면; 임동규 626면.

§51   **제 9 절   공판조서의 증명력**

Ⅰ. 공판조서의 증명력과 그 전제

1. 공판조서의 배타적 증명력

1   공판기일의 소송절차로서 공판조서에 기재된 것은 그 조서만으로써 증명한
다($\substack{제56 \\ 조}$). 공판조서란 공판기일의 소송절차를 기재한 조서를 말한다. 공판조서만으
로써 증명한다는 것은 다른 증거를 참작하거나 반증을 허용하지 않고 공판조서에
기재된 대로 인정한다는 것을 뜻한다.[1] 이와 같이 공판조서에 대하여 배타적 증
명력을 인정한 것은 자유심증주의에 대한 예외가 된다는 의미이다. 공판기일에서
의 소송절차에 법령위반이 있는가를 상소심에서 심판하는 경우에 원심의 법관이
나 법원사무관 등을 증인으로 신문하는 것은 번잡을 초래할 뿐만 아니라 타당하
지 않다는 고려에서, 공판조서에 대하여 사전에 그 정확성을 보장하고 상소심의
판단자료를 공판조서에 한정하여 상소심에서의 심사의 편의를 도모하기 위한 것
이라고 할 수 있다.

2. 공판조서의 정확성 보장

2   공판조서의 배타적 증명력은 공판조서의 기재의 정확성이 보장될 것을 전제
로 한다. 형사소송법은 공판조서의 정확성을 담보하기 위하여 공판조서는 공판에
참여한 법원사무관 등이 작성하고 법원사무관 등의 기명날인 또는 서명 이외에
재판장이 기명날인 또는 서명하여 정확성을 인증하도록 하고 있다($\substack{제53 \\ 조}$). 변호인
과 피고인에게 공판조서를 열람·등사할 수 있게 하고($\substack{제35조; \\ 제55조}$), 공판기일에 있어서
는 전회의 공판심리에 관한 주요사항의 요지를 조서에 의하여 고지하게 하고, 검
사·피고인·변호인에게 공판조서에 대한 변경을 청구하거나 이의를 제기할 수
있게 하고 있는 것은($\substack{제54조 2 \\ 항·3항}$) 모두 공판조서의 정확성을 보장하기 위한 제도이다.

---

1 대법원 1983. 10. 25, 82 도 571; 대법원 2005. 12. 22, 2005 도 6557; 대법원 2017. 5. 17,
   2017 도 3780; 대법원 2018. 5. 11, 2018 도 4075; 대법원 2019. 3. 28, 2018 도 13685; 대
   법원 2023. 6. 15, 2023 도 3038.

Ⅱ. 증명력이 인정되는 범위

공판조서의 배타적 증명력은 공판기일의 소송절차로서 공판조서에 기재된 것에 한하여 미친다.

1. 공판기일의 소송절차

공판기일의 소송절차에 대하여만 공판조서의 배타적 증명력이 미친다.

1) 공판기일의 절차 공판조서만에 의하여 증명할 수 있는 것은 공판기일의 3
절차에 한한다. 따라서 소송절차라 할지라도 공판기일에서의 소송절차가 아닌 것, 예컨대 공판기일 외에서의 증인신문 또는 검증에 대하여는 공판조서의 배타적 증명력이 인정되지 않는다.

2) 소송절차 공판기일의 절차라 할지라도 소송절차에 대하여만 배타적 증 4
명력이 인정된다. 피고인이나 증인이 진술한 것은 소송절차에 해당하나, 진술내용과 같은 실체면에 관한 사항에 대하여는 공판조서에 기재되어 있다고 할지라도 다른 증거에 의하여 다툴 수 있다. 진술 자체는 소송절차가 아니기 때문이다. 소송절차에 관한 것인 이상 소송절차의 적법성뿐만 아니라 그 존부도 배타적 증명력의 대상이 된다.

> 예컨대 판결선고일이 언제인가 또는 판결선고가 있었는가, 피고인에게 증거조사결과에 대한 의견을 묻고 증거조사를 신청할 수 있음을 고지하고 최종의견진술의 기회를 주었는가와 같은 소송절차에 관한 사실($\binom{대법원 1990. 2. 27,}{89 도 2304}$), 증거동의를 한 사실($\binom{대법원}{2016. 3. 10,}{2015 도}{19139}$)은 공판조서에 의하여 증명되지만, 출석한 변호인에게 변호사의 자격이 있는가는 증명력의 대상이 아니다.

2. 공판조서에 기재된 소송절차

공판조서의 배타적 증명력은 공판조서에 기재된 소송절차에 대하여만 인정 5
된다. 따라서 공판기일의 중요한 소송절차에 관한 것이라 할지라도 공판조서에 기재되지 않은 사항에 대하여는 공판조서에 기재된 다른 내용이나 공판조서 이외의 다른 자료에 의하여 증명할 수 있고, 이는 소송법적 사실에 관한 증명이므로 자유로운 증명으로 충분한 것은 물론이다.[1] 공판조서에 기재되지 않았다고 하여

---

1 대법원 2023. 6. 15, 2023 도 3038.

소송절차의 부존재가 증명되는 것은 아니다. 공판조서에 기재된 것인 이상 그것이 필요적 기재사항인가 아닌가는 불문한다. 여기의 공판조서란 당해 사건의 공판조서를 의미하므로 다른 사건의 공판조서는 배타적 증명력이 인정되지 않는다.

> 따라서 甲 사건에서 증언한 증인이 위증죄로 재판을 받는 경우에 선서를 하였는가를 판단함에 있어서 甲 사건의 공판조서가 배타적 증명력을 가지는 것은 아니다.

6   공판조서에 기재된 사항이라 할지라도 기재가 불명확하거나 모순이 있는 경우에는 공판조서의 배타적 증명력이 인정되지 않는다. 공판조서의 기재에 명백한 오기가 있는 경우에도 올바른 내용에 따라 판단할 수 있다.[1] 오기인가의 여부를 판단함에 있어서 다른 자료의 개입을 허용하는 것은 형사소송법 제56조의 취지에 반한다는 이유로 공판조서의 기재만에 의하여 판단해야 한다는 견해[2]와 다른 자료에 의하여도 판단할 수 있다는 견해[3]가 대립되고 있다. 그러나 공판조서의 배타적 증명력이 기재내용의 진실성 판단에 대하여도 미친다고는 할 수 없으므로 후설이 타당하다고 해야 한다. 판례도 원칙적으로는 공판조서만으로 판단해야 하지만, 공판기록에 편철되거나 법원이 직무상 용이하게 확인할 수 있는 자료 중에 신빙성 있는 자료에 의해서도 판단할 수 있다고 한다.[4]
   공판조서의 기재의 정확성에 대하여 이의신청이 있는 경우나 이의신청이 방해된 경우에는 그 공판조서의 배타적 증명력을 인정할 수 없다고 해야 한다.

Ⅲ. 배타적 증명력 있는 공판조서

7   공판조서의 배타적 증명력은 유효한 공판조서가 존재할 것을 전제로 한다. 따라서 공판조서가 작성되지 않았기 때문에 존재하지 않는 경우에 공판조서의 배타적 증명력이 문제될 수 없다는 것은 당연하다.
   공판조서가 멸실되었거나 무효인 경우에 다른 자료에 의한 증명이 허용되는

---

1 대법원 1995. 4. 14, 95 도 110; 대법원 1995. 12. 22, 95 도 1289; 대법원 1996. 9. 10, 96 도 1252; 대법원 2003. 10. 10, 2003 도 3282; 대법원 2005. 10. 28, 2005 도 5996(제56조는 합헌); 대법원 2019. 3. 28, 2018 도 13685.
2 손동권/신이철 681면; 신동운 1421면; 신양균/조기영 861면; 이영란 838면; 임동규 629면.
3 김재환 791면; 백형구 강의, 692면; 정영석/이형국 125면.
4 대법원 2010. 7. 22, 2007 도 3514.

가에 대하여는 견해가 대립되고 있다. **소극설**은 이 경우에도 다른 자료에 의한 증명이 허용되지 않는다고 한다.[1] 다른 자료에 의한 증명을 인정할 때에는 공판조서에 판결에 영향을 미칠 절차위반의 기재가 있는 경우에 공판조서가 적법하면 판결이 파기됨에 반하여, 무효 또는 멸실된 경우에는 다른 자료에 의하여 파기를 면할 수 있는 불합리한 결과가 된다는 것을 이유로 한다. 그러나 공판조서의 증명력은 유효한 공판조서를 전제로 할 뿐만 아니라 형사소송법이 항소심의 심판에 대하여 파기자판을 원칙으로 하고 있는 점에 비추어 다른 자료에 의한 사실인정이 가능하다고 해석하는 **적극설**이 타당하다고 하지 않을 수 없다.[2]

---

1 권오병 317면; 김기두 274면.
2 김재환 792면; 백형구 강의, 693면; 손동권/신이철 682면; 신동운 1422면; 이창현 1047면; 임동규 631면.

제 3 장 재   판

제 1 절 재판의 기본개념

I. 재판의 의의와 종류

1. 재판의 의의

1   재판이란 협의로는 피고사건의 실체에 대한 법원의 공권적 판단, 즉 유죄와 무죄에 대한 실체적 종국재판을 의미한다. 그러나 소송법적 의미에서 재판이란 널리 법원 또는 법관의 법률행위적 소송행위를 총칭하는 것이다. 법원 또는 법관의 소송행위라는 점에서 검사 또는 사법경찰관의 소송행위와 구별되고, 법률행위적 소송행위라는 점에서 증거조사나 재판의 선고와 같은 사실행위적 소송행위와 구별된다.

2. 재판의 종류

재판은 그 기준에 따라 다음과 같이 분류할 수 있다.

(1) 종국재판과 종국 전의 재판

재판의 기능에 의한 분류이다.

2   1) **종국재판**   종국재판이란 소송을 그 심급에서 종결시키는 재판을 말하며, 유죄·무죄의 재판과 관할위반·공소기각·면소의 재판이 여기에 해당한다. 상소심에서의 파기자판·상소기각의 재판과 파기환송과 파기이송의 판결도 종국재판에 속한다. 종국재판에는 법적 안정성의 원리가 적용되므로 재판을 한 법원이 취소 또는 변경할 수 없다. 종국재판에는 원칙적으로 상소가 허용된다.

3   2) **종국 전의 재판**   종국재판에 이르기까지의 절차에 관한 재판을 종국 전의 재판 또는 중간재판이라고 한다. 종국재판 이외의 결정과 명령이 여기에 해당한다. 종국 전의 재판에는 합목적성의 원리가 지배되므로 그 재판을 한 법원이 취소·변경할 수 있다. 종국 전의 재판에는 원칙적으로 상소가 허용되지 않는다.

(2) 판결 · 결정 · 명령

재판의 형식에 의한 분류이다.

1) 판　결　　　판결은 종국재판의 원칙적 형식이며, 가장 중요한 재판의 형 **4**
식이다. 판결에는 실체재판인 유죄 · 무죄의 판결과 형식재판인 관할위반 · 공소기
각 및 면소의 판결이 있다. 실체재판은 모두 판결이나 형식재판에는 판결 이외에
결정인 경우($^{공소기각}_{의\ 결정}$)도 있다. 판결은 원칙적으로 구두변론(口頭辯論)에 의하여야
하고($^{제37조}_{1항}$), 이유를 명시하여야 하며($^{제39}_{조}$), 판결에 대한 상소방법은 항소 또는 상
고이다. 재심과 비상상고는 판결에 대하여만 할 수 있다.

2) 결　정　　　결정은 종국 전의 재판의 원칙적 형식이며, 절차에 관한 재판 **5**
은 원칙적으로 결정에 의한다. 보석허가결정($^{제95}_{조}$), 증거신청에 대한 결정($^{제295}_{조}$) 또
는 공소장변경의 허가($^{제298}_{조}$)가 여기에 해당한다. 다만, 종국재판도 결정에 의할
수 있다($^{공소기각}_{의\ 결정}$). 결정은 구두변론을 거치지 아니할 수 있으며($^{제37조}_{2항}$), 필요하면 사
실을 조사할 수 있다($^{동조}_{제3항}$). 위 조사는 부원(部員)에게 명할 수 있고 다른 지방법원
의 판사에게 촉탁할 수 있다($^{동제}_{제4항}$). 상소를 불허하는 결정을 제외하고는 결정에
도 이유를 명시하여야 하고($^{제39}_{조}$), 결정에 대한 상소는 항고에 의한다.

3) 명　령　　　명령은 법원이 아니라 재판장 · 수명법관 · 수탁판사로서 법관 **6**
이 하는 재판을 말한다. 명령은 모두 종국 전의 재판이다. 형사소송법에 명령이
라고 규정하지 않은 경우에도 재판장 또는 법관 1인이 하는 재판은 모두 명령에
해당한다. 그러나 약식명령은 명령이 아니라 독립된 형식의 재판이다. 명령에 대
하여 구두변론을 거치지 않고, 사실조사를 할 수 있는 것은 결정의 경우와 같다
($^{제37조\ 2}_{항 \cdot 3항}$). 명령에 대한 일반적인 상소방법은 없다. 다만, 특수한 경우에 이의신청
($^{예컨대}_{제304조}$) 또는 준항고($^{제416}_{조}$)가 허용된다.

(3) 실체재판과 형식재판

재판의 내용에 의한 분류이다.

1) 실체재판　　　실체재판이란 사건의 실체, 즉 실체적 법률관계를 판단하는 **7**
재판을 말한다. 본안재판이라고도 한다. 유죄판결과 무죄판결이 여기에 해당한
다. 실체재판은 모두 종국재판이며 판결의 형식에 의한다.

2) 형식재판　　　형식재판은 사건의 실체에 관하여 심리하지 않고 절차적 · 형 **8**
식적 법률관계를 판단하는 재판을 말한다. 종국 전의 판결은 모두 형식재판이며
종국재판 가운데 관할위반 · 공소기각 및 면소의 재판은 형식재판에 해당한다.

II. 재판의 성립과 방식

1. 재판의 성립

9   재판은 법원 또는 법관의 의사표시이므로 의사의 결정과 결정된 의사의 표시라는 두 단계로 나누어 생각할 수 있다. 전자를 내부적 성립, 후자를 외부적 성립이라고 한다.

(1) 내부적 성립

10   재판의 의사표시적 내용이 당해 사건의 심리에 관여한 재판기관의 내부에서 결정되는 것을 내부적 성립이라고 한다. 심리에 관여하지 않은 법관이 재판의 내부적 성립에 관여하는 것은 허용되지 않는다. 심리에 관여하지 않은 판사가 내부적 성립에 관여한 때에는 절대적 항소이유가 된다($\frac{제361조의}{5 \ 제8호}$). 재판의 내부적 성립이 있는 때에는 그 후 법관이 경질되어도 공판절차를 갱신할 필요가 없다. 재판의 내부적 성립의 시기는 합의부와 단독판사의 경우를 구별하여야 한다.

11   **1) 합의부의 재판**   합의부의 재판은 그 구성원인 법관의 합의에 의하여 내부적으로 성립한다. 재판의 합의는 과반수로 결정하며($\frac{법조법}{제66조 \ 1항}$), 합의에 관하여 의견이 3설 이상 분립하여 각각 과반수에 이르지 못할 때에는 과반수에 이르기까지 피고인에게 가장 불리한 의견의 수에 차례로 유리한 의견의 수를 더하여 그 중 가장 유리한 의견에 의한다($\frac{동조 \ 제}{2항 \ 2호}$). 심판의 합의는 공개하지 아니한다($\frac{동법}{제65조}$). 다만, 대법원 재판서에는 합의에 관여한 모든 대법관의 의견을 표시하여야 한다($\frac{동법}{제15조}$).

12   **2) 단독판사의 재판**   단독판사가 하는 재판에는 합의의 단계가 없으므로 절차갱신의 요부라는 목적론적 관점에서 재판서의 작성 시에 내부적으로 성립한다고 해야 한다. 다만, 재판서의 작성이 없는 재판에 있어서는 재판의 고지 내지 선고에 의하여 내부적·외부적 성립이 동시에 있다고 해야 한다.

(2) 외부적 성립

13   **1) 외부적 성립의 시기**   재판의 의사표시적 내용이 재판을 받는 자에게 인식될 수 있는 상태에 이른 것을 재판의 외부적 성립이라고 한다. 따라서 재판은 선고 또는 고지에 의하여 외부적으로 성립한다.

2) **재판의 선고와 고지의 방법**   재판의 선고 또는 고지는 공판정에서는 재판   14
서에 의하여야 하고 기타의 경우에는 재판서의 등본의 송달 또는 다른 적당한 방
법으로 하여야 한다. 다만, 법률에 다른 규정이 있는 때에는 예외로 한다($\frac{제42}{조}$).
모사전송의 방법으로 송부하는 것도 다른 적당한 방법에 해당한다.[1] 재판의 선
고 또는 고지는 재판장이 한다. 판결을 선고함에는 주문을 낭독하고 이유의 요지
를 설명하여야 한다($\frac{제43}{조}$). 판결 선고는 그 절차를 마쳤을 때 종료되므로, 종료 전
에는 일단 낭독한 주문의 내용을 정정하여 다시 선고할 수 있지만, 무제한 허용
되는 것이 아니고 재판서에 기재된 주문과 이유를 잘못 낭독하거나 설명하는 등
실수가 있거나 판결 내용에 잘못이 있음이 발견된 경우와 같이 특별한 사정이 있
는 경우에 변경 선고가 허용된다.[2]

재판의 선고와 고지는 이미 내부적으로 성립한 재판을 대외적으로 공표하는
행위에 불과하다. 따라서 이는 반드시 재판의 내부적 성립에 관여한 법관에 의하
여 행하여질 것을 요하지 않는다. 재판이 내부적으로 성립한 이상 내부적 성립에
관여하지 않은 판사가 재판을 선고하여도 재판의 외부적 성립에는 영향이 없다.

3) **외부적 성립의 효력**   종국재판이 외부적으로 성립한 때에는 법적 안정성   15
의 요청에 의하여 그 재판을 한 재판기관도 여기에 구속되어 철회하거나 변경할
수 없다. 이를 재판의 구속력이라고 한다. 그러나 종국 전의 재판에서는 합목적
성의 원리에 의하여 철회와 변경이 널리 인정된다. 대법원의 판결내용에 오류가
있음을 발견한 때에는 대법원은 직권 또는 검사 · 상고인이나 변호인의 신청에 의
하여 판결로써 정정할 수 있다($\frac{제400조}{1항}$).

2. 재판의 구성과 방식

(1) 재판의 구성

재판은 주문과 이유로 구성된다. 주문은 재판의 대상이 된 사실에 대한 최종   16
적 결론을 말한다. 형의 선고를 하는 판결의 경우에는 구체적인 선고형이 주문의
내용을 이룬다. 형의 집행유예, 노역장유치기간, 재산형의 가납명령 및 소송비용
의 부담도 주문에 기재된다. 형을 선고하는 판결의 주문은 판결의 집행과 전과기

---

1 대법원 2004. 8. 12. 결정, 2004 모 208.
2 대법원 2022. 5. 13, 2017 도 3884(징역 1년의 주문 낭독 후 피고인이 소란을 부리자 징역
   3년으로 정정 선고한 것은 위법하다고 한 사례).

록의 기초가 된다.[1] 재판에는 이유를 명시하여야 한다. 다만, 상소를 불허하는 결정 또는 명령은 예외로 한다($\frac{제39}{조}$). 재판에 이유를 명시하도록 한 것은 재판의 공정성을 담보하고, 상소권자에게 상소제기의 여부에 대한 정당한 판단을 할 수 있게 하고, 상소심이 판결의 당부를 심사할 기초를 마련하며, 기판력의 범위를 명백히 하고, 집행기관에 수형자의 처우에 대한 기준을 제공한다는 점에 그 이유가 있다.[2]

(2) 재판의 방식

17　　재판을 할 때에는 재판서를 작성하여야 한다. 다만, 결정 또는 명령을 고지하는 경우에는 재판서를 작성하지 아니하고 조서에만 기재하여 할 수 있다($\frac{제38}{조}$). 재판서는 재판의 형식에 따라 판결서·결정서 또는 명령서라고 할 수도 있다.

　　재판서에는 법률에 다른 규정이 없으면 재판을 받는 자의 성명·연령·직업과 주거를 기재하여야 하고, 재판을 받는 자가 법인인 때에는 그 명칭과 사무소를 기재하여야 하며, 판결서에는 기소한 검사와 공판에 관여한 검사의 관직·성명과 변호인의 성명을 기재하여야 한다($\frac{제40}{조}$). 재판서에는 재판한 법관이 서명날인하여야 한다. 재판장이 서명날인할 수 없는 때에는 다른 법관이 그 사유를 부기하고 서명날인하여야 하며, 다른 법관이 서명날인할 수 없는 때에는 재판장이 그 사유를 부기하고 서명날인하여야 한다($\frac{제41조 1}{항·2항}$).

　　판결과 각종 영장(감정유치장 및 감정처분허가장을 포함)은 서명날인에 갈음하여 기명날인할 수 없는 재판서이다($\frac{규칙 제}{25조의 2}$).

18　　검사의 집행지휘를 요하는 재판은 재판서 또는 재판을 기재한 조서의 등본 또는 초본을 재판의 선고 또는 고지한 때로부터 10일 이내에 검사에게 송부하여야 한다. 단, 법률에 다른 규정이 있는 때에는 예외로 한다($\frac{제44}{조}$). 피고인 기타 소송관계인은 비용을 납입하고 재판서 또는 재판을 기재한 조서의 등본 또는 초본의 교부를 청구할 수 있다($\frac{제45}{조}$). 재판서 또는 재판을 기재한 조서의 등본 또는 초본은 원본에 의하여 작성하여야 한다. 다만, 부득이한 경우에는 등본에 의하여

1　Peters S. 473.

2　Gössel S. 281; Hürxthal KK § 267, Rn. 2; Meyer–Goßner § 34, Rn. 1; Peters S. 474; Roxin S. 400.
　이러한 의미에서 재판의 이유는 통제기능(Kontrollfunktion), 정의기능(Definitionsfunktion) 및 정보기능(Informationsfunktion)을 가진다고 할 수 있다. Schlüchter SK § 267, Rn. 2–4

작성할 수 있다($\overset{제46}{조}$).

　재판서에 잘못된 계산이나 기재, 그 밖에 이와 비슷한 잘못이 있음이 분명한 때에는 법원은 직권으로 또는 당사자의 신청에 따라 경정결정을 할 수 있다($\overset{규칙 제}{25조 1항}$). 따라서 판결의 내용을 실질적으로 변경하는 경정결정은 허용되지 않으며, 경정결정은 주문에 기재하여야 한다.[1] 경정결정은 재판서의 원본과 등본에 덧붙여 적어야 한다. 다만, 등본에 덧붙여 적을 수 없을 때에는 경정결정의 등본을 작성하여 재판서의 동본을 송달받은 자에게 송달하여야 한다($\overset{동조}{제2항}$). 경정결정에 대하여는 즉시항고를 할 수 있다($\overset{동조}{제3항}$).

제 2 절　종국재판　　　　§53

　피고사건에 대한 당해 소송을 그 심급에서 종결시키는 재판을 종국재판이라　　1
고 한다. 종국재판에는 실체재판과 형식재판이 있다. 유죄판결과 무죄판결이 실체재판이다. 형식재판에는 관할위반의 판결, 공소기각의 판결과 결정, 면소의 판결이 포함된다. 이러한 종국재판은 원칙적으로 공판기일에서 심리와 변론을 거쳐 행하여진다. 다만, 공소기각의 결정은 결정이므로 구두변론에 의할 필요가 없다.

Ⅰ. 유죄의 판결

1. 유죄판결의 의의

　피고사건에 대하여 범죄의 증명이 있는 때에 선고하는 실체재판을 유죄판결　　2
이라 하며, 여기에는 형의 선고의 판결과 형의 면제와 선고유예의 판결이 포함된다. 피고사건에 대하여 범죄의 증명이 있는 때에는 형의 면제 또는 선고유예의 경우 외에는 판결로써 형을 선고하여야 한다($\overset{제321조}{1항}$). 여기서 피고사건이란 공소범죄사실과 이에 대응하는 적용법조를 의미하고, 범죄의 증명이 있는 때란 법관이 범죄사실의 존재에 대하여 확신을 얻는 것을 말한다. 그리고 피고사건에 대하여

---

1 대법원 2021. 1. 28, 2017 도 18536(유죄 범죄사실의 일부를 삭제하고 이유무죄 판단을 추가한 것은 위법); 대법원 2021. 4. 29, 2021 도 26(이유 중 법령의 적용 부분을 정정하여 누범 해당 범행의 범위를 변경한 것은 위법).

형의 면제 또는 선고유예를 하는 때에도 판결로써 선고하여야 한다($^{제322}_{조}$).[1]

　　형의 집행유예, 판결전 구금의 산입일수,[2] 노역장유치기간 및 가납명령도 형의 선고와 동시에 판결로써 선고하여야 한다($^{동조 제 2 항,}_{제334조 2항}$).

2. 유죄판결에 명시할 이유

3　　유죄판결은 피고인의 형사책임을 확정하는 판결이므로 충분한 이유설명을 필요로 한다. 형사소송법은 「① 형의 선고를 하는 때에는 판결이유에 범죄될 사실, 증거의 요지와 법령의 적용을 명시하여야 한다. ② 법률상 범죄의 성립을 조각하는 이유 또는 형의 가중·감면의 이유되는 사실의 진술이 있은 때에는 이에 대한 판단을 명시하여야 한다」고 규정하고 있다($^{제323}_{조}$). 유죄판결에는 어떤 범죄사실에 대하여 어떤 법률을 적용하였는지 객관적으로 알 수 있도록 분명하게 기재할 것을 요구하는 것이다.[3] 그러나 유죄판결에 명시해야 할 이유가 여기에 한정되는 것은 아니다. 구체적 사안에 따라 재판에는 이유를 명시하여야 한다고 규정한 형사소송법 제39조의 취지에 비추어 필요하다고 생각되는 사항에 관하여는 이유설명이 필요하다고 해야 한다.

　　형사소송법 제323조 1항의 유죄판결에 명시할 이유는 유죄판결을 기초지우는 이유이다. 따라서 그 위반은 판결에 이유를 붙이지 않거나 이유에 모순이 있는 때에 해당하여 절대적 항소이유($^{제361조의}_{5 \ 제11호}$)가 되고, 어느 하나를 누락하면 제383조 1항에 정한 상고이유인 판결에 영향을 미친 법률위반으로서 파기사유가 된다.[4] 이에 반하여 제323조 2항의 위반은 그 판단사항이 이유 자체는 아니므로 단순한 소송절차의 법령위반($^{제361조의}_{5 \ 제 1 호}$)이 되는 데 그친다.

(1) 범죄될 사실

4　　1) 범죄될 사실의 의의　　　　범죄될 사실이란 특정한 구성요건에 해당하는 위법

1　형의 면제의 사유는 각 형벌법규에 규정되어 있으며 주문은 「피고인에 대한 형을 면제한다」로 되고, 선고유예의 요건은 형법 제59조에 규정되어 있으며 주문은 「피고인에 대한 형의 선고를 유예한다」로 표시하지만 실효로 형을 선고할 경우(형법 제61조)에 대비하여 이유에서 유예한 형 및 부수처분을 명시해 둔다.

2　판결전 구금일수는 모두 본형에 산입되어 이를 별도로 판결에서 판단할 필요가 없게 되었으므로(대법원 2009. 12. 10, 2009 도 11448), 이 부분은 개정을 통하여 삭제되어야 할 것이다 (이창현 1063면).

3　대법원 1974. 7. 26(전원합의체판결), 74 도 1477.

4　대법원 2012. 6. 28, 2012 도 4701; 대법원 2017. 4. 7, 2017 도 744.

하고 유책한 구체적 사실을 말한다. 유죄판결에 범죄될 사실을 기재하도록 한 것은 그것이 법적 평가의 사실상의 기초가 될 뿐 아니라, 사건의 동일성과 일사부재리의 효력의 범위를 명확히 하는 기능을 가지기 때문이다. 따라서 범죄될 사실과 제307조의 엄격한 증명의 대상이 되는 사실은 기능적·목적론적 차이로 인하여 구체성의 정도와 범위를 달리한다. 범죄될 사실은 공소사실과 동일성이 인정되고 실체법의 적용을 수긍하기에 충분할 정도로 구성요건에 해당하는 구체적 사실을 기재할 것을 요함에 대하여, 엄격한 증명을 요하는 사실은 증명의 과정에서 합리적 의심의 여지가 없기까지 구체화되어야 하는 사실로서 고도의 구체성이 요구된다. 전자가 실체형성 결과의 표시라면, 후자는 실체형성 자체의 문제라고 할 수 있다.

2) 범죄될 사실의 범위　　　　유죄판결에 명시해야 할 범죄될 사실에는 다음과 같은 사실이 포함된다.

㈎ 구성요건해당사실　　　　구성요건에 해당하는 구체적 사실은 범죄될 사실이다. 　5
그러므로 구성요건의 요소가 되는 행위의 주체와 객체, 행위의 결과 및 인과관계는 범죄될 사실에 해당한다.

> 공문서위조의 수단이나 방법$\left(\substack{\text{대법원 1979. 11. 13.}\\ \text{79 도 1782}}\right)$, 증뢰죄에 있어서의 공무원의 직무범위 $\left(\substack{\text{대법원 1982. 9. 28.}\\ \text{80 도 2309}}\right)$, 상해죄에 있어서 상해의 부위와 정도$\left(\substack{\text{대법원 1982. 12. 28.}\\ \text{82 도 2588}}\right)$에 관한 기재가 없는 경우에는 범죄사실을 명시하였다고 볼 수 없다. 목적범에 있어서의 목적, 재산죄의 불법영득의 의사도 구성요건해당사실이므로 명시할 것을 요한다.

고의와 과실도 범죄사실에 해당한다. 다만 고의는 객관적 구성요건요소의 존재에 의하여 인정되는 것이므로 특히 이를 명시할 것을 요하지 않는다. 그러나 구성요건에 해당하는 사실만으로 고의가 인정되지 않을 때에는 고의도 명시하여야 한다.[1] 과실범에서는 주의의무 발생의 전제인 구체적 상황, 주의의무의 내용, 주의의무위반의 구체적 행위 등을 명시하지 않으면 안 된다.

구성요건해당사실은 기본적 구성요건에 해당하는 경우뿐만 아니라 그 수정　6
형식인 미수·예비·공범 등에 해당하는 경우도 포함한다. 따라서 실행의 착수에 해당하는 사실은 물론 장애미수와 중지미수의 구별도 명시할 것을 요한다. 공범에 관하여는 공동정범과 교사범 및 방조범을 명확히 하여야 한다. 공모공동정범

1　Hürxthal KK § 267, Rn. 8; Meyer-Goßner § 267, Rn. 7; Schlüchter SK § 267, Rn. 8.

에 있어서 공모도 범죄사실에 해당한다.[1] 공모는 실행행위를 분담하지 않는 자가 타인의 행위에 대하여 자기의 범죄로 책임을 지기 위하여 필요한 요건이 되기 때문이다.

7   범죄의 일시와 장소는 그것이 구성요건요소로 되어 있는 경우를 제외하고는 범죄사실 그 자체라고 할 수는 없고 범죄사실을 특정하기 위한 요소에 지나지 않는다고 해야 한다. 따라서 일시와 장소는 범죄사실을 특정하기 위하여 필요한 범위에서 명시할 것을 요한다.[2]

8   (나) **위법성과 책임**   범죄될 사실은 구성요건에 해당하는 위법·유책한 행위이다. 그러나 구성요건해당성은 위법성과 책임을 징표하므로 구성요건에 해당하는 때에는 위법성과 책임은 사실상 추정되어 특별한 판단을 요하지 않는다.

9   (다) **처벌조건**   처벌조건인 사실은 구성요건해당사실은 아니나 형벌권의 존부를 좌우하는 범죄될 사실이며, 따라서 판결이유에 명시하여야 한다는 점에 이론이 없다.

10   (라) **형의 가중·감면사유**   결과적 가중범과 같이 중한 결과가 이미 구성요건요소로 되어 있는 때에는 그것이 범죄사실에 포함된다는 점에 의문이 없다. 누범의 전과와 같은 법률상 형의 가중사유나 법률상 형의 감면사유도 판결이유에 명시하여야 한다는 데는 견해가 일치하고 있다. 다만 누범의 전과를 명시해야 하는 이유에 관하여는 범죄될 사실은 엄격한 증명을 요하는 사실과 같이 형벌권의 범위를 정하는 사실을 의미하므로 누범의 전과도 형벌권의 범위를 정하는 사실로서 범죄사실에 포함되기 때문이라는 견해[3]와, 범죄사실은 아니나 중요사실이므로 표시를 요한다는 견해[4]가 대립되고 있다. 생각건대 엄격한 증명을 요하는 사실과 범죄사실의 범위가 반드시 일치하는 것은 아니고 누범전과를 범죄사실이라 하기는 어려우므로 이는 범죄사실은 아니지만 판결이유에 판시된 사항이기 때문에 제39조의 일반원칙에 의하여 범죄사실에 준하여 표시해야 한다고 해석하는 것이 타당하다고 하겠다.

---

1 대법원 2007. 4. 27, 2007 도 236.
2 대법원 1986. 8. 19, 86 도 1073.
3 강구진 519면; 김기두 284면.
4 백형구 530면, 강의 756면; 신동운 1442면; 신현주 698면; 임동규 691면.

　　단순한 양형사유인 정상에 관한 사실은 명시할 필요가 없다.[1] 그러나 양　　11
형사유가 제39조에 의하여 판단할 필요가 있는 경우도 있다. 특히 사형을 선
고하거나[2] 이례적인 양형을 하는 경우에는 이를 표시해야 한다.

　　독일 형사소송법은 유죄판결에 양형의 이유도 표시하도록 하고 있다($^{제267}_{조}$). 양형은
　　범죄사실의 인정과 같은 가치를 가지고 피고인에게는 보다 중요한 의미를 갖는 부분
　　인 점에 비추어[3] 입법론상 재검토를 요한다.

　　3) 명시의 정도　　　범죄될 사실은 법적 구성요건과의 관계에서 구체적으로 명　　12
시할 것을 요한다. 범죄의 일시와 장소는 범죄사실을 특정하기 위하여 필요한 정
도로 기재하면 충분하다. 대법원은 범죄의 일시는 형벌법규가 개정된 경우 그 적
용법령을 결정하고 행위자의 책임능력을 명확히 하고 공소시효의 완성 여부를 명
확히 할 수 있는 정도로 판시하면 된다고 하고 있다.[4] 또 공범인 교사범과 방조
범의 범죄사실을 적시함에 있어서는 그 전제조건이 되는 정범의 범죄구성요건이
되는 사실도 적시하여야 한다.[5]

　　문제는 범죄사실의 택일적 인정을 허용할 수 있느냐에 있다. 독일에서는 절도와 장　　13
　　물취득의 어느 것인가가 명백하지 않는 경우에 양자가 시간적·장소적으로 결합되어
　　하나의 행위로 볼 수 있는 때에는 피고인에게 유리한 사실을 인정하는 것을 허용하
　　고 있다.[6] 그러나 범죄사실을 명시할 것을 요구하고 법원의 심판의 범위도 공소장
　　에 기재된 공소사실에 제한하고 있는 우리 형사소송법에서는 범죄사실의 택일적 인
　　정은 허용되지 않는다고 하겠다.[7] 판례도 특별한 사정이 없는 한 유죄판결의 이유
　　에 명시하여야 할 범죄될 사실을 택일적으로 기재할 수 없다는 입장이다.[8]

　　경합범에 대하여는 각 개의 범죄사실을 구체적으로 특정하여 판시하여야 한　　14

1　대법원 1969. 11. 18, 69 도 1782.
2　대법원 2000. 7. 6, 2000 도 1507.
3　Meyer–Goßner § 267, Rn. 18; Peters S. 478; Schlüchter SK § 267, Rn. 45; Zipf S. 201.
4　대법원 1971. 3. 9, 70 도 2536.
5　대법원 1981. 11. 24, 81 도 2422.
6　Hürxthal KK § 267, Rn. 11; Meyer–Goßner § 260, Rn. 27; Peters S. 477; Roxin S. 396.
7　김재환 816면; 신동운 1442면; 임동규 692면; 차용석/최용성 715면.
8　대법원 1993. 5. 25, 93 도 558(A 종중과 B 종중 가운데 어느 한 종중으로부터 임야 소유자
　명의를 신탁받아 보관하다가 횡령하였다고 기재). 일본 판례 중에는 A와 B가 살인죄를 공모
　한 이상, 그 실행자를 'A 또는 B 혹은 A·B 두 사람'이라고 택일적으로 인정한 것은 적법하
　다고 한 것이 있다(日最決 2001. 4. 11[刑集 55-3, 127]).

다. 상상적 경합도 사실상의 수죄이므로 각개의 범죄사실을 구체적으로 판시할
것을 요한다. 이에 반하여 포괄일죄의 경우에는 그 전체 범행의 시기와 종기, 범
행방법, 범행횟수, 피해액의 합계 등을 명시하여 포괄적으로 판시하여도 좋다.[1]

> 그러나 1975. 9.부터 1980. 7. 사이에 피고인이 교도소에 복역한 기간을 공제한 나
> 머지 기간 동안 매달 평균 2-3회 폭행하였다고 기재하는 것으로는 범죄사실이 명시
> 되었다고 할 수 없다(대법원 1981. 4. 28, 81 도 809).

(2) 증거의 요지

15   **1) 증거요지의 의의**   증거의 요지란 범죄될 사실을 인정하는 자료가 된 증
거의 요지를 말한다. 판결이유에 증거의 요지를 기재할 것을 요구하는 것은 법관
의 사실인정의 합리성을 담보하고, 당사자를 설득케 하며 상소심의 심사에 대한
편의를 제공하는 데 있다. 증거에 의하여 범죄사실을 인정한 이유를 설명할 것을
요하지 않고 증거요지를 기재하면 되도록 한 것은 소송경제와의 조화를 고려한
것이다.

16   **2) 증거적시를 요하는 범위**   증거의 요지를 적시할 것을 요하는 것은 범죄사
실의 내용을 이루는 사실에 제한된다. 따라서 유죄판결의 증거는 범죄사실을 증
명할 적극적 증거를 적시하면 충분하고, 범죄사실 인정에 배치되는 소극적 증거
까지 들어 판단할 필요는 없다.[2]

피고인이 알리바이를 내세우는 증거에 대하여도 증거판단을 요하지 않는
다.[3] 범죄의 원인과 동기, 일시와 장소도 범죄사실은 아니므로 증거적시를 요하
지 않는다. 고의는 범죄사실의 내용을 이루지만 객관적 구성요건요소에 의하여
그 존재가 인정될 수 있으므로 이를 인정하기 위한 증거적시가 필요 없다. 대법
원은 종래 고의를 책임요소로 이해하여 증거적시를 요하지 않는다고 하였다.[4]
누범전과는 범죄사실이 아니므로 증거적시를 요하지 않는다는 견해[5]도 있다. 그
러나 누범전과는 범죄사실에 준하는 사실이므로 증거적시를 요한다고 해석해야
할 것이다. 소송비용의 부담에 대하여도 증거적시를 요하지 않는다.

---

1 대법원 1983. 1. 18, 82 도 2572; 대법원 2005. 11. 10, 2004 도 1164.
2 대법원 1979. 10. 16, 79 도 1384; 대법원 1981. 4. 28, 81 도 459.
3 대법원 1982. 9. 28, 82 도 1798.
4 대법원 1959. 12. 23, 4291 형상 539; 대법원 1961. 9. 28, 4294 형상 431.
5 서일교 217면.

소송법적인 사실, 예컨대 자백의 임의성이나 신빙성 또는 소송조건에 관한 사실에 대하여도 증거적시를 요하지 않는다. 증명을 요하지 않는 공지의 사실에 대하여도 같다.

3) 증거적시의 방법   증거의 요지를 적시함에 있어서는 어떤 증거로부터 어   17
떤 사실을 인정하였는가를 알 수 있도록 당해 증거를 구체적·개별적으로 표시해야 한다. 진술은 사람별로, 서증은 각 서류별로, 물증은 그 물건을 표시한다. 서증 중 가분인 일부분을 적시할 경우에는 당해 부분을 특정하여 표시해야 한다. 예컨대 검사 작성의 피의자신문조서 중 판시사실에 부합하는 진술기재라고 설시한 것은 적법한 증거설시이다.[1] 반드시 범죄사실을 인정한 모든 증거를 나열할 필요는 없으며, 어떤 증거에 의하여 어떤 범죄사실을 인정하였는가를 알아볼 수 있을 정도로 증거의 중요부분을 표시하면 된다.[2] 수개의 사실을 인정한 경우에는 개개의 인정사실마다 증거적시를 하는 것이 가장 확실한 방법이다. 그러나 전체로 보아 동일 또는 일련의 자연적·사회적 사실에 기한 경우에는 각 사실의 증거가 공통되므로 일괄 적시하는 것이 오히려 간명한 경우가 있다. 따라서 증거요지의 설시는 반드시 각 사실마다 나누어 쓸 것을 요하는 것은 아니다.[3] 요컨대 일정한 범죄사실의 내용과 적시된 증거의 요지를 대조하여 어떤 내용의 증거자료에 의하여 범죄사실을 인정하였는가를 짐작할 수 있을 정도로 기재하면 충분하다고 할 것이다.[4]

적시한 증거는 적법한 증거조사를 거친 증거능력 있는 증거에 한한다. 그러   18
나 이러한 증거를 적시하면 충분하고, 증거가 적법한 이유를 설명할 것은 요하지 않는다. 증거에 의하여 사실을 인정한 이유[5]나 증거를 취사한 이유도 설명할 필요는 없다. 공소사실에 부합하는 증거를 배척하는 경우에도 그 이유를 설명해야 하는 것도 아니다.[6]

---

1 대법원 1969. 8. 26, 69 도 1007.
2 대법원 1961. 7. 13, 4294 형상 194; 대법원 1971. 2. 23, 70 도 2529; 대법원 2010. 10. 14, 2010 도 9151.
3 대법원 1969. 9. 23, 69 도 1219.
4 대법원 1971. 8. 10, 71 도 1143; 대법원 1983. 7. 12, 83 도 995; 대법원 2001. 7. 27, 2000 도 4298.
5 대법원 1970. 12. 29, 70 도 2376.
6 대법원 1968. 6. 20(전원합의체판결), 68 도 449; 대법원 1982. 9. 28, 82 도 1798; 대법원 1986. 10. 14, 86 도 1606.

(3) 법령의 적용

19   법령의 적용이란 인정된 범죄사실에 대하여 실체형벌법규를 적용하는 것을
말한다. 법령의 적용을 명시할 것을 요구하는 것은 죄형법정주의의 원칙에 따라
인정된 범죄사실에 실체법이 올바르게 적용되고 정당한 형벌이 과하여졌는가를
알 수 있는 명백한 근거를 제시하기 위한 것이다. 따라서 법령의 적용도 어떤 범
죄사실에 대하여 어떤 법령을 적용하였는가를 객관적으로 알 수 있도록 분명하게
기재해야 한다.[1] 먼저 형법각칙의 각 본조와 처벌에 관한 규정을 명시해야 함은
당연하다. 다만, 각 본조의 항을 기재하지 않았다고 하여 그것만으로 위법하다고
할 수는 없다.[2] 형법총칙의 규정도 형사책임의 기초를 명백히 하기 위하여 중요
한 의미를 가진 규정은 명시해야 한다. 따라서 누범·심신장애 등의 형의 가
중·감면사유와 경합범, 상상적 경합에 관한 규정도 표시하여야 한다. 중지미
수·불능미수와 공범에 관한 규정도 원칙적으로 표시할 것을 요한다.

> 대법원은 공동정범의 성립을 인정한 이상 형법 제30조를 적시하지 않은 잘못만으로
> 위법이라 할 수는 없다고 판시하고 있다(대법원 1983. 10. 11, 83 도 1942).

법령의 적용은 반드시 공소장에 기재된 적용법조에 구속되는 것이 아니다.
공소장변경의 필요성이 없는 범위에서 법원은 공소장에 기재된 적용법조와 다른
법령을 적용할 수 있다.[3] 법령의 적용은 범죄사실에 대하여 적용되는 실체형벌
법규의 적용을 요구하므로 몰수와 압수장물 환부를 선고하면서 적용법률을 표시
하지 않은 경우에도 이 규정을 적용한 취지가 인정되는 이상 위법이라고 할 수는
없다.[4]

(4) 소송관계인의 주장에 대한 판단

1) 제323조 2항의 의의

20   (가) 제도의 취지   법률상 범죄의 성립을 조각하는 이유 또는 형의 가중·감
면의 이유되는 사실의 진술이 있은 때에는 이에 대한 판단을 명시하여야 한다
(제323조 2항). 소송관계인으로부터 이러한 사실의 주장이 있었음에도 불구하고 유죄판

---

1 대법원 2004. 4. 9, 2004 도 340.
2 대법원 1971. 8. 31, 71 도 1334.
3 대법원 1972. 2. 22, 71 도 2099.
4 대법원 1971. 4. 30, 71 도 510.

결을 선고한 때에는 그 사유의 부존재를 법원이 묵시적으로 판단하였다고 할 수 있다. 그럼에도 불구하고 유죄판결의 이유에 이에 대한 판단을 명시할 것을 요구하는 것은 법원이 당사자의 주장을 무시하지 않고 명백히 판단하였음을 표시하는 당사자주의의 표현일 뿐 아니라, 이에 의하여 재판의 객관적 공정성을 담보하는데 그 취지가 있다. 다만, 이러한 사유에 대한 소송관계인의 주장이 인정된 때에는 무죄의 판결을 하거나 제 1 항에 의하여 판결이유에서 기재할 것이므로 제 2 항은 그 주장이 배척된 때에만 의미를 가진다.

(나) **주장과 판단의 방법**   법률상 범죄의 성립을 조각하는 이유 또는 형의 가   21
중·감면의 이유되는 사실의 주장에 대한 판단은 소송관계인의 진술이 있을 것을 요건으로 한다.[1] 진술이 심리의 어느 단계에서 있었는가는 문제되지 않으나, 공판정에서 하여야 한다. 진술은 단순한 법적 평가만으로는 부족하고 사실을 주장하였을 것을 요한다. 반드시 증거를 들어서 주장할 것을 요하는 것은 아니다.

주장에 대한 판단이 명시적이어야 한다는 점은 법문상 명백하다. 판단에 있어서 주장 채부의 결론만을 표시하면 충분한가[2] 또는 이유설명이 필요한가[3]에 대하여는 견해가 대립되고 있다. 결론의 표시로 충분하다는 것이 판례의 태도[4]이기도 하다. 그러나 제 2 항을 특별히 규정한 취지에 비추어 볼 때에는 이유를 들어 판단하는 것이 타당하다고 생각한다. 다만 증거를 들어 설명할 것까지는 요하지 않는다.

2) **법률상 범죄의 성립을 조각하는 이유되는 사실의 주장**   법률상 범죄의 성립   22
을 조각하는 이유되는 사실이란 범죄구성요건 이외의 사실로서 법률상 범죄의 성립을 조각하는 이유되는 사실을 말한다. 위법성조각사유와 책임조각사유가 여기에 해당한다는 점에는 의문이 없다. 구성요건해당성조각사유를 포함한다는 견해[5]도 있으나, 구성요건해당성조각사유의 진술은 범죄의 부인에 불과하다 할 것이므로 위법성조각사유와 책임조각사유만을 의미한다고 해석하는 것이 타당하다.[6] 판례도 같은 태도이다.[7] 범죄의 성립을 조각하는 이유되는 사실의 진술임

---

1 Hürxthal KK § 267, Rn. 20.

2 신현주 703면; 정영석/이형국 430면.

3 김재환 824면; 신동운 1445면; 신양균/조기영 888면; 임동규 697면; 차용석/최용성 718면.

4 대법원 1952. 7. 29, 4285 형상 82.

5 백형구 강의, 759면; 이영란 607면.

6 신현주 702면; 정영석/이형국 430면.

7 대법원 1990. 9. 28, 90 도 427.

을 요하므로 단순한 범죄사실의 부인은 여기에 해당하지 않는다.[1] 고의가 없다는 주장도 범죄사실의 부인에 불과하다.[2] 공소권이 소멸되었다는 주장도 범죄의 성립을 조각하는 이유되는 사실의 진술이라고 할 수는 없다.[3]

위법성조각사유에 해당하는 사실의 진술로는 정당방위($\binom{대법원 1969. 12. 9, 69 도 1828;}{대법원 1970. 9. 17, 70 도 1431}$) · 긴급피난 · 정당행위 또는 자구행위($\binom{대법원 1961. 4. 21,}{4294 형상 41}$)에 해당한다는 주장을 들 수 있으며, 책임조각사유에 해당하는 사실의 진술로는 심신상실($\binom{대법원 1971. 11. 15, 71 도 1710;}{대법원 1990. 2. 13, 89 도 2364}$), 강요된 행위($\binom{대법원 1966. 6. 7,}{66 도 544}$) 또는 기대가능성이 없다는 주장($\binom{대법원 1963. 8. 31,}{63 도 165}$)을 들 수 있다. 대법원은 법률의 착오는 범죄의 성립을 조각하는 것이 아니므로 이에 대한 판단을 요하지 않는다고 판시하고 있다($\binom{대법원 1965. 11. 23,}{65 도 876}$). 그러나 책임설에 의하는 한 법률의 착오도 책임조각사유가 되므로 이에 대한 판단이 필요하다고 하겠다.[4]

23   **3) 법률상 형의 가중 · 감면의 이유되는 사실의 진술**   법률상 형의 가중 · 감면의 이유되는 사실의 범위에 관하여는 누범 · 심신장애 · 중지미수의 경우와 같은 필요적 가중 · 감면만을 의미한다는 견해[5]와, 과잉피난 · 자수 · 작량감경사유와 같은 임의적 가중 · 감면사유도 포함한다는 견해[6]가 대립되고 있다. 그러나 당사자의 주장을 신중히 고려하여 판결의 객관적 공정을 확보한다는 취지에 비추어 볼 때에는 임의적 가중 · 감면의 경우도 다를 바 없다고 할 것이므로 이를 포함한다고 해석하는 것이 타당하다고 생각한다.

대법원은 판결이유에서 판단을 요하는 것은 필요적 가중 · 감면사유의 진술에 한한다는 입장을 명백히 하여($\binom{대법원 2001. 4. 24, 2001 도 872;}{대법원 2004. 6. 11, 2004 도 2018}$) 임의적 감면사유인 자수($\binom{대법원 1985. 3. 12,}{84 도 3042;}$ 대법원 1991. 11. 12, 91 도 2241; 대법원 2001. 4. 24,)나 정상($\binom{대법원 1971. 5. 11, 71 도 476;}{대법원 2017. 11. 19, 2017 도 14769}$)의 주장에 2001 도 872; 대법원 2011. 12. 22, 2011 도 12041 대하여는 판단할 필요가 없다고 판시하고 있다.

---

1 대법원 1968. 2. 20, 67 도 1675; 대법원 1982. 6. 22, 82 도 409; 대법원 1983. 10. 11, 83 도 2281; 대법원 1987. 12. 8, 87 도 2068.

2 대법원 1983. 10. 11, 83 도 594.

3 대법원 1954. 3. 2, 4286 형상 186.

4 Meyer-Goßner § 267, Rn. 7.

5 김재환 823면; 백형구 강의, 759면; 송광섭 777면; 신현주 703면; 임동규 697면; 정영석/이형국 430면.

6 신동운 1447면; 차용석/최용성 719면.

Ⅱ. 무죄판결

무죄판결이란 피고사건에 대하여 형벌권의 부존재를 확인하는 판결을 말한 24
다. 피고사건이 범죄로 되지 않거나 범죄사실의 증명이 없는 때에는 판결로써 무
죄의 선고를 하여야 한다($\substack{제325\\조}$).

피고사건이 범죄로 되지 않는 때($\substack{제325조\\전단}$)라 함은 공소사실이 범죄를 구성하지 25
않는 경우를 말한다. 먼저 공소사실이 모두 증명되더라도 구성요건에 해당하지
않는 경우, 형벌조항이 헌법에 위반되어 무효인 경우[1]가 여기에 해당한다. 구성
요건에 해당하여도 위법성조각사유나 책임조각사유가 존재하는 경우도 여기에
해당한다. 다만 피고사건이 범죄로 되지 않는 때란 실체심리를 거친 후에 그것이
밝혀진 경우를 말하고, 범죄로 되지 않는 것이 공소장의 기재에 의하여 처음부터
명백한 때에는 「공소장에 기재된 사실이 진실하다 하더라도 범죄가 될 만한 사실
이 포함되지 아니한 때」에 해당하므로 결정으로 공소를 기각해야 한다($\substack{제328조\\1항 4호}$).

범죄사실의 증명이 없는 때($\substack{제325조\\후단}$)란 공소사실의 부존재가 적극적으로 증명 26
된 경우뿐만 아니라 그 사실의 존부에 관하여 증거가 불충분하여 법관이 충분한
심증을 얻을 수 없었을 때를 포함한다. 의심스러운 때는 피고인의 이익으로(in
dubio pro reo)의 원칙에 의하여 법관이 확신을 얻을 수 없는 때에는 무죄를 선고
하여야 하기 때문이다. 피고인의 자백에 의하여 법관이 유죄의 심증을 얻는 경우
에도 보강증거가 없는 때에는 범죄사실의 증명이 없는 때에 해당한다.

무죄판결의 주문은 「피고인은 무죄」라고 기재한다. 수죄의 일부에 대하여 무죄를 선
고하는 경우에는 그 부분의 무죄를 선고하여야 한다. 무죄판결의 이유에 관하여는
특별한 규정이 없다. 그러나 무죄판결도 판결인 이상 이유를 기재하는 것은 당연하
다($\substack{제39\\조}$).

---

1 ① 형벌에 관한 법령이 헌법재판소의 위헌결정으로 인하여 소급하여 그 효력을 상실하였거
나 법원에서 위헌·무효로 선언된 경우에 당해 법령을 적용하여 공소가 제기된 사건[대법원
2010. 12. 16(전원합의체판결), 2010 도 5986; 대법원 2013. 5. 16(전원합의체판결), 2011 도
2631; 대법원 2020. 5. 28, 2017 도 8610; 대법원 2020. 6. 4, 2018 도 17454], ② 헌법재판
소가 법률조항에 대하여 헌법불합치결정을 선고하면서 개정시한을 정하여 입법개선을 촉구하
였는데도 그 시한까지 법률 개정이 이루어지지 않은 경우에 이 조항을 적용하여 공소가 제
기된 사건[대법원 2011. 6. 23(전원합의체판결), 2008 도 7562], ③ 재심이 개시된 사건에서
재심판결 당시 폐지된 형벌 관련 법령이 당초부터 위헌·무효인 경우, 그 법령을 적용하여
공소가 제기된 사건(대법원 2018. 11. 29, 2016 도 14781)에 대하여도 형사소송법 제325조
전단을 적용하여 무죄를 선고하여야 한다.

법원은 무죄판결을 선고하는 경우에는 무죄판결공시의 취지를 선고하여야
한다. 다만, 무죄판결을 받은 피고인이 무죄판결공시 취지의 선고에 동의하지 아
니하거나 피고인의 동의를 받을 수 없는 경우에는 그러하지 아니하다($\frac{\text{형법 제}}{\text{58조 2항}}$). 무
죄판결이 확정된 경우 국가는 피고인이었던 자에 대하여 그 재판에 소요된 비용
을 보상하여야 한다($\frac{\text{제194조의}}{\text{2 제 1 항}}$).

Ⅲ. 관할위반과 공소기각의 재판

1. 관할위반의 판결

(1) 관할위반판결의 의의

27   피고사건이 법원의 관할에 속하지 아니한 때에는 판결로써 관할위반의 선고
를 하여야 한다($\frac{\text{제319}}{\text{조}}$). 이를 관할위반의 판결이라고 한다. 관할위반의 판결은 형
식적 종국재판이다. 따라서 관할위반의 판결은 형식적 확정력과 내용적 구속력을
가지지만 일사부재리의 효력을 가질 수는 없다.

(2) 관할위반판결의 사유

28   관할위반의 판결을 할 수 있는 사유는 피고사건이 법원의 관할에 속하지 아
니하는 것이다. 관할에는 토지관할과 사물관할을 포함한다. 다만 사물관할은 공
소제기 시뿐만 아니라 재판 시에도 존재할 것을 요함에 반하여, 토지관할은 공소
제기 시에 존재하면 된다. 관할권의 유무는 공소장에 기재된 공소사실을 표준으
로 결정하여야 한다. 공소장변경의 경우에는 변경된 공소사실이 기준이 된다.[1]

29   피고사건이 법원의 관할에 속하지 아니한 때에 관할위반의 판결을 하여야
한다는 원칙에 대하여는 예외가 인정되고 있다. 즉 법원은 피고인의 신청이 없으
면 토지관할에 관하여 관할위반의 선고를 하지 못한다($\frac{\text{제320조}}{\text{1항}}$). 토지관할은 주로
피고인의 편의를 위하여 인정된 것이기 때문이다. 관할위반의 신청은 피고사건에
대한 진술 전에 하여야 한다($\frac{\text{동조}}{\text{제 2 항}}$).

---

1 대법원 1987. 12. 22, 87 도 2196.

2. 공소기각의 재판

(1) 공소기각의 재판의 의의

공소기각의 재판은 피고사건에 대하여 관할권 이외의 형식적 소송조건이 결 　30
여된 경우에 절차상의 하자를 이유로 공소를 부적법하다고 인정하여 사건의 실체
에 대한 심리를 하지 않고 소송을 종결시키는 형식재판이다. 공소기각의 재판에
는 공소기각의 결정($^{제328}_{조}$)과 공소기각의 판결($^{제327}_{조}$)이 있다.

공소기각의 사유는 제327조($^{판}_{결}$)와 제328조($^{결}_{정}$)에 열거되어 있다. 이는 한정적
인 열거라고 보아야 할 것이므로 그 사유에 해당하지 않는 경우에는 공소기각의
재판을 할 수 없다.[1]

(2) 공소기각의 결정

결정으로 공소를 기각하여야 하는 사유는 절차상의 하자가 중대하고 명백한 　31
경우이다. 즉 ① 공소가 취소되었을 때, ② 피고인이 사망하거나 피고인인 법인
이 존속하지 아니하게 되었을 때, ③ 관할의 경합($^{제12조}_{제13조}$)으로 인하여 재판할 수
없는 때, ④ 공소장에 기재된 사실이 진실하다고 하더라도 범죄가 될 만한 사실
이 포함되지 아니한 때에는 결정으로 공소를 기각하여야 한다($^{제328조}_{1항}$). 여기서 공
소장에 기재된 사실에 범죄가 될 만한 사실이 포함되지 아니한 때란 공소장기재
사실 자체에 대한 판단으로 그 사실 자체가 죄가 되지 아니함이 명백하여 형식적
소송조건이 흠결되었다고 볼 수 있는 경우를 말하며,[2] 범죄를 구성하는가에 대
하여 의문이 있는 경우에는 실체에 대한 심리를 거쳐 유죄·무죄의 실체판결을
선고하여야 한다. 예컨대 부정수표단속법위반사건에 있어서 수표가 제시기일에
제시되지 아니한 것이 공소사실 자체에 의하여 명백한 경우는 공소기각결정의 사
유에 해당한다.[3]

공소기각의 결정에 대하여는 즉시항고를 할 수 있다($^{동조}_{제2항}$). 공소취소에 의한
공소기각의 결정이 확정된 때에는 공소취소 후 그 범죄사실에 대한 다른 중요한
증거를 발견한 경우에 한하여 다시 공소를 제기할 수 있다($^{제329}_{조}$).

1　대법원 1986. 9. 23, 86 도 1547.
2　대법원 1970. 5. 26. 결정, 70 모 28; 대법원 1977. 9. 28, 77 도 2603; 대법원 1990. 4. 10,
　　90 도 174; 대법원 2014. 5. 16, 2012 도 12867; 대법원 2014. 5. 16, 2013 도 818; 대법원
　　2014. 5. 16, 2013 도 929.
3　대법원 1973. 12. 11, 73 도 2173.

(3) 공소기각의 판결

32   판결로써 공소기각을 선고하여야 할 경우는 ① 피고인에 대하여 재판권이 없을 때, ② 공소제기의 절차가 법률의 규정에 위반하여 무효일 때,[1] ③ 공소가 제기된 사건에 대하여 다시 공소가 제기되었을 때, ④ 공소취소 후 다른 중요한 증거를 발견하지 않았음에도 불구하고 공소가 제기되었을 때, ⑤ 고소가 있어야 공소를 제기할 수 있는 사건에서 고소가 취소되었을 때, ⑥ 피해자의 명시한 의사에 반하여 공소를 제기할 수 없는 사건(반의사불벌죄)에서 피해자가 처벌을 원하지 아니하는 의사표시를 하거나 처벌을 원하는 의사표시를 철회하였을 때이다 (제327조). 여기서 공소제기의 절차가 법률의 규정에 위반하여 무효일 때란 공소제기가 권한 없는 자에 의하여 행하여졌거나, 공소제기의 방식에 중대한 하자가 있는 경우 또는 공소제기 당시 소송조건이 결여되어 있는 경우 등을 말한다. 공소사실이 특정되지 않거나,[2] 성명 모용에 의하여 피고인이 특정되지 않은 경우,[3] 공소장일본주의에 위반한 경우,[4] 위법한 함정수사가 이뤄진 경우,[5] 공소권남용이 인정되는 경우[6]가 여기에 해당한다.[7] 이에 반하여 일단 무혐의결정을 하였던 사건을 고소에 의하여 재기수사하여 공소제기하였거나,[8] 친고죄에서 고소 없이 수사를 하고 공소제기 전에 고소를 받아 공소제기한 것만으로는 공소제기의 절차가 법률의 규정에 위반하였다고 할 수 없다.[9] 그리고 공소기각의 사유가 있는 경우

---

1 소송조건 전반에 대한 일반조항이라는 견해도 있다(신동운 1474면; 이주원 614면).

2 대법원 1986. 12. 9, 86 도 1168; 대법원 2017. 2. 15, 2016 도 19027(전자문서나 저장매체 이용 공소제기).

3 대법원 1985. 6. 11, 85 도 756.

4 대법원 2009. 10. 22(전원합의체판결), 2009 도 7436; 대법원 2012. 8. 30, 2012 도 5220; 대법원 2017. 11. 9, 2014 도 15129.

5 대법원 2005. 10. 28, 2005 도 1247.

6 대법원 2021. 10. 14, 2016 도 14772.

7 판례는 소년보호처분(대법원 1996. 2. 23, 96 도 47)이나 가정폭력범죄에 대한 보호처분결정(대법원 2017. 8. 23, 2016 도 5423)이 확정된 사건에 대하여 다시 공소를 제기한 경우에는, 면소의 판결이 아니라 공소기각의 판결을 선고해야 한다고 판시하고 있다.

8 대법원 1995. 3. 10, 94 도 2598, 「공소제기된 피고인의 범죄사실 중 일부에 대하여 검사의 무혐의결정이 있었고, 이에 대하여 고소인이 항고 등 아무런 이의를 제기하지 않고 있다가 그로부터 약 3년이 지난 뒤에야 뒤늦게 다시 피고인을 동일한 혐의로 고소함에 따라 검사가 새로이 수사를 제기한 것이라 하더라도 검사가 그 수사결과에 터잡아 재량권을 행사하여 공소를 제기한 것은 적법하다 아니할 수 없으며, 이를 가리켜 공소권을 남용한 경우로서 그 공소제기의 절차가 무효인 때에 해당한다고 볼 수는 없다.」

9 대법원 1995. 3. 10, 94 도 3373.

에 사건의 실체에 관한 심리가 이미 완료된 때는 사실심 법원이 피고인의 이익을 위하여 무죄의 실체판결을 선고하더라도 위법이 아니다.[1]

　공소기각의 판결에 대하여는 상소할 수 있다. 그러나 공소기각의 판결은 피고인에게 불이익한 재판이라고 할 수 없으므로 피고인이 무죄를 주장하여 상소하는 것은 허용되지 않는다.[2]

> 공소기각의 재판을 하는 경우에는 피고인의 출석을 요하지 않으며, 피고인은 대리인을 출석하게 할 수 있다($제277조 \atop 2호$). 그리고 공판절차정지사유가 있어도 재판을 계속할 수 있다($제306조 \atop 4항$). 판결이 확정되면 공소제기에 의하여 정지되었던 공소시효가 그때부터 다시 진행된다($제253조 \atop 1항$). 공소기각의 재판을 받아 확정된 피고인이 공소기각의 재판을 할 만한 사유가 없었더라면 무죄재판을 받을 만한 현저한 사유가 있었을 경우에는 구금에 대한 보상을 청구할 수 있다($형사보상 및 명예회복에 \atop 관한 법률 제26조 1항 1호$).

Ⅳ. 면소의 판결

1. 면소판결의 의의

　재판에는 실체재판과 형식재판이 있다. 실체재판에는 일사부재리의 효력이 인정됨에 반하여, 형식재판에는 이러한 효력이 인정되지 않는다. 면소의 판결은 형식재판이면서도 일사부재리의 효력이 인정되는 재판이다. 여기서 면소판결은 실체재판인가 형식재판인가, 또는 그 어느 것에도 해당하지 않는 독자적 유형의 재판인가라는 문제가 면소판결의 본질론으로 다루어지게 된다. 면소판결의 본질론은 공소권이론, 소송조건이론 및 기판력이론에 직접 영향을 미칠 뿐만 아니라 형사소송의 기초이론과도 깊은 관계를 갖고 있다. 이러한 의미에서 면소판결은 소송이론의 집약점이며 그 시금석이라고도 할 수 있다.

33

2. 면소판결의 본질

(1) 견해의 대립

　면소판결의 본질, 즉 그 법적 성질을 어떻게 파악할 것인가에 대하여는 견해

1　대법원 2015. 5. 14, 2012 도 11431; 대법원 2015. 5. 28, 2013 도 10958.

2　대법원 2008. 5. 15, 2007 도 6793.

가 나누어지고 있다.

34   **1) 실체재판설**   면소판결은 일단 발생한 형벌권이 후에 소멸한 경우에 형벌권의 소멸을 확인하는 실체재판, 즉 범죄의 성립은 있으나 형벌권이 소멸한 경우에 선고하는 재판이라고 해석하는 견해이다. 따라서 공소사실에 대하여 실체심리를 하여 그 존재가 인정되어 형벌권의 발생이 확인될 것을 전제로 면소사유에 의하여 형벌권이 소멸한 때에 선고하는 것이 면소판결이고, 범죄사실이 존재하지 않는 경우에는 무죄판결을 선고해야 한다는 것이다. 실체재판설에 의하면 면소판결을 위하여는 실체에 대한 심리를 필요로 하고, 면소판결에 기판력과 일사부재리의 효력을 인정할 뿐 아니라, 면소판결에 대하여 무죄를 주장하여 상소할 피고인의 이익도 인정할 수 있게 된다.

그러나 실체재판설은 ① 면소판결이 형벌권의 소멸을 확인하는 재판이라고 할 때에는 무죄판결과 구별할 수 없고, ② 무죄의 확정판결이 있은 때에는 형벌권이 존재하지 않는 것이 확실하므로 무죄판결을 해야 할 것임에도 불구하고 면소판결을 하도록 한 것($\frac{제326조}{1호}$)을 설명할 수 없을 뿐 아니라, ③ 유죄판결을 하지 않을 것인데 무엇 때문에 범죄사실의 존부를 확인해야 하는가를 설명할 수 없다는 비판을 받고 있다. 현재 우리나라에서 실체재판설을 주장하는 학자는 없다.

35   **2) 이 분 설**   확정판결을 이유로 하는 면소판결은 형식재판이고, 사면·공소시효의 완성·형의 폐지를 이유로 하는 면소판결은 실체재판이라고 하는 견해이다. 즉 전자는 형벌권의 유무를 불문하고 실체재판이 확정되었으므로 그 기판력의 불가쟁적 효력에 위반하여 공소를 제기한 부적법을 이유로 하는 형식재판이지만, 후자는 범죄사실의 유무를 불문하고 형벌권을 발생할 수 없도록 하는 특수사정의 존재를 이유로 형벌권이 없다고 하는 실체재판이라고 한다.

이분설 가운데는 제326조 1호의 면소판결은 물론 2호 이하의 면소판결도 원칙적으로 형식재판이나, 실체심리를 하여 공소사실이 인정된 경우의 면소판결은 실체재판이라고 하는 견해가 있으며, 이를 **신이분설**이라고도 한다.

이분설은 무죄의 확정판결이 있은 때에 대한 실체재판설의 난점을 극복하였다고는 할 수 있으나, 법이 통일적으로 규정하고 있는 면소판결에 이질적 요소가 포함된 것으로 이해하여 통일적 설명을 단념하였다는 비판을 받고 있다. 역시 우리나라에서는 찾아볼 수 없는 이론이다.

3) **실체관계적 형식재판설**   면소판결은 실체적 소송조건이 구비되지 아니한   36
경우에 선고되는 실체관계적 형식재판이라고 하는 견해이다. 즉 이에 의하면 면
소판결은 실체관계의 심리를 중간에서 종결시킨다는 점에서는 형식재판이지만,
실체적 소송조건은 실체면에 관한 사유를 소송조건으로 하는 것이므로 면소판결
을 하는 경우에도 어느 정도 실체심리를 할 필요가 있고, 형식재판이면서도 기판
력이 인정되며, 면소판결에 대하여 피고인은 무죄를 주장하여 상소할 수 있다고
한다.[1]

    그러나 이 견해에 대하여도 ① 무죄의 확정판결이 있은 때에는 범죄사실이
존재하지 않기 때문에 무죄판결을 해야 하므로 면소판결을 하도록 한 법규정을
무시하는 결과가 되고, ② 실체적 소송조건의 존부라 하여 반드시 실체에 들어가
서 심리할 것을 요하는 것이 아닌 반면 형식적 소송조건의 존부도 어느 정도 실
체에 대한 심리를 요하는 경우(예컨대 이중기소가 있는가, 친고죄인가)가 있으므로 실체에 들어가거나 실
체에 관계된 것이라는 점은 실체적 소송조건에 고유한 문제가 아니며, ③ 실체관
계적이라는 것은 실체 자체를 판단한 것이 아니므로 이에 대하여 일사부재리의
효력을 인정해야 할 근거가 명백하지 않다는 비판이 제기되고 있다.

4) **형식재판설**   면소판결은 실체심리를 하지 않고 형식적으로 소송을 종결   37
시키는 형식재판이라고 해석하는 견해이다. 즉 면소판결의 사유는 모두 사건에
대하여 실체심리를 하여 그 존부를 확인하는 것이 부적당하다는 데에 공통점을
가진다. 확정판결이 있는 때는 이중위험금지의 법리에 의하여 실체심리가 금지되
고, 제 2 호 내지 제 4 호의 사유는 범죄사실이 존재하는 경우라 할지라도 실체심
판을 해야 할 법률적 이익 또는 소송추행의 가능성 내지 이익이 없기 때문에 실
체심리를 할 수 없는 경우이다. 이와 같이 면소사유는 형사소추의 제한적 조건
내지 소송장애사유에 해당하므로 이러한 조건을 결한 경우에 선고하는 형식재판
이 바로 면소판결이라고 하는 것이다. 형식재판설은 면소사유가 밝혀진 때에는
실체심리를 허용하지 않고, 면소판결에 대하여 피고인은 무죄를 주장하여 상소할
수 없다고 한다. 우리나라의 통설[2]이며, 대법원판례[3]가 취하고 있는 입장이다.

---

1 권오병 228면; 김기두 179면; 송광섭 769면; 신현주 716면.

2 백형구 291면, 강의 778면; 손동권/신이철 697면; 신동운 1462면; 정웅석/최창호/김한균 767
    면; 차용석/최용성 726면.

3 대법원 1964. 3. 31, 64 도 64, 「무죄의 판결은 실체적 공소권이 없다는 이유로 하는 실체적
    재판임에 반하여 면소의 판결은 공소권의 소멸을 이유로 하여 소송을 종결시키는 형식적 재

다만 형식재판인 면소판결에 기판력을 인정할 것인가, 또 이를 인정하는 경우에 그 이론적 근거를 어떻게 설명할 것인가에 대하여는 견해가 일치하지 않고 있다.

형식재판설도 면소판결은 실체 자체를 판단하는 것이 아니라고 한 점에서는 타당하지만 면소판결의 기판력을 설명하는 데 어려움이 있다는 비판을 받고 있다.[1]

(2) 면소판결의 법적 성질

38   면소판결의 본질에 대한 견해의 대립은 구체적으로 면소판결에 실체심리를 요하는가, 면소판결에 대하여 무죄를 이유로 상소할 수 있는가, 면소판결에 일사 부재리의 효력을 인정할 수 있는가에 대하여 결론을 달리한다. 따라서 면소판결의 본질을 파악함에 있어서는 이들 문제에 대한 구체적 검토가 전제되어야 한다.

다만, 실체재판설과 이분설은 우리나라에는 없는 견해이고 또 이를 도입해야 할 타당성도 인정되지 아니하므로 실체관계적 형식재판설과 형식재판설을 중심으로 살펴보기로 한다.

39   1) 실체심리의 요부   어느 정도 실체심리를 하지 않으면 면소사유의 유무를 판단할 수 없는 경우, 즉 면소사유의 존재가 명백하지 않은 경우에는 실체심리가 허용된다고 하지 않을 수 없다. 이러한 의미에서 면소사유의 존부를 명백히 하기 위하여 필요한 한도에서는 실체심리가 필요하다고 하겠다. 그러나 이는 형식적 소송조건의 경우에도 동일하므로 이를 면소판결의 본질이라고 할 수는 없다. 한편, 공소사실 자체에서 이미 면소사유가 인정되는 때에 형식재판설은 면소판결에 의하여 절차를 종결해야 하며 실체심리는 허용되지 않는다고 한다. 이에 반하여 실체관계적 형식재판설은 실체적 소송조건의 존부를 확인하기 위하여는 어느 정도 실체심리에 들어갈 것을 요한다고 하므로 이 경우에도 실체심리를 해야 한다는 결론이 된다. 그러나 실체재판을 할 수 없음에도 불구하고 실체심리를 계속하는 것은 소송경제에 반하고 인권보호의 관점에서도 부당할 뿐 아니라, 어디까지 실체심리를 계속해야 하는가도 명백하지 않다. 이러한 의미에서는 형식재판설이 타당하다.

판으로서 공소사실의 유무에 관하여 실체적 심리를 하여 그 사실이 인정되는 경우에 한하여 면소판결을 하는 것이 아니고 공소장에 기재되어 있는 범죄사실에 관하여 같은 법 제326조 각 호의 사유가 있으면 실체적 심리를 할 필요 없이 면소판결을 하여야 한다.」

1 김기두 178면.

다만, 실체심리를 허용하지 않는다고 하여 검사의 공소장변경까지 금지되는 것은 아니다. 따라서 검사가 면소사유에 해당하지 않는 공소사실로 공소장변경을 신청한 때에는 법원은 이를 허가하여야 한다.

2) 면소판결에 대한 피고인의 상소   면소판결에 대하여 피고인이 무죄를 주   40
장하여 상소할 수 있는가 또 법원은 면소사유가 있는 경우에도 무죄판결을 선고
할 수 있는가라는 문제에 관하여, 실체관계적 형식재판설은 일반적으로 이를 긍
정한다. 이에 반하여 형식재판설에 의하면 면소사유가 있는 이상 실체법상의 유
죄·무죄를 불문하고 면소판결에 의하여 피고인을 빨리 절차에서 해방시켜야 하
므로 피고인이 무죄를 주장하여 상소할 수 없다고 하게 된다.[1] 피고인에게 무죄
판결청구권을 인정하는 것은 무죄를 선고하는 것이 피고인에게 이익이라는 고려
에 근거를 두고 있다. 그러나 피고인에게 면소판결에 대하여 무죄를 이유로 한
상소를 인정하는 것은 형식판결에 의하여 피고인을 조금이라도 빨리 절차에서 해
방시켜야 한다는 면소판결의 의의를 잃게 할 뿐만 아니라, 면소판결이 유죄판결
이 아니라는 점을 오인한 것이다. 피고인을 영구히 소송에서 해방시킨다는 점에
서 면소판결은 무죄판결에 비하여 불이익한 판결이 아니다. 면소판결에는 불이익
한 사회적 평가가 포함되어 있다고 하여도 이는 형사소송의 구제대상이 아니다.
대법원도 면소판결에 대하여 피고인은 무죄를 주장하여 상소할 수 없고,[2] 면소
판결의 사유가 있는 경우에 무죄판결을 하는 것은 위법이라고 하고 있다.[3] 이러
한 의미에서도 대법원은 형식재판설을 취하고 있다고 할 수 있다.

3) 면소판결과 일사부재리의 효력   면소판결에 일사부재리의 효력을 인정할   41
수 있는가는 면소판결이 공소기각 또는 관할위반의 다른 형식재판과 어떻게 구별
되는가와 관련되는 문제이기도 하다. 실체관계적 형식재판설은 당연히 이를 인정
하고 있다. 면소판결의 일사부재리의 효력을 인정하기 위한 이론이 바로 실체관
계적 형식재판설이기 때문이다. 문제는 형식재판설에 의하여도 이를 인정할 수
있는가에 있다. 우리나라에서 형식재판설을 취하고 있는 학자들은 면소판결에 대
하여 일사부재리의 효력을 인정하는 점에 의견이 일치하고 있다. 다만, 형식재판

---

1 이은모/김정환 765면.
2 대법원 2005. 9. 29, 2005 도 4738; 대법원 1984. 11. 27, 84 도 2106; 대법원 1997. 7. 22,
   96 도 2153; 대법원 2010. 12. 16(전원합의체판결), 2010 도 5986.
3 대법원 1964. 4. 28, 64 도 134; 대법원 1969. 12. 30, 69 도 2018.

인 면소판결에 일사부재리의 효력을 인정하는 근거를 어떻게 설명할 것인가에 대하여는 견해가 나누어지고 있다. 형식적 본안재판설과 소송추행이익 결여설이 그것이다.

42   ㈎ **형식적 본안재판설**   면소판결은 형식재판이지만 동시에 형벌권 존부의 판단을 내리고 있는 재판, 즉 공소의 이유 유무를 판단하고 있는 본안재판이기 때문이라는 견해[1]이다. 즉 면소판결은 형식적 본안재판으로서 당해 사건에 대하여 실질적인 종국처리를 하는 재판이므로 일사부재리의 효력을 인정할 수 있다는 것이다. 그러나 본안재판이란 결국 실체에 관련시켜 본 검사의 형벌권의 주장에 대한 재판을 의미하므로 실체관계적 형식재판설과 같은 이론이라고 할 수 있으며, 일사부재리의 효력을 실체재판에서 찾는 것에 불과하다고 해야 한다.[2] 이 견해를 취하고 있는 학자가 면소판결의 일사부재리의 효력은 실체심리가 어느 정도 이루어진 경우에 발생한다고 설명하고 있는 것[3]은 바로 이 때문이라고 할 수 있다.

43   ㈏ **소송추행이익 결여설**   면소판결과 공소기각의 차이는 후자는 공소기각의 사유가 된 소송조건을 구비하면 재소가 가능하지만, 면소판결의 경우에는 소송조건의 흠을 보완할 수 없을 뿐 아니라 절차적 조건의 보완이 있어도 같은 공소사실에 대하여는 다시 소추하지 못한다는 것을 명백히 한 경우이므로 피고인의 기득의 권리를 보호하기 위하여 일사부재리의 효력이 인정된다는 견해[4]이다.

> 면소사유가 존재하는 경우에는 공소사실에 내재하는 소송추행의 가능성 내지 이익이 없어지고, 면소판결은 일단 그러한 사유가 발생하면 다시 소송추행을 허용하지 않는 것이므로 정책적으로 동시소추를 요구하는 것이라고 하거나, 이를 소송법적인 측면에서 보아 형벌권존부확인의 이익이 없음이 확정된 경우에 이를 다시 소송상 문제삼는 것은 면소판결의 취지에 반하기 때문에 일사부재리의 효력이 인정된다거나, 공소사실에 대하여 영구히 소추를 금하는 사유가 존재하는 경우에 면소판결을 하는 것이므로 이 영구재소차단효가 바로 일사부재리의 효력이라고 주장하는 견해는 모두 같은 차원에서 이해할 수 있다.

44   요컨대 면소판결은 실체심리를 하지 않고 소송을 종결시키는 형식재판이란

---

1 강구진 537면.

2 이은모/김정환 764면.

3 강구진 537면.

4 신동운 1460면; 신양균 932면; 이은모/김정환 764면; 이주원 618면; 정웅석/최창호/김한균 769면.

점에서 형식재판설이 타당하다. 형식재판이면서도 면소판결은 일사부재리의 효력을 가진다. 그것은 면소사유가 단순한 절차적 하자를 이유로 하는 것이 아니라, 소송추행의 이익이 없는, 동일한 공소사실에 대하여 다시 소추하는 것을 금지하는 점에 있다는 면소판결의 본질에서 유래한다.

3. 면소판결의 사유

면소판결은 확정판결이 있은 때, 사면이 있은 때, 공소시효가 완성되었을 45
때, 범죄 후의 법령개폐로 형이 폐지되었을 때에 선고하여야 한다($\substack{제326 \\ 조}$). 면소판결의 사유를 규정하고 있는 제326조를 제한적 규정으로 볼 것인가 또는 예시적 규정으로 해석할 것인가가 문제된다. 이를 소송추행의 이익이 없는 경우를 예시한 것으로 이해하여 공소권남용, 중대한 위법수사에 의한 공소, 신속한 재판에 위배한 경우에도 면소판결을 해야 한다는 견해[1]도 있으나, 소추를 금지할 우월적 이익이 있는 경우를 법이 특히 명문으로 규정한 제한규정으로 해석함이 타당하다고 생각한다.[2]

1) 확정판결이 있은 때   확정판결의 일사부재리의 효력에 기하여 동일성이 46
인정되는 범죄사실에 대하여 재소를 금지하는 데 그 취지가 있다. 따라서 여기의 확정판결에는 유죄와 무죄의 실체판결뿐만 아니라 면소판결도 포함된다. 유죄와 무죄의 확정판결은 반드시 정식재판에서 선고된 것임을 요하지 않고, 약식명령[3] 또는 즉결심판[4]에서 선고된 것도 포함한다. 소년에 대한 보호처분($\substack{소년법\ 제53조의 \\ 효력규정\ 참조}$)이나 가정폭력범죄의 처벌 등에 관한 특례법상의 보호처분($\substack{동법 \\ 제16조}$)이 있는 경우는 여기에 포함된다.[5] 다만, 범칙금제도는 재판절차와는 제도적 취지 및 법적 성질에서 차이가 있으나 범칙금을 납부하면 확정판결에 준하는 효력이 인정된다($\substack{경범죄 \\ 처벌법}$ 제8조 3항, 도로교통법 제164조 3항, 조세범 처벌절차법 제15조 3항).[6] 그러나 행정벌에 지나지 않는 과태료의 부과처분은

---

1 차용석/최용성 727면.
2 김재환 832면; 신동운 1468면; 임동규 709면.
3 대법원 1983. 6. 14, 83 도 939.
4 대법원 1982. 5. 25, 81 도 1307; 대법원 1984. 10. 10, 83 도 1790; 대법원 1987. 2. 10, 86 도 2454; 대법원 1990. 3. 9, 89 도 1046.
5 대법원 1996. 2. 23, 96 도 47(소년보호처분) 및 대법원 2017. 8. 23, 2016 도 5423(가정폭력 행위자 보호처분)은 공소기각의 판결을 해야 한다고 판시하고 있다.
6 대법원 2002. 11. 22, 2001 도 849; 대법원 2011. 4. 28, 2009 도 12249; 대법원 2016. 9. 26, 2014 도 10748.

확정판결에 속하지 않는다.[1] 외국판결이 확정된 경우도 같다.[2] 확정판결이 있은 이상 그것이 실효되었는가도 문제되지 않는다. 공소기각과 관할위반의 형식재판이 여기에 포함되지 않는 것은 당연하다.

　　면소판결을 할 수 있는 범위는 확정판결의 기판력이 미치는 범위와 일치한다. 따라서 시간적으로는 사실심리의 가능성이 있는 최후의 시점인 사실심판결선고 시까지 범하여진 것임을 요하며,[3] 물적으로는 공소사실과 동일성이 인정되어야 한다.

47　　**2) 사면이 있은 때**　　사면에 의하여 형벌권이 소멸한 경우에는 실체심판의 이익이 없기 때문에 이를 면소사유로 규정한 것이다. 여기의 사면은 일반사면만을 의미한다.[4] 일반사면의 경우에는 형의 선고의 효력이 상실되며 형의 선고를 받지 않은 자에 대하여는 공소권이 상실되고($\frac{\text{사면법 제5조}}{\text{1항 1호}}$), 특별사면의 경우에는 형의 선고를 받은 자에 대한 형의 집행이 면제되는 데 불과하기 때문이다($\frac{\text{제5조}}{\text{1항 2호}}$). 형의 선고의 효력을 상실케 하는 특별사면($\frac{\text{동항 제2}}{\text{호 단서}}$)도 여기에 해당하지 않는다.

48　　**3) 공소시효가 완성되었을 때**　　공소시효의 완성은 미확정의 형벌권을 소멸시키는 것이므로 공소추행의 이익이 없다는 점에서 면소사유로 한 것이라고 볼 수 있다. 공소가 제기되면 시효의 진행이 정지되므로 면소판결을 하는 것은 원칙적으로 공소제기 시에 공소시효가 완성된 경우를 말한다. 그러나 공소가 제기된 범죄도 판결의 확정 없이 공소를 제기한 때로부터 25년을 경과하면 공소시효가 완성된 것으로 간주되므로($\frac{\text{제249조}}{\text{2항}}$), 이 경우에도 면소판결을 선고하여야 한다.[5]

49　　**4) 범죄 후의 법령개폐로 형이 폐지되었을 때**　　형의 폐지란 명문으로 벌칙을 폐지한 경우뿐만 아니라 법령에 정해진 유효기간의 경과, 전법과 후법의 저촉에 의하여 실질상 벌칙의 효력이 상실된 경우를 포함한다. 이 경우를 면소사유로 규정한 것은 재판 시에는 입법자의 형법적 가치판단의 변경에 의하여 처벌의 필요가 인정되지 않는다는 점에 있다.[6] 따라서 추급효가 인정되는 한시법은 여기에

1 대법원 1992. 2. 11, 91 도 2536.
2 대법원 1983. 10. 25, 83 도 2366; 대법원 2017. 8. 24(전원합의체판결), 2017 도 5977.
3 대법원 1979. 2. 27, 79 도 82; 대법원 1982. 12. 28, 82 도 2500; 대법원 2014. 1. 16, 2013 도 11649.
4 대법원 2000. 2. 11, 99 도 2983; 대법원 2015. 5. 14, 2014 도 2946.
5 대법원 1981. 1. 13, 79 도 1520; 대법원 1986. 11. 25, 86 도 2106.
6 형벌법규 자체 또는 그로부터 수권 내지 위임을 받은 법령의 변경에 따라 범죄를 구성하지 아니하게 되거나 형이 가벼워진 경우에는, 종전 법령이 범죄로 정하여 처벌한 것이 부당하였

포함되지 아니한다.[1] 그러나 법적 확신의 변화에 의한 법령의 변경은 한시법의
개념에 포함되지 아니한다.[2]

대법원은 형벌에 관한 법령이 재심판결 당시 폐지되었다 하더라도 그 폐지가 당초
부터 헌법에 위배되어 효력이 없는 법령에 대한 것이었다면 형사소송법 제325조 전
단이 규정하는 범죄로 되지 아니한 때의 무죄사유에 해당하는 것이지 제326조 4호
소정의 면소사유에 해당한다고 할 수 없고[대법원 2013. 5. 16(전원합의체판결), 2011 도 2631; 대법원 2013. 7. 11, 2011 도 14044], 나아가
면소판결에 대하여는 무죄를 주장하면서 상고할 수 없는 것이 원칙이지만(대법원 1964. 4. 7, 64 도 57; 대법원 2004. 9. 24, 2004 도 3532), 위와 같은 경우에는 면소를 선고한 판결에 대하여 상고가 가능하
다고 판시하였다[대법원 2010. 12. 16(전원합의체판결), 2010 도 5986].

4. 관련문제

(1) 심리의 특칙

면소판결은 형벌권의 존부를 판단하는 실체재판이 아니므로 심리에 관하여   50
특칙이 인정되는 경우가 있다. 피고인이 출석하지 아니한 때에는 원칙적으로 공
판을 개정하지 못한다(제276조). 그러나 면소의 판결을 할 것이 명백한 사건에 관하
여는 피고인의 출석을 요하지 아니한다. 다만, 피고인은 대리인을 출석하게 할
수 있다(제277조 2호). 피고인이 사물의 변별 또는 의사의 결정을 할 능력이 없거나 질
병으로 인하여 출정할 수 없는 때에는 공판절차를 정지하여야 하나(제306조 1항·2항), 피고
사건에 대하여 면소의 재판을 할 것이 명백한 때에는 피고인의 출정 없이 재판할
수 있다(동조 제4항). 면소판결은 피고인에게 유리한 재판이라는 점을 고려한 것이다.

다거나 과형이 과중하였다는 반성적 고려에 따라 변경된 것인지 여부를 따지지 않고 원칙적
으로 형법 제 1 조 2항과 형사소송법 제326조 4호가 적용되고, 형벌법규가 대통령령, 총리령,
부령과 같은 법규명령이 아닌 고시 등 행정규칙·행정명령, 조례 등에 구성요건의 일부를 수
권 내지 위임한 경우에도 그 변경에 따라 범죄를 구성하지 아니하게 되거나 형이 가벼워졌
다면 마찬가지로 형법 제 1 조 2항과 형사소송법 제326조 4호가 적용된다[대법원 2022. 12.
22(전원합의체 판결), 2020 도 16420].

1 대법원 2022. 12. 22(전원합의체 판결), 2020 도 16420. 「법령이 개정 내지 폐지된 경우가
아니라, 스스로 유효기간을 구체적인 일자나 기간으로 특정하여 효력의 상실을 예정하고 있
던 법령이 그 유효기간을 경과함으로써 더 이상 효력을 갖지 않게 된 경우도 형법 제 1 조 2
항과 형사소송법 제326조 4호에서 말하는 법령의 변경에 해당한다고 볼 수 없다.」

2 이재상/장영민/강동범, 형법총론(제11판), § 3/11.

(2) 일죄의 일부에 면소사유가 있는 경우의 재판

51 　　과형상의 일죄 또는 포괄일죄의 일부에 면소사유가 있고 나머지 부분에 실체판결을 한 때에는 주문에 유·무죄의 판단만 표시하면 된다. 대법원도 상상적 경합과[1] 포괄일죄에 관하여[2] 같은 취지로 판시하고 있다.

(3) 면소판결의 부수적 효과

52 　　면소판결이 선고된 때에는 구속영장은 원칙적으로 효력을 잃는다($\substack{\text{제331}\\\text{조}}$). 면소판결을 선고할 경우에는 판결공시의 취지를 선고할 수 있다($\substack{\text{형법 제}\\\text{58조 3항}}$). 면소판결이 확정된 피고인이 면소재판을 할 만한 사유가 없었더라면 무죄재판을 받을 만한 현저한 사유가 있었을 경우에는 구금에 대한 보상을 청구할 수 있다($\substack{\text{형사보상 및}\\\text{명예회복에}\\\text{관한 법률 제}\\\text{26조 1항 1호}}$).

V. 종국재판의 부수효과

1. 구속에 미치는 효과

53 　　무죄, 면소, 형의 면제, 형의 선고유예, 형의 집행유예, 공소기각 또는 벌금이나 과료를 과하는 판결이 선고된 때에는 구속영장은 그 효력을 잃는다($\substack{\text{제331}\\\text{조}}$). 선고와 동시에 구속영장은 효력을 잃는 것이므로 그 확정을 기다릴 필요가 없이 검사는 즉석에서 석방을 지휘하여야 한다.

2. 압수물의 처분관계

54 　　압수한 서류 또는 물품에 대하여 몰수의 선고가 없는 때에는 압수를 해제한 것으로 간주한다($\substack{\text{제332}\\\text{조}}$). 압수한 장물로서 피해자에게 환부할 이유가 명백한 것은 판결로써 피해자에게 환부하는 선고를 하여야 한다. 이 경우에 장물을 처분하였을 때에는 판결로써 그 대가로 취득한 것을 피해자에게 교부하는 선고를 하여야 한다. 가환부한 장물에 대하여 별단의 선고가 없는 때에는 환부의 선고가 있는 것으로 간주한다. 이러한 경우에 이해관계인이 민사소송절차에 의하여 그 권리를 주장함에 영향을 미치지 않는다($\substack{\text{제333}\\\text{조}}$).

1 　대법원 1996. 4. 12, 95 도 2312.
2 　대법원 1977. 7. 12, 77 도 1320; 대법원 1982. 2. 23, 81 도 3277.

3. 가납의 재판

법원은 벌금·과료 또는 추징의 선고를 하는 경우에 판결의 확정 후에는 집　　55
행할 수 없거나 집행하기 곤란할 염려가 있다고 인정한 때에는 직권 또는 검사의
청구에 의하여 피고인에게 벌금·과료 또는 추징에 상당한 금액의 가납을 명할
수 있다. 가납의 재판은 형의 선고와 동시에 판결로써 선고하여야 한다. 이 판결
은 즉시로 집행할 수 있다($\substack{제334\\조}$). 가납의 재판은 상소에 의하여 정지되지 아니한
다. 약식명령에 대하여도 가납명령을 할 수 있다($\substack{제448조,\\제451조}$). 벌금 또는 과료를 선고
하는 즉결심판에도 가납명령을 할 수 있다($\substack{즉결법 제\\17조 3항}$). 부정수표 단속법에 의하여
벌금을 선고하는 경우에는 필요적으로 가납을 명하여야 한다($\substack{부정수표 단\\속법 제6조}$).

제 3 절　재판의 효력　　　　　　　§ 54

I. 재판의 확정

1. 재판의 확정의 의의

재판이 통상의 불복방법에 의하여는 다툴 수 없게 되어 그 내용을 변경할　　1
수 없게 된 상태를 재판의 확정이라 하며, 이러한 상태에 있는 재판을 확정재판
이라 한다. 재판은 확정에 의하여 그 본래의 효력이 발생한다. 확정재판의 본래
의 효력이 바로 재판의 확정력이다.

실질적 정의와 법적 안정성은 법치국가적 형사재판의 본질적 요소이다. 재
판의 확정은 형사재판에 있어서 정의와 법적 안정성이라는 모순되는 두 이념을
조화하는 기능을 가진다. 즉 법적 안정성과 법적 평온을 보장하기 위하여 비록
정의에 반하는 재판이라 할지라도 일정한 기간이 지난 후에는 그 재판에 대하여
다툴 수 없게 하는 것이 바로 재판의 확정이다.[1]

1　Gössel S. 286; Meyer-Goßner Einl. Rn. 164; Pfeiffer KK Einl. Rn. 165; Zipf S. 202; Achen-
bach, "Strafprozessuale Ergänzungsklage und materielle Rechtskraft," ZStW 87, 85.

2. 재판확정의 시기

재판은 확정에 의하여 본래의 효력이 발생하므로 재판확정의 시기는 재판이 본래의 효력을 발생하는 시기를 의미한다. 재판의 확정시기는 재판의 종류에 따라 다르다.

(1) 불복신청이 허용되지 않는 재판

2 불복신청이 허용되지 않는 재판은 선고 또는 고지와 동시에 확정된다. 법원의 관할 또는 판결 전의 소송절차에 관한 결정($\frac{제403}{조}$)과 항고법원 또는 고등법원의 결정($\frac{제415}{조}$)에 대하여는 원칙적으로 불복신청이 허용되지 않으며, 대법원의 결정에 대하여도 항고할 수 없다.

대법원판결의 확정시기에 관하여는 견해가 대립되고 있다. 종래의 다수설은 대법원판결에 대하여도 판결의 정정(訂正)이 허용되므로($\frac{제400조,}{제401조}$) 정정신청기간의 경과, 정정판결 또는 신청기각의 결정에 의하여 확정된다고 한다.[1] 그러나 판결의 정정은 예외적인 경우에 오기·계산의 잘못(위산)과 같은 오류를 정정하는 데 불과하므로 대법원판결은 선고와 동시에 확정된다고 해석하는 것이 타당하다.[2] 대법원도 같은 취지로 판시하고 있다.[3]

(2) 불복신청이 허용되는 재판

3 불복신청이 허용되는 재판은 상소기간($\frac{제343조, 제358}{조, 제374조}$) 기타 불복신청기간($\frac{제405조,}{제453조}$)의 도과, 상소 기타 불복신청의 포기 또는 취하($\frac{제349조,}{제454조}$), 불복신청을 기각하는 재판의 확정($\frac{제364조,}{제399조}$) 등에 의하여 확정된다. 즉시항고를 할 수 있는 결정 또는 명령에 대하여도 같다. 이에 반하여 보통항고에는 항고기간의 제한이 없으므로 원심결정을 취소하여도 실익이 없게 된 때에 확정된다($\frac{제404}{조}$).

II. 재판의 확정력

4 재판의 확정에는 형식적 확정과 내용적 확정이 있으며, 이에 대응하여 확정의 효력도 형식적 확정력과 내용적 확정력 또는 실질적 확정력으로 구별된다.

---

1 신현주 687면; 정영석/이형국 434면.
2 김재환 847면; 백형구 538면; 신동운 1490면; 신양균/조기영 921면; 이영란 636면; 임동규 723면.
3 대법원 1967. 6. 2. 결정, 67 초 22.

1. 형식적 확정력

(1) 형식적 확정력의 의의

재판이 통상의 불복방법에 의하여 다툴 수 없는 상태를 형식적 확정이라 하 　5
며, 특히 종국재판에서는 형식적 확정에 의하여 소송계속이 종결된다. 형식적 확
정력이란 재판의 형식적 확정에 의한 불가쟁적 효력을 말한다.[1] 형식적 확정력
은 내용적 확정력을 인정하기 위한 요건이 될 뿐만 아니라 전과기록을 위한 전제
가 되기도 한다.

형식적 확정력을 재판의 형식적 확정에 의한 불가변적 효력이라고 설명하거
나,[2] 불가쟁적 효력과 불가변적 효력을 포함하는 것으로 설명하기도 한다.[3] 그
러나 불가변적 효력이란 상급법원에 의한 당해 재판의 불가변적 효력, 즉 상소의
정지의 효력을 의미하는 데 불과하므로 불가쟁적 효력과 같은 의미에 지나지 않
는다고 보아야 한다.

(2) 형식적 확정력이 있는 재판

형식적 확정력은 소송절차가 확정적으로 종결되는 소송의 절차면에서의 효 　6
력이다. 따라서 형식적 확정력은 종국재판이건 종국 전의 재판이건, 실체적 재판
이건 형식적 재판이건 불문하고 모든 재판에 대하여 발생한다.

2. 내용적 확정력

재판이 형식적으로 확정되면 이에 따라 그 의사표시적 내용도 확정된다. 이 　7
를 재판의 내용적 확정이라고 한다. 재판의 내용적 확정에 의하여 그 판단내용
인 법률관계를 확정하게 하는 효력을 재판의 내용적 확정력 또는 실질적 확정력
이라고 한다. 특히 유죄 · 무죄의 실체재판이 확정되면 이에 따라 형벌권의 존부
와 범위가 확정되므로 이러한 실체재판의 내용적 확정력을 실체적 확정력이라고
한다. 실체적 확정력을 사건의 측면에서 볼 때에 이를 광의의 기판력이라고 하
기도 한다.[4]

---

1 백형구 539면; 송광섭 749면; 신동운 1492면; 이영란 627면.

2 신현주 687면.

3 서일교 210면; 신양균/조기영 923면.

4 백형구 540면; 신현주 690면.

3. 확정력의 배제

8   재판의 확정력은 법적 안정성의 요구와 피고인의 지위를 보호하기 위하여
인정되는 것이다. 그러나 이러한 요청을 실질적으로 해하지 않는 범위에서 확정
판결에 명백한 오류가 있는 경우에는 예외적으로 확정력을 배제할 필요가 있다.
형사소송법은 확정력을 배제하기 위한 제도로 상소권의 회복, 재심 및 비상상고
를 인정하고 있다.

상소권의 회복($^{제345조}_{이하}$)이란 재판의 확정 자체가 당사자 특히 피고인의 이익을
부당하게 박탈하는 경우의 구제제도이며, 재심($^{제420}_{조}$)은 사실의 오인을 시정하여
유죄판결을 받은 자의 불이익을 구제하는 제도이고, 비상상고($^{제441}_{조}$)는 확정판결의
법령위반을 시정하여 법령해석의 통일을 기하기 위한 제도이다.

Ⅲ. 내용적 구속력

1. 내용적 구속력의 의의

9   내용적 구속력이란 재판이 확정되면 다른 법원에서도 동일한 사정으로 동일
사항에 대하여 다른 판단을 할 수 없는 효력을 말한다. 종국재판의 후소에 대한
불가변적 효력을 의미한다고 할 수 있다.

재판의 내용적 구속력은 실체재판뿐만 아니라 형식재판에서도 인정된다고
해야 한다.[1] 따라서 유죄·무죄의 실체재판뿐만 아니라 공소기각과 관할위반 및
면소의 재판과 같은 형식재판에도 내용적 구속력이 인정된다.

10   실체재판에는 일사부재리의 효력이 인정되므로 재판의 내용적 구속력은 주
로 형식재판에서만 문제된다고 보는 견해도 있다. 실체재판의 불가변적 효력($^{내용적}_{구속력}$)
은 대부분 일사부재리의 원칙에 의하여 해결될 수 있는 것이 사실이다. 그러나
확정재판에서 무죄판결이 선고된 경우에 이를 전제로 한 다른 사실을 재판하는
경우에도 피고인의 법적 안정성을 보호하기 위하여는 내용적 구속력을 인정할 필
요가 있다는 점에서 볼 때 실체재판에 대하여도 내용적 구속력을 인정하는 것이
타당하다고 생각된다.[2]

---

1 강구진 531면; 차용석/최용성 751면.
2 대법원 1986. 9. 23, 86 감도 152,「감호요건인 범죄사실, 즉 본건의 상습절도행위에 대하여 이

2. 형식재판의 내용적 구속력

(1) 내용적 구속력의 작용

형식재판의 내용적 구속력이 후소에 대하여 어떤 작용을 하는가에 대하여는   11
구속효설과 차단효설이 대립되고 있다. **구속효설**은 후소의 수소법원에 대하여 판
단내용을 구속한다고 해석함에 대하여, **차단효설**은 동일사항에 대한 판단을 금지
하는 것이라고 한다.[1] 따라서 관할위반의 판결이 선고된 사건에 대하여 동일법
원에 다시 공소가 제기된 경우에 전설에 의하면 다시 관할위반의 재판을 하여야
함에 대하여, 후설은 공소기각의 판결을 선고해야 한다고 한다($\frac{제327조}{2호}$). 재판의 효
력으로 내용적 구속력을 인정하는 이상 이에 위반한 경우에는 절차위반을 이유로
공소기각의 판결을 선고하는 것이 타당하다고 할 것이므로 차단효설이 타당하다.

(2) 내용적 구속력이 미치는 범위

재판의 내용적 구속력은 법원이 현실적으로 심판한 사실의 범위에서만 발   12
생한다는 점은 실체재판과 형식재판에 있어서 차이가 없다. 형식재판에서도 내용
적 구속력은 판단된 사항에 대하여만 미치며, 사정의 변경이 있는 경우까지 기판
력이 미치는 것은 아니다. 따라서, 첫째 친고죄에서 고소가 없거나 고소가 무효
임을 이유로 한 공소기각의 판결이 확정된 경우에 고소가 있다거나 유효하다는
주장을 하는 재소는 허용되지 않는다. 그러나 후에 유효한 고소가 있는 경우에는
공소의 제기가 허용된다.

둘째 관할위반의 판결이 확정된 때에도 동일법원에 동일사건을 재소하는 것
은 허용되지 않지만, 관할권 있는 다른 법원에 공소를 제기하는 것은 관계없다.

문제는 피고인의 사망을 이유로 한 공소기각의 결정($\frac{제328조}{2호}$)이 확정된 후에   13
피고인의 생존사실이 판명된 경우와 같이 재판내용의 오류가 명백하고 그것이 피
고인의 적극적인 기망행위로 인한 경우에도 내용적 구속력을 인정할 것인가에 있
다. 다수설은 오류가 명백할 뿐만 아니라 피고인에게 구속력을 요구할 자격이 없
다는 이유로 이러한 경우에는 예외적으로 구속력을 인정할 수 없다고 하고 있
다.[2] 그러나 내용적 구속력은 재판의 오류가 있는가를 불문하고 재판의 효력에
의하여 당해 소송에 관한 한 피고인의 사망은 확정되었다고 볼 것이므로 이 경우

미 유죄판결이 확정되었다면 보호감호사건에서 그 절도범행이나 상습성은 다툴 수 없다.」

[1] 손동권/신이철 703면; 차용석/최용성 751면.

[2] 백형구 540면, 강의 763면; 신동운 1495면.

에도 재소는 허용되지 않는다고 해석하는 것이 타당하다.[1]

Ⅳ. 기판력과 일사부재리의 효력

1. 일사부재리의 효력의 의의

14   일사부재리의 효력이란 유죄·무죄의 실체판결이나 면소판결이 확정된 때에 동일사건에 대하여 다시 심리·판단하는 것이 허용되지 않는다는 효력을 말한다. 통설은 일사부재리의 효력을 실체적 확정력의 외부적 효력으로 이해하면서 이를 고유한 의미의 기판력이라고 한다.

2. 기판력의 의의와 일사부재리의 효력과의 관계

(1) 견해의 대립

기판력의 의의 및 일사부재리의 효력과의 관계를 어떻게 이해할 것인가에 대하여는 견해가 대립되고 있다.

15   1) 실체적 확정력설   종래의 통설은 재판의 내용적 확정력에 의하여 내용적 불가변력 또는 내용적 구속력이 발생하며 이러한 효력은 실체재판뿐만 아니라 형식재판에도 인정되는 것이나, 실체재판에 대한 내용적 확정력인 실체적 확정력은 이에 더하여 ① 내부적 효력으로서 당해 사건에 대한 구체적 형벌권의 존부와 범위가 확정되고 특히 형을 선고하는 판결에 있어서는 집행력을 가지며, 나아가 ② 외부적 효력으로서 동일사건의 실체에 관하여 재차 심리·판결하는 것을 허용하지 않는 일사부재리의 효력(Sperrwirkung, ne bis in idem)을 인정하면서, 이를 고유한 의미의 기판력(res judicata)이라고 하고 있다.[2] 이처럼 기판력과 일사부재리의 효력이 실체적 확정력의 외부적 효력이라고 보는 점에서 실체적 확정력설이라고 하며, 양자가 같은 것으로 보는 점에서 **일치설**이라고도 한다. 따라서 이에 의하면 일사부재리의 효력, 즉 기판력은 실체재판에 대하여만 인정된다.

16   2) 이중위험금지설   통설과는 달리 기판력과 일사부재리의 효력을 분리하여 일사부재리의 효력은 재판의 효과인 기판력이 아니라 형사소송에 수반하는 피고

---

1 이은모/김정환 781면; 정웅석/최창호/김한균 785 – 786면.

2 김재환 853면; 백형구 540면; 신동운 1498면.

인의 부담을 최소화하고 피고인의 불안정한 상태를 제거하고자 하는 인권옹호의 사상, 즉 이중위험의 금지(double jeopardy)에서 유래하는 것으로 파악해야 한다는 견해[1]이다. 이 견해는 일사부재리의 효력은 이중위험의 금지와는 구별되는 것이므로 헌법이 규정하고 있는 일사부재리의 원칙은 기판력의 실정법적 근거가 될 수 없다고 설명한다.[2] 일사부재리의 효력과 기판력을 별개로 본다는 점에서 **구별설**이라고도 한다. 이에 의하면 기판력이란 형식재판을 포함한 종국재판 일반의 후소(後訴)에 대한 불가변경적 효력[3] 또는 내용적 확정력의 대외적 효과를 의미하는 데 불과하며 일사부재리의 효력은 기판력 또는 재판의 효력과 관계없이 피고인을 보호하기 위한 원칙으로서의 의미를 가진다고 본다.

(2) 비   판

헌법은 「모든 국민은 동일한 범죄에 대하여 거듭 처벌받지 아니한다」라고   17
하여 일사부재리의 원칙을 헌법상의 원칙으로 규정하고 있다(헌법 제13조 1항). 헌법이 규정하고 있는 일사부재리의 원칙은 형사소송의 일회성의 원칙(Grundsatz der Einmaligkeit der Strafverfolgung)을 의미하는 것이다.[4] 원래 일사부재리의 원칙은 대륙법에서 발달한 원칙으로 영미의 이중위험의 금지와 반드시 같은 의미를 가지는 것은 아니다.[5] 그러나 일사부재리의 원칙도 피고인보호의 원칙인 점에서 영미의 이중위험의 금지와 의의를 같이하는 제도라고 보아야 하며, 따라서 헌법의 일사부재리의 효력은 대륙의 일사부재리의 원칙과 영미의 이중위험의 금지를 포함하는 넓은 의미의 이중위험의 금지를 규정하고 있는 것으로 보아야 한다.[6] 그렇게 볼 경우 일사부재리의 효력을 이중위험금지의 원칙과 별개의 효력으로 파악하는 것은 더 이상 타당하다고 할 수 없다. 즉 실체적 확정력의 외부적 효력에 불과하였던 일사부재리의 효력은 헌법 제13조 1항에 의하여 헌법의 객관적 가치질서로 확립되었다.[7]

---

1 이영란 629면; 임동규 727면; 차용석/최용성 749면.
2 백형구 541면, 강의 767면; 신동운 1498면.
3 이은모/김정환 784면.
4 Gössel S. 289; Meyer–Goßner Einl. Rn. 171; Peters S. 504; Pfeiffer KK Einl. Rn. 170; Roxin S. 410.
5 대륙법의 일사부재리의 원칙이 실체적 확정력의 효력으로 인정된 것임에 반하여, 영미의 double jeopardy 는 피고인의 불이익을 고려한 절차상의 요청으로 피고인이 제출할 수 있는 항변의 하나에 불과하다.
6 강구진 533면.
7 Schäfer S. 172.

그러나 일사부재리의 효력이 이중위험의 금지에서 유래한다고 하여 이를 실체적 확정력, 즉 기판력과 관계없는 것으로 보는 것은 타당하다고 할 수 없다. 일사부재리의 효력이 이중위험의 금지에서 유래하는 헌법상의 원칙이라고 하여 그것이 동시에 재판의 내용적 확정력임을 부정할 수 있는 이유가 될 수는 없으며, 오히려 일사부재리의 효력은 내용적 확정력의 가장 중요한 내용이라고 해야 한다(포함설).[1] 따라서 헌법의 이중위험의 금지는 확정재판에 대하여만 인정할 수 있게 된다. 또한 일사부재리의 효력은 내용적 확정력으로서 소송조건이 될 뿐만 아니라, 동일한 행위로 다시 처벌받지 않는다는 헌법상의 기본권을 피고인에게 보장하였다는 이중의 의미를 가지게 된다.[2]

18   재판의 내용적 확정력에 의하여 재판의 의사표시의 내용이 확정된다. 이에 의하여 실체재판에 있어서는 사실의 존부와 형벌권의 존부나 범위가 확인되며, 형의 선고의 판결에 있어서는 당해 사건과의 관계에서 집행력을 가지게 된다. 재판의 내용적 확정력은 대외적인 관계에서 후소에 대한 불가변적 효력을 가지며 이를 내용적 구속력이라고도 할 수 있다. 내용적 구속력과 일사부재리의 효력은 내용적 확정력의 대외적 효과라고 할 수 있다. 기판력은 내용적 확정력의 대외적 효과로서 내용적 구속력과 일사부재리의 효력을 포함하는 의미로 해석하는 것이 타당하다고 생각된다. 이러한 의미에서 일사부재리의 효력은 기판력의 내용이지만 동시에 이중위험금지의 원칙과 관련을 가진 원칙이라고 이해해야 한다(포함설).

3. 기판력의 본질

(1) 견해의 대립

기판력의 본질에 관하여는 실체법설과 소송법설 및 구체적 규범설이 대립되고 있다.

19   **1) 실체법설**   실체법설은 기판력의 본질을 확정재판에 의하여 실체법률관계를 형성·변경하는 효력이라고 이해한다. 따라서 잘못된 판결이라 할지라도 기판력에 의하여 판결내용과 같은 실체법률관계가 형성되는 결과가 된다. 그러나 절도범이 아닌 자가 절도죄로 유죄판결이 확정되었다고 하여 절도죄를 범한 것이 된

---

1 송광섭 787면; 신양균/조기영 929면; 이주원 637면; 정승환 § 61/21.

2 Meyer-Goßner Einl. Rn. 171.

다고 할 수는 없다.[1]

    2) 구체적 규범설　　구체적 규범설은 일반적·추상적인 규범인 실체법이 소　　20
송을 통하여 개별적·구체적인 법률관계로 형성된 당해 사건에 대한 구체적 실체
법이 기판력이라고 한다. 기판력은 당해 사건에 대한 구체적 실체법이기 때문에
기판력에 의하여 피고인은 유죄판결을 받은 자의 지위에 놓이게 되고 집행력이나
구속력과 같은 재판의 효력이 발생한다는 것이다. 종래 우리나라의 통설[2]의 태
도라고 할 수 있다.

    3) 소송법설　　소송법설은 기판력은 실체법률관계에 아무런 영향을 미치지 아니　　21
하며 소송법상 인정되는 확정재판의 후소에 대한 영향에 불과하다는 견해[3]이다.

    (2) 비　　　판

    우리나라에서 현재 실체법설을 주장하는 학자는 찾아볼 수 없다. 종래의 통　　22
설이 취하였던 구체적 규범설은 기판력을 구체적 실체법이라고 해석하고 있다.
그러나 구체적 규범설도 ① 재판은 형법상의 제재의 인식근거에 불과하고 행위나
행위자에 대한 형벌의 원인에 영향을 미치는 것은 아니라고 보아야 하므로 실체
법적 효과를 인정하는 것은 타당하다고 할 수 없고, ② 재판에 의하여 구체적 법
규범이 창설된다면 왜 다른 법원이 스스로 구체적 법규범을 창설·정립할 수 없
는가를 설명할 수 없을 뿐만 아니라, ③ 법원이 심판한 공소사실의 범위를 넘어
공소사실과 동일성이 인정되는 사실에 대하여까지 기판력이 미친다는 이유를 설
명할 수 없다. 이러한 의미에서 기판력은 재판의 효력으로서 후소에 미치는 영향
에 지나지 않는다고 해석하는 소송법설이 타당하다고 하지 않을 수 없다.

4. 일사부재리의 효력이 인정되는 재판

(1) 실체재판

    유죄·무죄의 실체재판에 일사부재리의 효력이 인정된다는 점에서 이론이　　23
없다. 약식명령과 즉결심판[4]도 확정되면 유죄판결과 동일한 효력을 가지므로 일

1　Gössel S. 290; Schäfer S. 183.

2　신현주 708면; 정영석/이형국 438면.

3　김재환 855면; 손동권/신이철 703면; 송광섭 789면; 신동운 1501면; 이창현 1142면; 임동규
　　730면.

4　대법원 1982. 5. 25, 81 도 1307.

사부재리의 효력이 발생한다. 경범죄 처벌법($^{제8조}_{3항}$), 도로교통법($^{제164조}_{3항}$)과 관세법($^{제317}_{조}$)에 의한 범칙금납부도 확정판결에 준하는 효력이 있으므로 일사부재리의 효력이 인정된다.[1] 소년의 보호처분결정($^{소년법 제32}_{조, 제53조}$), 가정폭력범죄의 처벌 등에 관한 특례법상의 가정보호처분결정($^{동법 제16}_{조, 제40조}$)에 대하여도 일사부재리의 효력을 명문으로 인정하고 있다.[2] 다만, 행정법상의 징계처분, 행정벌인 과태료부과처분,[3] 교정처우상의 징벌[4]이나 검사의 무혐의 처분[5]에는 일사부재리효력이 인정될 여지가 없다.

(2) 형식재판

24   공소기각과 관할위반의 형식재판에 대하여는 일사부재리의 효력을 인정할 여지가 없다. 이중위험의 금지도 실체적 심판의 위험[6] 또는 본안재판에 수반하는 효력이라고 보아야 하기 때문이다.

문제는 면소의 재판에 대하여 일사부재리의 효력이 인정되는가에 있다. 종래의 통설은 면소판결이 실체관계적 형식재판이라는 이유로 일사부재리의 효력이 인정된다고 해석하였다.[7] 그러나 면소판결은 실체심리를 하지 않고 소송을 종결시키는 재판이라는 점에서 형식재판이라고 해야 한다. 면소판결은 형식재판이면서도 단순한 절차의 흠을 이유로 하는 것이 아니라 소송추행의 이익이 없기 때문에 다시 소추하는 것을 금지하는 점에 그 본질이 있다. 이러한 면소판결의 본질에 의하여 면소판결은 형식재판이지만 일사부재리의 효력이 인정된다고 해야 한다.

(3) 당연무효의 판결

25   당연무효의 판결이란 판결로 성립은 하였으나 중대한 하자가 있기 때문에 상소 기타 불복신청을 하지 않아도 그 본래의 효력이 발생하지 않는 재판을 말한다.

---

1 대법원 1986. 2. 25, 85 도 2664; 대법원 2003. 7. 11, 2022 도 2642; 대법원 2012. 9. 13, 2012 도 6612.
2 이창현 1143면. 일사부재리의 효력과 관계없다는 견해도 있으며(이주원 639면), 판례도 그 효력을 부정하고 있다(대법원 2017. 8. 23, 2016 도 5423).
3 대법원 1996. 4. 12, 96 도 158.
4 대법원 2000. 10. 27, 2000 도 3874.
5 대법원 1988. 3. 22, 87 도 2678.
6 강구진 534면.
7 김기두 186면; 신현주 692면.

예컨대 동일사건에 대하여 이중의 실체판결이 확정된 경우, 사자(死者)에 대하여 형을 선고한 경우, 또는 법률상 인정되지 않는 형벌을 선고한 판결이 여기에 해당한다.

이 경우에도 재판이 존재하기 때문에 형식적인 확정력은 있어도 집행력이 발생하지 않는다는 점에는 이론이 없다. 당연무효의 판결에 대하여 일사부재리의 효력이 인정되는가에 관하여 **소극설**은 실체적 확정력이 발생하지 않는다고 해석한다.[1] 그러나 당연무효의 판결의 경우에도 법원이 심리를 종결하여 최종적 판단을 한 것이므로 피고인은 처벌의 위험에 처해 있었다고 할 것이므로 일사부재리의 효력은 인정된다고 해석하는 **적극설**이 타당하다고 생각된다.[2]

5. 일사부재리의 효력이 미치는 범위

(1) 객관적 범위

1) **법원의 잠재적 심판의 범위**　　　일사부재리의 효력이 미치는 객관적 범위는 　26
법원의 현실적 심판의 대상인 당해 공소사실은 물론 그 공소사실과 단일하고 동일한 관계에 있는 사실의 전부에 미친다고 하는 것이 다수설의 태도이다.[3] 법원의 심판의 범위에 관하여 소인대상설을 취하는 학자 가운데는 일사부재리의 효력이 공소사실에 대하여 미친다고 해석하는 견해[4]도 있다. 그러나 이 경우의 공소사실이란 소인변경이 가능한 기능개념에 불과하다고 보므로 이원설에서 말하는 공소사실과 동일성이 인정되는 사실의 범위와 일치한다. 따라서 일사부재리의 효력은 법원의 현실적 심판의 대상인 공소장에 기재된 공소사실뿐만 아니라 그 사실과 동일성이 인정되는 잠재적 심판의 대상에 대하여도 미친다고 해야 한다.

대법원이 일관하여 포괄일죄와 과형상의 일죄(상상적 경합)[5]의 일부분에 대한 기판력은 현실적 심판의 대상으로 되지 아니한 부분에까지 미친다고 판시하고 있고,[6] 즉

1　백형구 543면, 강의 766면.

2　손동권/신이철 705면; 신동운 1504면; 신현주 717면; 이영란 637면.

3　김기두 185면; 백형구 545면.

4　강구진 534면.

5　상상적 경합범 중 1죄에 대한 확정판결의 기판력은 다른 죄에도 미치고(대법원 2007. 2. 23, 2005 도 10233), 포괄일죄 범행 중 일부에 대한 확정판결의 효력이 사실심 판결선고 이전에 이루어진 나머지 포괄일죄 범행과 상상적 경합관계에 있는 죄에 대해서도 미친다(대법원 2006. 11. 23, 2007 도 6273; 대법원 2023. 6. 29, 2020 도 3705).

6　대법원 1978. 2. 14(전원합의체판결), 77 도 3564; 대법원 2006. 5. 11, 2006 도 1252; 대법원

결심판을 받은 범죄사실과 동일성이 인정되는 경우에는 강간죄나 상해치사죄에 관하여 면소판결을 선고해야 한다고 하고 있는 것[1]도 이러한 의미에서 이해할 수 있다.

확정된 범죄사실이 포괄일죄로 공소제기된 것인가 또는 단순일죄로 공소제기되어 유죄판결된 것인가에 따라 일사부재리의 효력이 미치는 범위가 달라지는 것은 아니다. 다만 판례는 상습범으로서 포괄적 일죄의 관계에 있는 여러 개의 범죄사실 중 일부에 대하여 유죄판결이 확정된 경우, 그 확정판결의 사실심판결 선고 전에 저질러진 나머지 범죄에 대하여 면소판결을 선고하기 위하여는 상습범으로 처단되었을 것을 요한다고 판시한 바 있다.[2]

27   **2) 이론적 근거**   일사부재리의 효력을 내용적 확정력의 효과라고 볼 때에 그 효력이 미치는 범위는 심판의 대상과 일치하지 않을 수 없다. 따라서 공소사실과 동일성이 인정되는 모든 사실을 법원의 심판의 대상으로 하고 있는 직권주의하에서는 일사부재리의 효력이 공소사실 이외의 사실에 미친다는 것을 쉽게 설명할 수 있다.[3] 그러나 법원의 현실적 심판의 범위를 공소장에 기재된 공소사실에 한정하고 있는 형사소송법의 해석에 있어서는 그 근거를 어떻게 설명할 것인가가 문제되지 않을 수 없다.

이에 관하여는 ① 1개의 형벌권이 인정되는 사실은 1회의 절차에서 해결해야 한다거나[4] 법원의 잠재적 심판의 대상이 된 사실이기 때문이라고 해석하는 견해[5]가 있으나, 동시심판이 불가능하여 현실적으로 심판되지 않은 사실에 대하

2014. 1. 16, 2013 도 11649.

1 대법원 1984. 10. 10, 83 도 1790; 대법원 1990. 3. 9, 89 도 1046.

2 대법원 2004. 9. 16(전원합의체판결), 2001 도 3206, 「상습범으로서 포괄적 일죄의 관계에 있는 여러 개의 범죄사실 중 일부에 대하여 유죄판결이 확정된 경우에, 그 확정판결의 사실심 판결선고 전에 저질러진 나머지 범죄에 대하여 새로이 공소가 제기되었다면 그 새로운 공소는 확정판결이 있었던 사건과 동일한 사건에 대하여 다시 제기된 데 해당하므로 이에 대하여는 판결로써 면소의 선고를 하여야 하는 것인바(형사소송법 제326조 제 1 호), 다만 이러한 법리가 적용되기 위해서는 전의 확정판결에서 당해 피고인이 상습범으로 기소되어 처단되었을 것을 필요로 하는 것이고, 상습범 아닌 기본 구성요건의 범죄로 처단되는 데 그친 경우에는, 가사 뒤에 기소된 사건에서 비로소 드러났거나 새로 저질러진 범죄사실과 전의 판결에서 이미 유죄로 확정된 범죄사실 등을 종합하여 비로소 그 모두가 상습범으로서의 포괄적 일죄에 해당하는 것으로 판단된다 하더라도 뒤늦게 앞서의 확정판결을 상습범의 일부에 대한 확정판결이라고 보아 그 기판력이 그 사실심 판결선고 전의 나머지 범죄에 미친다고 보아서는 아니 된다.」
    동지: 대법원 2010. 2. 11, 2009 도 12627; 대법원 2015. 6. 23, 2015 도 2207; 대법원 2017. 12. 13, 2017 도 16223.

3 Gössel S. 291; Peters S. 315; Roxin S. 412; Zipf S. 203.

4 강구진 535면.

5 백형구 545면, 강의 769면.

여 왜 일사부재리의 효력이 미치는가를 충분히 설명하여 준다고 할 수 없다. ②
확정판결의 기판력이 범죄사실의 전체에 미치는 것은 공소불가분의 원칙의 당연
한 귀결이라고 해석하는 견해[1]도 있다. 그러나 공소불가분의 원칙만으로 현실적
으로 심판하지 않은 사실에 대하여 당연한 기판력이 미친다고 단정할 수는 없다.
따라서 ③ 피고인의 법적 지위의 안정과 피고인보호를 위하여 이중위험을 금지하
고자 하는 일사부재리의 원칙의 취지에 비추어 공소사실과 동일성이 인정되는 범
위에서는 위험이 미치기 때문이라고 해석하는 것이 타당하다고 생각된다.[2]

  3) 보충소송의 문제   판결이 행위의 불법내용을 모두 판단하지 않은 경우   28
(예컨대 일죄의 일부가 친고죄이고 고소가
없는 때와 판결 후 상해피해자가 사망한 때)에 일사부재리의 원칙의 예외로 보충소송(Ergän-
zungsklage) 또는 수정소송(Berichtigungsklage)을 허용할 것인가가 문제된다. 이에
관하여 독일에서는 긍정설[3]과 부정설[4] 및 확정 후에 발생한 결과에 대하여만
인정해야 한다는 견해[5]가 대립하고 있다. 그러나 일사부재리의 원칙을 기본권으
로 규정하고 있는 헌법정신에 비추어 동일성이 인정되는 공소사실에 대한 보충소
송은 허용되지 않는다고 해야 한다.[6] 판례도 같은 입장이다.[7]

  (2) 주관적 범위

  일사부재리의 효력은 공소가 제기된 피고인에 대하여만 발생한다. 공동피고   29
인의 경우에도 공동피고인 중 1인에 대한 판결의 효력은 다른 피고인에게 미치지
않는다. 다만, 공범자인 공동피고인의 1인에 대한 무죄판결은 다른 공범자에게
유리한 증거자료로 사용될 수 있다. 그러나 이는 일사부재리의 효력과는 관계가
없다. 피고인이 성명을 모용한 경우에 판결의 효력은 피모용자에게 미치지 않는
다. 그러나 위장출석한 피고인에 대하여는 판결의 효력이 미친다.

  (3) 시간적 범위

  계속범·상습범 등이 확정판결 전후에 걸쳐서 행하여진 경우에 어느 시점까   30
지 일사부재리의 효력이 미치는가에 대하여는 변론종결시설·판결선고시설·판

---

1 신동운 1509면.
2 이은모/김정환 787면.
3 Gössel S. 291; Schäfer S. 176.
4 Meyer–Goßner Einl. Rn. 171; Achenbach ZStW 87, 102.
5 Roxin S. 412.
6 신동운 1511면; 신양균/조기영 935면.
7 대법원 1990. 3. 9, 89 도 1046.

결확정시설이 있다. 일사부재리의 효력의 시적 한계는 사실심리가 가능한 최종의 시점을 표준으로 하여야 할 것이나 변론의 재개를 허용하고 있는 형사소송법의 해석에 있어서는 사실심판결선고 시를 표준으로 해야 한다는 것이 통설[1]과 판례[2]의 태도이다. 따라서 판결선고에 의하여 판결선고 전후의 포괄일죄는 2개의 범죄로 나누어지는 결과가 된다.[3] 약식명령에 있어서는 그 명령의 발령 시가 기준이 된다.[4]

> 일사부재리의 효력을 이중위험의 금지와 같은 원칙으로 이해할 때 위험의 발생시기가 문제된다. 영미에서는 판결선고 시에 위험이 발생한다고 하여 검사의 상소도 이중위험의 금지에 위반된다고 한다. 그러나 1심에서 상소심에 이르기까지는 1개의 위험이 존재할 뿐이라고 해석하는 것이 타당하다.

§55 제 4 절 소송비용

I. 소송비용의 의의

1 　소송비용이란 소송절차를 진행함으로 인하여 발생한 비용으로 두 종류가 있다. 하나는 법원이 재판을 진행함으로써 발생한 비용이고, 다른 하나는 피고인 또는 그 변호인이 재판에 참여하으로써 발생한 비용이다. 소송비용은 지출원인을 제공한 사람이 책임을 지는 것이 원칙이다. 형사소송법은 형의 선고를 하는 때에는 피고인에게 소송비용의 전부 또는 일부를 부담하게 하여야 하고($^{제186조}_{1항}$),[5] 국가는 무죄판결이 확정된 경우에는 당해 사건의 피고인이었던 자에 대하여 그 재판에 소요된 비용을 보상하여야 한다($^{제194조의}_{2 \ 제1항}$)고 규정하고 있다. 전자를 소송비용의 부담, 후자를 소송비용의 보상이라고 한다.

---

1 김재환 859면; 백형구 546면; 신동운 1513면; 이은모/김정환 790면.

2 대법원 1973. 8. 31, 73 도 1366; 대법원 1979. 2. 27, 79 도 82; 대법원 1982. 12. 28, 82 도 2500; 대법원 2014. 1. 16, 2013 도 11649; 대법원 2023. 6. 29, 2020 도 3705.

3 대법원 2000. 3. 10, 99 도 2744.

4 대법원 1984. 7. 24, 84 도 1129; 대법원 2023. 6. 29, 2020 도 3705.

5 헌법재판소는 형사소송법 제186조 1항에 대하여 피고인의 방어권 행사의 남용을 방지함으로써 사법절차의 적정을 도모할 수 있고, 부담하는 소송비용의 범위가 제한적이라는 등의 이유로 합헌결정을 하였다(헌재결 2021. 2. 25, 2018 헌바 224).

Ⅱ. 소송비용의 부담

1. 부 담 자

소송비용은 지출원인에 대하여 책임 있는 자에게 부담시키는 것이 원칙이   2
다. 그러나 검사가 책임 있는 경우에는 국가가 부담하여야 할 것이므로 형사소송
법은 피고인($\frac{제186}{조}$), 고소인·고발인($\frac{제188}{조}$), 제 3 자($\frac{제190}{조}$)가 부담하는 경우에 관한
규정만을 두고 있다.

소송비용의 부담은 형이 아니고 실질적인 의미에서 형에 준하여 평가되어야   3
할 것도 아니므로 불이익변경금지의 원칙이 적용되지 않는다.[1] 그러나 피고인에
대한 소송비용의 부담은 재산적 이익의 박탈이라는 점에서 형벌적 성격을 가지고
있으며, 고소인·고발인 기타 피고인 아닌 자에 대한 소송비용의 부담도 부당한
고소·고발·상소제기 또는 재심청구로 인하여 불필요한 소송을 진행하도록 한
점에 대한 제재로서의 성격을 가지고 있음을 부정할 수 없다.

(1) 피 고 인

형의 선고를 하는 때에는 피고인에게 소송비용의 전부 또는 일부를 부담하   4
게 하여야 한다. 다만, 피고인의 경제적 사정으로 소송비용을 납부할 수 없는 때
에는 그러하지 아니하다($\frac{제186조}{1항}$). 형의 선고를 하는 때에는 형의 집행유예의 경우
를 포함한다. 그러나 형의 면제나 선고유예는 여기에 해당하지 않는다. 형의 선
고를 하는 때에 소송비용을 부담하게 하여야 하므로 형을 선고하지 않으면서 피
고인에게 소송비용을 부담하게 할 수는 없다. 다만, 피고인에게 책임지울 사유로
발생된 비용은 형의 선고를 하지 아니하는 경우에도 피고인에게 부담하게 할 수
있다($\frac{동조}{제2항}$). 예컨대 피고인이 정당한 사유 없이 출석하지 아니하여 증인을 소환
한 공판기일에 신문할 수 없게 되어 발생한 비용이 그것이다.

공범의 소송비용은 공범인에게 연대하여 부담하게 할 수 있다($\frac{제187}{조}$). 여기의   5
공범에는 임의적 공범뿐만 아니라 필요적 공범도 포함한다. 연대부담을 시키는
것은 공범자가 공동심리를 받은 경우에 한하여야 한다. 따라서 연대부담을 시킬
것인가는 법원이 결정할 성질이라고 해야 한다.

---

1 대법원 2001. 4. 24, 2001 도 872.

검사만이 상소 또는 재심의 청구를 한 경우에 상소 또는 재심의 청구가 기각되거나 취하된 때에는 그 소송비용을 피고인에게 부담하게 하지 못한다(제189조).

(2) 고소인 · 고발인

6   고소 또는 고발에 의하여 공소를 제기한 사건에 관하여 피고인이 무죄 또는 면소의 판결을 받은 경우에 고소인 또는 고발인에게 고의 또는 중대한 과실이 있는 때에는 그 자에게 소송비용의 전부 또는 일부를 부담하게 할 수 있다(제188조). 무죄 또는 면소의 판결에 한하므로 형의 면제, 선고유예 또는 공소기각의 재판을 받은 때에는 고소인 · 고발인에게 소송비용을 부담하게 할 수 없다.

(3) 상소 또는 재심청구자

7   검사 아닌 자가 상소 또는 재심의 청구를 한 경우에 상소 또는 재심의 청구가 기각되거나 취하된 때에는 그 자에게 소송비용을 부담하게 할 수 있다(제190조 1항). 여기의 검사 아닌 자에는 피고인도 포함된다. 피고인 아닌 자가 피고인이 제기한 상소 또는 재심의 청구를 취하한 경우에도 같다(동조 제2항). 그러나 변호인이 피고인을 대리하여 상소 또는 재심의 청구를 취하한 때에는 피고인을 대리하여 한 것이므로 변호인에게 소송비용을 부담하게 할 수 없다.[1]

2. 절   차

(1) 재판으로 소송절차가 종료되는 경우

8   재판으로 소송절차가 종료되는 경우에 피고인에게 소송비용을 부담하게 하는 때에는 직권으로 재판하여야 한다(제191조 1항). 이 재판에 대하여는 본안의 재판에 관하여 상소하는 경우에 한하여 불복할 수 있다(동조 제2항). 즉 소송비용에 대한 재판에 대한 불복은 본안의 재판에 대한 상소의 전부 또는 일부가 이유 있는 경우에 한하여 허용되고, 본안의 상소가 이유 없는 경우에는 허용되지 않는다.[2] 따라서 본안의 재판에 대한 상소가 기각되면 소송비용부담의 재판에 관한 상소도 기각된 것으로 보아야 한다. 여기서 본안의 재판이란 피고사건에 관한 종국재판을 말한다. 실체재판인가 또는 형식재판인가는 불문한다.

---

1 신동운 1482면; 정승환 § 61/47.

2 대법원 2008. 7. 24, 2008 도 4759; 대법원 2016. 5. 24, 2014 도 6428.

피고인 아닌 자에게 소송비용을 부담하게 하는 때에는 직권으로 결정하여야
한다. 그 결정에 대하여는 즉시항고를 할 수 있다($\substack{제192 \\ 조}$).

(2) 재판에 의하지 않고 소송절차가 종료되는 경우

재판에 의하지 않고 소송절차가 종료되는 경우에 피고인 아닌 자에게 소송   9
비용을 부담하게 하는 때에는 사건의 최종계속법원이 직권으로 결정을 하여야 한
다. 이 결정에 대하여는 즉시항고를 할 수 있다($\substack{제193 \\ 조}$). 재판에 의하지 아니하고
소송절차가 종료되는 경우란 상소·재심 또는 정식재판의 청구를 취하하는 때를
말한다.

(3) 소송비용부담액의 산정

소송비용의 부담액을 재판에 의하여 구체적으로 명시할 것을 요하지 않는   10
다. 소송비용의 부담을 명하는 재판에 그 금액을 표시하지 아니한 때에는 집행을
지휘하는 검사가 산정한다($\substack{제194 \\ 조}$). 산정에 이의가 있는 때에는 법원에 이의신청을
할 수 있다($\substack{제489 \\ 조}$).

(4) 소송비용부담재판의 집행

소송비용부담의 재판도 검사의 지휘에 의하여 집행한다($\substack{제460조 \\ 1항}$). 재판집행비   11
용은 집행을 받는 자의 부담으로 하고 「민사집행법」의 규정에 준하여 집행과 동
시에 징수하여야 한다($\substack{제493 \\ 조}$). 소송비용부담의 재판을 받은 자가 빈곤으로 인하여
이를 완납할 수 없는 때에는 그 재판의 확정 후 10일 이내에 재판을 선고한 법원
에 소송비용의 전부 또는 일부에 대한 집행면제를 신청할 수 있다($\substack{제487 \\ 조}$).

3. 소송비용의 범위

소송비용의 범위는 형사소송비용 등에 관한 법률에서 정하고 있는데, 증인·   12
감정인·통역인 또는 번역인의 일당, 여비 및 숙박료, 감정인·통역인 또는 번역
인의 감정료·통역료·번역료, 그 밖의 비용, 국선변호인의 일당, 여비, 숙박료
및 보수가 소송비용에 해당한다($\substack{동법 \\ 제 2 조}$). 다만 듣거나 말하는 데 장애가 있는 사람
을 위한 통역·속기·녹음·녹화 등에 드는 비용은 국고에서 부담하고, 피고인
등에게 부담하게 할 소송비용에 산입하지 아니한다($\substack{규칙 제92 \\ 조의 2}$).

Ⅲ. 소송비용의 보상

13   무죄판결이 확정된 경우에는 당해 사건의 피고인이었던 자에 대하여 그 재판에 소요된 비용을 보상하여야 한다(제194조의2 제1항). 무죄판결이 주문에서 선고된 것이 아니라 이유에서 무죄로 판단된 경우에는, 무죄로 판단된 부분의 방어권 행사에 필요하였다고 인정되는 비용을 보상하여야 한다.[1] 그러나 ① 피고인이었던 자가 수사 또는 재판을 그르칠 목적으로 거짓 자백을 하거나 다른 유죄의 증거를 만들어 기소된 것으로 인정된 경우(제1호), ② 1개의 재판으로써 경합범의 일부에 대하여 무죄판결이 확정되고 다른 부분에 대하여 유죄판결이 확정된 경우(제2호), ③ 책임무능력(형법 제9조, 제10조 1항)을 사유로 무죄판결이 확정된 경우(제3호), ④ 그 비용이 피고인이었던 자에게 책임지울 사유로 발생한 경우(제4호)에는 비용의 전부 또는 일부를 보상하지 아니할 수 있다(동조 제2항). 재판비용의 보상은 형사사법절차에 내재하는 불가피한 위험에 대하여 형사사법기관의 귀책사유를 따지지 않고 소송비용을 보상하는 것이다.[2]

14   비용의 보상은 피고인이었던 자의 청구에 따라 무죄판결을 선고한 법원의 합의부에서 결정으로 하는데(제194조의3 제1항), 무죄판결이 확정된 사실을 안 날부터 3년, 무죄판결이 확정된 때부터 5년 이내에 청구하여야 한다(동조 제2항). 위 결정에 대하여는 즉시항고를 할 수 있다(동조 제3항). 비용보상의 범위는 피고인이었던 자 또는 그 변호인이었던 자가 공판준비 및 공판기일에 출석하는데 소요된 여비·일당·숙박료와 변호인이었던 자에 대한 보수에 한한다. 이 경우 보상금액에 관하여는 형사소송비용 등에 관한 법률을 준용하되, 피고인이었던 자에 대하여는 증인에 관한 규정을, 변호인이었던 자에 대하여는 국선변호인에 관한 규정을[3] 준용한다.

---

1 대법원 2019. 7. 5. 결정, 2018 모 906.

2 헌재결 2013. 8. 29, 2012 헌바 168.

3 헌법재판소는 국선변호인에 관한 규정을 준용하는 것은 재판청구권을 침해하지 않는다며 합헌결정을 하였다(헌재결 2013. 8. 29, 2012 헌바 168).

제 6 편

상소 ·
비상구제절차 ·
특별절차

제 1 장 상   소

제 1 절 상소 통칙

§ 56

Ⅰ. 상소의 의의와 종류

1. 상소의 의의

(1) 상소의 개념

상소란 확정되지 아니한 재판에 대하여 상급법원에 구제를 구하는 불복신청 제도를 말한다. '재판'에 대한 불복신청이라는 점에서 불기소처분에 대한 항고나 재정신청과 같은 검사의 처분에 대한 불복신청과 구별되며, '확정되지 아니한' 재판에 대한 불복신청이라는 점에서는 확정판결에 대한 비상구제절차인 재심 또는 비상상고와 구별된다. 또 상소는 '상급법원'에 대한 구제신청이라는 점에서 당해 법원에 대한 이의신청이나 약식명령 또는 즉결심판에 대한 정식재판의 청구와 구별된다. 따라서 법관의 재판 또는 수사기관의 처분에 대한 준항고($\binom{\text{제416조,}}{\text{제417조}}$)는 엄격한 의미에서의 상소가 아니다. 형사소송법이 이를 항고와 함께 규정한 것은 입법의 편의를 위한 것에 불과하다.

1

(2) 상소제도의 가치

상소는 오판을 시정하기 위하여 인정된 제도이다. 즉 원판결($\binom{\text{재판 중 판결을}}{\text{중심으로 설명함}}$)의 잘못을 시정하여 불이익을 받는 당사자를 구제하고, 법령해석의 통일을 기하기 위하여 인정된 제도가 바로 상소이다. 재판에도 잘못이 있을 수 있다. 재판의 권위와 법적 안정성을 강조하여 잘못이 있는 판결을 유지하는 것은 구체적 타당성을 해하지 않을 수 없다. 여기서 원판결이 사실인정을 잘못한 때에는 부당한 사실인정을 받은 당사자의 상소에 의하여 사실인정을 다시 하게 하는 것이 당사자를 구제하는 길이 된다. 원판결에 법령적용이나 소송절차에 잘못이 있는 때에도 불이익을 받는 당사자가 상소하여 그 잘못을 시정할 필요가 있다. 원판결에 의하

2

여 불이익을 받는 당사자를 구제하는 것이 바로 상소의 목적이며, 가장 중요한 기능이다. 원판결에 대한 당사자의 구제 이외에 법령해석의 통일도 상소의 목적이 된다. 법원 사이에 법령해석이 다를 때에는 상급법원의 해석에 의하여 이를 통일하는 것이 법적 안정성과 정의의 실현을 위하여 필요하기 때문이다. 상소가 가지는 두 가지 기능, 즉 당사자의 구제와 법령해석의 통일 가운데 후자에 중점을 둔 것이 상고라고 한다면, 항소의 주된 목적은 당사자의 구제에 있다고 할 수 있다.

3 상소는 오판으로 인하여 불이익을 받는 당사자를 구제하기 위하여 불가결한 제도이다. 그러나 한편 상소에 의하여 소송절차가 지연되고, 특히 유죄판결을 받은 피고인이 판결의 확정을 지연시키는 수단으로 남용될 위험도 있다. 상소에 있어서도 오판의 시정과 절차지연의 방지라는 두 가지 이념이 조화되어야 한다. 여기에 상소심의 구조를 어떻게 하여야 할 것인가가 입법정책상 중요한 문제로 등장하지 않을 수 없다.

2. 상소의 종류

4 상소에는 항소·상고 및 항고가 있다. 항소는 제1심 판결에 대한 상소이며, 상고는 제2심 판결에 대한 상소이다. 법원의 결정에 대한 상소를 항고라고 한다. 항고에는 일반항고와 특별항고(재항고)가 있으며, 일반항고에는 보통항고와 즉시항고가 있다.

상소심은 심리하는 범위에 따라 사실심과 법률심으로 나누어진다. 전자가 법률문제와 사실문제를 모두 심리함에 반하여, 후자는 법률문제만을 심리한다. 항소심이 전자에 속하고, 상고심은 후자에 해당한다.

Ⅱ. 상 소 권

1. 상소권자

5 형사재판에 대하여 상소할 수 있는 소송법상의 권리를 상소권이라고 한다. 상소권자에는 고유의 상소권자와 그 이외의 상소권자가 있다.

⑴ 고유의 상소권자

고유의 상소권자는 재판을 받은 자이다.

1) 검사와 피고인   검사와 피고인은 당사자로서 당연히 상소권을 가진다   6
($\binom{제338조}{1항}$). 검사는 공익의 대표자로서 피고인을 위하여도 상소할 수 있다.

2) 항고권자   검사 또는 피고인 아닌 자가 결정을 받은 때에는 항고할 수 있다
($\binom{제339}{조}$). 과태료의 결정을 받은 증인 또는 감정인($\binom{제151조,\ 제161}{조,\ 제177조}$), 소송비용부담의 재판
을 받은 피고인 이외의 자($\binom{제190}{조}$)가 여기에 해당한다.

(2) 당사자 이외의 상소권자

피고인의 법정대리인은 피고인을 위하여 상소할 수 있다($\binom{제340}{조}$). 피고인의 배   7
우자·직계친족·형제자매 또는 원심의 대리인이나 변호인은 피고인의 명시한
의사에 반하지 않는 한 피고인을 위하여 상소할 수 있다($\binom{제341}{조}$). 이들의 상소권은
독립대리권이다. 따라서 피고인의 상소권이 소멸한 후에는 변호인은 상소를 제기
할 수 없다.[1]

2. 상소권의 발생·소멸·회복

(1) 상소권의 발생

상소권은 재판의 선고 또는 고지에 의하여 발생한다. 그러나 상소가 허용되   8
지 아니하는 재판(결정)은 고지되더라도 상소권이 발생하지 않는다.

(2) 상소권의 소멸

상소권은 상소기간의 경과, 상소의 포기 또는 취하에 의하여 소멸한다.   9

1) 상소기간   상소기간은 상소의 종류에 따라 다르다. 즉 항소와 상고는
7일($\binom{제358조,}{제374조}$), 즉시항고는 3일이다($\binom{제405}{조}$). 보통항고에는 기간의 제한이 없고 항고의
이익이 있는 한 할 수 있다($\binom{제404}{조}$). 상소기간은 재판이 선고 또는 고지된 날로부터
진행된다($\binom{제343조}{2항}$).

2) 상소의 포기·취하   상소권은 상소기간 내에 상소권을 포기하거나 일단
제기한 상소를 취하하면 소멸된다. 즉 상소를 포기·취하한 자는 그 사건에 관하
여 다시 상소하지 못한다($\binom{제354}{조}$).

(3) 상소권의 회복

1) 상소권회복의 의의   상소권의 회복이란 법원의 결정에 의하여 상소권자   10

---

1   대법원 1983. 8. 31. 결정, 83 모 41; 대법원 1986. 7. 12. 결정, 86 모 24; 대법원 1992. 4. 14,
   92 감도 10; 대법원 1998. 3. 27, 98 도 253.

의 책임 없는 사유로 상소기간을 준수하지 못하여 소멸한 상소권을 회복시키는 제도로서, 구체적 타당성을 고려하여 상소권자에게 상소의 기회를 주는 제도이다. 상소권회복은 상소를 포기하거나[1] 상소심판결이 선고됨으로써[2] 소멸한 상소권까지 회복하는 것은 아니다.

11 **2) 상소권회복의 사유** 상소권자 또는 대리인이 책임질 수 없는 사유로 상소 제기기간 내에 상소하지 못한 경우이다($^{제345}_{조}$). 책임질 수 없는 사유란 상소권자 본인 또는 대리인의 고의·과실에 기하지 아니한 것을 말한다.

예컨대 요건이 미비되었음에도 불구하고 공시송달의 방법으로 판결절차가 진행되어 항소제기기간 안에 항소할 수 없었거나(대법원 1984. 9. 28. 결정, 83 모 55; 대법원 1986. 2. 27. 결정, 85 모 6; 대법원 2013. 6. 27, 2013 도 2714; 대법원 2014. 10. 16. 결정, 2014 모 1557; 대법원 2022. 5. 26. 결정, 2022 모 439), 소송촉진 등에 관한 특례법에 따라 피고인이 불출석한 상태에서 재판이 진행되어 유죄판결이 선고된 것을 모른 채 상소기간이 도과된 경우(대법원 1985. 2. 23. 결정, 83 모 37·38; 대법원 1986. 2. 12. 결정, 86 모 3; 대법원 2007. 1. 12. 결정, 2006 모 691), 교도소장이 집행유예 취소결정 정본을 송달받고 1주일이 지난 뒤에 그 사실을 피고인에게 알렸기 때문에 항고장을 제출하지 못한 경우(대법원 1991. 5. 6. 결정, 91 모 32)가 여기에 해당된다. 이에 반하여 피고인이나 상소권자 또는 그 대리인이 질병으로 입원하였거나 기거불능으로 상소를 하지 못한 경우(대법원 1986. 9. 17. 결정, 86 모 46), 피고인이 주소변경사실을 신고하지 않아 법원에 출석하지 못하여 판결선고사실을 알지 못한 경우(대법원 1986. 7. 23. 결정, 86 모 27; 대법원 1991. 8. 27. 결정, 91 모 17; 대법원 2008. 3. 10. 결정, 2007 모 795), 또는 공시송달에 의하여 재판을 진행하였거나(대법원 1973. 10. 20. 결정, 73 모 68), 기망에 의하여 항소권을 포기하였다는 것을 항소제기기간 도과 후에 알게 되었다는 것(대법원 1984. 7. 11. 결정, 84 모 40)만으로는 책임질 수 없는 사유에 해당하지 않는다. 교도소 담당직원이 편의를 제공해 주지 않았다거나(대법원 1986. 9. 27. 결정, 86 모 47), 법정소란으로 판결주문을 잘못 들었다는 것도 상소권회복의 사유가 되지 않는다(대법원 1987. 4. 8. 결정, 87 모 19).

상소권자 또는 그 대리인에게 귀책사유가 없는 경우는 물론, 본인 또는 대리인의 귀책사유가 있더라도 그것과 상소기간의 도과라는 결과 사이에 다른 독립된 원인이 개입된 경우에도 상소권의 회복이 인정된다.[3]

3) 상소권회복의 청구

12 **㈎ 청구권자** 상소권자는 상소권회복을 청구할 수 있다. 고유의 상소권자뿐만 아니라 상소권의 대리행사자도 포함된다($^{제345}_{조}$).

---

1 대법원 2002. 7. 23. 결정, 2002 모 180.
2 대법원 2017. 3. 30. 결정, 2016 모 2874.
3 대법원 2006. 2. 8. 결정, 2005 모 507.

(나) **청구의 방식**   상소권회복을 청구할 때에는 사유가 해소된 날부터 상소   13
제기기간에 해당하는 기간 내에 서면으로 원심법원에 제출하여야 한다. 상소권회
복을 청구할 때에는 형사소송법 제345조의 책임질 수 없는 사유를 소명하여야
한다. 상소권회복을 청구한 자는 그 청구와 동시에 상소를 제기하여야 한다($^{제346}_{조}$).
상소권회복의 청구가 있는 때에는 법원은 지체 없이 그 사유를 상대방에게 통지
하여야 한다($^{제356}_{조}$).

(다) **청구에 대한 결정**   상소권회복의 청구를 받은 법원은 청구의 허부에 관한   14
결정을 하여야 한다. 이 결정에 대하여는 즉시항고를 할 수 있다($^{제347}_{조}$). 법원은
결정을 할 때까지 재판의 집행을 정지하는 결정을 할 수 있다($^{제348조}_{1항}$). 집행정지의
결정을 한 경우에 피고인의 구금을 요하는 때에는 구속영장을 발부하여야 한다.
다만, 구속사유($^{제70}_{조}$)가 구비될 것을 요한다($^{제348조}_{2항}$). 청구에 대한 인용결정이 확정
되면 청구와 동시에 제출된 상소장에 따른 상소제기는 유효하게 된다. 따라서 재
판부는 공소장 부본 송달과 증거조사 등 정상적인 소송절차를 진행한 다음 판결
을 선고하여야 하고, 양형부당 등 쟁점만 심리한 후 판결을 선고하는 것은 위법
하다.[1] 기각결정을 한 경우는 청구와 동시에 제출된 상소장에 대하여 별도로 상
소기각결정을 할 필요는 없다.[2]

Ⅲ. 상소의 이익

1. 상소이익의 의의

(1) 상소이익의 개념

상소는 원판결의 잘못을 시정하여 이에 의하여 불이익을 받는 당사자를 구   15
제하고 법령해석의 통일을 기하기 위하여 인정된 제도이다. 형사소송법은 상소에
관하여 상소권자와 상소이유를 규정하고 있다. 따라서 상소이유에 해당하는 사유
가 있는 때에 상소권자는 상소를 할 수 있다. 이러한 의미에서 상소의 이익은 상

---

1 대법원 2019. 6. 25, 2019 도 9829.
2 다만 상소권을 포기한 후 상소제기기간이 도과한 다음에 그 효력을 다투면서 상소 제기와
　동시에 상소권회복청구를 한 경우에, 상소포기가 부존재 또는 무효라고 인정되지 아니하거나
　자기 또는 대리인이 책임질 수 없는 사유로 인하여 상소제기기간을 준수하지 못하였다고 인
　정되지 아니한다면, 상소권회복청구를 기각함과 동시에 상소기각결정을 하여야 한다(대법원
　2004. 1. 13. 결정, 2003 모 451).

소의 적법요건이 된다고 할 수 있다. 상소의 이익은 상소가 상소권자에게 이익이 되는가라는 문제를 말한다. 따라서 상소의 이익은 원판결에 잘못이 있는가를 뜻하는 상소의 이유와는 구별되는 개념이다. 다만, 상소의 이익도 후자의 상소이유를 고려하여 판단해야 한다는 점에서 양자는 밀접한 관계를 가진다.

(2) 상소이익의 필요성

16   상소의 이익을 필요로 하는 것은 상소가 재판에 대한 불복신청이므로 그 재판이 자기에게 불이익할 것을 전제로 하는 당연한 결론이다.[1] 재판에 대한 불복은 재판에 의하여 권리와 이익이 침해되었음을 전제로 하므로 그 불복신청은 상소의 필요성, 즉 상소가 자기에게 이익이 될 때에만 허용된다는 것이다.[2] 이러한 의미에서 「이익이 없으면 소송 없다」는 민사소송의 원칙은 상소의 이익에 관하여도 적용된다고 할 수 있다.[3]

17   불이익변경금지의 원칙은 물론 피고인의 상소권을 보장하기 위하여 인정된 원칙이다.[4] 그러나 이로 인하여 자기에게 불이익한 상소를 한 경우에는 상소심에서 원심판결보다 불이익한 재판을 할 수 없으므로 그러한 상소를 허용해서는 안된다는 결과가 된다. 이러한 의미에서 상소의 이익은 상소권을 인정하는 실질적 이유와 함께 불이익변경금지의 원칙에 실정법적 근거를 가지고 있다고 할 수 있다.

> 상소의 이익은 실정법에 근거를 둔 것이 아니라 이론적으로 인정되는 개념에 지나지 않는다는 견해[5]도 있다. 형사소송법에 상소의 이익이 있어야 상소가 허용된다고 한 규정이 없는 것은 사실이다. 그러나 상소의 적법요건으로 상소의 이익을 필요로 한다고 해석해야 할 실정법적 근거가 없는 것은 아니다. 그것이 바로 불이익변경금지의 원칙을 선언한 형사소송법의 규정이다($\binom{제368조, 제}{396조 2항}$).

2. 검사의 상소의 이익

18   상소권자에는 검사와 피고인이 있다. 상소의 이익이란 일반적으로 피고인의

---

1 강구진 541면; 김기두 292면; 백형구 316면; 정영석/이형국 465면.
2 Gössel S. 304; Meyer-Goßner Vor § 296, Rn. 8; Peters S. 609; Roxin S. 421; Ruß KK Vor § 296, Rn. 5; Zipf S. 207.
3 정영석/이형국 465면.
    백형구 317면은 이를 상소권을 인정하는 실질적 이유와 구별하고 있으나, 양자는 서로 관련된 같은 이론에 지나지 않는다.
4 대법원 2013. 12. 12, 2013 도 6608.
5 백형구 317면.

상소의 이익을 말한다. 그러나 검사가 상소하는 경우에도 상소의 이익이 있어야
한다는 점은 피고인의 상소의 경우와 동일하다. 다만, 검사가 상소하는 경우의
상소의 이익의 개념은 피고인 상소의 경우와 동일하지 않다. 검사의 상소에는 피
고인에게 불이익한 상소와 피고인의 이익을 위한 상소가 있다.

(1) 피고인에게 불이익한 상소

검사는 피고인과 대립되는 당사자이다. 따라서 검사가 피고인에게 불이익한   19
상소를 할 수 있다는 점에는 의문이 없다. 검사에게 상소권을 인정한 이상 무죄
판결에 대한 상소는 물론 유죄판결에 대하여도 중한 죄나 중한 형을 구하는 상소
가 당연히 허용되어야 하기 때문이다.

> 영미에서는 피고인에게 불이익한 검사의 상소, 특히 무죄판결에 대한 상소는 이중위
> 험금지의 원칙(double jeopardy)에 반한다는 이유로 허용되지 않는다. 그러나 이중
> 위험의 효력은 판결의 확정에 의하여 발생하는 것이므로 제 1 심부터 상소심 판결까
> 지는 하나의 위험이 있을 뿐이라고 할 것이며, 따라서 무죄판결에 대한 검사의 상소
> 도 이중위험금지의 원칙에 반하지 않는다고 해야 한다.

(2) 피고인의 이익을 위한 상소

검사는 공익의 대표자로서 법령의 정당한 적용을 청구할 임무를 가진다. 따   20
라서 검사가 피고인에게 불이익한 상소뿐만 아니라 피고인의 이익을 위한 상소도
할 수 있다는 것이 통설[1]과 판례[2]의 태도이다. 그러나 이는 검사가 공익의 대표
자로서 원판결의 잘못을 시정하고 피고인의 정당한 이익을 보호하기 위한 상소이
지 오로지 피고인의 이익만을 위한 상소를 허용하는 취지로 볼 수는 없다. 검사
의 피고인의 이익을 위한 상소에 대하여도 불이익변경금지의 원칙이 적용된다는
견해[3]도 있고, 판례도 같은 입장이다.[4] 검사의 피고인의 이익을 위한 상소가 형
사소송법 제368조의 피고인을 위한 상소라고 볼 수는 없다.[5] 이러한 의미에서
검사의 상소의 이익은 국가가 상소제도를 둔 목적에 합치하고 상소이유에 해당하
면 인정되는 것으로서 피고인의 상소의 경우에 요구되는 상소의 적법요건인 상소

---

1 백형구 강의, 805면; 송광섭 808면; 신동운 1545면; 신양균/조기영 964면; 이영란 856면.
2 대법원 2017. 2. 21, 2016 도 20488.
3 김재환 913면; 백형구 강의, 854면; 손동권/신이철 722면; 신동운 1546면; 신양균/조기영 964
   면; 신현주 734면; 이주원 662면; 이창현 1181면; 임동규 752면; 차용석/최용성 770면.
4 대법원 1971. 5. 24, 71 도 574.
5 강구진 541면; 정영석/이형국 466면.

의 이익과는 구별되는 개념이라고 해야 한다.

3. 상소이익의 판단기준

21   피고인은 자기에게 불이익한 상소를 할 수 없으며 이익인 재판을 구하는 경우에 한하여 상소를 할 수 있다. 그러나 무엇이 이익인 상소인가에 대한 기준에 관하여는 견해가 일치하지 않는다.

22   **1) 주 관 설**   상소가 오판을 받은 당사자의 구체적 구제를 본래의 목적으로 하는 제도인 점에 비추어 피고인의 상소의 이익의 유무를 판단함에 있어서도 피고인의 주관적 측면을 고려해야 한다는 견해이다. 그러나 피고인의 주관을 기준으로 상소의 이익을 판단하는 경우에는 ① 피고인이 형의 집행을 지연시키기 위하여 상소하는 경우에도 피고인에게 중요한 이익이 있는 것으로 되어 상소의 이익을 인정하지 않을 수 없게 되고, ② 피고인이 이익이라고 생각하고 상소한 때에는 언제나 적법한 상소로 되어 상소의 이익을 특별히 논할 실익이 없게 된다. 따라서 피고인의 주관을 기준으로 이익과 불이익을 판단해야 한다는 견해는 타당하다고 할 수 없다. 우리나라에서 이 견해를 취하는 학자는 발견되지 않는다.

23   **2) 사회통념설**   이익과 불이익을 피고인의 주관적 이해를 표준으로 판단하는 것은 상소가 국가제도인 이상 허용되지 않으나, 사회윤리적 입장에서 사회통념을 표준으로 하여 판단하는 것이 형사재판의 본질에 합치한다는 견해[1]이다. 이에 의하면 경한 법정형에 해당하는 파렴치범죄에 대하여 중한 법정형에 해당하는 비파렴치범죄를 주장하여 상소하는 것도 허용된다고 한다. 그러나 이 견해는 ① 피고인의 명예회복만으로 상소의 이익이 있다고 할 수 없고,[2] ② 파렴치범죄와 비파렴치범죄의 구별도 명백하지 않을 뿐 아니라, ③ 이러한 잘못을 시정하는 것은 공익에 관계되는 범위에서 검사의 상소에 맡기면 충분하다는 비판을 면할 수 없다.

24   **3) 객 관 설**   상소의 이익이 있는가의 여부는 피고인의 주관을 고려할 것이 아니라 객관적 표준에 의하여 결정해야 한다는 견해[3]이다. 독일의 판례[4]와 일본

---

1 김기두 293면; 서일교 351면.

2 Meyer-Goßner Vor § 296, Rn. 11.

3 김재환 914면; 백형구 강의, 807면; 손동권/신이철 723면; 신동운 1548면; 신양균/조기영 965면; 신현주 736면; 임동규 753면; 차용석/최용성 771면.

4 BGHSt. 28, 327.

의 판례[1]가 취하고 있는 입장이다.

상소의 이익에 대한 판단기준이 되는 원판결에 의한 피고인의 불이익이란 재판에 의한 법익 박탈의 대소를 의미한다고 할 것이므로 이 견해가 타당하다고 하지 않을 수 없다. 따라서 형에 관한 범위에서는 형의 경중을 정한 형법 제50조와 불이익변경금지의 원칙에 있어서의 이익과 불이익의 판단기준이 상소의 이익에 대한 기준이 된다고 할 수 있다.

4. 상소이익의 구체적 내용

(1) 유죄판결에 대한 상소

1) 유죄판결과 상소의 이익   유죄판결은 피고인에게 가장 불이익한 재판이   25
다. 따라서 유죄판결에 대하여 무죄를 주장하거나 경한 형을 선고할 것을 주장하여 상소하는 경우에는 당연히 상소의 이익이 있다고 하겠다. 그러나 유죄판결에 대한 상소취지가 피고인에게 이익이 되지 않거나 불이익한 경우에는 상소의 이익이 없으므로 부적법한 상소가 된다.

예컨대 ① 벌금의 실형에 대하여 징역형의 집행유예를 구하는 취지의 상소, ② 원판결이 인정한 죄보다 중한 죄에 해당한다고 주장하는 상소($\binom{대법원\ 1968.\ 9.\ 17.}{68\ 도\ 1038}$), ③ 과형상의 일죄를 경합범이라고 주장하는 상소, ④ 원판결이 누범가중을 하지 않은 것을 비난하는 내용의 상소, ⑤ 정상에 관한 불이익한 사실을 주장하는 상소의 경우에는 상소의 이익이 인정되지 않는다.

2) 형면제판결에 대한 상소   형의 면제의 판결도 유죄판결의 일종이므로   26
피고인에게 불이익한 재판이라는 점에는 의문이 없다. 따라서 피고인이 형의 면제판결에 대하여 무죄를 주장하여 상소할 수 있음은 당연하다.

3) 제 3 자의 소유물을 몰수하는 재판에 대한 상소   소유자 아닌 피고인이 제   27
3 자 소유물에 대한 몰수의 재판에 대하여 상소할 이익이 있는가라는 문제에 대하여는 ① 제 3 자의 소유물을 몰수하는 재판도 피고인에 대한 부가형이며, ② 피고인도 몰수할 물건의 점유권을 박탈당하거나 이를 사용·수익·처분할 수 없는 상태에 빠질 뿐만 아니라 제 3 자로부터 배상청구를 받을 위험이 있으므로 상소

---

1 日最決 1924. 11. 27[刑集 3, 804].

의 이익을 인정하지 않을 수 없다.[1]

(2) 무죄판결에 대한 상소

28   무죄판결은 피고인에게 가장 이익인 재판이다. 따라서 원심의 무죄판결에 대하여 피고인은 상소할 수 없다.[2] 무죄판결에 대하여 유죄판결을 구하는 상소는 물론, 면소·공소기각 또는 관할위반의 재판을 구하는 상소도 허용되지 않는다.[3]

29   무죄판결의 이유를 다투는 상소가 허용될 수 있는가가 문제이다. 예컨대 피고인의 심신상실을 이유로 한 무죄판결에 대하여 피고인이 사건의 실체에 관한 이유로 무죄판결을 구하는 상소를 할 수 있는가의 문제가 그것이다. 심신상실을 이유로 무죄판결을 받은 경우에는 무죄판결인 경우에도 피고인이 사회적으로 치명적인 타격을 받는 것을 부정할 수 없으므로 상소의 이익을 인정해야 한다는 **긍정설**,[4] 심신상실을 이유로 무죄판결을 선고하면서 치료감호가 선고된 경우에는 상소의 이익이 인정된다는 **제한적 긍정설**[5]도 있다. 그러나 ① 무죄판결의 경우에는 그 이유가 무엇인가를 불문하고 재판에 의한 피고인의 법익 박탈은 없다고 해야 하고, ② 이로 인한 피고인의 타격은 재판의 불법효과로서의 법익 박탈이라고 할 수 없으며, ③ 상소는 판결의 주문에 대하여 허용되고 판결이유만을 대상으로 하는 상소는 허용될 수 없고, ④ 공판절차와 치료감호사건의 심리절차는 독립된 절차로서 치료감호판결에 대해서만 별도로 상소하면(치료감호 등에 관한 법률 제14조 1항) 될 것이므로 상소의 이익이 없다고 해석하는 **부정설**이 타당하다고 생각한다.[6] 판례도 재판의 주문이 아닌 이유만을 다투기 위하여 상소하는 것은 허용되지 않는다고 판시하였다.[7]

(3) 공소기각·관할위반 및 면소재판에 대한 상소

30   공소기각과 관할위반의 재판이 형식재판이라는 점에는 이론이 없다. 면소판결의 본질에 관하여는 실체관계적 형식재판이라고 해석하는 견해도 있으나, 실체심리를 하지 않고 소송을 종결시키는 형식재판이라고 이해하는 것이 타당하다. 공소기각·관할위반 및 면소판결에 대하여 피고인이 무죄를 주장하여 상소할 수

---

1 日最判 1962. 11. 28[刑集 16-11, 1577].

2 대법원 2012. 12. 27, 2012 도 11200; 대법원 2013. 10. 24, 2013 도 5752.

3 백형구 강의, 808면; 신동운 1549면; 이영란 859면.

4 차용석/최용성 771면.

5 신동운 1550면.

6 김재환 916면; 백형구 강의, 808면; 신양균/조기영 967면; 임동규 754면.

7 대법원 1993. 3. 4. 결정, 92 모 21; 대법원 2017. 2. 21, 2016 도 20488(각 검사의 상소).

있는가가 문제된다. 형식재판에 대하여 무죄를 주장하여 상소하는 경우에 상소의
이익을 인정할 수 있는가의 문제이다.

　　형식재판에 대하여 무죄를 주장하여 상소할 수 있는가에 대하여는 적극설과
소극설이 대립되고 있다.

　　1) 적 극 설　　　　적극설은 유죄도 무죄도 아닌 재판보다는 무죄판결이 객관　　31
적으로 피고인에게 유리하고, 무죄판결이 확정되면 기판력이 발생하며 또 형사보
상을 받을 수 있는 법률상의 이익도 있을 수 있으므로 형식재판에 대하여 무죄를
주장하여 상소할 수 있다고 한다.[1] 그러나 형식재판에 대하여도 형사보상이 인
정되고 피고인을 형사절차에서 빨리 해방시키는 기능을 한다는 점에서 형식재판
을 무죄판결보다 불이익한 재판이라고 할 수는 없다.

　　2) 소 극 설　　　　소극설은 피고인이 형식재판에 대하여 무죄를 주장하여 상　　32
소할 수는 없다고 한다. 다만, 상소를 허용하지 않는 이유에 대하여는 상소의 이
익이 없기 때문이라는 견해와 실체판결청구권이 없기 때문이라는 견해가 대립되
고 있다.

　　　　대법원은 공소기각의 판결에 대하여 상소의 이익이 없다는 이유로 피고인이 무죄를
　　　　주장하여 상소할 수 없다고 판시하고 있다(대법원 1983. 5. 10, 83 도 632; 대법원 1997. 8. 22,
　　　　97 도 1211; 대법원 2008. 5. 15, 2007 도 6793).
　　　　반면에 면소판결에 대하여는 피고인에게 무죄판결청구권이 없다는 이유로 원칙적으
　　　　로 상소가 허용되지 않지만(대법원 1984. 11. 27, 84 도 2106), 형벌에 관한 법령이 ① 헌법재판소의
　　　　위헌결정으로 인하여 소급하여 그 효력을 상실한 경우, ② 법원에서 위헌·무효로
　　　　선언된 경우, ③ 재심판결 당시 폐지되었으나 그 '폐지'가 당초부터 헌법에 위배되어
　　　　효력이 없는 법령에 대한 것이었던 경우에는 무죄를 선고하여야 하므로 면소를 선고
　　　　한 판결에 대하여 상소가 가능하다고 한다(대법원 2010. 12. 16(전원합의체판결), 2010 도 5986).

　　실체판결청구권이 없음을 이유로 드는 견해는 피고사건에 소송조건이 결여　　33
되면 법원은 유죄·무죄의 실체판결을 할 수 없으므로 피고인이 무죄를 주장하여
상소할 수도 없다고 한다.[2] 그러나 소송조건이 결여된 경우에 피고인에게 실체
판결청구권이 없다는 이유로 상소가 허용되지 않는다고 하는 것은 무죄판결이 형
식재판보다 피고인에게 유리한 재판이라는 전제에 입각하여 상소의 이익을 인정
하는 것이므로 소송조건이 구비된 때에는 피고인이 형식재판에 대하여 무죄를 주

1　송광섭 809면; 신현주 738면.
2　차용석/최용성 773면. 백형구 320면, 강의 809면은 이를 소송조건흠결설이라고 한다.

장하여 상소할 수 있다는 결과가 된다.

34   3) 구 분 설   공소기각의 판결은 일사부재리의 효력이 없고 형사보상사유가
되지 않으므로 무죄판결을 구할 상소이익이 있으나, 면소판결은 일사부재리의 효
력이 발생하므로 무죄판결에 비해 피고인의 법적 이익을 더 침해하는 것이 없기
때문에 상소이익이 없다고 한다.[1]

35   4) 비   판   생각건대 소송조건이 구비되지 않은 경우에 피고인에게 실체
판결청구권을 인정할 수 없다는 것은 타당하다. 또 형식재판에는 무죄판결에 비
하여 불이익한 사회적 평가가 포함되어 있다는 점도 부정할 수 없다. 그러나 이
는 형사재판에 의한 법익의 박탈이라고 할 수 없고, 또 상소에 의하여 구제해야
할 이익도 아니다. 형식재판은 유죄판결이 아니다. 피고인이 무죄판결을 희망한
다는 것은 주관적 이익에 지나지 않는다. 형식재판에 의하여 피고인은 절차에서
보다 빨리 해방되어 공소제기 전의 상태로 환원한다. 이러한 의미에서 형식재판
과 무죄판결은 모두 피고인에게 가장 유리한 재판이며, 피고인이 형식재판에 대
하여 무죄판결을 주장하여 상소하는 것은 상소의 이익이 없기 때문에 허용되지
않는다고 해석하는 것이 타당하다고 하지 않을 수 없다.[2]

    (4) 항소기각판결에 대한 상고

36   항소기각판결에 대하여 항소인에게 상고의 이익이 있다는 점에는 의문이 없
다. 다만, 제 1 심의 유죄판결에 대하여 피고인은 항소를 포기하고 검사만 양형이
부당하게 가볍다는 이유로 항소하였다가 이유 없다고 기각된 항소심판결은 피고
인에게 불이익한 판결이라고 할 수 없으므로 항소기각판결에 대하여 피고인은 상
고의 이익이 없다고 해야 한다.[3]

    5. 상소이익이 없는 경우의 재판

37   상소의 이익은 상소의 적법요건이므로 상소의 이익이 없는 상소가 있는 때
에는 상소를 기각하지 않으면 안 된다. 다만, 무죄·면소·공소기각·관할위반의
재판에 대한 상소와 같이 상소의 이유 없음이 상소장의 기재에 의하여 명백한 경
우에는 결정으로 상소를 기각해야 한다. 이 경우에 '상소의 제기가 법령의 방식

---

1 정승환 § 63/43.
2 김재환 918면; 손동권/신이철 726면; 신동운 1552면; 임동규 755면.
3 대법원 1986. 5. 27, 86 도 479; 대법원 2013. 3. 28, 2010 도 14607.

에 위반한' 경우에 해당한다는 견해[1]도 있고, 판례도 같은 입장이다.[2] 그러나 원심재판의 선고에 의하여 피고인의 상소권은 소멸되었다고 할 것이므로 '상소권소멸 후인 것이 명백한' 때에 해당하는 것으로 보아 항소 또는 상고기각의 결정을 하는 것이 타당하다($^{제360조\ 1항,\ 제362조}_{1항,\ 제376조,\ 제381조}$). 이에 반하여 유죄판결에 대한 상소의 경우와 같이 상소의 이익이 없다는 것이 상소이유에 의하여 비로소 밝혀지는 경우에는 상소의 이유가 없는 경우에 해당하므로 판결에 의하여 상소를 기각해야 한다고 하지 않을 수 없다.[3] 항소에 있어서는 변론 없이 판결에 의하여 항소를 기각할 경우에 해당한다.

Ⅳ. 상소의 제기와 포기 · 취하

1. 상소의 제기

(1) 상소제기의 방법

상소는 상소제기기간 내에 상소장을 원심법원에 제출함으로써 한다($^{제343조\ 1}_{항,\ 제359조,}$ $^{제375조,}_{제406조}$). 상소장은 원심법원에 제출하여야 하며, 상소장이 원심법원에 제출된 때에 상소제기의 효력이 발생한다. 다만, 교도소 또는 구치소에 있는 피고인이 상소제기기간 내에 상소장을 교도소장 또는 구치소장 또는 그 직무를 대리하는 자에게 제출한 때에는 상소의 제기기간 내에 상소한 것으로 간주한다($^{제344}_{조\ 1항}$). 재소자 상소 특칙은 상소권회복의 청구에 준용된다($^{제355}_{조}$).[4]

　　따라서 교도소장, 구치소장 또는 그 직무를 대리하는 자가 상소장을 제출받은 때에는 그 제출받은 연월일을 상소장에 부기하여 즉시 이를 원심법원에 송부하여야 한다($^{규칙\ 제}_{152조\ 1항}$). 교도소장, 구치소장 또는 그 직무를 대리하는 자가 법 제355조에 따라 정식재판청구나 상소권회복청구 또는 상소의 포기나 취하의 서면 및 상소이유서를 제출받은 때에도 위의 규정을 준용한다($^{동조}_{제\ 2항}$).

상소의 제기가 있는 때에는 법원은 지체 없이 그 사유를 상대방에게 통지하

38

1 　백형구 강의, 810면; 신동운 1554면; 신양균/조기영 969면; 이창현 1187면.
2 　대법원 2008. 5. 15, 2007 도 6793.
3 　백형구 강의, 810면; 손동권/신이철 726면; 신동운 1554면; 이영란 862면; 차용석/최용성 773면.
4 　즉시항고도 상소의 일종이므로 위 특칙은 집행유예취소결정에 대한 즉시항고회복청구서의 제출에도 마찬가지로 적용된다(대법원 2022. 10. 27. 결정, 2022 모 1004).

여야 한다($\frac{제356}{조}$).

(2) 상소제기의 효과

39   **1) 정지의 효력**   상소의 제기에 의하여 재판의 확정과 집행이 정지된다. 이를 정지의 효력이라고 한다. 확정정지의 효력은 상소에 의하여 언제나 발생한다. 그러나 집행정지의 효력에 대하여는 예외가 인정된다. 즉 ① 항고는 즉시항고를 제외하고는 집행정지의 효력이 없고($\frac{제409}{조}$), ② 가납재판의 집행은 상소에 의하여 정지되지 않는다($\frac{제334조}{3항}$).

40   **2) 이심의 효력**   상소의 제기에 의하여 소송계속은 원심을 떠나 상소심으로 옮겨진다. 이심의 효력이 상소제기와 동시에 발생한다는 견해도 있으나,[1] 상소장과 증거물 및 소송기록을 원심법원으로부터 상소법원에 송부한 때에 발생한다.[2] 따라서 항소와 상고에 있어서는 상소의 제기가 법률상의 방식에 위반하거나 상소권의 소멸 후인 것이 명백한 때에는 원심법원이 결정으로 상소를 기각하며($\frac{제360조,}{제376조}$), 항고의 제기가 법률상의 방식에 위반하거나 항고권 소멸 후인 것이 명백한 때에는 원심법원이 결정으로 이를 기각하고($\frac{제407조}{1항}$), 원심법원이 항고의 이유가 있는 것으로 인정한 때에는 원심법원이 결정을 경정하여야 한다($\frac{제408조}{1항}$).

2. 상소의 포기 · 취하

(1) 상소의 포기 · 취하의 의의

41   상소의 포기란 상소권자가 상소제기기간 내에 법원에 대하여 상소권의 행사를 포기한다는 의사표시를 말한다. 상소권을 포기한다는 적극적 의사표시를 의미한다는 점에서 단순한 상소권의 불행사와 구별된다. 따라서 상소권의 불행사의 경우에는 상소기간의 경과에 의하여 상소권이 소멸하지만, 상소포기의 경우에는 상소기간 내에 상소권이 소멸한다. 이에 반하여 상소의 취하란 일단 제기한 상소를 철회하는 것을 말한다.

(2) 상소의 포기 · 취하권자

42   고유의 상소권자는 상소의 포기 또는 취하를 할 수 있다($\frac{제349}{조}$). 단, 피고인 또는 상소권의 대리행사자는 사형 또는 무기징역이나 무기금고가 선고된 판결에

---

1 신동운 1536면; 정승환 § 63/52.

2 임동규 758면.

대하여는 상소의 포기를 할 수 없다(동조 단서). 법정대리인이 있는 피고인이 상소의 포기 또는 취하를 함에는 법정대리인의 동의를 얻어야 한다. 단, 법정대리인의 사망 기타 사유로 인하여 그 동의를 얻을 수 없는 때에는 예외로 한다(제350조). 따라서 미성년자인 피고인이 법정대리인의 동의를 얻지 않고 한 상소의 포기 또는 취하는 효력이 없다.[1] 피고인의 상소권의 대리행사자는 피고인의 동의를 얻어 상소를 취하할 수 있다(제351조). 따라서 피고인이 상소를 포기 또는 취하하면 변호인은 상소하지 못한다.[2]

(3) 상소의 포기 · 취하의 방법

상소의 포기 또는 취하는 서면으로 하여야 한다. 단, 공판정에서는 구술로써 할 수 있다(제352조 1항). 구술로써 상소의 포기 또는 취하를 한 경우에는 그 사유를 조서에 기재하여야 한다(동조 제2항). 변호인의 상소취하에 대한 피고인의 동의(제351조)도 공판정에서 구술로써 할 수 있지만, 명시적으로 이루어져야 한다.[3]   43

상소의 포기는 원심법원에, 상소의 취하는 상소법원에 하여야 한다. 단, 소송기록이 상소법원에 송부되지 아니한 때에는 상소의 취하도 원심법원에 할 수 있다(제353조). 교도소 또는 구치소에 있는 피고인에 대하여는 특칙이 인정된다(제355조). 상소의 포기는 상소기간 내에 언제나 할 수 있으며, 상소의 취하는 상소심의 종국판결까지 할 수 있다.

(4) 상소의 포기 · 취하의 효력

상소의 포기나 취하가 있는 때에는 법원은 지체 없이 그 사유를 상대방에게 통지하여야 한다(제356조). 상소취하의 효력은 상소취하서의 접수 시에 발생한다고 해야 한다. 상소를 취하한 자 또는 상소의 포기나 취하에 동의한 자는 그 사건에 대하여 다시 상소하지 못한다(제354조).[4] 강박에 의하여 상소를 포기 또는 취하한 경우는 무효이다. 착오에 의한 경우에는 중요한 점(동기를 포함)에 착오가 있고, 착오가 행위자 또는 대리인이 책임질 수 없는 사유로 발생하였고, 이를 유효로 하는 것이 현저히 정의에 반한다고 인정되어야 무효가 된다.[5]   44

---

1 대법원 1971. 9. 28, 71 도 1527; 대법원 1983. 9. 13, 83 도 1774.
2 대법원 1970. 5. 18, 70 도 828; 대법원 1974. 4. 23, 74 도 762.
3 대법원 2015. 9. 10, 2015 도 7821.
4 재상소의 금지규정은 재판청구권을 침해하는 것으로서 헌법에 위반된다고 할 수 없다(대법원 2001. 10. 6. 결정, 2001 초 428).
5 대법원 1992. 3. 13. 결정, 92 모 1.

V. 일부상소

1. 일부상소의 의의

45   상소는 재판의 일부에 대하여 할 수 있다($\frac{제342조}{1항}$). 재판의 일부에 대한 상소를 일부상소라고 한다. 공소불가분의 원칙에 의하여 단일사건은 한 개의 소송의 객체가 된다. 따라서 제 1 심의 심판의 대상은 한 개의 사건이며 한 개의 사건에 대하여는 한 개의 재판이 있고, 이 재판은 상소에 있어서도 법률적으로 그 내용을 분할하는 것이 허용되지 않는다. 이러한 의미에서 한 개의 사건의 일부를 상소하는 것은 공소불가분의 원칙에 반하여 허용되지 않는다고 해야 한다. 그러므로 일부상소에서 재판의 일부라 함은 한 개의 사건의 일부를 말하는 것이 아니라 수개의 사건이 병합심판된 경우의 재판의 일부를 의미한다고 보지 않을 수 없다.[1] 재판의 일부가 재판의 객관적 범위의 일부를 의미하며, 주관적 범위 즉 공동피고인의 일부가 상소하는 경우를 포함하지 않는다는 점에는 의문이 없다.

46   일부상소는 상소이유의 개별화와 구별해야 한다. 예컨대 사실인정·법령적용 또는 형의 양정 가운데 양형만을 대상으로 하는 상소는 일부상소가 아니다.[2] 물론 이 가운데 하나를 상소이유로 할 수는 있다. 그러나 이는 상소이유에 지나지 않으며, 일부상소의 대상이 되는 것은 아니다. 따라서 상소법원의 심판범위는 여기에 제한되지 않고 또 상소이유에 기재되지 않은 부분이 먼저 확정되는 것도 아니다.

2. 일부상소의 범위

47   일부상소가 허용되기 위하여는 재판의 내용이 분할할 수 있고 독립된 판결이 가능할 것을 요한다.[3] 따라서 상소부분이 다른 부분과 논리적으로 관련되어 있거나, 양형에 상호작용을 하기 때문에 그 판결의 영향을 받는 때에는 일부상소가 허용되지 않는다. 일부상소가 허용되는 범위에서는 일부에 대한 상소의 포기와 취하도 인정된다. 일부상소가 허용되지 않는 경우임에도 불구하고 일부상소가 있는 때에는 전부상소가 있는 것으로 해석해야 한다. 즉 일부에 대한 상소는 그 일부와 불가분(不可分)의 관계에 있는 부분에 대하여도 효력이 미친다($\frac{제342조}{2항}$). 이를 상소불가분의 원칙이라고 한다. 여기서 일부상소의 허용범위는 재판의 내용이

---

1 백형구 강의, 818면; 신현주 744면; 정영석/이형국 470면.

2 신동운 1555면; 정영석/이형국 470면.

3 Frisch SK § 318, Rn. 8; Gössel S. 303; Ruß KK § 318, Rn. 1; Zipf S. 209.

가분인가 또는 불가분인가에 따라 결정된다고 할 수 있다.

(1) 일부상소의 허용범위

수죄, 즉 경합범의 각 부분에 대하여 각각 다른 수개의 재판이 선고된 때에   48
는 일부상소가 가능하다. 일부상소가 허용되는 전형적인 경우는 다음과 같다.

(가) 일부유죄 · 일부무죄 등의 경우   경합범의 관계에 있는 수개의 공소사실의
일부에 대하여 유죄, 다른 부분에 대하여 무죄 · 면소 · 공소기각[1] · 관할위반 또
는 형의 면제의 판결이 선고된 때에는 일부상소를 할 수 있다. 따라서 일부유
죄 · 일부무죄의 판결이 선고된 경우에 피고인이 유죄부분만을 상소하거나, 검사
가 무죄부분만을 상소하는 것은 허용된다.[2]

(나) 2개 이상의 다른 형이 병과된 경우   경합범의 각 부분에 관하여 일부는 징
역형, 다른 일부는 벌금형이 선고된 경우와 같이 주문에서 2개 이상의 다른 형이
병과된 때($\binom{\text{형법 제38조}}{\text{1항 3호}}$)에도 일부상소를 할 수 있다.

(다) 수개의 형이 선고된 경우   수개의 공소사실이 확정판결 전후에 범한 죄이
기 때문에 수개의 형이 선고된 때에도 일부상소를 할 수 있다.[3]

(라) 전부 무죄의 경우   경합범의 관계에 있는 공소사실의 전부에 대하여 무죄
가 선고된 경우에도 일부만을 특정하여 상소할 수 있다.[4] 무죄판결은 각 공소사
실에 대한 것이므로 불가분하게 취급할 이유가 없기 때문이다.

(2) 일부상소의 제한

재판의 내용이 불가분인 때에는 일부상소가 허용되지 않는다.

1) 일죄의 일부   일죄의 일부에 대한 상소는 허용되지 않는다. 따라서 일죄   49
의 일부만 유죄로 인정된 경우에 피고인만 항소하였다 하여도 그 항소는 일죄의
전부에 미친다.[5] 단순일죄인가 포괄일죄인가를 불문한다.[6] 과형상의 일죄도 소

---

1 대법원 1984. 2. 28, 83 도 216.

2 대법원 1984. 11. 27, 84 도 862; 대법원 2018. 3. 29, 2016 도 18553.

3 대법원 2018. 3. 29, 2016 도 18553.

4 대법원 1973. 7. 10, 73 도 142.

5 대법원 1982. 3. 23, 82 도 2847.

6 대법원 1985. 11. 2, 85 도 1998, 「포괄적 일죄의 일부만에 대하여 상고할 수는 없으므로 검
　사의 무죄부분에 대한 상고에 의해 상고되지 않은 원심에서 유죄로 인정된 부분도 심판의
　대상이 된다.」
　 동지: 대법원 1989. 4. 11, 86 도 1629; 대법원 1990. 1. 25, 89 도 478; 대법원 2004. 10. 28,
　2004 도 5014; 대법원 2010. 1. 14, 2009 도 12934

송법상 일죄이므로 일부상소가 인정되지 않는다고 해야 한다.[1] 주위적 · 예비적 공소사실도 일부상소가 허용되지 않는다.[2]

대법원은 포괄일죄에 대하여 일부유죄, 일부무죄의 판결이 선고된 경우에, ① 검사만이 무죄부분에 대하여 상소한 경우는, 상소불가분의 원칙상 검사의 상소는 그 판결의 유죄부분과 무죄부분 전부에 미치는 것이므로 유죄부분도 상소심에 이전되어 심판대상이 되지만,[3] ② 피고인만이 유죄부분에 대하여 상소한 경우는, 상소하지 않은 무죄부분도 상소심에 이심되기는 하지만 그 부분은 이미 당사자 간의 공격방어의 대상으로부터 벗어나 사실상 심판대상에서부터도 벗어나게 되어 상소심에서 그 무죄부분에까지 판단할 수 없다고 한다.[4] 후자의 경우, 실질적으로는 일부상소의 효과를 인정하고 있는 것이다. 일본의 판례도 포괄일죄[5]나 과형상 일죄[6]에 대하여 같은 태도를 취하고 있다. 상소심에서 당사자주의의 기능을 강조한 것이라거나,[7] 포괄일죄의 작동 여부는 피고인의 이익이 되는 방향으로 결정되어야 한다는 이유로[8] 판례의 태도를 지지하는 견해도 있다. 그러나 소송계속을 인정하면서 심판할 수 없다고 하는 것은 이론상 모순일 뿐 아니라, 상소의 내용에 따라 일부상소의 허용범위를 달리 해석하는 것은 타당하다고 할 수 없다. 피고인이 상소하였는가 또는 검사가 상소하였는가에 따라 상소의 효과가 미치는 범위가 달라진다고 할 수도 없다.

50   **2) 한 개의 형이 선고된 경합범**   경합범의 전부에 대하여 한 개의 형이 선고된 때에도 일부상소는 허용되지 않는다.[9] 상소관계에 있어서는 유죄판결이 상소의 단위가 될 뿐 아니라, 한 개의 형이 선고된 경우에 일부에 대한 상소는 전부의 형에 영향을 미치는 결과 판결내용이 분할될 수 없기 때문이다.

51   **3) 주형과 일체가 된 부가형**   주형과 일체가 되어 있는 부가형 · 환형처분 · 집행유예 등도 주형과 분리하여 상소할 수 없다. 압수물의 환부[10]도 마찬가지이다. 주형과 몰수 또는 추징은 상호 불가분적 관계에 있어 상소불가분의 원칙이

---

1 대법원 2008. 12. 11, 2008 도 8922.
2 대법원 2006. 5. 25, 2006 도 1146.
3 대법원 1989. 4. 11, 86 도 1629.
4 대법원 1991. 3. 12, 90 도 2820.
5 日最決 1971. 3. 24[刑集 25-2, 293].
6 日最決 1972. 3. 9[刑集 26-2, 102].
7 차용석/최용성 775면.
8 정승환 § 64/8.
9 대법원 1961. 10. 5, 4293 형상 403.
10 대법원 1959. 10. 16, 4292 형상 209.

적용되는 경우에 해당한다. 따라서 몰수 또는 추징에 대한 상소가 있는 경우에는 상소의 효력은 그 전부에 미쳐, 그 전부가 상소심으로 이심된다.[1] 다만, 배상명령에 대하여는 독립하여 즉시항고가 허용된다($\genfrac{}{}{0pt}{}{\text{소촉법 제}}{\text{33조 5항}}$). 소송비용부담의 재판은 본안의 재판에 관하여 상소하는 때에 한하여 불복할 수 있다($\genfrac{}{}{0pt}{}{\text{제191조}}{\text{2항}}$).

3. 일부상소의 방식과 상소심의 심판범위

(1) 일부상소의 방식

일부상소를 함에는 일부상소를 한다는 취지를 명시하고 불복부분을 특정하   52
여야 한다. 불복부분을 특정하지 아니한 상소는 전부상소로 보아야 한다.

일부상소인가 또는 전부상소인가가 명백하지 않은 때에는 상소이유를 참작하여 판단할 수 있는가가 문제된다. 그러나 이를 인정할 때에는 상소이유서 제출기간까지 재판의 확정 여부가 불명확한 상태에 놓이게 되므로 항소장 또는 상고장의 기재에 의하여 판단하여야 한다고 본다. 따라서 검사가 항소하면서 무죄부분에 대하여는 항소이유를 기재하고 유죄부분에 대하여는 이를 기재하지 않았으나 항소 범위는 '전부'로 표시한 경우[2]는 판결 전부에 대한 항소로 보아야 한다.

다만 일부무죄 · 일부유죄의 판결에 대하여 피고인이 상소한 때에는 무죄판   53
결에 대하여는 피고인에게 상소의 이익이 없으므로 유죄부분에 대한 상소로 해석하여야 하며,[3] 검사가 일부상소한다고 한 때에는 무죄부분에 대한 상소로 보아야 한다.[4] 따라서 검사가 불복의 범위란에 아무런 기재를 아니하고 판결주문란에 유죄부분의 형만을 기재하고 무죄의 주문은 기재하지 아니한 항소장을 제출하였으나 항소이유서에 무죄부분에 대하여도 항소이유를 개진한 경우, 판결 전부에 대한 항소로 보아야 한다.[5]

(2) 일부상소와 상소심의 심판범위

1) 상소심의 심판범위   상소심의 심판범위는 상소인이 주장하는 상소이유에   54
제한되는 것이 원칙이다. 따라서 상소심의 심판범위는 원칙적으로 상소제기에 의

---

1 대법원 2008. 11. 20(전원합의체판결), 2008 도 5596.
2 대법원 2014. 3. 27, 2014 도 342.
3 대법원 1960. 10. 28, 4293 형상 659.
4 대법원 1959. 9. 18, 4292 형상 142.
5 대법원 1991. 11. 26, 91 도 1937.

하여 한정된다고 할 수 있다.

일부상소의 경우에 상소심의 심판범위는 상소를 제기한 범위에만 미치므로 상소가 없는 부분의 재판은 확정된다. 따라서 상소법원은 일부상소된 부분에 한하여 심판하여야 하며,[1] 상고심의 파기환송에 의하여 사건을 환송받은 법원도 일부상소된 사건에 대하여만 심판해야 하고 확정된 사건을 심판할 수는 없다.[2]

55   문제는 경합범 중 일부에 대하여 무죄, 일부에 대하여 유죄를 선고한 항소심 판결에 대하여 검사만 무죄부분에 대하여 상고를 한 경우에, 상고심에서 원심판결을 파기할 경우에 무죄부분만을 파기해야 하는가 또는 전부를 파기해야 하는가에 있다. 이에 대하여는 전부파기설과 일부파기설이 대립되고 있다.

56   (가) **전부파기설**   경합범으로 수개의 주문이 선고된 경우에 일부만 상소한 경우에도 상소제기의 효력은 전체에 대하여 미친다는 견해이다.[3] 따라서 검사가 무죄부분만을 상고한 경우에도 원심판결을 파기하는 경우에 상고심은 유죄부분까지 전부를 파기해야 된다고 한다. 전부파기설은 ① 무죄부분만을 파기하여 원심에서 다시 형을 정하는 경우에는 피고인에게 과형상의 불이익을 초래할 수 있고, ② 경우에 따라서는 불이익변경금지의 원칙에 의하여 피고인에게 형을 선고할 수 없게 되어 과형 없는 유죄판결을 초래하지 않을 수 없다는 것을 이유로 한다.

57   (나) **일부파기설**   피고인과 검사가 상고하지 아니한 유죄부분은 상고기간이 지남으로써 확정되어 상고심에 계속된 사건은 무죄부분에 대한 공소뿐이라 할 것이므로 상고심에서 파기할 때에는 무죄부분만을 파기할 수밖에 없다는 이론이다.[4] 전원합의체판결 이후의 대법원판례의 기본태도라고 할 수 있다.[5]

---

1 대법원 1980. 8. 26, 80 도 814; 대법원 1984. 11. 27, 84 도 862; 대법원 1988. 7. 26, 88 도 841.
2 대법원 1974. 10. 8, 74 도 1301; 대법원 1976. 11. 9, 76 도 2962; 대법원 1990. 7. 24, 90 도 1033.
3 신현주 747면.
4 손동권/신이철 738면; 신동운 1563면; 이영란 874면.
5 대법원 1992. 1. 21(전원합의체판결), 91 도 1402. 이 사건은 피고인에게 부녀매매죄 공소사실과 윤락행위방지법위반 공소사실을 모두 유죄로 인정하고 징역 1년을 선고한 제 1 심 판결에 대하여 피고인만이 항소한 사건에서 원심이 제 1 심 판결을 파기하고 윤락행위방지법위반 공소사실은 유죄로 인정하여 징역 1년에 집행유예 3년을 선고하고 부녀매매죄 공소사실에 대하여는 무죄를 선고하였는데 피고인은 상고하지 아니하고 검사가 무죄판결 부분에 대하여 일부상고를 한 사건이다. 대법원은 「형법 제37조 전단의 경합범으로 같은 법 제38조 제 1 항 제 2 호에 해당하는 경우 하나의 형으로 처벌하여야 함은 물론이지만 위 규정은 이를 동시에 심판하는 경우에 관한 규정인 것이고 경합범으로 동시에 기소된 사건에 대하여 일부유죄, 일부무죄의 선고를 하거나 일부의 죄에 대하여 징역형을, 다른 죄에 대하여 벌금형을 선고하는

(대) 비 판   수개의 형이 선고된 경합범의 일부에 대하여 일부상소가 허용   58
되는 것은 당연하다. 상소에 의하여 한 개의 형이 선고될 가능성이 있다는 이유
만으로 전체에 대하여 상소의 효력이 인정된다고 할 수는 없다. 따라서 이론상
일부파기설이 타당하다고 해야 한다. 다만, 일부파기설에 의하는 경우에도 다시
형을 정할 때에는 당연히 불이익변경금지의 원칙이 적용되어야 한다.

유죄부분과 상상적 경합관계에 있는 다른 일부에 대하여 무죄임을 판시하면   59
서 주문에 별도의 선고를 하지 않은 항소심 판결에 대하여 검사가 무죄부분 전체
에 대하여 상고를 한 경우에는 그 유죄부분도 함께 상고심의 판단대상이 된다.[1]
이때 유죄부분과 실체적 경합관계에 있어 1개의 판결이 선고된 범죄도 함께 상고
심의 심판대상이 된다.[2]

상소불가분의 원칙에 의하여 일부에 대한 상소는 그 일부와 불가분의 관계
에 있는 부분에 대하여도 효력이 미치는 것은 물론이다($\binom{제342조}{2항}$).

2) 죄수판단의 변경과 심판범위   일부상소와 관련하여 원심이 甲·乙 두 개   60
의 공소사실을 경합범의 관계에 있다고 인정하여 甲에 대하여 유죄, 乙에 대하여
는 무죄를 선고하였는데 피고인이 甲 사실에 대하여만 상소를 제기하여 乙 사실
은 확정되었으나, 상소심의 심리결과 두 사실이 단순일죄 또는 과형상의 일죄로
판명된 경우에 상소심의 심판범위가 어디까지 미칠 것인가가 문제된다. 이에 관
하여는 ① 乙 사실이 확정된 이상 상소심은 이에 대하여 면소판결을 해야 한다는
견해, ② 甲·乙 사실이 모두 상소심에 계속된다고 해석해야 한다는 견해[3]도 있
으나, ③ 통설은 무죄부분은 확정되고 甲 사실만 상소심의 심판의 대상이 된다고
한다.[4] 그러나 무죄부분의 확정에 의하여 甲과 乙 사실은 소송법상 두 개의 사
실이 된다고 해석하는 것이 상소인의 의사와 소송의 동적·발전적 성격에 일치한

등 판결주문이 수개일 때에는 그 1 개의 주문에 포함된 부분을 다른 부분과 분리하여 일부상
소를 할 수 있는 것이고 당사자 쌍방이 상소하지 아니한 부분은 분리 확정된다고 볼 것인바,
경합범 중 일부에 대하여 무죄, 일부에 대하여 유죄를 선고한 항소심 판결에 대하여 검사만
이 무죄부분에 대하여 상고를 한 경우 피고인과 검사가 상고하지 아니한 유죄판결 부분은
상고기간이 지남으로써 확정되어 상고심에 계속된 사건은 무죄판결 부분에 대한 공소뿐이라
할 것이므로 상고심에서 이를 파기할 때에는 무죄부분만을 파기할 수밖에 없다」고 판시하였다.
 동지: 대법원 2000. 2. 11, 99 도 4890; 대법원 2001. 6. 1, 2001 도 70; 대법원 2010. 11. 25,
2010 도 10985; 대법원 2022. 1. 13, 2021 도 13108.
1 대법원 2005. 1. 27, 2004 도 7488.
2 대법원 2003. 5. 30, 2003 도 1256.
3 김재환 925면; 이창현 1206면.
4 백형구 강의, 821면; 임동규 769면; 정영석/이형국 472면; 차용석/최용성 779면.

다고 할 것이므로 통설이 타당하다고 생각한다. 대법원은 위 사례에서 검사가 무죄부분인 乙 사실을 상소한 경우에 두 죄가 상상적 경합관계로 판명되면 유죄부분도 상소심의 심판대상이 된다고 판시하였다.[1] 피고인의 이익 보호에 중점을 두어 대법원과 같이 검사만 무죄부분을 상소한 경우에는 모두 상소심의 심판대상이 되지만, 피고인만 유죄부분을 상소한 경우에는 무죄부분은 확정된다는 견해 (이원설)도 있다.[2]

VI. 불이익변경금지의 원칙

1. 불이익변경금지원칙의 의의

(1) 의   의

61   불이익변경금지의 원칙(Verschlechterungsverbot, Verbot der reformatio in peius) 이란 피고인이 항소 또는 상고한 사건과 피고인을 위하여 항소 또는 상고한 사건에 관하여 상소심은 원심판결의 형보다 무거운 형을 선고하지 못한다는 원칙을 말한다($\frac{제368조, 제}{396조 2항}$). 불이익변경금지의 원칙이라 하여 일체의 불이익한 변경을 금지하는 일반적인 불이익금지의 원칙이 아니라 원심판결의 형보다 무거운 형으로의 변경을 금지하는 것을 말하므로, 엄격한 의미에서는 중형변경금지의 원칙이라고 함이 정확한 표현이다. 프랑스혁명 후 자유주의의 영향에 의하여 형성되어, 현재 대부분의 형사소송법에서 인정되고 있는 원칙이다.

(2) 근   거

62   불이익변경금지의 원칙의 존재이유에 대하여도 견해가 완전히 일치하는 것은 아니다. 이에 대해 당사자주의의 상소제도에서 상소심의 심리는 상소제기자가 불복신청한 범위에 제한되어야 하므로 당사자주의 내지 변론주의의 당연한 이론적 결과라고 하거나,[3] 검사의 상소가 없는 이상 피고인의 이익인 한도에서 상대적 확정력이 생긴다고 하여 상대적 확정력의 이론에 그 근거를 구하는 견해[4]도

---

1 대법원 1980. 12. 9(전원합의체판결), 80 도 384; 대법원 1995. 6. 13, 94 도 3250.

2 신양균/조기영 988면; 정승환 § 64/18 · 19.

3 강구진 551면.

4 Peters S. 619; Ruß KK § 331, Rn. 1.

있다. 그러나 통설[1]과 판례[2]는 불이익변경금지의 원칙의 근거가 피고인이 중형변경의 위험 때문에 상소제기를 단념하는 것을 방지함으로써 피고인의 상소권을 보장한다는 정책적 이유에 있다고 한다.

불이익변경금지의 원칙의 근거를 상대적 확정력이론으로 설명하는 견해는 우리나라에는 없다. 또한 이를 당사자주의 또는 변론주의의 당연한 결과라고 해석하는 견해는 ① 불이익변경금지의 원칙이 중형변경금지의 원칙을 내용으로 하는 것과 일치하지 아니하며, ② 상소의 목적은 피고인의 구제 이외에 재판에 있어서의 정의의 확보에도 있고 당사자주의라 하여 실체진실주의까지 포기하는 것은 아니며, ③ 항소법원은 판결에 영향을 미친 사유에 관하여 항소이유서에 포함되지 아니한 것도 심판할 수 있다는 점(제364조 2항)에 비추어 옳다고 할 수 없다. 따라서 이 원칙의 근거는 피고인의 상소권을 보장하는 데 있다는 통설이 타당하다고 해야 한다.[3] 다만, 재심에 관하여 규정된 불이익변경금지의 원칙(제439조)은 일사부재리의 원칙의 결과에 지나지 아니하므로 이와는 성질을 달리한다.

한편으로 불이익변경금지의 원칙은 피고인의 남상소를 초래하고 신속한 재판을 방해하는 결점이 있다. 그러나 피고인의 정당한 상소권행사를 보장하는 것은 인권보장의 측면에서 절실히 요청되며, 남상소의 방지와 신속한 재판의 이념은 항소와 상고이유를 제한하는 등 상소심의 사후심적 성격에 의하여도 달성될 수 있으므로 이러한 폐단은 부득이한 것이라 하지 않을 수 없다.

63

2. 불이익변경금지원칙의 적용범위

불이익변경금지의 원칙은 피고인이 상소한 사건과 피고인을 위하여 상소한 사건에 대하여 적용된다.

(1) 피고인이 상소한 사건

피고인이 형사소송법 제338조 1항에 의하여 상소한 사건을 말한다. 여기서 피고인이 상소한 사건이란 피고인만 상소한 사건을 뜻한다. 따라서 검사만 상소한 사건[4]이나, 검사와 피고인 쌍방이 상소한 사건에 대하여는 불이익변경금지의

64

---

1 김재환 930면; 백형구 강의, 852면; 손동권/신이철 743면; 신현주 749면; 이은모/김정환 821면; 임동규 770면.
2 대법원 1964. 9. 17(전원합의체판결), 64 도 298.
3 Gössel S. 305; Meyer–Goßner § 331, Rn. 1; Roxin S. 427; Zipf S. 209.
4 대법원 1964. 9. 30, 64 도 420; 대법원 1970. 1. 27, 69 도 2195.

원칙이 적용되지 않는다.[1] 다만, 한미행협사건에 있어서는 검사가 상소한 사건이
나 검사와 피고인이 상소한 사건에 대하여도 불이익변경금지의 원칙이 적용된다
($\frac{합의의사록}{제22조}$). 검사가 상소한 경우란 검사가 양형부당을 이유로 상소한 경우에 제한
되지 않는다.[2] 그러나 검사만 상소하였다고 하여 이익금지의 원칙이 적용되는
것은 아니므로,[3] 상소심은 이 경우에도 피고인에게 이익되는 판결을 할 수 있
다.[4] 여기서 피고인만 항소한 제 2 심 판결에 대하여 검사가 상고한 때에 이 원
칙이 적용되는가가 문제된다. 항소심의 잘못 때문에 항소한 피고인이 불이익을
받는다는 것은 피고인의 상소권을 보장한다는 이 원칙의 취지에 반하므로 상고심
에서는 제 1 심 판결의 형보다 무거운 형을 선고할 수 없다고 해야 한다.[5] 검사
와 피고인의 쌍방이 상소한 경우에도 검사의 상소가 기각된 때에는 피고인만 상
소한 경우와 같으므로 이 원칙이 적용된다는 점에 이론이 없다. 대법원도 같은
취지로 판시하고 있다.[6]

(2) 피고인을 위하여 상소한 사건

65   피고인을 위하여 상소한 사건이란 형사소송법 제340조와 제341조가 규정하
는 당사자 이외의 상소권자가 상소한 사건을 말한다. 문제는 검사가 피고인의 이
익을 위하여 상소한 경우도 피고인을 위하여 상소한 사건으로 보아 이 원칙을 적
용할 것인가에 있다.

   독일 형사소송법은 명문으로 이러한 경우도 포함한다고 규정하고 있으나($\frac{제331조}{1항}$), 명
   문의 규정이 없는 우리 형사소송법의 해석에 있어서는 적극설[7]과 소극설[8]이 대립
   되고 있다.

   적극설은 검사가 피고인을 위하여 상소한 때에는 피고인의 상소대리권자가
피고인을 위하여 상소한 경우와 구별할 이유가 없다는 것을 근거로 들고 있다.

---

1 대법원 2006. 1. 26, 2005 도 8507; 대법원 2018. 4. 19(전원합의체판결), 2017 도 14322.
2 대법원 1966. 9. 20, 66 도 886.
3 Roxin S. 427.
4 대법원 1960. 7. 13, 4293 형상 229.
5 대법원 1957. 10. 4, 4290 형비상 1.
6 대법원 1969. 3. 31, 68 도 1870.
7 김재환 931면; 백형구 강의, 854면; 손동권/신이철 745면; 신동운 1572면; 신양균/조기영 991
   면; 이은모/김정환 822 – 823면; 임동규 771면; 차용석/최용성 782면.
8 정영석/이형국 475면.

통설과 판례[1]의 입장이기도 하다. 그러나 ① 검사가 상소한 경우는 이 원칙의
근거인 피고인의 상소권보장과 아무런 관계가 없으며, ② 검사의 상소는 단순히
피고인의 이익만을 위한 것이 아니라 공익을 위한 것으로 보아야 하므로 **소극설**
이 타당하다고 생각된다.

(3) 상소한 사건

불이익변경금지의 원칙은 피고인이 또는 피고인을 위하여 상소한 사건에 적   66
용된다. 따라서 이는 항소심의 경우뿐만 아니라 상고심에서도 적용된다. 항소심
에서 다른 사건이 병합되어 경합범으로 처단되는 때에도 적용되지만 불이익변경
의 판단기준이 다를 뿐이다.[2]

상소사건의 범위와 관련하여 몇 가지 문제가 제기된다.

1) **항고사건**   피고인만 항고한 항고사건에 이 원칙이 적용되는가에 대하여   67
도 이를 준용해야 한다는 **적극설**[3]과 적용될 수 없다는 **소극설**[4]이 대립되고 있
다. 그러나 불이익변경금지의 원칙은 항소 또는 상고의 경우에 제한되어 있으므
로 항고사건에는 적용되지 않는다고 해석하는 것이 타당하다.

2) **파기환송 또는 파기이송사건**   상소심이 피고인의 상소를 이유 있다고 하   68
여 원심판결을 파기하고 환송 또는 이송한 경우(제397조)에 환송 또는 이송받은 법원
에 있어서도 종전의 원판결과의 사이에 이 원칙이 적용되는가가 문제된다. 환송
또는 이송받은 법원은 다시 원판결을 계속하는 것이므로 상소심이라고 할 수는
없다. 그러나 ① 상소심에서 자판하는가 또는 파기환송·이송의 판결을 하는가는
우연에 따라 좌우되는 것이며, ② 피고인의 상소에 의하여 원심판결이 파기된 경
우에 원심법원이 원판결보다 무거운 형을 선고할 수 있다고 하는 것은 피고인의
상소권을 보장한다는 이 원칙의 취지에 반하므로 불이익변경금지의 원칙은 상소
심이 자판하는 경우뿐만 아니라 환송 또는 이송하는 경우에도 적용되어야 한다는
점에 견해가 일치되고 있다. 대법원도 같은 취지로 판시하고 있다.[5]

---

1 대법원 1971. 5. 24, 71 도 574, 「검사의 항소가 특히 피고인의 이익을 위하여 한 취지라고
  볼 수 없다면 항소심에서 중한 형을 선고할 수 있다.」
2 대법원 1980. 5. 27, 80 도 981; 대법원 2016. 5. 12, 2016 도 2136.
3 신동운 1573면; 신양균/조기영 991면; 이영란 880면; 이은모/김정환 823면.
4 백형구 강의, 856면; 손동권/신이철 745면; 신현주 750면; 임동규 772면; 정웅석/최창호/김한균
  821면.
5 대법원 1964. 9. 17(전원합의체판결), 64 도 298; 대법원 2006. 5. 26, 2005 도 8607; 대법원
  2021. 5. 6, 2021 도 1282.

69　　　　3) 정식재판의 청구　　　　피고인의 정식재판청구권을 실질적으로 보장하기 위하여 형사소송법을 개정하여 1997. 1. 1.부터 정식재판청구사건에 대해서도 불이익변경금지의 원칙을 적용하여 왔다(제457조의2). 그런데 그 이후 정식재판사건이 급증하여 법원의 업무가 가중되고, 정식재판 과정에서 피해의 확대, 피해자 회유, 증거 조작 등 새로운 사실이 밝혀진 경우에도 형량에 이를 반영할 수 없게 되고, 불법 영업 등을 계속하기 위하여 악용하는 사례도 있다는 등의 문제점이 꾸준히 지적되어 왔다. 이에 다시 형사소송법을 개정하여 2017. 12. 19.부터 불이익변경금지의 원칙을 폐지하고, 대신에 피고인이 정식재판을 청구한 사건에 대하여는 약식명령의 형보다 중한 종류의 형을 선고하지 못하도록 하는 형종상향금지의 원칙을 도입하였다(제457조의2 제1항). 예컨대 벌금형의 액수는 상향하여 선고할 수 있지만 징역형을 선고할 수 없도록 하였다. 다만, 피고인이 정식재판을 청구한 사건에 대하여 약식명령의 형보다 중한 형을 선고한 경우에는 판결서에 양형의 이유를 적어야 한다(동조 제2항). 종래 판례는 즉결심판절차에서는 특별한 규정이 없는 한 그 성질에 반하지 아니한 것은 형사소송법의 규정을 준용하도록 하고 있는 점(즉결심판에 관한 절차법 제19조) 등을 이유로 즉결심판에 대한 정식재판청구사건에서도 불이익변경금지의 원칙이 적용된다고 하였으나,[1] 위와 같이 형사소송법이 개정되었으므로 불이익변경금지의 원칙은 적용되지 않는다고 할 것이다.[2]

3. 불이익변경금지의 내용

(1) 불이익변경금지의 대상

70　　　　불이익변경이 금지되는 것은 형의 선고에 한한다. 따라서 선고한 형이 무겁게 변경되지 않는 한 공소장변경에 따라 원심이 인정한 죄보다 무거운 죄명이나 적용법조를 인정하거나,[3] 원심에서 일죄로 인정한 것을 경합범으로 변경하는[4] 것은 이 원칙에 반하지 않는다. 그 결과 상소심은 인정사실에 대하여 법정형 이하의 형을 선고해야 할 경우도 있다. 예컨대 절도죄로 벌금형을 선고한 원심판결에 대하여 피고인만 항소한 경우에 항소심에서 강도죄를 인정하여도 벌금형을 선

---

1 대법원 1991. 1. 15, 98 도 2550.
2 이창현 1214면.
3 대법원 1981. 12. 8, 81 도 2779; 대법원 1999. 10. 8, 99 도 3225.
4 대법원 1984. 4. 24, 83 도 3211.

고해야 한다. 무거운 형을 선고하지 않는 한 이 원칙에 반하는 것이 아니므로 상
소심에서 원심이 인정한 범죄사실의 일부를 인정하지 않거나,[1] 원심의 경합범
인정을 파기하고 일죄로 처단하면서[2] 같은 형을 선고하여도 이 원칙에 반하는
것은 아니다. 이러한 의미에서 불이익변경금지의 원칙은 불이익한 형의 선고를
금지하는 강제적 양형규정이라고 할 수 있다.[3]

여기서 형이란 형법 제41조가 규정하고 있는 형의 종류에 엄격히 제한되는   71
것이 아니다. 실질적으로 피고인에게 형벌과 같은 불이익을 주는 처분은 모두 불
이익변경금지의 대상이 된다. 따라서 추징[4]이나 벌금형에 대한 노역장유치기간
은 형법 제41조의 형은 아니지만 실질적으로 형과 같은 성질을 가지므로 여기의
형에 해당한다. 소송비용의 부담도 형에 해당하는가에 대하여는 견해가 대립되고
있다. 소송비용의 부담은 피고인에게 재산형과 같은 불이익을 주는 것이므로 불
이익변경금지의 원칙이 적용되어야 한다는 **적극설**[5]도 있으나, 통설은 소송비용은
형이 아니므로 이 원칙이 적용되지 않는다고 해석하여 **소극설**을 취하고 있다.[6]
판례의 태도이기도 하다.[7] 생각건대 소송비용의 부담이 피고인에게 불이익을 준
다고 할지라도 실질적으로 형으로서의 성질을 가질 수는 없으므로 통설이 타당하
다고 하겠다.[8]

> 불이익변경금지의 원칙은 형벌뿐만 아니라 보안처분에도 적용된다. 독일 형사소송법   72
> 은 명문의 규정을 두고 있으나($\substack{제331조\\1항}$), 이러한 규정이 없어도 보안처분에는 사실상
> 형벌에 유사한 성질이 있음을 부정할 수는 없으므로 이 원칙을 적용하는 것이 당연
> 하다. 다만, 피고인의 치료에 중점을 둔 치료감호에 대하여는 불이익변경금지의 원
> 칙이 적용되지 않는다.

---

1 대법원 1964. 6. 2, 64 도 160; 대법원 1983. 9. 27, 83 도 1984; 대법원 2003. 2. 11, 2002 도
   5679; 대법원 2021. 5. 6, 2021 도 1282.
2 대법원 1966. 10. 18, 66 도 567.
3 Ruß KK § 331, Rn. 2 a.
4 대법원 1961. 11. 9, 4294 형상 572; 대법원 2006. 11. 9, 2006 도 4888.
5 신동운 1576면.
6 김재환 942면; 백형구 강의, 856면; 손동권/신이철 750면; 신양균/조기영 994면; 이영란 883면;
   이은모/김정환 825면; 이창현 1217면; 임동규 774면.
7 대법원 2001. 4. 24, 2001 도 872.
8 Meyer-Goßner § 331, Rn. 6; Ruß KK § 331, Rn. 2.

(2) 불이익변경판단의 기준

73   불이익변경의 여부를 판단하는 데는 법정형의 경중을 규정하고 있는 형법
제50조가 기준이 된다. 원심과 상소심에서 선고한 구체적인 형의 경중을 정하는
규정은 없기 때문이다. 형의 경중은 형법 제41조에 기재된 순서에 따른다. 따라
서 징역은 금고보다 무거운 형이지만 무기금고와 유기징역은 금고를 무거운 것으
로 하고, 유기금고의 장기가 유기징역의 장기를 초과하는 때에는 금고를 무거운
것으로 한다(형법 제
50조 1항). 즉 징역 1년과 금고 1년은 징역형이 무겁지만, 징역 1년과
금고 1년 6월은 금고형이 무거운 형이다. 동종의 형은 장기가 긴 것과 다액이 많
은 것을 무거운 형으로 한다(동조
제2항). 그러나 형법 제50조는 추상적인 법정형 상호
간의 경중을 규정한 데 지나지 아니하므로 구체적인 선고형의 경중을 정하는 경
우에 충분한 기준이 될 수 없다. 그러므로 불이익변경을 판단함에 있어서는 형법
제50조의 형의 경중을 기준으로 하되, 한 걸음 더 나아가 병과형이나 부가형, 집
행유예, 노역장 유치기간 등 주문 전체를 고려하여 피고인에게 실질적으로 불이
익한가의 여부를 전체적·실질적으로 고찰하여 결정해야 한다.[1]

나아가 피고인이 상소한 사건과 다른 사건이 병합·심리된 후 경합범으로
처단되는 경우에는, 당해 사건에 대하여 선고받은 형과 병합·심리되어 선고받은
형을 단순 비교할 것이 아니라, 병합된 다른 사건에 대한 법정형, 선고형 등 피고
인의 법률상 지위를 결정하는 객관적 사정을 전체적·실질적으로 고찰하여 병합
심판된 선고형이 불이익한 변경에 해당하는지를 판단하여야 한다.[2] 구체적으로
는 제 1 심에서 선고한 형을 합산한 형을 기준으로 하여야 한다. 따라서 제 1 심의
각 형량의 합계 범위 내에서 각 형량보다 무거운 형이 선고되었다고 하여 불이익
한 변경으로 위법하다고 할 수 없다.[3] 다만, 이 경우에도 형법 제38조(경합범과
처벌례) 1
항 2호의 적용을 받게 될 것이다.[4]

---

1 대법원 1977. 3. 22, 77 도 67; 대법원 1998. 3. 26(전원합의체판결), 97 도 1716; 대법원
   2004. 11. 11, 2004 도 6784; 대법원 2009. 12. 24, 2009 도 10754; 대법원 2013. 12. 12,
   2012 도 7198; 대법원 2018. 10. 4, 2016 도 15961; 대법원 2019. 10. 17, 2019 도 11540.

2 대법원 2016. 5. 12, 2016 도 2136.

3 대법원 1980. 5. 27, 80 도 981. 대법원은 징역 1년 6월의 실형과 징역 1년에 집행유예 2년
   을 선고받은 두 사건을 항소심에서 병합하여 징역 2년을 선고하거나(대법원 2001. 9. 18,
   2001 도 3448), 사기죄에 대하여 징역 1년에 집행유예 2년, 민방위기본법위반죄에 대하여 벌
   금 5만 원을 선고받은 두 사건을 항소심에서 병합하여 징역 8월에 집행유예 2년을 선고한
   (대법원 1989. 6. 13, 88 도 1983) 것은 불이익변경금지의 원칙에 위배되지 않는다고 판시하
   였다.

4 이창현 1215면; 임동규 781면.

(3) 형의 경중의 비교

1) 형의 추가와 종류의 변경   피고인만 상소한 사건에 대하여 원심판결과 동 [74]
종의 형을 과하면서 무거운 형을 선고하거나 원심판결이 선고한 형 이외의 다른
형을 추가하는 것이 불이익변경에 해당한다는 데에는 의문이 없다.

> 따라서 상소심에서 원심이 병과하지 아니한 벌금형 또는 자격정지를 병과하거나(대법
> 원 1985. 6. 11, 84 도 1958), 수죄로 무기징역을 선고한 사건에 대하여 징역 6월과 무기징역을 선고한
> 때(대법원 1981. 9. 8, 81 도 1945)에는 당연히 불이익변경이 된다.

형의 종류를 변경하는 때에는 일반적으로 원판결보다 무거운 종류의 형으로
변경하거나, 형의 종류는 가볍더라도 그 양이 많아지면 불이익변경이 된다. 그러
나 언제나 이러한 원리가 그대로 적용되는 것은 아니다. 즉 원심보다 무거운 형
을 선택한 때에도 선고형이 무겁지 않으면 불이익변경이 되지 않는다.[1]

(가) 징역형과 금고형   징역형과 금고형의 관계는 형법 제50조에 따라 해결 [75]
하면 된다. 따라서 징역형을 금고형으로 변경하면서 형기를 인상하는 것은 허용
되지 않지만, 금고형을 징역형으로 변경하면서 형기를 단축하는 것은 가능하다고
하겠다. 형기를 단축하는 때에도 금고형을 징역형으로 변경하는 것은 허용되지
않는다는 견해[2]도 있으나, 형법 제50조의 규정에 반하는 해석이다. 다만, 형기가
같은 때에는 금고를 징역으로 변경하는 것이 허용되지 않는다.[3]

(나) 자유형과 벌금형   벌금형을 자유형으로 변경하는 것은 불이익변경이 된 [76]
다. 이에 반하여 자유형을 벌금형으로 변경하는 경우에 벌금형에 대한 노역장유
치기간이 자유형을 초과하는 때에 불이익변경이 되느냐에 관하여는 견해가 일치
하지 않는다. 노역장유치는 피고인에게 자유형과 동일한 불이익을 준다는 이유로
이 경우도 불이익변경이 된다는 견해[4]도 있으나, 이는 벌금형의 특수한 집행방
법에 불과하므로 전체적으로 볼 때에는 불이익변경이 아니라고 해석하는 판례[5]
와 다수설[6]이 타당하다고 생각된다. 또한, 징역형을 단축하면서 벌금형의 액수가

---

1 대법원 1999. 2. 5, 98 도 4534.
2 강구진 553면.
3 대법원 1976. 1. 27, 75 도 1543.
4 김재환 937면; 신현주 754면; 차용석/최용성 786면.
5 대법원 1980. 5. 13, 80 도 765; 대법원 2000. 11. 24, 2000 도 3945.
6 백형구 강의, 858면; 손동권/신이철 751면; 신동운 1578면; 이영란 885면; 임동규 777면.

같고 환형유치기간이 길어진 것만으로는 불이익변경이라고 할 수 없다.[1]

> 노역장유치기간이 벌금형의 경중을 정하는 기준이 되는 것은 부정할 수 없다. 즉 벌금형의 경중에 있어서 벌금액이 같고 노역장유치기간이 길어진 때에는 불이익변경이 된다(대법원 1976. 11. 23. 76 도 3161). 다만, 벌금액이 감경된 때에는 환형유치기간이 길어졌다고 하여 형이 불이익하게 변경되었다고 할 수 없다(대법원 1981. 10. 24, 80 도 2325; 대법원 2000. 11. 24, 2000 도 3945).

77　　(대) **부정기형과 정기형**　　부정기형을 정기형으로 변경하는 경우에 부정기형의 무엇을 기준으로 하여 형의 경중을 정할 것인가에 대하여는 **장기형표준설**[2]과 **단기형표준설**[3] 및 **중간형표준설**[4]이 대립되고 있다. 부정기형을 선고받은 때에는 단기가 경과되면 석방될 가능성이 있으므로 단기형표준설이 타당하다고 생각된다. 대법원은 종래 단기형표준설의 입장이었으나,[5] 중간형표준설이 상대적으로 우월한 기준이라는 이유로 그 입장을 변경하였다.[6]

2) 집행유예와 선고유예

78　　(가) **집행유예와 형의 경중**　　형의 집행유예는 형식적으로는 형이 아니지만 실질적으로 피고인에게 미치는 이해관계는 형의 내용을 좌우하는 것이므로 형의 경중을 비교하는 중요한 요소가 된다. 따라서 ① 집행유예를 붙인 자유형판결에 대하여 집행유예만 없애거나 유예기간만을 연장한 경우에는[7] 불이익변경에 해당함이 명백하다. 징역형[8] 또는 금고형[9]을 줄이면서 집행유예를 박탈한 경우에도 불이익변경이 된다. 집행유예의 경우에는 형의 집행을 받을 필요가 없고 유예기간을 경과한 때에는 형의 선고는 효력을 잃게 되기 때문이다. ② 징역형을 늘리면

1　대법원 1994. 1. 11, 93 도 2894.

2　신현주 753면.

3　백형구 강의, 859면; 손동권/신이철 752면; 신동운 1579면; 차용석/최용성 787면.

4　서일교 369면.

5　대법원 1959. 8. 21, 4292 형상 242; 대법원 1969. 3. 18, 69 도 114; 대법원 2006. 4. 14, 2006 도 734.

6　대법원 2020. 10. 22(전원합의체판결), 2020 도 4140.

7　대법원 1983. 10. 11, 83 도 2034.

8　대법원 1965. 12. 10(전원합의체판결), 65 도 826, 「징역 1년에 3년간 집행유예가 선고된 제 1 심 판결에 대하여 피고인만이 항소하였을 경우 동 형이 중하다는 이유로 동 판결을 파기하고 징역 10월의 실형을 선고한 경우는 불이익변경의 금지규정에 위배된다.」
　동지: 대법원 1986. 3. 25. 결정, 86 모 2; 대법원 2016. 3. 24, 2016 도 1131.

9　대법원 1970. 3. 24, 70 도 33.

서 집행유예를 붙인 경우에도 불이익변경이 된다.[1] 이 경우에 피고인의 실질적 이익을 고려하여 불이익변경이 되지 않는다고 해석하는 견해[2]도 있으나, 형의 경중을 판단함에 있어서는 집행유예가 실효되거나 취소되는 경우도 고려해야 하므로 불이익변경에 해당한다고 해야 한다.[3] 같은 이유로 징역형에 집행유예를 붙이면서 벌금형을 병과하거나,[4] 벌금액을 늘린 경우[5] 또는 금고형을 징역형으로 바꾸면서 집행유예를 선고한 때에도[6] 불이익변경금지의 원칙에 반한다. ③ 집행유예를 붙인 자유형판결에 대하여 형을 가볍게 하면서 유예기간을 길게 하는 것도 불이익변경에 해당한다는 견해[7]가 있으나, 전체적으로 볼 때 유예기간을 길게 하더라도 형을 가볍게 하면 불이익변경이 되지 않는다는 다수설[8]이 타당하다고 생각된다.

　　⒧ **집행유예·선고유예와 벌금형의 경중**　　자유형에 대한 집행유예판결을 벌금형으로 변경하는 것은 불이익변경이 될 수 없다.[9] 그러나 자유형에 대한 선고유예를 벌금형으로 변경하는 것은 불이익변경이 된다.[10] 벌금형이 형종에 있어서는 자유형보다 가볍지만, 선고유예는 현실적으로 형을 선고한 것이 아니고 선고유예를 받은 날로부터 2년을 경과하면 면소된 것으로 간주됨에 반하여, 벌금형은 현실로 선고되어 집행을 면할 수 없기 때문이다. 그러나 항소심에서 1심의 징역형에 대하여는 집행유예를 하고 1심에서 선고를 유예한 벌금형을 병과한 것은 피고인에게 불이익하다고 할 수 없다.[11]

79

---

1 대법원 1966. 12. 8(전원합의체판결), 66 도 1319, 「제 1 심에서 징역 6월의 선고를 받고 피고인만이 항소한 사건에서 징역 8월에 집행유예 2년을 선고한 것은 제 1 심의 형보다 중하고 따라서 불이익변경의 금지원칙에 위반된다.」
　　동지: 대법원 1977. 10. 11, 77 도 2713.

2 차용석/최용성 788면.

3 김재환 939면; 백형구 강의, 859면; 신동운 1580면; 신양균/조기영 997면; 이영란 886면.

4 대법원 1970. 5. 26, 70 도 638; 대법원 2013. 12. 12, 2012 도 7198.

5 대법원 1981. 1. 27, 80 도 2977, 「징역 2년 6월 및 벌금 750만 원의 형을 선고한 1심 판결에 대하여 피고인만이 항소한 항소심에서 징역 2년 6월 및 벌금 1,500만 원에 징역형에 대한 집행유예 3년의 형을 선고하였다면 이는 불이익변경금지의 원칙에 저촉된다.」

6 대법원 1976. 1. 27, 75 도 1543.

7 김재환 939면; 차용석/최용성 789면.

8 손동권/신이철 754면; 신동운 1580면; 신양균/조기영 997면; 신현주 753면.

9 대법원 1966. 9. 27, 66 도 1026.

10 대법원 1966. 4. 6, 65 도 1261; 대법원 1984. 10. 10, 84 도 1489; 대법원 1999. 11. 26, 99 도 3776.

11 대법원 1976. 10. 12, 74 도 1785.

80	㈐ **형의 집행유예와 집행면제**	형의 집행면제의 판결을 집행유예로 변경하는
것은 불이익변경에 해당하지 않는다.[1] 집행유예는 유예기간이 경과한 때에 형의
선고의 효력이 상실되나, 전자의 경우에는 그 형의 집행만을 면제하는 것이기 때
문이다.

3) 몰수 · 추징과 미결구금일수산입

81	㈎ **주형과 몰수 · 추징**	원심의 징역형을 그대로 두면서 새로 몰수 또는 추징
을 추가하거나[2] 원심보다 무거운 추징을 병과하는 것은[3] 불이익변경이 된다. 추
징을 몰수로 변경하는 것은 불이익변경에 해당하지 않는다.[4] 추징은 몰수에 갈
음하는 처분으로 몰수와 차이가 없기 때문이다. 주형을 가볍게 하고 몰수나 추징
을 추가 또는 증가게 한 경우에 관하여 불이익변경이 된다는 견해[5]와 아니라는
견해[6]가 대립되고 있다. 불이익변경인가는 피고인에게 실질적으로 불이익을 초
래하느냐를 기준으로 결정해야 한다는 점에 비추어 징역형을 줄이면서 몰수 · 추
징을 일부 추가한 것만으로는 불이익변경이 되지 않지만,[7] 자유형이 단축되어도
추징액이 크게 증가한 때에는 불이익변경이 되고,[8] 벌금액을 줄이면서 추징을
추가한 때에는 벌금액과 추징액의 합계를 원판결과 비교하여 불이익변경이 되느
냐를 결정하는 것이 타당하다고 하겠다.

대법원이 벌금 18만 원을 선고한 판결에 대하여 벌금을 54,000원으로 감하고 89,583
원 상당의 물건을 다시 몰수하였다는 것만으로는 불이익변경이 되지 않는다고 판시

---

1 대법원 1985. 9. 24(전원합의체판결), 84 도 2972.

2 대법원 1961. 10. 12, 4294 형상 238; 대법원 1969. 9. 23, 69 도 1058; 대법원 1992. 12. 8,
   92 도 2020.

3 대법원 1977. 5. 18, 77 도 541.

4 대법원 2006. 10. 28, 2005 도 5822.

5 강구진 555면; 차용석/최용성 789면.

6 백형구 강의, 859면; 신동운 1582면; 신양균/조기영 997면.

7 ⑴ 대법원 1998. 3. 26(전원합의체판결), 97 도 1716, 「피고인에 대하여 제 1 심이 징역 1년
   6월에 집행유예 3년의 형을 선고하고, 이에 대하여 피고인만이 항소하였는데, 환송전 원심은
   제 1 심 판결을 파기하고 사건을 원심에 환송하자, 환송후 원심은 제 1 심 판결을 파기하고 벌
   금 4천만 원과 금 1천 6백만 원의 추징의 선고를 모두 유예하였다면, 환송후 원심이 주형을
   벌금 4천만 원의 선고유예로 감경한 점에 비추어, 그 선고를 유예한 금 1천 6백만 원의 추
   징을 추가하였다고 하더라도 전체적 · 실질적으로 볼 때 피고인에 대한 형이 불이익하게 변경
   되었다고 볼 수는 없다.」
   ⑵ 대법원 1998. 5. 12, 96 도 2850, 「제 1 심의 형량인 징역 2년에 집행유예 3년 및 금 5
   억여 원의 추징을 항소심에서 징역 1년에 집행유예 2년 및 금 6억여 원의 추징으로 변경하
   여 주형을 감형하면서 추징액을 증액한 경우에는 불이익변경금지원칙에 반하지 않는다.

8 대법원 1982. 5. 11, 81 도 2685.

하였음은($\binom{대법원\ 1963.\ 10.\ 10,}{63\ 도\ 224}$) 이러한 의미에서 이해할 수 있다. 자유형의 형기를 감축하고 원판결에서 선고하지 아니한 압수장물환부선고를 한 경우도 같은 이유로 불이익변경이 되지 않는다($\binom{대법원\ 1990.\ 4.\ 10,}{90\ 도\ 16}$).

(나) **미결구금일수의 산입** 　　　　미결구금일수는 전부를 산입해야 하는데($\binom{형법\ 제}{57조\ 1항}$), 　82
그 산입을 박탈하거나 줄이면 위법할 뿐 아니라 불이익변경이 된다는 점에는 의문이 없다.

4) **형과 보안처분** 　　　　전자장치 부착 등에 관한 법률에 의한 전자장치 부착명 　83
령기간[1]이나 취업제한명령기간[2]을 장기로 부과하거나, 동일한 벌금형을 선고하면서 성폭력 치료프로그램 이수명령[3]이나 수강명령[4]을 병과한 것은 불이익변경금지의 원칙에 위배된다. 반면에 형기를 단축하고 전자장치 부착기간만을 장기로 하거나,[5] 항소심에서 처음 청구된 검사의 부착명령에 기하여 부착명령을 선고하는 것은[6] 이 원칙에 위배되지 않는다.

치료감호는 불이익변경의 대상이 아니지만, 제 1 심 판결에서 치료감호만 선고되고 피고인만 항소한 경우에 항소심에서 징역형을 선고하는 것은 불이익변경이 된다.[7] 징역형이 치료감호보다 피고인에게 불이익한 처분이라고 해야 하기 때문이다. 치료감호청구절차와 형사피고사건의 절차는 서로 다른 절차이므로 원심과 상소심의 관계로 볼 수 없다는 이유로 불이익변경이 될 수 없다는 견해도 있다.[8] 그러나 불이익변경금지의 원칙은 상소의 경우에 적용되는 원칙이므로 피고인이 상소한 사건에서 일반공판절차로 이행된 때에는 당연히 불이익변경이 될 수 있다.

1 　대법원 2014. 3. 27, 2013 도 9666, 2013 전도 199.
2 　대법원 2019. 10. 17, 2019 도 11540; 대법원 2019. 10. 17, 2019 도 11609.
3 　대법원 2012. 9. 27, 2012 도 8736; 대법원 2015. 9. 15, 2015 도 11362.
4 　대법원 2018. 10. 4, 2016 도 15961.
5 　대법원 2011. 4. 14, 2010 도 16939, 2010 전도 159(징역 15년 및 5년 동안 부착명령 → 징역 9년, 5년 동안의 공개명령 및 6년 동안 부착명령); 대법원 2010. 11. 11, 2010 도 7955, 2010 전도 46(징역 장기 7년, 단기 5년 및 5년 동안 부착명령 → 징역 장기 5년, 단기 3년 및 20년 동안 부착명령).
6 　대법원 2010. 11. 25, 2010 도 9013, 2010 전도 60.
7 　대법원 1983. 6. 14, 83 도 765.
8 　신동운 1576면.

Ⅶ. 파기판결의 구속력

1. 구속력의 의의

84　　　형사소송법은 상고심에서는 물론 항소심에 대하여도 파기환송과 이송판결을 인정하고 있다. 이와 같이 상소심에서 원판결을 파기하여 환송 또는 이송한 경우에 상급심의 판단이 환송 또는 이송받은 하급심을 구속하는 효력을 파기판결의 구속력 또는 기속력(羈束力)이라고 한다. 법원조직법은 「상급법원 재판에서의 판단은 해당 사건에 관하여 하급심을 기속한다」고 하여(법조법 제8조) 이를 명문으로 규정하고 있다.

85　　　파기판결의 구속력을 인정하는 이유는 심급제도의 본질에서 유래한다. 즉 파기판결의 구속력을 인정하지 않을 때에는 하급심이 자기판단을 고집하여 상급심의 판단에 따르지 않을 경우 그 사건이 쌍방 사이에 끝없이 왕복하게 되어 종국적인 해결이 불가능하게 되므로 심급제도는 그 기능을 잃고 결국은 소송제도 자체도 존재이유가 부정된다는 정책적인 이유에 구속력을 인정하는 근거가 있다.

2. 구속력의 법적 성질

파기판결의 구속력의 법적 성질에 관하여 중간판결설과 확정력설(기판력설) 및 특수효력설이 대립되고 있다.

86　　　1) 중간판결설　　　파기판결의 구속력을 중간판결의 구속력이라고 이해하는 견해이다. 이에 의하면 환송을 받은 하급심의 심리는 환송판결을 한 상급심절차의 속행이며, 이 중간판결의 구속력이 하급심을 구속한다고 한다. 그러나 이 설은 ① 파기환송판결은 원판결의 하자를 이유로 이를 취소하고 원심에 대하여 새로운 심리를 명하는 종국판결이며 중간판결이라고 할 수 없고, ② 환송 후의 절차를 상급심의 속행으로 볼 수는 없다는 비판을 면할 수 없다.[1]

87　　　2) 확정력설　　　파기판결의 구속력을 확정판결의 기판력이라고 해석하는 견해이다.[2] 이에 의하면 파기판결의 구속력은 하급심뿐만 아니라 파기판결을 한 법원과 상급심도 모두 구속하는 결과가 된다. 그러나 이에 대하여도 ① 기판력이

1　민사소송에 있어서 대법원은 대법원 1981. 2. 24, 80 다 2029까지 중간판결설을 유지하였으나, 대법원 1981. 9. 8(전원합의체판결), 80 다 3271에 의하여 종국판결설로 변경하였다.

2　차용석/최용성 793면.

실체법상의 법률관계에 관한 판단에 대하여 발생하는 것임에 반하여, 파기판결의
구속력은 그 이유가 된 법률상·사실상의 전제판단에 대한 것이고, ② 기판력이
후소에 대한 전소의 효력임에 대하여, 파기판결의 구속력은 동일소송 내의 심급
간의 효력이므로 양자를 동일시할 수 없다는 비판이 제기되고 있다.

   3) 특수효력설   파기판결의 구속력은 심급제도의 합리적인 유지를 위하여   88
인정된 특수한 효력이라고 이해하는 견해[1]이다. 구속력은 심급제도를 유지하기
위하여 정책적 근거에서 인정된 것이고, 무죄판결의 기판력은 새로운 증거가 발
견된 경우에도 미침에 반하여 파기판결의 구속력은 배제된다는 점에 비추어 양자
는 성질을 달리할 뿐만 아니라, 항소심의 파기판결에 대하여 상고심에 대한 구속
력을 인정할 수는 없다는 점에서 특수효력설이 타당하다고 생각한다.

3. 구속력의 범위

(1) 구속력이 미치는 법원

   1) 하급법원   파기판결이 하급법원을 구속하는 점에는 의문이 없다. 상고심   89
에서 제 2 심 판결을 파기하고 제 1 심에 환송하여 선고된 제 1 심 재판에 대하여
다시 항소된 경우 제 2 심 법원도 당해 사건의 하급심이므로 상고심의 판단에 구
속되지 않을 수 없다.

   2) 파기한 상급심   파기판결의 구속력은 환송 또는 이송받은 하급법원뿐만   90
아니라 파기판결을 한 상급심 자신도 구속되지 않을 수 없다. 이미 하급심에서
상급심의 의사에 따라 사건을 처리한 이상 하급심의 판결을 위법하다고는 할 수
없고, 그 변경을 허용할 때에는 불필요한 절차가 반복되어 파기판결의 구속력을
인정한 취지가 무의미하게 되기 때문이다. 대법원도 파기판결을 한 상급심에도
구속력이 미친다고 판시하고 있다.[2]

   3) 상급법원   항소심의 파기판결의 구속력이 상급법원인 상고심에도 미치는   91
가에 대하여 확정력설은 이를 인정하게 된다. 그러나 항소심의 파기판결에 상고
심이 구속된다는 것은 법령해석의 통일을 위한 상고심의 기능에 반하고 사법의

---

1 김재환 944면; 백형구 강의, 848면; 손동권/신이철 757면; 신동운 1585면; 신양균/조기영 999
    면; 이은모/김정환 832면; 임동규 784면.
2 대법원 1983. 4. 18, 83 도 383; 대법원 1985. 7. 9, 85 도 263; 대법원 1986. 6. 10, 85 도
    1966; 대법원 1987. 4. 28, 87 도 294; 대법원 2006. 1. 26, 2004 도 517.

경직을 초래하는 것이므로 이를 부정하는 것이 타당하다.[1]

(2) 구속력이 미치는 판단

92   **1) 법률판단과 사실판단**   파기판결의 구속력이 법률판단에 대하여 미친다는 점에는 의문이 없다. 독일 형사소송법 제358조는 명문으로 법률판단(rechtliche Beurteilung)에 대하여만 구속력이 미친다고 규정하고 있다. 그러나 이러한 제한이 없는 우리 형사소송법의 해석에 있어서는 법률상의 판단뿐만 아니라 사실상의 판단에 대하여도 구속력이 미친다고 해야 한다. 사실오인을 상소이유로 하고 있는 이상 사실에 관한 판단에 대하여도 구속력이 미치는 것은 당연하다고 해야 하기 때문이다.[2] 대법원은 처음에는 「하급심은 대법원의 사실판단에 기속되지 않는다」고 하였으나,[3] 그 후 일관하여 법률판단뿐만 아니라 사실판단에 대하여도 구속력이 미친다는 태도를 취하고 있다.[4]

93   **2) 적극적 · 긍정적 판단**   구속력이 파기판결의 직접적인 이유가 된 원심판결의 사실상 · 법률상 판단이 위법하다는 소극적인 부정 판단에만 미치는가 또는 그 이면에 있는 적극적인 긍정 판단에 대하여도 미치는가에 대하여는 부정설[5]과 긍정설[6]이 대립되고 있다. **부정설**은 적극적인 긍정 판단은 파기이유에 대한 연유에 불과하기 때문이라고 한다. 대법원도 소극적인 부정 판단에만 미친다고 판시하고 있다.[7] 그러나 사실판단에 있어서 부정적 판단과 긍정적 판단은 일체불가분의 관계에 있다는 점에 비추어 직접적 파기이유와 불가분의 관계에 있거나 필연적인 논리적 전제관계에 있는 때에는 구속력이 미친다고 해석하는 **긍정설**이 타당하다.

---

1 백형구 강의, 850면; 손동권/신이철 758면; 신동운 1587면; 신양균/조기영 1000면; 이영란 896면.

2 백형구 강의, 849면; 신동운 1587면; 신양균/조기영 1000면.

3 대법원 1963. 6. 20, 62 도 254.

4 대법원 1996. 12. 10, 95 도 830; 대법원 2004. 9. 24, 2003 도 4781; 대법원 2009. 4. 9, 2008 도 10572; 대법원 2018. 4. 19, 2017 도 14322.

5 김재환 946면; 백형구 강의, 849면; 송광섭 844면; 신동운 1588면; 신양균/조기영 1001면; 이은모/ 김정환 833면; 임동규 785면.

6 강구진 558면; 손동권/신이철 759면.

7 대법원 2004. 4. 9, 2004 도 340; 대법원 2018. 4. 19, 2017 도 14322.

(3) 구속력의 배제

파기판결의 구속력은 그때까지 적법하게 조사한 증거를 전제로 하므로, 환송   94
후에 새로운 사실과 증거에 의하여 사실관계가 변경된 경우에는 구속력이 미치는
판단범위와는 관계없이 파기판결의 구속력은 배제된다.[1] 따라서 하급심에서 환
송 전후의 증거를 종합하여 환송 전의 판단을 유지하거나[2] 더 무거운 결론을 내
리더라도 위법하지 않다.[3] 파기판결의 구속력은 사실관계와 법령의 동일을 전제
로 하는 것이기 때문이다. 파기판결 이후에 법령이 변경되거나 판례가 변경된 경
우에도 구속력은 배제된다고 해야 한다.

제 2 절 항   소   § 57

Ⅰ. 항소의 의의와 항소심의 구조

1. 항소의 의의

항소란 제 1 심 판결에 대한 제 2 심법원에의 상소를 말한다. 항소는 오판으   1
로 인하여 불이익을 받는 당사자를 구제하는 것을 주된 목적으로 하는 상소이다.
항소는 제 1 심 판결에 대한 상소이므로 결정이나 명령에 대하여는 항소할 수 없
다. 판결인 이상 내용은 묻지 않는다. 제 1 심 판결에 대한 제 2 심법원에의 상소
만을 항소라고 하므로 제 1 심 판결에 대하여 대법원에 상소하는 것($^{비약적}_{상고}$)은 항소
가 아니다.

2. 항소심의 구조

(1) 항소심의 구조에 대한 입법주의

항소심의 구조에 관하여는 복심·속심 및 사후심의 세 가지 입법주의가 있다.

1) 복   심   항소심이 원심의 심리와 판결이 없었던 것처럼 피고사건에 대   2

---

1 대법원 1983. 2. 8, 82 도 2672; 대법원 2003. 2. 26, 2001 도 1314; 대법원 2020. 3. 12,
   2019 도 15117.
2 대법원 1983. 12. 13, 83 도 2613.
3 대법원 2018. 4. 19(전원합의체판결), 2017 도 14322.

하여 전반적으로 다시 심리하는 제도를 말한다. 제 2 의 제 1 심(eine zweite Erstinstanz)
이라고 할 수 있다. 현행 독일 형사소송법과 1961. 9. 1. 이전의 우리 형사소송
법이 취하고 있던 항소심의 구조이다.

　　복심(覆審)의 특징은 ① 항소심의 심판대상은 피고사건 자체이며, ② 항소인
은 원판결에 불복한다는 취지로 항소하면 충분하고 항소이유서를 제출할 필요나
항소이유에 제한이 없고, ③ 항소심의 심리는 공소장에 의한 기소요지의 진술부
터 다시 시작하고 심판의 범위도 항소이유에 제한되지 않고 사실심리와 증거조사
에도 제한이 없으며, ④ 항소심 판결의 주문은 직접 피고사건을 판결하는 것이
며, ⑤ 기판력의 시적 범위도 항소심 판결선고 시라는 점에 있다.

　　복심은 항소심의 심리를 철저히 한다는 장점을 가지나, 소송경제에 반하고
제 1 심을 경시하게 될 뿐만 아니라 남상소로 인한 소송지연을 초래할 위험이 있
다는 단점이 있다.

3　　　2) 속　　심　　　제 1 심의 심리를 토대로 항소심의 심리를 속행하는 제도를 말
한다. 즉 제 1 심의 변론이 재개된 것처럼 항소심에서 원심의 심리절차를 인계하
고 새로운 심리와 증거를 보충하여 심판하는 것을 말한다. 민사소송법이 취하고
있는 항소심의 구조이다.

　　속심(續審)의 특징은 ① 항소심의 심판대상은 피고사건의 실체이고, ② 항소
이유에 제한이 없고, ③ 항소심은 제 1 심의 변론이 재개된 것과 같이 사실심리와
증거조사를 행하며 제 1 심 판결 후에 발생한 사실도 판결의 자료가 되고, ④ 항
소심에서도 공소장변경이 허용되고, ⑤ 판결의 주문은 항소가 이유 없을 때에는
항소기각이지만 이유 있을 때에는 원심판결을 파기하고 원칙으로 자판하여야 하
며, ⑥ 기판력의 시적 범위는 항소심 판결선고 시라는 점에 있다.

　　속심은 원판결의 심리를 필요한 범위에서 속행한다는 점에서는 복심에 비하
여 장점이 있으나, 전심의 소송자료에 대한 심증을 이어받는 것은 구두변론주의
와 직접주의에 반할 뿐 아니라 소송지연과 남상소의 위험은 여전히 남아 있다는
단점이 있다.

4　　　3) 사 후 심　　　원심에 나타난 자료에 따라 원심판결 시를 기준으로 하여 원
판결의 당부를 사후적으로 심사하는 제도를 말한다.

　　사후심의 특징은 ① 항소심의 심판대상이 피고사건의 실체가 아니라 원판결
의 당부이며, ② 항소이유가 제한되고 항소인은 항소이유를 제출해야 하며, ③

항소심의 심판범위도 항소이유서에 기재된 것에 제한되고, ④ 항소심은 원심에 나타난 증거에 의하여 원판결 시를 기준으로 원판결의 당부를 판단할 뿐 원판결 후에 발생한 자료를 증거로 할 수 없으며, ⑤ 항소심에서는 공소장변경이 허용될 수 없고, ⑥ 판결주문도 항소가 이유 없을 때에는 항소기각, 이유 있으면 파기환송해야 하며, ⑦ 기판력의 시적 범위는 원심판결 선고 시라는 점에 있다.

사후심은 소송경제와 신속한 재판의 이념에 부합하는 장점이 있다. 그러나 이는 제 1 심의 공판절차에서 심리가 철저히 행하여질 것을 전제로 하는 제도이며, 이러한 전제가 충족되지 않을 때에는 실체진실의 발견과 피고인의 구제에 충분하지 못하다는 단점을 가진다.

⑵ **현행 항소심의 구조**

1) **학설과 판례의 태도**

⑺ **사후심설** 현행 형사소송법의 항소심의 구조를 사후심으로 파악하거나 사후심을 원칙으로 한다고 해석하는 견해이다.[1] 후자를 원칙적 사후심설이라고도 할 수 있다. 항소심을 사후심이라고 하는 이유는 크게 두 가지로 나눌 수 있다. 첫째 실정법적 근거로서 형사소송법이 ① 항소이유를 원칙으로 원판결의 법령위반·사실오인 및 양형부당에 제한하고 있고($\frac{제361조}{의5}$), ② 항소법원은 항소이유에 포함된 사유에 관하여만 심판해야 하며($\frac{제364조}{1항}$), ③ 항소법원은 항소이유가 없음이 명백한 때에는 변론 없이 항소를 기각할 수 있고($\frac{동조}{제5항}$), ④ 항소이유가 없다고 인정하는 때에는 판결로 항소를 기각하고($\frac{동조}{제4항}$), 항소이유가 있다고 인정하는 때에는 원심판결을 파기하도록 하고 있을 뿐만 아니라($\frac{동조}{제6항}$), 둘째 형사소송법이 제 1 심 절차에서 증인과 피고인 신문방식을 개정하고 전문법칙과 탄핵증거제도 등을 채택하여 공판중심주의·구두변론주의 및 직접심리주의를 철저히 하였으므로 제 1 심에서 밝혀진 실체진실을 항소심에서 반복하여 심리하는 것은 불필요하고 소송의 신속과 경제의 이념에 반하기 때문이라고 한다.

그러나 원심판결 시를 기준으로 원심에 나타난 자료에 의하여 원판결의 당부를 심사하는 순수한 의미의 사후심이 현행 항소심에서 유지되고 있다고는 할 수 없다. 여기서 사후심의 본질적 요소는 원판결의 당부를 판단하는 점에 있다고 하여 항소심은 사후심이라고 해야 하고, 그 밖의 점은 실정법 해석의 문제에 불

5

6

1 강구진 561면; 김기두 299면; 정영석/이형국 458면; 차용석/최용성 798면.

과하다고 보는 견해[1]도 있다. 그러나 다수설은 현행 항소심이 원칙적으로는 사후심이지만 속심의 성격도 같이 가지고 있다고 해석한다. 다만, 어느 범위에서 항소심이 속심의 성질을 가지느냐에 대하여는 견해가 일치하지 않고 있다. 속심의 범위를 넓게 해석하여 항소이유에 사실오인과 양형부당을 포함하고 있고 항소법원은 항소이유서에 포함되지 아니한 경우에도 직권으로 심판할 수 있으므로 항소심에서 사실조사가 시작되거나 파기자판하는 경우에는 속심이 된다는 견해[2]와, 항소심에서 파기자판하는 때에만 속심이 되고 그 이외에는 사후심의 예외에 지나지 않는다는 견해[3]가 있다.

7   (ㄴ) 속 심 설   항소심의 소송구조를 원칙적으로 속심이라고 해석하는 견해이다.[4] 속심설의 이론적 근거는 다음과 같다. ① 형사소송법 제361조의 5가 항소이유를 제한하고 항소인이 항소이유서를 제출하지 않을 때에는 항소기각의 결정을 하게 한 것만으로는 항소심을 사후심이라고 할 수 없다.[5] 오히려 판결 후 형의 폐지나 변경 또는 사면이 있을 때($\frac{동조}{제2호}$)와 재심청구의 사유가 있을 때($\frac{동조}{13호}$제)는 명백히 속심적 성격을 띤 항소이유이고 형사소송법이 인정하고 있는 가장 중요한 항소이유인 사실오인($\frac{동조}{14호}$제)과 양형부당($\frac{동조}{15호}$제)은 순수한 사후심에서는 찾아보기 어려운 항소이유이다.[6] ② 항소심의 심리에 관하여 형사소송법은 제 1 심법원에서 증거로 할 수 있었던 증거는 항소법원에서도 증거로 할 수 있다고 규정하여 ($\frac{제364조}{3항}$) 항소심에서 원심의 심리를 인수할 수 있게 하였을 뿐이며, 원심법원에 제출하였거나 제출할 수 있었던 자료에 대하여만 심리를 제한하는 규정은 없다. 따라서 항소심은 제 1 심 판결선고 후에 나타난 자료에 대하여도 자유롭게 사실심리와 증거조사를 할 수 있으며, 원판결 후에 이루어진 피해변상이나 피해자와의 합의도 항소심판단의 자료가 될 수 있다. ③ 항소심의 심판범위는 원칙적으로 항소이유에 포함된 사유에 제한되지만, 항소법원은 판결에 영향을 미친 사유에 관

---

1 강구진 562면. 그러나 원판결의 당부를 판단하는 것만이 사후심의 본질이라고 할 수는 없다.
2 김기두 299면. 이에 의하면 항소심은 원칙적으로 속심이라고 보는 것과 같은 결과가 된다.
3 정영석/이형국 459면.
4 김재환 950면; 백형구 344면, 강의 831면; 손동권/신이철 762면; 송광섭 846면; 신동운 1601면; 신양균/조기영 1006면; 신현주 768면; 이영란 903면; 이은모/김정환 838면; 임동규 789면.
5 복심주의를 취하고 있는 독일 형사소송법에서도 검사가 항소할 때에는 항소이유의 제출을 명할 수 있고, 속심에서도 신속한 재판과 소송경제의 이념 때문에 항소이유를 제한할 수 있다.
6 일본 형사소송법도 사실오인과 양형부당을 항소이유로 하고 있다. 그러나 양형부당을 이유로 한 원심판결의 파기는 「원판결을 파기하지 않으면 명백히 정의에 반한다고 인정될 때에만 할 수 있다」고 규정하여 사후심에 대한 예외임을 밝히고 있다(제397조 2항).

하여 항소이유에 포함되지 아니한 경우에도 직권으로 심판할 수 있다($^{제364조}_{2항}$). 이는 항소심에 있어서도 실체진실의 발견에 최고의 이념을 두는 속심적 요소가 바탕을 이루고 있다고 해야 한다. ④ 항소심이 항소이유가 없다고 인정한 때에는 항소를 기각해야 하며($^{동조}_{제4항}$), 항소이유가 있다고 인정한 때에는 원심판결을 파기하고 다시 판결을 하여야 한다($^{동조}_{제6항}$). 항소심이 속심인가 또는 사후심인가는 원심판결을 파기할 때에 항소법원이 피고사건의 실체를 자판할 것인가에 따라서 결정해야 한다. 항소심에서 자판할 때에 속심이 된다는 점에는 이론이 없다.[1] 그런데 형사소송법은 이 경우에 항소법원이 원칙적으로 자판하도록 하고 있으므로 항소심은 원칙적인 속심이라고 해야 한다.

(다) **판례의 태도**   판례는 항소심을 원칙적으로 속심이라고 보고 있다. 즉 대   8
법원은 종래 항소심의 구조에 관하여 형사항소심의 구조가 「완전한 사후심에 그치는 것이라고는 볼 수 없다」고 판시하면서,[2] 한편으로는 「현행 항소심의 구조가 반드시 속심의 성격을 가진 것이라고만 단정할 수는 없다」고 하여[3] 항소심이 사후심과 속심의 성격을 모두 가졌다는 취지의 판결을 하면서도 그것이 원칙적으로 사후심인가 또는 속심인가에 대하여는 명백한 태도를 밝히지 않았다. 그러나 대법원은 그 후 항소심은 원칙적으로 속심이고, 사후심적 요소를 가진 조문들은 남상소의 폐해를 억제하고, 소송경제상의 필요에서 항소심의 속심적 성격에 제한을 가한 것에 불과하다고 판시하여[4] 항소심은 원칙적으로 속심, 즉 사후심적 속심이라는[5] 입장을 명백히 하고 있다.

2) 항소심의 구조   형사소송법의 항소심에는 속심과 사후심의 요소가 결합   9
되어 있다. 항소심이 속심인가 사후심인가를 판단함에 있어서는 항소이유가 제한되고 항소이유서를 제출해야 하며 항소심판결의 주문에서 항소기각 또는 원심판결파기를 선고하여 원판결의 당부를 판단하는 형식적 측면에서 결정할 것이 아니라, 항소심에서 무엇을 기초로 어떻게 심판해야 하며, 그 이념이 무엇인가라는 기능적 측면에 중점을 두어야 한다. 그런데 형사소송법의 항소심은 원판결을 기

---

1 강구진 564면; 김기두 299면.

2 대법원 1966. 5. 17, 66 도 125.

3 대법원 1972. 10. 10, 72 도 1832.

4 대법원 1983. 4. 26, 82 도 2829.

5 대법원 2015. 7. 23(전원합의체판결), 2015 도 3260; 대법원 2017. 3. 22, 2016 도 18031; 대법원 2022. 6. 16. 결정, 2022 모 509; 대법원 2023. 1. 12, 2022 도 14645.

초로 하면서 원판결에 나타난 자료와 관계없이 증거조사와 사실심리를 행하고 자신의 심증에 의하여 피고사건의 실체를 심판하여 항소이유의 유무를 판단하는 법원이다. 항소심은 법률심이 아니라 사실심이며, 제 2 의 사실심 또는 최후의 사실심이라고 할 수 있다. 사실심의 이념은 실체진실의 발견이다. 형사소송법이 제 1 심에 공판중심주의와 직접주의를 강화하여 제 1 심 판결에 중점을 두었다고 하여도 제 1 심 판결에서 진실을 완전히 가리는 것은 기대할 수 없다. 항소심이 최후의 사실심으로서 진실을 밝혀 피고인을 구제하는 역할을 담당해야 한다. 그렇다면 항소심은 속심이며, 다만 예외적으로 사후심적 성격의 조문들에 의하여 남상소의 폐단방지와 소송경제의 이념을 실현하는 데 지나지 않는다는 판례의 태도가 타당하다고 생각된다.

> 형사소송법에 규정된 항소심의 사후심적 성격을 나타내는 규정으로는 ① 항소이유를 제한하고($\substack{제361조 \\ 의5}$) 항소인에게 항소이유서제출의무를 부여하고 있고($\substack{제361조의 \\ 3\ 제1항}$), ② 원판결의 법령위반과 이유불비·이유모순을 항소이유로 하고 있으며($\substack{제361조의5\ 제1호·제 \\ 3호·제4호·제11호}$), ③ 항소심의 심판범위를 원칙적으로 항소이유에 포함된 사유에 제한하고($\substack{제364조 \\ 1항}$), ④ 항소이유가 없음이 명백한 때에는 항소장·항소이유서 기타의 소송기록에 의하여 변론 없이 항소를 기각하게 한 규정($\substack{동조 \\ 제5항}$)을 들 수 있다.

(3) 관련문제

10   **1) 항소심에서의 공소장변경**   항소심에서 공소장변경이 허용되는가도 항소심의 구조와 관련되는 문제이다. 이에 대하여는 ① 항소심은 사후심이므로 공소장변경이 허용되지 않는다는 견해, ② 항소심에서 원심판결을 파기하는 때에만 공소장변경이 허용된다는 견해, ③ 항소심에서 사실조사가 행하여질 때에는 속심이 되므로 공소장변경이 허용된다는 견해 및 ④ 항소심에서도 공소장변경이 허용된다는 견해가 대립되고 있다. 항소심의 구조를 속심으로 보는 이상 항소심에서도 당연히 공소장변경이 허용된다고 해야 한다.[1] 항소심에서 공소장변경에 의하여 단독판사의 관할사건이 합의부 관할사건으로 된 경우에는, 그 관할권이 있는 고등법원에 이송하여야 한다.[2]

11   **2) 기판력의 시적 범위**   항소심을 속심이라고 볼 때에는 항소심에서는 항소

---

1 대법원 1972. 6. 27, 72 도 1072; 대법원 2014. 1. 16, 2013 도 7101; 대법원 2017. 9. 21, 2017 도 7843.

2 대법원 1997. 12. 12, 97 도 2463.

심 판결선고 시를 기준으로 판단해야 한다. 따라서 1심에서 소년이기 때문에 부정기형을 선고받은 자가 항소심 계속 중에 성년에 달하였을 때에는 원판결을 파기하고 정기형을 선고해야 한다.[1] 사후심인 상고심에서는 원심의 판결선고 당시에 소년인 피고인이 항소심 판결선고 후에 20세에 달하였다고 하여 부정기형을 선고한 항소심 판결을 파기할 수 없는 것과 구별된다.[2]

　　기판력의 시적 범위도 항소심 판결선고 시가 된다. 이는 항소심에서 파기자판한 경우뿐만 아니라 항소기각한 경우에도 같다.[3] 따라서 포괄일죄의 일부에 대한 판결의 효력은 항소심 판결선고 시까지 범해진 그것과 포괄일죄의 관계에 있는 다른 범죄사실에 대하여도 미친다.

Ⅱ. 항소이유

1. 항소이유의 의의와 분류

(1) 항소이유의 의의

　　항소를 제기하기 위하여는 원판결의 하자를 지적하지 않으면 안 된다. 항소이유란 이와 같이 항소권자가 적법하게 항소를 제기할 수 있는 법률상의 이유를 말한다. 항소이유는 형사소송법 제361조의 5에 제한적으로 열거되어 있다.　　12

　　종래의 통설은 형사소송법이 항소이유를 규정하고 있는 것은 항소심의 사후심적 성격을 명백히 한 것으로 이해하고 있었다. 그러나 항소이유를 제한한다는 것만으로 항소심을 사후심으로 단정할 수는 없으며, 오히려 항소이유에 속심적 요소가 중요한 의미를 가지고 있음에 비추어 항소심은 원칙으로 속심이고 항소이유를 제한하는 것도 남상소의 방지와 소송경제를 위하여 사후심적 요소를 가미한 것이라고 하지 않을 수 없다.

(2) 항소이유의 분류

　　항소이유는 그 내용에 따라 법령위반을 이유로 하는 것(동조 제1호·제3호 내지 제11호)과 법령위반 이외의 사유를 이유로 하는 것(동조 제2호·제13호 내지 제15호)으로 나눌 수 있다. 또 일정한　　13

1　대법원 1966. 3. 3(전원합의체판결), 65 도 1229; 대법원 1971. 3. 9, 71 도 1.

2　대법원 1983. 4. 26, 83 도 534; 대법원 1986. 12. 9, 86 도 2181.

3　대법원 1993. 5. 25, 93 도 836.

객관적 사유가 있으면 항소이유가 되는 것을 절대적 항소이유($\substack{동조\ 제2호\ 내지 \\ 제13호\cdot제15호}$)라고 하며, 일정한 객관적 사유의 존재가 판결에 영향을 미친 경우에 한하여 항소이유로 되는 법령위반과 사실오인($\substack{동조\ 제1 \\ 호\cdot제14호}$)을 상대적 항소이유라고 한다. 여기서 판결에 영향을 미친 때라고 함은 판결내용에 영향을 미친 때를 말한다. 판결내용에는 판결의 주문뿐만 아니라 이유를 포함하며, 판결의 실질적 내용 이외에 절차법규의 위반으로 인하여 판결의 무효를 초래하는 경우도 여기에 해당한다. 이 경우에 사실오인 또는 법령위반과 판결 사이에 규범적 인과관계가 존재할 것을 요한다.

2. 법령위반

14   법령위반은 원칙으로 상대적 항소이유에 해당한다. 그러나 법령위반 가운데 판결에의 영향이 현저하거나 또는 그 입증이 곤란한 경우는 절대적 항소이유가 된다.

(1) 상대적 항소이유

15   판결에 영향을 미친 헌법·법률·명령 또는 규칙의 위반이 있는 때이다($\substack{동조 \\ 제1호}$). 헌법위반에는 판결의 내용이 헌법에 위반한 경우와 판결절차가 헌법에 위반한 경우뿐만 아니라, 헌법해석의 착오가 있는 경우가 포함된다. 판결의 내용이 헌법에 위반한 경우란 형벌법령을 소급하여 적용하거나 무죄판결이 확정된 사실에 관하여 다시 유죄의 판결을 한 경우를 말하며, 판결절차가 헌법에 위반한 경우로는 고문 또는 불이익한 진술을 강요한 경우를 들 수 있다. 다만, 재판의 공개규정에 위반한 경우는 별도로 제 9 호의 항소이유에 해당한다. 헌법해석의 착오는 판결에 적용된 헌법의 해석·적용에 착오가 있는 경우를 말하며, 명령·규칙이 헌법에 적합한가에 대한 법원의 판단도 여기에 해당한다.

16   법령위반에는 법령적용의 착오와 소송법규의 위반이 포함된다. 실체법위반인가 절차법위반인가에 따른 구별이다. 전자가 인정사실에 대한 형법 기타 실체법의 해석과 적용에 잘못이 있는 것을 말함에 반하여, 후자는 판결전 소송절차뿐만 아니라 판결을 함에 있어서의 절차위반을 의미한다. 전자를 판결내용에 있어서의 착오(error in judicato), 후자를 소송절차에 있어서의 착오(error in procedendo)라고도 한다.

(2) 절대적 항소이유

1) 관할규정의 위반   관할 또는 관할위반의 인정이 법률에 위반한 때이다   17
$\left(\substack{\text{동조}\\\text{제3호}}\right)$. 관할에는 토지관할과 사물관할을 포함한다. 그러나 심급관할은 여기서
문제될 여지가 없다. 관할의 인정이 법률에 위반한 때라 함은 관할위반의 판결을
해야 할 것임에도 불구하고 실체에 대하여 재판한 경우를 말하고, 관할위반의 인
정이 법률에 위반한 때라 함은 관할권이 있거나 관할위반의 선고를 할 것이 아님
에도 불구하고 관할위반의 판결을 한 때를 의미한다.

2) 법원구성의 위법

(가) 판결법원의 구성이 법률에 위반한 때$\left(\substack{\text{동조}\\\text{제4호}}\right)$ 판결법원이란 판결과 그 기초   18
가 되는 심리를 행한 법원을 말한다. 합의법원이 구성원을 충족하지 못한 경우
또는 결격사유 있는 법관이 구성원이 된 경우가 여기에 해당한다.

(나) 법률상 그 재판에 관여하지 못할 판사가 그 사건의 심판에 관여한 때$\left(\substack{\text{동조}\\\text{제7호}}\right)$

재판에 관여하지 못할 판사란 제척원인 있는 판사, 기피신청이 이유있다고
인정된 판사를 말한다. 심판에 관여한 때란 재판의 내부적 성립에 관여한 것을
의미한다.

(다) 사건의 심리에 관여하지 아니한 판사가 그 사건의 판결에 관여한 때$\left(\substack{\text{동조}\\\text{제8호}}\right)$

공판심리 도중에 판사의 경질이 있음에도 불구하고 공판절차를 갱신하지 않
고 판결을 한 경우가 여기에 해당한다. 판결에 관여한 때도 판결의 내부적 성립
에 관여한 때를 말한다. 따라서 판결의 선고에만 관여한 때는 여기에 속하지 않
는다.

3) 공판공개에 관한 규정위반   재판의 공개에 관한 규정에 위반한 때이다   19
$\left(\substack{\text{동조}\\\text{제9호}}\right)$. 재판의 공개에 관한 헌법 제109조와 법원조직법 제57조에 위반한 경우를
말한다.

4) 이유불비와 이유모순   판결에 이유를 붙이지 아니하거나 이유에 모순이   20
있는 때이다$\left(\substack{\text{동조 제}\\\text{11호}}\right)$. 이유를 붙이지 아니한 때란 이유를 붙이지 않았거나 불충분
한 경우를 말하며, 이유에 모순이 있는 때는 주문과 이유, 또는 이유와 이유 사이
에 모순이 있는 때를 의미한다. 이유모순도 이유불비의 일종이라 할 수 있다. 이
유불비와 법령위반은 구별해야 한다. 법령의 적용이 없거나 적용된 법령이 주문
과 모순되는 것과 같이 그 잘못이 명백한 경우가 이유불비임에 반하여, 그렇지
않은 경우는 법령위반에 해당한다고 해야 한다.

3. 법령위반 이외의 항소이유

법령위반 이외의 항소이유는 항소심의 속심적 성격을 나타내는 이유이다.

(1) 상대적 항소이유

21   사실의 오인이 있어 판결에 영향을 미친 때이다($^{동조\ 제}_{14호}$). 사실오인이란 인정된 사실과 객관적 사실 사이에 차이가 있는 것을 말한다. 사실이란 재판의 기초가 된 사실을 모두 포함하는가, 실체형성의 대상인 사실을 의미하는가 또는 엄격한 증명의 대상인 사실을 의미하는가라는 문제가 제기된다. 그러나 항소심의 기능이 피고인을 구제한다는 점에 있는 이상 사실이란 형벌권의 존재와 범위에 관한 사실, 즉 엄격한 증명을 요하는 사실을 의미한다고 해야 한다.[1] 따라서 소송법상의 사실이나 정상에 관한 사실은 여기에 포함되지 않는다. 판례도 사실오인이 판결에 영향을 미친 때란 사실오인으로 범죄에 대한 구성요건적 평가에 직접 또는 간접적으로 영향을 미쳤을 경우와 판결의 주문에 영향을 미쳤을 경우를 말한다고 한다.[2] 사실오인이라 할지라도 증거에 의하지 않거나 증거능력 없는 증거에 의한 사실인정은 사실오인이 아니라 소송절차의 법령위반에 해당한다.

(2) 절대적 항소이유

22   1) 판결 후 형의 폐지 · 변경, 사면   판결 후 형의 폐지나 변경 또는 사면이 있는 때이다($^{동조}_{제2호}$). 이를 법령위반의 항소이유에 준한 것으로 취급하는 견해[3]도 있다. 그러나 형의 폐지 또는 사면이 있는 때에는 면소판결을 하여야 하고($^{제326조}_{2호 \cdot 4호}$), 형이 경하게 변경된 때에는 경한 형을 선고해야 한다는 점($^{형법\ 제}_{1조\ 2항}$)을 고려하여 항소이유로 한 것이라고 보아야 한다. 따라서 형의 변경은 경한 형만을 의미한다고 해야 한다.

23   2) 재심청구의 사유   재심청구의 사유가 있는 때($^{제361조의}_{5\ 제13호}$)에 판결의 확정을 기다려 재심청구를 하도록 하는 것은 소송경제에 반한다는 고려에 의하여 이를 항소이유로 한 것이다. 여기의 재심청구사유는 피고인에게 이익인 경우뿐만 아니라 불이익한 경우도 포함한다는 견해[4]가 있다. 그러나 재심은 피고인의 이익을 위하여만 인정되고 피고인에게 불이익한 경우까지 별도로 규정할 필요가 없다는

---

1 김재환 956면; 백형구 강의, 827면; 신동운 1613면; 이영란 912면; 임동규 793면.
2 대법원 1996. 9. 20, 96 도 1665.
3 강구진 569면; 김기두 304면.
4 백형구 강의, 827면; 서일교 362면; 신동운 1618면; 신현주 776면; 임동규 794면.

점에 비추어 피고인의 이익을 위한 경우만을 의미한다고 해석하는 것이 타당하
다.[1] 판례는 제 1 심의 불출석 재판에 대하여 피고인이 항소권회복청구를 통하여
항소를 제기한 경우에, 항소권회복청구 사유 중에 피고인이 책임질 수 없는 사유
로 인하여 출석할 수 없었던 사정이 포함되어 있다면, 재심청구의 사유가 있는
때에 해당한다고 판시하였다.[2]

    3) 양형부당   형의 양정이 부당하다고 인정할 사유가 있는 때이다($\substack{동조\ 제 \\ 15호}$).   24
처단형의 범위에서 선고한 형이 지나치게 무겁거나 가벼운 경우를 말한다.[3] 양
형이 법원의 자유재량에 속하는 것은 아니라는 점을 명백히 한 것이라고 할 수
있다. 여기의 형에는 주형뿐만 아니라 부가형·환형유치 또는 집행유예의 여부까
지 포함된다. 다만, 법정형을 넘는 형을 선고하는 것은 양형부당이 아니라 법령
위반에 해당한다.

Ⅲ. 항소심의 절차

1. 항소의 제기

(1) 항소제기의 방식

    항소를 함에는 7일의 항소제기기간 이내에 항소장을 원심법원에 제출하여야   25
한다($\substack{제358조, \\ 제359조}$). 항소법원은 제 1 심법원이 지방법원 단독판사인 때에는 지방법원본
원 합의부, 지방법원 합의부인 때에는 고등법원이지만($\substack{제357 \\ 조}$), 항소장은 원심법원
에 제출하여야 하는 것이다. 항소장에는 항소를 한다는 취지와 항소의 대상인 판
결을 기재하면 되고, 항소이유를 기재할 필요는 없다. 다만, 이를 기재하는 것이
허용되지 않는 것은 아니다.

(2) 원심법원과 항소법원의 조치

    1) 원심법원의 조치   원심법원은 항소장을 심사하여 항소의 제기가 법률상   26
의 방식에 위반하거나 항소권이 소멸된 후인 것이 명백한 때에는 결정으로 항소

---

1 김재환 955면; 손동권/신이철 763면; 송광섭 849면; 신양균/조기영 1014면; 이창현 1243면;
    정웅석/최창호/김한균 837면.
2 대법원 2015. 11. 26, 2015 도 8243.
3 대법원 2015. 7. 23(전원합의체판결), 2015 도 3260.

를 기각하여야 한다. 이 결정에 대하여는 즉시항고를 할 수 있다($\frac{제360}{조}$).

　　항소기각의 결정을 하는 경우 이외에는 원심법원은 항소장을 받은 날로부터 14일 이내에 소송기록과 증거물을 항소법원에 송부하여야 한다($\frac{제361}{조}$). 항소사건의 신속한 진행을 위하여 원심법원에서 검찰청을 경유하지 않고 직접 항소법원으로 송부하게 한 것이다.

27 　　2) 항소법원의 조치　　　항소법원이 기록의 송부를 받은 때에는 즉시 항소인과 상대방에게 그 사유를 통지하여야 한다($\frac{제361조의}{2 제1항}$). 피고인의 항소대리권자인 배우자가 피고인을 위하여 항소한 경우($\frac{제341}{조}$)에도 통지는 항소인인 피고인에게 하여야 한다.[1] 기록접수통지 전에[2] 변호인의 선임이 있는 때에는 변호인에게도 통지하여야 한다($\frac{동조}{제2항}$). 피고인이 교도소 또는 구치소에 있는 경우에는[3] 원심법원에 대응한 검찰청 검사는 소송기록 접수의 통지를 받은 날로부터 14일 이내에 피고인을 항소법원 소재지의 교도소 또는 구치소에 이송하여야 한다($\frac{동조}{제3항}$).

　　(3) 항소이유서와 답변서의 제출

28 　　항소인 또는 변호인은 항소법원의 소송기록의 접수통지를 받은 날부터 20일 이내에 항소이유서를 항소법원에 제출하여야 한다($\frac{제361조의}{3 제1항}$). 항소이유서에 대하여도 재소자에 관한 특칙($\frac{제344}{조}$)이 준용된다($\frac{제361조의3}{제1항 2문}$).[4] 따라서 교도소 또는 구치소에 있는 피고인이 항소이유서 제출기간 내에 항소이유서를 교도소장 또는 구치소장 또는 그 직무를 대리하는 자에게 제출한 때에는 항소이유서 제출기간 내에 항소이유서를 제출한 것으로 간주해야 한다. 형사소송규칙이 재소자로부터 상소이유서를 제출받은 때에 교도소장 등은 그 제출받은 연월일을 상소이유서에 부기하여 즉시 원심법원에 송부하도록 규정하고 있는 것($\frac{규칙 제}{152조 2항}$)도 같은 취지라고

---

1 만일 피고인이 적법하게 소송기록접수통지서를 받지 못하였다면, 항소이유서 제출기간을 지났다는 이유로 항소기각결정을 하는 것은 위법하다(대법원 2018. 3. 29. 결정, 2018 모 642).

2 피고인에게 통지한 다음에 변호인이 선임된 경우에는 변호인에게 다시 통지할 필요는 없는데, 이는 필요적 변호사건에서 피고인과 국선변호인에게 통지한 다음 사선변호인을 선임함에 따라 항소법원이 국선변호인 선정을 취소한 경우에도 마찬가지이다[대법원 2018. 11. 22(전원합의체결정), 2015 도 10651].

3 피고인이 교도소 또는 구치소에 있는 경우에는 교도소 또는 구치소의 장에게 통지하여야 하므로(형소법 제65조, 민소법 제182조), 수감되기 전의 종전 주·거소로 통지하거나(대법원 2017. 11. 7. 결정, 2017 모 2162), 송달받을 사람을 피고인으로 하여 송달함으로써 구치소 직원이 소송기록접수통지서를 수령한 경우(대법원 2017. 9. 22. 결정, 2017 모 1680), 그 통지는 무효이다.

4 대법원 2006. 3. 16(전원합의체판결), 2005 도 9729.

할 수 있다. 법정기간의 연장에 관한 규정($\binom{제67}{조}$)은 이 경우에도 적용된다.[1] 항소이유서를 제출하지 않은 때에는 그 제출기간 전에 심리하는 것이 허용되지 않는다.[2] 제출기간 내에 변론이 종결되었더라도 그 기간 내에 항소이유서가 제출되었다면 변론을 재개하여 항소이유의 주장에 대하여 심리하여야 한다.[3] 항소이유서의 제출을 받은 항소법원은 지체 없이 그 부본 또는 등본을 상대방에게 송달하여야 한다($\binom{제361조의}{3 \ 제2항}$). 송달을 하지 않은 하자는 상대방의 진술 또는 항소이유서의 제출에 의하여 치유될 수 있다.[4] 상대방은 그 송달을 받은 날로부터 10일 이내에 답변서를 항소법원에 제출하여야 한다($\binom{동조}{제3항}$). 항소이유서 또는 답변서에는 항소이유 또는 답변내용을 구체적으로 간결하게 명시하여야 하며($\binom{규칙 제}{155조}$), 상대방의 수에 2를 더한 수의 부본을 첨부하여야 한다($\binom{규칙 제}{156조}$). 답변서의 제출을 받은 항소법원은 지체 없이 그 부본 또는 등본을 항소인 또는 변호인에게 송달하여야 한다($\binom{제361조의}{3 \ 제4항}$).

> 항소이유가 개진되어 있다면 그 서류의 제목이 반드시 항소이유서라고 기재되어 있을 것을 요하지 않지만($\binom{대법원 1976. 5. 11.,}{76 도 580}$), 검사가 제 1 심 무죄판결에 대하여 항소하면서 항소장의 항소의 이유란에 '사실오인 및 법리오해'라고만 기재하거나($\binom{대법원 2006. 3. 30.}{결정, 2005 모 564}$ $\binom{대법원 2022. 10 24,}{2022 도 1229}$), '항소의 범위'란에 '전부($\binom{양형부당 및 무죄 부분,}{사실오인, 법리오해}$)'라고 기재하였으나 항소이유서에 무죄 부분 항소이유만 기재한 것은 유죄 부분에 대한 적법한 항소이유라고 할 수 없고($\binom{대법원 2008. 1. 31.,}{2007 도 8117 판결}$), 항소이유서에서 공소사실에 대하여 유죄의 증명이 충분하다는 취지의 주장만 한 경우도 적법한 항소이유의 기재로 볼 수 없다($\binom{대법원 2006.}{3. 30. 결정,}$ $\binom{2005 모}{564}$).

2. 항소심의 심리

(1) 항소법원의 심판범위

항소법원은 항소이유에 포함된 사유에 관하여 심판하여야 한다($\binom{제364조}{1항}$). 피고   29
인이나 변호인이 항소이유서에 포함시키지 아니한 사항을 항소심 공판정에서 진술한다고 하더라도 그러한 사정만으로 그 진술에 포함된 주장과 같은 항소이유가

---

1 대법원 1983. 2. 8. 결정, 83 모 2; 대법원 1985. 10. 27. 결정, 85 모 47.
2 대법원 1965. 1. 15. 결정, 64 모 4; 대법원 1967. 3. 7, 67 도 162; 대법원 2004. 6. 25, 2004 도 2611; 대법원 2007. 1. 25, 2006 도 8591.
3 대법원 2015. 4. 9, 2015 도 1466; 대법원 2018. 4. 12, 2017 도 13748.
4 대법원 1963. 12. 12, 63 도 304; 대법원 1981. 9. 8, 81 도 2040.

있다고 볼 수는 없다.[1] 그러나 판결에 영향을 미친 사유에 관하여는 항소이유서
에 포함되지 아니한 경우에도 직권으로 심판할 수 있다(동조 제2항). 형사소송법이 항
소절차를 제한하고 있기 때문에 당사자가 미처 생각하지 못하거나, 적절한 항소
이유를 지적하지 못한 경우에 실체적 진실발견과 형벌법규의 공정한 실현을 위하
여 법원이 판결에 영향을 미친 사유에 대하여 항소이유서에 포함 안 된 경우도
직권으로 심판함으로써 판결의 적정과 당사자의 이익을 보호하기 위한 것이다.
여기의 '판결에 영향을 미친 사유'란 널리 항소이유가 될 수 있는 사유 중에서 직
권조사사유를 제외한 것으로서 판결에 영향을 미친 경우를 포함한다.[2] 다만, 그
사유도 항소가 제기된 사건에 대한 것임을 요하는 것은 당연하다.

    대법원은 피고인의 경우, 항소장을 제출하였으나 기간 내에 항소이유를 제출하지 않
은 경우 또는 항소이유서를 제출하였더라도 항소이유를 구체적으로 명시하지 않았거
나 사실오인이나 법리오해 주장만 하고 양형부당을 항소이유로 주장하지 않은 경우
는 물론, 검사만 양형부당을 이유로 항소한 경우에 항소법원이 직권으로 심판하여
제1심의 양형보다 가벼운 형을 선고할 수도 있고,[3] 제1심이 위법한 공시송달결정
에 터잡아 공소장부본과 공판기일소환장을 송달하고 피고인이 2회 이상 출석하지 아
니하였다고 보아 피고인의 출석 없이 재판한 경우에, 검사만이 양형부당을 이유로
항소하였더라도 원심은 마땅히 직권으로 제1심의 위법을 시정하는 조치를 취해야
된다고 판시하였다.[4] 그 이유는 판결에 영향을 미친 사유는 항소이유서에 포함되지
않은 경우도 항소심의 심판대상이 되므로 직권으로 심판할 수 있고,[5] 검사만이 항
소한 경우에 항소심이 제1심의 양형보다 가벼운 형량을 정할 수 없다는 법리가 없
기 때문이라고 한다.

    그러나 이와는 달리 검사가 일부 유죄, 일부 무죄가 선고된 제1심 판결 전부에 대
하여 항소하면서 유죄 부분에 대하여 아무런 항소이유를 주장하지 않은 경우에는 유
죄 부분에 대하여 항소이유서를 제출하지 않은 것이 되고,[6] 항소장이나 항소이유서
에 단순히 양형부당이라는 문구만 기재한 경우에는 적법한 항소이유의 기재라고 볼

---

1 대법원 2007. 5. 31, 2006 도 8488; 대법원 2014. 5. 29, 2011 도 11233.
2 대법원 1976. 3. 23, 76 도 437.
3 대법원 2010. 12. 9, 2008 도 1092.
4 대법원 2004. 2. 27, 2002 도 5800, 「이러한 경우 원심으로서는 다시 적법한 절차에 의하여
  소송행위를 새로이 한 후 위법한 제1심 판결을 파기하고, 원심에서의 진술 및 증거조사 등
  심리결과에 기하여 다시 판결하여야 한다.」
  동지: 대법원 2010. 7. 29, 2010 도 6823; 대법원 2014. 5. 16, 2014 도 3037
5 대법원 1990. 9. 11, 90 도 1021.
6 대법원 2015. 12. 10, 2015 도 11696.

수 없는데,[1] 그 경우 양형부당은 형사소송법 제361조의4 제1항 단서의 직권조사 사유나 제364조 2항의 직권심판사항에 해당하지 않으므로 제1심 판결의 형보다 무거운 형을 선고하는 것은 허용되지 않는다고 판시하였다. 이처럼 피고인의 항소와 검사의 항소를 다르게 취급하는 것에 대해서는 당사자주의의 원칙 등에 비추어 합리적인 근거가 없다는 비판이 있다.

(2) 심리의 특칙

항소심의 심리에 있어서 항소인은 항소이유를 구체적으로 진술하고, 상대방은 항소인의 항소이유에 대한 답변을 구체적으로 진술하여야 하며($^{규칙\ 제156조의3}_{제1항\cdot제2항}$), 피고인 및 변호인은 이익이 되는 사실 등을 진술할 수 있다($^{규칙\ 제156조}_{의3\ 제3항}$). 법원은 항소이유와 답변에 터잡아 해당 사건의 사실상·법률상 쟁점을 정리하여 밝히고 그 증명되어야 하는 사실을 명확히 하여야 한다($^{규칙\ 제156}_{조의4}$). 항소인은 공판기일에 항소이유서에 기재된 항소이유의 일부를 철회할 수 있으나 항소이유를 철회하면 이를 다시 상고이유로 삼을 수 없게 되는 제한을 받을 수도 있으므로, 항소이유의 철회는 명백히 이루어져야만 그 효력이 있다.[2]

30

항소심의 심판에 대하여도 제1심의 공판절차에 관한 규정이 원칙적으로 준용된다($^{제370}_{조}$). 다만, 항소심의 심리에 관하여는 다음과 같은 특칙이 인정되고 있다.

1) **피고인의 출정**　　　항소심에서도 피고인의 출석 없이는 원칙적으로 개정하지 못한다($^{제370조,\ 제}_{276조\ 본문}$). 다만, 피고인이 공판기일에 출정하지 아니한 때에는 다시 기일을 정하고, 피고인이 정당한 사유[3] 없이 다시 정한 기일에도 출정하지 아니한 때에는 피고인의 진술 없이 판결을 할 수 있다($^{제365}_{조}$). 즉 피고인의 불출석이 2회 이상 연속되어야 출석 없이 개정할 수 있다.[4] 이때 공판기일의 통보는 적법한 방식[5]에 의하여야 하며, 예컨대 휴대전화 문자메시지로 고지하는 것은 허용되지 않는다.

31

1　대법원 2017. 3. 15, 2016 도 19824; 대법원 2020. 7. 9, 2020 도 2795.

2　대법원 2003. 2. 26, 2002 도 6834; 대법원 2010. 9. 30, 2010 도 8477; 대법원 2013. 3. 28, 2013 도 1473.

3　감염을 의심한 만한 사정을 밝히지 않은 채, 코로나바이러스감염증 – 19 의심을 이유로 공판기일에 불출석한 것은 정당한 사유에 해당하지 않는다(대법원 2020. 10. 29, 2020 도 9475).

4　대법원 2016. 4. 29, 2016 도 2210; 대법원 2019. 10. 31, 2019 도 5426; 대법원 2022. 11. 10, 2022 도 7940.

5　소환장의 송달(제76조), 소환장 송달의 의제(제268조) 외에 공판기일 변경명령을 송달받은 경우(제270조)도 포함된다(대법원 2022. 11. 10, 2022 도 7940).

32   **2) 증거에 대한 특칙**   제 1 심법원에서 증거로 할 수 있었던 증거는 항소심에서

도 증거로 할 수 있다($\frac{제364조}{3항}$). 따라서 재판장은 증거조사절차에 들어가기에 앞서
제 1 심의 증거관계와 증거조사결과의 요지를 고지하여야 한다($\frac{규칙 제156조}{의5 제 1 항}$). 제 1
심법원에서 증거능력이 있었던 증거는 항소심에서도 증거능력이 그대로 유지되
어 심판의 기초가 될 수 있고 다시 증거조사를 할 필요는 없다. 다만 새로운 증
거조사 없이 제 1 심 판단을 재평가하여 사후심적으로 판단하여 뒤집고자 할 때
에는, 그 판단을 그대로 유지하는 것이 현저히 부당하다고 볼 만한 합리적인 사
정이 있어야 한다.[1]

         한편, 항소심에서 새로운 증거를 조사할 수 있는가에 대하여는 항소심의 구
조를 사후심이라고 해석할 때에는 이를 부정하거나 또는 엄격히 제한하지 않을
수 없다.[2] 그러나 항소심을 사후심이라고만 볼 수는 없으므로 항소심에서도 증
거조사를 할 수 있다고 해석하여야 한다. 항소심 법원은 ① 제 1 심에서 조사하지
아니한 데에 대하여 고의나 중대한 과실이 없고 그 신청으로 인하여 소송을 현저
하게 지연시키지 아니하는 경우, ② 제 1 심에서 증인으로 신문하였으나 새로운
중요한 증거의 발견 등으로 항소심에서 다시 신문하는 것이 부득이하다고 인정되
는 경우, ③ 그 밖에 항소의 당부에 관한 판단을 위하여 반드시 필요하다고 인정
되는 경우의 하나에 해당하는 경우에 한하여 증인을 신문할 수 있다($\frac{동조}{제 2 항}$). 제 1
심의 증인신문조서 기재 자체에 의하여 증인의 진술을 믿기 어려운 사정이 보이
는 경우에는 항소심은 그 증인을 다시 신문하여야 한다.[3] 그러나 제 1 심 증인이
한 증언의 신빙성에 대한 제 1 심의 판단은 존중되어야 하고, 특히 공소사실을 뒷
받침하는 증인 진술의 신빙성을 배척한 제 1 심 판단을 뒤집는 경우에는 무죄추
정의 원칙과 형사증명책임의 원칙에 비추어 이를 수긍할 수 없는 충분하고도 납
득할 만한 현저한 사정이 나타나는 경우라야 한다.[4] 항소심의 심리 결과 일부

---

1 대법원 2023. 1. 12, 2022 도 14645, 「항소심 심리과정에서 심증 형성에 영향을 미칠 만한
   객관적 사유가 새로 드러난 것이 없음에도 불구하고 제 1 심 판단을 재평가하여 사후심적으
   로 판단하여 뒤집고자 할 때에는, 제 1 심의 증거가치 판단이 명백히 잘못되었다거나 사실인정
   에 이르는 논증이 논리와 경험법칙에 어긋나는 등으로 그 판단을 그대로 유지하는 것이 현
   저히 부당하다고 볼 만한 합리적인 사정이 있어야 하고, 그러한 예외적 사정도 없이 제 1 심
   의 사실인정에 관한 판단을 함부로 뒤집어서는 아니 된다.」

2 강구진 574면.

3 대법원 2005. 5. 26, 2005 도 130.

4 대법원 2006. 11. 24, 2006 도 4994, 「공소사실을 뒷받침하는 증거의 경우에는, 증인신문 절
   차를 진행하면서 진술에 임하는 증인의 모습과 태도를 직접 관찰한 제 1 심이 증인의 진술에

반대되는 사실에 관한 개연성 또는 의문이 제기되더라도 제 1 심이 일으킨 합리적인 의심을 충분히 해소할 수 있을 정도까지 이르지 않으면 그와 같은 사정만으로 제 1 심과 다른 판단을 해서는 안 된다.[1] 국민참여재판에서 배심원이 만장일치의 의견으로 내린 무죄의 평결이 재판부의 심증에 부합하여 그대로 채택된 경우에, 증거의 취사 및 사실의 인정에 관한 제 1 심의 판단은 항소심에서의 새로운 증거조사를 통하여 그에 명백히 반대되는 충분하고도 납득할 만한 현저한 사정이 나타나지 않는 한 한층 더 존중될 필요가 있다.[2]

　　3) 피고인신문　　　검사 또는 변호인은 항소심의 증거조사가 종료한 후 항소이유의 당부를 판단함에 필요한 사항에 한하여 피고인을 신문할 수 있다(규칙 제156조의6 제1항). 재판장은 이 경우에 제 1 심의 피고인신문과 중복되거나 항소이유의 당부를 판단하는 데 필요 없다고 인정하는 때에는 그 신문의 전부 또는 일부를 제한할 수 있다(동조 제2항).[3] 재판장도 필요하다고 인정하는 때에는 피고인을 신문할 수 있다(동조 제3항).

3. 항소심의 재판

　　항소심에서도 심리가 끝나면 종국재판에 의하여 절차를 종결시킨다. 항소심의 종국재판에는 다음과 같은 것이 있다.

(1) 공소기각의 결정

　　공소기각의 결정(제328조)에 해당하는 사유가 있는 때에 항소법원은 결정으로 공소를 기각하여야 한다. 이 결정에 대하여는 즉시항고를 할 수 있다(제363조).　33

대하여 그 신빙성을 인정할 수 없다고 판단하였음에도 불구하고, 항소심이 이를 뒤집어 그 진술의 신빙성을 인정할 수 있다고 판단할 수 있으려면, 진술의 신빙성을 배척한 제 1 심의 판단을 수긍할 수 없는 충분하고도 납득할 만한 현저한 사정이 나타나는 경우이어야 할 것이다.」

　　동지: 대법원 2009. 1. 30, 2008 도 7462; 대법원 2010. 7. 29, 2008 도 4449; 대법원 2010. 11. 11, 2010 도 9106; 대법원 2012. 6. 14, 2011 도 5313; 대법원 2013. 4. 26, 2013 도 1222; 대법원 2019. 7. 24, 2018 도 17748; 대법원 2021. 6. 10, 2021 도 2726; 대법원 2022. 5. 26, 2017 도 11852; 대법원 2023. 1. 12, 2022 도 14645.

1　대법원 2016. 4. 15, 2015 도 8610.

2　대법원 2010. 3. 25, 2009 도 14065.

3　변호인이 증거조사 종료 후 재판장에게 피고인신문을 원한다는 의사를 표시하였음에도, 재판장이 피고인신문을 불허한 다음 변론을 종결하고 판결을 선고한 것은 변호인의 피고인신문권에 관한 본질적 권리를 해하는 것으로서 소송절차의 법령위반에 해당한다(대법원 2020. 12. 24, 2020 도 10778).

(2) 항소기각의 재판

34 **1) 항소기각의 결정** 항소의 제기가 법률상의 방식에 위반하거나 항소권소멸 후인 것이 명백한 때에 원심법원이 항소기각의 결정($^{제360조}_{1항}$)을 하지 아니한 때에는 항소법원은 결정으로 항소를 기각하여야 한다. 이 결정에 대하여는 즉시항고를 할 수 있다($^{제362}_{조}$).

항소인이나 변호인이 항소이유서제출기간 내에 항소이유서를 제출하지 아니한 때에는 결정으로 항소를 기각하여야 한다.[1] 단, 직권조사사유가 있거나 항소장에 항소이유의 기재가 있는 때에는 예외로 한다($^{제361조의}_{4 제1항}$). 이 결정에 대하여도 즉시항고를 할 수 있다($^{동조}_{제2항}$). 직권조사사유라 함은 법령적용이나 법령해석의 착오 여부 등 당사자가 주장하지 아니하는 경우에도 법원이 직권으로 조사하여야 할 사유를 말한다.[2] 예컨대 처벌불원의 의사표시의 부존재는 소극적 소송조건으로서 여기에 해당하지만,[3] 양형부당은 여기에 해당하지 않는다.[4]

한편 항소이유서에 항소이유가 구체적으로 명시하지 아니하였다 하더라도 항소이유서가 기간 내에 적법하게 제출된 경우에는, 이를 항소이유서가 기간 내에 제출되지 아니한 것과 같이 보아 형사소송법 제361조의4 제1항에 의하여 결정으로 항소를 기각할 수는 없다.[5]

35 **2) 항소기각의 판결** 항소이유 없다고 인정한 때에는 판결로써 항소를 기각하여야 한다($^{제364조}_{4항}$). 이유 없다고 함은 항소이유에 포함된 사항에 관하여 이유가

---

1 다만 필요적 변호사건에서 피고인과 국선변호인이 모두 법정기간 내에 항소이유서를 제출하지 아니하였다고 하더라도, 국선변호인이 항소이유서를 제출하지 아니한 데 대하여 피고인에게 귀책사유가 있음이 특별히 밝혀지지 않는 한, 항소법원은 종전 국선변호인의 선정을 취소하고 새로운 국선변호인을 선정하여 다시 소송기록접수통지를 함으로써 새로운 국선변호인으로 하여금 그 통지를 받은 때로부터 형사소송법 제361조의3 제1항의 기간 내에 피고인을 위하여 항소이유서를 제출하도록 해야 하는데[대법원 2012. 2. 16(전원합의체결정), 2009 모 1044], 이러한 법리는 항소법원이 종전 국선변호인의 선정을 취소하고 새로운 국선변호인을 선정하여 소송기록접수통지를 하기 이전에 피고인 스스로 선임한 사선변호인에 대하여도 마찬가지로 적용된다(대법원 2019. 7. 10, 2019 도 4221).

2 대법원 2003. 5. 16. 결정, 2002 모 338; 대법원 2006. 3. 30. 결정, 2005 모 564. 직권조사사유는 형사소송법 제361조의4 제1항 단서에 따라 항소제기가 적법한 이상 항소이유서의 제출 여부를 가릴 필요 없이 반드시 심판하여야 하고(대법원 1976. 3. 23, 76 도 437), 항소이유를 주장하지 않더라도 직권으로 조사·판단하여야 한다(대법원 2001. 4. 24, 2000 도 3172; 대법원 2002. 3. 15, 2002 도 158; 대법원 2021. 10. 28, 2021 도 10010).

3 대법원 2019. 12. 13, 2019 도 10678; 대법원 2021. 10. 28, 2021 도 10010.

4 대법원 2015. 12. 10, 2015 도 11696.

5 대법원 2006. 3. 30. 결정, 2005 모 564.

없을 뿐만 아니라 직권조사의 결과에 의하여도 이유가 없다는 것을 의미한다.

항소이유가 없음이 명백한 때에는 판결로써 항소를 기각하여야 한다($\frac{동조}{제5항}$). 이 경우에는 구두변론을 거칠 것을 요하지 않는다. 이를 무변론기각이라고도 한다. 소송지연을 목적으로 하는 남상소를 방지하기 위한 것이다. 항소인이 범죄사실을 다투는 주장을 한 경우에도 이유 없음이 명백한 때에는 변론 없이 항소를 기각할 수 있다.[1]

(3) 원심판결파기의 판결

항소이유 있다고 인정한 때에는 원심판결을 파기하여야 한다($\frac{동조}{제6항}$).[2] 항소   36
이유에 포함된 사항에 관하여는 항소이유가 인정되지 않더라도 직권조사의 결과 판결에 영향을 미친 사유가 있다고 인정할 때에는 원심판결을 파기하여야 한다.[3]

피고인을 위하여 원심판결을 파기하는 경우에 파기의 이유가 항소한 공동피고인에게 공통되는 때에는 그 공동피고인에 대하여도 원심판결을 파기하여야 한다($\frac{제364조}{의2}$). 공동피고인 사이의 정의와 공평을 실현하기 위한 것이다. 여기서 공동피고인이라 함은 원심에서의 공동피고인으로서 자신이 항소한 경우는 물론 그에 대하여 검사만 항소한 경우까지 포함한다.[4] 항소를 적법하게 제기한 이상 항소이유서를 제출하지 않거나 항소이유가 부적법한 경우도 포함한다.

(4) 파기 후의 조치

원심판결을 파기하면 사건은 원심판결 전의 상태로 항소심에 계속된다. 따   37
라서 소송계속을 벗어나기 위하여는 항소심은 환송·이송 또는 자판의 판결을 하지 않으면 안 된다. 형사소송법은 파기자판을 원칙으로 하고 있다. 사후심의 구조와는 근본적으로 다른 점이라고 볼 수 있다.

1) 파기자판   항소법원이 원심판결을 파기하고 다시 판결하는 것을 말한다.   38
항소심은 원칙적으로 파기자판(破棄自判)하여야 한다($\frac{제364조}{6항}$).

---

1 대법원 1982. 6. 22, 82 도 1177.

2 파기의 범위는 형법 제37조 전단의 경합범 관계에 있어 하나의 형을 선고하기 위해서 파기하는 경우를 제외하고는 경합범 관계에 있는 공소사실이라고 하더라도 개별적으로 파기되는 부분과 불가분적 관계에 있는 부분만을 파기하여야 한다(대법원 2022. 1. 13, 2021 도 13108).

3 항소이유가 양형부당인 경우, 제 1 심의 양형판단이 재량의 합리적인 한계를 벗어났다고 평가되거나, 항소심의 양형심리 과정에서 새로이 현출된 자료를 종합하면 제 1 심의 양형판단을 그대로 유지하는 것이 부당하다고 인정되는 등의 사정이 있으면, 제 1 심 판결을 파기하여야 한다[대법원 2015. 7. 23(전원합의체판결), 2015 도 3260].

4 대법원 2022. 7. 28, 2021 도 10579.

39   자판의 경우에 구두변론을 요하는가에 대하여도 이를 부정하는 견해[1]가 있다. 그러나 항소심에서 자판하는 경우에는 제37조 1항에 의하여 변론을 거칠 것을 요한다고 해석하여야 한다.[2] 자판하는 경우의 판결에는 유죄·무죄의 실체판결과 공소기각 및 면소판결이 포함된다. 형을 선고하는 경우에는 불이익변경금지의 원칙이 적용된다($\frac{제368}{조}$).

40   2) 파기환송의 판결   공소기각 또는 관할위반의 재판이 법률에 위반됨을 이유로 원심판결을 파기하는 때에는 판결로써 사건을 원심법원에 환송하여야 한다($\frac{제366}{조}$). 이 경우에는 제 1 심에서 실체에 관하여 심리가 행하여지지 않았기 때문에 예외로 환송하도록 한 것이다.

41   3) 파기이송의 판결   관할인정이 법률에 위반됨을 이유로 원심판결을 파기하는 때에는 판결로써 사건을 관할법원에 이송하여야 한다. 단, 항소법원이 그 사건의 제 1 심 관할권이 있는 때에는 제 1 심으로 심판하여야 한다($\frac{제367}{조}$). 원심이 관할권이 없음에도 불구하고 심리한 것이므로 관할법원으로 하여금 제 1 심으로 심리하도록 하기 위하여 파기이송을 하도록 한 것이다.

(5) 재판서의 기재방식

42   항소법원의 재판서에는 항소이유에 대한 판단을 기재하여야 하며, 원심판결에 기재한 사실과 증거를 인용할 수 있다($\frac{제369}{조}$). 검사와 피고인 쌍방이 항소한 경우에 쌍방의 항소가 이유 없는 경우에는 이를 모두 판단하여야 한다. 그러나 여러 개의 항소이유 중에서 1개의 이유로 원심판결을 파기하는 경우에는 나머지 항소이유를 판단하지 아니하여도 된다. 쌍방항소 사건에서 일방의 항소가 이유 있어 원판결을 파기하고 다시 판결하는 때에는, 이유 없는 항소에 대해서는 판결이유 중에서 그 사유를 적으면 충분하고 주문에서 이를 기각해야 하는 것은 아니다.[3] 항소를 기각하는 경우에는 항소이유에 대한 판단으로 충분하며, 범죄될 사실과 증거의 요지를 기재할 것을 요하지 않는다.

      따라서 양형부당의 항소를 기각하는 경우에는 이유 없다고만 기재한 판결도 적법하다($\frac{대법원 1982. 12. 28,}{82 도 2642}$). 그러나 원판결을 파기하여 유죄의 선고를 하는 경우에는 증거의 요지를 기재하여야 한다($\frac{대법원 1987. 2. 24,}{86 도 2660}$).

---

1 강구진 577면.
2 대법원 1981. 7. 28, 81 도 1482.
3 대법원 2020. 6. 25, 2019 도 17995.

제 3 절   상   고   § 58

Ⅰ. 상고의 의의와 상고심의 구조

1. 상고의 의의

상고란 판결에 대한 대법원에의 상소를 말한다. 상고는 원칙적으로 제 2 심   1
판결에 대하여 허용된다($\frac{제371}{조}$). 그러나 예외적으로 제 1 심 판결에 대하여 상고가
인정되는 경우도 있다($\frac{제372}{조}$). 이를 비약적 상고라고 한다.

상고도 상소의 일종으로서 오판을 시정함에 의하여 원판결에 의하여 침해된   2
당사자의 권리를 구제하는 기능을 가지고 있는 것은 부정할 수 없다. 형사소송법
이 일정한 범위 안에서 사실오인과 양형부당을 상고이유로 규정하고 있는 것은
이러한 의미에서 이해할 수 있다. 그러나 상고심의 주된 기능은 **법령해석의 통일**
에 있다. 판결에 영향을 미친 헌법·법률·명령·규칙의 위반이 있는 때가 가장
중요한 상고이유가 될 뿐만 아니라($\frac{제383}{조}$), 상고심인 대법원에게는 명령·규칙심사
권이 부여되어 있고($\frac{헌법 \ 제}{107조 \ 2항}$), 상고심의 판결이 당해 사건에 관하여 하급심을 기
속하는 효력을 가지고 있는 것은 상고가 가지는 법령해석의 통일기능을 명백히
하는 것이다.

2. 상고심의 구조

⑴ 법 률 심

상고심은 일반적으로 법률문제를 심리·판단하는 법률심이라고 할 수 있다.   3
상고이유를 법령위반에 제한하여 법률심의 성격을 유지하는 것이 근대 형사소송
법의 특징이다. 그러나 형사소송법은 예외적으로 사실오인과 양형부당을 상고이
유로 하고 있고($\frac{제383조}{4호}$), 상고심에서도 파기자판을 할 수 있게 하고 있다($\frac{제396}{조}$). 따
라서 엄격히 말하면 상고심은 원칙적으로 법률심이지만 극히 예외적인 경우에는
사실심의 성격도 가지고 있다고 해야 한다. 그러므로 상고심을 법률심이라고 하
는 것도 원칙적인 법률심을 의미하는 것이라고 보아야 한다.

(2) 사 후 심

4   상고심의 구조가 사후심이라는 점에 대하여는 견해가 일치하고 있다.[1] 상고이유가 원칙적으로 법령위반에 엄격히 제한되어 있을 뿐만 아니라($^{제383}_{조}$), 상고법원은 변론 없이 서면심리에 의하여 판결할 수 있고($^{제390조,}_{1항}$), 원심판결을 파기하는 때에는 파기환송 또는 이송하여야 하고 예외적으로 재판의 신속을 위하여 필요한 때에만 자판을 할 수 있도록 하고 있기 때문이다($^{제396조,}_{제397조}$). 따라서 상고심에서 새로운 증거를 제출하거나 증거조사를 하는 것은 원칙적으로 허용되지 않으며,[2] 원판결 시를 기준으로 그 당부를 판단하지 않을 수 없다. 항소심 판결선고 당시 20세 미만자로서 부정기형을 선고받은 피고인이 상고심 계속 중에 성년이 된 경우에 원판결을 파기할 수 없는 이유[3]도 여기에 있다.

Ⅱ. 상고이유

5   형사소송법은 상고이유로 네 가지를 규정하고 있다($^{제383}_{조}$). ① 판결에 영향을 미친 헌법·법률·명령 또는 규칙의 위반이 있는 때,[4] ② 판결 후 형의 폐지나 변경 또는 사면이 있는 때, ③ 재심청구의 사유가 있는 때($^{동조 제 1 호}_{내지 제 3 호}$)의 상고이유[5]

---

1 대법원 2014. 5. 29, 2011 도 11233.

2 대법원 2019. 3. 21(전원합의체판결), 2017 도 16593 – 1, 「상고심은 항소심까지의 소송자료만을 기초로 하여 항소심판결 선고 시를 기준으로 그 당부를 판단하여야 하므로, 직권조사 기타 법령에 특정한 경우를 제외하고는 새로운 증거조사를 할 수 없을 뿐더러 항소심판결 후에 나타난 사실이나 증거의 경우 비록 그것이 상고이유서 등에 첨부되어 있다 하더라도 사용할 수 없다.」

3 대법원 1985. 10. 8, 85 도 1721; 대법원 1986. 12. 9, 86 도 2181.

4 법관의 서명날인이 없는 재판서에 의한 판결은 상고이유에 해당하지만(대법원 1964. 4. 12, 63 도 321; 대법원 2001. 12. 27, 2001 도 5338; 대법원 2022. 7. 14, 2022 도 5129), 판결내용 자체가 아니고, 피고인의 신병확보를 위한 구속 등 조치와 공판기일의 통지, 재판의 공개 등 소송절차가 법령에 위반되었음에 지나지 아니하는 경우에는, 그로 인하여 피고인의 방어권, 변호권이 본질적으로 침해되고, 판결의 정당성마저 인정하기 어렵다고 보여지는 정도에 이르지 아니하는 한, 상고이유가 되는 경우는 없다(대법원 1985. 7. 23, 85 도 1003; 대법원 1994. 11. 4, 94 도 129, 대법원 2019. 2. 28, 2018 도 19034).

5 대법원 2017. 6. 8, 2017 도 3606; 대법원 2015. 6. 25(전원합의체판결), 2014 도 17252(소송촉진 등에 관한 특례법 제23조에 따라 제 1, 2 심 모두 불출석 재판으로 진행되어 항소심 법원에 동법 제23조의 2 제 1 항에 따른 재심을 청구할 수 있음에도 상고권회복에 의한 상고를 제기한 사례), 「피고인이 재심을 청구하지 않고 상고권회복에 의한 상고를 제기하여 위 사유를 상고이유로 주장한다면, 이는 형사소송법 제383조 제 3 호에서 상고이유로 정한 원심판결에 '재심청구의 사유가 있는 때'에 해당한다고 볼 수 있으므로 원심판결에 대한 파기사유가 될 수 있다.」

는 항소이유의 경우와 같다. ④ 사형·무기 또는 10년 이상의 징역이나 금고가 선고된 사건에 있어서 중대한 사실의 오인이 있어 판결에 영향을 미친 때 또는 형의 양정이 심히 부당하다고 인정할 현저한 사유가 있는 때($\frac{동조}{제4호}$)에도 상고이유가 된다. 이는 특히 중한 형이 선고된 사건에 있어서 중대한 사실오인과 심히 부당한 형의 양정이 있는 경우의 피고인의 구제를 상고심에 맡긴 것이라고 할 수 있으므로, 특히 중한 형을 선고받은 피고인의 이익을 위하여 피고인이 상고하는 경우에만 적용되는 상고이유라고 해야 한다.[1] 따라서 검사는 피고인에게 불리하게 원심의 양형이 가볍다거나 원심이 양형의 전제사실을 인정하는 데 자유심증주의의 한계를 벗어난 잘못이 있다는 사유를 상고이유로 주장할 수 없다.[2] 위 ④항 이외에는 원칙적으로 사실오인[3] 또는 양형부당[4]을 이유로 상고할 수 없다.[5] 그리고 상고심은 항소법원 판결에 대한 사후심이므로 피고인이 항소심에서 항소이유로 주장하지 아니하거나[6] 항소심이 직권으로 심판대상으로 삼은 사항 이외의 사유에[7] 대하여는 이를 상고이유로 삼을 수 없다.

---

1 대법원 1962. 4. 26, 62 도 32; 대법원 1964. 9. 22, 64 도 377; 대법원 1965. 10. 5, 65 도 667. 헌법재판소도 같은 입장이다(헌재결 2015. 9. 24, 2012 헌마 798).

2 대법원 1994. 8. 12, 94 도 1705; 대법원 2001. 12. 27, 2001 도 5304; 대법원 2005. 9. 15, 2005 도 1952; 대법원 2022. 4. 28, 2021 도 16719.

3 대법원 1969. 5. 13, 69 도 472.

4 대법원 1965. 11. 30, 65 도 920; 대법원 1972. 11. 14, 72 도 2008; 대법원 1982. 1. 19, 81 도 2898; 대법원 1985. 2. 26, 84 도 2963.

5 따라서 ① 항소심이 자신의 양형판단과 일치하지 않는다고 하여 양형부당을 이유로 제 1 심 판결을 파기한 것은 위법한 양형심리 및 양형판단 방법이라고 할 수 없어 적법한 상고이유가 아니고[대법원 2015. 7. 23(전원합의체판결), 2015 도 3260. 상고이유가 된다는 반대의견 있음], ② 사실심법원이 양형의 기초사실에 관하여 사실을 오인하였다거나 양형의 조건이 되는 정상에 관하여 심리를 제대로 하지 않았다는 주장 또한 적법한 상고이유가 아니다(대법원 2020. 9. 3, 2020 도 8358). 다만 기소는 물론 합리적인 의심이 없을 정도로 증명되지 아니한 별도의 범죄사실에 해당하는 사정을 핵심적인 형벌가중적 양형조건으로 삼아 양형함으로써 사실상 기소되지 않은 범행을 추가로 처벌한 것과 같은 실질에 이른 경우에는, 단순한 양형판단의 부당성을 넘어 죄형균형의 원칙이나 책임주의원칙의 본질적 내용을 침해하였다고 볼 수 있으므로 예외적으로 적법한 상고이유가 된다(위 2020 도 8358 판결).

6 양형부당만을 이유로 항소한 경우에는 사실오인이나 법령위반 등 새로운 사유를 상고이유로 내세울 수 없다(대법원 1991. 12. 24, 91 도 1796; 대법원 2009. 5. 28, 2009 도 579; 대법원 2010. 1. 14, 2009 도 12387).

7 대법원 2019. 3. 21(전원합의체판결), 2017 도 16593 - 1. 종래의 입장을 재확인한 판결이다. 이에 대해서는 ① 항소심에서 피고인들에 대해 높은 형이 선고된 경우에는 예외적으로 상고이유 제한 법리의 적용이 배제되어야 한다는 별개의견, ② 상고이유 제한 법리가 현행법상 근거가 없으므로 이를 인정할 필요가 없다는 별개의견이 있다.

Ⅲ. 상고심의 절차

1. 상고의 제기

(1) 상고제기의 방식

6 상고를 할 때에는 상고기간 내에 상고장을 원심법원에 제출하여야 한다($\substack{제375\\조}$). 상고법원은 대법원이며($\substack{제371\\조}$), 상고기간은 7일이다($\substack{제374\\조}$).

(2) 원심법원과 상고법원의 조치

7 **1) 원심법원의 조치**   상고의 제기가 법률상의 방식에 위반하거나 상고권소 멸 후인 것이 명백한 때에는 원심법원은 결정으로 상고를 기각하여야 한다. 이 결정에 대하여는 즉시항고를 할 수 있다($\substack{제376\\조}$).

상고기각의 결정을 하는 경우 외에는 원심법원은 상고장을 받은 날로부터 14일 이내에 소송기록과 증거물을 상고법원에 송부하여야 한다($\substack{제377\\조}$).

8 **2) 상고법원의 소송기록접수통지**   상고법원이 소송기록의 송부를 받은 때에 는 즉시 상고인과 상대방에 대하여 그 사유를 통지하여야 한다. 통지 전에 변호 인의 선임이 있는 때에는 변호인에 대하여도 이를 통지하여야 한다($\substack{제378\\조}$).

(3) 상고이유서와 답변서의 제출

9 상고인 또는 변호인은 소송기록접수의 통지를 받은 날로부터 20일 이내[1]에 상고이유서를 상고법원에 제출하여야 한다. 이 경우에도 재소자의 특칙에 관한 규정이 준용된다($\substack{제344\\조}$). 상고이유서에는 소송기록과 원심법원의 증거조사에 표현 된 사실을 인용하여 그 이유를 명시하여야 한다. 상고이유서의 제출을 받은 상고 법원은 지체 없이 그 부본 또는 등본을 상대방에게 송달하여야 한다. 상대방은 이 송달을 받은 날로부터 10일 이내에 답변서를 상고법원에 제출할 수 있다. 답 변서의 제출을 받은 상고법원은 지체 없이 그 부본 또는 등본을 상고인 또는 변 호인에게 송달하여야 한다($\substack{제379\\조}$). 원심의 변호인은 상고장을 제출할 수는 있으나 당연히 상고이유서를 제출할 수 있는 것은 아니다.

---

1 군검사가 상고를 제기한 경우 소송기록접수통지(제378조 1항)의 상대방은 대검찰청 소속 검 사이고(대법원 2023. 4. 21. 결정, 2022 도 16568), 검사가 상고한 경우 상고이유서 제출명의 인은 대검찰청 검사이지만 상고를 제기한 검찰청 소속 검사 또는 군검사가 그 이름으로 이 를 제출하더라도 유효하게 취급할 수 있으나, 상고를 제기한 검찰청 또는 군검사가 소속된 군 검찰단이 있는 곳을 기준으로 법정기간인 상고이유서 제출기간이 연장될 수는 없다(대법 원 2003. 6. 26. 결정, 2003 도 2008; 대법원 2023. 4. 21. 결정, 2022 도 16568).

2. 상고심의 심리

항소심의 규정은 특별한 규정이 없는 한 상고심의 심판에 준용된다($^{제399}_{조}$).   10
그러나 상고심은 법률심이라는 점에서 여러 가지 특칙이 인정된다.

1) **상고심의 변론**   상고심에는 변호사 아닌 자를 변호인으로 선임하지 못한   11
다($^{제386}_{조}$). 또 변호인이 아니면 피고인을 위하여 변론하지 못한다($^{제387}_{조}$). 상고심의
변론은 법률문제를 주로 하는 것이기 때문에 전문지식을 가진 자에게 제한한 것이
이다. 피고인 자신은 변론을 할 수 없다. 따라서 상고심의 공판기일에는 피고인
을 소환할 필요가 없으며($^{제389조}_{의2}$), 공판기일을 지정하는 경우에도 피고인의 이감을
필요로 하지 않는다($^{규칙 제}_{161조 2항}$). 다만, 법원사무관 등은 피고인에게 공판기일통지서
를 송달하여야 한다($^{동조}_{제1항}$).

검사와 변호인은 상고이유서에 의하여 변론하여야 한다($^{제388}_{조}$). 변호인의 선
임이 없거나 변호인이 공판기일에 출정하지 아니한 때에는 직권으로 변호인을 선
정해야 하는 경우를 제외하고는 검사의 진술을 듣고 판결을 할 수 있다. 이 경우
에 적법한 상고이유서의 제출이 있는 때에는 그 진술이 있는 것으로 간주한다
($^{제389}_{조}$).

대법원은 공익과 관련된 사항에 관하여 국가기관과 지방자치단체에게 의견
서를 제출하게 할 수 있고($^{규칙 제161조}_{의2 제1항}$), 소송관계를 분명하게 하기 위하여 공공단
체 등 그 밖의 참고인에게 의견서를 제출하게 할 수 있다($^{동조}_{제2항}$).

2) **상고심의 심판범위**   상고심은 상고이유서에 포함된 사유에 관하여 심판   12
하여야 한다. 그러나 제383조 1호 내지 3호의 경우에는 상고이유서에 포함되지
아니한 때에도 직권으로 심판할 수 있다($^{제384}_{조}$). 상고심의 최종심으로서의 기능을
고려하여 현저히 정의에 반하는 효과를 구제하기 위한 것이라고 할 수 있다. 제
383조 1호 내지 3호의 경우 사실의 오인은 상고이유가 아니므로 원칙적으로 상
고심의 심판대상이 되지 않지만, 항소심이 자유심증주의의 한계를 벗어나거나 필
요한 심리를 다하지 않는 등으로 판결 결과에 영향을 미친 때에는, 사실인정을
사실심 법원의 전권으로 인정한 전제가 충족되지 않으므로 당연히 심판대상에 해
당한다.[1] 선고유예의 당부는 제383조 4호의 상고이유를 심판하는 경우가 아닌

---

[1] 대법원 2016. 10. 13, 2015 도 17869, 「사실심 법원으로서는, 형사소송법이 사실의 오인을
항소이유로는 하면서도 상고이유로 삼을 수 있는 사유로는 규정하지 아니한 데에 담긴 의미
가 올바르게 실현될 수 있도록 주장과 증거에 대하여 신중하고 충실한 심리를 하여야 하고,

이상, 심판대상이 되지 않는다.[1]

13   **3) 서면심리**   상고법원은 상고장·상고이유서 기타의 소송기록에 의하여 변론 없이 판결할 수 있다($\frac{제390조}{1항}$). 사후심의 구조에 비추어 당연하다고 할 수 있다. 서면심리주의는 상고기각의 경우뿐만 아니라 원심판결을 파기하는 경우에도 적용된다. 다만, 필요한 경우에는 특정한 사항에 관하여 변론을 열어 참고인의 진술을 들을 수 있다($\frac{동조 \ 제2항, \ 대법원에서의 \ 변}{론에 \ 관한 \ 규칙 \ 제5조 \ 4항}$).

3. 상고심의 재판

(1) 공소기각의 결정

14   공소가 취소되었을 때 또는 피고인이 사망하거나 피고인인 법인이 존속하지 아니하게 되었을 때에는 결정으로 공소를 기각하여야 한다($\frac{제382}{조}$).

(2) 상고기각의 재판

15   **1) 상고기각의 결정**   상고인이나 변호인이 상고이유서 제출기간 내에 상고이유서를 제출하지 아니한 때에는 결정으로 상고를 기각하여야 한다. 단 상고장에 이유의 기재가 있는 때에는 예외로 한다($\frac{제380조}{1항}$). 상고장 및 상고이유서에 기재된 상고이유의 주장이 제383조 각 호의 어느 하나의 사유에 해당하지 아니함이 명백한 때에는 결정으로 상고를 기각하여야 한다($\frac{동조}{제2항}$).[2] 상고의 제기가 법률상의 방식에 위반하거나 상고권소멸 후인 것이 명백함에도 불구하고 원심법원이 상고기각의 결정을 하지 아니한 때에는 상고법원은 결정으로 상고를 기각하여야 한다($\frac{제381}{조}$).

16   **2) 상고기각의 판결**   상고이유가 없다고 인정한 때에는 판결로써 상고를 기각하여야 한다($\frac{제399조, \ 제}{364조 \ 4항}$).

심금제도의 유지와 법적 안정성의 보장을 위하여 기각판결로 배척된 부분은 그 판결선고와 동시에 확정력이 발생한다. 따라서 다른 부분이 파기환송되더라도 환송받은 법원은 이와 배치되는 판단을 할 수 없고, 피고인도 더 이상 다투거나 비록 새로운

그에 이르지 못하여 자유심증주의의 한계를 벗어나거나 필요한 심리를 다하지 아니하는 등으로 판결 결과에 영향을 미친 때에는, 사실인정을 사실심 법원의 전권으로 인정한 전제가 충족되지 아니하는 것이므로 당연히 상고심의 심판대상에 해당한다.」

1 대법원 2016. 12. 27, 2015 도 14375.

2 본 조항은 2014. 5. 14. 신설되었는데, 대법원 2010. 4. 20(전원합의체결정), 2010 도 759의 취지를 명문화한 것이다.

주장을 추가하더라도 다시 상고이유로 삼을 수 없다(상고심판결의 확정력 법리).[1] 그리고 환송 전 원심판결 중 일부분에 대하여 상고하지 않은 경우, 환송판결로 유죄부분 전부가 파기된 후의 환송 후 판결에 대하여 종전에 상고하지 아니한 부분도 더 이상 상고이유로 삼을 수 없다.[2]

(3) 원심판결파기의 판결

상고이유[3]가 있는 때에는 판결로써 원심판결을 파기하여야 한다(제391 조). 피고인의 이익을 위하여 원심판결을 파기하는 경우에 파기의 이유가 상고한 공동피고인에 공통되는 때에는 그 공동피고인에 대하여도 원심판결을 파기하여야 한다(제392 조).   17

원심판결을 파기하는 경우에는 파기와 동시에 환송·이송 또는 자판을 하여야 한다.

1) **파기환송**   적법한 공소를 기각하였다는 이유로 원심판결 또는 제 1 심 판결을 파기하는 경우에는 판결로써 사건을 원심법원 또는 제 1 심 법원에 환송하여야 한다(제393 조). 관할위반의 인정이 법률에 위반됨을 이유로 원심판결 또는 제 1 심 판결을 파기하는 경우에는 판결로써 사건을 원심법원 또는 제 1 심 법원에 환송하여야 한다(제395 조). 이 이외의 이유로 원심판결을 파기하는 때에도 자판하는 경우 이외에는 환송 또는 이송하여야 한다(제397 조).   18

2) **파기이송**   관할의 인정이 법률에 위반됨을 이유로 원심판결 또는 제 1 심 판결을 파기하는 경우에는 판결로써 사건을 관할 있는 법원에 이송하여야 한다(제394 조). 관할 항소법원으로 이송할 것인가 또는 제 1 심 법원으로 이송할 것인가는 관할위반이 어느 심급에 있었는가에 의하여 결정된다.   19

3) **파기자판**   상고법원은 원심판결을 파기한 경우에 그 소송기록과 원심법원과 제 1 심 법원이 조사한 증거에 의하여 판결하기 충분하다고 인정한 때에는 피고사건에 대하여 직접 판결할 수 있다. 이 경우에는 불이익변경금지의 원칙이   20

---

1 대법원 2018. 4. 19(전원합의체판결), 2017 도 14322; 대법원 2020. 6. 11, 2020 도 2883; 대법원 2022. 12. 29, 2018 도 7575.

2 대법원 2020. 6. 11, 2020 도 2883.

3 형사소송법 제383조 4호의 상고이유와 관련하여, 판례는 위법한 공시송달에 따른 항소심 불출석 재판에 대하여 상고권회복결정을 받아 상고하더라도 사실오인이나 양형부당을 상고이유로 주장하지 못하므로, 원심판결을 파기함으로써 피고인에게 사실심 재판을 받을 기회를 부여할 필요가 있다고 한다(대법원 2023. 2. 23, 2022 도 15288). 같은 취지로는 대법원 2015. 6. 25(전원합의체판결), 2014 도 17252.

적용된다($\frac{제396}{조}$). 자판의 내용으로는 유죄·무죄의 실체판결뿐만 아니라 공소기각·면소의 형식재판이 포함된다. 항소기각의 판결도 할 수 있다. 이 경우에는 제 1 심 판결이 확정된다.

(4) 재판서의 기재방법

21   상고심의 재판서에는 재판서의 일반적 기재사항 이외에 상고의 이유에 관한 판단을 기재하여야 한다($\frac{제398}{조}$). 법령해석의 통일이라는 상고심의 기능에 비추어 당연하다고 할 수 있다. 뿐만 아니라 합의에 관여한 모든 대법관의 의견도 기재할 것을 요한다($\frac{법조법}{제15조}$).

Ⅳ. 비약적 상고

1. 비약적 상고의 의의

22   비약적 상고란 법령해석에 관한 중요한 사항을 포함한다고 인정되는 사건에 관하여 제 1 심 판결에 대하여 직접 상고하게 하는 것을 말한다. 법령해석의 통일을 위하여 제 2 심을 생략한 제도라고 할 수 있다. 그러나 이로 인하여 상대방은 심급의 이익을 잃게 될 우려가 있다. 따라서 형사소송법은 그 사건에 대하여 항소가 제기된 때에는 비약적 상고는 효력을 잃도록 하고 있다($\frac{제373}{조}$). 그런데 제 1 심 판결에 대하여 피고인은 비약적 상고를, 검사는 항소를 각각 제기하여 이들이 경합한 경우 피고인의 비약적 상고에 상고의 효력이 인정되지는 않지만, 항소로서의 효력이 있는지에 대해서는 다툼이 있다. 종래 대법원은 항소로서의 효력을 부정하여 왔으나,[1] 최근 전원합의체 판결을 통하여 피고인의 비약적 상고가 항소기간 준수 등 항소로서의 적법요건을 모두 갖추었고, 피고인이 자신의 비약적 상고에 상고의 효력이 인정되지 않는 때에도 항소심에서는 제 1 심 판결을 다툴 의사가 없었다고 볼 만한 특별한 사정이 없다면, 피고인의 비약적 상고에 항소로서의 효력이 인정된다고 판시하였다.[2] 다만, 항소의 취하 또는 항소기각의 결정이 있는 때에는 예외로 한다($\frac{동조}{단서}$).

---

1 대법원 1971. 2. 9, 71 도 28; 대법원 2005. 7. 8, 2005 도 2967.
2 대법원 2022. 5. 19(전원합의체판결), 2021 도 17131. 다수의견에 대하여 2개의 반대의견이 있다.

2. 비약적 상고의 이유

다음 경우에는 제 1 심 판결에 대하여 상고할 수 있다($\substack{제372 \\ 조}$). 따라서 제 1 심   23
법원의 결정에 대하여는 비약적 상고를 할 수 없다.[1]

(개) **원심판결이 인정한 사실에 대하여 법령을 적용하지 아니하였거나 법령의 적용에**
착오가 있는 때($\substack{동조 \\ 제1호}$)   제 1 심 판결이 인정한 사실이 옳다는 것을 전제로 하
여 볼 때 그에 대한 법령을 적용하지 아니하거나 법령의 적용을 잘못한 경우를
말한다.[2] 따라서 채증법칙의 위배[3]나 중대한 사실오인,[4] 심리미진[5] 또는 양형
의 과중은[6] 비약적 상고의 이유가 되지 않는다.

(내) **원심판결이 있은 후 형의 폐지나 변경 또는 사면이 있는 때**($\substack{동조 \\ 제2호}$)   항소이유
의 경우와 동일하다.

V. 상고심판결의 정정

1. 판결정정의 의의

상고심 판결에 명백한 오류가 있는 경우에 이를 정정하는 것을 말한다. 상고   24
심의 판결은 최종심이며 선고와 동시에 확정되므로 이를 정정할 수 없는 것이 원
칙이다. 그러나 판결의 적정을 위하여 형사소송법은 일정한 경우에 판결의 정정
을 인정하고 있다. 판결의 정정이 인정된다고 하여 대법원판결의 확정시기가 늦
어지는 것은 아니다. 판결정정은 재판서의 경정결정($\substack{규칙 \\ 제25조}$)과는 다르다.

2. 판결정정의 사유

정정사유는 판결내용에 오류가 있음을 발견한 것이다($\substack{제400조 \\ 1항}$). 여기서 오류라함   25
은 계산의 잘못(違算)·오기 기타 이와 유사한 명백한 잘못이 있는 경우를 말한다.

---

1 대법원 1984. 4. 16. 결정, 84 모 18.
2 대법원 2007. 3. 15, 2006 도 9338; 대법원 2017. 2. 3, 2016 도 20069.
3 대법원 1983. 12. 27, 83 도 2792.
4 대법원 1969. 7. 8, 69 도 831; 대법원 1984. 2. 14, 83 도 3236.
5 대법원 1994. 5. 13, 94 도 458.
6 대법원 1984. 2. 14, 83 도 3236.

예컨대 미결구금일수를 산입하지 아니한 위법이 있는 경우가 여기에 해당한다.[1] 상
고장에 이유가 있음에도 없는 것으로 오인하여 상고기각결정을 한 것을 원심파기의
판결로,[2] 착오에 의한 송달일자를 진실한 것으로 믿고 피고인이 법정기간 내에 상
고이유서를 제출하였음에도 제출하지 않았다는 이유로 상고기각결정한 것을 상고기
각판결로[3] 각 정정할 수 있다. 그러나 유죄판결을 정정하여 달라는 것이나,[4] 채증
법칙에 위배하여 판단을 잘못하였다는 주장은 정정사유에 해당하지 않는다.[5]

3. 판결정정의 절차

26   상고법원은 직권 또는 검사·상고인이나 변호인의 신청에 의하여 판결을 정
정할 수 있다(제400조 1항). 신청은 판결의 선고가 있는 날로부터 10일 이내에 신청의
이유를 기재한 서면으로 하여야 한다(동조 제2 항·제3항).

정정은 판결에 의하여 한다. 정정의 판결은 변론 없이 할 수 있다. 정정할
필요가 없다고 인정할 때에는 지체 없이 결정으로 신청을 기각하여야 한다(제401 조).

§59   # 제 4 절 항   고

I. 항고의 의의와 종류

1. 항고의 의의

1   항고란 결정에 대한 상소를 말한다. 항고는 상소방법이지만 판결에 대한 상
소인 항소 또는 상고와는 성질을 달리한다. 판결은 가장 중요한 종국재판임에 반
하여, 결정은 원칙적으로 판결에 이르는 과정에 있어서의 절차상의 사항에 관한
종국 전의 재판이기 때문이다. 따라서 판결에 대한 상소는 모두 허용할 필요가
있으나 결정에 대한 상소는 법이 특히 필요하다고 인정하는 일정한 경우에 한하
여 허용하고, 그 절차도 간이화되어 있다.

---

1 대법원 1987. 5. 12. 결정, 86 초 2703.
2 대법원 1979. 11. 30, 79 도 952.
3 대법원 2005. 4. 29, 2005 도 1581.
4 대법원 1981. 10. 5. 결정, 81 초 60.
5 대법원 1982. 10. 4. 결정, 82 초 33; 대법원 1983. 8. 9. 결정, 83 초 32; 대법원 1987. 7. 31.
   결정, 87 초 40.

2. 항고의 종류

항고에는 일반항고와 특별항고(또는 재항고)가 있다. 소송법에 의하여 대법원 2
에 즉시 항고할 수 있다고 명문으로 규정되어 있는 것을 특별항고라 하며, 그 이
외의 항고를 일반항고라고 한다. 일반항고는 다시 보통항고와 즉시항고로 나누어
진다.

(1) 일반항고

1) 즉시항고   즉시항고는 제기기간이 7일로 제한되어 있고($\binom{\text{제405}}{\text{조}}$),[1] 제기기 3
간 내에 항고의 제기가 있는 때에는 재판의 집행이 정지되는 효력을 가진 항고를
말한다($\binom{\text{제410}}{\text{조}}$).

즉시항고는 즉시항고를 할 수 있다는 명문의 규정이 있는 때에만 허용된다.
예컨대 공소기각의 결정($\binom{\text{제328조}}{\text{2항}}$), 상소기각결정($\binom{\text{제360조 2항, 제362}}{\text{조 2항, 제376조 2항}}$)과 같은 종국재판인
결정이나 기피신청기각결정($\binom{\text{제23}}{\text{조}}$), 구속의 취소($\binom{\text{제97조}}{\text{4항}}$), 소송비용부담결정($\binom{\text{제192}}{\text{조}}$)과
같이 신속한 구제를 요하는 결정에 대하여 즉시항고가 인정되고 있다.

2) 보통항고   법원의 결정에 대하여 불복이 있으면 항고할 수 있다. 단 형 4
사소송법에 특별한 규정이 있는 때에는 보통항고가 허용되지 않는다($\binom{\text{제402}}{\text{조}}$).

항고의 대상은 법원의 결정을 대상으로 한다. 따라서 법원의 결정이 아니라
지방법원판사가 한 압수·수색영장의 발부나,[2] 체포영장 또는 구속영장의 청구
에 대한 재판은 항고의 대상이 되지 않는다.[3]

보통항고는 다음과 같은 경우에 허용되지 않는다.

㈎ **판결 전 소송절차에 관한 결정**   법원의 관할 또는 판결 전의 소송절차에 5
관한 결정에 대하여는 특히 즉시항고를 할 수 있는 경우 이외에는 항고를 하지
못한다($\binom{\text{제403조}}{\text{1항}}$). 이러한 결정은 원래 판결을 목표로 하는 절차의 일부이기 때문에
종국판결에 대하여 상소를 허용하면 충분하고 개개의 결정에 대하여 독립한 상소
를 인정할 필요가 없기 때문이다. 독립하여 상소를 허용할 필요가 있는 경우에는
구체적으로 즉시항고를 할 수 있다고 규정되어 있다.

---

1 2019. 12. 31. 개정 전의 즉시항고 제기기간은 3일이었으나, 헌법재판소에서 3일은 지나치게
   짧아 즉시항고 제기를 어렵게 하고, 제도를 단지 형식적이고 이론적인 권리로서만 기능하게
   한다는 이유로 헌법불합치결정을 선고(헌재결 2018. 12. 27, 2015 헌바 77·2015 헌마 832)
   함에 따라 7일로 연장되었다.
2 대법원 1997. 9. 29. 결정, 97 모 66.
3 대법원 2006. 12. 18. 결정, 2006 모 646.

따라서 위헌제청신청을 기각하는 하급심의 결정(대법원 1986. 7. 18. 결정, 85 모 49), 국선변호인선임청구를 기각하는 결정(대법원 1986. 9. 5. 결정, 86 모 40) 또는 공소장변경허가결정(대법원 1987. 3. 28. 결정, 87 모 17)은 판결 전 소송절차에 관한 것이므로 독립하여 항고할 수 없다.

6   그러나 구금·보석·압수나 압수물의 환부에 관한 결정 또는 감정하기 위한 피고인의 유치에 관한 결정에 대하여는 보통항고를 할 수 있다(동조 제2항). 이러한 강제처분으로 인한 권리침해의 구제는 종국재판에 대한 상소에 의하여 실효를 거둘 수 없기 때문이다. 다만, 체포·구속적부심사청구에 대한 청구기각결정 또는 구속된 피의자의 석방을 명하는 결정에 대하여는 항고할 수 없다(제214조의 2 제8항).

7   (나) 성질상 항고가 허용되지 않는 결정   대법원의 결정에 대하여는 성질상 항고가 허용되지 않는다.[1] 대법원은 최종심이므로 그 재판에 대한 상소는 있을 수 없기 때문이다. 항고법원 또는 고등법원의 결정에 대하여도 보통항고를 할 수 없다(제415 조).

(2) 재 항 고

8   항고법원 또는 고등법원의 결정에 대한 항고를 재항고라고 한다(제415 조). 항소법원의 결정(법조법 제 14조 2호)[2]이나 준항고에 대한 관할법원(제416조, 제417조)의 결정도 재항고(제419조, 제415조)의 대상이 된다. 재항고는 예외적으로 재판에 영향을 미친 헌법·법률·명령 또는 규칙의 위반이 있음을 이유로 하는 때에 한하여 대법원에 즉시항고를 할 수 있다(제415 조). 재항고는 즉시항고이다. 따라서 재항고의 효력이나[3] 절차는 즉시항고의 경우와 같다.

---

1 대법원 1967. 12. 27. 결정, 67 모 23; 대법원 1983. 6. 30. 결정, 83 모 34; 대법원 1987. 1. 30. 결정, 87 모 4.

2 항소법원인 지방법원 합의부의 판결문 경정결정에 대한 항고(대법원 2008. 4. 14. 결정, 2007 모 726), 법관에 대한 제척이나 기피신청의 각하 또는 기각결정에 대한 항고(대법원 2008. 5. 2. 결정, 2008 마 427).

3 보석취소결정(제102조 2항), 구속집행정지취소결정(제102조 2항) 등과 같이 고등법원이 한 최초 결정이 제 1 심 법원이 하였더라면 보통항고가 인정되는 결정인 경우에는, 이에 대한 재항고와 관련한 집행정지의 효력은 인정되지 않는다(대법원 2020. 10. 29. 결정, 2020 모 633; 대법원 2020. 10. 29. 결정, 2020 모 1845).

Ⅱ. 항고심의 절차

1. 항고의 제기

(1) 항고의 제기기간

항고는 항고장을 원심법원에 제출하여야 한다($\frac{제406}{조}$). 즉시항고의 제기기간은 　9
3일이다($\frac{제405}{조}$). 보통항고에는 기간의 제한이 없으므로 언제든지 할 수 있다. 단,
원심결정을 취소하여도 실익이 없게 된 때에는 예외로 한다($\frac{제404}{조}$).

예컨대 형사피고사건에 대한 소년부송치결정에 대하여는 항고할 수 있으나($\frac{대법원}{1986. 2. 12.}$ $\frac{결정, 86 트 1; 대법원}{1986. 7. 25. 결정, 86 모 9}$), 이미 소년부의 보호처분이 있는 경우에는 항고를 할 수 없다 ($\frac{대법원 1966. 9.}{15. 결정, 66 모 61}$).

(2) 원심법원 및 항고법원의 조치

1) 항고기각결정　　　　항고의 제기가 법률상의 방식에 위반하거나 항고권소멸　10
후인 것이 명백한 때에는 원심법원은 결정으로 항고를 기각하여야 한다. 항고기
각결정에 대하여는 즉시항고를 할 수 있다($\frac{제407}{조}$).

2) 경정결정　　　　원심법원은 항고가 이유있다고 인정한 때에는 결정을 경정하　11
여야 한다($\frac{제408조}{1항}$). 그러나 항고의 전부 또는 일부가 이유없다고 인정한 때에는 항
고장을 받은 날로부터 3일 이내에 의견서를 첨부하여 항고법원에 송부하여야 한
다($\frac{동조}{제 2 항}$).

3) 소송기록의 송부　　　　원심법원이 필요하다고 인정한 때에는 소송기록과 증　12
거물을 항고법원에 송부하여야 한다. 항고법원은 소송기록과 증거물의 송부를 요
구할 수 있다. 항고법원은 소송기록과 증거물을 송부받은 날로부터 5일 이내에
당사자에게 그 사유를 통지하여야 한다($\frac{제411}{조}$).

본안소송기록 등의 접수통지규정은 비록 항고인이 항고이유서 제출의무를 부담하는
것은 아니지만 당사자가 항고에 관하여 그 이유서를 제출하거나 의견을 진술하고
유리한 증거를 제출할 기회를 부여하려는 데 그 취지가 있다($\frac{대법원 1993. 12. 15. 결정,}{93 모 73; 대법원 2008. 1. 2.}$ $\frac{결정, 2007}{모 601}$). 따라서 접수통지서를 발송한 후 송달보고서를 통해 피고인이 이를 송달받
았는지 여부를 확인하지도 않은 상태에서 피고인이 위 통지서를 수령한 다음날 곧바
로 즉시항고를 기각한 것은 위법이지만($\frac{대법원 2013. 1. 3. 결정, 2002 모 220;}{대법원 2006. 7. 25. 결정, 2006 모 389}$), 검사가 항고
장에 상세한 항고이유서를 첨부하여 제출함으로써 의견진술을 한 경우에는 검사에게

접수통지서를 송달한 다음날 항고를 기각하였더라도 원심결정에 영향을 미친 위법이 있다고 할 수 없다(대법원 2012. 4. 20.).

(3) 항고제기의 효과

13   즉시항고의 제기기간 내에 그 제기가 있는 때에는 재판의 집행은 정지된다 (제410조). 그러나 보통항고에는 재판의 집행을 정지하는 효력이 없다. 단, 원심법원 또는 항고법원은 결정으로 항고에 대한 결정이 있을 때까지 집행을 정지할 수 있 다(제409조).

2. 항고심의 심판

14   항고법원은 항고에 대한 결정을 한다. 항고심은 사실과 법률을 모두 심사할 수 있으며, 심사범위도 항고이유에 한정되지 않는다. 검사는 항고사건에 대하여 의견을 진술할 수 있다(제412조).

항고의 제기가 법률상의 방식에 위반하였거나 항고권소멸 후인 것이 명백한 경우에 원심법원이 항고기각의 결정을 하지 아니한 때에는 항고법원은 결정으로 항고를 기각하여야 한다(제413조). 항고를 이유없다고 인정한 때에는 결정으로 항고 를 기각하여야 한다(제414조 1항). 항고를 이유있다고 인정한 때에는 결정으로 원심결정 을 취소하고 필요한 경우에는 항고사건에 대하여 직접 재판을 하여야 한다(동조 제2항). 항고법원의 결정에 대하여는 제415조에 의하여 대법원에 재항고할 수 있다.

Ⅲ. 준 항 고

1. 준항고의 의의

15   준항고는 재판장 또는 수명법관의 재판과 검사 또는 사법경찰관의 처분에 대하여 그 소속법원 또는 관할법원에 취소 또는 변경을 청구하는 불복신청방법이 다. 준항고는 상급법원에 대하여 구제를 신청하는 것이 아니므로 엄격한 의미에 서는 상소에 해당하지 않는다. 형사소송법이 이를 항고의 장에서 규정하고 있는 것은 재판 등의 취소와 변경을 청구하는 점에서 상소와 유사한 성질을 가지고 있 음을 고려한 것이라 할 수 있다. 준항고에 대하여는 항고에 관한 규정이 준용된

다($^{제419}_{조}$). 따라서 준항고도 그 이익이 있어야 청구할 수 있고, 계속 중에 준항고로써 달성하고자 하는 목적이 이미 이루어졌거나 시일의 경과 또는 그 밖의 사정으로 인하여 그 이익이 상실된 경우에는 그 이익이 없어 부적법하게 된다.[1]

2. 준항고의 대상

1) 재판장 또는 수명법관의 재판   재판장 또는 수명법관이 ① 기피신청을 기 [16]
각한 재판,[2] ② 구금 · 보석 · 압수 또는 압수물환부에 관한 재판, ③ 감정하기 위하여 피고인의 유치를 명한 재판, ④ 증인 · 감정인 · 통역인 또는 번역인에 대하여 과태료 또는 비용의 배상을 명한 재판을 고지한 경우에 불복이 있으면 그 법관 소속의 법원에 재판의 취소 또는 변경을 청구할 수 있다($^{제416조}_{1항}$). 제 4 호의 재판에 대하여는 청구기간 내의($^{법문에는 「와」}_{로 되어 있음}$) 청구가 있는 때에는 그 재판의 집행이 정지된다($^{동조}_{제4항}$).

2) 수사기관의 처분   검사 또는 사법경찰관의 구금[3] · 압수 또는 압수물의 [17]
환부에 관한 처분과 제243조의 2에 따른 변호인의 참여 등에 관한 처분에 대하여 불복이 있으면[4] 그 직무집행지의 관할법원 또는 검사의 소속 검찰청에 대응한 법원에 그 처분의 취소 또는 변경을 청구할 수 있다($^{제417}_{조}$).

3. 준항고의 절차

준항고의 청구는 서면으로 관할법원에 제출하여야 한다($^{제418}_{조}$). 법관의 재판 [18]
에 대한 준항고의 청구는 재판의 고지가 있는 날로부터 7일[5] 이내에 하여야 하며($^{제416조}_{3항}$), 지방법원이 청구를 받은 때에는 합의부에서 결정하여야 한다($^{동조}_{제2항}$).

---

1 대법원 2015. 10. 15. 결정, 2013 모 1970.
2 형사소송법 제20조 1항의 간이기각결정에 한한다.
3 검사 또는 사법경찰관이 구금된 피의자를 신문할 때 피의자 또는 변호인으로부터 보호장비를 해제해 달라는 요구를 받고도 거부한 조치는 구금에 관한 처분에 해당한다(대법원 2020. 3. 17. 결정, 2015 모 2357).
4 준항고인이 불복의 대상이 되는 압수 등에 관한 처분을 구체적으로 특정하기 어려운 사정이 있는 경우에는, 법원은 쉽사리 이를 배척하지 말고 석명권행사 등을 통해 준항고인에게 불복하는 압수 등에 관한 처분을 특정할 수 있는 기회를 부여하여야 한다(대법원 2023. 1. 12. 결정, 2022 모 1566).
5 즉시항고 제기기간을 3일로 규정한 형사소송법 제405조에 대한 헌법재판소의 헌법불합치결정(헌재결 2018. 12. 27, 2015 헌바 77 · 2015 헌마 832)의 취지를 반영하여 2019. 12. 31. 7일로 개정되었다.

이러한 준항고절차는 항고소송의 일종으로 당사자주의에 의한 소송절차와는 달리 대립되는 양 당사자의 관여를 필요로 하지 않는다.[1]

보통항고와 집행정지($^{제409}_{조}$), 항고기각의 결정($^{제413}_{조}$), 항고기각과 항고이유 인정($^{제414}_{조}$) 및 재항고($^{제415}_{조}$)의 규정은 준항고의 청구에 대하여 준용된다($^{제419}_{조}$).

---

1 대법원 1991. 3. 28. 결정, 91 모 24; 대법원 2022. 11. 8. 결정, 2021 모 3291; 대법원 2023. 1. 12. 결정, 2022 모 1566. 따라서 준항고인이 불복의 대상이 되는 압수 등에 관한 처분을 구체적으로 특정하기 어려운 사정이 있는 경우에는 법원은 석명권 행사 등을 통해 준항고인에게 불복하는 압수 등에 관한 처분을 특정할 수 있는 기회를 부여하여야 하고, 준항고인이 불복의 대상이 되는 압수 등에 관한 처분을 한 수사기관을 제대로 특정하지 못하거나 준항고인이 특정한 수사기관이 해당 처분을 한 사실을 인정하기 어렵다는 이유만으로 준항고를 쉽사리 배척할 것은 아니다(위 2022 모 1566 결정).

제 2 장   비상구제절차

제 1 절   재   심   §60

I. 재심의 의의와 구조

1. 재심의 의의

재심이란 유죄의 확정판결에 대하여 중대한 사실오인이나 그 오인의 의심이   1
있는 경우에 그 선고를 받은 자의 이익을 위하여 판결의 부당함을 시정하는 비상
구제절차이다. 유죄판결의 선고를 받은 자의 이익을 위한 제도이므로 무죄의 선
고를 받은 자가 유죄의 선고를 받기 위한 재심은 허용되지 않는다.[1] 확정판결에
대한 비상구제절차라는 점에서 미확정재판에 대한 불복신청제도인 상소와 구별
된다. 또한 사실오인을 시정하기 위한 비상구제절차인 점에서, 법령위반을 이유
로 하고 청구권자가 검찰총장에 제한되며 판결의 효력도 원칙적으로 피고인에게
는 미치지 않는 비상상고와 구별된다.

재심은 형사소송에 있어서 법적 안정성과 정의의 이념이 충돌하는 경우에   2
정의를 위하여 판결의 확정력을 제거하는 가장 중요한 경우라고 할 수 있다.[2]
즉 형사절차 1회성의 원칙(Grundsatz der Einmaligkeit des Verfahrens)은 개인은 물
론 법원과 일반인의 이익을 위하여 불가결한 것이므로 확정판결을 다시 심판하는
것은 허용되지 않는다. 그러나 확정력은 판결의 실질적 정당성을 조건으로 하는
것에 지나지 않는다.[3] 여기에 판결이 정의감에 비추어 용납될 수 없을 정도로
허위임이 인정되는 경우에 법적 안정성과 법적 평온을 위태롭게 하지 않는 범위

---

1 대법원 1983. 3. 24. 결정, 83 모 5.

2 Gössel S. 325; Kindhäuser 33/1; Meyer–Goßner Vor § 359, Rn. 1; Peters S. 668; Roxin S. 462;
   Stackelberg KK Vor § 359, Rn. 4; Zipf S. 222.

3 Peters, "Die Reform des Wiederaufnahmerechts," *Probleme der Strafprozeßreform*, S. 111.

안에서 실질적 정의를 실현하고자 하는 제도가 바로 재심이다.[1]

3   이에 대하여 재심을 법적 안정성과 정의의 이념 사이의 조화의 문제로 이해하는 것
은 재심에 의한 오판의 시정을 국가적 권위라는 관점에서 재판의 확정력을 예외적으
로 깨뜨리는 것에 지나지 않는 것이 되므로, 피고인의 이익재심만을 인정하고 있는
형사소송법의 해석에 있어서는 재심은 공정한 재판을 받을 피고인의 헌법상의 권리
에 기초를 두고 무고한 사람의 구제를 이념으로 하는 인권옹호의 최후의 보루 내지
due process의 제도로 파악하지 않으면 안 된다는 견해[2]도 있다. 재심을 무고한 사
람을 구제하기 위한 인권보장상의 제도로 파악하여 재심의 적용범위를 확대해야 한
다는 주장에서 유래하는 것으로 보인다. 그러나 ① 재심을 법적 안정성과 정의의 조
화로 파악한다고 하여 반드시 재심을 확정력에 대한 예외로 이해해야 하는 것이 아
니라 요건이 충족되는 때에 허용되어야 하는 원칙에 속한다고 해석할 수 있고, ②
재심이 피고인을 위한 구제수단이라고 할지라도 확정력과의 조화가 문제되지 않을
수 없고 피고인의 구제는 정의의 내용에 지나지 않는다고 할 것이므로 재심은 법적
안정성과 정의 또는 피고인의 구제를 조화하는 제도라고 해석하는 것이 타당하다.

2. 재심의 연혁과 입법주의

4   재심은 로마법에서 유죄판결을 받은 자의 이익을 위하여 인정된 황제의 「은
혜에 의한 회복」에서 유래하여 대륙법의 국가에서 널리 인정되고 있는 제도이다.
대륙의 재심은 변모를 겪은 끝에 프랑스주의와 독일주의의 두 가지 입법방식으로
나누어지게 되었다. **프랑스주의**에서는 재심을 피고인의 이익을 위한 재심만을 인
정하고 상고법원이 관할권을 가지는 데 대하여, **독일주의**는 불이익재심도 인정하
고 원판결법원이 관할권을 가지는 점에 특색이 있다. 우리 형사소송법은 재심을
원판결법원의 관할로 한 점에서 재심의 절차에 관하여는 독일주의를 취하고, 피
고인의 이익재심만을 인정한 점에서는 프랑스주의를 취한 절충적 구조를 택하고
있다. 이익재심만을 인정한 것은 헌법의 이중위험의 금지($^{제13조}_{1항}$)와의 관계에서 당
연한 것이라고 할 수 있다.

---

1 김재환 993면; 백형구 강의, 873면; 이영란 952면; 임동규 830면.
2 신동운 1674면; 신현주 802면; 차용석/최용성 833면.

3. 재심절차의 구조

재심은 확정판결의 사실오인을 시정하기 위하여 이를 공판절차에서 다시 심 5
판하는 것을 본질로 한다. 따라서 재심은 재심개시절차와 재심심판절차라는 2단
계의 구조를 취하게 된다. 재심개시절차는 재심이유의 유무를 심사하여 다시 심
판할 것인가를 결정하는 절차로서 재심개시결정까지의 절차를 말한다. 재심심판
절차는 사건을 다시 심판하는 절차이다. 다만, 재심심판절차는 그 심급의 공판절
차와 동일하므로 재심개시절차가 재심절차의 핵심이 되지 않을 수 없다.

Ⅱ. 재심이유

재심은 유죄의 확정판결과 항소 또는 상고의 기각판결에 대하여만 인정되는 6
비상구제절차이다. 재심은 유죄의 확정판결에 대하여만 인정된다. 확정된 약식명
령이나 즉결심판은 확정된 유죄판결과 동일한 효력이 있으므로 재심의 대상이 된
다. 특별사면으로 형 선고의 효력이 상실된 유죄의 확정판결도 재심의 대상이 된
다.[1] 이에 반하여 무죄·면소[2]·공소기각의 판결은 판결에 중대한 하자가 있는
경우에도 재심의 대상이 되지 않는다. 항소 또는 상고기각의 판결이 확정된 때에
는 원심의 유죄판결이 확정되므로 재심의 대상이 된다. 재심의 대상은 확정판결
에 제한된다. 따라서 확정되지 아니한 상소심에서 파기된 판결,[3] 유죄판결에 대
한 상소심 계속 중 피고인 사망으로 공소기각결정이 내려진 경우의 유죄판결,[4]
정식재판절차에서 유죄판결이 선고되어 확정된 경우의 약식명령[5]에 대하여는 재
심이 허용되지 않으며, 결정에 대한 재심청구도 허용되지 않는다.[6]

1. 유죄의 확정판결에 대한 재심이유

재심이유는 확정판결의 사실오인에 있다. 재심이유는 허위증거에 의한 재심 7

---

1 대법원 2015. 5. 21(전원합의체판결), 2011 도 1932; 대법원 2015. 10. 29, 2012 도 2938.
2 대법원 2018. 5. 2. 결정, 2015 모 3243; 대법원 2021. 4. 2. 결정, 2020 모 2071.
3 대법원 2004. 2. 13. 결정, 2003 모 464.
4 대법원 2013. 6. 27, 2011 도 7931.
5 대법원 2013. 4. 11, 2011 도 10626.
6 대법원 1986. 10. 29. 결정, 86 모 38; 대법원 1991. 10. 29. 결정, 91 재도 2.

이유($^{falsa형의}_{재심이유}$)와 신증거에 의한 재심이유($^{nova형의}_{재심이유}$)로 나눌 수 있다. 형사소송법은 양자를 모두 재심이유로 규정하고 있다($^{제420}_{조}$).[1] 제420조 1호·2호·3호 및 7호가 falsa형의 재심이유이고, 제5호가 nova형의 재심이유라는 점에는 견해가 일치하고 있다. 제4호와 제6호의 재심이유에 관하여는 이를 nova형의 재심이유로 보는 견해[2]도 있다. 이는 falsa를 소송의 형식적 하자에 제한하는 것을 전제로 한다. 그러나 falsa는 원래 확정판결의 사실오인을 야기한 소송관계인의 태도를 재심이유로 하는 경우를 말하는 것이지만, 이는 결국 증거의 허위를 이유로 하는 것으로 볼 수 있으므로 새로운 증거가 발견된 경우에 대비하여 사실인정의 기초가 된 증거의 허위로 인하여 사실오인이 있는 경우는 falsa형의 재심이유로 파악하는 것이 타당하다. 이러한 의미에서 제4호와 제6호의 사유도 허위증거에 의한 재심이유에 포함된다고 하겠다.

(1) 허위증거에 의한 재심이유

형사소송법이 규정하고 있는 허위증거에 의한 재심이유는 다음과 같다.

8   (가) 원판결의 증거가 된 서류 또는 증거물이 확정판결에 의하여 위조되거나 변조된 것임이 증명된 때($^{동조}_{제1호}$)   원판결의 증거가 된 서류 또는 증거물을 원판결이 범죄사실을 인정하기 위하여 증거의 요지에 기재한 증거에 한한다고 해석하는 견해[3]도 있으나, 범죄사실의 인정을 위한 증거뿐만 아니라 범죄사실의 인정을 위한 증거가 진술증거인 때에는 그 증거능력을 인정하기 위한 증거도 포함한다고 보는 것이 타당하다.[4]

---

1 형사소송법에 의한 재심 외에도 특별법에 의한 재심이 있다. ① 헌법재판소법은 형벌에 관한 법률 또는 법률의 조항에 대하여 헌법재판소의 위헌결정이 있는 경우(동법 제47조 3·4항)나 헌법소원에 관하여 헌법재판소가 법률에 대한 위헌무효결정을 한 경우(동법 제75조 7·8항), 그 법률 또는 법률의 조항을 적용받아 유죄의 확정판결을 받은 자는 재심을 청구할 수 있다고 규정하고 있다. 그러나 한정위헌결정은 재심사유가 될 수 없다(대법원 2013. 3. 28, 2012 재두 299). ② 소송촉진 등에 관한 특례법 제23조(제1심 공판의 특례) 본문에 따라 유죄판결을 받고 그 판결이 확정된 자가 책임을 질 수 없는 사유로 공판절차에 출석할 수 없었던 경우에는 재심청구권자가 재심을 청구할 수 있다(동법 제23조의 2 제1항). 동 규정은 제1심의 불출석 재판에 대하여 검사만 항소하고 항소심도 불출석 재판으로 진행한 후에 제1심 판결을 파기하고 새로 또는 다시 유죄판결을 선고하여 유죄판결이 확정된 경우에도 유추 적용된다[대법원 2015. 6. 25(전원합의체판결), 2014 도 17252]. ③ 5·18민주화운동 등에 관한 특별법은 5·18민주화운동과 관련된 행위 또는 일정한 헌정질서파괴범죄의 범행을 저지하거나 반대한 행위로 유죄의 확정판결을 선고받은 자도 재심을 청구할 수 있다(동법 제4조)고 규정하고 있다.

2 강구진 595면.

3 신현주 805면; 정영석/이형국 513면.

4 송광섭 894면; 신동운 1687면; 신양균/조기영 1108면; 차용석/최용성 836면.

㈏ **원판결의 증거가 된 증언·감정·통역 또는 번역이 확정판결에 의하여 허위임**   9
이 증명된 때$\left(\substack{\text{동조} \\ \text{제 2 호}}\right)$ 원판결의 증거된 증언이란 원판결의 이유 중에서 증거
로 채택되어 범죄사실을 인정하는 데 인용된 증언을 의미하고, 단순히 증거조사
의 대상이 되었을 뿐 범죄사실을 인정하는 증거로 사용되지 아니한 것은 여기에
포함되지 않는다.[1] 증언이란 법률에 의하여 선서한 증인의 증언을 말하고, 공동
피고인의 공판정에서의 진술은 물론,[2] 다른 사건에서의 증언내용을 기재한 증인
신문조서나 진술조서가 서증으로 제출된 경우,[3] 원판결의 증거된 증언을 한 자
가 그 재판과정에서 자신의 증언과 반대되는 취지의 증언을 한 다른 증인을 위증
죄로 고소하였다가 그 고소가 허위임이 밝혀져 무고죄로 유죄의 확정판결을 받은
경우[4]는 여기에 해당되지 않는다. 증언·감정·통역 또는 번역이 확정판결에 의
하여 허위임이 증명된 때란 그 증인·감정인·통역인 또는 번역인이 위증 또는
허위의 감정·통역·번역을 하여 그 죄에 의하여 처벌되어 판결이 확정된 경우를
말한다.[5]

㈐ **무고(誣告)로 인하여 유죄를 선고받은 경우에 그 무고의 죄가 확정판결에 의하**   10
여 증명된 때$\left(\substack{\text{동조} \\ \text{제 3 호}}\right)$ 무고로 인하여 유죄를 선고받은 경우를 고소장 또는 고
소조서의 기재가 원판결의 증거가 된 경우에 한한다고 보는 견해[6]도 있으나, 통
설은 고소장 등의 서면에 한할 필요는 없고 무고의 진술이 증거가 된 때를 포함
한다고 해석한다.[7] 단순히 무고에 의하여 수사가 개시되었다는 것만으로는 부족
하다.

㈑ **원판결의 증거가 된 재판이 확정재판에 의하여 변경된 때**$\left(\substack{\text{동조} \\ \text{제 4 호}}\right)$ 원판결의   11
증거가 된 재판은 원판결의 이유 중에서 증거로 채택되어 죄로 되는 사실을 인정
하는 데 인용된 다른 재판을 말한다.[8] 재판에는 형사재판뿐만 아니라 민사재판
도 포함된다.

---

1 대법원 1987. 4. 23. 결정, 87 모 11; 대법원 1997. 1. 16. 결정, 95 모 38; 대법원 2010. 9. 30,
   2008 도 11481; 대법원 2012. 4. 13, 2011 도 8529.
2 대법원 1985. 6. 1. 결정, 85 모 10.
3 대법원 1999. 8. 11. 결정, 99 모 93.
4 대법원 2005. 4. 14, 2003 도 1080.
5 대법원 1971. 12. 30. 결정, 70 소 3.
6 서일교 382면.
7 신동운 1688면; 신현주 806면.
8 대법원 1986. 8. 28. 결정, 86 모 15.

12　　㈐ 저작권·특허권·실용신안권·디자인권 또는 상표권을 침해한 죄로 유죄의 선고를 받은 사건에 관하여 그 권리에 대한 무효의 심결 또는 무효의 판결이 확정된 때$\binom{동조}{제6호}$　권리무효의 심결 또는 판결이 확정되면 그 권리는 처음부터 존재하지 아니한 것으로 인정되기 때문이다.

13　　㈑ 원판결·전심판결 또는 그 판결의 기초가 된 조사에 관여한 법관, 공소의 제기 또는 그 공소의 기초가 된 수사에 관여한 검사나 사법경찰관이 그 직무에 관한 죄를 지은 것이 확정판결에 의하여 증명된 때$\binom{동조}{제7호}$　'공소의 기초가 된 수사에 관여한'이란 당해 사법경찰관이 직접 피의자에 대한 조사를 담당하였을 것을 요하지 않는다. 따라서 구속통지를 하고, 사건송치를 하는 과정에서 의견서를 작성한 경우도 여기에 포함된다.[1] 직무에 관한 죄의 범위에 관하여는 형법 제 2 편 7장에 규정된 죄, 즉 뇌물수수, 불법체포·감금, 폭행·가혹행위의 죄에 제한된다는 견해[2]와 여기에 제한되지 않고 특별형법에 규정된 직무범죄도 포함된다는 견해[3]가 대립되고 있다. 그러나 법관 등이 증거서류를 위조·변조한 경우는 제 1 호에 해당하므로 여기에 포함시킬 필요가 없다. 따라서 통설인 전설이 타당하다고 해야 한다. 판례는 수사기관이 영장주의를 배제하는 위헌적 법령$\binom{예컨대 위헌·무효 결정}{이 난 긴급조치 제9호[4]}$에 따라 영장 없는 체포·구금을 한 경우에도 불법체포·감금의 직무범죄가 인정되는 경우에 준하는 것으로 보아 제 7 호의 재심사유가 있다고 보아야 한다고 판시하였다.[5] 다만, 원판결의 선고 전에 법관·검사 또는 사법경찰관에 대하여 공소가 제기되었을 경우에는 원판결의 법원이 그 사유를 알지 못한 때로 한정한다$\binom{동조 제7}{호 단서}$.

　　위의 이유들은 확정판결에 의하여 증명되지 않으면 안 된다. 확정판결은 제 4 호의 경우 이외에는 형사확정판결에 제한된다. 형사의 확정판결이란 반드시 유죄판결임을 요하지 않고, 구성요건에 해당하는 사실이 증명된 때에는 위법성 또는 책임이 조각된다는 이유로 무죄판결이 선고된 경우도 포함된다고 해야 한다. 확정판결에 의하여 증명될 것을 요하므로 단순히 위증고소사건이 수사 중이

1　대법원 2006. 5. 11. 결정, 2004 모 16.
2　송광섭 897면; 신현주 806면.
3　김재환 999면; 신동운 1689면; 신양균/조기영 1225면; 이창현 1299면; 임동규 834면.
4　대법원 2013. 4. 18(전원합의체결정), 2011 초기 689.
5　대법원 2018. 5. 2 결정, 2015 모 3243.

라는 사실만으로는 재심사유가 될 수 없다.[1]

⑵ 신증거에 의한 재심이유

원판결의 사실인정에 변경을 가하여야 할 새로운 증거의 발견을 재심이유로 하는 경우이다.

1) 제420조 5호의 의의   형사소송법 제420조 5호는 유죄의 선고를 받은 자   14
에 대하여 무죄 또는 면소를, 형의 선고를 받은 자에 대하여 형의 면제 또는 원판결이 인정한 죄보다 가벼운 죄를 인정할 명백한 증거가 새로 발견된 때를 재심이유로 규정하고 있다. 전형적인 nova형의 재심이유를 규정한 것으로서 재심이유 가운데 가장 중요한 의미를 가지는 것이다.

유죄의 선고를 받은 자에 대하여 무죄 또는 면소를 선고할 경우에 제한하고   15
있으므로 공소기각의 판결을 선고할 경우는 포함되지 않는다.[2] 입법론으로는 이 경우에도 재심을 인정하는 것이 타당하다고 생각된다.[3] 형의 면제는 필요적 면제만을 의미하고 임의적 면제의 경우는 포함하지 않는다.[4] 가벼운 죄란 법정형이 가벼운 다른 죄를 말하며, 양형의 자료에 변동을 가져오는 데 지나지 않는 것은 포함되지 않는다.[5]

> 따라서 심신미약이나 종범과 같은 형의 감경사유가 인정될 뿐인 경우는 물론, 자수사실을 인정하지 않았다거나(대법원 1967. 9. 26. 결정, 66 모 50) 정상참작사실을 주장하는 것만으로는 여기에 해당하지 않는다(대법원 1962. 2. 28. 결정, 4294 형재항 16).

증거에 대하여는 증거능력 있는 증거만을 의미한다는 견해[6]도 있으나, 엄격   16
한 증명을 필요로 하는 사실에 관한 증거는 증거능력 있는 증거임을 요하지만 자유로운 증명으로 충분한 사실에 관한 증거는 증거능력 있는 증거임을 요하지 않는다고 해석하는 것이 타당하다.[7] 명백한 증거가 새로 발견되었을 것을 요하는

---

1 대법원 1972. 10. 31, 72 도 1914.
2 대법원 1986. 8. 28. 결정, 86 모 15; 대법원 1997. 1. 13. 결정, 96 모 51.
3 신동운 1681면; 신양균/조기영 1180면; 이은모/김정환 883 – 884면은 제420조 5호의 유추해석에 의하여 이 경우에도 재심이 인정된다고 해석한다.
4 대법원 1984. 5. 30. 결정, 84 모 32.
5 대법원 1960. 9. 23. 결정, 4293 형항 24; 대법원 2007. 7. 12, 2007 도 3496; 대법원 2017. 11. 9, 2017 도 14769.
6 김기두 333면; 백형구 강의, 875면.
7 신양균 1091면; 신현주 808면; 임동규 836면; 정웅석/최창호/김한균 870면.

점에서 증거의 신규성과 증거의 명백성에 대한 기준이 문제된다.

17   **2) 증거의 신규성**   증거의 신규성이란 증거가 새로 발견되었을 것을 요한다는 것을 의미한다. 증거의 신규성이 원판결 당시 존재하였으나 후에 발견된 증거뿐만 아니라 원판결 후에 생긴 증거 및 원판결 당시 그 존재를 알았으나 조사가 불가능하였던 증거에 대하여도 인정된다는 점에는 문제가 없다.

> 대법원도 일관하여 「증거가 새로 발견된 때라 함은 확정된 원판결의 소송절차에서 발견되지 못하였거나 또는 발견되었다 하더라도 이를 제출할 수 없었던 증거를 제출 또는 조사가 가능하게 된 경우를 말한다」고 판시하고 있으며,[1] 형벌에 관한 법령이 당초부터 헌법에 위반되어 법원에서 위헌·무효라고 선언한 때에도 이에 해당한다고 판시하였다.[2]

18   문제는 증거의 신규성을 누구를 기준으로 판단할 것인가에 있다. 증거가 법원에 대하여 신규일 것을 요한다는 점에는 이론이 없다. 따라서 원판결에서 실질적 판단을 거친 증거와 동질의 증거는 새로운 증거라고 할 수 없다.

> 그러므로 이미 원판결의 증거가 되었던 자백을 번복하는 경우(대법원 1967. 5. 15. 결정, 67 모 30)는 물론, 원판결법원에서 증언한 증인이 증언을 번복한다는 것만으로는 새로운 증거라고 할 수 없으므로 제 2 호에 의하여 증언이 허위임이 증명된 경우가 아니면 재심이유가 될 수 없다(대법원 1972. 10. 6. 결정, 72 모 66; 대법원 1984. 2. 20. 결정, 84 모 2).

19   법원 이외에 당사자에 대하여도 신규일 것을 요하는가에 대하여는 견해가 대립되고 있다. ① **필요설**은 신규성은 법원뿐만 아니라 청구하는 당사자에게도 새로울 것을 요한다고 한다.[3] 제 5 호의 문리해석에 적합할 뿐만 아니라 유죄판결을 선고받은 자의 이익을 위한 비상구제절차인 재심의 취지에 비추어 허위의 진술을 하여 유죄판결을 받은 자에 대하여도 재심을 인정하는 것은 형평과 금반언의 원칙에 반한다는 것을 이유로 한다. ② **불필요설**은 신규성이 법원에 대하여 존재하면 충분하다고 한다.[4] 재심은 제재가 아니라 무고한 사람을 구제하여 정의를 회복하기 위한 제도라는 점을 이유로 한다. 독일의 통설이 취하고 있는 태

---

1 대법원 1961. 12. 29. 결정, 4294 형항 33; 대법원 2015. 10. 29, 2013 도 14716.

2 대법원 2013. 4. 18. 결정, 2010 모 363.

3 김기두 333면; 송광섭 899면.

4 신동운 1684면; 신양균/조기영 1103면; 이주원 729면; 차용석/최용성 846면.

도[1]이다. ③ **절충설**은 당사자에 대한 신규성을 요건으로 하지는 않지만 고의 또는 과실에 의하여 제출하지 않은 증거에 대하여는 신규성을 인정할 수 없다고 한다.[2] 판례가 취하고 있는 태도[3]이다. 생각건대 재심의 근본취지가 사실오인으로 인하여 무고하게 처벌받은 피고인을 구제하는 데 있는 점에 비추어 법원에 대하여 신규성이 인정되면 충분하다고 해석하는 불필요설이 타당하다고 생각된다. 법원에 대한 신규성은 법원에 제출되지 않은 증거뿐만 아니라 당사자의 증거신청에 대하여 법원이 기각결정을 한 경우에도 인정된다.[4]

3) 증거의 명백성   증거의 명백성, 즉 명백한 증거란 새로운 증거가 확정판결을 파기할 고도의 가능성 내지 개연성이 인정되는 것을 말한다.[5] 즉 새로운 증거의 증거가치가 확정판결이 그 사실인정의 자료로 한 증거보다 경험칙이나 논리칙상 객관적으로 우위에 있다고 인정될 것을 요한다.[6] 새로운 증거의 증거가치가 객관적으로 우위일 것을 요하므로 법관의 자유심증에 의한 증거가치판단의 대상에 지나지 않는 것은 명백한 증거에 해당한다고 할 수 없다.[7] 이러한 의미에서 진술서 또는 증언확인서를 제출하거나 증인신문을 구하는 것은 증거의 명백   20

---

1 Gössel S. 327; Peters S. 672; Roxin S. 362; Stackelberg KK § 359, Rn. 24.

2 백형구 634면, 강의 876면; 서일교 383면; 신현주 810면. 고의로 제출하지 않은 경우에 한하여 신규성을 부정하는 견해도 있다(이창현 1317면).

3 대법원 2009. 7. 16(전원합의체결정), 2005 모 472, 「형사소송법 제420조 제5호에 정한 무죄 등을 인정할 '증거가 새로 발견된 때'란 재심대상이 되는 확정판결의 소송절차에서 발견되지 못하였거나 또는 발견되었다 하더라도 제출할 수 없었던 증거를 새로 발견하였거나 비로소 제출할 수 있게 된 때를 말한다. 증거의 신규성을 누구를 기준으로 판단할 것인지에 대하여 위 조항이 그 범위를 제한하고 있지 않으므로 그 대상을 법원으로 한정할 것은 아니다. 그러나 재심은 당해 심급에서 또는 상소를 통한 신중한 사실심리를 거쳐 확정된 사실관계를 재심사하는 예외적인 비상구제절차이므로, 피고인이 판결확정 전 소송절차에서 제출할 수 있었던 증거까지 거기에 포함된다고 보게 되면, 판결의 확정력이 피고인이 선택한 증거제출시기에 따라 손쉽게 부인될 수 있게 되어 형사재판의 법적 안정성을 해치고, 헌법이 대법원을 최종심으로 규정한 취지에 반하여 제4심으로서의 재심을 허용하는 결과를 초래할 수 있다. 따라서 피고인이 재심을 청구한 경우 재심대상이 되는 확정판결의 소송절차 중에 그러한 증거를 제출하지 못한 데 과실이 있는 경우에는 그 증거는 위 조항에서의 '증거가 새로 발견된 때'에서 제외된다고 해석함이 상당하다.」
 동지: 대법원 1966. 6. 11. 결정, 66 모 24; 대법원 1999. 8. 11. 결정, 99 모 93; 대법원 2010. 10. 14, 2009 도 4894

4 Stackelberg KK § 359, Rn. 24; Peters, a.a.O. S. 118.

5 Gössel S. 328; Meyer-Goßner § 359, Rn. 37; Stackelberg KK § 359, Rn. 28.

6 대법원 1971. 8. 31, 71 도 1186; 대법원 1972. 5. 30. 결정, 72 소 5; 대법원 1980. 9. 10. 결정, 80 모 24; 대법원 1983. 5. 26. 결정, 83 모 26; 대법원 1986. 8. 8. 결정, 86 모 31; 대법원 1990. 2. 19. 결정, 88 모 38.

7 대법원 1962. 9. 17. 결정, 62 모 8; 대법원 1984. 6. 14. 결정, 84 모 23; 대법원 1999. 8. 11. 결정, 99 모 93.

성이 없다고 하지 않을 수 없다.[1] 명백성은 새로운 증거에 의하여만 판단할 것이 아니라 기존의 구증거를 포함하여 종합적으로 판단하지 않으면 안 된다(**종합평가설**). 판례는 종래 신증거 자체의 객관적 우위성을 요구함으로써 **단독평가설의** 입장을 취하였으나,[2] 전원합의체판결에 의하여 그 태도를 변경하고 종합평가설을 지지하고 있다.[3] 구체적으로 종합평가를 함에 있어서는, 구증거에 대한 증거평가에 대한 원판결법원의 심증에 구속되어 판단하거나(심증인계설), 구증거 가운데 새로 발견된 증거와 유기적으로 밀접하게 관련되고 모순되는 것만을 함께 고려하여 판단할(제한적 종합평가설 또는 제한평가설)[4] 것이 아니라, 모든 구증거를 함께 고려하여 판단해야 할 것이다(전면적 종합평가설 또는 재평가설).[5]

21　　　증거의 명백성의 판단에 있어서 in dubio pro reo의 법칙이 적용된다는 견해도 있다.[6] 재심에 관하여 in dubio pro reo의 원칙을 적용할 때에는 형사소송법 제420조의 「무죄의 판결을 받을 명백한 증거」는 「확정판결의 사실인정에 의심을 일으킬 정도의 증거」로 충분하게 된다. 그러나 명백성의 판단에 in dubio pro reo의 법칙을 적용하는 것은 증거의 명백성을 요구하는 취지에 반한다고 하지 않을 수 없다.

22　　　공범자 사이에 유죄와 무죄의 모순된 판결이 있는 경우에 무죄판결에 대하여 증거의 명백성을 인정할 것인가에 대하여도 견해가 대립되고 있다. **부정설**은 무죄판결이 증거자료가 동일한 경우에는 증거의 증명력의 문제에 지나지 않으므로 무죄를 인정할 명백한 증거가 될 수 없다고 함에 반하여,[7] **긍정설**은 형벌법규의 해석의 차이로 인한 것이 아니라 사실인정에 관하여 결론을 달리한 때에는 모순판결을 명백한 증거라고 보아야 한다고 주장한다.[8] 생각건대 무죄판결이 새로운 증거라고 볼 수 있는 때에는 재심이유에 포함시켜야 할 것이므로 긍정설이 타

1　대법원 1962. 6. 21. 결정, 4294 형재 17; 대법원 1962. 7. 16. 결정, 62 소 4; 대법원 1964. 4. 10. 결정, 63 모 19.

2　대법원 1995. 11. 8. 결정, 95 모 67; 대법원 1999. 8. 11. 결정, 99 모 93.

3　대법원 2009. 7. 16(전원합의체결정), 2005 모 472.

4　임동규 812면.

5　백형구 395면, 강의 877면; 신동운 1686면; 신현주 811면; 이주원 732면; 이창현 1318면; 차용석/최용성 842면.

6　강구진 602면; 차용석/최용성 842면.

7　신동운 1685면; 신현주 812면.

8　노명선/이완규 640면; 백형구 강의, 876면; 손동권/신이철 791면; 신양균/조기영 1107면; 차용석/최용성 844면.

당하다. 한편 법령의 개폐나 새로운 법률해석에 따른 것이면 명백한 증거에 해당하지 않지만 무죄판결에 사용된 증거가 다른 공범자에 대해 먼저 확정된 유죄판결을 파기할 만한 개연성이 있는 경우에는 명백한 증거에 해당한다는 주장(이분설)도 있으나,[1] 긍정설 또한 공범자의 무죄판결 자체가 아니라 사용된 증거의 명백성을 대상으로 하는 것이므로 양설의 실제적인 차이는 없다. 판례도 종래 부정설을 따르고 있었으나,[2] 그 후 증거의 명백성을 인정할 수 있다는 취지로 판시하고 있다.[3]

2. 상소기각의 확정판결에 대한 재심이유

항소 또는 상고의 기각판결에 대하여는 제420조 1호·2호·7호의 사유가 있 23
는 경우에 한하여 그 선고를 받은 자의 이익을 위하여 재심을 청구할 수 있다 (제421조 1항). 원심의 유죄판결 자체에 재심사유가 없는 경우에도 상소기각판결에 대하여는 재심사유가 있는 경우가 있을 수 있으므로 상소를 기각한 판결의 확정력을 제거하여 소송을 상소심에 계속된 상태로 복원시킴으로써 사건의 실체에 관하여 다시 심판할 수 있게 한 것이다. 여기서 항소 또는 상고를 기각한 판결이란 항소 또는 상고기각의 판결에 의하여 확정된 1심 또는 항소심 판결을 의미하는 것이 아니라, 항소기각 또는 상고기각의 판결 자체를 의미한다.[4] 재심이유는 제420조 1호·2호·7호의 사유에 제한되므로 범죄사실에 관하여 증거에 의한 사실인정을 하지 않았던 상고심 판결에 대하여 원판결 후 진범인이 검거되어 공판진행중이라는 사유를 내세워 재심청구를 할 수 없다.[5] 또 막연하게 공소제기가 허위이며 증거서류가 날조되었다고 하는 것도 재심청구사유가 되지 못한다.[6]

그러나 제 1 심 확정판결에 대한 재심청구사건의 판결이 있은 후에는 항소기 24
각판결에 대하여 다시 재심을 청구하지 못하며(동조 제2항), 제 1 심 또는 제 2 심의 확

---

1 정승환 § 72/30.
2 대법원 1960. 5. 13. 결정, 4292 형재 5; 대법원 1961. 8. 16. 결정, 4294 형재 2.
3 대법원 1984. 4. 13. 결정, 84 모 14, 「당해 사건의 증거가 아니고 공범자 중 1인에 대하여는 무죄, 다른 1인에 대하여는 유죄의 확정판결이 있는 경우에 무죄확정판결의 증거자료를 자기의 증거자료로 하지 못하였고 또 새로 발견된 것이 아닌 한 무죄확정판결 자체만으로는 유죄확정판결에 대한 새로운 증거로서의 재심사유에 해당한다고 할 수 없다.」
4 대법원 1984. 7. 27. 결정, 84 모 48.
5 대법원 1986. 5. 14. 결정, 86 소 1.
6 대법원 1985. 10. 10. 결정, 85 소 5.

정판결에 대한 재심청구사건의 판결이 있은 후에는 상고기각판결에 대하여 다시 재심을 청구하지 못한다(동조). 이 경우에는 상소기각판결에 대한 재심의 청구가 종전의 재심판결로 목적을 달성할 수 있고, 재심판결에 대하여 상소를 제기할 수 있기 때문이다. 다만, 하급심의 확정판결에 대하여 재심청구를 기각하는 결정이 있었던 경우에는 상소기각의 확정판결에 대하여도 재심의 청구를 할 수 있다고 해야 한다.[1]

3. 확정판결에 대신하는 증명

25   확정판결로써 범죄가 증명됨을 재심청구의 이유로 할 경우에 그 확정판결을 얻을 수 없는 때에는 그 사실을 증명하여 재심의 청구를 할 수 있다. 다만, 증거가 없다는 이유로 확정판결을 얻을 수 없는 때에는 예외로 한다(제422조). 확정판결을 얻을 수 없다는 것은 유죄판결의 선고를 할 수 없는 사실상 또는 법률상의 장애가 있는 경우를 말한다.

예컨대 범인이 사망하였거나 행방불명이 된 경우, 범인이 현재 심신상실상태에 있는 경우, 공소시효가 완성된 경우, 사면이 있었던 경우, 범인을 기소유예처분한 경우 및 고소인의 재정신청에 대하여 고등법원이 검사의 기소유예처분이 정당하다는 이유로 재정신청 기각결정을 한 경우(대법원 1997. 2. 26. 결정, 96 모 123; 대법원 2006. 5. 11. 결정, 2004 모 16)가 여기에 해당한다. 검사가 범죄의 혐의가 없다는 이유로 불기소처분을 한 때에도 여기에 해당하는 경우가 있을 수 있다.

Ⅲ. 재심개시절차

1. 재심의 관할

26   재심의 청구는 원판결의 법원이 관할한다(제423조). 여기서 원판결이란 재심청구인이 재심이유가 있다고 하여 재심청구의 대상으로 하고 있는 그 판결을 말한다.[2] 따라서 재심청구인이 제 1 심 판결을 재심청구의 대상으로 하는 경우에는 제 1 심법원이, 상소기각판결을 대상으로 하는 경우에는 상소법원이 재심청구사건을 관할한다. 따라서 항소심에서 파기된 제 1 심 판결에 대해서는 재심청구가 허

---

1 강구진 604면; 김기두 334면.
2 대법원 1976. 5. 3. 결정, 76 모 19; 대법원 1986. 6. 12. 결정, 86 모 17.

용되지 않는다.[1] 그러나 대법원이 제2심 판결을 파기하고 자판한 판결에 대한 재심청구는 원판결을 선고한 대법원에 하여야 한다.[2]

　　군사법원에서 판결이 확정된 후 군에서 제적된 자에 대하여는 군사법원에 재판권이 없으므로 같은 심급의 일반법원에 관할권이 있다고 해야 한다[대법원 1981. 11. 24. 결정, 81 초 69; 대법원 1985. 9. 24(전원합의체판결), 84 도 2972]. 여기서 군사법원과 같은 심급의 일반법원은 법원조직법과 형사소송법에 규정된 추상적 기준에 따라 획일적으로 결정하여야 한다(대법원 2020. 6. 26. 결정, 2019 모 3197). 군사법원이 재판권이 없음에도 재심개시결정을 한 후에 사건을 일반법원으로 이송하는 것은 위법하지만, 군사법원법 제2조 3항 후문이 "이 경우 이송 전에 한 소송행위는 이송 후에도 그 효력에 영향이 없다."고 규정하고 있으므로, 사건을 이송받은 일반법원으로서는 다시 처음부터 재심개시절차를 진행할 필요는 없고 군사법원의 재심개시결정을 유효한 것으로 보아 후속 절차를 진행할 수 있다[대법원 2015. 5. 21(전원합의체판결), 2011 도 1932].

2. 재심의 청구

(1) 재심청구권자

재심의 청구권자는 다음과 같다(제424조).

1) 검　　사　　　검사는 공익의 대표자로서 유죄의 선고를 받은 자의 이익을 　27
위하여 재심을 청구할 수 있다(동조 제1호). 법관·검사 또는 사법경찰관의 직무상 범죄를 이유로 하는 재심의 청구는 유죄의 선고를 받은 자가 그 죄를 범하게 한 경우에는 검사가 아니면 청구하지 못한다(제425조). 검사는 유죄의 선고를 받은 자의 의사에 반하여도 재심을 청구할 수 있다.

2) 유죄의 선고를 받은 자　　　유죄의 선고를 받은 자와 그 법정대리인도 재심　28
을 청구할 수 있다(동조 제2호·제3호). 본인이 사망하거나 심신장애가 있는 경우에는 그 배우자·직계친족 또는 형제자매가 청구할 수 있다(동조 제4호).

검사 이외의 자가 재심의 청구를 하는 경우에는 변호인을 선임할 수 있다(제426조 1항). 이 경우에 변호인도 대리권에 의하여 재심을 청구할 수 있음은 물론이다.[3] 변호인의 선임은 재심의 판결이 있을 때까지 효력이 있다(동조 제2항). 따라서 재심판결이 있은 후 상소하는 경우에는 심급마다 변호인을 선임하여야 한다.

1　대법원 2004. 2. 13. 결정, 2003 모 464.
2　대법원 1961. 12. 4. 결정, 4294 형항 20.
3　대법원 1956. 4. 27. 결정, 4288 형재항 10.

(2) 재심청구의 기간

29   재심청구의 시기에는 제한이 없다.[1] 즉 재심의 청구는 형의 집행을 종료하거나 형의 집행을 받지 아니하게 된 때에도 할 수 있다($\frac{제427}{조}$). 따라서 유죄의 선고를 받은 자가 사망한 때에도 재심청구를 할 수 있다. 이 경우에도 명예회복의 이익이 있고 무죄판결을 받는 경우의 판결의 공시($\frac{제440}{조}$), 형사보상 및 집행된 벌금, 몰수된 물건 또는 추징금액의 환부와 같은 법률적 이익이 있기 때문이다. 형의 선고가 효력을 잃은 경우에도 재심청구가 가능하다.

(3) 재심청구의 방식

30   재심의 청구를 함에는 재심청구의 취지 및 재심청구의 이유를 구체적으로 기재한 재심청구서에 원판결의 등본 및 증거자료를 첨부하여 관할법원에 제출하여야 한다($\frac{규칙 제}{166조}$). 따라서 원판결의 판결문 등본을 첨부하지 아니한 재심청구는 재심의 청구가 법률상의 방식에 위반한 경우에 해당하므로 결정에 의하여 기각되지 않을 수 없다($\frac{제433}{조}$). 재소자는 재심청구서를 교도소장에게 제출하면 재심을 청구한 것으로 간주된다($\frac{제430}{조}$).

(4) 재심청구의 효과

31   재심의 청구에는 형의 집행을 정지하는 효력이 없다. 다만 관할법원에 대응한 검찰청 검사는 재심청구에 대한 재판이 있을 때까지 형의 집행을 정지할 수 있다($\frac{제428}{조}$).

(5) 재심청구의 취하

32   재심의 청구는 취하할 수 있다($\frac{제429조}{1항}$). 재심청구의 취하는 서면으로 하여야 한다. 다만 공판정에서는 구술로 할 수 있고, 구술로 재심청구를 취하한 때에는 그 사유를 조서에 기재하여야 한다($\frac{규칙 제}{167조}$). 재소자가 교도소장에게 취하서를 제출한 때에 재심청구를 취하한 것으로 간주된다($\frac{제430조; 규칙}{제168조}$).

33   재심청구를 취하할 수 있는 시기에 관하여는 재심개시결정이 있을 때까지라는 견해와 재심의 제 1 심 판결선고 시라는 견해가 있다. 생각건대 ① 재심청구의 취하시기를 공소취소의 시기와 구별할 이유가 없고, ② 재심개시결정이 있은 후에도 청구를 취하할 실익이 있으며, ③ 재심판결의 선고에 법률상의 효과($\frac{제421조}{2항·3항,}$

---

1 대법원 2022. 6. 16. 결정, 2022 모 509, 「형사소송법은 재심청구 제기기간에 제한을 두고 있지 않으므로(제427조 참조), 법률상의 방식을 위반한 재심청구라는 이유로 기각결정이 있더라도, 청구인이 이를 보정한다면 다시 동일한 이유로 재심청구를 할 수 있다.」

$\left(\begin{smallmatrix}\text{제436}\\\text{조}\end{smallmatrix}\right)$가 인정되는 점에 비추어 후설이 타당하다고 하겠다.[1]

　재심의 청구를 취하한 자는 동일한 이유로써 다시 재심을 청구하지 못한다 $\left(\begin{smallmatrix}\text{제429조}\\\text{2항}\end{smallmatrix}\right)$.

3. 재심청구에 대한 심판

(1) 재심청구의 심리

1) **심리절차의 구조**　　　재심청구의 심리절차는 판결절차가 아니라 결정절차이 　34 므로 구두변론에 의할 필요가 없고 절차를 공개할 필요도 없다.[2] 그러나 사실조 사에 있어서 변호인의 변호활동을 부당하게 규제하거나 청구권자의 의견진술의 기회를 침해하는 것은 허용되지 않는다는 점에서 재심절차에 있어서 적정절차가 실현된다고 할 수 있다.

2) **사실조사**　　　재심청구를 받은 법원은 필요한 때에는 사실을 조사할 수 있 　35 다$\left(\begin{smallmatrix}\text{제37조}\\\text{3항}\end{smallmatrix}\right)$.[3] 법원은 필요하다고 인정한 때에는 합의부원에게 재심청구의 이유에 대한 사실조사를 명하거나 다른 법원 판사에게 이를 촉탁할 수 있다. 이 경우에 수명법관 또는 수탁판사는 법원 또는 재판장과 동일한 권한이 있다$\left(\begin{smallmatrix}\text{제431}\\\text{조}\end{smallmatrix}\right)$. 사실조 사의 범위는 재심청구인이 재심청구이유로 주장한 사실의 유무에 제한된다. 즉 재심청구의 심리에 있어서는 직권조사사항이 없다.

3) **당사자의 의견**　　　재심의 청구에 대하여 결정을 함에는 청구한 자와 상대 　36 방의 의견을 들어야 한다. 단, 유죄의 선고를 받은 자의 법정대리인이 청구한 경 우에는 유죄의 선고를 받은 자의 의견을 들어야 한다$\left(\begin{smallmatrix}\text{제432}\\\text{조}\end{smallmatrix}\right)$. 청구한 자와 상대방 의 의견을 들으면 되고 변호인의 의견을 들을 것은 요하지 않는다.[4] 의견진술의 기회를 주지 않고 청구기각의 결정을 한 경우에는 결정에 영향을 미치는 중대한 위법에 해당하므로 즉시항고의 이유가 된다.[5] 그러나 청구한 자와 상대방에게

1　백형구 강의, 881면; 신동운 1695면; 신양균/조기영 1124면; 이영란 957면; 이창현 1330면; 차용석/최용성 853면.

2　백형구 강의, 882면; 신동운 1695면; 이영란 958면.

3　소송당사자에게 사실조사신청권이 있는 것은 아니므로 신청에 대하여 재판을 할 필요가 없고, 설령 신청을 배척하더라도 당사자에게 이를 고지할 필요가 없다(대법원 2021. 3. 12. 결정, 2019 모 3554).

4　대법원 1959. 6. 12. 결정, 4291 형항 28.

5　대법원 1961. 4. 24. 결정, 4294 형재항 13; 대법원 1977. 7. 4. 결정, 77 모 28; 대법원 1983. 12. 20. 결정, 83 모 43; 대법원 2004. 7. 14. 결정, 2004 모 86.

의견진술의 기회를 주면 충분하고, 반드시 의견진술이 있을 것을 요하는 것은 아
니다.[1]

(2) 재심청구에 대한 재판

37   **1) 청구기각의 결정**   법원은 다음의 경우에 청구기각의 결정을 해야 한다.

(가) **재심청구가 부적법한 경우**   재심청구가 법률상의 방식에 위반하거나 청구
권의 소멸 후인 것이 명백한 때에는 결정으로 기각하여야 한다($제^{433}_조$). 판례는 상
고기각판결이 사실오인을 간과하였다는 취지의 재심청구는 제421조 소정의 사유
가 아닌 것을 이유로 한 재심청구이므로 법률상의 방식을 위반한 경우에 해당한
다고 하고 있다.[2]

> 재심청구인이 재심의 청구를 한 후 청구에 대한 결정이 확정되기 전에 사망한 경우
> 에 재심청구인의 배우자나 친족 등에 의한 재심청구인 지위의 승계를 인정하거나 제
> 438조와 같이 재심청구인이 사망한 경우에도 절차를 속행할 수 있는 규정이 없으므
> 로, 재심청구절차는 재심청구인의 사망으로 당연히 종료하게 된다($^{대법원\ 2014.\ 5.\ 30.}_{결정,\ 2014\ 모\ 739}$).
> 이 경우 주문은 '이 사건 재심청구절차는 (연월일) 재심청구인의 사망으로 종료하였
> 다'고 표시하면 된다.

(나) **재심청구가 이유 없는 경우**   재심의 청구가 이유 없다고 인정한 때에도
결정으로 기각하여야 한다. 이 결정이 있는 때에는 누구든지 동일한 이유로써 다
시 재심을 청구하지 못한다($제^{434}_조$). 동일한 사실의 주장인 이상 법률적 구성을 달
리하는 경우에도 다시 재심을 청구할 수 없다.

(다) **청구의 경합**   상소를 기각하는 확정판결과 이에 의하여 확정된 하급심의
판결에 대하여 재심의 청구가 있는 경우에 하급법원이 재심의 판결을 한 때에는
상소기각의 판결을 한 법원은 재심청구를 기각하여야 한다($제^{436}_조$). 따라서 상소기
각의 판결을 한 법원은 제 1 심 법원 또는 항소법원의 소송절차가 종료할 때까지
소송절차를 정지하여야 한다($규칙\ 제_{169조}$).

38   **2) 재심개시결정**   재심의 청구가 이유 있다고 인정한 때에는 재심개시의 결
정을 하여야 한다($제^{435조}_{1항}$). 법원이 재심청구의 이유를 판단하는 때에는 청구한 자
의 법률적 견해에 구속받지 않는다.[3] 경합범의 일부에 대하여만 재심청구의 이

---

1 대법원 1982. 11. 15. 결정, 82 모 11.
2 대법원 1984. 1. 20. 결정, 83 소 3; 대법원 1987. 5. 27. 결정, 87 재도 4.
3 백형구 400면, 강의 883면; 신동운 1698면.

유가 있다고 인정되는 경우에 어느 범위에서 재심개시결정을 해야 하는가에 관하여, **전부설**은 경합범의 전부에 대하여 재심개시결정을 해야 한다고 한다.[1] 이에 반하여 **일부설**은 재심청구가 이유 없는 사실에 대하여도 재심개시결정을 해야 한다는 것은 타당하다고 할 수 없으므로 이론상으로 당해 범죄사실만 재심의 대상이 되고 재심의 심판에서는 형량만을 다시 정할 수 있다고 한다. 그러나 재심사유 없는 범죄사실에 관한 법령이 개정 또는 폐지된 경우를 고려하면 판결 전부에 대하여 재심개시결정을 해야 하지만 재심사유 없는 범죄사실에 대하여는 양형을 위하여 필요한 범위에서 심리할 수 있을 뿐이라고 해석하는 **절충설**이 타당하다.[2] 판례의 태도이다.[3] 재심개시의 결정을 할 때에는 결정으로 형의 집행을 정지할 수 있다(동조 제2항).

(3) 결정에 대한 불복

재심의 청구를 기각하는 결정과 재심개시결정에 대하여는 즉시항고를 할 수 있다(제437조). 따라서 재심청구의 재판은 즉시항고에 의하지 않고는 취소할 수 없다. 다만, 대법원의 결정에 대하여는 즉시항고를 할 수 없는 것이 당연하다.   39

Ⅳ. 재심심판절차

1. 재심의 공판절차

재심개시의 결정이 확정한 사건에 대하여는 법원은 그 심급에 따라 다시 심판하여야 한다(제438조 제1항). 재심개시결정이 확정된 이상 개시결정이 부당한 경우에도 법원은 심판하지 않으면 안 된다.[4] 그러나 재심청구의 대상이 될 수 없는 판결 등에 대하여 재심개시결정이 확정된 경우는 재심절차를 진행하는 법원으로서는 심판의 대상이 없어 아무런 재판을 할 수 없으므로[5] 사건을 종결지어야 한다. 「심급에 따라」란 제 1 심의 확정판결에 대한 재심의 경우에는 제 1 심의 공판절차에 따라, 항소기각 또는 상고기각의 확정판결에 대하여는 항소심 또는 상고심의   40

---

1 백형구 400면, 강의 883면; 정영석/이형국 517면.
2 손동권/신이철 794면; 신동운 1698면.
3 대법원 1996. 6. 14, 96 도 477; 대법원 2010. 10. 29(전원합의체결정), 2008 재도 11; 대법원 2014. 11. 13, 2014 도 10193; 대법원 2017. 3. 22, 2016 도 9032; 대법원 2021. 7. 8, 2021 도 2738.
4 대법원 1960. 10. 7, 4293 형상 307; 대법원 2004. 9. 24, 2004 도 2154; 대법원 2013. 7. 11, 2011 도 14044.
5 대법원 2013. 4. 11, 2011 도 10626; 대법원 2013. 6. 27, 2011 도 7931.

절차에 따라 심판한다는 것을 의미한다. 따라서 재심의 판결에 대하여는 일반원
칙에 따라 상소가 허용된다. 재심심판절차는 원판결의 당부를 심사하는 종전 소
송절차의 후속절차가 아니라 사건 자체를 처음부터 다시 심판하는 완전히 새로운
소송절차이다.[1] 따라서 심리결과 원판결과 동일한 결론에 도달한 경우에도 사건
에 대하여 판결하여야 한다. 재심의 심판에서 범죄사실에 적용하여야 할 법령은
재심판결 당시의 법령이고, 재심대상판결 당시의 법령이 변경된 경우 법원은 그
범죄사실에 대하여 재심판결 당시의 법령을 적용하여야 하며,[2] 법령을 해석함에
있어서도 재심판결 당시를 기준으로 하여야 한다.[3]

2. 재심심판절차의 특칙

재심의 심판에 대하여는 그 심급의 공판절차에 관한 규정이 적용된다. 다만
재심의 특수성에 비추어 특칙이 인정되고 있다.

(1) 공판절차의 정지와 공소기각의 결정

41   사망자 또는 회복할 수 없는 심신장애인을 위하여 재심의 청구가 있는 때,
유죄의 선고를 받은 자가 재심의 판결 전에 사망하거나 회복할 수 없는 심신장애
인으로 된 때에는 공판절차정지($^{제306조}_{1항}$)와 공소기각의 결정($^{제328조}_{1항 2호}$)에 관한 규정은
적용되지 아니한다($^{제438조}_{2항}$). 이 경우에는 피고인이 출정하지 아니하여도 심판을 할
수 있다. 다만, 변호인이 출정하지 아니하면 개정하지 못한다($^{동조}_{제3항}$). 이러한 의미
에서 필요적 변론에 해당한다고 할 수 있다. 따라서 재심을 청구한 자가 변호인
을 선임하지 아니한 때에는 재판장은 직권으로 변호인을 선임하여야 한다($^{동조}_{제4항}$).

(2) 공소취소와 공소장변경

42   제 1 심 판결이 선고되어 확정된 이상 재심소송절차에서 공소취소를 할 수는
없다.[4] 재심의 공판절차에서 공소장변경이 허용된다는 견해[5]도 있다. 그러나 원
판결의 죄보다 중한 죄를 인정하기 위한 공소사실의 추가·변경은 허용되지 않는
다고 해석하여야 한다.[6] 판례도 특별한 사정이 없는 한 별개의 공소사실을 추가

---

1 대법원 2015. 5. 14, 2014 도 2946; 대법원 2018. 2. 28, 2015 도 15782.

2 대법원 2011. 1. 20(전원합의체판결), 2008 재도 11; 대법원 2013. 7. 11, 2011 도 14044.

3 대법원 2011. 10. 27, 2009 도 1603; 대법원 2013. 7. 25, 2011 도 6380.

4 대법원 1976. 12. 28, 76 도 3203.

5 백형구 402면, 강의 885면; 신양균/조기영 1134면.

6 임동규 851면; 정승환 § 71/34.

하는 공소장변경은 허용되지 않고, 재심대상사건에 일반 절차로 진행 중인 별개의 사건을 병합하여 심리할 수 없다고 한다.[1]

3. 재심의 재판

(1) 불이익변경의 금지

재심에는 원판결의 형보다 무거운 형을 선고하지 못한다($\substack{제439\\조}$).[2] 검사가 재심을 청구한 경우에도 불이익변경이 금지된다. 유죄판결을 받은 자의 이익을 위한 재심만을 인정하고 있는 당연한 결론이다.
43

(2) 무죄판결의 공시

재심에서 무죄의 선고를 한 때에는 그 판결을 관보와 그 법원소재지의 신문지에 기재하여 공고하여야 한다($\substack{제440조\\본문}$). 다만, 재심에서 무죄의 선고를 받은 사람($\substack{제424조\ 1호\ 내지\ 3호의\ 재심\\청구권자가\ 재심을\ 청구한\ 때}$)이나 재심을 청구한 사람($\substack{제424조\\4호}$)이 이를 원하지 아니하는 의사를 표시한 경우에는 그러하지 아니하다($\substack{제440조\\단서}$). 유죄의 선고를 받은 자의 명예회복을 위한 조치이다. 조속한 명예회복을 위하여 무죄의 선고가 있으면 공시할 수 있다는 견해[3]도 있으나, 재심의 성격상 무죄가 확정되어야 공시할 수 있다.
44

(3) 재심판결과 원판결의 효력

재심판결이 확정된 때에는 원판결은 당연히 그 효력을 잃는다.[4] 원판결의 효력 상실은 재심의 본질상 당연한 것으로서, 그로 인하여 피고인이 어떠한 불이
45

---

1 대법원 2019. 6. 20(전원합의체판결), 2018 도 20698.

2 경합범 관계에 있는 수 개의 범죄사실을 유죄로 인정하여 한 개의 형을 선고한 불가분의 확정판결에서 그중 일부의 범죄사실에 대하여만 재심청구의 이유가 있는 것으로 인정되었으나 그 판결 전부에 대하여 재심개시의 결정을 한 경우, 재심법원은 재심사유가 없는 범죄에 대하여는 새로이 양형을 하여야 하는 것이므로 이를 헌법상 이중처벌금지의 원칙을 위반한 것이라고 할 수 없고, 다만 불이익변경의 금지 원칙이 적용된다(대법원 2018. 2. 28, 2015 도 15782).

3 임동규 852면; 정승환 § 72/36.

4 대법원 2019. 6. 20(전원합의체판결), 2018 도 20698, 「재심개시결정이 확정되어 법원이 그 사건에 대해 다시 심리를 한 후 재심의 판결을 선고하고 그 재심판결이 확정된 때에 종전의 확정판결이 효력을 상실한다. (중략) 상습범으로 유죄의 확정판결을 받은 사람이 그 후 동일한 습벽에 의해 범행을 저질렀는데 유죄의 확정판결에 대하여 재심이 개시된 경우, 동일한 습벽에 의한 후행범죄가 재심대상판결에 대한 재심판결 선고 전에 저지른 범죄라 하더라도 재심판결의 기판력이 후행범죄에 미치지 않는다. (중략) 재심대상판결을 전후하여 범한 선행범죄와 후행범죄의 일죄성은 재심대상판결에 의하여 분단되어 동일성이 없는 별개의 상습범이 된다. 그러므로 선행범죄에 대한 공소제기의 효력은 후행범죄에 미치지 않고 선행범죄에 대한 재심판결의 기판력은 후행범죄에 미치지 않는다. (중략) 후행범죄가 그 재심대상판결에 대한 재심판결 확정 전에 범하였다 하더라도 아직 판결을 받지 아니한 후행범죄와 재심판결이 확정된 선행범죄 사이에는 (형법 제37조) 후단 경합범이 성립하지 않는다.」
  동지: 대법원 2019. 7. 25, 2016 도 756.

익을 입는다 하더라도 이를 두고 재심에서 보호되어야 할 피고인의 법적 지위를
해치는 것이라고 볼 수 없다.[1] 재심판결이 확정되었다 하여 원판결에 의한 형의
집행이 무효로 되는 것은 아니다. 따라서 원판결에 의한 자유형의 집행은 재심판
결의 자유형에 통산된다.

§61   제 2 절   비상상고

Ⅰ. 비상상고의 의의

1   비상상고란 확정판결에 대하여 그 심판의 법령위반을 이유로 허용되는 비상
구제절차를 말한다. 확정판결에 대한 구제절차인 점에서 미확정판결에 대한 시정
제도인 상소, 특히 상고와 구별된다. 또한 비상상고는 법령위반을 이유로 하는
비상구제절차인 점에서 사실인정의 잘못을 이유로 하는 재심과 구별된다. 따라서
비상상고는 재심과는 달리 신청권자가 검찰총장에 제한되고 관할법원은 대법원
이며, 판결의 효력은 원칙적으로 피고인에게 미치지 않는다는 점에 특색이 있다.

2   비상상고는 법령 적용의 오류를 시정함으로써 법령의 해석·적용의 통일을
주된 목적으로 하는 제도이다.[2] 여기서 법령의 해석·적용의 통일이란 법령해석
에 이견이 있는 경우에 그 통일을 기한다는 것이 아니라 원확정판결에 구체적인
법령의 해석과 적용의 잘못이 있는 경우에 정당한 법령의 해석·적용을 선언하는
것을 의미하며, 그 잘못이 피고인에게 불이익한 때에는 피고인을 구제하는 기능
도 함께 가지고 있다. 이러한 의미에서 비상상고는 법령의 해석·적용의 통일과
함께 피고인의 불이익을 구제하기 위한 제도라고 할 수 있다.

3   비상상고의 목적인 법령의 해석·적용의 통일과 피고인 구제의 관계에 관하
여는 비상상고의 연혁과 관련하여 견해가 일치하지 않는다. 비상상고가 프랑스법
에서 유래한다는 점에는 이론이 없다. 구체적으로는 비상상고가 「**법률의 이익을**

---

1 대법원 2018. 2. 28, 2015 도 15782(재심대상판결의 집행유예기간이 경과하였음에도 재심판
   결에서 벌금형을 선고한 사안); 대법원 2019. 2. 28, 2018 도 13382(재심대상판결에서 정한
   집행유예의 기간 중 A죄로 징역 6월을 선고받아 그 판결이 확정됨으로써 위 집행유예가 실
   효되고 피고인에 대하여 유예된 형이 집행되었는데, 재심판결인 원심판결에서 새로이 형을
   정하고 원심판결 확정일을 기산일로 하는 집행유예를 다시 선고한 사안).
2 대법원 2017. 6. 15, 2017 오 1; 대법원 2021. 3. 11, 2018 오 2.

위한 상고」에서 유래한다는 견해가 있다.[1] 법률의 이익을 위한 상고란 파기이유가 있음에도 불구하고 확정된 판결을 검찰총장의 신청에 의하여 파기하는 제도로서 당사자에 대하여는 아무런 효과도 인정되지 않으며, 따라서 이는 「재판의 옷을 입은 학설」에 지나지 않는다. 이에 의하면 비상상고는 법령의 해석·적용의 통일을 목적으로 하며 피고인의 구제는 부수적으로 인정되는 데 불과하다고 한다. 이에 대하여 비상상고가 「공익을 위한 상고」에서 유래한다고 하거나 법률의 이익을 위한 상고와 공익을 위한 상고의 양자에서 유래한다고 보는 견해[2]는 법령의 해석·적용의 통일과 함께 피고인의 구제 또한 비상상고의 중요한 임무로 파악하고 있다. 공익을 위한 상고란 검찰총장이 재판상의 절차 또는 판결의 법령위반을 이유로 파기법원의 형사부에 확정판결의 파기를 신청하여 이를 파기하는 제도로서, 파기판결은 피고인의 이익을 위하여 효과가 인정되는 제도이기 때문이다. 생각건대 비상상고가 이유 있는 경우에 원판결이 피고인에게 불이익한 때에는 피고사건에 대하여 다시 판결해야 할 뿐만 아니라, 피고인의 이익이 부당하게 침해되는 것은 법의 이념인 정의의 요청에 반한다고 할 것이므로 비상상고는 법령의 해석·적용의 통일과 함께 피고인의 구제를 목적으로 하는 제도라고 이해하는 것이 타당하다.

II. 비상상고의 대상

비상상고의 대상은 모든 확정판결이다. 재심의 경우와는 달리 유죄의 확정판결에 제한되지 않는다. 따라서 공소기각·관할위반·면소의 형식재판도 비상상고의 대상이 된다. 심급의 여하도 묻지 않는다. 확정된 약식명령과 즉결심판도 확정판결과 동일한 효력을 가지므로 비상상고의 대상이 된다. 상고기각의 결정에 대하여도 비상상고가 허용된다.[3] 상고기각의 결정은 판결은 아니지만 그 사건에 대한 종국적인 재판이기 때문이다. 당연무효의 판결도 비상상고의 대상이 된다. 판결이 당연무효라 할지라도 판결은 확정되어 존재하므로 비상상고에 의하여 당연무효를 확인할 필요가 있기 때문이다.[4] 그러나 상급심의 파기판결에 의해 효

4

1 김재환 1016면; 신동운 1705면; 신현주 825면; 임동규 854면; 차용석/최용성 864면.

2 백형구 강의, 887면; 정영석/이형국 522면.

3 대법원 1963. 1. 10, 62 오 4.

4 김재환 1017면; 백형구 강의, 888면; 송광섭 916면; 신동운 1705면; 신양균/조기영 1139면;

력을 상실한 재판은 비상상고의 대상이 될 수 없다.[1] 이미 효력을 상실한 재판의 법령위반 여부를 다시 심사하는 것은 무익할 뿐만 아니라, 법령의 해석·적용의 통일을 도모하려는 비상상고제도의 주된 목적과도 부합하지 않기 때문이다.

Ⅲ. 비상상고의 이유

5 비상상고의 이유는 사건의 심판이 법령에 위반한 때이다. 심판은 심리와 판결을 포함한다. 따라서 비상상고의 이유에는 판결의 법령위반과 소송절차의 법령위반이 포함된다. 여기서 판결의 법령위반과 소송절차의 법령위반의 구별과 사실오인으로 인하여 법령을 위반한 때에도 비상상고의 이유가 되는지가 문제된다.

1. 판결의 법령위반과 소송절차의 법령위반

6 판결의 법령위반과 소송절차의 법령위반을 구별하는 실익은 전자의 경우에는 원판결을 파기하고 자판할 수 있지만, 후자에 있어서는 위반된 절차를 파기하는 데 그친다는 점에 있다($\frac{제446}{조}$). 법령적용의 위법이 판결의 법령위반이며, 판결 전 소송절차의 법령위반이 소송절차의 법령위반이라는 점에는 이론이 없다. 문제는 소송조건이 흠결되었음에도 불구하고 실체재판을 한 경우를 판결의 법령위반에 해당한다고 볼 수 있는가에 있다.

(1) 견해의 대립

판결의 법령위반과 소송절차의 법령위반의 구별기준에 관하여는 대체로 세 가지 견해가 대립되고 있다.

7 1) 제 1 설 판결의 법령위반이란 판결내용의 법령위반과 판결절차의 법령위반을 의미하며, 소송절차의 법령위반은 판결 전 소송절차의 법령위반을 말한다는 견해이다. 이에 의하면 실체법의 적용의 위법과 소송조건에 대한 오인은 판결의 법령위반임에 대하여, 형식적인 판결절차의 위법만 소송절차의 법령위반이 된다. 따라서 소송조건의 잘못은 모두 판결의 법령위반에 해당하여 면소의 잘못은 피고인에게 불이익하므로 파기자판하고, 공소기각의 잘못은 원판결파기에 그친다

이영란 962면; 임동규 855면.
1 대법원 2021. 3. 11, 2019 오 1.

고 한다.

2) **제 2 설**   판결의 법령위반이란 법령적용의 위법과 면소의 잘못을 말하며,   8
소송절차의 법령위반은 관할위반·공소기각의 잘못과 판결절차의 법령위반을 의
미한다는 견해이다. 관할위반과 공소기각의 잘못은 어떤 절차에서 실체판결을 하
는 것이 좋은가라는 문제이므로 소송절차의 법령위반이 되지만, 면소의 잘못은
실체판결을 할 수 있는가 없는가를 문제삼는 것이므로 판결의 법령위반에 해당한
다고 보아야 한다는 것이다.

3) **제 3 설**   판결의 법령위반이란 판결내용에 직접 영향을 미치는 법령위반   9
을 의미하고, 소송절차의 법령위반은 판결내용에 영향을 미치지 않는 소송절차의
법령위반을 의미한다는 견해[1]이다. 이에 의하면 법령적용의 위반과 소송조건의
잘못은 판결내용에 영향을 미치는 법령위반이므로 판결의 법령위반에 해당하고,
따라서 면소판결은 물론 공소기각이나 관할위반의 판결을 하여야 할 경우에 실체
판결을 한 때에도 파기자판을 해야 한다는 결론이 된다.

(2) 비 판

제 1 설이 판결절차의 법령위반을 판결내용의 법령위반과 함께 판결의 법령   10
위반에 포함시키는 것은 이론상 의문이라고 하지 않을 수 없다. 제 2 설도 면소의
잘못과 공소기각이나 관할위반의 잘못을 구별할 이유를 설명할 수 없다는 비판을
면할 수 없다. 따라서 판결내용에 영향을 미치는 법령위반을 판결의 법령위반이
라고 해석하는 제 3 설이 타당하다. 그것은 ① 판결의 법령위반과 소송절차의 법
령위반의 구별이 자판과의 관계에서 실익이 있는 것이므로 판결을 파기해야 할
법령위반인가 아닌가에 따라 구별하는 것이 타당하며, ② 제444조 2항의 「법원의
관할, 공소의 수리와 소송절차」라고 규정하고 있는 취지는 비상상고에 있어서 소
송절차란 관할과 공소 이외의 절차를 의미한다고 해석해야 한다는 뜻으로 보아야
하기 때문이다.

2. 사실오인과 비상상고

비상상고는 심판의 법령위반을 이유로 하므로 단순한 사실오인에 대하여는   11
비상상고를 할 수 없다. 문제는 사실오인의 결과로 발생한 법령위반이 비상상고

---

1 김재환 1018면; 백형구 405면, 강의 893면; 신동운 1716면; 임동규 855면.

의 이유가 될 수 있는가에 있다.

(1) 견해의 대립

사실오인의 결과 법령위반이 발생한 경우에 비상상고를 할 수 있는가에 대하여도 다음과 같은 세 가지 견해가 대립되고 있다.

12   1) 소 극 설   실체법적 사실인가 소송법적 사실인가를 불문하고 법령위반이 사실오인으로 인한 때에는 비상상고를 인정할 수 없다는 견해[1]이다. 비상상고는 법령의 해석·적용의 통일을 목적으로 하는 것이고 개개의 사건에 있어서 사실인정의 잘못을 시정하여 피고인을 구제하기 위한 것은 아니므로 사실오인으로 인하여 법령적용에 착오가 생긴 때에는 사실인정에 착오가 없다면 법령적용의 착오도 없을 것이므로 비상상고에 의한 구제가 불필요하다는 것을 이유로 한다.

13   2) 절 충 설   소송법적 사실과 실체법적 사실로 구별하여 법령위반이 소송법적 사실에 대한 오인으로 인한 때에는 비상상고의 이유가 되지만, 실체법적 사실의 오인으로 인한 때에는 비상상고를 할 수 없다는 견해[2]이다. 이 견해는 ① 소송법적 사실인정은 판결이유에도 명시되지 않기 때문에 사실오인과 법령위반을 구별할 수 없고, ② 소송법적 사실의 오인으로 인하여 법령의 위반이 있는 것을 명시하는 것은 장래의 소송에 대한 경고로서의 의미를 가지며, ③ 법이 소송절차의 법령위반에 대하여는 사실조사를 허용하고 있는 취지($\frac{제444조}{2항}$)에 비추어 볼 때에는 사실의 오인으로 인한 소송절차의 법령위반의 경우에도 비상상고의 이유가 된다고 해석해야 한다고 한다.

14   3) 적 극 설   법령위반의 전제가 된 사실오인이 소송법적 사실인 경우뿐만 아니라 실체법적 사실인 때에도 기록의 조사에 의하여 용이하게 인정할 수 있는 사항이면 비상상고의 대상이 된다고 하는 견해[3]이다. 비상상고의 기능은 법령의 해석·적용의 통일뿐만 아니라 판결이 확정된 사건의 심판이 법령을 위반한 경우에 그 판결 또는 소송절차에 대한 위법의 선고에 의하여 피고인을 구제하고 장래에 대하여도 경고하는 점에 있다는 것을 근거로 한다.

---

1 서일교 391면.

2 김재환 1020면; 백형구 405면, 강의 889면; 손동권/신이철 798면; 신동운 1709면; 이창현 1352면; 임동규 857면; 정웅석/최창호/김한균 890면; 차용석/최용성 866면.

3 송광섭 918면; 신현주 827면; 이은모/김정환 888면.

(2) 비   판

법령의 해석·적용의 통일이 비상상고의 중심기능인 점은 부정할 수 없다.   15
비상상고는 법령해석의 통일뿐만 아니라 법령적용의 통일도 목적으로 하는 것이
므로 법령위반이 명백히 인정되어 적정한 형사사법이라고 할 수 없는 경우에는
비상상고가 가능하다고 해석하는 것이 타당하다. 형사소송법이 소송법적 사실에
대하여 사실조사를 인정하고 있는 취지에 비추어 볼 때에는($\frac{제444조}{2항}$) 실체법적 사
실의 오인에 대하여는 비상상고절차에서 사실조사를 허용하지 않는다는 의미로
볼 수 있다. 그러나 이를 이유로 사실조사를 하지 않아도 기록에 의하여 명백히
알 수 있는 실체법적 사실의 오인에 의한 법령위반이 비상상고의 대상이 안 된다
고 할 수는 없다. 이러한 의미에서 적극설이 타당하다고 해야 한다.

(3) 판례의 태도

대법원은 법령위반이란 확정판결에서 인정한 사실을 변경하지 아니하고 이   16
를 전제로 한 실체법의 적용에 관한 위법 또는 그 사건에 있어서의 절차법상의
위배가 있음을 뜻하는 것이고, 단순히 그 법령적용의 전제사실을 오인함에 따라
법령위반의 결과를 초래한 것과 같은 경우는 해당하지 않는다고 판시하고 있
다.[1] 구체적으로 소년의 연령을 오인하여 정기형을 선고하거나,[2] 반대로 성년에
게 부정기형을 선고한 때[3]에는 비상상고가 적법하다고 판시하고 있다. 소년의
연령은 실체법적 사실의 성질이 강하며 그 사실이 기록에 의하여 명백히 인정될
수 있는 것임에 비추어 판례의 태도는 타당하다고 할 수 있다. 이에 반하여 전과
가 없음에도 불구하고 누범가중을 하였다는 것을 이유로 한 비상상고,[4] 사망사
실을 알지 못하여 유죄판결을 하였다는 것을 이유로 한 비상상고,[5] 무효인 훈령
인지를 모르고 이를 정당행위(형법 제20조) 적용의 전제사실의 하나로 삼아 무죄
판결을 하였다는 것을 이유로 한 비상상고[6]에 대하여는 법령위반에 해당하지 않

---

1 대법원 2005. 3. 11, 2004 오 2; 대법원 2021. 3. 11, 2018 오 2.

2 대법원 1963. 4. 4, 63 오 1; 대법원 2017. 6. 5, 2017 오 1.

3 대법원 1963. 4. 11, 63 오 2.
　일본의 판례는 이 경우에 비상상고가 허용되지 않는다고 한다(日最判 1951. 1. 23[刑集 5-1, 86])

4 대법원 1962. 9. 27, 62 오 1. 누범가중의 전과가 실체법적 사실임은 명백하지만 사실조사를
하지 않아도 인정할 수 있는 잘못이므로 판례의 입장은 타당하다고 할 수 없다.

5 대법원 2005. 3. 11, 2004 오 2.

6 대법원 2021. 3. 11, 2018 오 2(형제복지원 비상상고 사건).

는다고 하여 비상상고의 대상이 되지 않는다는 태도를 취하고 있다.

Ⅳ. 비상상고의 절차

1. 비상상고의 신청

(1) 신청권자와 관할법원

17   검찰총장은 판결이 확정한 후 그 사건의 심판이 법령에 위반한 것을 발견한 때에는 대법원에 비상상고를 할 수 있다($\binom{제441}{조}$). 즉 비상상고의 신청권자는 검찰총장이며, 관할법원은 대법원이다.

(2) 신청의 방식

18   비상상고를 함에는 그 이유를 기재한 신청서를 대법원에 제출하여야 한다($\binom{제442}{조}$). 신청에는 기간의 제한이 없다. 형의 시효가 완성되었거나 형이 소멸하였거나 판결을 받은 자가 사망한 경우에도 허용된다.

비상상고의 취하에 대하여는 명문의 규정이 없다. 그러나 필요한 경우에는 취하할 수 있다고 해야 한다. 취하가 허용되는 것은 비상상고의 판결이 있을 때까지이다.[1]

2. 비상상고의 심리

(1) 공   판

19   비상상고를 심리하기 위하여는 공판기일을 열어야 한다. 검사는 공판기일에 신청서에 의하여 진술하여야 한다($\binom{제443}{조}$). 공판기일에 피고인을 소환할 필요는 없다. 비상상고의 공판절차에는 제 1 심의 공판절차에 관한 규정이 준용되지 않고, 보통의 상고사건에도 피고인을 소환할 필요가 없기 때문이다. 피고인이 변호사인 변호인을 선임하여 공판기일에서의 의견을 진술할 수 있는가에 대하여 현행법상 불가능하다고 해석하는 견해[2]도 있으나, ① 실질적으로 부정해야 할 이유가 없을 뿐만 아니라, ② 비상상고에 대한 판결의 결과는 피고인이었던 자의 이해에 직접 영향을 미치므로 법률적 의견을 들을 필요가 있다는 점에 비추어 긍정하는

---

1 백형구 강의, 890면; 신동운 1710면; 이영란 965면; 차용석/최용성 868면.
2 백형구 강의, 890면; 신동운 1710면; 차용석/최용성 868면.

것이 타당하다.[1]

(2) 사실조사

대법원은 신청서에 포함된 이유에 한하여 조사하여야 한다($^{제444조}_{1항}$). 비상상고 20
에는 법원의 직권조사사항이 없으므로 그 이외의 사항에 관하여는 조사할 권한도
의무도 없다. 다만, 법원의 관할, 공소의 수리와 소송절차에 관하여는 사실조사를
할 수 있다($^{동조}_{제2항}$). 법원은 필요하다고 인정할 때에는 수명법관 또는 수탁판사로
하여금 사실조사를 하게 할 수 있고, 이 경우에 수명법관 또는 수탁판사는 법원
또는 재판장과 같은 권한이 있다($^{동조 제3항,}_{제431조}$).

3. 비상상고의 판결

(1) 기각판결

비상상고가 이유 없다고 인정한 때에는 판결로써 이를 기각하여야 한다($^{제445}_{조}$). 21

(2) 파기판결

비상상고가 이유 있다고 인정한 때에는 다음의 구별에 따라 판결을 하여야
한다($^{제446}_{조}$).

1) **판결의 법령위반**　　　원판결이 법령에 위반한 때에는 그 위반된 부분을 22
파기하여야 한다. 다만, 원판결이 피고인에게 불이익한 때에는 원판결을 파기하
고 그 피고사건에 대하여 다시 판결을 한다($^{동조}_{제1호}$). 원판결이 피고인에게 불이익
한 때란 원판결의 잘못을 시정하여 다시 선고할 판결이 원판결보다 피고인에게
이익이 될 것이 명백한 경우를 말한다.

예컨대 ① 친고죄에 있어서 고소가 취소되었음에도 불구하고 유죄판결을 한 경우
($^{대법원 1947. 7. 29,}_{4280 비상 2}$), ② 원판결이 불이익변경금지의 원칙에 위반하여 형을 선고한 경우
($^{대법원 1957. 10. 4,}_{4290 비상 1}$), ③ 항소심에서 항소기각의 결정을 하면서 형법 제57조에 의하여 미
결구금일수를 본형에 산입하지 아니한 원판결을 파기하는 경우($^{대법원 1998. 1. 27,}_{98 오 2}$), ④
처벌을 희망하지 아니하는 피해자의 의사표시가 있었음에도 불구하고 유죄판결을 한
경우($^{대법원 2010. 1. 28,}_{2009 오 1}$), ⑤ 공소시효가 완성된 사실을 간과한 채 약식명령을 발령한 경
우($^{대법원 2006. 10. 13,}_{2006 오 2}$), ⑥ 성폭력범죄를 범한 피고인에게 형의 집행을 유예하면서 보호
관찰을 받을 것을 명하지 않은 채 위치추적 전자장치 부착을 명한 경우($^{대법원}_{2011. 2. 24,}$

1　송광섭 920면; 신양균/조기영 1144면; 이은모/김정환 908면.

2010 오 1, 2010 전오 1; 대법원 2014. 7. 24, 2014 오 1, 2014 전오 1), ⑦ 즉결심판절차에서 허용되는 범위인 벌금 20만 원을 넘는 벌금 30만 원의 즉결심판을 선고한 경우(대법원 2015. 5. 28, 2014 오 3; 대법원 2015. 5. 28, 2014 오 4), ⑧ 개정 형법 제70조 2항에 따라 500일 이상의 유치기간을 정하였어야 함에도 300일의 유치기간만을 정한 경우(대법원 2014. 12. 24, 2014 오 2)가 여기에 해당한다. 그러나 벌금형에 집행유예를 선고할 수 없음에도 집행유예를 선고한 경우(대법원 2021. 10. 28, 2020 오 6)에는 원판결이 피고인에게 이익이므로 다시 판결을 하지 못한다.

23   이에 반하여 적법한 증거조사를 거치지 않고 증거능력 없는 증거를 증거로 든 위법이 있는 경우라 할지라도 다른 증거에 의하여 범죄사실을 인정할 수 있는 때에는 증거거시부분만 파기할 경우에 해당한다.[1] 대법원이 자판하는 경우의 판결은 유죄·무죄·면소의 판결뿐만 아니라 공소기각의 판결을 포함한다. 그러나 파기판결에 의하여 다른 법원에 환송 또는 이송할 수는 없다.[2] 자판하는 판결은 원판결보다 피고인에게 유리할 것을 요한다는 점에서 불이익변경금지의 원칙과 유사한 효과가 인정된다. 그러나 피고인에게 유리한 때에만 자판을 하고, 그렇지 않은 경우에는 판결을 파기하는 데 그친다는 점에서 불이익변경금지의 원칙과는 성질을 달리한다.

24   자판의 경우에 기준으로 하여야 할 법령에 관하여는 원판결파기에 의하여 사건은 미확정상태로 돌아가므로 자판 시를 기준으로 해야 한다는 **자판시설**[3]도 있으나, ① 비상상고의 목적은 법령의 해석·적용의 통일에 있고, ② 원판결파기에 의하여 판결이 미확정상태로 돌아가는 것은 아니며, ③ 자판 시의 이익되는 사정을 피고인에게 적용할 이유가 없다는 점에서 **원판결시설**이 타당하다고 하겠다.[4]

25   **2) 소송절차의 법령위반**   원심소송절차가 법령을 위반한 때에는 그 위반된 절차를 파기한다(동조 제2호). 이 경우에 원판결은 파기하지 않는다. 절차의 법령위반이 판결에 영향을 미쳤는가는 문제되지 않는다.

(3) 비상상고의 판결의 효력

26   비상상고의 판결은 파기자판의 경우 이외에는 그 효력이 피고인에게 미치지

---

1 대법원 1964. 6. 16, 64 오 2.

2 강구진 613면.

3 서일교 382면.

4 김재환 1023면; 백형구 407면, 강의 891면; 신동운 1713면; 이영란 967면; 임동규 860면; 차용석/ 최용성 871면.

아니한다(^{제447}_조). 즉 판결의 위법부분을 파기하고 자판하지 않은 경우나 소송절차만이 파기된 경우에는 판결의 주문은 그대로 효력을 가진다. 소송절차의 법령위반을 이유로 파기한 경우에 그 사건의 소송절차가 부활되어 소송계속상태로 돌아가는 것도 아니다. 이러한 의미에서 비상상고의 판결은 원칙적으로 이론적 효력 또는 논리적 효력이 있을 뿐이라고도 한다.[1]

---

1 백형구 강의, 893면; 신동운 1713면; 차용석/최용성 871면.

제3장 재판의 집행과 형사보상

제1절 재판의 집행

I. 집행의 일반원칙

1. 재판집행의 의의

1   재판의 집행이란 재판의 의사표시 내용을 국가권력에 의하여 강제적으로 실현하는 것을 말한다. 형의 집행 이외에 추징·소송비용과 같은 부수처분, 과태료·보증금의 몰수, 비용배상 등 형 이외의 제재의 집행, 강제처분을 위한 영장의 집행도 재판의 집행에 포함된다. 그러나 재판의 집행에 있어서 특히 중요한 것이 유죄판결의 집행인 형의 집행이다. 형의 집행에 의하여 형법의 구체적 실현이라는 형사소송의 최종목표가 달성되는 것이기 때문이다. 이에 반하여 재판 가운데 그 의사표시만으로 충분하고 그 내용을 국가권력에 의하여 실현할 여지가 없는 재판, 즉 무죄판결에 대하여는 재판의 집행이 문제될 여지가 없다.

2. 집행의 기본원칙

(1) 재판집행의 시기

2   재판은 확정한 후에 즉시 집행하는 것이 원칙이다($^{제459}_{조}$). 그러나 확정 후의 집행원칙에 대하여는 예외가 인정된다.

3   **1) 확정 전의 재판집행**   재판이 확정되기 전에 집행할 수 있는 경우가 있다. 즉 ① 결정과 명령은 즉시항고 또는 이에 준하는 불복신청이 허용되는 경우를 제외하고 즉시 집행할 수 있다($^{제409조,\ 제416}_{조,\ 제419조}$). ② 벌금·과료 또는 추징의 선고를 하는 경우에 가납의 재판이 있는 때에는 확정을 기다리지 않고 즉시 집행할 수 있다($^{제334}_{조}$).

4   **2) 확정 후 일정기간 경과 후의 집행**   재판이 확정된 때에도 즉시 집행할 수

없는 경우가 있다. 즉 ① 소송비용부담의 재판은 소송비용집행 면제신청기간 내 또는 그 신청에 대한 재판이 확정될 때까지 집행할 수 없다($\frac{제472}{조}$). ② 노역장유치의 집행은 벌금 또는 과료의 재판이 확정된 후 30일 이내에는 집행할 수 없다($\frac{형법 제}{69조 1항}$). ③ 사형의 집행은 법무부장관의 명령 없이는 집행할 수 없다($\frac{제463}{조}$). ④ 보석집행에 있어서 제98조 1호 · 2호 · 5호 · 7호 및 8호의 조건은 이를 이행한 후가 아니면 보석허가결정을 집행하지 못하며, 법원은 필요하다고 인정하는 때에는 다른 조건에 관하여도 그 이행 이후 보석허가결정을 집행하도록 정할 수 있다($\frac{제100조}{1항}$).

(2) 재판집행의 지휘

5 재판의 집행은 그 재판을 한 법원에 대응한 검찰청 검사가 지휘한다($\frac{제460조}{1항}$). 즉 형사소송법은 재판의 집행에 관하여 대륙법계의 예에 따라 검사주의를 취하고 있다. 상소의 재판 또는 상소의 취하로 인하여 하급법원의 재판을 집행할 경우에는 상소법원에 대응한 검찰청 검사가 지휘한다($\frac{동조}{제 2 항}$). 이 경우에는 통상 소송기록이 상소법원에 송부되어 있기 때문이다. 따라서 소송기록이 하급법원 또는 그 법원에 대응한 검찰청에 있는 때에는 그 검찰청 검사가 지휘한다($\frac{동조}{제 2 항 단서}$).

6 그러나 법률에 명문의 규정이 있거나 그 성질상 법원 또는 법관이 지휘해야 하는 경우가 있다($\frac{동조}{제 1 항 단서}$). 특별한 규정에 의하여 법원에서 지휘해야 하는 경우에는 급속을 요하는 구속영장의 집행($\frac{제81조}{1항 단서}$), 법원에서 필요한 경우의 압수 · 수색영장의 집행($\frac{제115조}{1항 단서}$)이 있으며, 재판의 성질상 법원 또는 법관이 지휘해야 할 경우로는 법원에서 보관하고 있는 압수장물의 환부($\frac{제333}{조}$), 법정경찰권에 의한 퇴정명령($\frac{법조법}{제58조 2항}$) 등이 있다.

(3) 집행지휘의 방식

7 재판의 집행지휘는 재판서 또는 재판을 기재한 조서의 등본 또는 초본을 첨부한 서면으로 하여야 한다. 다만, 형의 집행을 지휘하는 경우 외에는 재판서의 원본 · 등본이나 초본 또는 조서의 등본이나 초본에 인정하는 날인으로 할 수 있다($\frac{제461}{조}$). 재판의 집행지휘를 신중하게 하기 위하여 서면에 의할 것을 요구하고 있는 것이다.

다만, 천재지변 등에 의하여 재판서원본이 멸실된 경우에는 형의 종류와 범위를 명확하게 할 수 있는 다른 증명자료를 첨부하여 형의 집행을 지휘할 수 있다($\frac{대법원 1961. 1. 27.}{결정, 4293 형항 20}$).

(4) 형집행을 위한 소환

8   사형·징역·금고 또는 구류의 선고를 받은 자가 구금되지 아니한 때에는 검사는 형을 집행하기 위하여 이를 소환하여야 한다($\frac{제473조}{1항}$). 소환에 응하지 아니한 때에는 검사는 형집행장을 발부하여 구인하여야 한다($\frac{동조}{제2항}$). 형의 집행은 검사의 임무이며, 확정된 형을 집행하는 단계까지 법관의 영장에 의하게 하는 것은 절차의 번잡을 초래한다는 점을 고려하여 검사의 형집행장에 의하여 구인하도록 한 것이다. 형의 선고를 받은 자가 도망하거나 도망할 염려가 있는 때 또는 현재지를 알 수 없는 때에는 소환함이 없이 형집행장을 발부하여 구인할 수 있다($\frac{동조}{제3항}$).

형집행장에는 형의 선고를 받은 자의 성명·주거·연령·형명·형기 기타 필요한 사항을 기재하여야 하며, 형집행장은 구속영장과 동일한 효력이 있다($\frac{제474}{조}$). 형집행장의 집행에는 피고인의 구속에 관한 규정이 준용된다($\frac{제475}{조}$). 여기서 피고인의 구속에 관한 규정이란 구속영장의 제시($\frac{제85조}{항·3항}$) 등 구속영장의 집행에 관한 규정을 의미하므로, 구속의 사유($\frac{제70}{조}$)나 구속이유의 고지($\frac{제72}{조}$)에 관한 규정은 준용되지 않는다.[1] 이처럼 형집행을 위하여 구인하려면 형집행장을 상대방에게 제시하여야 하는데($\frac{제85조}{1항}$), 이를 소지하지 아니한 경우에 급속을 요하는 때에는 상대방에 대하여 형집행 사유와 형집행장이 발부되었음을 고하고 집행할 수 있다($\frac{동조}{제3항}$). 여기서 '급속을 요하는 때'란 애초 적법하게 발부된 형집행장을 소지할 여유가 없이 형집행의 상대방을 조우한 경우 등을 가리킨다.[2]

Ⅱ. 형의 집행

1. 집행의 순서

9   재판의 집행에 있어서 가장 중요한 것이 형의 집행이다. 형의 집행은 사형의 집행, 자유형의 집행, 자격형의 집행 및 재산형의 집행으로 나눌 수 있다. 몰수·소송비용·비용배상의 집행은 재산형의 집행과 같이 취급된다.

2개 이상의 형을 집행하는 경우에 자격상실·자격정지·벌금·과료와 몰수 외에는 무거운 형을 먼저 집행한다($\frac{제462조}{본문}$). 형의 경중은 형법 제50조에 의한다.

---

1 대법원 2013. 9. 12, 2012 도 2349.
2 대법원 2017. 9. 26, 2017 도 9458.

따라서 형기가 같은 자유형에 있어서는 징역이 금고보다 무거운 형이며, 형기가 다른 때에는 형종을 묻지 않고 장기인 것이 무거운 형이 된다. 다만, 검사는 소속 장관의 허가를 얻어 무거운 형의 집행을 정지하고 다른 형의 집행을 할 수 있다 (동조 단서). 집행순서의 변경을 허용한 취지는 가석방의 요건을 빨리 구비할 수 있도록 하는 데 있다.

> 형의 집행순서에 관한 규정은 2개 이상의 주형의 집행을 동시에 개시한 경우에 대하여만 적용된다. 따라서 먼저 가벼운 형의 집행을 개시한 후에 무거운 형을 집행하게 된 때에 가벼운 형의 집행을 중단해야 하는 것은 아니다. 다만, 이 경우에도 단서를 준용하여 가벼운 형의 집행을 정지하고 무거운 형을 집행하게 할 수 있다.

자유형과 벌금형은 동시에 집행할 수 있다. 그러나 자유형과 노역장유치가 병존하는 경우에 검사는 자유형의 집행을 정지하고 후자를 먼저 집행할 수도 있다.   10

2. 사형의 집행

(1) 집행의 절차

사형은 법무부장관의 명령에 의하여 집행한다(제463 조). 사형집행절차를 신중히   11 하고 재심·비상상고 또는 사면의 기회를 주기 위한 배려라고 볼 수 있다. 사형집행명령은 판결이 확정된 날로부터 6월 이내에 하여야 한다. 그러나 상소권회복의 청구, 재심의 청구 또는 비상상고의 신청이 있는 때에는 그 절차가 종료할 때까지의 기간은 이 기간에 산입하지 아니한다(제465 조). 집행이 지연되는 경우에 사형수에게 장기간에 걸친 죽음에 대한 공포를 체험하게 할 위험이 있기 때문이다.

사형확정자는 교도소 또는 구치소에 수용한다(형의 집행 및 수용자의 처우 에 관한 법률 제11조 1항 4호). 사형을 선고한 판결이 확정한 때에는 검사는 지체 없이 소송기록을 법무부장관에게 제출하여야 한다(제464 조). 법무부장관이 사형의 집행을 명한 때에는 5일 이내에 집행하여야 한다(제466 조).

(2) 집행의 방법

사형은 교도소 또는 구치소 내에서 교수하여 집행한다(형법 제66조). 사형의 집행에   12 는 검사·검찰청서기관·교도소장 또는 구치소장이나 그 대리자가 참여하여야 한다. 검사 또는 교도소장이나 구치소장의 허가가 없으면 누구든지 형의 집행장소에 들어가지 못한다($\frac{제467}{조}$). 사형의 집행에 참여한 검찰청서기관은 집행조서를 작성하고 검사와 교도소장 또는 구치소장이나 그 대리자와 함께 기명날인 또는 서명하여야 한다($\frac{제468}{조}$).

(3) 사형의 집행정지

13   사형선고를 받은 사람이 심신의 장애로 의사능력이 없는 상태이거나 임신 중인 여자인 때에는 법무부장관의 명령으로 집행을 정지한다($\frac{제469조}{1항}$). 사형집행정 지중인 자는 교도소 또는 구치소에 수용하지 않으면 안 된다. 사형의 집행을 정 지한 경우에는 심신장애의 회복 또는 출산 후에 법무부장관의 명령에 의하여 형 을 집행한다($\frac{동조}{제2항}$).

3. 자유형의 집행

(1) 집행의 방법

14   자유형, 즉 징역·금고와 구류의 집행은 검사가 형집행지휘서에 의하여 지휘 한다($\frac{제460조; 자유형 등에 관한}{검찰집행사무규칙 제4조}$). 자유형은 교도소에 구치하여 집행한다($\frac{형법 제67}{조, 제68조}$). 검사는 자유형의 집행을 위하여 형집행장을 발부할 수 있다($\frac{제473}{조}$).

(2) 미결구금일수의 산입

15   미결구금일수란 구금당한 날로부터 판결확정 전일까지 실제로 구금된 일수 를 말한다.

미결구금일수는 전부 본형에 산입된다($\frac{형법 제}{57조 1항}$).[1] 미결구금일수는 전부 산입 해야 하므로, 미결구금일수를 전혀 산입하지 않거나,[2] 미결구금일수보다 더 많은 일수를 본형에 산입하는 것은 물론,[3] 미결구금일수의 일부만을 산입하는 것도 허용되지 않는다. 한편, 외국에서의 미결구금은 형법 제7조가 적용되는 '외국에서 집행된 형'이 아니므로 국내에서 같은 행위로 인하여 선고받는 형에 산입되지 않 는다.[4]

16   1) 상소제기와 미결구금일수의 산입   형사소송법은 상소제기와 관련된 미결

---

1 헌법재판소는 종래 형법 제57조 1항의 규정 중 「또는 일부」 산입 부분은 헌법에 위반된다고 결정하였다(헌재결 2009. 6. 25, 2007 헌바 25).
2 대법원 1991. 10. 11, 91 도 1926; 대법원 1994. 7. 29, 94 도 1354; 대법원 1996. 7. 30, 96 도 1500.
3 대법원 1994. 2. 8, 93 도 2563; 대법원 2007. 7. 13, 2007 도 3448.
4 대법원 2017. 8. 24(전원합의체판결), 2017 도 5977.

구금일수의 산입에 있어서 법정통산에 관한 규정을 두고 있다($^{제482}_{조}$). 법정통산(法定通算)이란 미결구금일수가 당연히 본형에 산입되는 것을 말한다. 법정통산에는 다음의 두 가지가 있다. ① 판결선고 후 판결확정 전 구금일수($^{판결선고\ 당일의\ 구}_{금일수를\ 포함한다}$)는 전부를 본형에 산입한다($^{동조}_{제1항}$).[1] ② 상소기각 결정 시에 송달기간이나 즉시항고 기간 중의 미결구금일수는 전부를 본형에 산입한다($^{동조}_{제2항}$). 이 경우에 구금일수의 1일을 형기의 1일 또는 벌금이나 과료에 관한 유치기간의 1일로 계산한다($^{동조}_{제3항}$). 이와 같이 법정통산의 경우에는 미결구금일수가 당연히 통산되는 것이므로, 판결에서 미결구금일수의 산입에 대한 선고를 요하지 않는다.[2]

2) 재정통산　　　　법원의 재량에 따라 미결구금일수의 전부 또는 일부를 본형에 　17 산입하는 것을 재정통산(裁定通算)이라고 한다. 현재는 법정통산만 있고 재정통산 은 인정되지 않는다.

(3) 자유형의 집행정지

자유형의 집행정지에는 검사가 반드시 자유형의 집행을 정지해야 하는 경우 　18 와 재량에 의하여 집행을 정지할 수 있는 경우가 있다.

1) 필요적 집행정지　　　　징역·금고 또는 구류의 선고를 받은 자가 심신의 장 　19 애로 의사능력 없는 상태에 있는 때에는 형을 선고한 법원에 대응한 검찰청 검사 또는 형의 선고를 받은 자의 현재지를 관할하는 검찰청 검사의 지휘에 의하여 심 신장애가 회복될 때까지 형의 집행을 정지한다($^{제470조}_{1항}$). 이에 의하여 형의 집행을 정지한 경우에는 검사는 형의 선고를 받은 자를 감호의무자 또는 지방공공단체에 인도하여 병원 기타 적당한 장소에 수용하게 할 수 있다($^{동조}_{제2항}$). 형의 집행이 정 지된 자는 위의 처분이 있을 때까지 교도소 또는 구치소에 구치하고 그 기간을 형기에 산입한다($^{동조}_{제3항}$).

2) 임의적 집행정지　　　　징역·금고 또는 구류의 선고를 받은 자에 대하여 　20 ① 형의 집행으로 인하여 현저히 건강을 해하거나 생명을 보전할 수 없을 염려가 있는 때, ② 연령 70세 이상인 때, ③ 잉태 후 6월 이상인 때, ④ 출산 후 60일을 경과하지 아니한 때, ⑤ 직계존속이 연령 70세 이상 또는 중병이나 장애인으로

1　상소제기 후 상소취하 시까지의 구금일수 통산에 관하여 규정하지 아니함으로써 본형 산입의 대상에서 제외한 구 형사소송법 제482조 1항 및 2항은 헌법에 위반한다는 헌법불합치결정 (헌재결 2009. 12. 19, 2008 헌가 13)에 따라 2015. 7. 31. 개정되었다.

2　대법원 1983. 12. 27, 83 도 2378; 대법원 1991. 7. 26, 91 도 1196.

보호할 다른 친족이 없는 때, ⑥ 직계비속이 유년으로 보호할 다른 친족이 없는 때, ⑦ 기타 중대한 사유가 있는 때의 하나에 해당한 사유가 있는 때에는 형을 선고한 법원에 대응한 검찰청 검사 또는 형의 선고를 받은 자의 현재지를 관할하는 검찰청 검사의 지휘에 의하여 형의 집행을 정지할 수 있다($^{제471조}_{1항}$). 위 ① 및 ⑦의 사유의 해당 여부는 검사가 그 책임하에 규범적으로 직권 판단한다.[1] 검사가 형의 집행정지를 지휘함에는 소속고등검찰청 검사장 또는 지방검찰청 검사장의 허가를 얻어야 한다($^{동조}_{제2항}$). 임의적 형집행정지 및 그 연장에 관한 사항을 심의하기 위하여 각 지방검찰청에 형집행정지 심의위원회를 두며($^{제471조의}_{2\ 제1항}$), 심의위원회는 위원장 1명을 포함한 10명 이내의 위원으로 구성하고, 위원은 학계, 법조계, 의료계, 시민단체 인사 등 학식과 경험이 있는 사람 중에서 각 지방검찰청 검사장이 임명 또는 위촉한다($^{동조}_{제2항}$).

4. 자격형의 집행

21   자격상실 또는 자격정지의 선고를 받은 자에 대하여는 이를 수형자원부에 기재하고 지체 없이 그 등본을 형의 선고를 받은 자의 등록기준지와 주거지의 시·구·읍·면장에게 송부하여야 한다($^{제476}_{조}$).

5. 재산형의 집행

(1) 집행명령과 그 효력

22   벌금·과료·몰수·추징·과태료·소송비용·비용배상 또는 가납의 재판은 검사의 명령에 의하여 집행한다($^{제477조}_{1항}$). 이 명령은 집행력 있는 채무명의와 동일한 효력이 있다($^{동조}_{제2항}$). 이 재판의 집행에는 민사집행법의 집행에 관한 규정을 준용한다. 단, 집행 전에 재판의 송달을 요하지 아니한다($^{동조}_{제3항}$). 재산형 등의 집행은 국세징수법에 따른 국세체납처분의 예에 따라 집행할 수도 있다($^{동조}_{제4항}$).[2] 검사는 재산형 등의 집행을 위하여 필요한 조사를 할 수 있다. 이 경우에 검사는 공무소 기타 공사단체에 조회하여 필요한 사항의 보고를 요구할 수 있다($^{동조}_{제5항}$). 벌금, 과료, 추징, 과태료, 소송비용 또는 비용배상의 분할납부, 납부연기 및 납부대

---

1 대법원 2017. 11. 9, 2014 도 15129.

2 민사집행법에 의한 집행이나 국세체납처분을 할 때에 '채무자가 사실상 소유하는 재산'이라는 이유로 제 3 자 명의로 등기되어 있는 부동산에 관하여 곧바로 집행이나 체납처분을 하는 것은 강제집행의 일반원칙에 반하여 허용되지 않는다(대법원 2021. 4. 9. 결정, 2020 모 4058).

행기관을 통한 납부 등 납부방법에 필요한 사항은 법무부령으로 정한다($\substack{동조\\제6항}$). 집행비용은 집행을 받은 자의 부담으로 하고, 민사집행법의 규정에 준하여 집행과 동시에 징수하여야 한다($\substack{제493\\조}$).

(2) 집행의 방법

1) 집행의 대상   재산형도 형인 이상 선고를 받은 본인, 즉 수형자의 재산   23
에 대하여만 집행할 수 있다. 다만 이에 대하여는 다음과 같은 특칙이 인정된다.

(가) 상속재산에 대한 집행   몰수 또는 조세·전매 기타 공과에 관한 법령에 의하여 재판한 벌금 또는 추징은 그 재판을 받은 자가 재판확정 후 사망한 경우에는 그 상속재산에 대하여 집행할 수 있다($\substack{제478\\조}$). 몰수는 대상물 자체에 대하여 행하는 것이고, 위의 벌금 또는 추징은 동시에 국고수입을 목적으로 하는 것이기 때문이다. 다만, 재판확정 후에 사망하였을 것을 요하므로 확정 전에 본인이 사망한 때에는 상속재산에 대하여 집행할 수 없다. 상속재산에 대하여 집행할 수 있는 벌금 또는 추징은 조세·전매 기타 공과에 관한 법령에 의하여 재판한 경우에 한한다.

(나) 합병 후 법인에 대한 집행   법인에 대하여 벌금·과료·몰수·추징·소송   24
비용 또는 비용배상을 명한 경우에 법인이 그 재판확정 후 합병에 의하여 소멸한 때에는 합병 후 존속한 법인 또는 합병에 의하여 설립된 법인에 대하여 집행할 수 있다($\substack{제479\\조}$). 법인재산의 특수성을 고려한 것이다.

2) 가납재판의 집행조정   제1심 가납의 재판을 집행한 후에 제2심 가납의   25
재판이 있는 때에는 제1심 재판의 집행은 제2심 가납금액의 한도에서 제2심 재판의 집행으로 간주한다($\substack{제480\\조}$). 가납의 재판을 집행한 후 벌금·과료 또는 추징의 재판이 확정한 때에는 그 금액의 한도에서 형의 집행이 된 것으로 간주한다($\substack{제481\\조}$). 가납금액이 확정재판의 금액을 넘을 때에는 초과액을 환부하여야 하는 것은 당연하다. 같은 이유로 가납재판이 있은 후에 판결이 상소심에서 파기되어 무죄 또는 자유형을 선고하는 판결이 확정된 때에는 가납재판의 집행에 의한 금액은 전액을 환부하지 않으면 안 된다.

3) 노역장유치의 집행   벌금 또는 과료를 완납하지 못한 자에 대한 노역장   26
유치의 집행에는 형의 집행에 관한 규정을 준용한다($\substack{제492\\조}$). 준용되는 규정은 집행

의 일반원칙($^{제459조,}_{제460조}$)과 자유형의 집행에 관한 규정이다.[1]

(3) 몰수와 압수물의 처분

27   1) **몰수물의 처분·교부**   몰수물은 검사가 처분하여야 한다($^{제483}_{조}$). 몰수를 집행한 후 3월 이내에 그 몰수물에 대하여 정당한 권리 있는 자가 몰수물의 교부를 청구한 때에는 검사는 파괴 또는 폐기할 것이 아니면 이를 교부하여야 한다. 몰수물을 처분한 후 교부의 청구가 있는 경우에는 검사는 공매에 의하여 취득한 대가를 교부하여야 한다($^{제484}_{조}$).

28   2) **압수물의 처분**   위조 또는 변조한 물건을 환부하는 경우에는 그 물건의 전부 또는 일부에 위조나 변조인 것을 표시하여야 한다. 위조 또는 변조한 물건이 압수되지 아니한 경우에는 그 물건을 제출하게 하여 표시하여야 한다. 단, 그 물건이 공무소에 속한 것인 때에는 위조나 변조의 사유를 공무소에 통지하여 적당한 처분을 하게 하여야 한다($^{제485}_{조}$).

압수물의 환부를 받을 자의 소재가 불명하거나 기타 사유로 인하여 환부를 할 수 없는 경우에는 검사는 그 사유를 관보에 공고하여야 한다. 공고한 후 3월 이내에 환부의 청구가 없는 때에는 그 물건은 국고에 귀속한다. 이 기간 내에도 가치 없는 물건은 폐기할 수 있고, 보관하기 어려운 물건은 공매하여 그 대가를 보관할 수 있다($^{제486}_{조}$).

Ⅲ. 재판집행에 대한 구제절차

1. 재판해석에 대한 의의신청

29   형의 선고를 받은 자는 집행에 관하여 재판의 해석에 관한 의의(疑義)가 있는 때에는 재판을 선고한 법원에 의의신청을 할 수 있다($^{제488}_{조}$).

의의신청은 판결주문의 취지가 불명확하여 주문의 해석에 의문이 있는 경우에 한하며, 판결이유의 모순·불명확 또는 부당을 주장하는 의의신청은 허용되지

---

1 형집행장은 검사의 지휘에 의하여 사법경찰관리가 집행한다(제475조, 제209조, 제85조). 따라서 사법경찰관리도 검사의 지휘를 받아 벌금미납자에 대한 노역장유치의 집행을 위하여 형집행장의 집행 등을 할 권한이 있으므로 벌금미납자에 대한 검거는 사법경찰관리의 직무범위에 속한다(대법원 2011. 9. 8, 2009 도 13371).

않는다.[1] 여기서 의의신청의 관할법원인 재판을 선고한 법원이란 형을 선고한 법원을 말한다.[2] 따라서 상소기각의 경우에는 원심법원이 관할법원이 된다.

의의신청이 있는 때에는 법원은 결정을 하여야 하며, 이 결정에 대하여는 즉시항고를 할 수 있다($\frac{제491}{조}$). 신청은 법원의 결정이 있을 때까지 취하할 수 있다($\frac{제490}{조}$).

2. 재판집행에 대한 이의신청

재판의 집행을 받은 자 또는 그 법정대리인이나 배우자는 집행에 관한 검사의 처분이 부당함을 이유로 재판을 선고한 법원에 이의신청을 할 수 있다($\frac{제489}{조}$). 이의신청은 재판이 확정될 것을 요하지 않는다. 그러나 집행이 종료한 후에는 이의신청이 허용되지 않는다. 관할법원은 피고인에게 형을 선고한 법원을 말하고,[3] 형을 선고한 판결에 대한 상소를 기각한 법원은 포함되지 않는다.[4] 절차는 의의신청의 경우와 같다.

30

3. 소송비용의 집행면제신청

소송비용부담의 재판을 받은 자가 빈곤으로 인하여 이를 완납할 수 없는 때에는 그 재판의 확정 후 10일 이내에 재판을 선고한 법원에 소송비용의 전부 또는 일부에 대한 재판의 집행면제를 신청할 수 있다($\frac{제487}{조}$). 집행면제신청이 있는 때에는 법원은 결정을 하여야 하고($\frac{제491조}{1항}$), 그 결정에 대하여는 즉시항고를 할 수 있다($\frac{동조}{제2항}$).

31

---

1 대법원 1985. 8. 20. 결정, 85 모 22; 대법원 1986. 9. 8. 결정, 86 모 32; 대법원 1987. 8. 20. 결정, 87 초 42.
2 대법원 1968. 2. 28. 결정, 67 초 23.
3 대법원 1982. 7. 20. 결정, 82 초 25.
4 대법원 1987. 5. 12. 결정, 87 초 28; 대법원 1996. 3. 28. 결정, 96 초 76.

§ 63

제 2 절　형사보상

Ⅰ. 형사보상의 의의와 성질

1. 형사보상의 의의

1　　형사보상이란 국가형사사법의 과오에 의하여 죄인의 누명을 쓰고 구속되었거나 형의 집행을 받은 자에 대하여 국가가 그 손해를 보상하여 주는 제도를 말한다. 헌법 제28조는 「형사피의자 또는 형사피고인으로서 구금되었던 자가 법률이 정하는 불기소처분을 받거나 무죄판결을 받은 때에는 법률이 정하는 바에 의하여 국가에 상당한 보상을 청구할 수 있다」고 규정하여 형사보상을 국민의 기본권으로 보장하고 있다. 헌법은 구금되었던 자의 형사보상만을 규정하고 있으나, 사형 또는 재산형의 집행을 받은 자에 대한 형사보상도 헌법이 당연히 예상한 것이라고 볼 수 있다. 헌법이 보장하고 있는 형사보상청구권을 구체적으로 실현하기 위하여 제정된 것이 바로 형사보상 및 명예회복에 관한 법률이다. 형사보상 및 명예회복에 관한 법률에는 형사보상의 요건과 절차 및 그 내용이 규정되어 있는데, 군사법원에서 무죄재판을 받아 확정된 자, 군사법원에서 형사보상 및 명예회복에 관한 법률 제26조 1항 각 호에 해당하는 재판을 받은 자, 군검찰부 군검사로부터 공소를 제기하지 아니하는 처분을 받은 자에 대하여도 준용된다(형보법 제 29조 2항).

2　　형사보상제도의 연혁은 근대 인권사상의 발달과 보조를 같이하는 것이다. 즉 형사보상제도는 형사사법이 국가의 전단에서 해방되어 민주사법으로 전환되어 가는 과정에서 프랑스·독일 등 유럽대륙의 국가에서 형성된 것이며, 초기에는 국왕의 은혜로 간주되었던 것이 민주사법의 전개에 따라 국가의 의무로 관념된 것이라 할 수 있다.

2. 형사보상의 성질

(1) 형사보상의 본질

3　　형사보상의 본질에 관하여는 종래 법률의무설과 공평설이 대립되고 있었다. **법률의무설**은 국가의 구속 또는 형집행처분이 객관적·사후적으로 위법하기 때문에 위법한 처분에 대한 법률적 의무로서 국가가 형사보상을 하여야 한다는 견

해[1]임에 반하여, **공평설**은 형사보상을 공평의 견지에서 국가가 행하는 조절보상이라고 이해한다.[2] 생각건대 형사보상은 객관적으로 위법한 공권력의 행사가 있는 경우에 공무원의 고의·과실을 묻지 않고 국가가 이를 배상하여 주는 무과실 손해배상이라고 해야 한다. 이러한 의미에서 형사보상은 공법상의 손해배상의 성질을 가진다고 할 수 있으며, 따라서 그 본질은 법률의무설에 따라 파악하는 것이 타당하다고 하겠다.

(2) 형사보상과 손해배상과의 관계

형사보상은 국가가 공권력의 행사로 인하여 발생한 손해를 공무원의 고의·과실을 묻지 않고 미리 산정된 액에 의하여 배상하여 주는 공법상의 손해배상이다. 따라서 형사보상의 청구는 국가배상법 또는 민법에 의한 손해배상청구와 경합하는 경우가 있을 수 있다. 이 경우에 어느 사유에 의하여 배상을 청구하는가는 피해자의 자유이다(형보법 제6조 1항). 그러나 같은 원인에 대하여 어느 한 사유로 배상을 받았을 때에는 다른 사유로 인한 청구에는 그 액이 공제되어야 하며, 손해배상의 액수가 형사보상액과 동일하거나 초과할 때에는 형사보상을 하지 않는 것으로 하고 있다(동조 제2항· 제3항). 4

Ⅱ. 형사보상의 요건

형사보상은 무죄판결을 받거나 불기소처분 또는 불송치결정을 받은 자가 구금 또는 형의 집행을 받았을 것을 요건으로 한다(동법 제2조, 제27조). 5

1. 무죄판결, 불기소처분 또는 불송치결정

형사보상을 청구하기 위하여는 무죄재판, 불기소처분 또는 불송치결정을 받았을 것을 요한다. 6

무죄재판을 받았을 것이란 무죄재판이 확정된 것을 의미한다. 다만, 면소 또는 공소기각의 재판을 받아 확정된 때에도 면소 또는 공소기각의 재판을 할 만한

---

1 백형구 강의, 914면; 송광섭 988면; 차용석/최용성 883면.

2 신동운 1847면; 이영란 1006면.

사유가 없었더라면 무죄재판을 받을 만한 현저한 사유가 있었을 경우($\frac{동항 제26조}{1항 1호}$)[1] 와 치료감호의 독립 청구를 받은 사건이 범죄로 되지 아니하거나 범죄사실의 증 명이 없는 때에 해당되어 청구기각의 판결을 받아 확정된 경우($\frac{동항}{제2호}$)에도 형사보 상을 청구할 수 있다.[2] 이 경우 무죄재판의 보상규정을 준용한다($\frac{동조}{제2항}$). 판결 주 문에서 전부 무죄가 선고된 경우는 물론 경합범에 대하여 일부 유죄, 일부 무죄 가 선고된 경우라도 유죄의 본형에 산입되지 않은 미결구금일수는 형사보상의 대 상이 된다.[3] 판결 이유에서 무죄로 판단된 경우에도 미결구금일수 가운데 무죄 로 판단된 부분의 수사와 심리에 필요하였다고 인정된 부분에 관하여는 보상을 청구할 수 있다.[4] 그러나 미결구금일수가 선고된 형에 산입되는 것으로 확정되 었다면, 그 산입된 미결구금일수는 형사보상의 대상이 되지 않는다.[5] 무죄의 재 판은 일반형사소송절차에서 받은 경우뿐만 아니라 상소권회복에 의한 상소·재 심 또는 비상상고의 절차에서 받은 경우를 포함한다($\frac{동법}{제2조 2항}$).

　　불기소처분을 받은 자란 검사로부터 불기소처분을 받은 자를, 불송치결정을 받은 자란 사법경찰관으로부터 불송치결정을 받은 자를 말하는데, 다만 불기소처 분이 ① 구금된 이후 처분의 사유가 있는 경우이거나, ② 해당 처분이 종국적인 것이 아니거나, ③ 형사소송법 제247조에 따른 기소유예처분일 경우와 불송치결 정이 위 ①, ②에 해당하는 경우에는, 형사보상을 청구할 수 없다($\frac{형보법}{제27조 1항}$). 불기 소처분 또는 불송치결정을 받은 사람에 대한 형사보상을 피의자보상이라고 한다.

1　대법원 2013. 4. 18(전원합의체결정), 2011 초기 689, 「이 사건 결정에서 긴급조치 제 9 호의 위헌·무효를 선언함으로써 비로소 면소의 재판을 할 만한 사유가 없었더라면 무죄재판을 받 을 만한 현저한 사유가 피고인에게 생겼다고 할 것이다. 따라서 피고인의 재산상속인 청구인 은 형사보상 및 명예회복에 관한 법률 제26조 1항 1호, 제 3 조 1항, 제11조를 근거로 국가를 상대로 긴급조치 제 9 호 위반으로 인하여 피고인이 구금을 당한 데 대한 보상을 청구할 수 있다.」

2　헌법재판소는 원판결의 근거가 된 가중처벌규정에 대하여 헌법재판소의 위헌결정이 있었음을 이유로 개시된 재심절차에서, 공소장변경을 통해 위헌결정된 가중처벌규정보다 법정형이 가 벼운 처벌규정으로 적용법조가 변경되어 피고인이 무죄재판을 받지는 않았으나 원판결보다 가벼운 형으로 유죄판결이 확정된 경우, 재심재판에서 선고된 형을 초과하여 집행된 구금에 대하여 보상요건을 전혀 규정하지 아니한 형사보상 및 명예회복에 관한 법률 제26조 1항에 대하여 평등원칙을 위반하였다는 이유로 헌법불합치결정을 하였다(입법시한 2023. 12. 31) (헌재결 2022. 2. 24, 2018 헌마 998).

3　대법원 2017. 11. 28. 결정, 2017 모 1990.

4　대법원 2016. 3. 11. 결정, 2014 모 2521.

5　대법원 2017. 11. 28. 결정, 2017 모 1990.

2. 구금 또는 형의 집행

보상은 구금과 형의 집행에 대한 것이다. 확정판결에 의하여 형의 집행이 개　7
시되므로 형의 집행이 문제되는 것은 상소권회복에 의한 상소·재심 또는 비상상
고절차에서 무죄판결을 받은 경우이다($\frac{동법}{제2조 2항}$). 무죄판결을 받을 당시에 구금되
어 있을 것을 요하지 않는다. 자유형의 집행정지자에 대한 구치($\frac{제470조}{3항}$)와 형집행
장에 의한 구속($\frac{제473조 내지}{제475조}$)도 구금 또는 형의 집행으로 본다($\frac{형보법}{제2조 3항}$).

3. 보상하지 않을 수 있는 경우

무죄판결을 받은 경우라 할지라도 보상청구자가 객관적으로 위법한 행위를　8
하였거나 유죄판결을 자초한 경우 또는 종국적으로 유죄의 재판을 받을 경우에는
형사보상이 인정되지 않는다. 즉 보상청구자가 ① 책임능력이 없음을 이유로 무
죄판결을 받은 경우, ② 본인이 수사 또는 심판을 그르칠 목적으로 거짓 자백을
하거나 다른 유죄의 증거를 만듦으로써 기소·미결구금 또는 유죄재판을 받게 된
것으로 인정된 경우, ③ 1개의 재판으로 경합범의 일부에 대하여 무죄재판을 받
고 다른 부분에 대하여 유죄재판을 받았을 경우에는 법원은 재량으로 보상청구의
전부 또는 일부를 기각할 수 있다($\frac{동법}{제4조}$). 형사보상 및 명예회복에 관한 법률 제4
조 2호의 수사 및 심판을 그르칠 목적은 헌법 제28조가 보장하는 형사보상청구
권을 제한하는 예외적인 사유임에 비추어 신중하게 인정하여야 하고, 이는 형사
보상청구권을 제한하고자 하는 측에서 입증하여야 할 것이다.[1]

피의자보상에 있어서도 ① 본인이 수사 또는 재판을 그르칠 목적으로 거짓　9
자백을 하거나 다른 유죄의 증거를 만듦으로써 구금된 것으로 인정되는 경우, ②
구금기간 중에 다른 사실에 대하여 수사가 행하여지고 그 사실에 관하여 범죄가
성립한 경우, ③ 보상을 하는 것이 선량한 풍속이나 그 밖에 사회질서에 위배된
다고 인정할 특별한 사정이 있는 경우에는 보상의 전부 또는 일부를 지급하지 아
니할 수 있다($\frac{동법 제27}{조 2항}$).

1　대법원 2008. 10. 28. 결정, 2008 모 577.

Ⅲ. 형사보상의 내용

1. 구금에 대한 보상

10   구금에 대한 보상을 할 때에는 그 구금일수에 따라 1일당 보상청구의 원인이 발생한 연도의 최저임금법에 따른 일급 최저임금액 이상 대통령령으로 정하는 금액 이하의 비율에 의한 보상금을 지급한다($\frac{형보법}{제5조 1항}$). 여기의 구금에는 미결구금과 형의 집행에 의한 구금을 포함한다. 노역장유치의 집행을 하였을 때에도 이에 준한다($\frac{동조}{제5항}$). 법원이 보상금액을 산정할 때에는 구금의 종류 및 기간의 장단, 구금기간 중에 입은 재산상의 손실과 얻을 수 있었던 이익의 상실 또는 정신적인 고통과 신체 손상, 경찰·검찰·법원의 각 기관의 고의 또는 과실 유무, 무죄재판의 실질적 이유가 된 사정, 그 밖에 보상금액 산정과 관련되는 모든 사정을 고려하여야 한다($\frac{동조}{제2항}$).

2. 형의 집행에 대한 보상

(1) 사형집행에 대한 보상

11   사형집행에 대한 보상을 할 때에는 집행 전 구금에 대한 보상금 외에 3천만원 이내에서 모든 사정을 고려하여 법원이 타당하다고 인정하는 금액을 더하여 보상한다. 이 경우 본인의 사망에 의하여 생긴 재산상의 손실액이 증명되었을 때에는 그 손실액도 보상한다($\frac{동조}{제3항}$).

(2) 벌금·과료의 집행에 대한 보상

12   벌금 또는 과료의 집행에 대한 보상을 할 때에는 이미 징수한 벌금 또는 과료의 금액에 징수일의 다음 날부터 보상 결정일까지의 일수에 대하여 민법 제379조의 법정이율을 적용하여 계산한 금액을 더한 금액을 보상한다($\frac{동조}{제4항}$).

(3) 몰수·추징의 집행에 대한 보상

13   몰수 집행에 대한 보상을 할 때에는 그 몰수물을 반환하고, 그것이 이미 처분되었을 때에는 보상결정 시의 시가를 보상하며($\frac{동조}{제6항}$), 추징금에 대한 보상을 할 때에는 그 액수에 징수일의 다음 날부터 보상 결정일까지의 일수에 대하여 민법 제379조의 법정이율을 적용하여 계산한 금액을 더한 금액을 보상한다($\frac{동조}{제7항}$).

다만, 면소 또는 공소기각의 재판을 받은 자는 구금에 대한 보상만을 청구할 수 있으므로($\binom{\text{형보법}}{\text{제26조}}$), 몰수 또는 추징에 대한 보상을 청구할 수 없다($\binom{\text{대법원 1965. 5. 18,}}{\text{65 다 532}}$).

Ⅳ. 형사보상의 절차

1. 보상의 청구

(1) 청구권자

형사보상의 청구권자는 무죄·면소 또는 공소기각과 치료감호청구기각의 재 14
판을 받은 본인($\binom{\text{동법 제2}}{\text{조, 제26조}}$) 또는 불기소처분이나 불송치결정을 받은 피의자($\binom{\text{동법 제}}{\text{27조 1항}}$)
이다. 청구권은 양도·압류할 수 없다($\binom{\text{동법}}{\text{제23조}}$). 그러나 청구권은 상속의 대상이 된
다. 따라서 본인이 보상청구를 하지 않고 사망하였을 때에는 상속인이 이를 청구
할 수 있다($\binom{\text{동법}}{\text{제3조}}$). 또 사망한 자에 대하여 재심 또는 비상상고의 절차에서 무죄
재판이 있었을 때에는 보상의 청구에 관하여는 사망한 때에 무죄재판이 있었던
것으로 본다($\binom{\text{동조}}{\text{제2항}}$). 따라서 사망 시에 본인의 보상청구권이 발생하여 상속인에게
상속되는 것이 된다.

(2) 청구의 절차

1) **청구시기와 관할법원**   보상의 청구는 무죄·면소 또는 공소기각의 재판 15
이 확정된 사실을 안 날부터 3년, 확정된 때부터 5년 이내에 하여야 하며($\binom{\text{동법 제8}}{\text{조, 제26조}}$),[1]
피의자보상의 청구는 불기소처분 또는 불송치결정의 고지 또는 통지를 받은 날부
터 3년 이내에 하여야 한다($\binom{\text{동법 제}}{\text{28조 3항}}$). 보상청구는 무죄재판을 한 법원에 하여야 한
다($\binom{\text{동법}}{\text{제7조}}$). 다만, 관할권 없는 법원에서 보상결정을 하였다고 하여 당연무효가 되
는 것은 아니다. 피의자보상의 청구는 불기소처분을 한 검사가 소속된 지방검찰
청($\binom{\text{지방검찰청 지청의 검사가 불기소처분을 한 경우}}{\text{에는 그 지청이 소속하는 지방검찰청을 말한다}}$) 또는 불송치결정을 한 사법경찰관이 소속된
경찰관서에 대응하는 지방검찰청의 심의회에 보상을 청구하여야 한다($\binom{\text{동법 제}}{\text{28조 1항}}$).

2) **보상청구의 방식**   보상청구는 보상청구서에 재판서의 등본과 그 재판의 16

---

1 다만 면소 또는 공소기각의 재판이 확정된 이후에 비로소 해당 형벌법령에 대하여 위헌·무
효판단이 있는 경우 등과 같이 면소 또는 공소기각의 재판이 확정된 이후에 무죄재판을 받
을 만한 현저한 사유가 생겼다고 볼 수 있는 경우에는, 해당 사유가 발생한 사실을 안 날부
터 3년, 해당 사유가 발생한 때부터 5년 이내에 보상청구를 할 수 있다(대법원 2022. 12.
20. 결정, 2020 모 627).

확정증명서를 첨부하여 법원에 제출하여야 한다. 보상청구서에는 ① 청구자의 등록기준지 · 주소 · 성명 · 생년월일, ② 청구의 원인된 사실과 청구액을 기재하여야 한다(동법 제9조). 상속인이 보상을 청구할 때에는 본인과의 관계를 증명할 수 있는 서류를 첨부하고, 같은 순위의 상속인의 유무를 소명할 수 있는 자료를 제출하여야 한다(동법 제10조). 보상의 청구는 대리인을 통하여서도 할 수 있다(동법 제13조). 피의자보상을 청구하는 청구서에는 불기소처분 또는 불송치결정을 받은 사실을 증명하는 서류를 첨부하여 제출하여야 한다(동법 제28조 2항).

(3) 상속인의 보상청구의 효과

17   보상청구를 할 수 있는 같은 순위의 상속인이 여러 명인 경우에 그 중 1명이 보상청구를 하였을 때에는 보상을 청구할 수 있는 모두를 위하여 그 전부에 대하여 보상청구를 한 것으로 본다(동법 제11조 제1항). 이 경우에 청구를 한 상속인 외의 상속인은 공동청구인으로서 절차에 참가할 수 있다(동조 제2항). 법원이 보상을 청구할 수 있는 같은 순위의 다른 상속인이 있다는 사실을 알았을 때에는 지체 없이 그 상속인에게 보상청구가 있었음을 통지하여야 한다(동조 제3항).

(4) 보상청구의 취소

18   보상청구는 법원의 보상청구에 대한 재판이 있을 때까지 취소할 수 있다. 다만, 같은 순위의 상속인이 여러 명인 경우에 보상을 청구한 자는 나머지 모두의 동의 없이 청구를 취소할 수 없다(동법 제12조 1항). 보상청구를 취소한 경우에 보상청구권자는 다시 보상을 청구할 수 없다(동조 제2항).

2. 보상청구에 대한 재판

(1) 보상청구사건의 심리

19   **1) 심리법원**   무죄의 재판을 받은 자가 한 보상청구는 법원 합의부에서 재판한다(동법 제14조 1항).

20   **2) 심리의 방법**   보상청구에 대하여 법원은 검사와 청구인의 의견을 들은 후 결정하여야 한다(동조 제2항). 보상청구의 원인된 사실인 구금일수 또는 형집행의 내용에 관하여 법원은 직권으로 조사하여야 한다(동법 제15조). 청구원인사실을 법원에서 직권으로 조사하게 한 것은 청구자의 부담을 경감하기 위한 것이다.

21   **3) 보상청구의 중단과 승계**   보상을 청구한 자가 청구절차 중 사망하거나 또

는 상속인의 신분을 상실한 경우에 다른 청구인이 없을 때에는 청구의 절차는 중단된다($\frac{동법 제}{19조 1항}$). 이 경우에 청구한 자의 상속인 또는 보상을 청구한 상속인과 같은 순위의 상속인은 2월 이내에 청구의 절차를 승계할 수 있다($\frac{동조}{제2항}$). 법원은 절차를 승계할 수 있는 자로서 법원에 알려진 자에게는 지체 없이 위의 기간 내에 청구의 절차를 승계할 것을 통지하여야 한다($\frac{동조}{제3항}$).

(2) 법원의 결정

보상청구에 대하여는 법원이 결정을 하여야 한다($\frac{동법 제}{14조 2항}$). 보상청구를 받은 법원은 6개월 이내에 보상결정을 하여야 한다($\frac{동조}{제3항}$). 법원의 결정에는 청구각하·청구기각 및 보상의 결정이 있다. 결정의 정본은 검사와 청구인에게 송달하여야 한다($\frac{동조}{제4항}$).   22

1) 청구각하의 결정   보상청구의 절차가 법령으로 정한 방식을 위반하여 보정할 수 없을 경우, 청구인이 법원의 보정명령에 따르지 아니할 경우 또는 보상청구의 기간이 지난 후에 보상을 청구하였을 경우에는 이를 각하하는 결정을 하여야 한다($\frac{동법}{제16조}$). 청구절차가 중단된 후 2월 이내에 승계의 신청이 없는 때에도 법원은 각하의 결정을 하여야 한다($\frac{동법 제}{19조 4항}$).   23

2) 보상결정과 청구기각결정   보상의 청구가 이유 있을 때에는 보상결정을 하여야 하며, 이유 없을 때에는 청구기각의 결정을 하여야 한다($\frac{동법}{제17조}$). 보상의 청구를 할 수 있는 같은 순위의 상속인이 여러 명인 경우에 그 1명에 대한 보상결정이나 청구기각의 결정은 같은 순위자 모두에 대하여 한 것으로 본다($\frac{동법}{제18조}$). 보상결정이 확정되었을 때에는 법원은 2주일 내에 보상결정의 요지를 관보에 게재하여 공시하여야 한다($\frac{동법 제}{25조 1항}$). 보상청구자가 같은 원인으로 다른 법률에 의하여 충분한 손해배상을 받았다는 이유로 보상청구를 기각하는 결정이 확정된 때에도 그 기각결정을 공시하여야 한다($\frac{동조}{제2항}$).   24

3) 불복신청   보상의 결정에 대하여는 1주일 이내에 즉시항고를 할 수 있으며, 보상의 청구를 기각한 결정에 대하여도 즉시항고를 할 수 있다($\frac{동법}{제20조}$).   25

3. 피의자보상의 결정

피의자보상에 관한 사항은 지방검찰청에 둔 피의자보상심의회에서 심사·결정하며($\frac{동법 제}{27조 3항}$), 심의회는 법무부장관의 지휘·감독을 받는다($\frac{동조}{제4항}$). 피의자보상의   26

청구에 대한 심의회의 결정에 대하여는 행정심판법에 따른 행정심판을 청구하거나 행정소송법에 따른 행정소송을 제기할 수 있다($\frac{동법 제}{28조 4항}$).

4. 보상금지급의 청구

(1) 지급청구의 방식

27 　　보상결정의 확정에 의하여 보상지급청구권이 발생한다. 보상금지급을 청구하려는 자는 보상을 결정한 법원에 대응하는 검찰청에 보상금 지급청구서를 제출하여야 한다($\frac{동법 제}{21조 1항}$). 청구서에는 법원의 보상결정서를 첨부하여야 한다($\frac{동조}{제2항}$). 보상결정이 송달된 후 2년 이내에 보상금 지급청구를 하지 아니할 때에는 권리를 상실한다($\frac{동조}{제3항}$). 그러나 보상의 지급을 받을 수 있는 자가 여러 명인 경우에는 그 중 1명이 한 보상금지급청구는 보상결정을 받은 모두를 위하여 그 전부에 대하여 한 것으로 본다($\frac{동조}{제4항}$). 보상금 지급청구서를 제출받은 검찰청은 3개월 이내에 보상금을 지급하여야 하고($\frac{동법 제21조}{의2 제1항}$), 그 기한까지 보상금을 지급하지 아니한 경우에는 그 다음 날부터 지급하는 날까지의 지연 일수에 대하여 민법 제379조의 법정이율에 따른 지연이자를 지급하여야 한다($\frac{동조}{제4항}$). 무죄의 재판을 받은 자의 보상에 관한 규정은 피의자보상에 대하여도 적용된다($\frac{동법 제}{29조 1항}$).

(2) 보상금지급의 효과

　　보상금을 받을 수 있는 자가 여러 명인 경우에는 그중 1명에 대한 보상금지급은 그 모두에 대하여 효력이 발생한다($\frac{동법}{제22조}$).

제 4 장   특별절차

제 1 절   약식절차

Ⅰ. 약식절차의 의의와 합헌성

1. 약식절차의 의의

약식절차란 지방법원의 관할사건에 대하여 검사의 청구가 있는 때에 공판절 **1**
차를 경유하지 않고 검사가 제출한 자료만을 조사하여 약식명령으로 피고인에게
벌금·과료 또는 몰수의 형을 과하는 간이한 재판절차를 말한다. 약식절차에 의
하여 형을 선고하는 재판을 약식명령이라고 한다. 한편, 약식절차의 정보화를 촉
진하고 신속성과 효율성을 높이기 위하여 약식절차에 따라 정형적으로 처리되고
있는 음주·무면허운전 등 도로교통법위반사건에 대하여 피의자가 동의하는 경우
에 전자문서에 의한 약식절차를 도입하여 시행하고 있다(약식절차 등에서의 전자문서 이용 등에 관한 법률 제3조 1항).[1]

약식절차는 독일의 과형명령절차(Strafbefehlsverfahren)에서 유래하는 제도이 **2**
다. 약식절차는 벌금 또는 과료에 처할 경미한 사건에 대하여도 공판을 개정하여
피고인을 출석케 하고 심리를 하는 것은 무익한 절차와 시간을 소비할 뿐이라는
소송경제의 이념에 근거하고 있다. 그러나 공개재판에 대한 피고인의 사회적·심
리적 부담을 덜어주고 공판정의 출석을 위한 불필요한 시간과 노력을 피할 수 있
다는 점에서 동시에 피고인의 이익을 보호하기 위한 제도라고 할 수 있다.[2] 약
식절차는 실질적으로 불가결한 절차이며, 현재 경죄와 중간범죄에 대한 재판절차
로서 가장 중요한 의미를 가지고 있다.[3]

---

1 현재 형사사법정보시스템(Korea Information System of Criminal Justice Service: KICS)에
  의한 전자적 처리절차는 교통사고처리 특례법 제3조 2항 본문에 해당하는 사건 중 같은 항
  본문 또는 같은 법 제4조에 따라 공소를 제기할 수 없음이 명백한 사건에 대해서도 적용되
  는데(약식절차 등에서의 전자문서 이용 등에 관한 법률 제3조 2항), 2021. 10. 19. 「형사사
  법절차에서의 전자문서 이용 등에 관한 법률」이 제정되어 2024. 10. 20.부터 시행되면 형사
  전자소송이 확대·정착될 것으로 예상된다.
2 Gössel S. 333; Meyer–Goßner Vor § 407, Rn. 1; Roxin S. 513; Zipf S. 230.
3 Müller KK Vor § 407, Rn. 1; Roxin S. 513.

2. 약식절차의 합헌성

3 약식절차는 검사가 제출한 자료를 기초로 서면심리에 의하여 형을 선고하는 재판절차이므로 헌법이 보장하고 있는 공정한 재판과 피고인의 신속한 공개재판을 받을 권리(헌법 제27조 1항·3항)를 침해하는 것이 아닌가가 문제된다. 그러나 피고인에게 정식재판청구권이 보장되고 특히 이를 포기할 수 없도록 하고 있는 이상 약식절차가 헌법에 위반하는 것은 아니라는 점에 견해가 일치하고 있다.[1] 일본 형사소송법은 피의자의 동의를 약식절차의 요건으로 규정하고 있으며(제461조 의2), 이를 근거로 약식절차가 헌법에 반하지 않는다고 해석하고 있다. 그러나 약식명령의 청구 이전에 피의자의 동의를 받지 않는다 할지라도 피고인에 대하여 정식재판청구권을 보장하는 이상 피고인의 공정한 공개재판을 받을 권리를 침해한 것이라고 볼 수는 없다.[2] 즉 약식절차에서는 공소장일본주의가 행하여지지는 않지만 공평한 법원은 편파와 불공평의 우려가 없는 조직과 구성을 가진 법원에 의한 재판을 의미하므로 특수한 절차에서 공소장일본주의가 인정되지 않는다고 하여 공평한 법원에 의한 재판이 아니라고 할 수는 없고, 약식명령에 불복할 때에 정식재판을 청구할 수 있도록 한 경우에는 경미한 사건을 약식절차에 의하여 심리하였다고 하여 공개재판을 받을 권리를 침해한 것이라고 할 수도 없다.

Ⅱ. 약식명령의 청구

1. 청구의 대상

4 약식명령을 청구할 수 있는 사건은 지방법원의 관할에 속하는 사건으로서 벌금·과료 또는 몰수에 처할 수 있는 사건에 한한다(제448조 1항). 벌금·과료 또는 몰수의 형이 법정형에 선택적으로 규정되어 있으면 된다. 벌금 또는 과료에 처할 사건인 이상 지방법원 합의부의 사물관할에 속하는 사건도 포함한다. 피고인이 공소사실에 대하여 자백할 것을 요하지 않는다.

---

1 신동운 1720면; 신현주 836면; 이영란 972면; 차용석/최용성 891면.
2 Meyer-Goßner Vor § 407, Rn. 1; Müller KK Vor § 407, Rn. 3.

2. 청구의 방식

약식명령은 검사의 청구가 있을 것을 요건으로 한다($\genfrac{}{}{0pt}{}{실무상 \ '구약식'}{이라 \ 한다}$). 약식명령의　　5
청구는 공소제기와 동시에 서면으로 하여야 한다($\genfrac{}{}{0pt}{}{제449}{조}$). 따라서 약식명령의 청구
는 공소의 제기가 아니라 약식절차에 의할 것을 청구하는 데 지나지 않는, 공소
제기와는 별개의 소송행위라고 해야 한다. 약식명령의 청구를 공소제기의 특수한
방식이라고 설명하는 견해[1]도 있으나, 약식명령의 청구를 공소제기의 방식이라
고 할 수는 없다. 다만 약식명령의 청구와 공소제기는 동시에 행하여지는 것이므
로 약식명령의 청구가 있으면 당연히 공소의 제기가 있는 것으로 된다. 따라서
공소의 취소가 있는 때에는 약식명령의 청구도 효력을 잃게 된다. 공소를 취소하
지 않고 약식명령의 청구만을 취소할 수 있는가에 대하여는 긍정하는 견해[2]도
있으나, 이를 허용하는 명문의 규정이 없고 또 인정할 실익도 없으므로 부정하는
것이 타당하다.[3] 보통의 공판절차에 의할 것인가의 판단은 법원에 맡기면 되기
때문이다.

검사는 약식명령의 청구와 동시에 약식명령을 하는 데 필요한 증거서류 및　　6
증거물을 법원에 제출하여야 한다($\genfrac{}{}{0pt}{}{규칙 \ 제}{170조}$). 즉 약식절차에서는 공소장일본주의의
예외가 인정된다. 약식명령의 청구에는 공소에 대한 규정이 적용된다. 그러나 약
식명령의 청구에 공소장부본을 첨부하거나 부본을 송달할 필요는 없다. 약식명령
의 기재사항과 공소장의 기재사항이 동일하기 때문이다.

Ⅲ. 약식절차의 심판

1. 법원의 사건심사

⑴ 약식명령의 성질

약식명령의 청구가 있으면 법원은 검사가 제출한 서류 및 증거물에 대한 서　　7
면심사를 하게 된다. 그러나 서면심사에 의하여 약식명령의 당부를 판단하기 어
려운 경우에 법원이 사실조사를 할 수 있는가가 문제되지 않을 수 없다. 문제의
해결을 위하여는 약식명령의 성질을 밝힐 필요가 있다.

1　서일교 395면.
2　김재환 874면; 신양균/조기영 1270면; 신현주 838면; 이창현 1361면.
3　송광섭 924면; 신동운 1722면; 임동규 863면; 정웅석/최창호/김한균 897면; 차용석/최용성 892면.

약식명령은 형식적으로 결정과 유사한 성질을 가지고 있으나, 실질적으로는 형벌을 선고하는 판결이라고 볼 수도 있다.[1] 따라서 약식명령은 판결도 결정도 아닌 특별한 형식의 재판이라고 해석하는 것이 타당하다.[2] 다만, 약식명령을 특별한 형식의 재판이라고 해석하는 견해도 이를 결정에 준하는 것으로 파악하고 있으므로 법원이 필요한 때에는 사실조사를 할 수 있다는 점에 관하여는 결론을 같이한다.

(2) 사실조사의 한계

8   약식절차에서도 사실조사와 증거조사는 허용된다. 그러나 약식절차는 심판을 간이·신속·비공개로 행하는 점에 특색이 있다. 따라서 약식절차에서 증인신문이나 검증과 같은 증거조사를 필요로 하는 때에는 통상의 공판절차에서 심리하는 것이 타당하다. 그러므로 약식절차에서의 사실조사는 조사에 시일을 요하지 않고 약식절차의 본질을 해하지 않는 범위에서만 허용된다고 해야 한다.[3]

> 예컨대 검증조서에 기재된 거리의 측정이나 장소의 형상의 오류를 간단한 검증에 의하여 보정하는 경우, 감정서에 기재된 학술용어의 의미를 감정인신문에 의하여 확인하는 경우 또는 피해자의 신문에 의하여 피해변상을 확인하는 경우가 여기에 해당한다.

약식절차에서의 조사를 위하여 피고인이 증거를 제출하거나 검사가 보충증거를 제출하는 것도 허용된다고 하지 않을 수 없다.

(3) 약식절차와 증거법칙

9   약식절차에서는 서면조사를 원칙으로 한다. 따라서 공판기일의 심판절차에 관한 규정이나 이를 전제로 하는 규정은 약식절차에서는 적용되지 않는다. 따라서 자백배제법칙이나 자백의 보강법칙은 약식절차에서도 적용되지만, 전문증거의 제한은 공판절차에 의할 것을 전제로 하는 것이므로 약식절차에 적용될 여지가 없다. 그러므로 형사소송법 제312조 이하의 전문증거에 관한 규정은 약식절차에 적용되지 않는다. 공소장변경도 공판절차를 전제로 하는 것이므로 약식절차에서는 허용되지 않는다.

---

1 Roxin S. 514.
2 강구진 403면; 김기두 341면; 백형구 강의, 895면.
3 김재환 874면; 송광섭 925면; 신동운 1723면; 신양균/조기영 1153면; 신현주 839면; 임동규 864면; 차용석/최용성 894면.

2. 공판절차에의 이행

(1) 이행의 사유

법원은 약식명령의 청구가 있는 경우에 그 사건이 약식명령으로 할 수 없거   10
나 약식명령으로 하는 것이 적당하지 아니하다고 인정한 때에는 공판절차에 의하
여 심판하여야 한다($\frac{제450}{조}$). 약식명령으로 할 수 없는 경우란 법정형으로 벌금 또
는 과료가 규정되어 있지 않은 죄에 대하여 약식명령의 청구가 있거나 그 사건에
대하여 무죄ㆍ면소ㆍ공소기각 또는 관할위반의 재판을 선고해야 할 경우를 말하
며, 약식명령을 하는 것이 적당하지 않은 경우는 법률상 약식명령을 하는 것이
불가능하지는 않아도 벌금ㆍ과료 또는 몰수 이외의 형을 선고하는 것이 적당하다
고 인정한 경우나 사안이 복잡하여 공판절차에서 신중히 심판하는 것이 타당하다
고 인정한 경우를 말한다. 약식명령을 청구한 후 치료감호가 청구되었을 때에는
약식명령청구는 그 치료감호가 청구되었을 때부터 공판절차에 따라 심판하여야
한다($\frac{치료감호\ 등에\ 관한}{법률\ 제10조\ 3항}$).

(2) 이행 후의 절차

약식명령을 청구할 때에는 공소장부본이 피고인에게 송달되지 않는다. 그러   11
나 공판절차에의 이행에 의하여 보통의 심판을 하는 경우에는 공소장부본을 피고
인에게 송달할 필요가 있다. 따라서 법원사무관 등은 약식명령의 청구가 있는 사
건을 공판절차에 의하여 심판하기로 한 때에는 즉시 그 취지를 검사에게 통지하
여야 하며, 통지를 받은 검사는 5일 이내에 피고인수에 상응한 공소장부본을 법
원에 제출하여야 하고, 법원은 이 공소장부본을 지체 없이 피고인 또는 변호인에
게 송달하여야 한다($\frac{규칙\ 제}{172조}$).

공소장일본주의의 취지에 비추어 검사가 제출한 증거서류와 증거물은 다시   12
검사에게 반환해야 한다고 해석하는 것이 타당하다.[1]

약식명령의 청구를 심사한 법관이 보통의 심판에 관여한 때에는 전심절차에 관여한 것
은 아니므로 경우에 따라 기피사유가 될 수 있을 뿐이며 제척사유가 되지는 않는다.[2]

---

1 백형구 강의, 897면; 신현주 841면; 이창현 1364면; 정웅석/최창호/김한균 898면.

2 정승환 § 28/12.

3. 약식명령

13   법원은 심사의 결과 공판절차에 이행할 경우가 아니면 약식명령을 하여야
한다. 약식명령은 그 청구가 있는 날로부터 14일 이내에 하여야 한다(소촉법 제22조; 규칙 제171조).

(1) 약식명령의 방식

14   약식명령에는 범죄사실 · 적용법령 · 주형 · 부수처분과 약식명령의 고지를 받
은 날로부터 7일 이내에 정식재판을 청구할 수 있음을 명시하여야 한다(제451조). 범
죄사실이란 제323조의 범죄될 사실을 의미한다. 따라서 단순히 고발장에 기재된
범죄사실을 인용한 것으로는 범죄사실을 기재하였다고 할 수 없다.[1] 부수처분에
는 압수물의 환부, 추징 이외에 벌금 · 과료 또는 추징에 대한 가납명령을 포함한
다.[2] 가납의 재판은 판결로 하여야 하는 것이나(제334조 2항), 약식명령은 판결과 같은
효력을 가질 뿐만 아니라 가납명령을 해야 할 필요성이 적지 않기 때문이다. 미결
구금일수가 있으면 그 전부를 환형통산하여야 한다. 부수처분으로 벌금의 선고유
예를 할 수 있는가에 대하여 긍정설[3]과 부정설[4]이 대립되고 있으나, 이를 부정해
야 할 이유는 없다고 생각된다. 약식명령에 증거의 요지를 기재할 필요는 없다.

15   약식명령에 의하여 과할 수 있는 형은 벌금 · 과료 · 몰수에 한하며, 약식명령
에 의하여 무죄 · 면소 · 공소기각 또는 관할위반의 재판을 할 수는 없다. 검사의
약식명령청구서에는 벌금과 과료의 액이 기재되어 있다.

약식명령에서 검사가 청구한 형을 변경할 수 있는가에 대하여 과형명령절차를 취하
고 있는 독일 형사소송법의 해석에 있어서는 이를 변경할 수 없다고 하고 있다.[5]
그러나 약식명령의 청구와 공소제기를 구별하고 있는 우리 형사소송법에 있어서는
이를 부정해야 할 이유가 없다.

16   약식명령의 고지는 검사와 피고인에 대한 재판서의 송달에 의하여야 한다
(제452조).[6] 따라서 변호인이 있는 경우라도 반드시 변호인에게 약식명령 등본을 송

---

1 대법원 1955. 9. 22, 4288 형상 212.
2 백형구 강의, 898면; 신동운 1726면.
3 김재환 877면; 정웅석/최창호/김한균 898면; 차용석/최용성 893면.
4 백형구 강의, 898면; 신동운 1727면; 임동규 865면.
5 Gössel S. 335; Meyer-Goßner § 408, Rn. 9; Peters S. 564; Roxin S. 515; Zipf S. 230.
6 헌법재판소는 형사피해자가 약식명령을 고지받지 못한다고 하여 형사재판절차에서의 참여기
   회가 완전히 봉쇄되어 있다고 볼 수 없으므로, 형사소송법 제452조는 형사피해자의 재판절차
   진술권을 침해하지 않는다고 합헌결정을 하였다(헌재결 2019. 9. 26, 2018 헌마 1015).

달해야 하는 것은 아니다.[1]

(2) 약식명령의 효력

약식명령은 재판서가 피고인에게 송달됨으로써 효력이 발생하는데,[2] 정식재   17
판의 청구기간이 경과하거나 그 청구의 취하 또는 청구기각의 결정이 확정한 때
에는 확정판결과 동일한 효력이 있다($\frac{제457}{조}$). 유죄의 확정판결과 동일한 효력이 있
으므로 기판력과 집행력이 발생하며, 재심 또는 비상상고의 대상이 될 수 있다.
약식명령에 대한 기판력의 시적 범위는 약식명령의 발령시를 기준으로 해야 한
다.[3] 따라서 포괄일죄의 일부에 대하여 약식명령이 확정된 때에는 그 명령의 발
령 시까지 행하여진 행위에 대하여는 기판력이 미치므로 그 행위에 대하여 공소
의 제기가 있으면 면소의 판결을 해야 한다.

甲에 의하여 성명이 모용된 乙에게 약식명령이 송달된 때에 乙은 정식재판   18
을 청구하여 무죄를 주장해야 한다는 견해[4]도 있다. 그러나 이 경우에 乙에게는
공소제기의 효력이 미치지 아니하므로 공소기각의 판결을 해야 한다고 보는 것이
타당하다.[5]

Ⅳ. 정식재판의 청구

1. 정식재판의 청구권자

정식재판의 청구권자는 검사와 피고인이다.[6] 피고인은 정식재판의 청구를   19
포기할 수 없다($\frac{제453조}{1항}$). 피고인의 법정대리인은 피고인의 의사와 관계없이, 피고
인의 배우자·직계친족·형제자매·대리인 또는 변호인은 피고인의 명시의 의사
에 반하지 않는 한 독립하여 정식재판을 청구할 수 있다($\frac{제458조,\ 제340}{조,\ 제341조}$). 변호인의
정식재판청구권은 고유권이 아니라 독립대리권이라고 보아야 한다.

---

1 대법원 2017. 7. 27. 결정, 2017 모 1557.
2 대법원 2007. 7. 27. 결정, 2017 모 1557.
3 대법원 1981. 6. 23, 81 도 1437; 대법원 1984. 7. 24, 84 도 1129; 대법원 1994. 8. 9, 94 도 1318.
4 강구진 405면.
5 대법원 1981. 7. 7, 81 도 182.
6 헌법재판소는 약식명령이 청구되었다고 하여 형사피해자의 공판정에서의 진술권이 완전히 배
   제되는 것은 아니므로, 형사소송법 제453조 1항은 형사피해자의 재판절차진술권을 침해하지
   않는다고 합헌결정을 하였다(헌재결 2019. 9. 26, 2018 헌마 1015).

2. 정식재판청구의 절차

20 　　정식재판의 청구는 약식명령의 고지를 받은 날로부터 7일 이내에 할 수 있다($\binom{제453조,}{1항}$). 즉 정식재판 청구기간은 피고인이 약식명령을 받은 날을 기준으로 하여 기산하여야 한다.[1] 정식재판의 청구는 약식명령을 한 법원에 서면으로 제출하여야 하며($\binom{동조,}{제2항}$), 정식재판의 청구가 있는 때에는 법원은 지체 없이 검사 또는 피고인에게 그 사유를 통지하여야 한다($\binom{동조,}{제3항}$). 약식명령에 대한 정식재판의 청구는 재판에 대한 불복이라는 점에서 상소와 유사하므로 상소에 관한 규정이 일부 준용된다($\binom{제458}{조}$). 상소권회복의 규정도 준용되므로 자기 또는 대리인이 책임질 수 없는 사유로 청구기간 내에 정식재판을 청구하지 못한 때에는 정식재판청구권의 회복청구를 할 수 있다($\binom{제458조,}{제345조}$). 따라서 요건이 미비하였음에도 불구하고 공시송달에 의하여 약식명령서가 송달된 때에는 정식재판청구권이 회복되지만,[2] 변호인이 정식재판청구서를 제출할 것으로 믿고 피고인이 제출하지 못한 때에는 정식재판청구권이 회복되지 않는다.[3] 정식재판청구권의 회복청구를 하는 경우에는 약식명령이 고지된 사실을 안 날로부터 7일 이내에 정식재판청구권 회복청구를 함과 동시에 정식재판청구를 하여야 하며, 단순히 정식재판청구권 회복청구만을 하여서는 안 된다.[4] 정식재판의 청구는 약식명령의 일부에 대하여도 할 수 있다($\binom{제458조,}{제342조}$).

21 　　정식재판의 청구가 있는 경우에 다시 공소장부본을 송달할 필요는 없다. 피고인에게는 이미 공소장부본과 동일한 내용의 약식명령서가 송달되어 있으므로 피고인의 방어의 불이익이 없기 때문이다.

3. 정식재판청구의 취하

22 　　정식재판의 청구는 제1심 판결선고 전까지 취하할 수 있다($\binom{제454}{조}$). 정식재판 청구를 취하한 자는 다시 정식재판을 청구하지 못한다($\binom{제458조,}{제354조}$). 이 경우에 취하의 방법에 관하여는 상소의 취하에 관한 규정이 준용된다($\binom{제458조,}{제352조}$).

1　대법원 2016. 12. 2. 결정, 2016 모 2711; 대법원 2017. 7. 27. 결정, 2017 모 1557.
2　대법원 1961. 6. 23. 결정, 4294 형재항 24; 대법원 1986. 2. 27. 결정, 85 모 6.
3　대법원 2007. 1. 12. 결정, 2006 모 658; 대법원 2017. 7. 27. 결정, 2017 모 1557.
4　대법원 1983. 12. 29. 결정, 83 모 48; 대법원 1986. 2. 27. 결정, 85 모 6.

4. 정식재판청구에 대한 재판

(1) 기각결정

정식재판의 청구가 법령상의 방식에 위반하거나[1] 청구권의 소멸 후인 것이 **23** 명백한 때에는 결정으로 기각하여야 한다(제455조 제1항). 이 결정에 대하여는 즉시항고를 할 수 있다(동조 제2항).

(2) 공판절차에 의한 심판

정식재판의 청구가 적법한 때에는 공판절차에 의하여 심판해야 한다(동조 제3항). **24** 이 경우에는 약식명령에 구속되지 않고 사실인정·법령적용과 양형에 관하여 법원은 자유롭게 판단할 수 있다. 즉 판결의 대상은 공소사실이며 약식명령의 당부를 판단하는 것이 아니다.[2] 공판절차에서 공소장변경과 공소의 취소가 허용됨은 물론이다. 그러나 정식재판을 청구한 피고인이 정식재판절차의 공판기일에 출석하지 않은 경우에는 다시 기일을 정하여야 하고, 피고인이 정당한 사유 없이 다시 정한 기일에 출정하지 않으면 피고인의 진술 없이 판결할 수 있다(제458조 2항, 제365조).

약식절차와 정식재판절차는 동일심급의 소송절차이므로 약식절차에서의 변호인은 당연히 정식재판절차에서도 변호인의 지위를 가진다. 정식재판절차에서는 형종상향금지의 원칙이 적용된다. 즉 피고인이 정식재판을 청구한 사건에 대하여는 약식명령의 형보다 중한 종류의 형을 선고하지 못한다(제457조의 2 제1항). 그러나 같은 형인 경우에는 약식명령의 형보다 중한 형을 선고할 수 있는데, 그 경우에는 판결서에 양형의 이유를 적어야 한다(동조 제2항). 형종상향금지의 원칙은 피고인이 정식재판을 청구한 사건과 다른 사건이 병합·심리된 후 경합범으로 처단되는 경우에도, 정식재판을 청구한 사건에 대하여 그대로 적용되지만,[3] 검사가 정식재판을 청구한 사건과 다른 사건이 병합된 경우에는 적용되지 않는다.[4] 약식명령을 한

---

1 대법원 2023. 2. 13. 결정, 2022 모 1872,「정식재판청구서에 청구인의 기명날인 또는 서명이 없다면 법령상의 방식을 위반한 것으로서 그 청구를 결정으로 기각하여야 한다. 이는 정식재판의 청구를 접수하는 법원공무원이 청구인의 기명날인이나 서명이 없음에도 불구하고 이에 대한 보정을 구하지 아니하고 적법한 청구가 있는 것으로 오인하여 청구서를 접수한 경우에도 마찬가지이다. 그러나 법원공무원의 위와 같은 잘못으로 인하여 적법한 정식재판청구가 제기된 것으로 신뢰한 피고인이 그 정식재판청구기간을 넘기게 되었다면, 이때 피고인은 자기가 '책임질 수 없는 사유'로 청구기간 내에 정식재판을 청구하지 못한 때에 해당하여 정식재판청구권의 회복을 구할 수 있다.」

2 Gössel S. 335; Peters S. 564; Roxin S. 516.

3 대법원 2020. 1. 9, 2019 도 15700; 대법원 2020. 3. 26, 2020 도 355.

4 대법원 2020. 12. 10, 2020 도 13700.

판사가 제 1 심의 정식재판에 관여하였다고 하여 제척사유가 되는 것도 아니다.[1]

(3) 약식명령의 실효

25   약식명령은 정식재판의 청구에 의한 판결이 있는 때에는 효력을 잃는다($\frac{제456}{조}$). 판결에는 공소기각의 결정도 포함되며, 판결이 있는 때란 판결이 확정된 때를 의미한다.

정식재판의 청구가 부적합할지라도 그 청구에 의하여 확정판결이 있는 때에는 약식명령은 실효된다. 그러나 청구기간 경과 후의 청구의 경우에는 약식명령은 이미 확정되었으므로 정식재판은 약식명령의 효력에 영향을 미치지 못한다.

§ 65   **제 2 절   즉결심판절차**

I. 즉결심판절차의 의의

1. 즉결심판의 의의

1   즉결심판이란 즉결심판절차에 의한 재판을 의미한다. 즉결심판절차란 지방법원, 지방법원지원 또는 시·군법원의 판사가 20만 원 이하의 벌금·구류 또는 과료에 처할 경미한 범죄에 대하여 공판절차에 의하지 아니하고 즉결하는 심판절차를 말한다. 즉결심판절차는 즉결심판에 관한 절차법에 의한다. 즉결심판에 관한 절차법은 실질적으로 경범죄 처벌법에 대한 절차법으로서의 의미를 가지고 있으나,[2] 형법상의 범죄도 즉결심판의 대상에서 제외되는 것은 아니다.

2   즉결심판절차는 경미한 형사사건의 신속·적절한 처리를 통하여 소송경제를 도모하려는 데 주된 목적이 있는 제도이다. 즉 20만 원 이하의 벌금·구류 또는 과료에 처할 경미한 범죄에 대하여 공소제기를 거쳐 정식의 공판절차에 의하여 심판한다는 것은 재판의 신속과 소송경제에 반한다는 점에 그 근거가 있다. 경미한 사건의 신속한 처리를 위한 간이절차로는 형사소송법에 약식절차가 있다. 그러나 약식절차는 검사의 청구가 있을 것을 요건으로 함에 대하여 즉결심판절차의

---

1 대법원 2002. 4. 12, 2002 도 944.

2 김기두 343면; 서일교 399면; 정영석/이형국 530면.

청구권자는 경찰서장이며, 약식명령에 의하여는 구류에 처할 수 없다는 점에서 즉결심판절차는 약식절차와 구별된다. 따라서 약식절차가 있음에도 불구하고 즉결심판절차를 마련하고 있는 것은 약식절차에 의해서는 격증하는 경범사건에 신속하고 적절하게 대처할 수 없다는 고려에 기인한다. 이러한 의미에서 즉결심판절차는 경범사건의 신속·적절한 처리를 위한 절차라고 할 수 있다. 즉결심판절차는 동시에 피의자 또는 피고인의 시간적·정신적 부담을 덜어준다는 의미에서 피고인의 이익보호도 고려한 것이라고 할 수 있다.[1]

> 그러나 피고인의 이익보호는 즉결심판절차에 피의자의 동의를 요하지 않고 또 피고인의 권리보호를 위한 충분한 보장이 되어 있지 않다는 점에서 큰 의미를 갖는 것은 아니라고 보아야 한다.[2]

2. 즉결심판절차의 성질

즉결심판절차는 법관이 공개된 장소에서 피고인을 출석시켜 실시하는 재판절차이다. 그러나 이는 공판기일에서의 절차가 아닐 뿐만 아니라 피고인의 정식재판청구에 의하여 공판절차로 이행되고, 특히 판사의 기각결정이 있을 때에는 검사에게 송치함에 그친다는 점에서 형사소송법상의 공판절차가 아니라 어디까지나 공판전의 절차라고 해야 한다.[3] 다만 약식절차가 서면심리에 의하는 데 반하여, 즉결심판절차에서는 공개의 법정에서 일정한 제한이 있지만 구두주의와 직접주의에 의한 심리를 거쳐 재판이 행해진다는 점에서 약식절차보다는 공판절차에 가깝다고 할 수 있다.

3

즉결심판절차는 형법상의 형벌을 과하는 절차이다. 뿐만 아니라 즉결심판이 확정된 때에는 확정판결과 동일한 효력을 가진다(즉절법 제16조). 즉 즉결심판에 관한 절차법은 형사소송법의 특별법이며, 형사소송법의 일부 내지 일체가 되어 있는 절차법이라고 할 수 있다.

4

> 이러한 의미에서 즉결심판에 관한 절차법은 범칙금절차(Bußgeldverfahren)를 규정하고 있는 독일의 질서위반법(OWiG)과 성질을 달리한다.

1　백형구 강의, 903면; 정영석/이형국 530면.

2　강구진 408면.

3　강구진 407면; 차용석/최용성 898면.

Ⅱ. 즉결심판의 청구

(1) 청구권자

5   즉결심판의 청구자는 관할경찰서장 또는 관할해양경찰서장(이하, 경찰서
장이라 한다)이다(동법 제
3조 1항). 즉결심판의 청구는 보통의 공판절차에서 검사의 공소제기와 성질을 같이하는 소송행위라고 보아야 한다. 즉결심판에 관한 절차법이 즉결심판청구를 공소제기와 동시에 할 것을 요구하지 않는 이유도 여기에 있다.[1] 이러한 의미에서 경찰서장의 즉결심판청구는 검사의 기소독점주의에 대한 예외가 된다.[2] 경찰서장이 경범죄 처벌법상의 범칙행위에 대하여 범칙금을 납부하도록 통고처분(경범죄
처벌법
제7
조)을 하였는데 통고처분에서 정한 범칙금 납부기간이 경과하지 아니한 경우에는 범칙금을 납부하면 그 범칙행위에 대하여 다시 처벌받지 않는다(경범죄 처벌법
제8조 3항). 따라서 이러한 범칙자의 절차적 지위를 보장하기 위하여 원칙적으로 경찰서장은 즉결심판을 청구할 수 없고, 형사소추를 위하여 이미 한 통과처분을 임의로 취소할 수 없으며, 검사도 동일한 범칙행위에 대하여 공소를 제기할 수 없다.[3]

(2) 청구의 방식

6   즉결심판의 청구는 서면으로 하여야 한다. 즉결심판청구서에는 피고인의 성명 기타 피고인을 특정할 수 있는 사항·죄명·범죄사실과 적용법조를 기재하여야 한다(동법 제
3조 2항). 기재사항은 공소장의 필요적 기재사항과 동일하다.

7   경찰서장은 즉결심판을 함에 필요한 서류 또는 증거물을 판사에게 제출하여야 한다(동법
제4조). 즉결심판절차에 공소장일본주의가 적용된다고 보는 견해[4]도 있으나, 약식절차에 있어서와 같이 공소장일본주의가 배제된다고 하지 않을 수 없다.[5] 피의자가 즉결심판을 함에 이의하지 않을 것을 요건으로 하는 것도 아니다.

(3) 관할법원

8   즉결심판의 관할법원은 지방법원, 지방법원지원 또는 시·군법원의 판사이

---

1 일본의 교통사고즉결재판수속법은 청구권자를 검사로 하고 공소제기와 동시에 즉결심판을 청구하도록 하고 있으므로(제 4 조), 즉결심판의 청구는 심판형식에 대한 의사표시로서의 의미를 갖는 데 그친다.

2 강구진 409면; 김기두 343면; 백형구 302면, 강의 903면.

3 대법원 2020. 4. 29, 2017 도 13409; 대법원 2020. 7. 29, 2020 도 4738; 대법원 2021. 4. 1, 2020 도 15194; 대법원 2032. 3. 16, 2023 도 751.

4 강구진 410면.

5 대법원 2011. 1. 27, 2008 도 7375.

다$\left(\begin{smallmatrix} 법조법 \ 제34조, \\ 즉절법 \ 제 3 조의 2 \end{smallmatrix}\right)$.

Ⅲ. 즉결심판청구사건의 심리

1. 판사의 심사와 경찰서장의 송치

즉결심판의 청구가 있는 경우에 판사는 먼저 사건이 즉결심판을 함에 적당   9
한지 여부를 심사하여야 한다. 심사결과 사건이 즉결심판을 함에 부적당하다고
인정될 때에는 결정으로 즉결심판의 청구를 기각하여야 한다. 이 결정이 있을 때
에는 경찰서장은 지체 없이 사건을 검사에게 송치하여야 한다($\begin{smallmatrix} 즉절법 \\ 제 5 조 \end{smallmatrix}$). 판사가 직
접 공판절차로 이행시키지 않고 즉결심판청구를 기각함으로써 경찰서장이 검사
에게 사건을 송치하도록 한 점에서 약식명령의 경우와 구별된다. 공소제기된 사
건을 판사가 다시 검찰청에 송치할 수는 없기 때문이다. 즉결심판을 함에 부적당
하다고 인정될 때란 당해 사건이 즉결심판을 하기 위한 실체법상 또는 절차법상
의 적법요건을 구비하지 않은 경우를 말한다.

　　예컨대 20만 원 이하의 벌금 · 구류 또는 과료에 처할 사건이 아니거나, 관할위반을
　　선고해야 할 경우가 여기에 해당한다.

판사의 기각결정에 의하여 경찰서장이 사건을 송치한 경우에 검사가 불기소   10
처분을 할 수 있는가에 대하여는 견해가 대립되고 있다. 검사는 반드시 공소를
제기해야 한다는 견해[1]도 있으나, 불기소처분을 할 수 있다고 해석하는 것이 타
당하다.[2] 이를 인정하는 것이 부당한 즉결심판을 시정할 수 있게 할 뿐 아니라
판사가 즉결심판청구의 기각결정을 한 때에는 즉결심판청구 이전의 상태로 돌아
간다고 보아야 하기 때문이다.

2. 심리상의 특칙

즉결심판절차에 있어서는 신속 · 간이한 심리를 위하여 공판절차에 대한 특
칙이 인정되고 있다.

1　김기두 344면; 서일교 399면.
2　신동운 1742면; 신현주 853면; 차용석/최용성 901면.

(1) 기일의 심리

11   **1) 즉시심판**   판사는 심사결과 즉결심판이 적법하고 상당하다고 인정할 때에는 즉시 심판을 하여야 한다($\frac{동법}{제6조}$). 즉시 심판을 한다는 것은 즉시 기일을 열어 심판해야 한다는 의미로 보아야 한다. 그러나 필요에 따라 기일을 속행하거나 변경하는 것은 허용된다.

12   **2) 개   정**   즉결심판의 심리는 공개된 장소에서 행한다. 다만, 경찰관서($\frac{해양경찰관서}{를 포함한다}$) 외의 장소임을 요한다($\frac{동법}{제7조 1항}$). 심리는 판사와 법원사무관 등이 열석하여 개정한다($\frac{동조}{제2항}$). 그러나 상당한 이유가 있는 경우에 판사는 피고인의 진술서와 경찰서장이 송부한 서류 또는 증거물에 의하여 개정 없이 심판할 수 있다($\frac{동조}{제3항}$). 즉결심판의 신속을 위하여 서면심리를 허용한 것이다.

13   **3) 피고인의 출석**   즉결심판에 있어서도 피고인의 출석은 개정의 요건이다. 다만, 벌금 또는 과료를 선고하는 경우에 피고인이 출석하지 아니한 때에는 피고인의 진술을 듣지 아니하고 형을 선고할 수 있다($\frac{동법 제8조}{의2 제1항}$). 피고인 또는 즉결심판출석통지서를 받은 자는 법원에 불출석심판을 청구할 수 있고, 법원이 이를 허가한 때에는 피고인이 출석하지 아니하더라도 심판할 수 있다($\frac{동조}{제2항}$). 경찰서장의 출석은 요하지 않는다.

14   **4) 심리의 방법**   판사는 피고인에게 피고사건의 내용과 진술거부권이 있음을 알리고 변명할 기회를 주어야 하며($\frac{동법}{제9조 1항}$), 필요하다고 인정할 때에는 적당한 방법에 의하여 재정하는 증거에 한하여 조사할 수 있다($\frac{동조}{제2항}$). 변호인은 기일에 출석하여 증거조사에 참여할 수 있으며 의견을 진술할 수 있다($\frac{동조}{제3항}$). 즉 증거조사의 대상이 제한될 뿐 아니라 증거조사의 방식도 완화된다. 변호인의 출석은 임의적이며 요건은 아니라고 해야 한다.

(2) 증거에 대한 특칙

15   즉결심판절차에 있어서는 형사소송법 제310조와 제312조 3항 및 제313조의 규정은 적용하지 않는다($\frac{동법}{제10조}$). 즉결심판절차에서 자백의 보강법칙이 적용되지 않는 점에는 의문이 없다. 따라서 보강증거가 없는 경우에도 피고인의 자백에 의하여 유죄를 선고할 수 있다. 전문법칙의 배제범위에 관하여 즉결심판에 관한 절차법은 명문으로 형사소송법 제312조 3항과 제313조의 적용을 배제함으로써 즉결심판에는 전문법칙이 적용되지 않는 것임을 명백히 하고 있다. 따라서 즉결심

판절차에서 사법경찰관이 작성한 피의자신문조서는 본인이 내용을 인정하지 않
는 경우에도 증거로 할 수 있고, 피고인 또는 피고인 아닌 자가 작성한 진술서는
성립의 진정이 인정되지 않아도 증거로 할 수 있다. 자백배제법칙과 위법수집증
거배제법칙은 즉결심판절차에서도 적용된다.

3. 형사소송법의 준용

즉결심판절차에 있어서는 본법에 특별한 규정이 없는 한 그 성질에 반하지　16
아니한 것은 형사소송법의 규정을 준용한다(동법 제19조). 즉결심판이 공개의 법정에서
구두주의와 직접주의에 의하여 심리가 진행된다는 점에서 공판절차와 유사한 점
을 고려한 것이다.

형사소송법이 준용되는 범위는 즉결심판의 성질에 반하지 않는 것에 한한　17
다. 그런데 즉결심판절차는 신속·적절한 재판의 진행을 위하여 법원의 직권에
의하여 진행되는 것을 본질로 한다. 즉 기일의 심리에는 직권주의의 원칙이 지배
한다.

따라서 ① 공소장부본의 송달(제266조), ② 제 1 회 공판기일의 유예기간(제269조), ③ 검사
의 모두진술(제285조), ④ 증거조사와 증거결정의 방법(제290조 내지 제296조) 등은 간이·신속한
심리를 본질로 하는 즉결심판절차의 본질과 일치할 수 없으므로 즉결심판절차에는
준용되지 않는다고 할 수 있다. ⑤ 필요적 변호와 국선변호에 관한 규정(제282조, 제283조)도
같은 이유로 준용되지 않는다고 하겠다.

Ⅳ. 즉결심판의 선고와 효력

1. 즉결심판의 선고

⑴ 선고의 방식

즉결심판의 선고는 선고 또는 즉결심판서 등본의 교부에 의한다. 즉결심판　18
으로 유죄를 선고할 때에는 형·범죄사실과 적용법조를 명시하고 피고인은 7일
이내에 정식재판을 청구할 수 있다는 것을 고지하여야 한다(즉결법 제11조 1항). 참여한 법
원사무관 등은 선고의 내용을 기록하여야 한다(동조 제2항). 개정 없이 심판하는 경우
에는 즉결심판서 등본을 피고인에게 송달하여 고지한다(동조 제4항). 유죄의 즉결심판

서에는 피고인의 성명 기타 피고인을 특정할 사항, 주문, 범죄사실과 적용법조를 명시하고 판사가 서명·날인하여야 한다. 다만, 피고인이 범죄사실을 자백하고 정식재판의 청구를 포기한 때에는 선고한 주문과 적용법조를 명시하고 판사가 기명·날인한다(동법 제12조).

(2) 선고할 수 있는 형

19　　즉결심판에 의하여 선고할 수 있는 형은 20만 원 이하의 벌금·구류 또는 과료에 한한다. 즉결심판에서 사건이 무죄, 면소 또는 공소기각을 함이 명백하다고 인정할 때에는 판사는 이를 선고·고지할 수 있다(동법 제11조 5항).

(3) 유치명령과 가납명령

20　　판사는 구류의 선고를 받은 피고인이 일정한 주소가 없거나 또는 도망할 염려가 있을 때에는 5일을 초과하지 않는 기간 경찰서유치장(지방해양경찰관서의 유치장을 포함한다)에 유치할 것을 명령할 수 있다. 다만, 그 기간이 선고기간을 초과할 수는 없고, 집행된 유치기간은 본형의 집행에 산입한다(동법 제17조 1항·2항). 벌금 또는 과료의 선고를 하였을 때에는 노역장유치기간을 선고하여야 하고(형법 제70조) 가납명령을 할 수 있다(즉절법 제17조 3항). 유치명령과 가납명령은 선고와 동시에 집행력이 발생한다. 따라서 유치명령이 있는 구류는 정식재판을 청구하더라도 석방되지 않으며, 가납명령이 있는 벌금 또는 과료를 납부치 않을 때에는 환형유치를 할 수 있다.

2. 즉결심판의 효력

21　　즉결심판이 확정된 때에는 확정판결과 동일한 효력이 있다(동법 제16조).[1] 따라서 집행력과 기판력이 발생하게 된다. 즉결심판은 정식재판의 청구기간의 경과, 정식재판청구권의 포기 또는 그 청구의 취하에 의하여 확정된다. 정식재판청구를 기각하는 재판이 확정된 때에도 같다.

3. 형의 집행

22　　즉결심판에 의한 형의 집행은 경찰서장이 하고 그 집행결과를 지체 없이 검사에게 보고하여야 한다(동법 제18조 1항). 구류는 경찰서유치장·구치소 또는 교도소에서

1　대법원 1986. 12. 23, 85 도 1142,「확정된 즉결심판의 기판력은 동일성이 인정되는 공소범죄사실에 대하여도 미친다.」

집행하고 구치소 또는 교도소에서 집행할 경우에는 검사가 이를 지휘한다($\frac{동조}{제2항}$). 벌금·과료와 몰수는 그 집행을 종료하면 지체 없이 검사에게 인계하여야 한다 ($\frac{동조}{제3항}$). 경찰서장이 형의 집행을 정지하고자 할 때에는 사전에 검사의 허가를 얻어야 한다($\frac{동조}{제4항}$).

V. 정식재판의 청구

1. 청구의 절차

즉결심판을 받은 피고인은 정식재판을 청구할 수 있다. 정식재판을 청구하 23 고자 하는 피고인은 즉결심판이 선고 또는 고지된 날로부터 7일 이내에 정식재판 청구서를 경찰서장에게 제출하여야 한다($\frac{동법 제}{14조 1항}$). 즉결심판에서 무죄, 면소 또는 공소기각의 선고가 있는 때에는 경찰서장은 선고 또는 고지를 한 날로부터 7일 이내에 정식재판을 청구할 수 있다. 이 경우 경찰서장은 관할지방검찰청 또는 지청의 검사의 승인을 얻어 정식재판청구서를 판사에게 제출해야 한다($\frac{동조}{제2항}$). 검사에게는 정식재판청구권이 없다. 정식재판의 청구는 제 1 심 판결선고 전까지 취하할 수 있다.

2. 경찰서장과 법원 및 검사의 처리

정식재판청구서를 받은 경찰서장은 지체 없이 판사에게 이를 송부하여야 한 24 다($\frac{동조}{제1항}$). 판사는 정식재판청구서를 받은 날로부터 7일 이내에 경찰서장에게 정식재판청구서를 첨부한 사건기록과 증거물을 송부하고, 경찰서장은 지체 없이 관할지방검찰청 또는 지청의 장에게 이를 송부하여야 하며, 그 검찰청 또는 지청의 장은 지체 없이 관할법원에 이를 송부하여야 한다($\frac{동조}{제3항}$). 피고인으로부터 적법한 정식재판의 청구가 있는 경우 경찰서장의 즉결심판청구는 공소제기와 동일한 소송행위이므로 검사의 공소제기가 별도로 필요한 것은 아니다.[1]

---

1 대법원 2017. 1. 12, 2017 도 10368. 따라서 검사가 법원에 사건기록과 증거물을 그대로 송부하지 않고 즉결심판이 청구된 위반 내용과 동일성 있는 범죄사실에 대하여 약식명령을 청구한 경우에는, 공소제기의 절차가 법률의 규정에 위반하여 무효인 때에 해당하거나 공소가 제기된 사건에 대하여 다시 공소가 제기되었을 때에 해당하므로 공소기각의 판결을 하여야 한다.

3. 청구의 효과

25   정식재판청구의 효과에 관하여는 형사소송법의 약식절차에 관한 규정이 준용된다(즉결법/제19조). 따라서 청구가 법령상의 방식에 위배하거나 청구권의 소멸 후인 것이 명백한 때에는 청구를 기각하여야 하며, 청구가 적법한 때에는 공판절차에 의하여 심판하여야 한다(제455조). 즉결심판과 정식재판 사이에도 형종상형금지의 원칙이 적용된다고 해야 한다(제457조의2). 피고인의 정식재판청구권을 보장할 필요가 있기 때문이다.

정식재판의 청구에 의한 판결이 있는 때에는 즉결심판은 그 효력을 잃는다(즉결법/제15조). 여기서 판결이란 판결의 확정을 의미함은 물론이다.

§66

제 3 절 배상명령절차

I. 배상명령의 의의

1   배상명령절차란 법원이 직권 또는 피해자의 신청에 의하여 피고인에게 피고사건의 범죄행위로 인하여 발생한 손해의 배상을 명하는 절차를 말한다. 부대소송(Adhäsionsprozeß) 또는 부대사소(zivilrechtlicher Annex)라고도 한다.

2   배상명령절차의 주된 취지는 간편하고 신속한 피해자의 피해회복에 있다.[1] 즉 범죄행위로 인하여 손해배상청구권이 발생한 경우에 형사절차에서 손해배상까지 판단하게 함으로써 피해자가 민사소송에 의한 번잡과 위험을 부담하지 않고 신속히 피해를 변상받게 하는 것이 피해자에게 이익이 될 뿐만 아니라, 소송경제를 도모하고 판결의 모순을 피할 수 있는 결과가 된다는 것이다.[2] 이 이외에 형사판결과 동시에 손해배상의무를 확정하는 것은 피고인의 사회복귀와 개선에 도움이 된다는 점도 함께 고려되어 있다.[3] 피해자가 배상신청에 의하여 형사절차

---

1 대법원 2012. 8. 30, 2012 도 7144; 대법원 2013. 10. 11, 2013 도 9616; 대법원 2022. 7. 28, 2020 도 12279.

2 Kindhäuser 26/86; Roxin S. 503; Grebing, "Die Entschädigung des Verletzten im Strafverfahren"(Tagungsbericht), ZStW 87, 483.

3 Jescheck, "Die Entschädigung des durch eine Straftat Verletzten," ZStW 84, 858.

에 참여하는 것이 실체적 진실발견에도 도움이 된다고 설명하는 견해[1]도 있다.
그러나 배상명령은 실체진실을 발견하기 위한 수단이 아니라 피해자의 보호를 위
하여 피해자의 손해를 원상회복하게 하는 제도라고 해야 한다.

　　형사절차에서 피해자의 재산상의 손해를 변상케 하는 원상회복(Wiedergutmachung)　　**3**
　　에는 두 가지 방법이 있다. 실체법적인 측면에서 형벌 또는 독자적인 제재로서 원상
　　회복을 규정하는 방법과 절차법적인 측면에서 형사절차에서 손해배상을 겸하게 하는
　　방법이 그것이다. 영국의 배상명령(compensation order)이 전자에 해당하며, 독일의
　　부대소송이 후자의 방법에 속한다.[2] 우리나라에서 1981년 소송촉진 등에 관한 특례
　　법에 의하여 신설된 배상명령제도는 바로 독일 형사소송법의 부대소송을 선례로 한
　　것이라고 할 수 있다. 독일 형사소송법의 부대소송은 1943년의 형사소송법의 개정시
　　에 형사소송의 대중화라는 이념 아래 제403조 이하에 도입된 것이다.[3]

　　형사소송법에 의한 피해자의 신속한 구제와 형사소송의 대중화라는 이념을 부당하다
　　고 할 수는 없다. 그러나 형사소송은 피해자의 구제를 위한 절차가 아니며, 형사소송
　　과 민사소송은 이념과 절차가 동일할 수 없다. 사실인정을 위한 증거법칙도 서로 다
　　르다. 형사소송에서 손해의 배상을 명하도록 하는 것은 법관에게 지나친 부담을 줄
　　뿐만 아니라 필연적으로 재판의 지연을 초래하지 않을 수 없다. 여기서 배상명령에
　　대하여는 그 이념이 결코 실현될 수 없는 무의미한 제도라는 비판이 제기되고 있
　　다.[4] 배상명령제도가 마련되어 있음에도 불구하고 널리 활용하지 못하고 있는 이유
　　도 여기에 있다.

Ⅱ. 배상명령의 요건

1. 배상명령의 대상

　　배상명령을 할 수 있는 피고사건은 ① 상해죄·중상해죄·특수상해죄(상해죄·중상 해죄에 한정)　　**4**
·상해치사와 폭행치사상(존속폭행치사 상의 죄 제외) 및 과실치사상의 죄(형법 제26장), 강간과 추행의

1　강구진 658면.
2　피해자에 대한 원상회복에 관하여는,
　　Hirsch, "Schadenwiedergutmachung im materiellen Strafrecht," ZStW 102, 334; Jung,
　　"Compensation order in Großbritanien," in Eser/Kaiser/Madlener(Hrsg.), *Neue Wege der Wieder-*
　　gutmachug im Strafrecht, S. 93; Sessar, "Schadenwiedergutmachung in einerkünftigen Krimi-
　　nalpolitik," Leferenz–FS, S. 145 참조
3　Amelunxen, "Entschädigung des durch eine Straftat Verletzten," ZStW 86, 460.
4　Wendisch LR Vor § 403, Rn. 8; Peters S. 588.

죄($\frac{형법}{제32장}$), 절도와 강도의 죄($\frac{형법}{제38장}$), 사기와 공갈의 죄($\frac{형법}{제39장}$), 횡령과 배임의 죄
($\frac{형법}{제40장}$, 손괴의 죄($\frac{형법}{제42장}$), ② 위 ①의 죄를 가중처벌하는 죄 및 그 죄의 미수범을
처벌하는 경우 미수의 죄, ③ 성폭력범죄의 처벌 등에 관한 특례법 제10조($\frac{업무상}{위력 등}$
$\frac{에 의한}{추행}$), 제11조($\frac{공중 밀집 장}{소에서의 추행}$), 제12조($\frac{성적 목적을 위한}{공공장소 침입행위}$), 제13조($\frac{통신매체를 이}{용한 음란행위}$), 제14조($\frac{카메라}{등을}$
$\frac{이용한}{촬영}$) 및 그 미수범과 아동ㆍ청소년의 성보호에 관한 법률 제12조($\frac{아동ㆍ청소}{년매매행위}$), 제
14조($\frac{아동ㆍ청소년에}{대한 강요행위 등}$)에 규정된 죄에 한한다($\frac{소촉법}{제25조 1항}$). 피해의 범위와 존부를 판단하
기 비교적 용이한 범죄에 대하여 배상명령을 할 수 있도록 한 것이다. 따라서 피
고인과 피해자 사이에 손해배상액에 대하여 합의가 이루어진 때에는 그 이외의
범죄에 대하여도 배상명령을 할 수 있다($\frac{동조}{제2항}$).

5			배상명령은 위의 범죄에 의하여 유죄판결을 선고한 경우에 한하여 할 수 있
다($\frac{동법 제}{25조 1항}$). 따라서 피고사건에 대하여 무죄ㆍ면소 또는 공소기각의 재판을 할 때
에는 배상명령을 할 수 없다.

2. 배상명령의 범위

6			배상명령을 할 수 있는 채권이 성질상 금전채권에 제한된다는 점에 대하여
는 의문이 없다. 소송촉진 등에 관한 특례법은 배상명령을 피고사건의 범죄행위
로 인하여 발생한 직접적인 물적 피해와 치료비 손해 및 위자료의 배상에 제한하
고 있다($\frac{동법 제}{25조 1항}$). 따라서 간접적인 손해의 배상을 배상명령에 의하여 명할 수는
없다. 생명과 신체를 침해하는 범죄에 의하여 발생한 기대이익상실도 배상명령의
범위에 속하는가가 문제된다. 그러나 배상명령절차는 범죄행위로 인하여 발생한
직접적인 물적 피해와 치료비의 배상에 제한되어 있고, 기대이익의 상실액까지
포함할 때에는 재판의 지연을 초래할 우려가 있으므로 이는 배상명령의 범위에
포함되지 않는다고 해석해야 한다.

3. 소극적 요건

7			법원은 ① 피해자의 성명ㆍ주소가 분명하지 아니한 경우, ② 피해 금액이 특
정되지 아니한 경우, ③ 피고인의 배상책임의 유무 또는 그 범위가 명백하지 아
니한 경우, ④ 배상명령으로 인하여 공판절차가 현저히 지연될 우려가 있거나 형
사소송 절차에서 배상명령을 하는 것이 타당하지 아니하다고 인정되는 경우에는

배상명령을 하여서는 아니 된다(동조
제3항).

Ⅲ. 배상명령의 절차

1. 배상명령의 신청

배상명령은 법원의 직권 또는 피해자의 신청에 의하여 한다. 직권에 의한 배 8
상명령을 인정한 것은 민사소송의 당사자처분주의에 대한 중대한 예외이다. 직권
에 의하여 배상명령을 할 수 있는 경우로는 피해자가 배상신청을 하지 않았으나
심리 중 피고인의 재산이 발견되어 배상명령을 함이 상당하다고 인정되거나, 피
해자가 악의로 배상금의 수령을 거부하는 경우 등을 들 수 있다. 이 경우에도 신
청에 의한 배상명령에 준하여 피고인에게 배상책임의 유무와 범위를 설명하고 의
견을 진술할 기회를 줄 것을 요한다.[1]

(1) 신청권자

배상명령의 신청은 피해자 또는 그 상속인이 할 수 있다(동법 제
25조 1항). 피해자는 9
법원의 허가를 받아 그의 배우자·직계혈족·형제자매에게 배상신청에 관하여
소송행위를 대리하게 할 수 있다(동법 제
27조 1항).

(2) 신청의 방법

1) 신청기간과 관할법원   배상신청은 제1심 또는 제2심 공판의 변론이 종 10
결될 때까지 사건이 계속된 법원에 신청할 수 있다. 이 경우 신청서에 인지를 붙
이지 아니한다(동법 제
26조 1항). 제1심뿐만 아니라 제2심에서도 할 수 있으나, 상고심에
서는 허용되지 않는다. 배상명령은 형사사건이 계속된 법원의 전속관할에 속한
다. 배상청구액이 합의부의 사물관할에 속하는가는 문제되지 않는다.

2) 신청방법   피해자가 배상신청을 할 때에는 신청서와 상대방 피고인의 수 11
만큼의 신청서부본을 제출하여야 한다(동조
제2항). 법원은 신청서부본을 지체 없이 피
고인에게 송달하여야 한다(동법
제28조). 신청서에는 ① 피고사건의 번호·사건명 및 사
건이 계속된 법원, ② 신청인의 성명·주소, ③ 대리인이 신청할 때에는 그 대리
인의 성명·주소, ④ 상대방 피고인의 성명·주소, ⑤ 배상의 대상과 그 내용, ⑥

---

1 강구진 663면.

배상 청구 금액을 기재하고 신청인 또는 그 대리인이 서명·날인하여야 하며($_{26조\ 3항}^{동법\ 제}$), 필요한 증거서류를 첨부할 수 있다($_{제4항}^{동조}$). 다만, 피해자가 증인으로 법정에 출석한 때에는 말로써 배상을 신청할 수 있다. 이 때에는 공판조서에 신청의 취지를 적어야 한다($_{제5항}^{동조}$).

12   3) 신청의 취하   신청인은 배상명령이 확정되기 전까지는 언제든지 배상신청을 취하할 수 있다($_{제6항}^{동조}$).

(3) 신청의 효과

13   배상신청은 민사소송에서의 소의 제기와 동일한 효력이 있다($_{제8항}^{동조}$). 따라서 피해자는 피고사건의 범죄행위로 인하여 발생한 피해에 관하여 다른 절차에 따른 손해배상청구가 법원에 계속 중일 때에는 배상신청을 할 수 없다($_{제7항}^{동조}$). 여기에서 '다른절차에 따른 손해배상청구'는 피고사건의 범죄행위로 인하여 발생한 피해에 관하여 불법행위를 원인으로 손해배상청구를 하는 경우를 가리킨다.[1]

2. 배상명령절차의 심리

14   배상신청이 있을 때에는 신청인에게 공판기일을 통지하여야 한다. 그러나 신청인이 공판기일의 통지를 받고도 출석하지 아니하였을 때에는 신청인의 진술 없이 재판할 수 있다($_{제29조}^{동법}$). 신청인 및 그 대리인은 공판절차를 현저히 지연시키지 않는 범위 안에서 재판장의 허가를 받아 소송기록을 열람할 수 있고, 공판기일에 피고인 또는 증인을 신문할 수 있으며, 그 밖에 필요한 증거를 제출할 수 있다($_{30조\ 1항}^{동법\ 제}$). 재판장이 허가를 하지 아니하는 재판에 대하여는 불복을 신청하지 못한다($_{제2항}^{동조}$). 피고인의 변호인은 배상신청에 관하여 피고인의 대리인으로서 소송행위를 할 수 있다($_{27조\ 2항}^{동법\ 제}$).

3. 배상명령의 재판

(1) 배상신청의 각하

15   배상신청이 적법하지 아니한 경우, 배상신청이 이유 없다고 인정되는 경우 또는 배상명령을 하는 것이 타당하지 아니하다고 인정되는 경우에는 결정으로 이를 각하하여야 한다($_{32조\ 1항}^{동법\ 제}$). 다만, 유죄판결의 선고와 동시에 신청각하의 재판을

---

1 대법원 2022. 7. 28, 2020 도 12279.

할 때에는 이를 유죄판결의 주문에 표시할 수 있다($\frac{동조}{제2항}$). 배상명령을 하는 것이 타당하지 아니할 때란 피해금액이 특정되지 않거나[1] 공판절차가 현저히 지연될 우려가 있는 경우를 들 수 있다. 배상신청을 각하하거나 그 일부를 인용한 재판에 대하여 신청인은 불복을 신청하지 못하며, 다시 동일한 배상신청을 할 수 없다($\frac{동조}{제4항}$). 예컨대 제 1 심 변론 종결 후에 배상신청이 되어 각하되었으나 피고인 등의 불복으로 항소가 제기된 경우에도, 항소심에서 다시 동일한 배상신청을 할 수 없다.[2]

(2) 배상명령의 선고와 불복

1) **배상명령의 선고**　　배상명령은 유죄판결의 선고와 동시에 하여야 한다 16 ($\frac{동법 제}{31조 1항}$). 배상명령은 일정액의 금전 지급을 명함으로써 하고, 배상의 대상과 금액을 유죄판결의 주문에 표시하여야 한다. 배상명령의 이유는 특히 필요하다고 인정되는 경우가 아니면 적지 아니한다($\frac{동조}{제2항}$). 배상명령은 가집행할 수 있음을 선고할 수 있다($\frac{동조}{제3항}$). 배상명령을 하였을 때에는 유죄판결서의 정본을 피고인과 피해자에게 지체 없이 송달하여야 한다($\frac{동조}{제5항}$). 배상명령의 절차비용은 특별히 그 비용을 부담할 자를 정한 경우를 제외하고는 국고의 부담으로 한다($\frac{동법}{제35조}$).

2) **배상명령에 대한 불복**　　신청을 각하하거나 그 일부를 인용한 재판에 대 17 하여 신청인에게는 불복의 방법이 없다. 그러나 신청인은 민사소송 등의 절차에 의하여 손해배상을 청구할 수 있다.

피고인은 상소 또는 배상명령에 대한 즉시항고에 의하여 불복할 수 있다. 유죄판결에 대한 상소가 제기된 경우에는 배상명령에 대한 불복이 없더라도 배상명령의 확정은 차단되고 배상명령은 피고사건과 함께 상소심으로 이심된다($\frac{동법 제33}{조 1항}$). 배상명령은 유죄판결을 전제로 하는 것이기 때문이다. 상소심에서 원심의 유죄판결을 파기하고 피고사건에 대하여 무죄·면소 또는 공소기각의 재판을 할 때에는 원심의 배상명령을 취소하여야 한다. 이 경우 상소심에서 원심의 배상명령을 취소하지 아니한 경우에는 그 배상명령을 취소한 것으로 본다($\frac{동조}{제2항}$). 다만, 원심에서 피고인과 피해자 사이에 합의된 배상액에 대하여 배상명령을 한 때에는 그러하지 아니하다($\frac{동조}{제3항}$). 상소심에서 원심판결을 유지하는 경우에도 원심의 배상명령을 취소·변경할 수 있다($\frac{동조}{제4항}$).

---

1 대법원 2013. 10. 11, 2013 도 9616.
2 대법원 2022. 1. 14, 2021 도 13768.

18　　피고인은 유죄판결에 대하여 상소를 제기하지 아니하고 배상명령에 대하여만 상소제기기간에 즉시항고를 할 수 있다. 다만, 즉시항고 제기 후 상소권자의 적법한 상소가 있는 경우에는 즉시항고는 취하된 것으로 본다(동조제5항). 여기의 상소권자에 검사는 포함되지 않는다. 검사는 형사사건에 대하여만 상소하는 것이므로 민사판결에는 영향을 미치는 것이 아니기 때문이다.

(3) 배상명령의 효력

19　　확정된 배상명령 또는 가집행선고 있는 배상명령이 기재된 유죄판결서의 정본은 민사집행법에 따른 강제집행에 관하여는 집행력 있는 민사판결 정본과 동일한 효력이 있다(동법 제34조 1항). 즉 확정된 배상명령 또는 가집행선고 있는 배상명령에 대하여는 집행력이 인정된다. 그러나 배상명령에 기판력이 인정되는 것은 아니다. 따라서 배상명령이 확정된 경우 피해자는 그 인용된 금액의 범위에서 다른 절차에 따른 손해배상을 청구할 수 없으나(동조제2항), 인용금액을 넘어선 부분에 대하여는 별소를 제기할 수 있고, 청구에 대한 이의의 주장에 관하여는 그 원인이 변론종결 전에 생긴 때에도 할 수 있다(동조제4항).

4. 형사소송절차에서의 화해

(1) 형사소송절차에서의 화해의 의의

20　　형사소송절차에서의 화해란 형사피고사건의 심리 도중에 피고인과 피해자 사이에 민사상 다툼에 관하여 합의가 성립한 경우에 신청에 의하여 이를 공판조서에 기재하면 그 기재가 민사소송상의 화해와 마찬가지로 집행력을 가지도록 하는 제도이다. 형사피고사건의 심리 도중에 피고인과 피해자 사이에 합의가 이루어졌음에도 불구하고 피고사건의 심리가 종결되어 형이 정해진 이후에 피고인이 합의내용을 이행하지 않는 경우에 피고사건을 심리한 법원의 화해조서로 강제집행을 할 수 있게 하면 화해내용을 이행하는 데 실효성을 확보하고 피해자의 부담을 경감할 수 있다는 점에 제도의 취지가 있다. 2005년 소송촉진 등에 관한 특례법의 개정에 의하여 도입된 제도이다.

(2) 형사소송절차에서의 화해의 요건과 절차

21　　1) 화해의 주체　　형사소송절차에서의 화해의 주체는 피고인과 피해자 또는 제3자이다. 즉 형사피고사건의 피고인과 피해자 사이에 해당 피고사건과 관련된

피해에 관한 다툼을 포함하는 민사상 다툼에 관하여 합의한 경우, 피고인과 피해자는 그 피고사건의 계속 중인 제 1 심 또는 제 2 심 법원에 합의사실을 공판조서에 기재하여 줄 것을 공동으로 신청할 수 있다($\binom{소촉법 제}{36조 1항}$). 민사상의 다툼에 대한 합의가 피고인의 피해자에 대한 금전 지불을 내용으로 하는 경우에 피고인 외의 자가 그 지불을 보증하거나 연대하여 의무를 부담하기로 합의하였을 때에는 피고인 및 피해자의 신청과 동시에 그 피고인 외의 자는 피고인 및 피해자와 공동으로 그 취지를 공판조서에 기재하여 줄 것을 신청할 수 있다($\binom{동조}{제2항}$).

    2) 화해의 내용   형사소송절차에서의 화해신청은 변론이 종결되기 전까지   22 공판기일에 출석하여 서면으로 하여야 한다($\binom{동조}{제3항}$). 화해신청서면에는 해당 신청과 관련된 합의 및 그 합의가 이루어진 민사상 다툼의 목적인 권리를 특정할 수 있는 충분한 사실을 적어야 한다($\binom{동조}{제4항}$). 합의가 기재된 공판조서는 확정판결과 같은 효력을 가진다($\binom{동조 제5항, 민사}{소송법 제220조}$).

Ⅳ. 국가에 의한 범죄피해자보상제도

1. 범죄피해자구조의 의의

    배상명령에 의한 피해자의 구제는 피고인이 무자력인 때에는 아무런 의미가   23 없다. 형사피고인은 무자력인 경우가 대부분을 차지한다. 여기서 피해자의 구제를 위한 국가에 의한 범죄피해자구조제도를 필요로 하게 된다. 헌법 제30조는 「타인의 범죄행위로 인하여 생명ㆍ신체에 대한 피해를 받은 국민은 법률이 정하는 바에 의하여 국가로부터 구조를 받을 수 있다」고 규정하고 있으며, 이에 근거하여 1987. 11. 28. 제정된 것이 범죄피해자구조법인데 2010. 5. 10. 범죄피해자보호법에 통합되면서 폐지되었다. 국가에 의한 피해자구조는 범죄에 대한 투쟁과 형사소추권을 독점하고 있는 국가는 범죄로 인하여 야기된 피해를 구조할 책임이 있을 뿐만 아니라, 국가가 잠정적으로 피해자구조를 맡아 행위자의 사회복귀를 촉진하는 것이 합리적 형사정책으로 될 수 있다는 점에 근거가 있다.[1]

---

1 Peters S. 588; Grebing ZStW 87, 475; Jescheck ZStW 84, 856.

2. 범죄피해자구조의 요건

(1) 구조의 대상

24   구조대상 범죄는 대한민국의 영역 안에서 또는 대한민국의 영역 밖에 있는 대한민국의 선박이나 항공기 안에서 행하여진 사람의 생명 또는 신체를 해하는 죄에 해당하는 행위로 인하여 사망하거나 장해 또는 중상해를 입은 경우이다(범죄피해자 보호법
제3조 1항 4호). 피해자구조의 범위를 생명과 신체에 대한 범죄에 제한한 것은 이를 재산범죄에까지 확대할 때에는 남용과 사기의 위험을 제거할 수 없다는 것을 고려한 결과이다. 범죄피해구조금을 지급하기 위해서는 ① 구조대상 범죄피해를 받은 사람(구조피해자)이 피해의 전부 또는 일부를 배상받지 못하거나, ② 자기 또는 타인의 형사사건의 수사 또는 재판에서 고소·고발 등 수사단서를 제공하거나 진술, 증언 또는 자료제출을 하다가 구조피해자가 된 경우의 하나에 해당하여야 한다(동법
제16조).

(2) 구조배제사유

25   범죄피해자구조를 신청할 수 있는 경우에도 ① 범죄행위 당시 구조피해자와 가해자 사이에 부부(사실상의 혼인
관계를 포함)·직계혈족·4촌 이내의 친족·동거친족의 관계가 있는 경우에는 구조금을 지급하지 아니하며(동법 제
19조 1항), 그 밖의 친족관계가 있는 경우에는 구조금의 일부를 지급하지 아니한다(동조
제2항). ② 구조피해자가 해당 범죄행위를 교사 또는 방조하는 행위, 과도한 폭행·협박 또는 중대한 모욕 등 해당 범죄행위를 유발하는 행위, 해당 범죄행위와 관련하여 현저하게 부정한 행위, 해당 범죄행위를 용인하는 행위의 하나에 해당하는 행위를 한 때에는 구조금을 지급하지 아니하며(동조 제3항 1호
내지 4호), 폭행·협박 또는 모욕 등 해당 범죄행위를 유발하는 행위 또는 해당 범죄행위의 발생 또는 증대에 가공한 부주의한 행위나 부적절한 행위를 한 때에는 구조금의 일부를 지급하지 아니한다(동조
제4항). ③ 구조피해자가 집단적 또는 상습적으로 불법행위를 행할 우려가 있는 조직에 속하는 행위(다만, 그
조직에 속하고 있는 것이 해당 범죄피해를 당한
것과 관련이 없다고 인정되는 경우는 제외)나 범죄행위에 대한 보복으로 가해자 또는 그 친족이나 그 밖에 피해자와 밀접한 관계가 있는 사람의 생명을 해치거나 신체를 중대하게 침해하는 행위를 한 때에도 구조금을 지급하지 아니한다(동조 제3항
5호·6호). 사회통념상 구조금을 지급하지 아니함이 상당하다고 인정되는 경우이기 때문이다. 그럼에도 불구하고 구조금의 실질적인 수혜자가 가해자로 귀착될 우려가 없는 경우

등 구조금을 지급하지 아니하는 것이 사회통념에 위배된다고 인정할 만한 특별한 사정이 있는 경우에는 구조금의 전부 또는 일부를 지급할 수 있다(동법 제19조 7항).

3. 범죄피해자구조금의 종류

구조금은 유족구조금·장해구조금 및 중상해구조금으로 구분하며, 일시금으로 지급한다(동법 제17조 1항). 유족구조금은 구조피해자가 사망하였을 때 지급하는 구조금이며, 맨 앞 순위의 유족에게 지급한다. 다만, 순위가 같은 유족이 2명 이상이면 똑같이 나누어 지급한다(동조 제2항). 다만, 유족이 ① 구조피해자를 고의로 사망하게 한 경우, ② 구조피해자가 사망하기 전에 그가 사망하면 유족구조금을 받을 수 있는 선순위 또는 같은 순위의 유족이 될 사람을 고의로 사망하게 한 경우, ③ 구조피해자가 사망한 후 유족구조금을 받을 수 있는 선순위 또는 같은 순위의 유족을 고의로 사망하게 한 경우에는 유족구조금을 받을 수 없다(동법 제18조 4항). 장해구조금 및 중상해구조금은 해당 구조피해자에게 지급한다(동법 제17조 3항).

4. 범죄피해자구조금의 지급

구조금의 지급에 관한 사무를 심의·결정하기 위하여 각 지방검찰청에 범죄피해구조심의회(지구심의회)를 두고 법무부에 범죄피해구조본부심의회(본부심의회)를 둔다(동법 제24조 1항). 구조금을 지급받으려는 사람은 해당 구조대상 범죄피해의 발생을 안 날로부터 3년 또는 해당 구조대상 범죄피해가 발생한 날부터 10년 이내에 법무부령으로 정하는 바에 따라 그 주소지·거주지 또는 범죄 발생지를 관할하는 지구심의회에 신청하여야 한다(동법 제25조). 구조금은 지구심의회의 결정에 의하여 지급하며(동법 제26조), 지구심의회는 구조금 지급에 관한 사항을 심의하기 위하여 필요하면 신청인이나 그 밖의 관계인을 조사하거나 의사의 진단을 받게 할 수 있고 행정기관, 공공기관이나 그 밖의 단체에 조회하여 필요한 사항을 보고하게 할 수 있다(동법 제29조 1항).

조 문 색 인

$$\left(\begin{array}{l}\text{조문 옆의 고딕숫자는 §를 ,}\\\text{그 옆의 숫자는 옆번호를 나타낸다}\end{array}\right)$$

판 례 색 인

(판례번호 옆의 고딕숫자는 §를,)
(그 옆의 숫자는 옆번호를 나타낸다)

사 항 색 인

(색인내용 옆의 고딕숫자는 §를, 그 옆의 숫자는)
(옆번호를, ──은 위의 고딕체 글자를 나타낸다)

저자 소개

이재상(1943-2013)

서울대학교 법과대학 졸업
제 6 회 사법시험 합격
사법대학원 수료(법학석사)
서울대학교 대학원(법학박사)
독일 Freiburg대학 수학
육군 법무관
부산지방검찰청 검사
서울지방검찰청 남부지청 검사
법무부 검찰국 겸 서울지방검찰청 검사
변호사
서울대학교 법과대학 강사
이화여자대학교 법정대학 교수
경희대학교 법과대학 교수
이화여자대학교 법과대학 교수
이화여자대학교 법학전문대학원 석좌교수
사법시험위원
법무부 법무자문위원, 보안처분심의위원
형사법개정특별심의위원회 위원
한국형사정책학회 회장
한국형사법학회 회장
한국형사판례연구회 회장
한국형사정책연구원 원장
법조윤리협의회 위원장
형사법개정특별심의위원회 위원장

저   서

보안처분의 연구(1978)
사회보호법론(1981)
형법총론(제11판, 2022)
형법각론(제13판, 2023)
형법연습(제 9 판, 2015, 신조사)
형법기본판례 총론(2011)
형사소송법연습(제 8 판, 2017)
형사소송법 기본판례(2013)

조균석

서울대학교 법과대학 졸업
제22회 사법시험 합격
일본 케이오대학 방문연구원
주일본 대한민국대사관 법무협력관(참사관)
서울남부지방검찰청 차장검사
변호사
일본 케이오대학 법학부 특별초빙교수
일본 대동문화대학 법과대학원 비상근강사
사법시험위원
한국형사소송법학회 학술고문
한국형사판례연구회 · 한국피해자학회 회장
(현재) 이화여자대학교 법학전문대학원 교수

저 · 역서

형사소송법연습(제 8 판, 2017)(이재상 공저)
일본형사소송법(2012)(역서)
형사법사례형해설(제 8 판, 2023)(공저)
형사법통합연습(제 5 판, 2022)(공저)

이창온

서울대학교 법과대학 졸업
제40회 사법시험 합격
미국 Vanderbilt대학 로스쿨 LL.M.
서울대학교 법학전문대학원 법학전문박사(S.J.D.)
미국 뉴욕주 변호사
서울대 · 중앙대 · 건국대 · 아주대 검찰실무 교수
법무연수원 로스쿨출신 신임검사 교수
창원지방검찰청 거창지청장
주제네바 대한민국대표부 법무협력관(참사관)
UN 인권이사회 대한민국대표단
한국형사소송법학회 연구이사
변호사시험위원 · 입법고시위원
(현재) 이화여자대학교 법학전문대학원 교수

제15판

형사소송법

초판발행	1987년 5월 20일
제15판발행	2023년 8월 30일

지은이	이재상·조균석·이창온
펴낸이	안종만·안상준

편 집	장유나
기획/마케팅	조성호
표지디자인	이수빈
제 작	고철민·조영환

펴낸곳	(주) **박영시**
	서울특별시 금천구 가산디지털2로 53, 210호(가산동, 한라시그마밸리)
	등록 1959. 3. 11. 제300-1959-1호(倫)

전 화	02)733-6771
f a x	02)736-4818
e-mail	pys@pybook.co.kr
homepage	www.pybook.co.kr
I S B N	979-11-303-4522-2 93360

정 가	53,000원